Roland Gööck

Das große Heimwerkerbuch

für Haus, Wohnung und Garten

Mosaik Verlag

Layout und Gestaltung: Peter Loeffler
Zeichnungen: Dietmar Lochner
Fotos: Orbis GmbH
Einbandgestaltung: Wilfried Becker

Gesamtherstellung Mohndruck Graphische Betriebe GmbH, Gütersloh
Printed in Germany ·
ISBN 3-570-01704-4

Vor dem Selbermachen zu lesen

»Do-it-yourself« laute die schmeichelhafte Umschreibung für den verbissenen Kampf eines Subjekts mit den Tücken des Objekts, konstatierte eine erfahrene Ehefrau, nachdem sie den Herrn des Hauses trotz aller Abwehr dazu gebracht hatte, sich seiner Bestimmung zu erinnern – mit Hammer, Nagel und Verbandskasten. Mit ironischen Bemerkungen ist dem angehenden Heimwerker wenig gedient, wenn unweigerlich der Tag kommt, an dem er nicht mehr umhin kann, Hammer, Säge und Bohrmaschine zur Hand zu nehmen und ein längst fälliges Flaschenregal zu heimwerkern. Oder schleunigst dem lautstarken Ruf nach einem Tapetenwechsel nachzukommen. Oder die langweiligen Kleiderhaken im Flur in eine raffinierte Spiegelmosaik-Garderobe zu verwandeln. Oder den Dachboden auszustatten und im Keller eine Sauna einzubauen. Oder ein Trimmzentrum für den Hausherrn und eine Faulenzer-Schaukel für den Sohn des Hausherrn zu konstruieren.

Die Riesenanzahl der Oder-Möglichkeiten in diesem Buch umfaßt so ziemlich alle Heimwerker-Tätigkeiten und Eigenbau-Abenteuer, die auch ein weniger geübter Selbermacher mit aktuellen Techniken, Materialien und Verfahren geldsparend und mit Spaß an der Freud bewältigen kann. Eine ganze Wohnwand aus Kiefer und Glas in eigener Regie herzustellen ist überdies ein nicht zu unterschätzendes Erfolgserlebnis, ganz abgesehen davon, daß es auch eine Art entspannender Ausgleichssport sein kann. Selbstverständlich muß es nicht gleich ein Mammutprojekt dieser Art sein. Zu Beginn der Do-it-yourself-Karriere wird sich die Hausfrau auch über einen Nähkasten oder einen Treppenhocker freuen. Jedes Handwerk will gelernt sein, auch das des Selbermachens, denn selbst Kleinigkeiten in Wohnung, Haus oder Garten können den ganzen Selbermacher fordern. So wissen vor allem Stadtbewohner ein Lied davon zu singen, was es beispielsweise an Geld, Nerven und Zeit kostet, eine schlichte Dichtung am Wasserhahn in der Küche auswechseln zu lassen. Wenn man vom Pech verfolgt wird, kostet die Dichtungs-Manipulation durch den Fachmann mehr als ein neuer Wasserhahn.

Besonderer Wert wurde bei diesem Buch auf umfangreiche Arbeitsbeispiele gelegt, die den Erfordernissen der Heimwerker-Praxis vor allem in Haus und Wohnung gerecht werden. Eine »echte« Wohnung ist niemals fertig eingerichtet, sagt man, und wenn man das Inhaltsverzeichnis durchsieht, ist man geneigt, dieser Behauptung Glauben zu schenken. Sie werden für jedes Zimmer Verbesserungs- und Ergänzungsvorschläge finden. Alle Arbeitsschritte, vom einfachen Blumentisch bis zum raffinierten Hi-Fi-Turm, wurden in leichtverständliche und übersichtliche Foto- und Zeichenfolgen aufgelöst. Genaue Materiallisten erleichtern den Einkauf und lassen überdies die nicht uninteressante Möglichkeit offen, sich bereits im Laden alles fertig zuschneiden zu lassen.

Alle Arbeitstechniken, die zum Verständnis eines Eigenbau-Meisterstücks unabdingbar sind, werden erläutert. Denn falsches Werkzeug beispielsweise kann zum Alptraum werden. Wer das Stemmeisen als Schraubenzieher und den Fuchsschwanz als Eisensäge zweckentfremdet, wird in seiner Werkzeugkiste bald nur noch traurige und unbrauchbare Überreste einstiger Herrlichkeit finden. Und wer der Ansicht ist, daß es beim Anstreichen genügt, mit irgendeinem Pinsel irgendeine Farbe auf dem Werkstück zu verteilen, wird vermutlich mit einem Anstrich belohnt, der wie die Haut eines Apfels vom vorigen Jahr aussieht.

Um solchen und ähnlichen Überraschungen nicht hilflos ausgeliefert zu sein, sollte sich der tatendurstige Selbermacher ein paar Grundsätze einprägen, die über etwaige Startschwierigkeiten hinweghelfen können:

- *Im Eifer des Gefechts nicht gleich wild drauflosarbeiten. In Ruhe die Planzeichnungen ansehen und sie notfalls den eigenen häuslichen Erfordernissen anpassen. Nichts mit Gewalt durchziehen wollen, manche Werkstücke brauchen einfach ihre Zeit. Leim muß gründlich durchtrocknen, Farbanstriche haben ihre Gesetze.*
- *Nicht am Werkzeug sparen. Schlechtes Werkzeug kostet Zeit, Geld und Nerven. Im übrigen sind die Arbeitsvorschläge den Möglichkeiten der häuslichen Werkstatt angepaßt.*
- *Es ist nicht unbedingt ein Zeichen fortschrittlicher Do-it-yourself-Mentalität, wenn man buchstäblich alles selbermachen will. Es gibt Fälle, in denen sich das nicht lohnt. Deshalb wurde bei vielen Werkstücken auf Fertigteile zurückgegriffen, die manche Lösung eines Konstruktionsproblems erleichtern.*
- *Und schließlich noch ein Rat für alle diejenigen, die am Anfang ihrer Selbermacher-Karriere stehen: nicht gleich zu groß einsteigen. Manche Arbeitstechniken erfordern einige Übung, und diese Übung kann einen aufwendigen Mißerfolg verhindern.*

Wenn alles planmäßig und do-it-yourself-gerecht verläuft, werden Sie sehr bald feststellen, daß die frisch-fröhliche Werkerei nach diesem immens praktischen Buch neben den schon erwähnten auch erhebliche finanzielle Vorteile mit sich bringt. Und das ist immerhin einen zweiten und dritten Blick wert, oder?

Inhaltsübersicht

Anstreichen und Lackieren

Farbenlehre für Heimwerker

Auch wer meint, keinen Sinn für Farben zu haben, kann aus der Farbenlehre für Heimwerker Nutzen ziehen: Sie ermöglicht Ihnen, Flächen und Räume durch die richtige Farbgebung sinnvoll zu gliedern und harmonisch zu gestalten. Das Gefühl für Farben wird sicherer; man weiß, wie welche Farben gemischt werden.

Bei Farben unterscheidet man zwischen Haupt- oder Grundfarben und Misch- oder Primärfarben. Hauptfarben sind die, die sich nicht durch eine Mischung herstellen lassen: Rot, Gelb und Blau. Als Mischfarben bezeichnet man Orange (Rot + Gelb), Grün (Blau + Gelb) und Violett (Blau + Rot).
Wenn man diese Farben in einem Farbkreis ordnet, liegen einander immer die gleichen, sich ergänzenden Haupt- und Mischfarben gegenüber: Rot und Grün, Blau und Orange, Gelb und Violett. Die Farben, die sich gegenüberstehen, nennt man auch Komplementärfarben.

Neben den »Buntfarben« gibt es auch sogenannte »Nichtfarben«. Diese Bezeichnung gilt für Weiß, Schwarz und alle Grautöne. Grautöne können allerdings zu einer Grundfarbe tendieren: Blaugrau, Gelbgrau und Rotgrau (= Braun). Die Nichtfarben sind ebenso wie die Braunfarben nicht im Farbkreis vertreten. Mit Braunfarben (Erdfarben) bezeichnet man alle Ocker-, Umbra- und Brauntöne. In der Farbwertigkeit liegen sie zwischen den Orange-Rot-Tönen und dem Grau und Schwarz.

Farbharmonie, Farbwirkung

Zwei oder mehr Farben, die man zusammenbringt, sollen miteinander harmonieren. Farbharmonie bedeutet aber nicht, Farben einer Art wie Rot und Orange zu kombinieren. Farbharmonie heißt, verschiedene Farben in einer gleichen Wertigkeit nebeneinander zu stellen.
Goethe hat für die einzelnen Farben Zahlenverhältnisse aufgestellt, die heute noch als Richtlinien für Farbharmonie dienen können: Gelb = 9, Orange = 8, Rot = 6, Violett = 3, Blau = 4 und Grün = 6.
Die Werte für Komplementärfarben lauten:
Gelb – Violett = 3 : 1
Orange – Blau = 2 : 1
Rot – Grün = 1 : 1
Diese Werte bedeuten: Wenn man Farben hundertprozentig harmonisch zusammensetzen will, darf man von einer Fläche nur ¼ in Gelb, den Rest in Violett streichen. Entsprechend ist das Verhältnis Orange – Blau ⅓ : ⅔, das Verhältnis Rot – Grün ½ : ½. Nach diesem Schema können Sie auch andere Farbzusammenstellungen harmonisch gestalten. Die Werte gelten allerdings nur für Farben mit höchster Leuchtkraft. Diese aufeinander abgestimmten Flächen ergeben ruhige Wirkungen, weil jede Farbe die gleiche Leuchtkraft wie die andere hat.
Jeder Farbton hat auf den Menschen eine bestimmte, unterschiedliche Wirkung:
Gelb ist die strahlendste und lichtvollste Farbe. Sie ist leicht und trotzdem kräftig. Gelb wirkt heiter, auch wenn es mit dunklen Farben kombiniert wird. Das reine, klare Gelb steht symbolisch für Wissen und Verstand, trübes Gelb für Verrat, Neid und Zweifel. Gelb erhöht die Antriebskraft, wirkt anregend und belebend.
Orange wirkt ebenfalls aktivierend und belebend. Es ist als Mischfarbe zwischen Rot und Gelb leuchtend und hat die Wärme der Sonne. Es symbolisiert Reichtum, Macht, Glanz und Freude. Wird Orange mit Weiß aufgehellt, verliert es seine Leuchtkraft.
Rot wirkt sehr mächtig und unwiderstehlich. Es steht symbolisch für die Liebe, den Krieg und die Revolution. Purpurrot war einst die Farbe der Könige und der Macht.

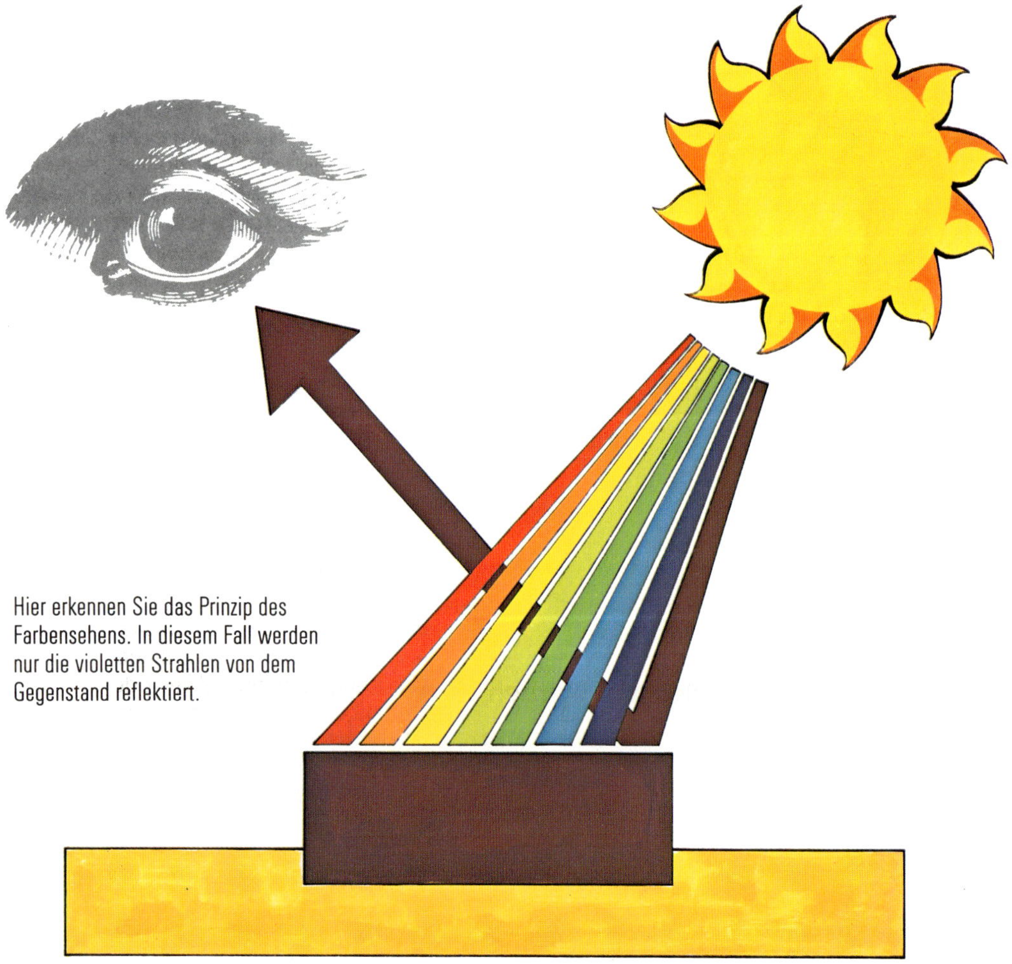

Hier erkennen Sie das Prinzip des Farbensehens. In diesem Fall werden nur die violetten Strahlen von dem Gegenstand reflektiert.

Farbe – was ist das?

Farbe ist keine vorhandene Eigenschaft, sondern ein Zustand. Nach dem heutigen Stand der Wissenschaft ist Farbe eine physikalisch meßbare Erscheinungsform des Lichtes. Ohne Licht gibt es also keine Farbe.
Licht besteht aus elektromagnetischen Schwingungen mit verschiedenen Wellenlängen. Wird z. B. ein Gegenstand mit einer bestimmten Wellenlänge bestrahlt, ist dieser Gegenstand für uns rot. In Wirklichkeit ist er aber gar nicht rot, sondern nimmt nur die Wellenlänge für Rot nicht an und wirft die Strahlen wieder zurück. Alle anderen Wellenlängen werden von der Oberfläche verschluckt und sind für uns nicht mehr sichtbar.
Die zurückgeworfenen Strahlen werden vom Auge aufgenommen. Auf der Netzhaut des Auges gibt es rund 3,5 Millionen Zäpfchen und 75 Millionen Stäbchen. Die Zäpfchen reagieren auf die Farbe, die Stäbchen auf die Helligkeit. Den Farbeindruck macht dann das Gehirn bewußt.

Der 12teilige Farbkreis enthält außer den Hauptfarben Rot, Gelb und Blau auch viele Mischfarben.

Stellt man mehrere Farben zusammen, muß man die Gesamtwirkung beachten. Orange und Rot mit Gelb gibt z. B. einen anderen Eindruck als Orange mit Rot und Violett.

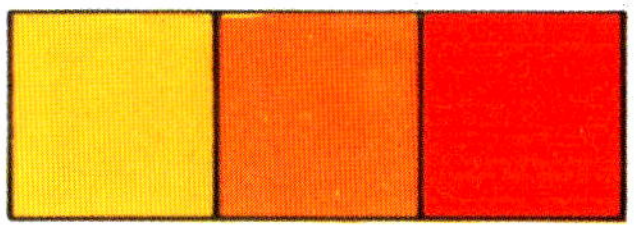

Gelb, Orange, Rot = leuchtend

Gelb, Orange, Grün = heiter

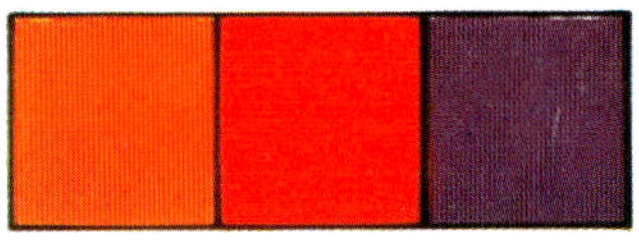

Orange, Rot, Rotviolett = mächtig

Rot, Rotviolett, Blau = ernst

Grün, Blauviolett, Blau = trübe

Rot läßt sich nicht leicht unterdrücken. Es hat die größte Wirkung auf den menschlichen Körper: Der Puls und die Atmung werden beschleunigt. Die Blutgefäße verengen sich, ein Zeichen, daß die Adrenalinwirkung in der Nebenniere einsetzt. Rot erregt und steigert die Empfindungen.
Violett findet man im Farbkreis zwischen Rot und Blau. Symbolisch bedeutet diese Farbe das Unbewußte und das Geheimnis. Sie erinnert an Tod und Katastrophen. Violett macht passiv, wirkt beruhigend und versetzt in feierliche Stimmung.
Blau verkörpert die Ruhe und Stille, auch den Glauben. Blau ist immer schattig und neigt zum Dunklen. Es erhöht die Konzentration, kann aber auch deprimierend und passiv wirken. Mit Weiß aufgehellt behält Blau seine kühle und unnahbare Wirkung.
Grün beruhigt stark und wirkt ausgleichend und sogar abstumpfend. Grün bedeutet Fruchtbarkeit, Ruhe und Hoffnung. Durch etwas Gelb, das dem Grün zugemischt wird, bekommt diese Farbe Fröhlichkeit und wirkt freundlich. Mit Blau abgetönt ist Grün »geistiger«, aber auch kälter und aggressiver.
Diese Angaben können allerdings nur als grobe Richtwerte gelten, denn Farben kann man in fünffacher Weise verändern:

1. Veränderung des Farbcharakters. Grün kann gelblich oder bläulich sein.
2. Veränderung der Helligkeit. Rot kann als Rosa, aber auch als Dunkelrot angewendet werden.
3. Veränderung in der Sättigung. Blau kann man mit Grau oder Schwarz trüben.
4. Veränderung im Mengenverhältnis zu anderen farbigen Flächen.
5. Veränderung durch das Auftreten von simultanen Kontrastwirkungen. Rot wirkt z. B. auf Schwarz heller, das gleiche Rot erscheint auf Weiß um einiges dunkler. Grau sieht gegen Rot leicht grünlich aus, dasselbe Grau gegen Grün erscheint rötlich. Die Erklärung: Das Auge sucht das Gleichgewicht, indem es dem Farbton etwas von der Komplementärfarbe »zumischt«.

Zusammenstellen von Farben

Bei der Auswahl verschiedener Farben, mit denen man z. B. ein Zimmer oder die Möblierung steichen will, muß man einiges beachten! Keine Farbe darf für sich allein gesehen werden. Zwei Farben, jede für sich sehr schön, passen vielleicht überhaupt nicht zusammen, weil sie sich »beißen«. Oder die erste Farbe unterdrückt die zweite so, daß sie gar nicht zur Wirkung kommt.
Wichtig ist auch die Beschaffenheit der Fläche oder der »Bezugsfigur«. Eine glänzende Fläche reflektiert das Licht sehr stark und wirkt daher wesentlich heller. Dadurch kann eine Farbe so verändert werden, daß sie einen Mißklang in die Farbkombination bringt.

Fachbegriffe aus der Farbenlehre

Gesättigte Farben sind reinbunte Farben, denen kein anderer Farbton wie Weiß, Grau, Braun oder Schwarz beigemischt wurden. *Aufgehellte Farben* enthalten Weiß, *abgedunkelte Farben* Schwarz. *Getrübte Farben* haben einen Grauanteil. Die *subtraktive Mischung* wird auch Pigmentmischung genannt: Zwei oder mehrere Farbsubstanzen werden »zusammengerührt«. Von der *additiven* oder *Lichtmischung* spricht man, wenn verschiedenfarbiges Licht auf eine neutrale Fläche fällt und so ein neuer Farbton entsteht. Mit verschiedenfarbigen Folien erreicht man den gleichen Zweck. Diese Farbtöne unterscheiden sich von denen der subtraktiven Mischung.

Farbe und Raumgestaltung

Am wohlsten fühlt man sich in seinen eigenen vier Wänden, wenn alle Dinge übereinstimmen und zusammenpassen: Möbel, Raumgröße und Farbgebung. Aber nicht immer sind die Räume so, wie man sie sich wünscht. Trotzdem kann man gerade mit Farben »zaubern« und viel verändern.

Der Eindruck und somit auch die Stimmung eines Raumes ist hauptsächlich von den Farben abhängig. Allerdings spielt die Qualität und die Beschaffenheit des Farbträgers auch eine große Rolle: Die Farbe kann noch so »warm« sein, wenn das Material »kühl« wirkt, überwiegt dieser Eindruck. Beispiel: Ein roter Keramikfußboden wirkt kühl, ein Teppichboden in der gleichen Farbe warm. Den ersten Eindruck von einem Raum vermittelt der Fußboden. Auch hier ist die Farbe entscheidend! Auf einem hellen Fußbodenbelag hat man einen schwebenden Eindruck, auf einem dunkleren meint man sicherer zu stehen. Große Räume, die man nicht mit einem Blick übersehen kann, sollte man mit einem dunklen oder erdfarbenen Material auslegen lassen. Das sorgt für den »sicheren Halt«.
Der zweite Blick beim Betreten eines unbekannten Raumes gilt den Wänden. Von ihnen geht die größte farbenpsychologische Wirkung aus. Dunkle Wände verengen den Raum, helle Wände erweitern ihn.
Über Fußboden und Wände wandert der Blick zur Decke. Hier gelten die gleichen Regeln wie bei den Wänden: Helle Farben lassen den Raum höher erscheinen, dunkle Farben machen ihn wesentlich niedriger. Deshalb Vorsicht mit dunkel getönten Zimmerdecken!

Mit Farben zaubern

Viele Wohnungen haben lange, schmale Flure, von denen aus die Zimmer zu betreten sind. Den »schlauchartigen« Charakter dieser Flure kann man leicht optisch verändern. Man mußt nur eine oder beide Stirnwände in einem kräftigen Orange streichen, die anderen Wände aber möglichst neutral halten. Durch die farbigen Stirnwände »verkürzt« sich der Raum, weil orangefarbene Flächen scheinbar näherkommen.
Streichen Sie die Stirnwände schwarz, anthrazit oder dunkelbraun, erscheint diese Fläche als Loch, das sich sogar noch entfernt.
Einen kleinen, engen und kurzen Flur können Sie erweitern, indem Sie alle Flächen hellblau streichen. Diese Farbe breitet sich nach allen Richtungen hin aus.
Kleine Räume sollten Sie nie in Rot halten. Das kann zu »Erstickungsgefühlen« führen, weil Rot zusammenzieht und einengt.
Ist Ihnen der Raum zu hoch, können Sie mit Farbe leicht Abhilfe schaffen. Die Decke wird dunkler als der Fußboden gehalten, die oberen 15 bis 20 cm der Wände werden in der Deckenfarbe gestrichen. So kann die Decke optisch heruntergezogen werden.
Nicht nur Farben, sondern auch gemusterte Tapeten können Räume optisch verändern. Schmale, lange Zimmer nie mit waagerecht laufenden Streifen tapezieren: Sie verlängern nur die Wände. Hier sind senkrechte Muster angebracht.
Großgemusterte Tapeten nie auf kleine Flächen kleben.
Dadurch erscheinen diese wesentlich kleiner, als sie wirklich sind.

Welche Farbe für welchen Raum?

Eine bestimmte Farbe in einem Raum verbreitet auch ein bestimmtes Klima, eine Atmosphäre. Deswegen lassen sich einige Regeln aufstellen, die für gewisse Wohnbereiche gelten. Diese Regeln können aber nur Richtwerte sein, da man ja bekanntlich über den Geschmack streiten kann.
Für Wohnräume sind besonders folgende Farben geeignet: weiß, gelb, moosgrün, hellbraun und rotbraun. Diese Farben sind ruhig und trotzdem anregend. Da man auch einen Teil der Dunkelheit in diesen Räumen verbringt, sollten sie relativ hell und »freundlich« gehalten werden.
Im Schlafzimmer setzt man gern Farben der Ruhe und Entspannung ein: Grün und Blau. Auch Brauntöne werden bevorzugt, weil so eine »Höhle« entsteht.
Lachsrosa, Ocker oder Hellgrün bis Grasgrün regen nicht nur den Appetit an, sondern fördern auch die Geselligkeit. Deswegen wählt man diese Farben oft für das Eßzimmer. Sie vertragen sich auch gut mit allen Speisen. Rotes Fleisch in einer roten Umgebung z. B. wirkt immer grau und unansehnlich. (Aus diesem Grund finden Sie nie eine Schlachterei, die irgendwelche roten Flächen hat!)
Für Arbeitsräume empfehlen Wissenschaftler folgende Farben: Sonnig-gelbe Wände mit roten oder grünen Akzenten. Diese Farben, so hat man festgestellt, regen zum geistigen Arbeiten an. Auch Treppenhäuser werden durch hellgelbe, hellrötliche oder hellgrüne Farben freundlich und strahlen eine »Willkommensstimmung« aus. Die gleichen Farben sind auch für Spiel- oder Kinderzimmer gut geeignet.
Weil Küchen meistens sehr klein sind, werden sie oft weiß oder hellblau gestrichen. So wirken sie größer, als sie eigentlich sind. Außerdem vermitteln Weiß und Hellblau das Gefühl der Frische und der

Orange läßt eine Wand näher erscheinen. Ideal für lange Räume.

Eine schwarze Stirnwand wirkt »unendlich« wie ein Loch.

Helles Blau macht einen Raum weiter, als er eigentlich ist.

Ein roter Raum wirkt auf viele Menschen einengend.

Farbmischungen

Industrie und Handel bieten eine große Anzahl unterschiedlicher Farbtöne an. Weil das »Moosgrün« des einen Herstellers aber nicht dem Farbton gleichen Namens des anderen Herstellers glich, wurden die RAL-Farben eingeführt (RAL ist die Abkürzung für »Reichsausschuß für Lieferbedingungen«). Die RAL-Farbtöne sind standardisiert und für alle Farbenhersteller verbindlich.
Zur Zeit kann der Verbraucher unter 158 RAL-Farbtönen wählen. Wer unter RAL-Farbtönen und anderen Farben nicht den gewünschten Ton findet, kann ihn sich selbst zusammenmischen. Auch hier macht es die Industrie dem Kunden leicht: Auf Farbtonfächern (links) oder -karten werden die einzelnen Mischverhältnisse angegeben. Bei Wandfarben ist oft sogar eine Tabelle dabei, auf der man ablesen kann, wieviel von welcher Farbe man für eine bestimmte Quadratmeterzahl benötigt.
Wer sich nicht nach einem Farbtonfächer richten will, muß mit Fingerspitzengefühl arbeiten. Einige Tropfen einer Farbe zuviel in der Mischung, und ein ganz anderer als der gewünschte Farbton kommt zustande.

Kühle. Hellblau hält auch Fliegen fern, wie Versuche auf Bauernhöfen und in Stallungen ergaben.

Farbfamilien oder Kontrastfarben?

Oft benutzte Begriffe aus der Farbenlehre sind »Farbfamilien« und »Kontrastfarben«. Eine Farbfamilie besteht z. B. aus allen Gelbtönen. Sie reicht dann von Grüngelb bis Gelborange; die »Farbfamilie Rot« umfaßt Rotorange bis Rotviolett. Das Zusammenstellen von Farben einer Farbfamilie ist nicht besonders schwierig; die Farben wirken meistens harmonisch und ausgeglichen. »Kontrastfarben« sind z. B. Rot und Blau, d. h. alle Farben, die nicht zu einer Farbfamilie gehören. Es ist schwieriger, Kontrastfarben richtig einzusetzen, als Farben einer Familie. Man kann die Wirkung der Zusammenstellung nur schwer im voraus bestimmen und einkalkulieren.

Reflexion der Farbe

Jede farbige Fläche reflektiert farbiges Licht. Wenn zwei verschiedenfarbige Flächen nebeneinanderliegen, ist die Reflexion weniger zu bemerken. Stehen die Flächen aber winklig zueinander, muß man diese Reflexion schon beachten. Ein blauer Fußboden verändert z. B. eine gelbe Wand im unteren Bereich zu einer grüngelben. Sogar eine gelbgestrichene Decke kann noch einen grünlichen »Stich« bekommen.
Achtung: Selbst viele Grünpflanzen im Zimmer können die Decke und die Wände farblich deutlich verändern. Auch künstliches Licht kann Farbe unvorteilhaft ändern: Tageslicht hat eine andere Wellenlänge als Kunstlicht. Deswegen sehen Farbtöne bei einem bestimmten Licht oft schmutzig und bräunlich aus. Heute aber werden auch schon Lampen angeboten, die die gleiche »Strahlenzusammensetzung« wie Tageslicht haben.

Die Mischtechnik

Grundsätzlich geht man von einer Hauptfarbe aus, der die zweite Farbkomponente langsam hinzugefügt wird. Dabei wird ständig und gleichmäßig umgerührt und verglichen, bis der gewünschte Farbton erreicht ist. Beim Auftrocknen bleiben glänzende Lackfarben fast so wie im feuchten Zustand, matte werden dunkler. Hochwertige Dispersionsfarben dunkeln um zwei bis drei Farbstufen nach, billigere werden dagegen heller.
Aber nicht nur durch das Auftrocknen können sich Farbtöne verändern. Eine große Rolle spielt auch der Untergrund. Auf einer glatten Fläche wirkt der Farbton anders als auf einer strukturierten. Um dunkle Farben aufzuhellen, benutzt man meistens Weiß. Sie verlieren allerdings dann die Leuchtkraft und werden blasser. Dunkles Rot kann mit Gelb aufgehellt werden. Auch Grün wird durch eine Gelbzugabe heller.
Wenn Sie von vornherein ein Hellblau oder Rosa mischen wollen, sollten Sie die Buntfarbe nie in das Weiß, sondern Weiß zur Buntfarbe geben. Sonst bleibt die Farbe sehr hell.
Grundsätzlich sollten nur Farben gleicher Herkunft gemischt werden, sonst kann es zu unliebsamen Überraschungen kommen. Einen Öllack kann man also nicht mit einem Kunstharzlack mischen, eine Leimfarbe sollte man nicht mit einer Dispersion verbinden. Für alle Wandfarben gibt es fertige, starkfarbige Abtönfarben, die das Mischen erleichtern. Sie können aber auch fertig gemischte Farben kaufen.

Beizen erhält die Holzstruktur

Holz, farbig oder naturbelassen gebeizt, erfreut sich steigender Beliebtheit. Der Grund: Die natürliche Holzstruktur bleibt sichtbar erhalten. Im Handel sind gebrauchsfertige Beizen erhältlich. Mit ihnen kann jeder umgehen.

Bedingungen für eine einwandfrei gebeizte Oberfläche sind: Möglichst astfreies Massivholz, Span-, Tischler- und Sperrholzplatten mit fehlerlosen Furnieren. Kittstellen, auch wenn sie noch so gut gearbeitet sind, sieht man immer.
Vor dem Beizen muß gut geschliffen werden. Am besten eignet sich Schleifpapier mit 100er Körnung. Anschließend alle Teile, die gebeizt werden sollen, mit lauwarmem Wasser anfeuchten, damit sich die Fasern aufrichten können. Nach einer Trockenzeit von ca. 5 Stunden muß noch einmal geschliffen werden (180er Körnung). Das Schleifpapier oft wechseln, damit die Fasern wirklich abgeschliffen und nicht nur heruntergedrückt werden. Wer auf das Wässern verzichtet, erlebt eine böse Überraschung: Das Holz ist sehr rauh. Nach dem Beizen kann aber nicht mehr geschliffen werden, weil die Oberfläche sonst scheckig wird. Wichtig: Vor dem Beizen sollte immer eine Farbprobe gemacht werden. Bei verschiedenen Hölzern wirkt die gleiche Beize im Farbton auch verschieden. Auf alle Fälle anschließend die Probefläche lackieren. Lack »feuert« die Beize an und verändert den Farbton.
Alle Teile, die zusammengehören, müssen am gleichen Tag und unter gleichen Temperaturverhältnissen gebeizt werden, damit keine Farbunterschiede auftreten. Genügend Beize anrühren und mischen! Je langsamer die Beize trocknet, desto tiefer dringt sie in das Holz ein. Man muß also Geduld haben und sich genügend Zeit lassen. Auf keinen Fall sollte man die gebeizten Stücke am Ofen oder in der Sonne »schnelltrocknen«. Lackiert werden darf erst, wenn die Beize vollkommen trocken ist. Noch feuchte Beize kann den Lack von innen heraus zerstören.

Was man zum Beizen braucht und wie man beizt

Es gibt spezielle Beizpinsel, die aber recht teuer sind. Ein normaler Pinsel genügt auch. Er darf aber keine Eisendrahtbindung oder eine Metallzwinge haben, weil sonst bei metallempfindlichen Beizen Oxidflecke entstehen können.
Der Schwamm kann ruhig billig sein, hier reicht ein Kunststoffschwamm aus dem Kaufhaus.
Mit der Messingbürste läßt sich die Beize tief in das Holz einreiben. Der Vorteil: Man kann noch einmal ganz leicht schleifen, wenn es nötig ist, ohne daß Naturholz durchscheint. Die einfache Bürste mit Naturborsten benötigt man vor dem Beizen zum Ausbürsten des Schleifstaubes, der in den Poren sitzt.

1 Vor dem Beizen muß der Schleifstaub aus den Poren gebürstet werden. Dann trägt man die Beize auf – beim ersten Arbeitsgang stets in Richtung der Maserung.

2 Jetzt wird die Beize quer zur Maserung »verrieben«. Die Oberfläche soll naß sein, die Beize darf aber nicht »schwimmen«. Auf gleichmäßiges Einstreichen achten!

3 Ungefähr zwei Minuten sollte man die Beize einziehen lassen. Dann die überschüssige Beize mit Schwamm oder Farbkissen abnehmen – nun wieder in Maserrichtung.

4 Größere Flächen sind mit einem Schwamm schneller zu beizen als mit dem Pinsel. Auch hier gilt die Regel: Erst in Maserrichtung, dann quer dazu Beize aufbringen.

5 Damit die Beize noch tiefer in die Poren eindringt, kann man sie mit einer Bürste einreiben. Das geschieht in Richtung der Maser, um häßliche Kratzer zu vermeiden.

6 Besonders glatt und leicht glänzend wird eine Oberfläche, wenn man sie mit einer Messingbürste behandelt. Dabei werden die Poren vertieft. Vorher das Trocknen abwarten.

7 Polycolorbeizen gibt es in allen gefragten Holztönen. Von oben nach unten: Nußbaum, Eiche hell und Eiche dunkel. Vor dem Beizen Farbprobe machen – Holz ist lebendig.

8 Beispiele für farbintensive Polycolorbeizen. Man kann diese Beizen untereinander mischen und so jeden beliebigen Farbton erzielen. Wichtig ist dabei die vorherige Beizprobe.

Vor dem Grundieren der Fläche wird mit der Lederbürste gearbeitet. Dies ergibt eine sehr glatte Fläche, die etwas glänzt. In die Bürste sind ca. 2 cm breite und 3 mm dicke Lederstreifen eingelassen, die das Holz polieren. Die Borsten vertiefen die Poren und machen sie deutlich sichtbar.

Die Beize darf nie in ein Metallgefäß gegossen werden. Eisen zerstört fast alle Beizen. Beizen darf man nur in warmen und trockenen Räumen. Holz, das aus einem kalten Raum in die warme Werkstatt kommt, muß Zeit zum »Akklimatisieren«, haben. Die Poren öffnen sich dann und die Beize kann besser einziehen.

Wer Massivholz beizt, sollte folgendes beachten: Hirnholz saugt so viel Beize auf, daß es nachher wesentlich dunkler wirkt als das übrige Holz. Deshalb das Hirnholz kurz vor dem Beizen noch einmal mit Wasser anfeuchten, dadurch kann es nicht mehr so viel Beize aufnehmen. Überschüssige Beize sofort entfernen!

Beizen unterschiedlicher Art lassen sich nicht untereinander mischen. Pulverförmige Beize ist gelöst nur begrenzt haltbar.

Wachsbeizen

Diese Beizen sind dickflüssig, stark wachshaltig und haben eine kräftige Farbwirkung. Kleine Schönheitsfehler im Holz können durch die Beize ausgeglichen werden. Nach gutem Durchtrocknen der Flächen werden sie am besten mit der Lederbürste sorgfältig poliert. Die Wachsbeize ist nicht besonders kratzfest.

Spiritusbeizen

Sie sind nur in Pulverform erhältlich und werden selten verwendet. Die Beize ist nicht sehr lichtecht. Zum Beizen größerer Flächen ist sie nicht geeignet, weil der Spiritus schnell verdunstet und die Fläche ungleichmäßig wird. Die Spiritusbeize wird hauptsächlich zum Anfärben von Polituren und zum Nachbeizen früher lackierter Flächen gebraucht.

Polycolorbeizen

Polycolorbeizen gibt es in vielen grellen Farben, so daß sie fast schockartig wirken. Sie sind sehr lichtecht und deckend. Es gibt diese Beizen in gebrauchsfertigen Gebinden von ¼, ½ und ⅟₁ Liter. Man kann mit ihnen alle gewünschten Farben mischen. Außerdem bekommt man sie auch in Naturholzfarben.

»Kratzfest«-Beizen

Die »Kratzfest«-Beize wird schon gebrauchsfertig angerührt geliefert. Diese Beize ist besonders für stark beanspruchte Teile geeignet. Wie alle flüssigen Beizen ist sie vor dem Gebrauch gut aufzuschütteln. Soll bei hellen Hölzern der pastellartige Ton erhalten bleiben, muß man die Flächen vorher mit Lichtschutzgrund isolieren!

Wasserbeizen

Wasserbeizen gibt es nur in Pulverform. Das Pulver in heißem, abgekochtem Wasser auflösen. Im allgemeinen wird kein Salmiak dazugegeben, weil der Farbton dadurch dunkler und grauer ausfällt. Diese Beize ist sehr lichtecht und hat eine hohe Farbkraft. Sie wird meistens zum Beizen von Massenartikeln verwendet.

1 Diese Tischlerplatte mit Kiefernfurnier ist falsch gebeizt: Die Beize wurde nur quer zur Maserung aufgetragen, die Fläche ist scheckig. Daran läßt sich nichts mehr ändern.

2 Vor dem Beizen unbedingt prüfen, ob die Oberfläche einwandfrei sauber geschliffen ist. Kratzer wie diese nehmen zuviel Beize auf und erscheinen dann bedeutend dunkler.

3 Nach dem Schleifen wurde dieses Eichenholzfurnier mit Stahlwolle abgerieben. Ein Fehler – dadurch verblaute das Furnier. Vorsicht auch bei eisenhaltigem Schleifpapier.

4 Wer schon lackierte Flächen neu beizen will, muß gründlich schleifen. Lackreste in den Poren nehmen die Beize nicht an. Man kann auch Abbeizmittel dazu verwenden.

5 Links eine ungewässerte, rechts eine gewässerte eichenfurnierte Tischlerplatte. Wässern vor dem Beizen ist unerläßlich. Nach dem Trocknen die Fasern abschleifen!

6 Eine mit Wachsbeize behandelte Fläche. Um sie glatt und leicht glänzend zu bekommen, wird sie mit der Lederbürste behandelt. Danach nicht mit Zelluloselack streichen!

7 Wasserbeizen (rechts) decken nicht so gut wie Polycolorbeizen (links), die sehr farbintensiv beizen. Die Wahl der Beize hängt stets von der beabsichtigten Beizwirkung ab.

8 Zwei Flächen, die mit Wasserbeizen behandelt wurden. Die obere wurde nach dem Trocknen in Maserrichtung mit der Lederbürste behandelt. Die Maserung tritt gut heraus.

Holz flämmen mit der Lötlampe

Wer eine Holzoberfläche rustikal gestalten will, kann sie mit der Lötlampe flämmen. Die so behandelten Flächen werden dann kräftig gebürstet. Geeignet sind alle harzhaltigen Nadelhölzer.

Holz, das geflämmt werden soll, braucht vorher nicht geschliffen zu werden. Maschinen- oder Handhobeln reicht als Oberflächenbehandlung aus.

Die Flamme wird in der Faserrichtung langsam hin- und hergeführt, bis die weichen und harten Jahresringe die gleiche schwarze Verfärbung haben. Probieren Sie Abstand und Stärke der Flamme an einem Abfallstück aus.

Nach dem Flämmen wird das Holz gebürstet. Dabei werden die verkohlten Holzbestandteile entfernt und die Oberfläche wird reliefartig strukturiert. Die harten Jahresringe bleiben dunkel stehen, die weichen dagegen werden hausgekratzt und sind dadurch heller. Ist der Gesamtton zu dunkel, kann man das Holz mit der Drahtbürste nachbehandeln und auf diese Weise aufhellen. Wichtig: Immer in Richtung der Fasern bürsten, damit keine Querkratzer entstehen!

Möbelteile, die direkt mit Kleidern in Verbindung kommen (Tisch-, Sitz- und Lehnflächen) sollte man nicht ausbürsten. Deshalb darf dabei die Flamme nicht zu stark eingestellt werden.

Außerdem sollte die Lötlampe nicht zu dicht an das Holz gehalten werden (Abstand ca. 20–30 cm). So verbrennen nur die weichen Holzfasern, die harten bleiben hell. Furnierflächen können ebenfalls geflämmt werden, nur muß das Furnier mindestens 2,5 mm dick und möglichst Sägefurnier sein.

Beizen und Flämmen

Holz, das besonders dekorativ wirken soll, kann man auch beizen und anschließend flämmen. Viele Beizen verdecken durch ihre intensiven Farben die Maserung. Durch den Flämmvorgang kommt sie wieder zum Vorschein. Bevor man das Holz mit der Lötlampe behandelt, muß es gründlich durchgetrocknet sein (mindestens 24 Stunden Trocknungsdauer). Die Lötlampe sollte beim Flämmen nicht zu hart eingestellt werden, damit die Fasern nicht verbrennen.

1 Gedrechseltes Holz wirkt durch das Flämmen noch interessanter, vor allem, wenn es vorher gebeizt wurde. In diesem Fall muß die Flamme des Lötbrenners besonders schwach eingestellt werden, weil das Holz sonst an den Kanten leicht verbrennt. Anschließend wird die Holzfläche gründlich gebürstet.

2 Kiefernholz, unterschiedlich verarbeitet. Von links: naturbelassen; ungebürstet geflämmt; geflämmt und gebürstet. Am besten wirkt die 3. Lösung.

3 Bei größeren Flächen kann die Flamme stärker eingestellt werden.

4 Mit der Draht- oder Wurzelbürste das geflämmte Holz ausbürsten.

5 Bei der Flämmarbeit an einer fest eingebauten Wandverkleidung schiebt man eine Asbestplatte zwischen Holzwand und Tapete.

6 So wirkt geflämmtes Fichtenholz, das mit einer Wurzelbürste behandelt wurde: Die Maserung tritt besonders deutlich heraus.

Die Veredelung von Holz-oberflächen

Holzmöbel müssen durch Oberflächenbehandlung gegen äußere Einflüsse geschützt werden. Im Fachhandel erhalten Sie die erforderlichen Hilfsmittel. Hier wird auch gezeigt, wie man schadhafte Stellen ausbessern kann.

Holzoberflächen lassen sich auf unterschiedliche Weise veredeln. Ob das Holz lediglich gegen äußere Einflüsse geschützt oder ob die Maserung, die natürliche Holzstruktur also, stärker betont werden soll: Durch Auswahl des geeigneten Materials werden Sie ohne Schwierigkeiten zum gewünschten Ergebnis kommen.

Voraussetzung für eine Oberflächenveredelung ist, daß das Holz sauber und sorgfältig geschliffen wird. Mit einem weichen Schwamm trägt man zuerst Wasser so auf, daß die Holzoberfläche gut angefeuchtet ist. Das Holz quillt und die einzelnen Fasern richten sich auf.

Nach dem Trocknen wird die jetzt rauhe Oberfläche mit 180er–240er Sandpapier geschliffen. Diese Schleifbewegungen nur in Richtung der Holzmaserung ausführen, damit sich später bei der fertig bearbeiteten Fläche keine Kratzer abzeichnen.

Soll das Holz gebeizt, das heißt mit Farbstoffen in seinem Aussehen verändert werden, so ist dies der nächste Arbeitsgang. Die Beize darf nicht in Metallgefäßen und mit metallbestückten Pinseln verarbeitet werden, sonst treten Farbveränderungen auf!

Ob die Holzoberfläche nun gebeizt oder naturbelassen ist, – bevor sie mattiert wird, muß sie mit einer Grundierung behandelt werden. Schnellschliffgrundierung, die man nach ca. 30 Minuten Trokkenzeit bereits mit Schleifpapier weiterbehandeln kann, garantiert Ihnen die geringste Arbeitsverzögerung.

Das Mattieren mit dem Ballen gibt der Holzoberfläche einen seidenmatten Glanz und den notwendigen Schutz. Diese Arbeitstechnik verlangt von Ihnen allerdings große Sorgfalt und etwas Übung. Erheblich leichter ist das Auftragen von Schutzlack mit dem Pinsel oder das Aufsprühen von Spray-Lack.

Für alle diese Arbeiten gilt: Verwenden Sie tunlichst Material, das aufeinander abgestimmt ist, also aus der Serie *einer* Herstellerfirma stammt.

1 Gebeizte oder unbehandelte Holzoberflächen müssen vor dem Lackieren mit einer Grundierung versehen werden. Zu empfehlen ist Schnellschleifgrundierung, die mit einem weichen Pinsel aufgetragen werden muß. Vorher sollten ungebeizte Holzoberflächen gewässert werden. Nach dem Trocknen gründlich in Faserrichtung schleifen.

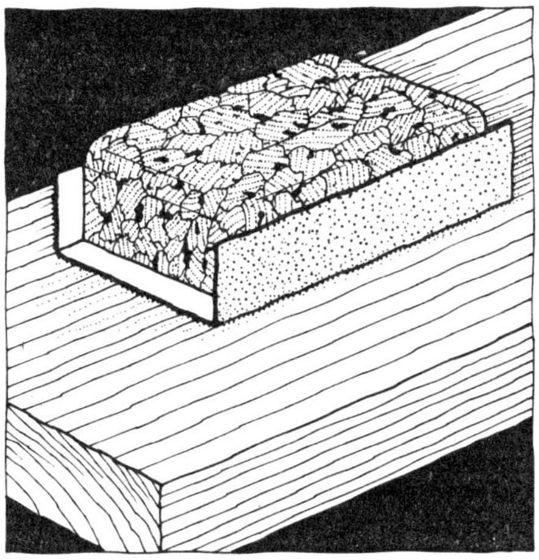

2 Die Schnellschleifgrundierung, im allgemeinen auf Zellulosebasis (Nitrolack), ist bei richtigem Auftrag in dreißig Minuten trocken. Mit Schleifpapier, 220er Körnung, wird in Maserrichtung nachgeschliffen. Dazu eignet sich der Schleifklotz aus Kork oder der Schwingschleifer. Anschließend mit einem weichen Lappen entstauben.

3 Zum Auftragen der Mattierung verwendet man einen Ballen aus einer Wollfüllung, die mit sauberem Trikotstoff umhüllt ist. Diesen Ballen tränkt man mit dünnflüssiger Ballenmattierung. Auch die etwas dickflüssigere Schellack-Mattierung trägt man mit dem Ballen auf, und zwar stets in Richtung der Faser, Strich neben Strich.

4 Den Ballen tränkt man gleichmäßig, aber nur mittelnaß. Er wird ständig in Bewegung gehalten. Für Ungeübte kommt auch der Auftrag mit dem Pinsel in Frage, genauso wie beim Grundieren.

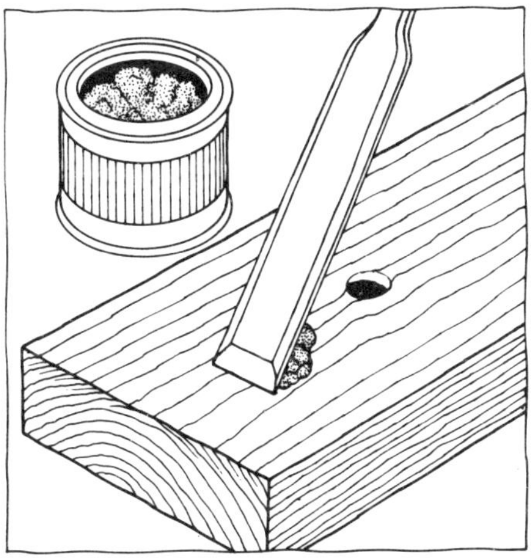

5 Risse oder Astlöcher lassen sich mit Holzpaste (Holzkitt) ausbessern. Die Paste ist in 20 Holztönen im Handel. Nach dem Trocknen kann man sie beliebig schleifen, hobeln und sägen.

6 Wasser- und Alkoholflecken beseitigt man mit Grau-Entferner aus der Spraydose. Entfernung zur Oberfläche etwa 20 Zentimeter. Bei hartnäckigen Flecken kann man das Verfahren wiederholen.

Lehrgang der Anstrichtechnik

Richtig streichen ist etwas anderes als nur »den Pinsel zu schwingen«. Das haben schon viele Heimwerker bei der Arbeit gemerkt. Der beste Lack ergibt keine gute Oberfläche, wenn der Untergrund dafür nicht vorbereitet ist. Das bedeutet: unermüdlich schleifen, dann die richtige Grundierung aufbringen. Sie schließt die Poren. Nun erst wird der Lack nicht aufgesaugt, sondern er »steht« auf der Fläche. Hier eine Übersicht über die interessantesten Lacke.

Grundierung

Nicht nur auf den richtigen Lack kommt es an, sondern auch auf die richtige Grundierung! Bei Nadelhölzern sollte man eine fungizide (pilztötende) Grundierung nehmen. Wichtig: Wie bei Lacken die Anweisungen des Herstellers beachten!
Meistens wird die Grundierung zweimal aufgetragen, damit sich die Poren schließen und die Holzfasern satt getränkt werden. Zwischen jedem Auftrag ist es notwendig, die Fläche sauber zu schleifen. Nur so erreicht man eine einwandfreie Oberfläche. Bevor der Lack aufgetragen wird, muß die Grundierung durchtrocknen.
Vor oder nach der ersten Grundierung werden Unebenheiten sorgfältig mit Lackspachtel ausgeglichen.

Acryllack

Diesen Lack nennt man auch gerne »Wasserlack«, weil er sich mit Wasser verdünnen läßt. Auch das Werkzeug kann man mit Wasser reinigen. Das ist für Heimwerker ein großer Vorteil. Das Bindemittel besteht aus Acrylatharzen.
Nachdem sich das Lösungsmittel verflüchtigt hat, ist der Lack wisch- und abwaschfest, witterungsbeständig und unverseifbar, d.h. alkalibeständig. Man kann ihn für Metalle, Holz, Tapeten, Hart-PVC, Leichtbeton, Mauerwerk, Putz, Gips usw. benutzen, innen genauso wie außen. Mit dem Pinsel gestrichen wird die Lackoberfläche glatt, mit der Rolle verarbeitet bekommt sie einen Ledernarbeneffekt.
Der Lack trocknet schnell: Nach ca. 20 Minuten ist er staubtrocken, nach 2 bis 3 Stunden noch einmal überstreichbar. Niedrige Temperaturen und hohe Luftfeuchtigkeit verzögern allerdings die Trocknung.

Polyesterlack

Polyesterlack, kurz PEL-Lack genannt, besteht aus zwei Komponenten: Eine Lösung aus ungesättigtem Polyester reagiert mit einem Härter. Beide Teile werden kurz vor der Verarbeitung gemischt. Die Topfzeit ist sehr kurz. Dieser Lack wird hauptsächlich im Gieß- oder Spritzverfahren aufgetragen. Wichtig: Die Raumtemperatur sollte zwischen 20 und 24° C liegen, Lack und Holzoberflächen sollten die gleichen Temperaturen haben. Eine Grundierung ist bei diesem Lack nicht nötig. Makassar-Ebenholz, Palisander und andere Tropenhölzer vertragen sich mit PEL-Lacken allerdings nicht. Die Inhaltsstoffe dieser Hölzer sind inhibierend, d.h. sie zerstören den Lack. Deshalb ist zuvor eine zweimalige Grundierung mit Polyurethanlack notwendig.
Da PEL-Lack die Holzporen füllt, gleicht er fast einer Kunststoffbeschichtung. Der einmal durchgehärtete Lack ist nicht wieder löslich. PEL-Lack ist abriebfest und widerstandsfähig.
Bei der Verarbeitung müssen Sie unbedingt beachten: Polyester-Lacke sind gesundheitsschädigend, wenn sie auf die Schleimhäute oder wenn ihre Dämpfe in die Atmungsorgane gelangen. Deshalb muß bei Lackierungsarbeiten für eine genügende Entlüftung oder Absaugung gesorgt werden. Ist Härter auf die Haut gelangt, muß er sofort mit Wasser und Seife entfernt werden. Härterspritzer, die ins Auge gelangen, können Verlust oder Beeinträchtigung der Sehkraft bedeuten. Deshalb sind Schutzbrillen bei diesen Arbeiten sehr wichtig.

Polyurethanlack

Polyurethanlacke, abgekürzt PUR-Lacke, sind am bekanntesten unter dem Markennamen DD-Lacke.
Sie gehören in die Gruppe der Reaktionslacke und bestehen aus zwei Komponenten, die kurz vor der Verarbeitung in einem bestimmten Verhältnis miteinander vermischt werden. Nach dem Zusammenschütten der beiden Lösungen ist der Lack nur noch wenige Stunden zu verarbeiten, ehe er durchhärtet. Nach dem Lackauftrag findet eine chemische Reaktion statt. Dabei entsteht ein hochmolekularer, in Lösungsmitteln unlösbarer Stoff, das Urethanharz.
Der Auftrag geschieht mit dem Pinsel oder (verdünnt) mit der Spritzpistole.
Die beste Grundierung ist 50%iger PUR-Lack. Verdünnen sollte man nur mit einer Spezialverdünnung!
Dieser Lack wird überall dort eingesetzt, wo es auf besondere Härte, Abrieb-, Wasser- und Chemikalienfestigkeit ankommt.
Bei ganz normaler Beanspruchung reicht ein Lackauftrag. Bei sehr hoher Beanspruchung sollte man bis zu drei Schich-

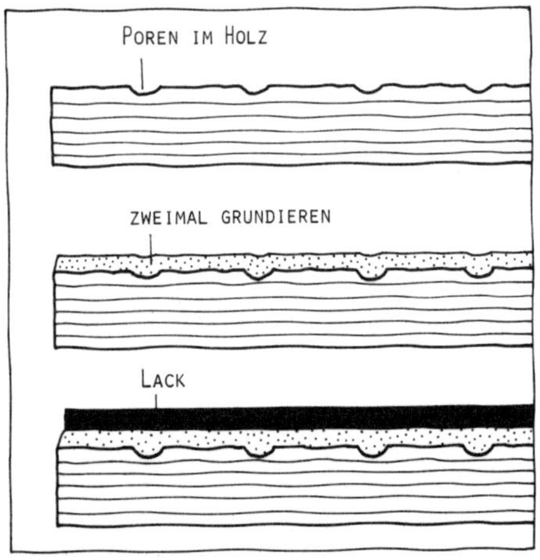

1 Rohes Holz wird zunächst gewässert, dann gründlich geschliffen. Grundiert wird im allgemeinen zweimal, bei Nadelhölzern mit einer pilztötenden Grundierung. Bevor dann der Lack aufgetragen wird, muß nochmals geschliffen werden.

2 Polyurethanlacke bestehen aus zwei Komponenten, dem Stammlack und einem Härter, die erst kurz vor dem Lackieren vermischt werden. Die Vorschriften des Herstellers sind dabei zu beachten. Besonders geeignet für Treppen, Fußböden.

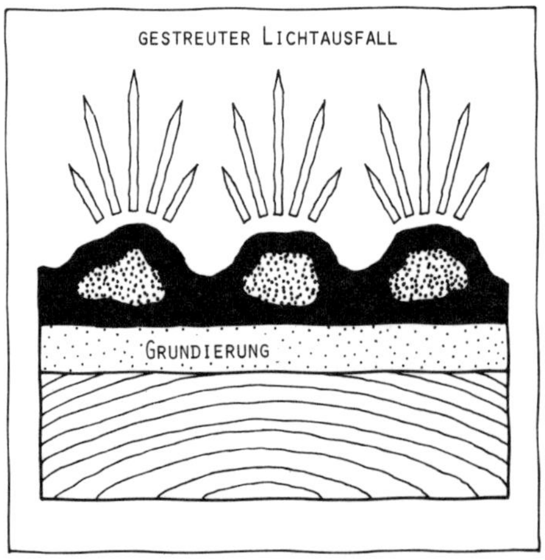

3 Viele Lackarten gibt es in einer glänzend auftrocknenden und einer matten Version. Der matte Effekt entsteht durch kleine Kunststoffteilchen, die dem Lack beigemengt werden. Das Licht wird durch diesen Zusatz gebrochen.

ten auftragen. PUR-Lacke sind nicht wasserdampfdurchlässig und eignen sich deshalb nicht besonders gut für den Außenbereich (Holzfeuchtigkeit wird z. B. nicht herausgelassen). Neu ist ein DD-Lack, mit dem Tapeten und Wände lakkiert werden können. »Kindermalereien« und auch Schmutz werden dann einfach feucht abgewischt.

Kunstharzlack

Kunstharzlacke sind die am meisten benutzten Lacke und im Vergleich mit Naturharzlacken wesentlich widerstandsfähiger. Ihre Eigenschaften: Bedingt resistent gegen chemische Einflüsse, wetter-, stoß-, schlagfest und elastisch.
Man bekommt Kunstharzlacke farbig, klar, matt und hochglänzend.
Diese Lacke gibt es für verschiedene Zwecke: Innen- und Außenlack, Fenster- und Heizkörperlack, Wandsockellack.
Geringe Lackmengen für kleinere Flächen erhält man auch in Spraydosen. Für den Kunstharzlack gibt es spezielle Verdünnungsmittel, man kann aber auch Testbenzin nehmen.

Nitrolack

Nitrozellulose- oder Nitrolacke werden auch NC-Lacke genannt. Sie bestehen aus Nitrozellulose in Speziallösungsmitteln mit Zusätzen von Harzen, Weichmachern und Verdünnungsmitteln. Dieser Lack wird für das Spritz-, Gieß- und Walzverfahren geliefert. Für die Heimwerker gibt es NC-Lack auch zum Streichen. Nitrolacke können fast jedem Verwendungszweck angepaßt werden, weil man sehr viele verschiedene Rohstoffe benutzen kann. Für wetterfeste Anstriche eignen sie sich allerdings nur in Verbindung mit Alkydharzlacken.
Der Vorteil dieses Lackes: Er läßt sich gut verarbeiten und trocknet sehr schnell.

Auch hier kann man zwischen verschiedenen NC-Kombinationslacken wählen: Mattierungen, Mattlacke, Seidenmattlacke, Polierlacke und sog. Schwabbellacke.
NC-Lacke sind nicht wasser- und kratzfest. Sie werden hauptsächlich beim Möbelbau eingesetzt, z. B. bei Innenflächen von Schränken oder Truhen.

ABC-Lack

Der ABC-Lack ist eigentlich eine Kunststoffbeschichtung für Asbestzement (A), Beton (B) und Zement (C). Er ist für innen und außen geeignet: Keller- und Garagenböden, Treppen, Wellasbestzementdächer, Balkonkästen usw. kann man damit wetterfest behandeln. Die Eigenschaften: Leicht zu verarbeiten, dauerhafte Haltbarkeit, schnelle Trocknung und leichte Pflege. Der Untergrund muß sauber, trocken und abgebunden sein. Bei frischem Zementputz ca. 4 bis 6 Wochen warten, ehe man den Lack aufträgt. Wichtig: Der Lack enthält hochexplosive Gase! Offenes Feuer, z. B. Zündflamme im Heizungskeller, unbedingt vermeiden!

Klarlacke

Klarlacke werden auch Luftlacke genannt. Sie sind auf Kunstharzbasis aufgebaut. Dadurch haben sie einen großen Vorteil gegenüber den klassischen, auf Ölbasis aufgebauten Luftlacken: Sie sind hervorragend wetterfest, auch bei extremen Verhältnissen, z. B. an der Küste, im Industriegebiet und im Hochgebirge. Allerdings sollte man sie nur dort anwenden, wo sie nicht ständig der Sonne ausgesetzt sind. Die UV-Strahlen zerstören den Lack.
Der Klarlack ist besonders gut für Holzlackierungen im Innenbereich geeignet. Außenanstriche bekommen schnell Risse und werden unansehnlich.

Heizkörperlack

Heizkörperlacke sind ebenfalls auf Kunstharzbasis aufgebaut. Sie sind jedoch wesentlich strapazierfähiger als normale Kunstharzlacke.
Der Lack muß bis ca. 120° C vergilbungsbeständig sein und schnell wechselnde Temperaturen aushalten. Er darf nicht weich werden oder abplatzen.
Die meisten Heizkörper werden bereits grundiert verkauft. Sonst müssen sie entrostet und mit Nitroverdünnung entfettet werden. Erst dann folgt eine Grundierung mit einer Rostschutzfarbe, danach zwei Lackanstriche. Dazu die Heizkörperrolle oder einen Pinsel benutzen.
Ofenrohre dürfen allerdings nicht mit Heizkörperfarbe gestrichen werden. Durch die im Vergleich zu Heizkörpern wesentlich höheren Temperaturen würde die Lackschicht zerstört., Nur Silber- oder Goldbronze bzw. Ofenrohrlack nehmen und zweimal auftragen.

Ventilationslack

Der Ventilationslack hat einen großen Vorteil: Er ist feuchtigkeitsregulierend. Deshalb ist er besonders gut für den Fensteranstrich (innen und außen) geeignet. Normalerweise sollte Fensterholz nicht mehr als 15 % Feuchtigkeit enthalten. Fenster, deren Lack schon abgeplatz ist und die länger ohne notwendigen Schutz der Witterung ausgesetzt waren, sind oft noch viel feuchter. Ein normaler Kunstharzlack hebt sich dann ab, und es entstehen Blasen, weil diese Feuchtigkeit bei Wärme entweichen will. Der Ventilationslack läßt die Feuchtigkeit aus dem Holz entweichen, aber nur geringfügig neue eindringen. Die richtige Grundierung ist ein spezieller Ventilationsgrund. Den Ventilationslack bekommt man in vielen Farben, die untereinander auch mischbar sind.

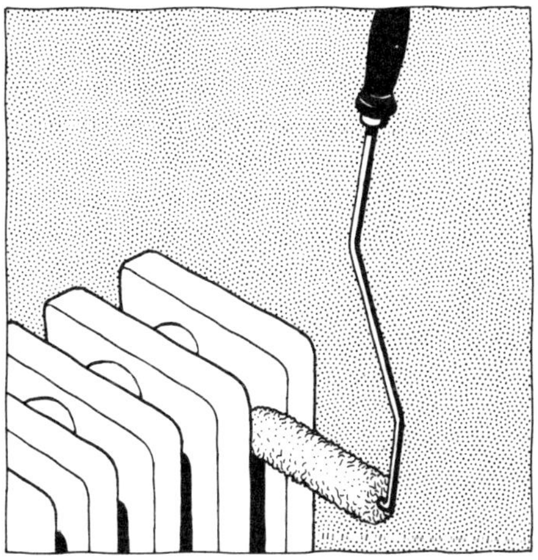

4 Für das Lackieren von Heizkörpern kann man spezielle Heizkörperrollen verwenden. Sie sind so dünn, daß man mit ihnen auch zwischen die Rippen des Heizkörpers gelangt. Für Heizkörper sollte man stets spezielle Lacke verwenden.

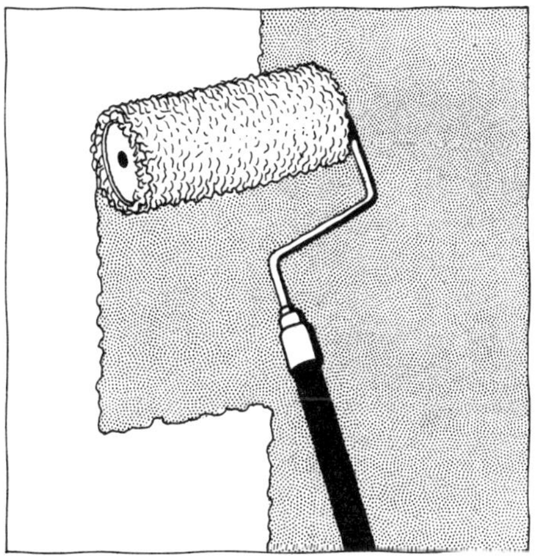

5 ABC-Lack ist eine Kunststoffbeschichtung für Asbestzement, Beton und Zement. Er eignet sich sowohl für Innen- wie für Außenarbeiten. Für die Verarbeitung nimmt man eine Rolle mit längerem Stiel. Der Untergrund muß trocken sein.

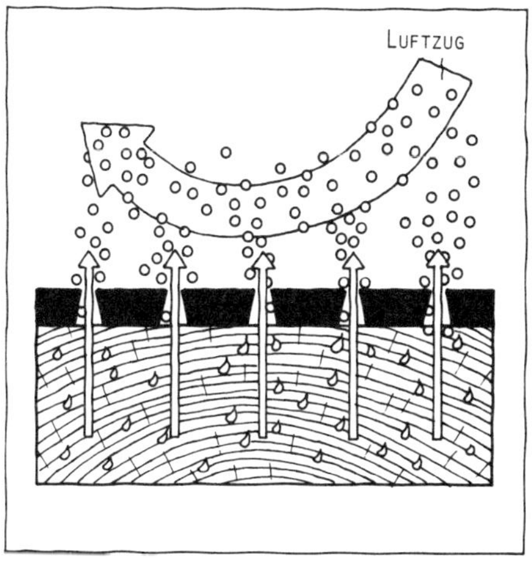

6 Ventilationslack reguliert den Feuchtigkeitsgehalt des Untergrundes. Durch seine Poren kann zwar Feuchtigkeit aus dem Holz entweichen, nicht aber in das Holz eindringen. Dieser Lack ist deshalb besonders für Fensteranstriche geeignet.

Arbeit mit der Spritzpistole

Besonders gute Lackoberflächen bekommen Sie, wenn Sie spritzen, statt zu streichen. Außerdem dauert das Lackieren mit dem Pinsel länger. Hier wird darüber gesprochen, was beim Spritzen mit Sprühdose und Pistole zu beachten ist.

Das Prinzip der Spritztechnik ist einfach. Die Anstrichfarbe wird unter Druck gesetzt und durch eine Düse gepreßt. Dabei versprüht sie in winzigen Tröpfchen, die auf den Untergrund geblasen werden und sich dort zu einem geschlossenen Farbfilm zusammenfügen – vorausgesetzt, man macht alles richtig.

Spritzen mit der Sprühdose

Die Sprühdose ist das einfachste Spritzgerät. Sie lohnt sich vor allem für kleinere Arbeiten. Ihr Nachteil: man braucht für jede Farbe eine eigene Dose. Ein paar Tips für den richtigen Umgang mit der Sprühdose:

- Kaufen Sie stets genug Lack, damit die Arbeit nicht unterbrochen werden muß – eine sichtbare Ansatzstelle kann die Folge sein. Eine 300-Gramm-Dose Sprühlack reicht für etwa 2,5 m².
- Für kleinere Werkstücke lohnt sich der Bau einer »Spritzkabine« aus einem großen Karton oder einem Packpapiergehäuse. Das Werkstück kann man in der Kabine drehbar aufhängen.
- Sprühdosen müssen vor Beginn der Arbeit ausdauernd und sorgfältig geschüttelt werden – in der Dose befindliche Kugeln erleichtern das unerläßliche Durchmischen der Farbe.
- Spritzen Sie in mehreren dünnen Schichten und warten Sie das Antrocknen jeder Schicht ab, bevor Sie die Arbeit fortsetzen.
- Nach dem Sprühen stellen Sie die noch nicht geleerte Dose auf den Kopf und betätigen so lange den Knopf, bis keine Farbe, sondern nur noch Treibgas austritt, das die Düse sauber bläst. So können Sie die Lackdose längere Zeit lagern.

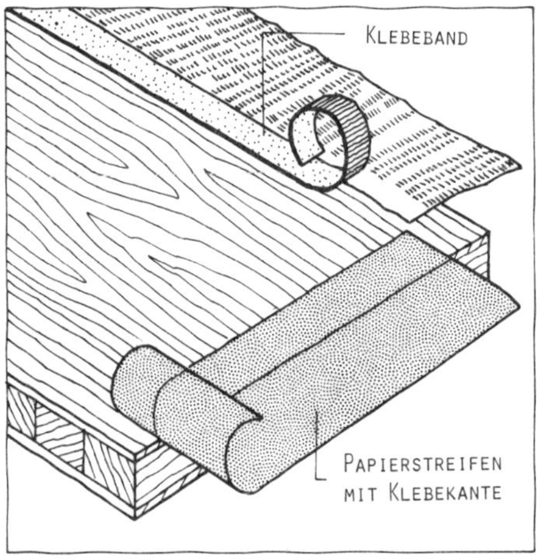

1 Vor dem Lackieren müssen alle Flächen abgedeckt werden, die keinen Lack abbekommen sollen. Das kann man mit Papier und Klebeband machen (oben) oder mit einem breiten Papierstreifen (vorn), der eine angearbeitete Klebekante hat.

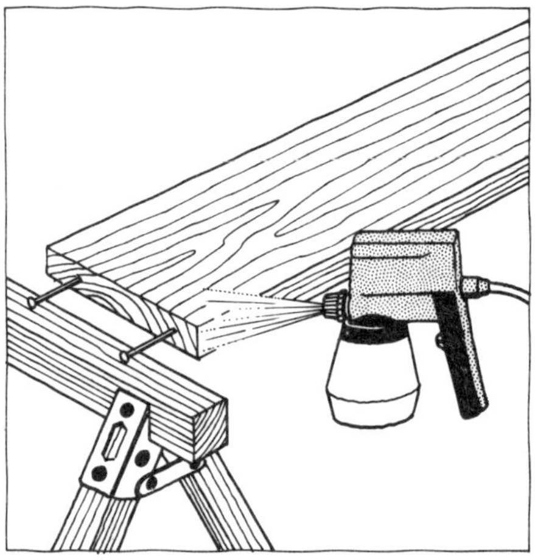

2 Sie sparen Zeit, wenn Sie in einem Arbeitsgang spritzen. In die Kanten dünne, aber längere Nägel schlagen und das Brett damit auf Böcken abstützen. Platte umdrehen, wenn die Oberseite fertig ist. So warten Sie nur einmal aufs Trocknen.

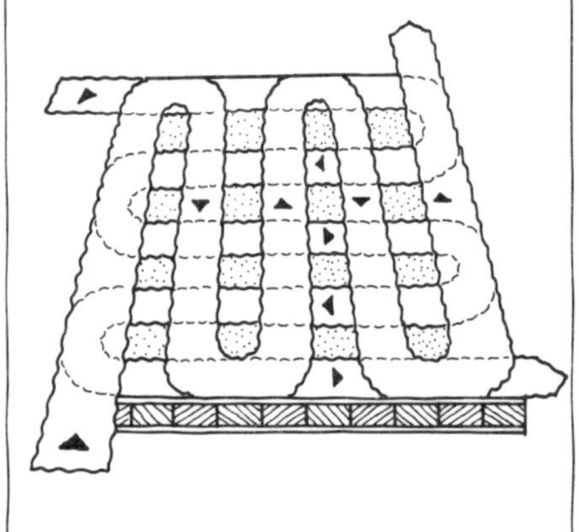

3 Damit die Farbe gleichmäßig aufgetragen wird, führt man die Spritzpistole erst waagerecht, dann senkrecht über die Fläche, spritzt also im Kreuzgang. Die einzelnen Farbstreifen dürfen dabei nicht zu weit voneinander entfernt sein.

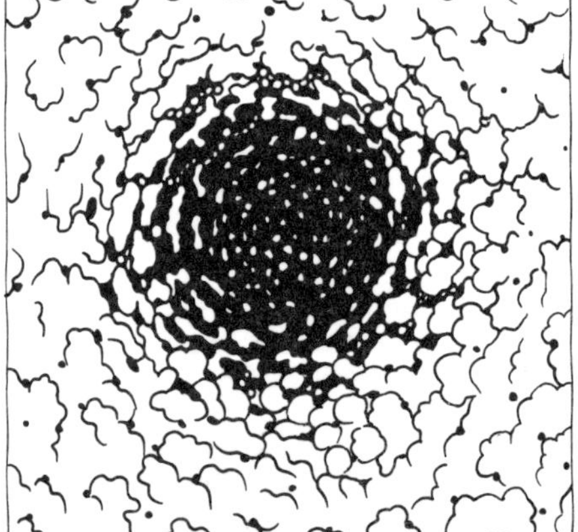

4 »Apfelsinenhauteffekt« nennt man diesen Verarbeitungsfehler. Die porige Oberfläche entsteht durch unverdünnten Lack, der nicht richtig verläuft. Wichtig: Vor dem Spritzen den Lack mit dem Konsistenzmeßbecher des Spritzgeräts prüfen!

Spritzen mit der Pistole

Lack darf nie verdünnt gespritzt werden, weil er sonst nicht verläuft und als unebene Masse stehen bleibt. Das »Einstellen« des Lacks, d. h. ihn spritzfähig zu verdünnen, ist eine Erfahrungssache. Eine gute Hilfe dabei ist der Konsistenzmeßbecher. Man gießt den unverdünnten Lack hinein und mißt dann, wie schnell er durchfließt. Die richtige Zeit – sie ist je nach Lackart verschieden – sagt Ihnen Ihr Fachhändler.

Flächen sollten beim Lackieren liegen. Sie werden im Kreuzgang gespritzt. Stehende Flächen zu lackieren ist schwieriger, weil Lack leicht Lecknasen bekommt. Lassen Sie deshalb zwischen dem waagerechten und senkrechten Spritzgang den Lack etwas antrocknen. Den Lack nie zu dick auftragen, lieber 2- bis 3mal in kürzeren Zeitabständen etwas dünner. Der richtige Abstand der Pistole zur Fläche ist ca. 25 cm. Vermeiden Sie einen Fehler, der oft gemacht wird: Die Pistole nie an den Enden der Fläche hoch ziehen – der Abstand wird dann größer!

Verdünnung ist leicht brennbar, die Dämpfe sind gesundheitsschädigend. Deshalb ist wichtig: 1. Beim Spritzen darf niemals geraucht werden! 2. Immer eine Atemschutzmaske tragen, wenn Sie in Innenräumen arbeiten.

Ist der Fußboden im Raum staubig: Mit Wasser bespritzen, damit der Staub nicht aufwirbeln kann. Hände vorher nicht einreiben: Die Fläche wird fettig und nimmt den Lack nicht an!

Wer mit der Spritzpistole eine einwandfreie Oberfläche erreichen will, darf bei dieser Arbeit keinen Pullover anziehen, der leicht fusselt. Die feinen Härchen werden durch den Lack angezogen und setzen sich auf die Fläche. Auch die Haare sollten zusammengebunden oder mit einer Mütze bedeckt werden.

Und so pflegt man eine Spritzpistole: Vor jedem Spritzen mit Verdünnung durchspritzen. Nach dem Spritzen Behälter abschrauben, Saugrohr in Verdünnung tauchen und durchspritzen, bis der Strahl keine Farbe mehr enthält. Saugrohr, Düsenkopf und Behälter mit Verdünnung reinigen. Nach dem Spritzen von wässerigen Flüssigkeiten erst mit Wasser, dann mit Maschinenöl durchspritzen.

Das Abbeizen alter Anstriche

Auf Dachböden und in Kellerräumen fristen schöne alte Truhen und Schränke oft nur deshalb ein Schattendasein, weil ihre Besitzer eines scheuen: Das Abbeizen. Aus dem gleichen Grunde kann man nicht selten sogar ein wertvolles altes Stück beim Trödler preiswert erstehen.

Abbeizmittel dienen dazu, von beliebigen Untergründen alte Anstriche und Lackierungen zu entfernen. Man unterscheidet Ablaugmittel auf alkalischer Basis und Abbeizfluide auf der Basis von Lösungsmitteln. Sie werden auf die abzubeizende Farbfläche aufgetragen. Nach einer Einwirkungszeit von wenigen Minuten (die genaue Zeitdauer richtet sich nach Dicke und Zustand der abzulösenden Farbschichten) kann der Altanstrich mit dem Spachtel abgelöst werden. Gegebenenfalls muß das Verfahren mehrmals wiederholt werden.

Alkalische Ablaugmittel haben den Nachteil, daß sie Kunstharzlacke nur schlecht lösen, das Holz verfärben und eine Nachbehandlung mit Wasser verlangen. *Abbeizfluide auf Lösungsmittelbasis* sind dagegen einfacher und sauberer zu verarbeiten. Das Nachwaschen mit Wasser entfällt, es kann nach dem Verdunsten des Lösungsmittels sofort weitergearbeitet werden, wenn man nicht eine Nachreinigung mit Testbenzin (bei anspruchsvollen Arbeiten empfehlenswert) dazwischenschalten will.

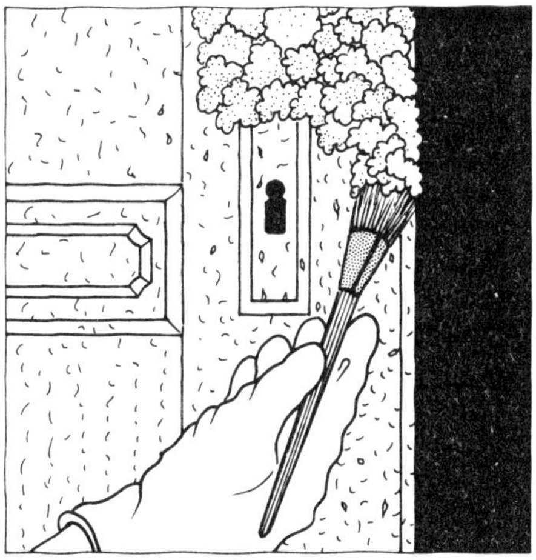

1 Blasenförmig hebt sich die alte Lackschicht vom Untergrund ab, wenn das Abbeizfluid aufgetragen wird. Da sich bei dieser Arbeit aggressive Dämpfe entwickeln, ist es wichtig, im Freien oder zumindest am offenen Fenster zu arbeiten.

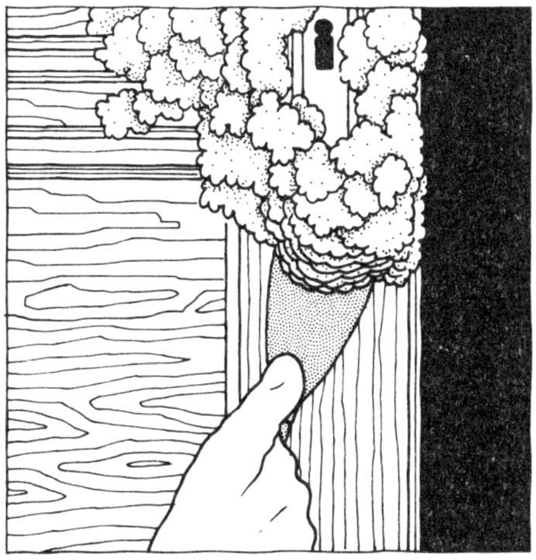

2 Nach einem zweiten Fluid-Auftrag und zehn Minuten Einwirkungszeit kann man mit dem Abspachteln beginnen. Der Spachtel sollte nicht zu scharf sein, damit das Holz nicht verletzt wird. Den alten Lack streift man in einen Behälter ab.

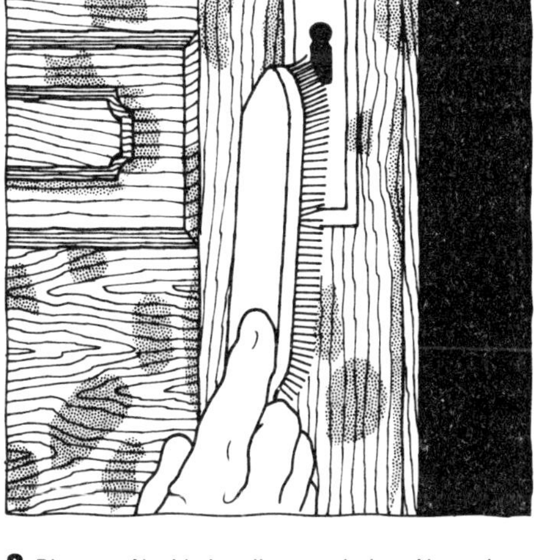

3 Die erste Nachbehandlung nach dem Abspachteln erfolgt mit der Drahtbürste, damit auch die letzten Lackreste aus Poren ud Rillen »herausgekämmt« werden. Notfalls muß man den Fluid-Auftrag noch ein- oder zweimal wiederholen.

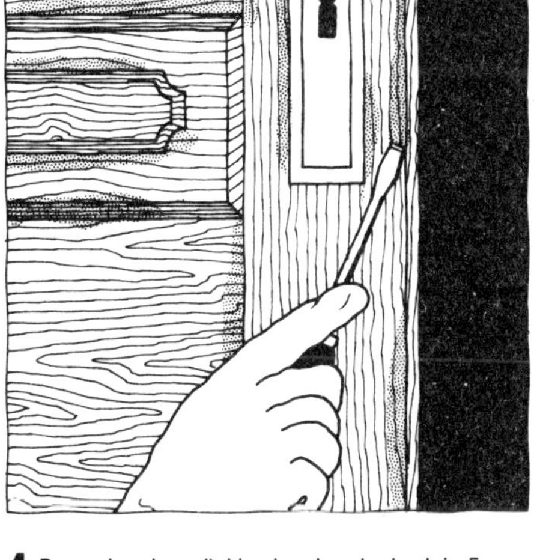

4 Besonders hartnäckig sitzt der alte Lack in Fugen und Ritzen. Dabei hilft man sich mit einem spitzen Gegenstand: bei feinen Ritzen mit einer Stricknadel, bei breiteren mit einem Schraubenzieher. Vorsicht, damit das Holz nicht splittert!

Anstriche, die nur matt und unansehnlich geworden sind, sonst aber noch als intakte Fläche existieren, brauchen nicht abgebeizt zu werden. Es genügt, sie vor dem Neuanstrich mit Salmiakwasser abzuwaschen, um die Fläche etwas aufzurauhen. Der Altanstrich muß mit Wasser nachgespült und nach dem Trocknen leicht angeschliffen werden (Schleifpapier Körnung 180–220).

Tips für die Abbeizarbeit

Das Abbeizen sollte man planen und nicht spontan in Angriff nehmen, denn meistens braucht man doch mehr Zeit, als man gedacht hat. Schließlich soll das alte Stück ja wieder ansehnlich werden, und deshalb ist die gründliche, meist zeitraubende Arbeit sehr wichtig. Grundsätzlich sollte man nie ohne Schutzbrille und ohne Handschuhe abbeizen. Um die Luft nicht zu verpesten und besser atmen zu können, empfiehlt es sich auch dringend, die Arbeit nur im Freien, zumindest aber am offenen Fenster zu machen.

Wenn das Möbelstück abgebeizt ist, richtet sich die Weiterbearbeitung danach, ob wieder lackiert werden oder die Oberfläche naturbelassen bleiben soll. In jedem Fall muß das Holz sich »erholen« können und speziell behandelt werden.

Wenn nach dem Abbeizen wieder lackiert werden soll, empfiehlt sich eine Vorbehandlung mit einem lasierenden Holzschutzmittel.

Für den Fall, daß das Möbelstück naturbelassen bleiben soll, nimmt man am besten ein Holzschutzmittel, das zugleich auch gegen Schädlinge wirkungsvoll schützt. Danach kann die Holzoberfläche mit Flüssigwachs überzogen und poliert werden. Das macht man am besten mit der Polierscheibe an der Bohrmaschine. Hierbei im Sinne des Wortes nur »oberflächlich« polieren, denn bei Druck entstehen auf der Holzoberfläche Schwabbel-Kreise, die schwer wieder zu entfernen sind.

Oft stellt sich nach dem Abbeizen heraus, daß die Holzoberfläche stark nachgedunkelt ist. Wenn das Werkstück deckend lackiert werden soll, spielt das keine Rolle. Ist aber nur eine Lasur oder eine andere farblose Behandlung vorgesehen, weil die Maserung sichtbar gemacht werden soll, muß der Versuch gemacht werden, die Holzfläche aufzuhellen.

Zu diesem Zweck gibt es im Fachgeschäft Bleichmittel, die genau nach Gebrauchsanweisung zu verwenden sind. Man kann sich aber auch selbst ein Bleichmittel mischen, das nicht viel kostet. Es besteht aus Salmiakgeist und Wasserstoffsuperoxid im Verhältnis 50:50. Beide Flüssigkeiten gibt es in der Drogerie oder Apotheke. Das Bleichmittel wird mit dem Pinsel aufgetragen. Wenn die gewünschte Wirkung erreicht ist, wischt man die Holzoberfläche feucht ab.

Decken- und Wandanstriche

Mit neuen Farben an Decken und Wänden sieht auch eine alte Wohnung wieder hell und schön aus. Wenn Sie meinen, daß auch Ihrem Heim eine Verschönerung guttun könnte, sollten Sie sich bald an die Arbeit machen – das geht heute auch ohne große Vorkenntnisse.

An Handwerkszeug brauchen Sie in erster Linie eine etwa 25 cm breite Lammfellrolle für große Flächen, möglichst mit auswechselbarem Bügel und hohlem Griff, damit Sie einen Verlängerungsstiel einsetzen können, mit dem man bis zur Decke reicht. Für das Vorstreichen von Ecken sollten Sie sich einen gekröpften Flachpinsel besorgen, für das Malen randscharfer Konturen einen Schrägstrichzieher. Außerdem müssen Sie einen Farbeimer aus Kunststoff haben, der so groß sein soll, daß sich die Rolle in die Farbe tauchen läßt. Dazu gehört ein Abstreifsieb für das Abstreifen der Rolle.
Einen Spachtel, mit dem kleine Löcher und Risse ausgebessert werden können, haben Sie sicherlich. Dann fehlt nur noch etwas Schleifpapier (120er Körnung), um Farbreste entfernen und Spachtelflächen glätten zu können. Als nützlich hat sich schließlich noch ein Farbrührer erwiesen, der in eine Bohrmaschine gesteckt wird. Mit der Hand und dem Umrührholz kann man Wandfarbe nicht so gut mischen.

Tips für das Anstreichen

Bevor Sie die Renovierung beginnen, sollten Sie den Fußboden mit einer Abdeckfolie schützen, die man mit Klebestreifen an den Fußleisten befestigt. Zeitungen als Abdeckmaterial haben sich nicht bewährt, weil sie zu leicht wegrutschen. Steckdosen oder Schalter in der Wand werden mit Kreppband und Papier geschützt.
Jede Anstreicharbeit beginnt damit, die zu bearbeitende Fläche zu reinigen und eventuell auszubessern.
Risse werden zugestrichen oder mit Dispersionsspachtel geglättet, der dünn aufzutragen ist. Größere Risse in Putz oder Mauer füllt man mit möglichst universell einsetzbaren Spachtelmassen, etwa Flexofill, aus.
Beim Anrühren der Farben sollte man immer die ganze benötigte Menge auf einmal mischen, falls es die gewünschte Farbe nicht fertig zu kaufen gibt. Will man nämlich eine Mischung noch einmal anrühren, dann gelingt es fast nie, den Farbton wieder ebenso exakt zu treffen. Für die Farbtöne gilt, daß helle Volltöne – gelb-rot oder orange – schlechter dekken, die Deckfähigkeit aber besser wird, wenn man Weiß zusetzt.
Für den Grundanstrich kann man der Farbe, das gilt gleichermaßen für Leim-, Dispersions-, Latex- und Acrylfarben, maximal ein Fünftel der Masse an Wasser zusetzen. Bei der Decke höchstens zehn Prozent, am besten nimmt man hier eine unverdünnte Farbe. Beim zweiten Anstrich – bei hellen, auf Weiß basierenden Anstrichen reicht manchmal einer – sollte man unverdünnte Farbe nehmen. Als Faustregel gilt, daß man für einen Grund- und einen Deckanstrich etwa ¾ Liter streichfähige Farbe pro m² braucht.
Grundsätzlich sollte man beachten: Immer erst die Decke und dann die Wände streichen. Auch muß immer naß in naß gearbeitet werden, sonst sind unschöne Ansatz-Streifen nicht zu vermeiden. Deshalb sollte man eine Wand auch in einem Arbeitsgang streichen.

Welche Anstrichfarbe wofür?

Früher wurden Wände und Decken vorwiegend mit Leimfarben, seltener mit Kalkfarben gestrichen. Heute verwendet man fast nur noch Dispersionsfarben, die mit der Lammfellrolle aufgetragen werden. So beschichtete Wände kann man abwaschen. Hier eine Übersicht über die wichtigsten Wandanstrichfarben.
Leimfarbe eignet sich für Decken- und Wandanstriche, aber nicht für Außenanstriche, weil sie nach dem Auftrocknen feuchtigkeitsempfindlich ist. Sie gilt als wischfest (besonders, wenn sie Anteile von Dispersionsbinder enthält), läßt sich aber nicht abwaschen.
Leimfarbe besteht aus tierischem oder pflanzlichem Leim als Bindemittel, Kreide oder Kaolin (mit weiteren Zusätzen) als Pigment und Wasser als Lösungsmittel. Abtönfarben in Pulver- oder Pastenform sorgen für den gewünschten Farbton. Leimfarbe kann auch starkfarbig getönt werden. Sie wird fertig abgepackt und in standardisierten Tönungen angeboten. In der Regel müssen diese Farben nach dem Anrühren 20 bis 30 Minuten quellen, bevor sie streichfertig sind. Auftragen von Leimfarbe mit der Deckenbürste oder Lammfellrolle.
Dispersionsfarbe läßt sich innen und außen verwenden und ist besonders widerstandsfähig. Als Bindemittel dient Kunststoff in feiner, stabiler und gleichmäßiger Verteilung (Emulsion oder Suspension) in Wasser. Nach dem Anstrich verflüchtigt sich das Wasser, auf dem Untergrund bildet sich ein geschlossener Kunststoff-Film. Demzufolge läßt sich Dispersionsfarbe (vom lat. dispergere = zerteilen) mit Wasser verdünnen, aber nach dem Trocknen nicht mehr mit Wasser lösen.
Spritzer und Flecken von aufgetrockneter Dispersionsfarbe können nur mit Nitroverdünnung entfernt werden. Für das Ablösen größerer Farbflächen gibt es spezielle Dispersionsentferner. Sie müssen satt aufgetragen werden. Nach 10 bis 15 Minuten läßt sich die alte Farbschicht mit Wurzelbürste und Spachtel entfernen. Vor der weiteren Verarbeitung muß mit klarem Wasser nachgewaschen werden. Dispersionsfarben werden wie Leimfarben mit Deckenbürste oder Lammfellrolle aufgetragen. Sie können immer wieder überstrichen werden und eignen sich deshalb für stark strapazierte Räume, die regelmäßig renoviert werden müssen, z. B. für Küchen und Bäder, Flure und Treppenhäuser. Selbstansetzen ist bei dieser Farbe nicht möglich.
Dispersionsfarbe wird in Kunststoffbehältern und -eimern angeboten und muß lediglich nach Vorschrift verdünnt werden. Da es zahlreiche Spezialmischungen gibt, ist der Verwendungszweck beim Einkauf genau anzugeben. Für Innenanstriche kommt beispielsweise eine andere Dispersion in Frage als für Fassadenanstriche. Sondermischungen gibt es auch für Anstriche auf Beton und für Wasserbeckenanstriche.
Latexfarbe für Innenanstriche ist ebenfalls eine Dispersionsfarbe, hergestellt auf der Basis von Styrol-Butadien. Der seidenmatt glänzende, scheuerfeste Latexanstrich eignet sich besonders für stark strapazierte Räume: Flure, Treppenhäuser, Keller- und Abstellräume, Hobby- und Hausarbeitsräume, auch für Kinderzimmer. Räume mit Feuchtigkeitsentwicklung (Bäder, Küchen) sollte man dagegen nicht mit Latexfarbe streichen.
Latexfarben kann man mit handelsüblichen Volltonfarben (z. B. Dispersionstönfarben) auf den gewünschten Farbton bringen. Sofort nach Gebrauch kann man Pinsel und Rolle mit klarem Wasser säubern, ist also nicht auf ein Lösungsmittel angewiesen. Latexfarben von guter Qualität kann man auch für Anstriche auf Holzflächen verwenden. In diesem Fall sollte man nicht mit Pinsel oder Lammfellrolle, sondern mit einer Lackwalze mit Plüschbelag arbeiten, die einen glatten Auftrag garantiert.
Acryl-Wandfarbe ist eine Dispersionsfarbe auf der Grundlage von Reinacrylat. Als Universalfarbe kommt sie nicht nur für Decken- oder Wandanstriche, sondern auch für Anstriche auf Holz, Kunststoff und Metall sowie für Fassadenanstriche in Frage. Es gibt rund 20 Farbtöne, die mit Abtönfarben abgewandelt werden können, in den Glanzgraden seidenmatt bis seidenglänzend. Acrylfarbe kann mit Wasser verdünnt werden, und Wasser genügt auch als Reinigungsmittel für das Handwerkszeug. Im Gegensatz zu normalen Dispersionsfarben kann man Acrylfarben auch mit der Spritzpistole verarbeiten.

1 Um einen Farbton genau zu treffen, probiert man kleinere Farbmengen auf einem Stück Rauhfasertapete aus. Als Regel gilt dabei für Decken- und Wandanstriche: Erst die Volltonfarben mischen, dann Weiß zugeben – und stets die Gesamtmenge für einen Raumanstrich mischen.

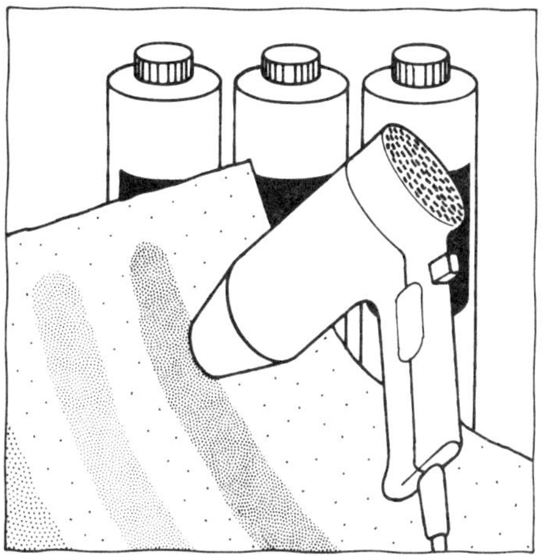

2 Um feststellen zu können, ob man einen Farbton richtig getroffen hat, muß man die aufgetragene Farbe völlig austrocknen lassen, weil einige Farben beim Trocknen heller werden, andere dagegen dunkler. Ein Haartrockner beschleunigt das Trockenverfahren (oder der Heizkörper).

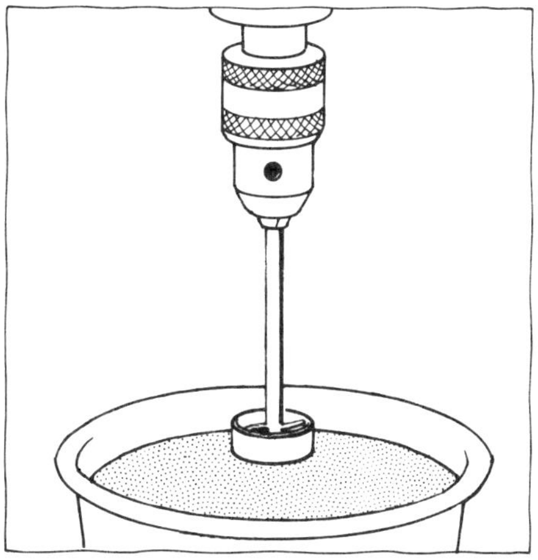

3 Scheckige oder streifige Anstriche sind unschön. Deshalb muß man die Farben beim Mischen sehr gut durchrühren (bis sich eine gleichmäßige Masse ergibt). Am schnellsten mischt man mit einem Farbquirl, den es im Heimwerkerladen als Bohrmaschinenzubehör zu kaufen gibt.

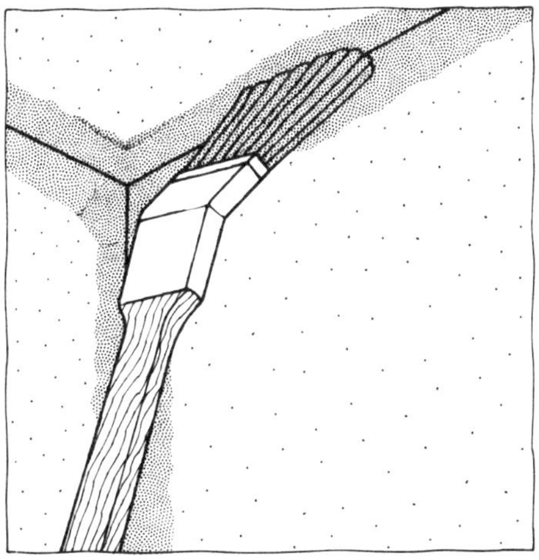

4 Raumecken streicht man mit einem Flachpinsel vor. Sind Decke und Wand verschiedenfarbig, so darf nur wenig Deckenfarbe an die Wand. Die Wandfarbe wird jedoch mit einem Schrägstrichzieher 5 mm breit auf die Decke aufgetragen. Dann erst kann die Farbrollarbeit beginnen.

5 Das Streichen der Decke kann man sich sehr erleichtern, wenn man den Farbroller auf einen Stiel steckt. Beim Deckenstreichen drückt man die Rolle besonders gut auf dem Abstreifsieb aus und rollt langsam, damit nichts abtropft. Eine Kopfbedekkung ist dabei zu empfehlen.

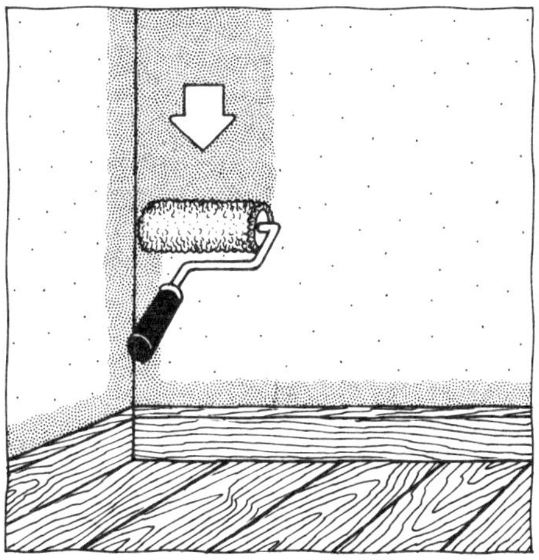

6 Nach dem Vorstreichen der Raumecken kann man mit dem Streichen der Wände beginnen. Die Rolle wird dabei am kurzen Stiel geführt. Wenn sie sich zu schnell dreht, sprüht sie Farbe in die Gegend. Zuerst streicht man die Wände nur von oben nach unten, Bahn für Bahn.

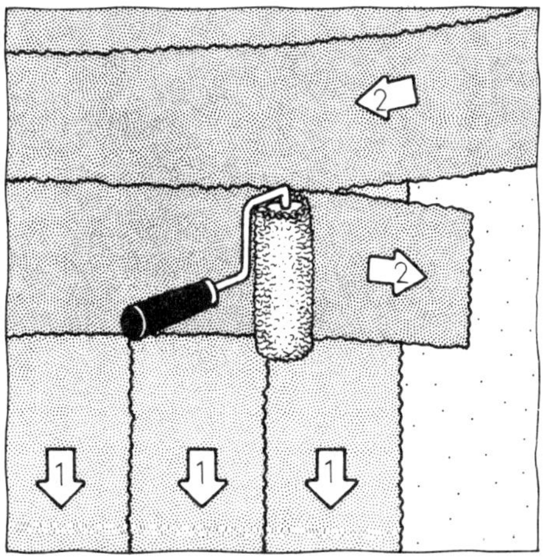

7 Um einen gleichmäßig deckenden Anstrich zu erreichen, wird die Farbe im zweiten Arbeitsgang quer gestrichen. Die Fachleute nennen das »Verschlichten«. Mit diesem zweiten Durchgang wird oben begonnen und unten aufgehört.

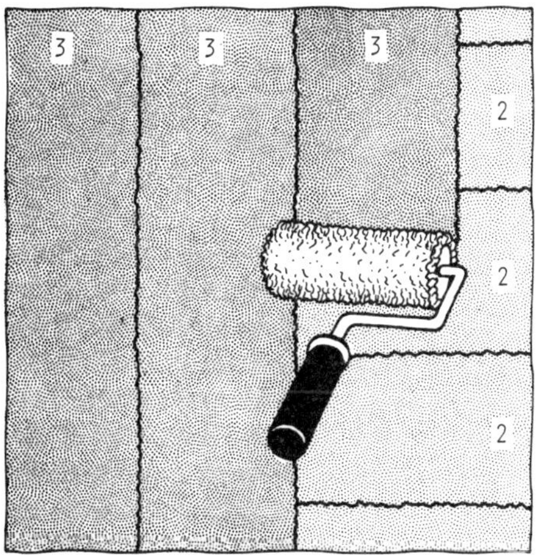

8 Zum Schluß wird die Farbe mit der Rolle noch einmal von oben nach unten, in der Technik des ersten Arbeitsganges, aufgetragen. Dabei muß darauf geachtet werden, daß sie überall gleichmäßig deckt und keine Streifen entstehen.

	Leimfarbe	Dispersionsf.	Latexfarbe	Acrylfarbe
Küche, Bad	B	G	U	U
Hobbyraum	U	G	G	G
Wohnräume	U	G	B	G
Schlafräume	U	G	B	G
Flure, Treppen	U	G	G	G
Keller, Abstellr.	B	G	G	B

9 Nicht jede Wandfarbe ist für jede Aufgabe gleichgut geeignet. Die Tabelle gibt Auskunft, welches Material wofür in Frage kommt. Dabei bedeuten G = gut geeignet, B = bedingt geeignet und U = ungeeignet für den jeweiligen Zweck.

Anstriche auf Außenwänden

Außenanstriche machen viel Arbeit. Sie sollte durch eine Fassadenbeschichtung belohnt werden, die der Wand möglichst lange ein wetterbeständiges, frisches Gesicht gibt. Ohne die genaue Kenntnis der Anstrichfarben ist das nicht möglich.

Zu den Vorbereitungen gehört die Beschaffung von Leitern und Gerüstteilen. Mit der Malerleiter oder Treppenleiter, wie sie für Innenarbeiten verwendet wird, ist meist nur bis zur ersten Geschoßhöhe auszukommen. Besser sind zwei oder drei Böcke, über die Gerüstbretter (wenigstens 3 cm starke Bohlen) gelegt werden. In höhere Regionen reicht man damit aber auch nicht, und weil der Gerüstbau nicht nur Material, sondern auch Fachkenntnisse erfordert (Unfallgefahr!), für den Laien also kaum in Frage kommt, bleibt nur der Ausweg, eine hinreichend lange Leiter anzustellen.

Beim Fassadenanstrich wird grundsätzlich von oben nach unten gearbeitet. Die Giebelfelder kommen also zuerst an die Reihe. Wenn die Leiter dabei an eine bereits gestrichene Fläche gelehnt werden muß, umwickelt man ihre oberen Enden mit Lappen.

Fassadenfarben für viele Zwecke

Die folgende Übersicht nennt die sieben wichtigsten Gruppen von Fassadenfarben. Für welchen Untergrund sie sich eignen, verdeutlichen die Ziffern vor den Texten und auf den »Wandausschnitten« der rechten Seite. Kalkfarbe (1) ist also beispielsweise für Zementputz, Kalksandsteine, Natursteinmauern und Kalkputz geeignet – und so fort.

1 Kalkfarbe ist Bindemittel und weiße Farbe zugleich. Man gewinnt sie aus Kalkstein, der durch Brennen und anschließendes Löschen mit Wasser sowie Sumpfen in Kalkgruben in gelöschten Kalk umgewandelt wird.

Der mit Wasser angerührte weiße Brei, die Kalkmilch, der man auch kalkbeständige Pigmente zugeben kann, trocknet nach dem Anstrich durch Aufnahme von Luftkohlensäure und versteinert unter gleichzeitiger Wasserabgabe zu Kalkstein. Kalkanstriche immer dünn auftragen, besser mehrmals streichen als einmal dick.

Der Anstrich muß allerdings öfter mal erneuert werden, insbesondere an Wetterseiten. Da Kalk ätzt, ist bei der Verarbeitung Vorsicht in bezug auf Augen, Haut und Haare geboten. Einsatzgebiete: Ungestrichene Kalk- und Zementputze, Natursteine und festsitzende Kalkanstriche.

2 Silikatfarben werden auf der Grundlage von Kaliwasserglas hergestellt, das als farbloses Kolloid (und Lösung) zum Binden von wasserglasbeständigen Pigmenten dient. Als Stabilisatoren setzt man nicht selten Kunstharze zu, die für eine noch bessere Anstrichfähigkeit sorgen.

Der Anstrich erstarrt durchs Verdunsten vom Wasserglas. Durch Einwirkung der Luftkohlensäure kommt es zur Verkieselung. Dieses Verkieseln ist aber nur auf mineralischen Untergründen möglich: Hier bilden sich unlösliche Silikate zwischen Wasserglas, Pigment und mineralischem Untergrund.

Silikatanstriche werden bei richtiger Verarbeitung in feuchter und kühler Witterung »steinhart«: Nach der chemischen Umsetzung (Verkieselung) sind sie wetterbeständig, außerdem beständig gegen Rauchgase und Säuredämpfe.

Silikatfarben sind als Ein- oder Zweikomponentenfarben zu haben. Sie trocknen stumpfmatt auf. Durch Überzug mit Wasserglas kann man matte Anstriche glänzend machen. Einsatzgebiete: Neue Kalk- und Zementputze. Natursteine, Asbestzementplatten.

3 Öllacke sind nach wie vor preiswerte Anstriche. Sie trocknen langsam und glänzen sehr stark. Öllacke von heute sind Lösungen von Natur- oder Kunstharzen in fetten Ölen. Dazu kommen Verdünnungsmittel, Trockenstoffe und Pigmente. Öllacke sind immer »körperreiche« Lacke mit hohem Gehalt an sich nicht verflüchtigenden Bestandteilen oder Filmbildnern (Körpergehalt: etwa 60%); sie trocknen darum auch nur langsam.

Öllacke sind lufttrocknende Anstriche, die sich durch leichte Verstreichbarkeit, gute Überstreichbarkeit sowie durch Glanz und Fülle auszeichnen. Sie lassen sich schnell mit Terpentinöl oder Testbenzin verdünnen, sind außerdem ungiftig. Nur fette Lacke, die einen guten Verlauf haben und große Elastizität aufweisen (aber geringere Härte), sind wetterbeständig. Die Wetterbeständigkeit hängt von Ölart und Ölmenge ab. Leinöllacke zum Beispiel können quellen und verseifen. Der große Vorteil: Öllacke sind preiswert. Einsatzgebiete: Trockene und neutrale Untergründe wie Putz, Naturstein und Holz.

4 Alkydharzlacke sind eine Weiterentwicklung der Öllacke, diesen darum artverwandt. Es sind Lösungen ölhaltiger Alkydharze in flüchtigen Lösungsmitteln unter Zusatz von Pigmenten und meistens auch anderen Harzen sowie Trockenstoffen. Man nennt sie auch – ungenau – einfach synthetische Lacke oder Kunstharzlacke. Alkydharzlacke zeichnen sich durch Stoß- und Schlagfestigkeit aus, vereinen damit zugleich Elastizität sowie Härte. Sie trocknen durch Verdunsten der Lösungsmittel sowie durch Oxidation und Polymerisation der öligen Bestandteile. Auch die Zeit der völligen Durchhärtung ist bei Alkydharzlacken wesentlich kürzer als bei Öllacken. Einsatzgebiete: Matte Alkydharzlacke hauptsächlich für Fassadenanstriche. Saugende Untergründe grundieren.

5 Polymerisatharzlacke weisen sich durch unterschiedliche Eigenschaften der jeweils verwendeten Polymerisatharze aus. Polymerisation nennt man den Zusammentritt von mehreren Molekülen eines Stoffes zu einer neuen Verbindung, deren Molekulargewicht ein Vielfaches von dem des Ausgangsstoffes beträgt. Bei den Lacken dieses Namens handelt es sich um Lösungen von Polymerisatharzen in flüchtigen Lösungsmitteln unter Zusatz von Pigmenten, meist auch unter Zusatz anderer Filmbildner sowie von Weichmachern. Die Eigenschaften dieser Lacke sind je nach Basis verschieden; gemeinsame Eigenschaften aller Arten sind: Schnelles Trocknen (1–2 Stunden) durch Verdunsten der Lösungsmittel und gute Streichbarkeit. Beim Spritzen allerdings neigen sie zum »Fadenziehen«. Bei der Verarbeitung der Lacke kann es zu unangenehmen Geruchsentwicklungen kommen. Einsatzgebiete: Für besonders beanspruchte Zement- und Betonanstriche. Acryl-Mischpolymerisat-Lacke setzt man hauptsächlich für licht- und wetterbeständige helle Fassadenanstriche ein. Verarbeitung: Entweder streichen, spritzen oder beschichten.

6 Dispersionsfarben wurden bereits auf der vorhergehenden Doppelseite erläutert. Für Außenanstriche müssen sie wetterbeständige Eigenschaften haben. Als gut wetterbeständig gelten weichmacherfreie PVAc-Co-Farben, PVA-Copolymerisat-Farben und PVC-Farben (Polyvinyl-Propionat). Auch Latexfarben kommen in Frage.

Einsatzgebiete: Die aktuellste Fassadenfarbe. Weiter für Zement- und Kalkputze für Beton, Asbestzement, Mauerwerk und Holz. Dispersionsfarben kann man auch auf festsitzende Kalk-, Silikat-, Öl- und Lackfarben streichen.

7 Spezialfarben kommen beim Streichen von »häuslichen« Außenwänden seltener in Frage. Zu dieser Gruppe gehören vor allem die wasser-, wetter- und chemikalienbeständigen Chlorkautschuklacke, die schon in einer Stunde staubtrocken sind. Sie lassen sich aber nicht leicht verarbeiten. Epoxidharzlacke sind elastisch und hart zugleich, trocknen ebenfalls schnell, eignen sich für treibstoffbeständige Anstriche auf Putz und Beton. Polyurethanlacke (Ein- oder Zweikomponentenlacke, auch DD-Lacke genannt) geben als Anstrich einen Film von großer Härte, Fülle und Glanz. Sie sind beständig gegen Wasser und Chemikalien. Man kann sie streichen oder spritzen.

1 Zementputz: Alle fassadengeeigneten Anstrichstoffe kommen in Frage. Frischer Putz sollte erst nach 14 Tagen gestrichen werden.

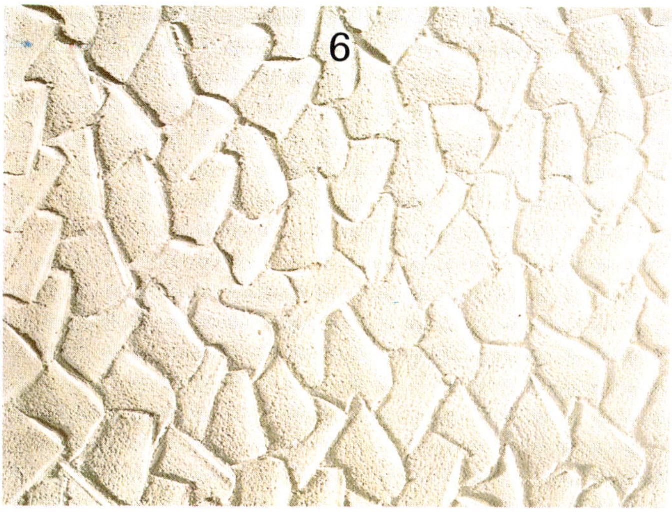

2 Strukturputz: An ihn sollte man sich nur mit Dispersionsfarben heranwagen. Strukturputz jeder Art wird vor dem Anstreichen abgebürstet und entstaubt. Anschließend bessert man Stoß- und Fehlstellen mit geeigneter Spachtelmasse nach Herstellervorschrift aus. Das Foto zeigt rustikalen Kellenputz.

3 Kunststoffputz: Wie Strukturputz muß auch Kunststoffputz (im Bild: Kratzputz) abgebürstet, entstaubt und ausgebessert werden.

4 Kalksandsteine: Neues Kalksandsteinmauerwerk muß gut abgebürstet und entstaubt werden. Man kann es anschließend auch abwaschen und trocknen lassen. Etwaige Risse in der Verfugung sind auszubessern.

5 Ziegelmauer: Vor einem Anstrich muß Ziegelmauerwerk über einen längeren Zeitraum auswittern. Ausblühungen bürstet man trocken ab. Auch in diesem Fall müssen Verfugungsrisse ausgebessert werden.

6 Asbestzement: Die alkalisch reagierenden Asbestzementplatten streicht man mit alkalifester Farbe, z. B. einer Silikatfarbe.

7 Natursteinmauern: Fassadenverkleidungen und Mauern aus Natursteinen besonders in den Vertiefungen säubern. Fetten Schmutz und Verunreinigungen mit einer Fluatschaumwäsche entfernen.

8 Kalkputz: Für Anstriche auf Kalkputz ist Kalkfarbe (gelöschter, verdünnter Kalk) am besten geeignet. Die Haltbarkeit hängt vom Wetter ab. Feuchte Luft fördert sie sehr.

9 Betonwand: Gut abgebundener Beton, hier mit Holzverschalungs-Abdrücken, muß vor dem Anstrich gründlich gesäubert und entstaubt werden. Schalöle und Fette am besten mit Fluatschaumwäsche entfernen.

Holzschutz-Anstriche

Ohne Holz geht es nicht – Heimwerker brauchen es für Möbel und Inneneinrichtungen, für Zäune und Fassadenverkleidungen. Holz kann etwas aushalten und dabei uralt werden – vorausgesetzt, man schützt es vor pflanzlichen und tierischen Schädlingen. Das geschieht durch Anstriche unterschiedlicher Art, die vorbeugend wirken oder auch einen schon festgestellten Befall bekämpfen können.

Die DIN-Norm 68800 (Holzschutz im Hochbau) schreibt die Behandlung von Holz mit chemischen Mitteln vor. Diese Mittel gelangen erst nach Prüfung und Zulassung in den Handel. Anwendungsbereich und Wirksamkeit dieser Mittel werden durch Buchstaben gekennzeichnet, die dem Verbraucher die Möglichkeit geben, festzustellen, ob das Mittel geprüft und für welchen Zweck es geeignet ist. Die Bedeutung der Buchstaben: P = wirksam gegen Pilze (Fäulnisschutz), Iv = vorbeugend wirksam gegen Insekten, Ib = bekämpfend wirksam gegen Insekten, S = geeignet zum Streichen, Sprühen und Tauchen, W = geeignet auch für Holz, das der Feuchtigkeit ausgesetzt ist.

Holzschutz bei Pilz- und Insektenbefall

Die erwähnte DIN-Norm schreibt auch vor, welche Holzteile behandelt werden müssen: Gegen Insektenbefall alle tragenden Hölzer sowie Hölzer über 40 mm Stärke bei nicht überdachten Bauten. Dazu zählt alles Holz im Garten. Bei geschlossenen Bauwerken sind alle Holzteile des Daches und im nicht ausgebauten Dachraum zu behandeln. Behandlung gegen Pilzbefall ist bei allen Holzteilen nicht überdachter Bauwerke vorgeschrieben. Bei geschlossenen Bauwerken geht's umgekehrt: Alle Holzteile in Geschoßdecken; Hölzer, die auf Mauerwerk, Beton oder Steinen aufliegen; Hölzer an Stellen, an denen mit Tauwasserbildung zu rechnen ist; Lagerhölzer und Unterseiten von Fußbodenbrettern bei nicht unterkellerten Räumen; Holzkonstruktionen von Fertighäusern sowie Kellertreppen, -verschläge und -wände aus Holz.

Wenn der Wurm schon drin ist

Hausbock, Nage- und Splintholzkäfer bekämpft man auf gleiche Weise. Zuerst müssen alle zerfressenen und nicht mehr tragfähigen Holzteile entfernt und umgehend verbrannt werden. Die vom Hausbock befallenen Teile kann man abschlagen. Die entfernten Holzteile werden durch neues, bereits imprägniertes Material ersetzt. Wenn Nage- oder Splintholzkäfer am Werk waren, nützt das »Ausbeilen« wenig. In diesem Fall muß man meistens viel Holz erneuern, weil die Schädlinge den gesamten Querschnitt der befallenen Hölzer durchbohrt haben können. Das Holz hat dadurch seine Tragfähigkeit verloren. Hier wird das noch nicht zerstörte Holz mit einer Drahtbürste gesäubert und das Bohrmehl mit einem Staubsauger entfernt. Entfernt werden müssen auch alte Kalk- oder Feuerschutzanstriche, damit die Saugfähigkeit des Holzes erhöht wird. Nach Abschluß dieser Vorbereitungsarbeiten müssen sämtliche Holzteile wenigstens zweimal mit bekämpfender Imprägnierung gestrichen oder gespritzt werden.
Sitzen die tierischen Holzzerstörer im Fußboden, muß man zuerst die befallenen Dielen aufheben und prüfen, ob Lagerhölzer und Balken auch behandelt werden müssen. Bei gestrichenem Fußboden: Auch hier zuerst alle Farbe entfernen, damit die Imprägnierung auch richtig eindringen kann. Den Imprägniervorgang einmal wiederholen, dann den Boden völlig durchtrocknen lassen. Erst danach ist es wieder möglich, neue Farbe aufzutragen. Ist das Holz von Pilzen, also von pflanzlichen Schädlingen befallen, müssen die nicht mehr tragfähigen Teile ebenfalls entfernt und vernichtet werden. Entfernte Teile werden durch neue, imprägnierte ersetzt
Stellt man in alten Möbelstücken oder gar Antiquitäten den »Holzwurm« fest (man erkennt es meistens an den kleinen Fluglöchern und den Bohrmehlhäufchen), sollte auch hier zur Sicherheit das ganze Stück behandelt werden. Man streicht dabei die Innenseite des Möbelstückes mit bekämpfender Imprägnierung ein. Dann umhüllt man das Ganze so mit einer Plastik-Folie, daß der Innenraum luftdicht verschlossen bleibt. Nach einer Woche etwa – diese Behandlung sollte man am besten im Keller oder im Freien vornehmen – sind die Schädlinge vernichtet.

Holzschutzmittel und ihre Verarbeitung

Holzschutzmittel unterteilt man in zwei Gruppen: in flüssige, sofort verwendbare Mittel auf Ölbasis und in wasserlösliche Mittel, die erst mit Wasser angesetzt werden müssen. Alle Mittel kann man verstreichen, spritzen oder als Tauchbad benutzen. Zu unterscheiden sind:
Vorbeugende Imprägniermittel auf Ölbasis. Sind Kunstharze beigemischt, trocknet das Holz schneller. Imprägnierungen dieser Art sind farblos oder in verschiedenen Brauntönen zu haben. Sie werden auf das rohe Holz gestrichen.
Vorbeugende Imprägnierlasuren erfüllen schützende Aufgaben und verstärken zugleich durch die beigemischten Farbpigmente Holzstruktur und Maserung. Es gibt sie in jedem gewünschten Holzton und in Buntfarben. Bei Innenanstrichen genügt ein Auftrag, bei Außenanstrichen sind zwei Aufträge besser.
Lacklasuren bilden auf dem Holz eine wasserabweisende Schicht. Nicht alle sind vollwertige Schutzmittel nach DIN 68800. Deshalb muß, wenn das Etikett keinen Hinweis enthält, mit farblosem Imprägniergrund vorgestrichen werden.
Deckende Holzschutzfarben gibt es sowohl auf Öl- als auch auf Acrylbasis in vielen Tönungen. Sie enthalten stets Holz-Konservierungsmittel.
Bekämpfende Imprägniermittel setzt man bei bereits befallenem Holz ein. Alle Mittel dieser Gruppe sind giftig, die auf Ölbasis außerdem feuergefährlich. Beim Verarbeiten deshalb Gummihandschuhe tragen, Gesicht und Arme schützen.

1 Kiefernprofilholzbretter, zweimal mit bekämpfender Imprägnierung gestrichen: Links mit Xylamon Combi hell, rechts mit Xylamon Combi braun. Beide Mittel bekämpfen tierische und pflanzliche Schädlinge, aber nicht den Bläuepilz.

2 Fichte, unbehandelt, einmal mit imprägnierenden Farblasuren gestrichen. Diese Lasuren haben eine doppelte Wirkung: Sie schützen das Holz und verstärken durch Farbpigmente Holzstruktur und Maserung. Für innen und außen gut geeignet.

3 Kiefernholz, zweimal mit schnelltrocknender Acryl-Lasur (Bondex) in fünf unterschiedlichen Farbtönen gestrichen. Diese Lacklasur schützt gegen Pilze, nicht gegen tierische Schädlinge. Lacklasuren bilden eine wasserabweisende Schicht.

4 Deckende Holzschutzanstriche, zweimal aufgetragen. Es gibt voll abdeckende Anstriche und solche, die den Holzcharakter noch zur Geltung kommen lassen. Deckende Schutzanstriche werden auf Öl- oder Acrylbasis in vielen Farben geliefert.

Vom Umgang mit Tapeten

Kleine Tapetenkunde

Tapetenwechsel innerhalb der eigenen vier Wände kostet immer viel Zeit und Geld. Ein Grund mehr, das neue Kleid der Wohnung sorgfältig und in Ruhe auszusuchen. Hier können Sie lesen, was man wissen muß, um sich unter den sieben Tapeten-Hauptsorten zurechtzufinden, die es in rund 25 000 verschiedenen Mustern gibt.

Tapeten lassen sich nach unterschiedlichen Gesichtspunkten einteilen – beispielsweise nach der Papierqualität, nach der Abwaschbarkeit und Wischfestigkeit, nach der Druckfarbe oder dem Druckverfahren und nach der Oberflächenstruktur. Auch das Tapetenmuster ist ein Kriterium. Es gibt ein- und mehrfarbige, groß- und kleingemusterte, schmal oder breit gestreifte Tapeten, solche mit Blumenmustern (»floralen Mustern«) und mit figürlichen Darstellungen, mit Küchenmotiven und Kachelmustern, mit Kinderzimmerbildchen und mit gut oder weniger gut nachempfundenen Motiven großer Stilepochen. Kurz: es gibt Tapeten für jeden Geschmack. Demzufolge fällt es nicht leicht, die richtige Tapete auszuwählen.

Für die Tapetenauswahl gibt es im Fachgeschäft dicke Musterbücher mit Tapetenausschnitten in der Größe eines Küchentuchs. Sie tragen oft dazu bei, in der Familie hitzige Diskussionen über die beste Tapetenwahl zu entfesseln. Nur erfahrene Raumgestalter können indessen anhand der kleinen Proben sicher wählen. Besser ist es, Sie verwenden das Musterbuch nur zur ersten Vorauswahl und lassen sich von den in Frage kommenden Tapeten je zwei bis drei Rollen über ein Vorführgestell aufrollen. Das vermittelt eine gute Vorstellung von der Raumwirkung.

Noch besser wäre es, Sie könnten sich zu Hause einen Eindruck verschaffen, welche Tapete am besten wirkt. Aber Tapetengeschäfte tun meistens nicht mit, wenn man sich mehrere Musterrollen mitnehmen will. Bestehen Sie trotzdem darauf, wenn es um ein wichtiges Zimmer (z. B. Wohnzimmer) geht. Sie ersparen sich Enttäuschungen.

Welche Tapeten gibt es überhaupt? Beginnen wir mit einem Überblick über die sieben Hauptsorten:

Rauhfasertapeten

Die ungestrichene Rauhfasertapete, die meistens gekauft wird, heißt eigentlich Rauhfaser-Rohpapier. Es ist ein sogenanntes Ingrain-Papier, d. h. es besteht aus einem groben, holzhaltigen Unterpapier.

Zwischen beiden Schichten liegen verschieden große Holzspäne, die der Tapete erst ihre charakteristische Struktur geben. Es gibt mehrere Strukturarten: fein, mittel, grob.

Die Bezeichnung »Rauhfasertapete« ist dann richtig, wenn das Papier gleich nach der Herstellung einen maschinellen Farbauftrag erhält. Diese Tapete ist meistens abwaschbar. Die Kanten sind eingefärbt, damit die Stoßansätze später nicht zu sehen sind.

Die Rauhfasertapeten und auch Rauhfaser-Rohpapiere werden mit einem normalen Kleister aufgeklebt. Handwerkszeug: Tapezierbürste und Nahtrolle. Die Kanten dürfen nicht übereinander geklebt werden, sondern nur auf Stoß. Der große Vorteil einer Rauhfasertapete oder des Rohpapiers: Man kann öfter überstreichen, ohne neu tapezieren zu müssen. Keine Angst, wenn sich die Tapeten dabei leicht wellen: Sie werden beim Trocknen schnell wieder glatt.

Leimdrucktapeten

Bis vor einigen Jahren wurden drei Viertel aller deutscher Tapeten im Leimdruckverfahren hergestellt. Man unterscheidet bei dieser Tapetenart vier verschiedene Typen:

A. Naturelltapete. Sie ist die billigste. Hier ist die Papierschicht nur zu etwa 70 bis 80% mit Farbe bedeckt. Das eingefärbte Papier ist selbst der Untergrund, auch Fondfarbe genannt. Die Farbenanzahl eines Musters ist gering.

B. Deckertapete. Die Oberfläche ist voll mit Farbe bedeckt. Die Farben werden in einem Arbeitsgang »naß in naß« aufgetragen.

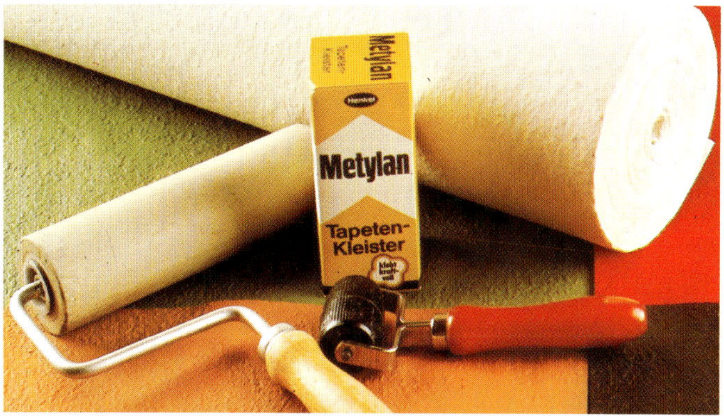

Rauhfasertapeten (oben) werden stets »auf Stoß« geklebt, die Kanten dürfen also nicht überlappen. Das gilt auch für moderne Leimdrucktapeten (Bild rechts), bei denen das Muster bis an den Rand gedruckt wird. Die Flächen drückt man dabei mit einer Bürste an, die Kanten mit einem Kantenroller. Links: Tapezierarbeit.

Die Nähte von Vinyltapeten dürfen nur mit einem zylinderförmigen Nahtroller angedrückt werden.

Vinyltapeten gibt es in vielen farbenfrohen Mustern. Sie werden dank ihrer Unempfindlichkeit immer beliebter, vor allem für stark strapazierte Räume. Die Verarbeitung erfordert Erfahrung und Sorgfalt. Vinyltapeten werden stets »auf Stoß« verklebt. Für notwendige Überlappungen gibt es einen Spezialkleber.

C. Fondtapete. Hier ist die Papierbahn zuerst mit einer Grundfarbe, dem Fond, bedruckt. In mehreren anschließenden Druckgängen werden die anderen Farben aufgetragen.

D. Kitt- oder Relieftapete. Auf die farbige oder ungefärbte Bahn wird eine teigige, dickflüssige Farbpaste aufgetragen. Oft überzieht eine Lasurfarbe die Paste.

Generell gilt für Leimdrucktapeten: Durch den Farbauftrag sind die Papierbahnen abgedeckt. So können sie nicht vergilben. Die Farbe ist außerdem sehr lichtecht. Diese Tapeten werden in vielen Farben und Mustern hergestellt.

Bürste und Nahtroller genügen, um die Tapeten fest an die Wand zu bekommen. Geklebt wird mit einem normalen Kleister.

Wichtig: Bei gemusterten Tapeten muß unbedingt darauf geachtet werden, daß alle Bahnen gleichmäßig lang einweichen. Das Papier dehnt sich aus; bei unterschiedlichen Einweichzeiten würden Sie die Rapporte (Musterlängen) der einzelnen Bahnen nicht wieder zusammenbekommen.

Vinyltapeten

Diese Tapetenart besteht aus zwei Schichten: Papier oder Gewebe wird mit einer Folie oder einem Film aus Kunststoff beschichtet. Der Kunststoff ist Polyvinylchlorid, kurz PVC genannt. Er wird erst nach dem Auftragen bedruckt.

Diese Tapeten können glatt oder geprägt sein. Man bekommt sie auch mit verschiedenen Reliefstrukturen, die sich deutlich hervorheben.

Vinyltapeten eignen sich für alle Räume, besonders gut aber für Naßräume wie Bad und Küche.

Sie sind abwaschbar und sehr strapazierfähig. Der Kleister für diese Tapeten muß wasserarm sein.

Auch hier muß darauf geachtet werden, daß alle Bahnen zeitlich gleichmäßig lang eingeweicht werden. Die Tapetenkanten werden auf Stoß zusammengesetzt. Wenn man nicht verhindern kann, daß sich Bahnen überlappen, z. B. in Ecken, müssen sie mit einem Spezialkleber verklebt werden. Um die Tapeten richtig andrücken zu können, benötigt man eine feste Gummiwalze. Bitte beachten Sie: Als Nahtroller nur eine zylindrische, nie eine tonnenförmige Walze nehmen!

Weitere Arbeitshinweise für den Umgang mit dieser »schwierigen« Tapete lesen Sie bitte auf S. 37 nach.

Strukturtapeten

Die ersten Strukturtapeten waren aus Leder. Manchmal findet man sie noch in sehr alten Häusern.

Heute verwendet man für diese Tapeten besonders schweres und zähes Papier. Gewicht: Bis zu 250 Gramm pro Quadratmeter. Und so werden sie hergestellt: Zwei Papierbahnen werden zu einer Bahn zusammengeführt, kaschiert und dann im feuchten Zustand geprägt.

Anschließend werden die verschiedenen Farben aufgedruckt. Das Relief bleibt auch bei dieser Arbeit noch vollständig erhalten.

Wie bei der Rauhfasertapete ist das Oberpapier sehr glatt und holzfrei, das

Strukturtapeten bestehen aus besonders schwerem und zähem Papier. Sie werden mit Spezialkleister verklebt und nur mit weicher Bürste angedrückt.

Metalltapeten bestehen aus Papierbahnen, die mit dünner Aluminiumfolie beschichtet werden. Verklebt werden sie stets mit einem Dispersionskleber.

Unterpapier holzhaltiger und deshalb auch gröber.
Strukturtapeten gibt es in vielen Farben und Mustern. Wählen kann man zwischen einfachen plastischen Strukturen und dekorativen Strukturelementen.
Vom Preis her gehört die Strukturtapete in den mittleren Bereich. Da diese Tapete sehr schwer ist, muß sie auch mit einem besonderen Kleister verklebt werden.
Man muß einiges beachten, wenn man Strukturtapeten tapezieren will: Sie dürfen nur mit einer weichen Bürste angedrückt werden, damit die Struktur nicht beschädigt wird.
Auf einen Nahtroller sollte man auf alle Fälle verzichten. Ein festes Andrücken des Tapetengrundes reicht. Wichtig: Bei Tapeten mit sehr großen Mustern haben Sie sehr viel mehr Verschnitt. Beachten Sie unbedingt die Rapportgröße, wenn Sie die Bahnen zuschneiden. Reststücke können Sie noch über Türen und Fenstern verkleben.

Metalltapeten

Bei Metalltapeten handelt es sich um Papierbahnen, auf die dünne Aluminiumfolien kaschiert wurden. Sie werden im Kupfertiefdruckverfahren bedruckt, dem raffiniertesten unter den üblichen Verfahren. Anschließend wird die fertige Tapete leicht gaufriert (geprägt). Das hat zwei Vorteile: Sie erhält durch die Lichtbrechung einen weiteren optischen Reiz und läßt sich außerdem wesentlich leichter verarbeiten. Ganz glatte Metalltapeten erfordern einen absolut geraden und glatten Untergrund: Jedes kleinste Putzkörnchen, jede Borste einer Tapezierbürste zeichnet sich genau ab.

Metalltapeten sind wie die Vinyltapeten absolut abwaschbar und sehr strapazierfähig. Außerdem sind sie hygienisch.
Ein weiterer Vorteil: Diese Tapeten haben eine feuerhemmende Wirkung.
Metalltapeten wieder abzulösen ist nicht schwierig. Viele Aluminiumfolien lassen sich als ganze Bahn leicht von dem Papieruntergrund abziehen.
Als Klebemittel eignet sich nur ein Dispersionskleber. Er wird im Gegensatz zu anderen Klebern nicht auf die Rückseite der Tapete, sondern auf die Wand gestrichen. Die aufgerollte Bahn wird in das noch feuchte Klebebett gedrückt. Luftblasen unter der Tapete müssen sofort entfernt werden. Zum Andrücken benutzt man nur eine Tapezierwalze oder einen Kunststofftapezierspachtel, der mit einem weichen Tuch umwickelt wird. Die Bahnen werden Stoß an Stoß geklebt, nie überlappt.

Strukturtapeten haben eine deutliche Hoch-Tief-Struktur (links). Sie verlangen (links außen) eine besonders zärtliche Behandlung, damit das Relief nicht beschädigt wird. Bei Metalltapeten (rechts) verwendet man keinen Nahtroller. Er würde sichtbare Druckspuren hinterlassen. Nur spezielle breite Tapezierrollen oder ein umwickelter Kunststofftapezierspachtel sind in diesem Fall zulässig.

Velourstapeten

Die Velourstapete nennt man auch Flock-Tapete. Sie hat teilweise eine samtartige Oberfläche. Die Muster bestehen hauptsächlich aus Ranken und lilienförmigen Phantasieblüten.
Auf ein schweres, oft mit Bronze- oder PVC-Farben beschichtetes Papier wird mit Leimfarbe das gewünschte Muster aufgetragen.
Diese Papierbahn wird anschließend in eine Beflockungsanlage gegeben. Elektrostatisch aufgeladene Textilfasern bleiben auf der noch feuchten Leimfarbe aufrecht stehen und kleben fest.
Velourstapeten werden mit Kleister für schwere Tapeten geklebt. Die Bahnen werden Stoß an Stoß gelegt und mit einer weichen Bürste angedrückt. Dabei muß darauf geachtet werden, daß man die samtartige Oberfläche nicht zerdrückt.

Textiltapeten

Textiltapeten sind besonders wohnlich, aber auch teurer als andere.
Ein Gewebe, Gewirke oder auch nur einzelne Fäden werden auf einen Papierträger kaschiert. Das Textilmaterial kann aus Baumwolle, Seide, Jute, Leinen oder Kunstfasern sein.
Als Trägermaterial verwendet man nur sehr schweres Papier, das manchmal auch farbig bedruckt ist.
Die Tapeten werden mit normalem Kleister geklebt. Von der Mitte der Bahnen den Kleister nach außen streichen, damit nichts auf die »gute Seite« gelangt.
Im Gegensatz zu Tapeten mit normalen Einweichzeiten (5 bis 6 Minuten) müssen Textil-Tapeten 15 bis 25 Minuten einweichen. Beim Andrücken darf kein Kleister aus den Fugen quellen!

Bedarfsrechnung für den Tapeteneinkauf

Raumumfang in Metern	Anzahl der Rollen bei einer Raumhöhe von 2,10–2,35 m	2,40–3,05 m	3,10–4,00 m
6	3	4	5
10	5	7	9
12	6	8	11
15	8	10	14
18	9	12	17
20	10	14	19
24	12	16	23

Was man sonst noch wissen muß

Die Tapetenrollen sind genormt. Bedruckte Tapeten und Prägetapeten haben eine Normbreite von 53 cm und eine Normlänge von 10,05 m, Rauhfaser eine Breite von 56 cm und eine Länge von 33 m. Sonderformate gibt es bei Textiltapeten (z. B. 65 cm × 8,15 m) und einigen anderen Spezialtapeten.
Tapeten mit unbedruckten Rändern (Selfkanten) gibt es nur noch selten. Die Selfkanten-Tapeten sind einschließlich der beiden Ränder 56 cm breit, nach deren Abschneiden oder -schlagen also ebenfalls etwa 53 cm.
Abziehbare Tapeten lassen sich mühelos von der Wand abziehen und durch neue ersetzen. Es gibt mehrere Möglichkeiten:

- *Vorstreichen mit Makulatur:* Der Voranstrich mit Spezialmakulatur (z. B. Dufix-Wechselgrund) erlaubt normales Tapezieren und beliebiges Wiederabziehen.
- *Vorkleben von Makulatur:* Die Wände werden mit spaltbarer Makulatur (z. B. Stripofix) beklebt und dann tapeziert. Beim späteren Abziehen der Tapete spaltet sich die Makulatur auf – ein Teil bleibt an der Wand und kann neu tapeziert werden, ein Teil wird mit der Tapete abgezogen.
- *Spaltbare Tapeten:* Sie werden mit Spezialklebern verklebt. Beim Tapetenwechsel bleibt, ähnlich wie bei der spaltbaren Makulatur, das Trägerpapier an der Wand, die Tapete wird abgezogen und kann durch eine neue ersetzt werden.
- *Trocken abziehbare Tapeten:* Bei dieser Weiterentwicklung wird die ganze Tapete ohne Rückstände von der Wand gezogen und durch eine neue ersetzt. Verkleben dieser Tapete mit normalem Tapetenkleister.

Vorgeleimte Tapeten ersparen den Umgang mit Kleister, sie brauchen nur durch ein Wasserbad gezogen und an der Wand mit einem Schwamm angedrückt zu werden. Für den Heimwerkerbetrieb sehr praktisch. Es gibt auch trocken abziehbare Tapeten, die vorgeleimt sind.
Set-Kollektionen ermöglichen die farb- und mustertechnische Abstimmung von Tapete und Vorhang. Zu vielen Tapeten gibt es mustergleiche oder in passenden Uni-Farben ausgewählte Vorhangstoffe, die sich für klassische Vorhänge ebenso eignen wie für Spring- oder Raffrollos. Eine solche Lösung kann besonders großzügig wirken.

Textiltapeten sind nicht billig, wirken aber besonders wohnlich. Für ihre Verarbeitung braucht man Erfahrung, um die kostbare Oberfläche zu schonen.

Velourstapeten haben oft eine samtartige Oberfläche. Bevorzugt werden Ranken- und Blütenmuster. Die Bahnen werden sorgsam Stoß an Stoß verklebt.

Wie alte Tapeten abgelöst werden

Tapeten lösen ist heute keine Plackerei mehr. Es gibt spezielle Mittel, die diese Arbeit erleichtern. Sogar die schwersten Tapeten können Sie mühelos ablösen und damit einen idealen Untergrund für das Neutapezieren schaffen.

Alte Tapeten nur mit Seifenwasser und Schaber von der Wand zu lösen, war bisher ein mühseliges Geschäft, vor allen Dingen, wenn mehrere Schichten auf der Wand kleben. Heute kann man verschiedene Zusätze kaufen (z. B. Tab, Moltopix), die dem Wasser beigemischt werden. Diese Mittel sorgen dafür, daß die alten Tapeten durchweichen und der alte Kleister gründlicher angelöst wird. Im Idealfall gelingt es dabei, die alten Tapeten bahnenweise abzuziehen. Das kommt ganz auf die Tapete und darauf an, wie solide sie angeklebt war.
Einfache Tapeten, beispielsweise Rauhfaser, brauchen nur mit dem Wasser, in das das Lösungsmittel eingerührt ist, eingestrichen zu werden. Nach einer Einwirkzeit von etwa 5 bis 15 Minuten kann man mit dem Abziehen unter Zuhilfenahme eines Spachtels beginnen. Rauht man die alte Tapete vorher etwas mit einer Drahtbürste auf, geht es noch schneller, weil der Tapetenlöser besser in die Papierschichten eindringen kann. Auch in diesem Fall verwendet man den Spachtel zum Abziehen der alten Tapete.
Schwieriger ist es, abwaschbare, beschichtete oder mit Coloran-Glanz wasserfest gemachte Tapeten von der Wand zu bekommen. In diesem Fall muß die wasserabweisende Schicht auf der gesamten Fläche aufgerauht werden. Dazu kann man Schleifscheiben, runde Stahldraht- oder Topfbürsten verwenden.
Nach dem Ablösen der Tapete untersucht man die Wand- oder Deckenfläche auf Risse und Löcher, die mit Spachtelmasse ausgebessert werden müssen. Nach dem Durchtrocknen der Spachtelmasse wird mit Schleifpapier nachgeschliffen. Bei dieser Gelegenheit gleicht man auch andere Unebenheiten aus. Ein Trick, um sie besser zu erkennen: Leuchten Sie die Wand mit einer kräftigen Lampe in spitzem Winkel an. Dann werden garantiert alle Fehlerstellen sichtbar.
Je nach Wandzustand kann die gereinigte und geglättete Wand nun gleich neu tapeziert oder muß erst mit Makulatur vorgestrichen werden.

1 Was Sie zum Tapetenlösen brauchen (von links): Stahldrahtbürste, Quast, Schaber, Spachtel und Folienmesser. Dazu kommt flüssiger Tapetenlöser, von dem es mehrere Fabrikate gibt. Außerdem können Sie Einsatzwerkzeuge für die Bohrmaschine verwenden, vor allem rotierende Drahtbürsten und Schleifscheiben, die sich bei hartnäckig festsitzenden Tapeten bewähren.

2 Eine mit der Drahtbürste aufgerauhte Tapete wurde mit Tapetenlöser eingestrichen. Nach der Einwirkungszeit kann man sie mit dem Spachtel von der Wand kratzen.

3 Sehr gut läßt sich die Tapete mit einer in die Bohrmaschine eingespannten Stahldrahtbürste aufrauhen. Die Bürste wird nur mit ganz leichtem Druck geführt.

4 Bei sehr dicken Tapeten verwendet man zum Aufrauhen eine Siliciumcarbid-Schleifscheibe. Man arbeitet mit ihr von unten nach oben und drückt leicht an.

5 Nach der Einwirkzeit des Lösers läßt sich die aufgerauhte Tapete leicht von der Wand ziehen. Bei hartnäckigen Stellen nachweichen und den Stahlspachtel verwenden.

6 Besonders schwer zu lösende Tapeten bearbeitet man mit einem Leimkratzer. Dabei muß man vorsichtig sein, weil der Feinputz darunter verletzt werden könnte.

7 Wenn sich die Tapete nicht aufrauhen läßt, kann man den Tapetenlöser mit einer Ölkanne zwischen Tapete und Putz spritzen. Ein paar Minuten einwirken lassen.

Tips für das Tapezieren von Wänden

Mindestens alle vier Jahre brauchen Wände und Decken ein neues Make-up – dann sind sie verwohnt. Soll man den Malermeister holen oder selber tapezieren? Das ist eine reine Kostenfrage. Im allgemeinen können Sie davon ausgehen, daß Sie bei Eigenarbeit ungefähr mit einem Viertel der Kosten auskommen, die Sie einem Spezialisten zahlen müßten – Ihre Arbeitszeit nicht gerechnet.

Beim Tapezieren ist es so ähnlich wie beim Anstreichen: eine tapezierte Fläche kann niemals besser ausfallen, als es der Untergrund erlaubt. Seiner Vorbereitung muß also besondere Sorgfalt gewidmet werden, wenn man hinterher mit seinem Werk zufrieden sein soll.

Das Vorbereiten des Untergrundes

Je nach dem Zustand der Wände (und Decken) sind unterschiedliche Maßnahmen notwendig:

● *Neubauwände:* Neu verputzte Wände sind kein guter Untergrund für das Tapezieren. Sie müssen zumindest zweimal mit Feinmakulatur gestrichen werden. Sollen teure Tapeten verarbeitet werden, klebt man außerdem Rollenmakulatur an die Wände. Praktischer wäre ein Anstrich mit Tapeten-Wechselgrund (zum Beispiel »Dufix-Wechselgrund« von Henkel, »Perla-Stripgrund« von Caparol). Von dieser Grundierung kann man die Tapete beim nächsten Wechsel mühelos wieder abziehen.

● *Gestrichene Wände:* Einen alten Leimfarbenanstrich muß man abwaschen, einen Dispersionsanstrich behandelt man mit Seifenlösung vor – in beiden Fällen wird Feinmakulatur oder Wechselgrund vorgestrichen.

● *Tapezierte Wände:* Eine noch festsitzende alte Tapetenschicht kann man überkleben, sollte aber die Stöße (Überlappungen) der Tapetenbahnen abschleifen. Beschädigte oder nicht mehr fest verankerte Alttapeten müssen entfernt werden. Näheres dazu siehe linke Seite.

Das Tapezierwerkzeug

Im einfachsten Fall kommt man mit ein paar aneinandergestellten Tischen, Schere, Kleisterpinsel (Deckenbürste) und einer alten Kleiderbürste für das Anklopfen der Bahnen aus.

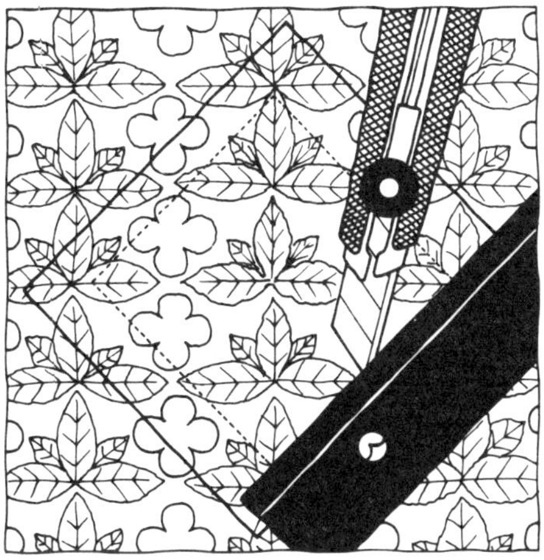

1 So repariert man ein Loch in der Tapete: Ein passendes Tapetenstück wird mustergerecht über die beschädigte Stelle gelegt. Mit scharfem Messer durch beide Lagen ein Rechteck ausschneiden, und zwar etwas größer, als die Schadenstelle ist.

2 Nun löst man beide Rechtecke, das beschädigte Stück und den gleichzeitig zugeschnittenen Tapetenfleck, vorsichtig heraus. Bei einer schon festsitzenden Tapete muß man ein Messer zu Hilfe nehmen, um das Rechteck herauszulösen.

3 Das neu zugeschnittene Tapetenstück wird nun eingekleistert und eingepaßt, dann mit einer Gummiwalze gut angedrückt. Bei sehr alten und ausgeblichenen Tapeten lohnt diese Reparatur nicht – man würde die Farbunterschiede erkennen.

1 Vorbereitungen für das Tapezieren: Löcher in der alten Tapete, die man dranlassen kann, wenn sie noch fest sitzt, müssen mit Spachtelmasse ausgeglichen werden. Nach dem Abbinden der Masse schleift man Überstehendes sorgfältig ab.

2 Ganz allgemein muß die alte Tapete ringsherum auf überstehende Stellen kontrolliert werden. Vor allem die Klebekanten sollten mit Schleifpapier ausgeglichen werden, weil sie sonst durch die neue Tapete durchdrücken – kein schöner Anblick.

3 Wenn die Bahnen in einer bestimmten Folge geklebt werden müssen (etwa bei Mustertapeten mit Rapport, Farbabweichungen innerhalb der Bahnen, wechselnden Raumhöhen), werden sie nach dem Zuschneiden auf der Rückseite numeriert.

Mit »richtigem« Werkzeug erleichtert man sich die Arbeit. Wer es nicht eigens kaufen will, kann es sich im Tapetengeschäft oder bei einem Malermeister leihen. Dazu gehören:

- Der *Tapeziertisch,* etwa drei Meter lang und bis zu 80 Zentimeter breit, 90 bis 120 Zentimeter hoch (so daß man im Stehen bequem daran arbeiten kann), am besten zusammenklappbar.
- Die *Deckenbürste* für das Einkleistern der Tapetenbahnen, außerdem ein Kunststoffeimer für das Ansetzen des Kleisters (kein Metallgefäß!).
- Das *Tapetenmesser,* etwa 50 Zentimeter lang, mit breiter Klinge – damit trennt man die Tapetenbahnen.
- Die *Tapezierbürste,* eine handliche, nicht zu harte Bürste für das Andrücken (Anklopfen) der Tapete. Läßt sich auch durch eine breite Andrückrolle aus Gummi oder Kunststoff ersetzen.
- Der *Nahtroller,* eine kleine Kunststoffrolle, mit der Nähte nachgerollt werden.
- Die *Bockleiter,* auf die man beim Wand- und Deckentapezieren steigt, oder besser zwei niedrige Böcke, die mit kräftigen Bohlen (drei Zentimeter stark) belegt werden.
- Sonstige *Hilfsgeräte* sind eine Papierschere für kleinere Zuschnitte, ein Bleistift zum Anzeichnen von Anlegekanten, ein Elektroschraubenzieher zum Abnehmen der Steckdosen- und Schalterdeckel.

Tapeten für das Selbstverkleben werden heute fast ausschließlich verlegefertig geliefert, daß heißt, mit bereits beschnittenen Rändern. Bei älteren Tapeten mußten die unbedruckten Ränder (Selfkanten) erst noch abgeschnitten oder mit dem Tapeziermesser abgehauen werden.
Es gibt zwei Techniken des Tapezierens: *auf Stoß* (das heißt, die Ränder der Tapetenbahnen berühren sich, überlappen aber nicht) und *mit Überlappung* (eine Bahn überdeckt die vorhergehende um zwei bis drei Millimeter). Die meisten Tapeten weden heute auf Stoß geklebt. Im Zweifelsfall erkundigen Sie sich bei Ihrem Tapetenhändler.

Das Ankleben der Tapeten

Die zugeschnittenen Bahnen werden nun der Reihe nach eingekleistert. Am unteren Ende legt man einen gut handbreiten Streifen, den Handgriff, Kleister auf Kleister um. Vom oberen Ende her klappt man die Bahn auf gut ¼ der Länge um. Dann wird die Bahn nochmals zusammengelegt, so daß der Handgriff das kleisternahe Ende des oberen Einschlags überdeckt. Die eingeschlagene Bahn muß einige Minuten weichen. Meist wird man zwei bis drei Bahnen einkleistern, bevor man mit dem Kleben der ersten, nun durchgeweichten Bahn beginnt.
Nun zieht man Bahn nach Bahn auseinander und klebt sie an die Wand. Was dabei im einzelnen zu beachten ist, zeigen die Zeichnungen. Die Bahnen werden mit der Bürste angedrückt.

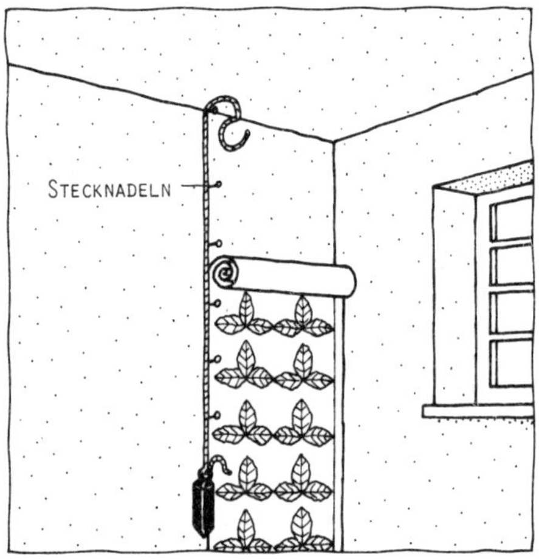

1 Die erste Bahn muß ausgelotet werden, da kaum eine Wand gerade ist. Die Lotlinie wird angezeichnet. Wenn das nicht geht, kann man sie auch mit Nadeln abstecken und die Bahn vorsichtig dagegenstoßen. Niemals in der Ecke beginnen!

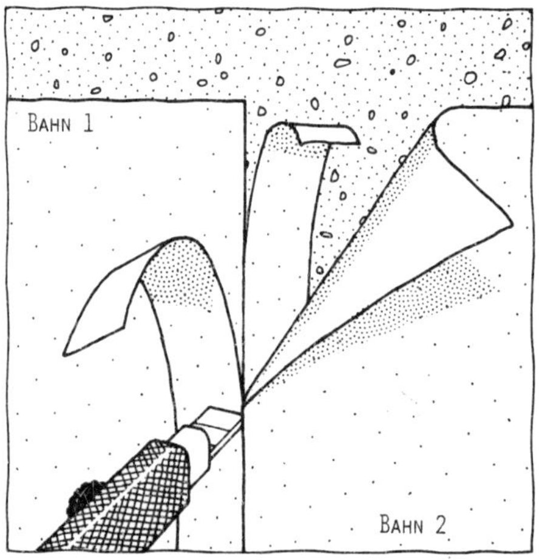

2 Bei Rauhfasertapeten bekommt man einen präziseren Anschluß, wenn man benachbarte Tapetenbahnen überlappt klebt und in der Mitte der Überlappung beide Tapeten mit dem scharfen Folienmesser durchtrennt. Die Kanten zieht man ab.

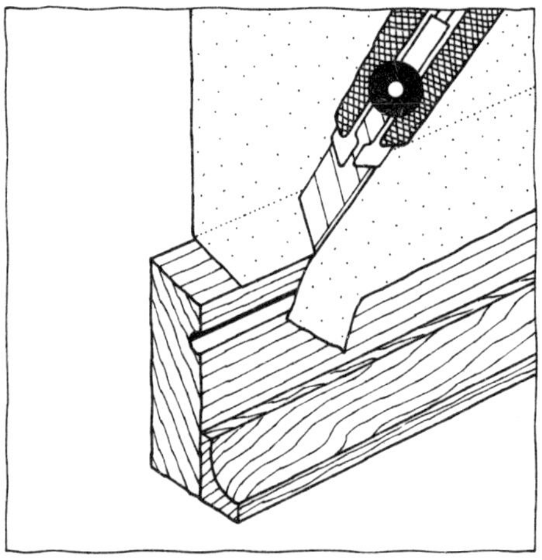

3 Das saubere Abschneiden der Bahnen an der Fußleiste zeigt, ob genau gearbeitet wurde. Am besten knickt man die etwas länger geschnittenen Bahnen über der Leiste, läßt sie antrocknen und schneidet den Überstand sorgfältig ab.

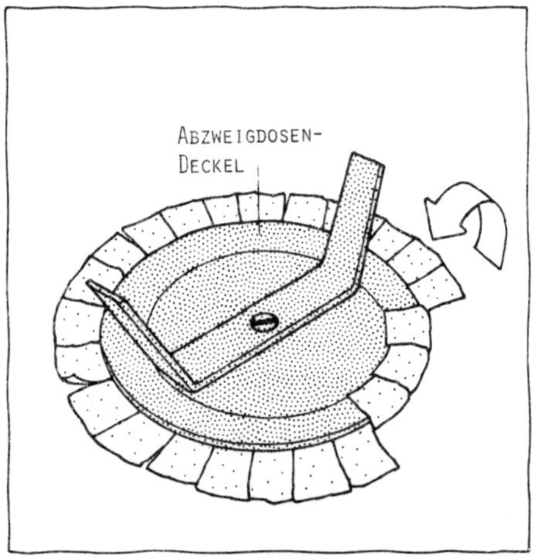

4 Abzweigdosendeckel, die sichtbar auf der Wand aufliegen, werden getrennt tapeziert und danach wieder aufgesetzt. Dosendeckel erst abnehmen, wenn die Sicherung herausgedreht ist! Das gilt auch für die Arbeit an Steckdosen und Schaltern.

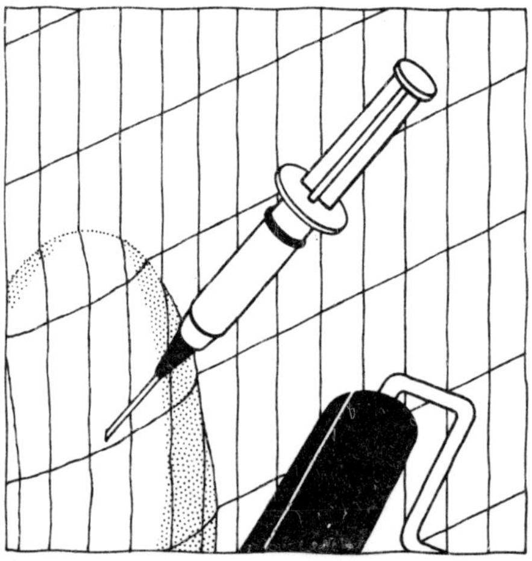

5 Unter einer Blase, die auf Fingerdruck elastisch federt, ist kein Kleister, sondern Luft. Zieht sie sich beim Trocknen nicht glatt, spritzt man Kleister darunter und verteilt ihn mit der Andruckrolle. Spritzen gibt es in der Drogerie oder Apotheke.

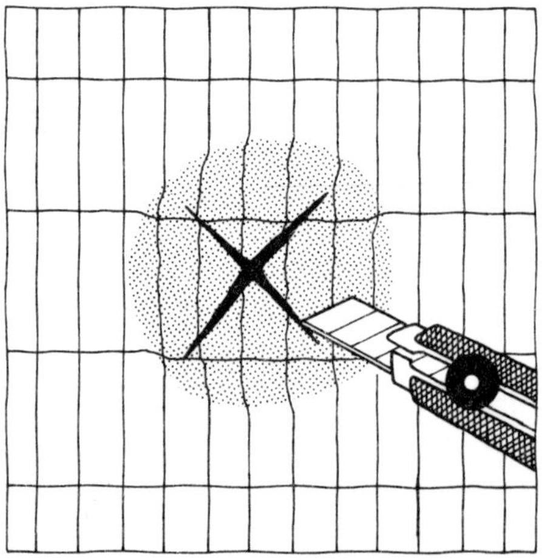

6 Kleisterblasen kann man mit der Andruckrolle vorsichtig verteilen. Wenn das nicht hilft, muß (bei Rauhfasertapete) operiert werden. Durch den Kreuzschnitt holt man den überschüssigen Kleister heraus. Kleine Blasen trocknen oft aus.

Das Tapezieren von Decken

Nicht nur die Wände, auch die Decken können durch Tapeten an Wirkung gewinnen. Sie werden ohnehin stärker strapaziert, als man auf den ersten Blick erkennt. Durch aufsteigende Warmluft werden Staub und Tabakrauch emporgetragen und bleiben an der Decke eher hängen als an senkrechten Wänden. Außerdem »arbeiten« vor allem alte Decken und bekommen dadurch Risse. Mit einer neuen Tapete lassen sich diese Schäden leicht verstecken.

Um nicht von der Decke »erschlagen« zu werden, sollten die Tapeten für die Decken entweder einfarbig oder kleingemustert sein. Sehr beliebt und praktisch sind auch Rauhfasertapeten, die man dann nach Geschmack anstreichen oder sogar schon vorgestrichen kaufen kann.

Ein paar technische Tips

Beim Tapezieren der Decke kommte es noch mehr als bei den Wänden auf einen gut vorbereiteten Untergrund an. Alte Leimfarbenanstriche (in Altbauten noch häufig anzutreffen) müssen gründlich abgewaschen werden. Nach dem Trocknen empfiehlt sich ein Voranstrich mit Makulatur, dem nach Möglichkeit eine Grundierung mit verdünnter Dispersion vorausgehen sollte – sie bindet restliche Kreideteilchen.

Grundsätzlich ist die Technik des Tapezierens an Wänden und Decken gleich, doch müssen beim Tapezieren einer Decke einige Dinge zusätzlich beachtet werden. Zunächst: Sorgen Sie für eine stabile Plattform, von der aus Sie die Decke bequem erreichen können. Dazu können Sie einige Tische zusammenstellen, tragfähige Bohlen (mindestens 3 cm stark) über Böcke legen oder auch Bockleitern mit Bohlen verbinden.

Die Decke sollte grundsätzlich auf Stoß tapeziert werden. Die Nähte müssen dabei in Richtung des Lichteinfalls liegen, damit man sie (durch Schattenbildung) nicht später erkennen kann.

Wegen des Eigengewichts der Tapete muß der Kleister dicker als beim Tapezieren der Wände angesetzt werden, wenn man nicht erleben will, daß einem die Tapete beim Ankleben immer wieder auf den Kopf klatscht. Dafür wird dünner eingestrichen. Die Tapete darf nicht zu lange weichen, weil sie sonst leicht einreißt.

Decken sollte man nur mit einem Helfer tapezieren. Das Abstützen der angelegten Bahn mit einem langstieligen Besen hat sich als Hilfsmethode bewährt. Die Anlage für die erste Bahn wird an der Decke mit Schnurschlag gekennzeichnet. Die zur Wand hin überstehenden Kanten der Deckentapete werden ausgerissen, solange die Tapete noch feucht ist, und in den Wandwinkel gedrückt.

Die Zeichnungen auf dieser Seite verdeutlichen eine zweite Methode des Deckentapezierens. Hier wird nicht die Tapete, sondern die Decke eingekleistert. Die angefeuchteten Tapetenbahnen, leichter als die mit Kleister bestrichenen, drückt man in den nassen Kleister.

Kleine Tapezier-Probleme

Probleme tauchen meist dann auf, wenn sich dem Kleben glatter Bahnen Hindernisse in den Weg stellen. So lassen sie sich überwinden:

- *Rohrleitungen:* Mit Reststreifen überkleben, wenn sie fest auf der Wand sitzen, und beiderseits ganze Bahnen ansetzen. Vor der Wand liegende Rohre werden im Tapetenton gestrichen.
- *Schalter und Dosen:* Deckel vor dem Tapezieren abnehmen, Sicherungen vorher herausdrehen. Mit glatten Bahnen überkleben, dann einfach mit dem Finger an der Stelle der Installation eindrücken und einen kleinen Tapetenkreis ausreißen. Später Deckel wieder aufsetzen.
- *Ecken:* Niemals mit ganzen Bahnen überkleben, höchstens zwei bis drei Zentimeter über die Ecklinie kleben und mit der nächsten Bahn in der Ecke ansetzen. Sonst gibt es Passerprobleme.
- *Rohrdurchführungen:* Für Mustertapeten muß man einen genauen Ausschnitt schneiden. Bei Rauhfaser- und anderen schlichteren Tapeten kann man einen handtellergroßen Rest passend zuschneiden und aufkleben. Beim Bahnentapezieren genügt dann ein »ungefährer« Ausschnitt.

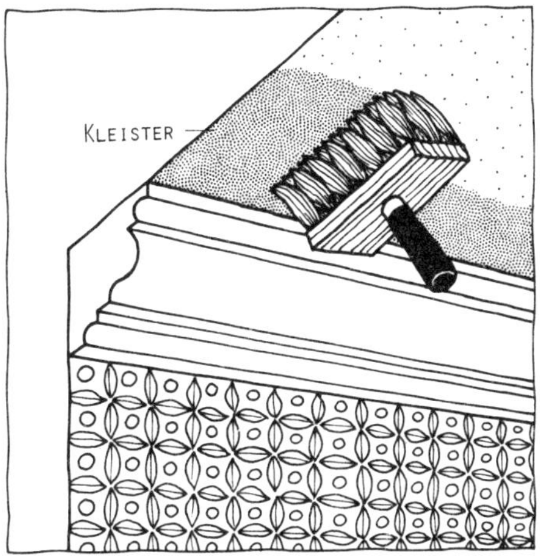

1 Die Arbeit des Deckentapezierens wird erleichtert, wenn man die gründlich gereinigte Decke dick mit starkem Kleister bestreicht – und nicht die Tapete. Es gibt aber auch das herkömmliche Verfahren: Tapete einkleistern und ankleben.

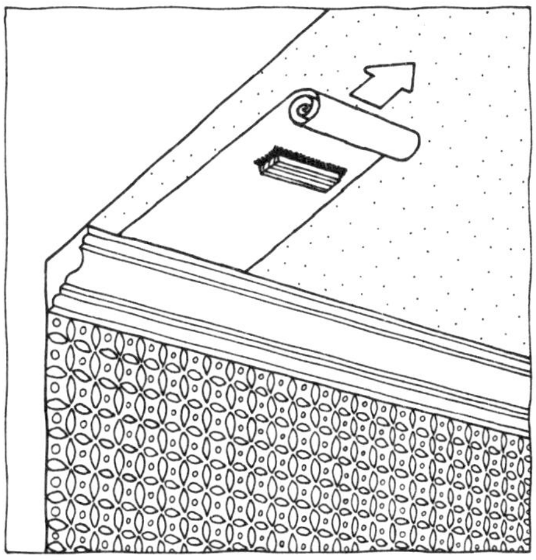

2 Bei eingekleisterter Decke muß man die Tapetenbahnen kurz anfeuchten (im Wasserbad umrollen). Man rollt sie von einer Wandseite zur andern an die Decke und reibt sie mit der Tapetenbürste an. Dazu braucht man eine Stehfläche.

3 Wenn Sie keinen Gehilfen haben, der Ihnen beim Tapezieren der Decke die Tapete halten kann, hilft ein Trick: Befestigen Sie an der obersten Fläche der Trittleiter ein Brett von Tapetenbreite als Ablage für die nasse Tapete.

4 Ein sauberer Besen mit langem Stiel und ein Helfer sind nötig, um die ganz ausgerollte und angefeuchtete Tapetenbahn an die mit Kleister vorgestrichene Decke zu kleben. Wird die Leiter versetzt, stützt der Helfer die lose Tapete ab.

Wie man eine Bildwand klebt

Fototapeten in farbigem oder schwarzweißem Druck, an eine Wand des Wohnraums geklebt, geben dem Zimmer ein neues Gesicht. Was beim Tapezieren solcher Tapeten zu beachten ist, haben wir hier zusammengestellt.

Fast jede Landschaftskulisse können Sie sich als Color- oder Schwarzweiß-Fototapete in die eigenen vier Wände holen: Herbstlichen Laubwald, Maiengrün, den Südseestrand samt Palmenhain oder auch reizvolle Seegestade.

Eine Reihe von Tapetenherstellern hat sich auf dieses Metier spezialisiert und bietet eine beachtliche Auswahl unterschiedlichster Motive. Zu haben sind diese Produkte in gut geführten Tapeten- oder Dekorations-Fachgeschäften. Die Preise erscheinen, gemessen am Dekorationswert dieser Tapeten, erschwinglich: Für eine 270 cm hohe, 360 cm breite farbige Fototapete müssen Sie ca. 250,– DM ausgeben. Hinzu kommen noch ein paar Mark für den Klebstoff.

Fototapeten eignen sich zur Dekoration von Wohn-, Arbeits- oder auch Büroräumen. Wichtig ist dabei nur, daß die damit dekorierte Wand nicht zu sehr mit Möbelstücken »zugestellt« wird. Der Beschauer sollte das ganze Motiv möglichst ungestört überblicken können. Die Wandflächen, die an eine solche Colortapete angrenzen, werden in einem neutralen Farbton gestrichen.

Verkleben können Sie dieses Material auf jedem Untergrund, der sich generell zum Tapezieren eignet. Alte Tapetenreste und sonstige Unebenheiten sollten Sie allerdings vorher beseitigen – sie würden sich später durch häßliche Konturen störend bemerkbar machen.

Die Wandfläche wird zuerst genau ausgelotet und die Senkrechte mehrfach mit Bleistift markiert. Danach können Sie die gesamte Fläche in Segmente unterteilen, die der Größe der Fototapeten-Bahnen entsprechen. Auch diese Segmente werden mit Bleistift markiert. Denken Sie daran, in den Ecken und an der Decke nach Möglichkeit etwas Material überstehen zu lassen. Ein nachträgliches Beschneiden mit Hilfe von Reißschiene und einer scharfen Klinge ermöglicht die genaue Anpassung an die Raumecken. Wenn Sie die einzelnen Bahnen entsprechend unserer Bildbeschreibung verklebt und angerollt haben, werden Sie sich schnell an den neuen Blickpunkt in Ihrem Zimmer gewöhnen.

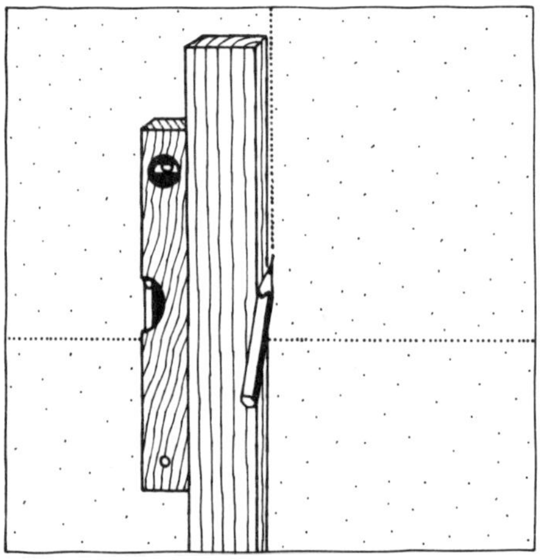

1 Bei den im Handel befindlichen Fototapeten wird jedes Motiv aus mehreren Bahnen zusammengesetzt, die in der Mitte noch einmal unterteilt sind. Mit einer langen Leiste oder einem Lineal werden die Begrenzungslinien markiert.

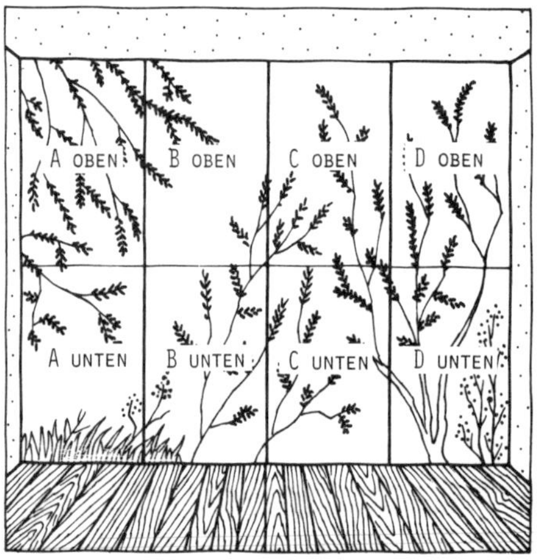

2 So muß die Fototapeten-Wand unterteilt werden: Mit senkrechten Linien, die die Bahnen kennzeichnen, und mit einer Mittellinie für die Bahnhälften. Die Tapetenstücke sind auf der Rückseite markiert, z. B. A/oben, A/unten.

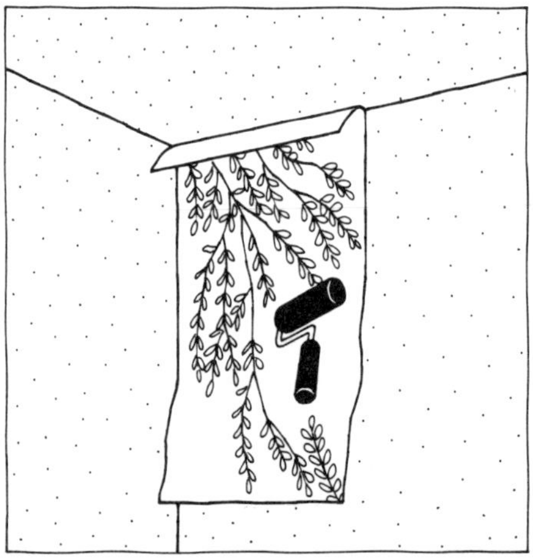

3 Die rückseitig mit Kleister bestrichenen Tapetenstücke werden nun der Numerierung nach auf die Wand gebracht und genau an den Markierungslinien angelegt. Mit einer Gummiwalze drückt man sie an. Die Ränder werden beschnitten.

4 Die Tapete wird auf Stoß geklebt. Nahtstellen und Kanten werden mit dem Nahtroller fest angedrückt. Wenn genau nach den Hilfslinien gearbeitet wurde, muß sich eine »nahtlos« geschlossene Bildfläche ohne Ansätze ergeben.

Die »eigene« Fototapete

Für Fotofreunde, die unter dem Angebot der Industrie kein passendes Motiv gefunden haben, gibt es auch die Möglichkeit, ein eigenes »Traumfoto« in eine Fototapete verwandeln zu lassen.

Dabei kann man sowohl von einem Schwarzweißnegativ als auch von einem Farbnegativ oder -dia ausgehen. Die Vorlage muß absolut scharf und vergrößerungsfähig sein, eine Farbvorlage sollte keinen deutlichen »Farbstich« haben.

Am besten suchen Sie sich im Branchenteil des Fernsprechbuchs die Anschrift einer Großkopieranstalt heraus und lassen sich zunächst einmal ein Preisangebot machen. Bei einer Schwarzweiß-Fototapete müssen Sie je Quadratmeter mit etwa 40–50 Mark rechnen. Farbtapeten nach eigenen Vorlagen sind erheblich teurer – es kommt auf die Gesamt-Quadratmeterzahl an.

Die Großkopieranstalt wird von Ihrer Vorlage (es kann sich durchaus auch um ein Kleinbild 24 × 36 mm handeln) zunächst eine Vergrößerung im Format 18 × 24 cm anfertigen. Sie dient als Vorlage für die Tapete, die in Bahnen von Wandhöhe geliefert wird (Ihre Wand-Abmessungen müssen Sie natürlich angeben).

Die einzelnen Bahnen werden mit mehreren Zentimetern Überlappung hergestellt. Sie sollten auch bahnenweise und überlappend an die Wand geklebt werden, und zwar mit Fliesenkleber, der auf die Wand gestrichen wird. Durch die Überlappung führen sie mit dem Folienmesser einen Doppelschnitt und rollen die Nahtstelle mit einer weichen Gummiwalze gut an. Dabei müssen Sie darauf achten, daß die Bildseite der Fototapete möglichst keinen Klebstoff abbekommt. Wenn es doch passiert ist, entfernen Sie die Flekken vorsichtig mit einem feuchten Schwamm.

Wasserfeste Kunststoff-Tapeten

Kunststoff-Tapeten sind nicht nur stoßfest und lichtecht, sie sind auch völlig unempfindlich gegen Feuchtigkeit und Nässe. Wie Fliesen vertragen sie eine Wäsche mit Schwamm und Reinigungsmittel. Darum sind sie nicht nur ideal für stark beanspruchte Räume wie Flure, Dielen und Kinderzimmer, sondern auch für Küche und Bad.

Der künstlich hergestellte Werkstoff Polyvinylchlorid (PVC) eignet sich ausgezeichnet für die Tapetenherstellung. Unter den zahlreichen PVC-Tapetentypen haben sich drei besonders bewährt: die Vinyltapete, die PVC-Tapete und der PVC-Schaumwandbelag.

Kleben von Vinyltapeten

Vinyltapeten (siehe auch Seite 29) bestehen aus einer Papier-Trägerschicht, die mit einer Folie beschichtet ist. Etwa zwei Drittel der Tapetenstärke macht die Vinylfolie aus.
Dank dieser Beschichtung ist eine Vinyltapete besonders strapazierfähig, stoß- und kratzfest. Man kann ihre Oberfläche abwischen oder -waschen. Die Farben können auf- oder untergedruckt sein und sind lichtecht.
Für die Heimwerkerpraxis besonders interessant ist die Möglichkeit, die Kunststoff-Folie so abzuziehen, daß die Papier-Trägerschicht an der Wand bleibt. Man verfügt dann gleich über eine glatte Makulaturbeschichtung der Wand, auf die beliebige andere Tapeten ohne große Vorarbeiten geklebt werden können.
Die elastische Vinylschicht hat den Vorteil, daß sie kleine Wandunebenheiten überspannt, also unsichtbar macht. Freilich setzt die Vinylfolie auch die Atmungsfähigkeit der Wand herab. Vor allem aus diesem Grund muß eine Vinyltapete mit einem wasserarmen Kleber verarbeitet werden, dem sicherheitshalber auch noch schimmelverhütende Zusätze beigefügt sind.
Für Vinyltapeten verwendet man einen Spezialkleister, der aus Methylzellulose mit Zusätzen von wasserlöslichem Kunststoffkleber besteht. Die Kunststoff-Bestandteile erhöhen die Klebkraft, so daß beim Ansatz mit wenig Wasser auszukommen ist. Beim Tapeteneinkauf sollten Sie gleich den passenden Kleister (z. B. Optalin-Spezial oder Glutolin 77) mitnehmen. Ein 200-Gramm-Päckchen reicht für 3–4 Tapetenrollen.
Für den Kleisteransatz verwendet man einen Kunststoffeimer, in den man die genau abgemessene Wassermenge gießt. Während das Wasser kräftig umgerührt wird, läßt man das Klebepulver hineinrieseln. Es muß unter gelegentlichem Umrühren etwa 20 Minuten quellen und ist dann gebrauchsfertig. Genau wie beim herkömmlichen Tapezieren werden die Tapetenbahnen mit der Deckenbürste eingestrichen und zusammengelegt, dann aufgerollt, damit sich die Ränder nicht zu stark dehnen. Nach etwa 5 Minuten Weichzeit werden die Bahnen dann Stoß an Stoß auf die Wand geklebt.
Ankleben an die Wand genau wie beim normalen Tapezieren: Von oben nach unten blasenfrei andrücken, dabei eine Tapezierbürste verwenden. Vinyltapeten soll man, nachdem sie auf der Wand sitzen, nicht mehr verschieben, weil sich sonst die Ränder ausdehnen könnten. Hat es beim erstenmal nicht geklappt, muß man sie noch einmal ganz abziehen.
Beim Übereinanderkleben in Ecken verwendet man speziellen Nahtkleber (Ovalit T), also nicht Tapetenkleber. Der Nahtkleber wird einseitig aufgestrichen. Dann legt man die andere Bahn darüber und drückt mit einem Gummiroller an.

Andere Kunststoff-Tapeten

Als PVC-Tapeten bezeichnet man Kunststoff-Tapeten, bei denen die Papier-Grundschicht durch einen Gewebeträger ersetzt ist. Sie sind im Gegensatz zu Vinyltapeten nicht abziehbar. Meist werden sie in Bahnenbreiten von 100–132 cm geliefert. Weil sie besonders strapazierfähig sind, eignen sie sich als Wandbekleidung z. B. für Flure und Treppenaufgänge.
PVC-Schaumwandbeläge bestehen aus 2–3 mm starkem, feinzelligem Schaum mit glatter oder offenporiger Oberfläche. Auch sie gehören zu den besonders strapazierfähigen Wandbelägen.

1 Wasserfeste Tapeten werden auf Stoß geklebt. Die Anlage der neuen Bahn muß sorgfältig erfolgen – Hin- und Herschieben zur Nahtkorrektur sollten Sie vermeiden, weil sich die Tapetenränder sonst dehnen und nicht mehr genau passen.

2 Im allgemeinen sollte man ohne Überlappungen auskommen, also stets auf Stoß kleben. Unvermeidliche Überlappungen werden nicht mit Tapetenkleister, sondern mit Nahtkleber eingestrichen und mit dem Gummiroller zusammengedrückt.

3 Beim Festrollen der Naht kann Nahtkleber aus der Fuge austreten. Er muß sofort mit einem Schwamm abgewischt werden. Läßt man ihn erst einmal antrocknen, kann man ihn kaum noch entfernen. Die angeklebte Tapete ist abwaschbar.

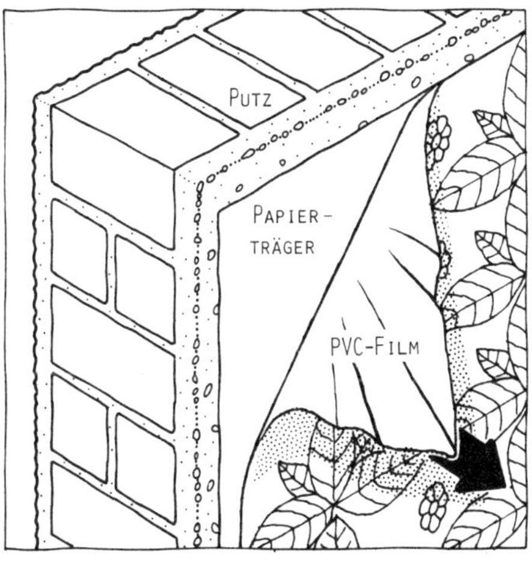

4 Wasserfeste Tapeten bestehen aus einem Papierträger mit aufgezogenem PVC-Film. Wenn Ihnen die Tapete nicht mehr gefällt, können Sie die Folie leicht abziehen. Die Papierschicht bleibt an der Wand und kann neu übertapeziert werden.

Wie man Wände mit Stoff bespannt

Man kann seine Wände mit geringeren Kosten dekorieren. Dafür sehen Wandbespannungen aber nicht nur äußerst gediegen aus. Durch ihre schallschluckenden und wärmedämmenden Eigenschaften bieten sie auch wesentlich mehr Wohnkomfort. Zum Bespannen eignen sich viele Materialien wie Leinen, Rupfen, Dekostoff, Filz oder Lackfolie. Hier werden erprobte Spannverfahren erläutert.

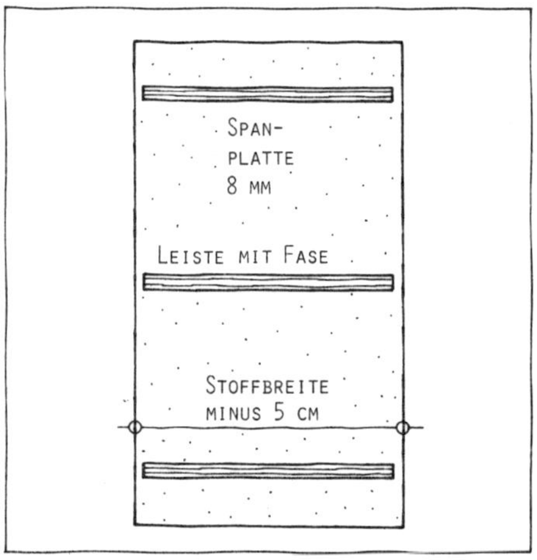

1 Die Breite der 8-mm-Spanplatte richtet sich nach der Stoffbreite. Dabei muß man beiderseits 5 cm Zugabe für die Befestigung abrechnen. An den raumhohen Platten befestigt man drei abgeschrägte »Scheuerleisten« als Haltevorrichtung.

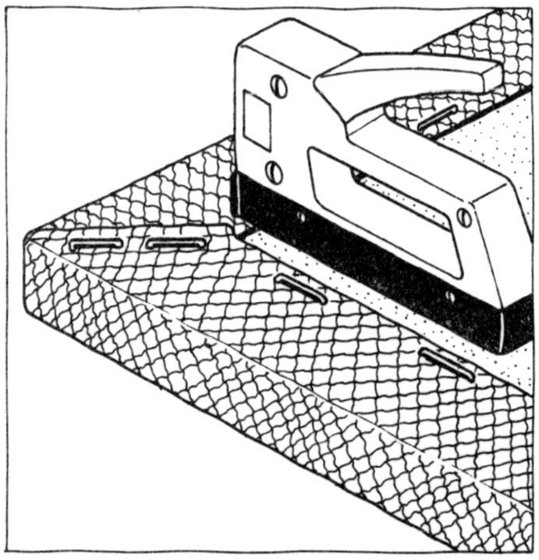

3 Den umgeschlagenen Bespannstoff befestigt man am einfachsten mit Heftklammern, die aus einem Tacker durch den Stoff in die Platte »geschossen« werden. Die Zeichnung verdeutlicht, wie dabei die Ecken umgeschlagen und geheftet werden.

Hierzulande pflegt man Wände zu streichen oder zu tapezieren, eventuell auch mit Holz zu verkleiden. Stoffbespannungen sind dagegen noch selten, vielleicht deshalb, weil die Anbringung solcher Wandbekleidungen für schwierig gehalten wird. Dabei gibt es auch einfache, für den Laien geeignete Methoden – und einige spezielle Befestigungs-Hilfsmittel für jedermann.

Das Klebeband-Verfahren

Doppelklebstreifen, wie sie für das Verlegen von Teppichböden verwendet werden, sind auch für Wandbespannungen auf kleineren Flächen gut geeignet. Ganze Wände wird man nur in Ausnahmefällen nach diesem Verfahren bespannen – dafür gibt es andere Methoden.
Als »Unterlage« braucht man ein Lattenrost aus dünnen Leisten, die rasterartig an der Wand befestigt werden. Das kann man mit doppelseitig beschichteten

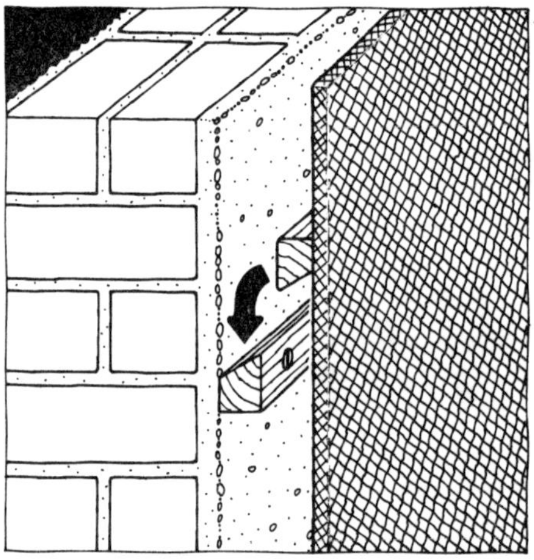

2 Die Zeichnung zeigt, wie die bespannten Spanplatten abnehmbar an der Wand gehalten werden. Für jede an der Platte befestigte Leiste muß eine gleiche an die Wand geschraubt werden. So kann man die Platten jederzeit aushängen.

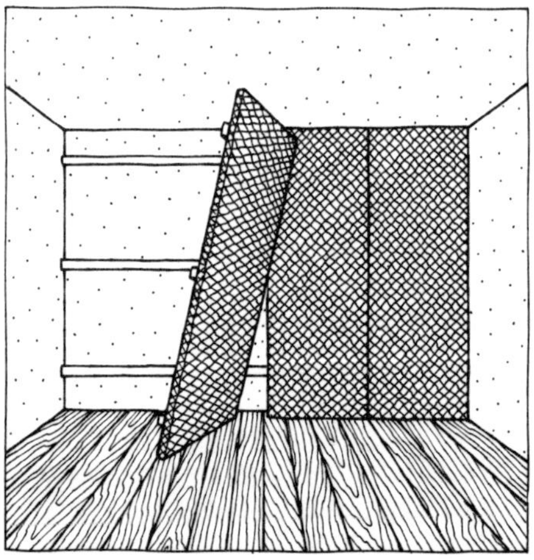

4 Die fertigen Platten werden eingehängt. Bei der Berechnung der Plattenbreiten nimmt man auf eine gleichmäßige Wandaufteilung Rücksicht. Im Dekkenwinkel muß so viel Platz bleiben, daß die bespannten Platten eingesetzt werden können.

Schaumstoff-Klebstreifen (Pads) tun. Man kann die Leisten aber auch mit Stahlstiften annageln oder mit Mauerdübeln anschrauben.
Durch die Latten wird die Wandfläche in gleichgroße Felder unterteilt. Jedes Feld bespannt man gesondert.
Den Bespannstoff schneidet man ringsum etwa zwei Zentimeter länger (bzw. breiter) zu als das Lattenfeld. Anstelle von Stoff kann man auch Plastikfolie verwenden.
Dann klebt man das Doppelklebeband mit der Unterseite ringsum entlang den Latten an. Im Klebebereich muß die Wand sauber, trocken und fest sein, weil der Klebestreifen sonst keinen Halt findet. Nach dem Abziehen der Schutzfolie von der Oberseite des Klebestreifens kann man den Stoff unter gleichmäßiger Spannung in das Feld und auf den Klebstreifen drücken.
Überstehenden Stoff schneidet man mit einem scharfen Messer genau entlang der Lattenbegrenzung ab. Man kann den Stoff auch zuerst wie beschrieben auf die Wand kleben und dann erst die Latten als Abdeckung befestigen.

Flausch- und Haftband

Auch dieses Verfahren eignet sich am besten für kleinere Flächen, beispielsweise für eine Wandbespannung über einem Kinderbett, hinter der Flurgarderobe oder in einer Eßecke, an einer Tür.
Am Rand der zu verkleidenden Fläche wird Haftband (mit »Klettenhäkchen«) angeklebt oder auch -genagelt (bei einem Holzuntergrund). Den Stoff schneidet man zu und säumt ihn. Entlang der Stoffkante wird ein Flauschband aufgesteppt. Haft- und Flauschband müssen aufeinander abgestimmt sein, deshalb kauft man beides zueinander passend ein und probiert es aus.
Nun kann der Stoff aufgezogen werden. Wenn man Band auf Band legt, wird das Flauschband vom Haftband festgehalten. Eine Lösung der Verbindung, etwa zum Waschen der Bespannung, ist jederzeit möglich. Das Flauschband kann man getrost mitwaschen.

Bespannte Platten

Die stoffbespannte Platte als schützendes und dekoratives Element hat den Vorteil, daß sie ohne besondere Tricks und Kniffe herzustellen ist. Es gibt zwei Möglichkeiten, sie an der Wand zu befestigen: fest oder abnehmbar.
Die abnehmbare Platte (Zeichnungen links) besteht aus einer acht Millimeter starken Spanplatte von Raumhöhe. Sie wird entsprechend der Stoffbreite so zugeschnitten, daß an beiden Seiten fünf Zentimeter Überstand für die Befestigung bleibt. Wenn ein lockeres Bespannmaterial, z. B. Rupfen, gewählt wird, sollte die

Platte im Rupfenton gestrichen werden. Befestigungselemente sind abgeschrägte Leisten, die im Handel als Scheuerleisten angeboten werden. Auf jedem Plattenteil und entsprechend an der Wand werden drei Leistenstücke so angebracht, daß man die Platte bequem einhängen und auch wieder abnehmen kann. Zu achten ist lediglich darauf, daß im Deckenwinkel Platz bleibt für die Einhäng- und Abnahmebewegung der Platte.
Eine straffe Bespannung erreicht man am einfachsten so: Rupfenbahn mit der Sichtseite nach unten auf dem Boden ausbreiten und in der Mitte ein Kissen auflegen. Darauf kommt die Platte, deren Kopf- und Fußenden man beim rückseitigen Festheften des Rupfens (Umschlag etwa 5 cm) nach unten drückt. Ist der Stoff an beiden Enden befestigt, zieht man das Kissen heraus: Die durchgebogene Platte wird wieder gerade und spannt den Rupfen »automatisch«. Dann die Seiten antackern.

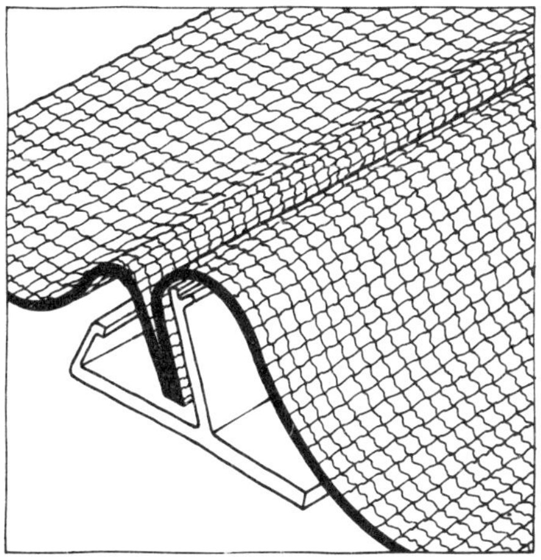

1 Ein Spezialprofil für die Befestigung einer Wandbespannung aus Filztuch. Es hat eine bewegliche »Zunge«, die sich umklappen läßt und die Filzbahn dann eisern festhält. Man kann auch zwei Bahnen mit einem Profil zusammenfassen.

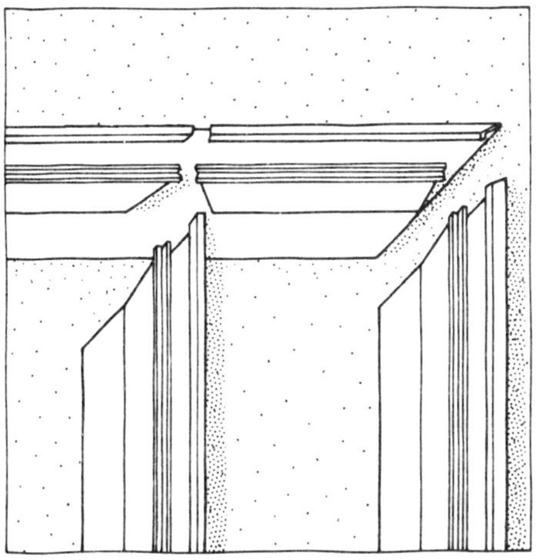

3 So werden die Verbindungsstellen zugeschnitten. Gezeigt wird links eine laufende Verbindung, rechts eine Eckverbindung. Die genau nach Maß zugeschnittenen Klemmprofile werden an die Wand genagelt oder mit Dübeln verschraubt.

Einen besonderen Effekt erreicht man, wenn man die Platten nicht direkt nebeneinander, sondern mit 2 cm Abstand (»Schattenfuge«) auf die Wand setzt. Diese Schattenfuge kann man, ebenso wie die Handhabungsfuge im oberen Deckenwinkel, abstechend zur Rupfenfarbe streichen, beispielsweise braun oder schwarz.
Die angeschraubte Platte kann aus einer vier Millimeter dicken Hartfaser- oder Sperrholzplatte bestehen, die ebenso wie die abnehmbare Platte raumhoch und stoffbahnbreit zugeschnitten wird.
Die Bespannung wird mit einer Zugabe von ringsum 4-5 cm zugeschnitten. Die Platte braucht außer einer leichten Entschärfung der Kanten mit Schleifpapier keine Vorbehandlung, wenn sie auf einem Untergrund befestigt werden soll, in den sich Schrauben eindrehen lassen. Wenn gedübelt werden muß, empfiehlt es sich, in die unbespannte Platte Löcher zu bohren - bitte in gleichmäßigen Abständen,

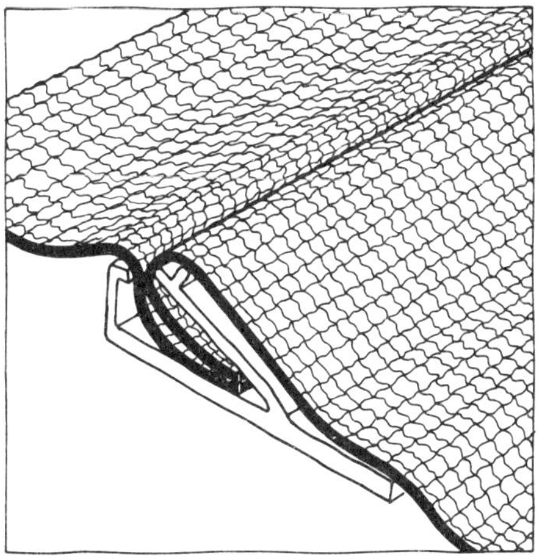

2 Nachdem die Bahnen in das Profil eingeführt sind, klappt man die Zunge herunter. Auf der Fläche ist dann nur eine »Naht« zu sehen. Es ist möglich, das Profil zum Nachspannen oder zur Reinigung der Stoffbahnen wieder zu öffnen.

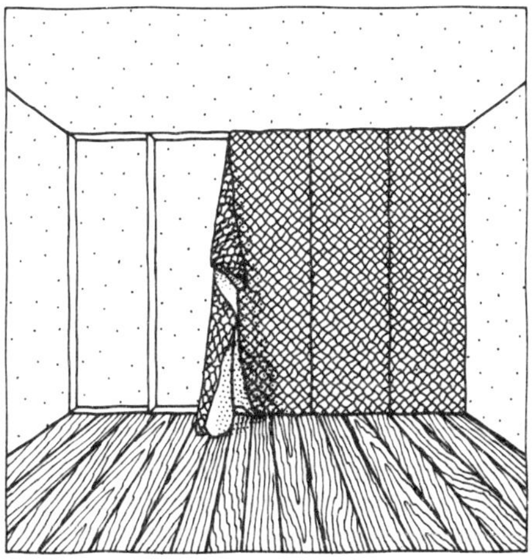

4 Wenn alle Profile an der Wand befestigt sind, werden die Stoffbahnen eingeklemmt. Dabei achtet man auf die gleichmäßige Spannung. Der Abstand zwischen Bespannung und Wand wird um Steckdosen und Schalter mit Leistenrahmen ausgefüllt.

etwa alle 30 cm -, durch diese Löcher hindurch die Dübelstellen anzuzeichnen, die Dübel zu setzen und den richtigen Sitz zu kontrollieren.
Dann erst darf die Platte bespannt werden: Spannmaterial glatt aus- und die Platte darauflegen, Saum umlegen und mit Reißzwecken (Bespannung läßt sich später abnehmen), Blauköpfen oder Heftklammern (Heftpistole = Tacker als Heftwerkzeug) festnageln. Mit dem Nageln oben und unten in der Mitte beginnen, dann oben und unten links und rechts nageln, die Zwischenräume mit Nägeln schließen und jetzt erst die freigebliebenen Seiten vornehmen, dabei Stoff oder Folie vor jedem Nageleinschlag vorsichtig spannen. Bei der Verwendung von Bespannungsstoff - er sollte so dicht gewebt sein, daß der Untergrund nicht durchschimmert - macht das Nageln keine Schwierigkeiten. Plastikfolien reißen weniger leicht, wenn man vor dem Nageln einen Saum umlegt. Stoff oder Folie können an der Rückseite der Platte auch verklebt werden. Bei der Verwendung von Kontaktkleber geht das ohne provisorische Haltenagelung, wenn nicht zu stark gespannt wird.
Die fertige Platte wird angeschraubt. Dazu nimmt man Messingschrauben oder auch verchromte Schrauben mit passenden Ringunterlagen. Sie sollen verhindern, daß Stoff oder Folie beim Festschrauben eingequetscht und in Schraubrichtung verzogen werden.
Eleganter ist die Lösung, die bespannten Platten auf Latten zu schrauben, die an der Wand befestigt wurden. Den Zwischenraum zwischen Wand und Platte kann man in diesem Fall mit Styropor-Hartschaum ausfüllen und erreicht so eine zusätzliche Wärmedämmung.

Spannsystem für Filz-Wandverkleidungen

Die vier Zeichnungen links zeigen eine Spezialleiste für Filzbespannungen. Es ist ein vier Zentimeter breites und sieben Zentimeter hohes Kunststoff-Profil mit einer aufklappbaren Lasche. Das in Längen von 260 und 310 Zentimeter gelieferte Profil wird wie ein Rahmen an die Wand genagelt oder geschraubt. Mit einer Metallsäge können die Leisten abgelängt oder auf Gehrung (für Eckverbindungen) geschnitten werden.
Die Filzbahnen werden mit vier bis acht Zentimeter Höhenzugabe zugeschnitten und zunächst an der Oberkante provisorisch festgeklemmt. Dann wird eine senkrechte Kante eingeklemmt, darauf die gegenüberliegende Kante. Nun löst man die obere Befestigung noch einmal, legt den Filz akkurat über die bewegliche Zunge und klemmt die obere Stoffkante endgültig fest. Dann erst wird die Bahn unten, am Fuß der Wand, befestigt.
Man kann in ein Profil auch die Seitenkan-

ten mehrerer zusammenstoßender Bahnen einklemmen. Deshalb sollten an Nahtstellen ebenfalls Leisten befestigt werden. Wird der Filz richtig angebracht, gibt es nur ganz schmale »Nähte« zwischen den Bahnen. Das Profil kann leicht wieder geöffnet werden: zur Korrektur von Spannfehlern – oder wenn der Filz gereinigt werden soll.

Die Kräuselbespannung

Sie ist vor allem als Verkleidung für Wandteile hinter Betten beliebt. Der Stoff wird dazu in feine Falten gelegt. Das läßt sich auf unterschiedliche Art und Weise erreichen:

- Stoff zuschneiden auf gewünschte Höhe + doppelte Saumzugabe und auf doppelte bis dreifache Breite (wie beim Vorhang). Oben und unten breit, an den Seiten normal einsäumen. Mit Hilfe von Spanngardinenstangen an der Wand befestigen: Schraubhaken eindübeln Spannstoff auf die Gardinenstäbe schieben und gleichmäßig kräuseln, auf die Haken setzen. Sie müssen so angebracht werden, daß der Stoff gespannt wird.
- Oben und unten Gardinen-Kräuselband annähen, die Bespannung einkräuseln und so auf eine Platte oder einen Rahmen nageln, daß das Kräuselband auf der Rückseite verschwindet. Fältchen sorgfältig nachlegen.
- Als obere und untere Begrenzung der zu überspannenden Fläche je eine Leiste (etwa 10 × 40 mm Querschnitt) an die Wand nageln oder schrauben oder (sauberste Lösung) die Leisten nach Abmeißeln des Putzes auf der ganzen Länge in die Wand eindübeln, Putzschäden mit Spachtelmasse ausgleichen. Im letzten Fall Leiste trapezförmig hobeln lassen, Schmalseite des Trapezes kommt nach außen.

Stoff oder Plastikfolie in gleichmäßige Falten gelegt und unter Spannung annageln, und zwar jede einzelne Falte zuerst an der oberen, dann an der unteren Leiste. Die Nagelreihen durch Deckleisten kaschieren.

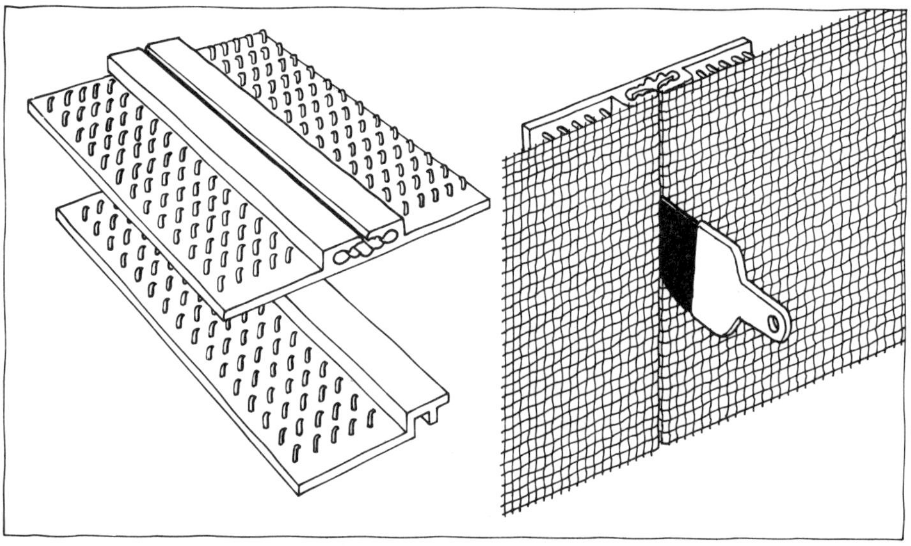

Beim Cover-Aplix-Verfahren werden ebenfalls Kunststoffleisten verwendet, um die Stoffbahnen festzuhalten. Sie sind mit Klettenhäkchen besetzt. Der spezielle Bespannstoff ist mit einem Flauschfutter bestückt, in das die Klettenhäkchen eingreifen. Die Stoffkanten drückt man mit einem Spachtel in das Holzprofil. Die Leisten werden einfach an die Wand geheftet oder auch geklebt.

Das Cover-aplix-Spannsystem

Dieses System arbeitet mit Kunststoffleisten, die mit Haftbandstreifen (Klettenhäkchen) besetzt sind (siehe obere Zeichnung).

Das spezielle Gewebe in grober oder feinerer Leinenstruktur ist auf der Rückseite mit einer dünnen Schaumstoffschicht und dann noch mit dem Flauschfutter bestückt, das als Gegenstück zu den Klettenhäkchen wirkt, sich also an ihnen festhakt, wenn es angedrückt wird.

Die Haftbandstreifen gibt es als einfache Profilleisten für den Abschluß an Decken und Ecken, außerdem als Doppelleisten zum Verbinden der Gewebebahnen. Die Stoffkanten werden mit Hilfe eines Einschiebspachtels in das Hohlprofil der Leiste gedrückt, brauchen also nur normal abgeschnitten und nicht gesäumt zu werden.

Zu Reinigungszwecken kann man das Gewebe abnehmen. Bei Bedarf läßt es sich auch nachspannen.

Den dazugehörigen Spezialstoff (Astragale bzw. Carline) gibt es in 14 gängigen Farben, für Garderoben auch in Kunstlederqualität.

Die Kunststoffleisten werden direkt auf die Wand geheftet oder geklebt; auch auf rohes, unverputztes Mauerwerk.

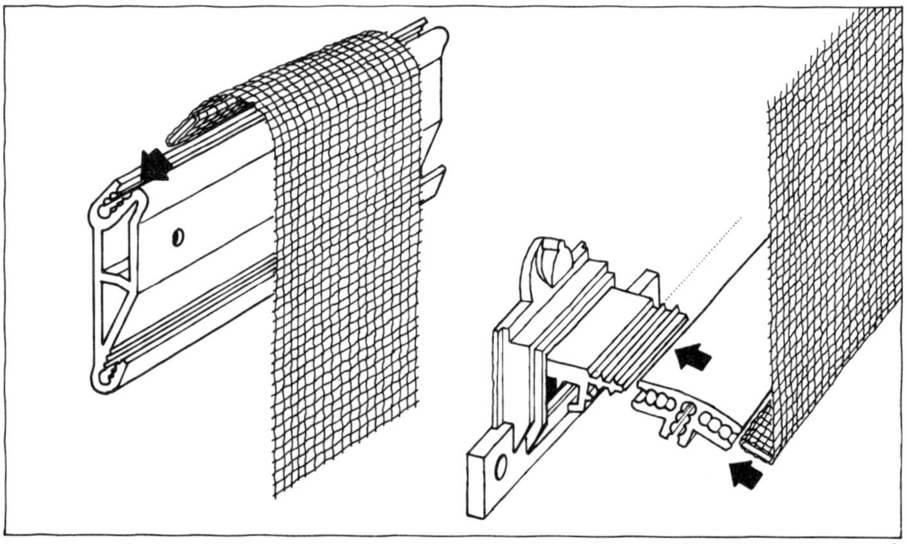

Zum MHZ-Textim-System gehören verschiedene Profile, die man an die Wand nagelt, klebt oder schraubt. An der Decke und an den Seiten wird der Bespannstoff mit einer dünnen Kunststoffleiste in die Halteprofile eingeschoben (linke Zeichnung). Die nötige Spannung erzeugt allein das Bodenprofil (rechts). Wenn es nach unten geklappt wird, steht der Stoff wandhoch unter Spannung.

Das MHZ-Textim-Spannsystem

Zu diesem Wandbespannungssystem, das für beliebige Textilien verwendet werden kann, gehören verschiedene Profile, die man an die Wand nagelt, klebt, heftet oder schraubt (Bild links).

Das Besondere an diesem System: Die Spannung im Stoff wird lediglich durch das Bodenprofil erzeugt. An der Decke und an den Seiten wird der Stoff mit einer schmalen dünnen Kunststoffleiste lediglich in die Profile eingesteckt. Erst wenn das Bodenprofil nach unten geklappt wird, steht der Stoff unter Spannung.

Die Montage ist also sehr einfach. Der Stoff läßt sich nach der Reinigung leicht von der Wand nehmen. Lediglich für die Befestigung der Profile auf der Wand wird Werkzeug benötigt.

Weiter ist bemerkenswert, daß die Profile jeweils doppelt angelegt sind. Das heißt, daß unter dem Stoff zusätzlich noch ein schalldämmendes Vlies eingeklemmt werden kann.

Arbeitstechnik
für Heimwerker

Sperrholz, Span- und Tischlerplatten

Holz als Plattenware ist der beliebteste Werkstoff im Heimwerkerbereich. Es ist preiswerter als Massivholz, formstabil und läßt sich gut verarbeiten. Welche Möglichkeiten die Platten bieten und wie man sie verarbeitet, wird hier in einer kleinen Warenkunde abgehandelt.

Bis auf wenige Ausnahmen werden Serienmöbel heute aus Span- oder Tischlerplatten gebaut. Massivholz ist zu teuer und verhält sich in zentralgeheizten Räumen schlechter als Plattenware: es verzieht sich.

Dagegen sind Platten bei richtiger Verarbeitung formstabil. Dabei müssen einige Punkte beachtet werden:

1. Eine Platte muß immer von beiden Seiten furniert werden. Wenn Sie eine Seite mit einem Edelholz, die andere mit einem Massenfurnier beleimen wollen, fragen Sie vorher einen Furnierhändler, ob die Furniere »zuggleich« sind. Die Platte wird sonst krumm. Bei schon furnierten Platten muß darauf geachtet werden, daß die neue Furnierschicht um 90° zur Deckschicht verdreht aufgeleimt wird. Nur so verhindern Sie Risse.
2. Soll eine Seite lackiert werden, muß die zweite Seite ebenfalls einen Anstrich erhalten. Am besten geschieht dies in einem Arbeitsgang, damit die Feuchtigkeit von beiden Seiten gleichzeitig einwirkt und die Platte sich nicht verzieht.

Sperrholz und Tischlerplatten können, wenn sie nicht mit einer Kunststoffschicht beleimt sind, mit einem normalen Sägeblatt geschnitten werden. Damit die Kanten nicht zu sehr ausreißen, empfiehlt es sich, ein feines Sägeblatt zu nehmen. Spanplatten, mit und ohne Kunststoffbeschichtung, sollten mit hochlegierten Schnellstahl-(HSS-) oder hartmetallbestückten Sägeblättern geschnitten werden. Der hohe Leim- oder Harzanteil bei Spanplatten läßt normale Sägeblätter zu schnell stumpfen. Reißt trotz scharfen Sägeblattes der Schnitt bei einer kunststoffbeschichteten Platte zu sehr aus, ist der Sägeblattüberstand über der Platte zu gering. Der beste Überstand liegt zwischen 15 und 20 mm. Wer Platten von beiden Seiten ausrißfrei schneiden will: Unter die gesamte Länge der Schnittkante eine Sperrholzplatte legen und bei jedem Schnitt einen schmalen Streifen mit absägen. So reißt nur das Sperrholz aus, der Sägeschnitt bleibt einwandfrei.

Die beste Verbindung für Span- und Tischlerplatten sind Holzdübel oder Federn aus Sperrholz, die eingeleimt werden. Für die richtige Dübelwahl gibt es eine Regel: 16-mm-Platte = 5-mm-Dübel, 19-mm-Platte = 8 mm-Dübel, 22-mm-Platte = 10-mm-Dübel. Dünnere Platten verbindet man mit 3 bis 4 mm dikken Federn, die in eingefräste Nuten geschoben werden. Die Verleimungen sind sehr haltbar. Sie dürfen allerdings nie diagonal belastet werden.

Wer sich mehrere Platten kaufen will, sollte sich vorher bei verschiedenen Baumärkten umhören. Die Preise differieren sehr stark, auch der Zuschnittpreis ist überall unterschiedlich. Sie können viel Geld sparen.

Kleine Platten-Warenkunde

Nicht alle Pläne kann man mit Spanplatten verwirklichen, obwohl sich diese Heimwerker-Universalplatten bei richtiger Verarbeitung für viele Zwecke eignen. Hier eine kleine Warenkunde mit einer Übersicht über die wichtigsten Platten.

Sperrholz. In der Fachsprache heißt die Sperrholzplatte Furnierplatte, weil sie aus aufeinander geleimten Furnieren besteht. Die Zahl der Schichten ist immer ungerade. Jedes Blatt wird um jeweils 90 Grad gedreht, damit die fertig verleimte Platte in sich flächenstabil ist. Je nach Dicke der Platte ist die Mittellage dicker als die Oberflächenfurniere. Nur bei sehr dünnem Flieger- oder Bootsbausperrholz sind alle Furniere gleich dick.

Sperrholz gibt es in mehreren Holzarten, meist besteht es aus Limba, Gabun oder Kiefer. Für den Heimwerkerbedarf werden auch Sperrhölzer mit Edelholzfurnieren als Deckschicht angeboten.

Dreischichtiges Sperrholz gibt es in Stärken von 0,8 bis 6,0 Millimeter. Das wesentlich stabilere fünfschichtige Sperrholz wird in Stärken ab 2,0 bis 12,0 Millimeter angeboten. Eine fünfschichtige Sperrholzplatte kann man schon als Seite eines Regals verwenden.

Multiplexplatten. Furnierplatten, die stärker als 15 mm sind, nennt man Multiplexplatten. Sie werden aus mindestens sieben Schichten verleimt. Ursprünglich wurden sie nur für Betonschalungen hergestellt, weil man sie ihrer Festigkeit wegen öfter verwenden konnte. Außerdem sind sie verwindungsfrei. Heute setzt man diesen Werkstoff überall da ein, wo eine besonders hohe Festigkeit erreicht werden soll – etwa für Treppenstufen oder -geländer.

Stäbchenverleimte Tischlerplatten. Bei den Tischlerplatten (sie heißen so, weil der Tischler sie früher selbst aus Abfällen herstellte) unterscheidet man zwischen blockverleimten und stäbchenverleimten Platten. Bei den blockverleimten Platten besteht das »Innenleben« aus sehr brei-

mm	Spanplatte	Dekorpl.	3schichtige Furnierplatte	5schichtige Furnierplatte	Multiplex	Tischlerplatte
0,8			■			
1,0			■			
1,2			■			
1,5			■			
2,0			■	■		
2,5			■	■		
3,0			■	■		
4,0			■			
5,0			■			
6,0			■			
8,0	■			■		
10,0	■	■		■		
12,0				■		
13,0	■	■				■
14,0	■					
15,0					■	
16,0	■	■				■
18,0	■				■	
19,0	■	■				■
20,0					■	
22,0	■	■			■	■
25,0	■	■			■	■
28,0	■	■				
30,0					■	■
35,0					■	
38,0		■			■	■
42,0					■	■

Foto Seite 41, von oben nach unten: eine drei- und eine fünfschichtige Sperrholzplatte, eine Multiplexplatte, eine drei- und eine fünfschichtige stäbchenverleimte Tischlerplatte, eine drei- und eine fünfschichtige blockverleimte Tischlerplatte, eine dreischichtige Spanplatte.

Die Tabelle (rechts) zeigt, in welchen Stärken die verschiedenen Plattenarten im Handel sind.

ten Leisten, bei den stäbchenverleimten aus schmalen. Die zweite Gruppe ist demzufolge wertvoller.
Es gibt dreischichtige stäbchenverleimte Platten aus einer Mittellage und zwei Deckfurnieren und fünfschichtige, bei denen zusätzliche dünnere und bessere Furnierschichten aufgeleimt sind.

Blockverleimte Tischlerplatten. Bei diesen Platten besteht die Mittellage aus etwa drei Zentimeter breiten Leisten. Weil diese Leisten querliegende Jahresringe haben, kann es vorkommen, daß einzelne Leisten durch das Deckfurnier drücken. Für hochwertige Arbeiten zieht man deshalb die stäbchenverleimten Platten vor, etwa, wenn es auf eine sehr glatte Lackschicht ankommt.
Es gibt auch in dieser Gruppe dreischichtige und fünfschichtige Platten, außerdem edelholzfurnierte oder kunststoffbeschichtete Platten.
Im Gegensatz zu Spanplatten sind Tischlerplatten richtungsgebunden. Bei Seitenteilen sollen die Leisten aufrecht stehen, bei Böden von einem Aufleger zum anderen durchgehen. Sie verlieren sonst die Stabilität, die Böden könnten durchhängen. Darauf muß man vor dem Zuschnitt achten.

Spanplatten. Sie lassen vom natürlichen Faserverlauf des Holzes nichts mehr erkennen, weil sie unter Verwendung von speziellen Kunstharzbindemitteln aus Holzspänen hergestellt werden. Der Aufbau besteht aus drei, manchmal aus fünf Schichten. Auf eine Mittelschicht aus gröberen Spänen wird bei der Dreischichtplatte beiderseits eine Schicht feiner Späne gepeßt. Bei der Fünfschichtplatte liegt zwischen beiden Schichten noch eine mittelfeine Zwischenschicht.
Spanplatten gibt es in zahllosen Oberflächenbeschichtungen. Die Fotos auf dieser Seite geben einen Überblick über die Auswahl in Baumärkten und Heimwerkerläden. Spezielle Verarbeitungshinweise für Spanplatten finden Sie ab Seite 48.

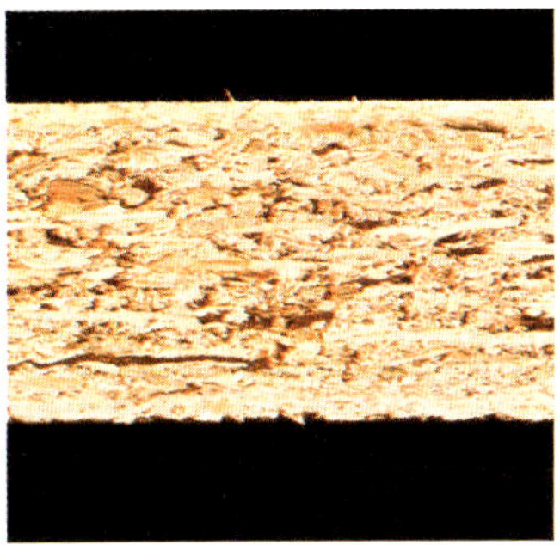

1 Schnitt durch eine dreischichtige Spanplatte. Auf eine Mittelschicht aus gröberen Spänen sind beiderseits feinere Späne gepreßt. Stärken: von 8 bis 28 Millimeter.

2 Charakteristisch für die phenolharzverleimte Spanplatte ist die dunklere Farbe. Durch das Harz sind die Späne in begrenztem Umfang vor Feuchtigkeit geschützt.

3 Wer diese Spanplatte verwendet, spart einen Arbeitsgang beim Streichen: Sie ist mit einem klaren Polyurethanlack grundiert. Vor dem Streichen unbedingt anschleifen!

4 Wer eine gebeizte oder lackierte Oberfläche mit Struktur mag, verwendet eine mit Macoréfurnier beleimte Spanplatte. Es gibt auch limbafurnierte Spanplatten.

5 Spanplatten gibt es mit Edelholzfurnieren wie Teak, Eiche, Nußbaum und Palisander. Weil es Messerfurniere sind, ist der Preis allerdings ziemlich hoch.

6 Für viele Zwecke sind edelholzfurnierte Flächen zu empfindlich. Wer trotzdem einen Holzeffekt wünscht, verwendet eine Kunststoffoberfläche wie diese hier.

7 Diese Platte, weiß grundiert und mit Rupfen beleimt, gehört zu einem 50 cm breiten und 259 cm hohen Paneel. Die Längskanten sind mit Nuten für Federn versehen.

8 Die Röhrenplatte, bei der jede zweite Röhre aufgeschnitten wurde, wird als schallschluckende Wandverkleidung verwendet. Es gibt sie auch furnierbeschichtet.

9 Eine Arbeitsplatte in der Küche braucht eine widerstandsfähige Oberfläche. Diese Spanplatte wurde mit hochwertigen Melanin-Kunststoffschichten verpreßt.

10 Bei dieser Spanplatte wurde beiderseits eine weiße Grundierfolie aufgeleimt. Dadurch entsteht eine glatte Oberfläche. Vor dem Lackieren leicht anschleifen!

11 Eine Spanplatte, die mit einer kunststoffbeschichteten Hartfaserplatte verleimt wurde. Es gibt auch direkt beschichtete Spanplatten in einer großen Auswahl.

12 Auf strukturierten Oberflächen sind Fingerabdrücke und Fettspuren kaum zu sehen. Solche Platten eignen sich für Schranktüren oder auch Ablageflächen.

Richtiger Umgang mit Maschinen

Leichtfertiger oder unsachgemäßer Umgang mit holz- und metallbearbeitenden Maschinen stellen oft unterschätzte Gefahren dar. Außerdem können Maschinen und Material zerstört werden. Wir haben auf den folgenden Seiten eine Reihe von Fehlerquellen aufgezeigt und jeweils mit Beispielen richtiggestellt. So arbeiten Sie sicherer!

Elektrische Werkzeuge und Maschinen sind nichts für kleine Kinder. Sie setzen Kräfte frei, die Unheil anrichten können, wenn man sie leichtsinnig oder nachlässig verwendet. Zunächst ein paar allgemeine Hinweise für den Umgang mit den wichtigsten Elektromaschinen:

Bohrmaschine

Freihändig wird gebohrt, wenn es nicht anders geht, also beim Bohren in Ziegel- und Betonwände, bei großen Werkstükken und Montagen. Kleinere Teile sollten stets eingespannt werden – bei Holz in die Hobelbank oder mit Hilfe von Schraubzwingen an die Werkbank, bei Metall in den Schraubstock. Präzise Bohrungen kann man nur mit dem Tischbohrständer erreichen. Weitere allgemeine Regeln:

- Bohrstelle genau anzeichnen, am besten mit der Ahle vorstechen.
- Bohrer nach Möglichkeit senkrecht aufsetzen. Für schräge Bohrungen eine Bohrlehre anfertigen (schräg im richtigen Winkel durchbohrtes Klötzchen; an der Bohrstelle anheften oder -klemmen).
- Zu starker Druck (Vorschub) überlastet den Motor.
- Bei klemmendem Bohrer Maschine sofort ausschalten, Bohrer aus dem Bohrloch ziehen und neu ansetzen.
- Nur scharfe Bohrer verwenden, sonst hilft die stärkste Bohrmaschine nichts.

Handkreissäge

Holz wird stets mit höchster Drehzahl geschnitten. Dabei soll das Sägeblatt nicht in seiner ganzen Schönheit aus der Handkreissäge herausragen, sondern nur um 2 bis 3 mm mehr, als die Materialstärke beträgt. Die jeweilige Schnittiefe läßt sich durch mehr oder weniger starkes Abklappen der Auflagefläche verstellen. Die gleiche Fläche ist auch seitlich schwenkbar, wenn Gehrungen geschnitten werden sollen.

Bei *Querschnitten* (Ablängen von Brettern) setzt man die Säge so mit der Vorderkante an die Rißlinie, daß das Sägeblatt das Material noch nicht berührt, schaltet den Motor ein, läßt das Sägeblatt auf Touren kommen und führt nun die Säge in das Material. Sie dürfen nur so schnell schieben, wie das Sägeblatt sich freischneidet. Zu starker Druck schadet dem Motor. Der rechte Arm soll beim Sägen genau in der Verlängerung des Handgriffs liegen, darf also nicht angewinkelt sein. *Längsschnitte* werden mit dem Parallelanschlag ausgeführt.

Stichsäge

Das Arbeiten mit der Stichsäge verlangt Feingefühl – sonst verläuft das Sägeblatt, verbiegt sich oder bricht ab. Da die Stichsäge kräftige Vibrationen erzeugt, muß das Werkstück fest eingespannt werden. Sobald es selbst ins Schwingen gerät, ist ein gerader Schnitt nicht mehr möglich. Manchmal kommt es vor, daß das Stichsägeblatt zu flattern beginnt. Das liegt an einem für dieses Sägeblatt zu engen Kurvenradius.

Beim normalen Durchtrennen eines Brettes oder einer Leiste wird die Grundplatte so auf das Material gesetzt, daß das Sägeblatt noch nicht mit dem Holz in Berührung kommt. Erst nach dem genauen Ausrichten des Blattes wird die Maschine eingeschaltet, auf Dauerbetrieb gestellt und in das Material geführt.

Die Stichsäge muß mit sanftem, gleichmäßigem Druck geführt werden. Während des ganzen Sägevorgangs soll sie fest auf dem Material aufliegen. Falls sie sich festklemmt, wird sie um ein winziges Stück zurückgezogen.

Schleifscheibe

Bei der Arbeit mit der ortsfesten Schleifscheibe muß der nicht für die jeweilige Tätigkeit notwendige Teil von einer Schutzhaube überdeckt sein. Außerdem darf nicht ohne Schutzbrille geschliffen wer-

Handkreissäge: Das obere Foto zeigt, wie man es nicht machen sollte. Hier führt eine Hand die Säge, die andere hält die Tischlerplatte fest. Das kann ins Auge gehen, wenn das Sägeblatt sich selbständig macht und ausbricht – Gefahr für Hände und Material. Oberste Regel für das Arbeiten mit der Handkreissäge ist deshalb: Material fest einspannen und die Säge beidhändig führen (links). Nur so bekommt man einen glatten, gerade geführten Schnitt, die Säge kann sich nicht verklemmen und nicht ausbrechen.

Tischkreissäge: So sollte es nicht gemacht werden. Das Material kann sich verkanten, und oft genug fliegt es dann wie ein Geschoß durch die Gegend.

Bei Sägearbeiten dieser Art braucht man stets eine führende Anlage, etwa in Gestalt einer Leiste. So kann auch den haltenden Fingern nichts passieren.

den. Im vollen Lauf zerspringende Scheiben können lebensgefährlich sein. Beim Einschalten der Maschine stellt man sich deshalb neben das Gerät bzw. auf die von der Schutzhaube abgedeckten Seite.
Beim Maschinenschleifen wird stets mit höchster Drehzahl gearbeitet. Das zu schleifende Werkstück oder Werkzeug darf nicht zu stark angedrückt werden, weil die Metalloberfläche sonst ausglüht, oder verbrennt. Normalerweise schleift man nicht an der Breitseite der Scheibe.

Gummischleifteller

Mit dem Gummischleifteller, der mit einer Scheibe aus Schleifpapier oder -gewebe belegt wird, kann man sowohl Holz als auch Metall oder andere harte Werkstoffe schleifen. Für das präzise Glattschleifen von Holzoberflächen ist er jedoch kaum geeignet. An eine solche Arbeit sollte man sich nur mit einschlägigen Erfahrungen wagen. Der Schleifteller wird nach vielen Herstellerempfehlungen immer vollflächig aufgesetzt, in der Praxis aber doch häufig in einem spitzen Winkel zum Werkstück, so daß immer nur eine Randzone angreift.
Bei zu großem Winkel kann es allerdings passieren, daß einem die Fetzen der Schleifpapierscheibe um die Ohren fliegen. Dazu kann es auch beim unvorsichtigen Kantenbrechen oder beim Schleifen von Oberflächen mit Spitzen und Ecken kommen. Für reinigende Schleifarbeiten (Entfernen von alten Anstrichen, Rost usw.) verwendet man deshalb lieber eine Drahtbürste, wenn man es mit stark strukturierten Oberflächen zu tun hat.

Sicherheit in der Werkstatt

Auch wer der Meinung ist, man solle den Teufel nicht an die Wand malen, wird Fragen der Sicherheit bei der Arbeit, auch als Unfallverhütung zu umschreiben, nicht dem Zufall überlassen wollen. Wenn es um die Gesundheit geht, hört der Spaß auf. Zwar kann theoretisch jeder in seiner Werkstatt machen, was er will – aber daß man damit nicht weit kommt, stellt sich spätestens nach dem ersten Zwischenfall heraus, der bei einiger Sorgfalt bestimmt hätte vermieden werden können.
Der Mensch als Heimwerker ist, darüber läßt sich nicht streiten, in größerem Ausmaß unfallgefährdet als andere Zeitgenossen. Dagegen kann man mit Vorsichtsmaßregeln und Schutzvorrichtungen allein nicht ankämpfen – auch die eigene Kondition spielt eine Rolle:
● Auch wenn das Selbermachen oft nach getaner Tagesarbeit stattfindet, sollte man nie übermüdet oder aufgeregt mit komplizierten Maschinen umgehen. Rat: An diesem Abend nur lackieren!
Die Werkstatteinrichtung bietet eine ganze Menge Ansatzpunkte, um dem Unfallteufel das Handwerk zu legen. Gute Beleuchtung, rutschsicherer Fußboden und ein übersichtlicher Aufbau von Werkbänken und Schränken oder Regalen sind erste Voraussetzungen. Weitere Gesichtspunkte:

Stichsäge: Auch diese Säge sollte stets mit beiden Händen geführt werden. Die Vibrationen der Maschine haben sonst einen unsauberen Schnitt zur Folge – und das Sägeblatt bricht.

Aufgeleimtes Furnier kann durch die nach oben reißenden Zähne der Stichsäge ausgefranst werden. Abhilfe: Furnier genau an der Schnittlinie mit der Furniersäge sorgsam vorschneiden.

Hobelmaschine (oben): Sie kann die Fingerspitzen in Gefahr bringen, wenn man ohne Anlage und Schutzflügel arbeitet. Hier wird das Werkstück ordnungsgemäß mit einer Leiste als Hilfswerkzeug transportiert.

Bandschleifgerät (links): Nur mit Anlage verwenden! Ein aufgepreßter Holzklotz dient als Widerlager. Fehlerhaftes Arbeiten an diesem Gerät läßt das Schleifband schnell verschleißen.

Frästisch: Die sichere Führung des Werkstücks ist oberstes Gebot. Ein festgespannter Rückschlagklotz (oben) leistet dabei ebenso gute Dienste wie die verstellbaren Anlagerollen im Bild ganz rechts.
Das Anlagelineal darf nicht, wie im kleinen Bild dargestellt, ungenau und mit zu großem Abstand zum Fräskopf eingestellt werden, sondern es muß so dicht wie möglich angepaßt werden. Nur so ist saubere Arbeit möglich – und Unfälle am Frästisch, die man nicht unterschätzen sollte, werden verhindert.

● Möglichst alle Werkzeuge (oder, wenn möglich, den ganzen Raum) unter Verschluß halten, wenn nicht gearbeitet wird. Feuergefährliche oder gifthaltige Stoffe gesondert verschließen.
● Keine wackligen oder auf dem Boden rutschenden Werkbänke und Maschinengestelle verwenden; Einzelmaschinen fest einspannen oder anschrauben.
● Nur fehlerfreie, scharfe, gepflegte und saubere Werkzeuge verwenden; Werkzeuge niemals zweckentfremden.
● Maschinenein- und -umstellungen nur bei stillstehendem Motor (besser: Stekker ziehen) vornehmen; vor dem Einschalten mit der Hand ausprobieren, ob alles in Ordnung ist (Welle durchdrehen, Festigkeit aller Schraub- und Klemmverbindungen prüfen).
● Grundsätzlich keine Maschinen mit freiliegenden Riementrieben, Wellenstummeln, Zahnrädern usw. verwenden, immer für sichere und haltbare Abdeckung sorgen.

Darauf müssen Sie achten

Betriebssichere Elektromaschinen sind das Ziel aller Sicherheitsmaßnahmen. Der Hersteller darf nur solche Maschinen auf den Markt bringen, die elektrisch sicher und auch mechanisch abgesichert sind.

Metallbohren: Wer kleine Teile mit der Hand festhalten will, wie im oberen Bild gezeigt, ist selbst schuld an einer Verletzung – das Werkstück kann sich zum Geschoß oder zum Messer entwickeln. Werkstück immer fest einspannen! Zu jedem Bohrständer gibt es die entsprechenden Zusatzgeräte (Mini-Schraubstöcke); siehe rechtes Foto.

Trennscheibe: Niemals ohne die Schutzbrille arbeiten – und darauf achten, daß die Schutzkappe der Maschine etwaige Schleifsplitter nach unten und vom Körper weg leitet (rechts), also nicht in Richtung auf das Gesicht des Arbeitenden schleudert (siehe oberes Foto).

Die besten Schutzvorrichtungen nützen allerdings nichts, wenn man sie entfernt oder umgeht. Wer sich auf so etwas einläßt, setzt seine Gesundheit ganz bewußt aufs Spiel. Sicherheitshinweise für die wichtigsten Maschinen:
● *Handbohrmaschine:* Motor erst einschalten, wenn das Gerät arbeitsbereit ist. Zu bearbeitendes Werkstück stets einspannen. Keinesfalls mit der Hand halten! Nicht in der Nähe von entflammbaren Lösungsmitteln arbeiten.
● *Tischbohrmaschine:* Abnehmen des Bohrfutterschlüssels nicht vergessen, er wird sonst zum Geschoß. Werkstücke sowohl bei Holz als auch bei Stahl einspannen. Keinesfalls mit der Hand halten! Gegebenenfalls Zange verwenden. Kurz vor dem Durchbohren des Teils Vorschub verringern – der Bohrer hakt an dieser Stelle leicht.
● *Tischkreissäge:* Abdeckung mit Spaltkeil niemals abnehmen. Beim Sägen Hände nicht in die Nähe des Sägeblatts bringen. Wenn viele kurze Brett- oder Leistenstücke gesägt werden müssen, Abweisleiste (mit abgeschrägtem Ende) vom Sägeblatt schräg zur Tischkante spannen (Schraubzwinge als Befestigung). Werkstück stets gegen das laufende Blatt führen!
● *Handkreissäge:* Schutzvorrichtung des Sägeblatts niemals durch einen Griff unter die Maschine, sondern nur mit dem oben angebrachten Griffbolzen nach hinten schwenken – und auch das nur im Notfall, z. B. bei klemmendem Schutz oder beim Taschensägen. Wanknuteinrichtung nur mit Schutzabdeckung verwenden. Niemals im Stillstand ansetzen oder in Schnitt einführen (Maschine schlägt zurück!). Nach dem Arbeitsgang Sägeblatt erst auslaufen lassen, ehe die Maschine abgesetzt wird!
● *Bandsäge:* Führung so tief wie möglich legen, Finger nicht in die Nähe des Sägeblattes bringen, Werkstück niemals genau vor dem Sägeblatt festhalten, sondern seitlich links und rechts.
● *Hobelmaschine:* Nur mit Abdeckung für die Messerwelle arbeiten, Anschlag verwenden. Werkstück nicht zu schnell nachschieben, es kann zurückschlagen. Kleine Werkstücke mit Schiebeholz schieben.
● *Fräseinrichtung:* Nur am Anschlag oder mit Einspannvorrichtung arbeiten. Werkstück langsam nachschieben, damit es nicht zurückschlagen kann.
● *Schleifmaschine:* Schleifscheibe muß sich stets auf den Körper des Arbeitenden zudrehen, Werkstücke werden nur an der Vorderseite (nach unten laufende Seite) angehalten. Schutzhaube und Funkenschutz sind ebenso wichtig wie eine dicht an die Scheibe herangeschobene Anlagevorrichtung.
● *Trennscheibe:* Schutzhaube des Gerätes nicht entfernen. Mit Schutzbrille und -handschuhen arbeiten.

1 Spanplatten kann man auch zinken. Durch die Verzahnung und eine gute Leimangabe werden zwei Platten sicher verbunden. Sehr dekorativ für Kästen, die nicht gestrichen zu werden brauchen.

2 Diese Eckverbindung ist sehr haltbar. Eine Vierkantleiste wird an einer Kante verdübelt und verleimt. Danach die zweite Platte ebenfalls verdübeln und verleimen. Anschließend schleifen, spachteln und streichen.

3 Hartmetallbestückte Sägeblätter sind das richtige Werkzeug, um Spanplatten zu zerschneiden. Durch den harten Kunstharzzusatz der Platten stumpfen normale Sägeblätter ziemlich schnell ab.

4 Eine Leimverbindung ohne Dübel, Feder oder Schraube hält nie. Sie bricht bei der geringsten Belastung, wie das Foto zeigt. Hier wurde eine furnierte Platte einfach mit der Kante auf eine andere geleimt.

5 Sichtbare Schnittkanten können so vermieden werden: Spanplatten mit 45-Grad-Winkel anfräsen und dann nuten. Winkelfedern aus Sperrholz einleimen (10 cm Abstand).

6 Die 45-Grad-Kanten dürfen nicht mit einem Mal gefräst werden, weil das normale Maschinen nicht schaffen. Also mehrmals fräsen, jeweils den Fräskopf neu einstellen.

7 Schrauben, die in Kanten gedreht werden, halten nicht viel. Deshalb ist es empfehlenswert, vorher parallel zum Beschlag 6–10 mm dicke Hartholzdübel einzuleimen.

8 Bei Klavierbändern würde man zu viele Hartholzdübel brauchen. Hier leimt man eine Hartholzleiste ein, die vom Band verdeckt wird. Nicht zu stramm einsetzen!

9 Dünne Platten können reißen, wenn man Dübel einschlägt. Hier hilft ein einfacher Trick, mit dem Sie das verhindern: Über das Dübelloch setzt man eine kleine Zwinge. Dann kann nichts mehr passieren.

10 Spanplatten reißen auf der Unterseite häßlich aus, wenn man sie durchbohrt. Stets ein Stück Plattenabfall unterlegen – vor allem bei kunststoffbeschichteten oder auch furnierten Spanplatten.

11 Mit dieser Vorrichtung können Sie die porösen Spanplattenkanten mit Holz oder Kunststoffvorleimern bekleben, auch wenn Sie keine langen Zwingen haben. Auch für fertige Möbelstücke geeignet.

12 Spanplatten müssen immer zweiseitig furniert werden, weil sie sich sonst verziehen (rechts). Am besten beide Seiten mit dem gleichen Material beleimen. Der Fachmann nennt das »blindfurnieren«.

Tips für die Spanplatte

Die erste Spanplatte der Welt wurde 1941 in Bremen hergestellt. Heute bestehen 75 Prozent aller Möbel aus solchen Platten. Hier lernen Sie, welche Kniffe man kennen muß, um Spanplatten sauber und fachgerecht zu verarbeiten.

Spanplatten bestehen aus verschieden großen Holzspänen, die mit einem Kunstharzbindemittel unter großer Hitze und unter großem Druck zusammengepreßt werden. Dabei werden die Späne so auf das Bindemittel gestreut, daß die feinen Späne an den Außenflächen liegen. Gröbere Späne bilden die Mittelschicht.

Auch bei Spanplatten gibt es Qualitäts- und Preisunterschiede. Billige Platten haben auch außen sehr grobe Späne; man sollte sie aber nur benutzen, wenn man sie furnieren will. Die Feinspanplatte eignet sich auch zum Lackieren. Teurer sind Spanplatten, deren Späne mit wasserfestem Phenolharz gebunden sind. Sie können auch im Freien eingesetzt werden, z. B. für Gartentischplatten. Trotz der wasserfesten Verleimung sollte man jedoch die Kanten vor Feuchtigkeit schützen, indem man einen Kunststoffstreifen vorleimt. Normale Spanplatten würden durch die Witterungseinflüsse quellen und langsam verrotten.
Weil Spanplatten sehr harten Leim enthalten, sollte man sie nur mit hartmetallbestückten Sägeblättern schneiden. Normale Sägeblätter stumpfen sehr schnell und müssen neu geschärft werden. Und: Nur mit scharfen Sägen erhält man ausrißfreie Kanten.

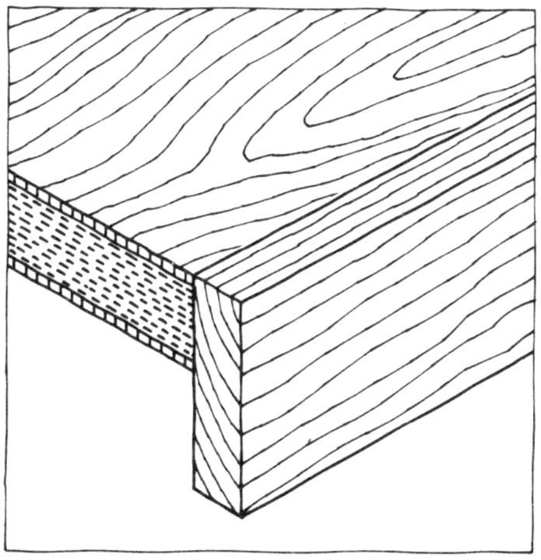

13 Ein breiter Vorleimer aus Massivholz macht einen Boden aus Spanplatten stabiler. Auch bei größerer Belastung biegt er sich nicht durch. Auf diese Weise kann man aber auch Böden aus dünnerem Plattenmaterial optisch dicker machen.

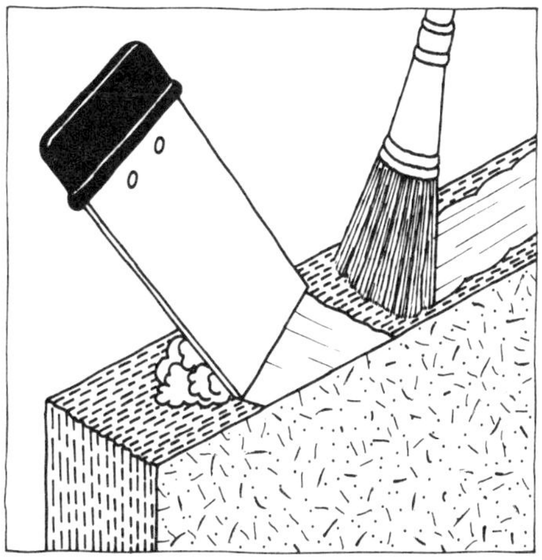

14 Oft genügt es, die Kanten vor dem Lackieren nur zu spachteln, also auf einen Vorleimer zu verzichten. Wenn man die Kanten vor dem Spachteln ein- oder zweimal mit Leim bestreicht, kann man Spachtelmasse sparen. Den Leim anziehen lassen.

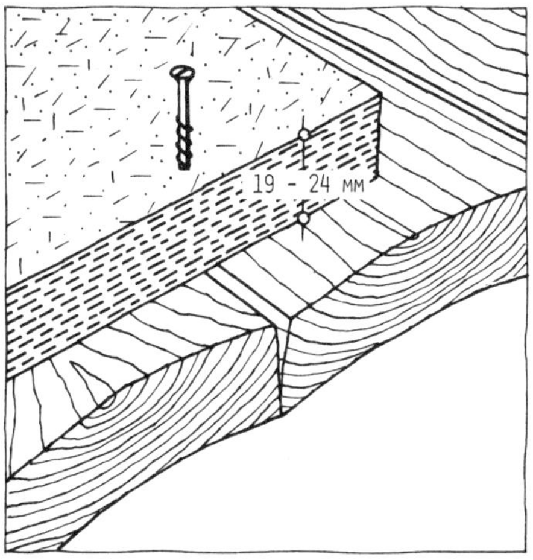

15 Auf unebenem, abgetretenem Dielen- oder Parkettboden kann man keinen Teppichboden verlegen. Eine 19 mm dicke Spanplatte ist die richtige Unterlage. Sie wird mit 50-mm-Schraubnägeln befestigt, die einfach eingeschlagen werden. Die Nahtstellen der Platten werden sauber verfugt.

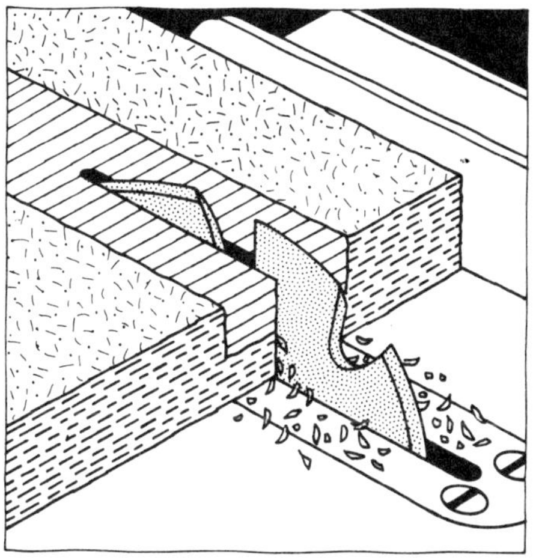

16 Die Kunststoffbeschichtung auf Spanplatten reißt beim Schneiden leicht aus, mag das Hartmetallsägeblatt noch so scharf sein. Das Einreißen läßt sich verhindern, indem man über und unter die Schnittkante festes Klebeband klebt, beispielsweise Isolierband oder auch Tesaband.

Es gibt zwei gängige Methoden, die unschönen porösen Kanten zu verdecken: spachteln und vorleimen. Durch den Vorleimer aus Holz oder Kunststoff verstärkt man die Kanten, so daß die Platte bei Belastung stabiler ist. Wichtig bei dieser Arbeit ist, daß genug Leim auf die Kante gegeben wird. Die Platte »saugt« den Leim oft auf, und die Festigkeit ist dann ungenügend.
Ein kleiner Tip: Bestreichen Sie auch den Vorleimer mit Leim! Wenn es fix gehen soll: Erwärmen Sie ihn vorher, dann bindet der Leim schnell ab!
Wenn man Vorleimer mit Schmelzkleber aufbügelt, besteht die Gefahr, daß sie sich wieder lösen. Beim Zerschneiden der Spanplatte werden nämlich viele Späne aus dem Bindemittel herausgerissen, aber nicht ganz entfernt. Der Kleber des Vorleimers dringt nicht so tief in die Platte ein, so daß die Späne nur oberflächlich gehalten werden. Deshalb vor dem Aufbügeln die Kante mit Leim bestreichen und trocknen lassen. Danach die Kante schleifen, damit sie wirklich eben ist.
Spanplatten bekommt man in verschiedenen Dicken und Qualitäten. In guten Holzhandlungen werden auch edelholzfurnierte oder kunststoffbeschichtete Spanplatten angeboten, außerdem Platten mit strukturierten Oberflächen. Einige davon haben wir auf Seite 43 schon vorgestellt. Sie können also z. B. fertig beschichtete Platten für Schrankteile oder Küchenarbeitsplatten ebenso kaufen wie Platten mit schalldämmender Wirkung.
Spanplatten dürfen Sie nicht einfach stumpf aneinanderleimen. Die Verbindung bricht bei der geringsten Belastung. Sie brauchen Verbindungselemente, vor allem Schrauben, Leisten, Holzdübel, Sperrholzfedern. Hinweise für die Verarbeitung bringen die Abbildungen auf diesen beiden Seiten.

Dicke in mm	Verwendung
8	Rückwände
10	Trennwände
13	Trennwände kleine Mittelseiten kleine Schubböden
16	Möbelbau
19	Möbelbau Fußbodenplatten Einlegeböden
22	Möbelbau kleine Arbeitsplatten
25	Arbeitsplatten in Küchen

Holz markieren

Wer viel mit Holz umgeht, sollte die Zeichensprache der Tischler kennen. Man hat so eine besser Übersicht, kann schneller arbeiten und Fehler vermeiden.

Auf dieser Seite wird gezeigt, wie man Holz markiert oder – wie der Fachmann sagt – »zeichnet«. Diese Zeichensprache ist besonders wichtig, wenn Hölzer oder Spanplatten zusammengesetzt werden müssen. Zeichnet man die einzelnen Teile nicht, bevor die Verbindungen gearbeitet werden, kann es geschehen, daß sie beim Verleimen nicht passen.
Das Zeichen, das am häufigsten benutzt wird, ist das Dreieck. Wenn es über mehrere Teile gezeichnet wird, erkennt man immer, wie sie zusammengehören. Wo ein Zeichen nicht genügt, werden Zahlen dazugeschrieben.
Und so geht man vor: Das Rohmaterial wurde nach Stückliste eingekauft. Nun werden die einzelnen Zuschnitte zunächst grob (d. h. mit Zugabe) auf den Brettern gekennzeichnet (aufgerissen) und abgesägt. Bei Holzplatten aller Art ist keine Zugabe erforderlich – sie werden sofort nach genauem Maß geschnitten.
Die abgelängten Bretter werden so zusammengelegt, wie sie beim fertigen Werkstück angeordnet sein sollen. Dabei muß auf die faserrichtige Lage geachtet werden. Das Ergebnis wird mit einem über alle Bretter reichenden Bleistifthaken gekennzeichnet. Dieses »Zusammenzeichnen« sorgt dafür, daß bei der weiteren Arbeit kein Brett vertauscht oder verdreht werden kann. Grundsätzlich werden alle zusammengehörigen Teile auf diese oder ähnliche Weise markiert, vor allem bei Winkelverbindungen.

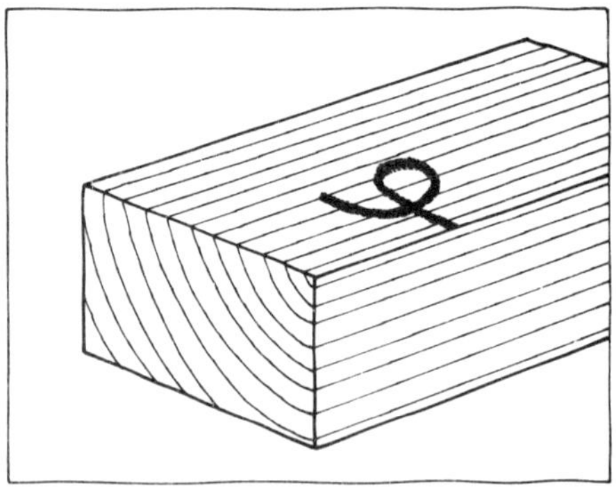

1 Das Winkelzeichen kennzeichnet stets den ersten Hobelvorgang an einem abgerichteten Werkstück. Von dieser Winkelseite aus werden alle anderen Flächen im rechten Winkel gemessen.

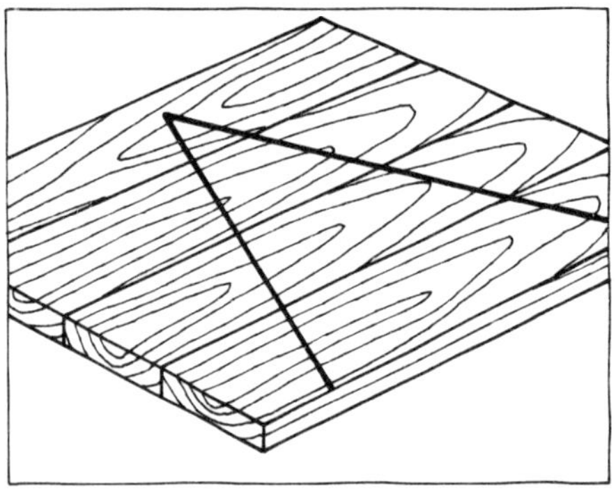

2 Massivholzbretter, die zu einer Fläche verleimt werden sollen, müssen vor dem Kantenabrichten mit einem Dreieck, das über alle Bretter geht, markiert werden. So wird keins verwechselt.

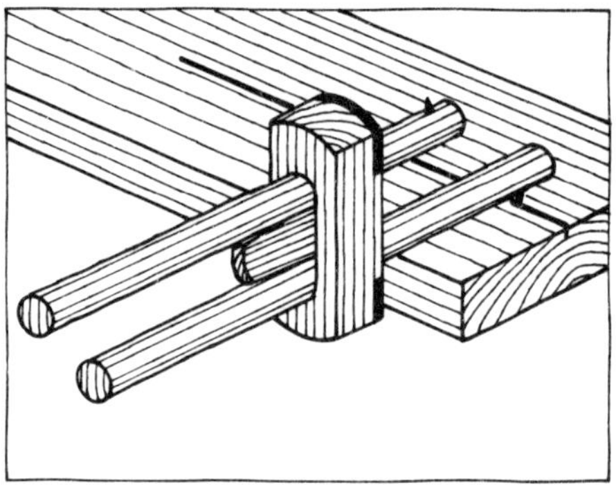

3 Mit dem Streichmaß markiert man Rißlinien parallel zu einer gehobelten Kante. Es muß fest an die Hobelkante angelegt werden. Zwei »Schneiden« ermöglichen den zweifachen Anriß ohne Umstellen.

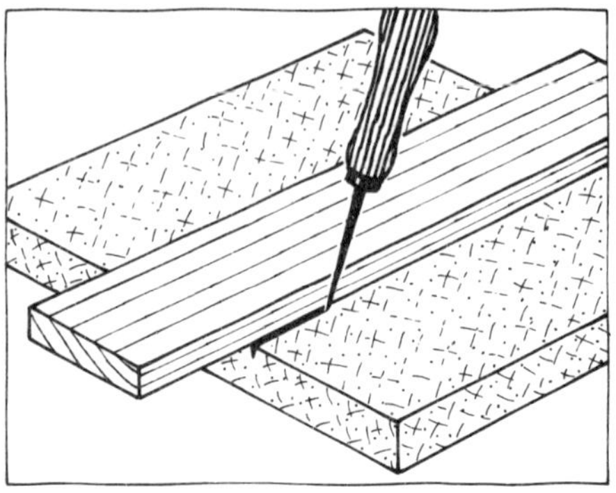

4 Anreißen kann man auch mit dem Spitzbohrer oder einer Reißnadel. Die Leiste, das Behelfslineal, muß eine genau abgerichtete Kante haben. Am besten spannt man sie mit zwei Zwingen fest.

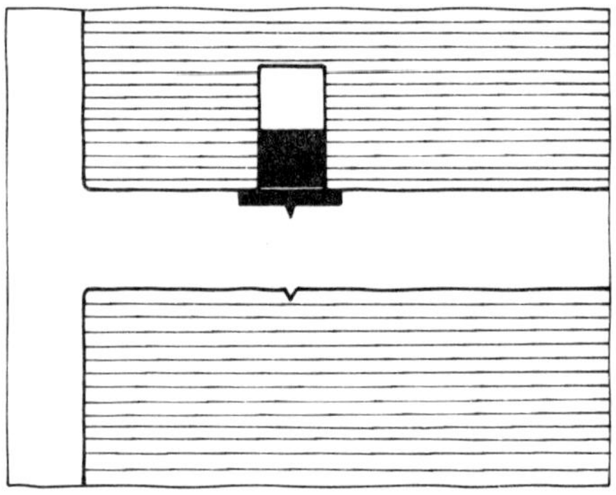

5 Das Markieren von Dübellöchern: Dübelspitzen in die vorgebohrten Löcher des ersten Teiles stekken, paßgerecht auf das zweite Stück stellen und andrücken. Am Loch setzt man den Bohrer an.

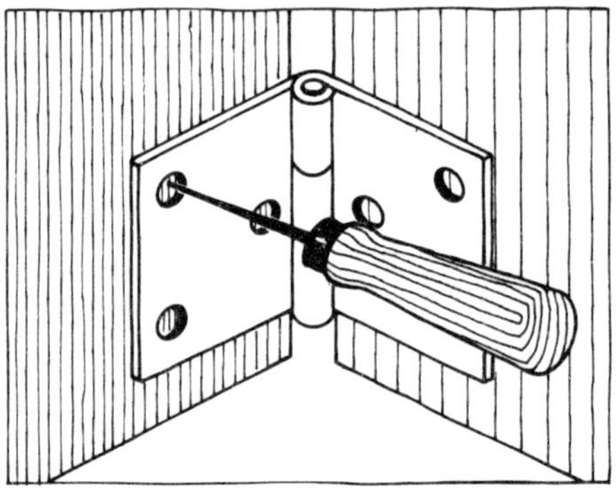

6 Scharniere und Bänder sitzen wirklich dort, wohin sie gehören, wenn sie mit dem Spitzbohrer angezeichnet werden. In der Mitte des Schraubenlochs tief einstechen als Führung für den Bohrer.

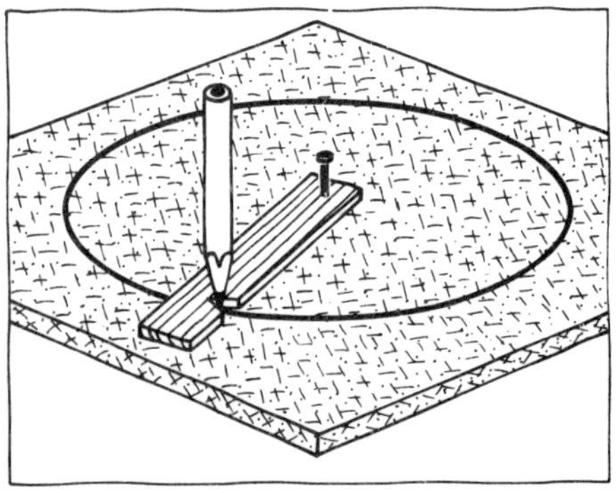

7 Ohne Zirkel wird hier ein Kreis auf eine Platte gezeichnet. Ein Hartfaserstreifen dient als Lineal. Ein kleiner Nagel hält ihn im Zentrum des Kreises fest. Eine Kerbe ist die Bleistiftführung.

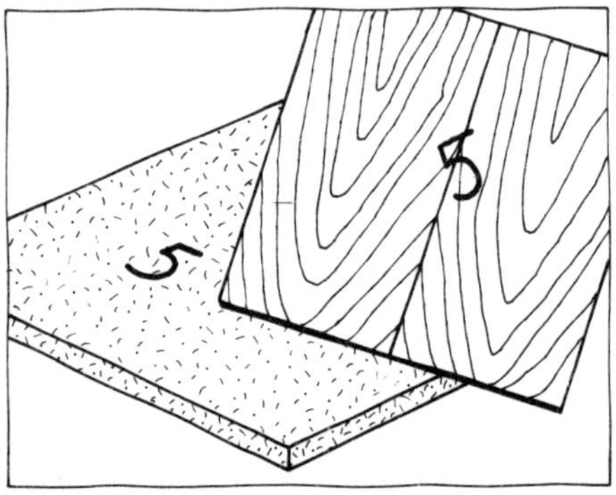

8 Furniere stellt man in Größe der zu beklebenden Fläche zusammen und verbindet sie mit Klebstreifen. Plattenoberseite und Furnierunterseite werden numeriert – dann wird nichts verwechselt.

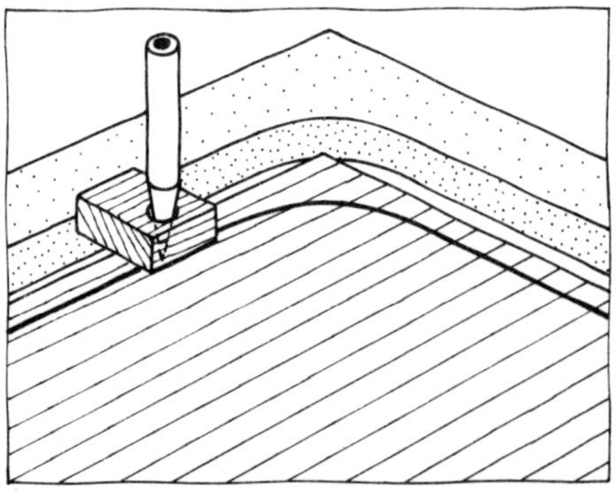

9 So paßt man eine Platte an eine Rundung oder ungerade Wand an: Der Bleistift wird an einem Klotz geführt, der 5–10 mm breiter ist als der Abstand zwischen der Wand und der Spanplatte.

Richtiges Nageln

Nageln ist die häufigste Holzverbindung und nur haltbar, wenn sie richtig gemacht wird. Sie ist ohne Holzbruch wieder lösbar, aber auch dauerhaft, wenn sie zusätzlich verleimt wird.

Für den guten Halt der Verbindung ist nicht die Stärke des Nagels, sondern seine Eindringtiefe entscheidend. Bei der rechtwinkligen Verbindung zweier Bretter sitzt beispielsweise der Nagel richtig, wenn ⅓ seiner Länge auf das obere, ⅔ auf das untere Brett entfallen (siehe Zeichnung 1). Bei einer Verbindung dieser Art wird das zweite Brett meist von der Sägekante (dem Hirnholz) her getroffen. Im Hirnholz finden Nägel oft keinen festen Halt. Er läßt sich verbessern, wenn die Nägel schräg eingeschlagen werden, und zwar immer abwechselnd mit linker und rechter Schräglage.
Bei dünnen Brettern und Leisten wirken Nägel oft wie Keile und spalten das Holz. Das läßt sich durch sparsames Vorbohren mit dem Nagel- oder Spiralbohrer verhindern. Eine andere Methode ist das Stauchen der Nagelspitze. Dazu wird der Nagel mit dem Kopf auf eine feste Unterlage gestellt. Ein paar Hammerschläge auf die Nagelspitze stumpfen den Nagel ab. Jetzt wirkt er nicht mehr wie ein Keil.
Wenn der Nagelkopf im fertigen Werkstück nicht zu sehen sein soll, verwendet man *Senk-* oder *Stauchkopfnägel*, deren Köpfe mit einem Versenker oder ganz einfach einem kräftigen Nagel 2–3 mm tief ins Holz getrieben werden. Das Loch wird später verkittet.
Das oft empfohlene Einölen oder -fetten der Nägel ist unzweckmäßig, weil es den Halt der Nägel eher verschlechtert.

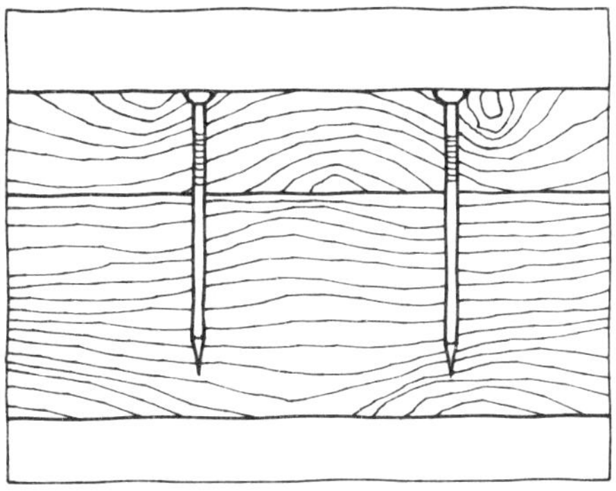

1 Für den Halt einer Nagelverbindung ist die Eindringtiefe entscheidend. Bei der rechtwinkligen Verbindung zweier Bretter sollen ⅓ auf das obere und ⅔ auf das untere Brett entfallen.

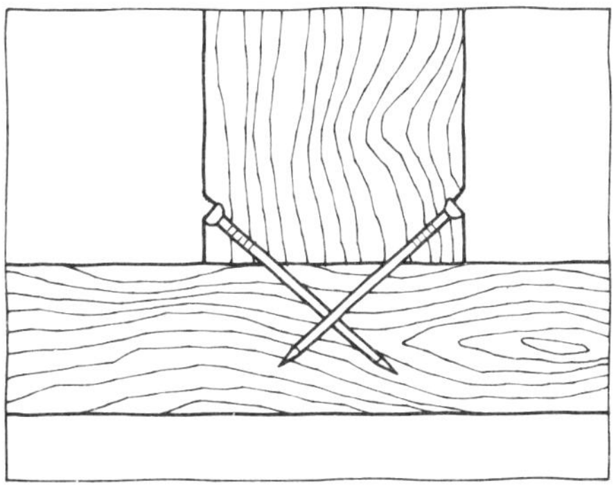

2 Die Technik des Beinagelns wendet man an, wenn Stützen oder Balken gegen Abrutschen gesichert werden sollen. Die Nagelköpfe werden versenkt. Eleganter ist das Einzapfen der Stütze.

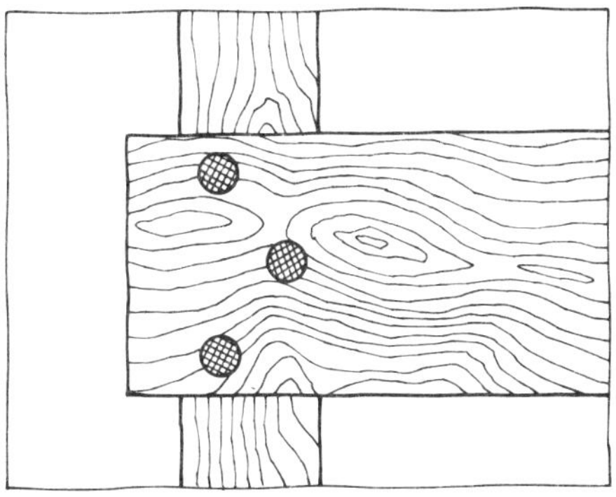

3 Bei einer Verbindung wie dieser kann es leicht zum Aufspalten der aufgesetzten Leiste kommen. Man verhindert es durch versetztes Nageln. Die verwendeten Nägel sollten nicht zu dick sein.

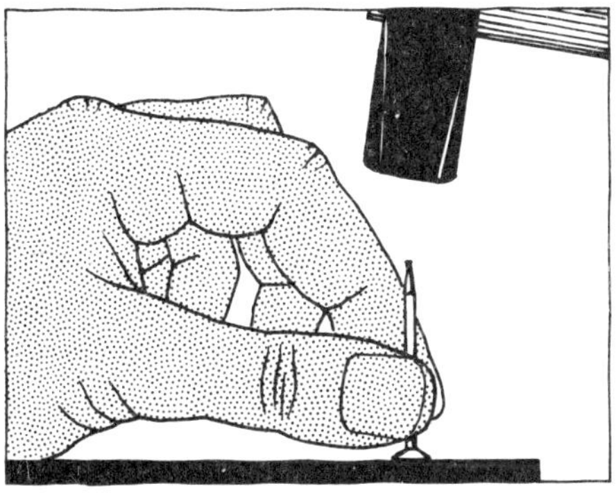

4 Massivholz kann sich beim Nageln spalten. Man verhindert das, indem man die Nagelspitze durch ein paar Hammerschläge staucht. Der abgestumpfte Nagel kann nun keinen Schaden mehr anrichten.

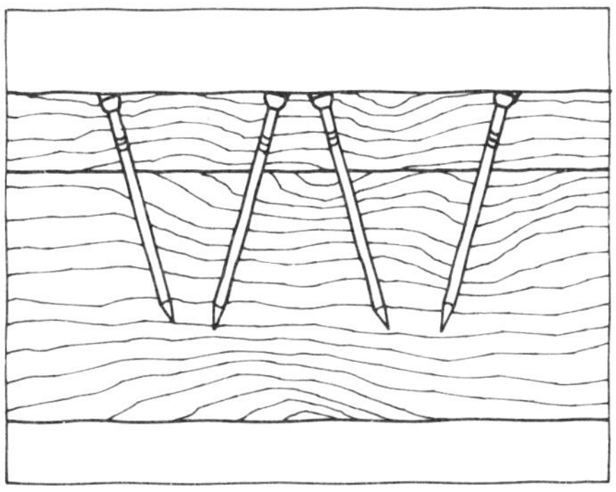

5 Nagelt man zwei Bretter rechtwinklig aneinander, findet der Nagel oft im Hirnholz keinen Halt. In diesem Fall schlägt man die Nägel lieber schräg ein. Das gilt auch für Bodendielen.

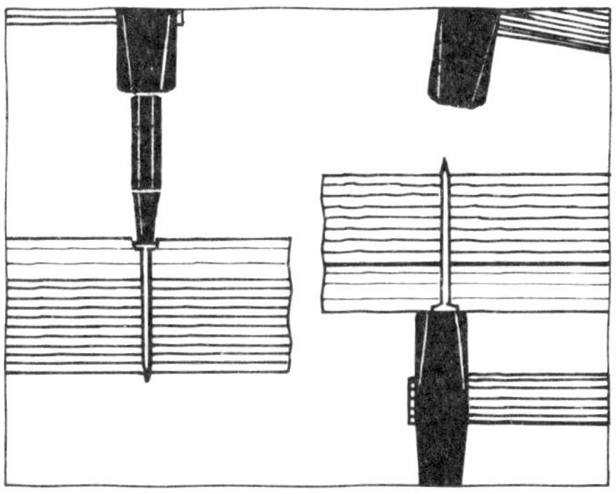

6 Mit Hilfe eines Versenkers wird ein Nagelkopf versenkt (links). Steht die Spitze über, kann man sie nachträglich stauchen (rechts), muß dann aber mit einem zweiten Hammer dagegen halten.

7 Kleine Nägel sind widerspenstig – entweder hüpfen sie davon oder man schlägt sich auf die Finger. Beides läßt sich vermeiden, wenn man den Nagel mit einem Pappstreifen festhält.

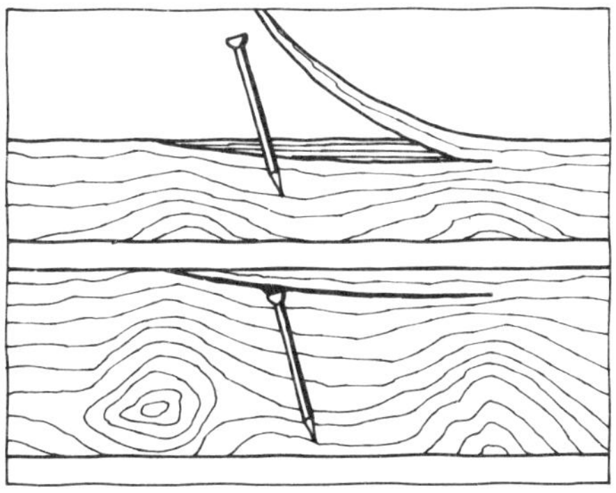

8 So nagelt man unsichtbar: Mit dem Stecheisen hebt man einen Holzspan ab, nagelt und leimt dann den Holzspan wieder an. Vorsicht, daß der Holzspan beim Nagelvorgang nicht abbricht!

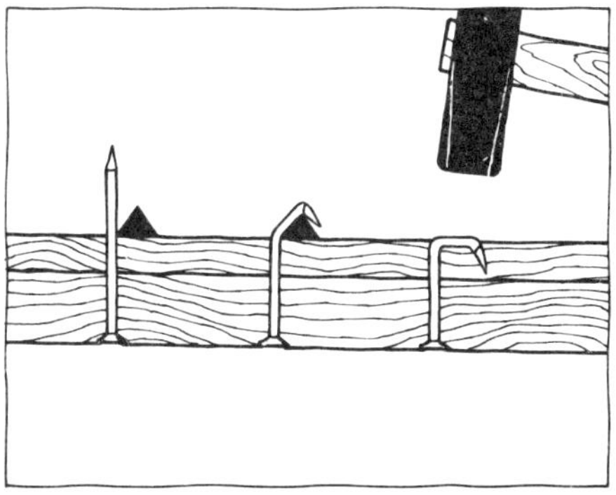

9 Bei einfachen Arbeiten, etwa einem Kellerregal, kann man durchgeschlagene Nägel umnieten. Man schlägt sie über einem Versenker oder einer alten Dreikantfeile wieder in das Holz zurück.

Wie man Holz bohrt

Zu den einfachsten Bearbeitungstechniken gehört das Bohren. Wie überall gibt es auch hier einige Tricks und Kniffe, die ein Selbermacher beachten sollte, wenn er sich die Arbeit leicht machen will.

Für das richtige Bohren gibt es nur wenige Grundregeln, deren Beachtung fast immer ein gutes Ergebnis garantiert. Sie gelten für das Bohren mit der Bohrwinde oder dem einfachen Nagelbohrer wie für das Bohren mit der elektrischen Bohrmaschine:

- Bohrstelle genau anzeichnen und vorstechen, Bohrer schräg ansetzen (Anzeichnung so besser erkennbar), zur Senkrechten aufrichten, bohren.
- Schraubenlöcher dünn vorbohren, Oberteil in Stärke des Schraubenschaftes nachbohren. In Hirnholz nur wenig vorbohren.
- Festsitzenden Bohrer weiter in Bohrrichtung drehen und dabei herausziehen; Rückwärtsdrehen nützt nichts.
- Durchgehende Bohrlöcher in Massivholz splittern leicht an der Unterseite. Abhilfe: Bohren, bis die Bohrerspitze an der Unterseite durchgestoßen ist, dann von dieser Seite her gegenbohren.
- Wenn mehrere gleich tiefe Bohrlöcher notwendig sind, wird am Bohrer ein Tiefensteller (im Handel) angeschraubt. Er läßt sich durch ein durchbohrtes, auf den Bohrer geschobenes (knapper Sitz!) Klötzchen ersetzen.
- Bei allen Bohrarbeiten auf ein festes Einspannen des Werkstücks achten und Reststückchen unterlegen, damit Tisch oder Werkbank auch nicht versehentlich angebohrt werden können.

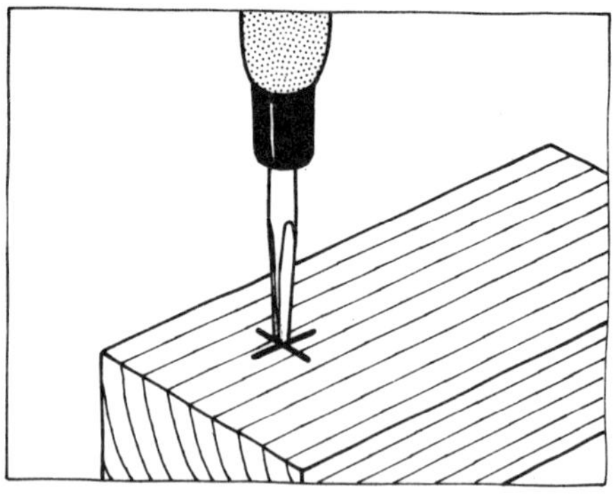

1 Holz wird vor dem Bohren stets vorgestochen. Man verwendet dazu einen Spitzbohrer mit vierkantig angeschliffener Spitze. Das Anstechloch ermöglicht erst die genaue Führung des Bohrers.

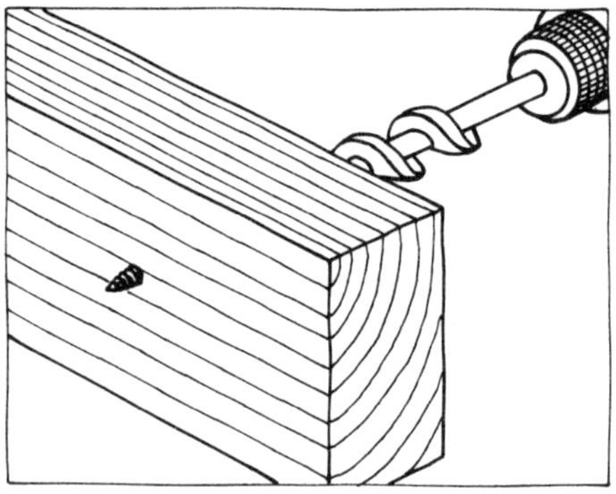

2 Schlangenbohrer ziehen sich gewindeähnlich in das Holz. Bohren Sie nur so tief, bis die Zentrierspitze auf der Gegenseite herausschaut. Dann von der Gegenseite sauber zu Ende bohren.

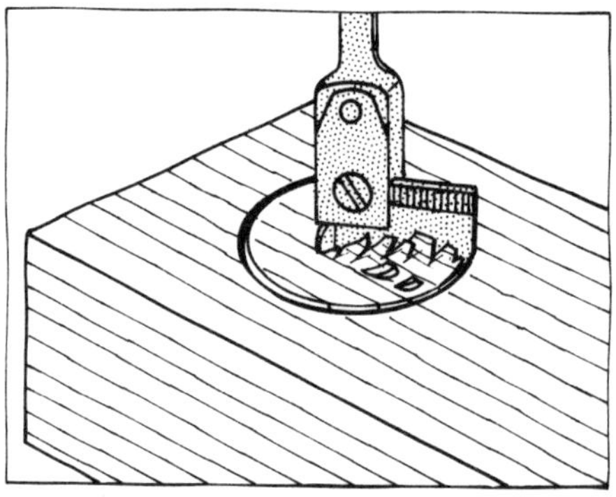

3 Für größere Löcher mit 22–78 mm Durchmesser verwendet man Bohrer mit verstellbaren Schneidflächen. Sie können nur in die Bohrwinde eingesetzt werden, also nicht in die Bohrmaschine.

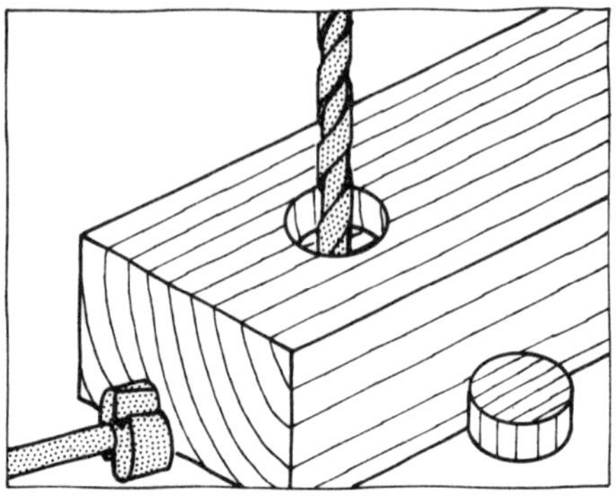

4 Versenken von Schrauben: Mit dem Versenker ein Loch in Schraubenkopfgröße bohren. In dessen Mitte für den Schraubenschaft vorbohren. Die Schraube wird mit einer Holzscheibe verdeckt.

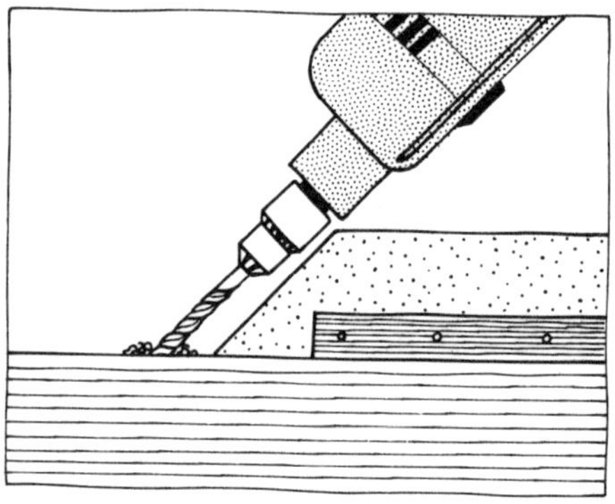

5 Für Schrägbohrungen braucht man eine Hilfsschablone. Den Bohrer setzt man erst lotrecht an, dann bohrt man etwa 2 mm tief und senkt ihn bei laufender Maschine zur Schablone hin ab.

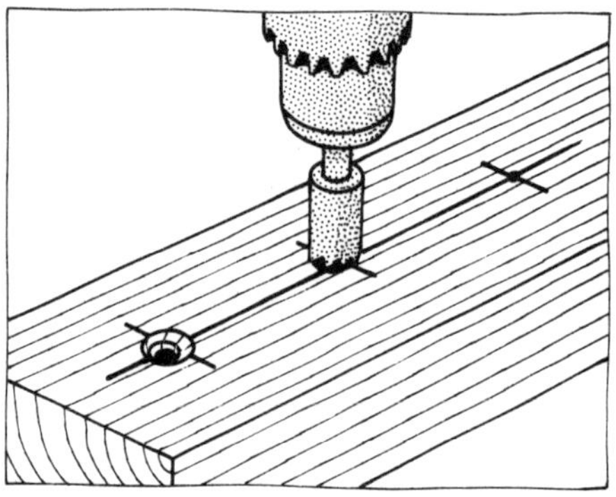

6 Zum Versenken von Schraubenköpfen verwendet man einen Aufreiber, entweder als Einzelwerkzeug oder zum Aufschieben auf den Bohrer. Im zweiten Fall spart man sich einen Arbeitsgang.

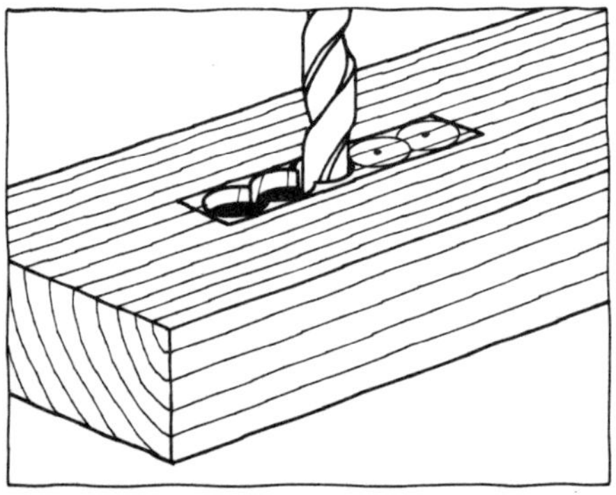

7 Ein Zapfenloch wird zuerst vorgebohrt, dann mit dem Stecheisen ausgehoben. Dazu nimmt man einen Bohrer mit Zentrierspitze. Das Zapfenloch präzise anreißen, Bohrer genau senkrecht halten.

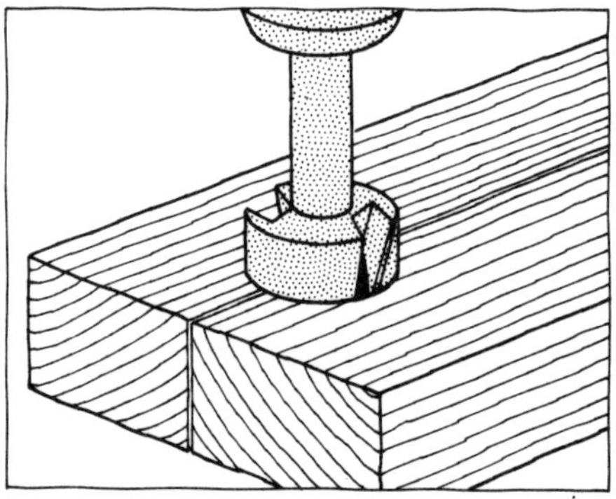

8 Halbkreisförmige Löcher kann man nicht direkt bohren, der Bohrer würde »weglaufen«. Hier hilft ein Trick: Neben das Werkstück eine andere Leiste legen und festspannen, dann beide bohren.

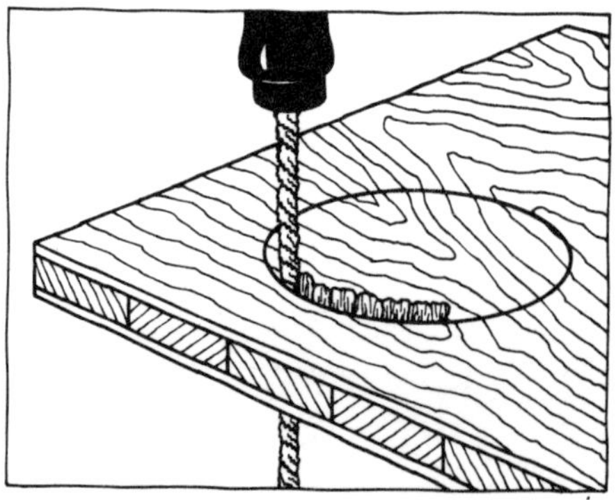

9 Große oder unsymmetrische Löcher in Sperrholz oder Spanplatte lassen sich schlecht bohren. Bei Material, das nicht dicker ist als 25 mm, bohrt man vor und erweitert mit dem Stichling.

Umgang mit dem Hobel

Viele Laien trauen sich ans Hobeln nicht heran. Da hilft nur eines – immer wieder üben. Denn ohne Hobel ist in der Heimwerkstatt nicht auszukommen.

Die Hobeltechnik setzt ein fest eingespanntes Werkstück voraus. Es soll sich nicht von der Stelle rühren und darf sich auch nicht durchbiegen, muß also auf der ganzen Fläche aufliegen.

Die normale Handhaltung beim Hobeln: Hinterseite so mit der rechten Hand umfassen, daß der Daumen links, die übrigen Finger geschlossen rechts neben dem Keil liegen. Die linke Hand faßt den Hobel an der »Nase«, dem vorderen Griffhorn. Finger nicht abspreizen, das kann beim »Vorbeifahren« an Einspannvorrichtungen zu Verletzungen führen. Die linke Hand hat lediglich die Aufgabe, für die genaue Führung zu sorgen. Der nötige Arbeitsdruck wird von der rechten Hand hinreichend erzeugt. Dabei beachten:

- Langholz (im Gegensatz zu Hirnholz) stets in Längsrichtung der Holzfaser hobeln. Bei schrägem Faserverlauf (an der Brettkante festzustellen) in Richtung der aufsteigenden Faser arbeiten. Achtung – Faserverlauf kann sich bei langen Brettern ändern!
- Kanten und Leisten fallen beim Bestoßen mit der Rauhbank am gleichmäßigsten aus. Bei der Verwendung eines anderen Hobels immer wieder mit Anschlagwinkel und Meßlatte prüfen, ob die Richtung stimmt.
- Hirnholzflächen verlangen einen besonders scharfen Doppel- oder Putzhobel. Stets von den Außenkanten zur Mitte arbeiten, sonst gibt es Splitter.

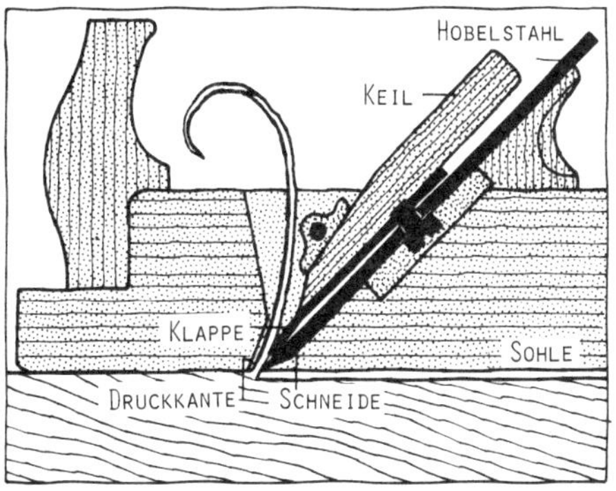

1 So arbeiten alle Hobel: Die Schneide des Hobelstahls ragt aus der Hobelsohle so weit heraus, wie es die gewünschte Spanstärke erfordert. Der Hobelstahl soll im Winkel von 45 Grad liegen.

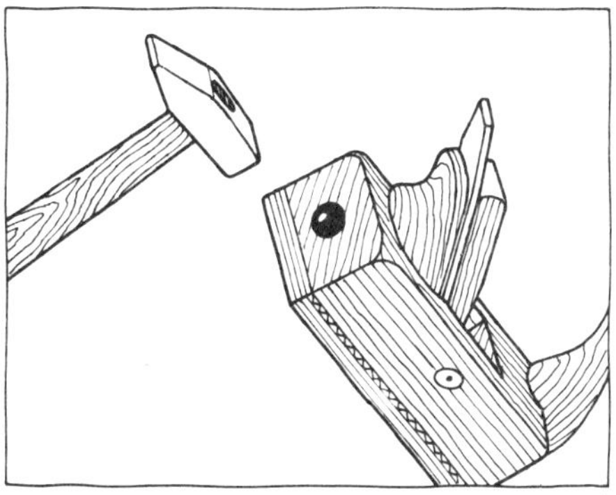

2 Die Schnittiefe wird durch leichte Schläge auf den Schlagknopf oder auf die Oberkante des Hobelstahls eingestellt. Zu beachten ist, daß der Keil stets wieder festgesetzt werden muß.

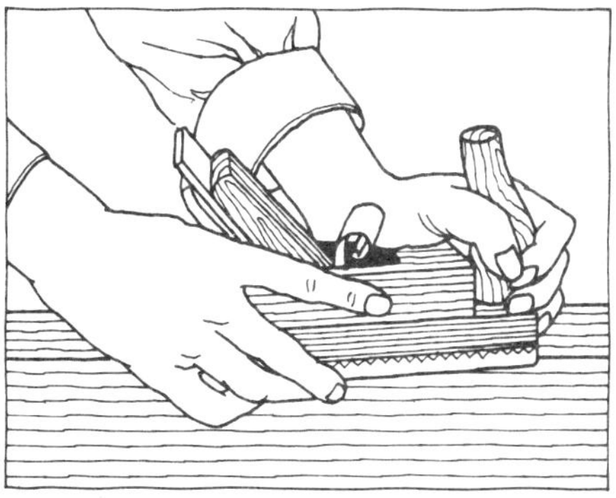

3 Die rechte Hand führt den Hobel, während die linke senkrecht zum Werkstück drückt. Die Kante des Hobelmauls preßt das Holz vor der Schneide herunter. So kann der Hobelspan nicht reißen.

4 Hirnholz platzt ab, wenn man über die Kante hinweghobelt. Um das zu vermeiden, wird der Hobel von beiden Enden zur Mitte geführt. Zum Körper hin wird in diesem Fall auf Zug gearbeitet.

5 Wenn ein Fenster klemmt, hilft der Simshobel. Sein Stahl ist so breit wie der Hobelkasten, er reicht also in die Tiefe des Falzes. Hobelsohle einölen, damit keine Fensterfarbe daran haftet.

6 Gerade Kanten, Flächen und Fugen werden mit der Rauhbank hergestellt. Dieser Langhobel paßt sich Unebenheiten nicht so leicht an. »Wildes« Holz hobelt man besser in Richtung der Holzfaser.

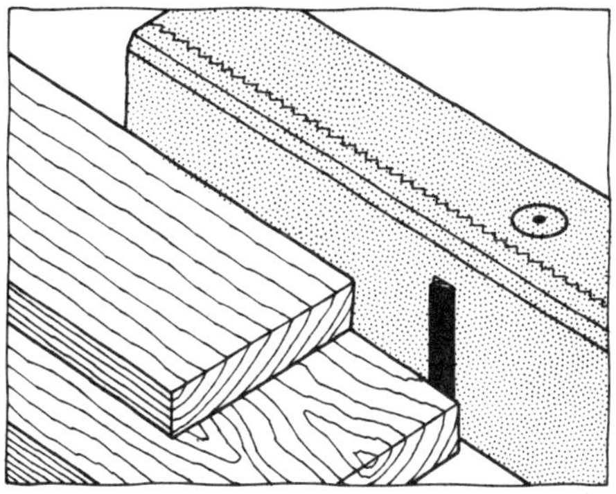

7 Die Fügelade ist eine Hilfe, wenn man dünne Hölzer und Furniere fügen muß. Sie hat einen vorderen Anschlag und wird auf dem Werktisch fest eingespannt. Der Hobel muß flach aufliegen.

8 Dieser Profilhobel stammt aus der guten alten Zeit. Bei ihm sind Sohle und Schneide im Gegenprofil ausgeformt. Geben Sie einen solchen Hobel nicht weg – er ist heute als Rarität geschätzt.

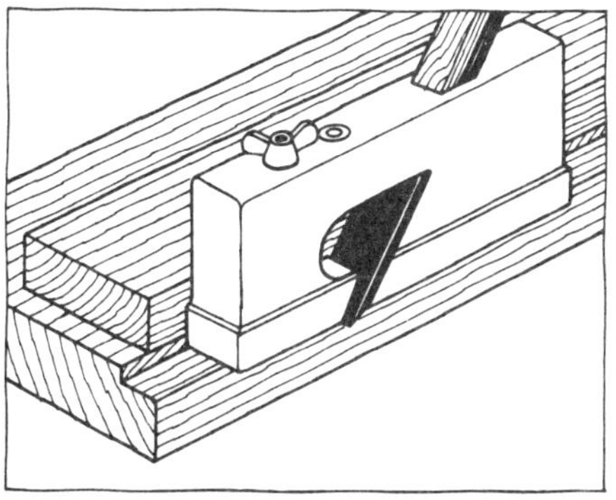

9 Am Anschlagbrett geführt, ersetzt der Simshobel (siehe Nr. 5) auch den aufwendigen Falzhobel. Wenn Sie die gewünschte Falztiefe erreicht haben, hobeln Sie die zweite Kante des Falzes glatt.

Dübelverbindungen für Holz

Der Holzdübel ist ein uraltes Verbindungselement – schon die Wikinger kannten ihn. Aus der heutigen Holzverarbeitung ist er nicht mehr wegzudenken. Hier steht, wie man ihn behandelt.

Holzdübel gibt es in verschiedenen Stärken und Größen mit Rillen in Längsrichtung. Diese Rillen haben den Sinn, sich mit Leim zu füllen. Dadurch ergibt sich eine größere Festigkeit für die Leimverbindung. Man kann Holzdübel auch als Stangenware kaufen und nach Bedarf zuschneiden. Sie sind bedeutend preiswerter als die Zuschnitt-Dübel.
Die Wahl der Dübelstärke und die Abstände zwischen den Dübeln richten sich nach der Materialdicke des Holzes und nach der voraussehbaren Belastung. Eine Faustregel besagt: Bis zu einer Holzstärke von 20 mm muß der Dübeldurchmesser mindestens halb so groß sein wie die Stärke. Darüber hinaus und bei größerer Dübelzahl genügt es auch, wenn der Dübeldurchmesser nur ein Drittel der Holzstärke beträgt.
Handelsübliche Riffeldübel gibt es in Durchmessern von 6, 8, 10 und 12 Millimeter. Bretter mit einer Stärke von 36 mm kann man also noch getrost mit 12-mm-Dübeln verbinden, wenn man diese entsprechend häufig einsetzt.
Und noch eine Grundregel sollte man bei der Arbeit mit Holzdübeln beherzigen: Die Lochtiefe sollte etwa 5 mm tiefer sein, als der Dübel lang ist. So erreicht man eine bessere Leimverteilung beim Eintreiben des Dübels.

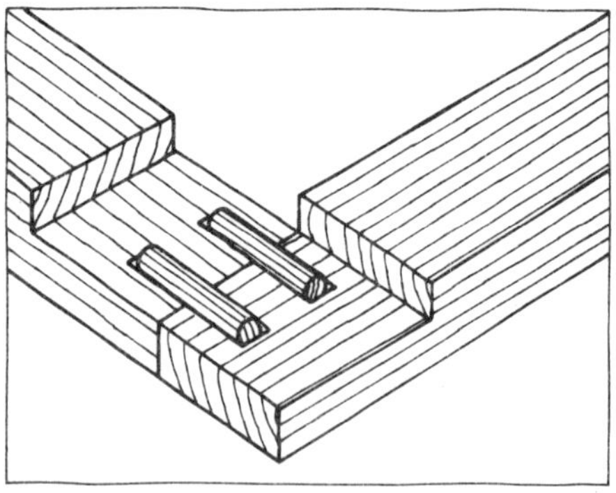

1 Diese Schnittzeichnung zeigt, wie die Dübel in ihrem »Bett« liegen. Die Löcher sollten etwa 5 mm tiefer sein, als die Dübel lang sind. So ist eine bessere Verteilung des Leims gewährleistet.

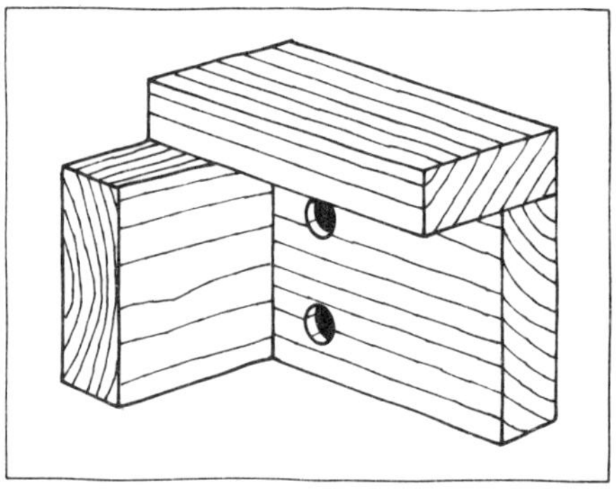

2 Holzdübel verarbeitet man oft in großer Stückzahl. Deshalb lohnt es, sich eine Bohrschablone anzufertigen. Mit ihr wird das Ergebnis präziser. Die Zeichnung zeigt eine Eckschablone (3 Bretter).

3 Markierung der Bohrlöcher: Auf einer Seite kleine Nägel einschlagen, Köpfe abkneifen. Damit das Gegenwerkstück kennzeichnen. Es gibt auch Markierungsspitzen zum Einsetzen in Bohrlöcher.

4 Wer häufig dübelt, sollte sich eine Dübelbohrlehre anschaffen. Dieses Modell (Zenses) ist für 8- und 10-mm-Bohrungen vorgesehen. Die einzelnen Teile der Lehre sind an einer Stange festklemmbar.

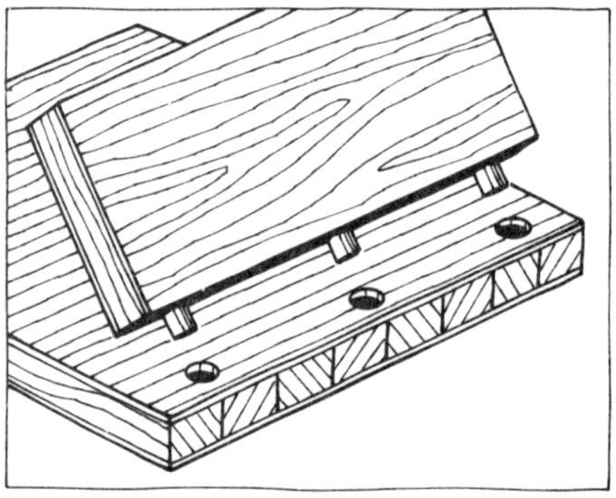

5 Mit der Dübelbohrlehre bohrt man zuerst in die Kante, dann in den Rand. Weil die Lehre dabei nicht verstellt, sondern nur umgesetzt wird, passen die Bohrlöcher sehr genau zusammen.

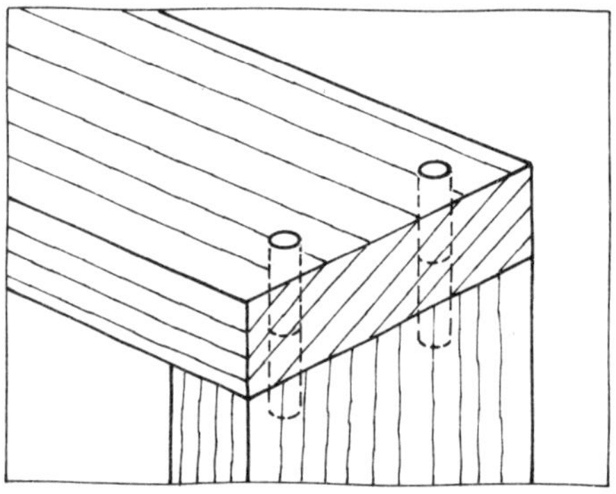

6 Oft kann man Werkstücke »durchdübeln«. Dabei wird das Montagebrett ganz durchgebohrt, das Gegenstück erhält ein Sackloch. Weil beide Teile zugleich gebohrt werden, gibt es keine Probleme.

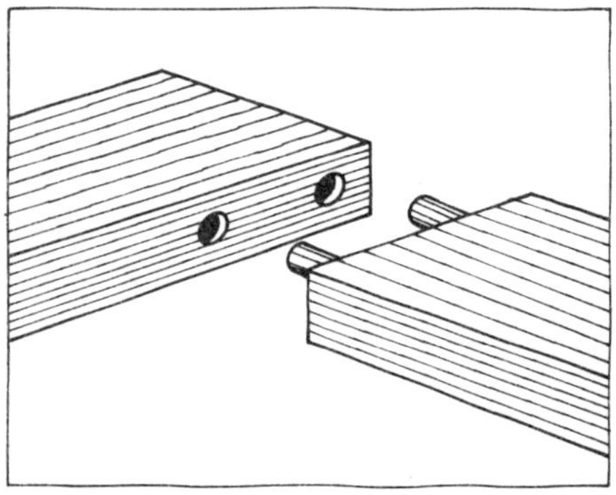

7 Bei gedübelten Rahmenverbindungen kommt es vor allem auf den präzisen Dübelsitz an. Die Teile müssen absolut winklig verbunden werden, aber auch auf der Fläche bündig zueinander passen.

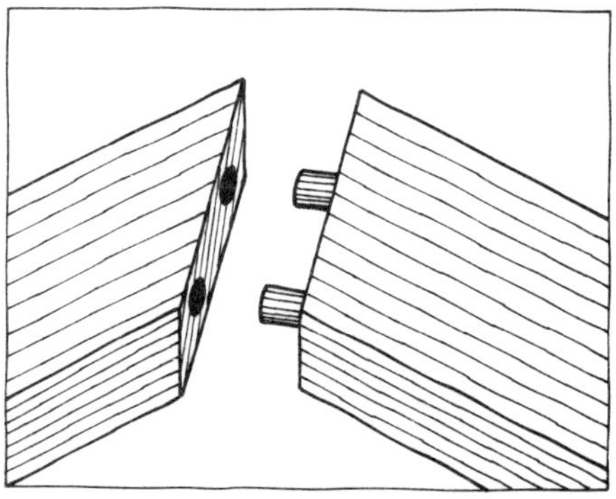

8 Wenn auf Gehrung gedübelt wird, muß die Arbeit noch sorgfältiger erledigt werden. Die Bohrungen verlaufen senkrecht zur Fläche der Gehrung. Zum Verleimen nimmt man Eckenspanner.

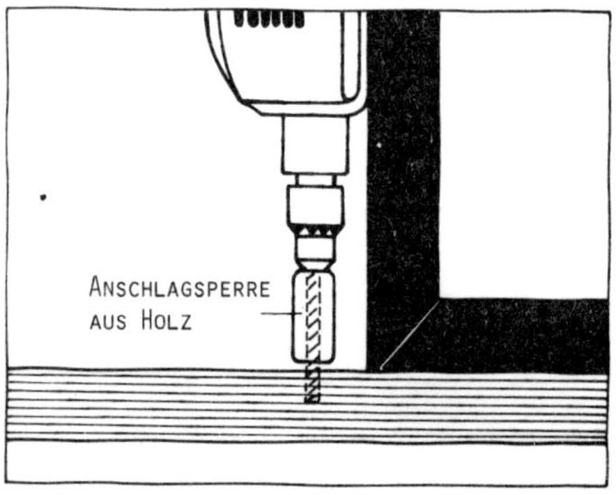

9 Sacklöcher dürfen nicht zu tief gebohrt werden. Eine genaue Bohrtiefe erreicht man mit einer Hülse aus Holz, die über den Bohrer gestreift wird. Der Winkel dient als Führungshilfe.

Wie man Holz richtig leimt

Leimverbindungen sind haltbarer als das Holz selbst – aber nur dann, wenn alles richtig gemacht wird. Gutes Pressen ist besonders wichtig. Hier wird gezeigt, worauf man dabei achten muß.

Zur Vorbereitung der Leimstellen gehört neben einer absolut paßgerechten Verarbeitung (weder Hohl- noch Spitzfugen, sondern satt aneinanderliegende Kanten und Flächen) die Säuberung von Staub, Fett, Lack und anderen Rückständen. Bei Neuverleimungen müssen Reste des alten Leims oder Klebers sorgfältig entfernt werden. Selbstverständlich kann nur trokkenes Holz geleimt werden.
Die von den Leimherstellern angegebenen Abbindezeiten sind meist für eine Temperatur um 20 Grad Celsius berechnet. Bei einem kühleren Arbeitsraum können sie sich auf das Doppelte oder Dreifache verlängern.

Die eingestrichenen Teile werden sofort zusammengefügt, sie müssen unter gleichmäßigem Preßdruck je nach Holzart, -feuchtigkeit und Temperatur zwischen 20 und 60 Minuten eingespannt bleiben. Uhu coll express wird gebrauchsfertig geliefert und soll für Holzverbindungen nicht verdünnt werden. Aus den Fugen heraustretendes Uhu wird mit einem feuchten Lappen entfernt.
Das Zusammenpressen verleimter Bauteile (mit Schraubzwingen) entscheidet über die Qualität der Verleimung. Es ist überflüssig bei Werkstücken, deren Einzelteile zusätzlich zur Leimung genagelt oder verschraubt werden.

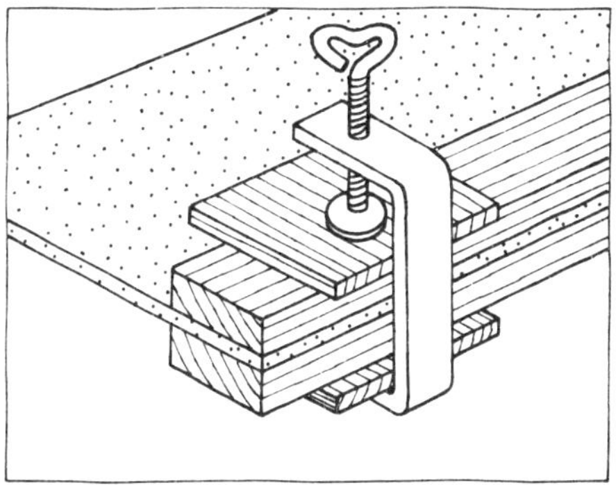

1 Beim Verleimen ist das richtige Einspannen und Zusammenpressen entscheidend. Bei kleineren Kantenverstärkungen genügen Laubsägezwingen, in geringem Abstand voneinander angebracht.

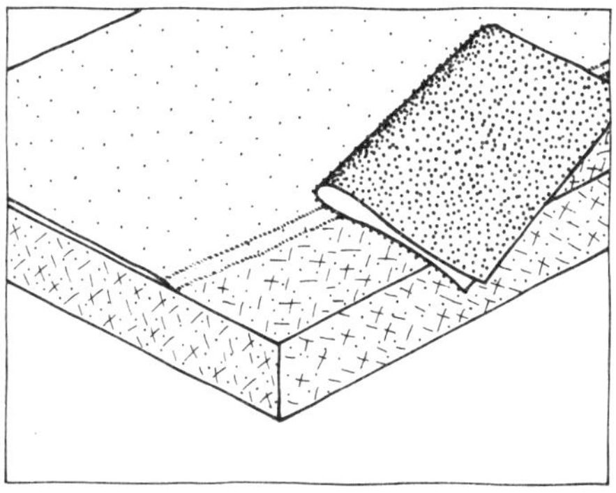

2 Zu verleimende Stellen müssen absolut frei von Verschmutzungen, Fetten und Ölen oder Farbresten sein, sonst hält die Leimfuge nicht. Bei gestrichenem Holz wird die Lackfarbe abgeschliffen.

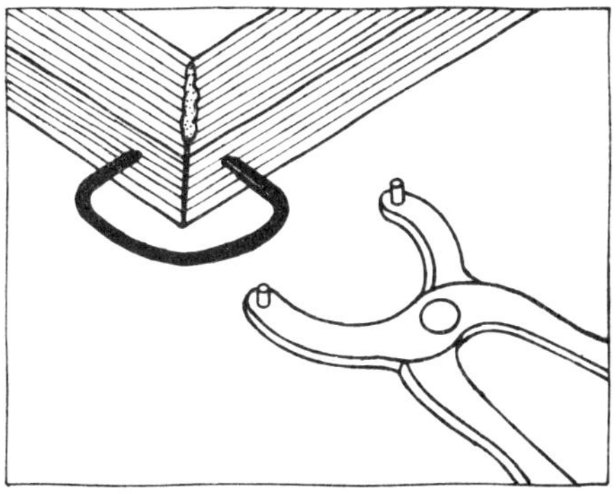

3 Eine verleimte Gehrung, etwa beim Bau von Bilderrahmen, wird mit Federklammern zusammengepreßt. Für das Ansetzen braucht man eine Spezialzange. Vorsicht, die Lackschicht nicht verletzen!

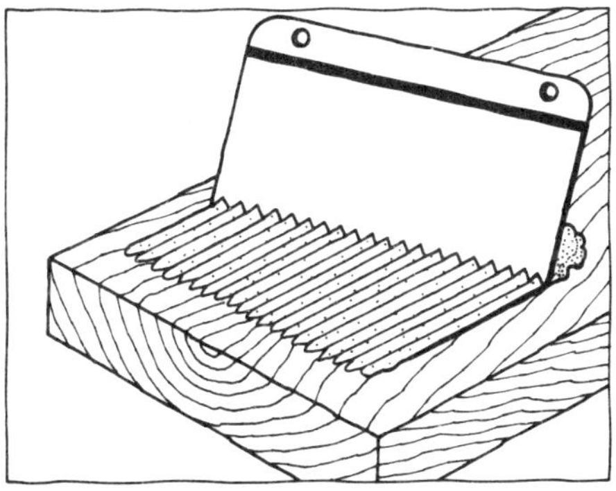

4 Bei kleinen Flächen trägt man den Leim mit einem Pinsel auf. Für größere Flächen ist ein Zahnspachtel aus Metall oder Kunststoff besser geeignet. Er sorgt für gleichmäßige Verteilung.

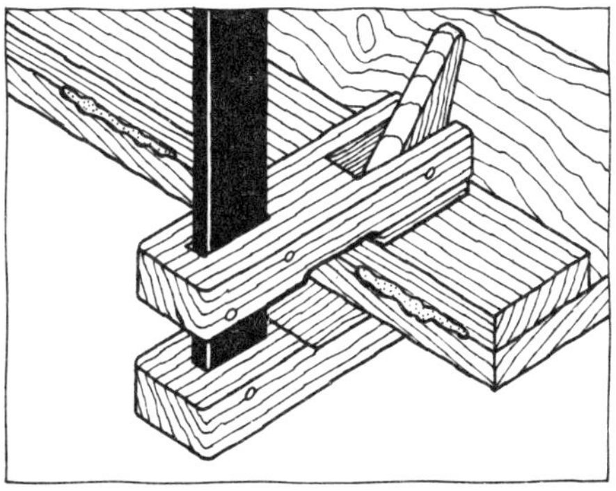

5 Klemmzwingen aus Holz haben Korkauflagen und hinterlassen keine Druckstellen, wenn man sie sachgemäß verwendet. Für Arbeiten, die keinen sehr hohen Druck erfordern, sind sie geeignet.

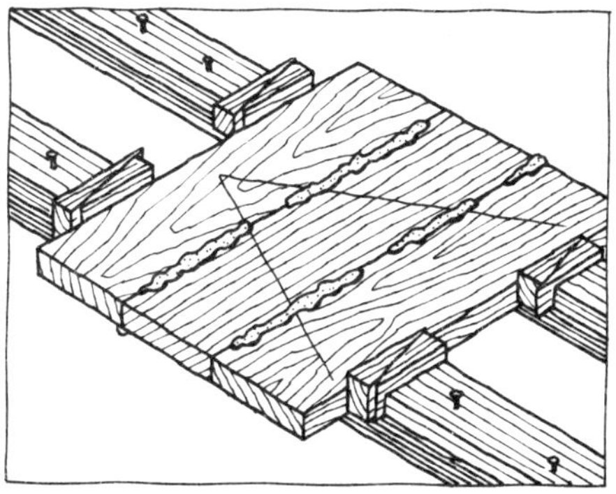

6 Eine Platte aus Brettern verleimt man so: Auf zwei Leisten nagelt man Klötze (Entfernung: etwas mehr als Plattenbreite). Zwischen die Klötze und die Bretterlage werden Keile getrieben.

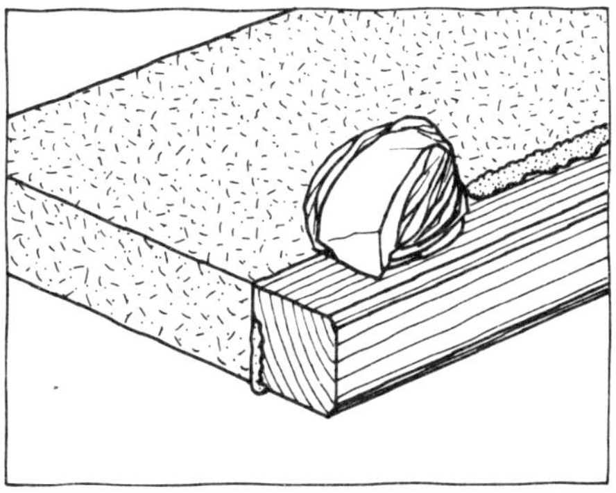

7 Beim Pressen quillt überflüssiger Leim aus der Leimfuge heraus. Er muß sofort entfernt werden, notfalls mit leicht angefeuchtetem Lappen. Vor dem Beizen den Leim immer erst trocknen lassen.

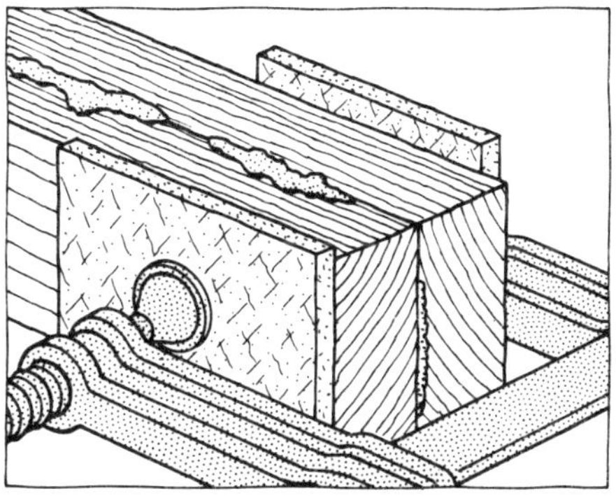

8 Beim Einpressen mit einer Stahlzwinge darf die Zwischenlage aus Holz (ein Stückchen Hartfaserplatte genügt schon) niemals vergessen werden. So bleiben Ihnen häßliche Druckstellen erspart.

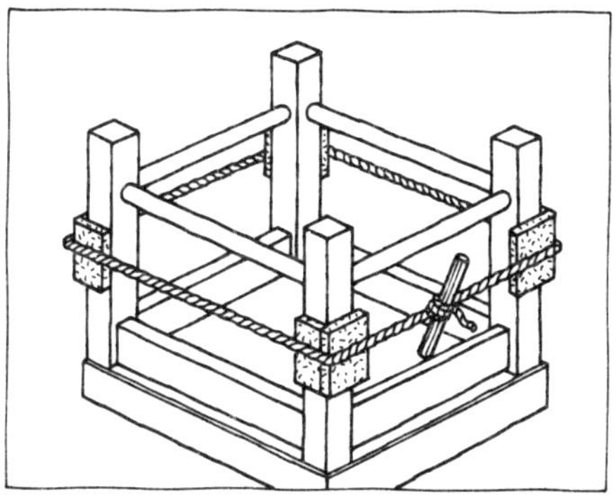

9 Leimfugen über Eck, etwa beim Verleimen eines Stuhles, der »aus dem Leim« gegangen ist, preßt man mit einer verdrillten Schnur zusammen. Die Ecken werden dabei durch Eckklötze geschützt.

Platten aus Schichtpreßstoff

Schichtpreßstoffplatte ist der etwas umständliche Fachausdruck für die widerstandsfähigen, harten Kunststoffplatten, mit denen heute z. B. die Arbeitsflächen der meisten Küchenmöbel beschichtet sind. Bekannter sind sie unter den Markennamen der Hersteller, wie z. B. Resopal, Hornit oder Formica.

Bei diesen Platten handelt es sich um einen Verbundwerkstoff aus Spezialpapier und Melaminharz. Die Trägerschicht besteht aus harzgetränktem Papier. Darauf kommt bei einfarbigen Platten eine Schicht eingefärbten Harzes. Muster werden dagegen auf die Trägerschicht gedruckt und zusätzlich durch eine danach aufgebrachte Deckschicht durchsichtigen Harzes geschützt.
Die Verbundplatten sind sehr widerstandsfähig gegen Wärmeeinflüsse, unempfindlich gegen im Haushalt vorkommende Chemikalien und aggressive Stoffe. Weil das Material hart ist, bietet es einige Probleme bei der Verarbeitung.
Material und Untergrund müssen in diesem Fall besonders gut zusammenpassen. Da die Kunststoffplatten nicht arbeiten, muß auch ein Trägermaterial gewählt werden, das sich ruhig verhält. Deshalb eignen sich Span- und Hartfaserplatten am besten. Ebenso können stäbchenverleimte Tischlerplatten (nicht dagegen blockverleimte) verwendet werden. Massivholz ist ungeeignet.
Kunststoffplatten werden in verschiedenen Stärken und Qualitäten angeboten. Die Normalausführung läßt sich nur begrenzt biegen und wird deshalb in Plattenform verkauft. Andere Sorten sind so biegsam, daß sie in Rollen geliefert werden. Die Verarbeitungstechnik ist in beiden Fällen gleich: Aufkleben auf eine Trägerschicht.
Die Zuschneidetechnik sieht zwei Möglichkeiten vor. Wer eine Hand- oder Tischkreissäge oder einen Stichsägevorsatz besitzt, verwendet das entsprechende Gerät. Normale Kreissägeblätter können allerdings zu Ausbrechungen führen, außerdem werden sie bei der Kunststoffverarbeitung schnell stumpf. Besser sind spezielle, mit besonderer Zahnung ausgerüstete und nicht geschränkte Sägeblätter für Kunststoffplatten.
Wer den Bogen heraus hat, hält sich an die Ritztechnik. Dazu wird die angerissene Platte auf eine ebene Unterlage gelegt, mit einer Ecke des Stecheisens am Stahllineal etwa zu einem Drittel der Plattenstärke eingeritzt und zur Ritzkerbe hin am Lineal abgebrochen.
Kunststoffplatten werden mit einer Zugabe von 1–2 mm zugeschnitten und mit Uhu greenit Kompaktkraft verklebt. Nach dem Auflegen die ganze Fläche kräftig mit der Gummiwalze andrücken.
Das eherne Furniergesetz, daß Deck- und Unterseite gleichmäßig beklebt werden müssen, gilt auch für Kunststoffplatten. Bei einer Deckschicht aus Kunststoff kann man allenfalls die Unterseite mit einem preiswerten Holzfurnier überziehen.

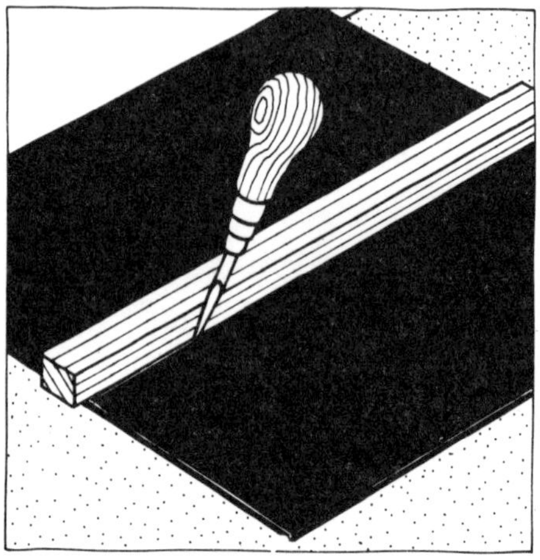

1 Preßstoffplatten schneiden: Mit Messer oder Stecheisen ritzt man mehrmals an einem Lineal entlang, bis die Kernschicht freiliegt…

2 … dann kann man die Platte über die Kante des Lineals nach oben abbrechen. Das Lineal sollte dabei beiderseits eingespannt sein.

3 Für kleinere Schnitte verwendet man die feinzahnige Handsäge. Größere lassen sich besser mit der Kreissäge (gehärtetes Blatt) ausführen.

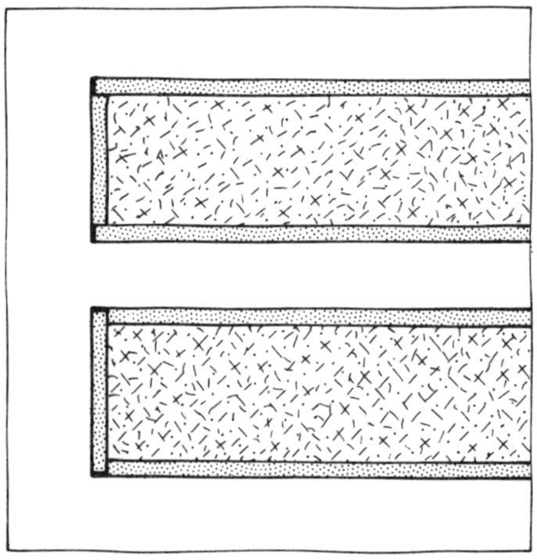

4 Bei allseitig beschichteten Spanplatten gibt es verschiedene Möglichkeiten der Kantenverkleidung. Die Zeichnung zeigt zwei erprobte davon.

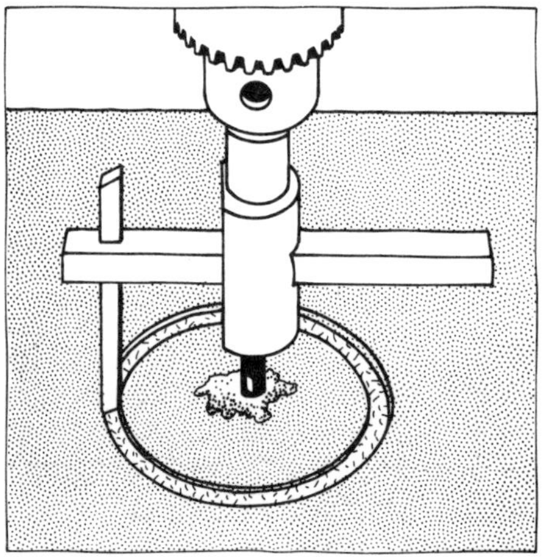

5 Mit einem Kreisschneider lassen sich runde Öffnungen gut herstellen. Von beiden Seiten aus je bis zur halben Materialtiefe schneiden.

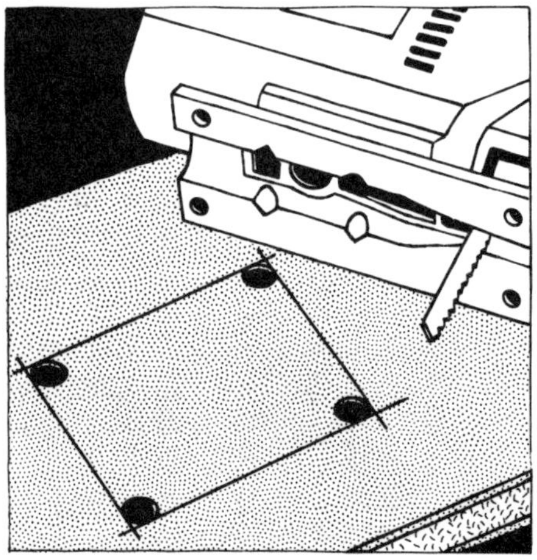

6 Bei Ausschnitten scharfe Winkel vermeiden. Das Material reißt leicht ein. Abgerundete Ecken erreicht man durch Vorbohren (10-mm-Bohrer).

Wie man Furniere verarbeitet

Tischlermeister furnieren heute mit hydraulischen Pressen. Wie man eine einwandfreie Furnieroberfläche auch in Handarbeit herstellen kann und welche Regeln dabei zu beachten sind, zeigen die folgenden Seiten.

Furniere sind dünne Holzblätter. Die übliche Dicke reicht von 0,7 bis 2,5 mm. Die Dicke ist durch die Art der Herstellung bedingt. Die Furnierblätter sind ca. 250 cm lang und in der Regel zwischen 10 und 40 cm breit. Tropische Furniere kann man gelegentlich auch breiter und länger erhalten, sie sind dann aber auch teurer.

Schälfurniere werden überwiegend als Deckfurniere für Tischler- oder Spanplatten, aber auch als Blindfurniere für nicht sichtbare Teile verwendet. Diese Furnierart ist billiger als Messer- oder Sägefurnier, weil durch die Schälmethode wesentlich mehr Quadratmeter gewonnen werden können. Die Maserung ist dadurch jedoch unnatürlicher.

Sägefurnier wird wegen des höheren Preises (durch den Sägeschnitt hoher Holzverlust) seltener verwendet. Es wird vor allem als Deckfurnier für stark beanspruchte Teile und als Kantenfurnier benutzt. Die Maserung ist natürlich.

Das *»Messern«* ist die gebräuchlichste Herstellung für Edelholzfurniere. Wie beim Sägen entsteht eine natürliche Maserung. Bei diesen beiden Furnierarten gleichen sich die einzelnen Blätter, so daß ein gutes Furnierbild entstehen kann.

Eine weitere Furnierart, die allerdings recht selten ist, ist das *Radialfurnier*. Es wird spiralenförmig vom Stamm »geschält«. Dieses Verfahren gleicht dem Bleistiftanspitzen. Früher waren runde Tische mir Radialfurnier sehr beliebt. Dieses Furnier hat nur eine sichtbare »Fuge«, nämlich den Mittelpunkt.

Da es in der Heimwerkstatt oft Schwierigkeiten bereitet, eine größere Fläche selbst zu furnieren, werden in Heimwerkergeschäften auch aufbügelbare Furniere angeboten. Diese sind auf der Rückseite mit einem Schmelzkleber versehen, der sich bei Erwärmung (Bügeleisen) fest mit dem Untergrund verbindet.

Die Furnierhölzer

Es gibt so viele Furniersorten, daß es selbst dem Fachmann nicht leicht fällt, sie alle genau zu unterscheiden. Da beim Furniereinkauf meist doch nur das Material zur Debatte steht, das Ihr Fachhändler vorrätig hat (Furniere muß man *sehen* beim Kauf!), dient die folgende Liste lediglich der ersten Orientierung:

- Europäische Hölzer: Ahorn (weiß), Apfel (braunrot), Birke (gelbweiß, geflammt), Birne (gelbweiß bis rotbraun), Eiche (gelbbraun), Kastanie (hellbraun), Kirsche (rotgelb gestreift), Nußbaum (grau- bis schwarzbraun), Rüster (hell- bis dunkelbraun), Esche (hellbraun), Lärche (gelbrot bis braun), Rotbuche (gelbrot bis rotbraun).
- Außereuropäische Hölzer: Avodiré

Furniere sind in unterschiedlichen Formen für verschiedene Verwendungszwecke im Handel. Vorne ein maschinell gefügtes Blatt, in der Mitte als Blatt- und Rollenware aufbügelbares Furnier und Kantenumleimer. Oben ein unbeschnittenes Furnier. Fugenpapier und Furniersäge werden für saubere Furnierarbeit gebraucht.

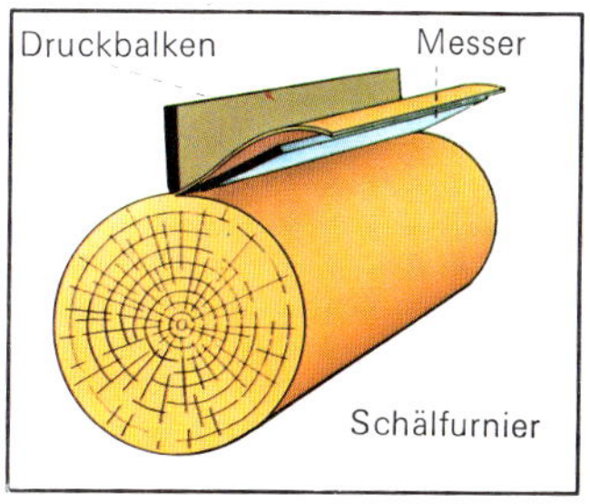

1 Schälfurnier: Der Stamm dreht sich wie eine Rolle, das Messer schält dabei das Furnier dünn ab.

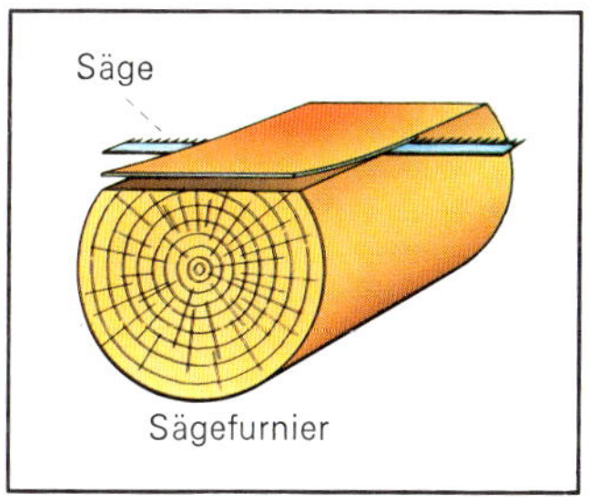

2 Sägefurnier: Der Stamm wird Blatt für Blatt aufgesägt. Nur bei edlen Hölzern angewendet.

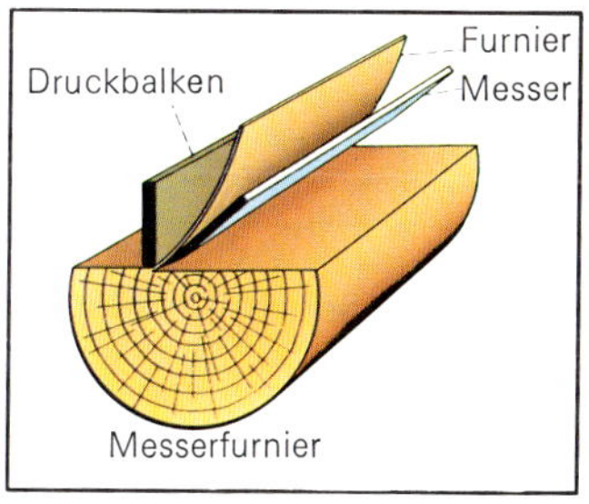

3 Messerfurnier: Vom halbierten Stamm hebt ein Messer Schicht für Schicht als Furnier ab.

(gelb bis goldbraun), Gabun (hellrosa), Okumé (hellrot), Limba (blaßgelb), Mahagoni (gelbrot bis braun), Macoré (dunkelbraun), Palisander (violett bis dunkelbraun), Teak (hell- bis dunkelbraun).

Die Furniertechnik

Die Furnierregeln gehen von einigen Grundsätzen aus, die man sich gut einprägen sollte:

● *Holz* (und ebenso Holzplatten) stets von beiden Seiten furnieren, sonst verzieht es sich. Für die Ansichts- oder Außenseite dabei das wertvollere Furnier (Deckfurnier) verwenden, für die Innen- oder Unterseite des Werkstücks billigere Sorte (Gegenfurnier) nehmen. Zugfestigkeit, Materialdicke und Artgewicht von Deck- und Gegenfurnier grundsätzlich aufeinander abstimmen!

● *Massivholz* (wird nur selten als Grundlage verwendet) mit gleicher Faserrichtung furnieren wie die Unterschicht.

● *Tischler- und Sperrplatten* senkrecht zur Faserrichtung der Ober- und Unterschicht furnieren.

● *Spanplatten* können in beliebiger Richtung mit Furnier beklebt werden. Sie brauchen ebenfalls ein Gegenfurnier.

● *Kanten* entweder nach dem Furnieren der Flächen mit dünnem Kantenfurnier bekleben oder zuerst die Kanten mit dikkem Kantenfurnier beschichten, dann die großen Flächen so überziehen, daß das Kantenfurnier überdeckt wird.

Das Vorbereiten der Furniere kann sich nur bei kleineren Flächen auf einen groben Zuschnitt (Zugabe ringsum 5–10 mm) aus einem Stück beschränken. Größere Flächen müssen aus sorgfältig gefügten Streifen oder Rechtecken zusammengesetzt werden. Dabei ist auf die Holzmaserung Rücksicht zu nehmen. Ein aus zwei Streifen mit spiegelbildlich angeordneter Maserung zusammengesetztes Furnierstück heißt *Spiegelfurnier.*
Beim *Kreuzfurnier* werden vier Rechtecke mit ungefähr gleichem Maserungsverlauf so zusammengestellt, daß ein kreuz- oder sternförmiges Muster entsteht.
Die grob zusammengestellten Furnierstücke werden je zwei und zwei mit den Ansichtsseiten aufeinandergelegt, Muster auf Muster deckend. Kanten mit Furniermesser oder -säge mit 1–2 mm Zugabe schneiden und zwischen zwei Brettern mit geraden Kanten so einspannen, daß die Zugabe oben übersteht. Hobel (am besten Rauhbank) auf zartesten Schnitt einstellen und den überstehenden Furnierteil vorsichtig abhobeln. Kaum Druck geben, sonst bricht die Furnierkante!
Nach dem Fügen die Furniere *mit der rechten Seite nach oben* auf ein Brett legen, genau zusammenschieben und die Naht mit Klebstreifen (es gibt spezielle Furnierstreifen) überkleben.
Ebenso sind alle anderen Nähte zu behandeln. Aufgeklebt werden also nicht Einzelstücke, sondern stets vorbereitete Flächen.

Mit Fugenpapier hält man die Furnierblätter während der Verleimung zusammen. Die Blätter hätten sonst bei der Arbeit keinen Halt.

Während der Verleimung trennt man die Zulagen durch eine Papierschicht vom Furnier. Sonst würde die Zulage bei einem etwaigen Leimdurchschlag am Furnier haften und dieses beim Trennen beschädigen.

Die Zulagen müssen so groß wie das Werkstück oder größer gewählt werden, damit das Furnier überall angedrückt wird. Je dikker diese Zulagen sind, desto gleichmäßiger ist die Preßkraft. Die Zwingen werden zuerst in der Mitte angesetzt, damit der Leim nach außen gedrückt wird und in der Mitte keine Blasen bildet. Er soll sich perlend zur Kante drücken.

Das Aufkleben der Furniere

Der Fachmann bevorzugt Uhu coll express zum Aufkleben der Furniere, weil er nach seiner Überzeugung besonders haltbar und materialgerecht ist. Die Fotos dieses Kapitels zeigen, wie hier vorzugehen ist. Einigermaßen mühsam ist dabei die Notwendigkeit des Einspannens mit hohem Druck. Bei der Verwendung von Uhu Greenit Kompaktkraft genügt ein kurzes Andrücken. Das Verfahren:

● Alle Flächen kontrollieren auf Trockenheit, Staub- und Fettfreiheit, Schleif- und Hobelreste.

● Kleber mit kurzborstigem Pinsel oder Zahnspachtel gut und gleichmäßig auf beide Teile auftragen und etwa 15 Minuten warten, bis sich der Klebeauftrag trokken anfühlt.

● Beide Teile paßgerecht aufeinanderlegen und kurz, aber kräftig zusammendrücken. Nicht die Dauer, sondern die Höhe des Preßdrucks entscheidet. Das einmal aufgelegte Furnier läßt sich nicht mehr verschieben.

● Bei größeren Flächen Gummiroller zum Andrücken verwenden. Kantenfurniere entweder mit der Hand andrücken oder mit dem Hammer anklopfen, dabei Leiste dazwischen legen. Mittlere Flächen wenn nötig kurz zwischen Brettern einspannen.

Furniere zum Aufbügeln mit Schmelzkleberbeschichtung sind in der Heimwerkstatt am einfachsten zu verarbeiten. Es gibt sie mit allen gängigen Maserungsbildern in Echtholz und mit Kunststoffoberflächen, auch für die Kantenbeschichtung (in unterschiedlichen Breiten).
Furniere und Folien dieser Art werden mit Haushaltsbügeleisen, Einstellung Wolle/Seide (etwa 140 bis 150 Grad Celsius) bei mittlerem Druck aufgebügelt. Die Andrückdauer soll 5–7 Sekunden betragen. Beim Aufbügeln tritt der an der Rückseite aufgebrachte Schmelzkleber in Aktion, der sofort hält.
Die Nachbearbeitung schmelzkleber- oder kontaktgeklebter Furnierflächen kann sofort nach dem Andrücken erfolgen – bei weißleimgeklebten Furnieren ist das Abbinden des Leims abzuwarten.
Überstehendes Furnier mit Feile oder Stecheisen bis auf einen Rest von 2 mm wegnehmen. Mit dem zart eingestellten Hobel den restlichen Furnierrand abhobeln. Klebband anfeuchten und abkratzen, die Oberfläche schleifen, bei Hartholzfurnier mit der Ziehklinge abziehen.
Dann die Oberfläche beizen, mattieren oder lackieren, ggf. auch polieren. Aussparungen für Holzverbindungen, Scharniere, Schlösser usw. werden normalerweise erst nach dem Furnieren, aber vor der abschließenden Oberflächenbehandlung angebracht. Bei der Auswahl der Konstruktionen bzw. Beschläge sollte auf die gute Wirkung der Furnierflächen Rücksicht genommen werden.

1 Furnier kürzen: Die Furnierblätter mit einer Zwinge und einer Leiste (sie verhindert das Reißen des Furniers) fest auf eine Unterlage spannen und mit der Furniersäge trennen – und zwar einzeln, Blatt für Blatt, nicht etwa im ganzen Stapel.

2 Fügen: Die Furniere zwischen zwei abgerichtete Bretter spannen. Mit der Rauhbank oder dem Schlichthobel (feine Einstellung) vorsichtig über die Furnierkanten fahren, bis sie eine ausrißfreie, saubere Kante haben. Vorsicht – die Furnierkante bricht.

3 Das Fugenpapier besteht aus einem dünnen, selbstklebenden Papier. Die gummierte Seite wird über einen nicht zu feuchten Schwamm gezogen und auf die Furnierfugen geklebt – zuerst kurze Streifen zum Halten, dann lange als Hauptverbindung.

4 Kanten furnieren für Selbermacher ohne lange Zwingen: Eine Leiste über die Kante legen, die Zwingen am Werkstück so festspannen, daß man kleine Keile unter die Zwingen schlagen kann. Die Leiste soll überall mit gleichmäßigem Druck anliegen.

5 Das überstehende Kantenfurnier wird mit einer Feile grob entfernt. Mit einem Putzhobel die Kanten anschließend vorsichtig glätten. Dabei darf das Deckfurnier nicht beschädigt werden, sonst war die Arbeit vergebens. Hobel zart einstellen!

6 Das Fugenpapier wird nach dem Abbinden des Leims mit Wasser eingeweicht und mit einem Stecheisen abgeschabt (bei Eichenfurnier mit Kunststoffschaber). Das Einweichen kann mit dem Wässern der Holzoberfläche verbunden werden.

7 Furniere stürzen: Um ein gleichmäßiges Furnierbild zu erhalten, wird jedes zweite Blatt spiegelbildlich neben das erste gelegt. Das ist vor allem bei dekorativen Furnieren wie Palisander und Mahagoni wichtig. Fachbezeichnung: Spiegelfurnier.

8 Furnierkanten, die eine Massivholzgehrung vortäuschen sollen (hier mit aufbügelbarem Furnier gezeigt), werden an den Ecken übereinandergelegt. Zunächst das Furnier bis zur Überlappung anbügeln, also ohne die Ecken, die anfangs lose bleiben.

9 Dann ein Metallineal über die Gehrung legen und als Anschlag für die Furniersäge verwenden. Beide Furniere zusammen durchschneiden. Vorsicht, sie reißen bei dieser Arbeit sehr schnell an den Rändern ein.

10 Das überstehende Furnier wird entfernt und das Furnier im Eckenbereich aufgebügelt. Dann kommt noch das Aufbügeln des Kantenfurniers an die Reihe. Der Überstand wird mit dem Schlichthobel entfernt.

11 Die Kreuzfuge besteht aus vier Furnierblättern, die nicht nur an den Längskanten, sondern auch an den Hirnenden zusammengesetzt werden. Bei dieser Fügetechnik muß man beachten, daß zuerst die Hirnenden mit der Furniersäge beschnitten werden, damit die Maserung genau aufeinander paßt. Nach dem Verkleben der Hirnenden können dann die Längskanten gefügt werden. Kreuzfugen sollten stets an gut sichtbaren Flächen angebracht werden.

Holzverbindungen wie beim Tischler

Die Frage, auf welche Weise Holzteile am kunst- und wirkungsvollsten miteinander zu verbinden seien, hat schon Generationen von Holzbearbeitern in Atem gehalten. Eine saubere, fachgerechte Verbindung ist aber auch eine runde Sache, die das Herz jedes Liebhabers der Holzverarbeitung höher schlagen läßt.

Hölzer kann man miteinander verleimen – davon ist oben die Rede –, man kann sie bei anspruchslosen Arbeiten nageln und schrauben, und man kann sie kunstgerecht, je nach vorgesehener Belastung und Beanspruchung, zusammenfügen. Reine Zweckverbindungen wie z.B. das Überplatten stehen dabei neben handwerklich schönen Verbindungen, die auf das Aussehen des Werkstückes und auf die spätere Oberflächenbehandlung Rücksicht nehmen und eigens mit dieser Zielrichtung erfunden wurden. Arbeitstechnisch gilt für sie alle, daß sie so genau ausgeführt werden müssen, als sei der Leim noch nicht erfunden.

Gezinkte Verbindungen

Wer Holzverbindungen zinken will, muß Spaß an genauem Arbeiten haben. Und Zeit zum Üben. Denn hier macht nur Übung den Meister. Das gilt insbesondere für das verdeckte Zinken. Deshalb ist es auch Prüfungsaufgabe für Tischlergesellen. Trotzdem ist das Zinken weniger kompliziert, als es aussieht.
Fingerzinken kann man mit einer Kreissäge sogar maschinell herstellen. Man braucht dann eine Zinkeinrichtung, die es als Zubehör auch für Handkreissägen zu kaufen gibt. Notwendig ist diese Ausgabe nicht. Alle Zinkungen lassen sich ohne teures Werkzeug, nur mit Feinsäge und Stecheisen, fachgerecht anfertigen.
Gezinkte Verbindungen sind nicht nur schön, sie sind auch äußerst stabil. Mit Ausnahme der Fingerzinkung können sie sogar unverleimt auf Zug beansprucht werden. In der Praxis werden sie jedoch immer verleimt. Nur so sitzen sie auch bei stärkster Belastung bombenfest.
Prinzipiell sind immer die gleichen Arbeitsgänge erforderlich. Am Beispiel einer durchgehenden Schwalbenschwanzverzinkung zeigen wir, worauf es ankommt. Wer's noch nicht kann, sollte das erst einmal an billigem Holz probieren. Auf diese Weise gewinnt man – wie jeder gute Fachmann – die notwendige Erfahrung.
Die Fingerzinken sind eine vereinfachte Ausführung der Schwalbenschwanzzinken. Sie brauchen dazu eine Kreissäge mit Wanknuteinrichtung. Dieser Zusatz versetzt das Kreissägeblatt in eine pendelnde Hin- und Herbewegung. Der Schnitt wird so erheblich breiter; er läßt sich genau einstellen.
Mit Hilfe der Wanknuteinrichtung kann man in einem Arbeitsgang Nuten in Brettkanten sägen bzw. fräsen. Die Fotos verdeutlichen die einzelnen Arbeitsgänge.
Noch etwas einfacher ist die Verzinkung mit Sperrholzzinken. Das Prinzip:
Die Nuten an den zu verbindenden Holzteilen werden nicht versetzt angebracht,

1 Schwalbenschwanzzinken: Die Schnittiefe wird angerissen, dann zeichnet man die Zinken selbst an und sägt sie mit der Feinsäge präzise in richtiger Tiefe aus.

2 Den Schlitz sticht man mit dem Stecheisen aus, und zwar vorsichtig und schichtweise. Bei allen Arbeitsgängen muß das Brett auf der Werkbank festgespannt werden.

3 Die Schwalbenschwänze erhalten ihre Form nach den Zinken und werden ausgesägt und ausgestochen wie die Zinken. Dann folgt eine erste »Anprobe« der Holzverbindung.

4 Wenn alles genau paßt, werden die Hölzer mit Weißleimangabe endgültig miteinander verbunden. Überschüssigen Leim entfernen, bis zum Abbinden einspannen.

1 Fingerzinken: Sie werden mit der Kreissäge mit Wanknutscheibe hergestellt. Der Anschlagzapfen reguliert die Schnittbreite, die gleichzeitig der Nutbreite entspricht.

2 Die ausgesägte Zinke wieder an den Anschlag schieben, dann erneut eine Nut sägen. Dieses Verfahren wird so lange wiederholt, bis eine Seite des Werkstücks fertig ist.

3 Nun kommt die Gegenseite an die Reihe. Die Zinken der beiden Seiten müssen einander gegenüber liegen. Sie sollten so breit sein wie das Holz dick ist – so gibt es keine Probleme.

4 Zur Zeitersparnis kann man mehrere Werkstücke so zusammenspannen, daß sie um zwei Zinkenbreiten versetzt sind. Dann wie oben schon beschrieben weiterarbeiten.

sondern auf gleicher Höhe. Man kann deshalb beide Teile gleichzeitig nuten und bekommt auf diese Weise automatisch haargenau passende Nuten.
In die Nuten werden nun Sperr- oder Massivholzzinken eingeschoben und verleimt. Zinken aus gleichem Holz wie das Werkstück sind später kaum zu sehen. Es gibt aber auch die Möglichkeit, Zinken aus farblich abstechendem Holz zu verwenden und damit interessante dekorative Wirkungen zu erzielen.
Die Zinken dürfen nicht breiter sein als das Holz dick ist. So erspart man sich das mühevolle Abhobeln überstehender Kanten, es genügt das Abschleifen der Hirnholzkanten mit Schleifpapier und Feile nach dem Abbinden des Leimes. Beim Bau größerer Werkstücke müssen die Zinken nicht unbedingt so dicht gesetzt werden, wie das z. B. bei Fingerzapfen unumgänglich ist – es genügt ein Zinken etwa alle 20 cm, um für festen Halt zu sorgen.

Auf Gehrung federn

Gehrungen sind Eckverbindungen, sie kommen vor allem für Rahmen (Bilderrahmen, Möbeltür) in Frage. Ein paar Tips:
Die Stücke, die auf Gehrung verleimt werden sollen, müssen sehr sauber im 45°-Winkel abgelängt werden. Am besten geht es mit einer Tischkreissäge, die sich verstellen läßt. Wer keine elektrische Säge hat, kann sich auch mit einer Feinsäge und einer Gehrungslade helfen.
Für das Zusammenleimen einer Gehrung gibt es mehrere Möglichkeiten:
1. Gehrungszwingen werden mit einer Spezialzange angesetzt.
2. Mit einer selbstgebauten Verleimlade verleimen.
3. Stumpf aneinanderleimen und anschließend eine Feder einsetzen.
4. Eine Schnur um den Rahmen legen und festziehen. Die Rahmenecken mit kleinen Klötzen vor sehr häßlichen Druckstellen schützen, die später kaum zu entfernen sind.

Zapfenverbindungen

Zapfenverbindungen dienen dazu, waagerechte Bauteile aus Kant- oder Rundhölzern (»Querteile«) mit senkrechten Seitenteilen zu verbinden. Kant- und Rundhölzer benutzt man hauptsächlich bei Rahmenkonstruktionen aller Art. Deshalb findet man Zapfenverbindungen an Fenstern, Türen, Leitern, Tischen, Stühlen und sonstigen, in Rahmenbauweise hergestellten Möbeln.
Das Querteil trägt immer den Zapfen. Das Seitenteil erhält Zapfenschlitz oder -loch, in die der Zapfen möglichst genau passen sollte. Jede Art der Zapfenverbindung kann durchgehend oder abgesetzt ausgeführt werden.
Außer der »Stirn« (Vorderseite) unterscheidet man beim Zapfen noch »Flanken« (Seiten) und »Brustflächen«. Das sind die senkrecht zu den Flanken entstehenden Absätze. Sie geben allen hier abgebildeten Zapfen den gemeinsamen Namen Brustzapfen.
Ganz allgemein versteht der Tischler unter Zapfen nämlich jedes Kant- oder Rundholz, das in Schlitz oder Loch eines anderen Holzes gesetzt wird. Auch eine solche Verbindung, die zum Beispiel an Geländern vorkommen kann, nennt man gezapft.
Zapfenverbindungen – außer verkeilten – werden immer verleimt. Beim Einleimen abgesetzter Zapfen ist darauf zu achten, daß überschüssiger Leim im Zapfenloch Platz zum Ausweichen hat. Daher entweder die Kanten anfasen oder den Zapfen 2 mm kürzer als das Loch machen.

1 Auf Gehrung federn: Die auf Gehrung (90 Grad) geschnittenen Leisten werden stumpf verleimt. Dabei sorgen Klammern für Halt, die mit der Spezialzange angesetzt werden.

2 Nachdem der Leim abgebunden hat, die Sperrholzfeder einfräsen. Dazu den Rahmen an ein abgeschrägtes Brett (90 Grad) legen und am Fräskopf einfräsen.

3 Bei dieser Gehrung bleibt die Feder unsichtbar. Damit die Nut nicht nachgearbeitet werden muß, wird die Feder vorn leicht abgerundet und spitz angeschliffen.

4 Die erste Ecke, die ohne Einsetzen in den Fräser gearbeitet werden kann, wird an den Bohrständer gespannt. So hat das zweite Stück einen genauen 90-Grad-Anschlag.

5 Beim Verbinden größerer Flächen bleibt die Nut ebenfalls unsichtbar. Das Foto zeigt, mit welcher einfachen Hilfsvorrichtung die Verbindung eingespannt werden kann.

1 Zapfen: Mit Feinsäge oder Fuchsschwanz sägt man zunächst die Flanken, dann die Brustflächen des Zapfens. Dabei nicht über die angezeichnete Begrenzung einsägen!

2 Für das Zapfenloch setzt man mehrere Bohrungen nebeneinander (Bohrer-Durchmesser = Lochbreite). Dann wird das Zapfenloch mit dem Stecheisen ausgestochen.

3 Die Kanten des Zapfens werden abgeschrägt (angefast), damit Hohlräume für den Leim entstehen. Nun kann der Zapfen mit Leim in das Zapfenloch geschoben werden.

Selber Schubladen bauen

Wenn es um Schubladen geht, hört für viele Heimwerker das Selbermachen auf. Hier wird gezeigt, wie auch der Laie Schubladen herstellen kann – nicht mühsam von Hand gezinkt, sondern mit Nut und Feder solide gebaut.

Die meisten Schubladen werden heute aus Preisgründen aus Tischlerplatte und Sperrholz gebaut. Für Heimwerker ist der Schubkasten, der wie in unserer Bildserie mit Nut und Feder zusammengehalten wird, die einfachste Lösung.
Unser Schubkasten besteht aus fünffach verleimter Furnierplatte. Vorder- und Hinterstück werden mit Federn in die Seiten eingelassen. Das Vorderstück ist bündig mit den Kanten und Seiten, die Feder sitzt an der Innenseite. Die Nut ist um einen halben Millimeter tiefer als die Feder lang, damit Platz für den Leim ist und die Fuge dicht wird.
Das Hinterstück sitzt 1,5 cm tiefer als die Seiten und reicht bis zur Oberkante des Schubkastenbodens. Der Grund: Wenn der Schubkasten zugeschoben wird, muß die Luft entweichen können, sonst bekommt man ihn nicht ganz zu oder die anderen Kästen springen beim Zuschieben auf. Außerdem sollten die Seiten 2 cm über das Hinterstück hinausgehen, damit ein Abstand zwischen Schublade und Rückwand eingehalten wird.
Beim Nuten darauf achten, daß die Feder nicht zu schwer einzuschieben ist, sonst kann das Sperrholz wegbrechen.
Um nach dem Verleimen den Boden leicht einsetzen zu können, fast man die Kanten an. Der Boden reicht bis zur Hinterkante des Hinterstückes und wird dort mit drei Schrauben befestigt. Obwohl der Boden den Schubkasten in den richtigen Winkel drücken kann, sollte man beim Verleimen den Winkel ansetzen.
Schubkästen, die auf Böden laufen, sollte man aufdoppeln. So sind die Schleifspuren, die die Seiten hinterlassen, nicht zu sehen.
Die Aufdoppelung vor dem Furnieren mit Massivholzanleimern versehen. Dann kann sie nach dem Verleimen mit dem Schubkasten gut an die Seiten angepaßt werden. Bei Schubkästen ohne breiteres Vorderstück muß man genau arbeiten, damit anschließend keine großen Fugen sichtbar sind.
Das Einpassen von aufgedoppelten Schubkästen ist leicht. In der Breite des Schubkastens kann nichts mehr weggenommen werden, aber von der Höhe läßt sich noch etwas abhobeln.
Gut gleiten die Kästen auf schmalen Kunststoffstreifen, die auf die Böden geklebt werden. Damit die Seiten nicht voll an der Schrankseite reiben, werden auch dort schmale »Streichleisten« aus Kunststoff angebracht.
Besonders leicht gleiten Schubladen, wenn alle Reibungsflächen mit Bohnerwachs oder Stearin (Kerze) eingerieben werden. Die Seiten vorher mit verdünnter Grundierung zweimal einstreichen und leicht schleifen.

1 Mit dem Fräskopf beidseitig an Vorder- und Hinterstücke Federn fräsen. Dicke der Federn ¼, Länge ½ der Holz-Materialstärke.

2 An der Kreissäge alle Nuten fräsen – zweimaliger Durchlauf ist erforderlich. Vorher an Abfallstück Nutprobe machen, damit alles paßt.

3 Beide hinteren Ecken der Seiten werden leicht angeschrägt. Dadurch läßt sich der Schubkasten später besser schieben.

4 Verleimen der Schublade. Auf die Enden der oberen Seite dicke Holzstücke legen, quer darüber und darunter dicke Kanthölzer.

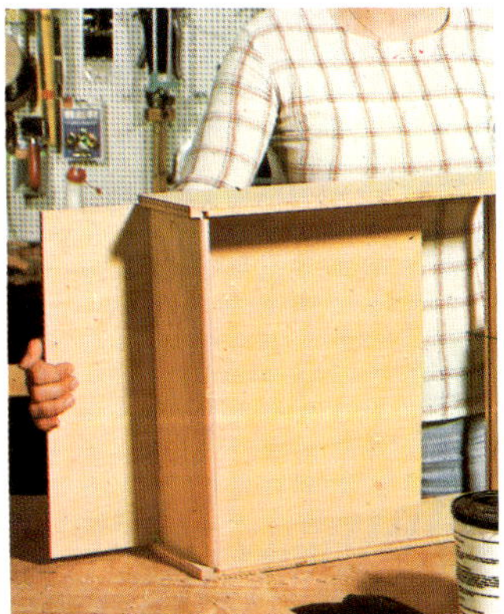

5 Nach der Abbindezeit kann der Boden eingeschoben werden. Vorher Kanten brechen. Dann Boden mit dem Hinterstück verschrauben.

6 Zum Schluß wird die Aufdoppelung vorgeleimt oder von innen her festgeschraubt. Dabei auf gleichmäßigen Überstand achten.

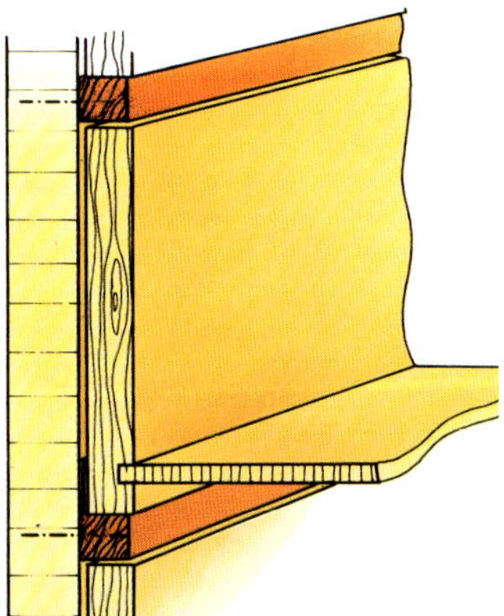

7 Zwischen zwei Laufleisten sitzt eine Schublade besonders gut. Die obere Leiste verhindert das Nachvornkippen des Kastens.

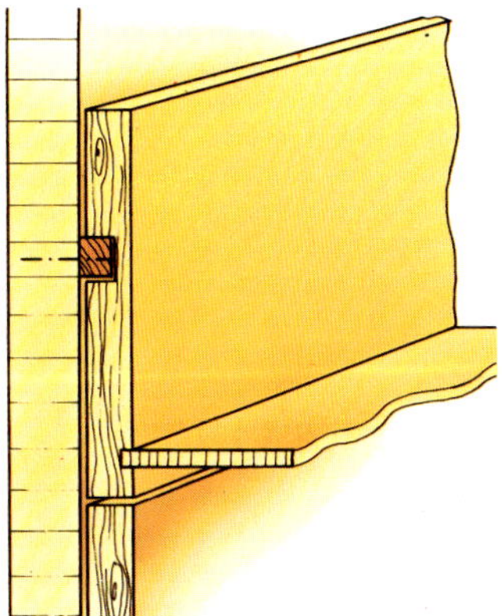

8 Diese Aufhängemethode eignet sich nur für Massivholzseiten. Sie haben eine Nut, in der die Laufleiste sitzt (aus Hartholz).

Kleinmöbel selbstgebaut

1 Hier sehen Sie deutlich die Mittelwand und den Zwischenboden, auf dem später die kleinen Kästen stehen. Alle Teile werden verdübelt. Vor dem Leimen unbedingt die inneren Flächen wässern und sehr sorgfältig schleifen.

2 Weil zwischen dem Schubladenkasten-Vorderstück und dem Deckel nur 3 mm Luft ist, haben Knöpfe an den Schubkästen keinen Platz. Statt dessen erhalten sie Grifflöcher, die 30 mm tief und 20 mm breit ausgesägt werden.

3 So werden die Schubkästen zusammengebaut: Erst die beiden langen Seiten vorn und hinten an den Boden, dann die beiden kurzen Seiten annageln. Für diese Arbeit kleine dünne Stifte verwenden, ggf. zusätzlich leimen.

4 Der Beschlag, der den Deckel hält, ist ein 3 cm langer Messingstift, 4 cm vom Rand entfernt.

5 Der Nähkasten kann auch anderen Zwecken dienen. Hier wurde er als Werkzeugkasten verwendet.

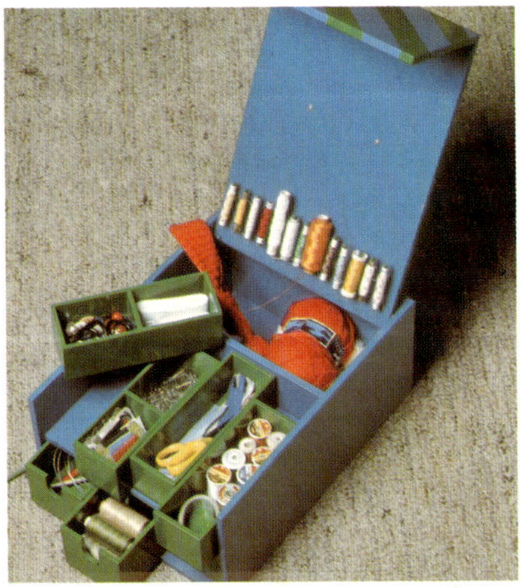

6 Die Innenaufteilung des Kastens. In den sieben kleinen Kästen aus 6 mm dickem Sperrholz bringt man viel unter. Mittelseiten sind möglich.

7 So wurde der Kasten mit seidenglänzendem Lack gestrichen. Selbstverständlich können Sie auch andere Farben und Muster wählen.

MATERIALLISTE
(alle Maße in cm)

10-mm-Sperrholz	
2 Seiten	40,0 × 17,0
1 Rückwand	28,0 × 17,0
1 Boden	39,0 × 28,0
1 Deckel	39,0 × 28,0
1 Vorderstück	28,0 × 15,0
1 Zwischenboden	28,0 × 20,3
1 Mittelseite	28,0 × 15,0
6-mm-Sperrholz	
4 Böden	18,8 × 5,7
8 Seiten	18,8 × 6,1
8 Seiten	6,9 × 6,1
4 Mittelseiten	5,7 × 5,5
3 Seiten	18,8 × 8,0
6 Seiten	18,8 × 7,4
6 Seiten	9,2 × 7,4

13 kleine Schraubhaken; 1 Griff
2 Messingstifte, 3 cm lang; Dübel

Nähkasten mit viel Innenleben

Alle Nähutensilien sind in diesem Kasten gut aufgehoben. Die kleinen Schubkästen sorgen für Ordnung. In dem großen Fach hinter der Mittelwand lassen sich Wollknäuel und andere größere Dinge unterbringen. Wie der fertige Kasten »in Betrieb« aussieht, zeigt das große Foto auf Seite 63. Übrigens können Sie den Kasten auch ganz allgemein als »Aufräumkasten« oder als Werkzeugkasten verwenden.

Diese Box kann jeder gebrauchen. Gleichgültig, ob für Nähutensilien, für Werkzeug oder als Krimskramskasten: Alles ist übersichtlich in kleinen Schubkästen aufgehoben. Das Material: 10 mm dickes Sperrholz für den äußeren Kasten mit Deckel und den Zwischenboden mit der Mittelseite, 6 mm dickes Sperrholz für alles andere, vor allem für die Einsatz- und Einschubkästen.
Bevor Sie mit der Arbeit beginnen, sollten Sie sich sowohl die Bauzeichnung auf dieser als auch die Materialliste auf der linken Seite genau ansehen. Die Sperrholzteile lassen Sie sich im Baumarkt oder Heimwerkerladen nach den angegebenen Maßen zuschneiden.

Die Teile des Hauptkastens werden miteinander verdübelt und verleimt. Wie man in Holz dübelt, können Sie auf Seite 54 nachlesen. Die Einzelteile des Kastens werden vor dem Zusammenbau sorgfältig gewässert und geschliffen. Beim verleimten Kasten läßt sich das nicht mehr besonders wirkungsvoll machen. Wischen Sie überstehenden Uhu coll express mit einem feuchten Lappen oder Schwamm ab und spannen Sie den Kasten mit Stahlzwingen ein, bis der Kleber abgebunden hat – am besten über Nacht.
Nun kommt der L-förmige Deckel an die Reihe. Er ist auf dem großen Foto am besten zu erkennen (Seite 63). Dübeln Sie den senkrechten Teil stumpf unter den Deckelboden. Auch die Deckelbretter müssen vor dem Dübeln und Leimen gewässert und geschliffen werden; die spätere Oberseite mit besonderer Sorgfalt.
Nun legen Sie den Deckel auf die Mittelseite des Kastens (also dorthin, wohin er später gehört) und zeichnen auf beiden Seiten den Drehpunkt für die Deckelbefestigung an: 4 cm von der hinteren Kante des Kastens entfernt. Der Beschlag, der den Deckel hält, ist ein 3 cm langer Messingstift mit einem Durchmesser von 3 mm. Sie müssen also an den beiden angezeichneten Stellen mit einem 3-mm-Bohrer 3 cm tief durch Kastenseitenwand und Deckel bohren. Schlagen Sie dann die Messingstifte probeweise ein – nicht bis zum Ende, sondern so, daß Sie sie für die weiteren Arbeiten mit einer Zange wieder herausziehen können.
Sie werden feststellen, daß sich der Deckel schlecht öffnen läßt – er klemmt an der Hinterseite des Kastens. Nehmen Sie deshalb den Deckel wieder ab und runden Sie die hintere Kante soweit ab, daß der Deckel nicht mehr am Kasten schleift. Im aufgeklappten Zustand soll der Deckel nicht der hinteren Kastenseite aufliegen. Sonst würde beiderseits die Farbe beschädigt. Deshalb bringen Sie auf der linken Seite des Kastens (siehe Foto 5) einen Dübel als »Deckelbremse« an. Er wird in die Seitenwand eingeleimt und steht nur an der Innenseite etwa 1 cm vor. Den besten Platz probieren Sie aus. Nun kommen die kleinen Kästen aus 6-mm-Sperrholz an die Reihe. Sie brauchen drei davon als Schubkästen und vier schmalere als Einsätze für den oberen Kastenteil. Notfalls genügt es, diese Kästen nur zu nageln. Empfehlenswert wäre jedoch zusätzliches Leimen. Die Kästen bekommen dadurch mehr Stabilität. Für das Nageln brauchen Sie besonders dünne Drahtstifte. Wenn Sie genau auf die Mitte der Sperrholzbrettchen treffen, können Sie sie nicht aufspalten – Vorsicht ist am Platze. Falls Sie nageln und leimen, müssen die Kästen nicht unbedingt zusätzlich eingespannt werden.
Nun werden sämtliche Flächen, bei denen das noch nicht geschehen ist, mit Schleifpapier übergeschliffen und zweimal mit Vorstreichfarbe grundiert. Grobe Unebenheiten können Sie mit Lackspachtel ausgleichen. Nach dem Grundieren und Spachteln wird geschliffen. Nun können Sie, nachdem der Kasten bis in den letzten Winkel entstaubt ist, mit dem Lackieren beginnen – zwei Schichten sollten es schon sein, dazwischen wird das Trocknen abgewartet und nochmals übergeschliffen. Lackmuster, wie sie unser Beispiel zeigt, kommen zum Schluß an die Reihe. Die Kästen sollten Sie in einer abstechenden Farbe lackieren. Nun setzen Sie den Deckel endgültig ein und ergänzen ihn um die Halterungen von Näseiderollen (großes Foto). Dabei handelt es sich um 6 cm lange und 6 mm dicke Dübelstangen, in die an der Unterseite 2-mm-Löcher gebohrt werden. In den Deckel schrauben Sie in gleichmäßigem Abstand 10–12 einfache Schraubhaken, auf die Sie die Dübelstangen stecken. Damit sich nichts verdrehen kann, geben Sie sowohl in die Schraublöcher der Haken als auch in die Aufstecklöcher der Dübel etwas Zweikomponenten- oder Blitzkleber. Wenn Sie wollen, können Sie den Kasten auch noch mit einem Verschluß absichern. Dazu bohren Sie an den vorderen Seitenwänden 6-mm-Löcher durch Seitenwand und Kastendeckel. Dann bohren Sie 6 mm große und etwa 4 mm tiefe Löcher in zwei 10-mm-Dübel und leimen zwei 3,5 cm lange und 6 mm dicke Dübelstücke ein. Die dickeren Dübel sägen Sie auf 6 mm Länge ab. Mit diesen »Pfropfen« können Sie nun den Kastendeckel sichern, der nur noch mit einem passenden Kunststoffgriff versehen zu werden braucht.

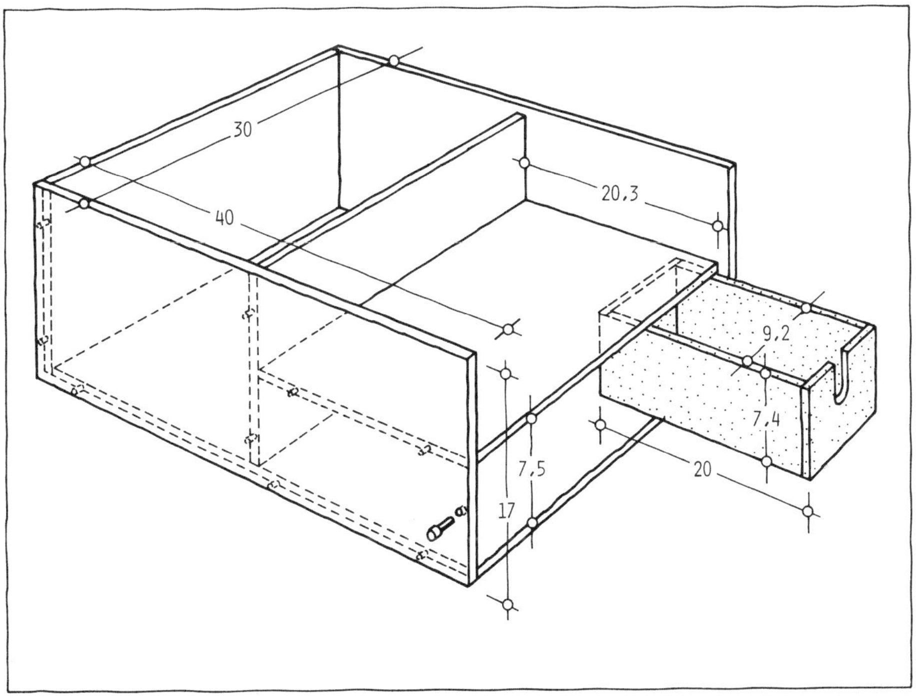

Aus der Bauzeichnung können Sie alle für den Nähkasten wichtigen Maße ersehen. Beim Materialzuschnitt sollten Sie darauf achten, daß die Maserung des Sperrholzes immer in der Richtung des längsten Maßes läuft, bei den Seitenwänden also von hinten nach vorn (und nicht von oben nach unten). Der Grund dafür ist, daß die Maserung auch nach dem Lackieren noch sichtbar ist.

Teewagen mit abnehmbarem Tablett

Ein echtes Mehrzweckmöbel ist dieser Teewagen. Die massive Holzbauweise macht ihn besonders stabil. Dank beweglicher Rollen und eines abnehmbaren Tabletts läßt er sich vielseitig verwenden. Seine kompakte Form verlangt wenig Abstellraum.

Die Maße gehen aus der untenstehenden Zeichnung hervor. Welches Material im einzelnen verwendet wurde, entnehmen Sie bitte dem Bildertext zur Bauzeichnung. Zumindest die drei gleichgroßen Böden aus Spanplatte 19 mm (65 × 50 cm) sollten Sie sich im Heimwerkerladen fertig zuschneiden lassen, ebenso die Mittelwand (65 × 33,5 cm).

Für die Seitenteile wurde Tischlerplatte, 22 mm dick, verwendet, ebenso für die Tablettgriffe. Zeichnen Sie sich diese vier Teile (zwei Seitenteile, zwei Griffe) auf die Tischlerplatte und sägen Sie sie präzise aus, am besten mit der Stichsäge.

Die Kanten dieser vier Teile haben wir mit dem Fräskopf (notfalls können Sie Raspel und Feile verwenden) gerundet, ausgenommen die Oberkanten der Seitenteile und die Unterkanten der Tablettgriffe. So wird der Teewagen »griffiger«. Die Grifföffnungen der Tablettgriffe können Sie mit der Stichsäge aussägen und ebenfalls runden. Leichter tun Sie sich, wenn Sie die Öffnungen mit dem Forstnerbohrer (Zeichnung rechts oben) ausbohren und mit dem Fräskopf fertigstellen. Zum Brechen der Kanten eignet sich ein Fräskopf mit Abstandhalter am besten.

Vor dem Zusammenbau müssen Sie noch eine Menge Bohrarbeit leisten. Die Hauptteile werden mit Holzdübeln verbunden. Was beim Bohren der Dübellöcher zu beachten ist, lesen Sie bitte auf Seite 54 nach. Außerdem brauchen Sie 1-cm-Löcher für die Bücherstützen (Rundholzstreben), die besonders genau angezeichnet und gebohrt werden müssen. Wenn das alles geschehen und ausprobiert ist, werden die Einzelteile sorgfältig geschliffen.

Nun können Sie an das Zusammenleimen gehen. Dazu leimen Sie zunächst die zwölf Rundhölzer in die untere Platte, ebenso die Mittelwand (mit Holzdübeln). Dann setzten Sie die obere Platte auf. Nun kommen die Seitenteile an die Reihe. Wischen Sie austretenden Leim sorgfältig mit einem feuchten Lappen ab.

An das Tablett werden die Griffe gedübelt. Die abgerundeten Leisten leimen Sie so um die Tablettkanten, daß sie unten 5 mm überstehen – so kann das auf den Wagen gesetzte Tablett nicht verrutschen.

Alle freien Kanten werden mit Lackspachtel verspachtelt und geschliffen (Sie können aber auch Umleimer verwenden). Nun wird der ganze Teewagen zweimal grundiert, dazwischen und danach sorgfältig geschliffen, und zweimal farbig lackiert – ob Sie sich an eine Hauptfarbe halten oder mehrfarbig lackieren, ist Ihre Sache. Ganz zum Schluß fügen Sie noch die Kugelrollen an.

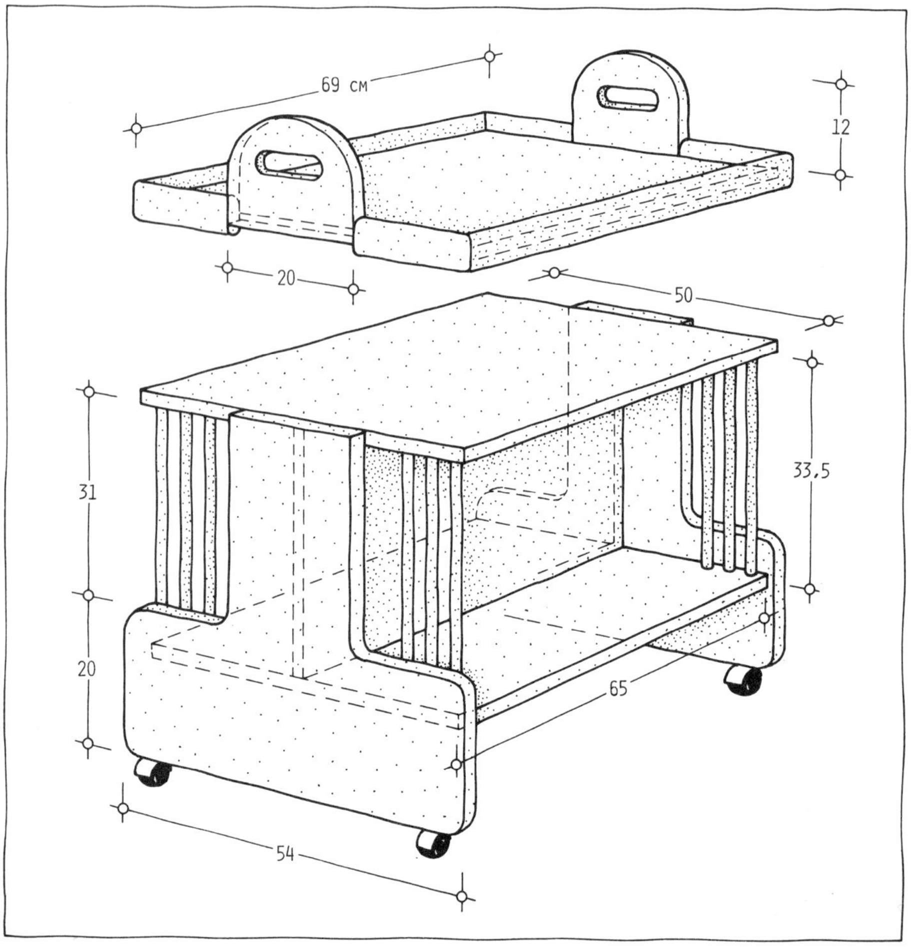

Für den Teewagen mit abnehmbarem Tablett brauchen Sie 22-mm-Tischlerplatte (etwa 1 m²) für die Seitenteile und 19-mm-Spanplatte (etwa 1,5 m²) für die Böden, außerdem rund 450 cm Rundholz (1 cm Ø) für die Buchstützen und 130 cm Leisten mit einem Querschnitt von 3,2 × 2 cm. Dazu ein paar Holzdübel, um Seitenteile und Böden zu verbinden, und vier Kugelrollen, auf denen der Wagen sich auch bei Belastung spielend leicht bewegt. Der Wagen wird farbig lackiert – suchen Sie sich Lacke aus, die zu Ihrer Wohnzimmer- oder Eßeckeneinrichtung passen.

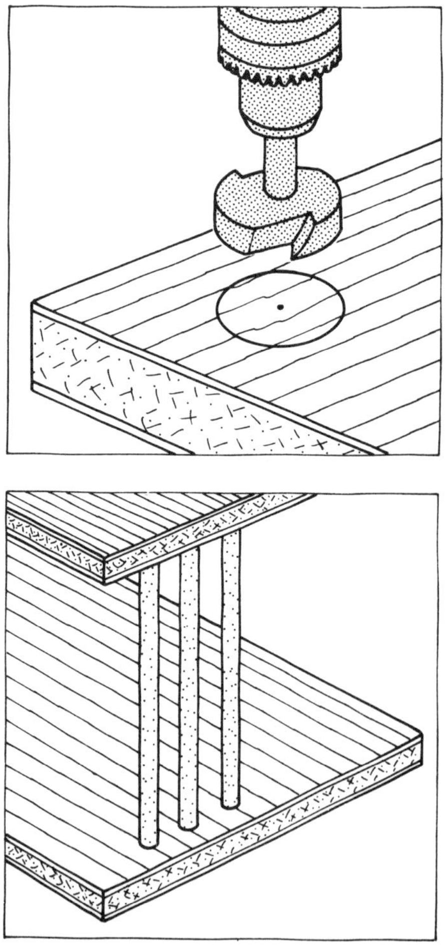

Die Grifflöcher (oben) kann man mit einem Forstnerbohrer mit 33 mm Durchmesser bohren und anschließend mit dem Fräskopf bearbeiten. Die Löcher für das Einleimen der Bücherstützen aus Rundholz (unten) müssen genau angezeichnet und mit dem 10-mm-Spiralbohrer vorgebohrt werden.

Kiefernholz-Regal für viele Zwecke

Das schlanke und flache (Gesamttiefe nur 10 cm) Regal aus Kiefernholz kann vielen Zwecken dienen. Konzipiert wurde es als »Eisbar« für Naschkatzen, zur Unterbringung aller süßen Soßen, Liköre, eingelegten Früchte und Gewürze, die kühle Köstlichkeiten noch raffinierter machen. Sie können aber ohne weiteres auch ein Gewürzglas-Regal daraus machen.

Aus der Bauzeichnung und dem Text dazu geht hervor, welches Material in welchen Abmessungen verwendet wurde. Sie können die Kiefernholzbretter gleich hobeln und zuschneiden lassen. Achten Sie dabei auf sauberes, astfreies, interessant gemasertes Holz, denn das Regal soll keinen deckenden Lacküberzug bekommen, sondern nur mattglänzend oberflächenbehandelt werden, damit das Holz zur Wirkung kommt.

Die Regalböden brauchen Sie nur mit geringem Aufwand zu bearbeiten: Flächen und Kanten schleifen, die Kanten nicht brechen. Die 74 cm langen Seitenträger bekommen oben und unten 5 cm tiefe Aussparungen in Holzstärke. Hier schieben Sie später die senkrecht stehenden oberen und unteren Abschlußbretter ein. Runden Sie die sichtbaren Kanten der Seitenträger mit Raspel und Feile (oder Hobel und Schleifpapier) schön gleichmäßig ab. Die senkrechten Abschlußbretter werden leicht geschwungen ausgesägt oder zugehobelt (siehe Zeichnung) und ebenfalls an den Kanten gebrochen. Nun müssen Sie noch das Aufhängebrett vorbereiten. Es ist so lang wie ein Regalboden (40 cm) und 2,5 bis 3,5 cm breit. An der Unterseite fräsen Sie eine Nut ein. Ihre Breite richtet sich nach dem Kopf der Schrauben, mit denen Sie das Regal später aufhängen wollen (Zeichnung unten rechts).

Das ganze Regal wird mit Dübeln zusammengesetzt und verleimt. Dabei werden nicht nur die Regalböden mit den Seitenträgern durch Holzdübel verbunden, sondern auch die Sicherheitsleisten (44 cm lang, Querschnitt 1,5 × 0,5 cm) werden von Dübeln gehalten und ebenso die oberen und unteren Abschlußbretter, für die Sie also besonders lange Dübel (ca. 7 cm) brauchen.

Alle Dübellöcher werden unverdeckt gebohrt. Sie schieben die Dübel so ein, daß ein Überstand von etwa 3 mm bleibt. Die hervorstehenden Dübelteile gehören also mit zur Konstruktion, sie sollen den rustikalen Eindruck des ganz ohne Nägel und Schrauben gebauten Regals verstärken. Verwenden Sie einen Abstandhalter, um überall den gleichen Dübelüberstand zu erreichen, z. B. einen flachen Schraubenschlüssel. Auch ein 3-mm-Sperrholzrest, in den Sie ein Loch in Dübelgröße bohren, ist zu diesem Zweck geeignet.

Vor dem Zusammenbau alle Teile sorgfältig wässern und schleifen. Bei der Montage Leimflecken sofort abwischen. Nach dem Abbinden des Leims nochmals überschleifen. Das Regal beliebig beizen und mattieren oder farblos lackieren.

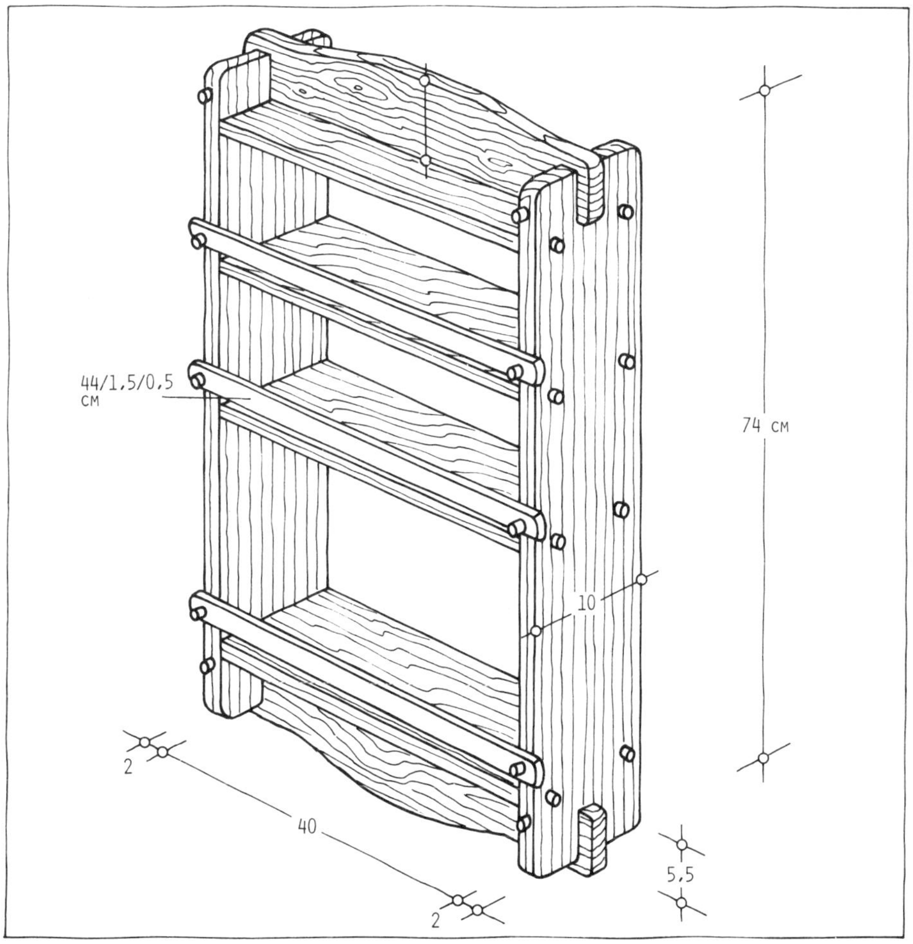

Das Grundmaterial für das kleine Vielzweck-Regal sind 10 cm breite Bretter aus sägerauhem Kiefernholz, die man aushobeln läßt. Die ursprüngliche Materialdicke beträgt 2 cm, nach dem Hobeln sind es dann etwa 1,8 cm. Die Seitenträger sind 74 cm lang, die Regalböden 40 cm. Die senkrechten Abschlußbretter oben und unten sind in der Mitte 8 cm breit, an den Seiten 5,5 cm. Ein genutetes, unter den obersten Regalboden geleimtes Brett ist die Aufhängevorrichtung (siehe Zeichnung rechts). Alle Verbindungen sind gedübelt. An den Regalböden dienen Leisten der Absicherung.

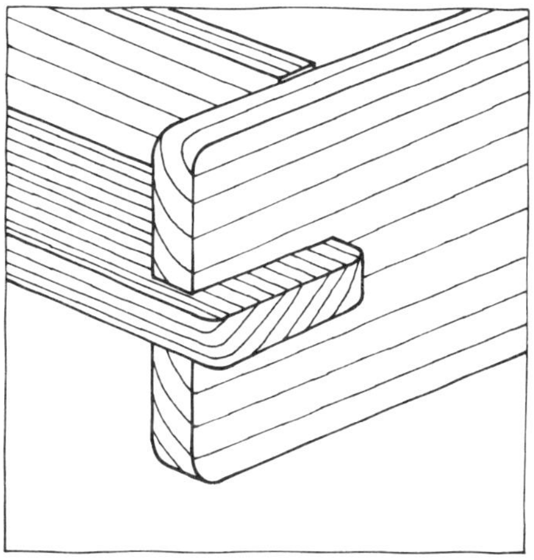

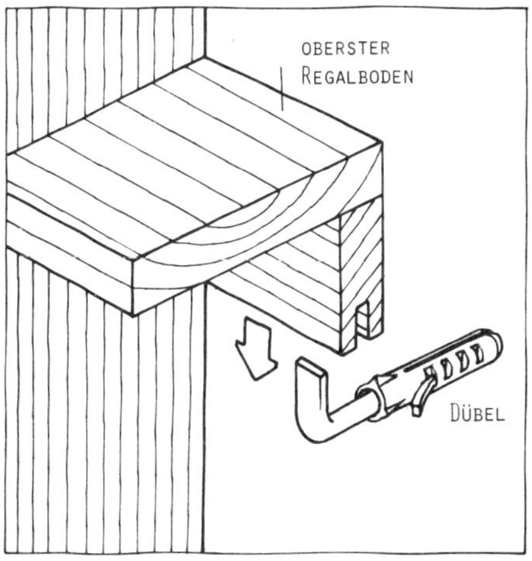

Für das obere und untere Abschlußbrett werden in den Seitenbrettern 5 cm tiefe Aussparungen ausgesägt (oben); lange Dübel halten die Abschlußbretter fest. Unten: Die Aufhängevorrichtung im Detail. Ein schmales Brett, unter den obersten Regalboden geleimt, wird für die Wandhaken genutet.

Blumenbank für das Wohnzimmer

Mit dieser Blumenbank können Sie alles, was da grünt und blüht, immer ins rechte Licht rücken: Vier Rollen machen das praktische Kleinmöbel mobil. Und wenn Sie einen zusätzlichen »alkoholfesten« Partytisch brauchen, quartieren Sie die Blumen einfach aus.

Die einfache Konstruktion dieser Blumenbank: Ein Tisch aus Dübelstangen und Kanthölzern. Dübelstangen haben wir verwendet, weil sie maßhaltig sind. Keine anderen Rundhölzer (z. B. Besenstiele) werden so exakt rund und gerade hergestellt wie Dübelhölzer. Allerdings, die Freude ist nicht ungetrübt: Dübelstangen mit 2,5 cm Durchmesser, wie wir sie verwendet haben, gibt es nur in Längen von einem Meter. Aus diesem Grunde ist dieser Tisch auch 99 cm lang. Kürzer geht es, länger aber nicht. Alle Holzteile kaufen Sie gleich fertig zugeschnitten. Die Maße stehen in der Materialliste.
Eines ist sehr wichtig: Die Umleimer müssen vor dem Aufkleben grundiert und wasserfest mattiert werden, sonst zieht später das Fugenschwarz ins Holz. Jetzt kann die Platte umleimt werden; erst die langen, dann die kurzen Seiten. Die Umleimer sollen an der Unterkante bündig sein und oben entsprechend überstehen.
Als nächstes werden die Dübellöcher gebohrt. Zunächst bohren Sie mit einem handelsüblichen Bohrer oben und unten in die Beine ein senkrechtes Loch von 1 cm Durchmesser bis zum Anschlag. Dann entsprechend der Zeichnung die 2,5-cm-Bohrlöcher für die Querstangen anbringen. Jetzt Leim angeben und das Gestell zusammenstecken. Nehmen Sie nicht zuviel Leim, das schmiert.
Für die Tischplatte haben wir Fliesen in der Größe 7 × 7 cm gewählt, wie Sie sie in jedem Heimwerkermarkt kaufen können. Sie werden mit einem Kunststoffraster verklebt. Dieses untergeklebte »Netz« garantiert den absolut gleichen Fugenabstand zwischen den Fliesen. Sie müssen sich also nicht mit der Einzelverlegung der Fliesen herumärgern, sondern kleben lediglich die komplette »Matte« in Teilstücken auf.
Wenn Sie ein anderes Format verwenden wollen, achten Sie auf die Maße: Die Tischplatte ist 97,6 cm lang, und für die Fugen brauchen sie auch noch Platz. Das Fugenweiß wird mit Eisenoxid eingefärbt und aufgetragen. Leicht antrocknen lassen, den Überschuß mit einem feuchten Schwamm herunternehmen und mit einem Lappen abreiben. Wenn die Fliesen fest sitzen, drehen Sie die Platte um, legen das fertige Gestell auf und reißen die Beinposition an.
Die Dübellöcher in der Tischplatte werden mit einem Abstandshalter gebohrt (auf den Bohrer geschobenes Klötzchen). Er verhindert, daß Sie die Tischplatte zu tief anbohren und schlimmstenfalls mit dem Bohrer in die Fliesen geraten. Zuletzt wird das Gestell geschliffen, grundiert und mattiert. Dann brauchen Sie, wenn alles trocken ist, nur noch die Rollen unter den vier Beinen zu befestigen.

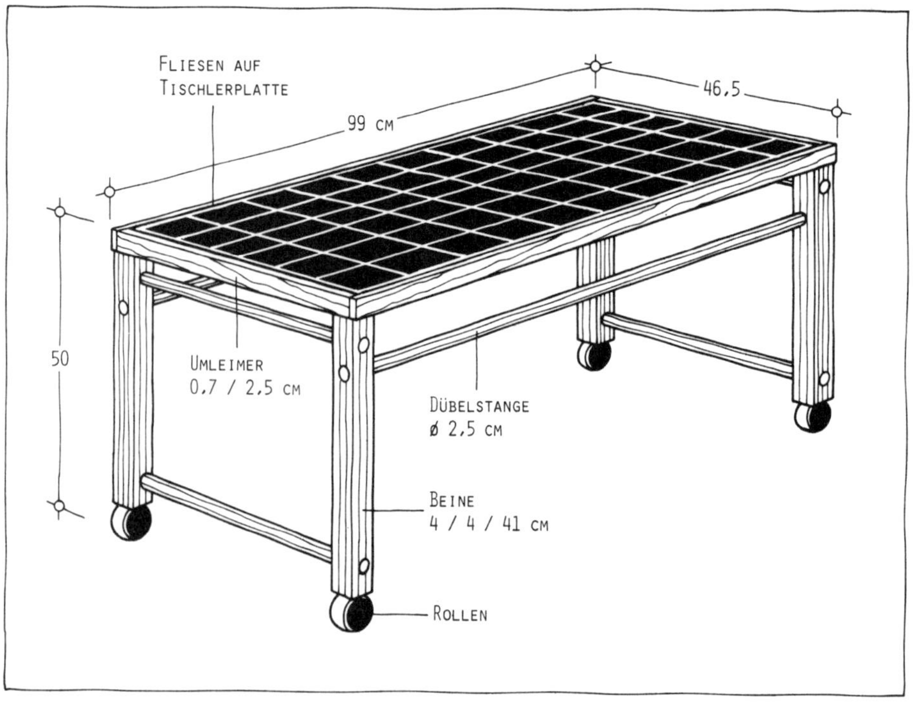

Die Grundkonstruktion der Blumenbank ist von verblüffender Einfachheit und Übersichtlichkeit. Außer einer Tischlerplatte und vier Kanthölzern brauchen Sie vor allem Dübelstangen mit einem Durchmesser von 2,5 cm, die ihrerseits wiederum von Holzdübeln festgehalten werden. Dieser Kniff verleiht der Blumenbank Stabilität. Die Oberfläche wurde mit 7 × 7 cm großen Fliesen beklebt.

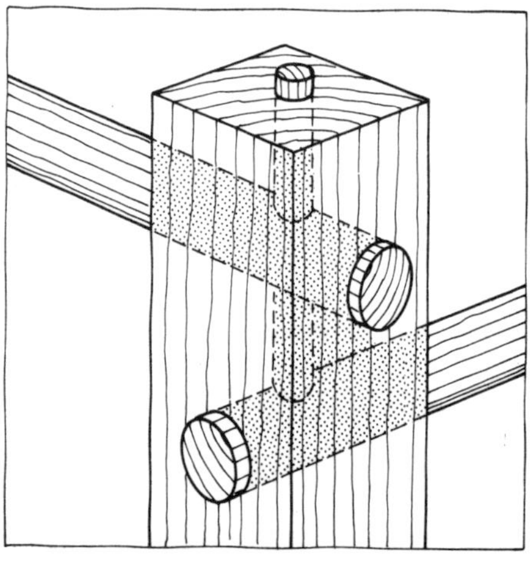

Die Durchsichtszeichnung erläutert, wie die Dübelstangen mit Hilfe einer Dübel-Steckverbindung festgehalten werden. Die Dübelstangen stehen 3 mm vor, ihre Enden werden »entschärft«.

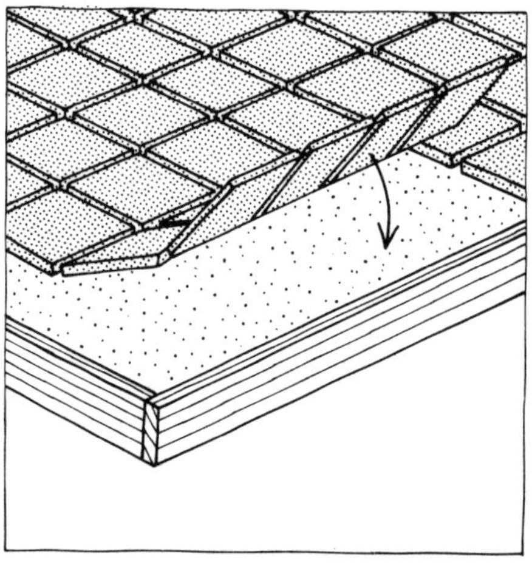

Das Aufkleben der Fliesen (mit Fliesenkleber) geht schnell und problemlos. Ein Kunststoffraster garantiert dabei den absolut gleichen Fugenabstand. Die Fugen werden schwarz ausgefugt.

MATERIALLISTE
(alle Maße in cm)

Unterkonstruktion
4 Beine (Buche) 41 × 4 × 4

4 Dübelstangen (Buche) 100 cm, Ø 2,5

4 Umleimer (Buche) 100 × 2,5 × 0,7

1 Dübelholz (Buche) 100 cm, Ø 1,0

Tischplatte
1 Platte (Tischlerplatte)
97,6 × 45,1 × 1,9

78 rote Fliesen 7 × 7

Sonstiges Material
4 Rollen zum Unterschrauben

Uhu Meister Fliesenkleber, Fugenweiß

Eine Villa für Meerschweinchen

Ideale Lebensbedingungen für Meerschweinchen bietet diese »Villa« für die Lieblinge unserer Kinder. Der transportable Kasten paßt in die Wohnung wie in den Garten. Der Bauvorschlag erfüllt alle Ansprüche, die der Tierfreund an eine Meerschweinchenvilla stellen muß.

Richtig gehalten sind Meerschweinchen, nahe Verwandte des Goldhamsters, liebenswerte Hausgenossen, die sich keineswegs durch angeknabberte Möbelstücke oder auffällige Gerüche unangenehm bemerkbar machen. Neben der richtigen Ernährung gehört dazu allerdings auch eine Behausung, die den Lebensgewohnheiten des in Familien lebenden Meerschweinchens entspricht.

Unsere Meerschweinchenkiste erfüllt diese Bedingungen. So besitzt sie zum Beispiel statt eines festen Bodens zwei Bodeneinschübe. Diese Bodeneinschübe von 7 cm Höhe sind innen mit Resopal ausgekleidet und nehmen die – möglichst täglich zu wechselnde – Streu aus Sägemehl (3–5 cm) und Heu auf.

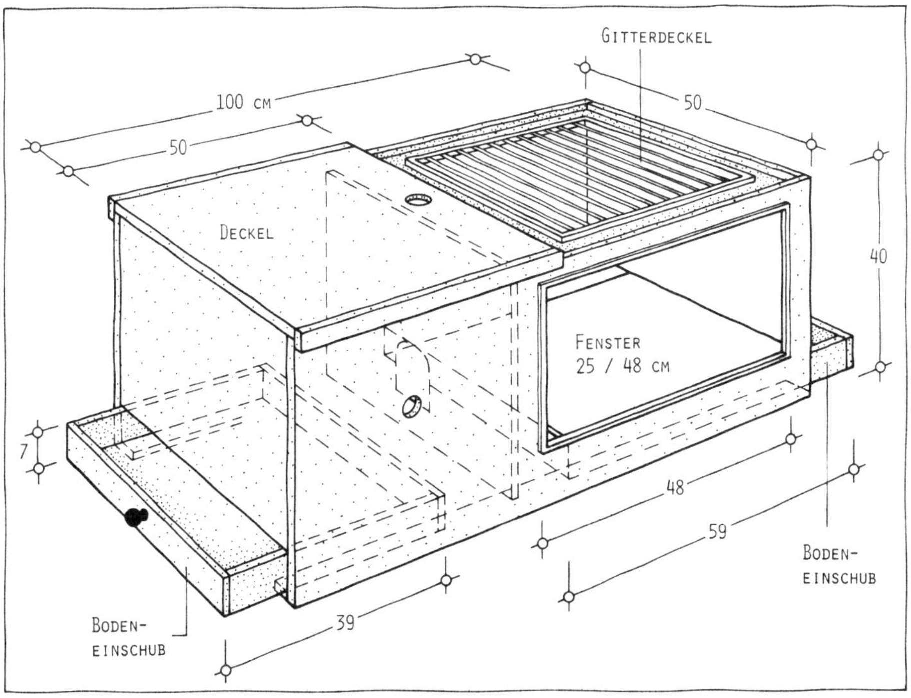

Die komfortable Meerschweinchen-Kiste nimmt auf Lebensgewohnheiten der kleinen Haustiere Rücksicht. Statt eines festen Bodens besitzt sie zwei Einschübe, die zum Reinigen herausgezogen werden können. Die beiden Räume sind durch eine verriegelbare Tür verbunden. Die Fenster sind verglast (25 × 48 cm). Die Villa bietet bequem Platz für eine sechsköpfige Familie (0,5 m²).

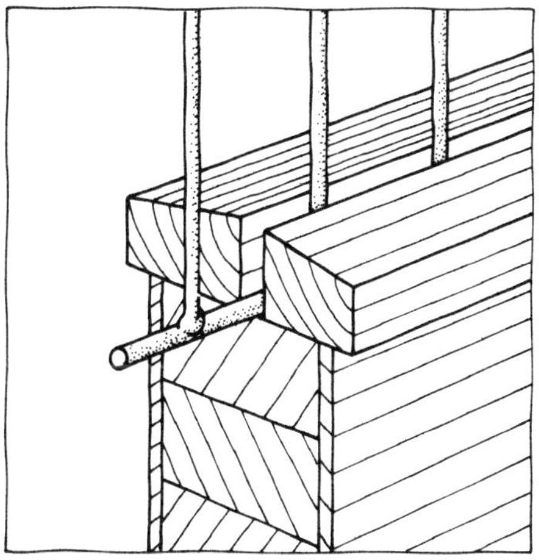

In den Deckel, der mit der Stichsäge rahmenförmig zugeschnitten wurde, wird das Gitter zwischen Glasfalzleisten eingesetzt. Das Gitter wird aus 3-mm-Schweißdraht zusammengelötet.

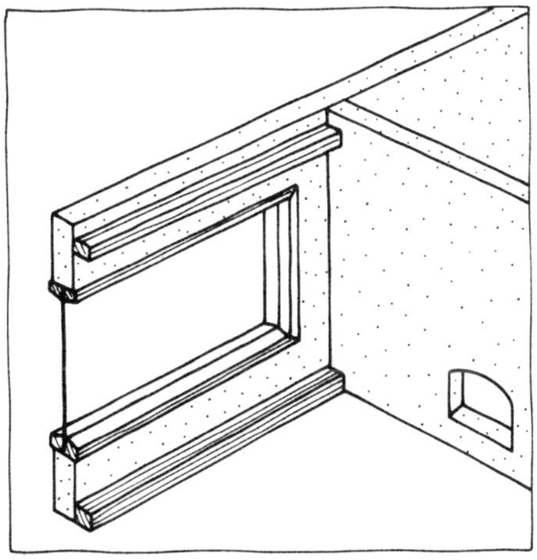

Der Blick ins Innere zeigt oben eine Auflageleiste für den Gitterdeckel und unten eine Führungsleiste für den Bodeneinschub. In die »Hausecken« werden Dreiecksleisten (20 × 20 mm) geleimt.

Auch die Einteilung in zwei, durch eine verriegelbare Tür getrennte Räume hat ihren Sinn. Bekommt ein Tier Junge, muß man die anderen für einige Tage fernhalten.

Weil auch Meerschweinchen gesünder leben, wenn sie von Zeit zu Zeit an die frische Luft kommen, kann man ihre Behausung an zwei Kistengriffen ins Freie tragen. Zieht man dann die Bodeneinschübe soweit heraus, daß die Hinterstücke gerade die Einschuböffnung verschließen, können die Tiere frisches grünes Gras weiden.

Erwachsene Meerschweinchen springen und klettern nicht, nur jüngere Tiere wagen Sprünge bis 30 cm Höhe. Die 40 cm hohen Seitenwände verhindern also auch dann ein Entweichen, wenn Sie die Kiste ohne Deckel unbeaufsichtigt lassen. Die Deckel haben folgende Funktion: Mit dem lichtundurchlässigen Deckel macht man das kleinere Zimmer zur ungestörten Schlafhöhle.

Im Freien sollte zusätzlich der Gitterdeckel eingesetzt werden, damit streunende Katzen oder Hunde kein Unheil anrichten können.

Die Konstruktion der Villa

Als Baumaterial für Seitenwände und Deckel verwendet man 16 mm starke Tischlerplatte, Limba furniert. Die nach den Angaben in der Zeichnung zugeschnittenen Teile werden stumpf zusammengenagelt und verleimt.

Die Öffnungen für die Fensterscheiben (beide Seitenwände des größeren Abschnitts der Behausung), für die Tür in der Mittelwand und für den Gitterrahmen schneidet man mit der Stichsäge aus und bearbeitet die Kanten mit Feile und Schleifpapier sorgfältig nach. In die senkrechten Innenecken nagelt und leimt man Dreiecksleisten (20 × 20 mm) als Versteifung des Kastens. Überschüssigen Weißleim dabei sofort mit feuchtem Lappen abwischen.

Die beiden herausziehbaren Bodeneinschübe werden (abgesehen von den Vorderstücken aus Tischlerplatte) aus 10-mm-Spanplatte zugeschnitten. Innen kleidet man sie mit Schichtpreßstoffplatten aus. Verarbeitungshinweise dazu siehe Seite 56. Die Oberkanten kaschiert man mit einem Kunststoffumleimer.

Bodeneinschübe und Gitterdeckel werden von aufgesetzten (nageln und leimen) Quadratleisten (20 × 20 mm) getragen. Der geschlossene Deckel über dem kleineren Abteil der Behausung, 4 cm breiter als die Kiste zugeschnitten, erhält Seitenführungen aus den gleichen Leisten.

Mit dem Anschrauben der Beschläge (Kistengriffe an den Querseiten, Schubkastenknöpfe an den Einschüben) wartet man, bis die Oberflächenbehandlung abgeschlossen ist. Dafür eignet sich klarer Außenlack.

Der Schrank mit dem richtigen »Dreh«

Dieser praktische Schwenkkastenturm verlangt nur wenig Stellfläche (33 x 33 cm) und bietet trotzdem viel Platz für Nähutensilien, Spielzeug oder Hobby-Zubehör. Er paßt in die Nähecke ebenso gut wie in das Kinderzimmer oder den Hobbyraum. Der Kniff dabei: Unser Schrank hat weder Seiten noch Laufleisten, die vier Kästen werden zum Öffnen einfach nach Bedarf seitlich herausgeschwenkt.

Unser Schwenkkastenturm ist 92,4 cm hoch bei einer Grundfläche von 33 x 33 cm. Er muß an der Wand befestigt werden, damit er beim Ausschwenken mehrerer »beladener« Kästen nicht umkippt. Wer sich das Befestigen ersparen will, kann im Sockel ein entsprechendes Gewicht unterbringen, etwa eine Steinplatte oder Bleigewichte. Es wirkt der Schwerkraftverlagerung entgegen.
Ein so »belasteter« Schwenkkastenturm kann auch fahrbar gemacht werden. Sie brauchen nur vier Möbelrollen unterzuschrauben, und schon können Sie den Turm überall dort hinfahren, wo er gerade gebraucht wird – neben den Fernsehsessel, wenn gehäkelt werden soll, oder in die Küche, wenn auf dem Küchentisch das neueste Kleidermodell zugeschnitten wird.
Als Material für den Turm brauchen Sie nur für die Rückwand eine (etwas teurere) Tischlerplatte. Alle anderen Teile werden aus Spanplatte unterschiedlicher Stärke zugeschnitten. Bitte richten Sie sich dabei genau nach der Materialliste und der Bauzeichnung, die alle wichtigen Maßangaben enthält. Zusätzlich werden noch ein paar Meter Kiefernholzleiste gebraucht, acht Scharniere und eine ganze Menge Schrauben mit unterschiedlichen Abmessungen, endlich noch vier Magnetschnäpper, damit sich die Kästen nicht von allein öffnen.

So wird der Turm gebaut

Zuerst kommt das äußere, U-förmige Grundgestell an die Reihe. Die Rückwand besteht aus Tischlerplatte (22 mm dick), weil diese stabiler als Spanplatte ist und die Gefahr des Verziehens oder Durchbiegens bei ihr nicht besteht.
Auf die Innenseite der Rückwand werden bündig mit den schmalen Kanten Leisten (1,8 x 1,8 cm) aufgeleimt und geschraubt. Diese Leisten verringern die Hebelwirkung der Böden und halten das Grundgestell besser zusammen. Sie dürfen nur 28 cm lang sein, damit sowohl die Seiten des oberen als auch die des unteren Schwenkkastens bündig gegen die Rückwand schlagen können. Bei durchgehenden Leisten würden sich die Kästen nicht ganz schließen.
Nun können die 22 mm dicken Spanplatten-Böden oben und unten aufgeleimt und verschraubt werden. Dabei muß unbedingt auf die Einhaltung des rechten Winkels geachtet werden, sonst steht später der ganze Turm schief. Spannen Sie die Leimstelle trotz Verschraubens sicherheitshalber in der richtigen Winkelstellung ein, bis der Leim abgebunden hat.
Der Sockel wird aus vier Teilen gebaut: aus zwei Sockelseiten 29,8 x 7,0 cm und aus zwei Seiten 33,0 x 7,0 cm. In die vier Ecken des Sockelrahmens, dessen Bretter miteinander verleimt und verschraubt werden, leimen Sie kräftige Massivholzklötze als Verstärkung. An die Innenseiten, mit den oberen Kanten bündig, kommen kleine Leisten, mit denen später der Sockel unter den Boden geschraubt wird.

MATERIALLISTE

Tischlerplatte

1 Rückwand	81,0 x 33,0 x 2,2 cm

Spanplatte

2 Böden	33,0 x 33,0 x 2,2 cm
8 Seiten	29,2 x 20,0 x 1,6 cm
4 Vorderstücke	33,0 x 20,0 x 1,6 cm
4 Hinterstücke	29,8 x 20,0 x 1,6 cm
2 Böden	29,8 x 27,6 x 1,6 cm
2 Böden	29,8 x 25,6 x 1,6 cm
2 Sockelseiten	29,8 x 7,0 x 1,6 cm
2 Sockelseiten	33,0 x 7,0 x 1,6 cm

ca. 3 m Kieferholzleiste 1,8 x 1,8 cm
8 Scharniere
24 Gewindeschrauben 25 mm lang
24 Schrauben 4 x 45 mm
ca. 100 Schrauben 3 x 35 mm
4 Magnetschnäpper, Uhu coll express

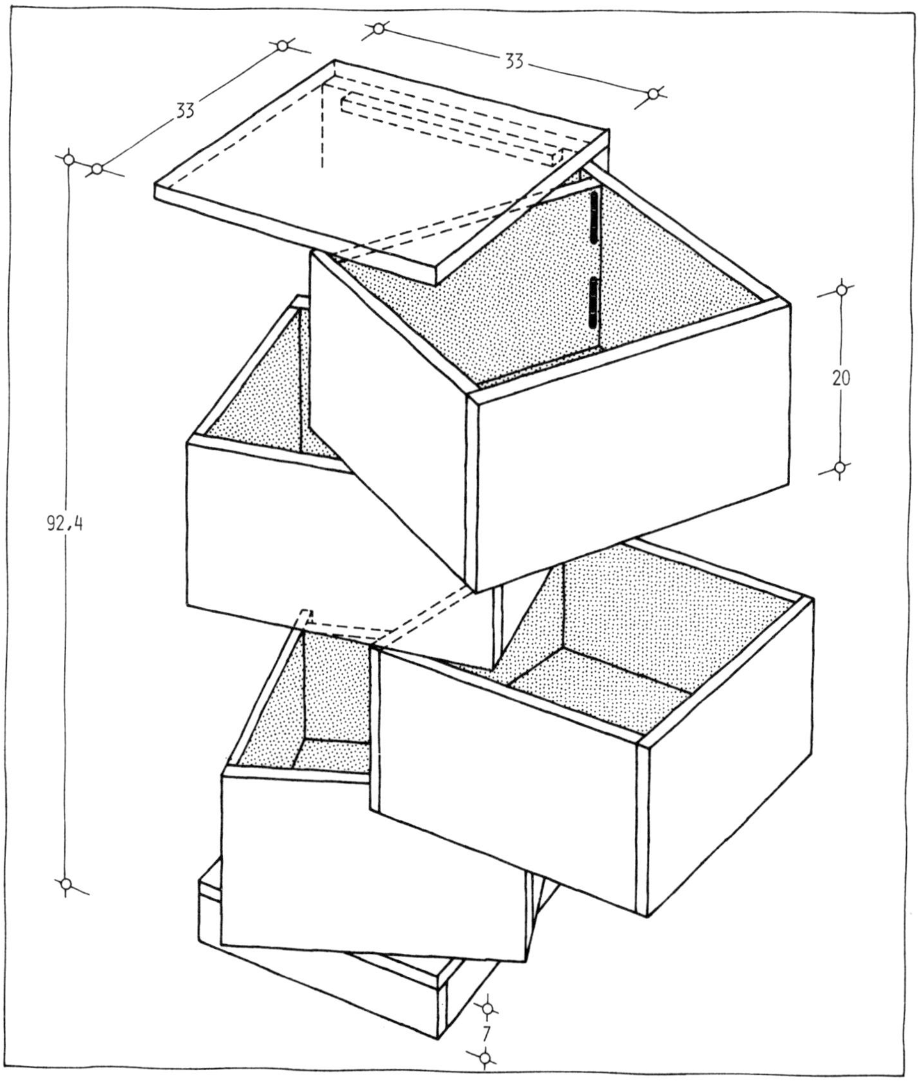

Die Bauzeichnung verdeutlicht klar wie ein Röntgenbild die wirklich einfache Konstruktion des Schwenkkastenturmes. Er besteht aus einer Rückwand (Tischlerplatte) mit Sockel und oberem Abschlußbrett als standfester Haltekonstruktion und vier gleich großen Kästen, die beliebig herausgeschwenkt werden können. Leim- und Schraubenverbindungen halten alles sicher zusammen.

Die Leisten werden sowohl an den Sokkelrahmen als auch an den Boden geleimt und geschraubt.

Der Bau der Kästen

Nun kommen die Kästen an die Reihe. Je zwei sind von gleicher Bauart. Der untere und der obere Kasten haben jeweils eine um 2 cm zurückspringende Rückwand (sonst wären die Leisten im Weg, die Oberdeckel und Rückwand des Trägergestells verbinden). Bei den beiden mittleren Kästen sitzen die Rückwände dagegen bündig zwischen den Seitenteilen.
Die Reihenfolge beim Zusammenbau der Kästen: An den Boden zuerst die beiden Seiten schrauben, dann das Vorderstück davorsetzen und die Rückwand zwischen den Seiten befestigen.
Nach dem Bohren der Schraubenlöcher die Schrauben zunächst provisorisch einpassen, dann wieder herausdrehen. Leim angeben, die Kästen endgültig zusammenschrauben und herausquellenden Leim mit einem feuchten Lappen entfernen. Die Kästen werden an den Verbindungskanten sorgfältig geschliffen.
Dann kommen die Scharniere an die Reihe. Sie sitzen jeweils 1,5 cm von der oberen und unteren Kante der Kästen entfernt. So ausstemmen, daß die Scharnierrolle um die Hälfte ihres Durchmessers tief in der Spanplatte sitzt (die andere Hälfte muß dann in der Rückwand verschwinden). Sonst bliebe zwischen Kasten und Rückwand zuviel Spielraum.
Die mit Scharnieren versehenen Kästen auf die Rückwand legen. Damit man gleiche Zwischenräume bekommt, Holzstreifen von 2 mm Dicke zwischen die Kästen schieben. Die acht noch nicht angeschraubten Scharniere in die an den Kästen ausgestemmten Vertiefungen legen und an der Kante der Rückwand markieren. Mit dem Winkel werden die Striche auf die Rückwand übertragen. Dann auch hier die Scharniere einlassen. Von der Sorgfalt, mit der die Scharniere eingebaut werden, hängt später das präzise Funktionieren des Turms ab.
An den Kästen werden die Scharniere mit Holzschrauben befestigt, an der Rückwand dagegen mit Gewindeschrauben. Wenn alle Schrauben sitzen, werden die Kästen auf gute Schwenkbarkeit geprüft. Sie dürfen sich weder beim Ausschwenken noch eingeklappt berühren.
Mit einem 12-mm-Bohrer werden die Löcher in die Rückwand gebohrt, in die die Magnetschnäpper eingelassen werden müssen. Die Gegenstücke dazu werden an die Kästen geschraubt.
Alle Kanten spachteln und gut runden. Die einzelnen Teile schleifen, zweimal grundieren und nach Belieben lackieren – auch die Innenseiten der Kästen. Zwischen den einzelnen Streichgängen immer wieder schleifen. Die Kästen endgültig einbauen. Auf die Rückwand mit etwa 1 cm Kantenabstand Leisten schrauben. Seitlich beginnen sie in der Höhe der Fußleiste. Mit diesen Leisten können auch Unebenheiten der Wand ausgeglichen werden. Den Turm von außen her mit langen Holzschrauben und Dübeln durch die rückseitigen Leisten an der Wand befestigen.

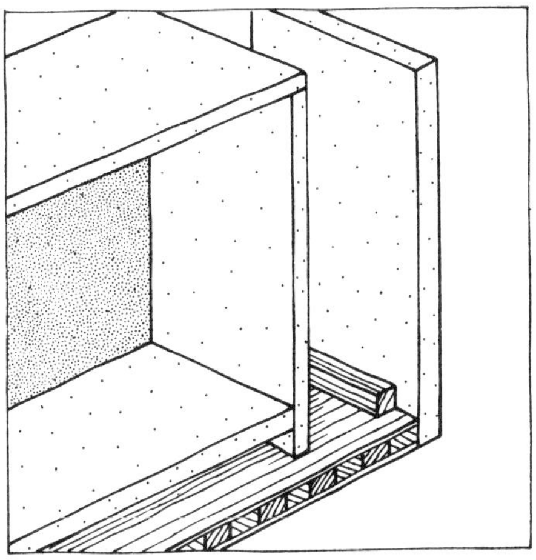

1 Damit der obere und der untere Kasten an der Rückwand fest schließen, werden deren Rückwände um 2 cm nach innen versetzt verleimt und verschraubt. Von außen ist das nicht zu sehen.

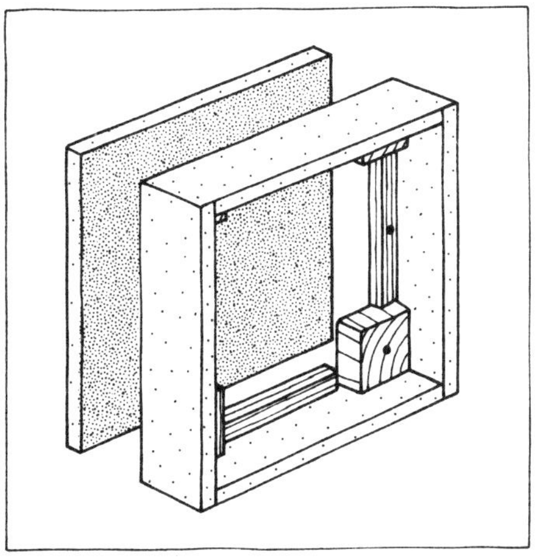

2 Die verschraubten Sockelleisten werden durch eingeleimte Massivholzklötze verstärkt. Mit den Leisten, die an den Innenseiten sitzen, wird der Sockel unter den Sockelboden geschraubt.

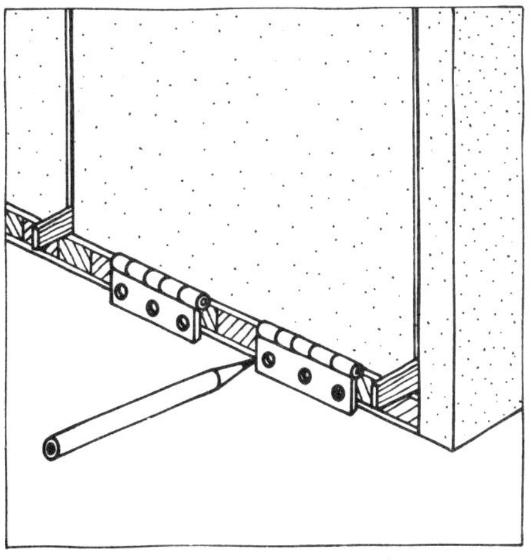

3 Die Scharniere müssen tief eingelassen werden, sonst gibt es Spielraum zwischen Kasten und Rückwand. Man schraubt sie zuerst an den Kästen fest. So zeichnet man den Sitz an der Rückwand an.

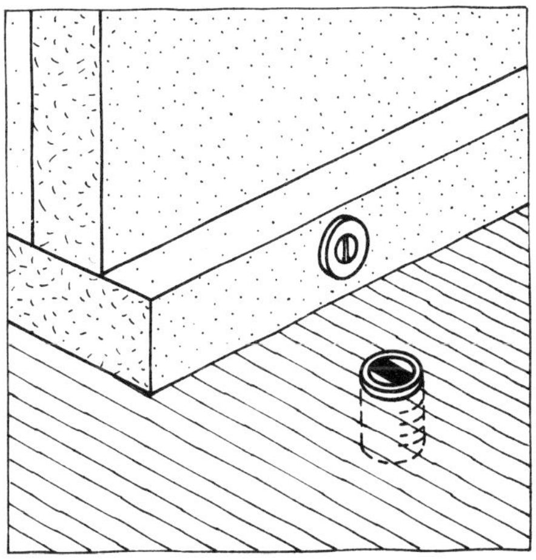

4 Kleine runde Magnetschnäpper verhindern, daß die Kästen sich selbständig öffnen. Die Schnäpper werden mit einem 12-mm-Bohrer in die Rückwand eingelassen, sie verschwinden in der Platte.

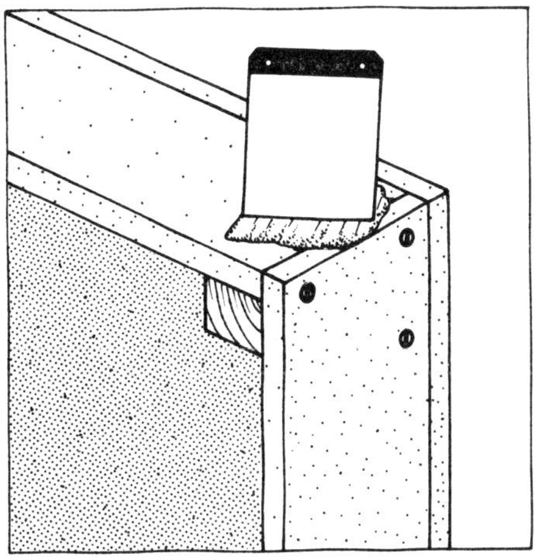

5 Nach dem Schleifen werden alle Spanplattenkanten mit Kunstharz-Spachtelmasse verkittet, damit sie sich auf der lackierten Oberfläche nicht abzeichnen. Nach dem Trocknen schleifen.

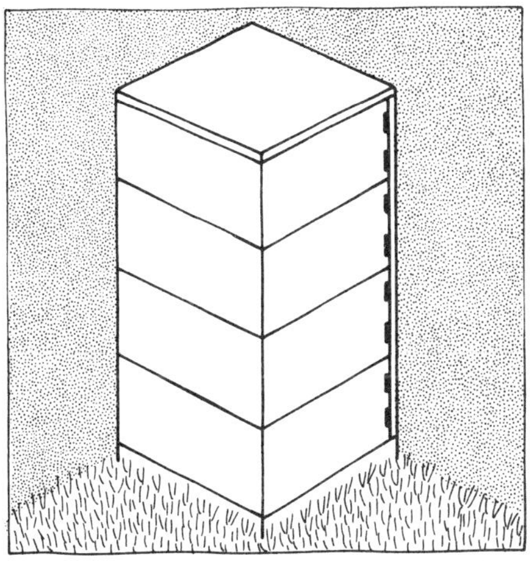

6 So sieht der geschlossene Schwenkkastenturm aus. Er beansprucht nicht viel Stellplatz, man kann ihn in jede freie Ecke stellen. Wird etwas gebraucht, schwenkt man die Kästen einfach heraus.

Spiegelkonsole ganz in Limba

Ob für die Garderobe oder das Schlafzimmer: Unsere Spiegelkonsole ist ein praktisches Möbelstück, preiswert und schnell zu bauen. Die Beine sind aus Limba massiv, alle anderen Flächen limbafurniert. In dem großen Klappenfach läßt sich mancherlei verstauen. Die Oberfläche kann nach Belieben hell oder auch dunkel gebeizt und mattiert werden.

Die Spiegelkonsole ist so konstruiert, daß ein handelsüblicher Spiegel mit dem Fertigmaß von 120 × 50 cm hineinpaßt; denn ein vom Fachmann zugeschnittener Spiegel wäre erheblich teurer.
Für die beiden Beinseiten verwendeten wir 22 mm dickes Limbaholz. Der Kasten wird aus 19 mm dicker, mit Limbafurnier beleimter Tischlerplatte gebaut und mit vier Gewindeschrauben (4,8 cm lang) zwischen den Beinen befestigt.
Um die Schmiegen der Beingestelle genau auf das Holz übertragen zu können, ist es das einfachste, die Seitenansicht auf Papier oder Karton im Maßstab 1:1 aufzuzeichnen. Benutzen Sie dieses Schnittmuster als Schablone. Nachdem alle Schmiegen sauber geschnitten sind, können die Beinteile zusammengedübelt werden. Die Dübel werden so angezeichnet: Beide Flächen kantenbündig übereinanderlegen und mit dem Winkel die Dübelstellen markieren. Danach mit dem Streichmaß die Mittelachse der Holzstärke anreißen.
Anschließend wird der Falz für den Spiegel gefräst. Die Falzbreite beträgt 23 mm, die Falztiefe 7 mm. In gleicher Höhe werden die beiden Löcher für die Gewindestange, die dem Spiegel zusätzlichen Halt gibt, gebohrt.
Nach dieser Arbeit können die Beine verleimt werden. Wenn der Leim abgebunden hat, kann die Aussparung unter dem waagerechten Fußteil gefräst werden. Diese Aussparung verhindert, daß die Spiegelkonsole auf unebenen Böden kippelt.
Nun wird der Sitz des Kastens angezeichnet. Um ihn genau waagerecht anbringen zu können, brauchen Sie die gleiche Papp-Schablone wie für das waagerechte Fußstück. Die Löcher für die Gewindeschrauben, die den Kasten halten, müssen von außen durchgebohrt werden, damit keine Ausrisse zu sehen sind.

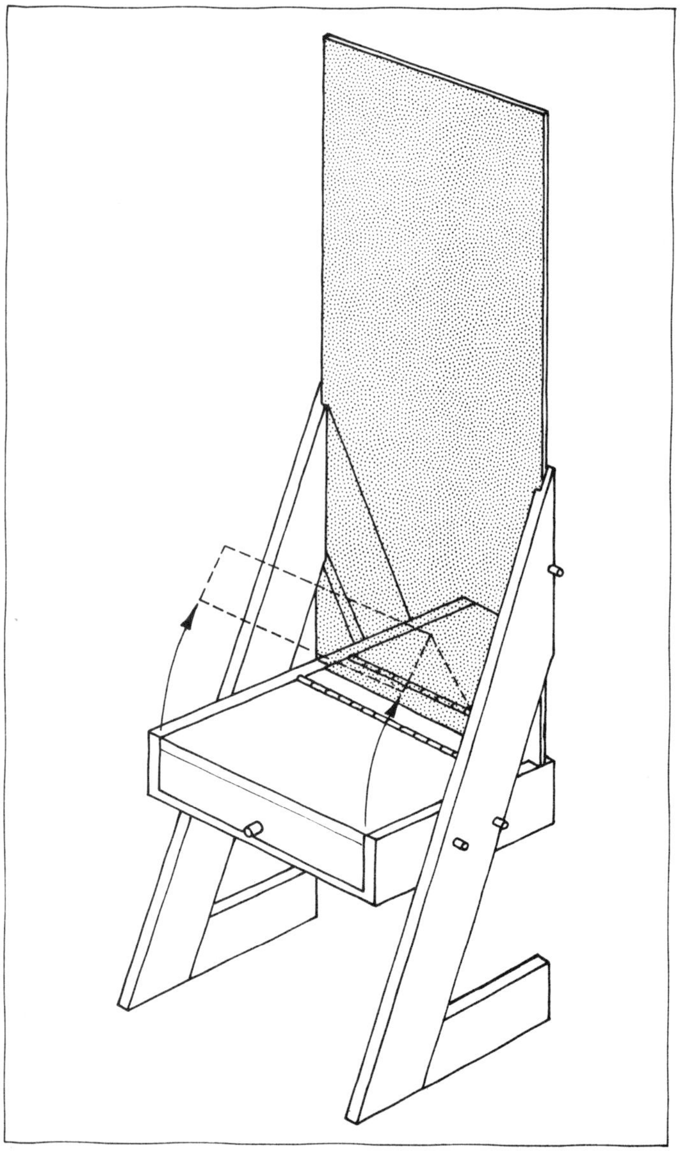

Die Spiegelkonsole ist mit einem Deckel ausgerüstet, der einfach gegen den Spiegel gelehnt werden kann. Er wird mit einem vernickelten Klavierband am oberen Boden befestigt. In dem geräumigen Klappenfach läßt sich viel verstauen, was für die tägliche Schönheitspflege gebraucht wird. Der Spiegel hat handelsübliches Normalformat – sonst wäre er auch zu teuer.

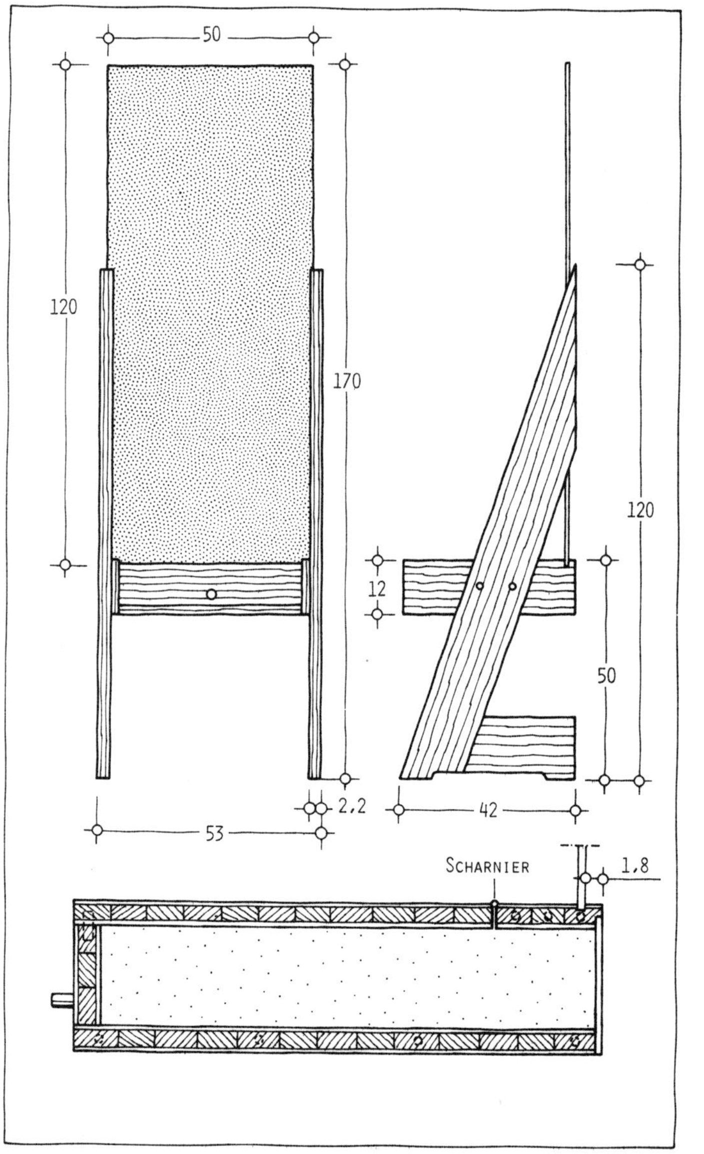

Aus diesen Zeichnungen können Sie alle Maße abnehmen, die Sie für den Bau der Spiegelkonsole benötigen. Am sichersten gehen Sie, wenn Sie diese Zeichnung auf den Maßstab 1:1 vergrößern. Das untere Detail zeigt einen Schnitt durch den Kasten. Alle Teile werden stumpf zusammengedübelt, die Rückwand wird nur in den oberen Boden und in die Seitenwände eingefräst.

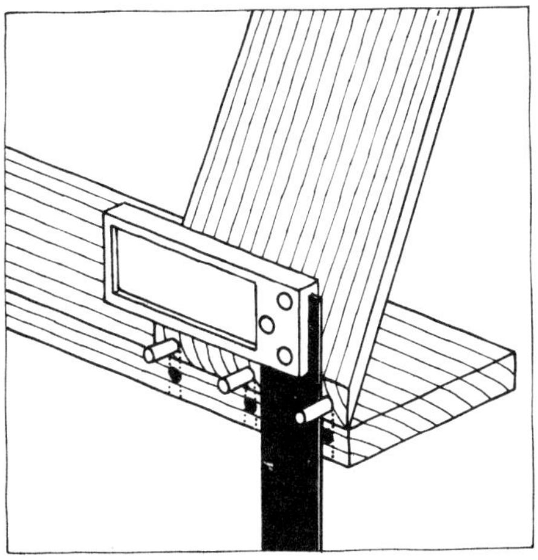

1 Die Beingestelle werden aus je zwei Teilen verdübelt. Die Schmiege (Nahtstelle zwischen den beiden Teilen) muß genau passen, damit es keine Fugen gibt. Die Dübellöcher markiert man mit Streichmaß und Winkel. Erst zuletzt werden die Beingestelle mit dem Kasten verbunden.

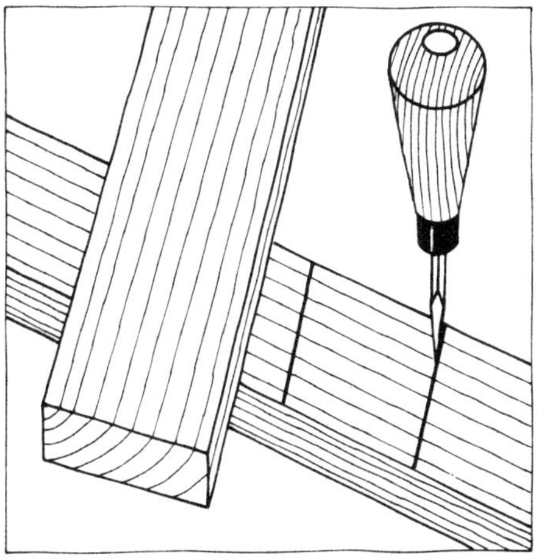

2 Der Sitz des Kastens wird auf der Außenseite der Beine angezeichnet. Die Löcher für die Gewinde bohrt man von außen nach innen (Ausreißgefahr) und legt zusätzlich an der Innenseite ein Stück Abfallholz unter. Dann wird der Falz für den Spiegel in die Beingestelle gefräst.

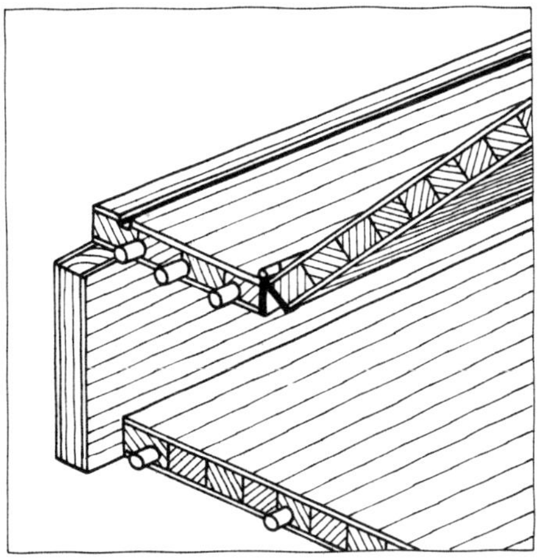

3 Bevor der Kasten verleimt wird, muß in seine hintere Oberseite die Nut für den Spiegel gefräst werden. Sie sollte der Spiegeldicke mit 1,5 mm Zugabe entsprechen, damit der Spiegel nicht zu streng sitzt und zerspringt.

Wie man den Kasten baut

Danach kann der Kasten gebaut werden. Die Konstruktion ist sehr einfach: Zwischen zwei Seiten werden Ober- und Unterboden gedübelt. Vor dem Verleimen muß die Rückwand eingefälzt werden: In den oberen Boden kommt ein 10 mm breiter Falz, in die Seiten ein 12 mm breiter Falz. In die Oberseite des 9,5 cm breiten Bodens wird eine Nut gefräst, in der der Spiegel gehalten wird (siehe Schnittzeichnung), Nutbreite entsprechend Spiegeldicke mit 1,5 mm Zugabe, Nuttiefe 5 mm. Die Dübellöcher bohren und alle Teile schleifen. Jetzt kann verleimt werden. Der nächste Arbeitsgang: Beizen aller Teile. Davor unbedingt wässern!
Wichtig: Die Falze für den Spiegel müssen besonders gut gebeizt werden, da man durch die Kanten des Spiegels ungebeizte Flächen erkennen kann.
Nach der Oberflächenbehandlung (Grundieren und Mattieren) kann der Deckel mit einem Klavierband an den Kasten geschraubt werden.
Das Loch für den Griff bohren und den Griff befestigen. Der Kasten wird jetzt mit den beiden Beinen verschraubt. Hierzu Gewindeschrauben mit Zierknopf zum Eindrehen und Hutmuttern benutzen.
Der Spiegel wird in die Nut gestellt und hinter dem Falz mit der Gewindestange befestigt, über die man ein verchromtes Rohr schiebt. So sieht die Konsole auch von der Rückseite gut aus.
Wenn Sie alles richtig gemacht haben, steht der Spiegel genau senkrecht. Sie können sich sowohl im Sitzen bequem darin betrachten als auch stehend, wenn auch nicht in ganzer Figur. Stellen Sie die Spiegelkonsole so auf, daß das Licht in erster Linie auf Sie selbst scheint – also nicht in den Spiegel. Das ist auch bei der Anbringung bzw. Aufstellung einer Lampe zu berücksichtigen.

MATERIALLISTE

TEIL	STÜCK	MATERIAL	MASSE IN cm
Bein	2	Limba	128,0 × 14,0 × 2,2*
Bein	2	Limba	28,0 × 14,0 × 2,2*
Korpus, Seiten	2	Tischlerplatte Limba 5fach	42,0 × 12,0 × 1,9
Korpus, Boden	1	5fach	44,8 × 41,5 × 1,9
Korpus, oberer Boden	1	5fach	44,8 × 9,5 × 1,9
Korpus, Klappe	1	5fach	44,5 × 41,5 × 1,9
Korpus, Klappe	1	5fach	44,5 × 8,0 × 1,9
Korpus, Rückwand	1	Limba-Sperrholz	47,2 × 11,0 × 0,5
Kantenfurnier		Limba	ca. 3 lfdm
Hartholzdübel	20		Ø 10 cm
Spiegel	1		120,0 × 50,0
Klavierband, vernickelt	1		44,7 Fertigmaß
Dazu Senkkopfschrauben, vernikkelt Schrauben für Rückwand			2,4 × 17 mm
Gewindestange M6	1		54,5 Fertigmaß
Verchromtes Kupferrohr	1		49,0
Gewindeschrauben mit Senkkopf M6, mit Zierkopf	4		4,8 Fertigmaß
Hutmuttern M6, vernickelt	6		
U-Scheiben für M6, vernickelt	6		
Griff, vernickelt	1		
Beize, Grundierung, Mattierung, Uhu coll express			

* 1 cm Maßzugabe für Schrägschnitt ist bereits berücksichtigt

Die Spiegelkonsole entsteht »ganz in Limba«. Die beiden Beingestelle werden aus massivem Limbaholz, 2,2 cm dick, zusammengestellt. Der Kasten besteht dagegen aus fünfschichtiger stäbchenverleimter Tischlerplatte, Oberschicht Limbafurnier.

Mit Limba-Kantenfurnier werden die Kanten beklebt. Insgesamt also interessantes Material, dessen Verarbeitung mit höchster Präzision erfolgen sollte. Die Oberflächen werden dunkel gebeizt und abschließend mattiert.

Hocker und Treppe in einem

Dieses praktische Mehrzweckmöbel fehlt in vielen Haushalten. Dabei ist es schnell zu bauen. In der Küche tut es ebenso gute Dienste wie vor den »literarischen Höhen« Ihrer Bücherregale. Durch Sitz- und Rückenkissen kann man es in einen rollbaren Rastplatz verwandeln.

Dieses kleine Mehrzeckmöbel wird die ganze Familie schnell zu schätzen wissen. Das Baumaterial, fertig ausgehobeltes Kiefernholz von 24 mm Dicke, können Sie in jeder Schreinerei beziehen. Damit sich dieses Holz nicht verziehen kann, werden einzelne Riegel von ca. 10 cm Breite auf die erforderlichen Breiten der Werkstücksteile zusammengeleimt.
Da meistens große Schraubzwingen fehlen, hilft man sich mit einem Spannrahmen aus Abfallholz. Vier Holzlatten werden zu jeweils 2 Stück und eingelegten 25 mm dicken Zwischenhölzern mit kleinen Schraubzwingen so zusammengepreßt, daß man die 24 mm dicken Kiefernriegel noch gut einschieben kann. Dann werden auf jeder Seite 2 Keile mit zwei Hämmern so gegeneinander eingeschlagen, daß die mit Leim versehenen Riegel fest zusammengepreßt werden.
Bei den verschiedenen Schrägen und Breiten dieses Werkstücks ist das Bohren der Dübellöcher nach einer Schablone nicht möglich. Man hilft sich, indem man an den Stellen, an denen Dübel sitzen sollen, kleine Nägel einschlägt. Diese Nägel kneift man bis auf 4 mm Länge ab und drückt die Nagelspitzen in die genau angepaßte gegenüberliegende Holzseite. Die abgedrückten Nagelspitzen (und die Löcher der wieder entfernten Nägel) bilden den Einsatzpunkt für den Bohrer. Zum Dübeln verwendet man Hartholzdübel von 8 mm Durchmesser. Diese Dübel können Sie als Meterware kaufen und auf die für den Bau erforderliche Länge von 35 mm absägen.
Alle Dübellöcher werden als Sacklöcher von 20 mm Tiefe angelegt. Zu diesem Zweck muß man den Bohrer mit einem Stoppklotz, einem auf den Bohrer geschobenen durchbohrten Holzklotz, der nur 20 mm von der Bohrerspitze freigibt, versehen. Achten Sie darauf, daß alle

Diese in einen Hocker verwandelbare Leiter kann bequem an jeden beliebigen Platz gerollt werden. Der klappbare Teil läßt sich (mit Sturmhaken) in der oberen oder unteren Stellung festhalten. Mit der Fußspitze kann man die vorderen Räder festbremsen, damit die Leiter sicher steht.

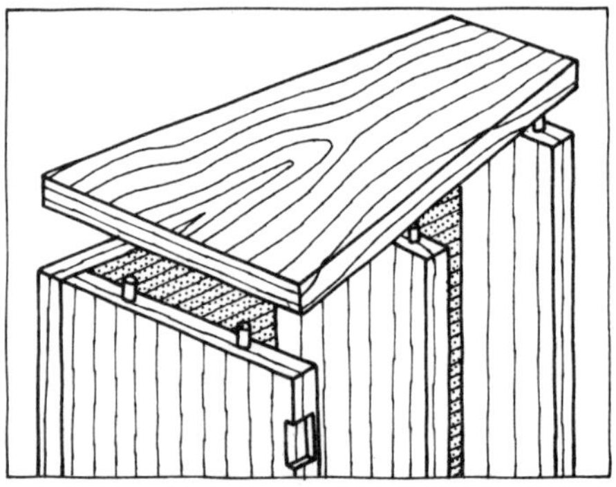

1 Alle Montageteile sind fertig vorbereitet, die Dübel (8 mm) eingesetzt, die Scharnierflächen mit dem Stecheisen ausgehoben. Nun etwas Leim angeben und die Teile zusammensetzen.

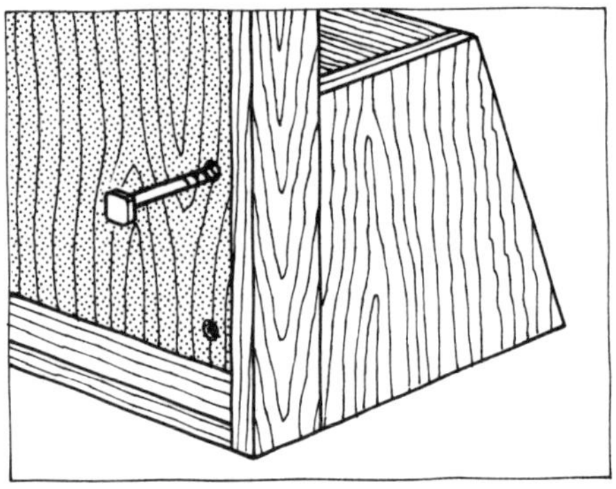

2 Die Rückwand wird durch vier 8 mm dicke Schloßschrauben mit dem Unterteil der Leiter verbunden. Zuerst Löcher vorbohren, dann die Schrauben anklopfen und endgültig anziehen.

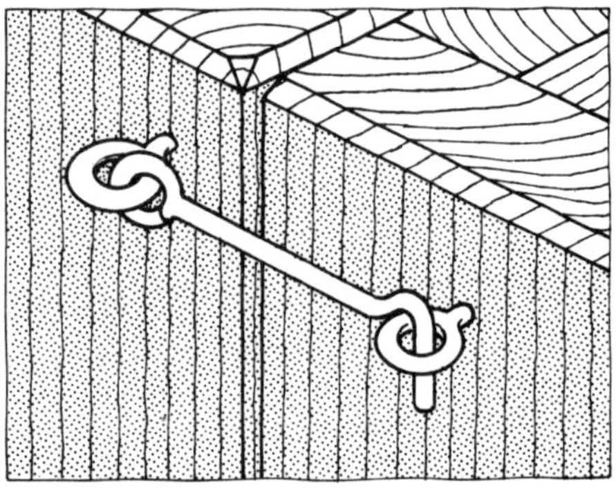

3 Sturmhaken mit Schraubösen halten das Oberteil mit der Rückwand zusammen, nach dem Zuklappen der Leiter verbinden sie den klappbaren Teil mit dem Hauptgestell zum stabilen Hocker.

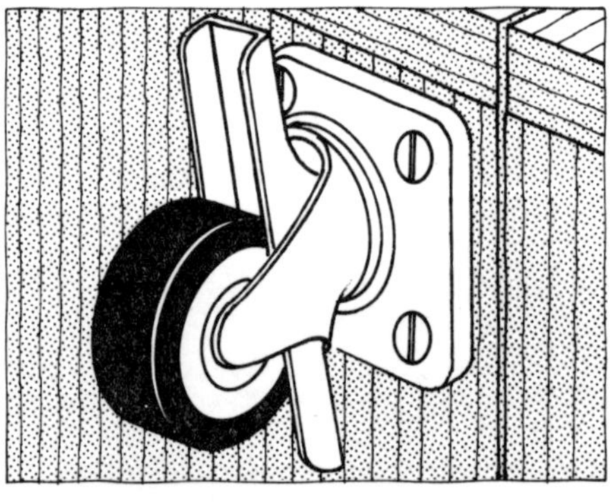

4 Stabile Möbelrollen, 7 cm hoch und vorne mit einer Fußbremse versehen, werden mit je vier Holzschrauben an der Unterseite angeschraubt.

Bohrungen im rechten Winkel erfolgen, sonst passen die Dübel nicht richtig in die vorbereiteten Löcher!

Arbeitsablauf

Die drei Bauteile Rückwand, Untertreppe und Obertreppe werden zunächst jedes für sich hergestellt. Je nach Fertigmaß spannt man mehrere Bretter nach Leimangabe zusammen. Die fertig verleimten Bretter werden maßgerecht zugeschnitten. Alle später sichtbaren Kanten müssen mit dem Hobel leicht angeschrägt (abgefast) werden. Es folgt das Bohren der Dübellöcher.
Dann setzt man die Teile zusammen. Auch dabei kann man sich wieder eines Hilfsrahmens bedienen, wenn keine ausreichend langen Zwingen zur Verfügung stehen. Die Rückwand wird durch 8 mm dicke Schloßschrauben mit der Untertreppe verbunden. Dann setzt man die Obertreppe auf das Unterteil und zeichnet den Sitz der Scharniere an, die anschließend eingebaut werden. Es fehlen jetzt nur noch die Sturmhaken mit Schraubösen und die vier Möbelrollen. Die beiden mit Fußbremse ausgerüsteten Rollen kommen an die Vorderseite.
Die fertig montierte Sitztreppe wird geschliffen, dann mit einem Schnellschleifgrund behandelt und nach dem Trocknen nochmals geschliffen. Der endgültige Oberflächenschutz besteht aus mattem oder auch glänzendem Klarlack. Er schützt die Sitztreppe vor schneller Abnutzung.
Die Anfertigung von Sitz- und Rückenkissen lohnt sich, wenn das Möbel vor allem als Hocker verwendet wird. Dazu besorgen Sie sich passende Schaumstoffzuschnitte, 4 cm dick. Das Sitzkissen bedeckt die ganze Sitzfläche, auf ihm steht das Rückenkissen, das also um die Materialdicke kürzer zugeschnitten werden muß. Die Kissen überziehen Sie mit passendem Möbelbezugsstoff.

MATERIALLISTE
(alle Maße in cm)

Hinterteil	Fertigmaß	**Vorderteil**	Fertigmaß
2 Seiten 2 Bretter 70 × 10,0 × 2,4	70,0 × 10,0	2 Seiten (rechts und links) 10 Bretter 35,0 × 10,0 × 2,4	50,0 × 35,0
2 Böden 2 Bretter 45,2 × 10,0 × 2,4	45,2 × 10,0	2 Seiten (vorn und hinten) 10 Bretter 35,0 × 10,0 × 2,4	45,2 × 35,0
1 Rückwand 5 Bretter 65,2 × 10,0 × 2,4	65,2 × 45,2	2 Böden 10 Bretter 45,2 × 10,0 × 2,4	45,2 × 45,2
1 Leiste 45,2 × 3,0 × 1,8		1 Auftritt 3 Bretter 45,2 × 10,0 × 2,4	45,2 × 25,0
4 Möbelrollen, Höhe 7 cm, mit Fußbremse 2 Sturmhaken 2 einfache gerollte Scharniere Uhu coll express		1 Auftritt 2 Bretter 45,2 × 10,0 × 2,4	45,2 × 16,5

Kiefernholz ist das Baumaterial für den Treppenhocker. Es wird fertig gehobelt eingekauft.

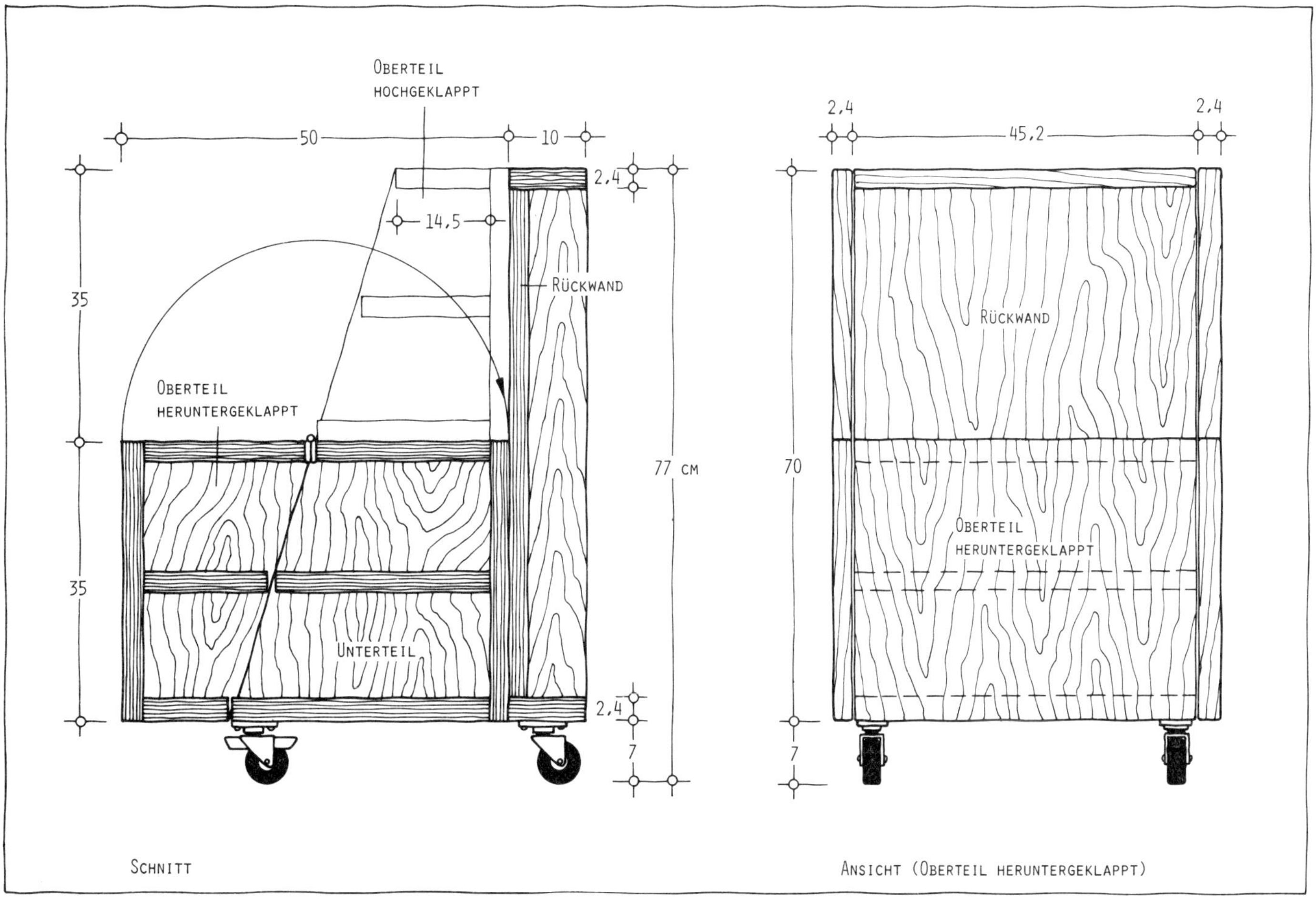

Die beiden Zeichnungen zeigen das Konstruktionsprinzip des Treppenhockers (oder der Sitztreppe). Am rückseitigen Rahmen mit Rückwand ist das Unterteil befestigt. Alle Verbindungen sind mit Holzdübeln gedübelt und geleimt. Das Oberteil ist mit zwei Scharnieren beweglich so am Unterteil befestigt, daß man es je nach Bedarf aufklappen kann (Treppe) oder herunterklappen kann (Hocker mit Lehne). Ein universales Möbelstück!

Kommode aus gekälkter Eiche

Schlicht und zeitlos schön: Diese kleine Eichenkommode bezieht ihren besonderen Reiz daher, daß beim Bau keine überflüssigen »Verschönerungs-Zutaten« verwendet werden. Den einzigen Schmuck bilden die leichten Fasen (Abschrägungen) an den Brettern der Frontpartie.

Das Grundmaterial für diese kleine Kommode ist zum großen Teil massives Eichenholz. Ausnahmen bilden der Schrankkorpus und die Rückwand. Hier haben wir eichenfurnierte Spanplatte bzw. limbafurniertes Sperrholz verwendet.

Das massive Eichenholz muß man, weil es in Heimwerkermärkten meist nicht geführt wird, beim Tischler bestellen. Unsere Materialliste gibt Ihnen die Werte für das ausgehobelte, beidseitig glatte Holz. Begonnen wird mit dem Bau der Schranktüren. Die einzelnen Füllungsbretter (also alle Türbretter mit Ausnahme derjenigen des Rahmens) werden auf der Kreissäge ringsum 7 mm tief genutet.
Die Rahmenhölzer, nur auf der Innenseite mit einer 7-mm-Nut versehen, erhalten an den Ecken sogar 12 mm tiefe Nuten. Das ist erforderlich, um dem Rahmen ausreichende Stabilität zu verleihen. Die in die Nuten passenden Federn bestehen aus 7 mm dicken und 14 mm breiten Sperrholzstreifen beliebiger Machart.
Mit Hilfe der Federn werden die Türen nun zusammengebaut. Dabei werden nur die Rahmenfedern fest verleimt. Die Bretter der Türfüllungen werden an den Federn nur einseitig mit einem Tropfen Leim versehen, damit die Federn sich nicht verschieben.
Wie das Beingestell aufgebaut wird, ist auf der Übersichtszeichnung im Detail zu erkennen. Die Nuten in den vier Beinen werden mit der Kreissäge so weit wie möglich eingeschnitten. Das restliche Holz hebt man mit dem Stecheisen heraus. Der Rahmen wird an den Stirnseiten ebenfalls genutet. Dann setzt man das Beingestell mit Hilfe von 8 mm dicken Eichenholzfedern zusammen und verleimt es. Bis zum endgültigen Trocknen muß es eingespannt werden. Vorher nicht vergessen, den rechten Winkel zu prüfen!
Auf das Beingestell wird eine Abstandsleiste (4 × 1 cm) so aufgeleimt und mit dünnen Drahtstiften festgehalten, daß sie ringsum 5 mm von den Zargen zurückversetzt ist. Vier an den Zargen festgeleimte Weichholzklötze dienen zur Befestigung des Oberteils.
Der Kommodenkorpus aus eichenfurnierten Spanplatten wird nach der Bauzeichnung mit 8-mm-Holzdübeln und Leim verbunden. Hinweise für die Dübelverarbeitung siehe Seite 54. Alle Sichtkanten werden mit Eichenfurnierstreifen beklebt (es kann sich auch um Aufbügelfurnier handeln). Die Flächen für das Einsetzen der Scharniere hebt man mit dem Stecheisen aus. Am Korpus bohrt man die Stellen für die Scharnierschrauben 8 mm dick aus

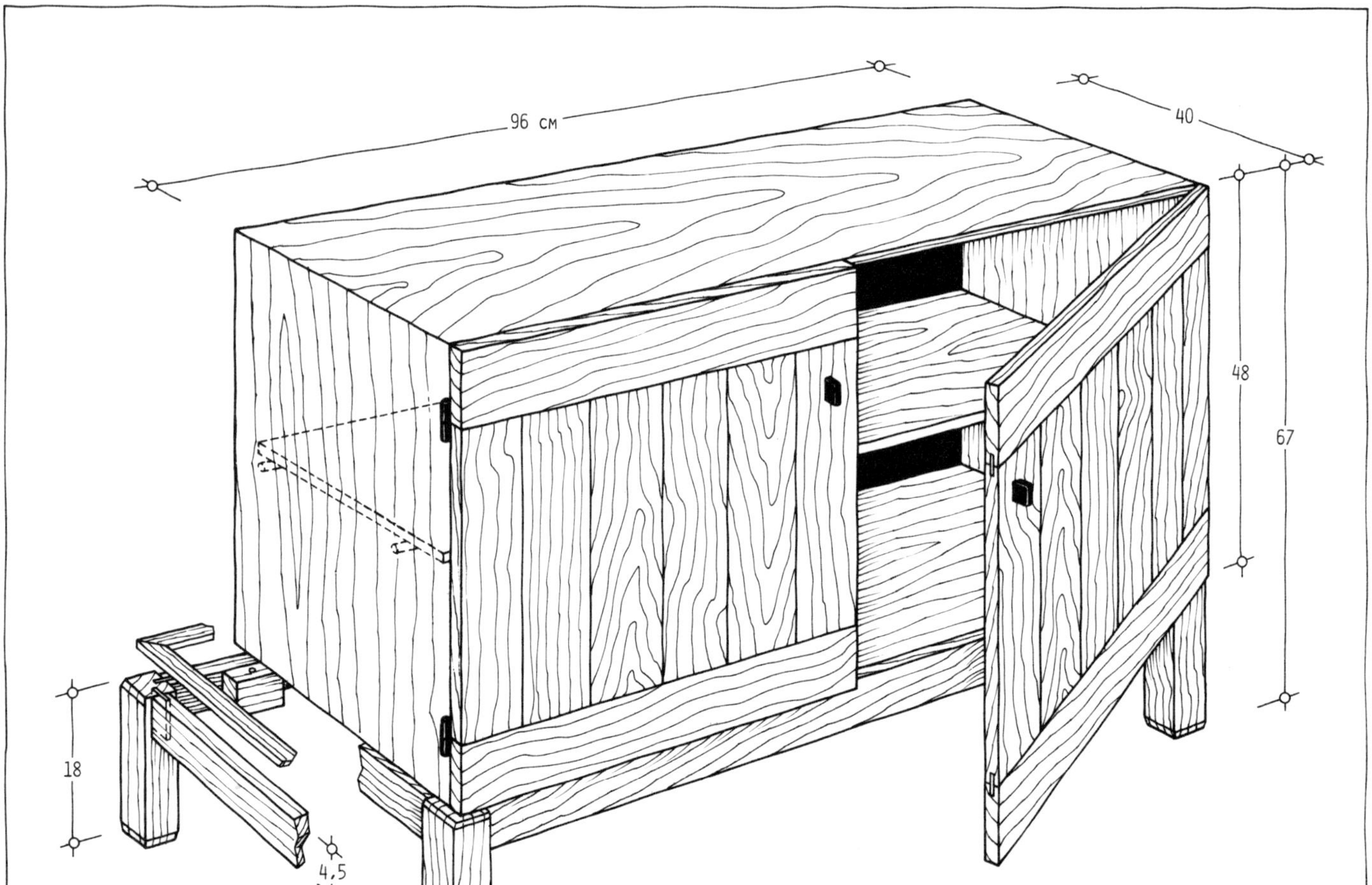

Diese kleine Kommode kann man für viele Zwecke verwenden. Sie paßt sich fast jeder Einrichtung an. Durch die spezielle Oberflächenbehandlung, das Kälken, wird die feine Struktur des Eichenholzes betont. Der Korpus der Kommode wird durch verdeckt eingearbeitete Holzdübel verbunden. Die Rückwand, 0,5 mm dickes Sperrholz mit Limbaoberfläche, liegt in einem entsprechenden Falz und wird ringsherum präzise angeschraubt.

und leimt Querholzzapfen ein, damit die Schrauben einen besseren Halt bekommen. Dann bohrt man noch die Löcher für die Gewindebolzen der Türgriffe.

Das Kälken des Holzes

Vor dem endgültigen Zusammenbau von Korpus, Beingestell und Türen werden alle Eichenholzflächen gekälkt. Dazu wird die gründlich geschliffene Holzfläche zunächst mit einem lichtschutzhaltigen Grundlack satt grundiert und nach dem Trocknen fein geschliffen. Anschließend befreit man die Poren mit einer Bürste vom Staub.

Dann wird der »Kalk« aus Porenfüll-Pulver und Porenflüssigkeit (Gebrauchsanweisung beachten) gemischt und zu Brei verrührt. Mit einem Trikotballen reibt man ihn quer zur Maserung in die Poren. Den Überschuß entfernt man sofort mit einem sauberen Lappen – nur die Poren dürfen gekalkt bleiben, nicht die ganze Fläche. Notfalls das Holz vorsichtig mit Terpentinersatz reinigen. Nach 3–4 Stunden Trockenzeit kann das Holz lackiert werden, am besten im Spritzverfahren.

MATERIALLISTE

Teil	Stück	Material	Maße in cm
Seiten des Korpus	2	Spanplatten Eiche/Limba	48 × 38 × 2
Platte, Boden des Korpus	2	Spanplatten Eiche/Limba	92 × 38 × 2
Türstücke quer	4	Eiche massiv	48 × 8 × 2
Türstücke aufrecht	12	Eiche massiv	32 × 8 × 2
Füße	4	Eiche massiv	18 × 4,5 × 4,5
Zargen, Fußgestell	2	Eiche massiv	87 × 4,5 × 2,6
Zargen, Fußgestell	2	Eiche massiv	29 × 4,5 × 2,6
Rückwand	1	Sperrholz Limba	47,5 × 94,5*) × 0,5
Einlegeboden	1	Spanplatte Limba	92 × 36,5 × 1,6
Federn für die Türen	8	Eiche massiv	ca. 4 × 8 × 0,6**)
Federn für das Fußgestell	8	Eiche massiv	ca. 4 × 5 × 0,8**)
Federn für die Türen	10	Sperrholz	33 × 1,2 × 0,6**)
Federn für die Türen	16	Sperrholz	6,6 × 1,2 × 0,6**)
Abstandsleisten für Fußgestell	2	Massivholz beliebig	96*) × ca. 4 × 1
Abstandsleisten für Fußgestell	2	Massivholz beliebig	38*) × ca. 4 × 1
Klötze für Sockel	2	Abfallholz	ca. 6 × 3 × 2
Bänder 2 rechts, 2 links	4	Messing vernickelt, ungekröpft	8 mm Durchmesser
Griffe	2	Messing vernickelt	

2 Magnetschnäpper, 4 Bodenträger, Querholzzapfen; Kantenfurnier Eiche (außen), Limba (innen), Uhu coll express

*) Maß enthält Zugabe für das Einpassen bzw. den Gehrungsschnitt.
**) Maße gelten bei entsprechender Nuttiefe und Nutbreite.

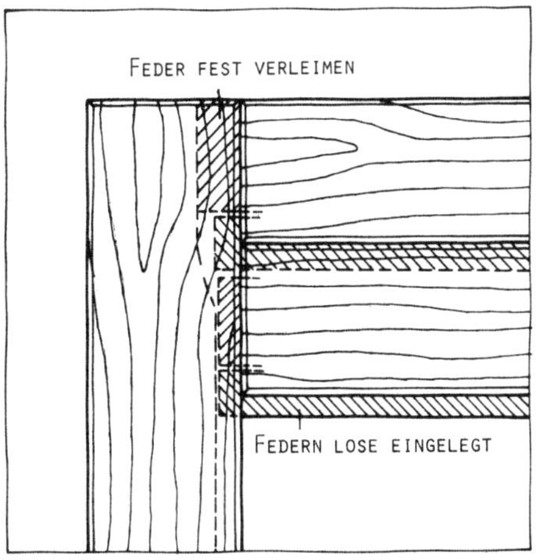

1 Die äußeren, tragenden Rahmenhölzer werden 12 mm tief eingenutet, die Federn fest verleimt. Die Federn der Frontbretter bleiben unverleimt.

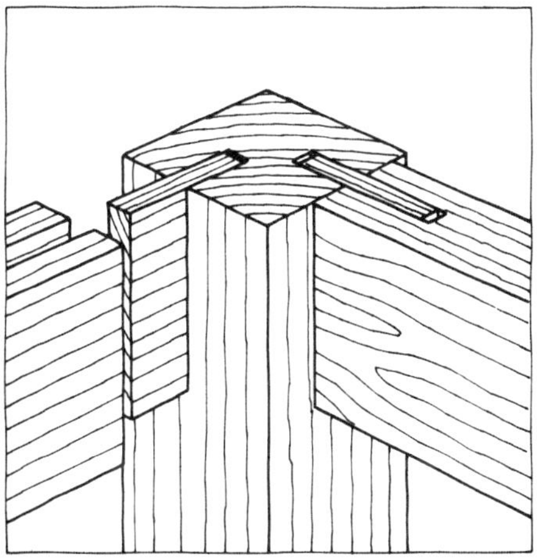

2 Aufbau des Beingestells: Schlitze mit der Kreissäge einschneiden, dann sorgfältig ausstemmen. Die Feder besteht aus Eichenholz (8 mm).

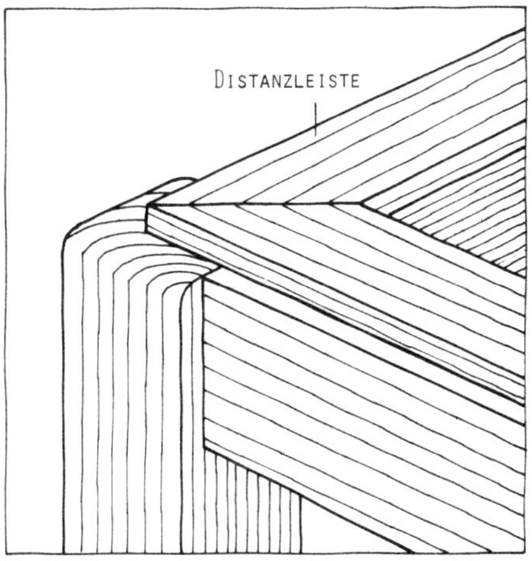

3 Auf das Beingestell wird unter Leimangabe eine 1 cm dicke Massivholz-Distanzleiste aufgestiftet. Sie trägt später den Kommodenkorpus.

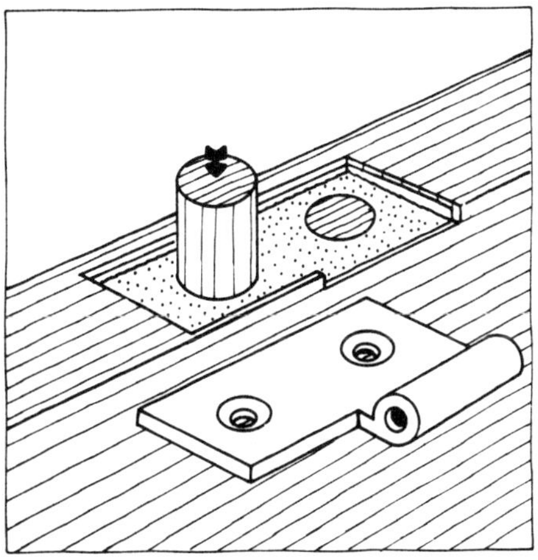

4 Der Kommodenkorpus besteht aus furnierter Spanplatte. Eingeleimte Querholzzapfen geben den Schrauben der Scharniere einen besseren Halt.

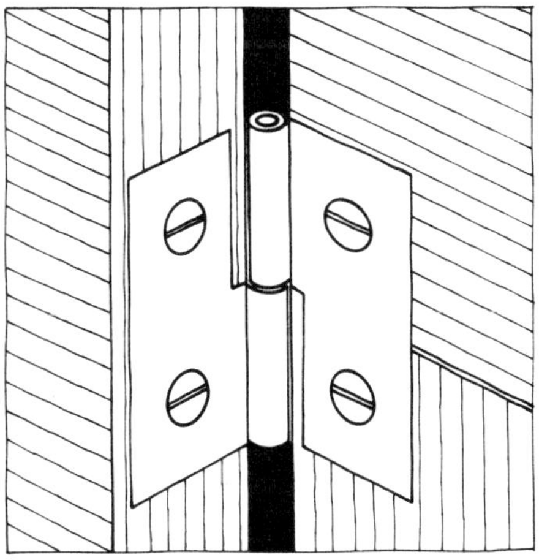

5 Die Scharniere müssen in die Korpuskanten und in die massiven Türbretter eingelassen werden. Die Flächen hebt man mit dem Stecheisen aus.

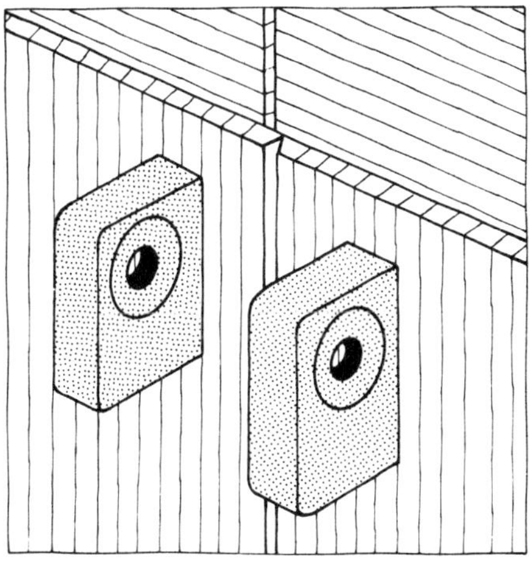

6 Zwei Türgriffe aus Messing werden mit Gewindebolzen befestigt. Der Einlegeboden der Kommode (Spanplatte furniert) ruht auf 2 Leisten.

Hübsch und praktisch: Schrankregal

Dieses Mehrzweck-Schrankregal, aus lebhaft gemasertem Kiefernholz gebaut, ist ein Schmuckstück an der Wand. In den Fächern lassen sich alle die Dinge gut und ordentlich aufbewahren, die man immer mal schnell zur Hand haben muß. Freilich, in der vorgeschlagenen Bauweise macht es eine Menge Arbeit: mit Zinken und Schwalbenschwänzen. Aber gerade die »sichtbare« Handwerklichkeit dieses Kleinmöbels macht seinen besonderen Reiz aus. Sie sollten sich mit dem Bau genug Zeit lassen.

Das kompakte Möbel (Breite 100 cm, Höhe 80 cm, Tiefe 20 cm) nimmt wenig Platz ein, und dennoch kann man dank raffinierter Einteilung eine Menge darin unterbringen, Das natürliche Material und die gekonnte Verarbeitung »auf alte Art« und mit viel Liebe zum Detail geben dem Schrankregal die Bedeutung eines wertvollen Einzelstücks.

Die Hauptkonstruktion besteht aus 2 cm dicken Kiefernbrettern, die Innenfächer hinter den Türen sind aus 1,3 cm dickem Holz; Türfüllung, Rückwand und die kleinen Schubkästen macht man aus 4 mm dickem Sperrholz.

Sie sollten schon beim Kauf des Materials auf den guten Maserverlauf des Holzes achten und später beim Zuschneiden die besten Stücke für die sichtbaren Bauteile auswählen. Knorriges, astreiches Holz kommt also nicht in Frage – es würde überdies dem Schneiden und Ausstechen der Zinken heftigen Widerstand entgegensetzen.

Das Schrankregal können Sie auch ohne maschinelle Werkzeuge bauen. Säge und Hobel, Bohrer und Stecheisen genügen.

Die tragenden Verbindungen sind gezinkt, und zwar mit Zinken und Schwalbenschwänzen (siehe auch Seite 60). Die Schwalbenschwänze können auf Zug beansprucht werden. So kommt der Grundbau des Schrankregals ohne Hilfsverbindungen aus.

Nach dem Zuschneiden der Bretter für die Hauptkonstruktion beginnen Sie damit, an den Kanten Linien in Stärke der Bretter anzureißen. Dann zeichnen Sie die Zinken an, und zwar mit spitzem Bleistift. Sägen Sie die senkrechten Zinkenwände mit der Feinsäge dicht neben der Anrißlinie, also im wegzunehmenden Holz, ein. Dann heben Sie das Holz zunächst von einer Seite bis etwa zur Mitte aus, anschließend den Rest von der anderen Seite. Das Stecheisen sollte dabei gut geschärft sein. Wenn die Zinken sauber ausgearbeitet sind, stellen Sie die so vorbereiteten Bretter auf die jeweiligen Gegenbretter und reißen die Schwalben an, die nun ebenso wie die Zinken mit Feinsäge und Stecheisen herausgearbeitet werden müssen.

Setzen Sie Ober- und Seitenteile und den

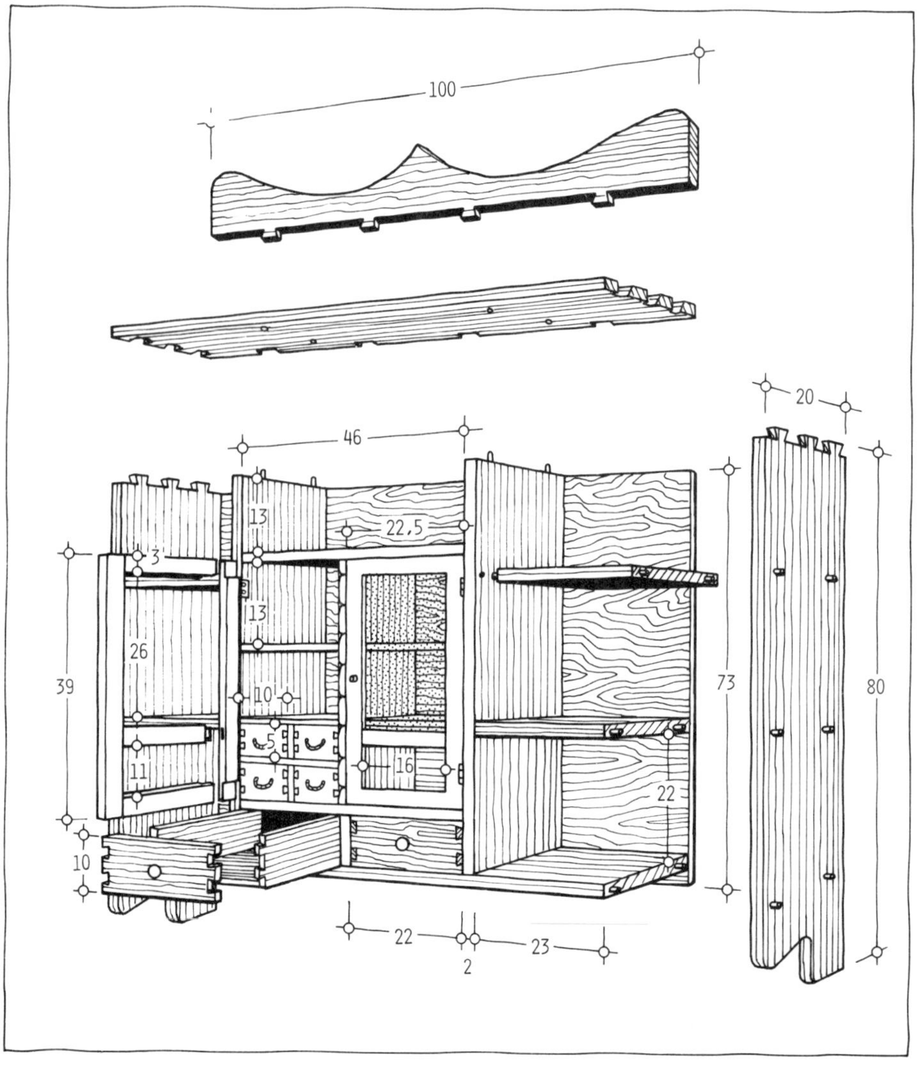

Die Explosionszeichnung gibt einen Überblick über die Konstruktion des Schrankregals. Die tragenden Verbindungen sind mit Schwalbenschwänzen gezinkt, die übrigen Teile sind unsichtbar miteinander verdübelt. Die Bretter des Rahmens sind 2 cm, die der Innenteilung 1,3 cm dick. Die Rückwand des Schrankes und die verdeckten Schubkästen bestehen aus Sperrholz, 0,4 cm dick.

1 Nach solider Tischlerart sind die Verbindungen der Schubladenfronten mit den Seitenteilen durch Zinken und Schwalbenschwänze hergestellt.

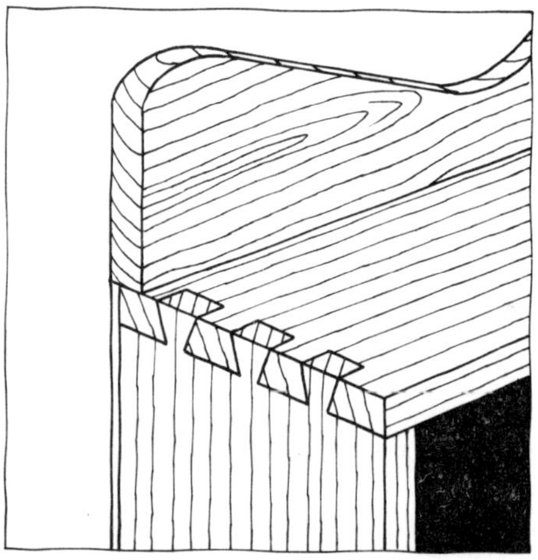

2 Auch Ober- und Seitenteile sind durch Zinken und Schwalbenschwänze verbunden. So kann der Schrank auch schwere Lasten tragen. Das Möbelstück wird am geschweiften Aufsatz aufgehängt.

geschweiften Aufsatz probeweise zusammen. Nun kommt das »Innenleben« an die Reihe. Alle inneren Verbindungen sind blind gedübelt. Bohren Sie die Dübellöcher in die Enden der Bretter und markieren Sie die Gegenlöcher mit Hilfe von Zentrierspitzen. Wenn alle Löcher gebohrt sind, werden die Einzelteile gründlich gewässert und geschliffen.

Der Zusammenbau des Schrankregals

Mit dem Zusammenbau und dem Verleimen beginnen Sie von innen heraus, also von den Fächern im Mittelteil des Schrankregals. Überlegen Sie vorher genau die Reihenfolge, in der verleimt wird, damit Sie auch bei den nachfolgenden Verbindungen noch Platz genug haben, um die Dübel einzusetzen. Zuletzt werden die gezinkten Außenrahmenteile mit Leim eingestrichen und zusammengesteckt. Wischen Sie austretenden Weißleim sofort mit einem feuchten Lappen weg und kontrollieren Sie sicherheitshalber, ob alle Winkel stimmen. Dann spannen Sie die Hauptkonstruktion des Schrankregals ein und lassen sie in Ruhe trocknen.

Nun kommen die Türen an die Reihe. Die Türrahmen werden an den Ecken schlicht überplattet. Dazu sägen Sie die Leistenenden quer bis zur Hälfte ein, und zwar in einer Entfernung von der Hirnholzkante, die genau der Leistenbreite entspricht. Nun nehmen Sie von der Hirnholzkante aus den angesägten Teil mit dem Stecheisen weg, und zwar Schicht für Schicht, damit nichts absplittert.

Die Querstreben der Türen werden eingezapft (siehe Seite 61). Für Glas- und Sperrholzfüllungen werden Falze eingeschnitten bzw. gehobelt. Die Füllungen sind mit Glasfalzleisten eingesetzt. Die Türen werden mit versenkt eingebauten Scharnieren angeschlagen. Die Rückwand wird mit Leim und Nägeln befestigt. Die ebenfalls gezinkt gearbeiteten Schubkästen sind anspruchsvoll – man kann sie auch mit Nut und Feder zusammensetzen. Zuletzt wird noch einmal übergeschliffen, dann zwei- bis dreimal mit Einlaßgrund gestrichen. Nun erst bringen Sie Schnäpper, Knöpfe und Schnüre an.

MATERIALLISTE

(alle Maße in cm)

Rahmen und Innenteilung

Kiefernholz 20 × 2: 9 lfdm
Kiefernholz 20 × 1,3: 1,6 lfdm
Kiefernholz 10 × 1,3: 1,7 lfdm
Kiefernholz 5,5 × 2: 3,5 lfdm

Sonstige Bauteile

Zierleiste, Kiefer: 0,5 m
Sperrholz 0,4: etwa 1,5 m²
Dübel 8 cm lang, 0,4 Ø: 50 Stück
2 Paar Scharniere
2 Schnäpper
4 Knöpfe (Holz)
Glasfalzleisten
Glasscheiben für Türfüllungen
Schnur für kleine Kästen
Uhu coll express

Die Hauptkonstruktion des Schrankregals besteht aus 2 cm dicken Kiefernbrettern. Wir geben den Materialbedarf hier in laufenden Metern (lfdm) an. Das Holz sollte interessant gemasert sein.

3 Hinter dem nicht verglasten Teil der Türen verbergen sich acht kleine Schubkästen. Sie sind aus 4 mm dickem Sperrholz zusammengebaut.

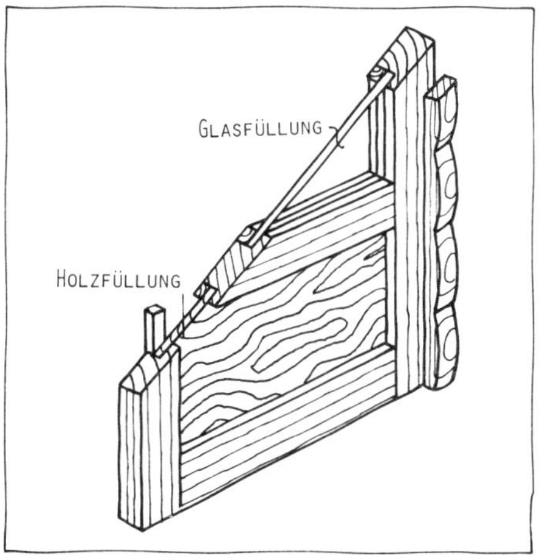

4 Holzfüllungen und Glasscheiben einbauen: Die Leisten des Rahmens sind innen gefalzt. In den Falz setzt man Füllung bzw. Glasscheibe ein und sichert mit einer einfachen Leiste ab.

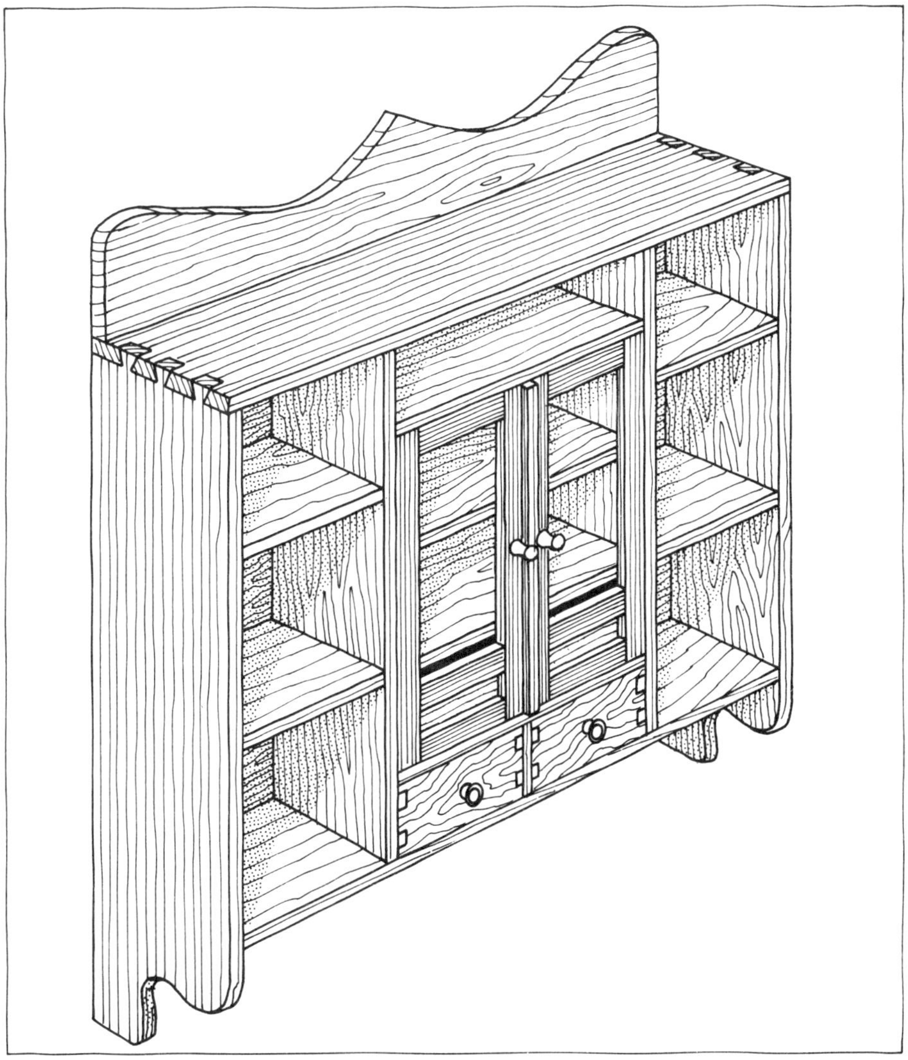

Das fertige Schrankregal. Es kann ein Schmuckstück für die Küche sein, paßt aber auch in einen rustikalen Wohnraum oder in ein Kinderzimmer. Hinter seinen Türen, in seinen Regalfächern und kleinen Schubfächern kann man Gläser und Bücher, Nähzeug und Souvenirs aufbewahren – lauter Dinge, für die man einen Platz braucht, an dem man sie auch ohne langes Suchen wiederfindet.

Zaubern mit Lamellentüren

Bringen Sie ein bißchen Western-Atmosphäre in Ihre Wohnung. Mit seriengefertigten Lamellentüren, aus denen sich originelle Möbel bauen lassen, ist das kein Problem. Wie einfach man das machen kann und wie gut es aussieht, zeigen wir Ihnen an einer Flureinrichtung und einigen anderen Beispielen, die Ihnen als Anregung dienen sollen.

Lamellentüren bekommt man heute in vielen unterschiedlichen Formaten in fast jedem Bau- oder Heimwerkermarkt. Man kann sie verarbeiten, wie sie sind. Man kann sie aber auch zu ausgefallenen Einrichtungsgegenständen umbauen, wie es unsere Beispiele zeigen.

Die Rahmen sind an den Verbindungsstellen gezapft. Jede Lamelle ist einzeln in die Türzargen gefräst. Eine zusätzliche Punktverleimung sorgt für Stabilität.

Die handelsüblichen Holzarten: Macoré, Kiefer, Lärche und Limba. Zwischen mehreren Breiten von 29,8 bis 45,7 cm, kann man im Fachhandel auswählen. Die Türen werden auch in unterschiedlichen Höhen angeboten. Diese reichen, je nach Hersteller, von ca. 45, 60, 76 cm bis hin zu ca. 2,0 oder 2,4 Meter.

Türelemente ab 2 Meter Länge werden meistens mit einem zusätzlich stabilisierenden Mittelsteg angefertigt. Je nach Verwendungszweck kann man die Lamellentüren mit unterschiedlichen Beschlägen ausrüsten. Es gibt dafür spezielle Falt-, Schwenk- oder Ziehharmonikascharniere, mit denen verschiedene Konstruktionsprobleme auf elegante Art gelöst werden können.

Unsere Bauvorschläge zeigen nur einen kleinen Teil der vielfältigen Verwendungsmöglichkeiten. Man kann diese Türen außerdem zum Bau von Regalwänden, Badezimmerschränken, Kücheneinrichtungen und vielen anderen Dingen mehr verwenden. Die verarbeiteten Hölzer kann man in unterschiedlichen Tönen beizen, bevor sie mit Klarlack geschützt werden. Aber auch mit Farbanstrichen lassen sich gute Effekte erzielen.

Unsere Arbeitsbeispiele

Bevor Sie Arbeiten mit Lamellentüren planen, sollten Sie sich danach umsehen, welche Qualitäten und Abmessungen die Türen in Ihrem Heimwerkermarkt haben bzw. ob Ihnen bestimmte Modelle beschafft werden können – denn von den Fertigmaßen müssen Sie in diesem Fall ausgehen. Unsere Kurzübersicht über die Beispiele auf dieser Doppelseite muß sich deshalb auf allgemeine Tips beschränken.

Schwingtür. Dafür wurde eine raumhohe Lamellentür zerschnitten. Die geschweiften Rundungen an der Oberseite bestehen aus Kiefernholz, ebenso die beiden Leisten für den Anschlag der Tür, die links und rechts an die Flurwand gedübelt wurden. Für eine Schwingtür brauchen Sie spezielle Beschläge, die die Tür nach dem Öffnen automatisch zurückschwingen lassen.

Flurschrank. Er entstand aus den »Resten« der für die Schwingtür verwendeten Lamellentür. Nach den Maßen dieser »Reste« wurde ein Schrankkörper aus Spanplatte gebaut. Die Türen wurden mit Klavierbändern angeschlagen. Aus Kiefernholzbrettern und Leisten kann man einen dazu passenden Spiegelrahmen bauen.

Paravent. Drei Lamellentüren etwa von der Höhe der Schwingtüren sind durch Scharniere miteinander verbunden. Die Aufsätze wurden aus Spanplatte ausgesägt und aufgeleimt. Der Raumteiler läßt sich beliebig versetzen.

Fensterläden. Links und rechts sind je zwei Lamellentüren, durch Scharniere verbunden, angebracht. Mit Langbändern, die an die Lamellentüren geschraubt werden, hängt man die Türen in Kloben mit Mauerpratzen (gespreizten Enden), die in die Hauswand einzementiert werden.

Wäschetruhe. Aus Lamellentüren-Resten, die durch Holzdübel verbunden wurden. Den Deckel und den Boden können Sie aus verleimten Massivholzbrettern oder aus Spanplatten herstellen. Die Griffe links und rechts bestehen aus Massivholz.

Raumteiler. Die raumhohen Lamellentüren werden untereinander durch Scharniere verbunden und an einer Deckenschiene aufgehängt. Erkundigen Sie sich nach den passenden Beschlägen! Der Raumteiler soll sich ganz zusammenklappen lassen.

1 Großmutters Paravent kann auch heute noch gute Dienste leisten. Die Verbindung besteht aus je drei kräftigen Scharnieren für jede Türfläche. Die Aufsätze sind aus Spanplatten.

2 Auch zu soliden Fensterläden lassen sich die Lamellentüren umarbeiten. In diesem Fall wurden vier Türblätter gebraucht. Beim Anstrich der Läden können Sie Ihren Mut zur Farbe beweisen.

3 Aus sechs kleinen Türen, durch Holzdübel miteinander verbunden, entstand eine gut durchlüftete Wäschetruhe. Der Deckel besteht aus verleimtem Massivholz, ebenso die großen Griffe.

4 Sechs lange Türblätter, an einer in der Decke verankerten Laufschiene befestigt und untereinander durch Scharniere verbunden, bilden einen dekorativen, preiswerten Raumteiler.

Schwingtüren für den Flur, aus zwei Kiefernholz-Lamellentüren gefertigt. Die geschweiften Rundungen bestehen aus aufgeleimten Kiefernholzbrettern, die mit einer Stichsäge ausgeschnitten und zusammen mit den Lamellenteilen gebeizt wurden. Für Schwingtüren gibt es spezielle Türbeschläge.

Aus den Resten der für die Schwingtüren verwendeten Lamellentüren wurde ein Schrank für den Flur gebaut. Der Korpus besteht aus Spanplatten. Der Schrank wurde passend zur Schwingtür gebeizt und mattiert. Die Türgriffe wurden in das Rahmenholz eingelassen (Forstnerbohrer, Stecheisen).

Lamellentüren aus Kiefernholz, wie sie rechts im Bild erkennbar sind, bildeten die Ausgangsbasis zu unserem Flurausbau. Die Türen wurden am Mittelsteg getrennt. Die oberen Teile ergaben die Schwingtür, die unteren wurden für den Schrank verwendet. Die beiden Stücke passen gut zusammen.

Die Maße des Schrankes richten sich nach der Größe des Lamellentür-Restes. Aus Spanplatte entstand ein Rahmenbau (rechts im Bild) mit Sperrholz-Rückwand. Die Lamellentüren sind mit Klavierbändern angeschlagen. Aus Kiefernholzleisten wurde außerdem ein rustikaler Spiegelrahmen gebaut.

Maßanzug für den Heizkörper

Verstecken Sie häßliche Heizkörper hinter hübschen Verkleidungen, die in Ihre Wohnung passen. Welche Regeln dabei zu befolgen sind, damit keine Wärmeverluste eintreten, wird hier beschrieben. Maße und Bauausführung richten sich nach den Umständen: Heizkörper sind in jeder Wohnung anders angebracht und haben unterschiedliche Abmessungen.

Bei der Planung und beim Bau einer Heizkörperverkleidung sind einige wichtige Punkte zu beachten, damit die Heizleistung später nicht (oder wenigstens nicht spürbar) vermindert wird. Einen nennenswerten Teil der durch die Verkleidung verlorenen Wärmeleistung können Sie »zurückholen«, indem Sie die Wand hinter dem Heizkörper mit einer wärmereflektierenden Aluminiumtapete bekleben. – Unsere Tips:

1. Der Luftumlauf um den Heizkörper sollte so wenig wie möglich behindert werden. Daher muß der Abstand von der Oberkante des Heizkörpers bis zur Unterkante einer geschlossenen Abdeckplatte wenigstens 10 cm betragen. Eine Abdeckplatte darf keine nach unten überstehenden Blendleisten oder Umleimer aufweisen.
2. Zwischen dem Fußboden und der Heizkörperverkleidung sollte ein Zwischenraum von wenigstens 8 cm sein, damit von unten genügend Frischluft ungehindert zuströmen kann.
3. Verkleidungen in Stab- oder Leistenform dürfen nicht aus Material bestehen, dessen Querschnitt von unten nach oben zunimmt. Nur der umgekehrte Fall ist erlaubt: Leisten, die unten breiter und oben schmaler sind. Es gibt sonst Strömungsschwierigkeiten.
4. Bei der Konstruktion der Verkleidung muß berücksichtigt werden, daß man später ungehindert an das Regulierventil herankommt. Es ist günstiger, von vornherein ein Griffloch vorzusehen, als später beim Auf- und Zudrehen des Ventils jedesmal die Heizkörperverkleidung abnehmen zu müssen.
5. Zum Befestigen der Verkleidung nur solche Beschläge verwenden, die ein leichtes An- und Abmontieren ermöglichen. Das ist schon zu Reinigungszwekken erforderlich. Beschläge (siehe rechte Seite) gibt es im Fachhandel, man kann sie nach dem abgebildeten Muster aber auch selbst herstellen.
6. Wenn man sich eine Verkleidung aus Holz baut, muß man sich auf jeden Fall immer trockenes, gut abgelagertes Holz besorgen. Ist das Holz noch nicht richtig durchgetrocknet, wird es sich durch den Wärmeeinfluß des Heizkörpers schnell verziehen.
7. Denken Sie beim Entwerfen der Heizkörperverkleidung auch daran, daß für den Wasserverdunster Platz eingeplant werden muß – und für dessen regelmäßige Nachfüllung.
8. Je luftiger die Heizkörperverkleidung, desto besser. Warme Luft steigt immer nach oben. Diesen Weg sollte man ihr nicht verbauen – es sei denn, Sie schätzen kalte Füße und einen höheren Energieverbrauch.

Ein mitten vor die Wohnraumwand gesetzter Heizkörper störte die Harmonie des Zimmers ganz erheblich. Nach Verkleidung mit diesem Rahmenbau ist der »Schandfleck« beseitigt. Die abnehmbaren Rahmen der Verkleidung wurden mit Peddigrohrgeflecht bespannt (s. rechte Seite).

Tips für den Eigenbau

Die Beschaffenheit des Materials für Ihre Heizkörperverkleidung sollten Sie auf die Zimmereinrichtung abstimmen. Auf diesen Seiten zeigen wir Ihnen einige Möglichkeiten. Aber der eigenen Phantasie sind natürlich keine Grenzen gesetzt. Im Handel ist eine Fülle von Materialien erhältlich, die zu dekorativen und zweckmäßigen Verkleidungen verarbeitet werden können.

Interessant sind vor allem zwei Möglichkeiten: Verkleidung in Rahmenbauweise mit Bespannung (z. B. Peddigrohr, Streckmetall) und mit Holz in Lattenform.

Befestigungselemente für den Rahmen. So läßt er sich bequem aushängen.

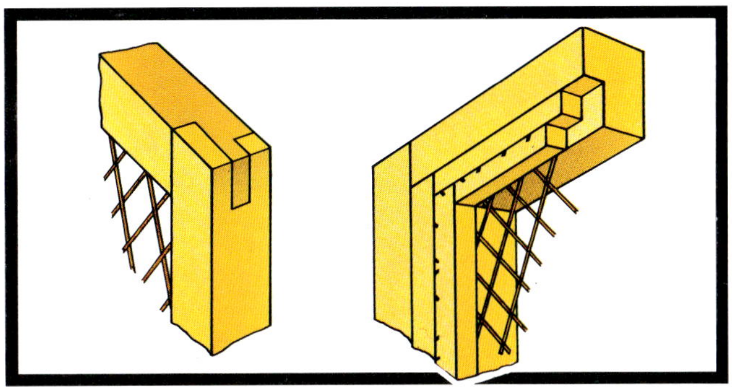

Die Eckverbindung des Rahmens: Verzinken (links) oder verdübeln. Das Geflecht wird zwischen Vierkantleisten (1 × 1 cm) fest eingespannt.

Vor dem Einspannen das Peddigrohr-Geflecht gut anfeuchten.

Material für Heizkörperverkleidungen (links):

1 Streckmetall aus Aluminium wird speziell für Heizkörperverkleidungen angefertigt. Handelsform: zwei Meter breite Rollen.

2 Das Geflecht aus Messingdraht ist praktisch, schön und leicht zu verarbeiten. Die handelsübliche Rollenbreite beträgt 1 Meter.

3 Dieses Aluminiumgeflecht mit dichtem Lochmuster ist undurchsichtig, schluckt aber etwas Wärme. In Tafeln 50 × 100 cm im Handel.

4 Peddigrohrgeflecht, in Holzrahmen verspannt, wirkt wohnlich. Man bekommt es in Rollen von 80 cm Breite in jedem Baumarkt.

Hitzeschutz: Asbestpappe, einseitig mit Alufolie bezogen.

Die Rahmenkästen zu beiden Seiten des Heizkörpers wurden aus doppelseitig furnierter Spanplatte gefertigt. Das Gitterwerk besteht aus preiswertem Raminholz, das im Furnierton gebeizt und mattiert wurde.

Vorher: Der weiße Heizkörper fiel vor dem dunklen Hintergrund auf.

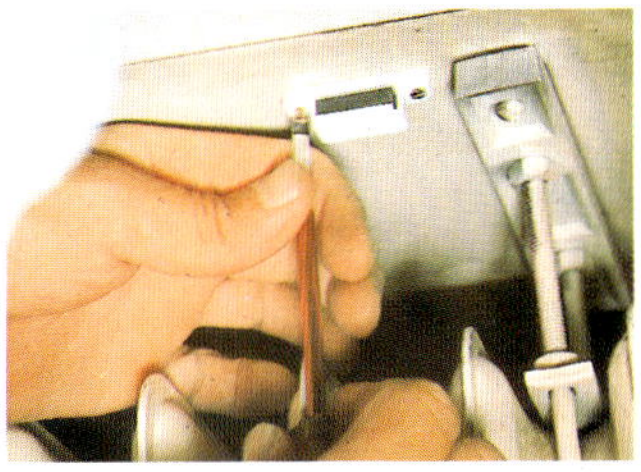

Magnetschnäpper halten den Rahmen unter der Fensterbank fest.

Nach dem Vorbohren der Dübellöcher werden die Rahmenteile mit Weißleim zusammengefügt.

In die Trägerleisten wird oben und unten eine Nut für die Verkleidungsleisten eingefräst.

Die Verkleidungsleisten werden vorgebohrt, dann mit Uhu coll express und Schrauben angebracht.

Wenn Sie nicht dübeln wollen: Holzteile durch Eisenwinkel und Holzschrauben stabil verbinden.

Spielzeugbank für Ihre Kinder

Spielzeug und, wenn es sein muß, auch Schulsachen finden Platz in dieser hübschen Spielzeugtruhe. Sind die Deckel zugeklappt, kann man die lustig bemalte Truhe als Sitzbank nutzen.

Die Spielzeugtruhe wird aus 1,2 cm dikkem Sperrholz gefertigt. Alle Maßangaben können Sie der Detailzeichnung auf dieser Seite entnehmen. Zuerst alle Teile aus dem Sperrholz nach den Größenangaben der Zeichnung zusägen. Anschließend aus der Hohlkehlleiste 4 Stücke à 35 cm und 2 Stücke à 20 cm zuschneiden. Die 4 Stücke à 35 cm werden auf die senkrechten Kanten der Seitenwände aufgeleimt und durch vorgebohrte Löcher festgeschraubt. An der Rückwand werden die Seitenteile verleimt und durch Löcher mit drei Holzschrauben an den Hohlkehlleisten verschraubt.

Der Boden der Truhe wird paßgenau unter Seitenteile und Rückenteil gelegt. Die beiden 20 cm langen Hohlkehlleisten können nun im Stoß von Seitenteil und Boden verschraubt werden. Die Schrauben werden durch den Boden in die Leisten geführt. Dann kann die Vorderseite verleimt und verschraubt werden.
Anschließend in 35 cm Höhe die beiden 2 cm dicken Kanthölzer, die aus dem 60 cm langen Stück geschnitten worden sind, als Auflage für die Scharniere an der Rückwand verleimen und verschrauben.
Montage der Zwischenwand: Aus der 1 x 1 cm dicken Leiste vier 30 cm lange Stücke als Führungsschiene schneiden. Sie werden so auf der Vorder- und Rückwand festgeleimt, daß sie als Führungsschiene für das Zwischenbrett dienen. Das Zwischenbrett sitzt genau in der Mitte der Truhe. Die Montage der Arme ist völlig unkompliziert. Zuerst müssen die zwei inneren Arme befestigt werden. Man verleimt sie an der Rückwand und in zwei 3 cm tiefen Schlitzen, die maßgerecht in die Vorderwand geschnitten werden.
Die äußeren Arme schließen bündig mit der Rückwand ab und werden an der Rückwandkante und den Seitenwänden festgeleimt. Nun kann man die Deckel mit dem Klavierband an den Auflageleisten an der Rückwand festschrauben.

MATERIALLISTE

Sperrholz 1,2 cm: 130 x 150 cm
Hohlkehlleisten 3 x 3 cm: 200 cm lang
Kantholz 2 x 2 cm: 60 cm lang
Leiste 1 x 1 cm: 130 cm lang
Klavierband: 20 Stück à 30 cm
Uhu coll express, Schaumgummi
20 Holzschrauben 3 cm lang

Ganz zum Schluß werden die »Köpfe« montiert. Sie werden mit dem unteren Drittel an der Rückwand verleimt und verschraubt. Die beiden Haarschöpfe auf der Oberkante der Rückwand verdübeln und mit dem Kopf verleimen. Augen und Nasen schneidet man am besten aus Schaumgummiresten zu. Auch die Wangen, vier 5 cm große Kreise, werden aus dünnem Schaumgummi gefertigt. Den Mund mit einem 2 cm dicken Zentrumbohrer ca. 3 mm tief einbohren.
Bei allen Verschraubungen muß man darauf achten, daß die Schrauben versenkt sind. So kann man sie einfach verspachteln, und es besteht keine Verletzungsgefahr für die Kinder. Wenn Sie noch sehr kleine Kinder haben, sollten Sie die Truhe mit giftfreien Farben bemalen. Sind die Kinder älter, genügt Ölfarbe.

So wird die Sitzbank, in deren »Bauch« viel Platz für Spielzeug oder Schulsachen ist, aus 12 mm dickem Sperrholz aufgebaut. Die Einzelteile werden verleimt und verschraubt, es handelt sich also um ein strapazierfähiges und doch nicht schweres Möbelstück. Entscheidend für die Wirkung ist eine phantasievolle Bemalung. Vielleicht macht es den Kindern Spaß, dabei mitzuhelfen?

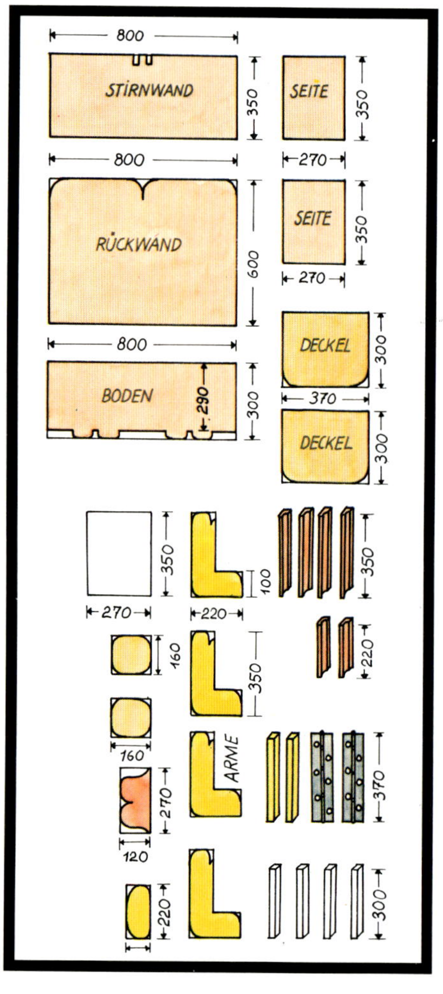

Dieser Detailzeichnung können Sie alle Maße der Einzelteile unserer Sitzbank entnehmen.

Flur-Bauvorschläge

Flurgarderobe mit Telefonplatz

Warum kostbaren Raum verschenken? Hier ist eine Flurgarderobe, die für mehr Platz hat als nur für Mäntel und Hüte. Sie selber dürfen sogar Platz nehmen, beispielsweise zum Telefonieren. Zwei bunt bezogene Schaumstoffpolster laden zum Hinsetzen ein – und die Telefonbücher liegen in Griffweite bereit. Wie dieses Wundermöbel fertig aussieht, sehen Sie sich bitte auf Seite 85 an.

Vom Kinderzimmer ins Wohnzimmer, von dort wieder zurück in die Küche, von der Küche ins Bad – haben Sie einmal nachgerechnet, wie oft Sie am Tag Ihren Flur durchqueren? Der Flur ist ein reiner Durchgangsraum. Das ist jedoch kein Grund, ihn stiefmütterlich zu behandeln.

Beim Flur-Einrichten zu beachten

Der Flur, die Diele, ist der erste Raum, den man zu sehen bekommt, wenn man die Wohnung betritt. Das gilt sowohl für Sie selbst und Ihre Familie als auch für Freunde und Gäste. Sie selbst wollen von diesem Raum freundlich begrüßt werden, sich bei seinem Anblick auf die übrigen Räume der Wohnung freuen können. Für Ihre Gäste und fremde Besucher ist der Eingangsbereich immer noch die Visitenkarte der Wohnung. Der Eindruck, den der Flur macht, wird auf Ihre ganze Wohnung übertragen – und natürlich auch auf Sie selbst.

Wenn man sich vor Augen hält, wie wichtig so ein Flur eigentlich ist, fragt man sich natürlich, warum schon der Architekt nicht mehr Einfallsreichtum auf das Entree verwendet hat. Vermutlich blieb für diesen Bereich nicht mehr Platz übrig – deshalb wurde ein schmaler Schlauch daraus, von dem links und rechts Türen in die anderen Räume führen. Ein schmaler Schlauch, womöglich auch noch ohne

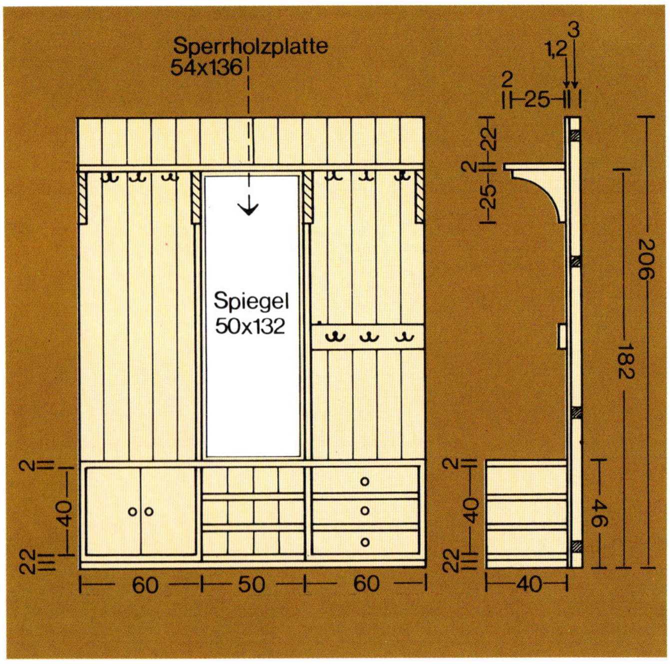

Mit Hilfe dieser Konstruktionszeichnung und der Stückliste auf der rechten Seite läßt sich die Flurgarderobe leicht nachbauen. Sie orientiert sich an skandinavischen Vorbildern, ist also nicht nur Aufhänge- und Ablagevorrichtung, sondern auch Telefonzentrale mit Sitzplätzen – und dazu ein Möbelstück, das sich auch beengten Flur-Raumverhältnissen anpaßt.

Das alles müssen Sie außer Brettern und Leisten laut Materialliste besorgen: Beschläge, Schrauben und Dübel. Für die Polster benötigt man – zusätzlich zur Stückliste – zwei Schaumstoffzuschnitte (600 × 400 × 30 mm) und Bezugstoff in entsprechender Größe. Zum rustikalen Stil der Garderobe paßt am besten ein gröberes Gewebe, das ein klares Muster zeigt.

1 Zunächst werden vier Abstandsleisten waagerecht auf das Mauerwerk geschraubt. Die Löcher für die Kunststoffdübel bohrt man mit einem 8-mm-Spiralbohrer.

2 Ist der Leistenunterbau fertig, werden die Profilbretter angeschlagen. Die Bretter sind durch Nut und Feder miteinander verbunden. So können sie sich nicht verwerfen.

3 In den Nuten kann man die Bretter unsichtbar auf die Abstandsleisten nageln – am besten mit den abgebildeten Vilinhaken, weil die Bretter sonst leicht einreißen.

4 An die Seiten kommen Eckenabschlußleisten. Steht die Türzarge so weit vor, daß sie den Spalt verdeckt, kann man auf dieser Seite auf die Abschlußleiste verzichten.

Licht von draußen, mit wenig Licht von innen, langweiligen Wänden, einer weißgekalkten Decke, einem vielleicht strapazierfähigen, aber öden Fußboden – ist das Ihr Flur?
Egal, wie er aussieht. Sie müssen damit fertig werden, das Beste daraus machen. Und es gibt erstaunlich viele Möglichkeiten, auch einen vergleichsweise winzigen Flur, eine Mini-Diele, so zu verzaubern, daß ihn auch die beste Freundin nicht mehr wiedererkennt. Auf den folgenden Seiten stehen zahlreiche Beispiele dafür.
Vorweg ein paar Hinweise:
Natürlich brauchen Sie eine Ablage für die Garderobe – für eigene, für die der Kinder und für diejenige der Gäste. Der gute alte Kleiderständer ist wieder aktuell. Sie können aber auch einen alten Schrank zum Garderobenschrank umfunktionieren, ein Regal bauen oder Einbauelemente kombinieren. Neben dem Platz zum Aufhängen brauchen Sie auch welchen zum Ablegen. Das kann ein einfaches Wandbord sein oder ein Schränkchen, eine Truhe oder eine Kommode.
Wenn Sie ein bißchen mehr Platz haben, werden Sie eine kleine Sitzecke aufbauen wollen – zum Telefonieren, für Verhandlungen mit dem Geldbriefträger, als Mittelpunkt für wichtige Familiennotizen, vielleicht sogar mit einem Mini-Schreibplatz, wo man Postanweisungen ausfüllen oder das Haushaltsbuch führen kann.
Hohe Flure kann man durch den Einbau von Borden und Böden besser nutzen. Sie gewinnen so Platz für Kartons und Koffer, das Schlauchboot und den Großvorrat an Toilettenpapier, die Hängematte und den Beutel mit den Stoffresten.

Bauanleitung für die Garderobe mit Pfiff

Der Flur soll, darüber besteht Klarheit, nicht nur ein einladender Empfangsraum sein. Er ist auch eine Pufferzone zwischen draußen und drinnen: Hier bleiben zum Beispiel nasse Regenmäntel und Straßenschuhe, hier prüft man mit einem Blick in den Spiegel, ob die Krawatte richtig sitzt.
Trotz der vielfältigen Anforderungen, die man an Flurmöbel stellen muß, dürfen sie aber dennoch nicht zu groß sein und zu weit in den Raum hineinragen. Denn schließlich ist der Flur auch gleichzeitig der Verbindungsgang zwischen den verschiedenen Wohnbereichen.
Wir haben deshalb eine Flurgarderobe im skandinavischen Stil konstruiert, die allen

STÜCKLISTE FÜR IHREN MATERIALEINKAUF

	Bauteil	Nr.	Material	Stück	Maße
Paneelwand	Abstandsleisten	1	Dachlatte	4	1700 x 30 x 25 mm
	Eckabschlußleisten	2	Dachlatte	2	2060 x 30 x 25 mm
	Profilbretter	3	Nordische Kiefer	berechnen	2060 mm (ca. 4 qm)
	Profilholzkrallen	4	Eisen	ca. 100	
	Dübel	5	Kunststoff	ca. 50	Ø 8 mm
	Holzschrauben	6	Eisen	ca. 50	70 mm, Ø 4 mm
Sitzschrank	Ober- und Unterteil	7	Spanplatte	2	1700 x 400 x 19 mm
	Sockelleisten vorn und hinten	8	Spanplatte	2	1700 x 50 x 19 mm
	Schubkastenführungsböden	9	Spanplatte	2	562 x 400 x 19 mm
	Einlegeboden links	10	Spanplatte	1	562 x 400 x 19 mm
	Türen links	11	Spanplatte	2	397 x 275 x 19 mm
	Einlegeböden Mittelfach	12	Spanplatte	2	500 x 400 x 19 mm
	Seiten- und Mittelteile	13	Spanplatte	4	400 x 400 x 19 mm
	Sockelleisten seitlich	14	Spanplatte	2	400 x 50 x 19 mm
	Rückwände	15	Hartfaserplatte	2	435 x 595 x 35 mm
	Dübel	16	Holz	ca. 40	Ø 8 mm
	Magnetschnäpper	17		2	
	Klavierband	18	Messing	2	400 mm
	Bodenträger	19	Kunststoff	12	
	Möbelknöpfe	20	Holz	5	Ø 30 mm
Schubkästen	Vorder- und Hinterteile	21	Tischlerplatte	6	560 x 100 x 12 mm
	Seitenteile	22	Tischlerplatte	6	350 x 100 x 12 mm
	Fronten	23	Spanplatte Limba furniert	3	560 x 119 x 19 mm
	Böden	24	Sperrholz Birke	3	560 x 374 x 6 mm
	Führungsleisten	25	Hartholz	1	2500 x 15 x 6 mm
Hutablage und Hakenbrett	Bord	26	Spanplatte Limba furniert	1	1700 x 270 x 19 mm
	Stützen	27	Spanplatte Limba furniert	2	280 x 250 x 19 mm
	Hakenbrett	28	Spanplatte Limba furniert	1	580 x 120 x 19 mm
	Doppelhaken	29	Eisen brüniert	3	
	Hängehaken drehbar	30	Eisen brüniert	6	
	Spiegelösen	31	Eisen	4	
Spiegelwand	Rückenplatte	32	Sperrholz Birke	1	1360 x 540 x 6 mm
	Spiegel	33		1	1320 x 500 mm
	Spiegelklammern	34	Messing verchromt	1 Satz	
	Kantenfurnier für alle Bauteile	35	Limba	1	16 m

1 Die Einlegeböden im Sitzschrank ruhen auf Bodenträgern aus Kunststoff. Bevor Sie die festnageln, messen Sie die Befestigungspunkte genau aus. Wenn die Träger nicht in gleicher Höhe sitzen, wackeln die Einlegeböden.

2 Die Türen werden mit Klavierband befestigt. Man schraubt es zuerst an den Türblättern fest, danach an den Seitenteilen des Schränkchens. Die Bandrolle (das ist die Rundung in der Mitte) muß dabei stets zur Innenseite zeigen.

3 Die Schubkästen werden auf einfachste Weise zusammengebaut: Die Seitenteile werden stumpf verleimt und vernagelt, die Böden daruntergeschraubt. Wer es noch stabiler haben will, muß die Schubkästen zinken (siehe Seite 60).

4 Damit die Schubkästen auf den Führungsböden gleiten, werden seitlich unter die Schubkästen Führungsleisten aus Hartholz gesetzt. Vor die Schubkästen leimt man Fronten aus furnierter Spanplatte und schraubt Holz-Möbelknöpfe an.

5 Die geschweifte Vorderseite der Stützen für die Hutablage wird mit Furnierstreifen beklebt (Kontaktkleber verwenden!). Den Überstand mit einem scharfen Messer oder einem Kantenhobel für die Furnierkantenbearbeitung abschneiden und die Kanten mit Schleifpapier nachschleifen. Auch Aufbügelfurnier eignet sich für die Kanten.

6 Die Hutablage hängt man mit Spiegelösen an die Paneelwand. Die Ösen werden nicht einfach aufgeschraubt, sondern sauber eingelassen. Sonst gibt es zwischen der Hutablage und der Paneelwand eine häßliche Fuge. Vorsicht beim Verschrauben – Spanplatten neigen zum Spalten. Auf jeden Fall muß sorgfältig vorgebohrt werden.

diesen Anforderungen gerecht wird. Und noch einigen mehr. Man kann dort sitzen und in Ruhe telefonieren. In die Schubladen passen alle die Dinge, die man sich sonst immer an verschiedenen Stellen zusammensuchen muß. Und an die Kinder haben wir auch gedacht: Die haben ihre eigenen Kleiderhaken in erreichbarer Höhe.

Das Rückgrat der Garderobe bildet eine Paneelwand, die man am besten mit der Oberkante der Türzargen abschließen läßt. Dadurch fügt sie sich organisch in das Bild des – meist von vielen Türen beherrschten – Flurs ein. Man kann sie aus Platzgründen auch direkt an eine Türzarge ansetzen und erreicht dadurch sogar eine besonders großzügige Wirkung der Einbauten.

Die Profilbretter werden nicht direkt auf der Wand, sondern auf waagerechten Abstandsleisten befestigt. Das hat zwei Vorteile: Zum einen lassen sie sich dann unsichtbar mit Profilholzkrallen montieren, zum anderen kann sich dahinter keine Feuchtigkeit stauen.

Die Hutablage hängt man an Spiegelösen fertig an die Paneelwand. Sie besitzt vier angeschraubte Stützen, deren Rückseiten auf der Paneelwand aufliegen und den Scherdruck (das ist der nach unten wirkende Druck auf eine waagerechte Befestigung) verteilen. Für die Stützen sägen Sie die beiden Zuschnitte (Stückliste Nr. 27) diagonal durch und schweifen die Dreiecke nach Geschmack mit der Stich- oder Laubsäge. Die mit Feile und Schmirgelpapier geglätteten Vorderkanten werden – wie übrigens alle sichtbaren Schnittflächen – mit Kantenfurnier beklebt.

Das Hakenbrett für die Kindersachen und der Spiegel werden ebenfalls von der Paneelwand getragen. Der Spiegel aber nur indirekt: Darunter sitzt eine Sperrholzplatte, die zuerst farbig lackiert und dann auf die Wand gesetzt wird. Erst darauf montiert man den Spiegel mit Spiegelklammern.

Ein Schrank zum Draufsetzen

Der Mittelteil mit den Einlegeböden hat keine Rückwand, damit man die Profilbretter sehen kann. Wenn Sie das linke, mit Türen verschlossene Drittel gerne als Schuhschrank benutzen wollen, sollte für die Rückwand statt einer Hartfaserplatte eine Lochplatte verwendet werden.

Alle tragenden Teile des Sitzschranks werden zusammengedübelt, die Rückwände nur aufgenagelt, die Sockelleisten zu einem Rahmen verleimt. Auch die Schubkästen sind so einfach konstruiert, daß der Zusammenbau schnell vonstatten geht.

Zum Schluß werden alle Holzoberflächen, auch die Paneelwand, mit Einlaßgrund gestrichen. Dadurch werden sie unempfindlich gegen Schmutz und Nässe.

Einfache Garderobe - meterweise

Wenn es darum geht, eine Mantel- und Hutablage zu bauen, die sich einfach herstellen läßt, keinen großen Materialaufwand erfordert und nicht viel kostet, ist diese Garderobe nach Maß, die beliebig lang gebaut werden kann, genau das richtige Modell.

Die Länge Ihrer Garderobe aus Kiefernholz müssen Sie selbst bestimmen. Vielleicht gibt es in Ihrem Flur eine kürzere Querwand, vor der Sie die Garderobe von Wand zu Wand spannen können. Vielleicht eignet sich ein Wandstück zwischen Tür (oder Fenster) und nächster Wandecke, oder die Wand zwischen zwei Türen. Auf jeden Fall sollten Sie die Garderobe nicht zu kurz bauen. Schnell stellt sich nämlich meistens heraus, daß man mehr Garderobenplatz braucht, als man ursprünglich einkalkuliert hatte.

Für das Garderobenbrett (Wandbrett) haben wir ein 24 cm breites Brett aus Kiefernholz gewählt, für die daran befestigte Hutablage ein 20 cm breites Brett. Beide sind gehobelt und 22 mm dick.

Der erste Arbeitsgang ist das Bohren der Löcher für die 8 mm dicken Dübel, mit denen die Bretter verbunden werden. Beim Brett für die Hutablage können Sie Sacklöcher bohren, damit die Dübel unsichtbar bleiben. Das ist aber nicht unbedingt notwendig - diese Stelle ist später ohnedies nicht zu sehen. Deshalb tun Sie sich leichter, wenn Sie beide Bretter in der endgültigen Stellung zusammenspannen und die Löcher in einem Arbeitsgang bohren, d. h. durch Hutablage und Kante des Wandbrettes in einem.

Nun kommen die Löcher für die 24 mm dicken Kiefernrundstäbe an die Reihe. Gebohrt wird mit einem Forstnerbohrer oder einem Bohrer mit verstellbarem Durchmesser. Achten Sie darauf, daß diese Löcher genau lotrecht gebohrt werden, sonst sitzen die Stangen später schief.

Die Dübelstangen sollen 60 cm voneinander entfernt sein, damit Sie Kleiderbügel daran aufhängen können, die einander nicht im Wege sind.

Jetzt können alle Teile geschliffen werden. Wenn Sie das Holz nicht naturell oberflächenbehandeln, sondern beizen wollen, müssen Sie es vor dem Schleifen auch noch wässern.

Gebeizt wird in jedem Fall vor dem Zusammenleimen der Teile, mattiert oder lackiert dagegen hinterher.

Für den Zusammenbau bestreichen Sie die Dübelstangen an einem Ende mit Leim, oder Uhu coll express und schlagen sie vorsichtig in die 24-mm-Löcher. Sie müssen auf der Rückseite bündig mit dem Wandbrett abschließen.

Nun werden die Kugeln (24 mm Durchmesser) aufgeleimt. Sie bekommen die Kugeln mit passender Bohrung im Heimwerkergeschäft (aus Buchenholz).

Zum Schluß verleimen Sie Wandbrett und Hutablage, wobei nicht nur die Dübel mit Leim bestrichen werden, sondern auch die Brettkanten. Nach dem Abbinden des Leims wird das ganze Möbelstück geschliffen und mattiert.

Beim Zusammenbau der Garderobe zuerst die Rundstäbe einleimen, dann die Kugeln aufsetzen.

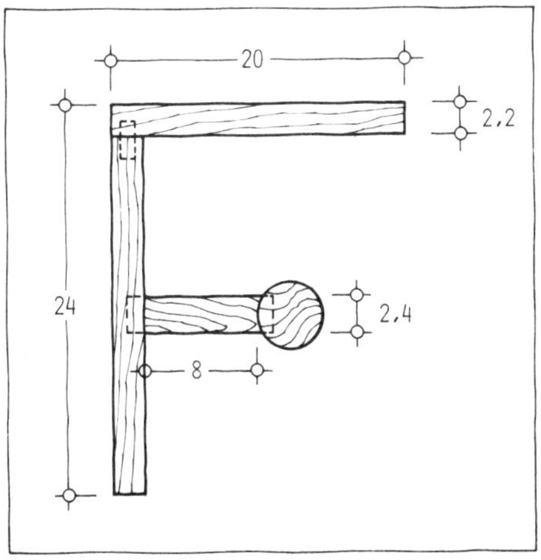

An dieser Schnittzeichnung wird die Konstruktion deutlich. Die Bretter werden gedübelt.

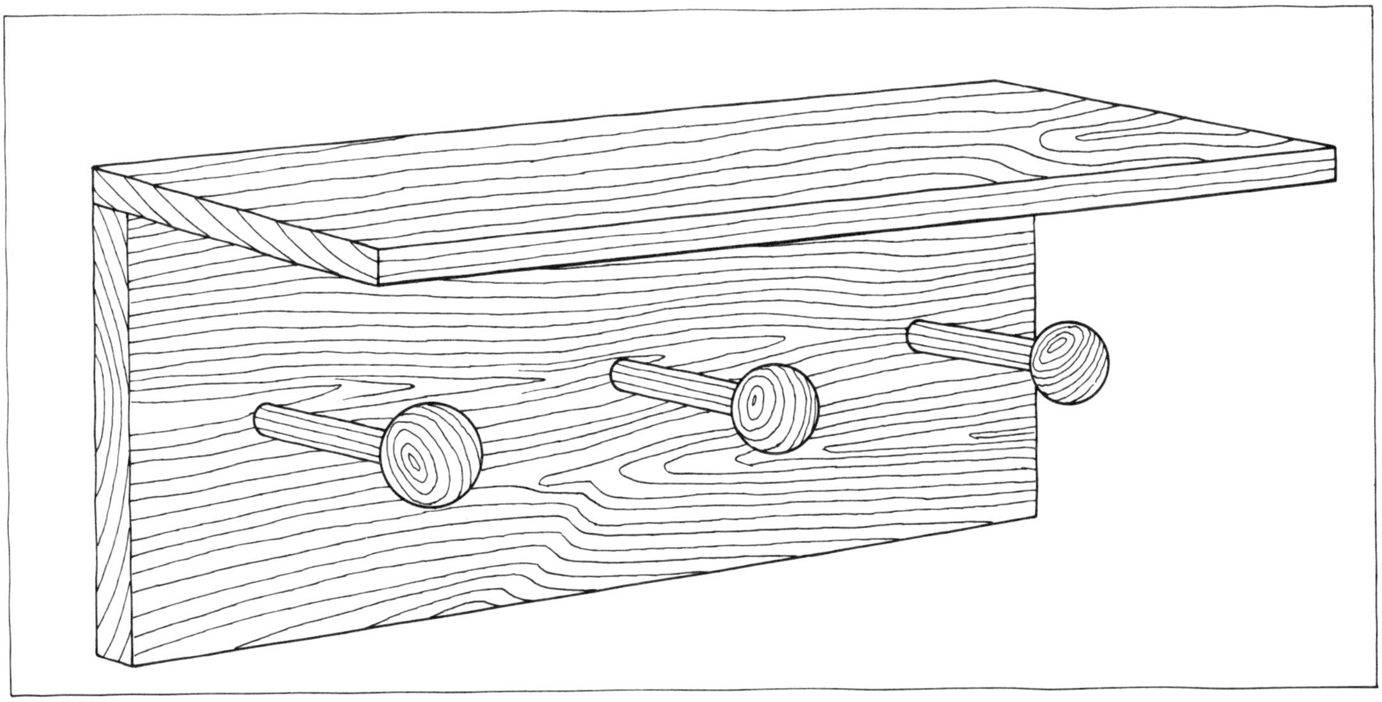

Diese Garderobe können Sie beliebig lang bauen, je nach den Abmessungen Ihres Flures. Am besten wirkt sie zwischen zwei Türen oder auch Wänden. Machen Sie die Garderobe nicht zu kurz. Meist braucht man mehr Ablagemöglichkeiten, als man einkalkuliert hat, vor allem für Gäste.

Spiegel-Mosaik für Ihren Flur

12 sechseckig zugeschnittene Spiegelreste, auf eine Spanplatte geklebt und mit Lampen versehen – schon sehen Sie sich im rechten Licht. 5 mm breite Schattenfugen zwischen den Spiegeln geben ein interessantes Muster. Natürlich können Sie die Sechsecke auch anders anordnen – der Grundaufbau bleibt immer gleich.

Spiegelglas-Abfall, den Sie beim Glaser für wenig Geld kaufen können, wird bei unserem Entwurf wieder zu einem echten Schmuck für Ihr Heim. Eine Spanplatte, 10 mm dick, dient als Grundplatte. Die Arbeit ist nicht besonders schwierig, verlangt aber Genauigkeit.

Das beginnt schon beim Aufzeichnen der Grundkonstruktion auf die Spanplatte. Mit Reißschiene und 60-Grad-Winkel übertragen Sie die Konstruktionszeichnung (unten) auf die Spanplatte. Die einzelnen Sechsecke haben eine Seitenlänge von genau 15 cm. Insgesamt haben Sie es mit 14 miteinander verbundenen Sechsecken zu tun. Zwei davon, die beiden untersten, tragen später die Ablagekästchen. Alle anderen werden mit Spiegel-Sechsecken beklebt.

Wenn alles aufgezeichnet ist, sägen Sie die Grundplatte an den äußeren Begrenzungen aus. Das geschieht am besten mit einer Stichsäge. Weil diese Säge von Hand nicht sehr genau zu führen ist, nageln Sie eine Holzleiste als Anlage auf (die Nagellöcher sind später nicht zu sehen). An einem Stück Abfallholz müssen Sie vorher ausprobieren, welche Entfernung die Anlageleiste haben muß, damit das Sägeblatt genau neben der äußeren Begrenzungslinie (also nicht etwa *auf* der Linie) sägt.

In der Mitte der beiden äußeren Sechsecke bohren Sie ein Loch mit einem Durchmesser von 38 mm. Das geschieht am besten mit dem Lochsäge-Vorsatz zur Bohrmaschine. Durch dieses Loch ragt später die Fassung der Glühbirne.

Nun werden alle Sägekanten der Grundplatte mit Feile und Schleifpapier nachbehandelt. Streichen Sie die Außenkante und die vorskizzierten Spiegelzwischenräume zweimal mit schwarzem Mattlack. Die Stellen, die von den Spiegeln über-

MATERIALLISTE

1 Spanplatte, 10 mm dick, 122 × 125 cm
Spiegelreste, ausreichend für 12 Sechsecke, Kantenlänge 15 cm
12 Kiefernbretter, 16 mm dick, 19 × 15 cm (Zulage für Schmiegenschnitt nicht berücksichtigt)
2 Fassungen E 14
2 Glühbirnen, 40 Watt, kopfverspiegelt; Kabel nach Bedarf
12 Holzschrauben 3,5 × 30 mm
1 Glasscheibe, 6 mm dick
16,2 × 19 cm

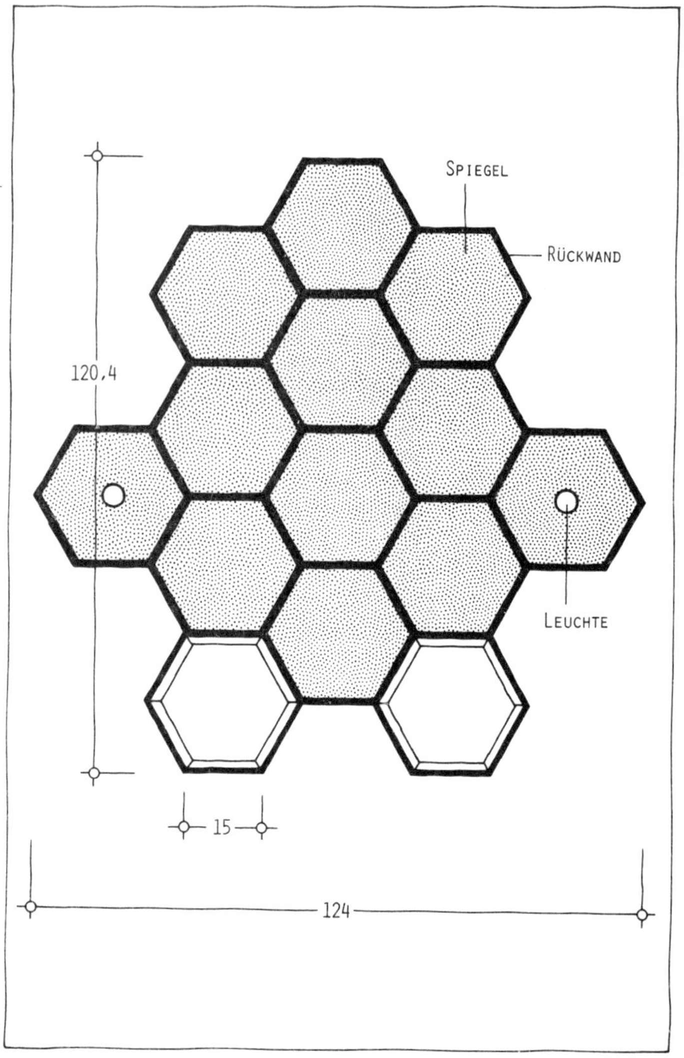

Das Spiegel-Mosaik für den Flur besteht aus 12 sechseckigen Spiegelflächen, die Sie selbst zuschneiden können, und zwei sechseckigen Ablagekästchen. Zwischenraum von Spiegel zu Spiegel 5 mm, Rand ebenfalls 5 mm. Die Seitenlänge der Sechsecke: 15 cm. Die Gesamthöhe: 120,4 cm.

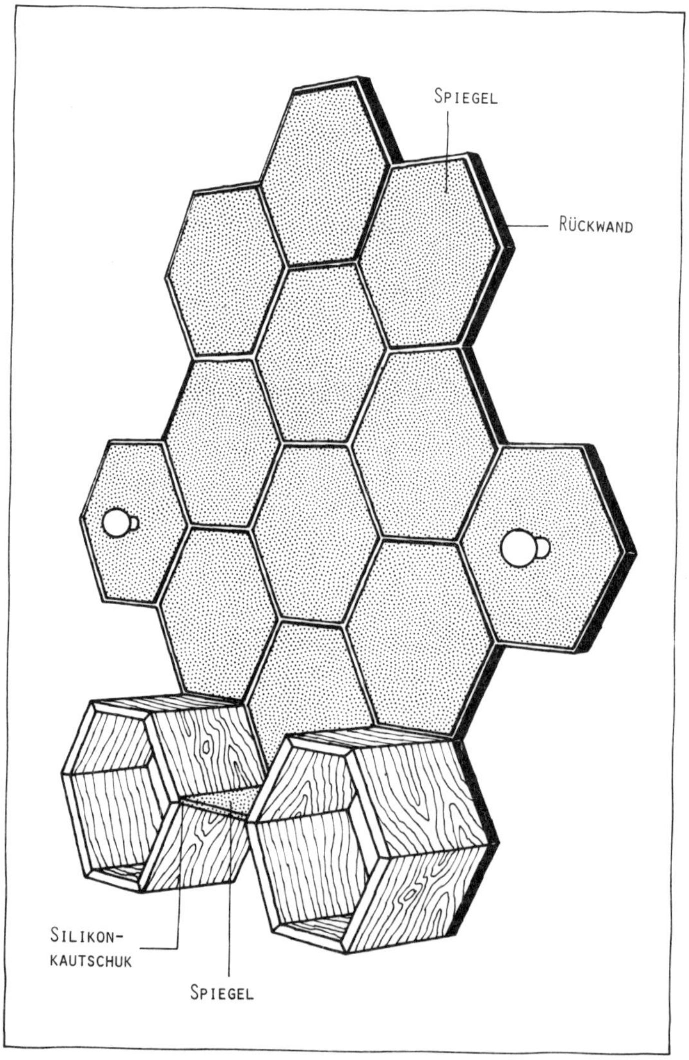

So sieht das fertige Spiegelmosaik aus. Den Hintergrund bildet eine passend zugeschnittene Spanplatte, auf die die Spiegel geklebt werden. Die Ablagekästchen werden durch die Rückseite festgeschraubt. Dazwischen wird ein Glasbord eingelegt und mit Uhu Meister Allesdicht festgehalten.

deckt werden, brauchen nicht gestrichen zu werden.
Jetzt kommt das Zuschneiden der Spiegelsechsecke an die Reihe. Schneiden Sie ein Spanplatten-Sechseck als Anlage zu. Die genaue Größe müssen Sie ausprobieren. Die Spiegel sollen vom Spanplattenrand und untereinander 5 mm Abstand einhalten.
Jede einzelne Spiegelkante muß für sich geschnitten werden. Nach dem gleichmäßigen Einritzen mit dem Glasschneider wird der Schnitt vorsichtig von der Rückseite her mit dem Glasschneider angeklopft. Wenn man das richtig macht, löst sich schon dabei das Abfallstück von der Glasscheibe. Geschieht das nicht, brechen Sie es über einer scharfen Kante ab. Die Schnittkanten können Sie mit ganz feinem Schleifpapier (über den Schleifklotz ziehen) vorsichtig nachbearbeiten.
Zwei Spiegel müssen Sie noch einmal zum Glaser tragen, damit er die Löcher für die Glühbirnenfassung einschneiden kann (38 mm Durchmesser). Sie sollten sich diese Arbeit nur dann selbst zutrauen, wenn Sie entsprechend ausgerüstet sind. Sonst könnte es Scherben geben. Beim Aufkleben der Spiegelteile müssen Sie sehr genau aufpassen. Geklebt wird mit doppelseitigem Spezialklebeband Scotch Mount 4032 von 3 M, das die Spiegel absolut sicher festhält. Eben dieses guten Klebens wegen sind Korrekturen nicht mehr möglich, wenn der Spiegel erst einmal an einer Stelle haftet.

Die Ablagekästchen

Sie bestehen aus 16 mm dickem Kiefernholz von 19 cm Breite. Diese Bretter schneiden Sie mit der Kreissäge im 15-cm-Abstand beiderseits auf 60 Grad Schmiege zu, also im gleichen Winkel der Sechsecke. Jeweils sechs Brettchen ergeben einen Kasten. Für den Zusammenbau legen Sie jeweils sechs Brettchen so aneinander, daß sich der Schmiegenschnitt nach unten öffnet. Die Stoßkanten werden mit Klebeband verbunden. Drehen Sie die Brettchen nun um und bestreichen Sie die Schmiegen mit Leim. Dann legen Sie die Brettchen aufrechtstehend zum Sechseck zusammen und überkleben auch noch die letzte Naht. Knoten Sie nun eine Leine um das Kästchen. Eingeschobene Keile verstärken den Druck. Kontrollieren Sie, ob alle Nähte dicht zusammengepreßt sind, und lassen Sie die Kästen mindestens 24 Stunden trocknen.
Beide Kästen werden geschliffen, grundiert und mattiert, dann schrauben Sie sie mit Holzschrauben durch die Spanplatte von hinten fest. Zwischen die beiden Kästen wird als weitere Ablage eine Spiegel- oder Glasscheibe (0,6 x 16,2 x 19,0 cm) so eingelegt, daß sie seitlich auf den Ablagekästen aufliegt. Damit die Scheibe nicht herausfallen kann, streichen Sie farblosen Silikonkautschuk in die Winkel.
Zuletzt wird die Beleuchtung eingebaut. Als Leuchtenhalterung dient eine 4 mm dicke Aluminiumplatte (10 x 10 cm), die auf den Durchmesser des Fassungsgewindes aufgebohrt und hinter die Grundplatte geklebt wird. Schraubt man beide Fassungsteile zusammen, sitzt die Beleuchtung perfekt. In das Kabel zur nächsten Steckdose sollten Sie einen Schnurschalter einsetzen.

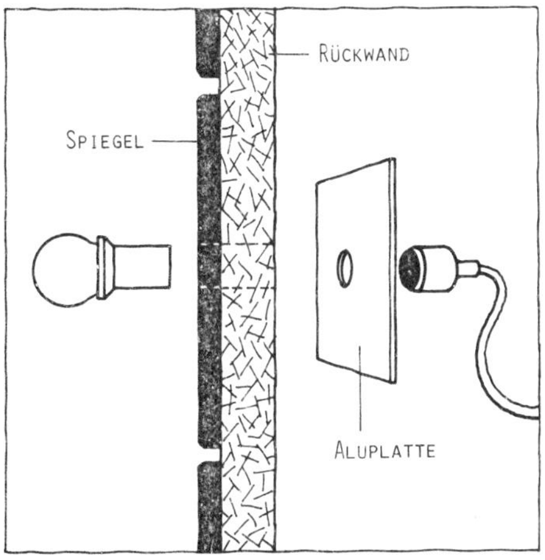

1 Für den Leuchteneinbau müssen zwei Spiegelflächen durchbohrt werden (vom Glaser). Eine Aluplatte mit Bohrung dient als Halteelement.

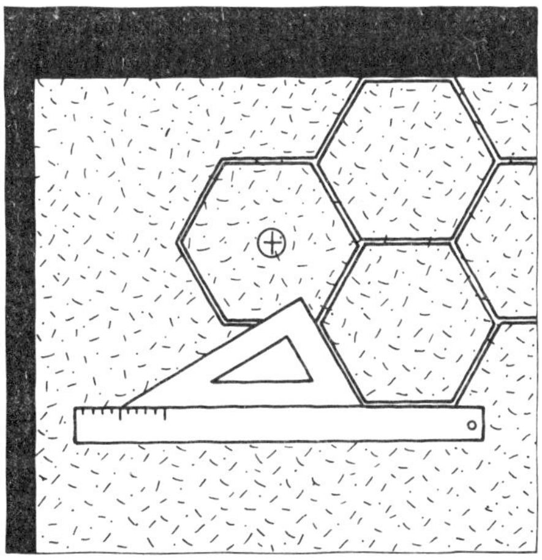

2 Die Konstruktionszeichnung (linke Seite) überträgt man mit Reißschiene und 60-Grad-Winkel auf die Grundplatte aus 10-mm-Spanplatte.

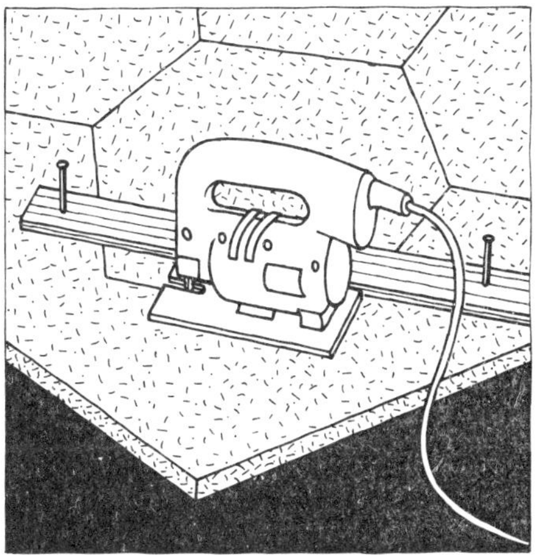

3 Eine aufgenagelte Holzleiste als Anlage für die Stichsäge erleichtert das Aussägen. An der äußeren Linie entlang muß ausgesägt werden!

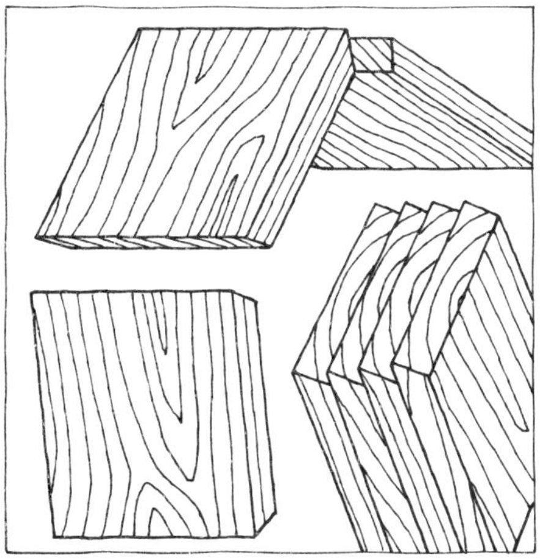

4 Die Ablagekästchen werden aus 16 mm dicken Kiefernholzbrettern, beidseitig gehobelt, hergestellt. Die 19 cm breiten Bretter werden in 15-cm-Abstand auf 60 Grad Schmiege geschnitten.

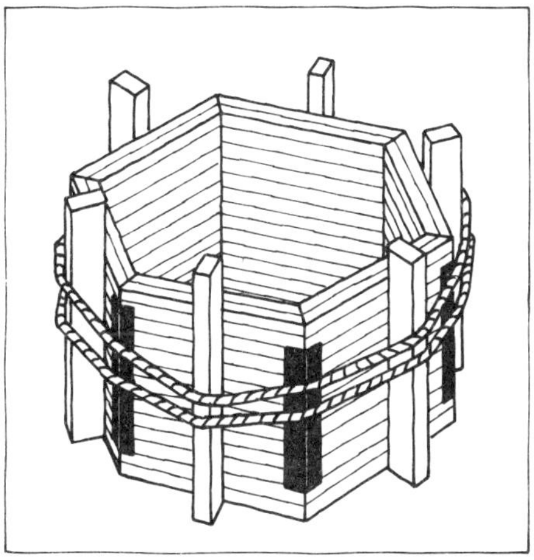

5 Je sechs Bretter mit dem Schmiegenschnitt nach unten aneinanderlegen, mit Klebeband verbinden. Dann mit Leim bestreichen, zum Sechseck zusammenlegen und mit Schnur einspannen.

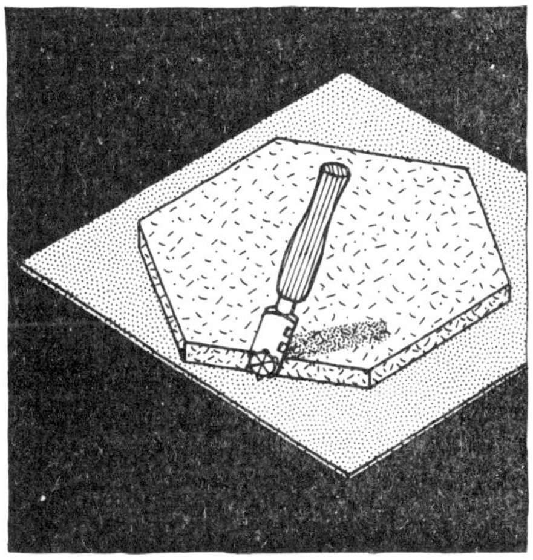

6 Beim Zuschneiden der sechseckigen Spiegelscheiben verwendet man ein Spanplatten-Sechseck als Anlage. Mit Doppelklebeband werden die Spiegelscheiben auf die Spanplatte geklebt.

Garderobe mit Kletterschränken

Diese Flurgarderobe ist mit kletternden »Liftschränken« ausgerüstet. Die beiden oberen Schränkchen sind so eingerichtet, daß Sie sie in beliebiger Höhe einstellen können, und das ohne große Umstände. Wenn Ihnen die Garderobe nicht mehr gefällt, versetzen Sie einfach die Schränke. Und wenn Sie in einem Oberschrank Ordnung machen wollen, holen Sie ihn herunter – ohne große Probleme.

Die Schränke unserer höhenverstellbaren Garderobe haben wir aus 13 mm dicken Tischlerplatten gebaut (nur die Rückwände bestehen aus 5-mm-Sperrholz). Bei der Holzbestellung müssen Sie auf den Verlauf der Maserung achten: Das erste Maß in der Materialliste gibt immer die Richtung an, in der die Maserung des Deckfurniers verläuft. Bei einfachen Tischlerplatten läuft die Stabmittellage quer dazu, bei solchen mit Edelholzfurnier dagegen parallel.

Wichtig ist, daß die Stabmittellage bei den Oberplatten der Schränke in Richtung der Schrankbreite verläuft. Sonst würde das Holz an den »Nasen«, die die Last des Schrankes zu tragen haben, schnell abbrechen. Die Angaben in unserer Materialliste beziehen sich auf einfache, dreischichtig verleimte Platten. Wenn Sie edelholzfurnierte Platten verwenden, müssen Sie also erstes und zweites Maß vertauschen. Bauen Sie zuerst die Schränke. Ober- und Unterplatten und Seitenteile werden zugeschnitten. Nach der Kantenbearbeitung mit Schleifpapier und -klotz erhalten alle sichtbar bleibenden Hirnholzkanten sofort aufbügelbare Umleimer. So wird vermieden, daß nach dem Zusammenbau Furnierkanten überstehen.

An der hinteren Innenkante erhalten Seiten- und Oberteile einen 6 mm tiefen und 6 mm breiten umlaufenden Falz, in den später die Rückwand eingeschoben wird. Der Korpus der Schränke wird mit 6-mm-Rundholzdübeln zusammengefügt. Zum Bohren der Löcher sollte man die Maschine unbedingt in einen stabilen Bohrständer einspannen. So hat man die Gewähr, daß die Löcher auch senkrecht sind und alles genau zusammenpaßt. Für das Anzeichnen der Gegenlöcher verwendet man Zentrierspitzen (siehe Seite 54). Dabei zuerst die Löcher ins Hirnholz bohren, dann die Zentrierspitzen einsetzen, das Gegenstück anpassen und andrücken. Die Spitzen markieren genau die Lage der Gegenlöcher, die nun eingebohrt werden.

Wenn alle Dübellöcher gebohrt sind, können die Schränke zusammengesetzt und verleimt werden. Zum Einspannen verwendet man eine umlaufende Schnurlage und Holzkeile, wie sie auch zum Bau der Ablagekästchen beim Spiegel-Mosaik verwendet wurden (siehe Seite 91).

Vor dem Abbinden des Leims muß überprüft werden, ob die Kästchen auch ge-

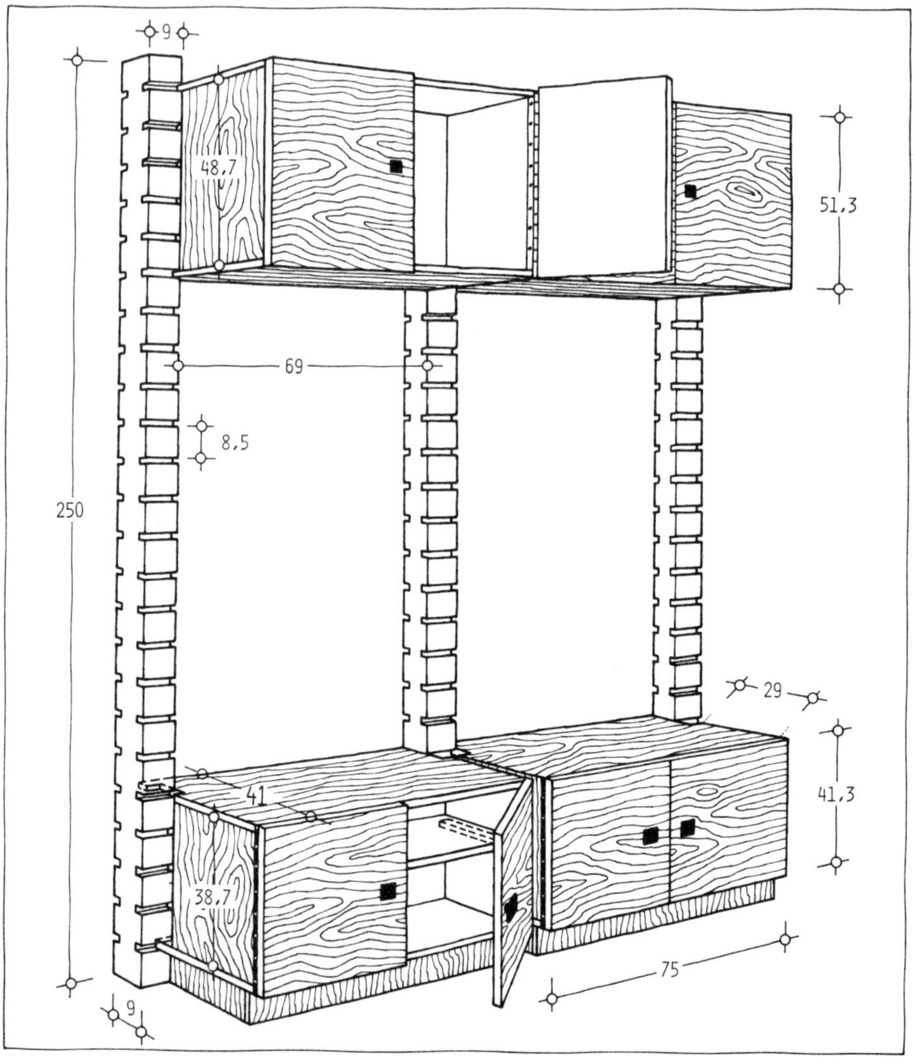

Die Liftschrank-Garderobe besteht aus vier Schränken, von denen zwei die Basis bilden und zwei in beliebiger Höhe verstellbar angeordnet sind. Sie können also beide Oberschränke auch tiefer setzen, als die Zeichnung angibt, oder den einen höher, den anderen niedriger – je nach Lust und Laune. Die Zeichnung enthält alle Maße, die für den Nachbau der Liftschrank-Garderobe wichtig sind.

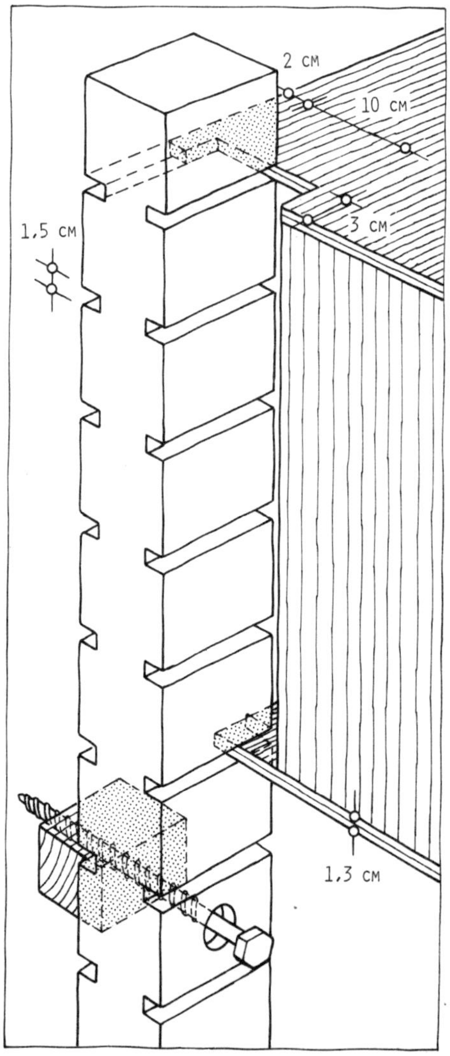

Die ausgesparten Platten der Schränke greifen oben an der Hinter-, unten an der Vorderseite der Stützen in die Nuten der Kanthölzer ein. So werden die Kästen in jeder Lage festgehalten.

MATERIALLISTE

13-mm-Tischlerplatte

4 Unterplatten	35 x 75 cm
4 Oberplatten	41 x 75 cm
4 Seitenteile	38,7 x 29 cm
4 Seitenteile	48,7 x 29 cm
4 Türen	37,5 x 41,3 cm
4 Türen	37,5 x 51,3 cm

5-mm-Sperrholz

2 Rückwände	73,8 x 38,7 cm
2 Rückwände	72,8 x 48,7 cm

Kantholz, Fichte

3 Stützen 250 x 9 x 9 cm

Zubehör

8 Türgriffe, 8 Magnetschnäpper,
8 x Klavierband 26 mm x 41 cm,
6 Abstandsklötze 5 x 5 x 5 cm,
6 Schrauben 10 x 150 mm
Uhu coll express

Die Kantholz-Stützen sind aus Fichtenholz. Für die Schränke müssen Sie sowohl 13-mm-Tischlerplatte als auch 5-mm-Sperrholz besorgen.

nau rechtwinklig sind. Das geht am besten durch Messung der Diagonalen. Sie müssen auf den Millimeter genau gleich lang sein. Wenn etwas nicht stimmt, kann man es jetzt noch durch Veränderung der Einspannung korrigieren.
Die Rückwände werden eingesetzt und angeschraubt oder mit kleinen Nägeln befestigt. Die vorgesetzten Türen sollten mit Klavierbändern (durchgehenden Scharnierbändern) angeschlagen werden. Vor der Montage müssen die abgeschnittenen Enden der Bänder entgratet werden (mit der Feile).
Die Sockel der Unterschränke haben keine tragende Funktion; man kann sie auch weglassen. Jeder Sockel wird aus drei Plattenstreifen mit Eckenverstärkungen zusammengeleimt. Die Sockelhöhe bestimmt man nach der Montage der fertigen Garderobe, sie ist vorher nur ungenau festzulegen. Die Schrankteile werden abschließend geschliffen, grundiert und zweimal mit Einlaßgrund gestrichen. Man kann sie auch wässern, beizen und mattieren.
Die Stützen werden aus Kanthölzern (Fichte, 9 x 9 cm, raumhoch) zugeschnitten. An ihnen reißt man die Nuten an, in die die Schränke einrasten. Mit der Säge werden die Nuten 2 cm tief eingesägt. Dann hebt man das restliche Material mit dem Stecheisen aus den Nuten heraus – bitte nicht in dicken Spalten, sondern in dünnen Schichten und mit einem scharfen Stecheisen. Mit der Feile oder mit Schleifpapier, das um eine Leiste gespannt ist, werden die Nuten sauber nachgearbeitet. Mit Dübeln und 5-cm-Abstandsklötzen werden die Stützen an die Wand geschraubt. Die Sechskantschraubenköpfe versenkt man bis zur halben Materialdicke im Holz der Stützen. Nun können die Schränke probeweise eingehängt werden.
Das hier vorgeführte Konstruktionsprinzip läßt sich bei Bedarf abwandeln. Beispielsweise können Sie eine weitere Baugruppe (eine Stütze, je einen Unter- und Oberschrank) dazunehmen, dann wird die Garderobe breiter. Die Wand zwischen den Stützen kann man bespannen oder tapezieren. Anschließend bringt man Kleiderhaken an.

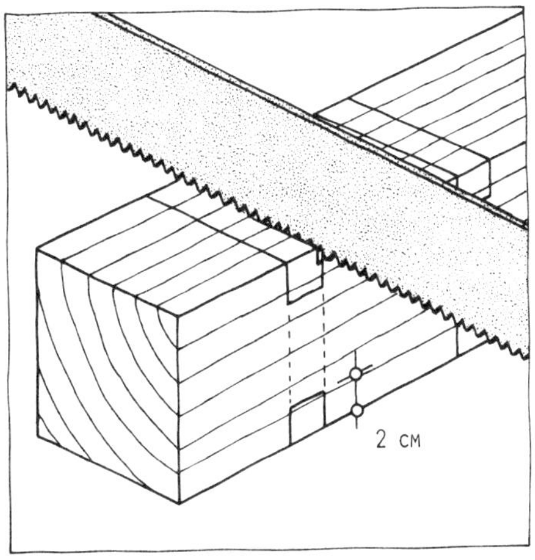

1 Nach dem Anreißen der Kanthölzer, die die tragenden Säulen bilden, werden die Nuten mit der Säge sorgfältig 2 cm tief eingeschnitten.

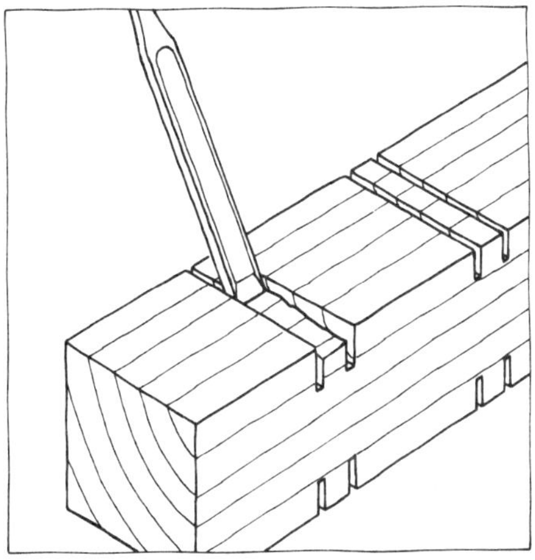

2 Mit dem Stemmeisen sticht man dann das restliche Material aus den Nuten heraus. Dabei schichtweise vorgehen, nicht grob abspalten.

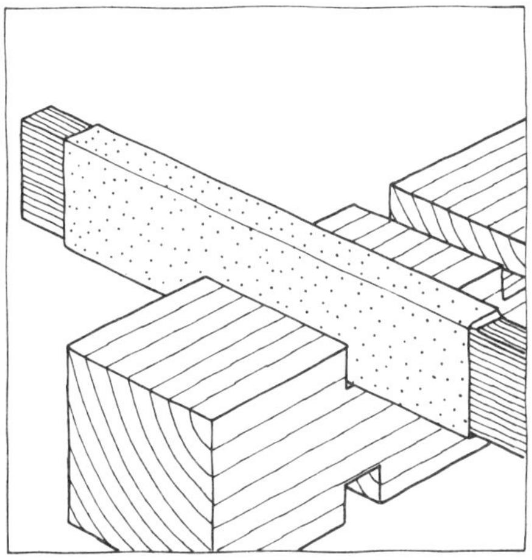

3 Die Flächen der sauber ausgestemmten Nuten glättet man mit Schleifpapier, das auf eine Leiste gespannt ist, oder mit einer Feile.

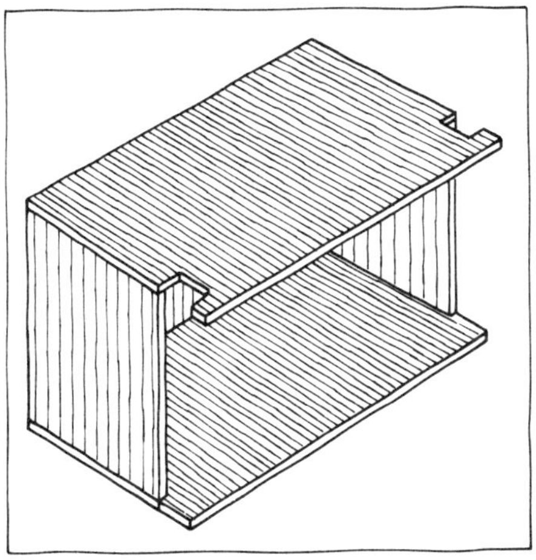

4 Der fertig verleimte Korpus eines Schranks. Man erkennt deutlich die Aussparungen in den Oberplatten, die in die Stützhölzer greifen. Zum Ein- und Aushängen besteht 2 mm Spielraum.

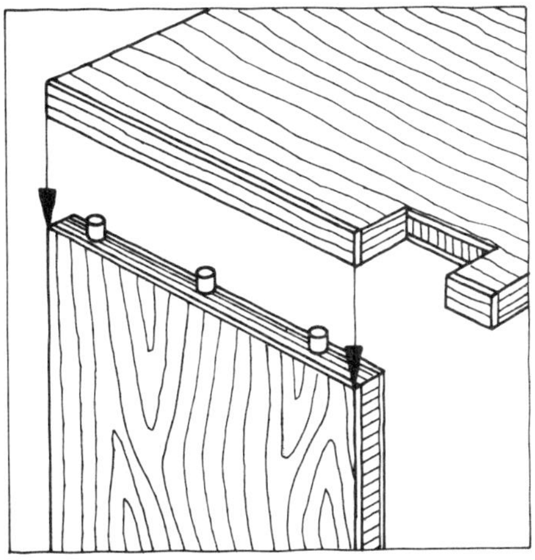

5 Verdübelung der Schrankteile. Zuerst in die Hirnkante Dübellöcher bohren, dann Zentrierspitzen einsetzen und das Gegenstück andrücken. Das garantiert einen genauen Sitz der Dübel.

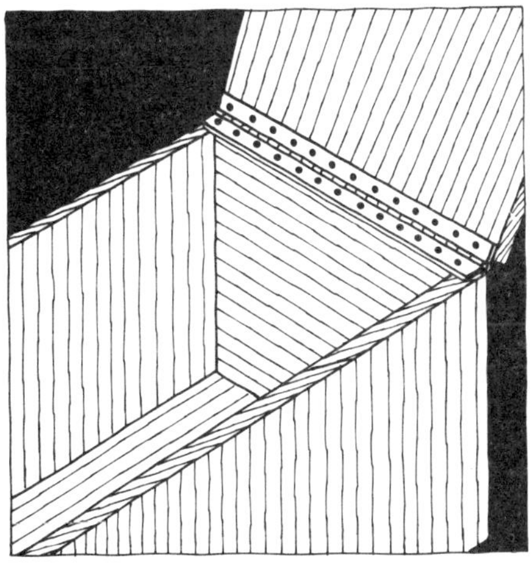

6 Die vorgesetzten Türen werden mit Klavierbändern angeschlagen. Die abgeschnittenen Enden der Bänder vor der Montage entgraten. Die Löcher für die Schrauben werden zart vorgebohrt.

Für die Diele: Garderobe komplett

Nicht nur als Garderobe, die in der Diele oder dem Flur für Ordnung sorgt, sondern auch als Kleiderschrank im Schlafzimmer ist dieses Möbelstück praktisch. Die linke Schrankhälfte ist als Schuhschrank eingerichtet, die rechte als Kleiderschrank mit einem zusätzlichen Schränkcheneinbau für allen Kleinkram, den man gerne zur Hand haben möchte.

Der Garderobenschrank, knapp zwei Meter breit, 185 cm hoch und 40 cm tief, bietet viel Raum für alles, was auf dem Flur oder in der Diele unterzubringen ist: Mäntel und Schuhe, Tücher und Handschuhe, Mützen und Hüte. Weil es in Fluren meist eng zugeht, wurde nicht die normale Kleiderschranktiefe (60 cm) gewählt, sondern eine um 20 cm geringere Tiefe. Deshalb können Mäntel und Jacken nicht mit Kleiderbügeln an einer Stange aufgehängt werden, sie finden Platz an zwei parallel zu den Seitenwänden eingebauten Bügeln, die zur bequemeren Handhabung teilweise herausziehbar sind. Ein oberes Ablagebrett zieht sich über die gesamte Schrankbreite.

Sowohl der Korpus des großen Schrankes als auch derjenige des kleinen Einbauschränkchens besteht aus 19 mm dicker Spanplatte mit beiderseitiger Furnierauflage. Welches Furnier Sie wählen, ist Ihre Sache - von Limba über Eiche bis Nußbaum gibt es viele Möglichkeiten. Die sichtbaren Kanten der Korpus-Spanplatten sollen nach Bauvorschrift mit selbstklebender Alufolie zugedeckt werden. Sie können aber auch Furnier-Kantenumleimer oder Aufbügelfurnier aus der gewählten Furnierart verwenden.

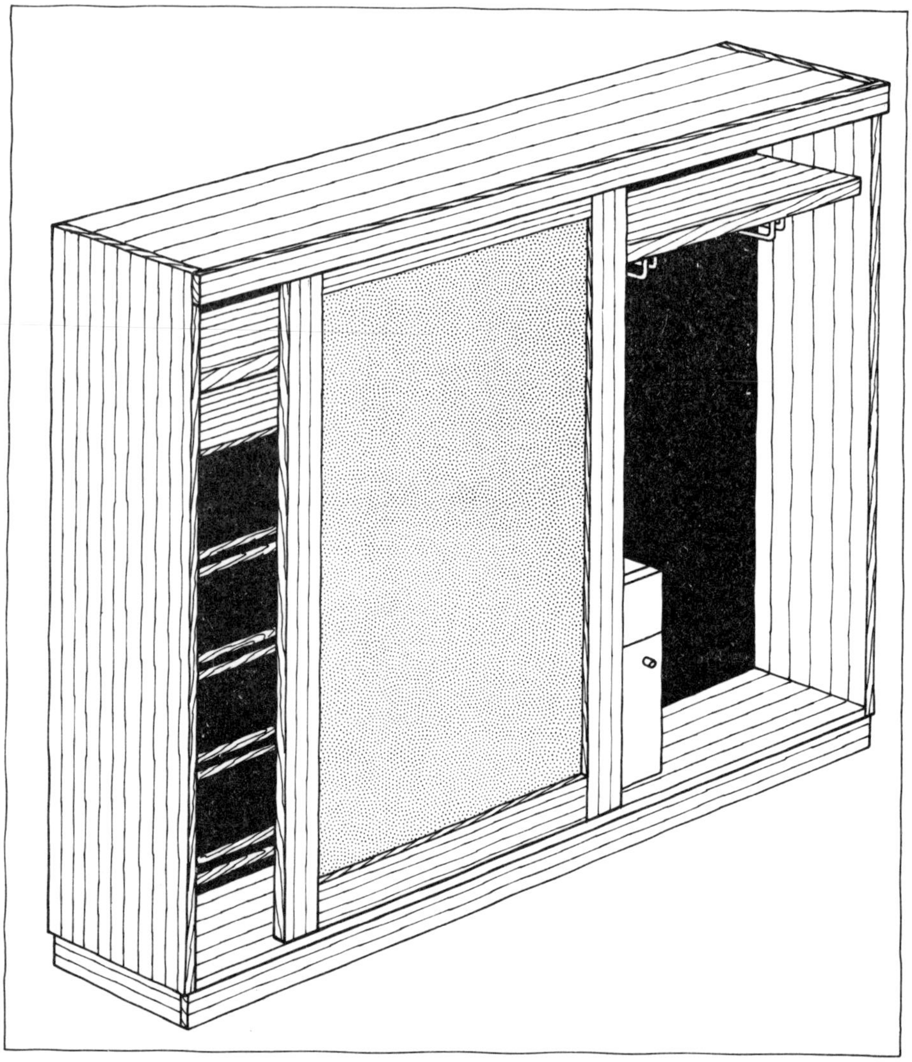

Ein Bauvorschlag für höhere Heimwerker-Semester. Er setzt schon einige Erfahrung im Umgang mit Material und Werkzeug voraus. Für den Flur oder die Diele bietet der Schrank reichhaltige Unterbringungsmöglichkeiten: Platz für Schuhe, Mäntel und Kleider, dazu in einem kleinen Innenschrank für Handschuhe und Tücher. Der Rahmen der Schiebetür hat einen Spiegelglas-Einsatz.

Wie der Schrank gebaut wird

Nach dem Zuschneiden und der Kantenbearbeitung der Korpusteile (siehe Materialliste und Bauzeichnung) beginnen Sie den Aufbau mit der Konstruktion des Unterbaus. Verleimen Sie den Sockelrahmen (siehe Zeichnung auf Seite 96) mit dem unteren Boden. Der Boden springt seitlich um je 1 cm zurück. In diesen Falz kommen dann die Seitenteile.

Um den Schrank auseinandergenommen transportieren zu können, werden alle Teile verdübelt und pro Eckverbindung mit einem Schrankverbinder zusammengehalten. Er besteht (Zeichnungen 2 und 3 auf Seite 96) aus einer Gewindemuffe, für deren Einbau ein Loch vorgebohrt wird. In diese Muffe läßt sich ein Verbindungsbolzen schrauben, dessen Kopf in das Exzentergehäuse des rechtwinklig anstoßenden Bauteils eingreift. Bei der Zusammenstellung des Schrankes zieht man die Exzenterschraube mit einem breiten Schraubendreher kräftig an. Eine solche Eckverbindung hält bombenfest wie Leim.

Auch die Mittelseite des Schrankes wird mit Hilfe solcher Verbinder mit den beiden oberen Zwischenböden verbunden. Dieses »Kreuz« wiederum wird mit Verbindern an den Außenseiten und -böden befestigt.

Um Unklarheiten zu vermeiden: Die Holzdübel werden bei dieser Verbindungsart nur auf *einer* Seite festgeleimt. Die Gegenseite bekommt lediglich ein Bohrloch in Dübelstärke, in das der Dübel beim Zusammenbau trocken eingreift.

Auf die beiden oberen Böden schraubt man eine durchgehende T-Schiene aus Aluminium. Auf dieser Schiene läuft später die Tür mit dem Spiegel. In den Unterboden fräst man eine Nut für die Kunststoffschiene ein, die die untere Führung für die Tür darstellt. Die Schiene selbst wird erst nach Abschluß der Oberflächenbehandlung eingedrückt.

Nun kommt die Tür aus Limba massiv an die Reihe. Die Rahmenteile werden mit Zapfen verbunden (siehe Seite 61). Der Falz für den Spiegel ist 1 cm breit und 1,8 cm tief - er darf nicht durchgehend gefräst oder gehobelt werden, sondern muß vor den Zapfen aufhören.

Nach dem Verleimen und Abbinden des Rahmens fräst man unten eine Nut ein, mit der der Rahmen in der Kunststoffschiene läuft. Die Breite der Nut richtet sich nach der Schienenbreite. Die Tiefe der Nut ist so bemessen, daß die Tür 2-3 mm über dem Boden sitzt und nicht schleift. Die Rollen, mit denen die Tür oben in der T-Schiene gehalten wird, haben wir mit Metallstreifen (10 x 6 cm) verbunden. Diese Streifen durchbohren und mit einer Gewindeschraube die Rolle daran befestigen. Die Metallstreifen werden später in beide aufrechte Rahmen eingelassen.

Alle Teile sauber schleifen, wässern und noch einmal schleifen, bevor gebeizt wird. Wenn die Beize trocken ist, kann grundiert und mattiert werden. Die Kunststoffschiene in die Nut im Boden drücken und den Schrank zusammenbauen.
Die Tür auf die Schiene stellen, die Rollen auf die T-Schiene legen und die Metallbleche an der Tür anzeichnen. Damit die Tür nicht ganz auf der unteren Schiene sitzt, die Bleche ca. 2 mm höher als angerissen einlassen. Den Spiegel in den Falz legen und die Falzleisten mit dünnen Nägeln befestigen.
Die Blende wird an dem oberen Boden mit kleinen Winkeln befestigt, damit man sie wieder abnehmen kann. Bei dem kleinen Schrank sitzt der obere Boden auf den Seiten, der untere dazwischen. Das lichte Maß zwischen dem oberen Boden und dem Zwischenboden ist 10 cm. Das Schubkastenvorderstück ist bündig mit der Oberkante des Schränkchens. Die Tür ist so kurz, daß sie die Kunststoffschiene beim Öffnen nicht berührt. Sie wird mit Topfbändern an der linken Seite angeschlagen.

MATERIALLISTE (Maße in cm)

Garderobenschrank	
2 Seiten	177 × 38 × 1,9, furnierte Spanplatte
1 Mittelwand	173 × 32 × 1,9, furnierte Spanplatte
2 Böden	196 × 38 × 1,9, furnierte Spanplatte
2 Mittelböden	97 × 33 × 1,9, furnierte Spanplatte
1 Boden	97 × 31 × 1,9, furnierte Spanplatte
1 Blende (oben)	199 × 8 × 1,9, furnierte Spanplatte
1 Sockelvorderstück	198 × 8 × 1,9, furnierte Spanplatte
4 Sockelseiten	35 × 8 × 1,9, furnierte Spanplatte
1 Rückwand	198 × 174 × 0,4 Sperrholz
2 Schiebetürrahmen	170 × 8 × 2,5 Limba
2 Schiebetürrahmen	98 × 8 × 2,5 Limba
Kleiner Innenschrank	
2 Seiten	43 × 29,5 × 1,9, furnierte Spanplatte
1 oberer Boden	46 × 29,5 × 1,9, furnierte Spanplatte
2 Böden	41 × 29,5 × 1,9, furnierte Spanplatte
1 Tür	45 × 31 × 1,9, furnierte Spanplatte
1 Schubkasten, Vorderstück	45 × 12,5 × 1,9 furnierte Spanplatte
2 Schubkasten, Seiten	29 × 10 × 1,5, Sperrholz
1 Schubkasten, Hinterstück	40 × 7,5 × 1,5, Sperrholz
1 Schubkasten, Boden	39,5 × 29,5 × 0,4, Sperrholz

196 cm T-Schiene (Aluminium); 8 Dübelstangen 97 × 2,5 Ø; 8 Leisten 31 × 5 × 1,5; 1 Spiegel 156 × 84; 1 Kunststoffschiene 196; 2 Rollen; ca. 6 lfdm Alufolie, 2 cm breit; ca. 5 lfdm Falzleisten 1,5 × 1,0; 2 Kleiderhalterungen, 30 cm lang; 2 Türgriffe; 9 Schrankverbinder; 4 Winkel.

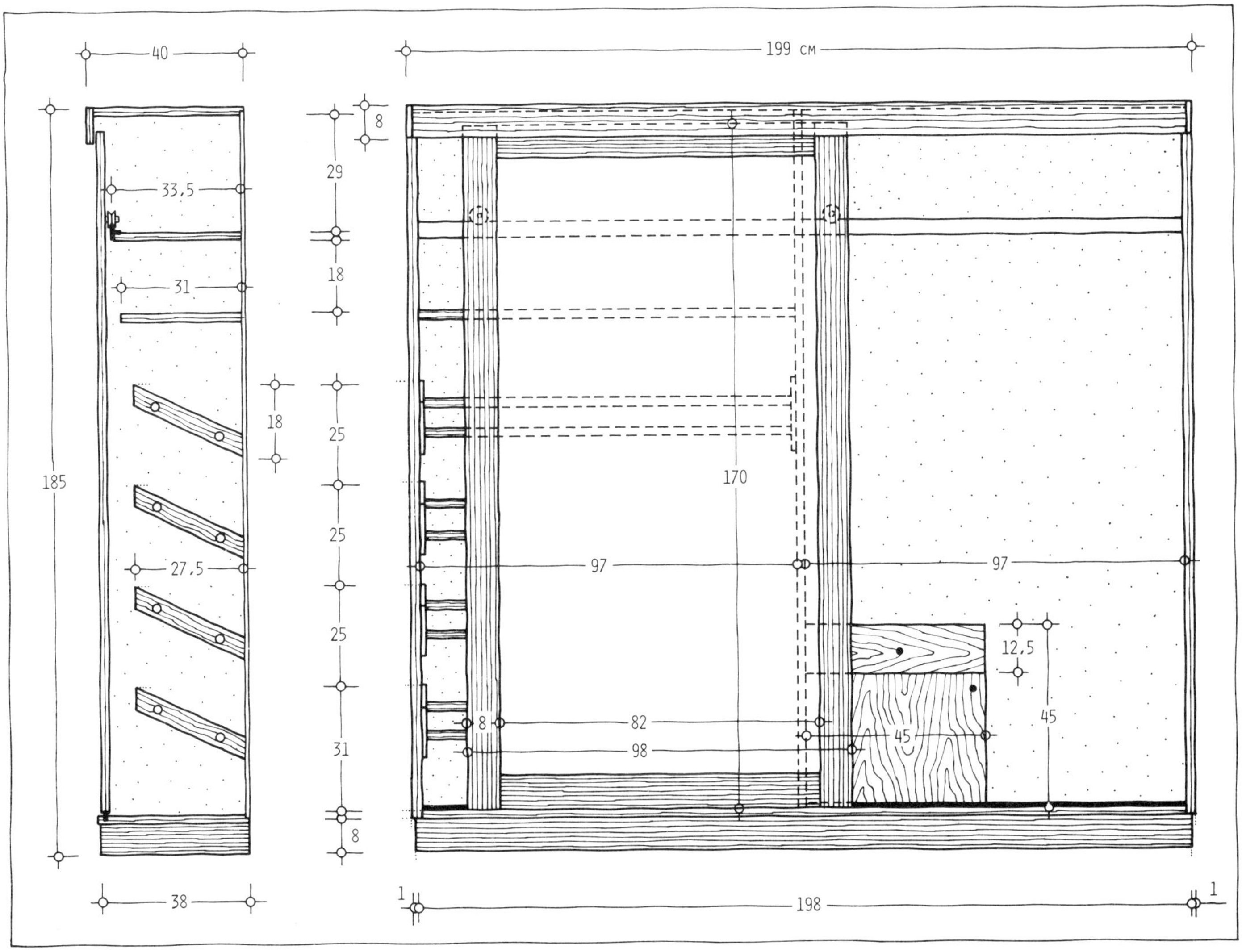

Die Bauzeichnung erläutert die Konstruktionseinzelheiten. Eine Mittelwand trennt den Schrank in zwei gleiche Teile. Links ist eine Schuhschrank-Inneneinrichtung vorgesehen, rechts können Mäntel aufgehängt werden. Über die ganze Breite reicht ein Ablagebrett. Im rechten Schrankteil ist ein kleines Zusatzschränkchen vorgesehen (man kann es auch weglassen). Die Schiebetür verdeckt normalerweise den linken Teil, der rechte bleibt offen. Einfache Rundhölzer tragen die Schuhe. Der ganze Dielenschrank ist auseinandernehmbar konstruiert. So gibt es beim Umzug keine Probleme.

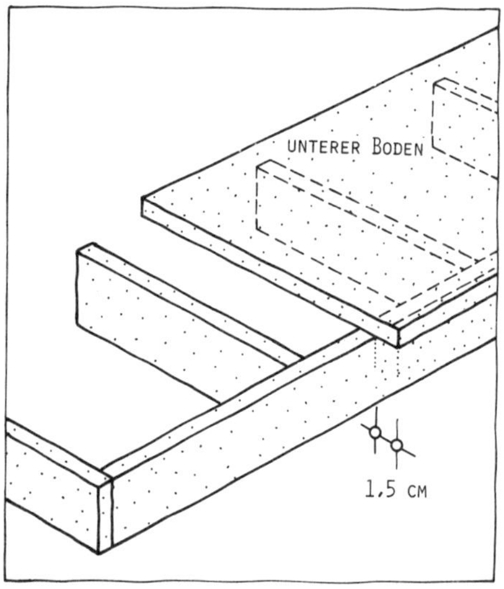

1 Der untere Schrankboden wird mit dem Sockel verleimt. Das vordere Stück des Sockels springt vorn und hinten um 1,5 cm zurück. So läßt sich der Schrank auch vor Fußleisten aufstellen.

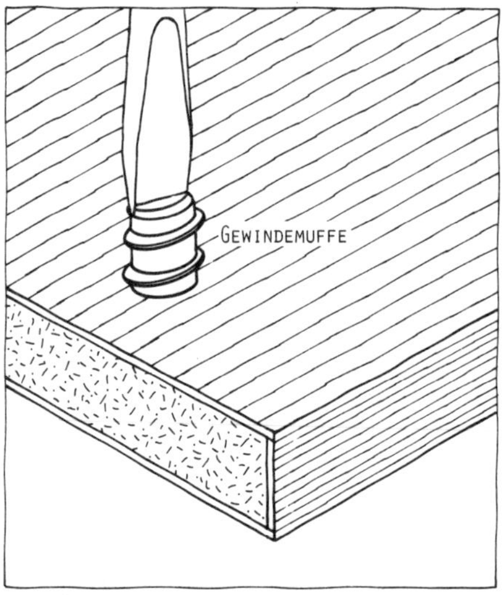

2 Damit man den Schrank in Einzelteilen transportieren kann, haben wir ihn zerlegbar gebaut. Schrankverbinder halten genauso gut wie Leim. Hier wird eine Gewindemuffe eingeschraubt.

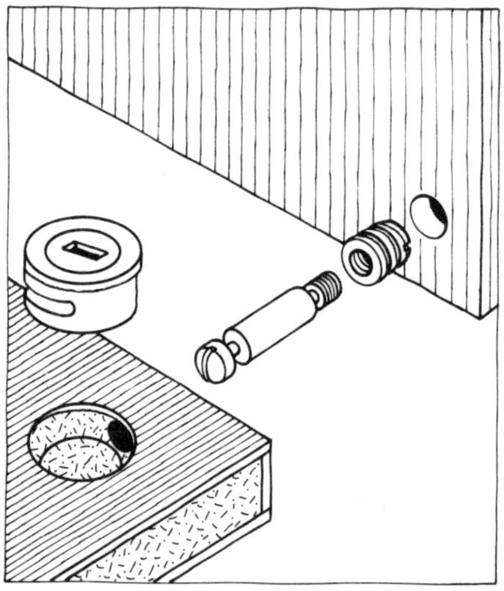

3 Das komplette Verbinder-System. In die Gewindemuffe wird ein Verbindungsbolzen eingedreht. In ihn greift beim Zusammenbau ein Exzenter ein (vorne links) und spannt ihn fest.

4 Die obere Laufschiene der Tür. Auf den Zwischenboden wird eine T-förmige Schiene aus Aluminium geschraubt. Bei der Mittelseite muß sie ausgeklinkt werden. Auf guten Sitz achten!

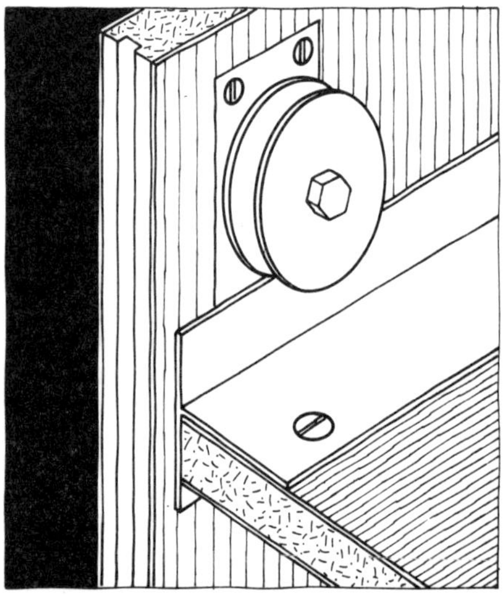

5 So hängt die Tür auf der Profilschiene. Die Rolle sitzt an einem breiten Metallstreifen, der sorgfältig eingelassen werden muß. An jedem aufrechten Rahmenteil wird eine Rolle befestigt.

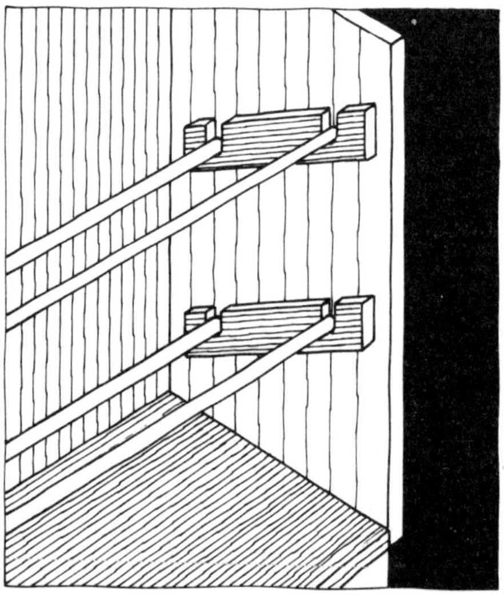

6 So werden Ihre Schuhe übersichtlich und gut belüftet aufbewahrt. Auf die Stangen und den unteren Boden passen je nach Größe etwa 20 Paar. Die Stangen sind handelsübliche Rundhölzer.

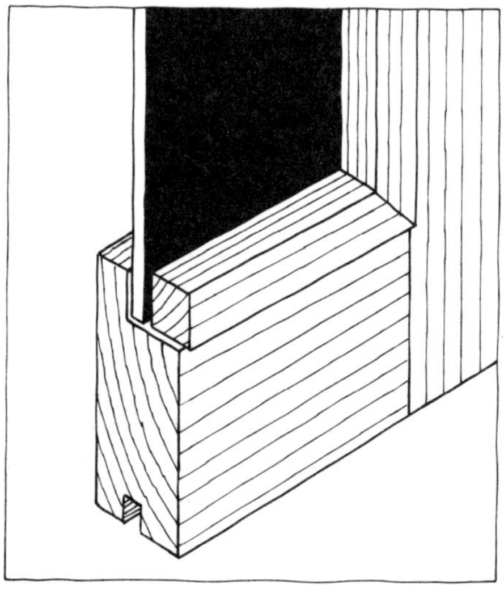

7 Der Rahmen für den Spiegel wird rundum gefälzt. Die Scheibe setzt man mit einer Falzleiste fest, die rundherum angenagelt wird.

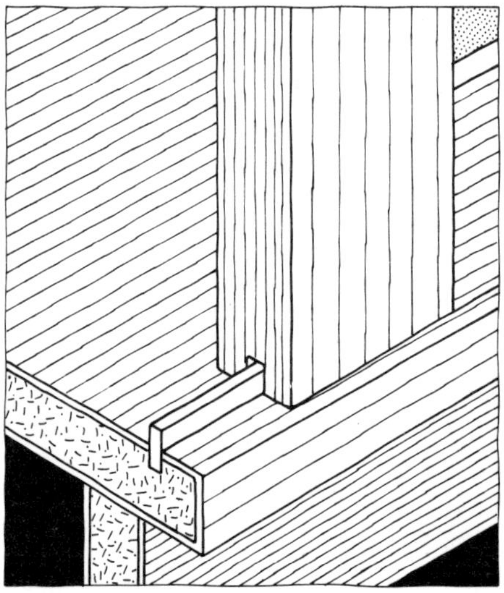

8 Eine eingenutete und -geleimte Kunststoffleiste führt die Tür auf dem unteren Boden. Der Rahmen läuft 2–3 mm über dem Unterboden.

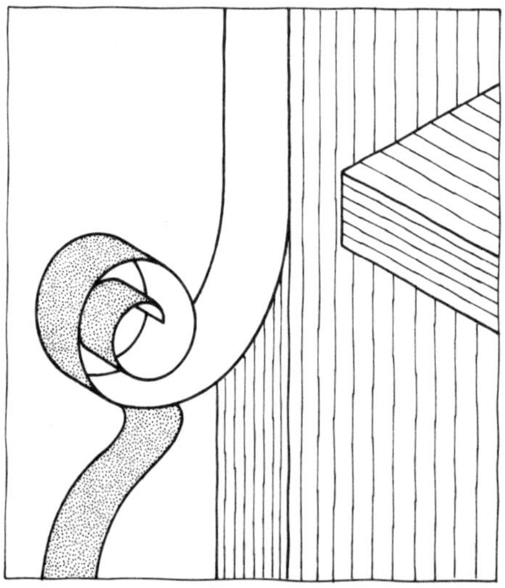

9 Alle Kanten des Schrankes erhalten einen Vorleimer aus selbstklebender Aluminiumfolie. Sie wird nach der Oberflächenbehandlung aufgeklebt.

Regale und Schränke

Elegante Wohnwand aus Glas und Kiefer

Eine dekorative, schnell gebaute Regalwand für Ihr Wohnzimmer. Die Böden aus 6 mm dickem Glas halten einiges aus, auch einige Kilo Bücher. Sie passen gut zu den schlichten Rahmen aus Kiefernholz, die zwischen Fußboden und Decke verspannt werden. Geräumige Schubkästen auf Rollen bieten zusätzlichen Platz – sei es für Zeitschriften, sei es für Häkelzeug oder Tischwäsche. Wie die Wohnwand komplett aufgebaut aussieht, zeigt das große Foto auf Seite 97.

Unsere Wohnwand hat viele Vorteile. Sie ist verhältnismäßig schnell gebaut, sieht sehr gut aus, hat viele Böden und praktische Schubkästen. Dafür müssen Sie freilich in Kauf nehmen, daß die Böden aus Glas, 6 mm dick und mit U-förmigem Profil, nicht ganz billig zu beschaffen sind. Trotzdem ist die selbstgebaute Wohnwand nach diesem Vorschlag immer noch bedeutend preiswerter als eine gekaufte.

Das Glas, von Profilbogen zu Profilbogen 33,1 cm breit, bestellen Sie beim Glaser, der Ihnen die nötigen Stücke zuschneidet und auch gleich die Kanten sauber bricht: 15 Böden mit 80 cm Länge für die breiten Regalfächer, 5 Böden mit 33,1 cm Länge für die schmalen Fächer und 6 Schubkasten-Vorderstücke, je 36 cm lang.

Für die fünf Rahmen sollten Sie möglichst astfreies Kiefernholz kaufen. Die aufrechten Stützen bemessen Sie nach der Raumhöhe Ihres Wohnzimmers minus 2 cm. Davon brauchen Sie 10 Stück. Zwei kurze Querstücke sitzen 1 cm vor den Enden der aufrechten Rahmen, das dritte Querstück genau in der Mitte; zusammen also 15 Stück, je 22 cm lang.

Die Rahmenteile werden mit Holzdübeln verbunden und verleimt. Mit der Oberfräse werden die Kanten sauber gerundet. Wenn Sie keine solche Maschine besitzen, geht es auch mit Hobel, Raspel und Schleifpapier – nur dauert es dann etwas länger. Abzurunden brauchen Sie nur die äußeren Kanten. Die inneren werden leicht gebrochen.

Genau mittig bohren Sie in die langen Rahmenteile alle 10 cm Löcher mit 10 mm Durchmesser. Sie sind für die selbst hergestellten Bodenträger (Foto 6) gedacht. Sie brauchen für jeden Glasboden vier Bodenträger, zusammen also 80, wenn Sie alle Böden einsetzen. Die Bodenträger machen Sie so: In 20 mm dicke Holzdübel 10-mm-Löcher bohren und 10 mm dicke Riffeldübel einleimen. Sie sollten mindestens 10 mm vorstehen.

An der Ober- und Unterseite der Rahmenteile befestigen Sie Sockelspanner, mit deren Hilfe die Stützen streng zwischen Boden und Decke eingespannt werden. Die Fotos 4 und 5 zeigen, wie die Spanner eingebaut werden. Das Loch für die Gewindemuffe muß so tief sein, daß die Gewindestange fast ganz hineinpaßt.

Damit die Bücher nicht aus den Rahmen herausfallen können, brauchen Sie Buchstützen. Sie bestehen aus 3 cm breiten Sperrholzstreifen. Die Länge entspricht der Rahmenbreite. In diese Streifen werden Löcher gebohrt, die sich mit den Bohrungen im Rahmen decken. Die Buchstützen befestigt man mit Bodenträgern (Foto 8). Wenn Sie viele Bücher unterbringen wollen, müssen Sie also zusätzliche Bodenträger herstellen.

Der Schubkastenbau

Das Regal ist so weit fertig, daß Sie die Rahmenteile schleifen, grundieren und mattieren können. Dem Aufbau steht dann nichts mehr im Wege. Richten Sie die senkrechten Teile genau mit der Wasserwaage und dem Meterstab aus, damit auch alle Abstände stimmen. Dann werden Stück für Stück die Spanner angezogen. Die Muttern unter die Teller drehen und fest anziehen.

Nun können Sie die Bodenträger einsetzen und die Glasböden einheben. Wenn sie nicht elegant hineinpassen, haben Sie etwas falsch gemacht und sollten den Stand der Rahmen noch einmal sorgfältig überprüfen.

Für die Schubkästen verwenden Sie 16 mm Tischlerplatte, nach Stückliste zuzuschneiden. Die Teile werden verleimt und zusammengeschraubt. Zuvor müssen Sie die Nuten für den Einbau der Glas-Vorderwände fräsen oder mit einem schmalen Stecheisen ausarbeiten. Und zwar bekommt einmal der Boden eine Nut, zum andern müssen die Seitenwände genutet werden – die Fotos 10 und 11 erklären das im Detail. Die Holzteile bekommen an den sichtbaren Kanten Anleimer aus Furnier (oder Aufbügelfurnier-Abdeckung).

Alle Teile zweimal grundieren und sauber schleifen, dann zusammenbauen. Die Nuten mit farblosem Silikonkautschuk ausspritzen und das Glas hineinsetzen. Die Schrauben müssen versenkt werden, damit sie die benachbarten Kästen nicht verkratzen. Wenn Sie Geld sparen wollen, bauen Sie die Regalböden aus kiefernfurnierten Tischlerplatten mit vorgeleimten 4 cm breiten Leisten. Die Innenleisten der Tischlerplatte müssen in Längsrichtung der Böden zeigen!

1 Mit der Oberfräse lassen sich die Kanten der Stollen leicht und sauber runden. Wir verwendeten dazu einen Abrundfräser mit Anlaufring. Mit Hobel, Raspel und Feile geht es aber auch.

2 Anschließend müssen Sie die Flächen sauber schleifen. Mit einem Schwingschleifer geht es am schnellsten. Vor allem die Verbindunsstellen der Rahmen müssen bündig geputzt werden.

3 Die Schubkästen bekommen ein Vorderstück aus Glas. Alle Teile werden zusammengeschraubt. Unter den Schubkastenböden befestigen Sie Rollen, die die Kästen über den Fußboden führen.

4 Ein Streichmaß hilft Ihnen, an allen Rahmenenden den genauen Mittelpunkt für den sogenannten Sockelspanner anzureißen.

5 Der Sockelspanner besteht aus drei Teilen: Gewindestange mit Teller, Mutter und Muffe mit Innen- und Außengewinde.

6 So sehen die selbstgemachten Bodenträger aus: In 20 mm dicke Holzdübel 10 mm dicke Riffeldübel einbohren und einleimen.

7 Die Rahmen werden aufgestellt: Die Sockelspanner gleichen jede Unebenheit in der Decke und im Fußboden aus. Sehr fest spannen!

8 Das U-Profil gibt den Glasböden eine hohe Stabilität. Wir haben 6 mm dickes Glas verwendet – leider ist es ziemlich teuer.

9 Durch das Glas kann man den Inhalt der Schubkästen gut erkennen. Auch bei ihnen wurde Glas mit U-Profil verwendet.

10 Im Boden wird das Glas in einer gefrästen Nut gehalten. Vor dem Einsetzen die Nut sorgfältig mit Silikonkautschuk ausspritzen.

11 Mit einer Sperrholzschablone und der Oberfräse können Sie die 6 mm breite Nut am schnellsten in die Schubkastenseiten fräsen.

12 Hier die fertigen Schubkästen mit der Glas-Vorderwand an ihrem Platz. Weil sie auf Rollen laufen, kann man sie auch über den langhaarigen Teppich herausziehen. Praktischer wäre freilich ein etwas glatterer Bodenbelag. Die Glasböden des Regals sind so stabil, daß sie auch eine normale Belastung mit Bücherreihen ohne weiteres aushalten, ohne zu Bruch zu gehen.

MATERIALLISTE

(Maße in cm)

Kiefernholz

10 Stück (Raumhöhe abzüglich 2 cm)	× 7 × 4
15 Stück	22 × 7 × 4

16 mm Tischlerplatte

12 Schubkasten-Seiten	33 × 33
6 Hinterstücke	34,5 × 31,5
6 Böden	34,5 × 30,5

Glas

15 Böden	80 × 33,1
5 Böden	33,1 × 33,1
6 Schubkasten-Vorderstücke	36 × 33,1

Zubehör

20 Sockelspanner
24 Rollen
80 Bodenträger
Sperrholzstreifen

Großer Wandschrank mit Schiebetüren

Wenn es um die Anschaffung von Schränken geht, stellen sich meistens überall die gleichen Problem ein: Große Wünsche – wenig Geld; viel Platzbedarf – kleine Räume. Hier ist die Lösung: Ein großer Wandschrank mit Schiebetüren, für wenig Geld aus Spanplatten an ein paar Feierabenden selbst zu bauen.

Der wichtigste erste Schritt beim Bau einer solchen Schrankwand ist die Planung. Messen Sie genau aus und machen Sie anhand der Maße eine Konstruktionsskizze. Achten Sie dabei auch auf nicht lot- und waagerechte Wände, Böden und Decken, die man leider nicht nur bei Altbauten findet.

Weil ein Fenster halb verdeckt worden wäre, haben wir unsere Schrankwand nur 40 cm tief gemacht. Das reicht für normale Garderobenstangen zum Kleideraufhängen nicht aus. Wir wählten daher herausziehbare Kleiderstangen, die man nebeneinander quer zur üblichen Richtung montiert.

Für die Hauptteile der Schrankkonstruktion wurde einfache 19 mm dicke Spanplatte verwendet. Der Schrank hat weder Boden noch Rückwand. Die senkrechten Teile werden also zuerst zugeschnitten (soweit Sie nicht fertig zugeschnittenes Material einkaufen konnten). Die inneren Stützen sind 40 cm breit, die äußeren (links und rechts außen) 53 cm breit (die Differenz errechnet sich aus der doppelten Stärke der Türblätter plus 2 × 5 mm Spielraum für die Schiebetüren). In unserem Fall wurde die Höhe der Türverkleidung als Grundmaß genommen – Sie können den Schrank aber auch höher machen.

Zunächst sägen Sie an den senkrechten Teilen die Aussparungen für etwaige Fußleisten aus, damit diese Teile später dicht schließend an der Wand befestigt werden können (am besten mit Eisenwinkeln, Mauerdübeln und Holzschrauben). Die Vorderkanten erhalten Vorleimer aus Massivholz, die geleimt und genagelt werden.

Das obere Abschlußbrett besteht der leichteren Handhabung wegen aus zwei Abschnitten. Sie werden so breit wie die

Schiebetüren haben den Vorteil, daß sie nie im Wege sind. Das ist besonders in kleinen Räumen wichtig. Die im Handel befindlichen Schiebetürbeschläge lassen sich problemlos montieren. Da der Schiebetürschrank nach Maß gebaut werden muß – am besten über die ganze Länge einer Wand –, können wir keine genauen Maßangaben und keine Materialliste bieten. Sie sollten die in Frage kommende Wand genau ausmessen und danach einen Konstruktionsplan entwerfen. Bei unserem Beispiel wurde 19 mm Spanplatte als Material verwendet. Die Schrankwand ist 40 cm tief.

äußeren Stützen zugeschnitten. Die Fachböden, je Fach sind drei vorgesehen, schneiden Sie dagegen in der Breite der Innenstützen zu. Abschlußbrett und Fachböden werden an der Vorderseite mit kräftigen Leisten verstärkt. Wir haben Raminholz verwendet. Die senkrechten Stützen und die Fachböden werden nach dem Abbinden des Leims geschliffen und zweimal mit Dispersionsfarbe gestrichen.

Wie man die Türen baut

Bauen Sie, während die Farbe an Stützen und Böden trocknet, die Türen zusammen. Sie bestehen aus Hartfaserplatten mit der glatten Seite nach außen und erhalten eine Innenschicht und Versteifung aus 1 cm dicken und 5 cm breiten Fichtenholzleisten. Aus diesen Leisten bauen Sie einen äußeren Rahmen und zwei bis drei Querverstrebungen. Sie können diese Einlage überplatten, unbedingt notwendig ist das aber bei genauer Arbeit nicht.
Nehmen Sie für den Zusammenbau Kontaktkleber, dann geht es schneller – und außerdem brauchen Sie hinterher an den Türflächen keine Nagel- oder Schraublöcher zu verspachteln. Überdies entfällt etwaiges Einspannen.
Hobeln Sie die Außenkanten der Türblätter ringsum mit fein eingestelltem Hobel. Dann leimen und nageln Sie an jeweils einer Seitenkante eine Griffleiste an, etwa 1 cm dick und 4 cm breit. Sie schließt hinten bündig ab und ragt auf der Vorderseite der Tür hervor. Die fertigen Schiebetüren werden nun ebenfalls zweimal mit Dispersionsfarbe gestrichen, und zwar innen und außen.

Die Montage des Schrankes

Die Endmontage beginnt man mit dem Aufbau der senkrechten Teile. Sie werden im berechneten Abstand voneinander an der Wand befestigt (Eisenwinkel). Dabei muß man mit Wasserwaage, Meterstab und Winkel immer wieder kontrollieren, ob die Stützen auch millimetergenau sitzen. Sonst passen hinterher die Böden nicht dazwischen.
Nun kommen die oberen Abschlußböden an die Reihe. An ihnen wird zunächst die Laufschiene für die Schiebetür befestigt. Die Böden werden auf die Stützen gelegt und mit Holzschrauben angeschraubt.
Die Fachböden ruhen auf Trägern, die in eingebohrten Hülsen stecken. Nur der Fachboden, an dem die ausziehbaren Kleiderstangen befestigt werden, wird fest eingebaut (auf Leisten ruhend, durch die Stützenwand verschraubt).
Nach dem Einbau der Schiebetüren (Verwendung der Beschläge nach Herstellervorschrift) wird noch eine Abschlußblende angeschraubt, die Schienen und Türbeschläge über die ganze Breite verdeckt.

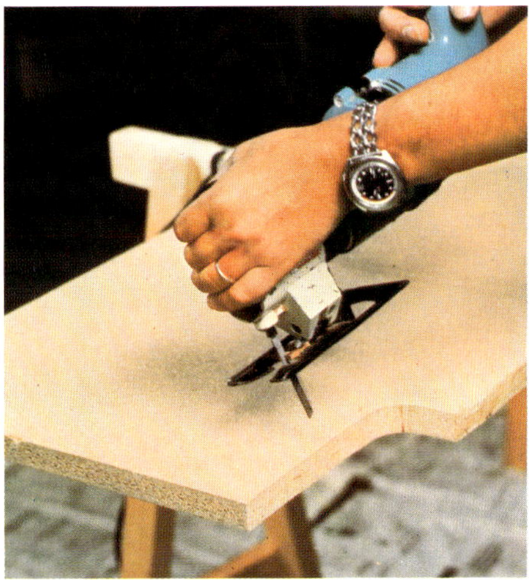

1 Der Aufbau der Wand beginnt mit dem Aussägen der Aussparungen für die Fußleisten an der Wand. Der Schrank schließt bündig mit der Wand ab. Eine Rückwand kann man sich dabei sparen.

2 Die Vorderkanten der senkrechten Teile erhalten Vorleimer aus Massivholz. Man befestigt sie mit Leim und kleinen Nägeln. Eine andere Befestigungsmöglichkeit ist Uhu greenit Flüssigkraft

3 Die Fachböden ruhen auf Trägern, die in Hülsen stecken. Eine Bohrschablone erspart das wiederholte Anreißen der Löcher.

4 Bei der Montage der senkrechten Zwischenwände muß man sehr genau mit Wasserwaage, Metermaß und Winkel arbeiten. Sonst passen hinterher die Böden nicht dazwischen. Die Zwischenwände werden mit Eisenwinkeln befestigt.

5 Die Laufschiene für die Schiebetür schraubt man vor dem Zusammenbau des Schranks an den (breiteren) oberen Boden. Die Löcher vorbohren.

6 Nachdem man die senkrechten Zwischenwände montiert hat, baut man den oberen Abschlußboden ein. Dieser ist unterteilt, damit man ihn besser montieren kann. Man befestigt ihn mit Holzschrauben an den Zwischenwänden.

7 Die halbfertige Schrankwand. Das tragende Gerüst steht, Zwischenwände und obere Abschlußböden sind fest miteinander verbunden. Aus optischen Gründen haben wir das obere Abschlußbrett auch über die Zimmertür montiert. Es reicht bis an die andere Wand. – Der Zusammenbau geht leichter, wenn man zu zweit arbeiten kann.

8 Der Boden, der die ausziehbaren Kleiderstangen trägt, wird nicht auf Hülsenträgern, sondern auf Auflageleisten gelagert und fest mit ihnen verschraubt. Die übrigen Böden kommen dagegen mit Hülsenträgern aus.

9 Einfach, leicht und kostensparend ist die Konstruktion der Türblätter für unsere Schrankwand. Zwei Schichten Hartfaserplatte werden mit einem Leistengerüst als Zwischenlage verklebt – am besten verwendet man Uhu greenit Kompaktkraft, der sofort hält. Die glatte Seite der Platte liegt außen.

10 An jeweils einer Seitenkante erhalten die Türblätter eine Griffleiste aus Massivholz. Sie schließt hinten bündig ab und ragt auf der Vorderseite der Tür vor. Die Leiste wird angeleimt und mit Nägeln festgehalten oder verschraubt. Die Griffleistenmaße: 1 cm dick, 4 cm breit.

11 Die Schiebetüren werden, ebenso wie die ganze übrige Schrankwand, einfach mit einer abwaschbaren Dispersionsfarbe gestrichen, und zwar im gleichen Farbton wie die Wand. Für das Auftragen der Dispersion verwendet man am besten eine Lackierrolle mit kurzen Nylonborsten.

12 Die ausziehbaren Kleiderstangen werden an die Böden geschraubt. Die stabile Leiste, angeleimt und genagelt, dient als Verstärkung und verhindert auch bei stärkerer Belastung das Durchhängen der Spanplatte. Die Böden werden (siehe Foto 8) auf Leisten gelagert und fest verschraubt.

Sekretär mit Stoff und Lack

An diesem mit Lack und Karostoff munter dekorierten Sekretär werden auch Schreibfaule wieder munter. Bei genauem Materialzuschnitt und winkelgerechter Verarbeitung gibt der Bau dieses rustikalen Möbelstücks keine großen Probleme auf. Der Karostoff wird mit doppelseitigem Klebeband befestigt, nachdem der Lack getrocknet ist. Die Materialliste und den Bauplan finden Sie auf Seite 105.

Für alle Briefbeantwortungs- und Schreibmuffel ist dieser Sekretär gedacht. Auch für diejenigen, die mal wieder ein hübsches Möbelstück bauen wollen und vielleicht sogar schon den richtigen Platz dafür im Auge haben.
Damit es nicht zu lange dauert, ehe Sie sich an die herausklappbare Schreibplatte setzen können, haben wir als Material 16-mm-Spanplatte gewählt und fast alle Verbindungen nur geleimt und verschraubt. Das erleichtert die Sache und erspart Ihnen die Beschaffung aufwendiger Einspannvorrichtungen für das Leimen.
Dazu kommt, daß der Schrank unterteilt wurde. Sie bauen Unter- und Oberschrank getrennt voneinander. Das ist auch in einer kleineren Werkstatt ohne weiteres möglich. Die Dekoration mit Lack und Stoff ist eher für die Dame des Hauses konzipiert. Sie können sie mit diesem Möbelstück überraschen. Falls Sie aber selbst dringend auf einen Sekretär warten, können Sie ihn auch »männlicher« anstreichen. Die Farbgebung hängt nicht zuletzt auch davon ab, mit welchen anderen Möbeln der Sekretär zusammenpassen muß.

Der Sekretär besteht aus zwei Teilen, die später verschraubt werden, dem Unterschrank und dem Aufsatzschrank. Mit einer verhältnismäßig dünnen Spanplatte (16 mm) ist deshalb auszukommen. Fast alle Verbindungen sind geschraubt, der Sekretär ist also einfach herzustellen.

Der Unterschrank

Mit dem Bau des Unterschrankes wird begonnen. Schneiden Sie die Seitenteile zuerst rechteckig zu. Dann muß die Schräge für die Schreibklappe gesägt werden. Sie beginnt, von der hinteren Kante aus gemessen, bei 25 cm und ist 34,5 cm lang. Auf den Seitenteilen werden die Zwischenböden laut Bauplan eingezeichnet. Der obere Boden sitzt unmittelbar unter der Schräge, der untere 8 cm über dem Fußboden. Alle Böden werden von den Seitenteilen eingefaßt.
Achten Sie unbedingt darauf, daß die Abstände der Böden immer gleich sind, und kontrollieren Sie die Winkel und Abstände lieber einmal zuviel als einmal zuwenig, sonst passen später die Schubkästen nicht in die Fächer.
Nun werden die fünf gleich großen Zwischenböden und der schmalere obere Abschlußboden zugeschnitten. Die Seiten werden von außen her mit den Böden verschraubt. Die Schraubenköpfe müssen tief versenkt werden. Die Löcher füllt man mit Holzkitt aus. Nach dem Trocknen wird der Kitt sorgfältig plan geschliffen, sonst sind später unter dem Lack häßliche Unregelmäßigkeiten zu erkennen. Vor dem Zusammenschrauben werden die Stirnseiten der Böden mit Leim bestrichen.
Der 8 cm breite Sockel wird zuerst an die Seiten, dann an die Vorderkante geschraubt. Leimen ist nicht unbedingt erforderlich. Die Rückseite bekommt keinen Sockel. Die nach den Maßen der Materialliste zugeschnittenen Teile für die Schubkästen des Unterschranks werden nun zusammengebaut. Seitenteile und Vorderteile werden an der Unterkante in 3,8 cm Entfernung von der Kante mit einer 4 mm breiten und 5 mm tiefen Nut versehen. Die Hinterstücke werden mit den Seiten verschraubt, sie sind 4,2 cm schmaler als die Seiten. Die Vorderstücke verbindet man mit Nut- und Federverbindung mit den Seitenstücken. Die Vorderstücke stehen links und rechts um 15 mm

1 Zeichnen Sie die Zwischenböden an, bevor Sie den Schrank zusammenbauen. Achten Sie dabei unbedingt darauf, daß die Abstände immer gleich sind und daß alle rechten Winkel doppelt kontrolliert werden. Dann paßt alles zusammen.

2 Die Seiten werden von außen her mit den Böden verschraubt. Die Schraubenköpfe werden tief versenkt, die Löcher anschließend mit Holzkitt gefüllt und geschliffen. An den Hirnholzkanten beim Verschrauben Leim angeben!

3 Der Sockel, ebenfalls aus 16-mm-Spanplatte, springt an den Seiten und vorne vor. Er wird nur angeschraubt. Achten Sie an den Kanten auf gute Passer der Sockelleisten. Auf der Rückseite braucht kein Sockel vorgesehen zu werden.

4 Das Hinterstück des großen Schubkastens wird mit den Seiten verschraubt. Es ist um 4,2 cm schmaler. Der Boden wird in die Nut geschoben und mit einigen kleinen Nägeln befestigt.

5 Der Einsatz, der hinter der Klappe des Sekretärs im unteren Schrankteil sitzt, wird in einem Stück gebaut. Die senkrechten Teile sollten genau dekkungsgleich bearbeitet werden. Für die Rundungen ist die Stichsäge am besten geeignet. Die Fächerbreite kann man beliebig gestalten – je nachdem, was später untergebracht werden soll: Briefe, Rechnungen, Dokumente, Fotoalben.

6 Die kleinen Schubkästen für den Aufsatz werden ganz einfach gebaut: Alle Teile stumpf zusammenleimen und -schrauben, dann den Boden aus Sperrholz oder Hartfaserplatte darunter befestigen (ebenfalls leimen, zusätzlich nageln).

7 Der umlaufende Streifen auf der Schreibklappe und die Flächen auf den Schubkästen werden mit doppelseitiger Klebefolie aufgeklebt. Sie sollten den richtigen Sitz vorher anzeichnen, damit das Möbel einen akkuraten Eindruck macht.

8 Der Spiegel wird auf die Rückwand in der größten Öffnung des Aufsatzschrankes geklebt. Vorher wurden die Kanten mit Stoff eingefaßt. Auch in diesem Fall ist doppelseitige Folie das Klebematerial. Sie darf nicht vorstehen!

über. Nun können die Sperrholz- oder Hartfaserplattenböden in die Nuten geschoben und an den Hinterstücken mit einigen Nägeln befestigt werden.
Der Einsatz, der hinter die Klappe im Unterschrank gehört, wird aus 4 mm dickem Sperrholz angefertigt. Mit einer Schablone können die Ausschnitte gleichmäßig angerissen und mit der Stichsäge ausgeschnitten werden. Seiten und Böden des Einsatzes werden miteinander verleimt und verschraubt. Wenn Sie mit einer Bandsäge arbeiten können, ist es auch möglich, alle Teilungsbrettchen des Einsatzes in einem Arbeitsgang zu sägen. Für die Feinbearbeitung werden sie mit zwei Zwingen zusammengespannt. So hat man die Garantie, daß alle Teile absolut gleiches Maß halten.

Der Aufsatzschrank

Er entsteht nach den gleichen Grundsätzen wie der Unterschrank. Der Aufsatzschrank ist 25 cm tief. Die einzelnen Zuschnitte müssen sehr präzise gesägt werden, damit es beim Zusammenbau keine häßlichen Ritzen oder Spannungen gibt. Gleich große Zuschnitte werden miteinander abgerichtet, soweit erforderlich.
Die Böden des Unterschrankes werden zwischen die Seiten geleimt und geschraubt. Anschließend kommen die drei unteren Zwischenseiten an die Reihe. Die beiden 41,5 cm langen Zwischenseiten mit den kleinen Böden verbinden und seitlich durch die großen Seiten von oben durch den Boden verschrauben.
Die kleinen Schubkästen für den Aufsatz werden nur stumpf verleimt und verschraubt, die Sperrholzböden untergeschraubt. Alle Kanten gut brechen.
Unter- und Oberschrank bekommen nun ihre Rückwände aus 4-mm-Sperrholz oder gleich starker Hartfaserplatte. Die Rückwände werden einfach angenagelt oder geschraubt. Die Schreibklappe wird ausgeschnitten, sie wird an der Oberkante abgeschrägt. Befestigen Sie sie probeweise mit den Messingscharnieren am oberen Zwischenboden. Beim Herunterklappen ziehen Sie den obersten Schubkasten etwas heraus, damit die Platte eine Auflage hat.
Nun geht es an die Dekoration. Alle sichtbaren Kanten werden gespachtelt und geschliffen, dann grundiert, nochmals geschliffen und zweimal lackiert. Seidenglanzlack ist vorzuziehen, und zwar in der Grundfarbe des Karostoffes. In unserem Fall war es blau.
Die Schreibplatte erhält auf der Innenseite einen Stoffbezug, der mit einer doppelseitigen Klebefolie angebracht wird. Ebenso klebt man auch alle anderen Stoffteile auf. Nun die Klappe wieder befestigen, die Knöpfe an die Schubkästen schrauben, den Spiegel am Rand beziehen und an die Rückwand kleben. Fertig ist der Sekretär.

MATERIALLISTE (Maße in cm)
(SPA = Spanplatte 1,6; SPE = Sperrholz 0,4)

Aufsatz		
2 Seiten	90 × 25	SPA
4 Böden	86 × 25	SPA
2 Seiten	41,5 × 25	SPA
3 Seiten + 2 Böden	25 × 20	SPA
1 Rückwand	90 × 89,2	SPE
Schubkästen Aufsatz		
8 Vorderstücke	20 × 20	SPA
8 Hinterstücke	19 × 16,5	SPA
16 Seiten	24 × 19,5	SPA
8 Böden	25,5 × 20	SPE
Unterteil		
2 Seiten	92 × 50	SPA
5 Böden	86 × 50	SPA
1 Boden	86 × 26,5	SPA
1 Klappe	89,2 × 34,5	SPA
1 Rückwand	89 × 84,5	SPE
Schubkästen Unterteil		
8 Vorderstücke	88,8 × 14,2	SPA
4 Hinterstücke	81,8 × 10	SPA
4 Seiten	82 × 10	SPA
4 Böden	83,2 × 49	SPE
Einsatz		
2 Böden	86 × 14	SPE
8 Seiten	20,5 × 14	SPE
Sockel		
1 Stück	92,5 × 8	SPA
2 Stück	50 × 8	SPA
Zubehör		
1 Spiegel	42,8 × 41,5	
2 Scharniere		
16 Möbelknöpfe		
Uhu coll express		

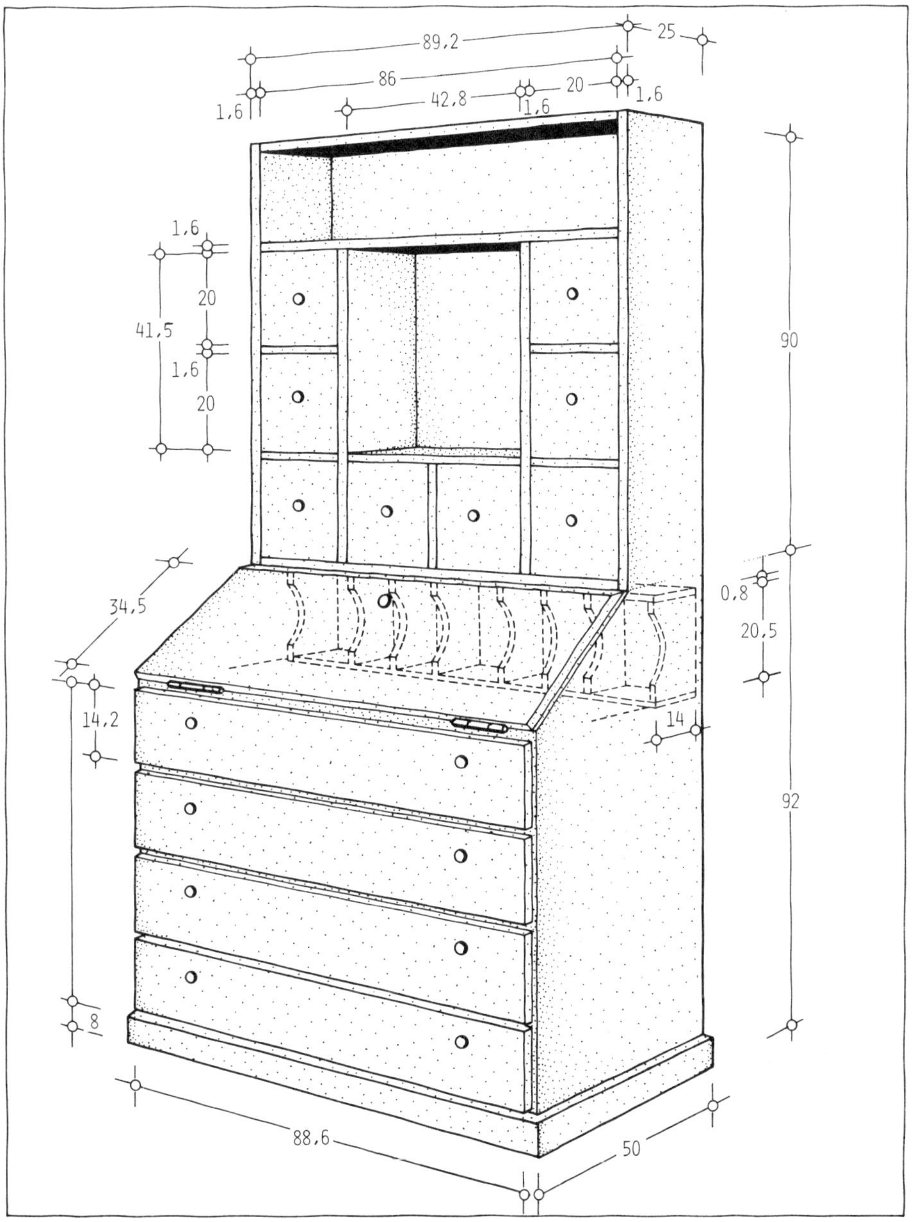

Studieren Sie die Konstruktionszeichnung genau, bevor Sie mit dem Bauen beginnen. Hier finden Sie alle wichtigen Maßangaben. Das Grundmaterial wird lediglich verleimt und geschraubt.

Omas Handtuchbord für Ihre Küche

Omas Handtuchbord ist wieder modern. Bauen Sie es aus Fichtenholz nach – es hat auch in einer Küche von heute seinen Platz. Vor allem sorgt es für Ordnung unter Ihren Tüchern und Lappen. Sie können es verwenden für Hand-, Gläser-, Geschirr- und Bestecktuch und den Topflappen und sollten die einzelnen Schildchen auch dementsprechend beschriften.

Für dieses naturfarbene Küchenbord brauchen Sie nicht viel mehr als ein 130 cm langes und 27 cm breites Fichtenbrett von 2 cm Dicke. Es sollte beidseitig gehobelt sein. Suchen Sie sich ein Brett mit schöner Struktur heraus. Eine ausdrucksstarke Maserung kann die Wirkung bedeutend verstärken.
Aus dem Fichtenbrett müssen Sie zunächst einmal folgende Einzelteile sägen: Das 80,0 x 17,0 cm große Ablagebrett, zwei Konsolenstücke, im Rohzustand jeweils 25,0 x 15,0 cm groß und zwei Trägerleisten, eine für oben (das ist die Leiste mit den Schildchen), 70,0 x 5,5 cm, und eine für unten (die mit den eisernen Haken), 70,0 x 4,5 cm.
Ablagebrett und Leisten werden genau rechteckig zugeschnitten. Die Konsole wird geschweift, was Sie am besten mit der Stichsäge machen. Zeichnen Sie die Schweifung so vor, wie sie Ihnen gefällt, und sägen Sie dann dicht an der Linie entlang im abfallenden Holz.
Dann arbeiten Sie an den Konsolenstükken die Einschnitte für die Trägerleisten. Sie werden mit der Feinsäge eingesägt und mit dem Stecheisen ausgestemmt. Machen Sie das so genau, daß die Trägerleisten präzise in die Ausschnitte passen. Beim Zusammenbau müssen die Trägerleisten auf beiden Seiten jeweils 2 cm aus den Konsolen herausragen.
Nun werden Flächen und Hirnholzkanten aller Teile geschliffen: grob vorschleifen, fein nachschleifen, den Staub entfernen. Beim Zusammenbau leimen Sie zunächst das Ablagebrett an die obere Trägerleiste. Spannen Sie beides mit Schraubzwingen zusammen.
Nach dem Abbinden des Leims bohren Sie von oben her 4–5 Dübellöcher, Durchmesser 8 mm, durch Ablagebrett und obere Trägerleisten. Geben Sie Leim an und setzen Sie die Holzdübel so ein, daß einige Millimeter überstehen. Nach dem Trocknen des Leims werden die Dübelkanten abgeschnitten und geschliffen.
Die Konsolen werden mit Holzschrauben 4 x 45 mit den Trägerleisten verbunden. Dabei Leim angeben, herausquellenden Leim mit feuchtem Lappen abwischen. Das Bord mattieren. Auf die untere Trägerleiste werden die schmiedeeisernen Knöpfe für die Handtücher aufgeschraubt. Aus der weißen Spanplatte schneiden Sie ovale Schildchen aus und leimen sie auf die obere Leiste. Mit Aufreibebuchstaben werden die Schildchen beschriftet, dann klarlackiert.

MATERIALLISTE

1 Fichtenbrett, gehobelt, 130,0 x 27,0 x 2,0 cm

1 Reststück weiße Hartfaserplatte, etwa 175 cm²

5 schmiedeeiserne Knöpfe
Holzdübel, 8 mm Ø

1 Bogen Aufreibebuchstaben
Uhu coll Express, Mattierung, Klarlack

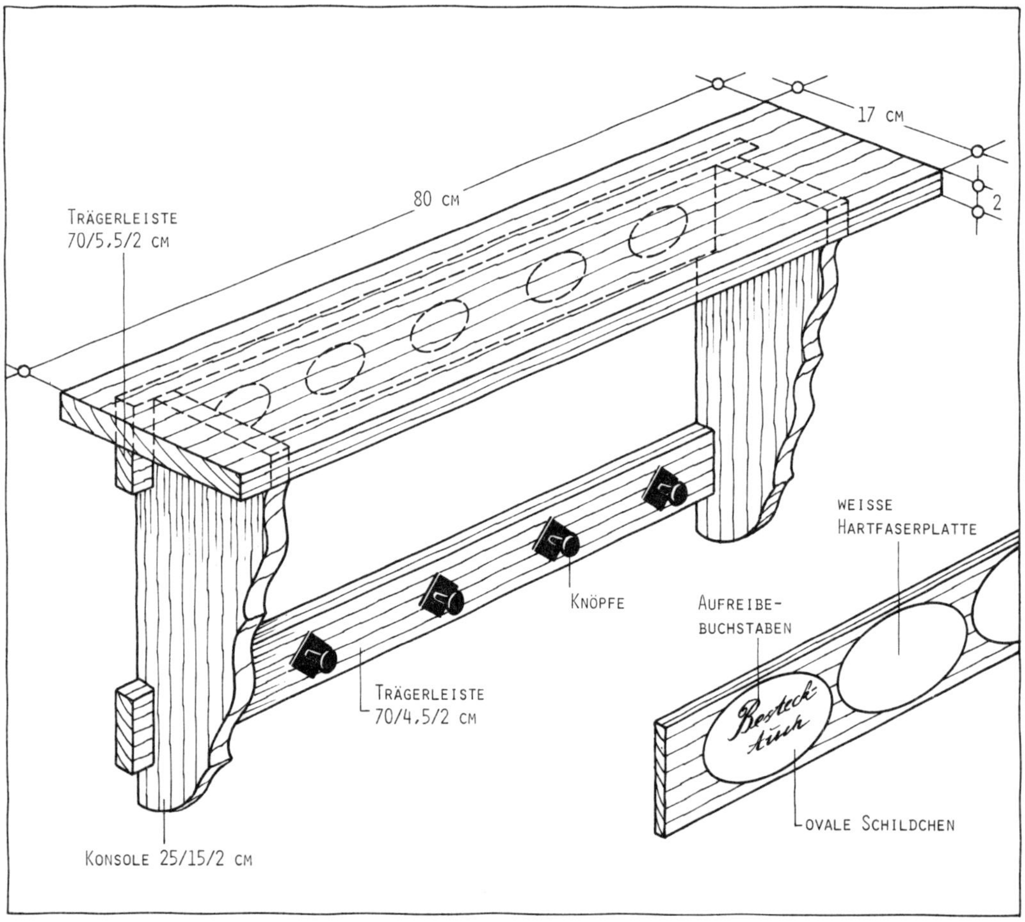

Für dieses leicht nostalgische Handtuchbord findet sich in jeder Küche Platz. Es wird aus Fichtenbrettern zusammengefügt und naturfarbig mattiert. Sorgfältige Verarbeitung lohnt sich, damit wirklich ein Schmuckstück daraus wird. Die ovalen Schildchen beschriftet man mit Aufreibebuchstaben und lackiert sie dann mit Klarlack.

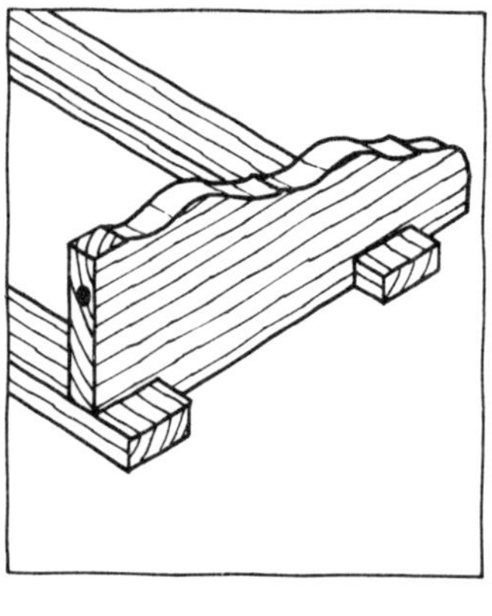

Die beiden Trägerleisten stehen an den Seiten jeweils 2 cm aus den Konsolen hervor. Die Enden der Leisten werden abgerundet.

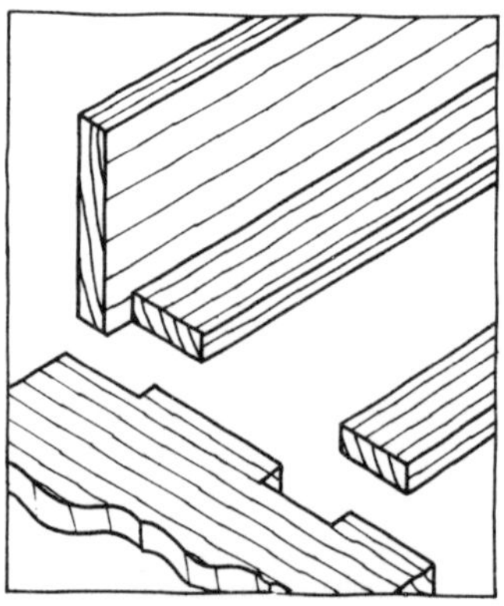

Das Ablagebrett wird an der oberen Trägerleiste angeleimt (Schraubzwinge), anschließend gedübelt.

Vorschläge für einfache Regale

Mit Regalen läßt sich praktischer wohnen. Man kann gar nicht genug davon haben. Hier stellen wir Ihnen zwei Typen vor, die einfach nachzubauen sind: ein Regal aus Naturholzleisten (siehe Zeichnungen) und ein zweites aus Spanplatten mit Blechwinkeln als Eckverbindungen.

Wer seine handwerklichen Fähigkeiten schon einmal an einem Regal erprobt hat, kennt die Tücken am Wege zu einem Produkt, das mehr sein soll als ein Notbehelf:

- Auch bei sehr genau zugeschnittenen Einzelteilen ist es nicht ganz einfach, genaue Anschlüsse und präzise rechtwinklige Verbindungen fertigzubekommen.
- Manche Eigenbauregale geraten nicht nur schief, sondern auch wacklig, weil solide Verbindungen viel Arbeit machen.
- Je größer das Regal, desto größer die Schwierigkeiten.

Die beiden hier vorgeschlagenen Regale gehen diesen Problemen aus dem Weg.

Regal aus Leisten

Das Baumaterial: gehobelte Fichten- oder Kiefernholzleisten. Man läßt sie sich in der erforderlichen Anzahl (siehe Materialliste) auf Länge zuschneiden. Die Bohrungen werden angerissen und mit einer Ständerbohrmaschine sauber ausgeführt. Sämtliche Außenkanten werden mit Raspel und Schleifpapier abgerundet. Dann werden die Leisten mit Einlaßgrund behandelt und nach dem Trocknen zusammengebaut, wie es die Zeichnung erläutert. Die Bolzen bilden die Verbindungselemente, sie werden mit Muttern abgesichert.

Blechwinkel-Regal

Für ein Spanplattenregal beliebiger Baugröße gibt es (»System Plus«) Blechwinkel in L-, T- und Kreuzform (für Eck-, Abzweigungs- und Kreuzverbindungen), mit deren Hilfe die Regalseiten und -böden zusammengefügt werden. Sie bewirken, daß alle Verbindungen zwischen waagerechten und senkrechten Bauteilen viel stabiler und genauer ausfallen.

MATERIALLISTE
für das Leistenregal

Gehobelte Fichtenholzleisten,
4,5 x 2,0 cm, mit folgenden Stücken:
21 Stück 190 cm lang,
6 Stück 114 cm lang,
6 Stück 81,5 cm lang
7 Stück 67 cm lang

Außerdem: 11 Gewindebolzen mit Muttern,
27 cm lang, 1m cm Ø

Die Regalteile werden zunächst auf herkömmliche Weise miteinander verleimt und genagelt oder geschraubt. Dann erst setzt man die Winkel auf und nagelt sie fest. Sollte beim ersten Arbeitsgang etwas schief geraten sein, sorgen die Blechwinkel nun ganz von selbst für rechte Winkel.
Als Regalrückseite nagelt man zum Schluß eine Vier-Millimeter-Hartfaserplatte oder auch eine gleich starke Sperrholzplatte auf. Wenn die Winkel ihre Originalfarbe behalten sollen (es gibt sie in Weiß, Orange, Blau, Silber und Messing), müssen die Spanplatten- oder Tischlerplattenkanten vor dem Zusammenbau vorgestrichen, gespachtelt und geschliffen werden.

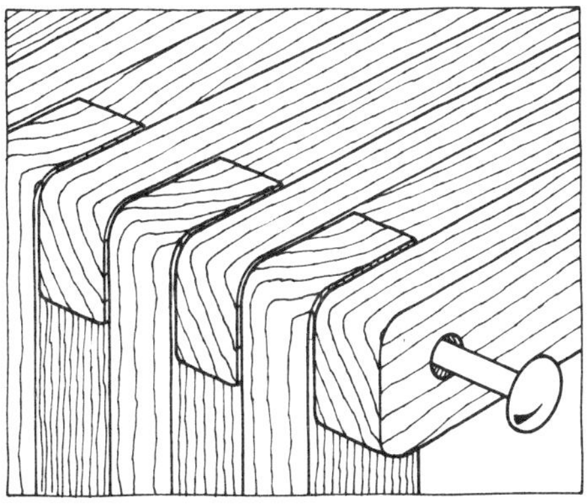

Das Konstruktionsprinzip dieses Allzweckregals ist einleuchtend. An den Eck- und Kreuzungspunkten der Leisten werden 27 cm lange Gewindebolzen eingeschoben und festgeschraubt.

Das Regal »in Betrieb«. Es hat unten Platz für größere, oben für kleinere Bücher oder Hefte – und dazu für alle möglichen anderen Utensilien.

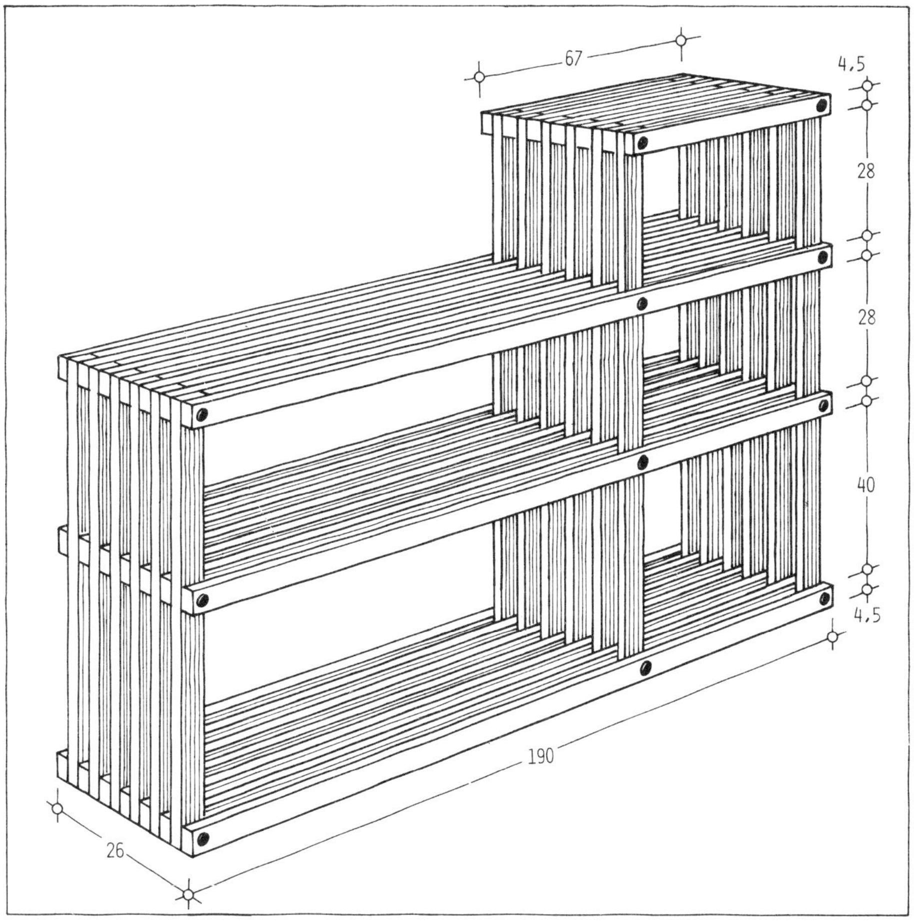

Hier können Sie sämtliche Maße für das abgebildete Regal entnehmen. In dieser Fassung ist es 190 cm lang, 26 cm tief und an der höchsten Stelle 114 cm hoch. Das Bauprinzip läßt sich jedoch jederzeit beliebig verändern. Sie können das Regal so groß machen, wie Sie wollen.

Schrankwand aus Fichte massiv

Diese Schrankwand für einen Wohnraum ist aus massivem Fichtenholz gebaut. Man kann sich also Furniere und Vorleimer ersparen. Fichtenholz ist nicht zu teuer und läßt sich sehr gut verarbeiten. Und ein weiterer Vorteil: Die Wand ist umzugsfreundlich konzipiert, sie läßt sich für den Transport auseinandernehmen.

Die Teile der Schrankwand sind aus 15 cm breiten Fichtenbrettern verleimt; breitere würden sich schnell werfen. Aus dieser Brettbreite wurden die Grundmaße der Schrankwand abgeleitet: Die Regale sind 2 x 15 cm = 30 cm tief, die Schränke 3 x 15 cm = 45 cm.

Bitte sehen Sie sich die Konstruktionszeichnung unten genau an und vergleichen Sie sie mit der Materialaufstellung, bevor Sie an die Arbeit gehen. Zu beachten ist: Die Schrankböden der beiden äußeren Elemente und die des 50 cm breiten Schrankes werden fest verschraubt. Die Böden des dritten Elementes von links werden nur durch Holzdübel gehalten.

Aus Stabilitätsgründen werden auch die drei Regalböden in der zweiten Reihe von oben verschraubt. Aus diesem Grunde müssen sie versetzt angebracht werden. Alle anderen Böden liegen auf eingesetzten Bodenträgern aus Messing.

Der Aufbau der Schrankwand

Zuerst werden die Bretter für sämtliche Regalstützen zugeschnitten und nach Konstruktionszeichnung verleimt. Suchen Sie das Holz sorgfältig aus, damit sich die Maserungen vorteilhaft ergänzen, wenn Sie zwei Bretter zusammenleimen. Besondere Sorgfalt ist für alle später sichtbaren Bauteile geboten. Die 200 cm langen Stützen müssen sorgfältig und ausreichend lange eingespannt bleiben. Erst wenn diese »Doppelbretter« abgebunden haben, werden die Schrank-Seitenteile angeleimt.

Dann kommen Schrank- und Regalböden an die Reihe. Sie brauchen acht Böden 80 x 45 cm für die vier breiteren Schränke und zwei Böden 50 x 45 cm für den kleineren Schrank im zweiten Regalabschnitt von rechts. Dazu kommen neun Regalbretter 80 x 30 cm und zwei Regalbretter 50 x 30 cm. Alle diese Böden und Regalbretter werden wiederum verleimt, bei den Schrankböden aus drei, bei den Regalböden aus zwei 15 cm breiten Brettern.

Um die Regalböden später versetzen zu können, zeichnen Sie nun an den entsprechenden Stellen der aufrechten Seiten die Stellen an, an denen Hülsen für die Fachbodenträger eingelassen werden sollen. Jede Bodenseite wird von zwei Trägern gehalten. Entsprechend dem Hülsendurchmesser werden im Abstand von 10 cm Löcher gebohrt und die Hülsen eingesetzt. In die Hülsen schiebt man später die Träger.

Die Schrankböden können stumpf zwischen die Seiten geleimt und geschraubt werden. Technisch eleganter ist die Lösung, die Böden in die Seitenteile einzunuten. Dazu müssen Sie in die aufrechten Seiten 5 mm breite Nuten fräsen. An den Ober- und Unterböden arbeiten Sie 5 mm breite Falze an, die in die Nuten eingreifen. An den Maßen der Seitenteile ändert sich dadurch nichts. Dagegen müssen Sie bei sämtlichen Schrankböden 10 mm Breite (= 2 x Falztiefe von je 5 mm) zugeben. Die Falze werden in die Nuten geleimt und zusätzlich verschraubt.

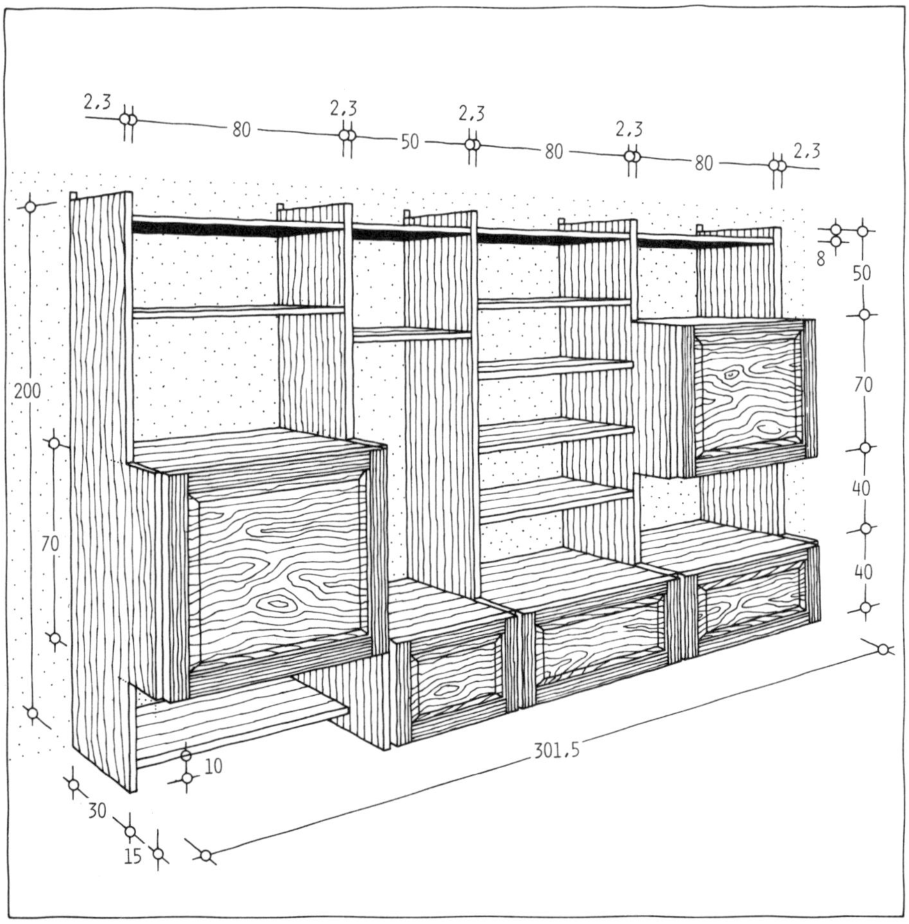

Die Konstruktionszeichnung verdeutlicht den Aufbau der Schrankwand mit Seiten, Böden und Schränken. Die Maße und die Anzahl der Schränke können Sie selbstverständlich so verändern, daß die Schrankwand gut in Ihre Wohnung paßt. Sie ist zerlegbar, also umzugsfreundlich konzipiert.

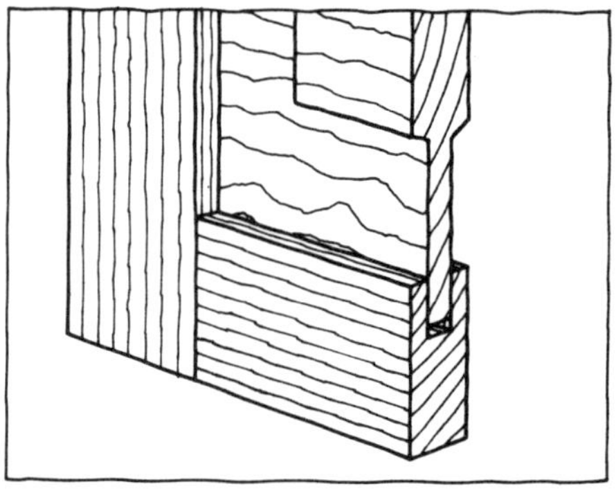

Die Rahmenteile der Schranktüren werden an den Ecken zusammengezapft, die Länge der Zapfen beträgt jeweils 5 cm. Die Füllungen erhalten ringsherum eine 5 cm breite Hohlkehle. In diesem Bereich ist die Platte dann nur 1 cm dick. Dementsprechend werden die Rahmenteile genutet.

Die Scharniere für die Türen werden aufgeschraubt und sind verstellbar. Es brauchen also keine Scharniere eingelassen zu werden.

Wenn alle Rohbau-Einzelteile fertig sind, werden sie gründlich gewässert, geschliffen und nach dem Trocknen und Entstauben mit Lichtschutzgrund gestrichen, damit späteren Farbveränderungen des Holzes (Nachdunkeln) vorgebeugt wird. Nun geht es über den Zusammenbau nach Plan. Stellen Sie die ganze Regalwand winkelgerecht zusammen. Dann können Sie alles zweimal mit Hartgrund streichen. Die aufrechten Seiten werden an der Wand befestigt, um die Standfestigkeit der Konstruktion zu erhöhen. Dazu schrauben Sie einfache Aufhängebeschläge an die oberen Ecken der aufrechten Seiten. Durch die Aussparung der Beschläge drehen Sie Rundkopf-Holzschrauben in Mauerdübel, für die Sie an den genau angezeichneten richtigen Stellen Löcher in die Wand gebohrt haben.

MATERIALLISTE

Fichtenholz 2,3 cm dick	
5 Seiten*	200 × 30
3 Seiten	70 × 15
1 Seite	110 × 15
3 Seiten	40 × 15
8 Böden*	80 × 45
2 Böden*	50 × 45
9 Regalböden*	80 × 30
2 Regalböden*	50 × 30
8 Türrahmen**	78 × 7
2 Türrahmen**	48 × 7
4 Türrahmen	70 × 7
6 Türrahmen	37,7 × 7

* Fertigmaße
** Im Maß sind 2 × 5 cm für die Zapfen enthalten

Fichtenholz, 1,5 cm dick	
2 Türfüllungen	70 × 58
2 Türfüllungen*	70 × 25,7
1 Türfüllung*	40 × 25,7
Tischlerplatte, 16 mm dick	
6 Einlegeböden	80 × 39
1 Einlegeboden	50 × 39
Sperrholz, 0,5 cm dick	
1 Rückwand	215,6 × 36,4
2 Rückwände	81,0 × 66,4

Zubehör
10 Scharniere mit Schrauben
5 Magnetschnäpper
ca. 150 Bodenträger mit Hülsen
Schrauben 4 × 60
Uhu coll express

Der Bau der Türen

Sie brauchen zwei 70 cm hohe Türen für die oberen Schränke und drei 38 cm hohe Klappen für die am Boden aufsitzenden kleinen Schränke. Alle Türen bestehen aus 7 cm breiten Rahmen mit Massivholzfüllungen. Für die Füllungen verwenden Sie 1,5 cm dickes Fichtenholz. Die Bretter werden miteinander verleimt. Dann fräsen Sie an den Vorderseiten der Füllungen 5 cm breite und 0,5 cm tiefe Hohlkehlen ein. Die Platten sind im Kehlenbereich dann nur noch 1 cm dick.

Die Rahmenteile werden 1 cm tief und breit genutet und an den Ecken verzapft; die Länge der Zapfen beträgt 5 cm. Nun bauen Sie die Türen zusammen und setzen dabei die Türfüllungen ein. Nach dem Abbinden des Leims werden die Türen mit Lichtschutzgrund gestrichen, geschliffen und mit Hartgrund behandelt.

Türen und Klappen werden stumpf angeschlagen. Sie sind 20 mm breiter als die Böden, damit das möglich ist. Die Türen sind oben und unten mit den Böden bündig, die Klappen nur oben, weil sie 2,3 cm Luft zum Öffnen brauchen (man klappt sie einfach auf den Boden). Alle Türen und Klappen werden mit einfachen Scharnierbändern befestigt. Zum Schluß bringt man noch die Magnetschnäpper an.

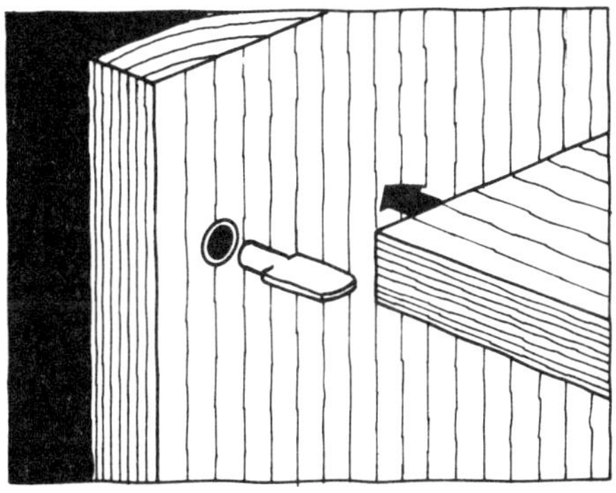

Damit die Regalböden beliebig versetzt werden können, läßt man in Abständen von je 10–15 cm Hülsen für Fachbodenträger ein. Die Hülsen werden einfach in entsprechende Bohrungen gedrückt, ihr überstehender Rand verdeckt etwaige Bohr-Unsauberkeiten. Dabei genau anzeichnen!

Um eine höhere Standfestigkeit der Schrankwand zu erreichen, wird jede der aufrechten Seiten mit einem einfachen Beschlag festgeschraubt.

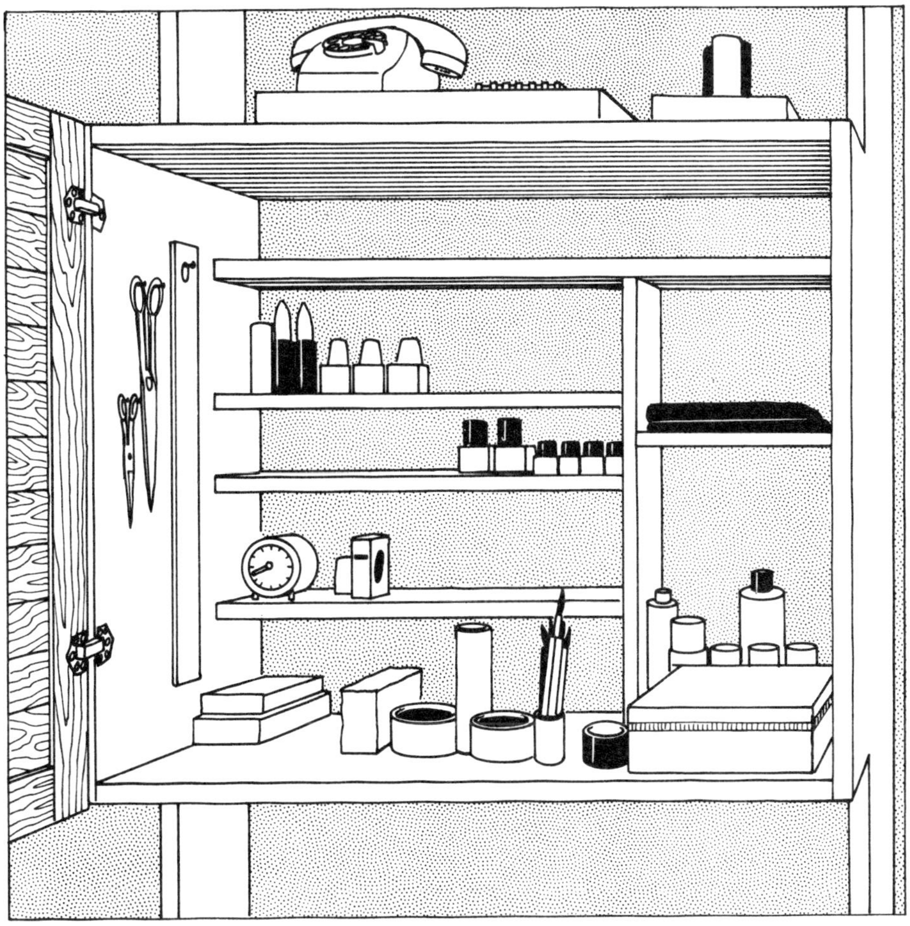

Blick in das Innere eines Schrankes. Das Bausystem läßt jede individuelle Gestaltung der Innenräume zu. Achten Sie aber auch bei der Aufteilung auf Stabilität – bei zu starker Belastung können sich die Böden durchbiegen. In diesem Fall sind die Innenbretter Leichtbau.

Kommode und Schreibtisch zugleich

Dieser Schrank aus Mahagoni ist ein Schmuck für jede Wohnung. Dank seiner Ausrüstung mit vielen Klappen kann er sowohl als Kommode als auch als Schreib- oder Arbeitstisch dienen.

Das Material unseres Schrankes ist eine fünffach verleimte Tischlerplatte, 19 mm dick, mit Deckfurnieren aus Sapeli, einer Mahagoniart. Diese Tischlerplatten haben ein Liefermaß von 122 × 250 cm. Wenn man einen der Böden – den untersten – aus einer anderen Holzart herstellt, kommt man mit einer ganzen Platte aus. Sapeli-Tischlerplatte wird nämlich oft nicht im Anschnitt verkauft.

Bekommt man für die Leisten kein massives Mahagoni, behilft man sich mit Limba, das farblich passend gebeizt wird. Die Leisten vor dem Beizen wässern, trocknen lassen und mit scharfem (noch nicht gebrauchtem) feinem Sandpapier nachschleifen.

Nach dem Zuschnitt der Teile für Wände, Böden und Klappen (Maße siehe Materialliste) erhalten diejenigen Kanten, die später an den Klavierbändern liegen, ein Furnier. Danach werden die Böden und die aufrechten Klappen mit Falzen versehen, die das Klavierband aufnehmen.

In den Korpus und die festen Böden jetzt die Löcher für die Dübel bohren. Dazu verwendet man am besten eine geeignete Schablone oder Zentrierstifte, um die Löcher an der Gegenseite genau zu markieren (»Dübelfix«). Auch für die Bodenträger des Auflagebodens, die aber erst nach dem Lackieren eingesetzt werden, schon jetzt die Löcher bohren! Der unterste Boden, das Oberteil und die Seiten erhalten einen 7 mm tiefen Falz, in den später die Rückwand eingelassen wird.

Die Innenseite vor dem Zusammenbau lackieren

Der Korpus kann jetzt zusammengedübelt und verleimt werden. Die Ecken mit dem Winkel prüfen. Innen grundieren und nach dem Trocknen und eventuellem Nachschleifen auch decklackieren.

Die Enden des auf passende Länge geschnittenen Klavierbandes müssen sorgfältig mit Feile und Schleifpapier entgratet werden. Da wir 5 Stück Klavierband à 60 cm Länge brauchen, lohnt es sich, eine ganze Stange zu kaufen (Lieferlänge 350 cm). Man kann es leicht mit der Blechschere oder einer feinen Metallsäge paßgenau zuschneiden.

Jetzt kann man die Klappen der Fächer anschlagen und, wenn nötig, nachpassen. Die übrigen Kanten der Klappen werden erst jetzt, nach dem Einbau, furniert. Sehr gut eignet sich hierfür Furnier mit Schmelzkleber zum Aufbügeln.

Zweckmäßigerweise setzt man nun die Rückwand ein, deren Innenseite man vorher lackiert hat.

Die Leisten für den Sockel werden stumpf auf Gehrung verleimt. Sie finden Halt

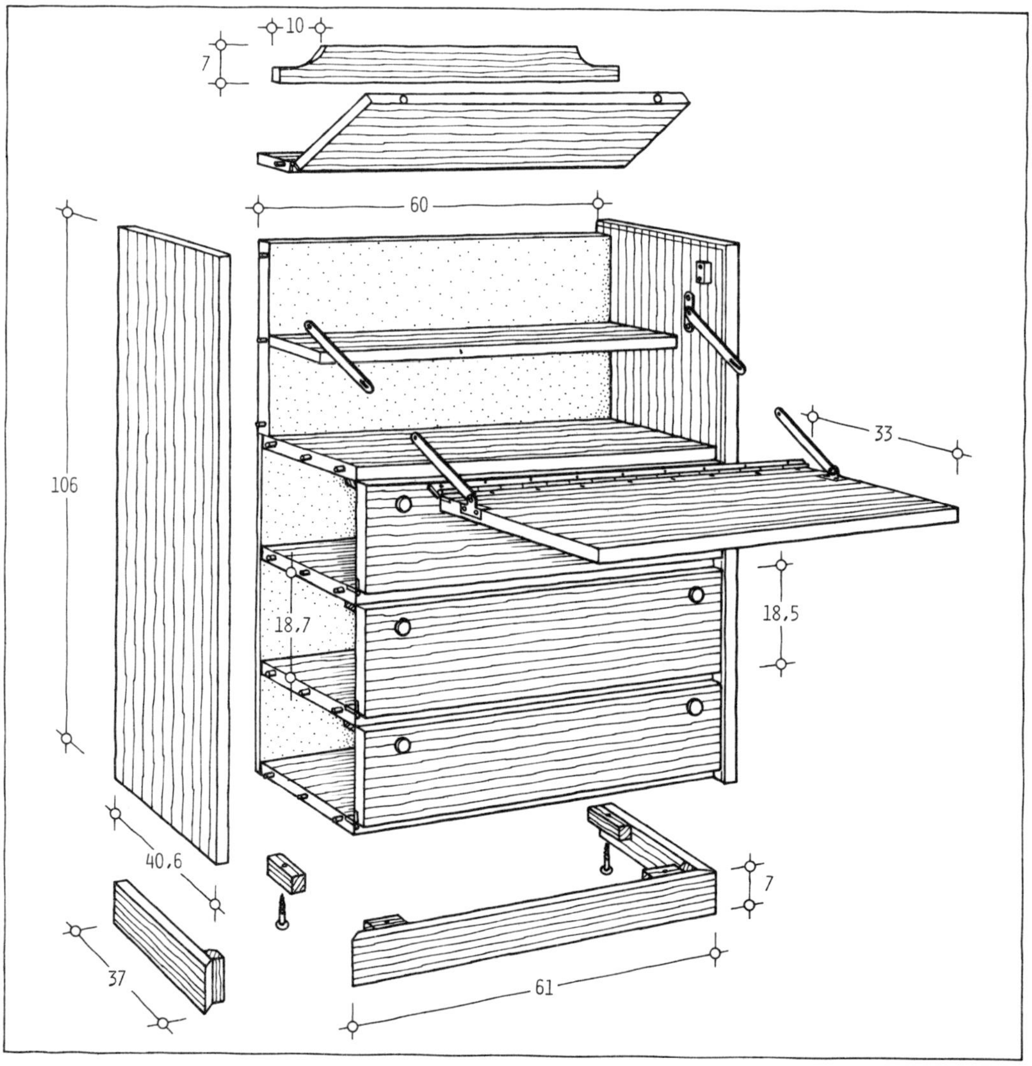

Die Explosionszeichnung gibt einen Überblick über Konstruktion und Maße des »Klappenschranks«. Alle Teile sind unsichtbar miteinander verdübelt. Die Beschläge sind aus Messing. Das Material: 19 mm Tischlerplatte, fünffach verleimt, mit einer Deckschicht aus Sapeli-Mahagoni, einem rötlich-warmen Edelholz.

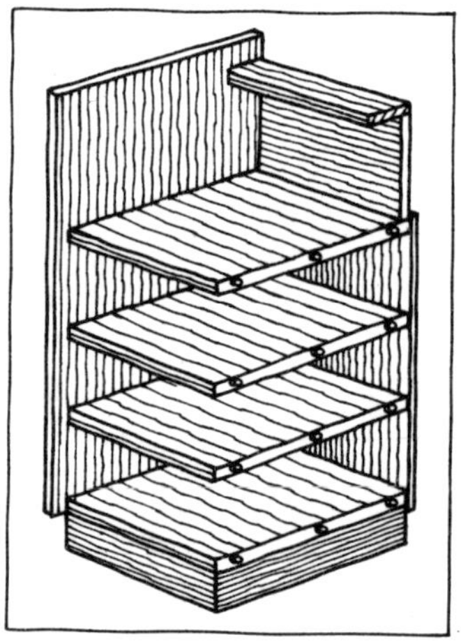

Ein Blick ins Schrankinnere. Die noch fehlende Seitenwand wird mit den Dübeln befestigt.

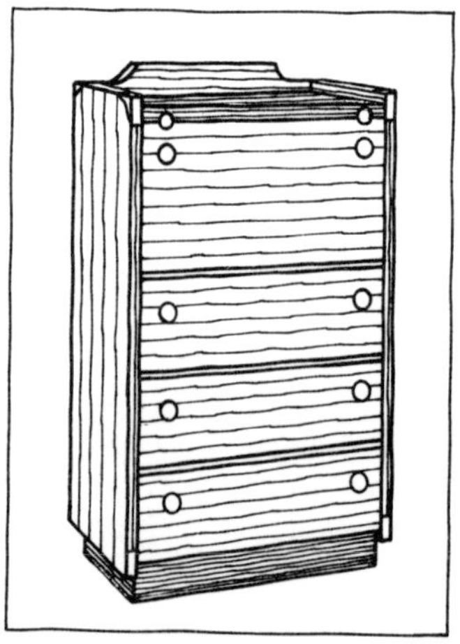

Beschläge aus Messing passen besonders gut zum rötlich-warmen Ton des tropischen Edelholzes.

durch die Verstärkungsklötze, die mit in die Ecken geleimt werden. An die Oberkante des Sockels leimt man die Auflageklötze, mit denen der komplette Sockel schließlich an den Boden des Schranks geschraubt wird. Die Kugelschnäpper für die Klappen werden mit Hilfe eines Tiefenanschlags und einer Bohrschablone in den Korpus eingelassen. Die Schablone schützt zugleich die Holzoberfläche vor Beschädigung beim Bohren.
Die Gegenbleche der Schnäpper läßt man in die Klappen ein, durch das Loch für die Kugel bohrt man ein wenig ins Holz hinein, damit die Kugel Platz hat.
Jetzt die Scheren der Klappen anschlagen und den Einlegeboden einpassen.
Alle Massivholzteile, wie die Vorschraubleisten und das Aufsatzstück, auf dem die obere Klappe aufliegt, wenn sie offen ist, paßt man jetzt genau ein. Die Schweifung der Aufsatzleiste mit der Stichsäge schneiden. All diese Teile werden geschliffen, grundiert und fertig lackiert, bevor man sie am Schrank anschraubt.
Nun noch die Messingecken anschrauben. Wenn alles geklappt hat, ist der »Klappenschrank« fertig.

MATERIALLISTE

19-mm-Tischlerplatte, sapelifurniert:
2 Böden, 100 × 40 cm
4 Seiten, 60 × 37,3 cm
2 × senkrechte Klappe/
obere Rückwand 60 × 33 cm
1 Sockel 62 × 7 cm¹)
1 waagerechte Klappe mit
festem Teil 60 × 39,5 cm¹)
3 Klappen 60 × 18,5 cm
2 Sockel 38 × 7 cm¹)
¹) Inkl. Zugaben für Gehrungs- bzw. Trennungsschnitte

10-mm-Sperrholz, sapelifurniert:
1 Einlegeboden 60 × 15 cm

5-mm-Sperrholz, einfach
1 Rückwand 63,7 × 62,5 cm

Mahagoni-Massivholz:
1 Aufsatzleiste 60 × 7 × 1,9 cm
5,5 lfdm Leiste 19 × 6 mm
(Vorschraubleisten und
Anschläge der Klappen)

Abfallholz:
2 Eckklötze 6,5 × 3 × 3 cm
4 Auflageklötze
für Sockel 8 × 4 × 2 cm

Mahagoni-Kantenfurnier: ca. 10 lfdm

Klebstoff:
Uhu coll express

Messing-Beschläge:
5 Stück Klavierband je 60 cm, 2 große, 3 kleine Scheren, 8 große Knöpfe (ca. 4 cm Ø), 2 kleine Knöpfe (max. 2 cm Ø), 8 Winkelbleche mit Stiften, 4 Bodenträger, 5 Kugelschnäpper, Messingschrauben (Beschläge), einfache Schrauben (Rückwand)

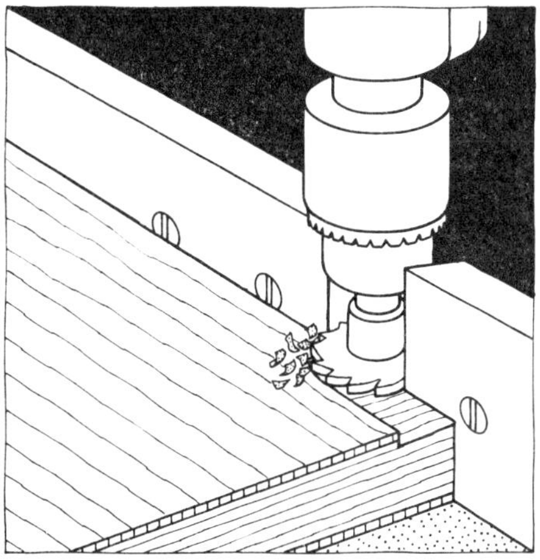

Die Klavierbänder werden versenkt eingebaut. Sowohl Klappen als auch Böden werden dafür gefälzt, am einfachsten mit dem Fräskopf.

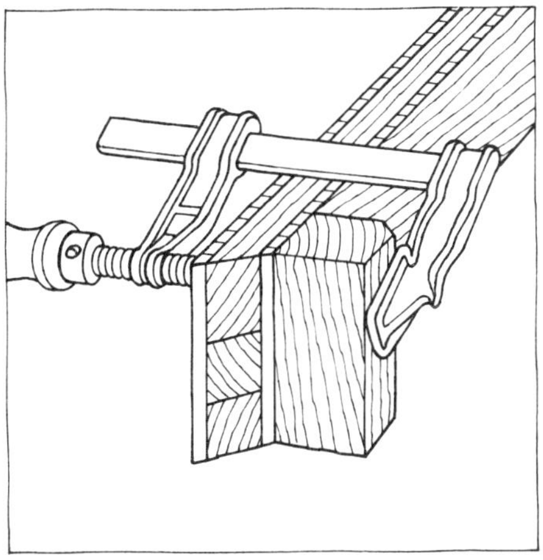

Die Ecken des Sockels werden stumpf auf Gehrung verleimt. Eingeleimte Massivholzklötze dienen als Verstärkung der Sockelkonstruktion.

So sieht der »Schrank, bei dem alles klappt«, fertig aus. Die obere Klappe dient als Arbeitsplatte. Damit es nicht an Platz fehlt, kann auch der Deckel des Mahagonischrankes aufgeklappt werden. Seine Innenseite dient hier der Unterbringung von allerlei Kleinkram, den man immer wieder braucht.

Dielen-Eckschrank

Mit einer sonst ungenutzten Ecke kann man eine Menge anfangen, wenn das richtige Möbelstück zur Verfügung steht. Hier ist ein origineller Vorschlag, der in der Diele Ordnung schafft und sich ohne große Probleme verwirklichen läßt.

Dieses Schränkchen, das in einer Dielenecke nicht viel Raum beansprucht, schafft viel Platz für Dinge, die sonst oft herumliegen. Weil die Seiten verschieden breit sind, werden Ober- und Unterteil getrennt gebaut. Die beiden Seiten des oberen Teils stumpf aneinanderdübeln. Im gleichen Arbeitsgang die Viertelkreisböden mit je vier Dübeln dazwischenleimen. Alle Kanten müssen sauber verkittet und geschliffen oder furniert werden.

An die vorderen Kanten der unteren Seiten zwei Bretter andübeln, an denen die Türen angeschlagen werden. Die Kanten vorher etwas nach innen abschrägen. Seiten, Zwischenböden, Ober- und Unterteil und den aufrechten Zwischenrahmen dübeln und verleimen. Auch hier die Kanten verkitten und schleifen. Unter den unteren Boden aus Spanplattenresten einen ca. 3 cm breiten Sockel leimen und stiften.

Die Querstücke für die Türrahmen mit dem gleichen Radius wie die Böden aus Massivholz schneiden. Türherstellung siehe Zeichnungen. Die 20 mm breiten Leisten, z. B. Tapetenleisten, an der Türanschlagseite 2 mm, an der anderen Kante 8 mm überstehend anleimen. Die Scharniere aufschrauben. Die Leiste muß dort um den Überstand weggestochen werden. Nach dem Einlassen der Bänder alles vorstreichen und lackieren.

Die Griffe anschrauben und zwei Magnetschnäpper befestigen. Die Laschen, die Ober- und Unterteil zusammenhalten, von hinten an die Seiten schrauben.

MATERIALLISTE

Oberteil (Spanplatte)

1 Seite	120,0 × 45,0 × 1,9 cm
1 Seite	120,0 × 43,1 × 1,9 cm
4 Böden	41,5 × 41,5 × 1,9 cm

Unterteil (Spanplatte)

1 Seite	74,3 × 56,3 × 1,9 cm
1 Seite	74,3 × 54,4 × 1,9 cm
2 Böden	60,0 × 60,0 × 1,9 cm
1 Boden	53,5 × 53,5 × 1,9 cm

3 Bretter für Türanschlag
74,3 × 6,0 × 2,2 cm Kiefer
4 aufrechte Türrahmen
70,5 × 2,4 × 1,8 cm Kiefer
6 Querstücke für Türrahmen
35,8 × 5,5 × 1,8 cm Kiefer
2 Türblätter
74,3 × 37,5 × 0,4 cm Limba
1 Leiste 300 × 2,0 × 0,4 cm
4 einfache, gerollte Scharniere
2 Metallstreifen, 2 Magnetschnäpper,
2 Griffe
Uhu coll express

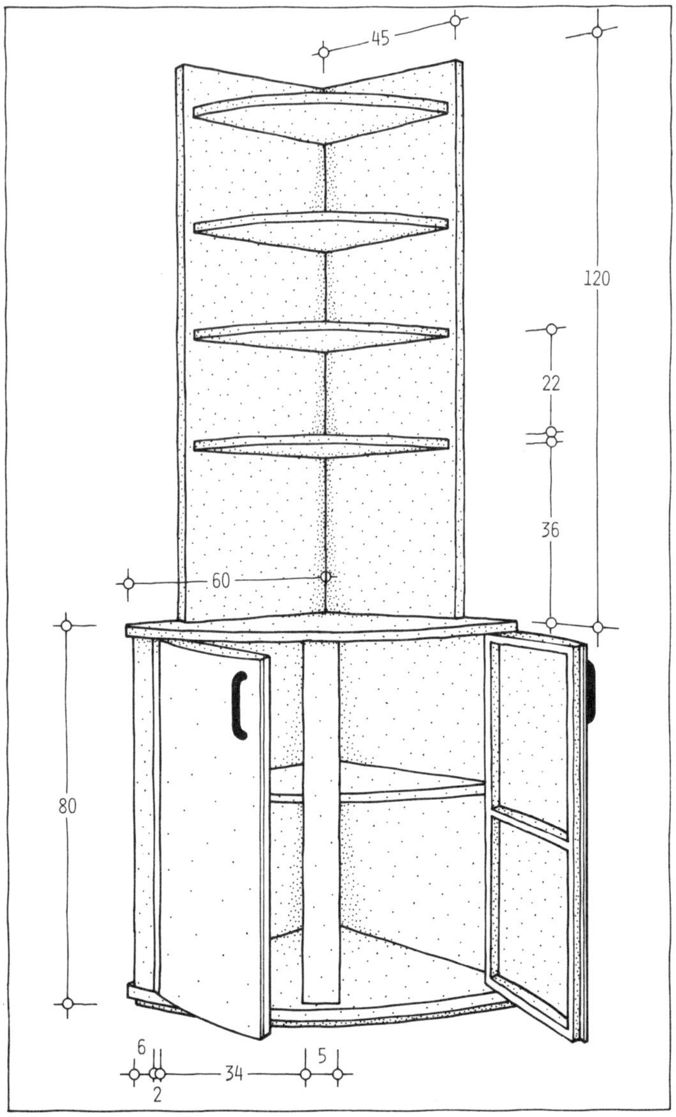

Ein Schrank als Unterteil, ein Regal als Oberteil – dieses Möbelstück paßt nicht nur in eine Dielenecke, es leistet auch sonst nützliche Dienste. Beim Unterschrank dient ein schmaler Mittelsteg als Türanschlag.

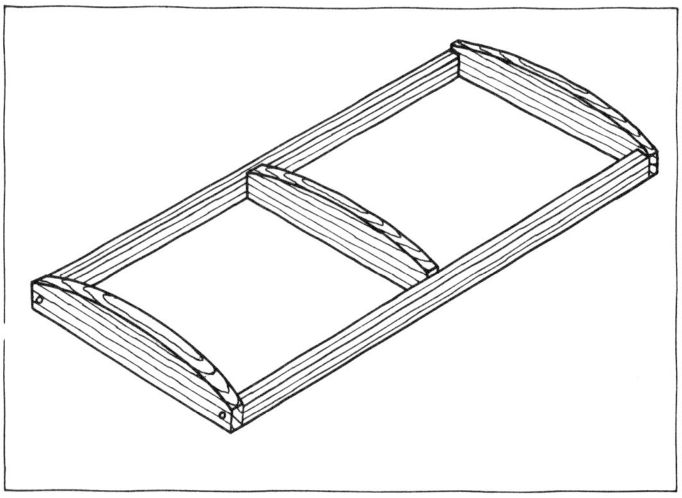

Die rund ausgeschnittenen Mittelstücke werden stumpf zwischen das Ober- und Unterstück gedübelt und geleimt. Danach wird alles bündig geputzt, damit die Sperrholzplatte überall eine glatte Auflage bekommt.

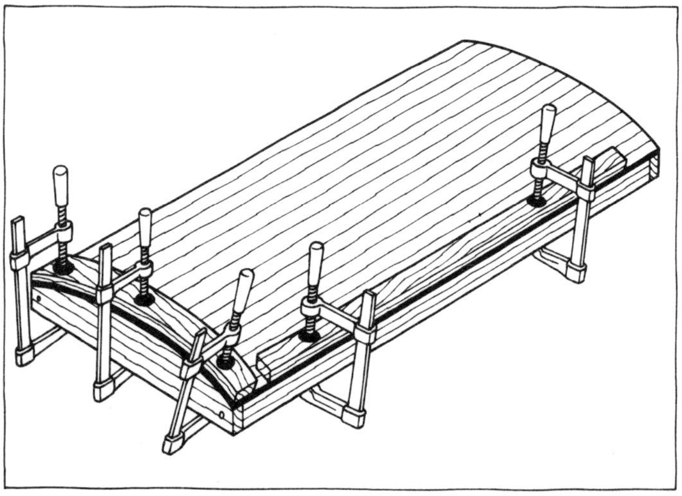

So wird die Sperrholzplatte aufgeleimt: Eine 10 mm dicke Leiste läßt sich gut mit Zwingen über die Rundung biegen. Sie erhalten so den nötigen Druck, um die Sperrholzplatte auf den Holzrahmen der Türkonstruktion zu leimen.

Kleine Flurschränke

Bei langen, schmalen Fluren steht man immer vor dem gleichen Problem: Wohin mit Schuhen, Einkaufstaschen und allen sonstigen Dingen, die unordentlich in der Wohnung herumstehen? Abhilfe schafft eine Reihe niedriger, nicht zu tiefer Schränke an einer Flurseite. Man bekommt viel Stauraum, aber der Flur wirkt nicht noch schmaler, sondern viel wohnlicher und proportionierter.

Wir erläutern hier den Bau eines 80 cm breiten, 40 cm hohen und nur 25 cm tiefen Schränkchens. Es steht auf einem Sockel, ist aber nicht fest mit ihm verbunden. Sie können dieses Schränkchen aber auch auf Vierkantrohr-Beine stellen oder mit Mauerdübeln an der Wand befestigen. Mehrere Schränkchen dieser Art ergeben eine Schrankzeile, wie sie unten fertig aufgestellt abgebildet ist. Wie lang Sie diese Zeile machen, d. h., wie viele Einzelschränkchen Sie bauen müssen, hängt von den Raumverhältnissen Ihres Flures ab. Übrigens passen Schränkchen dieser Art nicht nur in den Flur. Sie können auch im Wohn- oder Kinderzimmer Platz finden. Zwei aufeinandergestellte Schränkchen (oder auch drei) ergeben einen ausgewachsenen Schrank.
Eine andere Kombinationsmöglichkeit ist der Zusammenbau von Schränkchen dieser Art mit gleich großen Regalen. Sie haben also ein Universalmöbel vor sich.

Bauplan für die Schränke

Das Material unserer Schränke ist kiefernfurnierte Tischlerplatte. Suchen Sie sich das Holz aus, das am besten zur Einrichtung paßt. Alle sichtbaren Kanten erhalten vor dem Zusammenbau der Schränke Furnierkanten.
Reizvoll ist die obere Eckverbindung mit Massivholzleisten. Eine ebenso dekorative wie stabile Art, zwei Platten zu verbinden. Die unteren Böden werden einfach zwischengeleimt. Die Dübellöcher bohrt man gegeneinander versetzt, so daß sich die Dübel nicht in die Quere kommen. Die Eckleisten sind ein bißchen dicker als die Platten. Man dübelt und verleimt sie zuerst mit den langen Platten. Nachdem der Leim abgebunden hat, die Leisten bündig hobeln. Dann die Falze (1 cm breit, 0,5 cm tief) für die Rückwand fräsen. Nicht durchfräsen, sondern die Ecken ausstemmen!
Den Korpus verdübeln und verleimen, die überstehenden Leisten bündig hobeln. Mit Klavierbändern die Türen anschlagen. Griffe, Magnetschnäpper und Klappenhalter anbringen. Die Sockelleisten zuschneiden, verleimen und verschrauben. Die Sockel sind je 78 cm breit. Sie werden nicht mit den Schränken verbunden. Am besten sieht es aus, wenn Sie den Sockel mit dem Teppichboden des Flures bekleben. Das verleiht dem Möbel mehr Leichtigkeit.

Abstellraum, der in den meisten Neubauwohnungen fehlt, wurde hier auf elegante Weise gewonnen. Zusätzlich entstanden praktische und dekorative Ablageflächen. Die Schrankreihe besteht aus lauter Einzelelementen.

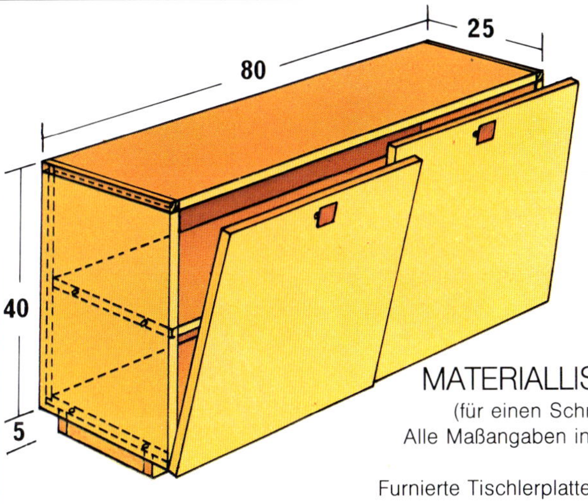

MATERIALLISTE
(für einen Schrank)
Alle Maßangaben in cm.

Furnierte Tischlerplatte, 1,9
2 Stück Ober- und Unterteil 76,2 × 25
2 Seiten 38,1 × 25; 2 Klappen 38,8 × 38,8
2 Eckleisten, massiv 25 × 2 × 2
1 Rückwand, Hartfaserplatte, 78 × 38
2 Scheren, 2 Knöpfe, 2 Klavierbänder, 40 cm lang.
Leisten für den Sockel, 6 m Kantenfurnier, Leim, Schrauben, Dübel.

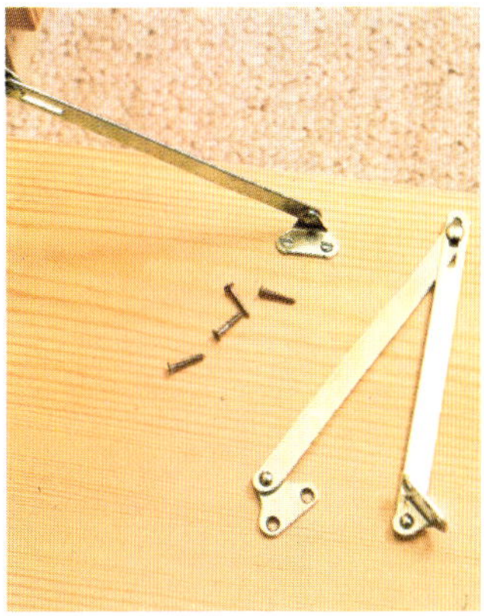

Die Türklappen werden von Scheren gehalten. So bekommt man eine Fläche zum Ein- und Ausräumen.

Mit einer Schablone markiert man die Bohrlöcher für die Griffe. Sie sitzen in der Klappenmitte.

Küchenschrank von Wand zu Wand

Fast in jeder Küche gibt es »Rumpelekken«, in denen Sachen aufbewahrt werden, die keinen richtigen Platz haben. Dieser Küchenschrank räumt damit endgültig auf. Hinter seinen rupfenbespannten Türen ist viel Platz für Kleinkram, aber auch für Kühlschrank, Staubsauger oder Bügelbrett.

Fehlt Ihnen ein besonders geräumiger, praktischer Schrank oder genügend Abstellraum, in dem Sie alles unterbringen können: Haushaltsdinge, Sportsachen oder Bastelutensilien? Hier ist der ideale Küchenschrank!

Wir zeigen Ihnen ein Bausystem für Schränke, die Sie passend für jeden Raum herstellen können. Unsere Küchenwand z. B. hatte in der rechten Ecke einen 31 x 19 cm großen Kaminvorsprung. Dieser Winkel wurde durch die rechte feste Seite so abgedeckt, daß sich dahinter ein Hohlraum ergab.

Ob der Schrank wie in unserem Fall von Wand zu Wand reicht oder nur ein Einzelstück ist, bleibt Ihnen überlassen.

Das Äußere des Schrankes sollte zu den übrigen Möbeln passen. Wir haben als Bekleidung Rupfentapete gewählt, die sich sehr leicht aufziehen läßt. Aber auch mit gestrichener Vorderfront sieht der Schrank sehr gut aus.

Am einfachsten ist es, wenn Sie den gesamten Schrank in zwei Teilen bauen. Diese sind dann nicht so groß und lassen sich leichter herstellen und transportieren. Auch der Sockel wird in zwei Teilen gebaut: Vorder- und Rückteil und drei Seiten. Die Bodenplatte des Schrankes wird mit Leim und Nägeln darauf befestigt. Der obere Schrankabschluß besteht aus einem weiteren Sockel. Damit der untere Sockel nicht so leicht beschädigt werden kann, einen Streifen aus Kunststoff mit Kontaktkleber aufkleben. Passend dazu kann man das gleiche am oberen Sockel machen.

Beide Schrankteile haben nur drei Seiten. Die beiden äußeren Seiten werden oben und unten bündig an die Sockelseiten geschraubt.

Die Mittelseite wird mit den inneren Sockelleisten verbunden. Die Außenseiten erhalten einseitig eine Vierkantleiste, die Mittelseite beidseitig. An diesen Leisten werden später die festen Vorderstücke befestigt. Beide Schrankteile auf die Vorderfronten legen und an die linke Seite die 46 cm breite Rückwand schrauben. Diese Rückwand ist nachher eine Seite für die Einlegeböden. Rechts wird die 37 cm breite Rückwand angeschraubt.

Die 92 cm breite Rückwand kommt auf die Mittelseite mit gleichem Überstand. Zu

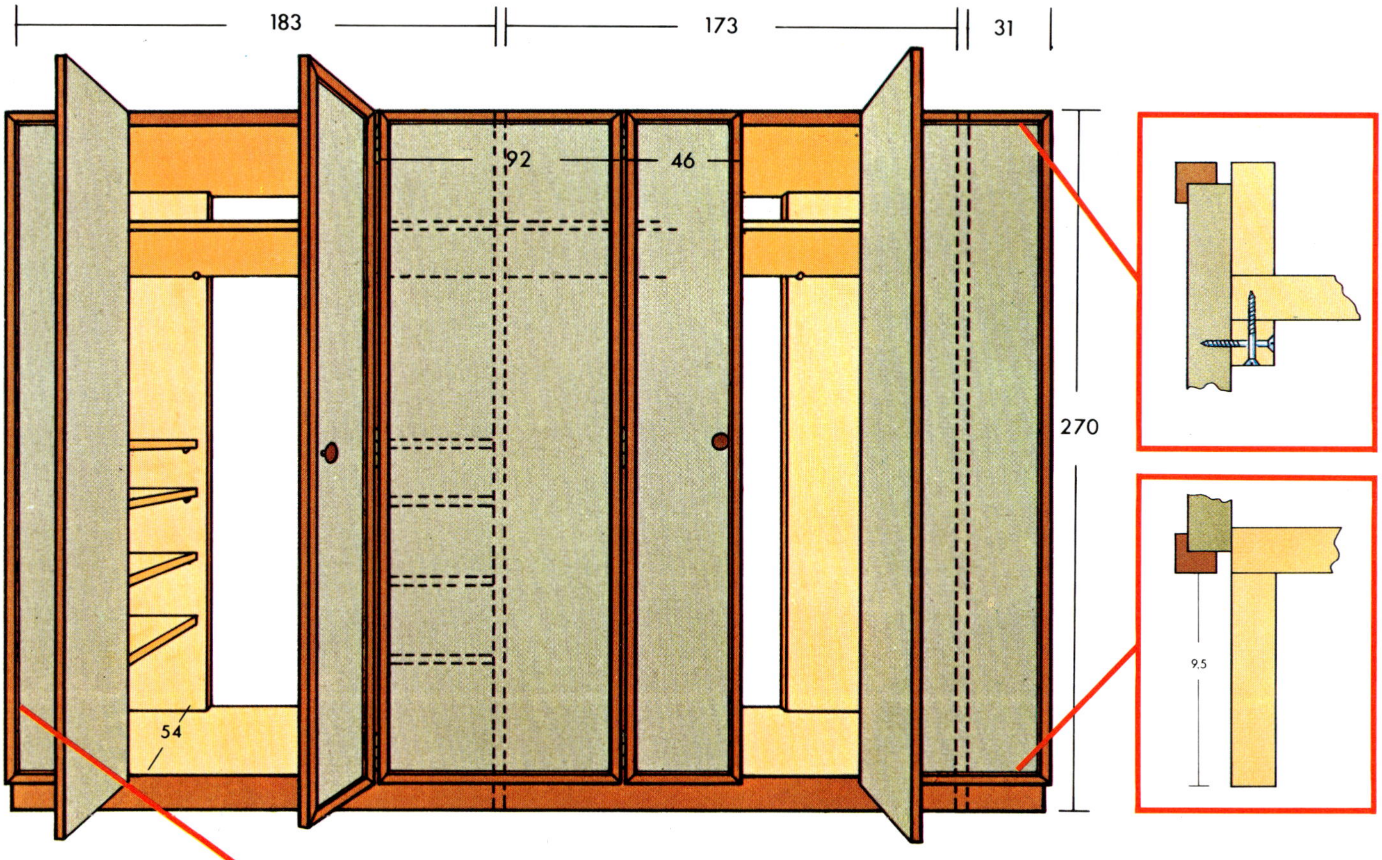

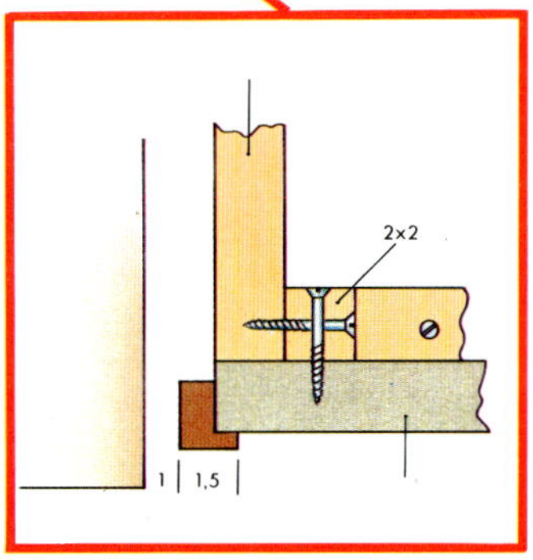

Diese Zeichnung verdeutlicht Ihnen den Zusammenbau des Küchenschranks. Der Schnitt links unten zeigt den seitlichen Wandanschluß (von oben gesehen). Die feste Vorderseite wird mit drei Leisten am Schrankkorpus befestigt. Die Schnittzeichnung rechts oben: Der obere Sockel mit einem festen Vorderstück (durch die Schranktiefe geschnitten). Der untere Schnitt zeigt den Bodenanschluß. Die rechte, feste Vorderfront verdeckt den Kaminvorsprung. Die gestrichelte Linie in diesem Vorderstück ist die Außenseite, die links neben dem Vorsprung steht. Die große Zeichnung erläutert den Gesamtaufbau (siehe dazu auch die Materialliste auf der rechten Seite). Der Schrank besteht aus 19 mm dicker Spanplatte. Die Türen werden mit Rupfen bespannt. Auf diese Weise ersparen Sie sich eine aufwendige Kantenbearbeitung der Türplatten. Am besten bauen Sie den Schrank in zwei Teilen, die sich leichter transportieren lassen. Das abgebildete Modell wurde für eine ganz bestimmte Raumsituation gebaut. Sie können es beliebig abwandeln, sowohl in der Breite als auch in der Höhe und beim Innenausbau, den wir Ihnen nicht vorschreiben. Er richtet sich nach Ihren eigenen Bedürfnissen.

1 Für den gesamten Schrank sind zwei Sockelrahmen notwendig. Die Bodenplatte wird zugeschnitten, aufgeleimt und festgenagelt.

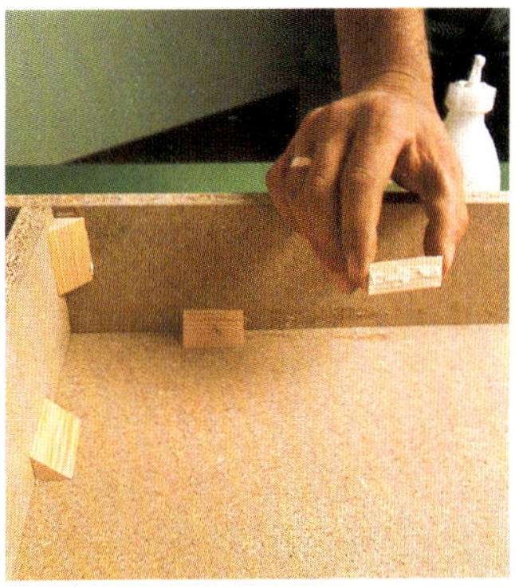

2 Für einen größeren Halt der Leimverbindungen sorgen kurze Abschnitte einer Dreiecksleiste, die lediglich verleimt werden.

3 Die Leisten, die die Rupfenbespannung an den Kanten vor Beschädigung schützen, werden gewässert, geschliffen und gebeizt.

4 Naturfarbenen Rupfen bekommen Sie mit Papier kaschiert. Man verklebt ihn wie Tapete: einkleistern, weichen lassen, aufziehen.

5 Auf Hirnholzkanten von Spanplatten klebt der Rupfen nicht gut. Deshalb die Kanten mit Heftklammern befestigen (Tacker).

6 Die überstehende Bahn mit dem Messer abtrennen. Die Klinge dabei flachlegen und in einem Zug durchziehen, ohne sie abzusetzen.

7 Die ausgefälzte Leiste wird auf Gehrung geschnitten, mit Leim und dünnen Nägeln befestigt. Dabei genügend Leim angeben!

8 Einfache Scharniere halten den festen Teil und die Türen zusammen. Auf den festen Teil eine Leiste leimen und schrauben.

dritt den gesamten Schrank aufstellen und in die Waagerechte bringen. Nun können Sie die Türen und die festen Vorderteile mit den kaschierten Rupfenbahnen tapezieren. Der Vorteil des Papierrükkens: Leim kann nicht durchschlagen und die Bahnen lassen sich leichter verarbeiten. Die Rupfenbahnen wie normale Tapeten behandeln, d. h. mit Kleister einstreichen, einwirken lassen und dann wie üblich aufstreichen. An jeder Seite 2 cm Rupfen überstehen lassen, damit auch die Hirnholzkanten bezogen werden können. Die Kanten können Sie anheften, sie werden durch Leisten verdeckt.

Diese Leisten bekommen Sie fertig gefälzt in Heimwerkerläden. Sie müssen dann noch geschliffen, gebeizt und grundiert werden, ehe sie auf Gehrung rund um die Kanten der Türen und der festen Teile geleimt und genagelt werden.

Die festen Teile erhalten auf der Rückseite zwei einfache Leisten, die genau zwischen die beiden Böden passen. Achten Sie unbedingt auf den oberen und unteren Abstand! Die festen Teile und die Türen verbinden Sie mit Scharnieren. Alle Teile müssen oben und unten bündig sein.

Die festen Vorderfronten mit den Seiten und den Böden verschrauben. Keinen Leim angeben, damit Sie den Schrank eventuell wieder auseinandernehmen können.

Kiefernholzgriffe können Sie in verschiedenen Formen kaufen. Anschließend werden sie passend zu den Randleisten gebeizt und von hinten (durch die Tür) verschraubt.

Jede Tür wird durch zwei Magnetschnäpper gehalten. Jetzt nur noch die Bodenträger einschlagen und die Böden einlegen. Damit man den Schrank von innen leichter reinigen kann, haben wir ihn vorher zweimal mit Klarlack gestrichen.

MATERIALLISTE (alle Maße in cm)

Sockel unten links

	Spanplatte
1 Bodenplatte	183 × 54 × 1,9
2 Seiten	183 × 9,6 × 1,9
3 Seiten	50,2 × 9,6 × 1,9

Sockel unten rechts

	Spanplatte
1 Bodenplatte	173 × 54 × 1,9
2 Seiten	173 × 9,6 × 1,9
3 Seiten	50,2 × 9,6 × 1,9

Sockel oben links

	Spanplatte
1 Bodenplatte	183 × 54 × 1,9
2 Seiten	183 × 5 × 1,9
3 Seiten	50,2 × 5 × 1,9

Sockel oben rechts

	Spanplatte
1 Bodenplatte	173 × 54 × 1,9
2 Seiten	173 × 5 × 1,9
3 Seiten	50,2 × 5 × 1,9

Korpus

	Spanplatte
3 Seiten	260 × 54 × 1,9
1 Rückwand	260 × 46 × 1,9
1 Rückwand	260 × 37 × 1,9
1 Rückwand	260 × 92 × 1,9
5 Vorderseiten bzw. Türen	250 × 44,2 × 1,9
1 Vorderseite	250 × 90 × 1,9
1 Vorderseite	250 × 68 × 1,9
8 Einlegeböden	54 × 43 × 1,9
Uhu coll express	

1 Einlegeboden
183 × 54 × 1,9
1 Einlegeboden
173 × 54 × 1,9
12 Scharniere
8 Magnetschnäpper
4 Türgriffe
22,5 lfdm Rupfen, 1 m breit
27 lfdm Falzleisten, 2,0 × 1,5
16 lfdm Vierkantleisten, 2,0 × 2,0

9 Der Zusammenbau der beiden Schrankteile. Sie werden mit einer 90 cm breiten Rückwand verbunden. Die äußeren Teile erhalten ebenfalls schmale Rückwände. Sie erhöhen die Stabilität und halten die Einlegeböden.

10 Der Schrank-Korpus ist fertig montiert und kann an seinen Standort gebracht werden. Zum Aufrichten brauchen Sie einen Helfer, damit der Schrank nicht auseinanderbricht. Sorgen Sie für genauen Stand (Wasserwaage).

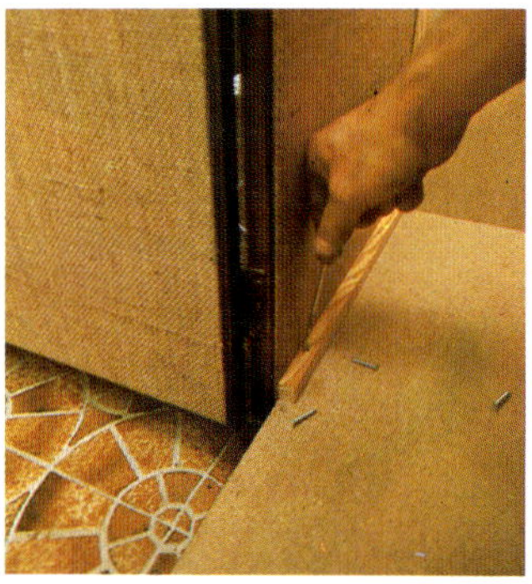

11 Die Befestigungsleisten für die Seiten werden angeschraubt. Vorher genügend Leim angeben.

12 Die Schrankseite wird mit den Leisten aufgesetzt und festgeschraubt. Dabei Sitz prüfen.

13 Die Knöpfe von hinten aufschrauben. Sie werden wie die Leisten gebeizt und mattiert.

14 Der Kühlschrank verschwindet hinter den Schranktüren – er bekommt auch hier genug Luft.

15 Hinter den vier schmalen Türen können Sie viel verstecken. Die Einteilung der Regalböden mit einschlagbaren Bodenträgern bleibt Ihnen überlassen. Sie hängt davon ab, was Sie in Ihrem Schrank unterbringen wollen.

16 Das Werk ist vollbracht – so präsentiert sich der fertige Schrank mit geschlossenen Türen in Ihrer Küche. Der Eßtisch fand vor dem fest eingebauten Mittelteil Platz. Die Türen sind bequem zugänglich.

Schränke für das Badezimmer

In den meisten Badezimmern ist so wenig Platz, daß es Schwierigkeiten macht, alle Toilettenartikel unterzubringen. Wir haben deshalb drei Einbauten ausgetüftelt: Einen Frisierschrank für die Ecke, einen Schrank an der Wanne und eine Waschbecken-Umkleidung. So können Sie alles verstauen, was Sie im Bad brauchen.

Überprüfen Sie Ihr Bad. Vielleicht ist in der Ecke des Raumes, zwischen Tür und Waschbecken, genügend Raum, um einen Frisierschrank unterzubringen.

Vorschlag 1: Frisierschrank

Der Grundriß unseres Frisierschranks ist fast ein gleichschenkliges Dreieck. Wir haben jedoch an den Vorderkanten über die ganze Höhe des Schrankes an beiden Seiten zwei schmale Seitenteile (alle Maße in der Stückliste neben der Konstruktionszeichnung auf dieser Seite) angeleimt (Foto 2). Dadurch erhalten wir einen rechten Winkel, um die Türen mit Topfbandscharnieren befestigen zu können. Auch erscheint der Wandabschluß optisch sauberer und man gewinnt etwas Schranktiefe.
Der Schrankkörper wird mit Uhu coll express verleimt und mit vernickelten Senkkopfschrauben (4 mal 40 mm, Löcher vorbohren!) verschraubt. Zwischen zwei Zwischenböden wird als Abschluß des Fußteils ein Schubteil eingepaßt. Als Seitenführung des Schubteils und Frontabschluß zwischen den Böden verwenden wir die abgeschnittenen hinteren Dreiecke des Schiebers. Das Herausrutschen des Schubteils verhindert eine Schraube, deren Kopf in einer Nut läuft (Skizze).
Die Spiegel (geschliffene Kanten!) werden an je drei Streifen Spiegelklebeband befestigt. Die Spiegeltür ist an vernickeltem Klavierband (500 mm) mit Senkkopfschrauben (2,4 × 15 mm) befestigt. Sie schließt, wie die oberen Türen, durch Magnete. Bei der Spiegeltür ist ein Griff wie bei den Schranktüren nicht nötig, weil sie unten etwa 5 mm übersteht.

Vorschlag 2: Schrank an der Wanne

Das gedübelte und verleimte Regal mit zwei Schrankteilen, das direkt an die Badewanne gebaut ist, hat eine Rückseite, die über dem Wannenrand teilweise aus 6-mm-Acrylglas besteht. Vor dem Verleimen des Regalkörpers werden in die Seitenteile und die Zwischenböden Falze gesägt, in die das Glas geschraubt wird.
Die Klapptüren am oberen Schrankteil haben wir mit zwei vernickelten Klavierbändern von je 600 mm Länge befestigt. Die Schiebetüren laufen in einem Paar Schienen (für 16 mm Brettstärke) von 568 mm Länge. An den Schiebetüren sind Muschelgriffe von 40 mm Ø befestigt, während an den Klapptüren Bügelgriffe angebracht sind. Die Glaseinlegeböden liegen auf je 4 Bodenträgern, deren Höhe verändert werden kann. Der Sockel des Regals und der obere Abschlußteil sind Einzelteile. So läßt sich das Regal besser aufrichten. Ist Ihr Badezimmer höher, können Sie den oberen Schrankteil natürlich beliebig verlängern.
Wichtig ist es, den Schrankkörper an einer Seitenwand über die ganze Höhe mit Schrauben und Dübeln an der Kachelwand zu befestigen, weil er auf dem Sockel allein nicht fest genug steht.

Vorschlag 3: Umbautes Waschbecken

Der Bau der Schrankwand rund um das Waschbecken erfolgt nach dem Baukastenprinzip:

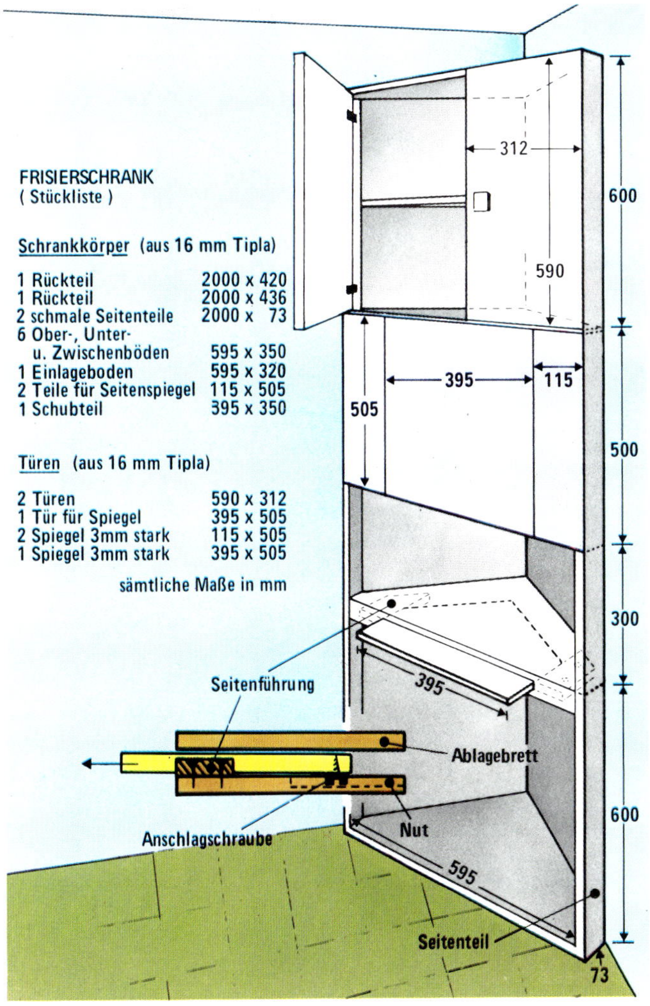

1 Mit der Handkreissäge werden die Vorderkanten an den Rück- und Seitenteilen des Schrankes auf 45 Grad Gehrung zugeschnitten. Korrektheit der Gehrung vorher sicherheitshalber an Abfallholz ausprobieren, damit hinterher alles paßt.

2 Mit Hilfe von Schraubzwingen und einer Leiste, die gegen die Schräge drückt, werden Seitenteil und Rückenteil verleimt. Das Foto zeigt die Einspann-Hilfskonstruktion. Nach dem Abbinden werden die beiden Rückteile verleimt und verschraubt.

3 Die Führungsnut für die Ausziehplatte wird bis zur Mitte der unteren Platte gesägt. Eine Schraube dient als Bremszapfen. Der Auszugteil wird von unten mit je drei Schrauben am unteren Zwischenteil befestigt. Siehe dazu die Zeichnung links.

4 In die Innenseiten der Türen bohren Sie je 10 cm vom oberen und unteren Rand entfernt Löcher für Topfbandscharniere. Anschließend werden die Topfbandscharniere in die Schrankrückseiten geschraubt. Sie lassen sich leicht verstellen.

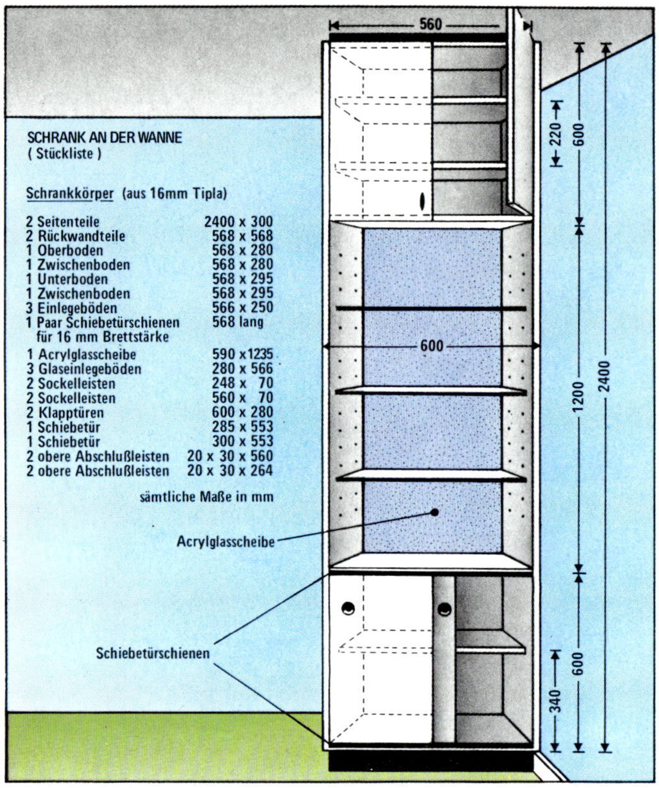

Das schmale und nur 30 cm tiefe Regal für das Badezimmer reicht bis an die Decke, bietet also viel Raum für alles, was man im Bad unterzubringen hat. Oben und unten sind geschlossene Schränke vorgesehen.

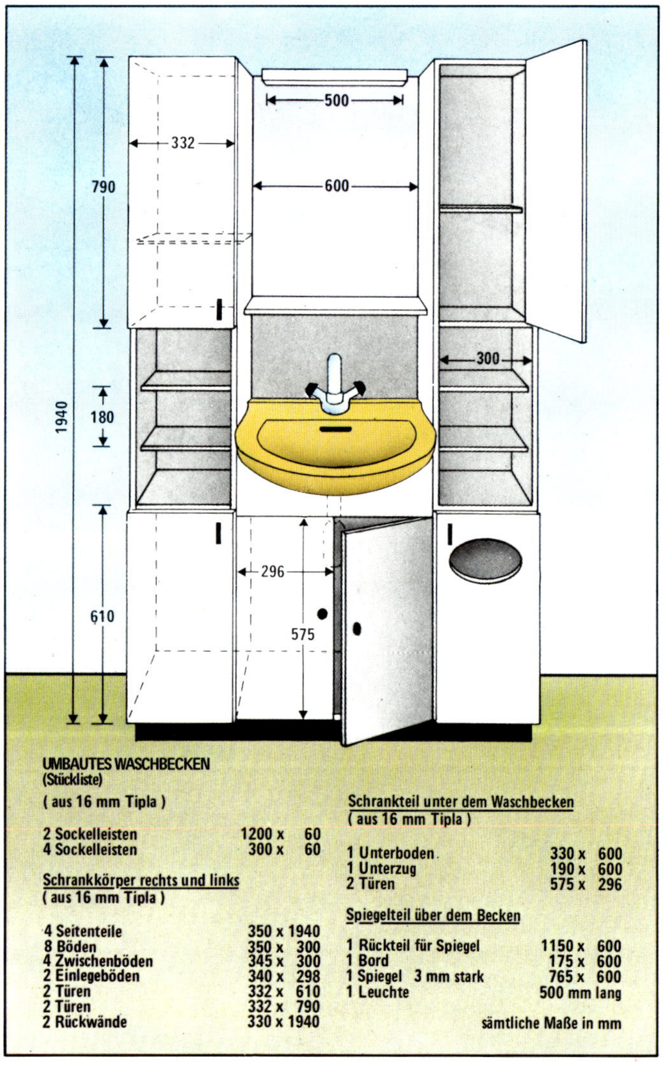

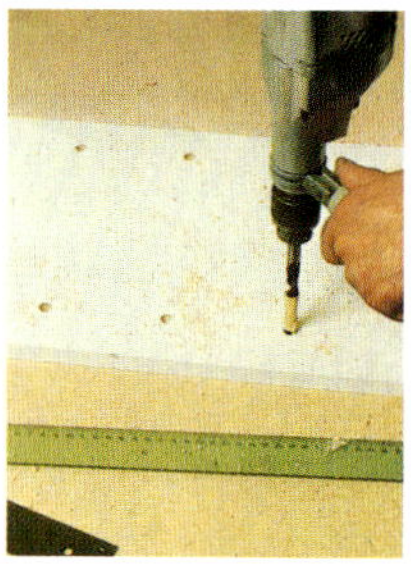

1 In die Seitenteile werden Löcher für die Bodenträger gebohrt.

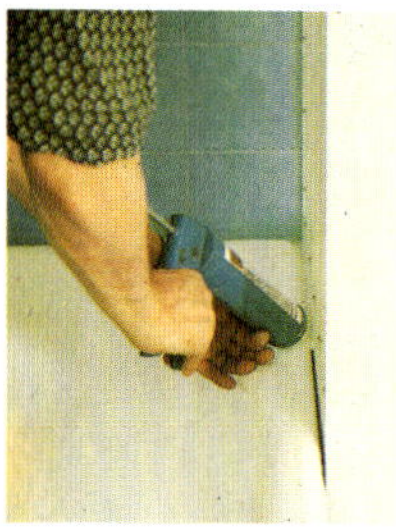

2 Die Fuge zwischen Regalrückwand und Badewannenrand mit Silikonkautschuk abdichten. Mit nassem Finger verstreichen.

1 Nach dem Sockel zuerst das linke Regal mit Dübeln an die Wand schrauben.

2 Befestigung der Spiegel-Rückwand aus 12-mm-Tischlerplatte.

Die drei Schränke werden einzeln mit 8-mm-Dübeln und Weißleim zusammengebaut und dann zur Schrankwand zusammengesetzt. Dabei sind Breite und Tiefe des Beckens ausschlaggebend für die Abmessungen der Schränke.

Die beiden Hochschränke und der Spiegelteil sind mit Dübeln und Schrauben an der Kachelwand befestigt. Zusätzlich werden die Schränke noch mit Holzschrauben (3,5 × 25 mm) an den Sockel geschraubt. Die Rückwände der Hochschränke haben wir aus 3,2-mm-Hartfaserplatte zugeschnitten und mit Uhu coll express und Nägeln befestigt.

Für die Blende unter dem Becken empfiehlt es sich, die Maße mit einer Pappschablone abzunehmen und dann auf eine 12-mm-Tischlerplatte zu übertragen.

Während die Türen am unteren Schrank mit Klavierbändern angebracht sind, sind die oberen mit Topfbändern befestigt.

Die Rückseite des Spiegels, der mit Klammern befestigt ist, reicht bis zum Waschbeckenrand.

Neue Wände für das Bad

Wenn man einmal damit begonnen hat, das Bad umzubauen und neu einzurichten, wird man auch daran denken, die Wände anders zu verkleiden. Das geht mit Fliesen oder einem neuen Anstrich. Hier noch ein paar andere Vorschläge:

● *Folie oder Wachstuch:* Ein preiswerter Wandbelag, den man nach den Regeln der Tapeziertechnik auch selbst anbringen kann. Die Wand sollte eben, trocken und rissefrei sein. Unter Umständen muß man sie vor dem Kleben der Bahnen spachteln. Die Bahnen werden mit Spezialkleber geklebt, und zwar an den Nahtstellen etwa fünf Zentimeter überlappend. Durch die Überlappungsstellen schneidet man die Bahnen.

● *Stoff auf Platten:* Beliebigen Dekorationsstoff zieht man auf Sperrholz- oder auch Spanplatten auf. Er wird auf der Plattenrückseite geklebt, genagelt oder geklammert. Die Wände werden mit einem Lattengitter versehen, auf das man die Platten mit Messingschrauben und -unterlegscheiben schraubt. Die Platten werden vor dem Überziehen farblos (beiderseits) lackiert. Auch den aufgespannten Stoff lackiert man farblos.

● *Profilbretter:* Auch in diesem Fall braucht man eine Unterkonstruktion aus Latten. Damit die Luft hinter der Verkleidung zirkulieren kann, müssen die Latten etwa alle 50 Zentimeter Luft»löcher« bekommen. Dazu sägt man sie etwa zur Hälfte ein (Abstand der Sägeschnitte: fünf Zentimeter) und stemmt das Holz an dieser Stelle aus. Die Bretter befestigt man am besten mit Vilinhaken. Die Verkleidung soll an Boden und Decke, über Wannen und Becken nicht anstoßen, sondern einen Abstand von zwei bis drei Zentimeter einhalten.

Tische für alle Zwecke

1 Vor dem Zinken wird die Dicke der gehobelten Eichenbretter mit einem Streichmaß angerissen. An der Außenseite sollte das nur ganz zart geschehen, das erleichtert das Schleifen der fertigen Holzverbindung.

2 Nun das Brett in gleichmäßigem Zinkenabstand aufteilen. Auch wenn es der Fachmann ablehnt: Zum Anreißen der senkrechten Schnitte am besten einen Winkel zu Hilfe nehmen, mit dem Bleistift anreißen.

3 Das angerissene Brett in die Werkbank einspannen. Dann mit einer Absetz- oder Feinsäge auf genaue Tiefe einsägen – und zwar stets neben der Anrißlinie, die sichtbar bleiben sollte. Die Säge winkelgerecht halten!

4 Nun folgt das Ausstemmen. Das Holz zuerst bis zur Mitte einstemmen. Einen Keil wegschlagen, das Vorderholz stehen lassen. Dann das Werkstück umdrehen und wieder bis zur Mitte schichtweise einstemmen.

5 Nun muß das Gegenstück angerissen werden. Dazu das ausgestemmte Brett aufsetzen und mit einem harten Bleistift die Schwalbenschwänze anreißen. Je genauer man das macht, desto besser wird das Endergebnis unserer Zinkenverbindung.

6 Auf diesem Foto ist deutlich zu erkennen, wie der Schwalbenschwanz ausgesägt wird. Der dünne Bleistiftstrich bleibt stehen, der Schnitt des Sägeblattes liegt nur im Abfallholz. Bis an den Riß schneiden, und zwar genau winkelgerecht.

7 Beim Schwalbenschwanz wird das Innenstück genauso ausgestemmt, wie es bereits auf Foto 4 bei den Zinken gezeigt wurde. Also erst auf einer Seite bis zur halben Holzstärke arbeiten, dann von der anderen Seite den Rest wegnehmen.

8 Nun werden die Holzteile probeweise zusammengesteckt. Sie müssen streng passen. Denken Sie daran, daß man bei Hartholz besonders präzise arbeiten muß. Falls Ihnen die Übung fehlt: An einem Abfallstück probezinken.

9 Die Zinken werden nun mit Leim bestrichen und mit den ebenfalls bestrichenen Schwalbenschwänzen zusammengesteckt. Spannen Sie das Werkstück bis zum Trocknen des Leimes ein, aber vergessen Sie nicht, vorher herausquellenden Leim sorgfältig mit einem feuchten Lappen oder Schwamm abzuwischen. Nach dem Verleimen wird überstehendes Holz mit einem Putzhobel bündig weggehobelt. Man arbeitet auf beiden Seiten von außen zur Mitte hin. Sonst kann es passieren, daß Holzteile ausbrechen. Anschließend feinschleifen.

10 Die Zargen (das sind die Leisten, die die Beingestelle verbinden) werden verdübelt. Die vorgebohrte Querzarge dient als Schablone für die Längszarge. Ein Hilfsklotz sorgt für den richtigen Sitz. Die Bohrlochgröße für das Dübeln beträgt 12 mm.

Die Querzarge wird unter das fertige Beingestell geleimt, dann von außen sichtbar verdübelt. Die Dübellöcher für die Längszarge sind auf dem Foto deutlich zu erkennen. Nun wird die Tischplatte aufgelegt. Sie braucht keine spezielle Befestigung.

Tisch mit Natursteinplatte

Schön anzusehen und leicht zu pflegen ist der schlicht wirkende, aber kostbare Tisch mit Natursteinplatte aus Otta-Phyllit.

Die Oberfläche blieb bruchrauh, die Kanten wurden geschliffen. Das Tischgestell wurde aus Eichenholz gefertigt. Wie der fertige Tisch in seiner ganzen Pracht wirkt, zeigt das Foto auf Seite 119.

Bevor Sie sich an den Bau dieses Tisches machen können, werden Sie zunächst einmal Detektiv spielen müssen. Denn gut abgelagertes Eichenholz aufzutreiben, ist heutzutage gar nicht mehr so einfach. Wenn Ihnen dies gelungen ist (die größten Aussichten haben Sie, wenn Sie verschiedene Tischlereien aufsuchen), sollten Sie die Gelegenheit nutzen. Lassen Sie das Holz gleich an Ort und Stelle aushobeln und die Bretter maßgerecht zuschneiden. Diese Arbeit ist für den Heimwerker kaum zu bewältigen.
Aus Eichenholz bestehen sowohl das Beingestell (2,5 cm dick) als auch die Zargen (3 cm dick), die einen Rahmen bilden. Er hält die Beingestelle zusammen und ist zugleich die Auflage für die Natursteinplatte.
Auf die Auswahl der Tischplatte sollten Sie keine geringere Sorgfalt verwenden als auf die Suche nach dem Eichenholz. Eine bestimmte Materialart können wir Ihnen nicht vorschreiben. Sehen Sie sich am besten bei Steinmetzen und Steinschleifbetrieben um. Die Anschriften finden Sie im Branchenteil des Fernsprechbuches. Als gängigstes Material werden Sie mit einiger Sicherheit Marmor in verschiedenen Farbstellungen und Maserungen finden. Wenn Sie Glück haben, entdecken Sie interessanteres Material, etwa Otta-Phyllit, wie wir ihn für den Tisch verwendet haben. Es schadet nichts, wenn die Oberfläche nicht ganz glatt ist, sondern bruchrauh strukturiert. Die Kanten müssen dagegen geschliffen werden, und zwar genau nach dem Maß Ihres Gestells. Deshalb empfiehlt es sich, erst das Gestell anzufertigen und dann für die Platte Maß zu nehmen.

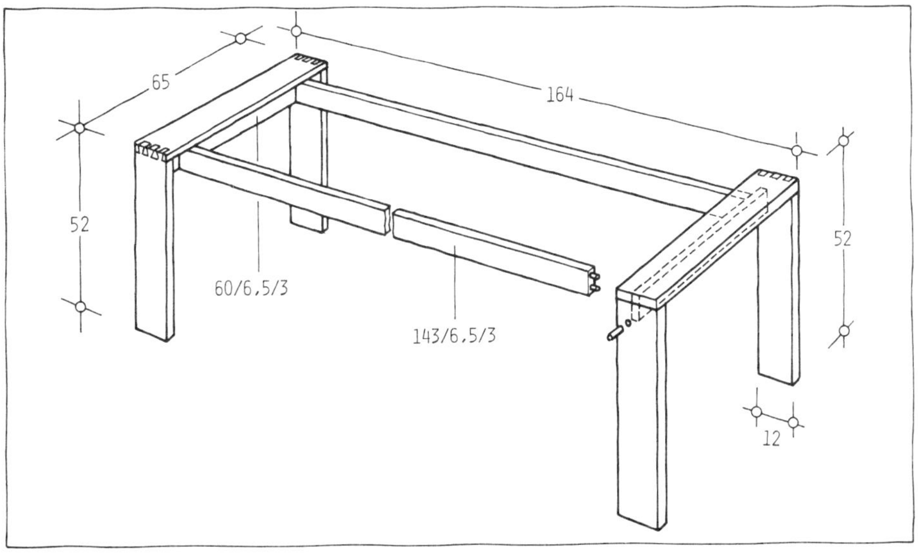

MATERIALLISTE

Beingestell, Eiche massiv:	4 Stück 52 × 12 × 2,5 cm 2 Stück 65 × 12 × 2,5 cm
Zargen, Eiche massiv:	2 Stück 60 × 6,5 × 3 cm 2 Stück 143 × 6,4 × 3 cm
Dübel, Buche:	12 Stück 12 mm Ø Uhu coll express
Tischplatte, Naturstein:	1 Stück 140 × 65 × ca. 2,5 cm

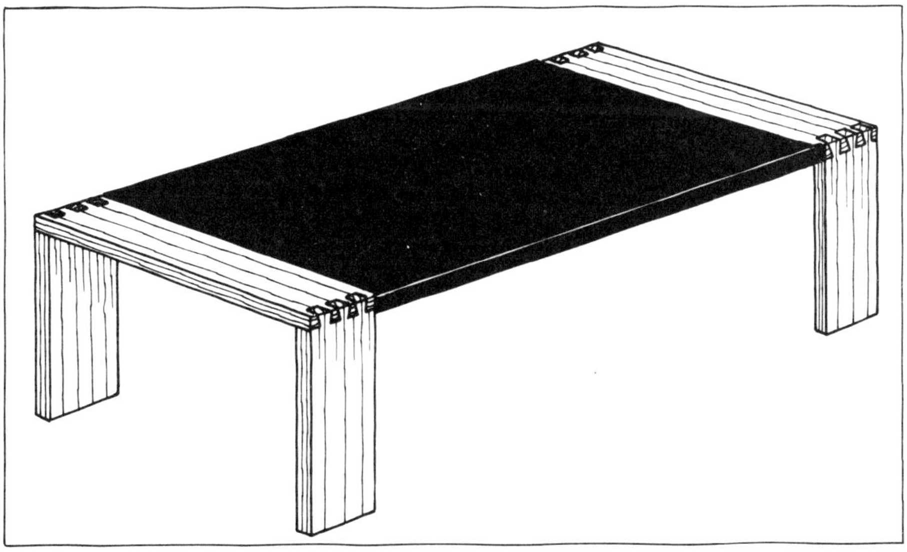

Die Konstruktionszeichnung des Tisches (oben) enthält alle Maßangaben. Unten der fertige Tisch. Die Steinplatte wird lediglich aufgelegt. Sie ist genauso dick wie das Holz des Tischgestells. Am besten bestellt man die Tischplatte erst, wenn das Tischgestell im Rohbau fertiggestellt ist.

Der Zusammenbau des Tisches

Das Beingestell wird gezinkt. Den genauen Arbeitsgang erläutert die Fotoserie auf der linken Seite. Denken Sie daran: Je härter das Holz, desto genauer muß beim Anreißen und Ausstechen der Zinken gearbeitet werden. Wo weiches Holz sich beim Zusammenfügen noch etwas anpaßt und eindrücken läßt, würde sich Eichenholz schon spalten. Deshalb ist gerade in diesem Fall hundertprozentige Genauigkeit unerläßlich. Um sie zu erreichen, brauchen Sie eine scharfe Säge und ein ebensolches Stecheisen.
Die einzelnen Zinken und Schwalbenschwänze sollten Sie so anreißen, daß die Eckverbindung aussieht wie in Bild 9, also mit ganz leichtem Überstand, der mit dem Putzhobel abgenommen wird. Bei genauem Arbeiten ergibt sich der rechte Winkel des Beingestells von selbst. Nachträgliches Zurechtrücken ist bei Eichenholz ohnedies nicht möglich.
Der Zargenrahmen wird an den Kanten zusammengedübelt. Bohren Sie zuerst die beiden Löcher in die beiden Enden der Querzargen und setzen Sie danach die Längszargenlöcher. Dann wird der Rahmen geleimt. Mit dem Beingestell wird der Rahmen ebenfalls durch Dübel verbunden, die von der Bein-Außenseite durchgeschoben werden und sichtbar bleiben. Die Holzteile des Tisches werden geschliffen und mattiert oder mit Hartgrund eingelassen.

Mobil und stabil: Tische auf Böcken

Das Problem kennt jeder: Wenn man einen großen Arbeitstisch braucht, hat man keinen, weil der Platz dafür immer fehlte. Hat man aber einen, steht er viel zu oft ungenutzt im Wege. Wir zeigen Ihnen praktische Lösungen für den Eigenbau.

Aus der Not werden oft die besten Ideen geboren – zum Beispiel diese beiden Bauvorschläge für Arbeitstische, denen Platzmangel in Wohnungen nichts ausmacht. Die Tische sind groß genug, um sich richtig darauf ausbreiten zu können. Und sie lassen sich nach Gebrauch auf kleinstem Raum verstauen. Dafür sorgen Klappbeine oder solide Böcke.

Vorschlag 1: Klassischer Bocktisch

Dieses Modell erläutern die Zeichnungen auf dieser Seite. Sie müssen nach Konstruktionsdarstellung und Materialliste zwei Böcke bauen, über die dann eine Tischplatte gelegt wird. Sie hält durch ihr Eigengewicht. Tische auf Böcken sind besonders interessant, weil man die Böcke auch ohne Tischplatte beim Werken und Bauen verwenden kann – in der Werkstatt als Unterstützung für größere Werkstücke, beim Tapezieren als Unterbau für eine Arbeitsbühne.

MATERIALLISTE

Holzlatten gehobelt (Tanne/Fichte)
10 Stück 85 × 6 × 4 cm
4 Stück 66 × 6 × 4 cm
2 Stück 20 × 6 × 4 cm
5 lfdm 4,5 × 1 cm

Spanplatte, 13 mm dick
1 Stück 140 × 90 cm

Ca. 60 Holzschrauben, M 5 × 70 Rundkopf
Ca. 20 Holzschrauben, M 3 × 20 Linsenkopf

Das Grundmaterial für die Böcke, gehobelte Latten mit einem Querschnitt von 6 × 4 cm, bezieht man im Holzhandel. Sie werden nach Materialliste abgeschnitten und zusammengebaut. Um die Beine wackelsicher zu befestigen, sind im obe-

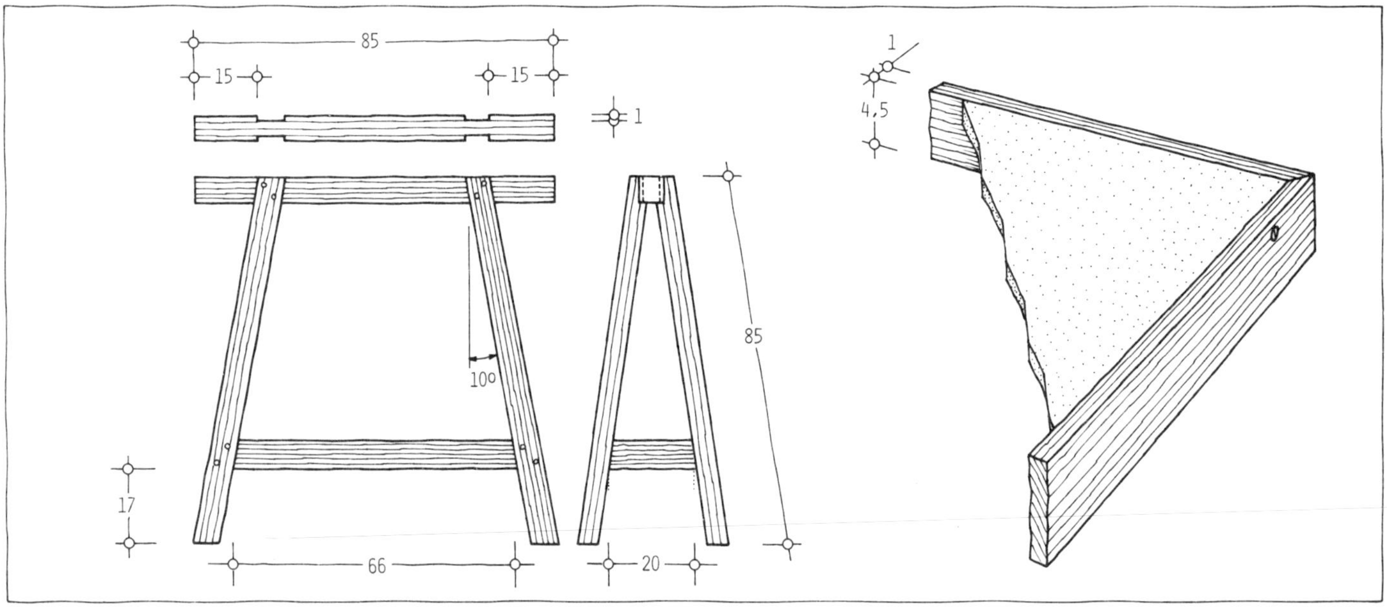

Der Tisch auf Böcken hat eine ganze Reihe von Vorzügen. Da die Tischplatte nur aufgelegt wird, kann man ihn schnell wegräumen oder in einen anderen Raum transportieren. Die Böcke selbst sind nicht nur Tisch-Beingestelle, sondern können, etwa in der Werkstatt, auch anderen Zwecken dienen.

Die Böcke bestehen aus gehobelten Latten 6 × 4 cm. Die Tischplatte ist eine 13 mm dicke Spanplatte, eingefaßt mit einer Leiste.

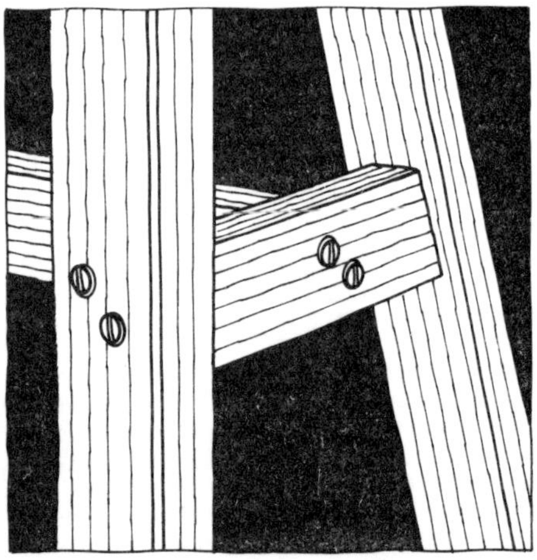

Zwischen jedem Beinpaar fügt man eine kurze Längsstrebe ein, um die Stabilität zu erhöhen. Rundkopfschrauben halten die Böcke zusammen.

Die Oberkante der Bockbeine muß man mit Feile und Schmirgelpapier so bearbeiten, daß sie mit dem oberen Querholm genau eine Ebene bildet.

Den fertigen Bock auf eine ebene Fläche stellen und die Beine durch Unterlagen ausrichten. Mit einem Hilfsklotz rundum anreißen, absägen.

MATERIALLISTE

1 Röhrenspan-Türblatt, 39 mm stark, Limba 200 × 100 cm

Kiefernleiste (astfrei) 8 × 3,8 cm:
4 Beine 70 cm
2 Querstreben 80 cm
2 Diagonalstreben 92 cm
1 Auffutterholz für Diagonalstreben 20 cm

2 Holzdübel 8 mm
6 Scharniere 3,5 × 7 cm (geklappt)
36 Holzsenkschrauben 4 × 20 mm

ren Querholm Überblattungen erforderlich. Sie werden entsprechend den Angaben in der Zeichnung angerissen und mit dem Stecheisen ausgestemmt. Damit die Ecken auch, den Beinen entsprechend, genau rechtwinklig werden, kann man sie mit einer Feinsäge sauber nachsägen. Die am inneren Oberteil leicht abgeschrägten Beine werden mit Leim und Holzschrauben am Querholm befestigt.
Zwischen jedes Beinpaar fügt man eine kurze Längsstrebe ein. Sie wird mit Rundkopfschrauben befestigt. Mit gleichen Schrauben die untere Querstrebe an den kurzen Längsstreben befestigen.
Den fertigen Bock auf eine ebene Fläche stellen und die Beine durch Unterlagen (Kontrolle mit Wasserwaage) wackelfrei ausrichten. Mit einem Hilfsklotz rundum anreißen und absägen. Dann die Beinenden mit Raspel oder Patenthobel leicht abschrägen.
Die Tischplatte fertigt man aus 13 mm dikker Spanplatte, 140 × 90 cm groß. Sie wird mit einer auf Gehrung geschnittenen, 4,5 × 1 cm dicken Leiste umleimt und zusätzlich noch verschraubt.

Vorschlag 2: Tisch zum Klappen

Der zweite Tisch (Abbildungen auf dieser Seite) geht von einem Röhrenspan-Türblatt von 3,9 cm Dicke aus, 200 × 100 cm groß. Das Beingestell besteht aus astfreier Kiefer (8 × 3,8 cm). Die Querstreben werden auf 5 cm Länge so mit der Säge abgesetzt, daß Zapfen von 1,4 cm Dicke entstehen. Entsprechende Schlitze werden in die Tischbeine gearbeitet (5 × 1,4 cm). Die Verbindung wird verleimt.
Die durch die Querstreben verbundenen Beine befestigt man mit Scharnieren unter der Tischplatte. Für Stabilität sorgen zwei Streben, die von den Querstreben der Beine (hier werden sie so abgeschrägt, daß sie plan auf den Querstreben liegen) zu einem Holzklotz in der Mitte der Tischplatte führen, wo sie mit Scharnieren befestigt werden. Auf den Tisch-Querstreben werden die beiden Streben durch einen eingeleimten Dübel gehalten.

Um die Querstreben beim Klapptisch sicher zu befestigen, werden in die Tischbeine mit dem Stecheisen 5 cm lange Schlitze gearbeitet.

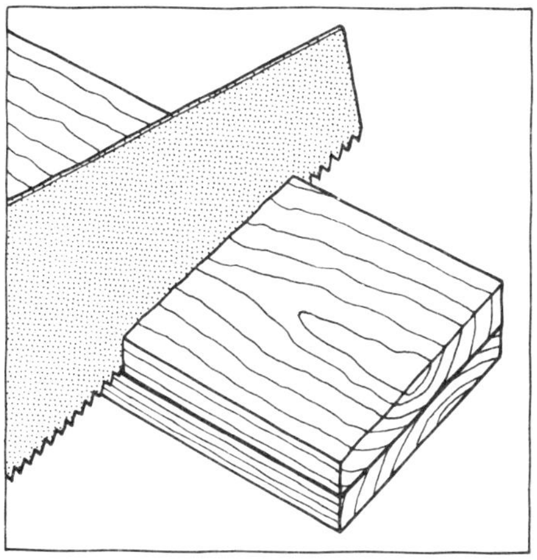

Die Enden der Querstreben mit einer Säge so absetzen, daß sie stramm in die 1,4 cm breiten Schlitze passen. Die Verbindung wird geleimt.

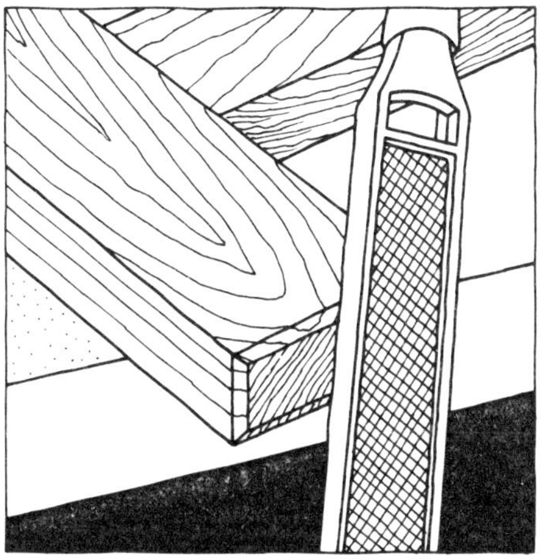

Durch Anfasen (leichtes Abschrägen) der Bein-Standflächen wird dem Ausreißen der Kanten vorgebeugt. Ein Patenthobel leistet gute Dienste.

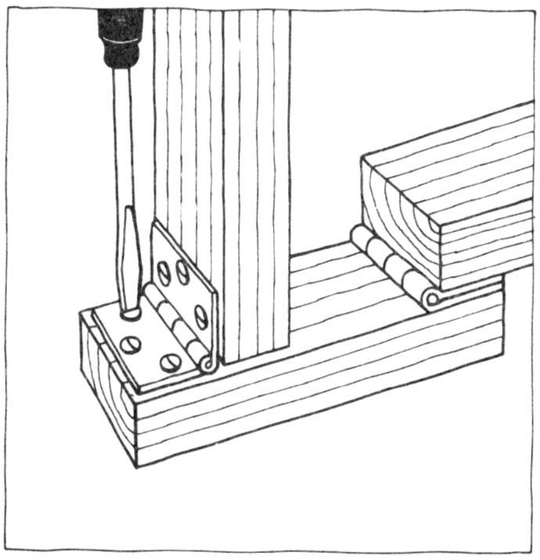

Ein 20 cm langer Holzklotz wird in der Mitte der Tischplatte festgeleimt. Die Streben werden mit einfachen Scharnieren daran verschraubt.

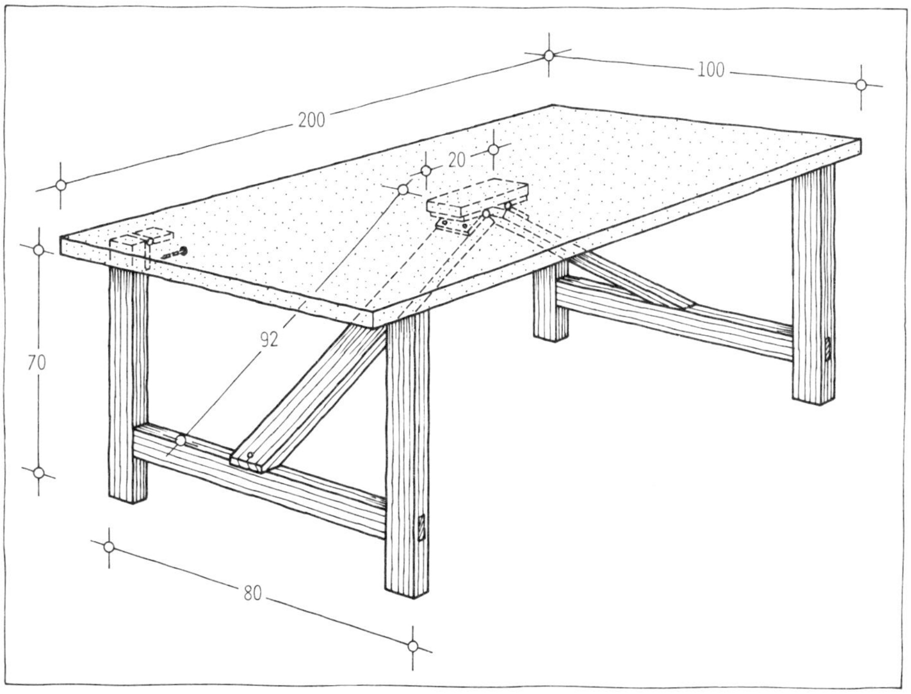

Die Dimensionen des klappbaren Tisches werden auf dieser Zeichnung deutlich. Die Diagonalstreben befestigt man beim Aufstellen auf 8 mm dicken Holzdübeln, die in die Querstreben der Beine eingeleimt sind. Hebt man die Streben an, kann man den ganzen Tisch zusammenklappen.

Das praktische Tischlein-klapp-dich

Wer einen zusätzlichen Tisch gebrauchen kann, das sperrige Möbel aber nicht den ganzen Tag in der Wohnung stehen haben möchte, für den ist unser Tischlein-klapp-dich genau das richtige. Mit wenigen Handgriffen zusammengelegt, wird es durch einen Türmagneten an der Wand festgehalten.

An den Bau dieses Klapptisches darf sich auch der noch ungeübte Heimwerker herantrauen. Alle benötigten Holzteile kann man schon beim Kauf maßgerecht zuschneiden lassen. Komplizierte Verarbeitungstechniken sind überflüssig. Für den Zusammenbau genügt ein Wochenende. Und mit einem Kostenaufwand von gut 100 Mark für das Material ist auszukommen.

Für die beiden Tischplatten, je 80 x 80 cm groß, wurde Tischlerplatte verwendet. Weil der Tisch später lackiert werden soll, ist eine spezielle Oberflächenbeschichtung nicht erforderlich. Sie kommen also mit ganz normalen dreischichtigen block- oder stäbchenverleimten Platten aus.

Die 19-mm-Tischlerplatten bekommen an der Unterseite je einen Rahmen aus Leisten mit einem Querschnitt von 19 x 19 mm. Die Rahmen dienen einerseits der Verstärkung, andererseits verschwinden

MATERIALLISTE

Tischplatte

2 Tischlerplatten	80,0 x 80,0 x 1,9 cm
4 Leisten	80,0 x 1,9 x 1,9 cm
4 Leisten	76,0 x 1,9 x 1,9 cm

Tischbeine

4 Leisten	74,0 x 5,5 x 1,9 cm
4 Leisten	64,0 x 5,5 x 1,9 cm

16 Buchenholzdübel, je 8,5 cm lang, 10 mm Ø

Montage

1 Leiste	80,0 x 5,5 x 1,9 cm

2 Kunststoffscharniere 80,0 cm lang
2 Kunststoffscharniere 76,0 cm lang

1 Türmagnet, Haltefähigkeit 4 kg
Holzschrauben, Drahtstifte
Uhu coll express

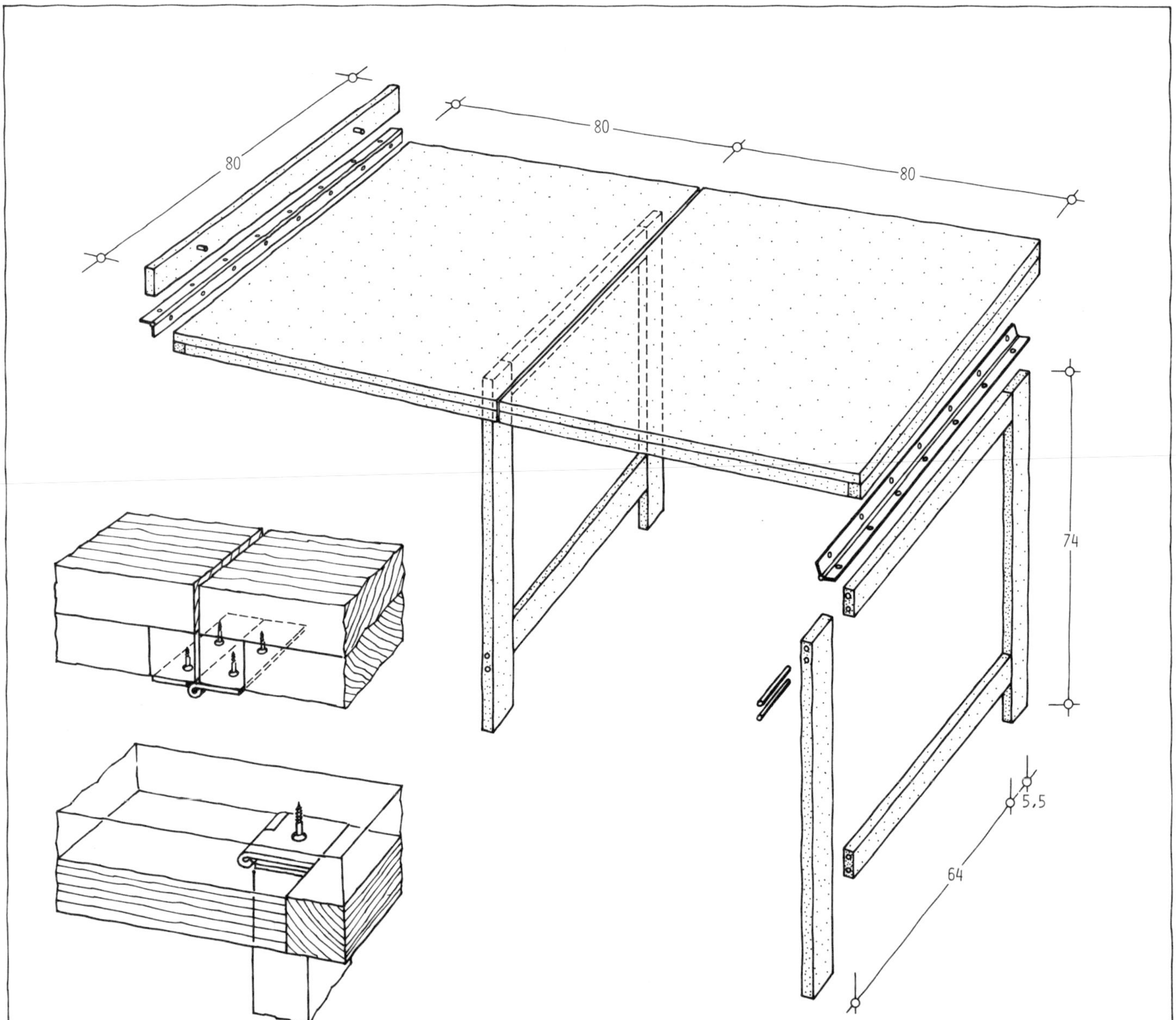

Der Klapptisch besteht aus zwei 80 x 80 cm großen Tischlerplatten, die durch ein Scharnier miteinander verbunden sind. Zwei Beingestelle sorgen für die nötige Unterstützung. Beim Hochklappen des Tisches verschwinden sie unter den von Leisten eingerahmten Tischplatten. Die obere Detailzeichnung zeigt die Anbringung des mittleren Scharniers, die untere verdeutlicht, wie die Beinscharniere befestigt werden müssen.

in dem von ihnen gebildeten Raum beim Zusammenklappen des Tisches die Fußgestelle. Leimen Sie die Leisten bündig an. Wenn Sie genügend Einspannmöglichkeiten haben, spannen Sie die Leisten bis zum Abbinden des Leims mit Schraubzwingen fest.
Sie können sie aber auch mit kleinen Drahtstiften anheften oder mit Senkkopfschrauben festschrauben. Stifte wie Schrauben sollen 30 mm lang sein. Die Schraubenköpfe werden versenkt, so daß sie bündig mit der Leistenoberfläche abschließen.
Wenn der Leim knochentrocken abgebunden hat, spannen Sie die Tischplatten in die Werkbank ein und glätten die Leisten mit dem Putzhobel, so daß Tischlerplattenkanten und Leisten eine Fläche bilden - man soll nach dem Lackieren nicht mehr erkennen können, daß die Platten mit Leisten aufgedoppelt wurden.

Die Konstruktion der Beingestelle

Für die Tischbeine verwenden Sie 55 mm breite und 19 mm dicke gehobelte Leisten. Die eigentlichen Beine sind 74 cm lang, die Querstreben (je eine oben und unten) 64 cm. Auf umständliches Verzapfen oder Überblatten wird verzichtet. Querstreben und Beine werden einfach durch Buchenholzdübel, je 85 mm lang, miteinander verbunden. Dabei kommt es auf präzise Bohrungen an. Spannen Sie Beine und Querstreben jeweils so ein, daß Sie beide Teile auf einmal bohren können, und zwar mit einem 10-mm-Bohrer. An jeder Verbindungsstelle werden zwei Dübel gesetzt. Das Bohrloch soll knapp 90 mm tief sein. Die obere Querverbindung schließt bündig mit der Oberkante des Tischbeines ab, die untere wird 60 cm tiefer befestigt.

Wenn alle Bohrungen erledigt sind, können Sie die Beingestelle zusammensetzen. Geben Sie Leim in die Bohrlöcher und auch an die Dübel. Dann schlagen Sie die Dübel mit dem Hammer in die Bohrlöcher. Ein kleiner Trick für das Einspannen: Legen Sie die Beingestelle mit einer Papier-Zwischenlage (es könnte beim Einspannen Leim austreten) in die Tischplatten und spannen Sie sie mit dünnen Holzkeilen fest. So brauchen Sie keine umständliche Einspannvorrichtung. Die abgebundenen Beingestelle werden nachbearbeitet. Wenn Sie sehr genau gearbeitet haben, schließen die Dübel bündig mit den Leisten ab. Dann brauchen Sie nur mit Schleifpapier nachzuschleifen. Stehen die Dübel etwas vor, nehmen Sie den Putzhobel zum Glätten.

Lackieren und montieren

Vor der Montage des Klapptisches kommen die Verschönerungsarbeiten an die Reihe. Alle Einzelteile müssen sorgfältig geschliffen werden. Dann wird grundiert. Anschließend spachteln sie alle Unebenheiten, vor allem an den Verbindungsstellen, mit Lackspachtel zu. Wenn Sie eine besonders glatte Tischplatte wünschen, können Sie die Platten-Oberseiten auch komplett spachteln.
Nach dem Durchtrocknen des Lackspachtels wird wieder geschliffen - auf diesen Schleifgang kommt es ganz besonders an. Für die Flächen sollten Sie einen Schwingschleifer verwenden. Notfalls tut es ein mit Schleifpapier bespannter Schleifklotz. Nach dem Entstauben lackieren Sie alle Teile, auch die für die Wandbefestigung vorgesehene Leiste (80 x 55 x 1,9 cm), zweimal mit Kunstharzlack. Nach etwa 24 Stunden Aushärtezeit können Sie auf diese Grundlackierung andersfarbige Muster aufbringen. In unserem Fall haben wir ein Streifenmuster gewählt. Die auszumalenden Streifen klebt man mit Spezialklebeband an. Wie bei der Markierung von Rundungen zu verfahren ist, zeigt Zeichnung 3 auf dieser Seite.
Sobald die Farbe gründlich durchgetrocknet ist, geht es an die Montage des Tisches. Die Beingestelle werden mit durchgehenden Kunststoffscharnieren unter die Tischplatte geschraubt. Die beiden Platten verbinden Sie ebenfalls mit einem Kunststoffscharnier, das allerdings nicht an die Platten, sondern an die aufgeleimten Leisten zu schrauben ist. Ein viertes Scharnier verbindet die Doppelplatte mit der Wandleiste, die Sie mit Holzschrauben und Mauerdübeln an der Wand befestigen. Einzelheiten der Scharnieranbringung sind auf der Zeichnung auf der linken Seite genau erläutert.
Befestigen Sie an der hinteren Tischplatte die Gegenplatte für den Türmagneten, der seinerseits in entsprechender Höhe an der Wand befestigt wird.

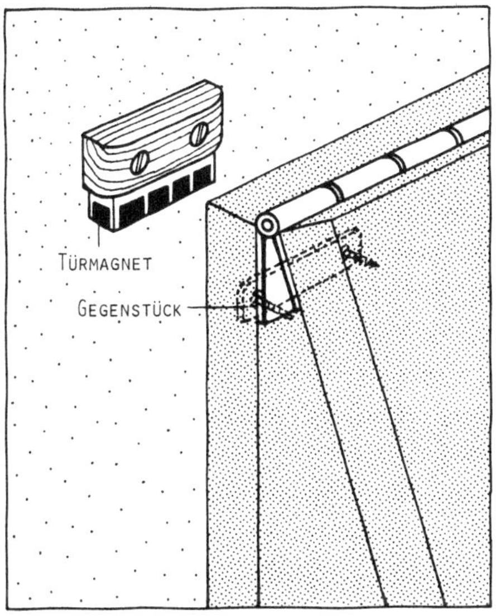

1 Beim Hochklappen wird die Tischkonstruktion von einem Türmagneten an der Wand festgehalten. Er wird unter einem Holzklotz angeschraubt.

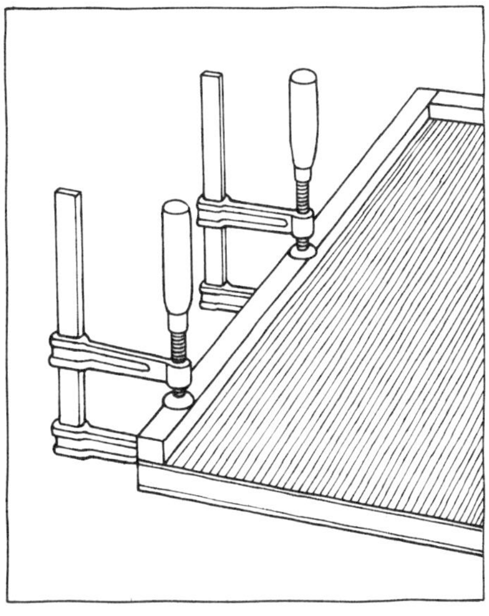

2 Unter den beiden Tischplatten werden ringsherum Leisten angeleimt. Man kann sie mit Drahtstiften nageln. Bis zum Trocknen gut einspannen.

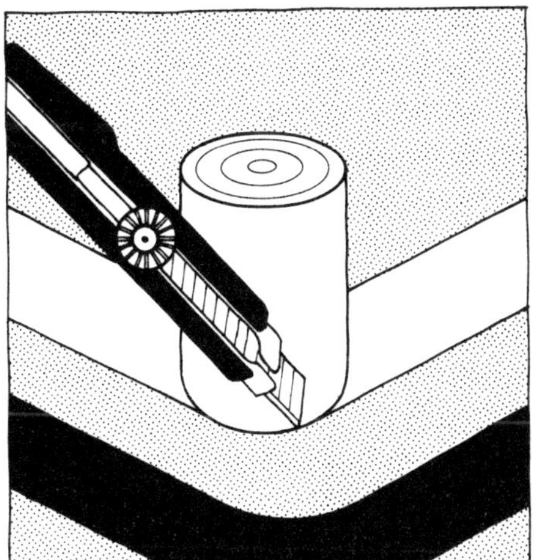

3 Die Tischplatte wird mit bunten Streifen bemalt. Die Zeichnung zeigt, wie man das Abklebeband an den Ecken rund ausschneiden kann.

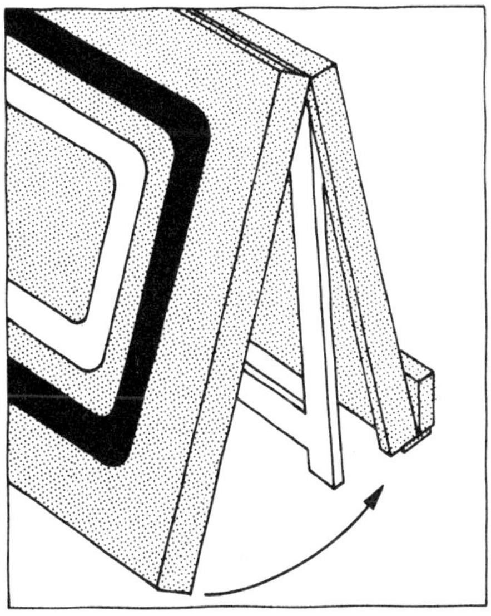

4 Kinderleicht läßt sich das praktische Tischleinklapp-dich mit wenigen Handgriffen zusammenlegen und an die Zimmerwand hochklappen.

Ein Kinderschreibtisch, der mitwächst

Praktisch für die Eltern – nützlich für die Kinder. Ein Schreib-, Spiel- und Arbeitstisch, der mitwächst. Haltungsschäden läßt er erst gar nicht aufkommen. Denn er paßt sich seinen Benutzern an: In der Höhe und in der Neigung seiner Arbeitsplatte. Ein paar gehobelte Latten aus Kiefernholz, einige Rundhölzer und ein Stück kunststoffbeschichtete Spanplatte: Viel mehr brauchen Sie nicht, um diesen vielseitigen Tisch zu bauen.

Wissenschaftler haben herausgefunden, daß Schreibtische mit einer waagerechten Arbeitsplatte Haltungsschäden Vorschub leisten. Diese Erkenntnis hat bereits dazu geführt, daß die Schulmöbel-Industrie ihre Produktion zum Teil wieder umstellt. Schräg gestellte Arbeitsplatten, wie man sie einst in Klassenzimmern kannte, sind wieder Trumpf.

Bei unserem Spiel- und Arbeitstisch haben wir diese Erkenntnis bereits berücksichtigt. Die Arbeitsplatte ist in mehreren Neigungswinkeln einstellbar: Dafür sorgen eine drehbare Lagerung auf einem Rundholz und ein simples Arretierungssystem. Ein Handgriff genügt: Man braucht die hintere Seite der Tischplatte nur anzuheben, die Zähne der Arretierung rasten dabei selbsttätig auf einem Rundholz ein.

Das Grundmaterial des Tischgestells: Gehobelte Kiefernleisten, 5,8 cm breit, 2,4 cm dick. Die erforderlichen Längen können Sie unserer Stückliste entnehmen. Etwas Leistenreserve sollten Sie allerdings einkaufen: Falls beim Arbeiten mit der Lochsäge mal eine Holzscheibe zerspringt, müssen Sie nicht noch einmal zum Händler.

Das Herrichten der Einzelteile

Beginnen Sie mit den sechs Rundholzstäben, deren Aufgabe es ist, das Tischgestell zusammenzuhalten. Sie sind unterschiedlich lang, haben aber alle 28 mm Durchmesser. Beim Zusammenbau werden die Stäbe fest mit den Leisten des Tischgestells verschraubt. Normale Holzschrauben würden nicht ausreichen. Deshalb verwenden wir sogenannte Rampamuffen mit passenden Gewindeschrauben, die Sie im Fachhandel bekommen.

Für den Einbau der 10-mm-Rampamuffen bohren Sie in alle Rundholzenden Löcher mit einem Durchmesser von 8 mm (!) und in einer Tiefe, die Platz für die Gewindeschrauben (abzüglich 1 × Lattenstärke) bietet. Mit dem Schraubendreher werden die Muffen so eingedreht, daß sie bündig mit dem Rundholzende abschließen.

Der nächste Schritt: Alle Kiefernholzleisten (also Tischbeine, obere und untere Längsholme und Arretierungsleiste der Arbeitsplatte) an den Enden mit Hilfe eines Zirkels oder einer Schablone halbrund anreißen, dann mit einer Stichsäge aussägen. Die Schnittkanten leicht überschleifen, alle übrigen Kanten mit Schleifpapier brechen, aber nicht abrunden.

Die oberen und unteren Längsholme, insgesamt vier, müssen, nachdem sie soweit vorbereitet sind, in voller Länge in 4,6-cm-Abständen mit 6-mm-Bohrungen versehen werden. Damit der Tisch später in allen Höhenvariationen wackelsicher steht, müssen diese Bohrungen absolut einheitlich ausfallen. Wir haben deshalb aus einem Streifen Hartfaserplatte und einer Abfalleiste eine Bohrschablone mit Anschlag angefertigt (siehe Zeichnung 2). Sie wird genau angelegt und mit Schraubzwingen festgespannt.

Wie die Arretierungsleiste für die Verstellung des Tischplatten-Neigungswinkels aussieht, geht aus Zeichnung 3 hervor. Die drei Aussparungen werden angerissen und mit der Stichsäge ausgesägt. Die

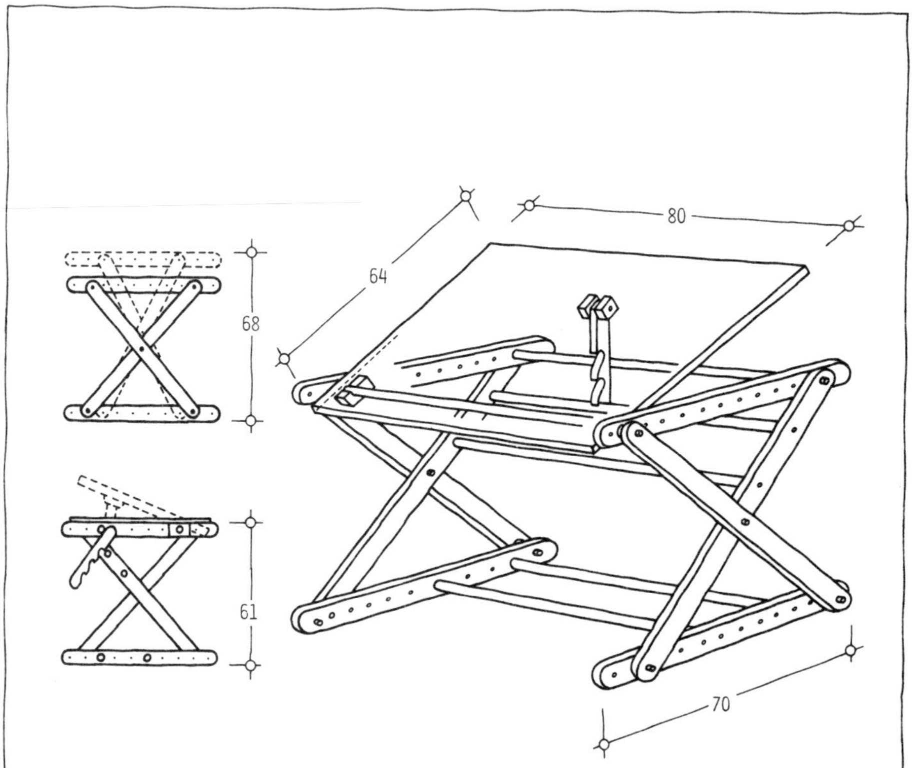

Dieser schlichte Schreib- und Basteltisch für das Kinderzimmer ist unerhört praktisch, weil sich seine Höhe beliebig verstellen läßt – er wächst also mit. Außerdem kann man seine Platte in unterschiedlichen Winkeln schräg stellen. Haltungsschäden kommen also gar nicht erst auf.

MATERIALLISTE

Spanplatte
kunststoffbeschichtet:
1 Stück 80 × 64 × 2,0 cm

Kiefernleiste

4 Stück	70 × 5,8 × 2,4 cm
4 Stück	84 × 5,8 × 2,4 cm
1 Stück	32 × 5,8 × 2,4 cm
2 Stück	9 × 5,8 × 2,4 cm
2 Stück	6 × 5,8 × 2,4 cm

4 Scheiben 4,5 cm Ø, 2,4 cm dick.

Rundholz, 2,8 cm Ø
4 Stäbe 80 cm lang
2 Stäbe 84,8 cm lang

Sonstiges Material
12 Stück Rampamuffen, 10 mm Ø
6 Stück Gewindeschrauben M6 × 34
6 Stück Gewindeschrauben M6 × 50
4 Stück Gewindeschrauben M6 × 75
10 Stück Hutmuttern M6

Kantenstreifen zum Aufbügeln, etwa 3 lfdm

Ein paar gehobelte Kiefernholzplatten, einige Rundhölzer und ein Stück kunststoffbeschichtete Spanplatte – viel mehr brauchen Sie nicht.

Spitzen sticht man mit einem Stecheisen ab und schleift mit Schleifpapier nach. Sie können diese Arbeit auch mit einer Lochsäge ausführen, sollten dabei aber besonders vorsichtig sein. Spannen Sie die Bohrmaschine mit der Lochsäge auf jeden Fall in den Bohrständer ein.
Mit der Lochsäge stellen Sie auch die vier kreisrunden Distanzscheiben her, die beim Zusammenbau an vier Stellen zwischen Querholme und Tischbeinkreuz gelegt werden, um die Überkreuzungsdifferenz auszugleichen. Die Scheiben haben einen Durchmesser von 4,5 cm. Genau in der Mitte bekommen sie ein Bohrloch mit 6 mm Durchmesser. Die Schnittkanten werden erst mit grobem, dann mit feinem Schleifpapier geschliffen und abgerundet. Nun brauchen Sie noch zwei Befestigungsklötze (Zeichnung 5), die die Tischplatte mit dem Tischgestell verbinden sollen. Schneiden Sie sie mit der Stichsäge aus 24 mm dicker Kiefernleiste aus. Die Aussparung für das Rundholz darf nicht zu knapp bemessen werden. In die Längskante bohren Sie zwei Löcher für die Holzschrauben. Dann werden die beiden Klötze ebenfalls geschliffen und abgerundet.
Zuletzt wird die Arbeitsplatte hergerichtet. Die 2 cm dicke kunststoffbeschichtete Platte ist 80 x 64 cm groß. Wenn sie im Heimwerkerladen genau zugeschnitten wurde, müssen Sie nur noch für eine Kantenbehandlung sorgen. Am einfachsten ist das Aufbügeln von Kantenstreifen aus dem Material, mit dem auch die Platte beschichtet ist, oder zumindest mit einem farblich gleichen. Schleifen Sie vor dem Aufbügeln die Plattenkanten nach, ohne sie abzurunden. Dann bügeln Sie die Kantenstreifen mit beiderseits gleichmäßigem Überstand auf und schneiden diesen Überstand mit dem Stecheisen oder einem Kantenhobel weg. Mit feinem Schleifpapier wird vorsichtig nachgeschliffen.

Der Tisch-Zusammenbau

Wenn Sie alles so vorbereitet haben, wie es beschrieben wurde, ist der Zusammenbau des Tisches keine große Sache mehr.
Setzen Sie zuerst die oberen Längsholme mit den beiden Rundstäben zusammen – dazu brauchen Sie nur die Gewindeschrauben in die Muffen zu drehen. Dann wird die Tischplatte befestigt: Halteklötze aufsetzen, ausrichten, Löcher vorbohren und die Klötze mit Holzschrauben anschrauben.
Nun kommen die beiden Beinpaare an die Reihe, die mit den oberen und unteren Holmen verbunden werden. Die Überkreuzung wird ebenfalls mit Gewindeschrauben verbunden. Zuletzt schrauben Sie noch die Arretierung unter der Tischplatte fest; sie bewegt sich zwischen zwei Klötzen.

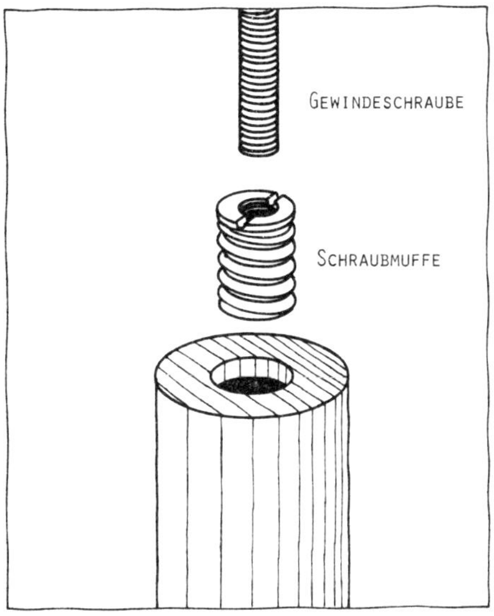

1 Die stabilisierenden Rundstäbe werden mit Schraubmuffen und Gewindeschrauben befestigt.

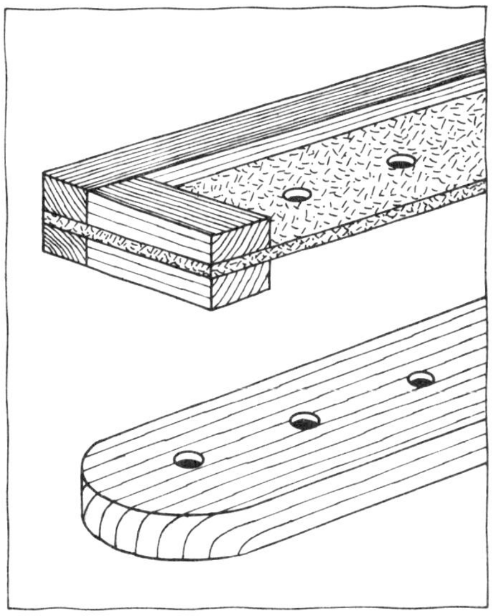

2 Mit einer Bohrschablone geraten die Löcher für die Höhenverstellung des Tisches genauer.

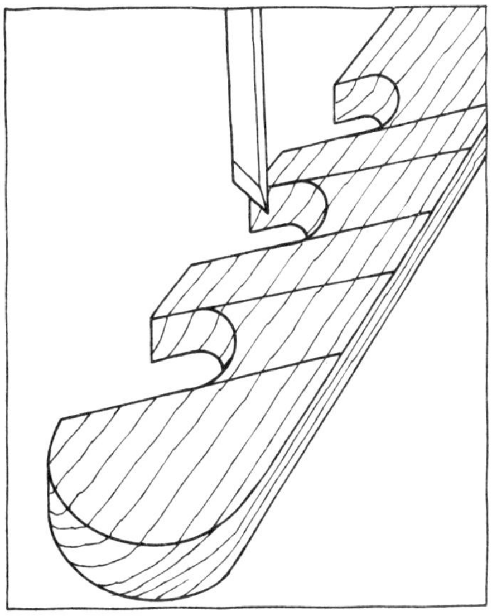

3 Eine Leiste mit drei Aussparungen stützt die Arbeitsplatte im gewünschten Winkel. Die Rundungen sägt man mit der Stichsäge genau aus.

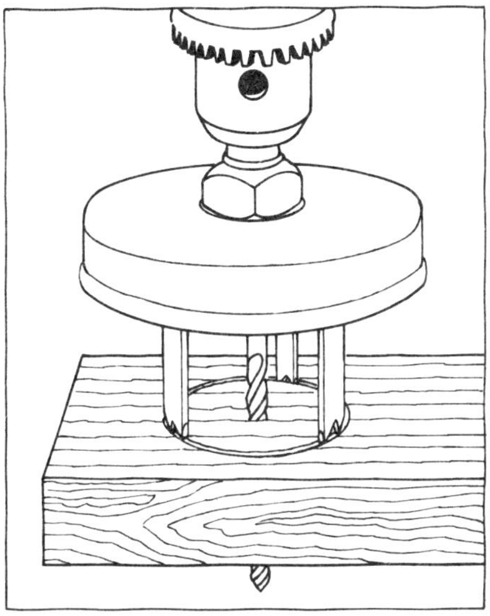

4 Vier kreisrunde Distanzscheiben von 4,5 cm Durchmesser sägt man mit einem Lochsägevorsatz aus. Schnittkanten mit Schleifpapier runden!

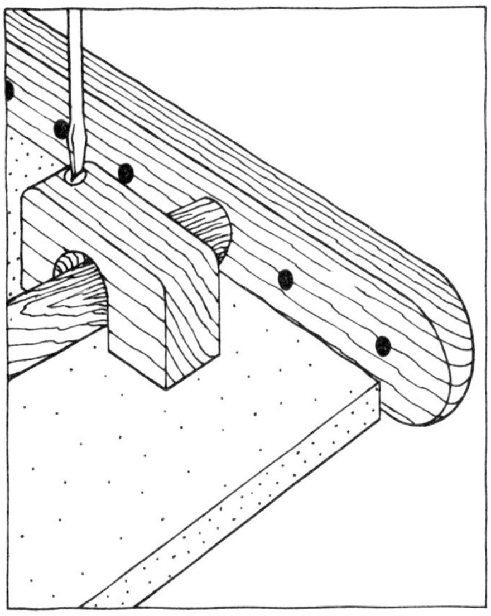

5 Die Befestigungsklötze mit Aussparungen für den Rundstab werden mit Holzschrauben von unten an der Arbeitsplatte des Tisches befestigt.

6 Nachdem man die Arbeitsplatte mit den Beinkreuzen verbunden hat, fügt man die Rundstäbe ein und schraubt sie mit Gewindeschrauben fest.

Praktischer Partytisch mit Parkettplatte

Dieser Tisch hat es in sich. Die eingebaute Vertiefung eignet sich besonders gut zur griffbereiten Aufbewahrung von Partyrequisiten, für Getränkeflaschen und Gläser, Tabakwaren, Kartenspiele und Knabbereien. Der Boden im Unterbau läßt sich zu Reinigungszwecken herausziehen. Das Untergestell besteht aus schlichtem Kiefernholz. Für die Tischplatte haben wir Fertigparkett genommen, das mit Kambala furniert ist, für die Umleimer Teakholzleisten.

Die Konstruktion dieses kleinen Partytisches (Tischplatte: 101 x 65 cm, Gestellhöhe 45 cm) ist sehr einfach: Das Beingestell aus Kiefernholz wird verdübelt, die Tischplatte und der Ausziehboden werden nur aus einzelnen Parkettstreifen verleimt. Die Explosionszeichnung unten rechts erläutert das Aufbauprinzip.

Die Tischbeine werden für die Dübellöcher angerissen. Dazu spannt man die Beine mit Schraubzwingen zusammen und zeichnet in einem Arbeitsgang mit dem Winkel an. Anschließend die Tischbeine so weiterdrehen, daß die zweite Dübelserie ebenfalls angezeichnet werden kann.

An der oberen Seite sind Bein und Zarge bündig. Die zweite Zargenreihe hat von der oberen 3 cm Abstand.

Zum Bohren der Dübellöcher bauen Sie sich aus Abfallholz eine Schablone (Zeichnung 2). Damit es beim Bohren nicht durch die Bohrspäne zu Verstopfungen im Bohrkanal kommt, sollten Sie jedoch die Dübellöcher in diesem Fall nicht in einem Zug durchbohren, sondern nur mit dem Forstnerbohrer markieren. Dann nehmen Sie die Schablone ab und bohren ohne sie fertig.

Mit dünnen Zwischenstücken paßt die Schablone auch über die Hirnenden der kurzen Zargen, die mit den Beinen verdübelt werden. Spannen Sie die Schablone fest, damit sie nicht verrutscht. Hier kann mit dem normalen Dübelbohrer gleich durchgebohrt werden, weil sich beim Spiralbohrer die Holzspäne von selbst aus dem Bohrloch entfernen.

Zum Anzeichnen der Dübellöcher an dem Langholz benötigen Sie dann Dübelspitzen (z. B. von Wolfcraft). Für die Querstücke, die die Tischplatte halten sollen, müssen in die langen oberen Zargen je zwei Aussparungen gearbeitet werden, jeweils 6 cm vom Ende entfernt, 6 cm breit und 2 cm tief. In eine untere, 39 cm lange Zarge ebenfalls einen Ausschnitt für den Schubboden ausstemmen.

Nun kann das Beingestell verleimt werden. Vorher alle Teile sorgfältig schleifen, an die Kanten der Beine eine Fase (leichte Abschrägung) anhobeln. Zuerst die Beine mit den langen Zargen verleimen (zwei auf jeder Seite), die Teile einspannen, auf Einhaltung des rechten Winkels kontrollieren und den Leim abbinden lassen. In der Zwischenzeit den inneren Rahmen des Partytisches zusammenbauen: unter Leimzugabe verdübeln, einspannen und ebenfalls den Winkel kontrollieren.

Wenn auch der innere Rahmen trocken und fest ist, setzt man ihn mit den Beinteilen zum fertigen Untergestell zusammen. Es gilt das gleiche Verfahren: Leim angeben, Dübel einsetzen, zusammenschieben und den Winkel kontrollieren.

Unter die 46 cm langen unteren Zargen werden zwei Leisten geschraubt (46 x 2,5 x 1,0 cm, Kiefernholz). Sie dienen als Auflage für den Schubboden, der

MATERIALLISTE

Stück	Material	Abmessungen (cm)
4 Beine	Kiefer	45,0 x 4,5 x 4,5
4 Zargen	Kiefer	74,0 x 6,0 x 2,0
4 Zargen	Kiefer	46,0 x 6,0 x 2,0
4 Zargen	Kiefer	39,0 x 6,0 x 2,0
2 Querstücke	Kiefer	60,0 x 6,0 x 2,0
1 Platte	Parkett	100,0 x 64,0 x 2,3 (Ausschnitt: 46,0 x 25,8)
1 Platte	Parkett	46,8 x 25,8 x 1,5
Leisten	Teak	4,80 lfdm, 2,5 x 0,7
1 Leiste	Teak	27,0 x 3,0 x 1,0
2 Leisten	Kiefer	46,0 x 2,5 x 1,0

Für das Beingestell des Partytisches mit dem eingetieften Mittelteil haben wir Kiefernholz verwendet. Den besonderen Pfiff bekommt der Tisch von seiner Platte. Sie besteht aus Fertigparkett, das mit Kambala furniert ist. Sie können natürlich auch ein anderes »interessantes« Furnier wählen.

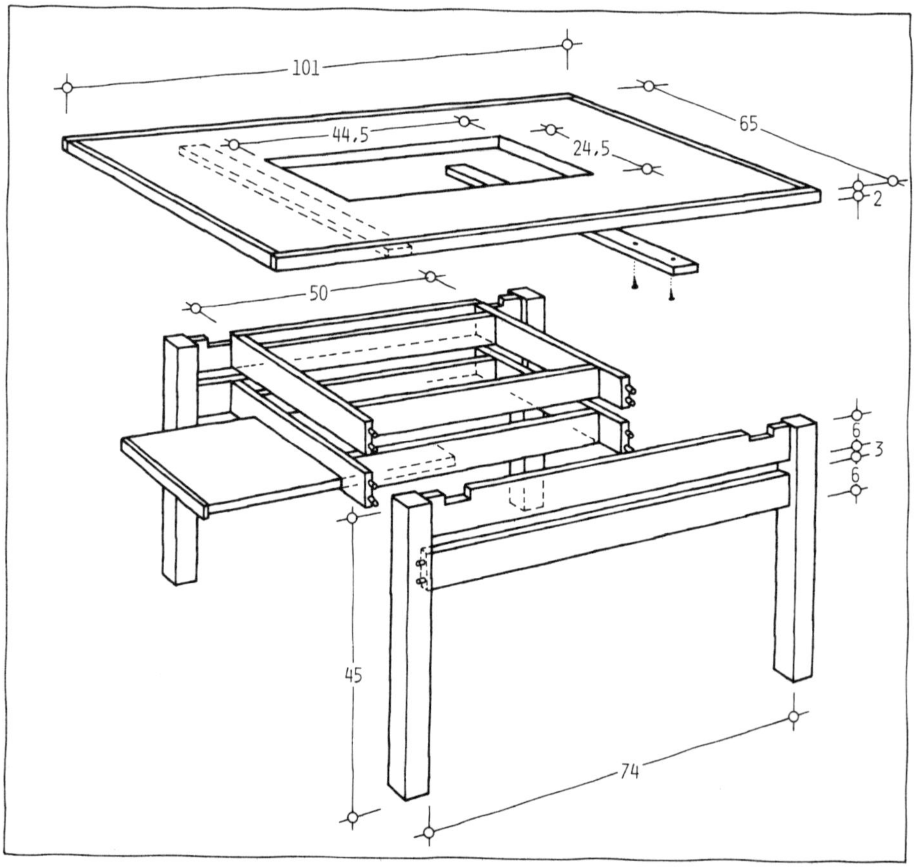

Die Konstruktion gibt dem einigermaßen geübten Heimwerker keine Probleme auf. Das Beingestell wird einfach verdübelt, Tischplatte und darunter liegender Schubboden werden aus den einzelnen Parkettstreifen zusammengeleimt. Das Maß der Tischplatte richtet sich nach dem Parkett.

nun ebenfalls angefertigt werden kann: Leim an Nut und Feder geben, die Parkettteile zusammenstecken und spannen. Damit die Fläche glatt wird und sich nicht verzieht, am Hirnholz dicke Holzstücke mit Schraubzwingen festspannen. Sicherheitshalber Zeitungspapier zwischen Parkettdielen und Einspannhölzer legen, damit heraustretender Leim das Furnier nicht verschandeln kann bzw. die Hölzer nicht mit angeklebt werden.
Der Schubboden erhält an der Vorderseite einen dicken Anleimer, der unten als Griffleiste übersteht. Der Boden muß so eingepaßt werden, daß er nicht zu stramm zwischen den Zargen sitzt. Notfalls muß an den Seiten noch etwas weggehobelt werden.

Bau der Tischplatte

Die große Tischplatte wird nun ebenfalls zusammengestellt und verleimt. Das geschieht nach dem gleichen Verfahren wie beim Schubboden. Vor allem an der Plattenoberseite sollten Sie darauf achten, daß jeder winzige Leimrest beim Zusammenspannen weggewischt wird. Die Platte erhält nach dem Trocknen des Leims rundherum und im Mittelausschnitt einen Anleimer aus Teakholz. Auf einer Plattenseite muß dazu die Feder abgehobelt werden. Leimen Sie die Teakholzleisten zuerst an die kurzen Seiten. Ein etwaiger Überstand wird abgesägt. Dann kommen die langen Seiten an die Reihe. Die unteren Leistenkanten müssen gut gebrochen werden, damit keine Splitter ausreißen. Das Beingestell zweimal grundieren, nachschleifen und mattieren. Dann die Tischplatte von unten mit den 60 cm langen Querhölzern verschrauben.

1 Dort, wo die Zargen eingedübelt werden, alle vier Beine in einem Arbeitsgang anreißen: Zusammenspannen und mit dem Winkel anzeichnen.

2 Mit Hilfe einer Schablone kann man gleichmäßig Dübellöcher bohren. Mit dem Forstnerbohrer markieren, dann ohne Schablone weiterbohren.

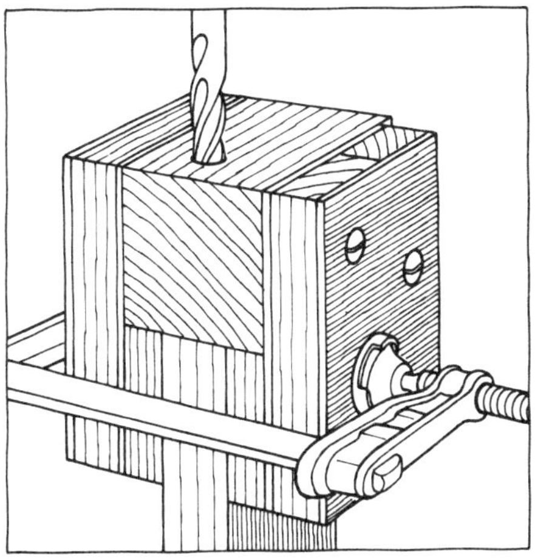

3 Mit dünnem Zwischenstück paßt die Schablone auch über die Zargen, die mit den Beinen verdübelt werden. In diesem Fall ganz durchbohren.

So sieht der fertige Tisch »in Betrieb« aus. Die eingebaute Vertiefung bietet Platz für alle möglichen Party-Requisiten: Flaschen und Gläser, Tabakwaren und Knabbereien, Kartenspiele und Schreibzeug. Der Boden in der Vertiefung läßt sich herausziehen – so kann man ihn problemlos reinigen.

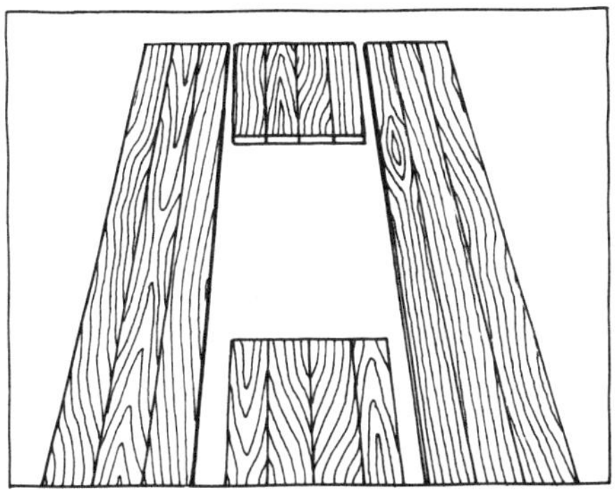

4 Die Tischplatte vor der Verleimung – so werden die Parkettdielen zusammengestellt. Ein einzelner Streifen ist etwa 6,4 cm breit. Der Ausschnitt liegt also im Rastermaß des Parketts.

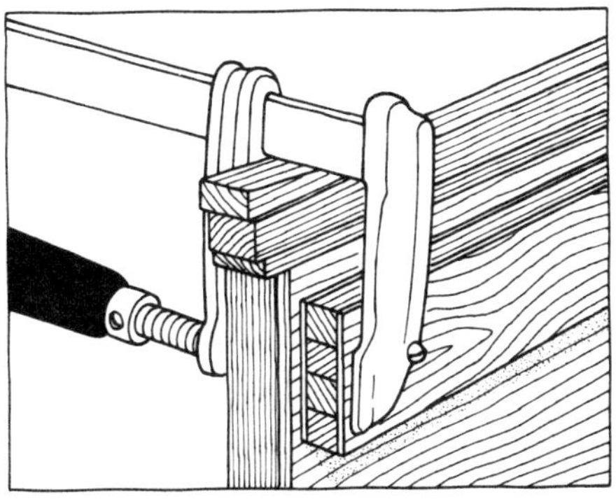

5 Anbringen der Umleimer aus Teakholz. Auf der einen Plattenseite muß dazu die Feder abgehobelt werden. Zuerst die kurzen Seiten umleimen.

Ein Schreibtisch für die ganze Familie

Dieser Schreibtisch, der in jede Wohnung paßt, hat es in sich: Ein Teil der Arbeitsfläche ist höhenverstellbar, so daß auch Kinder daran arbeiten können. Eine Klappe im Oberteil verdeckt ein Fach, in dem man alles unterbringen kann, was für die Arbeit am Sekretär gebraucht wird. Und bei heruntergeklappter Schreibfläche werden drei Schubkästen freigelegt, die Ordnung zu halten helfen.

Das Besondere an diesem Schreibtisch ist die absenkbare Klappe, ein Teil der Schreibplatte. Man erhält so zwei verschiedene Arbeitshöhen. Die Verstellmechanik ist einleuchtend und trickreich, bei ihrem Bau muß man sehr genau arbeiten, damit sie gut funktioniert.

Das Beingestell, die Schubkästen und die Seitenarme sind aus Buche gearbeitet. Verlangen Sie beim Holzhändler oder Tischler unbedingt trockene, abgelagerte Buche, die sich nicht mehr verzieht und nicht windschief wird.

Die Platte und der Schreibtischkorpus bestehen aus 16 mm dicker Tischlerplatte, die mit Limba furniert ist. Im Bereich der Schreibfläche wird die Platte mit PVC-Kunststoff belegt.

Am besten lassen Sie sich alle Stücke nach der Materialliste zuschneiden und auch gleich aushobeln - Buchenholz läßt sich im Heimwerkerbetrieb nur sehr problematisch hobeln, wenn man nicht über eine Maschine verfügt.

Der Zusammenbau des Schreibtischs

Zuerst werden die Beingestelle zusammengedübelt. Die Dübellöcher auch für die Rückwand und die Böden bohren (für 8-mm-Dübel).

Die waagerechten Fußteile erhalten einen ca. 1 cm tiefen Ausschnitt. Danach auch die Beinteile verleimen.

In der Zeichnung auf der rechten Seite sehen Sie, wie der Klappenmechanismus konstruiert wurde.

Bohren Sie zuerst das Loch für den Drehpunkt und den Dübel, der als Auflage dient. Dübel und Schraube befestigen.

Damit die Ausfräsungen an den Seiten der Platte auch wirklich stimmen, müssen Sie sich zuerst eine Schablone aus Sperrholz anfertigen. In der genau ausgesägten Sperrholzschablone das Langloch bohren und über den Drehpunkt legen, so daß das Langloch rechts neben dem Drehpunkt liegt. Das Auflager an der unte-

Damit die Fußplatte sicher steht, wird sie unten etwas ausgefräst. Das mittlere Endstück wird nur dazwischengesetzt und eingeleimt.

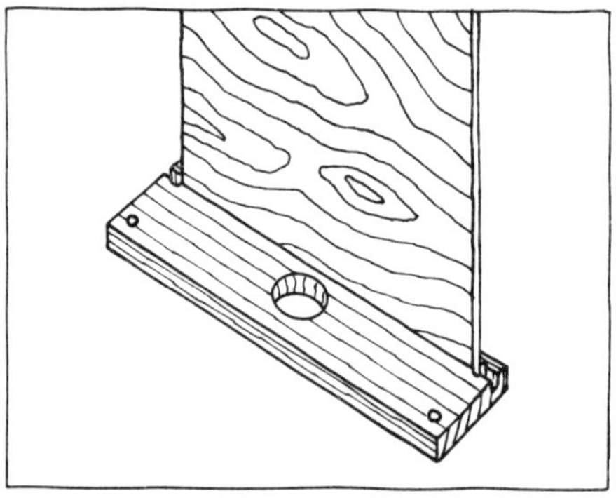

Der Schubkastenboden wird in eingefräste Nuten geschoben, die an den Enden nicht aussetzen. Die Seitenteile bekommen Dübelverbindungen.

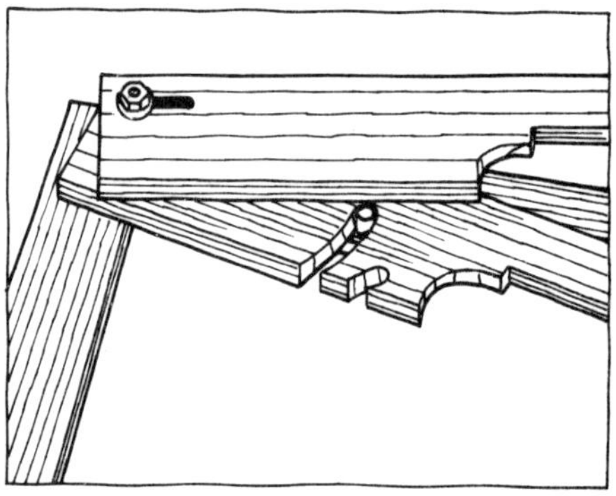

Hier sehen Sie die noch nicht verleimten Seitenstücke. Die Bohrungen dürfen nicht zu stramm sitzen – kontrollieren und ggf. nachschleifen!

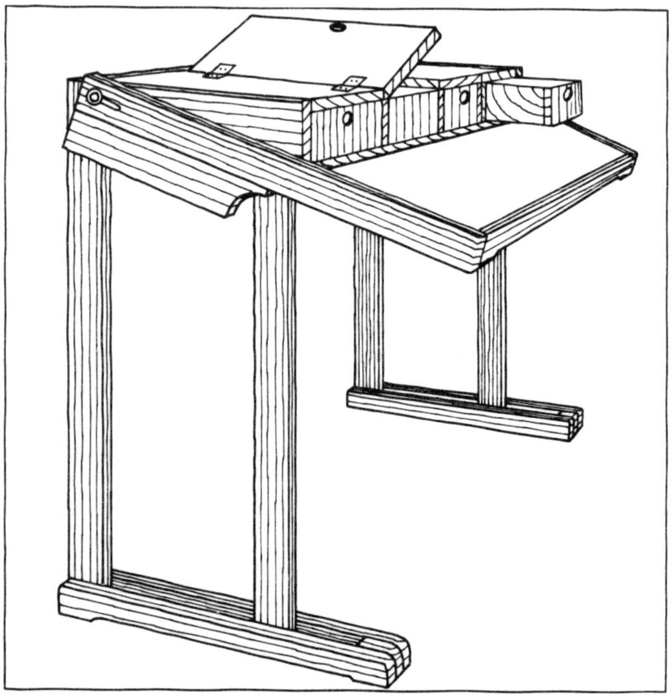

Wenn der vordere Teil der Schreibplatte abgesenkt wird, lassen sich die Schubkästen herausziehen. Der ausgefräste Vorleimer erlaubt trotzdem genügend Beinfreiheit. Die Klappe im Oberteil verdeckt ein Fach.

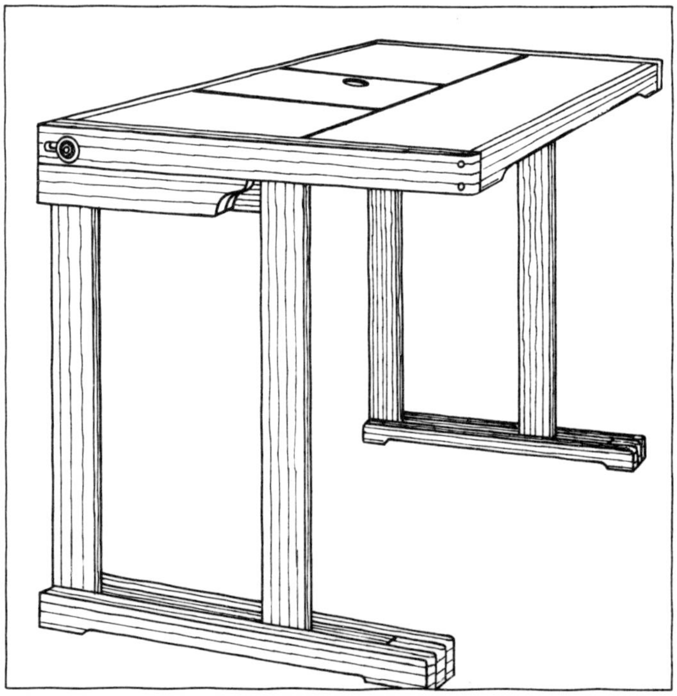

Die Arbeitshöhe des Schreibtisches ist 76 cm. Alles, was man griffbereit auf der Schreibplatte benötigt, läßt sich unter der Klappe in einem Fach unterbringen, das auf einer Ebene mit den eingebauten Schubkästen liegt.

MATERIALLISTE (alle Maße in cm)

Buche massiv, 2,0 dick

Beingestell, 4 Aufrechte	76,0 × 6,0
–, 2 Querstücke	24,0 × 10,0
–, 4 Füße	52,0 × 4,5
–, 2 Zwischenstücke	6,0 × 4,5
1 Rückwand	110,0 × 10,0
Klappteil, 1 Anleimer vorn	117,1 × 5,0

Buche massiv, 1,5 dick

Klappteil, 2 Teile seitlich	58,0 × 5,0/
–, 2 Teile seitlich	60,0 × 5,0/
–,4 Teile seitlich	30,0 × 5,0/
6 Schubkastenseiten	31,7 × 7,8*
3 Schubkastenhinterstücke	22,5* × 4,6

Buche massiv, 1,8 dick

4 Schubkastenvorderstücke	26,2* × 6,7*

Buche massiv, 0,3 dick

4 Anleimer	112,0** × 3,0

Tischlerplatte Limba furniert, 1,9 dick

3 Mittelseiten	33,7 × 7,6

Tischlerplatte Limba furniert, 1,6 dick

1 Boden	110,0 × 33,8**
1 Platte	55,6** × 33,8**
1 Platte	27,7** × 33,8
1 Klappe	25,5 × 33,5
1 Klappteil, Platte	117,1 × 22,0

Sperrholz, 0,5 dick

3 Schubkastenböden	24,3 × 32,2

Sonstiges, Beschläge

1 PVC-Belag (Mipolam) 65,0 × 120,0 × 0,2

2 Gewindeschrauben M10 Senkkopf, 6,5 lang, mit 2 Muttern und 4 Unterlegscheiben

2 Nähtischscharniere, Messing, mit je 6 Messing-Holzschrauben, Senkkopf, 40 × 17 mm; 2 Kupferrohre, verchromt, Ø 12 mm, 30,5 lang

Uhu coll express

* Maß enthält 1 mm Zugabe zum Einpassen.
** Nach Bedarf auf Länge schneiden.
/In zwei Arbeitsgängen verleimen.

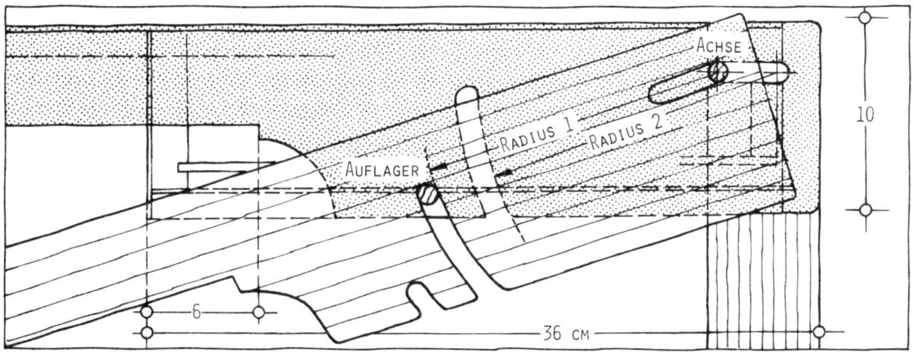

Zeichnung der Drehpunktkonstruktion. Sie brauchen die Einzelheiten nach den angegebenen Maßen nur auf Sperrholz zu übertragen. Danach wird die Schablone ausgesägt. Mit ihr können Sie überprüfen, ob alle Bohrungen stimmen. Erst jetzt das Buchenholz anreißen und aussägen.

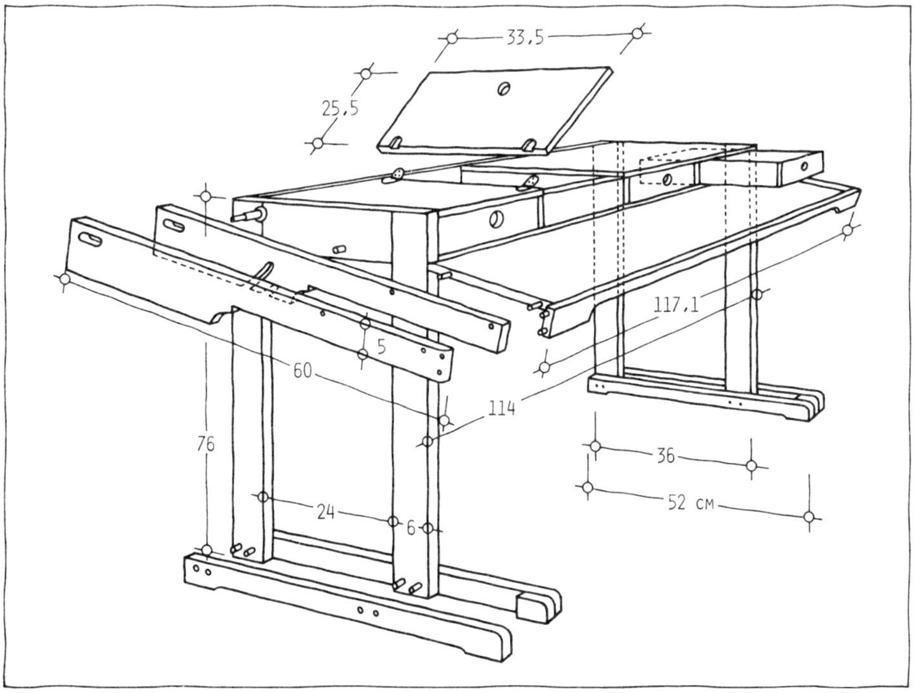

Aus dieser Explosionszeichnung erkennen Sie alle Maße, die Sie für den Bau des Schreibtisches brauchen. Sie müssen präzise eingehalten werden, damit der Klappenmechanismus auch richtig funktioniert. Die Plattenoberflächen werden mit einem PVC-Belag (Mipolam) beklebt.

ren Kante anzeichnen. Danach die Schablone verschieben und die zweite Ausbohrung anzeichnen. Mit dem Zirkel die Radien schlagen und danach aussägen. So können Sie überprüfen, ob die Seitenteile leicht gängig sind. Die Bohrungen dürfen aber nicht zu viel Spiel haben!

Die 30 cm langen Seitenstücke werden nach der Zeichnung geschweift und mit den 60 cm und 58 cm langen Außenstükken verleimt, so daß ein 10 cm breites Brett entsteht. Nach der Schablone die inneren Seiten der Klappe bohren und sägen. Erst dann werden beide Teile verleimt. Das innere Stück ist um den 2 cm dicken Vorleimer der absenkbaren Klappe kürzer.

Dieser Vorleimer wird unten so ausgefräst, daß er noch ca. 10 mm unter der Tischplatte übersteht.

Auch die sichtbaren Kanten des Schreibtischkorpus werden mit einem 3 mm dikken Buchenanleimer versehen. Die Mittelseiten mit den Böden verdübeln.

Nun wird die gesamte Schreibtischfläche mit dem Kunststoff »Mipolam« beleimt. Der Weich-PVC-Kleber, den Sie gebrauchen, muß erst 20 Minuten auslüften, ehe Sie die Flächen zusammendrücken.

Den Korpus verleimen und ihn gleichzeitig von außen sichtbar mit den Beingestellen verdübeln und verleimen.

Jetzt auch die absenkbare Klappe mit den Außenseiten sichtbar verdübeln und verleimen.

Nun können die Schubkästen gebaut werden. Die Seiten (15 mm), das Hinterstück (15 mm) und das Vorderstück (18 mm) werden aus Buchenholz gefertigt. Der Boden wird in allen Stücken 6 mm tief eingefräst. Das Griffloch im Vorderstück mit einem 35-mm-Forstnerbohrer ausbohren und nachschleifen. Die Schubkästen werden mit kleinen Filzplättchen an der Rückwand abgestoppt.

Das Zwischenstück, Seite der kleinen Klappe in der Oberfläche, einleimen.

Die Klappe wird mit zwei Nähtischscharnieren angeschlagen. Die passenden Löcher, auch das Griffloch, mit einem Forstnerbohrer bohren. Achtung: Der Bohrer darf nicht heiß werden, sonst schmilzt der Kunststoff! Üben Sie vorher an einem Probestück! Wenn der Bohrer verschmiert: mit Nitroverdünnung reinigen.

Das Band muß bündig mit der Oberfläche sein, da die Klappe sonst nicht richtig schließt. Wenn Sie die Löcher versehentlich zu tief gebohrt haben, können Sie einen Streifen Furnier oder Papier unter das Band legen. Für den Drehpunkt des Scharniers die Kante etwas ausstemmen.

Alle Kanten brechen, die Holzflächen grundieren und leicht mattieren.

Die absenkbare Klappe mit dem Schreibtisch zusammenschrauben.

Nun werden noch die Laufflächen und Seiten der Schubkästen mit Wachs eingerieben, damit sie besser gleiten.

Tische, die man kombinieren kann

Mit diesen Tischen können Sie zaubern: Ob Sie zwei, vier oder zehn Gäste erwarten, die Tische lassen sich für jeden Zweck und jede Gästezahl beliebig zusammenstellen. Auch einzeln kann man sie gut nutzen. Die kleineren Tische finden überall Platz. Und leicht zu bauen sind sie auch – aus Kiefernholz für die Beingestelle und Tischlerplatten für die Tischplatten. Sehen Sie sich die Übersicht über die Kombinationsmöglichkeiten auf Seite 134 an, bevor Sie mit der Arbeit beginnen. Dann können Sie auch besser beurteilen, welche Einzeltische zuerst an die Reihe kommen sollen.

Für jeden und jede, der (oder die) gern Gäste hat, sind diese Tische genau das Richtige. Durch drei verschiedene Formen und Größen lassen sie sich ohne weiteres so zusammenstellen, daß jeder genügend Platz daran findet.
Alle Tische sind 75 cm hoch. Auf die genaue Einhaltung des Höhenmaßes sollten Sie achten, damit es beim Zusammenstellen keine holprigen Kanten gibt. Hier sind die Größen der Tische:

- Halbrunder Tisch: 110 x 55 cm.
- Rechteckiger Tisch: 110 x 55 cm.
- Quadratischer Tisch: 110 x 110 cm.

Wenn Sie die Tische größer oder kleiner bauen möchten, ist auch das kein Problem. Die Maße in der Materialliste sind ohne Schwierigkeiten zu verändern. Wir

MATERIALLISTE

2 halbrunde Tische
(110 x 55 cm)
6 Beine 72,8 x 8 x 8 cm Kiefer
2 Zargen 94,0 x 6 x 3 cm Kiefer
8 Zargen 35,0 x 6 x 6 cm
2 Platten 110,0 x 55,0 x 2,2 cm Tischlerplatte

1 rechteckiger Tisch
(110 x 55 cm)
4 Beine 72,8 x 8 x 8 cm Kiefer
2 Zargen 94,0 x 6 x 3 cm Kiefer
2 Zargen 39,0 x 6 x 3 cm Kiefer
1 Platte 110,0 x 55,0 x 2,2 cm Tischlerplatte

1 quadratischer Tisch
(110 x 110 cm)
4 Beine 72,8 x 8 x 8 cm Kiefer
4 Zargen 94,0 x 6 x 3 cm Kiefer
1 Platte 110,0 x 110,0 x 2,2 cm Tischlerplatte, Uhu coll express

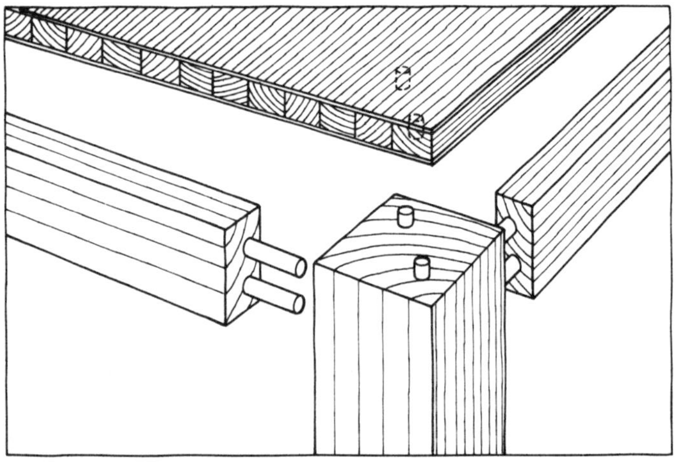

1 Am einfachsten ist der Bau der rechteckigen Tische. Beine und Zargen werden durch Buchenholzdübel verbunden. Auch die Tischplatte bekommt eine Dübelverbindung. Nach dem Verspachteln sieht man nichts davon.

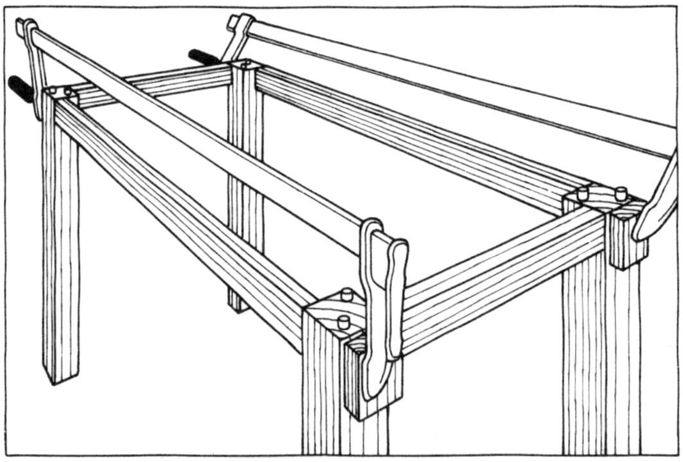

2 Wer lange Schraubzwingen, Knechte genannt, besitzt, kann den rechteckigen Tisch leicht verleimen. Im andern Fall verspannt man mit Hilfe einer Schnur. Über die Diagonale messen, ob das Gestell im Winkel ist!

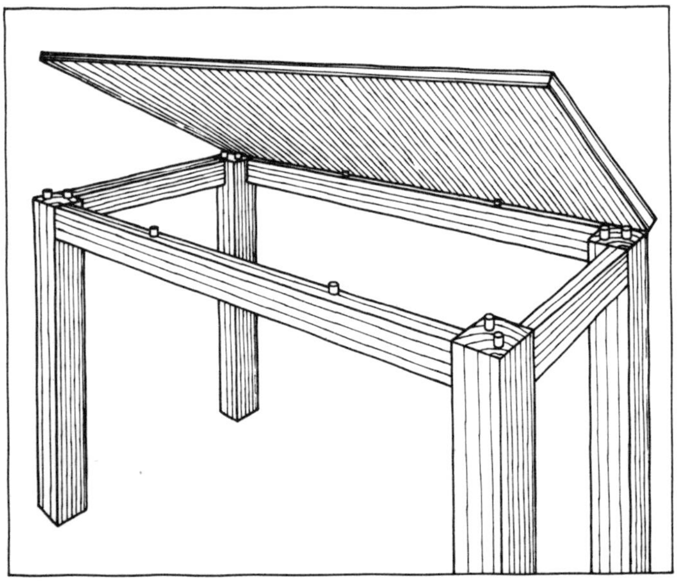

3 Nach dem Verleimen und Abbinden der Untergestelle können die Tischplatten aufgeleimt werden. Zargen und Platten mit Zwingen zusammenspannen. Nach dem Trocknen des Leims alle Kanten bündig putzen (Putzhobel).

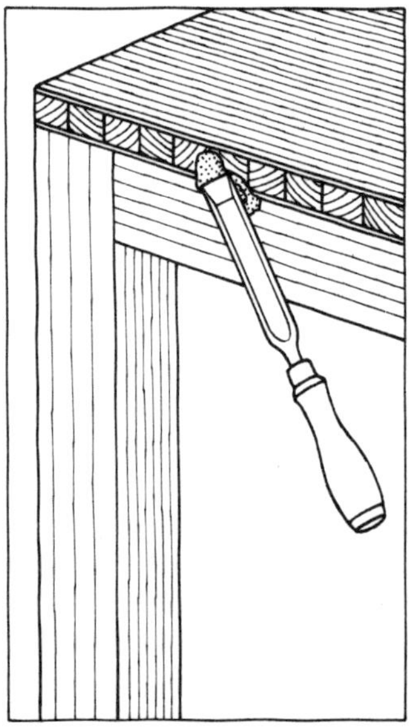

4 Alle Kanten sorgfältig spachteln, damit nach dem Lackieren keine Fugen mehr zu sehen sind.

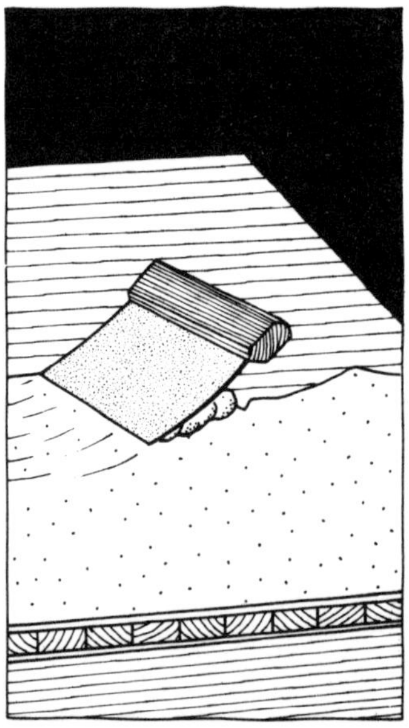

5 Um eine glatte Oberfläche zu bekommen, wird auch die Platte gespachtelt und gut geschliffen.

sind von zwei halbrunden Tischen, einem rechteckigen und einem quadratischen Tisch ausgegangen. Aber Sie müssen natürlich nicht alle auf einmal bauen. Falls Sie vorhaben, »auf Raten« zu bauen, sollten Sie lediglich die Lackfarbe gleich für sämtliche Tische einkaufen. Es könnte sonst Farbabweichungen geben.

Die rechteckigen Tische

Rechteckiger (110 × 55 cm) und quadratischer Tisch (110 × 110 cm) werden nach dem gleichen Schema gebaut. Weil diese Modelle einfacher herzustellen sind als die halbrunden Tische, sollten Sie mit ihnen beginnen. Die Zeichnungen auf der linken Seite geben alle wichtigen Hinweise. Die Einzelteile für das Beingestell werden nach Materialliste fertig zugeschnitten und ausgehobelt eingekauft. Sie können also gleich mit dem Bohren der Dübellöcher für die Verbindung der Zargen mit den Tischbeinen beginnen.

Achten Sie beim Anzeichnen der Dübellöcher darauf, daß Zargen und Beine an den Außenseiten genau bündig miteinander verbunden werden müssen. Je präziser Sie bohren und dübeln, desto weniger Nachputzarbeit werden Sie nach dem Verleimen haben.

Vor dem Verleimen müssen die Innenkanten der Beine und Zargen geschliffen werden. Nach dem Verleimen ist das Schleifen erheblich schwieriger. Die rechteckigen Tische mit langen Schraubzwingen zu verleimen ist einfach. Vielleicht können Sie bei Ihrem Tischler für diese spezielle Arbeit solche »Knechte« ausleihen. Im andern Fall legen Sie eine kräftige Schnur (Zeichnung 4 auf dieser Seite) um Zargen und Beine und verdrillen sie mit einem Stück Abfallholz. In beiden Fällen Holzstückchen unterlegen, damit sich weder Knechte noch Schnur in das Holz eindrücken können. Wichtig ist, daß die Beingestelle im rechten Winkel verleimt werden. Wenn der Leim abgebunden hat, kann das Gestell nicht mehr zurechtgerückt werden. Die einfachste Methode, den Winkel zu überprüfen: Mit dem Zollstock über die Diagonale messen. Die Strecken über beide Diagonalen müssen gleich lang sein. Zusätzlich überprüft man den richtigen Sitz der Tischbeine mit dem Winkel – und zwar jeweils von beiden Seiten.

Nachdem der Leim abgebunden hat, wird das Kiefernholz gewässert, damit sich die Fasern nicht erst beim Vorstreichen aufrichten. Nach einigen Stunden kann das Holz mit feinem, aber scharfem Sandpapier nachgeschliffen werden.

Die Tischplatte auf das Gestell legen. Die Kanten müssen bündig sein! Dann die Dübellöcher markieren und sie anschließend bohren. Mit Zwingen wird die Platte an die Zargen gepreßt, damit sie rundherum fest verleimt wird. Wenn unter die Zwingen ein durchgehendes, dickeres Kantholz gelegt wird, genügen für die Länge von 1,10 m vier bis fünf Zwingen.

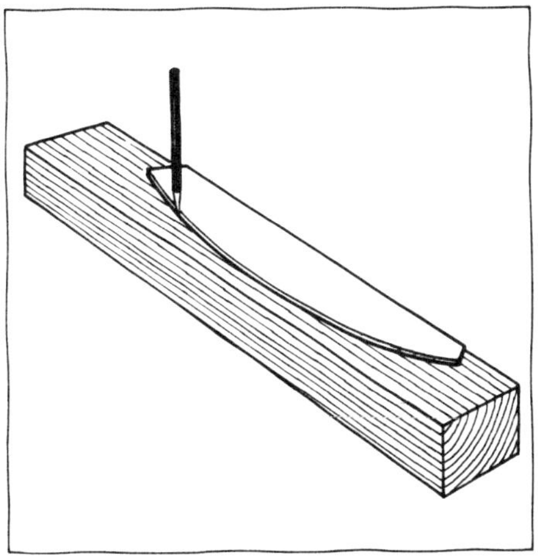

1 Die runde Zarge des halbrunden Tisches besteht aus vier gleichen Teilen. Die Zargenteile werden mit Schablone auf den Holzstücken angezeichnet.

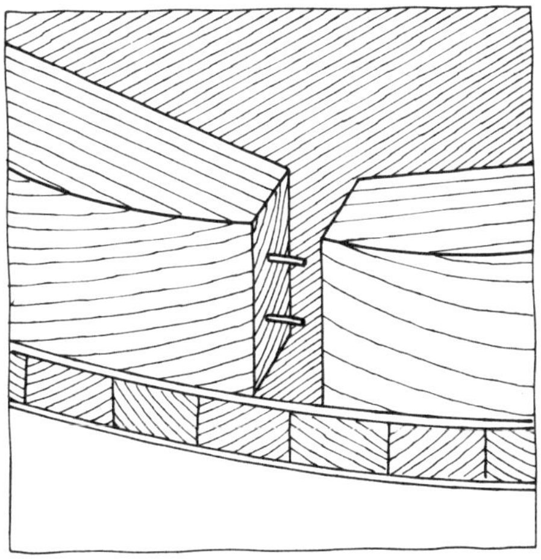

2 Nach dem Schleifen werden die Zargenteile verdübelt: Nägelchen einschlagen und das zweite Teil dagegendrücken, dann die Löcher bohren.

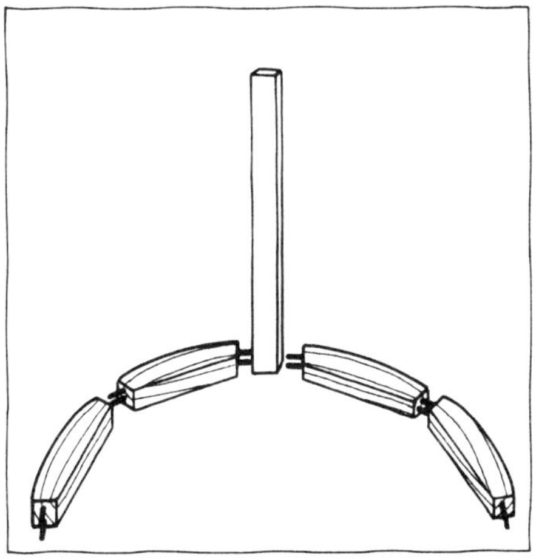

3 Mit einer Dübelstange Leim in die Dübellöcher geben. Dübel einschlagen und die Zargenteile mit den Beinen verleimen, abbinden lassen.

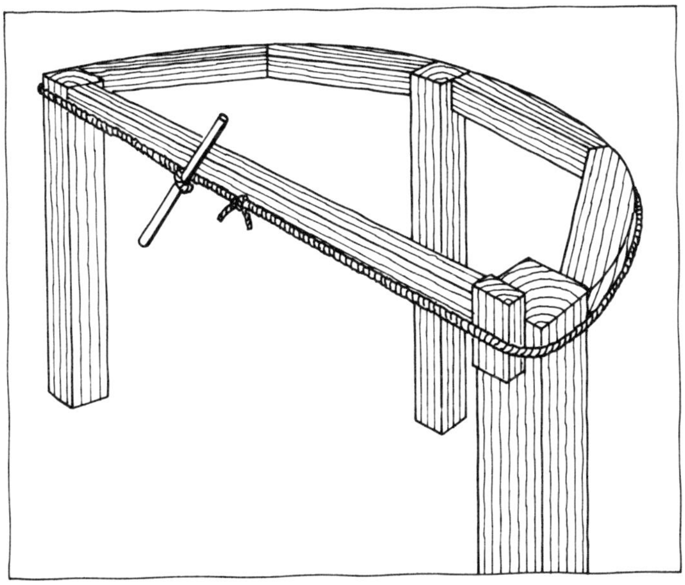

4 So kann man das Tischgestell nach dem Leimen und Verdübeln einspannen: Eine kräftige Schnur ringsherum legen, verknoten und mit einem Stück Abfallholz verdrillen. Dabei an einigen Stellen Klötze unterlegen.

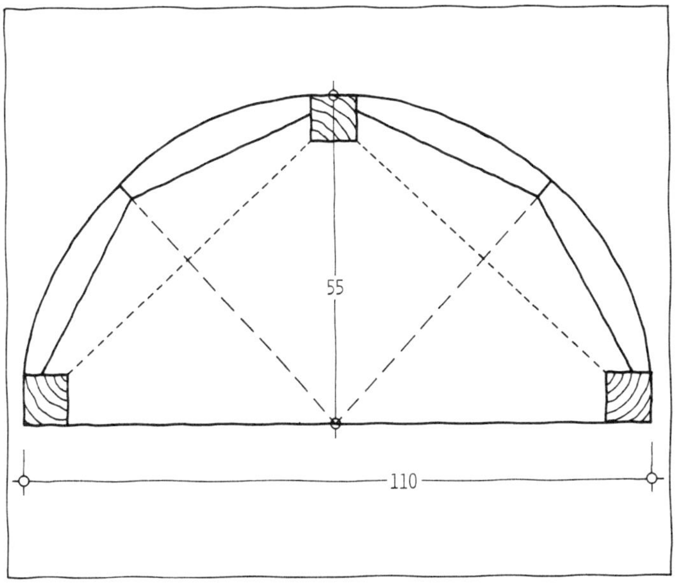

5 So ermittelt man die Länge der Zargenteile: Die Ecken der Beine durch Linien verbinden und die Strecke vom Mittelpunkt aus teilen. Auf diese Weise ergeben sich vier genau gleichgroße Einzelteile der Zargen.

Den Plattenüberstand abhobeln oder -schleifen. Damit nach dem Lackieren keine häßlichen Fugen zu sehen sind, müssen die Kanten verspachtelt werden. Spachtelmasse zieht sich während des Trocknens etwas zusammen, so daß sich kleine Dellen bilden. Darum drei- bis viermal spachteln. Jedesmal vorher gut glattschleifen!
Anschließend die Kanten runden, damit der Lack haftet. Danach können Sie alles zweimal vorstreichen und lackieren.

Die runden Tische

Bei ihrem Zusammenbau gelten die gleichen Grundsätze wie bei dem der rechteckigen Tische. Lediglich die runde Zarge verlangt zusätzliche Aufmerksamkeit. Sie besteht aus vier gleichen Teilen.
Zeichnen Sie sich die Zargeneinteilung auf der Unterseite der halbkreisförmigen Tischplatte vor. Wie man das macht, erläutert Zeichnung 5 auf Seite 133. Nach den dabei ermittelten Abmessungen fertigen Sie sich am besten eine Schablone an, mit deren Hilfe die Zargenteile auf 6 cm dickes Holz gezeichnet werden. Nun können Sie die Zargenteile aussägen. Das geschieht am besten mit der Stichsäge. Spannen Sie das Holz dazu fest ein und halten Sie die Säge mit beiden Händen fest, damit Sie einen genauen Schnitt bekommen.
Dann werden die Zargenteile mit Schleifpapier und Feile nachbearbeitet. Legen Sie sie probeweise an, um festzustellen, ob auch alle Anschlüsse fugendicht passen. Wenn die Teile an den Nahtstellen auseinanderklaffen, hilft auch der beste Leim nichts.
Zeichnen Sie nun die Dübellöcher an (siehe Zeichnung 2 auf Seite 133). Dann werden die Dübellöcher in Zargenteile und Tischbeine gebohrt, die Dübel mit Leim eingeschlagen.
Setzen Sie das ganze Gestell zusammen und spannen Sie es bis zum Abbinden des Leims ein.
Die Tischplatte wird genauso aufgeleimt und gedübelt wie bei den rechteckigen Tischen. Zuletzt wird gespachtelt, grundiert und zweimal lackiert. Lassen Sie den Lack gründlich durchtrocknen.

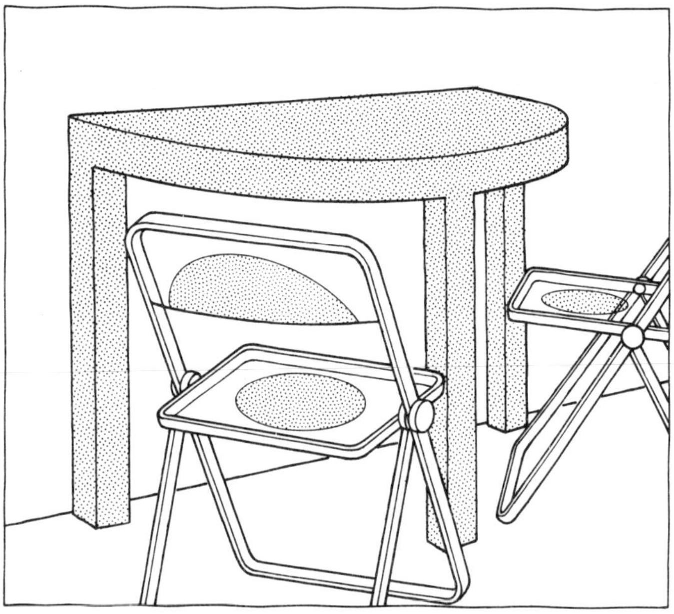

1 Ein halbrunder Tisch ist groß genug für ein Frühstück zu zweit. Sie brauchen nicht einmal eine besondere Tischdecke: Gute Kunstharzlacke verschrammen nicht so leicht. Aber: nichts Heißes auf den Lack stellen.

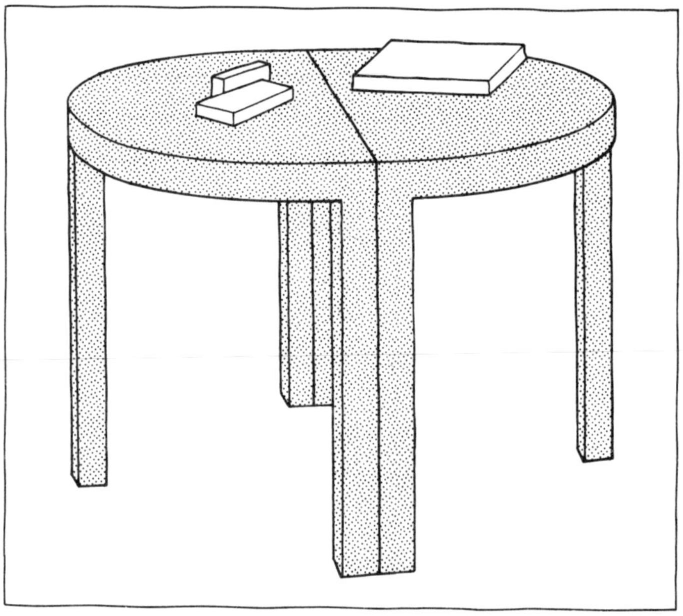

2 Zwei halbrunde Tische ergeben einen schönen Platz, an dem man gut Patiencen legen oder Skat spielen kann. Diese Tisch-Kombination hat aber auch für ein Fondue-Essen zu viert genau die richtige Größe.

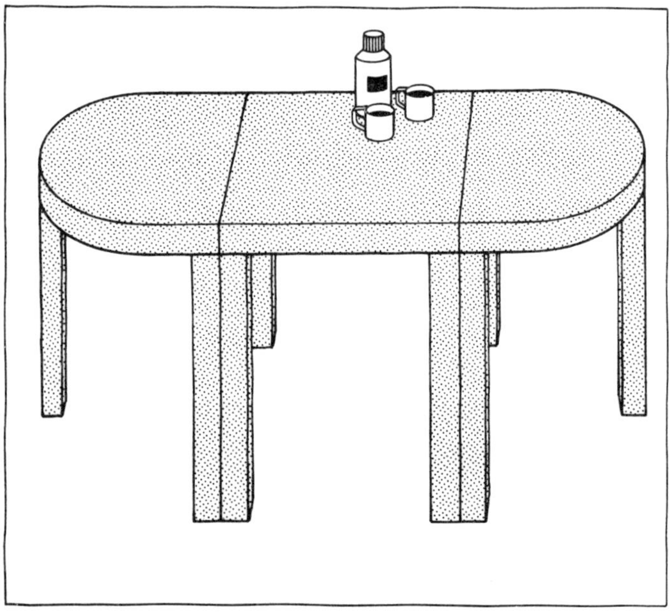

3 Die ovale Tischform bietet genug Platz, um sich beim Zeitunglesen, Basteln oder Malen ausbreiten zu können. Diese Größe ist auch als Eßtisch für sechs Personen geeignet – mit genug Erweiterungsmöglichkeiten.

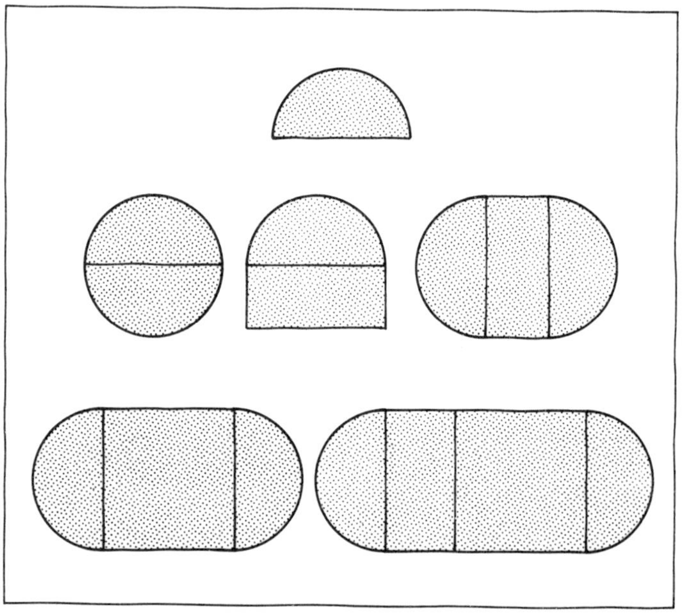

4 Hier sehen Sie noch einmal alle Kombinationsmöglichkeiten, vom einfachen Halbrundtisch bis zur Festtafel für zehn Personen. Wenn die Tische nicht gebraucht werden, kann man sie platzsparend wegräumen.

Kiefernholz-tisch ohne Nägel und Schrauben

Für alle, die schönes Holz und saubere, materialgerechte Verarbeitung schätzen, ist dieser Tisch ein Leckerbissen. Alle Verbindungen sind auf klassische Art ausgeführt: gezapft, überblattet und verdübelt. Der Tisch ist dekorativ genug für die Wohnung und robust genug für Garten und Terrasse – ein Vielzweckmöbel.

Das Material für unseren Tisch im skandinavischen Stil ist Brasilkiefer. Bis auf die Beine (71 × 18 × 3 cm) haben alle Teile des Tisches die gleichen Abmessungen (80 × 10 × 3 cm); das vereinfacht das Zuschneiden.
Besorgen Sie sich am besten alle Teile fertig zugeschnitten und gehobelt und achten Sie dabei auf eine schöne Maserung; sie kann die Wirkung dieses Tisches bedeutend verstärken.
Vor dem Zusammenbau runden Sie die äußeren Kanten am oberen Ende der

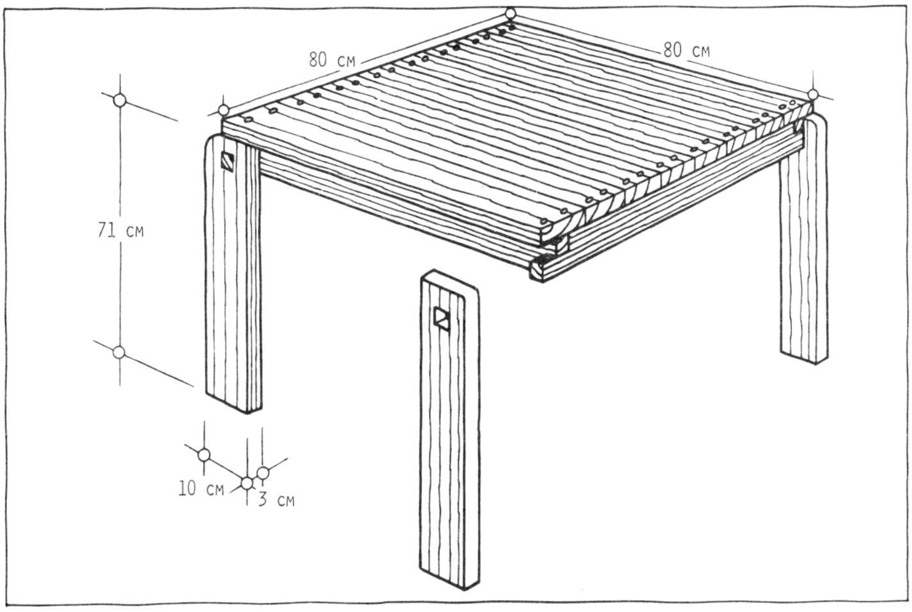

1 Nichts ist geschraubt oder genagelt an diesem Tisch. Alle Verbindungen sind Holz in Holz gearbeitet. Die Kiefernbretter für die Tischplatte werden an den Längsseiten nicht miteinander verleimt, sondern mit der Zarge verdübelt. Die Tischbeine werden verzapft und ebenfalls verdübelt.

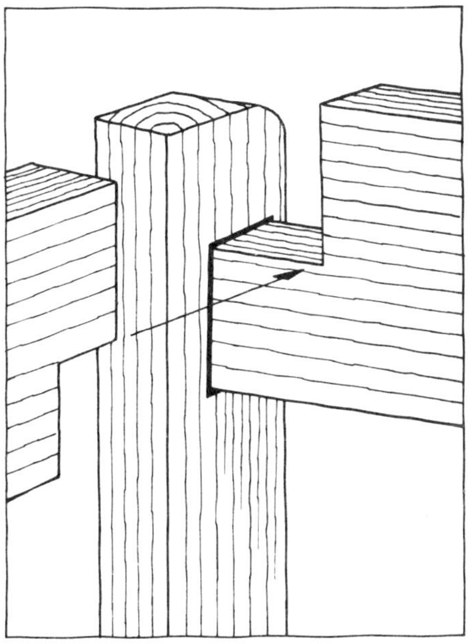

2 Eine Eckverbindung des Tisches. Beim Verzapfen von Zarge und Bein den Abstand für die Überblattung der zweiten Zarge mitberechnen.

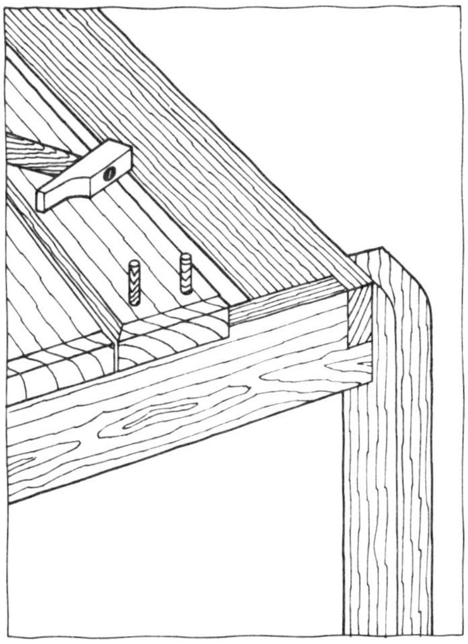

Die Tischfläche besteht aus acht Brettern, die nacheinander festgedübelt werden. Den Dübelüberstand schneidet man weg und schleift glatt.

MATERIALLISTE

Gehobeltes Kantholz aus Brasilkiefer mit folgenden Stücken:
8 Bretter à 80 × 10 × 3 cm für die Tischplatte
4 Zargen 80 × 10 × 3 cm
4 Tischbeine 71 × 18 × 3 cm
2 Stangen Dübelholz Buche, 10 mm Ø
Uhu coll express

Tischbeine mit einer Holzraspel ab (das ist auf Zeichnung 2 gut zu erkennen). Arbeiten Sie mit Schleifpapier nach.
Der Zapfen, der die Zarge und das Bein miteinander verbindet, ist so lang wie die doppelte Holzdicke des Beines, also 6 cm. Seine Breite (5 cm) ergibt sich aus dem halben Maß der Zarge.
Das Zapfenloch im Bein wird entsprechend 5 × 3 cm groß ausgearbeitet. Dazu bohren Sie mit dem Holzbohrer vor und arbeiten mit dem Stecheisen nach, und zwar zunächst bis zur halben Tiefe von der einen Seite. Dann drehen Sie das Bein um und stechen das restliche Holz von dieser Seite her aus. Wenn Sie das nicht tun, wird das Zapfenloch ungenau und reißt außerdem beim Durchstoßen des Holzes an der Unterseite aus.

Der Zusammenbau des Tisches

Die Zapfen der Zargen werden mit Leim bestrichen und in die Bein-Löcher geschoben. Dann bohren Sie von der schmalen Kante durch Bein und Zapfen und leimen einen Holzdübel ein. Auch die restlichen Zargenteile werden eingeleimt und durch einen senkrecht von oben eingeschobenen Dübel gesichert, der also durch beide Zargenteile reicht.
Die gehobelten Bretter geben der Tischfläche eine klare Struktur. Runden Sie die Längskanten mit der Fräse oder brechen Sie sie mit dem Putzhobel und arbeiten mit Schleifpapier nach. Nun verdübeln Sie die Bretter mit den Zargen. Dazu legen Sie ein Brett nach dem anderen auf, spannen es fest und bohren das Dübelloch durch Brett und Zarge zugleich. Die Dübel werden eingeleimt und nach dem Abbinden des Leims bündig weggeschnitten.
Der Tisch ist fast fertig, es fehlt nur noch die Oberflächenbehandlung. Grundieren Sie das Holz mit Einlaßgrund und schleifen Sie nach dem Trocknen mit 120er bis 150er Schleifpapier nach.
Zum Schluß ein- bis zweimal farblos mit Seidenmattlack überziehen. Wollen Sie Ihren Tisch im Freien verwenden, versiegeln Sie das Holz mit einem Kunstharzlack, dabei müssen Sie besonders die Hirnholzkanten gut mit Lack tränken, da er hier sehr schnell einzieht.

Eine Sitzecke, die auch was aushält

Die gemütliche Sitzecke, aus Eckbank und Tisch zu bauen, ist eine Arbeit für fortgeschrittene Hobbytischler. Der Bauvorschlag ist so konstruiert, daß jeder praktisch Veranlagte mit etwas Sorgfalt und Zeitaufwand gut damit fertig wird. Das Material, 30 und 40 mm dicke Kiefernholzbretter, läßt sich verhältnismäßig leicht bearbeiten. Präzisionsarbeit ist allerdings unerläßlich, wenn man hinterher mit der Sitzkombination seine Freude haben will.

Sie sollten sich vor Beginn der Materialbestellung zunächst eingehend mit unserer Konstruktions- und Maßskizze auf Seite 138 befassen und sie mit der Materialliste auf dieser Seite vergleichen. Der ganze Umfang der Arbeit ist so am besten zu übersehen. Die Fotos veranschaulichen wichtige Arbeitsgänge, die aus der Skizze nicht deutlich werden.

Das Baumaterial ist Kiefernholz. Allerdings ist es möglich, daß Sie Bretter von 30 und 40 mm Dicke nicht in Ihrem Heimwerkerladen bekommen. In diesem Fall greifen Sie zum Branchentelefonbuch und suchen sich den nächstgelegenen Holzhändler heraus. Auch er wird Ihnen sicherlich gern die erforderlichen Holzstärken zuschneiden. Am Hobeln wird es jedoch in diesem Fall hapern. Wenn Sie das nicht selber übernehmen wollen, müssen Sie noch einen Tischler einschalten, der im übrigen auch als Lieferant der nötigen Teile in Frage kommt.
Achten Sie beim Holzeinkauf darauf, daß das Holz gesund, trocken und möglichst ohne Äste ist – beziehungsweise darauf, wo die Äste sitzen. An diesen Stellen ist z. B. Zapfen nicht mehr möglich.

Tischplatte und Bankfüße

Nach dem Anreißen der Maße beginnen Sie mit dem Zusammenleimen der Bretter für die Tischplatte und die Bankfüße. Dazu fertigen Sie sich am besten einen Spannrahmen an. Für die Tischplatte sollte er 2 cm mehr lichte Weite haben, als die Tischplatte breit ist. Diesen Platz brauchen Sie, um Holzkeile einzuschlagen, die die Bretter der Tischplatte (und sinngemäß die der Bankfüße) bis zum Abbinden des Leimes zusammenhalten.
Falls Sie nicht über eine Kreissäge mit verstellbarem Sägetisch verfügen, müssen Sie die für die dauerhafte Verleimung erforderlichen Nuten in Tischplatte und Bankfüßen in Ihrem Heimwerkerladen aussägen lassen. Die Nuten müssen 8 mm breit und 15 mm tief sein. Dort hinein wird eine Sperrholzfeder geleimt. Die Sperrholzfeder der Tischplatte sollte allerdings 2 cm kürzer sein, als die Tischplatte lang ist. Denn um einen sauberen Abschluß zu bekommen, muß man an den Außenkanten der Tischplatte auf jeder Seite eine 1 cm lange Feder aus Kiefernholz in die Nut leimen.
Bei der Herstellung der Bankfüße ist wichtig: Das vordere Brett muß so breit sein, daß man beim Aussägen der Fußschweifung nicht bis zu Feder kommt. Sonst würde der Fuß nämlich unsauber aussehen. Die Rückenschrägung des Bankfußes sollte vor dem Verleimen geschnitten sein, da dies später schwieriger ist. Wenn die Füße und die Tischplatte verleimt sind, kann man mit dem Anzeichnen der schmückenden Rundungen beginnen. Als Hilfsmittel benutzt man Schablonen aus dünner Pappe. Sie werden auf die Holzteile gelegt und mit einem spitzen Bleistift sauber umfahren. Die angezeichneten Rundungen werden mit einer Stichsäge ausgesägt. Dazu sollten die Werkstücke fest eingespannt werden.
Tischplatte und Bankfüße werden nach dem Abbinden des Leims mit Hobel, Feile und Schleifpapier sauber nachgearbeitet.

MATERIALLISTE

	Bauteil	Nr.	Material	Stück	Maße
Tisch	Tischplatte	1	Kiefernholz	6	1450 × 158 × 40 mm
	Tischfuß oben quer	2	Kiefernholz	2	890 × 80 × 40 mm
	Tischfuß unten quer	3	Kiefernholz	2	700 × 180 × 40 mm
	Tischbeine aufrecht	4	Kiefernholz	2	700 × 180 × 40 mm
	Quersteg, unten und oben	5	Kiefernholz	2	1260 × 80 × 40 mm
	Sperrholzfeder	6	Sperrholz	5	1400 × 30 × 8 mm
Eckbank	Lange Sitzbank, Vorder- u. Hinterteil	7	Kiefernholz	2	1970 × 70 × 30 mm
	Rückenlehne, lange Sitzbank	8	Kiefernholz	2	2010 × 100 × 30 mm
	Rückenlehne, kurze Sitzbank	9	Kiefernholz	2	1490 × 100 × 30 mm
	Kurze Sitzbank, Hinterteil	10	Kiefernholz	1	1490 × 70 × 30 mm
	Kurze Sitzbank, Vorderteil	11	Kiefernholz	1	1070 × 70 × 30 mm
	Zwischenbretter Sitzbänke und Rückenlehnen	12	Kiefernholz	15	370 × 70 × 30 mm
	Trägerbrett, lange Sitzbank	13	Kiefernholz	1	1510 × 70 × 30 mm
	Trägerbrett, kurze Sitzbank	14	Kiefernholz	1	990 × 70 × 30 mm
	Bankfüße hinten	15	Kiefernholz	4	860 × 100 × 40 mm
	Bankfüße vorn	16	Kiefernholz	12	410 × 150 × 40 mm
	Leisten für Sitz und Lehne waagerecht	17	Kiefernholz	20	450 × 20 × 20 mm
	Leisten für Sitz und Lehne Eckteil	18	Kiefernholz	6	310 × 20 × 20 mm
	Leisten für Sitz und Lehne	19	Kiefernholz	26	270 × 20 × 20 mm
	Sitze und Lehnen	20	Sperrholz	10	450 × 310 × 8 mm
	Sitze und Lehnen Eckteil	21	Sperrholz	3	310 × 310 × 8 mm
	Uhu coll express				

Sowohl der Tisch als auch die Eckbank bestehen aus Kiefernholz, 30 bzw. 40 mm dick. Dazu kommen 20-mm-Leisten, ebenfalls aus Kiefernholz. Nur für die Sitze und Lehnen wird 8-mm-Sperrholz verwendet. Die Sitzecke macht zwar viel Arbeit, ist aber technisch gut durchkonstruiert.

1 Damit alle Rundungen gleich aussehen, fertigt man sich Schablonen aus dünner Pappe an.

2 Abblatten von Tischfuß und Plattenauflage: 15 mm tief einsägen, dann genau ausstemmen.

3 Verleimen des Tischbeines mit dem Tischfuß. Unter die Zwinge ein Stück Abfallholz legen.

4 Anschrauben der Tischplatte. Das Loch ist schlitzartig, damit die Platte auf dem Gestell arbeiten kann.

5 Hier werden die fertigen Tischbeine mit den Querverbindungen zusammengeleimt. In die Tischbeine wurden vorher Zapfenlöcher gestemmt, damit die Querstreben guten Halt bekommen. Die Winkel sorgfältig kontrollieren!

6 Der Schlitz für die Tischplattenverschraubung – und wo er am Plattenträger (Tischgestell) hinkommt.

7 Zusammenbau der Tischplattenbretter mit Nut und Feder. An der Kante massive Kieferfeder!

8 Spannrahmen für die Verleimung der Tischplatte. Keile halten die Bretter bis zum Abbinden zusammen.

9 Alle Rundungen mit Feile und Schleifklotz nacharbeiten – dabei die Kanten nicht ausreißen!

10 Holzdübel verbinden die Rückenlehne mit den Bankfüßen.

11 Zusammenbau der Füße vor dem Aufleimen des Sitzrahmens.

12 Die Hinterkante des Sitzrahmens wird an die Schräge der Rückenlehne angepaßt, dann verleimt und verschraubt. Die Dübel müssen genau passen!

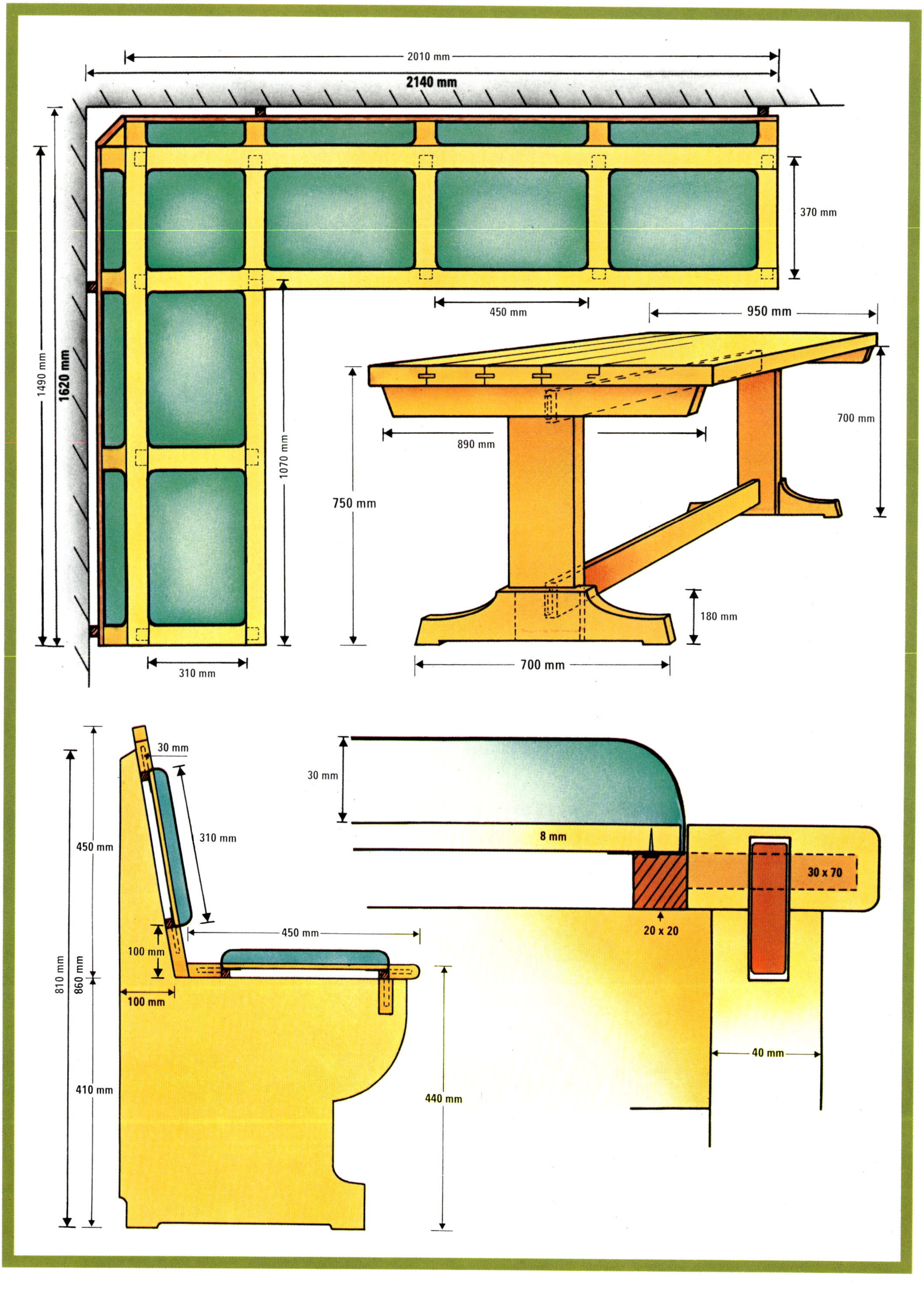

Aus dieser Zeichnung können Sie alle Maße und Konstruktionsdetails für den Tisch und die Eckbank entnehmen. Das Detail rechts unten zeigt einen Schnitt durch Bankfuß und -sitz mit der Dübelverbindung. Der Sitzrahmen wird in einem Stück gearbeitet und auf die Füße gedübelt und geleimt.

13 Wenn der Sitzrahmen aufgeleimt ist, haben Sie den Rohbau Ihrer Sitzbank geschafft. Jetzt müssen Sie die Verbindung zwischen den beiden Rückenlehnen einpassen. Der Keil wird eingeleimt und beiderseits mit Holzschrauben befestigt.

14 Die Schaumstoffauflage der Kissen wird mit doppelseitigem Klebeband (3 cm breit) auf die Sperrholzplatten geklebt.

15 Dann wird der Bezugsstoff in Zentimeter-Abständen auf der Rückseite festgeheftet. Auf gute Spannung des Stoffes achten!

16 Die fertige Sitzecke. Tisch und Eckbank sind auch dem turbulentesten Kindergeburtstag gewachsen. Sie schaffen in Wohnzimmer oder auch Küche eine gemütliche Atmosphäre. Passend zur Eßecke kann man auch Teile der angrenzenden Wände mit Kiefernholz vertäfeln. Ein schlichter und strapazierfähiger Maisteppich paßt gut dazu – und eine farbenfrohe, tief hängende Deckenlampe.

Aufbau des Tisches

Nach der Tischplatte kommt das Tischgestell an die Reihe. Die Tischfüße werden abgeblattet, d.h. an der dem Fußboden zugewandten Seite so ausgestemmt, daß sie nicht mit voller Fläche aufliegen, sondern nur mit zwei Füßchen links und rechts. Das ist notwendig, um den Beinen genügend Stabilität zu verleihen. Mit einer Feinsäge schneidet man entsprechend dem Anriß die Querfüße jeweils 15 mm tief ein. Mehrere Einschnitte, etwa im Abstand von 2 cm, helfen, das Ausstemmen mit dem Stecheisen zu erleichtern.
Bevor die Tisch-Querfüße mit den aufrechten Füßen verleimt werden, müssen die Zapfenlöcher für die beiden Querverstrebungen des Tischgestells ausgespart werden, und zwar in der Größe von 80 × 40 mm. Die beiden Löcher werden angerissen und mit dem Stecheisen Schicht für Schicht ausgestochen. Mit Raspel und Feile kann man nacharbeiten.
Nun werden Tischbeine und -füße miteinander verleimt. An den Oberseiten der Tischbeine bringt man die oberen Tischfüße an. Vorher erhalten sie Bohrungen, durch die die Tischplatte angeschraubt wird. Dazu bohrt man mit einem 15-mm-Astlochbohrer vier ovale Löcher von etwa 3 cm Tiefe in die Tischplattenträger. In diese ovalen Löcher werden dann mit einem kleinen Bohrer (etwas stärker als Schraubendurchmesser) schlitzartige Löcher gebohrt. So hat die Schraube Spiel, das Holz kann arbeiten.
Die fertigen Tischbeine leimt man mit den Querverbindungen zusammen. Dabei müssen alle Winkel nachgeprüft werden.

Aufbau der Sitzbank

Die beiden Rahmen für die Rückenlehnen werden mit Zapfenverbindungen, die jeweils 3 cm tief eingelassen sind, fertig zusammengeleimt. Genauso verfährt man auch mit dem Sitzrahmen: Er wird als komplettes Werkstück aufgedübelt. Nach dem Befestigen des Sitzrahmens, der mit Leim aufgebracht und durch die Rückwand festgeschraubt wird, muß man die Sitzbankverstärkung anbringen. Diese Verstärkung wird lediglich unter den Sitzrahmen geleimt. Die fertige Eckbank und der Tisch werden mit einem Schnellschleifgrund gestrichen.
Nach der Trocknung wird geschliffen und der Endanstrich (Nitrolack) aufgetragen.
Für die Polsterung der Sitzflächen verwendet man 3 cm starken, möglichst harten Schaumstoff. Den Schaumstoff heftet man zum Schutz gegen Verrutschen mit doppelseitigem Klebeband auf die Sperrholzplatten. Der Bezugsstoff wird von der Rückseite aufgetackert. Um das Ausfransen zu verhindern, säumt man die Kanten mit einem Tesaband ein. Sie werden sehen: Auch eine schwierige Arbeit hat einmal ein Ende.

Der Tisch mit drei Ebenen

Dieser Tisch ohne Beine paßt in jede gemütliche Sitzecke einer »jungen« Wohnung. Er besteht aus drei verschieden hohen Teilen, die sich ohne große Probleme zusammenstellen lassen: Spanplatten werden miteinander verschraubt und mit Teppichresten beklebt.

Farbiges Plexiglas, 10-mm-Spanplatten und Teppichbodenreste brauchen Sie als Grundmaterial für diesen Tisch. Die Spanplatten und die Plexiglasscheiben kann man sich nach unserer Maßliste fertig zuschneiden lassen. Der Zusammenbau ist einfach: Die Spanplattenteile werden durch Holzschrauben miteinander verbunden.

Die Teppichbodenreste werden mit Teppich-Klebeband auf die sichtbaren, vorher grundierten Außenseiten des Tisches geklebt. Wenn Sie Reste des Bodenbelags verwenden, der ohnehin im Zimmer liegt, wird der Effekt noch interessanter: Der Tisch »wächst« optisch ohne Absatz aus dem Teppich hervor.

Damit die Farbe der Plexiglas-Deckplatte richtig zur Geltung kommt, sollte man die darunter liegende Abdeckung aus Spanplatte vorstreichen. Bei hellen Plexiglasplatten wird der Vorstrich weiß, bei dunklen möglichst schwarz.

Die einzelnen Elemente werden nicht miteinander verbunden, sondern lose zusammengestellt – am besten wirken sie in der Mitte des Raumes.

MATERIALLISTE

Element 1	**Element 2**	**Element 3**
1 Stück 80 × 30 cm	1 Stück 50 × 37 cm	2 Stück 56 × 44 cm
1 Stück 83 × 30 cm	1 Stück 44 × 37 cm	1 Stück 54 × 44 cm
1 Stück 64 × 30 cm	1 Stück 30 × 37 cm	1 Stück 53 × 44 cm
1 Stück 35 × 30 cm	1 Stück 29 × 37 cm	1 Stück 19 × 44 cm
1 Stück 18 × 30 cm	1 Stück 50 × 75 cm	1 Stück 34 × 56 cm
1 Stück 10 × 30 cm	Deckplatte (Plexi)	Deckplatte (Plexi)
1 Stück 80 × 85 cm	1 Stück 50 × 75 cm	1 Stück 55 × 56 cm
Deckplatte (Plexi)		Innenplatte (Plexi)
1 Stück 80 × 85 cm		1 Stück 34 × 56 cm

Sonstiges Material: Teppichreste, Teppichklebeband, Holzschrauben (3 × 30)

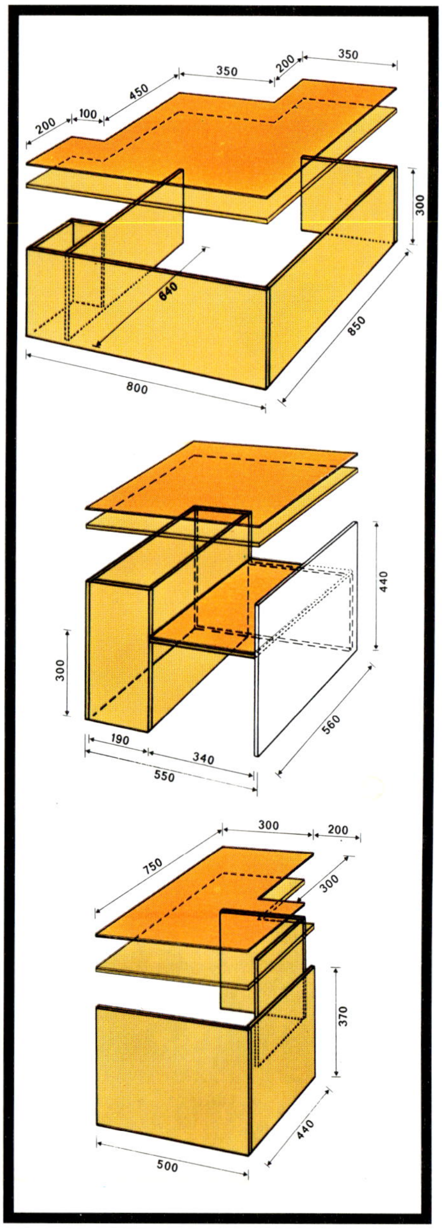

Die Zeichnungen in der linken Spalte enthalten alle für den Zusammenbau der Tischkonstruktion erforderlichen Angaben. Lassen Sie sich Spanplatten und Plexiglas danach zuschneiden – Sie brauchen dann alles nur noch zusammenzuschrauben. Das Foto oben zeigt den fertigen Aufbau. Die Elemente sind nicht miteinander verbunden, zum Putzen und Aufräumen schiebt man sie einfach weg.

Neue Sitzmöbel

Feierabend-Schaukelstuhl

Mit seinen sanft geschweiften Rundungen paßt dieser Schaukelstuhl (Foto auf Seite 141) zu jeder Einrichtung. Zum Bauen braucht man nur einfache Werkzeuge, aber viel Zeit und Geduld.

Einen gemütlichen Schaukelstuhl für Mußestunden kann man sich jetzt selbst »nach Maß schneidern«. Im Fachhandel gibt es speziell vorbehandeltes Biegeholz, das sich ohne Dämpfen oder aufwendige Maschinen in die gewünschte Form bringen läßt. Leisten aus solchem Holz gibt es in Längen bis zu 165 cm.
Aus diesem Holz bauten wir unsere Feierabendwiege für Erwachsene.
Um das Material in den Radien biegen zu können, die wir für den Schaukelstuhl brauchen, muß man das Holz der Länge nach trennen und anschließend hobeln lassen, so daß für die Weiterverarbeitung glatte Leisten von 5 mm Dicke entstehen. Für den großen Bogen werden die Leisten im Verbund mehrfach überlappt, weil die Länge der Einzelleisten von 165 cm nicht ausreicht.
Als Arbeitsbrett dient eine 25 mm dicke Spanplatte, Mindestgröße 100 × 140 cm. Um das Profil der Seitenteile aufzeichnen zu können, trägt man auf die Platte zunächst einen quadratischen Raster auf, Kantenlänge 10 cm. Nach dem Muster (siehe Foto 2) zeichnet man dann die Punkte ein, die miteinander verbunden die Rundungen des Stuhles ergeben. Entlang der Innenseite dieser Kurve schlägt man die 100 mm langen Nägel (Stärke 5 mm) ein. Abstand der Nägel jeweils ca. 10 cm. An starken Krümmungen setzt man die Stifte enger. Dann kommt parallel dazu außen eine zweite Reihe Nägel. Der Querabstand zur ersten soll gut einen Zentimeter betragen.
Man beginnt am Kopfende des Stuhles. Die erste Leiste wird zwischen die Nagelreihen gelegt, die zweite Leiste um mindestens 10 cm verschoben eingesetzt, damit sich die Stöße bei der Verleimung ausreichend überlappen. Das Arbeitstempo bei der Verleimung hängt von der Zahl der Schraubzwingen ab, die zur Verfügung stehen. Man muß die Klemmen in einem Abstand von mindestens 10 cm setzen, im Bereich starker Krümmungen auch enger. Um Druckstellen auf dem Holz zu vermeiden, werden überall Klötzchen (Vorlagen) zwischen die Backen der Zwingen gelegt. Je stärker die Zwingen, um so größer der erreichbare Preßdruck.
Nach diesem Verfahren verleimt man zunächst die beiden ersten Schichten des einen, dann des anderen großen Bogens. Um die dritte Leistenschicht aufbringen zu können, muß man die äußere Nagelreihe nach außen versetzen. Schließlich werden die Nägel im Bereich des Schaukelbogens nochmals auseinandergerückt, weil diese an der Außenseite mit einer vierten Leiste verstärkt werden. Nach dem gleichen Verfahren fertigt man anschließend die kleinen Bögen und die Teile für die Armlehnen.
Als nächstes werden die Armlehnen mit

1 Das Biegeholz (Buche) ist im Handel in zwei Querschnitten erhältlich: 50 × 20 und 50 × 30 mm. Für die Konstruktion unseres Schaukelstuhls läßt man es auf das Fertigmaß von 50 × 5 mm trennen und gleich aushobeln.

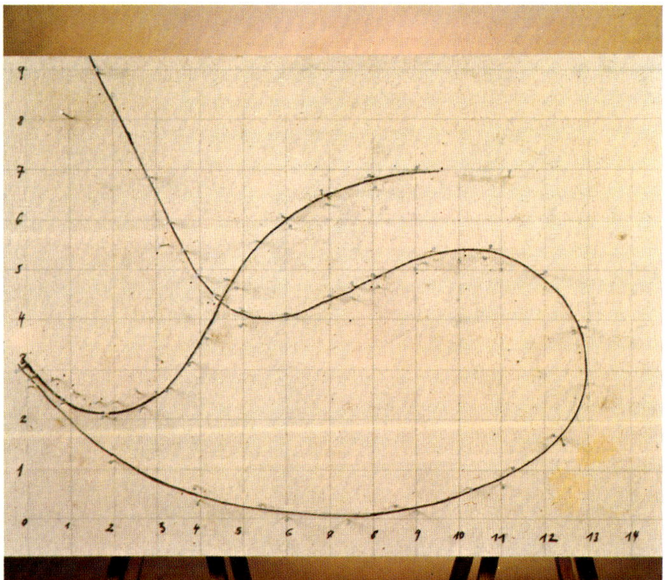

2 Als Arbeitsbrett dient eine 25 mm dicke Spanplatte der Größe 100 × 140 cm. Darauf überträgt man mit Hilfe eines Rasters die Seitenansicht des Stuhles. 100-mm-Nägel entlang den Linien fixieren das Holz seitlich.

3 Mindestens so dicht wie hier dargestellt müssen die Zwingen gesetzt werden, um eine einwandfreie Leimverbindung zu gewährleisten. Nur so viel Holz mit Leim bestreichen, wie mit den Zwingen gespannt werden kann.

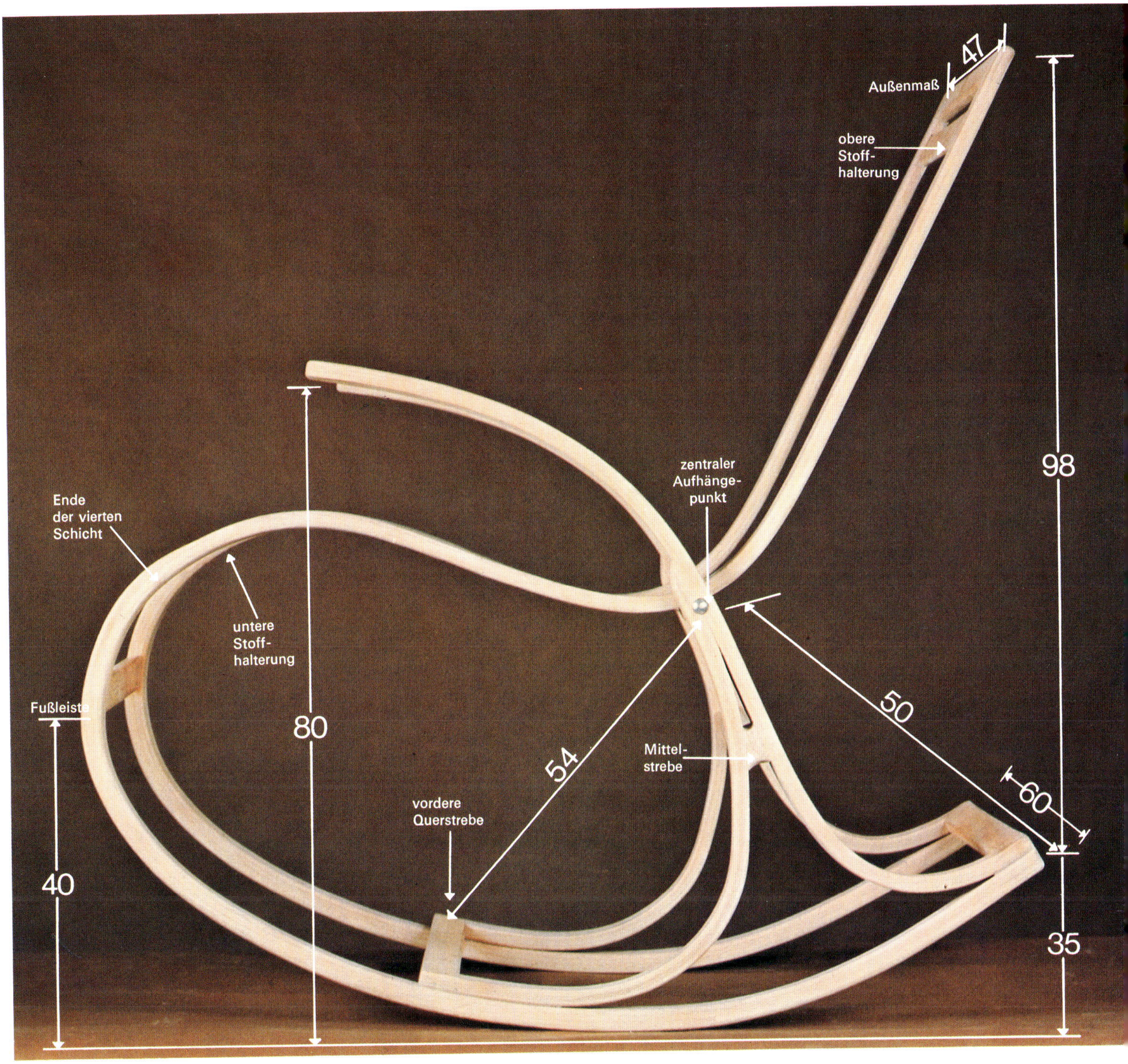

den Innenbögen verleimt (Foto 7). Das entstandene V wird auf eine Pappschablone abgetragen und die Mittelstrebe danach bearbeitet (sie besteht aus fünf Schichten). Die abschließende Feinpassung kann man nur durch dauerndes Probieren erreichen. An den Querstreben beträgt das Maß der Außenseite des Mittelteils 60 cm.

Vor dem Einleimen der Mittelstrebe befestigt man die unteren Querstreben provisorisch mittels Schraubzwingen. So hat man die Gewißheit, daß Breite und Winkel nachher stimmen. Wenn die Leimung der Mittelstrebe abgebunden hat, arbeitet man die Schlitze und Zapfen für die unteren und hinteren Streben aus und setzt diese ein.

An den großen Bögen werden nun die Lagerböcke angeleimt und anschließend durchbohrt (10 mm Ø). Sodann sticht man die Zapflöcher für die obere Querstrebe, die Stoffhalterungen und die Fußleiste aus.

Zum Anzeichnen empfiehlt es sich, die Bögen aufeinander zu legen. Die Querstreben und Stoffhalterungen bestehen ebenfalls aus drei Schichten. Für die Stoffhalterungen genügen zwei Schichten, wenn der Stuhl nur von Personen unter 80 kg Gewicht benutzt wird. Die genaue Lage der Fußleiste und ebenso die Länge der Stoffbespannung kann man auf gewünschte Körpermaße abstimmen.

Vor dem endgültigen Zusammenbau setzt man den Stuhl probeweise zusammen, um kleine Unstimmigkeiten noch auszugleichen.

MATERIALLISTE

Baumaterial:
Biegeleisten aus Buche, 5 × 50 mm, Länge je 165 cm, Gesamtlänge 54 m. Möbelleinen für die Bespannung. Druckknöpfe.
2 Schloßschrauben M 10 × 120 mit Muttern und Beilagscheiben, Leim.

Arbeitsmaterial:
25-mm-Spanplatte, 100 × 140 cm, Drahtstifte 5 × 100 mm.
Uhu coll express

Bezugsquellen für Biegeholz: Anschriften durch den Hersteller: Holzverwertung GmbH, 5418 Selters, Tel. (02626) 5035.

4 Wenn der Weißleim 30 Minuten abgebunden hat, drückt man die unverleimten Teile mit einem Klotz auseinander und trägt auch hier Leim auf.

5 An starken Krümmungen die Nägel dicht setzen. Hier wird der Ansatz der Armlehne am Bogen gezeigt.

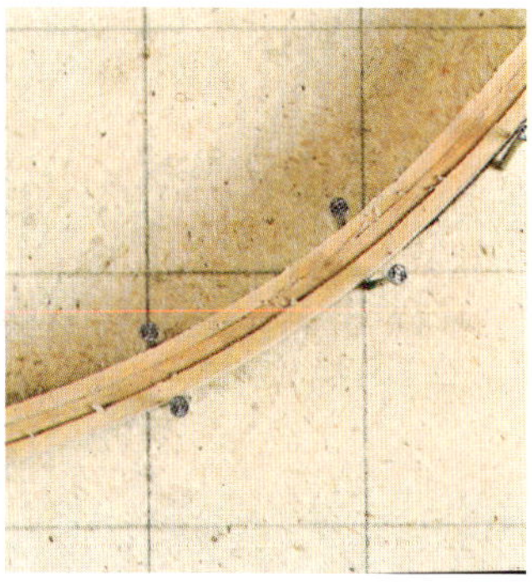

6 Zwei Schichten sind bereits verleimt, die dritte wurde zunächst zur Probe angepaßt.

7 Verleimung des Armlehnenteils mit dem kleinen Innenbogen. Um sicherzugehen, daß linke und rechte Teile aufeinanderpassen, kann man beide Bögen zusammen einspannen und gleichzeitig montieren und verleimen.

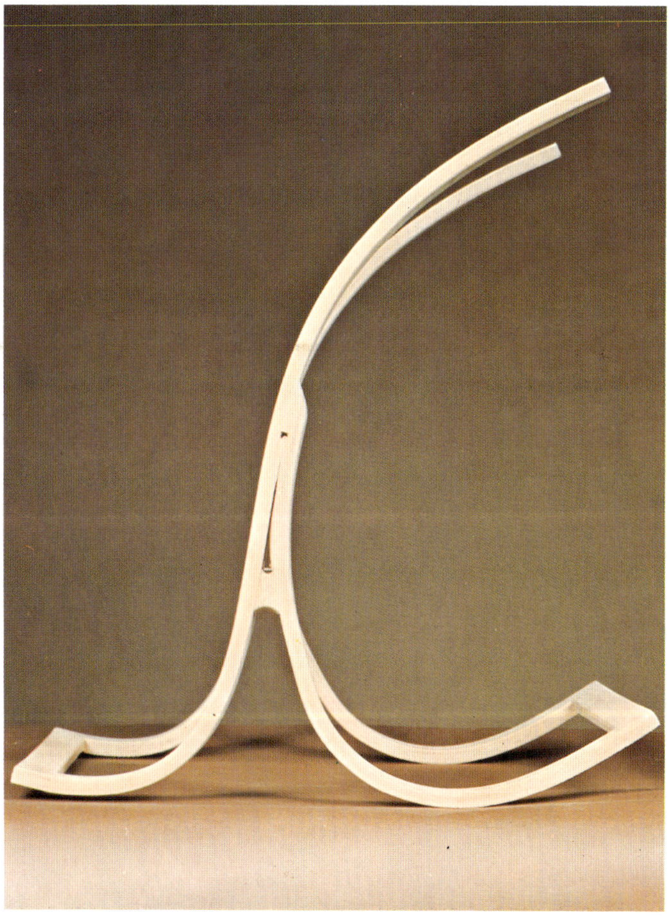

8 So sieht das fertig verleimte Mittelstück des Schaukelstuhls mit Armlehne, innerem Bogen und Querstreben (aber ohne Schaukelbogen) aus. An der Gabelung kann man das Loch für den Lagerbolzen erkennen.

9 Fertige Eckverbindung von Bogen und Querstrebe (überblattet).

10 Löcher ausstechen für Fußleiste und Bespannungsleiste.

11 Lagerklotz am großen Bogen für den Verbindungsbolzen.

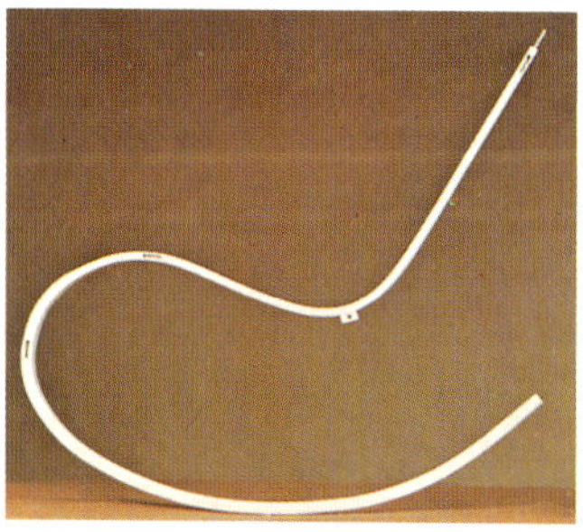

12 Der fertige große Bogen. Der untere Teil (also die Schaukelfläche) ist aus vier Schichten verleimt.

13 Rückansicht. Man erkennt den mit Druckknöpfen befestigten Bezug und den Gestell-Drehpunkt.

Ein Klappstuhl für den Kofferraum

Ein Klappstuhl ist der ideale Extra-Sitz. Er nimmt wenig Platz weg, so daß man ihn als Reservesitz für die Terrasse verwenden kann. Seine große Rolle spielt er jedoch als Sitz »für unterwegs«, der in den Kofferraum des Wagens paßt – für eine Picknickparty auf der Wiese, für das Ausruhen im Wald oder am Strand. Unser Stuhl besteht aus schlichten Fichtenholzleisten und -rundstäben. Stabiler ist natürlich Buchenholz.

Das Holz besorgen Sie sich auch in diesem Fall am besten fertig zugeschnitten und gehobelt. Die Fichtenholzleisten für das Stuhlgestell müssen astfrei sein. Sie riskieren sonst, daß der Stuhl bei normaler Belastung an der Aststelle durchbricht und Sie auf dem Boden sitzen.

Anleitung für Stuhlbauer

Beginnen Sie die Arbeit mit dem Sitzgestell. In dessen zugeschnittene Leisten bohren Sie mit dem Forstnerbohrer (25 mm Durchmesser) die Löcher für die Rundstäbe. Reißen Sie so an, daß die Mittelpunkte der Bohrungen 4 cm von den Enden entfernt sind. Dann liegt die Bohrung genau in der Mitte der Abrundung, die man anschließend mit Raspel, Feile und Schleifpapier an beiden Leistenenden herstellt. In die Mitte der Leistenlängen bohrt man dann die 10-mm-Löcher für die Drehzapfen, die das Zusammenklappen des Stuhles ermöglichen.

Jetzt werden die Sitzteile zusammengesetzt. Zuerst leimen Sie den breiteren Rahmen zusammen. Bei ihm müssen die Rundstäbe bündig eingeschoben werden. Dann kommt der schmale Innenrahmen an die Reihe. Hier müssen die Rundhölzer auf einer Seite (der Seite mit der Lehne) 2,5 cm überstehen. Auf den Überstand leimt man beiderseits die Distanzscheiben (Fichtenholz, 2,5 cm dick, Innendurchmesser 2,5 cm, Außendurchmesser 5 cm). Sie sorgen dafür, daß man die Lehne gerade anbringen kann.

Nun arbeitet man die 8 mm breiten Schlitze in die senkrechten Lehnenhölzer. Diese Führungen beginnen 23 cm vom oberen Ende entfernt, sie sind 19 cm lang. Die Schlitze können Sie mit dem Fräskopf ausfräsen oder, wie in Zeichnung 1 verdeutlicht, mit einem 8-mm-Spiralbohrer ausbohren. Restliches Holz nehmen Sie mit der Raspel oder Feile weg · oder überarbeiten den Schlitz mit dem Stecheisen und schleifen dann nach.

In die lehnenseitigen Enden der Rundhölzer bohrt man die Löcher für die Maschinendübel; deren Anker befestigt man mit Zweikomponentenkleber. Dabei vorsichtig sein, daß das Gewinde nicht verschmiert wird.

Vor dem Zusammenbau alle Teile beizen oder lackieren. Der Drehzapfen (10-mm-Dübel) wird nur jeweils in einem der Sitzteile festgeleimt, im anderen muß er sich drehen können. Die Lehnenhölzer schraubt man unter Verwendung großer Unterlegscheiben an das fertige Sitzgestell. Zuletzt wird der Bezug gesäumt und unsichtbar angenagelt.

1 Wenn man keine Fräsvorrichtung hat, kann man die Führungsschlitze durch Bohren einer Reihe von Löchern herstellen. Anschließend glätten.

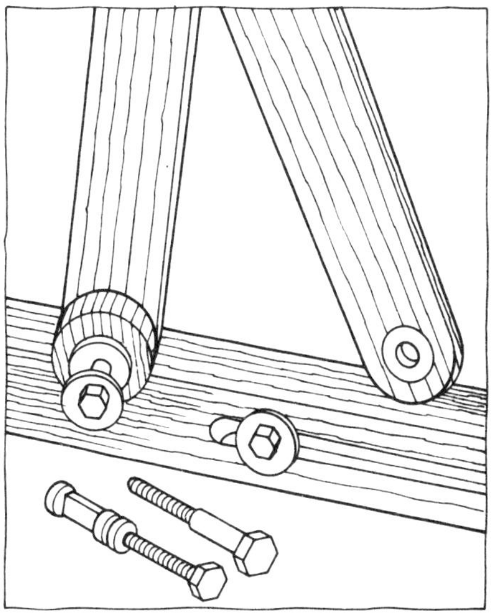

2 Die Originalschrauben der Maschinendübel müssen durch 80 mm lange M8-Bolzen ersetzt werden. Sie laufen in den Schlitzen der Stuhllehne.

MATERIALLISTE

Hobelleisten, Fichte:
4 Stück 2 × 4,5 × 65 cm
2 Stück 2 × 3,55 × 85 cm

Rundholz 2,5 cm Ø:
2 Stück à 45 cm
2 Stück à 47,5 cm

2 Distanzringe aus Holz, 2,5 cm dick, innen 2,5 cm, außen 5 cm Ø
2 Holzdübel 10 mm × 4 cm
4 Schrauben M 8 × 80
4 Schwerlastanker 10 mm
Stoff, Nägel, Leim

3 Sie brauchen für den Klappstuhl Holzleisten, die absolut astfrei sein müssen, und Rundstäbe mit 2,5 cm Durchmesser, dazu ein paar Schrauben.

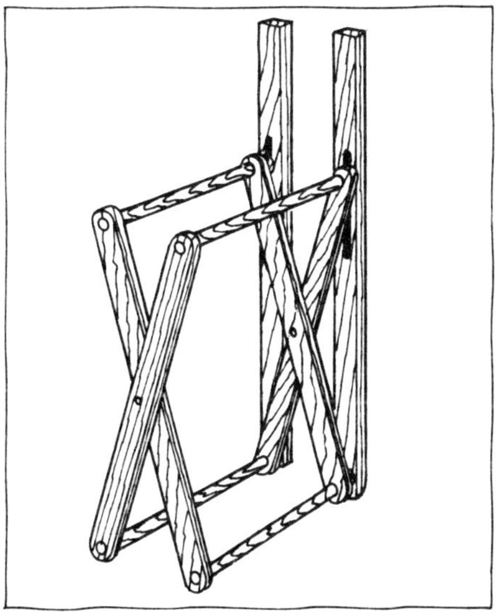

4 Der fertige Stuhl im Rohzustand, noch ohne den Bezug. Das Stuhlgestell wird nach dem Verleimen der Sitzteile beliebig gebeizt und lackiert.

5 So sieht der fertige Stuhl mit aufgezogener Bespannung aus. Die Farbe des Bezugstoffes wird auf die gewählte Holzfarbe abgestimmt.

Bequemer Sessel in Rahmen-bauweise

Dieser Sessel könnte schnell zu Ihrem Lieblingsplatz werden. Er ist nämlich genauso bequem wie dekorativ. Sitz- und Rückenteil des strapazierfähigen Möbels aus massiver Kiefer lassen sich verstellen. Die lose aufgelegten Schaumstoffpolster sind mit Segeltuch überzogen. Am besten bauen Sie gleich zwei oder drei Rahmenbausessel. Denn wenn Sie nur einen haben, wird sich die ganze Familie darum streiten, wer darin sitzen darf.

Nicht nur im Gebrauch wird Ihnen dieser Sessel gefallen, sondern auch das Bauen wird Ihnen viel Spaß machen. Denn bei diesem Sitzmöbel gibt es nichts, was besonders schwierig wäre. Wenn Sie das Holz fertig zugeschnitten kaufen, brauchen Sie nur noch zu zinken und die Zapfen auszusägen. Wer eine Kreissäge hat, kann diese Arbeiten auch mit der Maschine ausführen.

Wie man den äußeren Rahmen baut

Das Rahmengestell des Sessels ist 50 cm hoch, 65 cm tief und 73 cm breit, es besteht aus 4 cm dickem Kiefernholz, das durch 3,2-cm-Querhölzer miteinander verbunden wird.

Beginnen Sie mit den Beingestellen. Sie werden durch 16 mm dicke Fingerzinken verbunden. Reißen Sie die Zinken sorgfältig an und schneiden Sie sie 1 mm tiefer als Holzstärke mit der Feinsäge ein. Dann heben Sie das überflüssige Holz mit dem Stecheisen heraus, und zwar zunächst bis zur Hälfte von der Oberseite aus, dann den Rest von der Unterseite aus. Sie können die Fingerzinken auch mit der Kreissäge (Wanknuteinrichtung) schneiden.

Probieren Sie aus, ob alle Zinken passen. Dann leimen Sie die Rahmen zusammen und spannen sie gut ein. Das geht am einfachsten mit langen Knechten. Wenn Sie keine haben, haken Sie zwei kürzere Schraubzwingen ineinander (siehe Zeichnung 5) oder bauen Sie ein Einspanngestell aus ein paar Leisten, bei dem Holzkeile für die nötige Spannung sorgen.

Bevor der Leim abbindet, müssen Sie die rechten Winkel kontrollieren, am einfachsten mit der Diagonalmethode: Beide Diagonalen müssen genau gleiches Maß haben. Mit dem Winkel kann man das nicht so präzise überprüfen.

Die überstehenden Zinkenteile putzen Sie mit dem Hobel oder dem Schwingschleifer (80er Schleifpapier) bündig. Dann wird der ganze Rahmen nacheinander zuerst mit 100er und dann mit 150er Körnung geschliffen.

Die Querstreben des Beingestells können nun eingesetzt werden. Das vordere Querstück sitzt 26 cm über dem Boden, die beiden hinteren Querstücke werden jeweils 4 cm über bzw. unter den Außenkanten angebracht. Stechen Sie Zapfenlöcher aus und arbeiten Sie an den Quer-

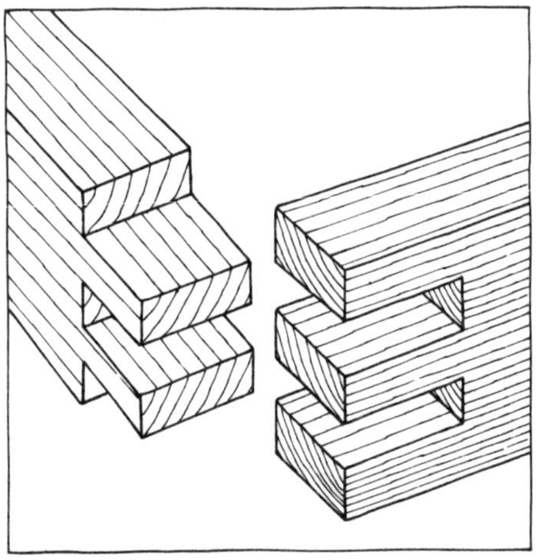

1 Mit 16 mm dicken Fingerzinken werden die Rahmen der Beingestelle verbunden. Die Zinken sollten um 1 mm länger als die Holzdicke sein.

2 Die Sitzrahmenteile werden nicht gezinkt, sondern mit einem Zapfen verbunden. Er darf nicht zu streng in das Zapfenloch passen (Spaltung!)

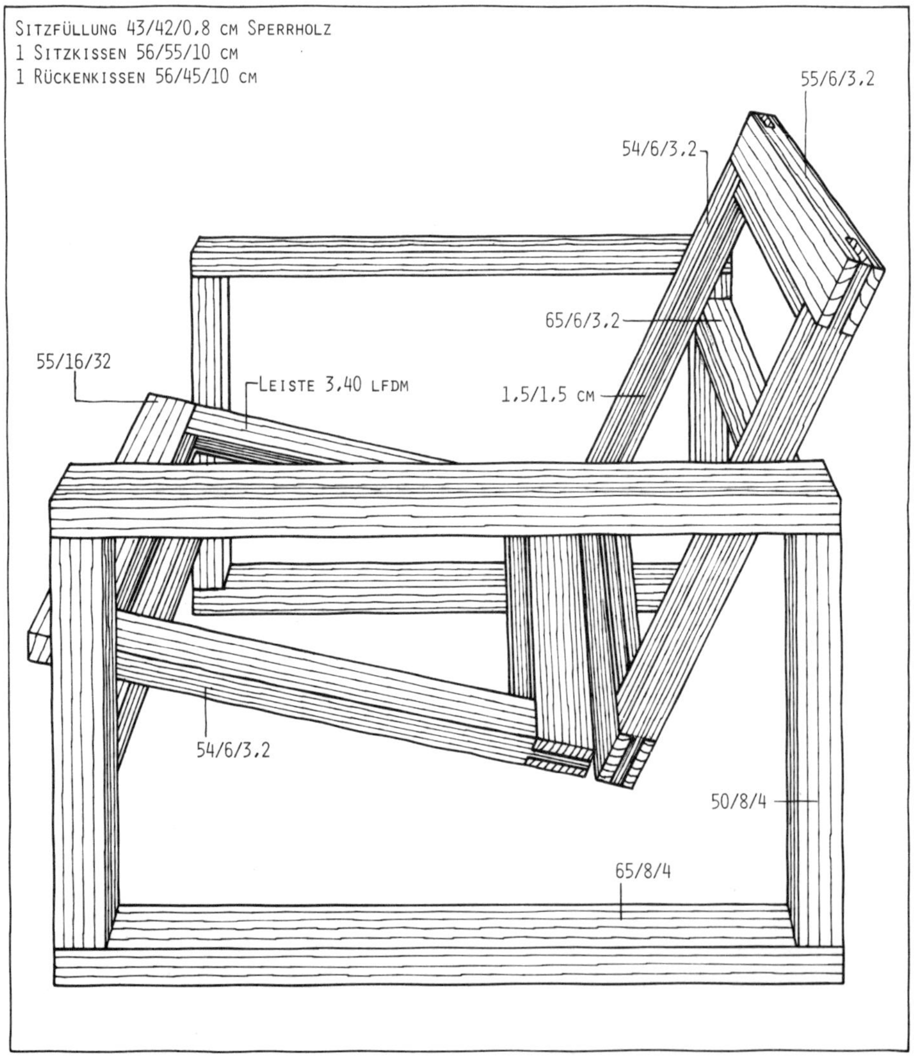

3 Der Sessel im Rohbau. Bevor Sie damit anfangen, die Füllungen einzuschrauben, sollten Sie noch einmal alle Flächen nachschleifen und die Kanten brechen. Die Holzoberflächen werden mit Schnellschliffgrund gestrichen. Die Sitzkissen (Schaumstoff) legt man später lose auf.

MATERIALLISTE (für einen Sessel)

Teil	Stück	Maße	Material
Außengestell			
Senkrechter Rahmen	4	50 × 8 × 4 cm	Kiefer
Waagerechter Rahmen	4	65 × 8 × 4 cm	Kiefer
Querstücke	3	65 × 6 × 3,2 cm	Kiefer
Sitz			
Aufrechter Rahmen	4	54 × 6 × 3,2 cm	Kiefer
Waagerechter Rahmen	4	55 × 6 × 3,2 cm	Kiefer
Füllungen	4	43 × 42 × 0,8 cm	Sperrholz
Leisten	3,40 lfdm	1,5 × 1,5 cm	Kiefer
Zwischenplatte			
Querrahmen	2	43 × 4 × 3,2 cm	Kiefer
Längsrahmen	2	57 × 4 × 3,2 cm	Kiefer
Drahtglas	1	58,8 × 34,8 cm	

Zubehör
4 einfache Scharniere
1 Sitzkissen 56x55x10 cm (mittelhart)
1 Rückenkissen 56x45x10 cm (weich), Segeltuch, Nessel, Uhu coll express

4 Als Material für die Sessel wurde Kiefernholz ausgewählt; in 4 cm dicken Leisten für das Außengestell, in 3,2 cm dicken für den Sitz und die Rükkenlehne. Weil die Sessel nicht deckend gestrichen werden, sollten Sie beim Holzeinkauf auf astfreies Material und schöne Maserung achten.

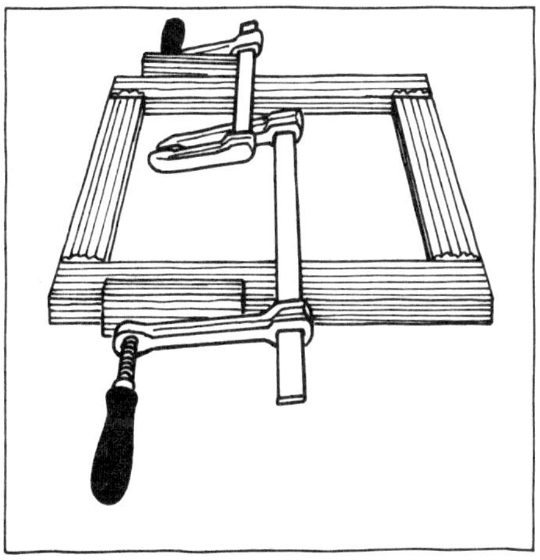

5 Zwei miteinander verhakte Schraubzwingen sind ein guter Ersatz für einen Knecht. Die Unterleghölzer nicht auf die Zinken legen, sondern daneben.

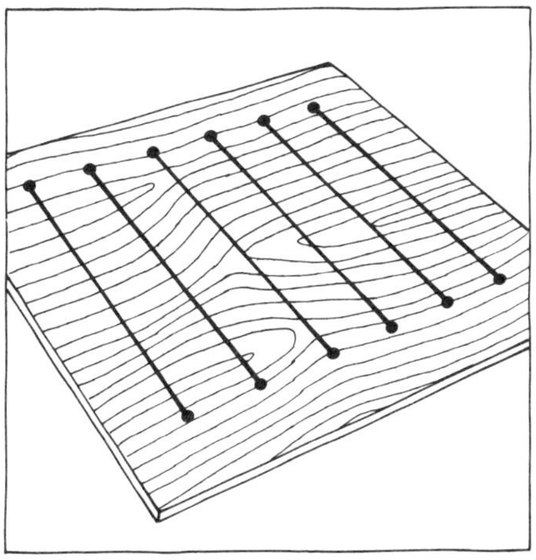

6 Die Sperrholzfüllungen für Lehne und Sitz werden elastischer gemacht: Mit der Handkreissäge Schlitze sägen, vorher Enden ausbohren.

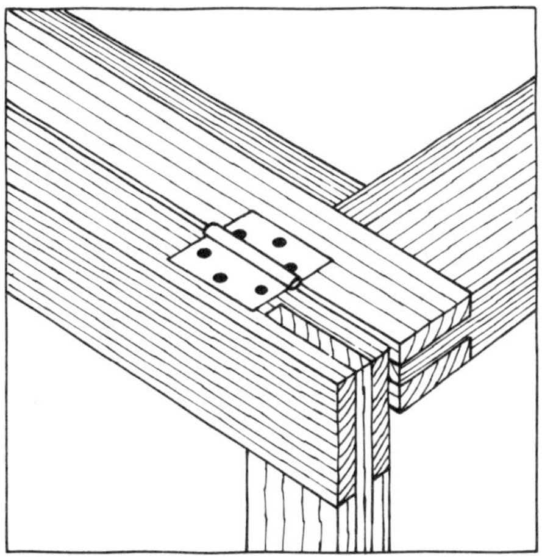

7 Durch zwei Scharniere sind Sitze und Rückenlehne beweglich. Mit Scharnieren wird auch das Rückenteil am oberen hinteren Querholm befestigt.

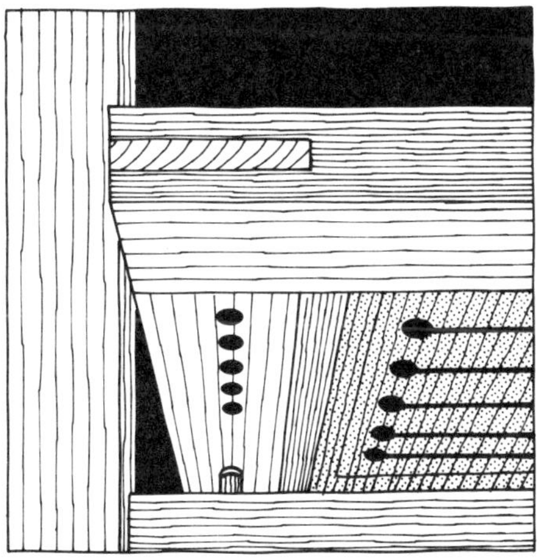

8 So läßt sich der Winkel verstellen: Ein 10 mm dicker Dübel greift in ein Loch unter dem Sitzrahmen. Die Löcher haben 5 cm Abstand.

streben entsprechende Zapfen an. Dann kann das ganze Gestell zusammengebaut werden. Zum Einspannen können Sie auf dem Werktisch zwei Kanthölzer festzwingen, das Sesselgestell dazwischenlegen und festkeilen.

Rahmen für Sitz und Lehne

Die beiden Rahmen, die den Sitz und die Rückenlehne ergeben, sind gleichgroß: 55 cm breit und 54 cm tief. Die dafür bestimmten Hölzer sind nur 6 cm breit und 3,2 cm dick. Sie werden nicht gezinkt, sondern mit einem Zapfen verbunden. Er darf nicht zu stramm ins Zapfenloch passen, sonst spaltet sich das Holz.

Nach dem Ausprobieren der Zapfenverbindungen geben Sie Leim an und setzen die Rahmen zusammen. Sie werden wie das Grundgestell eingespannt und nach dem Abbinden bündig geputzt.

Die beiden Rahmen werden mit zwei Scharnieren verbunden. Damit sich der Sitz verstellen läßt, muß man das Rückenteil durch Scharniere mit dem hinteren oberen Querholm verbinden. Dieser Rahmen muß 15 cm über die Armlehnen überstehen.

Die Füllungen des Sitzes und der Rükkenlehne haben wir aus Sperrholz geschnitten. Um die Fläche elastischer zu machen, müssen mit der Handkreissäge oder Stichsäge einige Schlitze eingesägt werden. Damit sie nicht weiterreißen, bohrt man zuvor an den beiden Schnittenden Löcher mit 2 cm Durchmesser.

Alle Füllungen einseitig mit Stoff bespannen. Die Falze, in die die Füllungen gelegt werden sollen, haben wir nach dem Verleimen der Rahmen hergestellt. Man erspart sich das Ausfälzen, wenn man eine 1,5 cm breite Leiste in die Mitte der inneren Kante leimt und nagelt. Dagegen werden dann die Füllungen gesetzt. Und so machen Sie den Sitz verstellbar: In den vorderen Querrahmen zwei 10 mm dicke Dübel leimen und unter der Sitzfläche anreißen, wo die Dübellöcher gebohrt werden sollen. Wie viele Verstellmöglichkeiten Sie dann haben, hängt von der Anzahl der Bohrungen ab (Bild 8).

Die Sitzkissen werden einfach aufgelegt. Die Schaumstoffteile haben wir mit Nessel bezogen, damit sich die Segeltuchhüllen besser überstreifen lassen und keine Falten werfen. Die Hüllen bestehen aus zwei gleich großen Teilen; die Naht sitzt in der Mitte der Kissendicke.

Die Oberflächenbehandlung: Wir haben das Holz dreimal mit einem Schnellschliffgrund eingestrichen.

Die Sessel können auch ein anderes Gesicht bekommen. Beispielsweise wirken schwarz gebeiztes Kiefernholz und ein Überzug aus schwarz-weiß-kariertem Leinengewebe sehr dekorativ.

Wenn Sie das Holz beizen wollen, wässern und schleifen Sie es vorher gründlich, damit die Oberfläche glatt wird.

Die Sitzecke für Teens und Twens

Wenn aus Kindern Leute werden, brauchen sie ein Reich für sich und ihre Freunde. Diese Sitzecke, aus Spanplatten leicht zusammenzubauen, schafft selbst in engen Räumen eine Atmosphäre zum Wohlfühlen. Schiebt man die Sitzelemente zusammen, hat man ein Doppelbett für den Besuch. Das Bettzeug kann man in den truhenartigen Sitzelementen unterbringen.

Für unsere Sitzecke haben wir quadratische Elemente mit 66 cm Seitenlänge gewählt. Zusammengestellt ergeben sechs dieser Elemente ein Bett mit einer 198 x 132 cm großen Liegefläche. Ein siebentes Element ohne Polsterauflage kann als Ecktisch dienen. Dazu kommt ein ebenfalls 66 x 66 cm großer Tisch.
Die Sitzecke ist einfach zu bauen. Das Material ist eine 19 mm dicke Spanplatte, die man nach der Materialliste zuschneidet oder zuschneiden läßt. Zusätzlich werden nur noch ein paar Quadratleisten von 20 x 20 mm gebraucht. Sie verleihen den Elementen mehr Stabilität und dienen als Auflage für die oberen Deckel, die aufklappbar angeordnet werden.
Alle sichtbaren Oberflächen werden gespachtelt und lackiert. Die Polster sind abnehmbar, sie bestehen aus Schaumstoff, der beliebig überzogen wird.
Die Zahl von sechs Elementen ist natürlich nicht verbindlich. Je nach Raumgröße können Sie weniger oder mehr Sitzkästen bauen oder auch statt nur einem Tisch deren zwei.

Der Bau der Sitzelemente

An einem Sitzelement zeigen wir Ihnen, wie Sie vorgehen müssen. Zuerst nehmen Sie je zwei Seitenteile von 66 x 30 cm und 62,2 x 30 cm. Dazu kommt ein Boden und ein Deckel. Schrauben Sie zunächst die zwei kürzeren Seitenteile zwischen die beiden längeren. Zeichnung 2 auf der rechten Seite läßt erkennen, wie alles zusammengehört.
Achtung – die Verstärkungsleisten für die Eckverbindungen sind so kurz bemessen, daß der Boden etwa 1 cm nach innen gesetzt werden kann. Das ist die Voraussetzung dafür, daß das Sitzelement auf unebenem Boden nicht wackelt.
Die Schraubenlöcher für die Eckverbindungen und für die Verbindungen des Bodens mit den Seitenteilen bohren Sie vor, damit das spröde Material nicht ausbricht. Dazu werden Seitenteile und Boden provisorisch mit Stiften zusammengeheftet. Die Bohrlöcher reiben Sie außen so weit mit einem Krauskopf aus, daß die Schraubenköpfe unter der Holzoberfläche verschwinden können. Danach werden die Verbindungsstellen mit Leim bestrichen und zusammengeschraubt.
Im Innern des Kastens leimen Sie jetzt rundum die Eck- und Trageleisten für den Deckel ein. Die Trageleisten müssen mit ihrer Oberkante genau 19 mm unterhalb

MATERIALLISTE

Verwendung	Bauteil	Material	Stück	Maße in mm Länge	Breite	Stärke
Sitzelemente (6)	Seiten	Spanplatte	12	660	300	19
	Seiten	Spanplatte	12	622	300	19
	Böden	Spanplatte	6	622	620	19
	Deckel	Spanplatte	6	620	620	19
	Trageleisten		12	622	20	20
	Trageleisten		12	582	20	20
	Eckleisten		24	232	20	20
	Flachkopf-schrauben	Eisen		45		Ø 4
	Möbelgleiter		24			
	Polster	Schaumstoff	6	660	660	100–120
Tischelement	Seiten	Spanplatte	2	660	281	19
	Platte	Spanplatte	1	660	660	19
	Boden	Spanplatte	1	622	570	19
	Steg	Spanplatte	1	622	100	19
	Flachkopf-schrauben	Eisen		45		Ø 4
	Möbelgleiter		4			

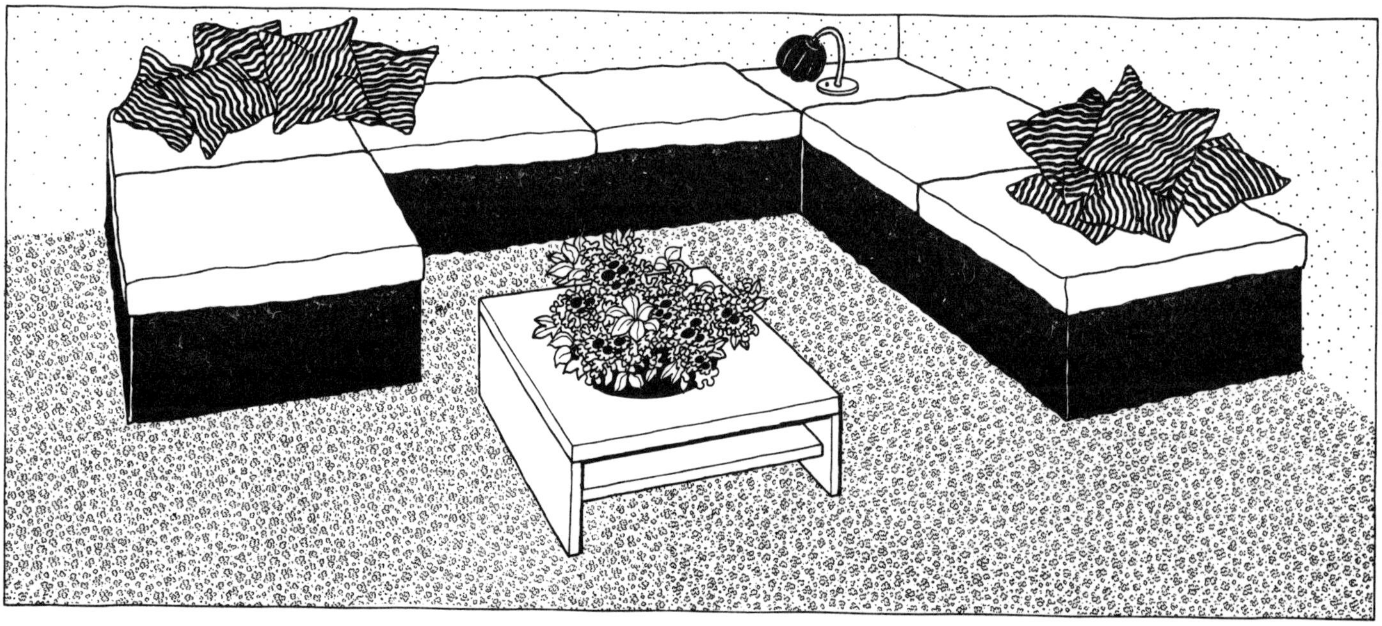

1 Das braucht man für die Klönrunde: Sechs gleich große Sitzelemente mit Polstern und einen separaten Tisch, alles 66 × 66 cm groß. Wer will, kann in die (rechte) Ecke noch ein weiteres Sitzelement als Ablage stellen, etwa für eine Lampe. Es braucht keine Polsterauflage. Gebaut wird das alles aus 19-mm-Spanplatten. Leim und komplizierte Holzverbindungen sind überflüssig. Die Spanplattenteile werden lediglich sauber miteinander verschraubt.

des Randes sitzen, damit der Deckel bündig eingelegt werden kann.
Bevor Sie mit der Oberflächenbearbeitung beginnen, bohren Sie noch mit einem 30-mm-Bohrer zwei Grifflöcher in den Deckel.
Die versenkten Schrauben verspachteln Sie mit Ölkitt. Wenn dieser trocken ist, wird die Oberfläche plangeschliffen und mit Einlaßgrund gestrichen. Auf die Flächen, die Sie lackieren wollen, tragen Sie mit einem Japanspachtel Farbspachtelmasse dünn, aber möglichst deckend auf. Die Fläche wird geschliffen, nochmals gespachtelt und wieder geschliffen.
Pinseln Sie nun den Vorlack auf, der nach dem Durchtrocknen ebenfalls fein geschliffen wird. Die letzte Lackierung wird mit einer Lammfellrolle aufgetragen.

So werden die Sitzpolster überzogen

Für die Polster lassen Sie sich in einem Fachgeschäft sechs Schaumstoffplatten, 10–12 cm dick, zuschneiden. Diese Polster sollten Sie zunächst in eine Hülle aus Nessel einnähen. Der Bezugstoff sitzt dann besser, es gibt keine Falten. Wie diese innere Hülle aufgebracht wird, zeigt Zeichnung 6.
Nach dem gleichen Prinzip können Sie auch den Bezugstoff zuschneiden und zusammennähen.
Wählen Sie robustes Material mit einer interessanten, aber unempfindlichen Farbe und Struktur. Auf jeden Fall müssen Sie erreichen, daß der Bezug die Polsterung straff und glatt umspannt, die Schaumgummistücke aber andererseits auch nicht so einengt, daß sie sich verziehen und verbiegen.
Auf der Unterseite wird Klettenband festgenäht. Das dazugehörige »Gegenband« aus Velours kleben oder heften (mit dem Tacker) Sie auf die entsprechenden Stellen der Sitzelemente-Deckel. Damit sichert man die Polster gegen Verrutschen. Trotzdem bleiben sie leicht abnehmbar.
Wenn Sie den Bezug ohne große Umstände zum Waschen abnehmen wollen, müssen Sie an einer unteren Kante einen Reißverschluß einnähen.
Den Tisch bauen Sie nach dem gleichen Prinzip wie die Sitzelemente. Zeichnung 3 erläutert den Aufbau. Der Tisch wird ebenso gespachtelt und lackiert wie die übrigen Elemente.

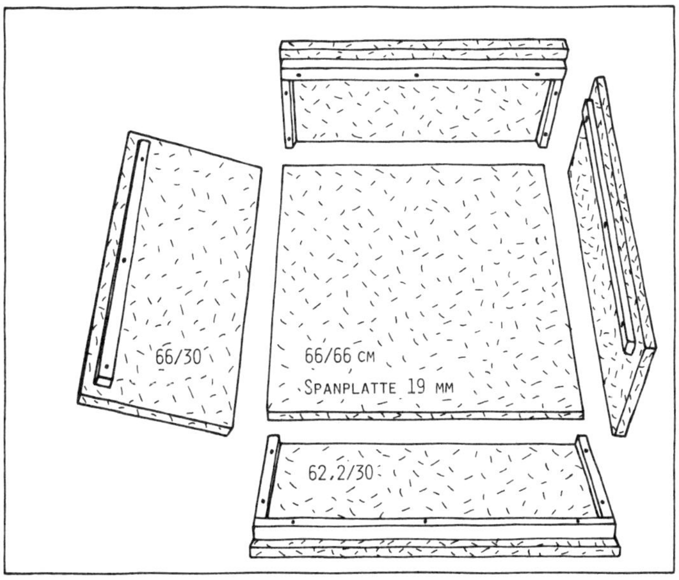

2 Hier sehen Sie, wie die Sitzelemente aufgebaut sind. Die oben an den Seitenteilen angeleimten Leisten dienen als Auflage für die Sitzfläche (nicht im Bild). Alle Teile werden lediglich zusammengeschraubt.

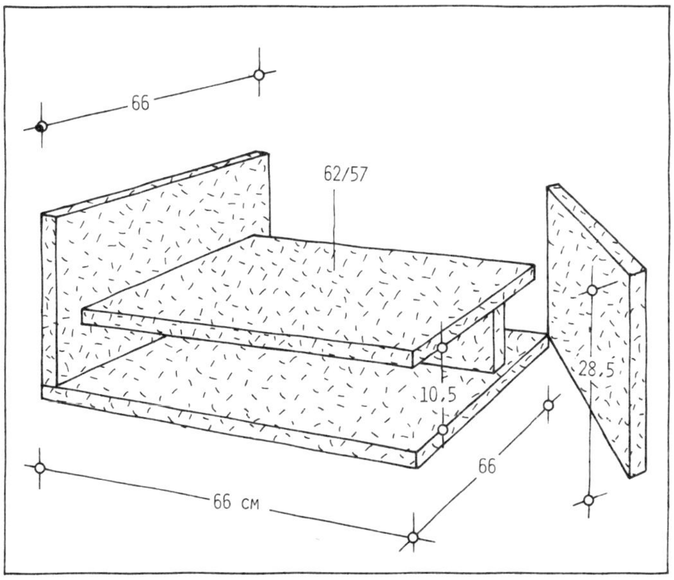

3 Damit der Aufbau des Tisches klar wird, haben wir ihn auf den Kopf gestellt. Der Zwischenboden besitzt in der Mitte eine aufrechtstehende Trennwand. Sie verleiht dem Tisch einen höheren Grad an Stabilität.

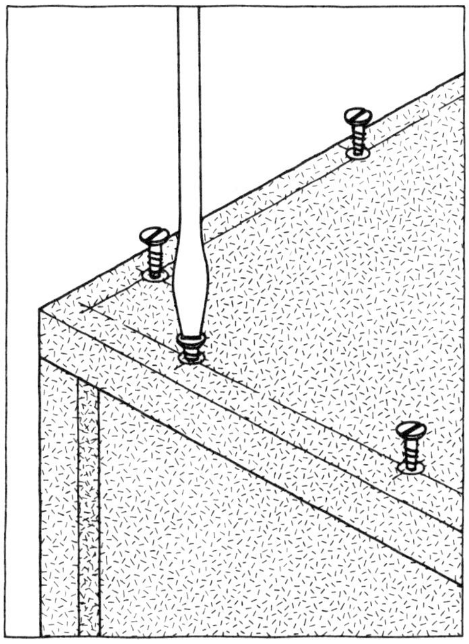

4 Die Bodenplatte der Sitzelemente wird 1 cm nach innen versetzt. Dadurch stehen die Elemente auf unebenem Boden, ohne zu wackeln.

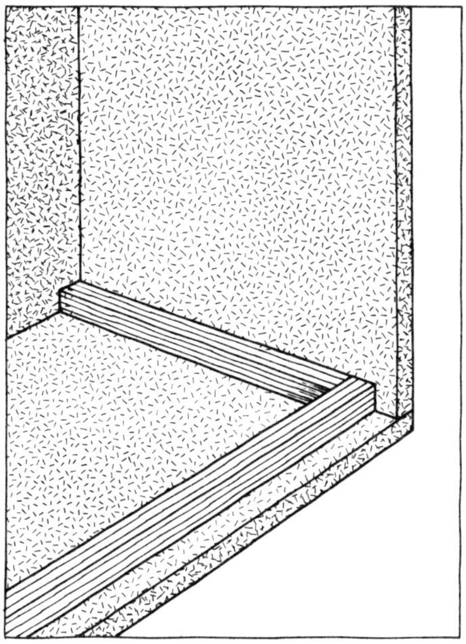

5 In alle vier Ecken leimt man 23,2 cm lange Leisten ein. Sie dienen als Stützen für die Auflageleisten der herausnehmbaren Sitzflächen-Deckel.

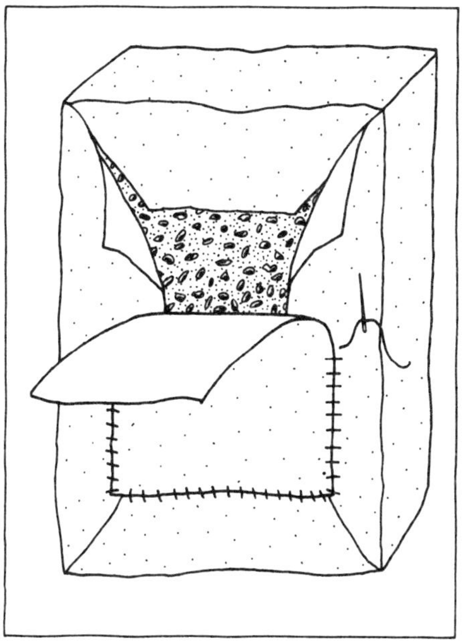

6 Die Sitzpolster sollten, bevor der Bezugstoff aufgezogen wird, in eine Hülle aus Nessel eingenäht werden. So sitzt der Bezug besser.

Bank und Sessel aus Holz und Sisal

Gemütliche und dazu leichte Sitzmöbel laden zum Nachbau ein. Er gibt keine besonderen Probleme auf, auch wenn Sie nicht über viel Freizeit zum Selbermachen verfügen. Das Grundmaterial, Rundholzstäbe aus Fichte oder Buche mit einem Durchmesser von 34 mm, können Sie als Meterware im Fachhandel kaufen (Sie brauchen für einen Sessel etwa 12 Meter davon). Die klare, unkomplizierte Gestaltung dieses Mobiliars garantiert auch dem weniger geübten Heimwerker stabile Sitzmöbel zu einem durchaus erschwinglichen Preis.

Im Prinzip sind beide Möbel, Sessel und Bank, gleich aufgebaut. Die Bank ist sozusagen nur die verdoppelte Ausgabe des Sessels. Bei ihr gehen die tragenden Querstäbe durch, außerdem sind an der Hinter- und Vorderseite Mittelstützen vorgesehen. Wer einen Sessel gebaut hat, kann sich ohne weiteres auch an den Bau der Bank wagen. Deshalb beschreiben wir hier nur die Zusammenstellung eines Sessels.

Wie man den Sessel baut

Die Rundhölzer werden entsprechend der Bauskizze auf dieser Seite auf Länge geschnitten. Die Enden werden sauber geschliffen, die Kanten ganz schwach gebrochen. Es schadet nichts, wenn Sie auch die Rundhölzer selbst vor dem Zusammenbau erst mit gröberem, dann mit feinerem Schleifpapier schleifen. In diesem Stadium der Arbeiten geht das leichter als nach dem Zusammenbau.

Nun müssen gut zwei Dutzend Dübellöcher gebohrt werden: Alle Bauteile werden mit 10-mm-Buchenholzdübeln verbunden, Schrauben und Nägel sind also überflüssig. Da sich Rundhölzer nur schwer in einen Bohrständer einspannen lassen, empfehlen wir, eine ebene Arbeitsplatte von etwa 90 × 75 cm (etwa eine alte Span- oder Tischlerplatte) als Hilfsmittel zu verwenden. Auf dieser Arbeitsplatte werden die Rundstäbe mit Schraubzwingen im richtigen Winkel so befestigt, daß man die 10-mm-Dübellöcher freihändig und doch genau passend bohren kann. Damit die Rundhölzer nicht verrutschen, legt man von beiden Seiten Holzbrettchen von etwa 10 × 10 cm unter die Schraubzwingen. Die Arbeitsplatte verwenden Sie dann auch zum Einspannen der gedübelten Seitenteile. So haben Sie die Garantie für Sessel-Seiten, die genau in einer Ebene liegen.

Mit der Montage der Seitenteile beginnt die Arbeit des Zusammenbaus. Setzen Sie die Dübel mit Leim ein, und zwar so, daß sie etwa 2 mm tief eingeschlagen werden. Spannen Sie die zusammengesetzten Seitenteile nacheinander auf die Arbeitsplatte, kontrollieren Sie, ob alle rechten Winkel stimmen und lassen Sie den Leim in Ruhe abbinden. Sie können also nicht beide Seitenteile zugleich lei-

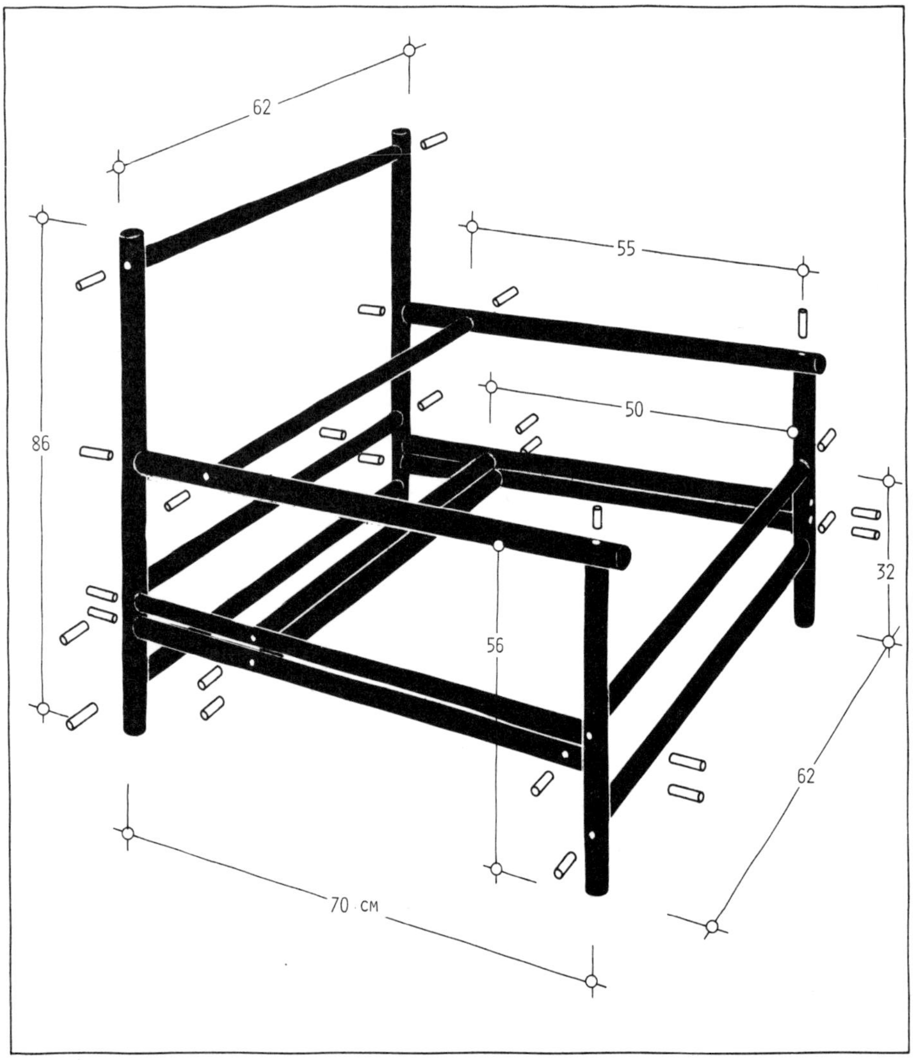

1 Dieser Bauzeichnung entnehmen Sie alle Maße für den Zuschnitt des Materials. Teile-Verwechslungen sind kaum möglich – das Stuhlgestell besteht durchgehend aus dem gleichen Material, Rundholzstäben mit 34 mm Durchmesser. Nach demselben Prinzip baut man auch eine Bank.

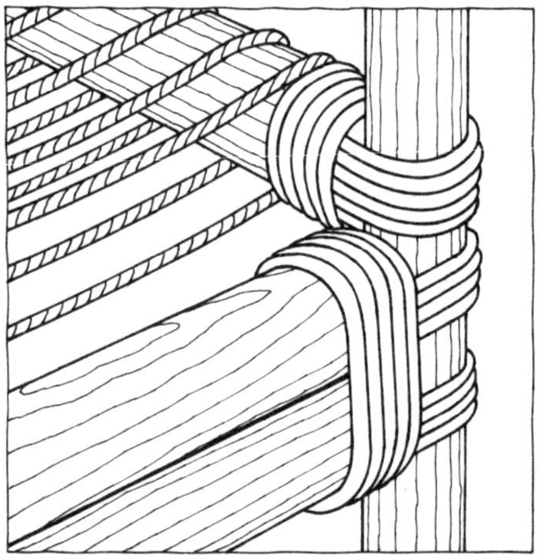

2 Einziger »Schmuck« des Sessels: Die verdübelten und verleimten Rundstäbe werden an den Verbindungsstellen mit Peddigrohr umwickelt.

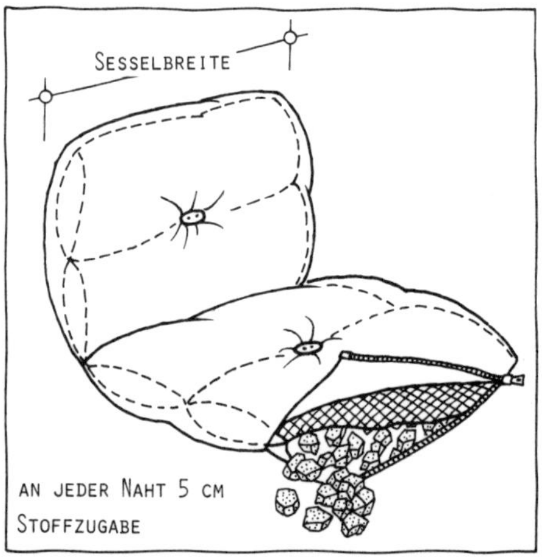

3 Die Polster bestehen aus einem mit Schaumstoff-Flocken gefüllten Nessel-Inlett. Es wird mit einem beliebigen Baumwollstoff überzogen.

MATERIALLISTE
(Materialbedarf für einen Sessel)

Etwa 12 lfdm Rundholzstäbe, Fichte oder Buche, 34 mm Ø

27 Buchenholzdübel, 55 mm lang, Ø 10 mm

Etwa 40 lfdm Sisal-Wäscheleine (bei einem Wicklungsabstand von 30 mm)
Etwa 35 lfdm Peddigrohr, flach, 2,5 mm breit

Für das lose Polster: Nessel-Inlett, Schaumstoff-Flocken als Einlage, Baumwoll-Bezugsstoff (Sitz- und Rückenpolster aus einem Stück nach den Maßen des Sessels)

Für eine Sitzbank verdoppelt sich der Materialbedarf

4 Außer Rundholzstäben brauchen Sie nur die nötige Anzahl Dübel, um das Gestell zusammenzusetzen, außerdem Sisal-Wäscheleine (40 m).

men, sondern müssen warten, bis beim ersten Teil der Leim trocken ist.
Die fertigen Seitenteile werden mit den Querholmen zusammengedübelt und verleimt. Damit ist das Sesselgestell fertig. Spannen Sie es mit Schnurumwicklungen und Keilen ein, wenn Sie keine langen Schraubzwingen (Knechte) haben, und legen Sie überall, wo die Einspannung die Rundstäbe berührt, Abfallholz unter. Sonst drückt sich die Schnur (oder die Schraubzwinge) in das Sesselholz ein.
Das Sesselgestell sollte einen Tag stehenbleiben, damit der Leim aushärten kann. Anschließend schleift man etwaige Leimreste weg. Die Dübellöcher werden mit Flüssigholz zugespachtelt. Das geschieht in mehreren Arbeitsgängen mit zwischenzeitlichem Schleifen. Bei nur einem Spachtelgang könnten durch das Einsinken der Spachtelmasse Vertiefungen zurückbleiben, die hinterher einen schlechten Eindruck machen.
Wenn das erledigt ist, schleifen Sie das ganze Gestell noch einmal mit Schleifpapier über. Nach dem Anbringen der Peddigrohr-Wicklungen ist das nämlich nicht mehr gut möglich.

Peddigrohr und Sisal-Leine

Was Sie jetzt tun müssen, hat mit der Stabilität des Sesselgestells nichts mehr zu tun. Es dient lediglich der Verschönerung und Dekoration: Alle Verbindungsstellen des Sessel-Rohbaues werden mit Peddigrohrstreifen »verkleidet«. Dazu muß das Peddigrohr zunächst einmal gründlich gewässert werden, damit es beim Umwickeln nicht bricht.
Schneiden Sie zunächst für jede Verbindungsstelle 5–6 etwa 12 cm lange Peddigrohrstücke zu. Sie werden, wie Zeichnung 2 erläutert, stramm um die Verbindungsstelle gelegt und mit kleinen Drahtstiften einzeln festgeheftet.
Dann umwickeln Sie die Abschnitte mit einem längeren Stück Peddigrohr. Das Ende wird wiederum angeheftet. An allen Verbindungsstellen zwischen senkrechten Stäben mit waagerechten Doppelstäben wird sinngemäß verfahren.
Das fertige Gestell wird dunkel gebeizt und zweimal mit Seidenmattlack gestrichen. Dann folgt die Bespannung mit Sisal (Zeichnung 7). Die Polster werden nach den Maßen des Sessels angefertigt.

5 Die Sitzbank ist genauso konstruiert wie der Sessel. Aus Stabilitätsgründen sollten die tragenden Querhölzer jedoch durchgehend sein.

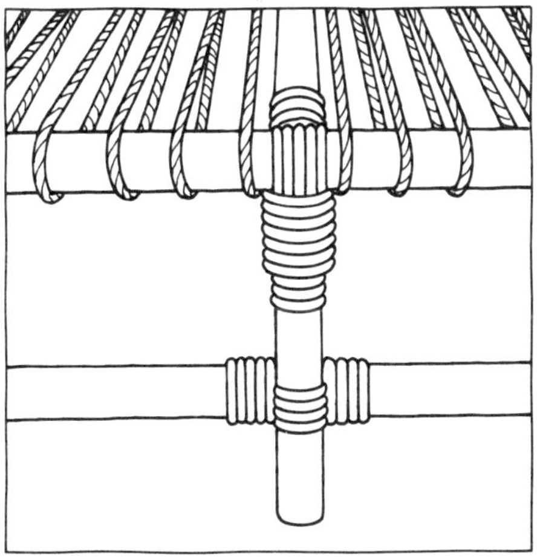

6 Die Sitzbank bekommt vorne in der Mitte eine zusätzliche Abstützung. Das untere Querholz wird geteilt und beiderseits angedübelt.

7 So sieht der fertige Sessel aus. Alle Verbindungsstellen sind mit Peddigrohr umwickelt. Die Sisal-Wäscheleine wird ganz zum Schluß nach der Oberflächenbearbeitung eingezogen. Die einzelnen Wicklungen haben 30 mm Abstand – natürlich kann man sie auch enger anlegen.

Fernöstlicher Stuhl in Bambus und Leder

Fernost rückt näher. Holen Sie sich einen Hauch asiatischen Abenteuers in Ihr Wohnzimmer oder auf die Terrasse. Unser Stuhl besteht aus Bambus und Lederstreifen. Nach diesem Modell können Sie auch andere Möbel bauen – etwa einen Schreibtisch oder ein Bücherregal.

Für denjenigen, der sich an Holz »sattgesehen« hat, ist das Material dieses Stuhles genau das richtige. Wegen der Unregelmäßigkeit sieht Bambus besonders interessant und reizvoll aus. Und die Verarbeitung der Bambusröhren ist sehr einfach: Sie müssen nur noch in die richtigen Längen geschnitten werden! Bambus bekommen Sie entweder bei Ihrem Gärtner oder im Großhandel für Gärtnerbedarf.

Da man Bambus schlecht mit Nägeln, Schrauben oder Leim verbinden kann, brauchen Sie dünne, ca. 3 mm breite Lederstreifen. Diese kann man fertig kaufen oder mit einem scharfen Klingenmesser und einem Metallineal selbst aus Lederstücken zuschneiden.

Wie Sie die Verbindung zweier Bambusrohre herstellen, sehen Sie auf den ersten vier Fotos. Um die Löcher genau bohren zu können, müssen Sie die Rohre fest einspannen. Zuerst mit einem nicht zu dicken Bohrer vorbohren, dann die Löcher mit einem Fräsbohrer passend nacharbeiten. Damit jedes dünne Querstück auch gut sitzt, muß es einzeln »nach Maß« eingepaßt werden.

Die dünnen Lederstreifen etwa eine Stunde in lauwarmes Wasser legen: Wenn diese Streifen nach dem Verarbeiten trocknen, ziehen sie sich stramm zusammen. Wie Sie die Lederriemchen um die Bambusrohre schlingen müssen, sehen Sie auf Foto 5.

Für den Stuhl brauchen Sie zwei Hinterbeine von 82 cm und zwei Vorderbeine von 62 cm Länge aus kräftigen Bambusstangen, etwa 2,5 cm dick (genauer läßt sich das bei diesem Naturmaterial nicht sagen). Bohren Sie zuerst die Löcher in diese senkrechten Bauteile – aber nicht alle auf einmal, sondern Stück für Stück in Anpassung an die Stege. Zum Zusammenbau der Seitenteile sind je Seite vier Längsstege vorgesehen. Dafür sollten Sie etwa 1,2 cm dicke Bambusstangen nehmen. Material von gleicher Stärke wird für die Querstangen vorgesehen: 2 hinten und eine vorne.

Passen Sie alle Verbindungen gut, aber nicht gewaltsam ein – Bambusrohr spaltet sich leicht auf. Zu lockere Verbindungen ergeben andererseits trotz Lederriemchen einen wackligen Stuhl.

Die Bezüge des Stuhls (siehe Materialliste) werden leicht trapezförmig zugeschnitten, damit Sitzfläche und Rückenlehne ein schwaches Gefälle nach hinten bekommen. Der Stoff ist kräftiges Segeltuch. Der obere Teil der Rückenlehne wird so gesäumt, daß Sie ihn über das dickere Bambusrohr schieben können. Beim unteren Teil ist das nicht möglich – die Seitenstrebe verhindert es. Deshalb arbeiten Sie hier eine Schlaufenverbindung ein, deren Teile reißverschlußartig ineinandergreifen. Durch die Schlaufen wird beim Überziehen des Rückenbezugs ein starrer Draht, etwa 4 mm dick, geschoben. Foto 6 auf der rechten Seite verdeutlicht, wie das gemeint ist. Auf die gleiche Weise wird auch der Bezug für den Stuhlsitz befestigt.

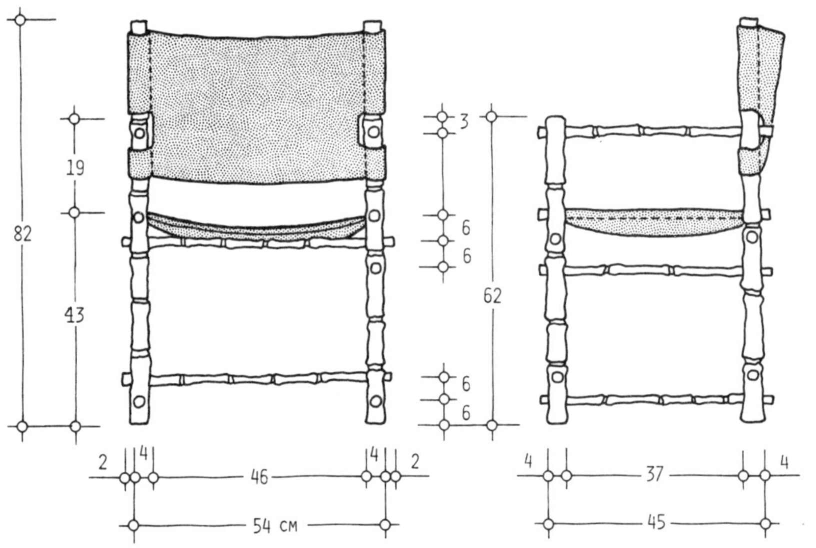

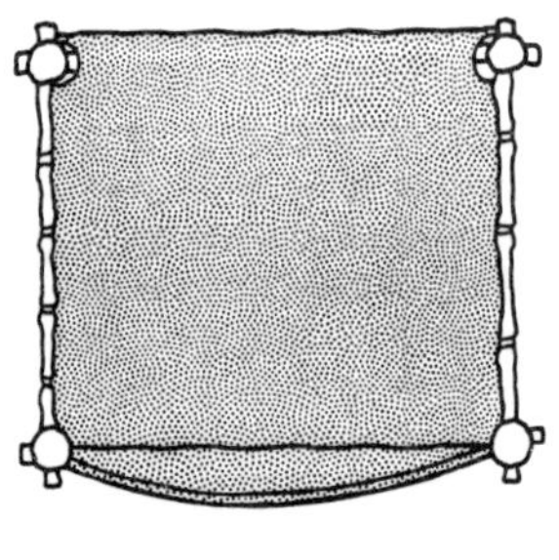

Das Material für diesen Stuhl nach fernöstlichem Vorbild werden Sie eher beim Gärtner als im Heimwerkerladen bekommen: Bambus. Suchen Sie sich die schönsten und gleichmäßigsten Stangen heraus. Sie werden weder geleimt noch geschraubt, sondern nur zusammengesteckt und mit Leder verbunden.

Andere Möbel aus Bambus

Hier noch zwei weitere Vorschläge für Möbel aus Leder und Bambus nach dem gleichen Bauschema.

Beispielsweise könnten Sie sich einen luftigen Schreibtisch bauen: Schneiden Sie acht dicke Bambusbeine zu. Sie werden zu zwei Fußgestellen verbunden, jedes 44 cm breit und 80 cm tief. Verbindungsstücke sind bei jedem Gestell vier Querstreben auf jeder Seite: zwei ganz unten, eine ganz oben, die vierte 14 cm unter der oberen.

An den Vorderseiten werden unten und unter der zweiten Querstrebe von oben je zwei Längsstreben eingezogen. An den Rückseiten verbinden drei 164 cm lange Längsstreben die beiden Fußgestelle; diese Streben müssen durchgehend eingearbeitet werden, und zwar so, daß in der Mitte zwischen den beiden Fußgestellen 80 cm Platz bleiben.

Nun schneiden Sie 2 Spanplatten als Tischplatten zu, jede 160 × 80 cm groß und 19 mm dick. Die Platten bekommen Aussparungen für die Bambusfüße, sie werden gespachtelt und lackiert. Die eine Platte wird auf die zweiten Querstreben von oben gelegt, sie bildet eine durchgehende Ablagefläche. Die andere kommt auf die oberen Querstreben.

Eine andere Möglichkeit wäre ein Regal. Bauen Sie es aus 60 mm dicken Bambusstangen mit Längs- und Querverstrebungen. Die Regalbretter bestehen aus 19-mm-Spanplatte, sie werden gespachtelt, lackiert und einfach eingelegt.

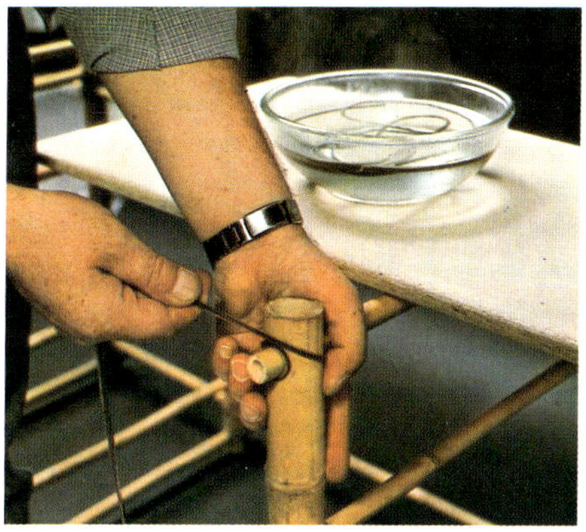

1 Bambusrohr wird zwischen zwei Leisten gelegt und mit einer Schraubzwinge festgehalten. Mit einem 10-mm-Bohrer das Rohr vorsichtig und langsam durchbohren, damit es nicht splittert.

2 Eine Raspelfräse erweitert das vorgebohrte Loch so, daß das dünne Querrohr hineinpaßt. Jedes Querstück muß einzeln eingepaßt werden, weil das Holz »wie gewachsen« verwendet wird.

3 Bevor man die einzelnen Stücke mit Lederriemen verbindet, müssen die Riemen einige Zeit in lauwarmem Wasser weichen. Beim Trocknen ziehen sie sich dann stramm zusammen.

4 Die wichtigsten Stellen des Stuhles sind die Verbindungen, die unser Foto vorführt. Alle Rohre laufen parallel. Den Bespannungsstoff schneiden Sie im Trapez zu.

5 Dünne, zuvor angefeuchtete Lederstreifen verbinden die Bambusrohre. Hier wird gezeigt, wie man sie wickelt und verknotet.

6 Bespannung der Lehne: Den oberen Teil einfach überschieben, den unteren durch kleine Schlaufen und eingeschobenen Draht verbinden.

MATERIALLISTE

Für 1 Stuhl	**Material**	**Maße (in cm)**
2 Beine	Bambus	62 × ca. 2,5
2 Beine	Bambus	82 × ca. 2,5
4 Längsstege	Bambus	58 × ca. 1,2
8 Querstege	Bambus	49 × ca. 1,2
24 Lederriemen		30 × 0,3
1 Rückenlehne	Segeltuch	90 × 34
1 Sitzfläche	Segeltuch	90 × 45
2 Drahtstäbe		45 × 0,4
2 Drahtstäbe		10 × 0,4

Couch aus der Restekiste

Das Innenleben dieser kuscheligen Couch besteht aus Schaumstoff und stabilem Holz. Den Überzug suchen Sie sich aus der Restekiste zusammen.

Das Grundgerüst ist sehr einfach zu bauen. Es besteht aus Spanplatte und Fichtenholz. Zuerst wird der Kasten gebaut, der die Sitzbank bildet: Die kurzen Stücke werden zwischen den langen verschraubt.

Das äußere Gerüst besteht aus drei einzelnen Rahmen. Die waagerechten Rahmenteile gehen über die ganze Länge, die senkrechten werden dazwischengeschraubt. Anschließend alle Teile verleimen und verschrauben. Diese »Innenkonstruktion« wird auf eine Platte montiert, die auf allen Seiten 7 cm übersteht. Darauf kann später der Schaumstoff befestigt werden, darunter der Stoff. Auf die einzelnen Rahmen nagelt man von innen und außen 5 mm dicke Hartfaserplatten. Das sind die Trägerplatten für den Schaumstoff. Auf die Sitzfläche schraubt man eine 10 mm dicke Spanplatte. Die Schaumstoffteile können mit einem Spezialkleber (Technikoll 811) verklebt werden. Wichtig dabei ist, daß alle Teile gleich richtig aufeinandergelegt werden. Das Anpassen der Stoffteile erfordert etwas Zeit und Geduld. Bitte beachten Sie: Wenn Sie, wie bei unserem Vorschlag, mehrere Stoffe kombinieren wollen, sollten Sie lieber etwas mehr Stoff nehmen als vorgesehen. So können Sie die einzelnen Muster austauschen, bis Ihnen die Couch gefällt.

Heften Sie die Stoffteile zusammen. Nur durch eine exakte Vorarbeit bekommen Sie einen einwandfreien, faltenlosen Bezug. Nähen Sie die Stoffteile mit Nähgarn! Es ist haltbarer als Nähseide, weil es dikker und fester ist.

In der kleinen Tasche, die auf die Seite gesteppt wird, lassen sich viele Kleinigkeiten unterbringen. Sie ist sehr praktisch, muß aber auch besonders haltbar aufgenäht werden.

1 Damit man den Schaumstoff vollflächig verkleben kann, werden auf alle offenen Teile Hartfaserplatten als Untergrund aufgenagelt.

2 Die einzelnen Schaumstoffstücke werden mit einem Spezialkleber gut eingestrichen und auf das vorbereitete Platten-Grundgerüst geklebt.

3 Nach dem Einstreichen der Schaumstoffteile darauf achten, daß sofort richtig angelegt wird. Verschieben kann man die Teile nicht.

4 Hier sehen Sie die Grundkonstruktion des Möbelstücks entsprechend der Konstruktionszeichnung auf der rechten Seite. Der innere Rahmen besteht aus Spanplatte, der äußere aus 3 cm dickem Fichtenholz. Alle Teile werden verleimt und verschraubt – komplizierte Verbindungstechniken sind überflüssig. Auf diese Grundkonstruktion nagelt man die Hartfaserplatten, die mit Schaumstoff beklebt werden. Es folgt der Stoffüberzug.

5 Hier werden die Oberteile der Seitenlehnen aufgeklebt. Schneiden Sie den Schaumstoff genau zu, sonst zeichnen sich später die Nähte ab.

6 Bezugzusammenstellung: Prüfen Sie, ob die verschiedenen Muster aus Ihrer Restekiste zusammenpassen, bevor Sie den Bezug zusammennähen. Legen Sie lieber etwas mehr Stoff bereit als zu wenig. Die Teile werden auf der Couch geheftet, dann mit der Maschine mit Nähgarn genäht.

7 Auf der Innenseite der Couch, d. h. dort, wo später die Sitzkissen liegen, brauchen Sie den Stoff nur mit dem Tacker und Heftklammern anzuheften. Hier ist keine große Beanspruchung des Stoffes zu befürchten.

8 Sehr praktisch sind kleine Taschen, die an die Seiten genäht werden. Hier lassen sich Zeitungen, Zeitschriften und Bücher unterbringen. Die Taschen müssen gut abgesteppt werden, damit sie nicht ausreißen.

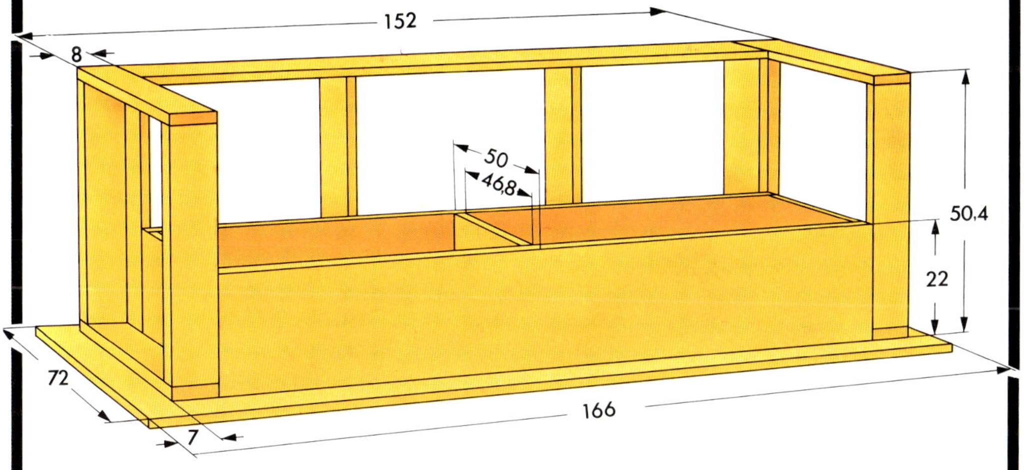

Der Grundaufbau der Couch. Wenn Sie sie größer bauen wollen, können Sie die Maße einfach verändern. Dann sollten Sie aber zwei oder drei Mittelstege zwischen die langen Seiten der Sitzbank leimen und schrauben.

MATERIALLISTE

Rahmen, Fichte
2 Stück 136 × 8 × 3 cm
4 Stück 58 × 8 × 3 cm
8 Stück 44,4 × 8 × 3 cm
Sitzbank, Spanplatte
2 Stück 136 × 22 × 1,6 cm
3 Stück 46,8 × 22 × 1,6 cm
1 Stück 136 × 50 × 1 cm
Grundplatte, Spanplatte
1 Stück 166 × 72 × 1,9 cm
Hartfaserplatte,
1 Stück 244 × 122 × 0,5 cm
Schaumstoff
2 Kissen 60 × 50 × 12 cm
1 Stück 152 × 50,4 × 8 cm
2 Stück 66 × 50,4 × 8 cm
1 Stück 136 × 28 × 8 cm
2 Stück 42 × 28 × 8 cm
2 Stück 74 × 24 × 8 cm
2 Stück 50,4 × 24 × 8 cm
1 Stück 120 × 24 × 8 cm
1 Stück 120 × 22,5 × 8 cm

Faulenzer-Schaukel

Ein Möbelstück für Garten und Wohnung zum Schaukeln, Sitzen, Liegen und Wippen. Im Sommer hängen Sie es draußen an Stricken auf. Im Winter stellen Sie es auf ein einfaches Untergestell und haben einen bequemen Sessel.

Die beiden Kufen werden aus langen und kurzen gehobelten Fichtenbrettern verleimt. Dazu sollte man, um gute Wetterfestigkeit zu erreichen, einen Zweikomponentenkleber verwenden. Zuerst die beiden 140 cm langen, 20 cm breiten Bretter im Winkel von 120 Grad zusammenlegen und anzeichnen. Dann den Leim auftragen, die beiden Teile mit der Schraubzwinge zusammenpressen und den Leim durchtrocknen lassen.

Nun die ersten vier Stücke 40 x 20 cm so an einem der großen Teile verleimen, daß die Ecken durch den 120-Grad-Anschlag immer mit der Kante des langen Brettes abschließen. Dabei müssen immer sowohl die Fläche als auch die Schmalkanten mit Leim bestrichen werden. Die Bretter mit der Zwinge festsetzen und durchtrocknen lassen.

Auf die überstehenden Teile der angeleimten kleinen Fichtenabschnitte kann jetzt das schmale Langstück (140 x 14 cm) zum Verlauf des breiten Langbrettes geleimt werden. Nach Durchtrocknung kann der andere Winkelteil wie zuvor verleimt werden. Genauso wird schließlich der Rohling der anderen Kufe hergestellt.

Wenn Sie nun unsere Schablone auf Seite 157 mit Hilfe des Gitternetzes maßstabsgetreu auf das Zehnfache vergrößern und auf die Kufenrohlinge übertragen, haben Sie die exakte Form, die mit einer Stichsäge ausgeschnitten werden kann.

Auch die eingezeichneten Löcher der Schablone haben eine genaue Vermessung. Wenn Sie die Kufen geglättet haben, können die Löcher für die Rundstäbe gebohrt werden (Foto 3).

Nach dem Zusammensetzen der »Schaukel« die beiden langen Rundhölzer (105 cm) durch die letzte Bohrung an Ober- und Unterteil stecken und verleimen. Dann die Holzkugeln auf die überstehenden Enden der jeweils letzten Rundholzsprosse leimen.

Nun braucht nur noch lackiert zu werden.

Wer die Schaukel als Sessel oder Liege benutzen will, muß ein Untergestell bauen. Es hat die Form eines einfachen Rahmens mit vier Füßen (Zeichnung 4), die durch Rundhölzer miteinander verbunden werden: Rundhölzer, je 88 cm lang, 2,5 cm Ø in Vierkanthölzer 4 x 6 cm (Höhe 20 cm) eindübeln. Dabei soll die schmalere Seite der Vierkanthölzer zu den Kufen zeigen.

MATERIALLISTE

Fichtenbretter gehobelt:

4 Stück	140 x 20 x 1,8 cm
4 Stück	140 x 14 x 1,8 cm
16 Stück	40 x 20 x 1,8 cm

Rundholz:

21 Stück 80 cm lang, 2,5 cm Ø
2 Stück 105 cm lang, 2,5 cm Ø

4 Holzkugeln 6 cm Ø
Uhu coll express

Zwei Kufen aus gehobelten Fichtenbrettern, verbunden durch Rundhölzer: Fertig ist die Faulenzerschaukel, die man im Freien an Stricken baumeln lassen kann.

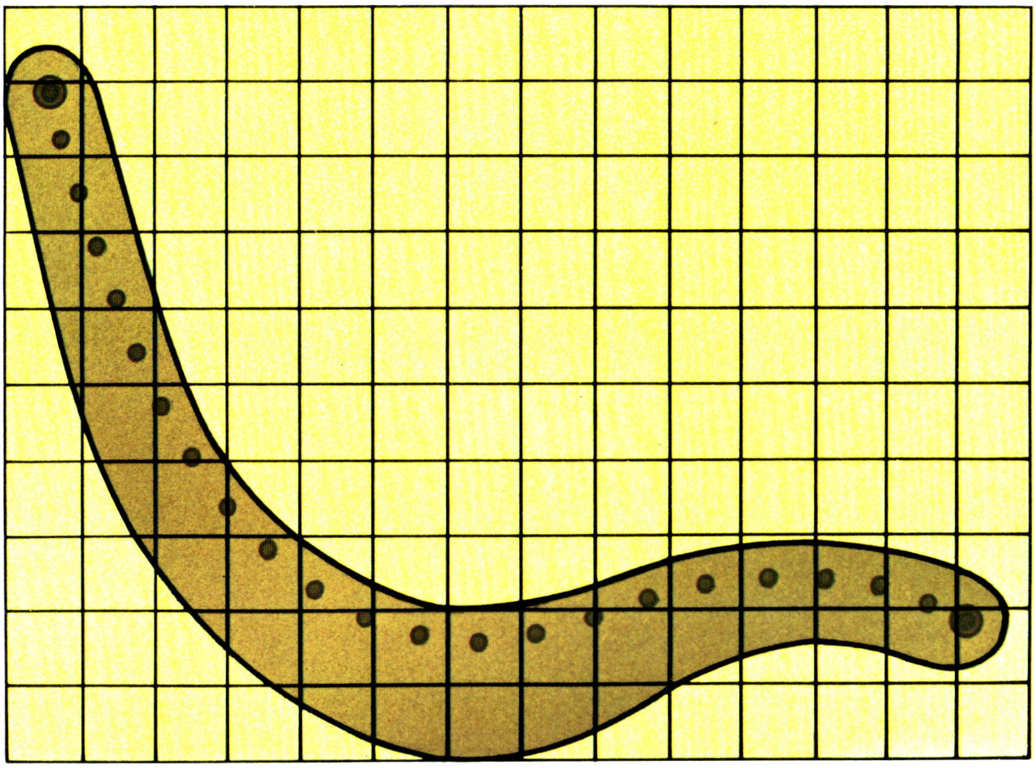

Mit Hilfe des Rasters auf das Zehnfache vergrößern – fertig ist die Schablone zum Anreißen der Schaukelkufen.

1 Für jede Kufe jeweils zwei Fichtenbretter im Winkel von 120 Grad verleimen und pressen, über Nacht gut durchtrocknen lassen.

2 Nun werden weitere Bretter angefügt. Die überkreuz laufende Faserrichtung der Bretter sorgt für gute Stabilität der Schaukelkufen.

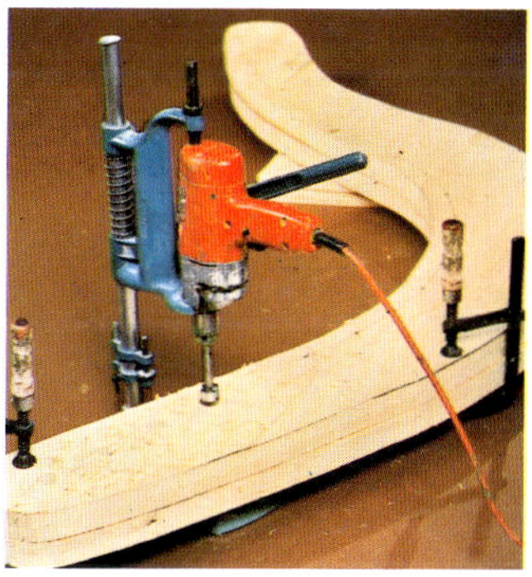

3 Die Kufen aussägen, zusammenspannen und mit dem Forstnerbohrer die Löcher für den Einsatz der Rundstäbe bohren – genau nach Vorlage.

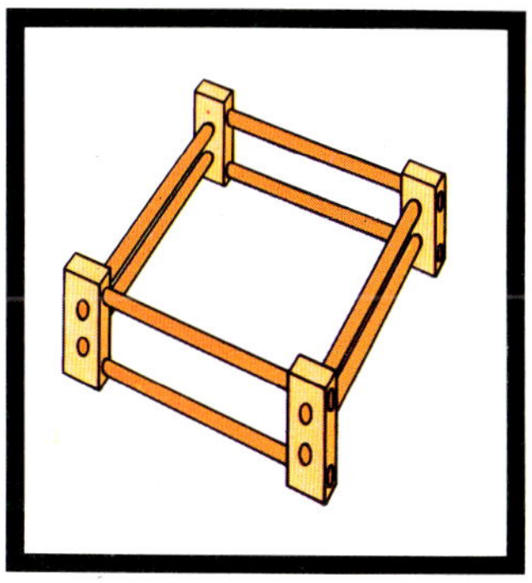

4 Das Untergestell macht die Schaukel zur Liege. So kann man sie nach Belieben auch im Zimmer oder auf der Terrasse verwenden.

So sieht das rohe Gerüst der Schaukel aus. Es wird nun geschliffen, gespachtelt, vorgestrichen und zweimal lackiert.

Stabiler Buchenholz-Hocker

Selbst Schwergewichte trägt dieser Hokker aus solidem Buchenholz mühelos. Hartholz und ein Stabilisierungskreuz machen es möglich. Wenn man ihn zusammenklappt, ist er nicht viel dicker, als eine Streichholzschachtel lang ist. Er leistet seine Dienste unterwegs bei Picknick und Strandausflug.

Das Baumaterial, Buchen- oder Eschenholz, muß man sich beim Holzhändler nach unserer Stückliste zuschneiden lassen. Wenn die Teile auf Länge geschnitten sind, werden die Bohrlöcher, Zapfenlöcher und Rundungen der Zeichnung entsprechend angerissen.
Man beginnt mit den Bohrungen an einem Hocker-Bein. Sind diese Löcher gebohrt, kann man das Bein als Schablone zum Bohren der übrigen drei Hockerbeine verwenden. Wenn das innere, schmalere Beinpaar mit dem Stabilisierungskreuz verleimt ist und sämtliche Hockerteile sauber lackiert sind, kann man mit der Montage beginnen. Zuerst die Schraubenlöcher vorbohren, dann die Sitzleisten aufschrauben; die Querstreben am äußeren Beinpaar anbringen.
Die Achsen, auf denen die Hockerbeine drehbar aufgeschoben sind, bestehen aus 12 mm dicken Hartholz-Dübeln. Diese Dübel werden, damit der Hocker schön stabil wird, mit Leim in den Zargen befestigt. Erst wenn das geschehen ist, kann man die Gelenkverbindung, bestehend aus 6-mm-Schloßschrauben und Abstandshülsen, zusammenschrauben.

1 Die Löcher, an denen die Beine auf der Hartholzachse befestigt werden, fertigt man mit einem Forstnerbohrer von 12 mm Durchmesser am schnellsten an (Bohrständer!).

2 Die Hockerzargen erhalten auf der einen Seite eine Aussparung, die zur Aufnahme des Haltezapfens dient: 12-mm-Bohrungen anbringen, mit der Stichsäge aussägen.

3 Ein Arbeitsgang mit Raspel und Schleifpapier: Das Abrunden der oberen Enden der Hockerbeine. Sie werden dabei zur gemeinsamen Bearbeitung auf einen Holzdübel gesteckt.

4 Als Abstandhalter dient ein 16 mm dicker Dübel, den man 8 mm tief in die äußeren Beine einläßt, festleimt und dann mit einem 6-mm-Bohrer vorsichtig aufbohrt.

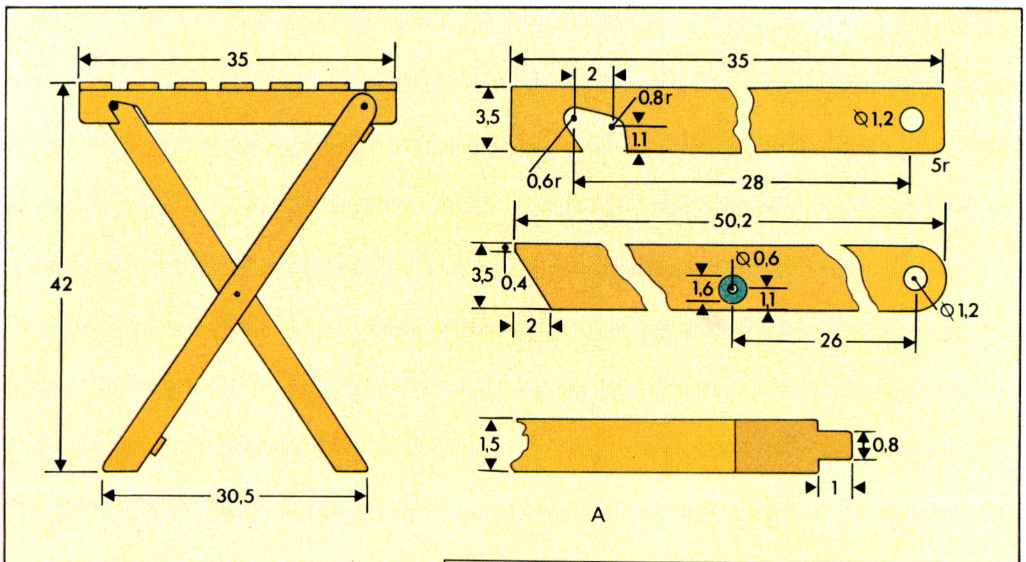

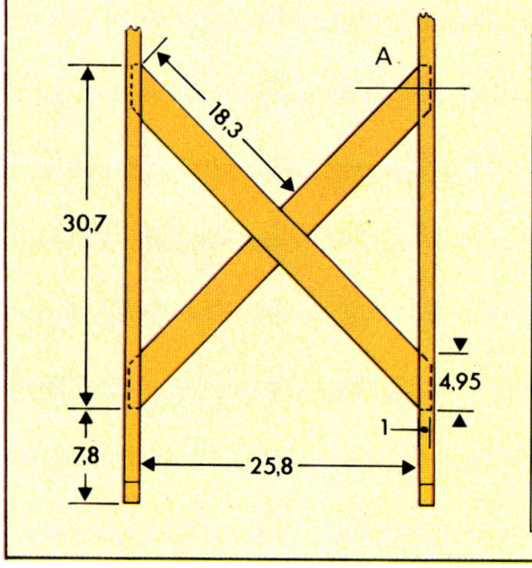

MATERIALLISTE (alle Maße in mm)

Lfd. Nr.	Teil	Holz	Länge	Breite	Stärke	Anzahl
1	Beine	Buche	502	35	15	4
2	Zargen	„	350	35	15	2
3	Kreuz	„	415	35	15	2
4	Sitzleisten	„	350	35	10	7
5	Querstreben	„	350	20	10	2
6	Dübel	„	350	—	12Ø	1
7	Dübel	„	320	—	12Ø	1
8	Dübel	„	30	—	16Ø	2
9	Schloßschrauben	—	50	—	6Ø	2
10	Messingschrauben	—	20	—	3Ø	32
11	Hutmuttern M6	—	—	—	—	2

5 In die Zapfenlöcher, die vorgebohrt und mit dem Stecheisen ausgestemmt wurden, leimt man die Zapfen des feststehenden Stabilisierungskreuzes präzise ein.

6 Der Hocker ist auch in der Wohnung vielseitig verwendbar.

Wie man Betten baut

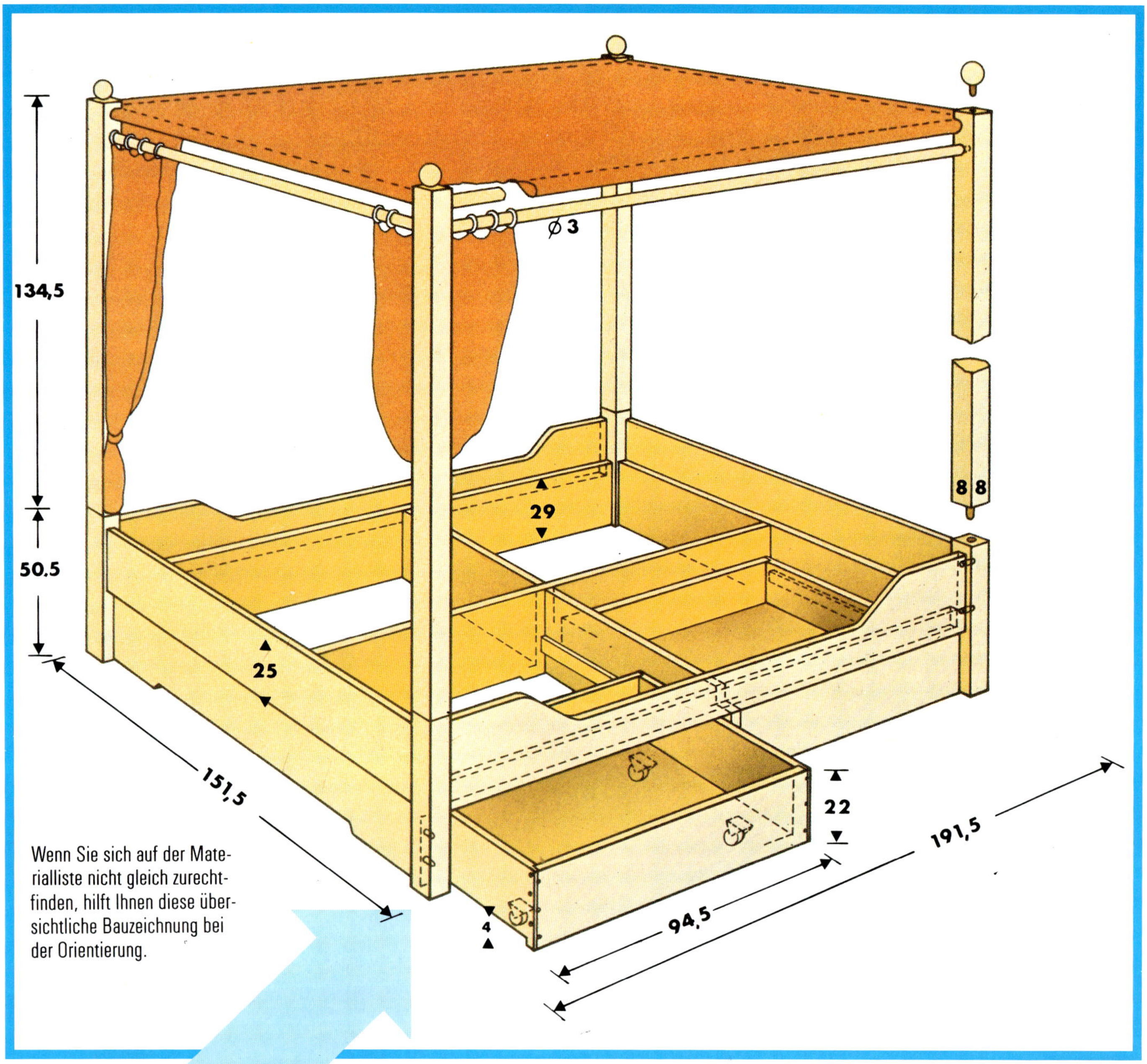

Wenn Sie sich auf der Materialliste nicht gleich zurechtfinden, hilft Ihnen diese übersichtliche Bauzeichnung bei der Orientierung.

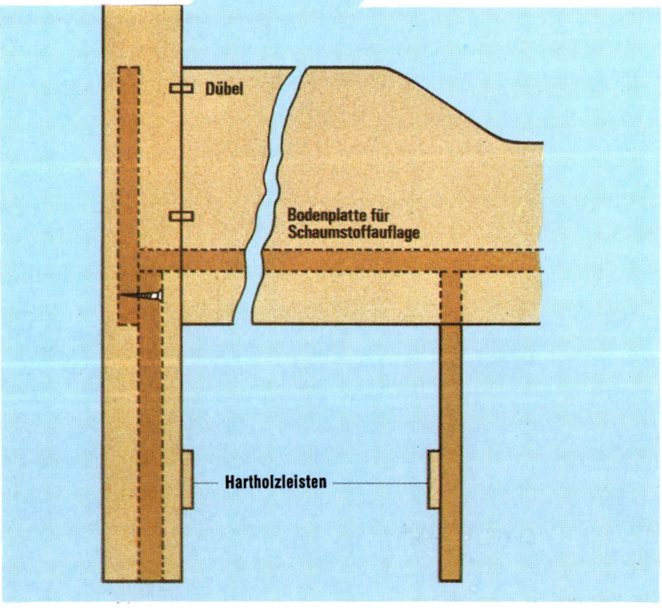

Hier handelt es sich um ein »Röntgenbild« des Bettholmes. Zwischen den beiden Hartholzleisten läuft der Schubkasten (siehe auch Foto rechts).

Der Unterbau nach der Zusammenstellung. Die Spanplatten des Bettkastens wurden bereits gespachtelt, geschliffen und weiß vorgestrichen.

Das Traum-Bett mit dem Baldachin

Zwischen den vier Pfosten dieses Himmelbettes – das Foto auf Seite 159 zeigt es in voller Pracht – ist gut ruhen. Es besteht vorwiegend aus Spanplatten. Falls beim Aufwachen schlechtes Wetter ist, ziehen Sie einfach die Vorhänge zu.

Wenn Sie Gefallen an unserem Himmelbett finden und es nachbauen möchten, sollten Sie sich zuerst die Zeichnung auf der linken Seite genau ansehen. Dort sehen Sie, aus welchen Teilen Bett-Untergestell und Baldachin bestehen.
Lassen Sie sich alle Teile nach der Stückliste zuschneiden, dann können Sie sofort ans Werk gehen. Zuerst müssen Sie die Maße der geschweiften Bettseiten auf einer Spanplatte aufreißen und mit der Stichsäge aussägen. Diese Seitenteile überlappen die Sockelteile um 6 Zentimeter. An den Überlappungsstellen wird Leim angegeben, und die Teile werden zusätzlich mit Holzschrauben verbunden. Die Schraubenlöcher, vorher aufgerieben, spachtelt man einfach wieder zu.
Nun fertigen Sie sich eine Schablone an, mit deren Hilfe die Dübelbohrungen in die zusammengeleimten Sockel-Seitenteile und in die kurzen Bettholme vorgenommen werden können (Sacklöcher, 38 mm tief, 10 mm Ø).

Der Rahmen muß rechtwinklig gebaut werden

Sind die Dübellöcher fertig, können Sie die Holme mit den Seitenteilen zusammendübeln und verleimen.
Damit die ganze Rahmenkonstruktion stabil gerät, wird das Bett-Untergestell mit einer kreuzförmigen Innenwand versehen. Dieses Innenkreuz dient ebenso wie die Sockelleiste zur Auflage der Bodenplatte. Bevor Sie es mit den Sockelteilen zusammendübeln, darauf achten, daß alle Teile im rechten Winkel zueinander stehen. Sonst gibt es Schwierigkeiten.
Und hier noch ein Tip: Wenn Sie genug Platz haben, um das Bett frei in den Raum zu stellen, können Sie auch auf der Rückseite Schubkästen einbauen. Dann muß jedoch auch dort das 29 cm hohe Sockelbrett in eine nur 6 cm hohe Trageleiste verwandelt werden. Damit die Schubladen problemlos einzuschieben sind, leimt man an die Rahmen-Seitenteile je zwei Hartholzleisten. Diese Leisten sorgen für den erforderlichen Abstand.

Die Schubladen gleiten auf Möbelrollen

Nun zum Bau der Schubkästen. Die Vorder- und Rückwand der Schubkästen werden auf beiden Enden in Materialstärke der Seitenteile 10 mm tief ausgefräst. Danach können Sie Leim angeben und die Kanten zusätzlich verschrauben. Auf der Rückseite der Frontplatte wird eine 4 mm breite, 5 mm tiefe Nut gefräst. In diese Nut wird die Hartfaser-Bodenplatte mit Leim eingesetzt.
An die Verbindungsstellen zwischen Bodenplatte und Schubladenunterseite wird ebenfalls Leim angegeben und die Bodenplatte dann mit Stiften festgeheftet. Die Möbelrollen, mit denen die Schubladen auf dem Boden bewegt werden, sind mit Gewindeschrauben in der Schubladen-Bodenplatte befestigt. Damit die Bodenplatte an dieser besonders belasteten Stelle nicht ausbricht, sollte man auf ihrer Innenseite Blech- oder Sperrholzplatten zur Verstärkung unterlegen.
Damit man das fertige Himmelbett im Falle eines Umzugs noch transportieren kann, werden die langen Bettpfosten und die Rundhölzer des Baldachins nur zusammengesteckt. Falls Ihnen das zu »wackelig« erscheint, können Sie an diesen Verbindungsstellen ganz wenig Leim angeben. Dann lassen sich die Einzelteile im Bedarfsfalle mit einem sanften Hammerschlag wieder zerlegen.
Die Bettpfosten werden mit einer Schablone beidseitig 5 cm tief eingebohrt. Die Bohrschablone, die man sich aus Sperrholz fertigen kann, wird mit kleinen Nägeln auf der Oberseite der Pfosten aufgeheftet. Damit der 20-mm-Dübel auch richtig stramm sitzt, sollten Sie diese Bohrungen nur mit einem Zentrier- oder einem Forstnerbohrer machen.
Die Oberkanten der Bettpfosten und die Unterkanten der Baldachinpfosten werden mit einem Hobel angefast.
Die Bohrungen für die Rundstäbe der Baldachindecke und der Bett-Vorhänge müssen ebenfalls präzise ausgeführt werden. Auch diese 30-mm-Rundstäbe sollten, damit man Baldachin- und Vorhangstoff reinigen kann, in die Vierkantpfosten nur stramm eingeschoben werden. Der Baldachin-Stoff wird mit einem Hohlsaum versehen, in den man die Rundstäbe vor der Montage einschiebt.
Ihr Himmelbett ist fertig, wenn alles mit Mattlack gestrichen und mit Holz- bzw. Kunststoff-Zierschnitzereien beklebt wurde. Dann müssen Sie nur noch die Bodenplatte und eine 12 cm hohe Schaumstoffmatratze einlegen.

MATERIALLISTE

1. Spanplatten 19 mm
2 Stück Bettseiten
151,5 × 25 cm
2 Stück Bettseiten
191,5 × 25 cm
1 Stück Sockelranmen
151,5 × 29 cm
1 Stück Sockelrahmen
191,5 × 29 cm
1 Stück Bodenrahmen
196 × 29 cm
1 Stück Bodenrahmen
156 × 29 cm
1 Stück Bodenplatte
160 × 200 cm
1 Stück Tragleiste
60 mm × 192 cm
2 Stück Laufleisten
60 mm × 70 cm

2. Spanplatten 16 mm
4 Schubladenseiten
75,5 × 19 cm
2 Schubladenfronten
94,5 × 22 cm
2 Schubladenrückwände
94,5 × 19 cm

3. Hartfaser 4 mm
2 Schubladenböden
76 × 93 cm

4. Holz 8 × 8 cm
4 Stück Stollen 50,5 cm lang
4 Stück Stollen 134,5 cm lang

5. Rundholz 30 mm Ø
4 Stück 158 cm lang
4 Stück 198 cm lang

6. Sonstiges
Gardinenringe 12 mm stark, 55 mm Ø, 92 Stück
2 Schubladenknöpfe
4 Holzdübel 20 mm Ø, 100 mm lang
32 Holzdübel 100 mm Ø, 70 mm lang
4 Abschlußknöpfe für Stollen 80 mm Ø
8 Laufrollen für Schubläden

Div. Holzapplikationen,
13 m Stoff, 160 cm breit,
zusätzlich Spachtel, Vorlack, Lack und Schrauben
Uhu coll express

Das Himmelbett besteht, von der Aufsatzkonstruktion abgesehen, fast ausschließlich aus Spanplatten. Lassen Sie sich alle Holzteile nach den Angaben dieser Materialliste komplett zuschneiden.

Die Holme werden mit 20-mm-Dübeln, 10 cm lang, zusammengesteckt. Achten Sie darauf, daß die Hölzer stramm eingepaßt werden, sonst gerät das Bett nebst Baldachin schnell ins Wackeln.

Doppelkoje aus Hobeldielen

Dies Bett ist nicht allein zum Schlafen da. Wenn Sie die Matratze mit preiswertem Cordstoff beziehen und noch eine Handvoll Kissen darauf verteilen, haben Sie eine Spielwiese, auf der es sich auch tagsüber gemütlich rasten läßt.

Die Hobeldielen, die wir für dieses Bett als wichtigstes Material ausgewählt haben, sind 23 mm dick und mit Nut und Feder versehen. Diese Dielenbretter sind normalerweise nur einseitig gehobelt: auf der Vorderseite. Einige Dielenbretter werden jedoch auch von der Rückseite mit einem Schlaghobel bearbeitet, damit sie auf die erforderliche Materialstärke kommen. Wenn Sie nur diese Bretter heraussuchen, sparen Sie sich ein nachträgliches Aushobeln.

Bevor Sie mit dem Arbeiten beginnen, empfiehlt es sich, die vorhandenen Hobeldielen zu sortieren. Für Seitenteile, die später an der Wand stehen, kann man das Material mit den meisten »Knästen« verwenden. Die besser sichtbaren Seitenteile werden aus den Brettern angefertigt, die eine schönere Maserung besitzen. Wenn man die Hobeldielen beidseitig mit einer leichten Fase versieht (sie also an den Kanten etwas abschrägt), erscheinen die verleimten Einzelteile schöner.

Auf einer Bohrmaschine mit Bohrständer und Fräsvorsatz schafft man diese Arbeit am schnellsten. Sie können die Fasen aber auch mit dem Hobel arbeiten und müssen in diesem Fall nur darauf achten, daß die Abschrägungen nicht zu ungleichmäßig ausfallen.

Das Verleimen der Seiten

Seiten-, Vorder- und Rückteil bestehen jeweils aus 6 Nut- und Feder-Brettern, 12 cm breit und 23 mm dick. Diese Bretter müssen nun zunächst zusammengebaut werden. Nut und Feder werden mit Leim bestrichen und zusammengefügt, notfalls unter Zuhilfenahme des Hammers (in diesem Fall ein Stück Abfallholz unterlegen, damit die Bretter beim Hämmern nicht beschädigt werden).

MATERIALLISTE

Seitenteile
Hobeldielen, Kiefernholz
12 Stück 208 × 12 × 2,3 cm
12 Stück 160 × 12 × 2,3 cm
Hohlkehl-Zuschnitte (Verstärkungen)
4 Stück 55 × 3,5 × 3,0 cm

Sockelteile, Spanplatten
3 Stück 200 × 21 × 2,2 cm
2 Stück 156 × 21 × 2,2 cm
1 Stück 160 × 21 × 2,2 cm
Matratzen-Auflage, Spanplatte
2 Stück 100 × 160 × 2,2 cm

Verstärkungsbrett, Frontwand
Tischlerplatte furniert
1 Stück 42 × 29 cm
32 Stück Rampa-Schrauben 40 × 40
32 Stück Unterlegscheiben Messing 8 mm Ø; 50 Holzschrauben, 4 × 35.

Um die einzelnen Bretter fest zusammenpressen zu können, haben wir uns einer kleinen Hilfe bedient. Die Auflagebalken zweier stabiler Arbeitsböcke wurden in einem Abstand von 80 cm senkrecht durchbohrt. Der Durchmesser der Bohrung: 16 mm. Diese Löcher dienen zur Befestigung von je zwei Hilfsklötzen, die mit 16 mm dicken Gewindebolzen rechtwinklig aufgeschraubt werden. Das zusammengefügte Seitenteil wird dort aufgelegt, zwei gegeneinander eingeschlagene Keile sorgen auf jeder Seite für den erforderlichen Druck.

Um zu verhindern, daß sich die Hobeldielen unter diesem Druck nach oben wölben, spannt man auf beiden Seiten oben und unten Hilfslatten mit Schraubzwingen fest. Je mehr Zwingen Sie dabei ansetzen können, um so besser wird es.

Beim obersten Brett eines jeden Seitenteiles wird vor dem Verleimen die überflüssige Feder mit dem Hobel weggenommen. Ebenso können Sie beim untersten Brett die Nut weghobeln.

Alle Holzkanten sollen schön »griffig« werden, denn scharfe Ecken stören bei Möbeln ganz allgemein. Darum werden die Kanten der Seitenteile nach dem Verleimen zuerst mit dem Hobel, dann mit feinem Schleifpapier abgerundet.

An der Vorderseite müssen nun die »Einstiegsöffnungen« der Koje ausgeschnitten werden. Zeichnen Sie die halbrunden Ausschnitte entsprechend der Bauzeichnung an und schneiden Sie sie mit der Stichsäge sorgfältig aus. Mit einem Schabhobel wird so nachgearbeitet, daß auch die letzten Unebenheiten verschwin-

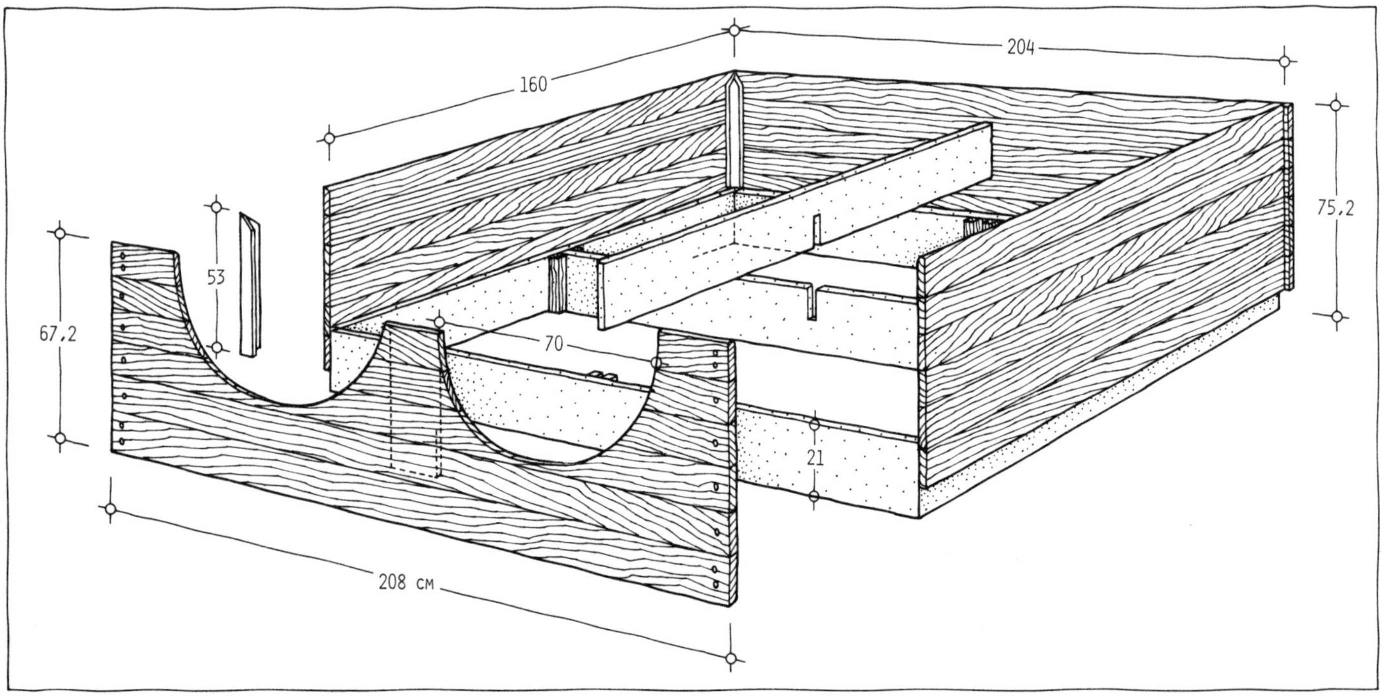

1 Die Innenmaße unserer Doppelkoje: 160 × 200 cm. Raum genug, selbst für unruhige Schläfer. Als Matratzenauflage dient eine 22 mm dicke Spanplatte. Der Rahmenbau besteht aus Hobeldielen, die sich leicht verarbeiten lassen. Die Hohlkehl-Leisten, links und rechts an den kurzen Seitenteilen festgeleimt, dienen zur Verstärkung. Auch hinter den freistehenden Teil der Frontplatte wird ein Brett geleimt; es sorgt für besseren Halt.

den. Falls Ihnen dieses Werkzeug fehlt, können Sie den Kojeneinstieg auch mit Schleifpapier, das um ein Stück Rundholz gewickelt wird, glätten und abrunden.

Der Bau des Sockels

Sind alle Seitenteile verleimt, geht es an den Bau des Sockels, der die Matratzenauflagefläche aus Spanplatte tragen soll. Um diese Auflagefläche nicht zu stark zu belasten, haben wir ein Stützkreuz konstruiert.

In Zeichnung 1 sehen Sie, daß dieses Stützkreuz in der Mitte so gezapft wurde, daß man es nur zusammenzustecken braucht. Die Verbindung zu den Sockel-Seitenteilen haben wir mit angeleimten Führungsleisten gebaut; Sie können sich aber auch für gezapfte Verbindungen entscheiden. Dazu werden die Enden des Stützkreuzes bis zur halben Brettbreite in Stärke des Plattenmaterials ausgesägt. Entsprechende Einschnitte machen Sie in den Seitenteilen. Der Sinn dieser Verbindungen, die nicht verleimt oder verschraubt werden: Das Bett soll zerlegbar bleiben, damit man es, bei einem Umzug etwa, noch transportieren kann.

Wenn die Sockelteile vorbereitet sind, werden sie mit Holzschrauben so an den Seitenteilen befestigt, daß unten ein Überstand von 8 cm bleibt. Die Teile werden entsprechend vorgebohrt. Die Hohlkehl-Zuschnitte, die Sie auf der Zeichnung erkennen, werden nun an den Außenkanten der beiden schmalen Seitenteile festgeleimt. Danach wird das ganze Bettgestell mit Hilfe von Schraubzwingen probeweise paßgerecht montiert.

Die Seitenteile unserer Doppelkoje werden durch Rampaschrauben (4 x 40 mm) miteinander verbunden, deren Funktion und Verarbeitung wir auf Seite 127 beschrieben haben. Damit diese Schrauben, die wir mit einer Unterlegscheibe von 8 mm Ø versehen, »unsichtbar« bleiben, werden die Verbindungsstellen mit einem 10-mm-Bohrer 8 mm tief vorgebohrt.

Nachdem das Bett fest zusammengeschraubt ist, schließt man die Bohrlöcher mit Blinddübeln aus Mahagoni. Die Blinddübel werden mit einer Feinsäge abgeschnitten, danach übergeschliffen, bis sie mit den Hobeldielen eine absolut plane Fläche bilden. Die Hobeldielen nach der Grundierung (Schnellschliffgrund) mit 2–3 naturfarbenen klaren Mattlack-Anstrichen konservieren.

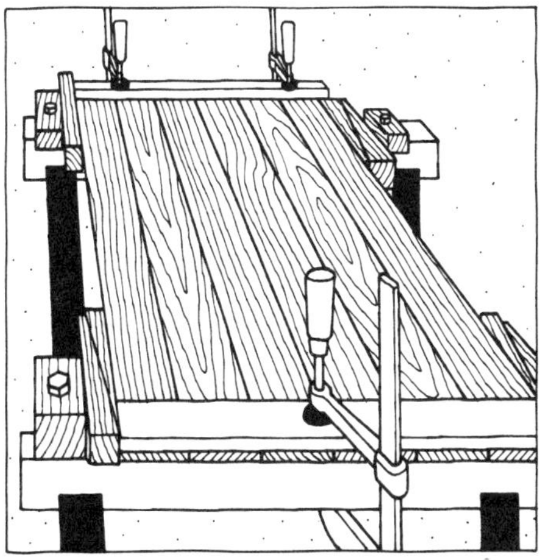

2 Verleimen der Dielen: Schraubzwingen verhindern das Wölben, ein Spannrahmen mit eingeschlagenen Keilen hält die Bretter zusammen.

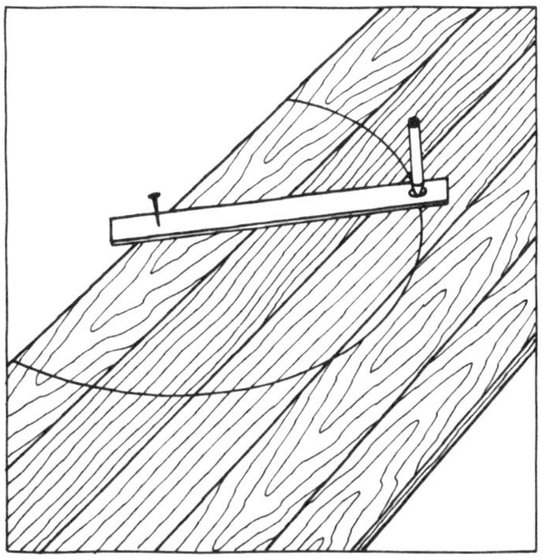

3 Die beiden Einstiegsöffnungen an der Frontseite werden entsprechend der Bauzeichnung angerissen und mit der Stichsäge ausgeschnitten.

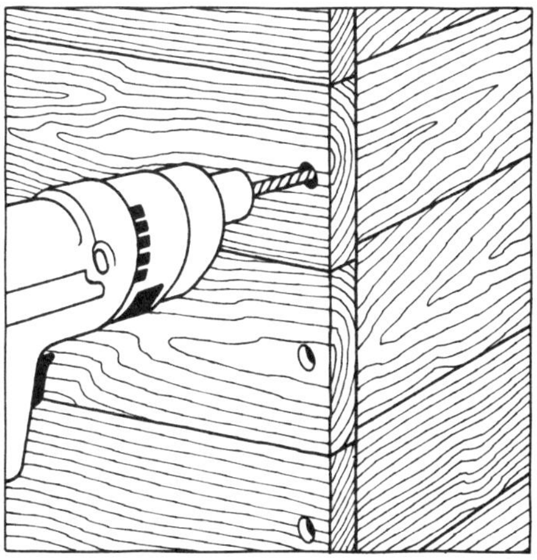

4 Frontbrett, Rückwand und Seitenteile werden durch versenkte Rampaschrauben miteinander verbunden, die besonders festen Halt garantieren.

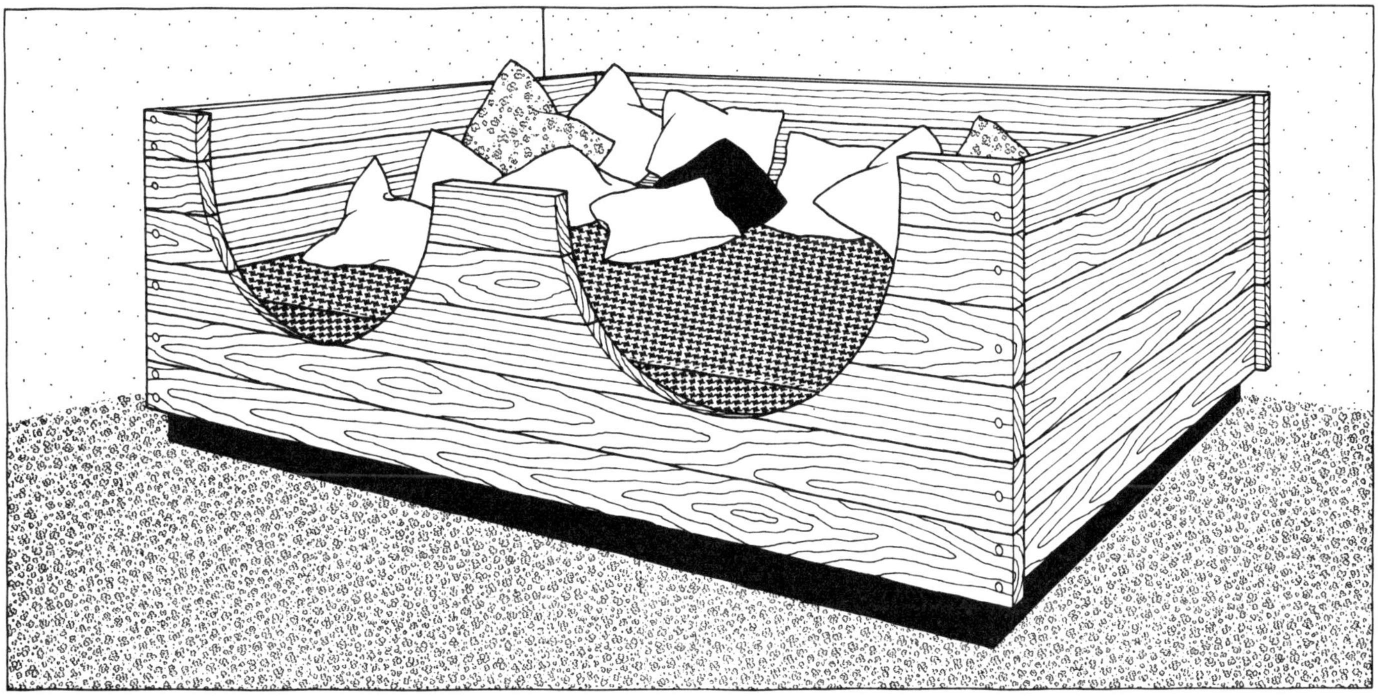

5 So sieht die fertige Doppelkoje aus. Ein gestandener Selbermacher müssen Sie schon sein, wenn Sie sich an dieses große Werkstück wagen wollen. Der Lohn für die Mühe: Ein rustikales und dazu preiswertes Möbelstück, um das man Sie beneiden wird. Auch für das Kinderzimmer eignet es sich hervorragend – nicht nur zum Schlafen, sondern auch zum Toben. Die Kissen für eine zünftige Kissenschlacht liegen schon bereit.

Ein Schlafturm macht die Wohnung größer

Doppelbett, Kleiderschrank, Bücherregal, Wäscheschrank, Sekretär und zwei Truhen auf knapp vier Quadratmetern? Auf Anhieb sieht das wie blühende Phantasie aus. Aber sehen Sie sich einmal den Konstruktionsplan und die Materialliste genauer an. Sie werden feststellen, daß unser Schlaf- und Wohnturm die unmöglich erscheinende Aufgabe auf originelle Weise löst. Kiefernholz verleiht auch einem nüchternen Neubauraum eine rustikale Note. Und daß der Turm unerhört praktisch ist, werden Sie schnell feststellen. Er kann (fast) eine ganze Wohnungseinrichtung ersetzen. Wollen Sie sich an diese interessante Aufgabe heranwagen?

Bis auf die Lattenroste der Betten sind alle Bauteile unseres pfiffigen Wohn- und Schlafturmes selbstgemacht. Die Matratzen liegen auf vorgespannten, schichtverleimten Rosten im Format 200 × 100 cm. Die Roste finden Halt auf durchgehenden Leisten an den Längsteilen des Bettgestells. Mit den Betten sollten Sie die Turmbauarbeit auch beginnen. Zuvor kaufen Sie nach Materialliste und Bauzeichnung ein. Bei den Spanplatten ergeben sich keine großen Probleme – ihre Furnierauflage sollte zum Fichtenholz bzw. den Kiefernbrettern passen. Suchen Sie sich schöne, astarme Bretter aus – sie sind leichter zu bearbeiten und machen beim fertigen Möbelstück einen bedeutend besseren Eindruck. Überdies sollten Sie für alle Frontseiten der Möbel aus dem eingekauften Material die schönsten Stücke auswählen.

Die Bettgestelle

Für die Bettgestelle beginnt man mit dem Ausstechen der Schlitze in den Pfosten, die die Kopf- und Fußbretter aufnehmen. Sorgfältig einpassen und verleimen, dann ist die Verbindung bombenfest. Die Querbretter sind 25 cm, die Bretter an den Seiten 20 cm breit.

Die Seitenteile werden mit lösbaren Bettbeschlägen mit den Bettpfosten verbunden. Die Auflageleisten an den Innenseiten des Bettgestells werden aufgeleimt und von innen angeschraubt.

Die »Stufen«-Kästen

Zwei einfache Kästen (Quader) bilden die Stufen, über die man ins obere Bett gelangt. Der kleinere davon dient als Spielzeugkiste, der größere zur Aufbewahrung von Bettzeug. Sie sind aus 16 mm dicker, limbafurnierter Tischler- oder Spanplatte gefertigt. Die Teile werden stumpf aufeinandergeleimt und zusätzlich gedübelt oder genagelt. Die sichtbaren Hirnholz-

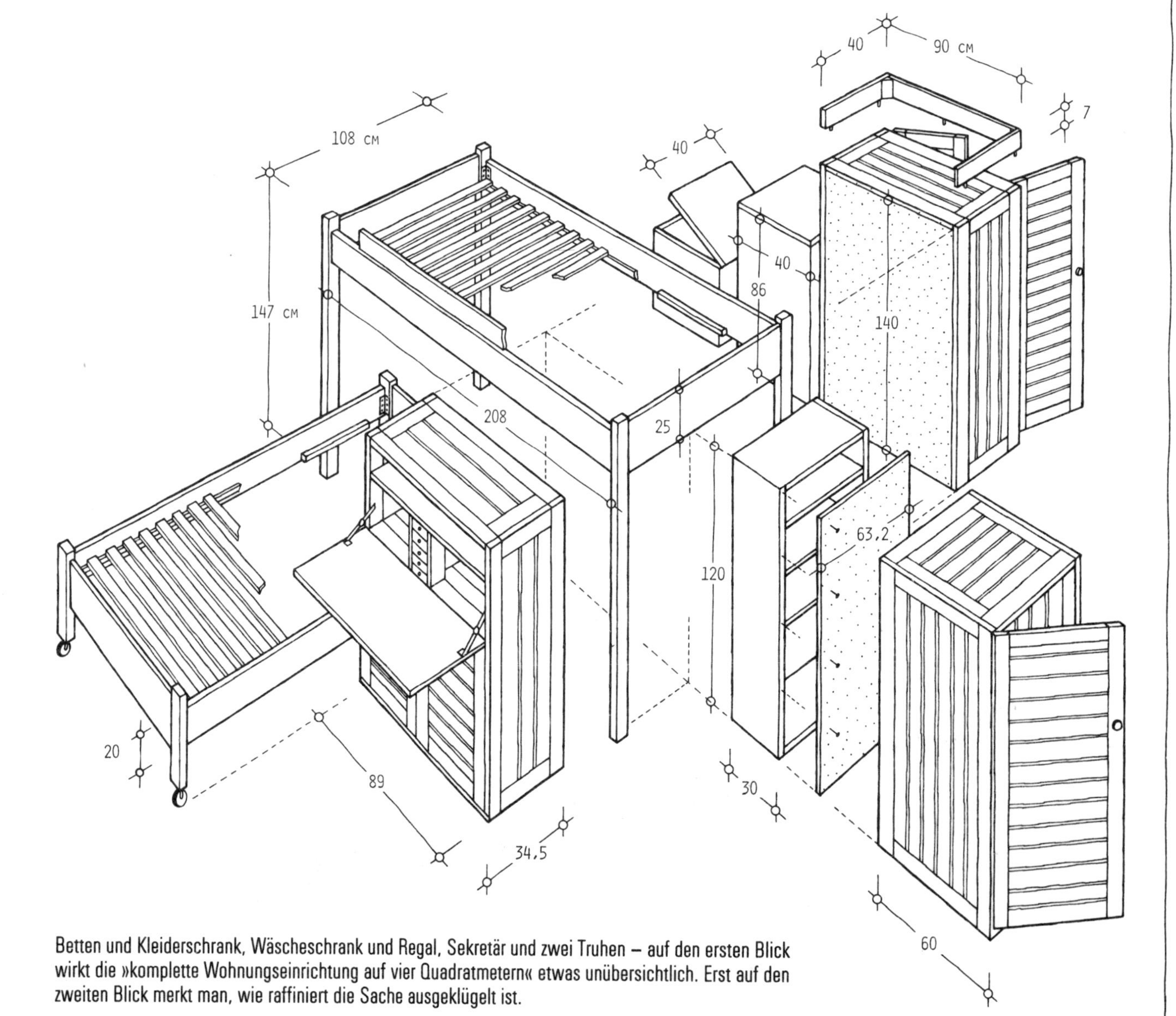

Betten und Kleiderschrank, Wäscheschrank und Regal, Sekretär und zwei Truhen – auf den ersten Blick wirkt die »komplette Wohnungseinrichtung auf vier Quadratmetern« etwas unübersichtlich. Erst auf den zweiten Blick merkt man, wie raffiniert die Sache ausgeklügelt ist.

MATERIALLISTE

Sekretär
Fichtenleiste 5,5 × 2 cm, 22,5 lfdm
Kiefernprofilbrett 22 lfdm
Hartfaserplatte (Rückwand) 112,5 × 87 × 0,4 cm
Sperrholz (Schreibplatte) 76 × 31 × 0,6 cm
4 Topfscharniere
2 Einlaßklappenscharniere
2 Magnetschnäpper; 4 Türknöpfe

Kleiderschrank
Fichtenleiste 5,5 × 2 cm, 16 lfdm
Kiefernprofilbrett 24,5 lfdm
Hartfaserplatte (Rückwand) 112,5 × 53 × 0,4 cm
2 Topfscharniere
2 Magnetschnäpper
1 Kleiderstange 51 cm; 1 Türknopf

Wäscheschrank
Fichtenleiste 5,5 × 2 cm, 23 lfdm
Kiefernprofilbrett 27 lfdm
Hartfaserplatte (Rückwand) 132,5 × 88 × 0,4 cm
Spanplatte furniert (Einlegeböden) 3 Stück 86 × 39 × 1,6 cm
4 Topfscharniere
2 Magnetschnäpper
12 Fachbodenträger
2 Türknöpfe

Regal
Spanplatte furniert, 1,6 cm:
2 Seitenteile 120 × 30 cm
2 Stück (Ober- und Unterteil) 62 × 30 cm
3 Einlegeböden 62 × 29,5 cm
Hartfaserplatte (Rückwand) 118 × 63,2 × 0,4 cm
12 Fachbodenträger

Betten
Fichtenbretter, 2,5 cm dick:
4 Stück 200 × 20 cm
4 Stück 100 × 25 cm
Kantholz (Fichte) 7 × 4 cm:
4 Stück 47 cm lang
4 Stück 147 cm lang
Fichtenleiste 4 × 3 cm, 8 lfdm
4 Bettbeschläge links
4 Bettbeschläge rechts

Großer Quader
16 mm furnierte Spanplatte:
2 Stück 84 × 40 cm
2 Stück 84 × 36,8 cm
1 Stück 36,8 × 36,8 cm
1 Stück 40 × 40 cm

Kleiner Quader
16 mm furnierte Spanplatte:
2 Stück 44 × 40 cm
2 Stück 44 × 36,8 cm
1 Stück 40 × 40 cm

Übriges Material
Dübelholz; Kantenfurnier
Kleine Nägel für die Rückwände
Rupfen für die Bespannung
Uhu coll express

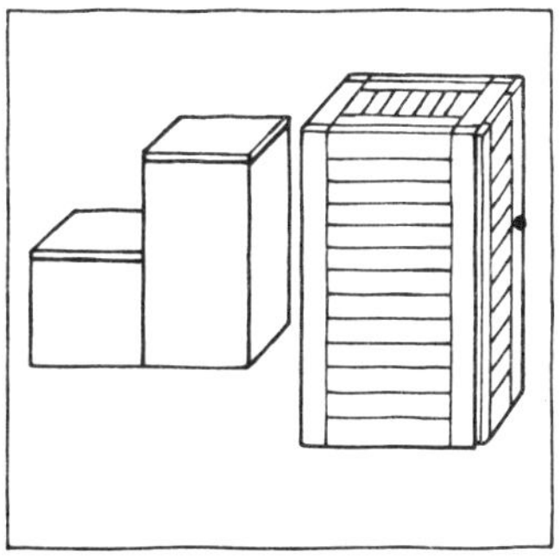

1 Spielzeug- und Wäschetruhe sind die Stufen zum Hochbett.

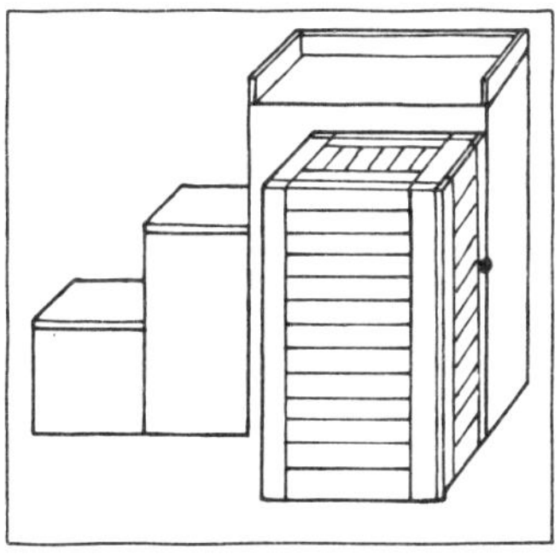

2 Mit dem Kleiderschrank wächst der Turm weiter in die Breite.

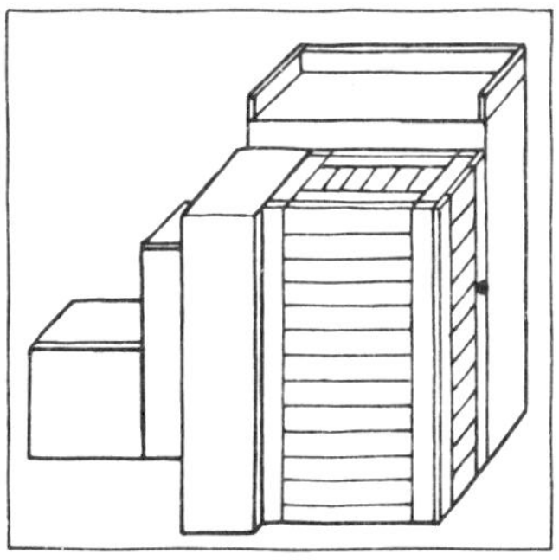

3 Hinzu kommt das Bücherregal, mit der offenen Seite zum Bett.

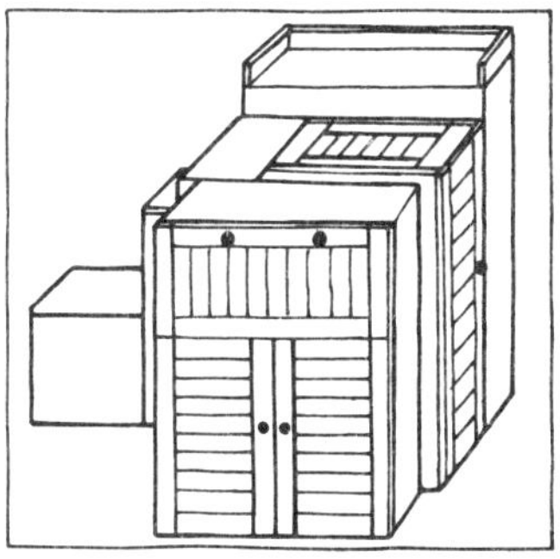

4 Der Sekretär mit Schrankunterteil komplettiert die Baugruppe.

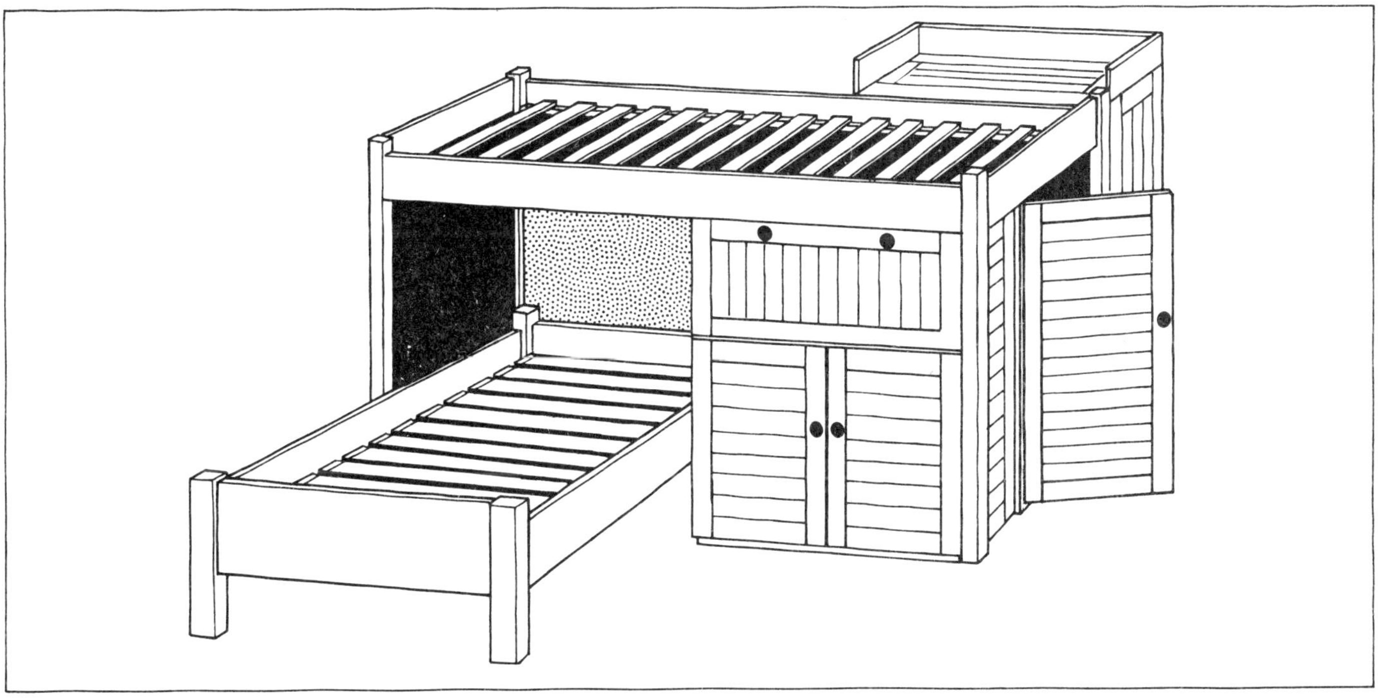

5 Das eine Bett krönt den Wohn- und Schlafturm, das andere hat seinen Platz in der »Schlafhöhle«. Jedes Element wird für sich gebaut und nach Plan (linke Seite) zusammengestellt. Sie sollten sich Einzelteile und Zusammenstellung zunächst in Ruhe ansehen und den Aufbau mit der Materialliste vergleichen, bevor Sie sich an den Einkauf des Materials machen. Wichtige Einzelheiten für den Zusammenbau werden auf Seite 166 erläutert.

kanten erhalten ein Deckfurnier. Dieses bringt man tunlichst vor dem Zusammenbau der Kästen an. So hat man die Gewähr, daß die Oberflächen der Kanten mit den angrenzenden Seiten bündig abschließen. Die Deckel dieser Kästen schlägt man mit Scharnieren oder Klavierband an. Damit sie bündig schließen, muß man die Bauteile an den entsprechenden Stellen ausfalzen.

Schränke und Regale

Sämtliche Seitenteile, Böden und Oberteile der Schrankelemente und des Sekretärs werden ebenso wie die Türen nach demselben System hergestellt: Rahmenleisten (Querschnitt 2 × 5,5 cm) erhalten an der Schmalseite Schlitze in der Breite, so daß die Profilbretter satt hineinpassen, im Regelfall also 10 mm. Die Eckverbindungen der Rahmen werden gezapft. Wem das Zapfen zu mühsam ist, der kann die Rahmen an den Ecken auch auf Gehrung schneiden oder überblatten und mit der Füllung verleimen.
Die auf diese Weise entstandenen Teile werden wie massive Platten stumpf aneinander geleimt und von außen durchgedübelt. Wer schon wieder an den nächsten Umzug denken muß, kann für diese Verbindungen auch Schrankverbinder nehmen, die sich leicht auseinandernehmen und wieder zusammenbauen lassen.
An je einer Längsseite erhalten die Seitenteile sowie die Böden und Oberteile einen 6 mm tiefen Falz für die Rückwände aus 4 mm dicker Hartfaserplatte.
Die Klappe des Sekretärs bekommt innen eine Einlage aus 6-mm-Sperrholz, die als Schreibfläche dient. In der offenen Stellung wird sie durch Bremsbeschläge gehalten, die auch ein Herunterfallen beim Öffnen verhindern.
Die Schubladen im Innenteil des Sekretärs sind aus massiven Fichtenbrettchen hergestellt. Es gibt sie aber auch samt Kästen in vielen Bastlergeschäften zu kaufen. Das untere Bett steht auf Rollen. So kann man es leichter beziehen.
Es genügt, wenn man Möbelrollen an die Füße des Kopfendes montiert. Das Bett steht dann fester; allerdings muß man das Fußende zum Herausziehen leicht anheben. Die Beine am Kopfende kürzt man um die Höhe der Rollen.

Zusammenbau, Oberflächen

Die einzelnen Möbelstücke des Schlaf- und Wohnturms werden nach dem Abbinden der Leimverbindungen geschliffen und einmal mit Schnellschleifgrund, dann zweimal mit der dazu passenden Mattierung gestrichen (Seidenmattglanz). Nun werden noch die Beschläge angebracht (Klappe und Türen). Die Einzelteile werden nach Plan zusammengestellt, sie brauchen nicht miteinander verbunden zu werden.

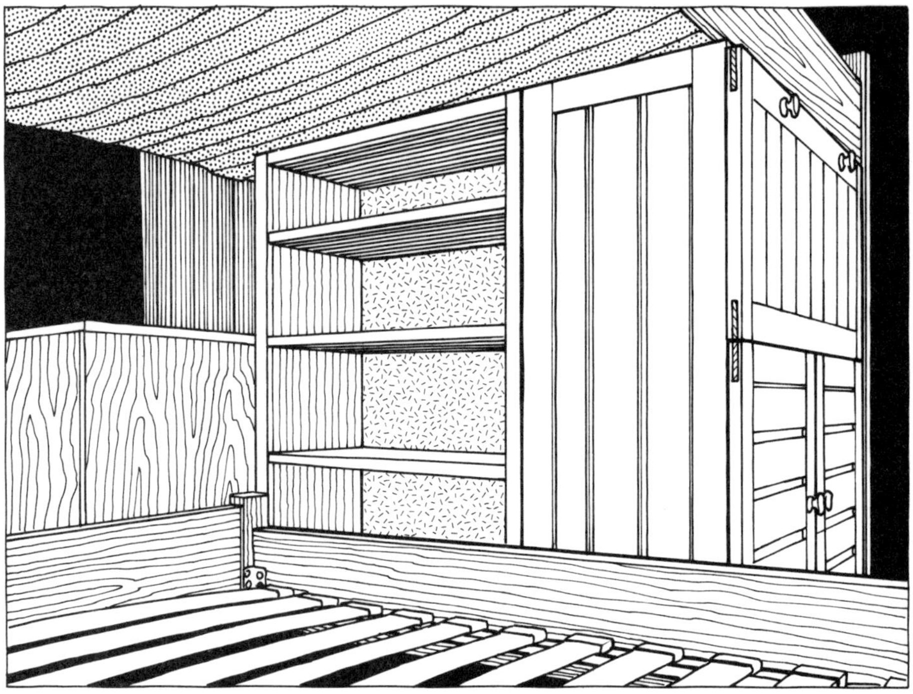

6 Ein Blick in die Nische mit dem unteren Bett. Die mit Rupfen bespannte Rückwand ist auf diesem Bild weggelassen, sie grenzt den Kopfteil des Bettes ab. Das Regal ist vom Bett aus zugänglich. Den Lattenrost aus vorgespanntem Holz (200 × 100 cm) kaufen Sie fertig ein.

7 Die Rahmen der Türen sind gezapft, die Seiten der Schränke wurden von außen durchgedübelt. Der Dübelansatz soll sichtbar bleiben.

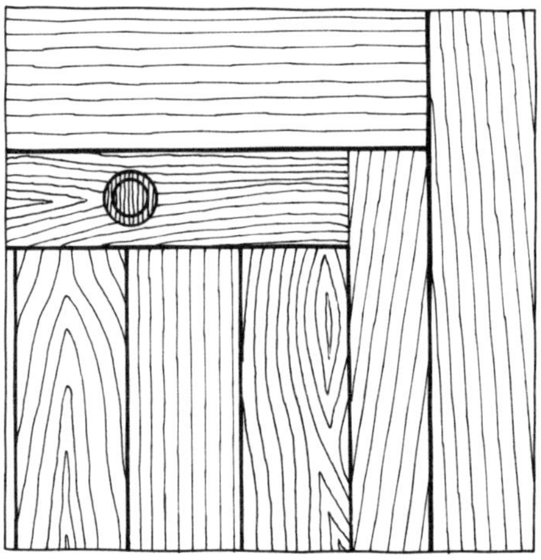

8 In der Klappe des Sekretärs, die hier abgebildet ist, laufen die Profilbretter senkrecht, in den Schranktüren dagegen überall waagerecht.

9 Die Schreibklappe des Sekretärs wird mit Klappenscharnieren angeschlagen, alle übrigen Türen befestigen Sie mit Topfscharnieren.

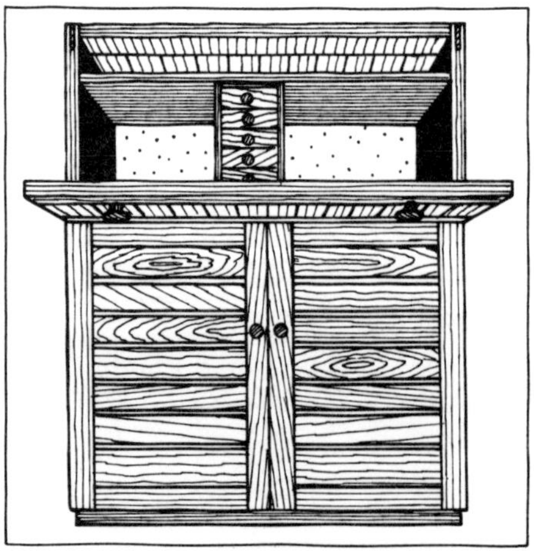

10 Der Schreibschrank bietet innen genügend Platz für alles, was zu einem Heimbüro gehört. Sehr hübsch ist die Idee der Schubladenreihe.

Reserve-Schlafplatz aus der Kiste

Raum ist in der kleinsten Hütte - besonders, wenn man das Reserve-Bett so klein machen kann wie unser Modell. Alles, was zum Bett gehört, nämlich Bettgestell, Lattenrost, Matratze und Ablagefach, hat in einer truhenähnlichen Kiste Platz, die 94 cm breit, 40 cm hoch und 50 cm tief ist. Wenn Sie diese »Seemannskiste« auch noch ansprechend bemalen, paßt sie als unauffälliges Möbel beinahe in jedes Zimmer - und das Gästebett ist in ein paar Minuten aufgeschlagen, wo immer Sie es hinstellen wollen. Wie es fertig aussieht, steht auf Seite 169.

Mit diesem Gästebett werden Sie Ihre Besucher verblüffen. Denn wer ahnt schon, daß sich in der vergleichsweise kleinen Truhe ein ganzes Bett mitsamt Matratze verbirgt? Baumaterial ist 20 mm dickes Fichtenholz, das man in Brettern, nach der Materialliste zugeschnitten, beim Holzhändler bestellen kann. Achten Sie darauf, daß alle Zuschnitte unbedingt rechtwinklig sind, sonst gibt es später, beim Montieren und Zusammenklappen der Scharniere, Schwierigkeiten. Außerdem sollte es sich um möglichst astfreies Holz handeln. Zumindest die Abschnitte, an denen Sie Zinken oder Scharniere anbringen müssen, dürfen nicht mit Ästen durchsetzt sein.

Der Aufbau des Bettgestells

Sehen Sie sich das Gestell erst einmal gründlich an, bevor Sie mit dem Zusammenbau beginnen. Bis auf zwei Gestellteile (vordere linke und hintere rechte Ecke) sind alle durch Scharniere verbunden. Die beiden erwähnten Ecken werden durch Zinken und Schwalbenschwänze verbunden. Damit fangen Sie an.

MATERIALLISTE

Alle Bretter Fichte, 2 cm dick

1 Brett 94 × 25 cm
1 Brett 94 × 20 cm
2 Bretter 90 × 16 cm
4 Bretter 76 × 20 cm
4 Bretter 76 × 16 cm
2 Bretter 38 × 20 cm
2 Bretter 36 × 16 cm

Deckel-Rahmenholz

2 Bretter 94 × 20 cm
2 Bretter 50 × 20 cm
1 Sperrholzplatte 4 mm dick, 94 × 50 cm
18 Hartholzleisten 1 cm dick, 4,5 × 89,5 cm

Kleinmaterial

12 Scharniere, 7 cm lang, 3,5 cm breit
ca. 80 Rampaschrauben, 8 mm Ø
6 Möbelrollen
2 Lederriemen mit Schnallen
1 Taschen- oder Koffergriff
1 Schaumgummimatratze, 90 × 190 × 5 cm
4 m Leinenband, 2 cm breit

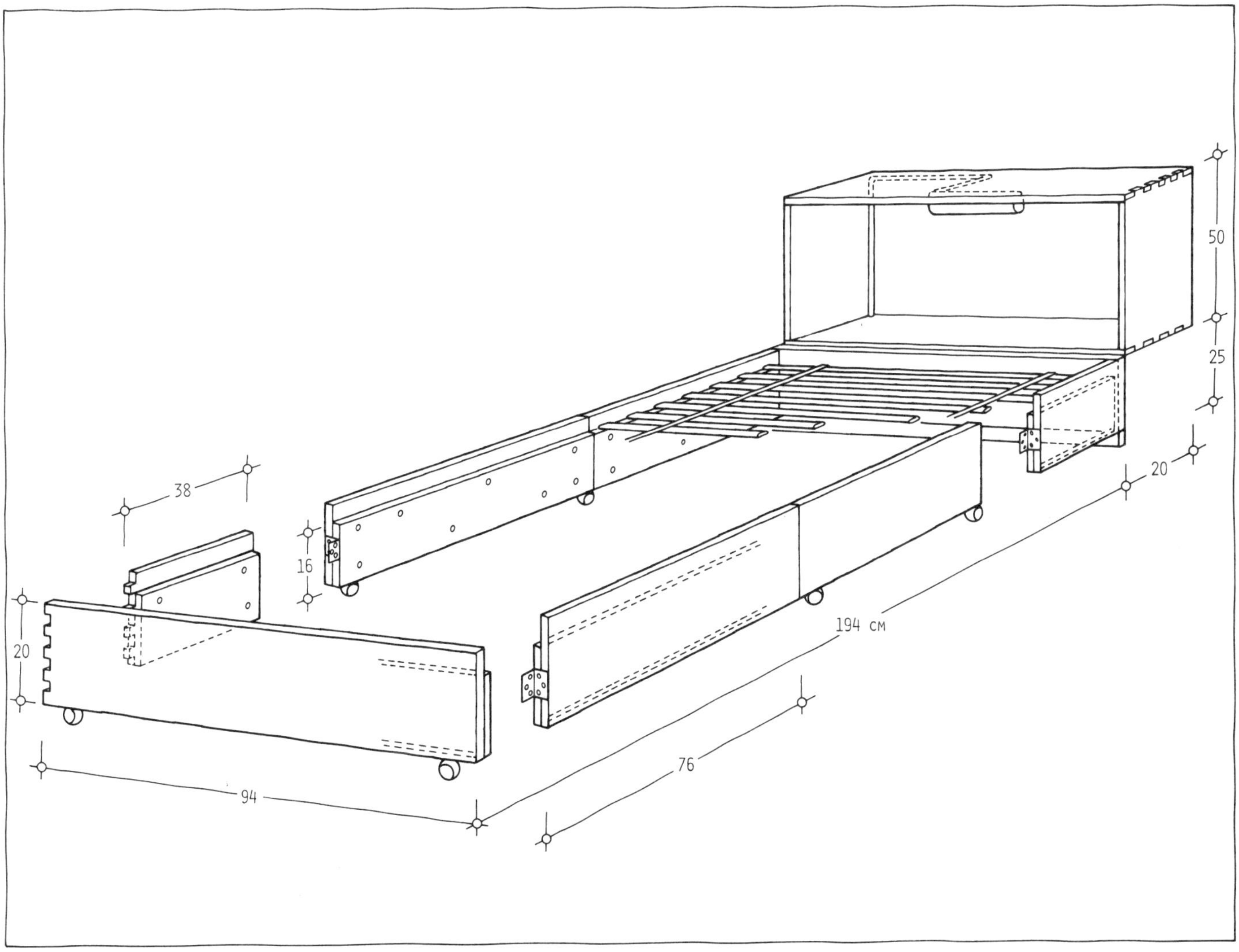

Wenn Sie Materialliste und Zeichnung vergleichen, werden Sie schnell wissen, welche Holzteile zusammen zu montieren sind. Beachten Sie dazu auch die Abbildungen auf Seite 169, die das Möbelstück sowohl eingepackt als auch aufgestellt zeigen. In den Bettkasten-Deckel läßt sich leicht eine kleine Opal-Röhrenlampe installieren, deren Kabel durch eine Bohrung auf der gegenüberliegenden Seite geführt wird.

Reißen Sie zunächst die Zinken an. Mit der Feinsäge wird holzstärkentief eingeschnitten, dann heben Sie das überflüssige Holz mit dem Stecheisen aus, zunächst bis zur Mitte von einer Seite aus, dann den Rest von der Rückseite her. Wenn die Zinken sauber ausgehoben sind, zeichnen Sie mit ihrer Hilfe auf den Gegenhölzern die Schwalbenschwänze an und legen sie nach dem gleichen Verfahren frei. Den ganzen Arbeitsgang des Zinkens können Sie auf Seite 120 noch einmal nachlesen.
Nach dem probeweisen Zusammenstekken werden die Zinkenverbindungen mit Leim eingestrichen und zusammengeschoben, dann bis zum Abbinden des Leims eingespannt. Anschließend leimen Sie an den beiden Winkelstücken die 16 cm breiten Bretter an, die später als Auflage für den Lattenrost dienen und überdies das ganze Gestell verstärken. Gleiche Bretter werden auch an alle übrigen Gestellbretter geleimt und zusätzlich (von der Innenseite her und damit unsichtbar) verschraubt.
Nun geht es über den Scharniereinbau. Damit die Seitenteile des Bettes später auch wirklich fluchten, wenden Sie einen kleinen Trick an: Spannen Sie jeweils die beiden Bretter, die mit einem Scharnier verbunden werden sollen, in die Werkbank ein. Die Bretter werden gemeinsam angerissen und entsprechend der Materialdicke des Scharniers mit einem scharfen Stecheisen ausgestemmt.
Nun legen Sie das Scharnier auf, reißen die Schraubenlöcher an und bohren sie vor. Es werden keine normalen Holzschrauben verwendet, sondern Rampa-Schrauben, deren mit einem Innengewinde versehenen Teil Sie in die vorgebohrten Löcher einschrauben. Anschließend befestigen Sie die Scharniere mit 4 mm dicken Gewindeschrauben. So erreichen Sie auch im Hirnholz eine sichere Befestigung und bannen die Gefahr, daß bei stärkerer Belastung des Bettes Holz ausbricht.
Sind sämtliche Teile des Bettrahmens verbunden, werden die Buchsen eingelassen, in denen die Möbelrollen mit Federringen gehalten werden. Danach kann man den Bettkastendeckel anfertigen. Er ist genauso groß wie der zusammengeschobene Bettrahmen. Die Eckverbindungen werden wiederum gezinkt. Anschließend leimen und schrauben Sie eine 4-mm-Sperrholzplatte als Deckel auf die Rahmenhölzer. Zusammengeklappt ergibt der Bettrahmen zugleich das Unterteil der Kiste.
Der Lattenrost wird aus 1 cm dicken und 4,5 cm breiten Hartholzleisten angefertigt. Legen Sie die einzelnen Leisten im 55-mm-Abstand auf den Boden und heften Sie mit der Heftmaschine (dem Tacker) ein 2 cm breites kräftiges Leinenband auf. Der Lattenrost läßt sich auf diese Weise leicht zusammenrollen und in der Kiste unterbringen. Ins Bettgestell eingelegt, sorgt er für dessen Stabilisierung.
Bettgestell und Kiste werden mit Schnellschliffgrund grundiert und mit Mattlack konserviert. Die Sperrholzplatte des Deckels wird grundiert und mit Buntlack gestrichen. Diese Fläche wird später mit farbiger Schrift oder Motiven verziert.

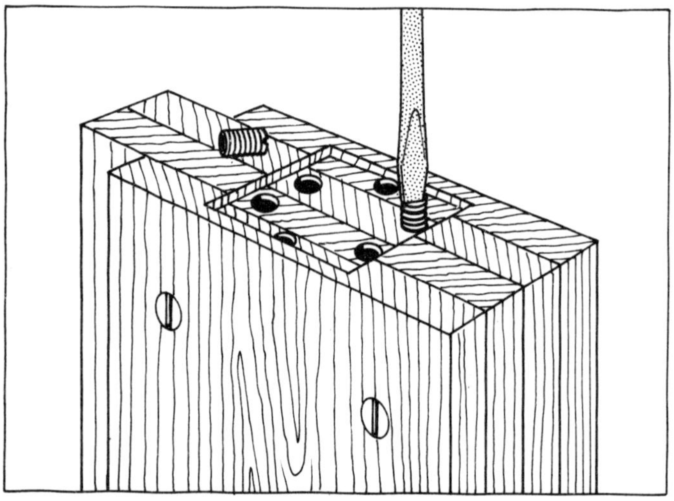

1 Die durch Scharniere zu verbindenden Teile werden gemeinsam eingespannt, angerissen und ausgestochen. In die vorgebohrten Löcher dreht man die mit einem Innengewinde versehenen Teile der Rampa-Schrauben.

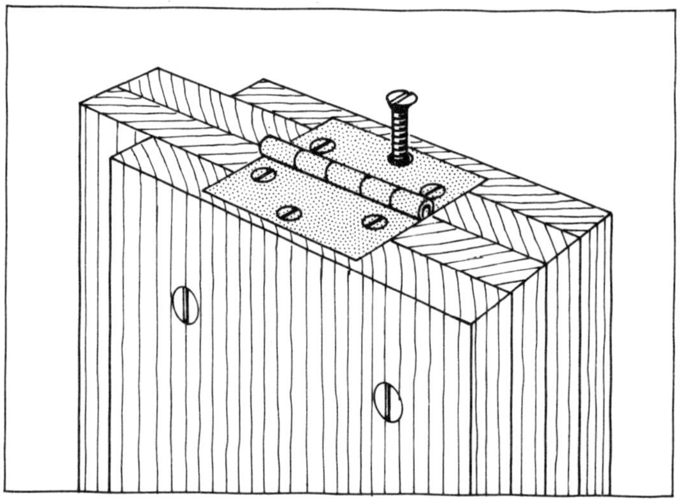

2 Zur Befestigung des Scharniers dienen 4 mm dicke Gewindeschrauben, die in die Innengewinde der Rampa-Schrauben gedreht werden. Auf diese Weise hält die Verbindung bombenfest. Das Hirnholz kann nicht ausbrechen.

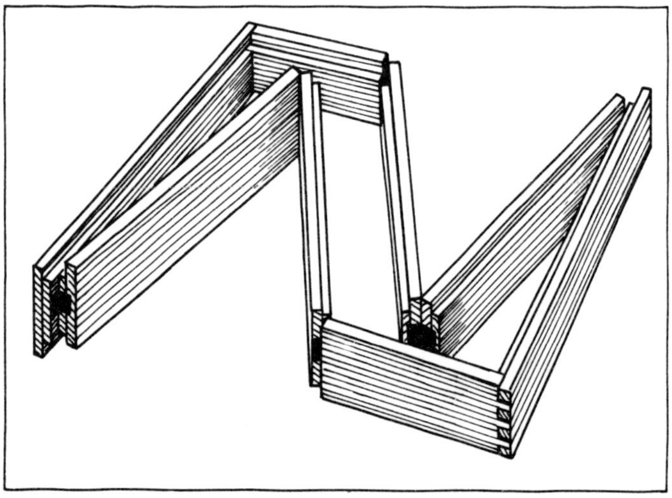

3 Auf dieser Zeichnung ist deutlich zu erkennen, an welchen Stellen der Bettrahmen mit Hilfe von Scharnieren zusammengefaltet ist. Im aufgeklappten Zustand wird das Gestell vom eingelegten Lattenrost stabilisiert.

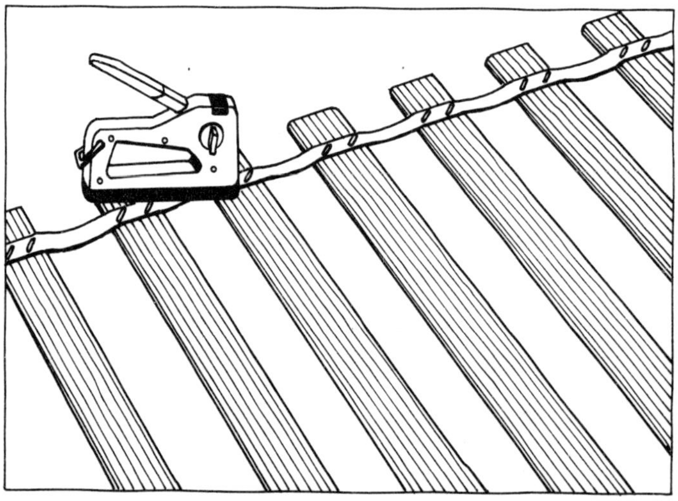

4 Der Lattenrost wird aus 1 cm dicken, 4,5 cm breiten Hartholzleisten angefertigt. Die Leisten im 55-mm-Abstand auslegen und mit der Heftmaschine ein 2 cm breites Leinenband aufheften, dann vor dem Auflegen umdrehen.

5 Das Gästebett in seiner Kiste. Eine dekorative Deckelbemalung, zwei kräftige Lederschnallen und ein aufgeschraubter Koffergriff lassen Ihr Gästebett wie eine Seekiste erscheinen. So kann sie überall aufgestellt werden.

6 Die bemalte Seekiste hat es »in sich«! Nämlich alles das, was Sie für einen überraschenden Schlafbesuch brauchen: Außer dem zusammengeklappten Bettgestell auch den Lattenrost und die aufgerollte Schaumstoffmatratze.

7 Hier fehlen nur noch ein Laken und die Bettdecke. Die Seekiste wurde auseinander gefaltet. Dabei kam das Bettgestell zum Vorschein, das mit der Kiste verbunden ist. Möbelrollen erleichtern den Ausklappvorgang. Wenn Sie nun den Lattenrost auseinander rollen und in das Gestell einlegen, wird es stabilisiert und behält seine Form. Anschließend legen Sie die Matratze auf. Der Deckel der Kiste dient als Buchablage. Er enthält auch eine Lampe.

Bett mit Regalumbau

Das Bett, das wir Ihnen hier vorstellen, ist so richtig geeignet für einen Faulenzer-Sonntagvormittag. Es enthält aber gleichzeitig auch noch eine Gästeliege. Ganz einfach: Zwei Matratzen liegen übereinander. Man braucht im »Gästefall« nur eine herauszunehmen und auf den Fußboden zu legen. Kissen und Decken sind ebenfalls im Bett versteckt: Zwischen den beiden Regalen ist eine Klappe, hinter der Raum für Bettzeug ist.

Als Material wählten wir kiefernfurnierte Spanplatte, die Sie fertig zugeschnitten kaufen sollten. Selbstverständlich können Sie auch ein anderes Furnier wählen oder die Spanplatte streichen. Es kommt darauf an, welche Oberfläche besser zu den anderen Möbeln in Ihrer Wohnung paßt.
Damit das recht zeitaufwendige Verleimen der Einzelteile entfällt, haben wir alles mit einteiligen Schrankverbindern zusammengebaut. Diese Verbindungsschrauben haben zylindrisch verlaufende Gewinde, die sich selbst in das Material eindrehen. Das erste Teil bekommt eine 8-mm-Bohrung, in die der obere Schaft paßt. Das zweite Teil muß dann bis zur vollen Schraubentiefe mit 5 mm aufgebohrt werden.
Sie können Zeit sparen, wenn Sie sich zwei Bohrschablonen anfertigen: Zwei schmale Flacheisen übereinander legen und mit dem 5-mm-Bohrer durchbohren. Eine der Schablonen muß mit dem 8-mm-Bohrer nachgebohrt werden. Achten Sie beim Herstellen der Schablonen darauf, daß sie bündig aufeinanderliegen.
Sie brauchen dann auch nur noch jeweils mit zwei Kanten bündig auf die Spanplatten gelegt zu werden.
Wichtig: Bevor Sie bohren, sollten Sie alle Kanten mit aufbügelbarem Furnier versehen. Dann müssen Sie die Seiten und Böden der Schränke fälzen, um später die Rückwand einlassen zu können.
Jetzt alle Flächen schleifen, grundieren und mattieren. Danach können Sie alles zusammenschrauben.
Die kleinen Nachtschränke bekommen Türen, die an Klavierbändern angeschlagen werden. Schöne, gedrechselte Knöpfe dienen als Griff und werden von hinten aufgeschraubt. Die zwischen den Seiten sitzende Blende verdeckt vier Rollen. Ein kleines Kissen vervollständigt den Schrank zum Sitzplatz.
Im Bett werden von innen gehobelte Dachlatten an die Seiten geleimt und geschraubt. Sie tragen den Lattenrost. Der Abstand der Latten zur Bettoberkante richtet sich nach der Dicke Ihrer Matratzen. Die obere sollte etwa um die Hälfte der Dicke im Rahmen liegen. So können Sie diese leichter herausnehmen.
Den Lattenrost können Sie fertig kaufen oder auch selbst bauen: Auf ein Gurtband 4 cm breite und etwa 8 mm dicke Raminholzleisten heften. Das Gurtband an allen vier Enden mit kleinen Nägeln auf den Dachlatten befestigen. An das Zwischenstück des Bettes, das um die Tiefe der Regale zurückspringt, die verschraubte, L-förmige Klappe anschlagen. Als Scharnier wählten wir ebenfalls Klavierband aus Messing.
Gehalten wird die Klappe durch zwei Magnetschnäpper, die an den aufrechten Bettseiten sitzen. Kaufen Sie keine zu starken Schnäpper, damit Sie die Klappe durch einen leichten Handdruck umlegen können.
Wenn sich die beiden Schnäpperteile doch schwer lösen: Zwei oder drei Klebestreifen auf den Magneten setzen! Die Rückwand des Bettes ist gleichzeitig die Rückwand des Kastens.

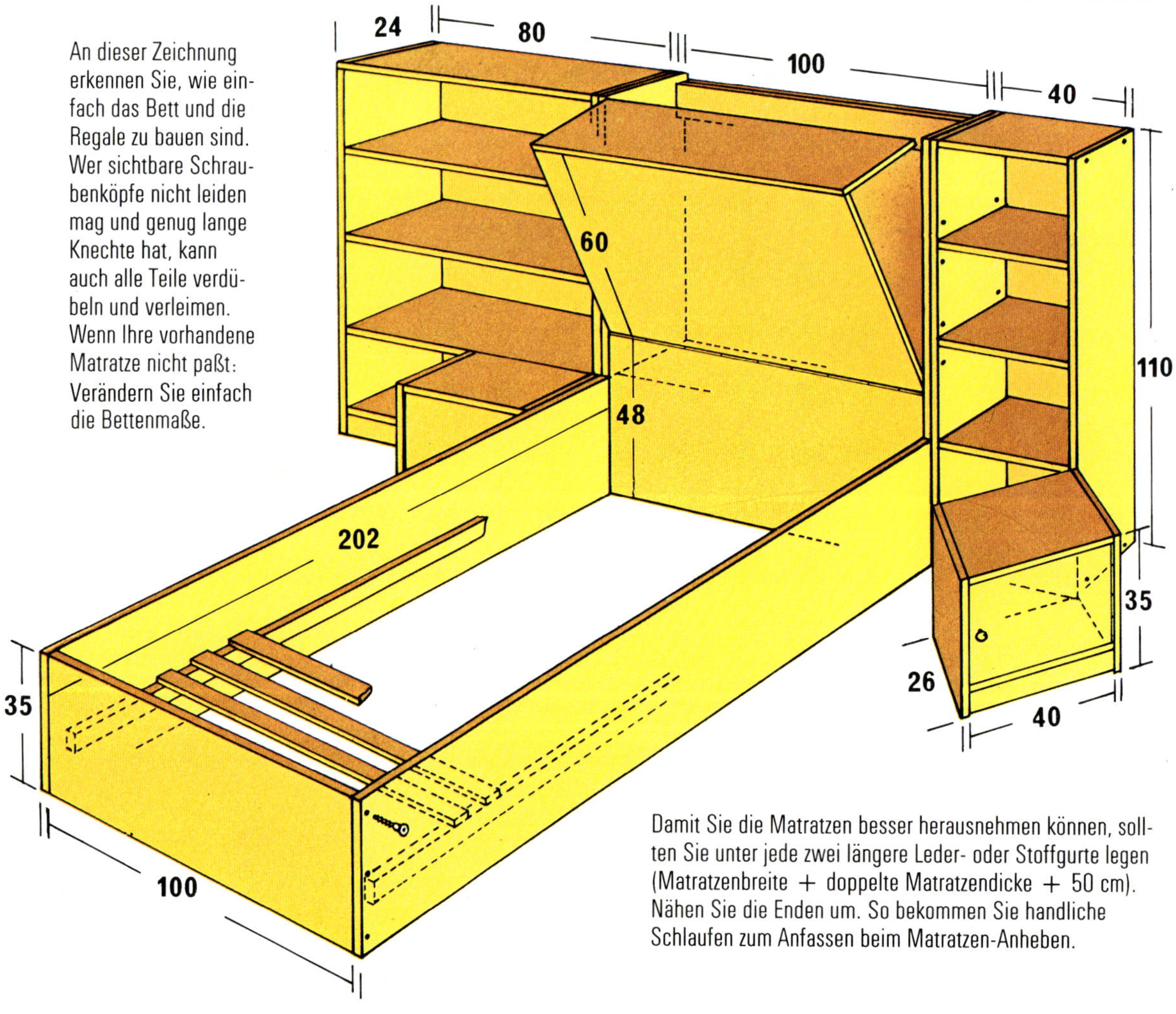

An dieser Zeichnung erkennen Sie, wie einfach das Bett und die Regale zu bauen sind. Wer sichtbare Schraubenköpfe nicht leiden mag und genug lange Knechte hat, kann auch alle Teile verdübeln und verleimen. Wenn Ihre vorhandene Matratze nicht paßt: Verändern Sie einfach die Bettenmaße.

Damit Sie die Matratzen besser herausnehmen können, sollten Sie unter jede zwei längere Leder- oder Stoffgurte legen (Matratzenbreite + doppelte Matratzendicke + 50 cm). Nähen Sie die Enden um. So bekommen Sie handliche Schlaufen zum Anfassen beim Matratzen-Anheben.

MATERIALLISTE (Maße in cm)

Bett

2 Seiten	226 × 35 × 1,9[1])
1 Seite	100 × 35 × 1,9[1])
2 Leisten für die Matratze	196 × 6 × 4 Kiefer

Bettkasten

1 Boden	103,5 × 24 × 1,9[1])
1 Boden	100 × 22 × 1,9[1])
1 Klappenteil	103,5 × 60 × 1,9[1])
1 Bettseite	100 × 49,5 × 1,9[1])
1 Rückwand	104 × 102 × 0,4[2])

Bettregale

4 Seiten	110 × 24 × 1,9[1])
2 Böden	80 × 24 × 1,9[1])
2 Böden	40 × 24 × 1,9[1])
3 Einlegeböden	80 × 22 × 1,9[1])
3 Einlegeböden	40 × 22 × 1,9[1])
2 Sockelleisten	80 × 4 × 1,9[1])
2 Sockelleisten	40 × 4 × 1,9[1])
1 Rückwand	104 × 82 × 0,4[2])
1 Rückwand	104 × 42 × 0,4[2])

[1]) = Spanplatten Kiefer furniert
[2]) = Sperrholz, Kiefer furniert

Beistellschränke

4 Seiten	35 × 26 × 1,9[1])
4 Böden	40 × 26 × 1,9[1])
2 Türen	40 × 29 × 1,9[1])
4 Sockelleisten	40 × 4 × 1,9[1])
2 Rückwände	42 × 31 × 0,4[2])
24 Bodenträger mit Hülsen	
8 Rollen	
Einteilverbinder	
Klavierband, 1,70 lfdm	

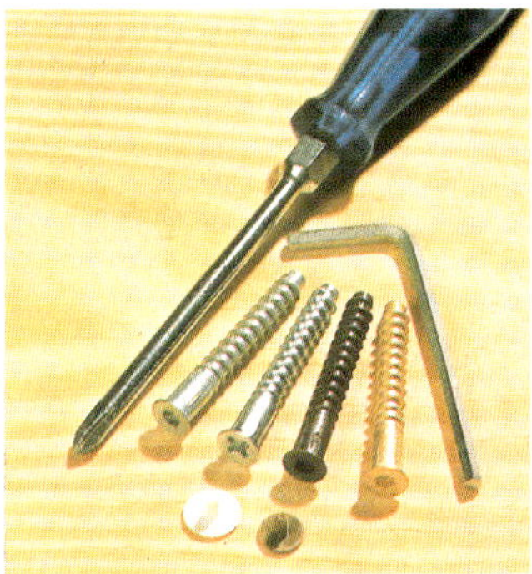

1 Bett und Schrank werden mit Einteilverbindern (Spezialschrauben) schnell zusammengebaut.

2 Bohrschablonen aus Flachstahl erleichtern die Arbeit. So sitzen alle Löcher an der richtigen Stelle.

3 Unter die kleinen Nachtschränke haben wir Möbelrollen geschraubt. Sie sitzen auf Holzklötzchen.

4 Die Unterseite eines Nachtschränkchens mit den vier parallel angeschraubten Rollen.

5 Das Innenleben des Kastens für Bettzeug. Die Klappe ist mit Klavierband aus Messing angeschlagen.

6 Wenn man das kurze Seitenbrett abschraubt, kann man sogar Koffer unter den Rost schieben.

7 Die kleinen Nachtschränke sind so stabil, daß man sie auch als Hocker verwenden kann. In diesem Fall wird ein passendes Kissen aufgelegt. Bei der Verwendung als Sitzmöbel sollten Sie jedoch besser auf das Unterschrauben von Gleitrollen verzichten, sonst rollt Ihnen der Sitz davon.

8 Auch wenn Sie nur eine kleine Werkstatt haben, können Sie das Bett und die Schränke bauen. Hier sehen Sie die fertig montierten Einzelteile der Kombination. Als Material haben wir in erster Linie mit Kiefer furnierte 19-mm-Spanplatten verwendet, für die Rückwände ebenso furniertes Sperrholz.

Eine Wiege für Ihr Jüngstes

Das Schönste an der Wiege sind die alten, materialgerechten Holzverbindungen: Zapfen und Keile. Wenn Sie sich das Holz laut Materialliste beim Tischler zuschneiden lassen, brauchen Sie keine kostspieligen Maschinen. Vier Keile halten die ganze Wiege stabil zusammen.

Die Wiege, sowohl für den jüngsten Sproß der Familie als auch (in kleiner Ausführung) für Puppenkinder geeignet, wurde aus massivem Eschenholz gebaut. Sie werden beim Tischler oder in der Holzhandlung emsig danach suchen müssen – nicht jeder hat es vorrätig. Lassen Sie sich alle Teile hobeln und maßgerecht zuschneiden.

Zuerst müssen Sie an den Beinen die Zapfenlöcher für die oberen, kurzen Zargen anreißen. Diese Zargen sitzen 5 mm unterhalb der Beinenden. So brauchen Sie später die Teile nicht bündig zu putzen. Die Zapfenlöcher sind 4 cm lang und beginnen 6 cm vor den Beinenden. Da alle Rahmenteile 5,5 cm breit sind, müssen die Zapfen einseitig abgesetzt werden.

Die nächste Arbeit: Bohren oder stemmen Sie die Zapfenlöcher für die Längszargen aus. Die Löcher sind 3,5 cm lang und 2,5 cm breit. Der Abstand vom Bein-

MATERIALLISTE
(Maße in cm)

Esche massiv	
4 Beine	52 × 5,5 × 2,5
2 Querzargen	52 × 5,5 × 2,5
2 Längszargen	108 × 5,5 × 2,5
2 Kufen	75 × 10 × 2,5
4 Keile	8 × 2,5 × 1
Buche massiv	
2 Dübelstangen	96 × 2 Ø
2 Dübelstangen	53 × 2 Ø
Sperrholz	
1 Boden	90 × 50 × 0,8
Zubehör	
1 Matratze	90 × 50
Markisenstoff:	1 Stück 102 × 96 1 Stück 156 × 56

(einschließlich Saumzugabe)

Ob Sie es als erstes Bett für Ihr Jüngstes bauen oder verkleinert als Puppenwiege für Ihre Älteste, dieses schöne Möbel aus massivem Eschenholz wird alle in der Familie begeistern. Denn in einer solchen Wiege muß sich einfach jedes Kind (oder auch jedes Puppenkind) wohlfühlen. Der buntgestreifte Stoff paßt sehr gut zu dem edlen Massivholz. Umfallen kann die Wiege nicht; die langen Kufen sorgen für sicheren Stand – und für sehr sanftes Wiegen.

ende bis Oberkante Zapfen: 6,5 cm. Die Zapfen beidseitig 1 cm absetzen.
In diesen Zapfen das Loch für den Keil bohren und ausstemmen. In der Bauzeichnung erkennen Sie, daß dieses Loch noch in das Bein hineinragt. Dafür gibt es einen guten Grund: Wenn das Holz nicht ganz trocken ist, schwindet es noch. Das Bein würde dann dünner und das Zapfenloch eventuell außerhalb des Beines sitzen. Dann kann man auch den Keil nicht richtig festsetzen.
Die Kufen sind 10 cm breit und 75 cm lang. Der Radius beträgt 95 cm. Spannen Sie das Kufenbrett fest. Dann in eine Hilfslatte, 85 cm vom Ende, einen Nagel einschlagen. An diesem Nagel ein Band mit einem Bleistift befestigen. Die Latte muß im Winkel von 90° an die Mitte der Kufe gelegt werden. So bekommen Sie einen großen Zirkel, mit dem Sie die Rundungen anreißen können. Mit der Stich- oder Laubsäge die Kufen ausschneiden.
Jetzt müssen die Rundstäbe für den Stoffbezug eingebohrt werden. Sie werden nicht eingeleimt, damit man den Stoff später darüberschieben kann. Die langen Stäbe sitzen 15 mm unter den langen Zargen in den Beinen, die kurzen Rundstäbe 25 mm unter den Querzargen, aber in dem langen Rahmen (siehe Bauzeichnung auf dieser Seite).
Beine und Kufen werden verzapft. Die Zapfen der Beine sind 2,5 cm lang und genauso breit wie die Beine. Kufen, Beine und Querzargen verleimen.
Jetzt brauchen Sie nur noch die Kanten zu brechen und die Oberfläche zu grundieren und zu mattieren.
Der Holzcharakter bleibt am besten erhalten, wenn Sie das Eschenholz mit Schnellschliffgrund vorstreichen, dann schleifen und ein- bis zweimal seidenmattglänzend überziehen. Achten Sie dabei besonders auf die farbansaugenden Hirnholzflächen; sie vertragen einen zusätzlichen Anstrich.

Die Stoffbespannung

Den Zuschnittplan für den Stoff sehen Sie auf Seite 174. Die Pfeile zeigen den Fadenverlauf. Die Maße enthalten keine Saumzugabe. Der Saum ist 8 cm breit. 1 cm wird nach innen umgelegt und ganz eng am Rand festgesteppt. Dann ist der Saum noch 3,5 cm breit. Dort, wo der Stoff übereinanderliegt, wird er vernäht.
Auf die doppelte Lage Stoff einen Boden aus 8 mm dickem Sperrholz legen. Darauf kommt dann die Matratze. Wichtig: Überprüfen Sie am Anfang öfter mal die Keile, falls das Holz nicht ganz trocken ist.

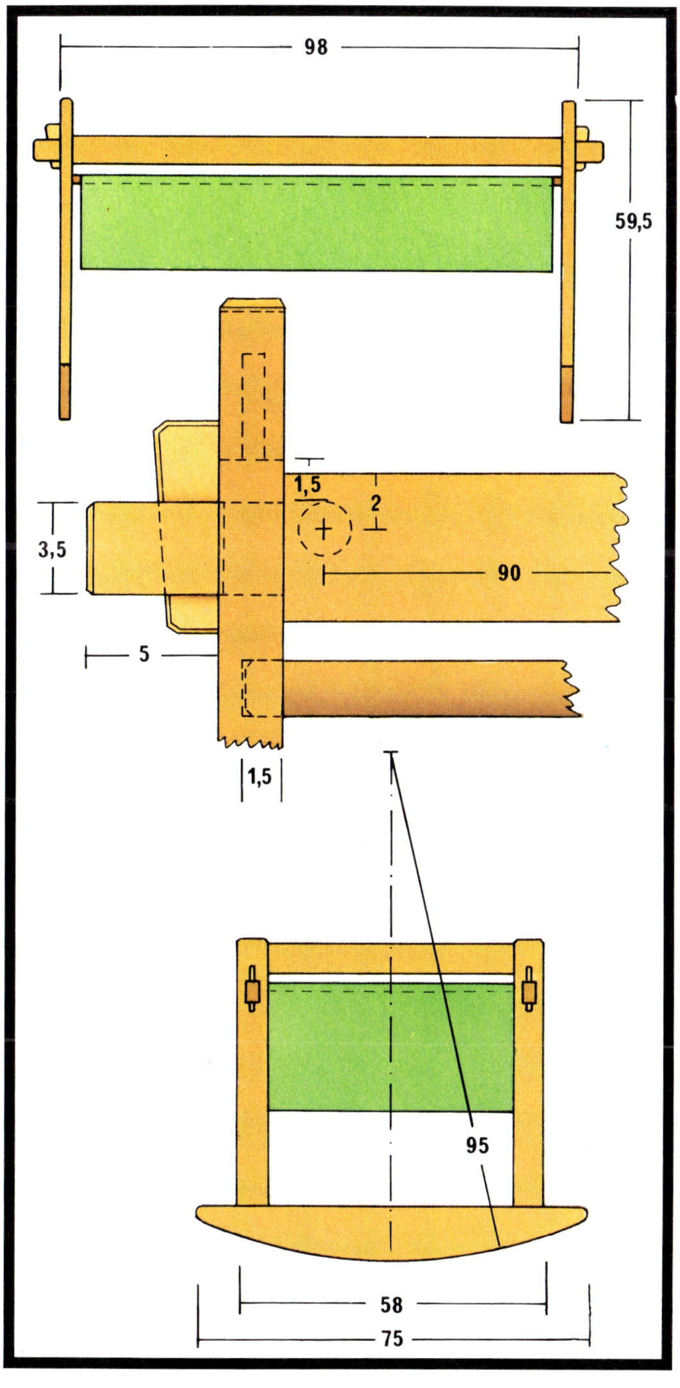

1 An den Schmalseiten der Beine die Zapfenlöcher für die kurzen Querzargen anreißen. Damit alle Löcher wirklich gleich werden, sollten Sie die Beine zum Anzeichnen zusammenspannen. Harten und spitzen Bleistift verwenden.

2 Mit einem Langlochbohrer die Zapfenlöcher 2,7 cm tief und 4 cm lang ausbohren. Werkstück dabei in den Bohrständer einspannen.

3 Die durch das Ausbohren entstandenen Rundungen müssen gerade und sauber weggestochen werden (8-mm-Stecheisen nehmen).

4 Den Zapfen können Sie am besten mit der Feinsäge absetzen. Sie schneidet am genauesten, wenn sie scharf ist. Achten Sie darauf, daß der Zapfen nicht zu dünn gerät – er hat dann im Zapfenloch keinen Halt.

5 Hier zeigen wir Ihnen, wie das Gestell für die Wiege zusammengebaut wird. Stecken Sie die langen Zargen mit den vier Rundstäben, über die Sie die Bespannung ziehen, in den Rahmen. Dann die Keile festschlagen.

6 16 mm unter dem Loch für die Querstücke müssen weitere Zapfenlöcher gebohrt werden. Sie sind für die langen Querzargen bestimmt.

7 Das verkeilte Rahmenstück bekommt einen abgesetzten Zapfen von 3,5 cm Breite und 7,5 cm Länge. Er wird mit der Feinsäge ausgeschnitten.

8 Auf der festgespannten Stichsäge können Sie die Kufen sauber ausschneiden. Die breiteste Stelle ist 10 cm. Die Kanten sauber runden.

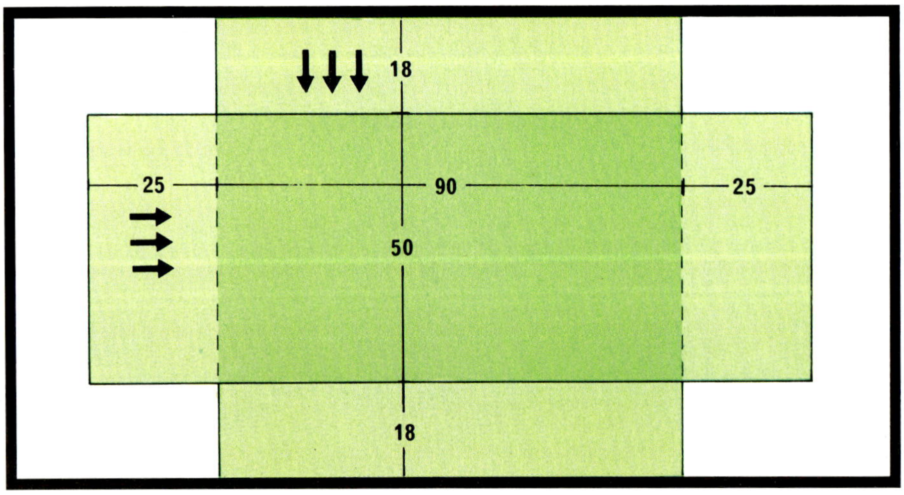

9 Nach diesem Schema schneiden Sie den Stoff für die Bespannung der Wiege zu. Der Boden hat eine doppelte Stofflage. Die Pfeile zeigen den Fadenverlauf. Die Maße enthalten keine Saumzugabe. Der Saum ist 8 cm breit. 1 cm legen Sie nach innen um und steppen am Rand fest.

10 Ein selbstgebauter Verleimrahmen hilft Ihnen, die Kufen mit den Beinen zu verleimen. Dabei müssen Sie den rechten Winkel genau kontrollieren.

Wände, Fenster, Türen

1
2
3
4
5
6
7
8
9

Bauplattenkunde für Heimwerker

Geben Sie Innenwänden und Decken ein neues Gesicht! Wir stellen Ihnen Baustoffplatten vor, mit denen Sie Ihre Wohnung modernisieren können. Die Räume werden nicht nur schöner, sondern gleichzeitig gegen Feuchtigkeit, Schall und Kälte gedämmt. Verwenden Sie für jeden Zweck das richtige Material – und die richtige Anbringungstechnik.

Für Wandverkleidungen gibt es unzählige Möglichkeiten – dezente und aufregende, klassische und moderne. Bevor wir uns einige Platten näher ansehen, hier zunächst ein Exkurs über Hauswände.

Was man von Wänden wissen muß

Wandbaustoffe müssen standsicher und tragfähig sein, wenn die Wände ihre Aufgabe, die Decken und das Dach zu tragen, erfüllen sollen. Zugleich sollen die Wände aber auch vor Kälte und Hitze schützen. Es ist nicht ganz einfach, beide Forderungen unter einen Hut zu bringen. Denn eine Wand, die nach den Berechnungen des Statikers nicht dicker gemacht wird, als es ihre Standsicherheit und Tragfähigkeit verlangt, ist bei Verwendung herkömmlicher Wandbaustoffe oft für den Kälte- und Wärmeschutz zu dünn. Wollte man sie so dick machen, wie es erforderlich wäre, um Kälte und Wärme abzuhalten, käme das einer kostspieligen Verschwendung von Baumaterial gleich. Die Wände moderner Häuser werden deshalb im allgemeinen aus Baustoffen errichtet, die beiden Forderungen weitgehend entsprechen. Weil in Poren oder Kammern eingeschlossene Luft wirksam vor Wärmeverlust und gegen das Eindringen von Kälte schützt, verwendet man Lochziegel und Hohlblocksteine (mit Luftkammern) oder Steine aus Porenbeton und -ton (mit Luftporen). Außerdem kann man Wände mit Dämmplatten der unterschiedlichsten Zusammensetzung so abdämmen, daß die Wärme drin und die Kälte draußen bleibt.
Alles über das Tapezieren lesen Sie bitte ab Seite 27 nach. Ab Seite 38 finden Sie Einzelheiten über Wandbespannungen. Alles über Holz-Wandverkleidungen ist ab Seite 180 nachzulesen, unser Fliesen-Lehrgang steht auf Seite 183. Hier zunächst ein Überblick über Bauplatten für sichtbare und unsichtbare Wandbeläge und -verbesserungen. Die in Klammern gesetzten Ziffern verweisen dabei auf die Abbildung auf der linken Seite.

Baustoffplatten, mit denen Sie Ihre Wohnung modernisieren können (links). Die Abbildung zeigt folgende Muster: 1 glatte Gipskartonplatte, 2 gelochte Gipskartonplatte, 3 Holzwolle-Leichtbauplatte, 4 Dämmplatte, 5 Bitumenplatte, 6 Hartschaumplatte, 7 Mineralfaserplatte, 8 Spanplatte, 9 Hartfaserplatte. Was es mit den Platten auf sich hat und wofür man sie beim Innenausbau der Wohnung verwendet, wird im Text erläutert.

Foto auf Seite 175: Wandverkleidungen aus Holz machen jedes Zimmer gemütlich. Was man über die fachgerechte Anbringung von Profilbrettern und Paneelen wissen muß, finden Sie auf Seite 180.

Gipskartonplatten

Sie sind vielseitig verwendbar, zum Beispiel beim Ausbau von Dachgeschossen, für Wand- und Deckenverkleidungen oder für Zwischenwände. Man kann sie direkt an die Wand kleben oder auch auf einem Lattengerüst verlegen. Es gibt schwer entflammbare Gipskartonplatten in den Maßen 2,5 × 1,25 m und 12,5 mm dick und normale Platten in den Maßen 2 × 1,25 m und 9,5 mm dick.
Außer den Platten mit glatter Oberfläche (1) gibt es auch solche mit Lochung (2). Mit diesen Platten werden vor allem Dekken verkleidet. Es gibt sie in drei verschiedenen Lochmustern. Für den Heimwerker empfiehlt es sich, die kleinformatigen Platten zu nehmen, die 60 × 40 cm groß und 9,5 mm dick sind. Verkauft werden sie in Kartons zu 10 Stück.
Verarbeitungshinweise für Gipskartonplatten siehe Seite 182.

Holzwolle-Leichtbauplatten

Sie dienen zur Schall- und Wärmedämmung an Decken, Wänden und Böden. Als Oberflächenverkleidung kommen sie nicht in Frage. Die mit ihnen verkleideten Flächen werden im allgemeinen verputzt. Holzwolleplatten (3) sind 2 × 0,50 m groß. Gängige Dicken sind 15, 35 und 50 mm. Es gibt auch Kombinationsplatten aus Holzwolle- und Hartschaumschichten mit verstärkter Dämmwirkung.

Dämmplatten

Sie sind bedeutend lockerer in der Materialstruktur als Leichtbauplatten. Deshalb ist der Dämmwert geringer. Ihrer weichen Oberfläche wegen sind sie als Wandverkleidung kaum geeignet: Jeder Stoß oder Schlag würde sich durchdrücken. Als Dämmaterial weitgehend von Hartschaumplatten verdrängt, spielen sie im Leichtbau (etwa von Trennwänden in der Wohnung) nur noch eine geringe Rolle. Größe 2 × 1 m gibt es 6 und 8 mm dick, Größe 2,44 × 1,22 m dagegen 10 und 12 mm dick (4).

Bitumenplatten

Dabei handelt es sich um eine mit Bitumen getränkte Dämmplatte, die deswegen weitgehend gegen Feuchtigkeit geschützt ist (5). Bitumierte Platten eignen sich zur Abdämmung von Fußböden, sie geben einen guten Trittschall- und Wärmeschutz. 2,50 × 1,25 m groß und von 10 bis 50 mm dick in unterschiedlichen Stärken im Handel.

Hartschaumplatten

Gutes Dämmaterial für Wand, Decke und Fußboden. Hartschaum als Plattenware (6) wird meist vor der Montage von Gipskartonplatten auf die Wand geklebt, um Schall- und Wärmedämmung zu verbessern. Man kann auch Wandverkleidungen, die auf Lattengerüste geklebt oder geschraubt werden, damit hinterfüttern. Hartschaumtapeten werden oft als Untertapeten verwendet, wenn eine Wand gedämmt werden soll. Platten gibt es 1 × 0,50 m groß und 1 bis 5 cm dick. Beim Verkleben muß Spezialkleber verwendet werden – normaler Kunststoffkleber löst das Material auf.

Mineralfaserplatten

Dieses Material läßt sich als dämmende Auflage beim Bau von Leichtbauwänden, vor allem auch beim Dachgeschoßausbau, verwenden. Es hat wärmedämmende und schallschluckende Eigenschaften und ist nicht brennbar, hält aber einmal eingedrungene Feuchtigkeit fest. Mineralfaserplatten gibt es auch kombiniert mit Papierauflage oder Aluminiumfolie. Die abgebildeten Platten (7) werden in der Größe von 1,25 × 0,60 m hergestellt, sie sind in Dicken von 40 bis 140 mm im Handel.

Spanplatten

Als Baumaterial für den Heimwerker wurden die Spanplatten schon auf Seite 42 besprochen. Mit dünneren Spanplatten (8) kann man Wände verkleiden und Leichtbauwände überziehen, sollte aber zwischen Wand und Platte stets Dämmaterial anbringen, da die Platte selbst praktisch nicht wärme- oder schalldämmend wirkt. Dickere Platten kann man mit Schraubnägeln auf alten Holzfußböden verlegen, um eine neue Unterlage für einen Teppich- oder Kunststoffbelag zu bekommen.

Hartfaserplatten

Für sie gilt, was schon für die Spanplatten gesagt wurde: Bei Wand- oder Deckenverkleidungen muß unter Hartfaserplatten (9) Dämmaterial angebracht werden. Die Platten verlegt man auf einem Lattengerüst wie Holzverkleidungen (Seite 180).

Was man vom richtigen Dübeln wissen muß

Wenn die Wand so hart ist, daß weder ein Nagel eingeschlagen noch eine Schraube eingedreht werden kann, gibt es nur einen Ausweg, trotzdem für eine Befestigungsmöglichkeit zu sorgen: Man muß an der betreffenden Stelle einen Dübel einsetzen. Dübel sind so konstruiert, daß sie sich beim Eindrehen einer Schraube gegen die Wände des Bohrlochs spreizen (deshalb »Spreizdübel«) und dabei so fest verankern, daß eine Dübelbefestigung bombenfest hält – vorausgesetzt, sie wurde fachgerecht angelegt.

Voraussetzung jeder Dübelbefestigung ist das Loch in der Wand. Es soll so tief sein, daß der Dübel bequem hineinpaßt – im äußersten Fall ein bißchen tiefer –, und sein Durchmesser soll nur wenig größer ausfallen als der Dübeldurchmesser.
Die genaue Bohrtiefe kann man sehr einfach kontrollieren: Man klebt um den Bohrer einen Klebstreifen-Ring – und zwar so, daß der Abstand zwischen Bohrerspitze und Klebstreifen genau der gewünschten Bohrtiefe entspricht. Bei der Arbeit achtet man darauf, wann der Klebstreifen die Wand erreicht: Jetzt ist das Loch tief genug.
Auf keinen Fall darf der Dübel im Bohrloch zuviel Spielraum haben, weil er sonst keine haltbare Befestigung mehr garantiert. Wenn das Bohrloch zu groß geraten sein sollte, bleibt nur der Ausweg, einen größeren Dübel zu verwenden. Der paßt dann allerdings nicht mehr zur vorgesehenen Schraube. Abhilfe: In den größeren Nylondübel einen kleineren, um 90 Grad verdreht (Vierteldrehung), hineinstecken.

Bohrtechnik und Bohrfehler

Die meisten Elektrobohrmaschinen sind heute mit eingebauter Schlagbohrvorrichtung versehen (bei älteren Maschinen kann man einen Schlagbohrsatz anbauen).
Beim normalen Bohrbetrieb ist die Schlagbohreinrichtung ausgeschaltet. Sie wird nur zum Schlagbohren eingerückt. Herkömmliche Spiralbohrer dürfen Sie zum Schlagbohren nicht verwenden, sondern nur Spezialbohrer mit an der Spitze eingesetzten Hartmetallstückchen.

Dübel u. Bohrer mm Ø	Dübellänge mm	Nägel u. Schrauben von bis mm Ø
4	20	2- 3
5	24	2,5- 4
6	30	3,4- 5
8	40	4,5- 6
10	50	6- 8
12	60	8-10
14	70	10-12
16	80	12-14
20	100	14-16

Daß der Bohrer den gleichen Durchmesser haben muß wie der Dübel, ist bekannt. Die Tabelle zeigt, welche Nägel und Schrauben zu den jeweiligen Dübeldurchmessern verwendet werden können.

Auch in diesem Fall muß der Bohrer den gleichen Durchmesser haben wie der Dübel. Da Hartmetallbohrer nicht billig sind, sollten Sie sich an zwei bis drei Standardgrößen für Bohrer und Dübel halten – etwa vier und sechs Millimeter Durchmesser.
Schlaggebohrt wird normalerweise mit niedriger Drehzahl. Das Bohrgerät muß kräftig gegen die Wand oder Decke gepreßt werden. Bei Wandbohrungen kann man den herabrieselnden Bohrstaub mit einer kleinen Tüte auffangen, die man dicht unter das Bohrloch klebt.
Keramische Fliesen bohrt man bei abgeschalteter Schlagautomatik durch. Für das Mauerwerk hinter den Fliesen schaltet man sie dann wieder ein.
Häufig kommt es vor, daß der Putz im Bereich des Bohrlochs ausbricht. Der Putzschaden wird nach dem Einsetzen des Dübels mit Füllstoff verspachtelt – das ist kein Beinbruch.
Wenn das Bohrloch auf eine Mauerfuge trifft, hat der Dübel manchmal zuwenig Halt. Wenn es nicht möglich ist, das Loch in sicheres Mauerwerk zu verlegen, nimmt man am besten einen längeren Dübel (und eine ebensolche Schraube).
Beim Bohren in Betonwänden oder -decken kann man auf Baustahleinlagen stoßen. Hier sollte man nicht weiterbohren, weil die Tragfähigkeit der Konstruktion gefährdet werden könnte. Also bohrt man einige Zentimeter darüber oder daneben ein neues Loch.
Kritisch kann die Bohrerei werden, wenn man auf eine in der Wand verlegte elektrische Leitung stößt. Wenn man keine andere Möglichkeit hat, den Leitungsverlauf zu erkunden, kann man sich ein Metallsuchgerät leihen oder kaufen, das auch Wasser- oder Gasleitungen (und natürlich auch Baustahleinlagen) anzeigt: ein Lämpchen leuchtet auf, wenn man mit dem Gerät über eine kritische Stelle fährt.

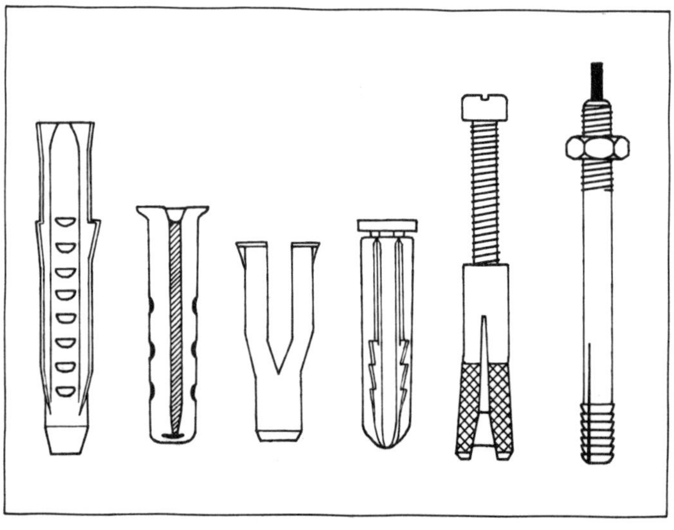

Dübeln ist kinderleicht – meint so mancher. Durch diese Fehleinschätzung ist schon so manches gute Stück in die Brüche gegangen. Zunächst einmal kommt es auf die Wahl des richtigen Dübels an. Die Zeichnung zeigt einige der gebräuchlichsten Dübelarten von Mauerdübeln aus Kunststoff und Metall.

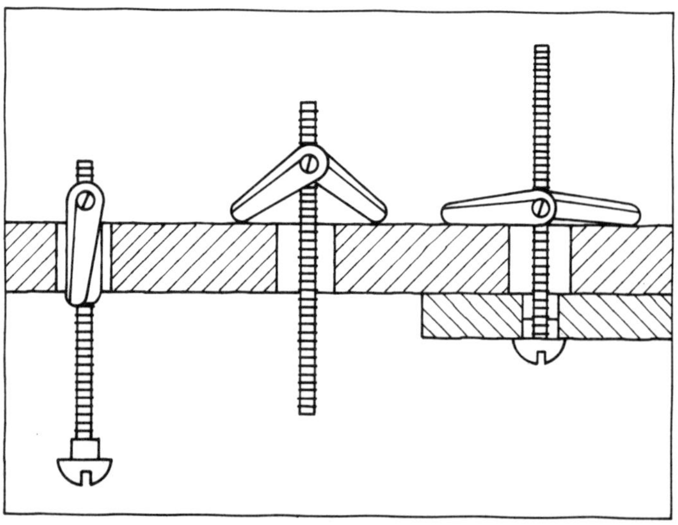

Für das Dübeln in Hohldecken gibt es spezielle Federkippdübel. Die Gewindeschraube ist im Bedarfsfall auch gegen einen Deckenhaken auszutauschen. Die Dübel sind auch für Wandbefestigungen bei nicht mehr zugänglichen Hohlräumen zu verwenden, etwa in Trennwänden nach der Leichtbauweise.

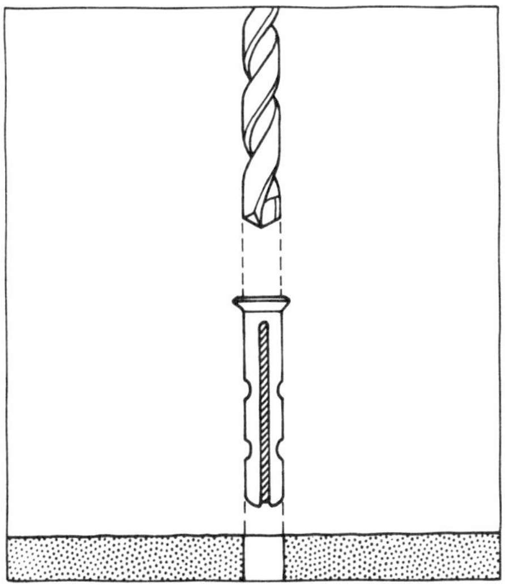

1 Bohrer und Dübel müssen den gleichen Durchmesser haben. Das ist eine Grundvoraussetzung dafür, daß der Dübel auch in der Wand hält.

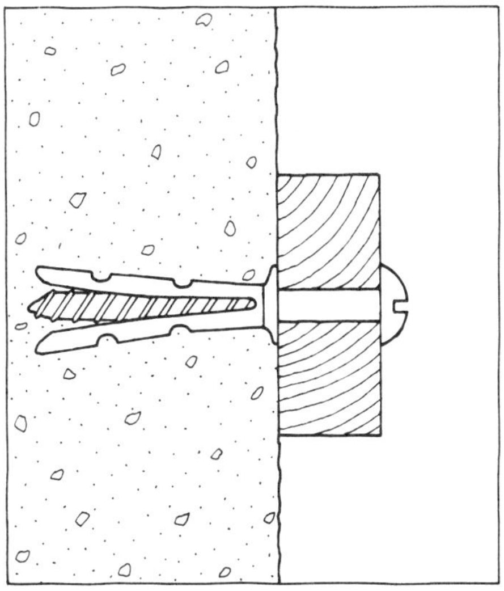

2 Die Schraubenlänge richtet sich nach der Dicke des Montagegegenstandes. Eine zu kurze Schraube kann den Dübel nicht ausreichend spreizen.

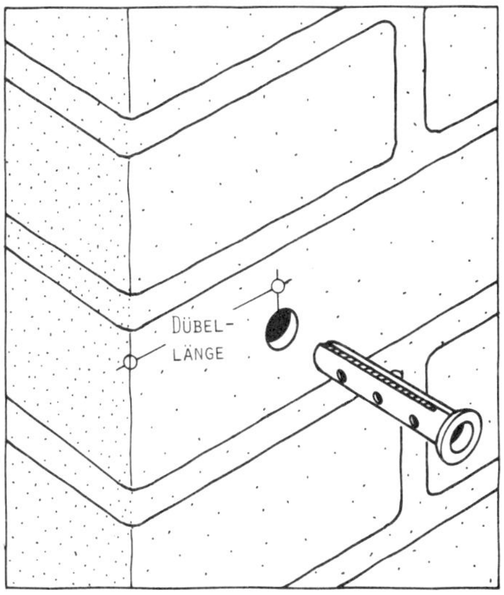

3 An Mauerecken muß die Montagestelle mindestens eine Dübellänge von der Außenkante entfernt sein, sonst springt hier der Baustoff ab.

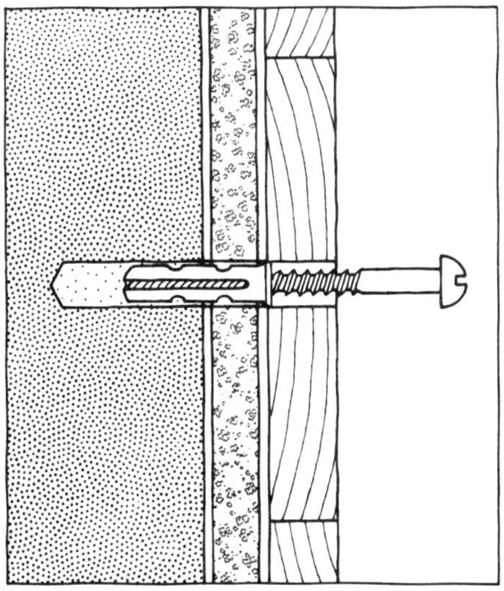

4 Verkleidete Wände sind immer schwer zu dübeln, weil Täfelung oder Dämmstoff sich nicht für die Dübelmontage eignen. In diesem Fall muß der Dübel tief genug eingeschoben werden.

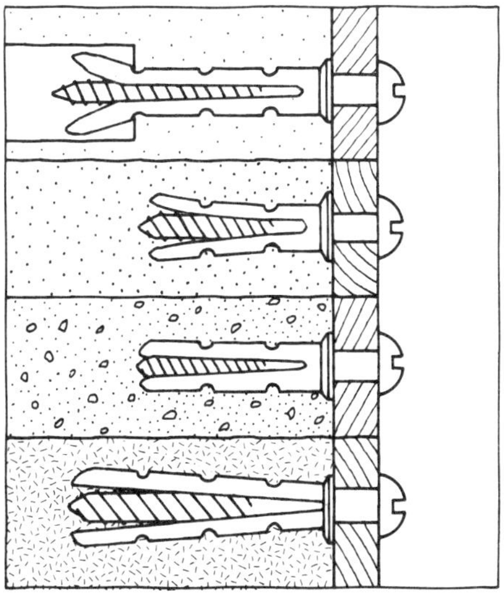

5 Je dichter die Struktur eines Baustoffes ist, desto größer ist die Belastbarkeit des Dübels und desto kleiner kann er sein. Unsere Beispiele von oben: Leichtbauplatte, Beton, Gasbeton, Hohlstein.

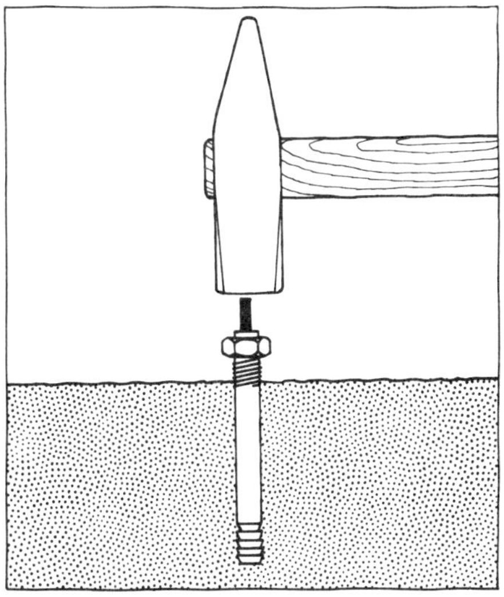

6 Für sehr harte Baustoffe eignet sich ganz besonders der Hammerschlagdübel. Man erspart sich mühsames Schrauben; der Einschlagstift bewirkt die Dübelspreizung. Für Schwermontage.

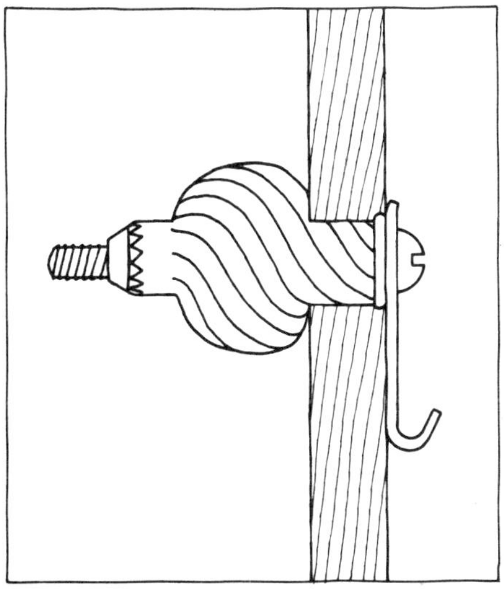

7 An Leichtbauwänden eignet sich der Rosettendübel. Die durchgehende Maschinenschraube zieht den Dübel hinter der Wand zusammen, ohne dabei das Trägermaterial zu beschädigen.

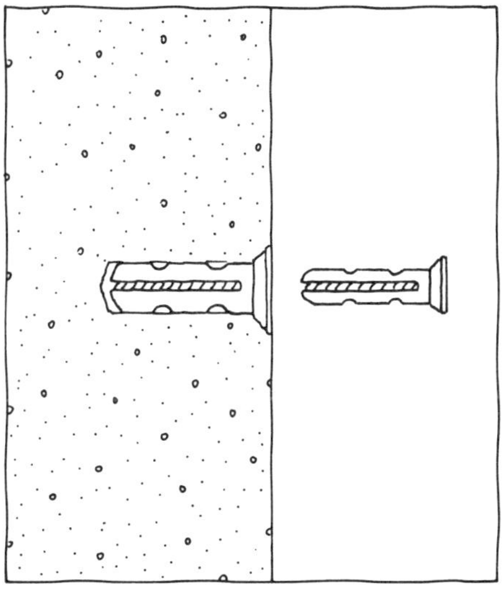

8 Wenn das Bohrloch zu groß geraten ist, hilft man sich mit einem Trick. Man steckt einfach einen größeren Dübel hinein und einen kleineren verdreht hinterher. Geht nur bei Kunststoffdübeln.

9 Wenn Sie an der Decke dübeln müssen, kleben Sie über die Bohrstelle einen Staubfang, etwa einen Käsedosendeckel. Dabei den Deckel nicht auf den Bohrer schieben – er dreht sich mit.

Wandverkleidungen aus Holz

Sie können eine Wand mit Paneelen, aber auch mit Profilbrettern verkleiden. Beide eignen sich dazu gleich gut. Paneele sind Span- oder Tischlerplatten, die mit einem Holzfurnier oder einer anderen Beschichtung (zum Beispiel Kunststoff) überzogen sind. Ihre Oberfläche ist rauh oder glatt, oder in die Platten sind Rillen eingefräst, um den Anschein von genuteten oder angefasten Brettern zu erwecken.

Eine Holzverkleidung ist teurer als Tapeten. Sie lohnt sich aber trotzdem, weil es nicht notwendig ist, die Wand auszuspachteln und Unebenheiten zu beseitigen. Schadhafte Putzstellen sind ein für allemal verschwunden. Überdies verschmutzt die Holzwand nicht wie eine Tapete. Sie ist strapazierfähig und gemütlich zugleich.

Holz für Bretter (Massivholz) stammt u. a. von der Fichte, Brasilkiefer, der Western Red Cedar, Oregon Pine, Pitch Pine und Red Pine, also von lauter Nadel- bzw. Weichholzarten. Wertvollere Hölzer sind als Massivhölzer zu teuer. In diesen Fällen verwendet man besser furnierte Platten = Paneele, zum Beispiel mit Eichen-, Teak-, Eschen- oder Nußbaumfurnier. Die Oberflächen der Paneele sind bereits behandelt. Bretter müssen Sie vor dem Verlegen beizen, lasieren oder mattieren. Eine etwaige Lackierung sollte erst nach dem Verlegen aufgebracht werden. Für die Anbringung im Freien bestimmte Bretter sollten auch rückseitig lasiert bzw. mit einem Holzschutzmittel behandelt werden. Paneele eignen sich grundsätzlich nicht für draußen.

Bretter und furnierte Platten kann man unmittelbar auf die Wand kleben – vorausgesetzt, sie ist absolut trocken und einigermaßen gerade.

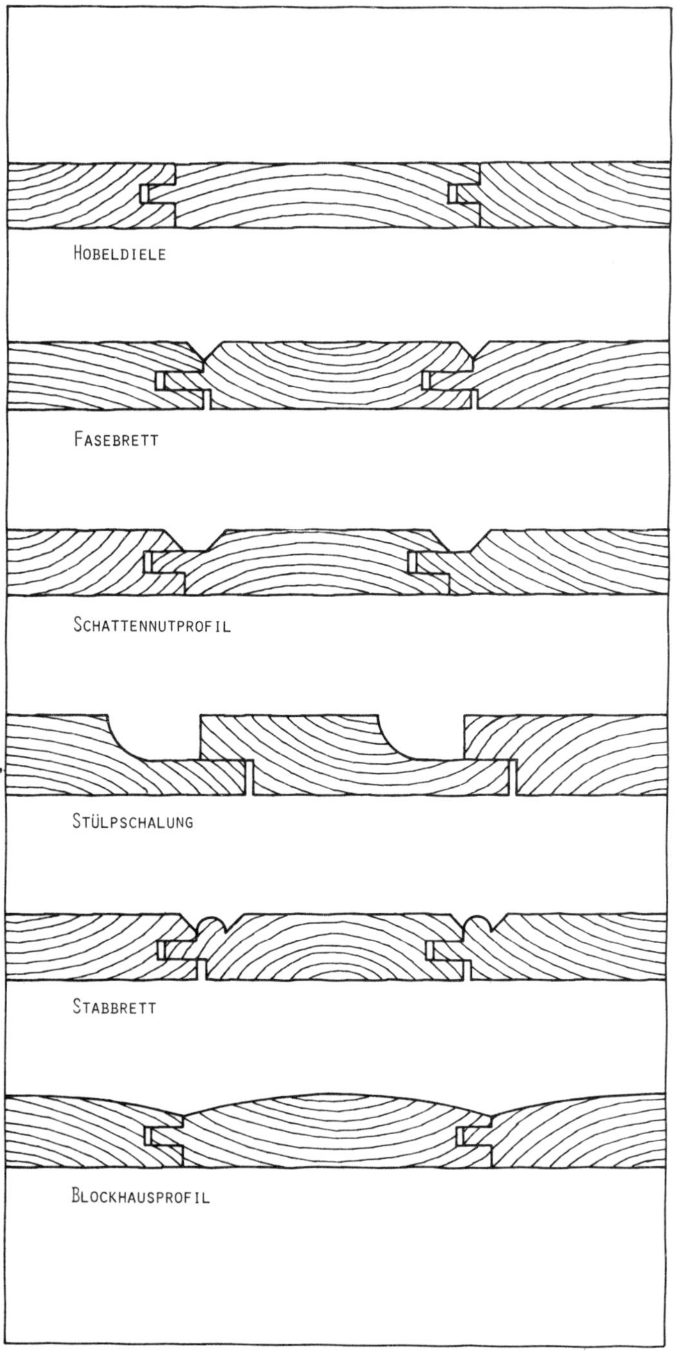

1 Arten von Profilbrettern: Die Hobeldielen sind einfache Bretter. Das Fasebrett hat eine angehobelte Kante, das Schattennutprofil ein besonderes Fräs-Profil, ebenso wie die übrigen Beispiele unserer Zeichnung.

2 Eine Möglichkeit, die Holzverkleidung auf dem Lattenunterbau zu befestigen: Die verdeckte Nagelung (durch die Nut der Hobeldiele).

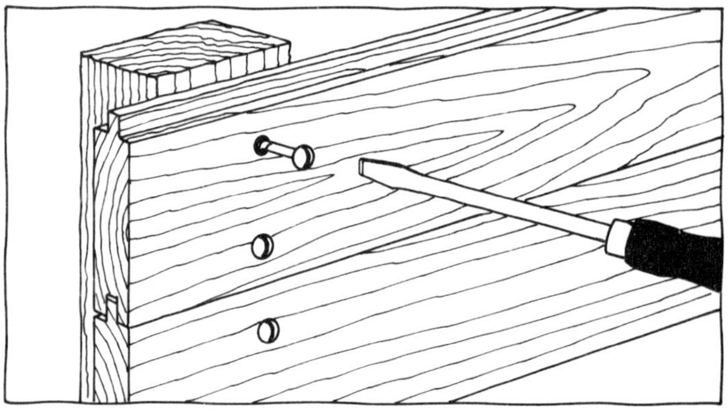

3 Die Köpfe der Linsenkopfschrauben bleiben sichtbar. Deshalb die Bohrlöcher vorher präzise anzeichnen, die Schraubenköpfe nicht verwürgen.

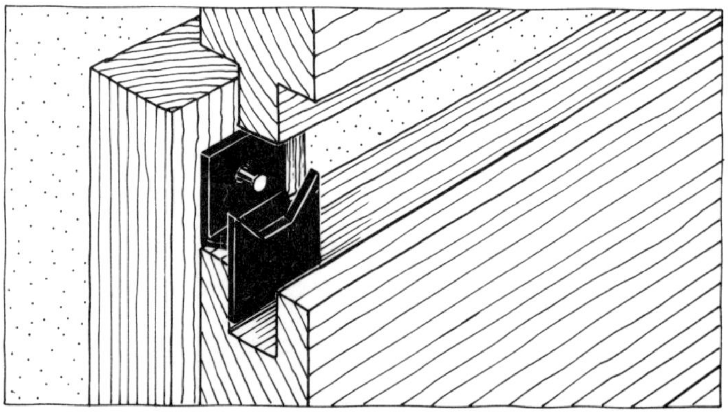

4 Vilinhaken aus Metall wurden eigens für die Befestigung von Profilbrettern erfunden. Sie werden über das untere Brett genagelt und greifen in die Nut ein. Das nächste Brett verdeckt das Halteelement.

Mit einem normalen Klebstoff ist da allerdings nichts anzufangen, weil auch bei der glattesten Wand gewisse Unebenheiten ausgeglichen werden müssen. Dazu kommt, daß auch die Bretter oder Platten nicht immer kerzengerade ausgefallen sind. Man verwendet deshalb Schaumstoffstreifen, die beiderseits mit Spezialkleber beschichtet oder mit Kleber getränkt sind (z. B. »Bostik-Pads«). Diese Klebstreifen klebt man an den passenden Stellen an die Wand und drückt dann das Brett oder die Platte drauf.

Wenn man keine glatte Holzwand haben will, sondern auf Schattenwirkung Wert legt, klebt man die Bretter so, wie es Zeichnung 6 zeigt: Die der Wand anliegenden Bretter werden mit Klebstreifen befestigt, die zweite Bretterschicht klebt man mit einem Holzkleber an die erste. Alle Bretter sollten in diesem Fall die gleiche Breite haben. Die zweite Bretterlage kann man auch anschrauben. Direkt auf die Wand kleben kann man auch furnierte dünnere Sperrholzplatten oder Hartfaserplatten.

Eine Unterkonstruktion aus Latten ist immer dann unerläßlich, wenn die Wände nicht völlig trocken sind. Die Latten erleichtern aber auch in normalen Fällen das Anbringen der Bretter oder Paneele.

Wenn die Bretter oder Paneele senkrecht verlegt werden sollen, müssen die Latten waagerecht verlaufen. Der Lattenabstand sollte etwa 80 Zentimeter betragen – bei voller Wandhöhe braucht man also vier Reihen Latten. Sie werden mit Schraubenabständen von etwa 50 Zentimeter an die Wand geschraubt. Am besten bohrt man zuerst die Lattenlöcher und durch diese dann die Dübellöcher – so kann es keine Passerschwierigkeiten geben.

Zur Hinterlüftung der Holzverkleidung sägt man im Abstand von etwa 50 Zentimeter keilförmige Stücke aus den Latten heraus. Diese Ausschnitte müssen wandseitig angebracht werden.

Auf Latten verlegte Profilbretter oder Paneele bieten genug Zwischenraum, um eine zusätzliche Dämmschicht einzubringen. Sie kann aus Hartschaum- oder Mineralfaserplatten bestehen, die an der Wand befestigt werden. Den Luftumlauf dürfen sie nicht verhindern.

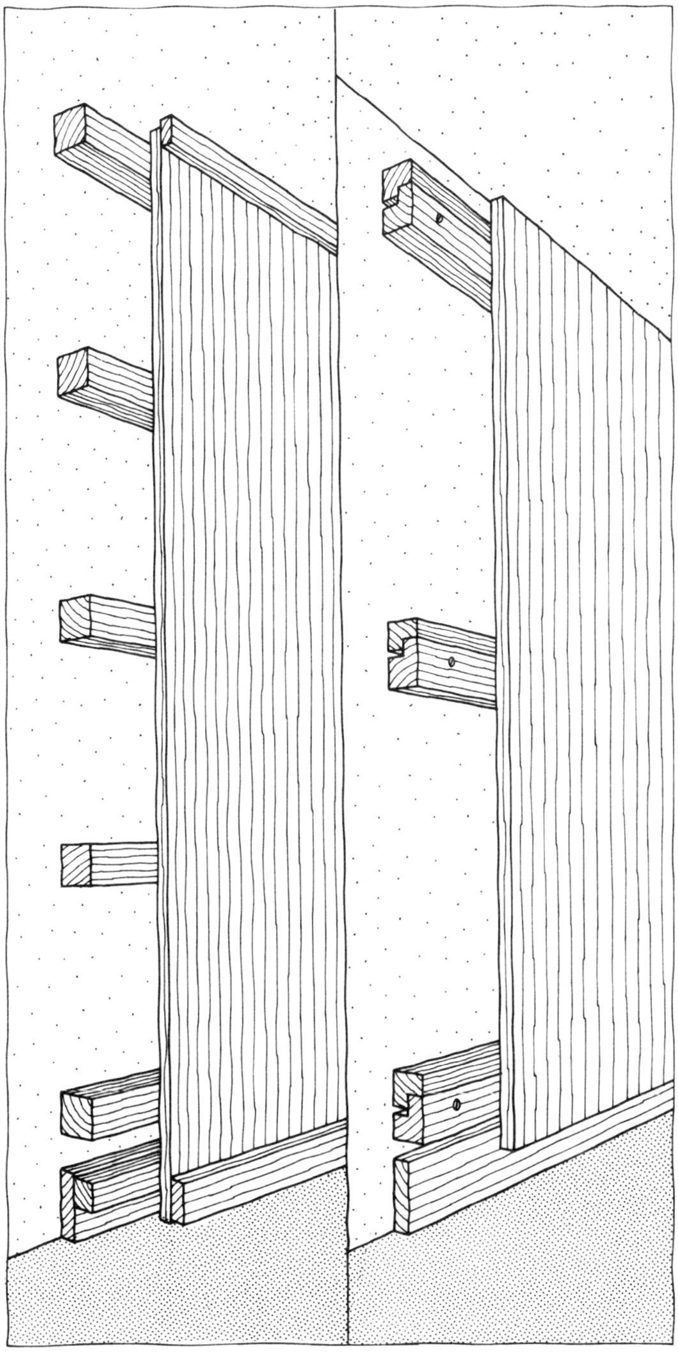

6 Furnierte Wandplatten, mit Klebestreifen auf die Wand geklebt, werden von einer zweiten, einfach angeklebten Paneel-Lage überdeckt.

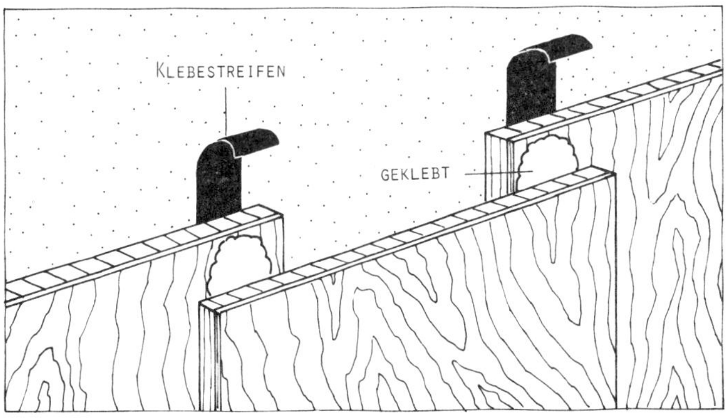

7 Hier wurden Paneele auf eine Unterkonstruktion aus Latten geklebt. Damit die Fugen sichtbar bleiben, kann man sie anfasen (abschrägen).

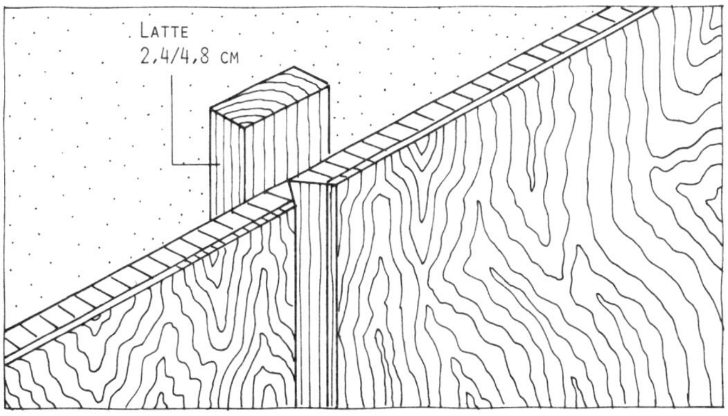

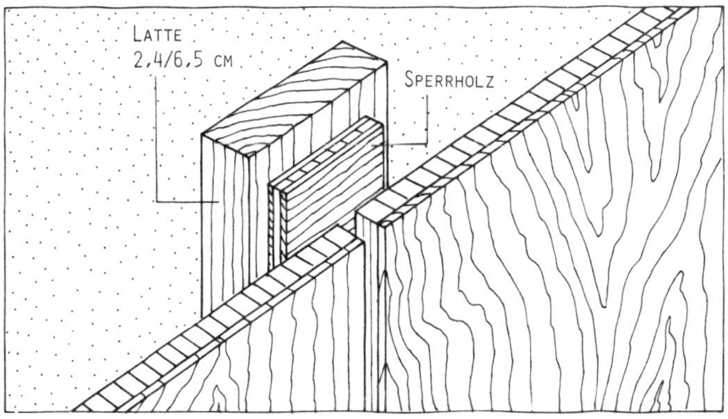

5 Raumhohe Wandpaneele (furnierte Span- oder Tischlerplatten) kann man auf eine Lattenkonstruktion kleben (links) oder auch abnehmbar einbauen (rechts). Im zweiten Fall verwendet man gefälzte Leisten.

8 Auch bei dieser Konstruktion wird mit sichtbaren Fugen gearbeitet. Sie sind mit Sperrholzstreifen hinterfüttert, die auf den Lattenunterbau geklebt wurden. Das Sperrholz kann man vorher dunkel streichen oder imprägnieren.

Gipskartonplatten verlegen

Diese Platten bestehen aus einem mit Spezialkarton ummantelten Gipskern. Karton und Gips sind so fest miteinander verbunden, daß die Platten eine beachtliche Biegezugfestigkeit und Elastizität aufweisen. Im Bauwesen werden Gipskartonplatten unter anderem für den Trokkenausbau verwendet. Sie ersetzen den Decken- und Wandputz.

Im allgemeinen werden die Platten beim »Trockenputzverfahren« mit Spezialmörtel an die unverputzten Wände gesetzt. Für den Eigenbau interessiert mehr die zweite Möglichkeit, die Platten auf ein Lattengerüst zu nageln oder auch zu schrauben. Gipskartonplatten sind normalerweise 125 Zentimeter breit. Die Höhe kann man entsprechend der Zimmerhöhe wählen.
Die Spannweite (Entfernung von Befestigung zu Befestigung) darf bei Plattenverkleidungen von Wänden 62,5 Zentimeter nicht überschreiten. An Decken und Dachschrägen müssen die Abstände noch geringer sein. Die Befestigungsmittel (rostgeschützte Schrauben, verzinkte Nägel, Spezialklammern) sind bei Wandverkleidungen normalerweise 20 Zentimeter voneinander entfernt anzubringen. Die Verarbeitung der Gipskartonplatten erfordert außer Hammer und Zange nur ein scharfes Messer, am besten ein Gärtnermesser mit gebogener Klinge, und eine Glättekelle für das Ausfugen. Spezialnägel, Spachtelmasse und Bewehrungsstreifen sind notwendiges Zubehör.

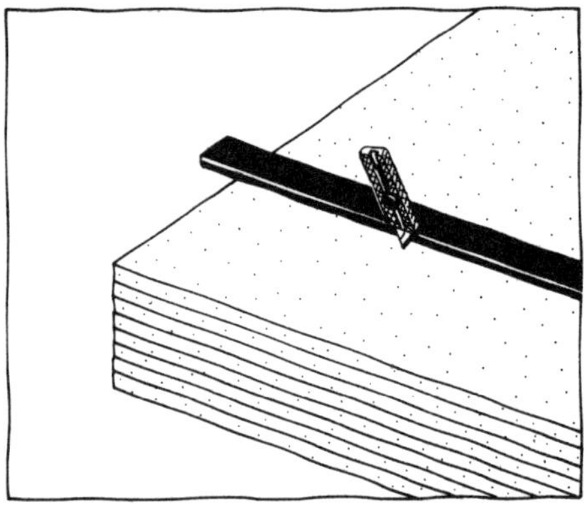

1 Auf der Ansichtsseite schneidet man den Karton, der den Gipskern bedeckt, an einem Lineal mit einem scharfen Messer 2 mm tief durch.

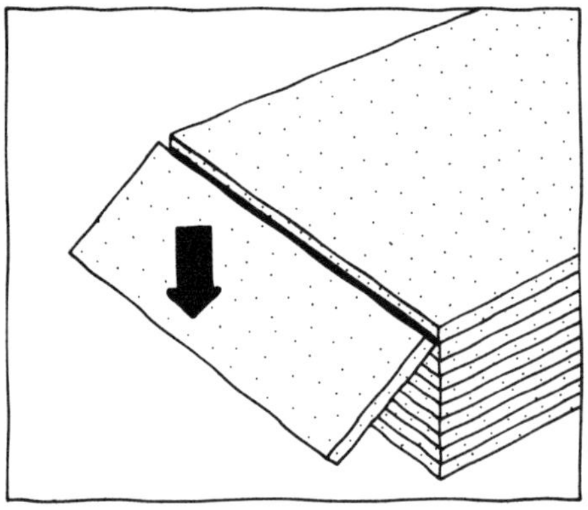

2 Die Platte läßt sich dann leicht über einer scharfen Kante brechen. Hier wurde sie einfach auf dem Stapel vorgezogen und gebrochen.

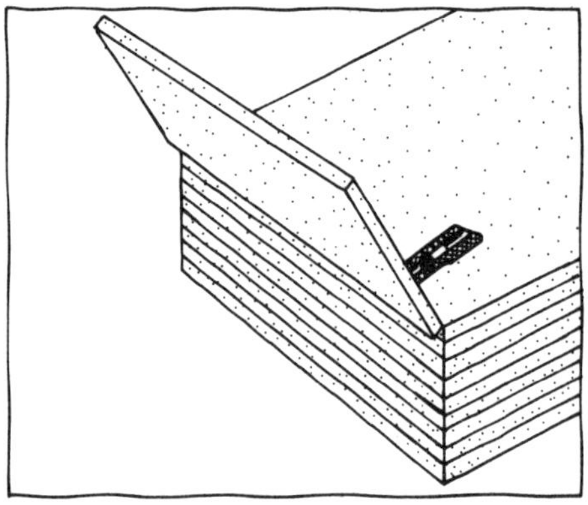

3 Nun dreht man die Platte um und schneidet auch den Karton auf der Rückseite. Dabei führt man das Messer im Winkel der Trennstelle.

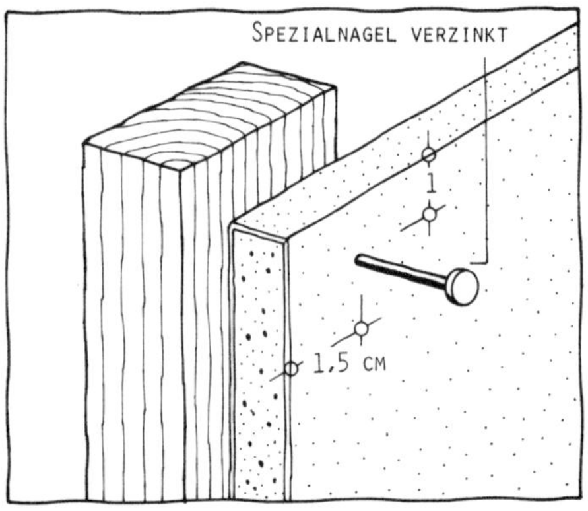

4 Bei der Nagelbefestigung der Platten sind diese Abstände von den Plattenkanten einzuhalten. Die Spezialnägel werden leicht versenkt.

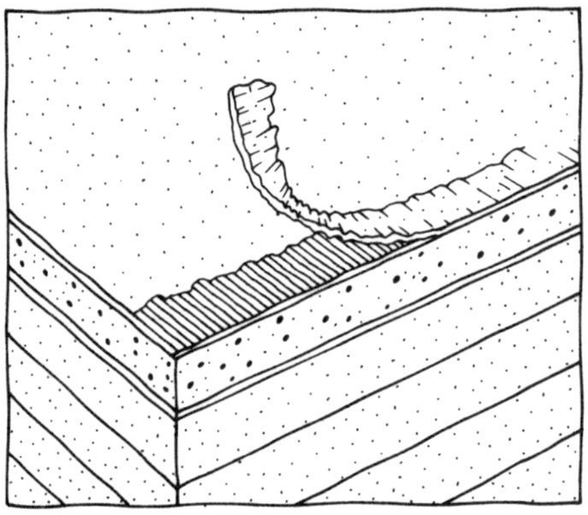

5 Vor dem Verfugen zieht man an den Querkanten der Platten schmale Kartonstreifen ab, weil die Verfugungsmasse auf dem Karton nicht hält.

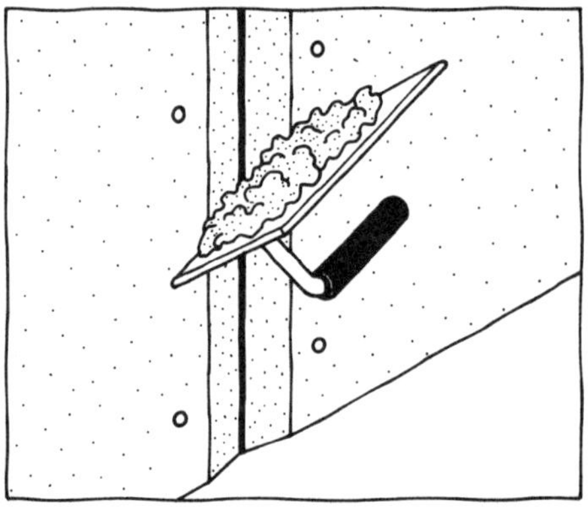

6 Die Fugen werden nun mit Spachtelmasse ausgedrückt. Dabei sollte stets die vom Hersteller vorgeschriebene Masse verwendet werden.

7 So wird der Bewehrungsstreifen eingedrückt. Die Spachtelmasse hält ihn fest. Ohne Bewehrung würde die Trennfuge bald aufreißen.

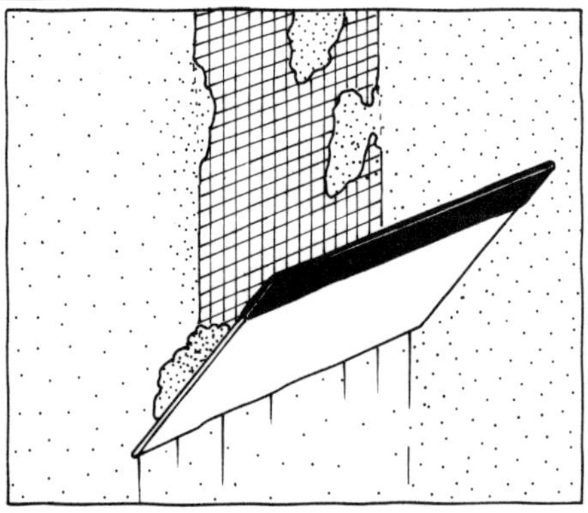

8 Die Fugen nachspachteln, bis der Bewehrungsstreifen zugedeckt ist. Nach dem Trocknen kann man schleifen und die Wand beliebig tapezieren.

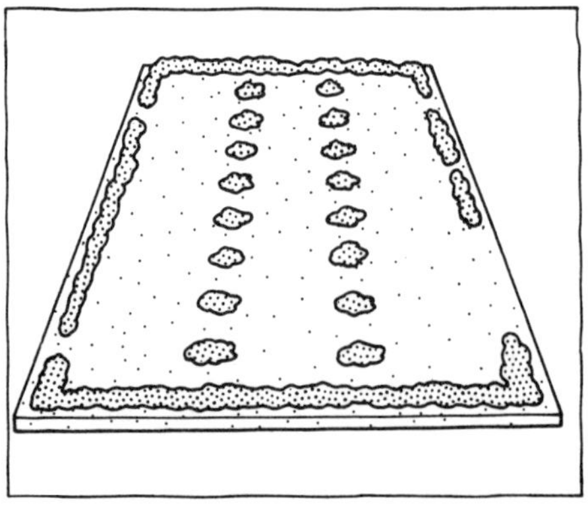

9 Gipskartonplatten kann man auch direkt auf die rohe oder verputzte Wand kleben. Der Ansetzmörtel wird dabei batzenweise aufgebracht.

Wandfliesen richtig anbringen

Ob Keramik-, Kunststoff- oder Leichtmetallfliesen, im Dünnbett-Klebeverfahren (Schicht aus Dispersionskleber, 4–8 mm dick) lassen sie sich alle leicht und problemlos verlegen.

Die Untergrundbehandlung ist bei der Verwendung von Fliesenkleber (zum Beispiel »Saxit«, »Amalgol«) für alle Arten von Fliesen gleich. Die Klebefläche soll fest, eben, trocken und frei von Staub und Fett sein. Tapeten, Kalk-, Leim-, Dispersions- und Lackfarben müssen entfernt werden (Tapetenlöser; Abwaschen mit Wasser oder Lösungsmittel; Anschleifen mit Schleifpapier). Unebene Putzflächen werden mit Spachtelmasse geglättet. Saugfähige Flächen sollten mit verdünntem Fliesenkleber (1 Teil Kleber auf 5 Teile Wasser) vorgestrichen werden.

Der zweite Arbeitsgang nach dem Vorbereiten des Untergrundes ist das Anzeichnen der Begrenzungen. Dabei sollten Sie die Fläche so anlegen, daß möglichst wenig geschnitten werden muß.

Zuerst wird geprüft, ob der Fußboden bzw. die Scheuerleiste waagerecht liegt. Wenn das nicht der Fall sein sollte, setzt man am niedrigsten Punkt eine Fliese an und zieht von deren Oberkante ausgehend (Wasserwaage verwenden) eine waagerechte Linie, auf die die erste Fliese gesetzt wird.

Ähnlich verfährt man mit den seitlichen Begrenzungen. In der Ecke fängt man nur dann mit einer ganzen Fliese an, wenn mit dem Lot nachgewiesen wurde, daß sie genau lotrecht ist.

1 Der Kleber wird mit der glatten Seite der Kelle aufgezogen. Als Anlage für die erste Fliesenreihe nagelt man am besten eine Holzleiste an.

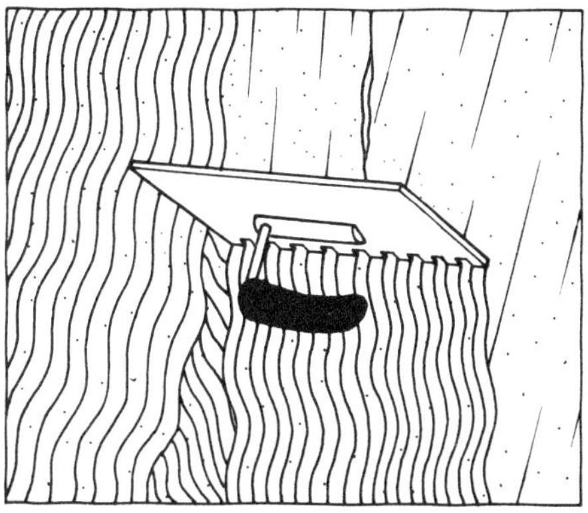

2 Mit der gezahnten Seite der Kelle wird die Kleberoberfläche durchgekämmt. Die Schichtdicke beträgt je nach Untergrund etwa 4–8 mm.

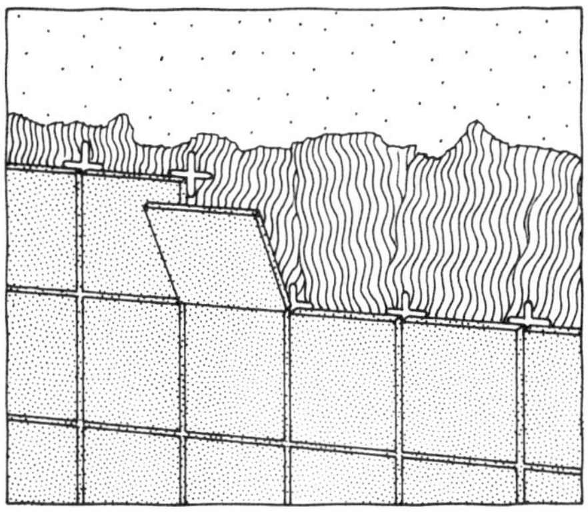

3 Nun werden die Fliesen aufgedrückt. Fliesenkreuze erleichtern den Aufbau und sorgen für gleichmäßige Abstände zwischen den Fliesen.

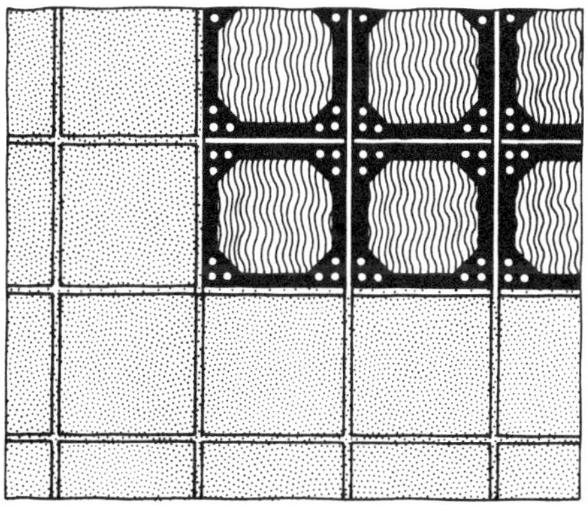

4 Für die Fliesengröße 15 × 15 cm gibt es Verlegerahmen. Sie werden in die Klebefläche gedrückt. Dann legt man die Fliesen einfach ein.

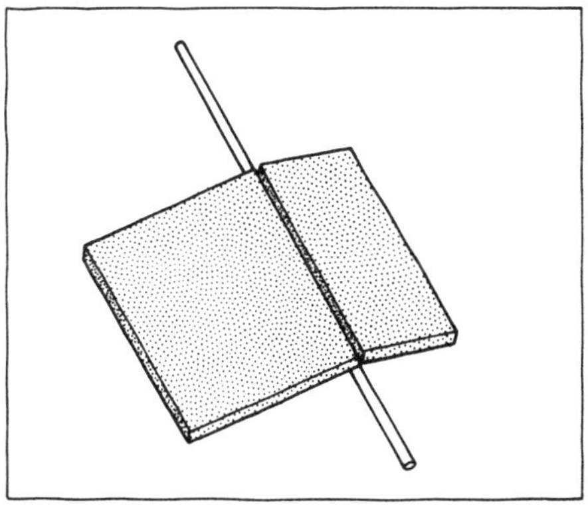

5 Brechen von Fliesen: Bruchlinie anritzen, dann die Fliese über einen geraden Draht legen und die Hälften durch einen kurzen Druck trennen.

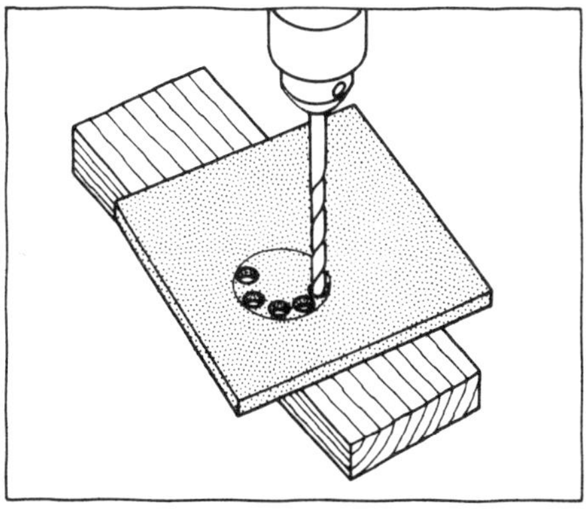

6 Durchbrüche mit Filzschreiber anzeichnen, die Fliese mit dem Hartmetallbohrer Loch an Loch durchbohren – am besten mit Bohrständer.

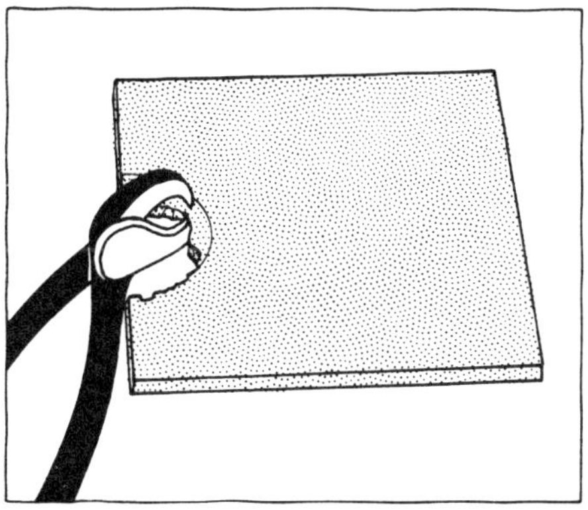

7 Ausschnitte millimeterweise mit der Zange ausbrechen. Immer nur kleine Stücke, sonst zerbricht die Fliese an der falschen Stelle.

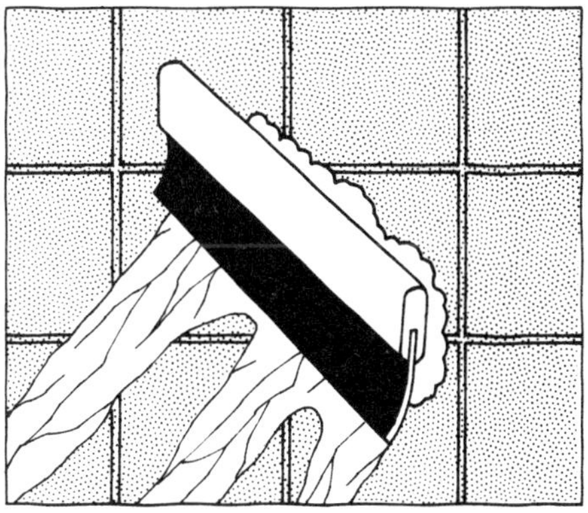

8 Fugenmasse mit Gummispachtel auftragen und in die Fugen drücken. Nach 10–20 Minuten Einwirkzeit mit einem Schwamm abwaschen.

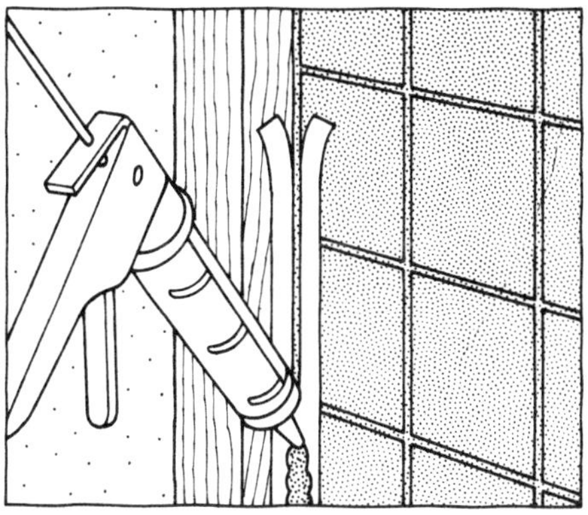

9 Anschlußfugen mit elastischer Dichtungsmasse verschließen. Die Masse mit dem Finger glätten, der in Wasser mit Spülmittel getaucht wurde.

Aus einem Zimmer zwei machen

Wenn Kinder größer werden, wünschen sie sich oft ein eigenes Zimmer. Oder ein anderes Mitglied der Familie möchte einen Arbeitsraum für sich haben. Wir zeigen Ihnen an zwei Beispielen, wie Sie sich solche Wünsche erfüllen können.

Bevor Sie an die Arbeit gehen, sollten Sie bei der Planung prüfen, ob in Ihrer Wohnung auch folgende Voraussetzungen erfüllt werden können: Die neuen Räume müssen unabhängig voneinander genügend Tageslicht erhalten, heizbar und belüftbar sein. Wir bringen zwei Vorschläge, von denen der erste auf Schall- und Wärmedämmung verzichtet, der zweite auch in dieser Beziehung die beiden neuen Räume voneinander trennt.

Vorschlag 1: Einfache Trennwand

Diese Trennwand (Zeichnungen 1–7) besteht aus einem Dachlattengerüst, auf das 13 mm dicke Spanplatten geschraubt werden. Für die Verkleidung können Sie selbstverständlich auch andere Materialien wählen, z. B. Profilholz, Sperrholzplatten, mit Stoff oder mit Lackfolie bespannte Spanplatten, Kassettenplatten oder Gipskartonplatten.
Zwischen den einzelnen Verkleidungsplatten müssen Schattenfugen bleiben,

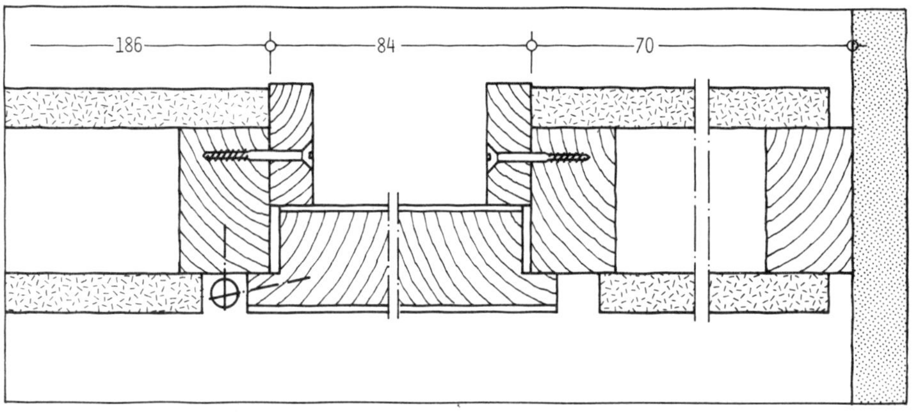

1 Wie man eine Tür in eine Trennwand einbaut. Die Zeichnung zeigt den waagerechten Schnitt durch die überfälzte Tür. Zwischen Tür und Verkleidung muß genügend Platz für das Einbohrband gelassen werden. Die Maße der Türöffnung richten sich nach denjenigen der Fertigtür.

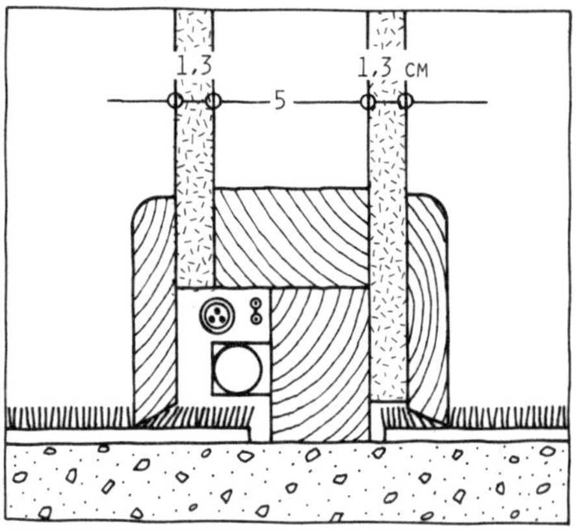

2 Im Bereich des Fußholzes kann man einen Kabelkanal einbauen, der Licht-, Telefon- und Antennenleitungen aufnimmt (Schnittzeichnung).

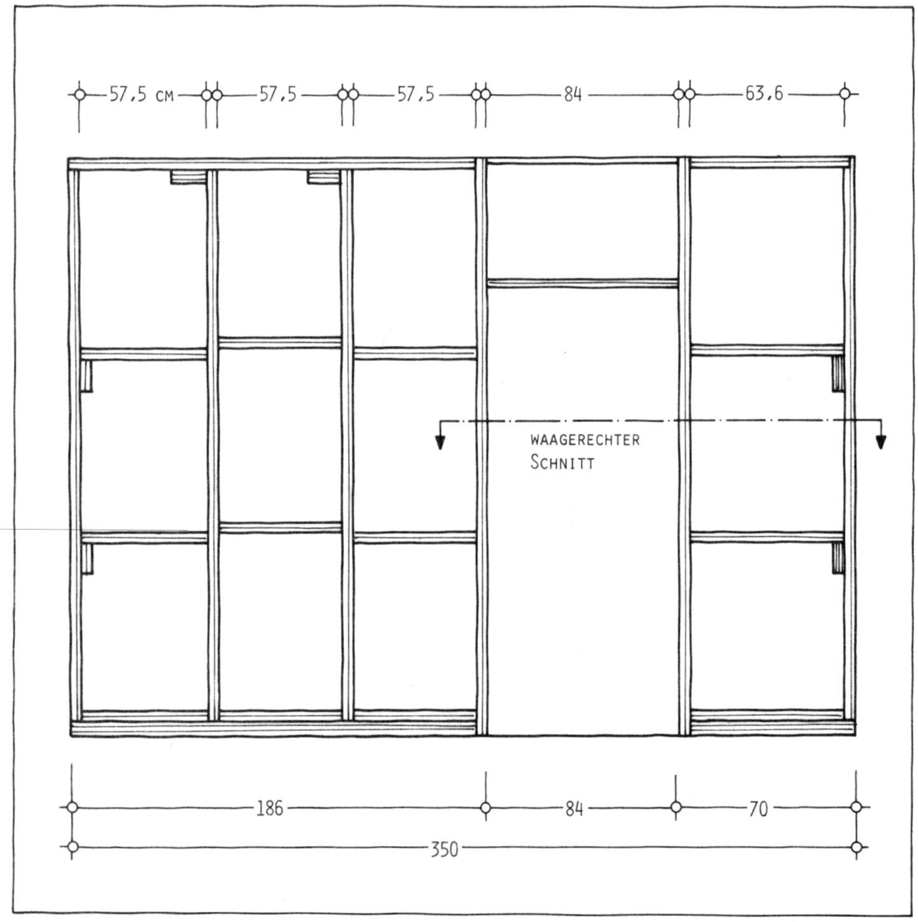

3 Diese Aufrißzeichnung, die das Lattengerüst der Trennwand zeigt, muß für jeden Raum angefertigt werden. Nur so bekommt man die genauen Maße für die Holzliste. Baumaterial sind gehobelte Dachlatten, 5 × 3,2 cm dick, außerdem 13-mm-Spanplatten für die Wandverkleidung.

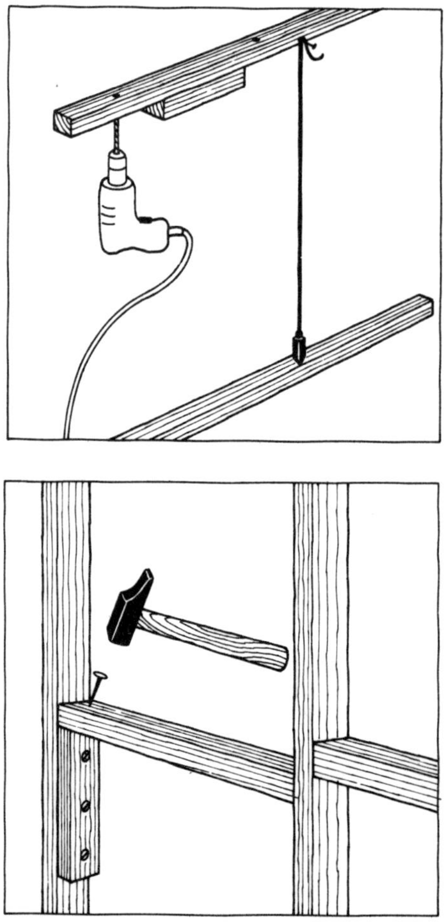

4 + 5 Die Deckenlatte muß genau über der Fußlatte sitzen (oben). Die Querstücke werden auf die vorher angebrachten Widerlager genagelt.

denn durch Erschütterungen würden sonst mit der Zeit Risse entstehen. 8 bis 10 mm breite Fugen, dunkel hinterlegt, oder sichtbares Holz des Lattengerüsts gliedern die Wand auf und gehören zu einer materialgerechten Verarbeitung.
Zuerst den Bodenriegel (Dachlatte hochkant) auf den Boden schrauben, dann genau darüber das Gegenstück an die Decke (Lot!). Jetzt die senkrechten Latten an die Wände schrauben. Um einen Kabelkanal für Stromleitungen zu erhalten, wird auf den Bodenriegel ein flachliegendes Zwischenstück genagelt.

Die passenden Unterteile für die Einbohrbänder, die bereits in Fertigtüren sitzen, in den Türrahmen schlagen. Die Schrauben, die die Bänder arretieren, werden von der anschließend aufgesetzten Deckleiste verdeckt. Diese Leiste ist auch der zweite Türanschlag (siehe Türschnitt). Das Schließblech anzeichnen, die Falle und den Schlitz ausbohren. Das Schließblech kann aufgeschraubt oder eingelassen werden.
Das Teilstück über der Tür hat den gleichen Querschnitt wie die Tür und besteht aus zwei Spanplatten und einem Rahmen. Dieses Stück durch den Falz am Gerüst festschrauben.
Die Oberflächenbehandlung der Wand: Grundieren, mit Volltonfarbe streichen und anschließend mit klarem Acryl-Lack lackieren.

Vorschlag 2: Stabile Trennwand

Sie wird nach dem gleichen Prinzip gebaut wie die einfache Trennwand, besteht aber aus zwei getrennten Schalen. Am Fußboden-, Wand- und Deckenanschluß werden zwei voneinander getrennte Kanthölzer 48 x 50 mm befestigt (Dübelmontage). Zwischen Holz und Wand bzw. Decke oder Fußboden werden Anschlußdichtungen angebracht, bei größeren Unebenheiten dichtet man mit Trennwandkitt. Die senkrechten Kanthölzer haben einen Abstand von 65,5 cm. In den Raum zwischen den beiden Rahmenwerken schiebt man 40 mm dicke Mineralfaserfilze. Die Holzkonstruktion wurde in unserem Beispiel beiderseits mit 12,5 mm dicken Gipskartonplatten benagelt. Man kann sie auch verschrauben.
Wie man Gipskartonplatten richtig befestigt, schlagen Sie bitte auf Seite 182 nach. Die Wanddicke sollte mindestens 175 mm betragen, weil sonst die dämmende Wirkung zu gering ausfällt.

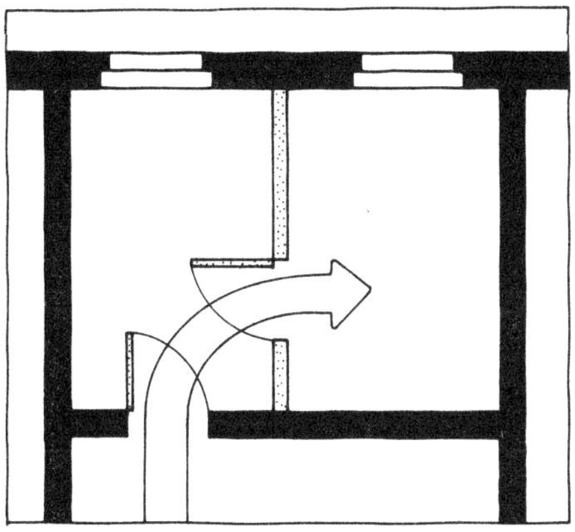

6 Vor dem Anfertigen der Aufrißzeichnung überlegen, wo der beste Platz für die Tür ist. Hier ein gutes Beispiel: kurze Wege von Tür zu Tür.

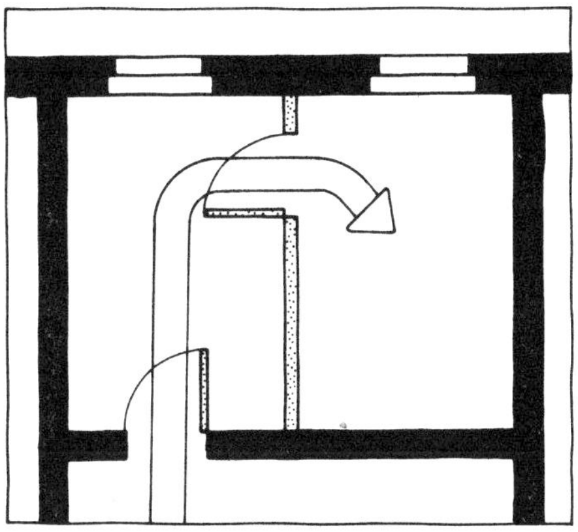

7 Ein schlechtes Beispiel für den Sitz der Tür. Man muß durch das ganze Zimmer gehen. Dadurch werden die Stellmöglichkeiten eingeschränkt.

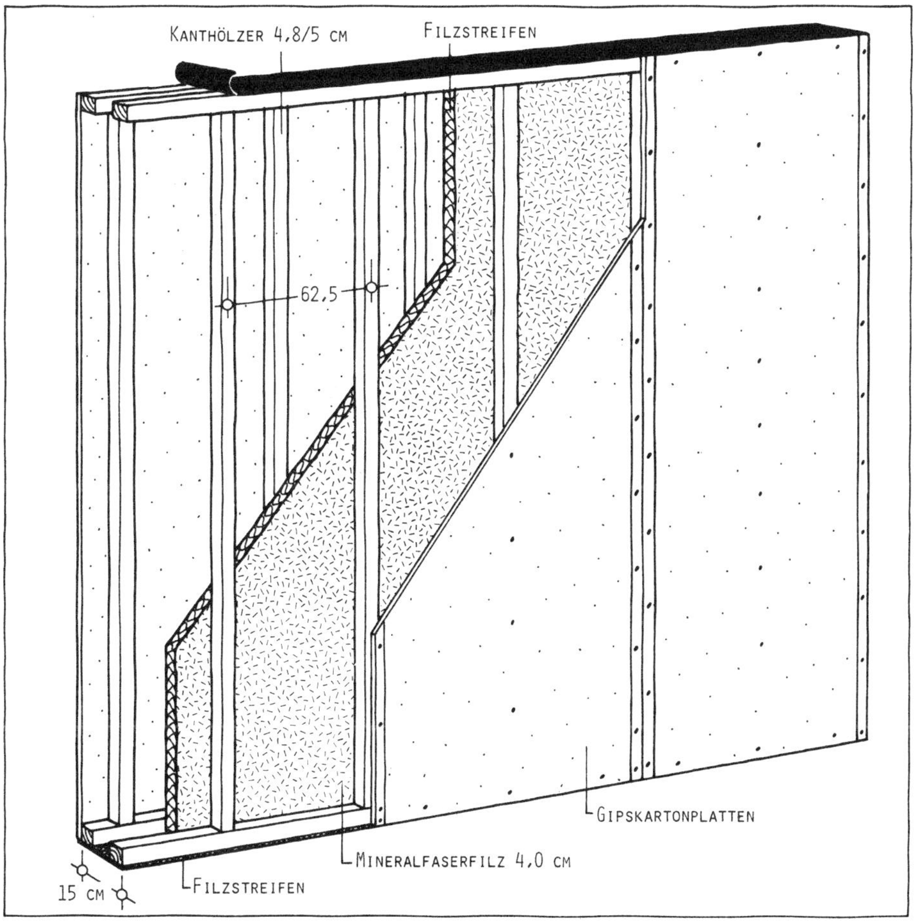

8 Eine andere Möglichkeit, eine Trennwand einzubauen. Hier wurde das Lattengerüst doppelschalig angelegt. An das Holzwerk wurden Gipskartonplatten genagelt. In den Raum zwischen den beiden Rahmenwerken kann man Mineralfaserfilz als Schall- und Wärmedämmung packen.

MATERIALLISTE

für eine einfache Trennwand, 350 cm breit, Wandhöhe 245 cm

Gehobelte Dachlatten, 5,0 x 3,2 cm

2 St. Boden-/Deckenriegel	182,8 cm
2 St. Boden-/Deckenriegel	66,8 cm
4 St. aufrechte Stützen	236,8 cm
2 St. aufrechte Stützen	245,0 cm
9 St. Querriegel	57,7 cm
3 St. Querriegel	63,6 cm
1 St. Querriegel	84,0 cm

Spanplatten, 13 mm dick

3 St. 239,0 x 60,0 cm
3 St. 243,0 x 60,0 cm
1 St. 239,0 x 66,2 cm
1 St. 243,0 x 66,2 cm
1 St. 86,0 x 46,0 cm
1 St. 84,0 x 47,5 cm
3 lfdm, 5 cm breit

Sonstiges Material

2 St. Deckleisten	245,0 x 4,0 x 1,4 cm
1 St. Deckleisten	81,2 x 4,0 x 1,4 cm
6 lfdm Fußleiste	8,0 x 1,4 cm
1 Fertigtür DIN links	198,5 x 86,0 cm, gefälzt

Dachlatten und Spanplatten sind das wichtigste Material für die einfache Trennwand. Siehe dazu die Aufrißzeichnung auf der linken Seite.

Wärme- und Schalldämmung

Fehlende oder mangelnde Wärmedämmung eines Gebäudes kostet Geld, weil ein großer Teil der Heizenergie verlorengeht. Fehlende oder mangelnde Schalldämmung kostet vor allem Nerven. Wer sich tagsüber der Lärmüberflutung im Straßenverkehr oder am Arbeitsplatz schon nicht entziehen kann, möchte wenigstens in der Freizeit unbelästigt wohnen und nachts ungestört schlafen können. Was man bei einem Alt- oder Neubau nachträglich tun kann, um Energie zu sparen und Lärm auszusperren, wird hier an einigen Beispielen erläutert.

Vorsatzschale für die Ziegelwand

Die angenagelte Vorsatzschale für eine Ziegel- oder Betonwand (Zeichnung 1) gehört zu den am häufigsten angewendeten Schalldämmungsverfahren. Als Unterkonstruktion werden im Abstand von 62,5 Zentimeter Latten mit einem Querschnitt von 60 x 60 Millimeter stehend vor der Wand befestigt. Wenn man sie an die Wand schrauben will, müssen auch hier Schaumstoffstreifen dazwischengelegt werden. Die Latten können auch mit Doppelklebe-Schaumstreifen (»Bostik-Pads«) angeklebt werden. Besser ist die dämmende Wirkung, wenn die Lattenkonstruktion etwa zwei Zentimeter vor der Wand steht. Dann braucht man an Fußboden und Decke eine waagerecht verlaufende Latte, an die man die senkrechten Latten nageln kann.
Die Felder zwischen den Latten werden mit dämmendem Material ausgelegt.
Als Abdeckung befestigt man an der dem Zimmer zugekehrten Lattenseite Gipskarton- oder Gipsplatten.

Raumtrennwand mit Schallschutz

Einfache Trennwände (siehe Seite 184) haben keine dämmende Wirkung, soweit sie nicht zweischalig angelegt sind. Hier ein Beispiel, wie man vorgehen kann, wenn das zweischalige Verfahren nicht in Frage kommt. Zeichnung 2 zeigt ein Lattengerüst aus Hölzern mit einem Querschnitt von 60 x 60 mm, das auf einer Seite mit Spanplatten benagelt wurde. Es

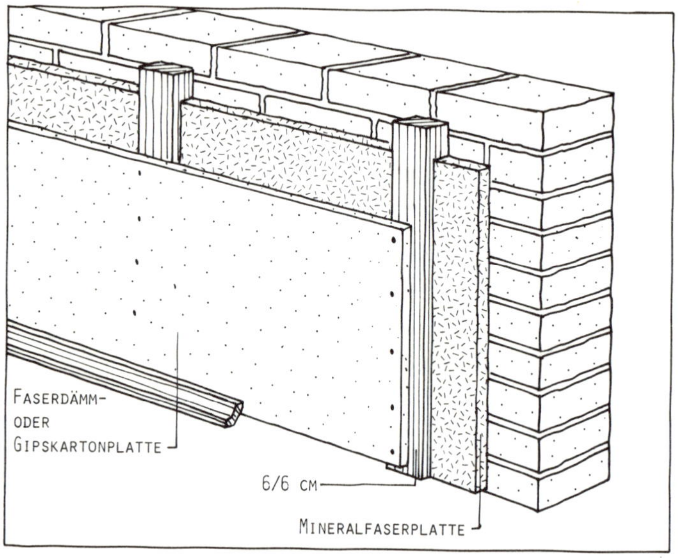

1 Eine Vorsatzschale für die Ziegelwand hat sowohl schall- als auch wärmedämmende Wirkung. Die Latten werden an die Wand geschraubt. Die Felder füllt man mit Mineralfaserplatten. Abdeckung aus Gipskartonplatten.

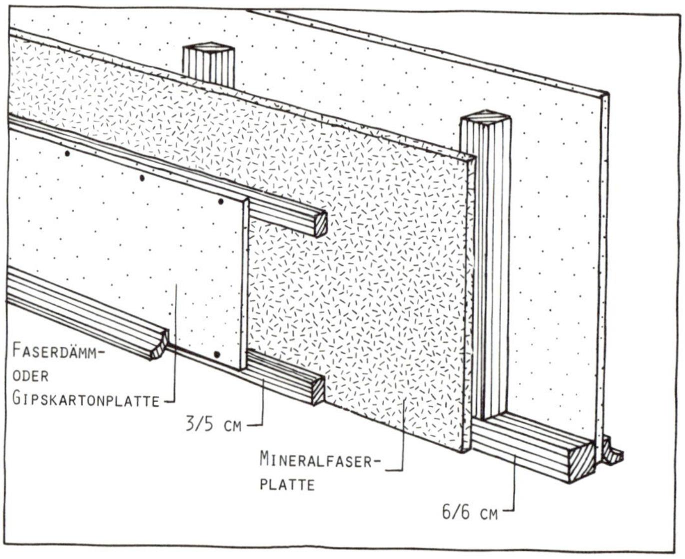

2 Raumtrennwand mit Schall- und Wärmedämmung. An die Lattenkonstruktion wurden Mineralfaserplatten genagelt. Darauf kommen schwächere Latten, die die abdeckenden Gipskarton- oder Faser- oder Dämmplatten tragen.

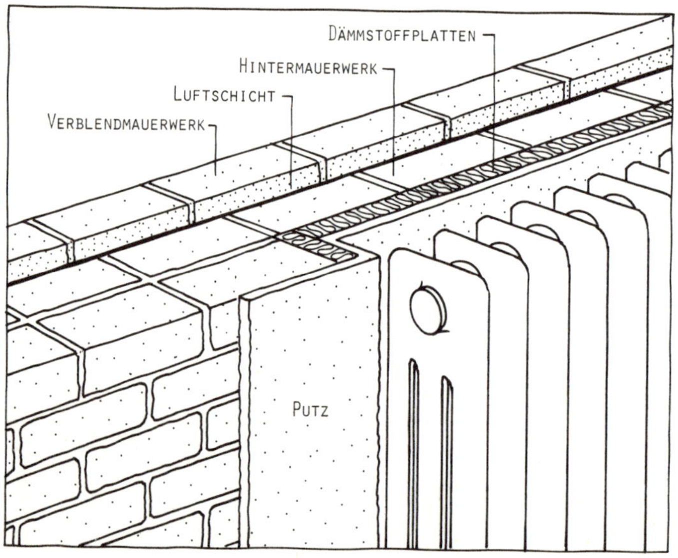

3 Heizkörpernischen sind Schwachstellen im Energiehaushalt des Hauses, weil hier das Mauerwerk dünner ist. Hier wird gezeigt, wie man die Nischen abdämmen kann. Den Heizkörper muß man dazu freilich abnehmen.

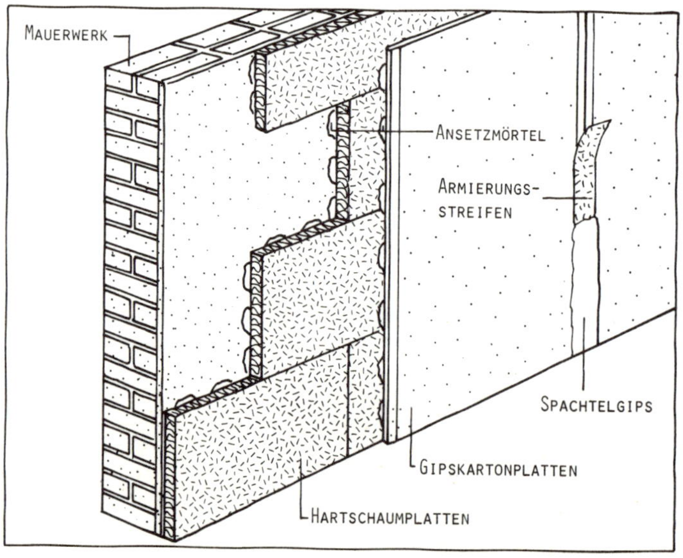

4 Wärmedämmung einer gemauerten Wand mit einer geklebten Vorsatzschale. Auf das Mauerwerk klebt man zunächst Hartschaumplatten, die mit Gipskartonplatten abgedeckt werden. Stets vorgeschriebenen Kleber verwenden!

können auch Hartfaser- oder Dämmplatten (Weichfaserplatten) verwendet werden. Auf der »Dämmseite« wurden Mineralfaserplatten aufgenagelt. Senkrecht zu den Stielen des tragenden Gerüstes wurden dann schwächere Latten (30 x 50 Millimeter) aufgebracht. Sie tragen die Abdeckung aus Faser-, Dämm- oder Gipskartonplatten.

Die Heizkörpernische

Heizkörpernischen, in deren Bereich die Wand normalerweise dünner ist als sonst, sollten von vornherein mit Dämmstoffplatten »unter Putz« gegen Wärmeverluste abgesichert werden. Zeichnung 3 zeigt, wie das im Schnitt aussieht.
Man kann aber auch nachträglich etwas tun. Auf den Putz geklebte Mineralfaser-, Mehrschicht-, Hartschaum- oder Verbundplatten sind eine gute Lösung.

Geklebte Vorsatzschale

Die geklebte Vorsatzschale (Zeichnung 4) wird immer beliebter, weil sie am wenigsten Arbeit macht. Bei gutem und festem Putzuntergrund wird die Wandfläche von Tapeten und Farbanstrichen gereinigt. Dann wäscht man sie mit Bürste und Wasser ab. Auf die völlig durchgetrocknete Fläche klebt man Hartschaumplatten oder auch steife Mineralfaserplatten.
Die Dämmschicht wird nun mit Gipskartonplatten überdeckt. Auf die raumhoch zugeschnittenen Platten setzt man Punkte von Spezialmörtel (Perlfix), und zwar sowohl an den Rändern als auch in der Mitte mit Abständen von etwa 30 cm in jeder Richtung. Dann wird die Platte an die Wand hochgeklappt und angedrückt. Die Fugen werden ausgespachtelt, mit Fugenband versehen und nachgespachtelt.

Schalldämmende Vorsatzschale

Auch diese Schale (Zeichnung 5) wird im Dünnbettverfahren geklebt. Tapeten und Farbanstriche müssen von der Wand entfernt werden. Die Putzflächen reinigt man mit Wasser und Bürste. Dann setzt man im Abstand von 62,5 cm Knauf-Federstreifen (geschlitzte Hartschaumstreifen mit Perlgipsstreifen) an die Wand. Die Zwischenräume werden mit 30 mm starkem Mineralfaserfilz ausgefacht. Dann setzt man 12,5 mm dicke Perlgipsplatten auf die Federstreifen.

Trennwand mit versetzten Stielen

Zeichnung 6 zeigt eine weitere Möglichkeit, eine Innen-Trennwand schalldämmend anzulegen. Wichtig ist dabei, daß die Konstruktion nirgendwo direkt an die Mauer anstößt, sondern überall Dämmstreifen dazwischengepackt werden.

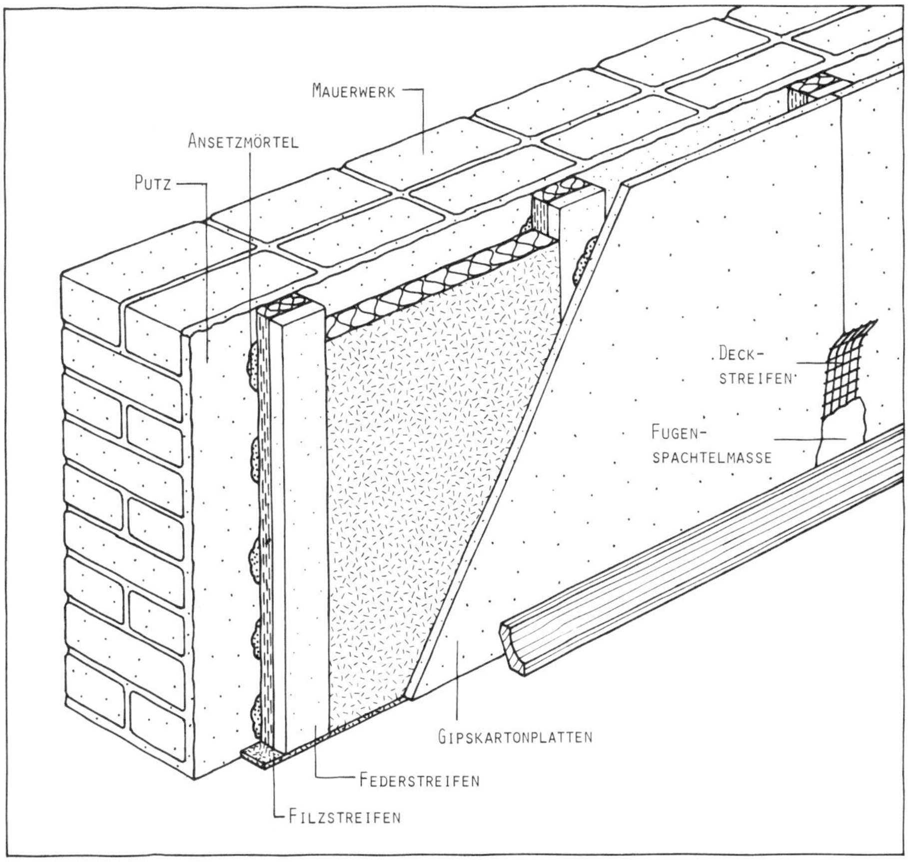

5 Diese schalldämmende Vorsatzschale wurde nach dem Dünnbettverfahren geklebt. Auf den Putz kamen zunächst Knauf-Federstreifen. Die Zwischenräume wurden mit 30 mm dickem Mineralfaserfilz ausgefüllt. Dann haben wir die ganze Wand mit Gipskartonplatten zugedeckt, die ebenfalls geklebt wurden. Nach dem Spachteln und Bewehren der Fugen wird tapeziert.

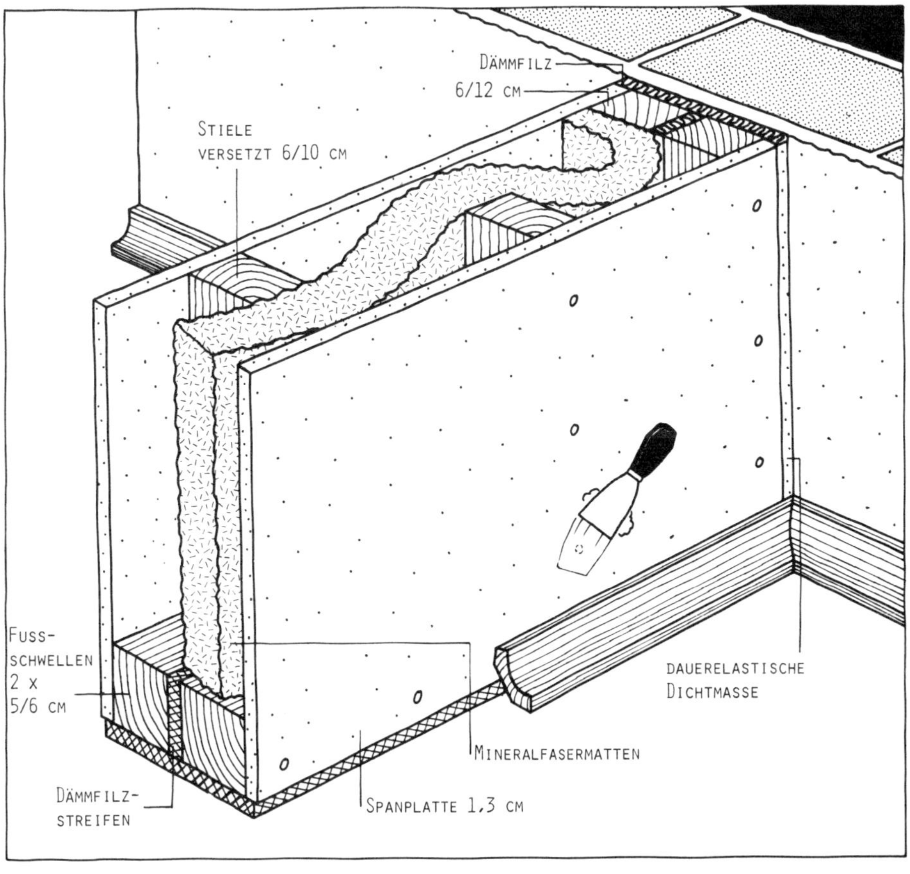

6 Schalldämmung bei einer Wohnungstrennwand. Die beiden Fußschwellen werden durch Dämmfilzstreifen voneinander getrennt. Die Stiele sind versetzt angeordnet. Zwischen ihnen liegen dicke Mineralfasermatten. Die Abdeckung besteht beiderseits aus Spanplatten, 13 mm dick.

Rundbogen-Durchgang: Schöner als eine Tür

Warum immer eckige Türfutter? Meistens doch nur, weil sie in der Herstellung billiger als Rundbögen sind. Wir zeigen Ihnen, wie Sie für ein paar Mark aus einem eckigen Durchgang, aus dem schon vor vielen Jahren die Tür ausgehängt worden ist, einen dekorativen Rundbogen machen können. Sogar der Arbeitsaufwand ist unerheblich. Allerdings müssen Sie daran denken, daß das Zimmer (oder wenigstens die betreffende Wand) anschließend neu tapeziert werden muß.

Vielleicht ist es bei Ihnen auch so: Das eckige Türfutter sieht langweilig aus, die Tür steht sowieso ständig auf (oder sie wurde, wie in unserem Beispiel, längst ausgehängt). Dabei ist es gar nicht so schwer, daraus einen Rundbogen zu machen. Sie können sich die Arbeit sogar vornehmen, wenn Sie in einer Mietwohnung wohnen, denn der vorherige Zustand ist schnell wieder hergestellt.

Wie man den Rundbogen baut

Zu Beginn der Arbeit entfernen Sie die Bekleidungen des alten Türfutters. Das Futter selbst bleibt erhalten. Bei der Abnahme der Bekleidung sollten Sie so vorsichtig vorgehen, daß die beiden Rahmen gegebenenfalls später wieder angenagelt oder -geschraubt werden können – es sei denn, die Wohnung oder das Haus gehört Ihnen.

Durch die Abnahme der Bekleidung erreichen Sie, daß der Rundbogen später bündig mit der Wand abschließt.

Nun messen Sie genau die innere (lichte) Breite des alten Türfutters aus. Genauso breit ist nämlich die Schablone aus 19 mm dicker Spanplatte, die man zum Verleimen des Bogens benötigt. Mit einer Leiste, die als Zirkel dient, wird die Rundung auf die Spanplatte übertragen. Mit der Stichsäge schneiden Sie den Bogen aus. Alle 20 cm werden außerdem etwa 5 cm vom Rand entfernt kleine Ausschnitte in die Schablone gesägt. Sie sind erforderlich, weil man sonst keine Zwingen ansetzen könnte. Zeichnung 3 erläutert, wie das gemeint ist.

1 Wer in einer Altbauwohnung wohnt, hat viele Möglichkeiten, etwas zu verbessern und zu verschönern. Auf dieser Zeichnung sehen Sie, wie der Durchgang vor dem Umbau wirkte: Ein bißchen eckig, kühl und unfreundlich

2 Die Türpartie nach dem Umbau. Die vordere Tür, deren Türblatt schon vor Jahren ausgehängt worden ist, ist in einen Rundbogen-Durchgang verwandelt worden. Das sieht wärmer und freundlicher aus – und dekorativer.

Der Rundbogen besteht aus vier Hartfaserplatten-Streifen, die über der vorbereiteten Schablone verleimt werden. Schneiden Sie diese Streifen aus 4-mm-Hartfaserplatte in der Breite des Türfutters (ohne Bekleidung!) zu, und zwar 30 cm länger als erforderlich. Bestreichen Sie die einzelnen Streifen mit Weißleim und legen Sie sie über der Schablone zusammen. Die erste Zwinge wird in dem obersten Loch gesetzt, es folgen die Zwingen links und rechts davon. Je mehr Zwingen Sie setzen können, desto besser. Lassen Sie den Rundbogen mindestens 15 Stunden trocknen, bevor Sie die Zwingen wieder abnehmen.

Der Rundbogen ist nun im Rohbau fertig. Sie müssen ihn jetzt anpassen. Dazu spannen Sie ihn wieder über die Schablone und schneiden mit der Feinsäge oder einem Fuchsschwanz den Rundbogen an den beiden Stellen, die »nahtlos« in das Türfutter übergehen sollen, senkrecht ab. Auf Zeichnung 3 wird auch das gezeigt.

Nun können Sie den Rundbogen einbauen. Bestreichen Sie die Stellen, die mit dem alten Türfutter Berührung bekommen (also den Zenit des Rundbogens und die beiden soeben senkrecht geschnittenen Enden) mit Leim und setzen Sie den Rundbogen ein. Wenn das alte Türfutter lackiert war, müssen Sie den Lack an den Stellen, die geleimt werden sollen, bis auf das rohe Holz abschleifen. Der Rundbogen wird mit Senkkopfschrauben verschraubt.

Alle Hohlräume, vor allem die beiden annähernd dreieckigen Flächen zwischen Rundbogen und Türfutter, werden nun mit Hartschaumstücken ausgefüllt. Schneiden Sie den Hartschaum so genau passend wie möglich. Da Sie vermutlich keine Schaumstoffplatten von ausreichender Dicke bekommen werden, müssen Sie mit mehreren Schichten arbeiten. Diese Schichten werden vor dem Einsetzen miteinander verklebt. Verwenden Sie dazu wie zum Einkleben der Schaumstoffplatten den vorgeschriebenen Spezialkleber. Und füllen Sie auch alle anderen »Löcher« mit Hartschaum aus, zum Beispiel etwaige Lücken zwischen dem alten Türfutter und der Mauer.

Wenn der Klebstoff abgebunden hat, spachteln Sie die gesamte Fläche zwischen Wand, altem Türfutter und Rundbogen mit Spachtelmasse glatt aus, so daß keinerlei Unebenheiten mehr zu sehen sind. Die geglätteten Stellen werden nach dem Austrocknen mit dem Schwingschleifer geschliffen. Dann können Sie den Rundbogen an der Innenseite vorstreichen, spachteln und lackieren. Die Wand wird im Bereich der Rundbogenöffnung tapeziert.

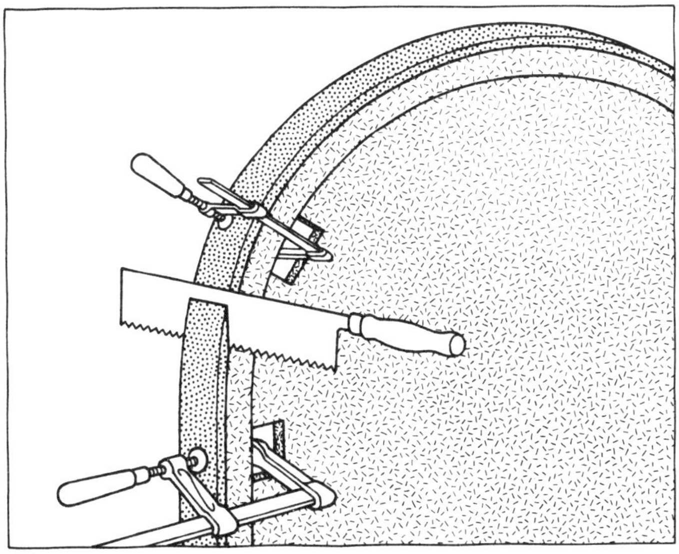

3 Der Rundbogen besteht aus vier Hartfaserplattenstreifen, die über einer Schablone aus Spanplatte verleimt werden. Mit der Feinsäge oder dem Fuchsschwanz wird die Schmiege schön sauber zurechtgeschnitten.

4 Der Bogen wird mit einigen Schrauben am alten Futter befestigt. An den Verbindungsstellen außerdem Leim angeben, dazu vorher den Lack vom alten Türfutter wegschleifen. Die Schraubenlöcher werden verkittet.

5 Die Hohlräume zwischen Futter und Rundbogen werden mit Hartschaum ausgefüllt. Kleben Sie die Zuschnitte auf Futterdicke zusammen und setzen Sie sie mit Klebstoff ein. Auch alle anderen Hohlräume so ausfüllen!

6 Mit Spachtelmasse werden die letzten Löcher und Unebenheiten so zugespachtelt, daß der Rundbogen glatt in der Wand sitzt. Nach dem Aushärten der Spachtelmasse wird geschliffen und die Wand neu tapeziert.

Begehbarer Kleiderschrank mit viel Platz

Dachschrägen im Wohnbereich sind fast immer ein Ärgernis. Darunter sitzen kann man schlecht, und wenn man einen Schrank davor stellt, bleibt die »tote« Ecke frei - viel Platz, der zu schade ist zum Verschenken. Der Raum vom Beginn der Schräge bis zur Wand ist jedoch meist zu tief, als daß man ihn normal nutzen könnte. Deshalb haben wir auch keinen herkömmlichen Schrank gebaut, sondern einen begehbaren Kleiderschrank, in dem man sich sogar umziehen kann.

Unsere Dachschräge war 180 cm tief und an der niedrigsten Stelle 120 cm hoch. Die Deckenhöhe des Raumes betrug 250 cm. Da diese Maße selbstverständlich nicht allgemein gelten können, müssen Sie die Konstruktion nach Ihren Gegebenheiten abändern.

Das geht ganz leicht: Messen Sie zunächst einmal die Raumhöhe und dann - senkrecht unter dem Knick in der Decke - die Raumtiefe. Genau in der Mitte werden die Trennrahmen angebracht.

Wenn Sie diese »Maßarbeit« erledigt haben, geht es an den Materialeinkauf. Das Grundmaterial ist Kantholz mit einem Querschnitt von 5 x 4 cm aus gehobelter Fichte. Da alle Verbindungen gezapft sind, müssen Sie jeweils die volle Länge kaufen, damit immer noch genügend »Fleisch« für die Zapfen vorhanden ist. Das gilt insbesondere für das obere Querholz, denn es stützt die ganze Konstruktion.

Die Fachbreite, also der Abstand von einer senkrechten Stütze zur anderen, richtet sich nach der Breite der Lamellentüren, die Sie fertig einkaufen. Es gibt solche Türen in Breiten von 30, 37,5 und 45,1 cm. Für den Zwischenschlag berechnen Sie je einen Zentimeter. In unserem Fall war das lichte Maß zwischen den Wänden 360 cm. Da hinein passen - mit entsprechendem Zwischenraum - acht Türen von je 45,1 cm Breite.

Nach dieser Beispielsrechnung müssen Sie nun Ihre eigenen Berechnungen anstellen - und zwar, was die Türen betrifft, nach Möglichkeit so, daß Sie die ganze Wandfläche mit Türen bedecken können. Nur im Notfall, wenn die Rechnung gar nicht aufgehen will, können Sie links und rechts noch je eine Blende einplanen, die die Differenz ausgleicht.

Ähnlich verhält es sich mit den Türhöhen. Wir sind von 243,8 cm hohen Lamellentüren ausgegangen. Manche Lieferanten stellen nur Türen von etwa 2 m Höhe her. Auch in diesem Fall können Sie mit einer Blende arbeiten, die den Unterschied ausgleicht. Aber schöner wirkt natürlich eine bis unter die Decke reichende Türenfläche.

MATERIALLISTE

(alle Maße in cm)

8 Lamellentüren	243,8 x 45,1	
Fichte, gehobelt:		
1 Kantholz	360	x 5 x 4
9 Kanthölzer	250	x 5 x 4
6 Kanthölzer	180	x 5 x 4
11 Kanthölzer	92	x 5 x 4
18 Kanthölzer	46	x 5 x 4
3 Spanplatten	92	x 80 x 1,9
3 Spanplatten	92	x 70 x 1,9
3 Schrankstangen	88	x 3 Ø
2 Schrankstangen	78	x 3 Ø
6 Bänder		
2 Porzellan-Schrankknöpfe		
4 Magnetschnäpper		
Leim, Schrauben, Beize		

Der Zusammenbau der Wand

Sie beginnen am besten mit dem Zusammenbau der vorderen Rahmen. Die 46 cm langen Querhölzer werden an beiden Seiten mit der Feinsäge oder Kreissäge gezapft. Für das Anreißen der Zapfen und der dazugehörigen Zapfenlöcher spannen Sie alle gleichformatigen Teile mit Schraubzwingen zusammen. Dann haben Sie die Garantie, daß gleichmäßig markiert wird und keine Irrtümer passieren.

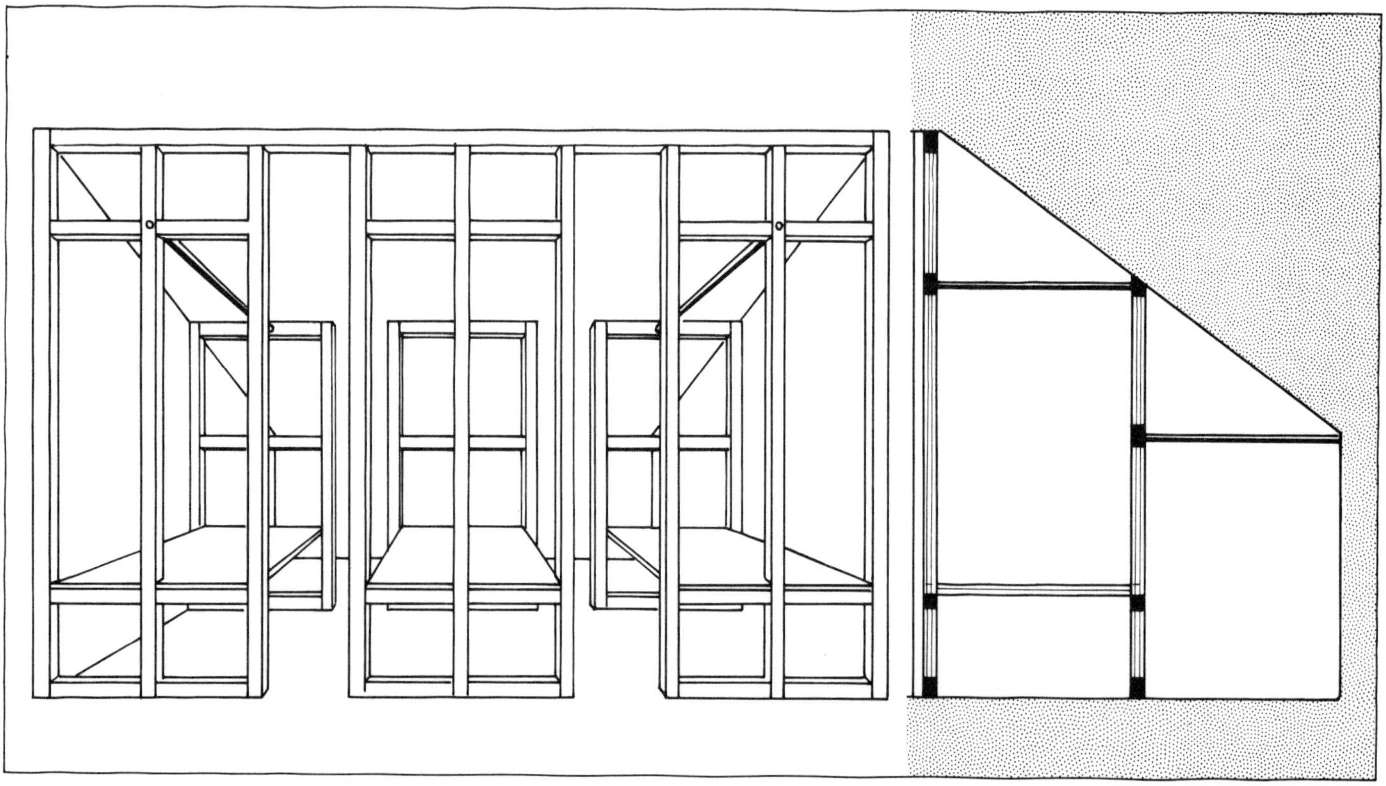

1 Schrägen sind in jedem Haus anders. Deshalb fehlen in unserer Konstruktionszeichnung auch die Maßangaben. Sicherlich wird es Ihnen keine Schwierigkeiten bereiten, unser Kleiderzimmer auf Ihre Gegebenheiten abzuändern. Wie viele Zwischenböden oder Kleiderstangen Sie einbauen, richtet sich ganz nach Ihrer Garderobe. Den Farbton der Beize für die Lamellentüren können Sie auf Ihre Zimmereinrichtung abstimmen. Auch Farblack ist möglich.

Die Zapfenlöcher können Sie mit einer Handkreissäge mit Wanknutscheibe herausfräsen. Wenn Sie diese Einrichtung nicht besitzen, bohren Sie in Zapfenbreite mit dem Spiralbohrer vor und heben das restliche Holz mit einem Stecheisen aus. Die obere Querstrebe liegt in 180 cm Höhe über dem Fußboden, die untere in 40 cm Höhe. Nun können Sie die drei Rahmen probeweise zusammenstecken. Wenn alles genau paßt, nehmen Sie sie wieder auseinander, geben Leim an und verbinden alle Teile endgültig. Bis zum Abbinden des Leims müssen die Rahmen eingespannt werden.
Nach dem gleichen Prinzip wie die vorderen Rahmen werden auch die hinteren Rahmen gebaut – nur ohne senkrechte Zwischenträger. Die oberen Querträger müssen genau in der Höhe der Querstreben des Vordergestells liegen, in unserem Fall also 180 cm hoch.
Für den endgültigen Zusammenbau transportieren Sie alle schon fertiggestellten Teile an den Ort der Handlung. Inzwischen haben Sie auch den durchgehenden Querholm fertiggestellt. Stecken Sie ihn auf und richten Sie das Gestell probeweise auf. Die ausgerichteten Rahmen werden mit Boden und Decke verschraubt, die äußeren Rahmen links und rechts zusätzlich an den Wänden.
Mit einem Forstnerbohrer bohren Sie nun die Löcher für die Kleiderstangen und schieben die Stangen (3 cm Durchmesser) hinein. Die vorderen Bohrlöcher werden später durch die Türen verdeckt.
Der Abstand zwischen vorderem und hinterem Rahmen ergibt die Länge der Zwischenböden. Sie werden vorn ausgeklinkt, damit sie auf den Querholmen der Rahmenkonstruktion aufliegen.
Zum Schluß bringen Sie die Lamellentüren an. Die beweglichen Türen befestigen Sie mit Bändern, die feststehenden Türelemente werden von hinten durch den Rahmen verschraubt. Die Türen können Sie beizen und mattieren (vor dem Einbau) oder auch nur mit Schnellschleifgrund streichen (was vor oder nach dem Einbau möglich ist) oder lackieren.

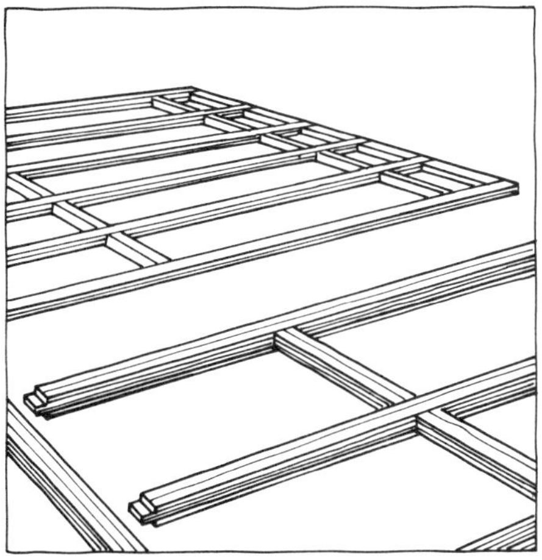

2 Erst am Ort des Einbaues den durchgehenden Querholm anbringen. Die Konstruktion aufrichten und den genauen Sitz des Rahmens prüfen.

3 Hier wird eine Kleiderstange in die schon an Decke, Boden und Wänden befestigte Konstruktion geschoben. Die Türfront verdeckt das Bohrloch.

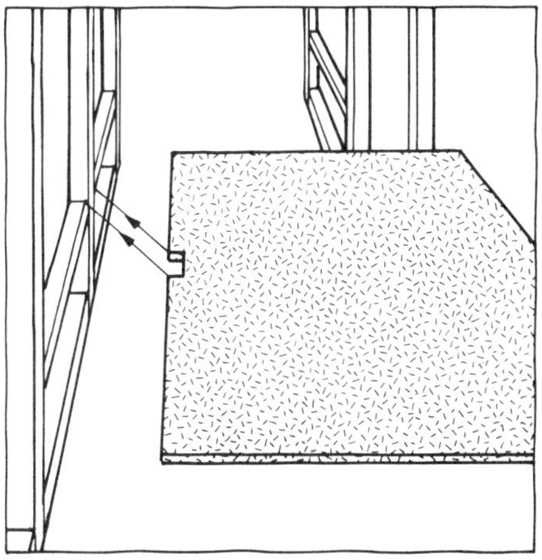

4 Die Fachböden werden vorne ausgeklinkt, damit sie später auf den Querholmen der Rahmenkonstruktion aufliegen und unverrückbar festsitzen.

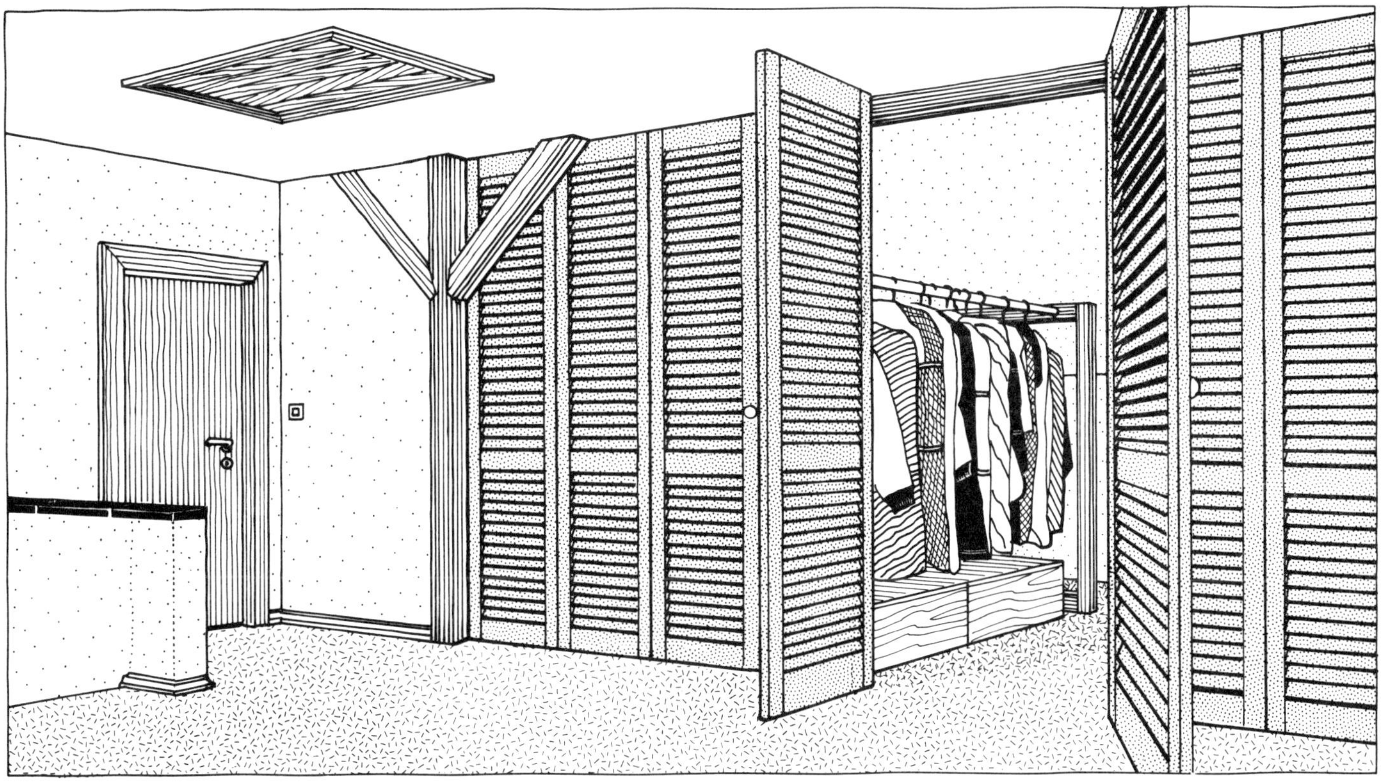

5 So sollte der fertige Einbau des begehbaren Schrankes aussehen. Die Lamellentüren kaufen Sie fertig ein. Wenn Sie die Türen nicht in der richtigen Höhe (etwa 2,40 m) bekommen, müssen Sie oben eine Blende aus dazu passendem Holz einsetzen. Mit Einbauten dieser Art können Sie nicht nur eine Dachschräge »verstecken«, sondern auch eine häßliche Wand mit Vor- und Rücksprüngen, herausragendem Schornstein usw. verschönern.

Ihre Fenster-Probleme

Wärmeverluste durch die Fensterscheiben sind kein unabänderliches Übel. Welche Möglichkeiten es gibt, Fenster energiesparender zu machen, zeigen die Zeichnungen. Bevor man sich jedoch dazu entschließt, die alte Verglasung gegen eine neue auszutauschen, sollte man einige Tests vornehmen.

Prüfen Sie zunächst einmal, ob die Fugen zwischen dem Mauerwerk und dem Fenster dicht sind. Falls nicht: dauerelastischer Kitt hilft schnell. Lockeren Putz kratzt man vorher heraus. Bei sehr breiten Ritzen vorher Dämmaterial hineinstopfen. Aber auch der Fensterfalz kann undicht sein. Was man dagegen tun kann, zeigen die Zeichnungen 1 und 2. Wenn es vom Rolladenkasten kühl herabweht, kann man ihn mit Dämmaterial und Holz umkleiden. Ritzen werden auch hier mit dauerelastischem Kitt verschlossen.

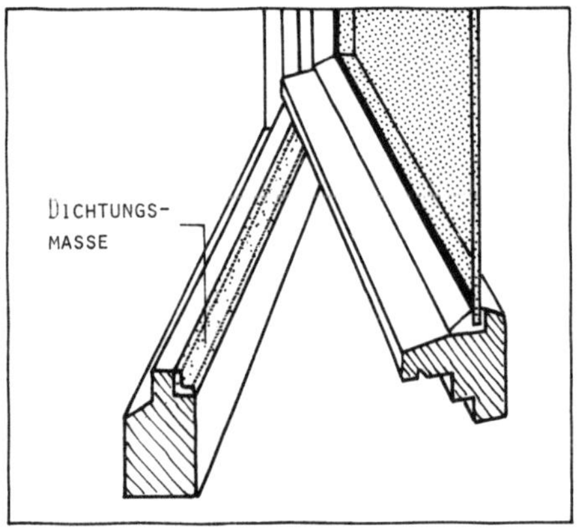

1 Abdichten mit Dichtungsmasse: Die Masse wird in den Falz gespritzt, mit einer Trennfolie abgedeckt und mit dem Finger geglättet. Dann das Fenster bis zum Abhärten über Nacht geschlossen halten.

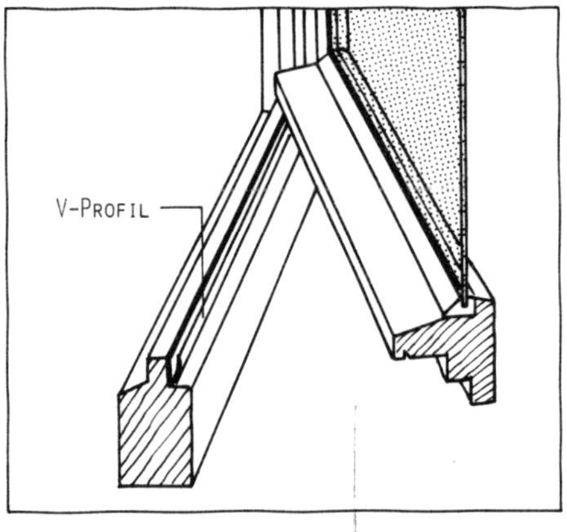

2 Abdichten mit Dichtungsprofil: Hier wurde von innen in den Fensterfalz ein Kunststoffprofil eingeklebt. Es hat einen V-förmigen Querschnitt und widersteht deshalb weitgehend dem Winddruck.

3 Bei Rolläden kann man die Fugendichtung mit dauerelastischem Kitt verbessern. In unserem Fall wurde der Rolladenkasten durch eine Umkleidung aus Dämmaterial und Holz abgedämmt.

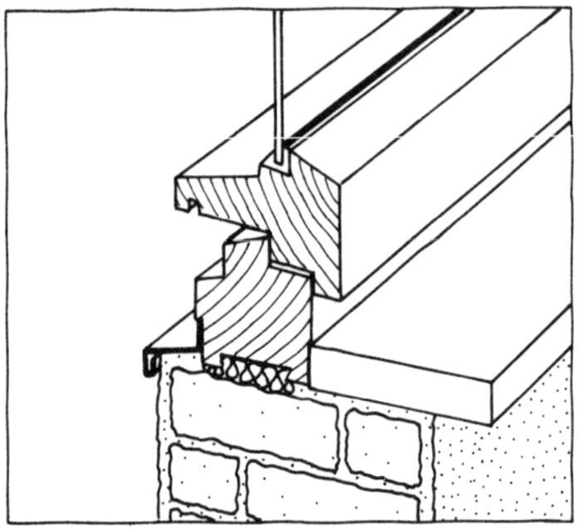

4 Ein Fenster mit Einfachverglasung ist weder hinsichtlich der Wärme- noch der Schalldämmung besonders wirksam. Es sollte durch einen der folgenden Vorschläge verbessert werden.

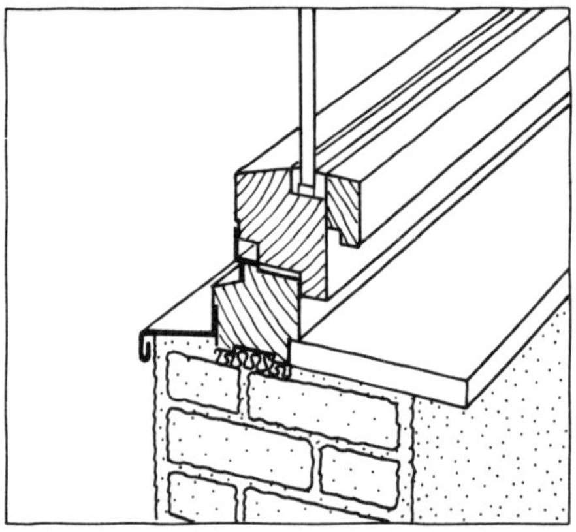

5 Auch hier handelt es sich um Einfachverglasung, aber mit einer wesentlich dickeren Glasscheibe. Dieses Fenster ist besser als das vorhergehende – aber noch längst nicht ideal.

6 Bei Neubauten werden im allgemeinen Isolierglasscheiben eingebaut, die aus zwei Scheiben bestehen. Sie sind luftdicht miteinander verbunden. Gut wärme-, jedoch kaum schalldämmend.

7 Beim Verbundfenster sind zwei Flügel durch einen Spezialbeschlag miteinander verbunden. Man kann sie zum Reinigen öffnen. Der Scheibenabstand garantiert gute Dämm-Ergebnisse.

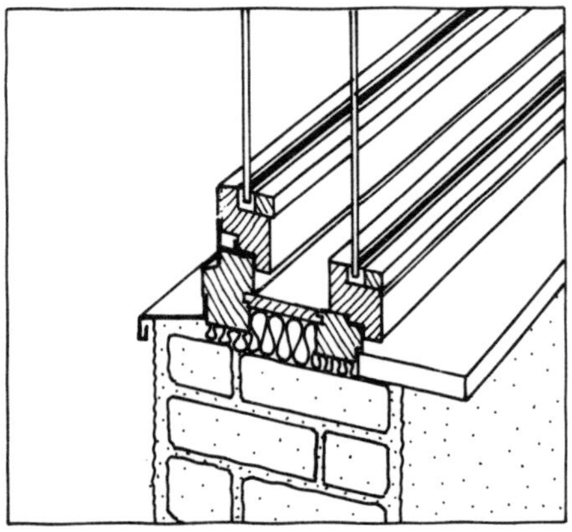

8 Das Kastenfenster ähnelt dem Verbundfenster. Die beiden Flügel sind so angeordnet, daß zwischen ihnen keine Schall- und Wärmebrücken entstehen. Sehr gute Dämm-Eigenschaften.

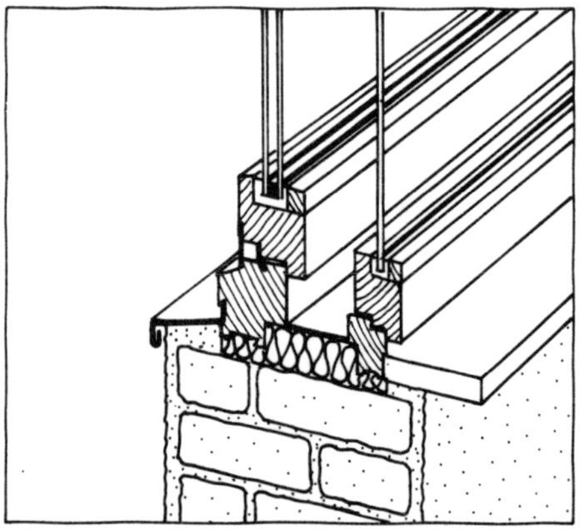

9 Das ideale Schalldämmfenster sollte aus einem Isolierglasfenster mit dahinterliegendem zweitem Fensterrahmen (mit Einfach- oder auch Dickglas-Verglasung) bestehen. Teure, aber gute Lösung!

Ideen für die Fensterbank

Ungenutzte Winkel und Ecken gibt es in jeder Wohnung. Man kann sie praktisch und dekorativ zugleich ausbauen. Vielleicht paßt das abgebildete Beispiel nicht gerade in Ihre vier Wände. Aber es soll Sie, zusammen mit einigen weiteren Tips, dazu anregen, aus unscheinbaren Raumecken attraktive zu machen.

Wir haben die Innenräume von zwei Altbau-Fensterbänken für den Einbau von zwei Vitrinen entdeckt. Die beiden Kästen waren bisher mit weißgestrichenen Schranktüren verschlossen. Die Türen mitsamt der Verblendung wurden entfernt – sie waren schon recht wacklig und sahen nicht mehr gut aus. Aber die Kästen selbst konnten bleiben.
So sollten Sie vorgehen: Mit der Stichsäge entfernen Sie das Füllmaterial der alten Kästen und die Feder, auf der die Verblendung saß. Jetzt können Sie die Maße der Kästen genau bestimmen. Die Kastenteile werden verleimt und verschraubt. Die auf Gehrung gesägten Leisten verleimen Sie mit der Vorderkante und stiften sie anschließend fest. Die Abstände zwischen den Glasböden, die auf Messingbuchsen liegen, können Sie nach Belieben festlegen. Zuletzt wird die Frontleiste, passend zu den Farben des Raumes, gestrichen.

Fensterbank verbreitern

Fensterbretter sind oft zu schmal. Meist hat zwar noch ein Pflänzchen darauf Platz, aber wenn es wächst und gedeiht, stellt man spätestens beim dritten Umtopfen fest, daß das Prachtstück der gärtnerischen Bemühungen zu groß geworden ist: Es paßt nicht mehr aufs Fensterbrett.
Für solche und ähnliche Bedarfsfälle haben wir uns drei Möglichkeiten zur Fensterbrett-Verbreiterung ausgedacht. Sogar ein »Schreibtisch« ist dabei. Maße haben wir nicht angegeben, da sich Stärken und Längen nach Ihrer Fenstergröße und der Größe des Fensterbretts richten müssen.
Lösung 1. Diese Verbreiterung ist jederzeit ohne Handwerkszeug demontierbar, da das Verbreiterungsbrett durch Klemm- und Winkelleiste gehalten wird. Sie richten ein Verbreiterungsbrett in der nötigen Länge und Tiefe her: Es soll das alte, schmale Fensterbrett vollkommen überdecken und soweit überstehen, wie Sie es für nötig halten. Und so wird die Verbreiterung gehalten: Legen Sie das neue Brett auf und nageln Sie in der ganzen Breite eine schmale Leiste an den Fensterstock, nicht aber an die Verbreiterung, die nur unter die Leiste geschoben wird. Von unten wird eine breitere Winkelleiste so unter die Verbreiterung geschraubt, daß sie am alten Fensterbrett Halt findet.
Lösung 2. Besonders geeignet für Fensterbänke aus Kunststein. Besorgen Sie sich eine Verbreiterung, die genauso dick ist wie das alte Fensterbrett. Nun bohren Sie in die Kunststeinkante Dübellöcher, kleben Holzdübel ein (mit Zweikomponentenkleber) und sorgen für gleiche Bohrlöcher in der Verbreiterung, die nun auf die Dübel geschoben und ebenfalls verleimt wird.
Lösung 3. Hier wird die Verbreiterung zur Schreibtischplatte. Schrauben Sie sie auf dem alten Fensterbrett fest und setzen Sie zwei Füße aus Vierkant-Stahlrohr auf der Zimmerseite darunter.

1 Vor den beiden feststehenden Seitenflügeln einer Fenstertür waren zwei Schränkchen eingebaut. Der Schrankbau blieb – wie wir ihn mit zwei Vitrinen modernisiert haben, zeigt das Foto.

2 Die neuen Einsatzkästen wurden aus 16-mm-Tischlerplatte gefertigt. Die Vorderkante verdeckt eine 3 cm breite, 10 mm dünne Flachleiste.

3 Die Vitrineneinsätze sind an Ort und Stelle. Verschrauben Sie jedes Seitenteil von innen mit der Füllung (mit Senkkopfschrauben).

So entsteht eine praktische Durchreiche

Der kürzeste Weg spart Kraft und Zeit. Deshalb bauen sich praktische Leute selbst eine Durchreiche, um Speisen und Getränke von der Küche aus ohne Umweg direkt auf den Eßtisch zu bringen. Die Arbeit an diesem Projekt ist nicht schwierig zu bewältigen.

Jede Erleichterung, die man sich im Haushalt verschaffen kann, ist die Mühe des Selbermachens wert. Eine Durchreiche von der Küche zum Eßzimmer oder zur Eßecke spart nicht nur Zeit und Arbeit, sie verhindert auch, daß Essensgerüche durch die ganze Wohnung getragen werden.

Der richtige Platz

Das hier vorgeführte Beispiel gilt natürlich nicht für jede Wohnung. Aber es läßt sich ohne große Schwierigkeiten abwandeln. Bei der Wahl des richtigen Platzes ist zu beachten, daß Sie nicht jede Wand einfach »durchlöchern« dürfen. Bei tragenden Wänden (das sind im allgemeinen die dickeren, ab 24 cm Mauerstärke) müssen Sie vorher die Baupolizei fragen. In diesem Fall ist es auch empfehlenswert, den Durchbruch nicht selbst vorzunehmen, sondern einen Fachmann damit zu beauftragen, ihn fachgerecht anzulegen. Die Holzkonstruktion bauen Sie dann selber ein.

Aber auch für nichttragende Wände gibt es Regeln, was man darf und was nicht. Vor allem sollte der Abstand vom geplanten Durchbruch zur nächsten Wand mindestens 50 cm betragen (oder ein Fünftel der Geschoßhöhe).

Wir bringen Ihnen ein Beispiel, das von einer nichttragenden Wand ausgeht. Es handelt sich um eine Ziegelwand. Bei Betonwänden (etwa in Hochhäusern) oder auch bei Wänden aus großen Hohlblocksteinen sind den Möglichkeiten des Selbermachens Grenzen gesetzt.

1 Durch die Abdeckleisten, zwischen denen die Schiebetür seitlich bewegt werden kann, ist der Niveauunterschied zwischen Tischplatte und Grundfläche der Durchreiche optisch ausgeglichen.

Unsere Durchreiche ist 60 cm hoch und 75 cm breit. Die Zeichnungen auf der rechten Seite zeigen ganz genau, wie vorzugehen ist. Sie geben auch Aufschluß über alle wichtigen Maße und den Ablauf der Arbeiten.

Der Einbau der Durchreiche

Im Wohnzimmer steht vor der Durchreiche der 71 cm hohe Eßtisch. In der Küche soll die Unterseite der Durchreiche mit der Oberfläche der Arbeitsplatte, die 80 cm hoch ist, abschließen. Bevor der Durchbruch in die Wand gestemmt wird, zeichnet man Höhe (60 cm) und Breite (75 cm) der Durchreiche und eines notwendigen Abfangträgers (ein Holzträger: 100 cm lang, 11,5 cm breit, 7,1 cm hoch) an die Wand.

Der erste Ziegel wird oberhalb des Durchreichemittelpunktes herausgestemmt, dann die anderen Ziegel, um sofort den Abfangträger einzupassen.

Wichtig: Er muß immer auf ganzen Ziegeln ruhen! Nun werden die übrigen Steine ausgestemmt.

Die Öffnung wird mit Zementmörtel (ein Teil Zement auf drei Teile Sand) verputzt, der Sturz in beiden Zimmern angeputzt. Nach dem Abtrocknen des Mörtels erhält die Öffnung ein »Futter« aus einseitig gehobelten, 2 cm starken Fichtenbrettern. Die Maße des oberen und unteren Brettes: 75 cm Länge, 13 cm Breite (Stärke der Mauer plus Putzschichten). Die Seitenbretter sind je 56 cm lang und 13 cm breit.

Die Holzbretter des Futters werden in L-Verbindung gebracht. Das heißt: Die Seitenbretter sitzen bündig zwischen oberem und unterem Brett der Durchreiche.

Natürlich soll die Durchreiche nicht nur ein Loch bleiben, sondern auch eine Tür bekommen. Da eine Schranktür, wenn sie geöffnet wird, am Eßtisch hinderlich ist, haben wir eine Schiebetür vorgesehen. Sie wirkt, mit preiswerten Kunstdrucken beklebt, wie ein Bild. Und sie ist Teil einer Bilderleiste, die in Höhe der Durchreiche über die ganze Breite der Wand geht. Im Gegensatz zur Schiebetür sind aber die übrigen Bilder fest montiert.

Für die Führung der Tür und als Rahmen für die anderen Bildplatten werden zunächst oberhalb und unterhalb der Durchreiche über die ganze Wandbreite zwei weiße Holzleisten befestigt. Die Leisten sind 3 cm dick und 8 cm breit, damit sie den Abstand zwischen Durchreiche und Tisch ausgleichen.

Auf die Unterkante der oberen und die Oberkante der unteren Leiste werden Fiberschienen mit U-Profil (Weite: 22 mm) geklebt, in denen dann die Schiebetür verschoben werden kann. Die Schiebetür selbst besteht aus einer Spanplatte von 22 mm Dicke, 60 cm Höhe und 77 cm Breite – groß genug, um die Durchreiche ganz zu verschließen.

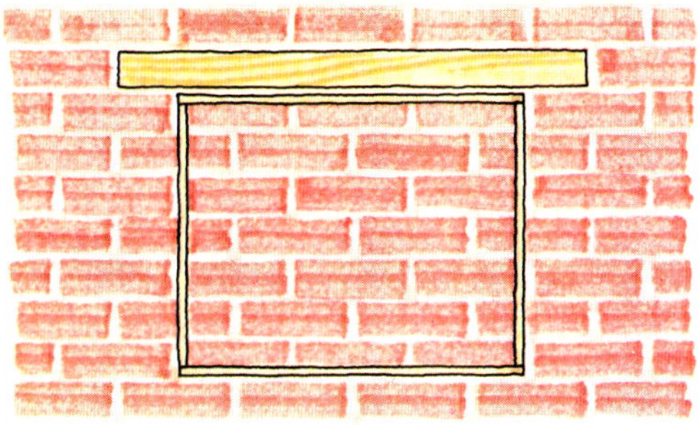

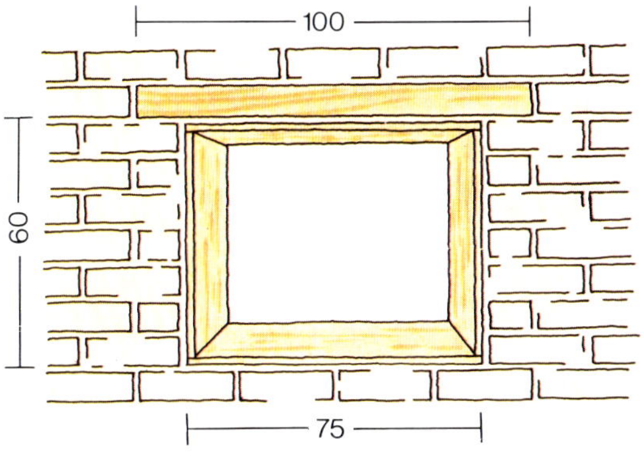

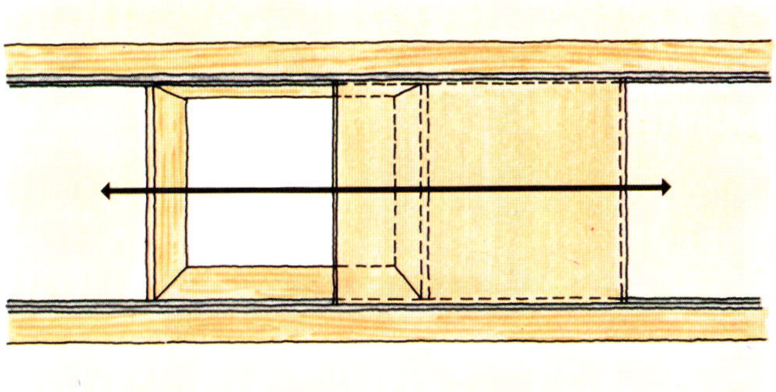

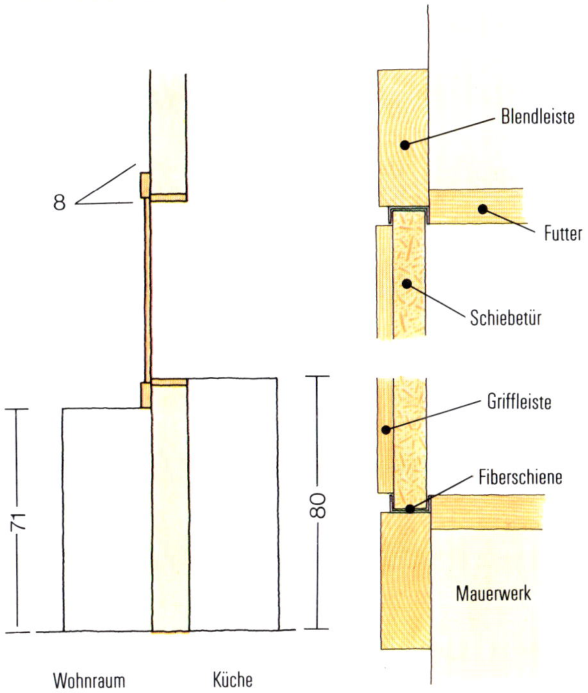

2 Überstehende Ziegelsteine werden vorsichtig entfernt.

3 So sitzt der Abfangbalken. Er ist genauso hoch wie ein Ziegelstein.

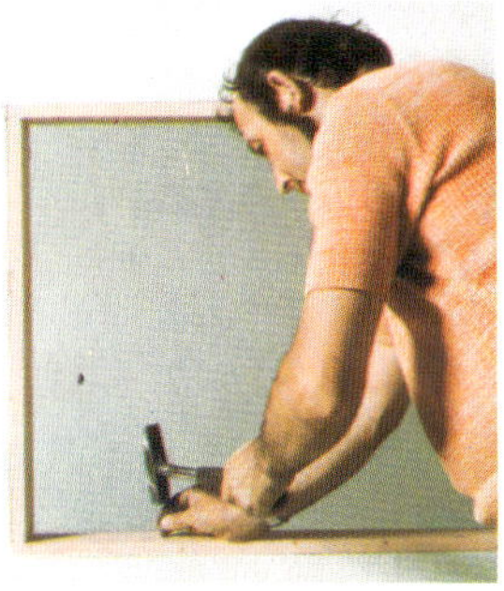

4 Mit Stahlnägeln wird das Holzfutter festgenagelt.

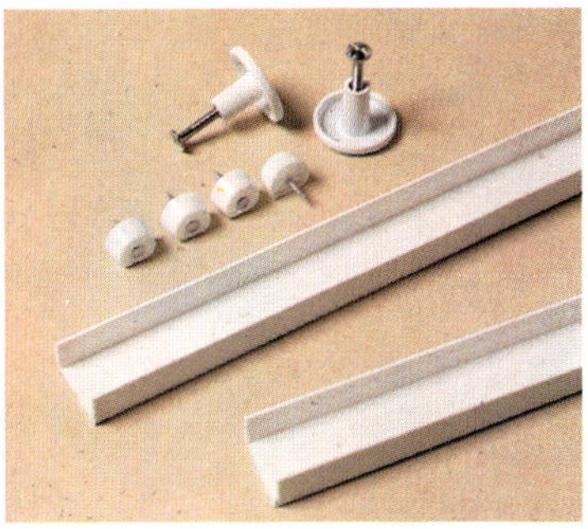

5 Die Tür läuft oben und unten zwischen zwei U-förmigen Fiberschienen.

6 Die Fiberschiene mit U-Profil bewirkt ein sanftes Gleiten der Schiebetür. Außerdem bildet sie eine saubere Abschlußkante der Durchreiche.

7 Die geschlossene Schiebetür verdeckt die Öffnung der Durchreiche. Wir haben die Tür mit Postkarten und Kalenderbildern bunt beklebt.

Neues Gesicht für alte Türen

Alte Schränke und Kommoden oder häßliche Zimmertüren bekommen ein neues Gesicht, wenn man sie mit Phantasie und geringen Kosten umgestaltet.

Der Aufwand, alte Türen und Schränke neu zu gestalten, ist gar nicht so groß. Am Beispiel eines Kleiderschrankes, einer Zimmertür und einer Kommode zeigen wir Ihnen, wie man ohne große Schwierigkeiten sich schnell etwas »Neues« machen kann.

Den alten Kleiderschrank haben wir für die Garderobe bzw. den Flur hergerichtet. Die beiden Türen wurden auf der einen Seite mit einem großen Spiegel versehen, auf der anderen Seite wurden einfache Bastuntersätze im Schachbrettmuster verklebt. Anhand der Zimmertür zeigen wir Ihnen, wie man sich eine schallisolierte Polstertür herstellen kann. Die alte Kommode bekam ein neues Gesicht, indem wir auf die Türen ein ausgesägtes und bunt bemaltes Blumendekor im Jugendstil klebten.

Unser alter Kleiderschrank wurde zuerst einmal vollständig abgebeizt und abgeschliffen. Nachdem alle Dellen und Riefen ausgespachtelt und plangeschliffen waren, haben wir ihn nach dem Vorstrich zweimal lackiert. Bei unserem Vorschlag haben wir die linke Tür mit einem Spiegel fast vollflächig bedeckt. Dazu werden erst einmal Falzleisten in der Größe des Spiegels vermessen und auf Gehrung gesägt.

Vorschlag 1: Der alte, unansehnliche Kleiderschrank (Foto oben rechts) bekam ein neues Gesicht. Er wurde abgebeizt und geschliffen, dann gespachtelt und vorgestrichen, schließlich zweimal lackiert. Auf die linke Tür wurde ein Spiegel gesetzt (mit doppelseitigem Spiegelklebeband). Die rechte Tür haben wir schachbrettartig mit Bastquadraten beklebt.

So sah der Schrank vorher aus.

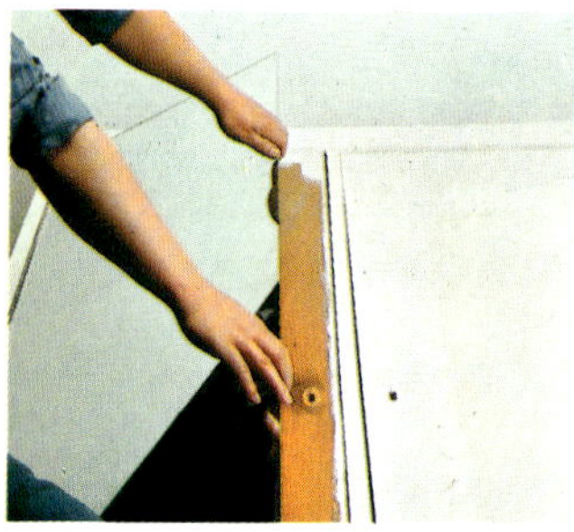

Zuerst muß der Spiegel genau auf der Tür vermessen werden. Er wird mit Klebeband befestigt.

Nachdem der Spiegel befestigt worden ist, kann man die Falzleisten mit dünnen Stiften als Umrahmung um den Spiegel herum vernageln.

Wenn man die Bastkaros zuerst lose auflegt, kann man sich den notwendigen Verlauf für das doppelseitige Klebeband präzise anzeichnen.

Besonders bei den letzten Reihen soll man die Bastkaros gut mit Klebeband befestigen. Im Klebeverlauf kann man dabei noch korrigieren.

Diese gesägten Leisten müssen vor ihrer Befestigung lackiert werden. Den Spiegel zuerst mit einem geeigneten Spiegel-Klebeband auf der Tür befestigen, anschließend die Falzleisten rundherum festsetzen. Die rechte Tür wird im Schachbrettmuster mit schwarz-weißen Bastquadraten beklebt.

Und so arbeitet man die Polstertür: Zuerst schneidet man eine Spanplatte auf Türgröße zu. Danach wird sie auf die ausgehängte Tür gelegt und der ca. 10 mm dicke Schaumgummi paßgenau zugeschnitten.

Darüber wird Kunstleder, man kann natürlich auch grobes Leinen oder Segeltuch nehmen, gelegt. Man schneidet es ca. 4 cm größer als die Hartfaserplatte zu. Die Spanplatte mit dem Schaumgummi und dem Kunstleder umdrehen und das Leder gut spannen. Dabei wird es mit kleinen Nägeln an der Rückseite der Spanplatte festgeheftet. Zum Abpolstern benötigt man Polsternägel in zwei verschiedenen Längen. Ein Teil ist so lang, daß er nur in die Spanplatte eindringt, der andere muß so lang sein, daß man die Spanplatte an der Tür festnageln kann.

Jetzt zuerst die Polsternägel mit Hilfe einer Meßlatte lose aufsetzen. Dann annageln, wobei an jeder 5.–6. Nagelstelle der größere Nagel durch die Spanplatte in die alte Tür geschlagen wird. So sitzt die Platte mit ihrem Überzug fest auf der Tür.

Unsere alte Kommode haben wir mit einem ausgeprägten Muster aus Jugendstilblumen versehen. Dabei haben wir darauf geachtet, daß alle Schadstellen an den Türen von den ausgesägten Motiven bedeckt wurden.

Die Kommode wurde ebenfalls abgebeizt und neu lackiert. Nach dem Trocknen wurden die bunt bemalten und lackierten Jugendstilblumen in die Füllungen der Kommodentüren geklebt.

Vorschlag 2: Mit Blumen im Jugendstilmuster wurde aus einer alten Kommode ein ansehnliches Möbelstück. Die ausgesägten Blumen verdecken zugleich schadhafte Stellen an der Vorderseite des Möbels. Alle sichtbaren Teile wurden sorgfältig gespachtelt, vorgestrichen und lackiert.

Vorschlag 3: Eine schäbige Innentür (unten) wurde im Stil eines Chefzimmers mit Schaumstoff gepolstert und mit Kunstleder bezogen.

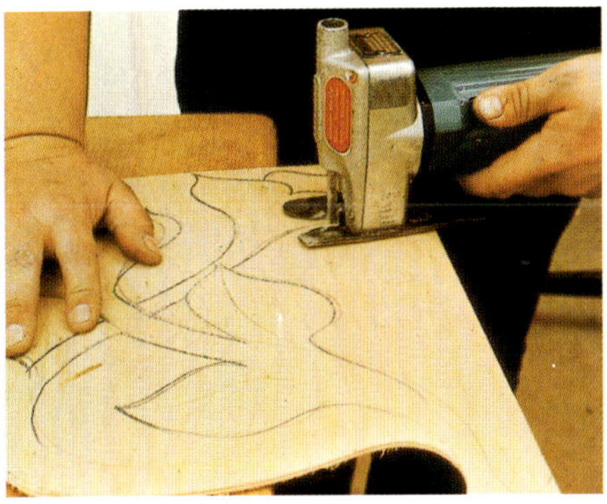

Aus 3 mm dickem Sperrholz kann man sich das Blumenmuster mit der Stichsäge (feines Blatt) oder Laubsäge nach eigenen Entwürfen sägen.

Mit Plakafarben wird das Blumenmuster koloriert. Anschließend sollte man es mit klarem Lack versiegeln. So verbleichen die Farben nicht.

Sorgen Sie für Sicherheit auf der Treppe

Wo Keller- und Bodentreppe durch jahrelangen Gebrauch glattgetreten sind, kann es leicht zu einem Unfall kommen. Man begegnet der Ausrutschgefahr mit einfachen Mitteln, von denen hier einige interessante vorgestellt werden.

Ausgetretene Holztreppen sind noch lange kein Grund, nach dem Handwerker zu rufen. Mit 6 mm starkem Sperrholz, Quadratleisten (25 × 25 mm) und Kantenprofilen kann man sie selbst wieder wie neu und dazu rutschsicher machen.

Für jede Trittstufe wird ein einfaches Deckelement gebaut. Den Sperrholzausschnitt bemißt man 25 mm breiter als die alte Trittstufe tief ist. Dadurch erhält der neue Stufenbelag zusätzlichen Halt, weil die untergeleimte Quadratleiste auf Anschlag sitzt.

Unter den Deckelementen darf es keine Hohlräume geben. Deshalb muß zunächst der Untergrund »egalisiert« werden: Beizen Sie die Trittstufen ab, damit auch wirklich alle Reste von Schmutz, Fett und Farbe entfernt werden. Nageln Sie eine Richtleiste vor die erste Trittstufe. Der Kunstharzspachtel kann dann ohne Probleme eingefüllt und zu einer ebenen Fläche verstrichen werden. Wichtig ist, die Richtleiste mit Trennmittel zu behandeln; sie klebt sonst fest.

Wer schnell arbeiten will, klebt vor dem Annageln der Richtleiste einen Streifen Tesakrepp vor die Trittkante. Dann kann man die Richtleiste sofort nach dem Spachteln abnehmen.

Es reicht aus, wenn Sie die Deckelemente auf die Trittstufen leimen. Der Untergrund muß dann aber ganz eben sein. Andernfalls setzt man zur Sicherheit ein paar versenkte Schrauben und füllt die Versenklöcher mit Holzkitt. Später kann man den neuen Stufenbelag bis zum Kantenprofil noch mit PVC-Platten oder Teppichfliesen versehen.

Einige andere Möglichkeiten, die Treppe sicherer zu machen, zeigen die Fotos 5 bis 8. Sie können beispielsweise Klebeband mit Antirutsch-Oberfläche aufbringen, Gummi-, Kunststoff- oder Metallprofile montieren oder kleben oder, etwa bei einer Kellertreppe, mit Polyesterharz feinen Sand ankleben, so daß die bisher glatte Treppe nun sandpapierrauh und damit bedeutend sicherer ist.

1 Solche Treppenstufen sehen nicht nur häßlich aus, sie bedeuten auch erhöhte Unfallgefahr.

2 Ausgehöhlte Stellen füllt man mit Kunstharzspachtel. Dabei eine Richtleiste davorspannen.

3 Für jede Trittstufe wird ein solches Deckelement mit Kantenprofil (Kunststoff) gebaut.

4 An schwierigen Stellen, zum Beispiel an Treppenbiegungen, das Kantenprofil einzeln einpassen.

5 Textiles Klebeband mit Antirutsch-Oberfläche ist für Holz- und Steintreppen geeignet. Untergrund mit Benzin entfetten, Haftvermittler auftragen und den Klebebandstreifen aufdrücken.

6 Gummi- oder Kunststoffprofile gibt es in verschiedenen Querschnitten, auch mit einer Nut für Teppichbelag. Untergrund säubern, die Profile mit Kontaktkleber auf die Stufe kleben.

7 Für Kellertreppen geeignet: Die Stufen werden mit Polyester-Kunstharz bestrichen und vor dem Aushärten des Harzes mit feinem Sand bestreut. Das ergibt eine rutschfeste Oberfläche.

8 Metallprofile aus Aluminium oder Messing sehen besonders schön aus. Auf Holzstufen werden sie einfach verschraubt. Auf Steintreppen Dübel setzen – Vorsicht, die Kante kann ausbrechen.

Fußböden und Decken

Wie man Estrich verlegt

Unter Estrich versteht man einen geschütteten, festen Raumboden aus Zement und feinkörnigem Sand. Am bekanntesten ist der »schwimmende« Estrich, der mit einer dämmenden Zwischenschicht auf Unterbeton aufgebracht wird. Sinn dés Estrichs ist, eine ebene Fläche in Wohn- und Kellerräumen zu schaffen, damit Bodenbeläge plan liegen können und Möbel eine richtige Standfläche haben.

Zum schwimmenden Estrich: Auf den Betonboden verlegt man zunächst dicht auf Fuge eine Schicht Dämmplatten (am besten elastifizierte Trittschalldämmplatten aus Hartschaum). Streifen aus diesem Material werden ringsum an allen Wänden ausgelegt. Auf die Dämmplatten kommt eine Lage Ölpapier oder Bitumenpappe, die auch an den Rändern hochgezogen werden muß. Papier oder Pappe müssen sich an den Stößen gut überlappen. Nun wird der nicht zu feucht angemischte Estrich (für eine Fläche von 20 m² etwa 0,84 m³ Kies, 4 Zentner Zement) mit der Schaufel aufgefüllt und über den Richtlatten abgezogen. Siehe dazu die Zeichnungen 1–6.

Trockenestrich

Der Trockenestrich ist ein schwimmender Estrich, bei dem es keine Trockenzeiten mehr gibt. Schon am nächsten Tag können die Oberbeläge verlegt werden. Für Feuchträume mit hoher Luftfeuchtigkeit sollte man ihn nicht verwenden.

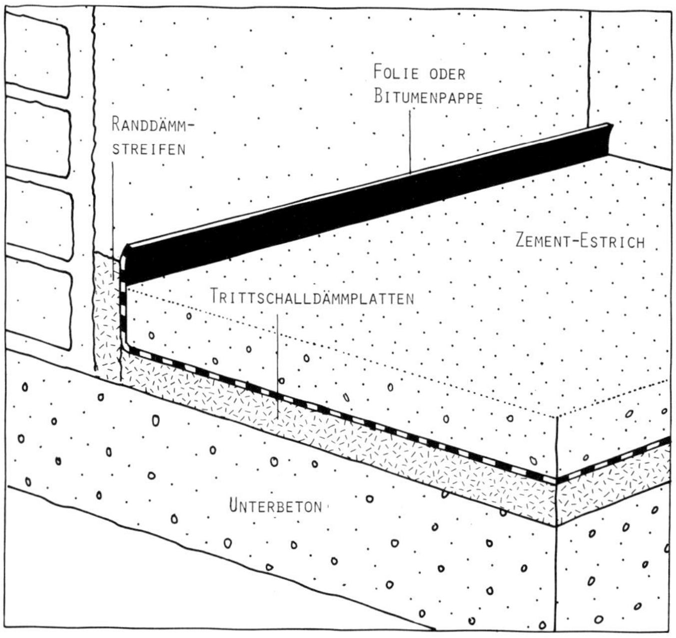

1 Schnitt durch einen mit Estrich belegten Boden. Der Unterboden ist die Massivdecke. Darauf liegen Dämmplatten, die dicht auf Fuge verlegt werden müssen. Es folgen Bitumenpappe und die Zementestrich-Schicht.

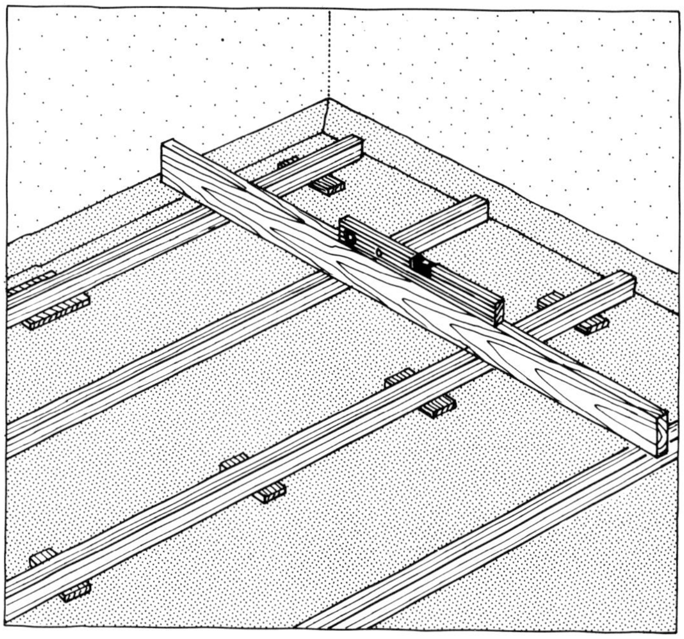

2 Fertig zur Estrich-Aufschüttung. Bevor die Richtlatten gelegt werden, muß die Estrichhöhe an der Wand mit der Schlauchwaage angezeichnet werden. Die Richtlatten ebenfalls überprüfen, ggf. mit Keilen ausgleichen.

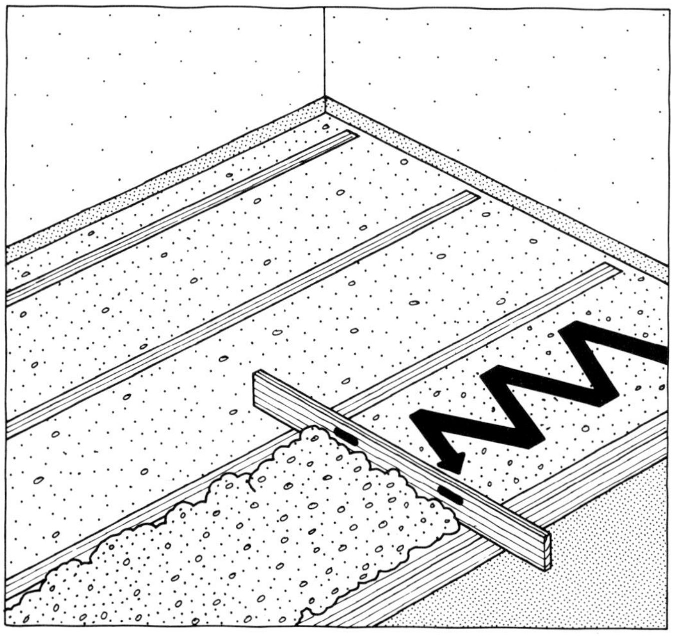

3 Glattziehen der Estrichfüllung. Um poröses Ausreißen der Oberfläche zu verhindern, muß das Richtscheit zum Ebnen des Estrichs in Zickzack-Bewegungen vorgezogen werden. Man kann es aus Kantholz anfertigen.

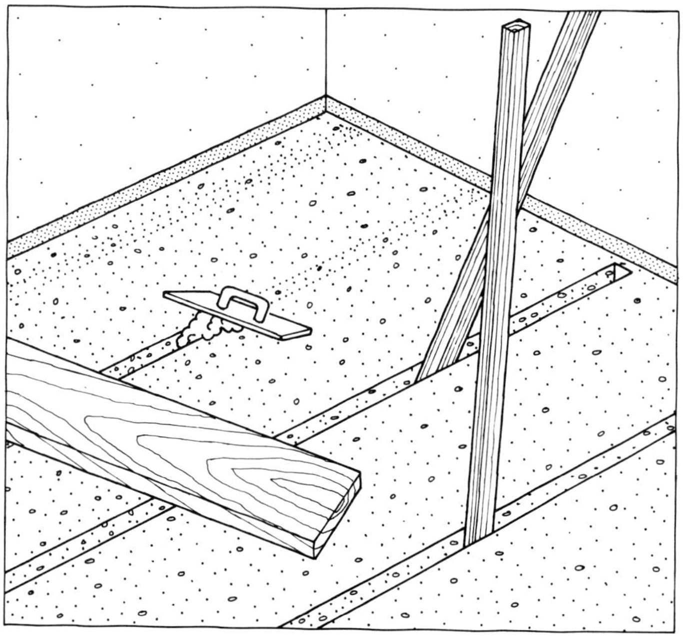

4 Die Richtlatten müssen nach der Estrichauffüllung sofort wieder entfernt werden. Um dabei eine Beschädigung des frisch geschütteten Betons zu verhindern, stellt man sich auf ein möglichst breites Brett.

Die Trockenestrich-Elemente bestehen aus zwei miteinander verklebten Perlgipsplatten 60 × 200 cm, in der Normalausführung 20 mm stark, als Verbundelement (mit Hartschaumkaschierung) 40 bzw. 50 mm stark. Sie sind mit einem 75 mm breiten Falz ausgerüstet, der beim Verlegen verklebt wird.
Unebene Unterböden müssen mit Ausgleichs- bzw. Spachtelmasse oder Trokkenschüttung ausgeglichen werden (Zeichnung 7). Auf Betonboden folgt dann eine Sperrschicht aus 0,2 mm starker Polyäthylenfolie (bei einem Holzunterboden muß sie wegfallen!). Die Folie zieht man nur bei der Spachtelung eines Betonbodens an allen Wänden 10 cm hoch. Von den Wänden trennt man den Estrich mit einem Dämmstreifen.
Beim Verlegen ist darauf zu achten, daß keine Kreuzfugen entstehen. Man bestreicht den überstehenden Falz des Estrichelements mit Knauf-Schnellkleber, legt die Platte auf und fixiert sie sofort mit Spezial-Heftklammern. Mit dem austretenden Kleber kann man die Fugen verspachteln.
Der fertige Estrich sollte mit Haft-Tiefgrund grundiert werden. Nach dem Anziehen des Grundiermittels kann der Estrich mit Fliesen, Teppichboden, Kunststoffbahnen usw. belegt werden.

Boden mit Trittschalldämmung

Dazu belegt man den glatten, bei Bedarf mit Spachtelmasse ausgeglichenen Betonboden mit 4-mm-Hartfaserplatten, klebt mit Terokal-2444 eine 3 mm starke Schicht Teroform-Schwerfolie auf und deckt mit einer gleichen Hartfaserplatte, die ebenfalls verklebt werden muß, vollflächig ab (Zeichnung 8). Dieses Verfahren hat den Vorteil, daß die aufgebrachte Schalldämmschicht insgesamt nur 11 mm dick ist. Sie kann nun mit beliebigem Material belegt oder beklebt oder auch gestrichen werden.

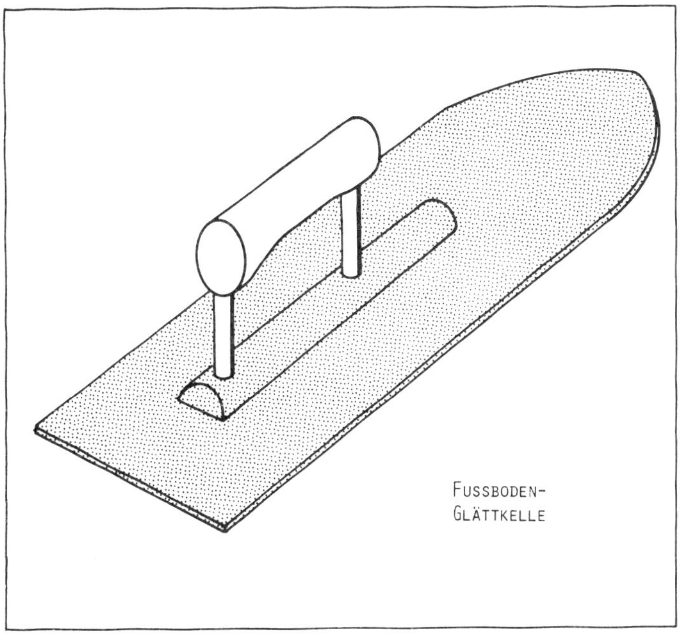

5 Mit der Traufel (Fußboden-Glättkelle) wird die mit etwas Zement bestreute Estrich-Oberfläche fein geglättet. Dabei niemals die Kelle ganz aufsetzen, sondern etwas angewinkelt mit leichtem Druck auf einer Kante führen.

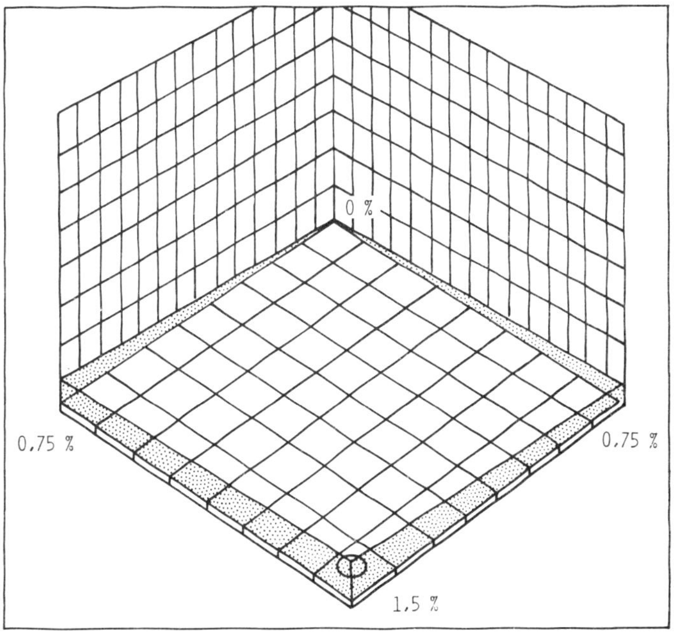

6 Estrichverlegen in Naßräumen ist etwas schwieriger, weil der Boden eine gleichmäßige Neigung zur Abflußöffnung haben muß. Ein Gefälle von 1,5 Prozent reicht aus. Die Zeichnung verdeutlicht ein Berechnungsbeispiel.

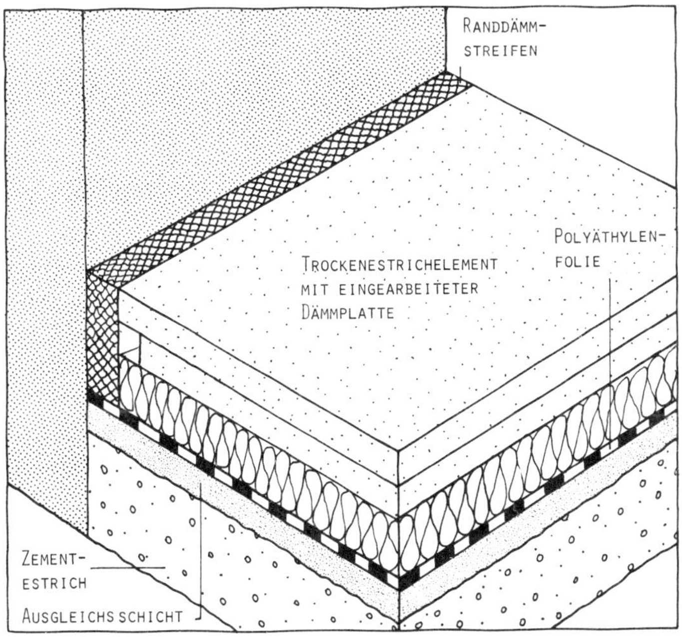

7 Trockenestrich ist ein schwimmender Estrich ohne Trockenzeiten. Unebene Unterböden werden mit Ausgleichsmasse oder Trockenschüttung ausgeglichen. Auf Polyäthylenfolie werden dann die fertigen Estrichplatten verlegt.

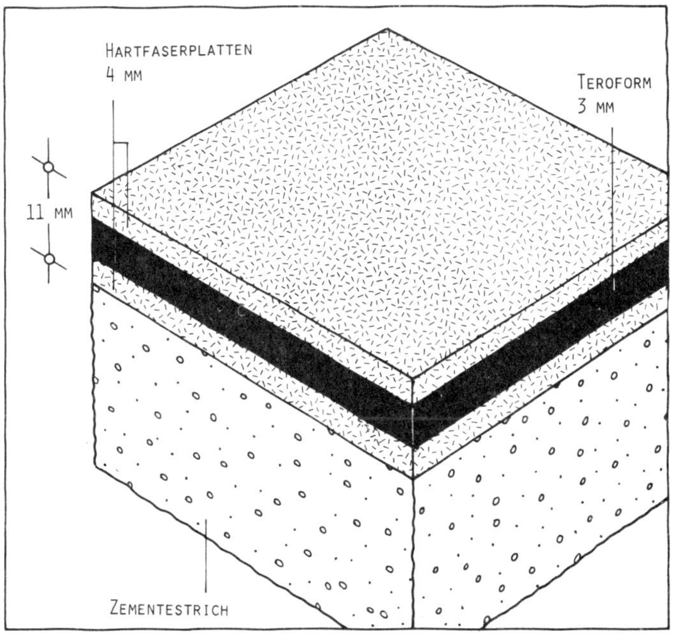

8 Bodenbelag mit Trittschalldämmung. Der geglättete Unterboden wird mit Hartfaserplatten belegt, auf die man Teroform-Schwerfolie klebt. Mit einer weiteren Plattenschicht wird abgedeckt. Auch sie wird verklebt.

Wie man Fertigparkett verlegt

Fertigparkett läßt sich schnell verlegen und ist – mit Ausnahme des vollflächig verklebten Mosaik-Parketts – sofort begehbar. Unser Lehrgang zeigt Ihnen alle wichtigen Stationen der Verlegearbeiten und gibt Ihnen Tips, wie man mit Parkett umgehen sollte.

Parkett wurde früher in langwieriger Arbeit durch das Aneinanderfügen einzelner Brettchen von Hand verlegt, dann geschliffen und mit Lack versiegelt. Kunstvoll zusammengesetzte Parkettböden in alten Schlössern und Herrschaftshäusern beweisen die große Vergangenheit dieser Verlegekunst. Findige Hersteller haben es uns heute leichter gemacht. Fertigparkett, bereits zu langen Dielen oder quadratischen Tafeln zusammengefügt, ist für Heimwerker schnell und problemlos zu verarbeiten.

Was Sie über Parkett wissen müssen

Die DIN-Norm 280 besagt: »Fertigparkett-Elemente sind industriell hergestellte Fußboden-Elemente, deren Oberseite aus Holz besteht und die nach ihrer Montage keines Schleifvorgangs und keiner Nachbehandlung der Oberfläche bedürfen.«

Noch genauer: Fertigparkett ist mehrschichtig aufgebaut (bis auf eine Ausnahme: Die Lamellen des Mosaik-Fertigparketts sind auf der Rückseite nur durch Aluminium-Drähte miteinander verbunden) und unter Hochdruck wasserdicht verleimt. Die Oberschicht, die Trittfläche also, besteht aus Hartholz, das mit seinem jeweiligen Gesicht dem Raum den gewünschten Charakter gibt. Für die Unterschichten wird Weich- oder Preßholz verarbeitet.

Fertigparkett besitzt alle guten Eigenschaften eines Holzfußbodens: Es ist fußwarm, elastisch und leicht federnd sowie wärmedämmend. Durch die schon werkseits vorgenommene seidenmatte Versiegelung wird dieser Bodenbelag widerstandsfähig, abriebfest und wirklich sehr pflegearm. Wer sich für Fertigparkett entscheidet, kann zwischen vielen Holzarten und mehreren Mustern auswählen. Verarbeitet werden neben Eiche (sehr häufig im Fertigparkett zu sehen) Buche, Pappel, Esche und Kiefer als inländische Holzarten. Besonders attraktiv sind die Exoten: Kambala, Missanda, Panga-Panga und Merbau. Die Maserung der Hölzer und die Struktur des natürlichen Materials kommt in unterschiedlichen Mustern zur Geltung: Würfel, Flechte, Schiffsboden und Mosaik-Struktur. Fertigparkett kann auf jedem Unterboden verlegt werden, vorausgesetzt, dieser ist eben und trocken. Bei Altbau-Renovierung liegen die Fertig-

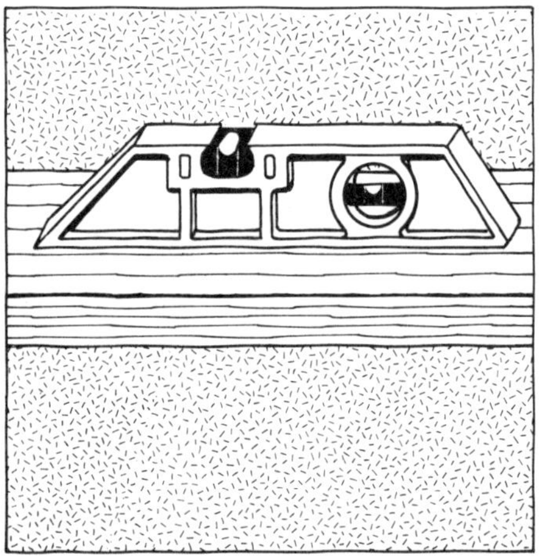

1 Mit Wasserwaage und Richtlatte werden Bodenunebenheiten festgestellt, die beseitigt werden müssen. Löcher werden zugespachtelt, lockerer Unterboden muß gut befestigt werden.

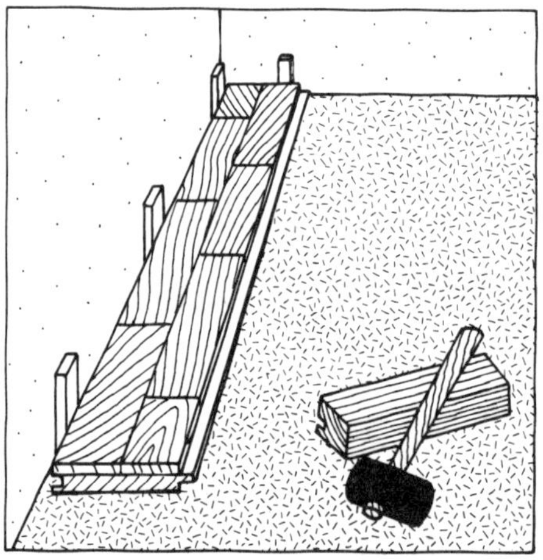

2 Die erste Reihe Fertigparkett-Dielen wird mit der Nut zur Wand ausgelegt. Mit etwa 15 mm starken Holzkeilen zwischen Wand und Parkett wird die Dehnungsfuge bestimmt und fixiert.

3 Die Fertigparkett-Elemente der zweiten Reihe werden an der Nutseite mit Weißleim bestrichen. Der Leim kann sowohl vollflächig als auch in einzelnen Punkten auf die Nut gegeben werden.

4 Jetzt wird die Nut des zweiten Parkett-Elementes auf die Feder der bereits verlegten ersten Diele aufgeschoben. Achten Sie darauf, daß die Dehnungsfuge an der Wand bestehen bleibt.

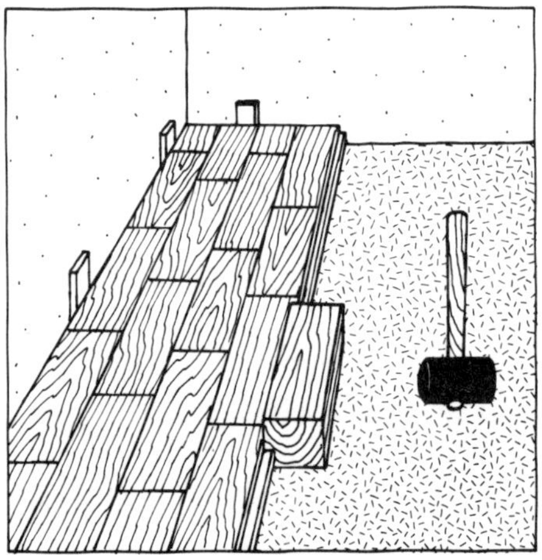

5 Der mit einer Nut versehene Schlagklotz wird angesetzt. Treiben Sie die Elemente mit einem Gummihammer fest zusammen. Herausquellenden Leim mit einem feuchten Tuch abwischen.

6 Ist das letzte Fertigparkett-Element verlegt, hilft der »Kuhfuß«, um Nut und Feder fest und fugenlos zusammenzutreiben. Notfalls können Sie auch einen dicken Schraubenzieher nehmen.

parkett-Elemente gut auf alten PVC-, Linoleum-, Filz- sowie Teppichböden.
Wird auf alten Holzböden verlegt, müssen vorher Unebenheiten und Knarrgeräusche, die sich auf den Parkettboden übertragen, beseitigt werden. Kleine Unebenheiten gleicht man hier durch Abhobeln oder Aufkleben von Filzstreifen aus. In extremen Fällen helfen Dämmplatten, den alten Fußboden wieder in die Waagerechte zu bringen. Zusätzlich können, je nach Beschaffenheit des Unterbodens, Platten aus Weichfasern, Steinwolle, Bitumenfilze, Filz- oder Wellpappen als Dämmschicht verlegt werden. Wird direkt auf alten Estrich verlegt, sollte aus Isolierungsgründen auf die preiswerte Dämmschicht nicht verzichtet werden.
Fertigparkett wird duch eine Verbindung von Nut und Feder schwimmend verlegt. Das heißt, der zusammengefügte Boden hat keine feste Verbindung mit dem Unterboden und stößt an den Raumwänden nicht an. Ringsum verbleiben Dehnungsfugen, die das Material Holz frei arbeiten lassen. Je nach Hersteller-Angaben werden die Elemente mit Nut und Feder ohne verleimt zu werden oder auch mit Verleimung verlegt. Kommt das Fertigparkett auf Lagerhölzer, wird verdeckt genagelt.

Tips für die Verlegearbeit

Mit der Verlegung wird an einer Langseite des Raumes begonnen. Eine Richtschnur hilft, die exakte Fluchtlinie zu finden. Auftretende Ungleichheiten im Wandabstand verdeckt zum Schluß die Parkettleiste. Bei Fertigparkett-Elementen in langen Dielenformen verbleibt am Ende einer Reihe jeweils ein Rest. Damit wird der Anfang der neuen Reihe gemacht. Die letzte Reihe des Parketts muß häufig auf die verbleibende Breite zugeschnitten werden. Diese Reihe sollte immer da liegen, wo sie dem Betrachter am wenigsten auffällt.
Eines sollte man noch beachten, wenn man auf alten Fußböden verlegt: Das gesamte Bodenniveau wird um die Materialstärke des Fertigparketts angehoben. Das kann zu Problemen mit dem Türanschlag führen. Läßt sich das Türblatt nicht abhobeln, muß man eventuell dünneres Parkett auswählen.

Die Parkettpflege

Fertigparkett wird mit Besen, Mop oder Staubsauger gereinigt. Sie können aber auch mit einem gut ausgewrungenen feuchten Scheuertuch aufwischen, ohne dem Boden zu schaden. Dem Wasser kann ein neutrales Reinigungsmittel zugesetzt werden. Vielbeanspruchte Räume werden von Zeit zu Zeit mit Parkett-Polish behandelt. Das Pflegemittel wird mit einem weichen Tuch gleichmäßig auf dem Boden verteilt und nach Abtrocknung poliert. Wischwachse gehören nicht auf Fertigparkett-Böden.
Liegen keine Teppiche im Raum, ist es angebracht, Stuhl- und Tischbeine mit Filzgleitern zu versehen. Sie verhindern damit eine allzuschnelle Abnutzung der Parkett-Versiegelung.
Wird in jahrelanger Benutzung das Fertigparkett unansehnlich, so ist ein Nachversiegeln ohne Probleme möglich.

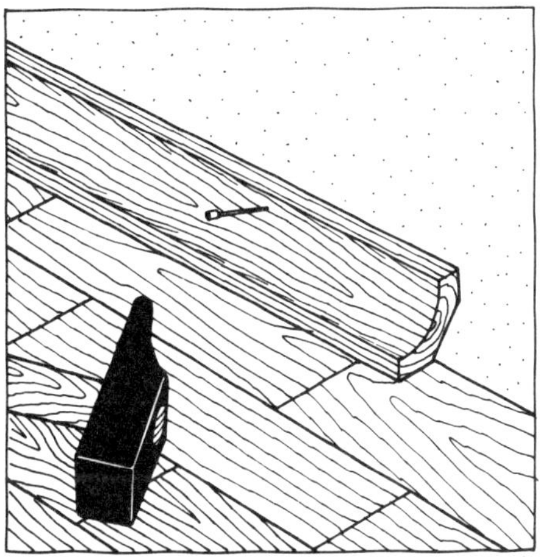

7 Zum Schluß alle Keile entfernen und die Dehnungsfuge mit einer Sockelleiste verdecken. Sie wird mit Stahlstiften an der Wand befestigt, damit der Parkettboden »arbeiten« kann.

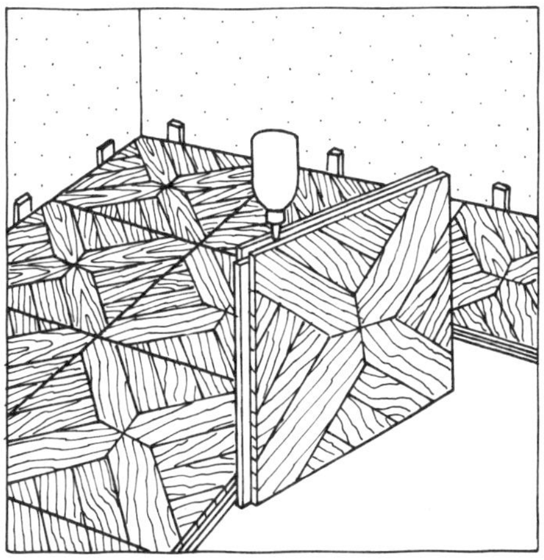

8 Fertigparkett-Elemente in Tafelform werden wechselseitig – einmal Nut, einmal Feder – verleimt. Überquellenden Leim auch hier vor dem Antrocknen mit feuchtem Tuch entfernen.

9 Auf Lagerhölzern verlegt, werden die Elemente mit dem Versenker von der Feder her schräg genagelt. Die Hölzer liegen in 35-cm-Abständen schwimmend zwischen einer Steinwollepackung.

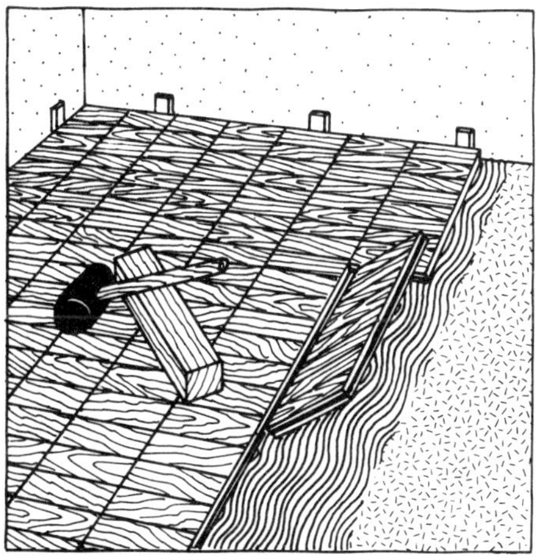

10 Die leicht flexiblen Elemente des Mosaik-Fertigparketts lassen sich ohne Probleme auf trockenem, glatten Zementboden verlegen, bei Fußböden auf einer aufgenagelten Spanplatten-Unterlage.

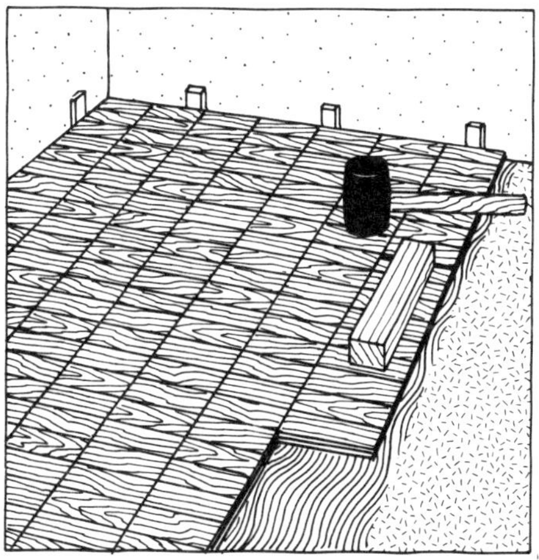

11 Der Kleber wird auf den Boden aufgebracht. Die Mosaik-Elemente ins Klebebett einlegen und die Federseite in die Nut schieben. Elemente mit Holz anklopfen, 6 Stunden nicht betreten.

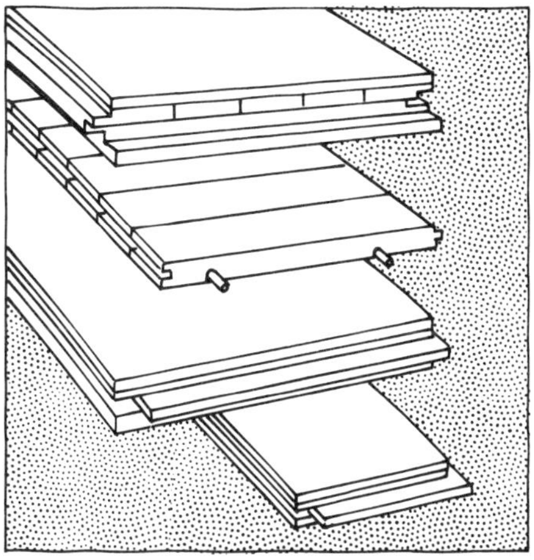

12 Fertigparkett-Böden sind in unterschiedlichen Stärken und Formen im Handel. Hier sehen Sie, aus wieviel Schichten das Parkett-Material zusammengeleimt und furniert sein kann.

Teppichboden nach Maß

Viele Räume werden erst durch einen von Wand zu Wand verlegten Teppichboden richtig gemütlich. Das ist jedoch nicht der einzige Vorteil. Guter Teppichboden ist sehr pflegeleicht, fußwarm und schalldämmend. Wie man Teppichfliesen und Teppichboden sachgemäß verlegt, wird auf dieser Doppelseite erklärt.

Die Frage, ob man Teppichfliesen oder Bahnenware bevorzugen soll, ist nicht leicht zu beantworten. Bahnen wirken großzügiger. Aber Fliesen sind praktischer. Zum Beispiel deshalb: In jedem Raum gibt es »Pfade«, die besonders häufig begangen werden. Im Laufe der Zeit sieht man deutlich, daß dort der Teppichboden dünn wird. Besteht er aus Fliesen, ist das kein Problem, weil man nur die zerschlissenen Fliesen auszuwechseln braucht.

Kleine Teppichfliesenkunde

Teppichfliesen gibt es in vielen Farben und Dessins. Da ist für jeden Geschmack etwas dabei. Trotzdem haben Sie nicht die freie Wahl. Denn praktische Erwägungen müssen die Auswahl mitbestimmen. Das Material wird mit unterschiedlichen Eigenschaften für vier Einsatzbereiche hergestellt. Für Haus und Wohnung kommen – abgesehen von Sonderfällen – nur zwei in Betracht. Bereich 1: Leichte Beanspruchung, normale Benutzung (z. B. Schlafzimmer, Gästezimmer). Bereich 2: Mittlere Beanspruchung, häufige Benutzung (z. B. Wohnzimmer, Flure). Die Bereiche 3 und 4 umfassen Arbeitsräume vom Büro bis zum Klassenzimmer. Man erhält auch Fliesen mit besonderen Eigenschaften: Antistatisch, antimikrobiell, feuchtraum- oder rollstuhlgeeignet.

Bevor Sie sich jetzt für Farbe und Dessin entscheiden, die Ihnen am besten gefallen, denken Sie an den Schmutz. Im Flur gibt es sicher mehr davon als im Eßzimmer. Folgende Grundsätze muß man beachten:

1. Gemusterte Beläge sind wesentlich unempfindlicher als unifarbene.
2. Auf Weiß, Grau und Beige sieht man jeden Dreck, am wenigsten Sorgen machen Anthrazit, Oliv, Grün und Dunkelbraun.

Teppichfliesen entstaubt man regelmäßig mit dem Staubsauger – und das vom ersten Tag an. Besonders wichtig ist das bei neuverlegtem Velours, der am Anfang noch flust. Wieviel Arbeit man beim Entstauben und bei der trotzdem von Zeit zu Zeit notwendig werdenden Grundreinigung (Teppichschaum, Entfleckungsmittel) hat, hängt stark von der Qualität der verwendeten Fasern ab, von denen wiederum die Verschleißfestigkeit der Teppichfliesen abhängig ist.

1 Vor dem Verlegen sollen Teppichfliesen zwei Tage Zeit zum Akklimatisieren haben. Man nimmt sie aus der Packung und verteilt sie lose im Raum. Sonst gibt es Fugen und Verwerfungen.

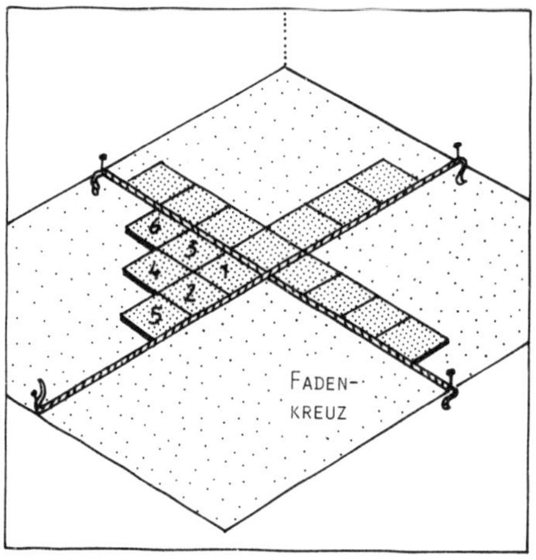

2 Am schönsten wirkt ein Teppichboden aus Fliesen, wenn er von der Raummitte aus verlegt wird. Diesen Punkt bestimmt man durch ein Fadenkreuz und verlegt genau an den Fadenlinien.

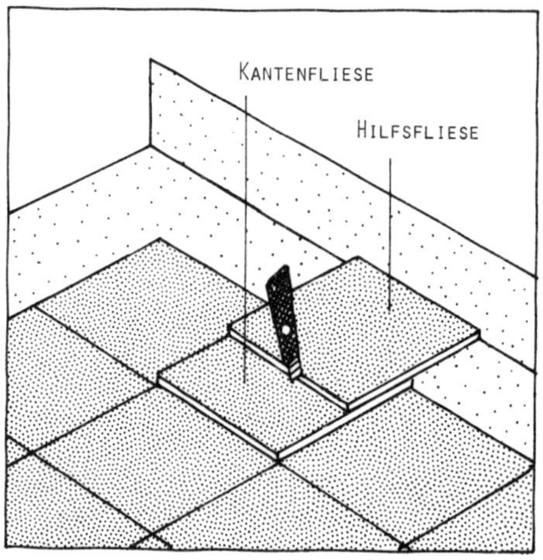

3 Eine Kantenfliese, die zugeschnitten werden soll, wird auf den Vordermann der letzten ganzen Reihe gelegt. Darüber deckt man bis zur Wand eine Hilfsfliese und kann nun genau zuschneiden.

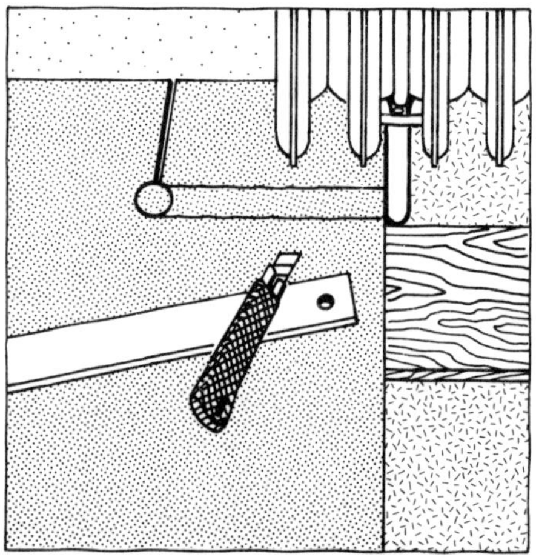

4 Der Ausschnitt für das Rohr wird auf der Rückseite angezeichnet. Dazu wenden Sie die Fliese so, wie man eine Buchseite umblättert, und richten sie nach der Vorderkante aus.

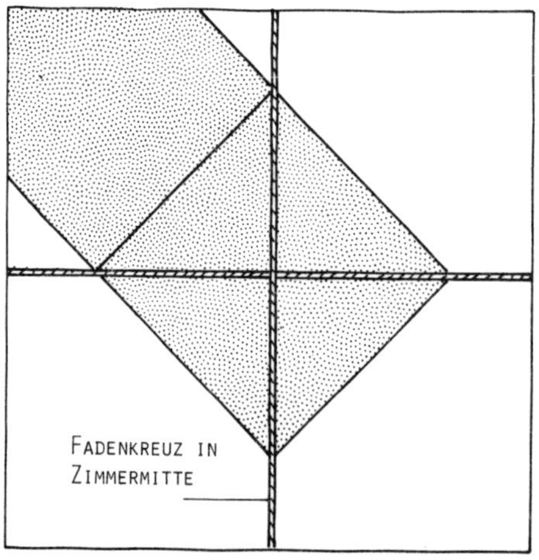

5 Diagonal zu den Wänden können Sie Teppichfliesen ebenso leicht verlegen. Dabei wird die erste Fliese unter dem Fadenkreuz ausgerichtet. Von dort aus gleichmäßig zu den Wänden verlegen.

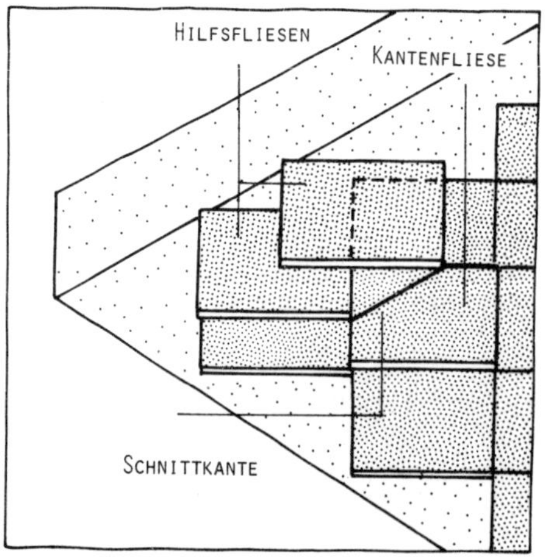

6 Zuschneiden der Kantenfliesen. Man legt zwei Hilfsfliesen an und kann dann das Eisenlineal an den zwei Ecken ausrichten. Das abgeschnittene Dreieck paßt genau an die offene Stelle.

Polyamidfasern, die den besten Kompromiß zwischen Verschleißfestigkeit und Reinigungsfähigkeit bieten, werden am häufigsten verarbeitet. Polyacrylfasern lassen sich am besten entflecken. Wolle ist zwar schön, aber schwieriger als synthetische Fasern zu reinigen.

Verschleiß und Reinigungsaufwand werden auch davon beeinflußt, wie die Fasern verarbeitet sind. Unempfindlich gegen Schmutz und besonders leicht zu reinigen sind z.B. grobe Nadelfilzbeläge. Tuftinggewebe mit Schlingen (Bouclé) kann man dagegen besonders stark strapazieren.

Für den Heimwerker spielt auch die Verlegemethode eine Rolle. Am geeignetsten sind zwei Typen: SL = selbstliegend und SK = selbstklebend. Nur rollstuhlgeeignete Fliesen sollten Sie mit Kunstharzkleber verkleben. SK-Fliesen haben auf der Unterseite eine dünne Selbstklebeschicht. SL-Fliesen haften durch ihr Gewicht und das Profil der Kunststoff-Trägerschicht auf dem Fußboden. Übrigens: Beim Umzug kann man sie mitnehmen.

Verlegen von Bahnenware

Es gibt verschiedene Verlegemöglichkeiten für Teppich-Bahnenware: Lose verlegen, vollflächig verkleben oder mit zweiseitigem Klebeband stellenweise verkleben ist nicht schwierig. Das Verspannen eines Teppichbodens auf Nagelleisten erfordert dagegen schon einiges Geschick.

Die einfachste Methode, den neuen Bodenbelag fest zu verlegen, ist das Verkleben mit zweiseitigem Klebeband. Die einzelnen Bahnen, die aneinanderstoßen, werden so fest auf dem Boden fixiert. Auch bei Türschwellen sollte man den Teppichboden so befestigen.

Wer seinen Teppichboden vollflächig verkleben will (Neoprenekleber) hat mehrere Möglichkeiten: Entweder direkt auf den Boden (z.B. Estrich), auf eine aufgeschraubte Spanplatte oder auf lose verlegter Korkpappe.

Bevor man den Teppichboden zuschneidet, muß man folgendes beachten:

Den Teppichboden einen Tag lang bei normaler Raumtemperatur im Zimmer ausgebreitet liegen lassen. Die Bahnen so schneiden, daß sie auf die Hauptfensterfront zulaufen. Sie müssen grob zugeschnitten werden, so daß sie etwa 5 bis 10 cm zu groß sind. Zuerst wird die erste Bahn an der Wand angepaßt, dann die Ecke eingeschnitten. Danach wird die Bahn an der zweiten und dritten Wand angeschnitten.

An Türfuttern, herausragenden Kaminvorsprüngen oder Rundungen den Teppichboden grob vorschneiden. Danach kann man ihn, wie man es an den Wänden auch macht, genau anpassen. Verwenden Sie für das Zuschneiden ein neues, scharfes Teppichmesser.

Bei gewebten Teppichböden oder solchen mit Juterücken schneidet man von hinten ein. Bei Böden mit Schaumstoffrücken muß man von oben im Faserverlauf schneiden.

Auch dies ist wichtig: Wenn Sie Teppichboden nicht gleich verlegen können, müssen Sie ihn stehend lagern! Sonst bekommt er Knicke, die nur schlecht wieder zu entfernen sind.

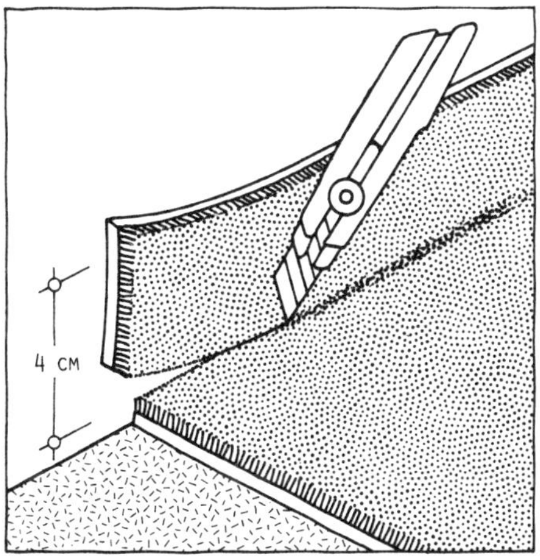

7 Teppichboden kann an ungerade Wände angepaßt werden. Dafür den Teppich etwa 4 cm an der Wand hochstehen lassen, ihn fest in die Ecke drükken und mit dem Teppichmesser abschneiden.

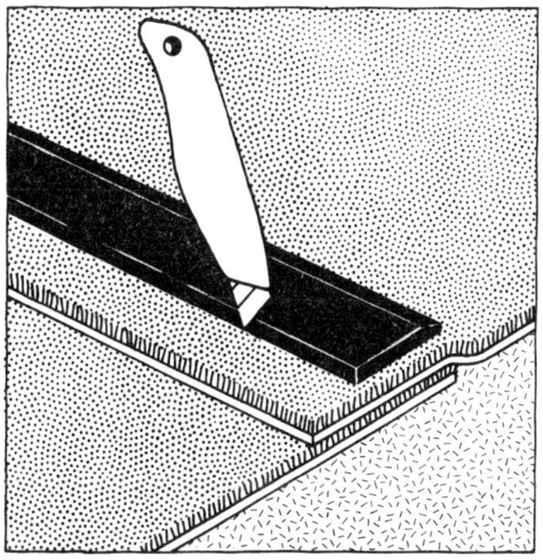

8 Nicht alle Teppichkanten sind so gerade, daß sie gleich aneinanderpassen. In diesem Fall die Bahnen übereinanderlegen und sie zusammen am Stahllineal durchschneiden (»Doppelschnitt«).

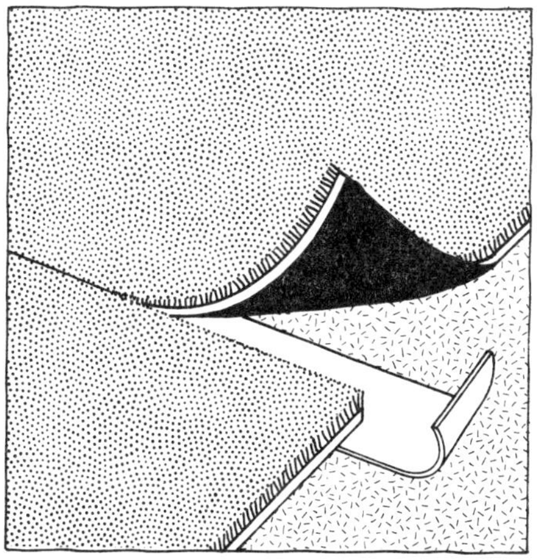

9 Zweiseitiges Klebeband fest auf den Boden reiben (mit dem Hammer) und die Schutzschicht abziehen. Die erste Bahn aufkleben, die zweite dicht danebenlegen und fest andrücken.

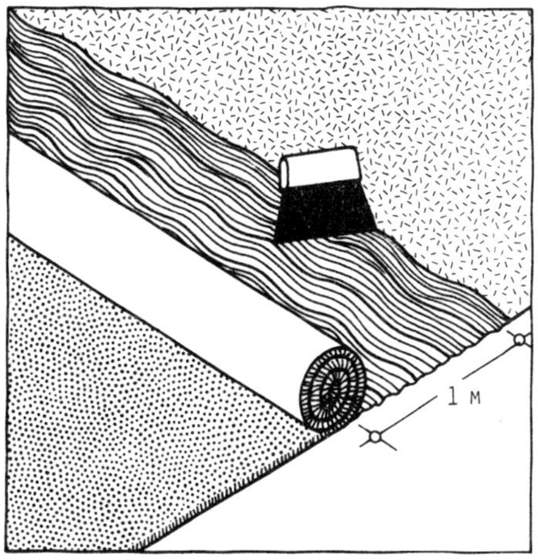

10 Auch die Vollverklebung ist möglich. Im allgemeinen klebt man immer nur einen Streifen von 1–2 m auf einmal. Sonst hat der Kleber abgebunden, bevor Sie den Teppich andrücken.

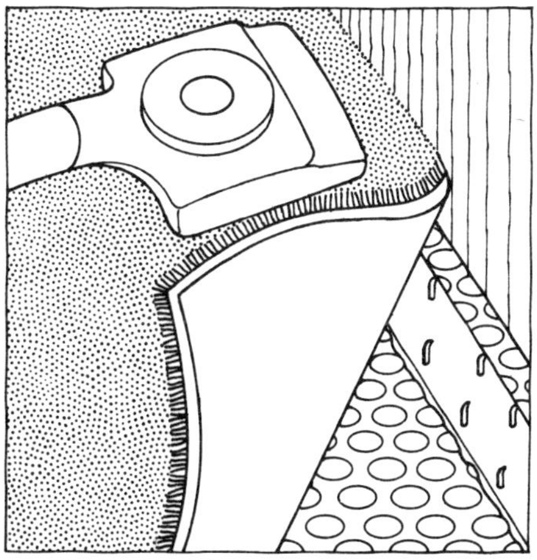

11 Bei der Verspanntechnik befestigt man 1 cm von der Wand entfernt eine Nagelleiste, die den Teppich festhält. Hier wurde unter den Teppich eine gummierte Filzmatte gelegt.

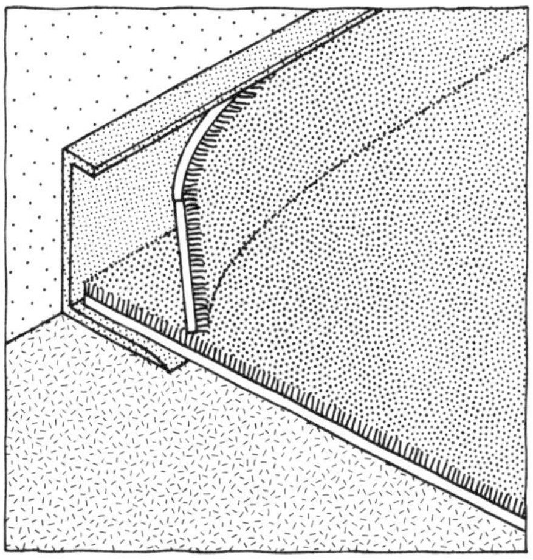

12 Sockelleisten aus Kunststoff mit Selbstklebeschicht werden mit einem Streifen des ausgelegten Bodens belegt. Darauf achten, daß der Streifen genau in den Teppichwinkel paßt!

Wie man PVC-Böden korrekt verlegt

Weil PVC-Boden pflegeleicht und mühelos zu verarbeiten ist, steht er auf der bundesdeutschen Beliebtheitsskala nach dem Teppichboden an zweiter Stelle. Wir zeigen Ihnen hier sowohl das korrekte Verlegen von PVC-Fliesen als auch den Umgang mit Bahnenware, und außerdem lernen Sie, was man von den gepolsterten Vinylböden (»Cushioned Vinyls«) wissen muß, die im weitesten Sinn ebenfalls zu den PVC-Böden gehören und prinzipiell ebenso verlegt werden.

Fußbodenbeläge aus dem Kunststoff PVC (Polyvinylchlorid) gibt es in Bahnen und Fliesenware, in vielen Farben und Mustern. Oft sehen sie echten Fliesen oder anderen Materialien täuschend ähnlich. Einziger Nachteil dieses Bodenbelages: Mechanische Verletzungen, die durch herabfallende Gegenstände verursacht werden, oder Brandlöcher machen den Boden unansehnlich.
Sowohl bei PVC-Bahnenware als auch bei Fliesen muß man an die Beschaffenheit des Untergrundes besondere Ansprüche stellen. Er muß grundsätzlich vollkommen eben, rissefrei, trocken und fest sein. PVC-Beläge sehen in der Fläche immer nur so gut aus, wie der Untergrund beschaffen ist.
Als Untergrund eignen sich alle sauberen Estriche, Span- oder Hartfaserplatten.
Unsere Zeichnungen 1–7 zeigen die Verlegung von PVC-Fliesen auf einem alten Dielenfußboden. Um Risse und Unebenheiten auszugleichen, wurde er mit Hartfaserplatten vollflächig belegt. Die Platten müssen maßgerecht zugeschnitten und vor Befestigung auf dem Dielenfußboden auf der Rückseite angefeuchtet werden. Durch das Anfeuchten lassen sich die Platten leichter verlegen. Mit Schraubnägeln werden sie vernagelt.

Das Verlegen von Fliesen

Es beginnt nach der Vorbereitung des Unterbodens mit der Einteilung der Verlegefläche. Das geschieht nach dem schon bei Teppichfliesen (Seite 204) erläuterten Verfahren. Mit dem Verlegen wird immer in der Raummitte begonnen. Je nach dem vorgeschriebenen Kleber bestreicht man nur den Unterboden oder sowohl den Boden als auch die Fliesen mit Kleber. Die Fliesen werden dicht an dicht, also ohne Fugen, verlegt. Platten mit linearer Struktur kann man entweder ausnahmslos in Strukturrichtung oder auch mosaikartig (jede 2. Platte um 90 Grad gedreht) verlegen. Es wird von der Mitte aus nach allen Seiten zu den Wänden hin verlegt. Die Wandanschlüsse kommen zuletzt an die Reihe.

1 Unebener Holz-Unterboden wird gespachtelt und mit einer Hartfaserplatte belegt. Die Platten vor der Verlegung anfeuchten. So gleichen sie sich dem Boden besser an – ohne Beulenbildung.

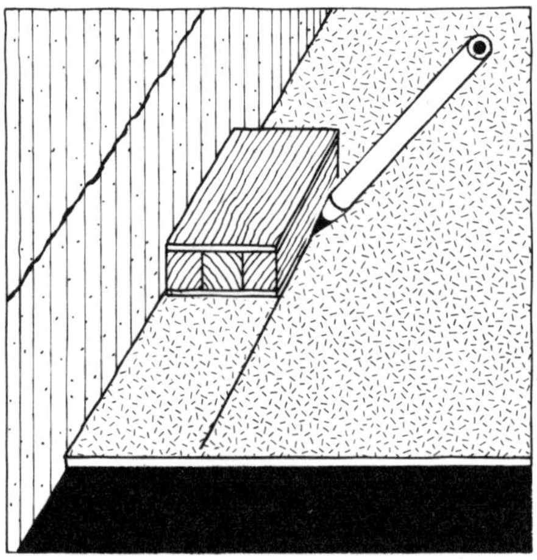

2 Mit einem Holzklotz als Schablone kann man die Platten genau maßgerecht zur Wand anzeichnen. Wie mit einer Schablone werden bei diesem Verfahren alle Unebenheiten übertragen.

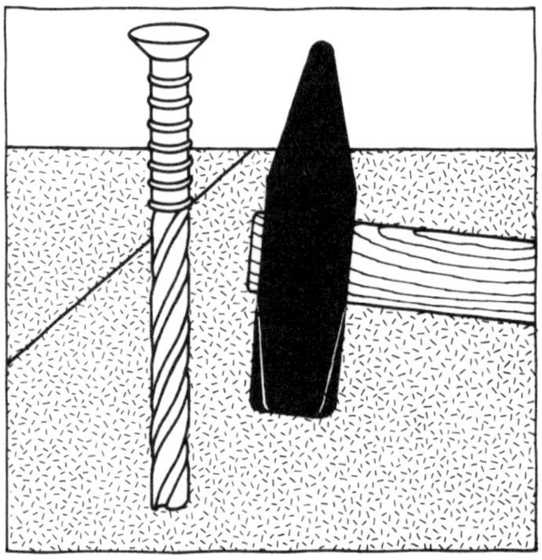

3 Die Platten werden auf dem alten Dielenboden mit Schraubnägeln befestigt. Diese Nägel geben sicheren Halt. Die Platten vernagelt man am besten kreuzweise von einer Ecke zur andern.

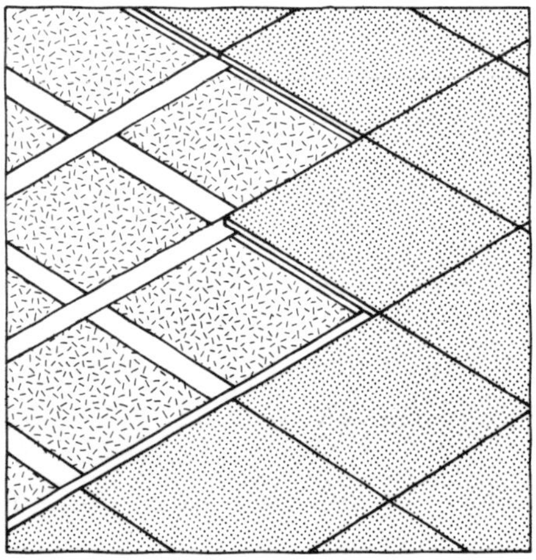

4 PVC-Fliesen können mit doppelseitigem Klebeband auf der Hartfaserplatte befestigt werden. Sie sind schwer genug und lösen sich auch bei ständiger Beanspruchung nicht vom Untergrund.

5 Sicherer ist es jedoch, die PVC-Fliesen vollflächig zu verkleben. Der Dispersionskleber wird mit dem Zahnspachtel nicht zu dick auf die vernagelten Holzfaserplatten gestrichen.

6 Mit einem Stoffballen werden die Fliesen in das Klebebett gedrückt. Austretenden Kleber sofort mit einem Lappen abwischen. Auch Bahnenware kann man auf die gleiche Weise verkleben.

PVC-Fliesen kann man mit scharfem Messer oder auch mit der Schere schneiden; am besten mit einem *Teppichmesser*. Hakenförmige Schneiden erleichtern das Arbeiten bei allen Textilbelägen und -fliesen.
In Räumen mit Fußbodenleiste verlegt man die Fliesen bis dicht an den Leistenabschluß und deckt später mit einer Viertelstableiste oder einem PVC-Profil ab. In Räumen ohne Fußbodenleiste klebt man nach der Fertigstellung des Bodens ein PVC-Profil an Wand und Fliesen, und zwar mit dem auch für den Boden verwendeten Kleber.

Das Verlegen von Bahnenware

Hinweise für die Verlegung von PVC-Bahnen zeigen die Zeichnungen 8–11. Besonders beliebt sind mehrschichtige Vinylbeläge, nach amerikanischem Vorbild auch Cushioned Vinyls (gepolsterter Kunststoff) genannt. Die Unterschicht, die auf dem Boden aufliegt, besteht aus einer Mischung von Asbestfasern und synthetischem Kautschuk. Auf diesem Träger sitzt die Schicht aus dauerelastischem PVC-Luftzellenschaum, die leicht reliefartig geprägt und mit farbigen Mustern bedruckt ist. Der obere Abschluß, die Laufschicht, besteht aus verschleißfestem und transparentem Weich-PVC. Das darunterliegende Dekor kommt dabei sehr schön zur Geltung.
Beim Auslegen und Zuschneiden achtet man nach Möglichkeit darauf, daß die Nähte auf das Hauptfenster zulaufen, damit sie keinen Schatten werfen. Die Rollen müssen über Nacht im warmen Zimmer temperiert werden; beim Ausrollen im kalten Zustand könnten sie brechen. Die Fußleisten sind abzunehmen.
Mit dem Auslegen der Bahnen beginnt man an einer der Zimmerwände. Der Zuschnitt muß auf die doppelte Überdekkung der Hauptnaht (3–5 cm) Rücksicht nehmen, außerdem auf ausreichende Zugaben für Heizkörpernischen und dergleichen, die bei fachgerechter Arbeit nicht angestückelt, sondern aus dem Stück geschnitten werden müssen. Wenn die Bahnen genau an ihrem Platz liegen, werden sie von einer Wandseite her bis zur Hälfte aufgerollt. Nun streicht man einen Streifen des Bodens mit Kleber ein (Zahnspachtel). Die Nahtstellen werden auf einer Breite von etwa 10 cm vom Kleber freigehalten und erst nach dem Schneiden geklebt.
Zum Aufkleben der ersten Bahnhälften nimmt man die Bahnen von der noch nicht geklebten Seite her auf und läßt sie auf den eingestrichenen Boden gleiten. Anschließend reibt man den Belag kräftig von der Mitte zu den Rändern an.
Eine dichte Naht erzielt man, wenn man genau durch die Mitte der Überlappung beide Ränder abschneidet und anschließend verklebt. Das Messer muß dabei genau senkrecht gehalten werden, sonst ergeben sich Ritzen. Zum Schluß werden die Fußleisten wieder angebracht. Wer sich das Abnehmen und Wiederanbringen sparen will, läßt die Leisten beim Kleben dran, klebt bis 3 oder 4 mm an die Leisten heran und überdeckt die Anschlußstelle durch eine Viertelstableiste.

7 Außen- und Innenecken werden mit dem Zollstock vermessen und mit dem Teppichmesser an einem Metallwinkel entlang exakt zugeschnitten. Die Klinge muß dabei öfter erneuert werden.

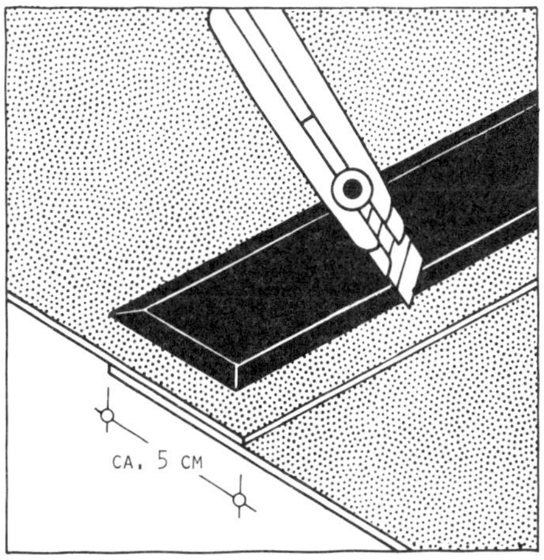

8 Wenn Beschnitt erforderlich ist, erreicht man saubere Stoßkanten, indem man beide Bahnen etwa 5 cm übereinanderlegt und gemeinsam mit dem scharfen Messer am Stahllineal durchtrennt.

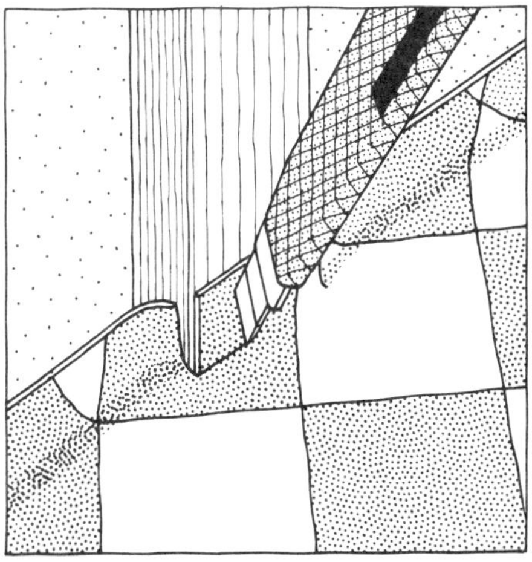

9 Am Türfutter schneidet man den PVC-Boden direkt am Vorsprung zurecht. Deshalb sollte Bahnenware beim Zuschnitt immer etwas großzügiger bemessen werden. Genau schneiden!

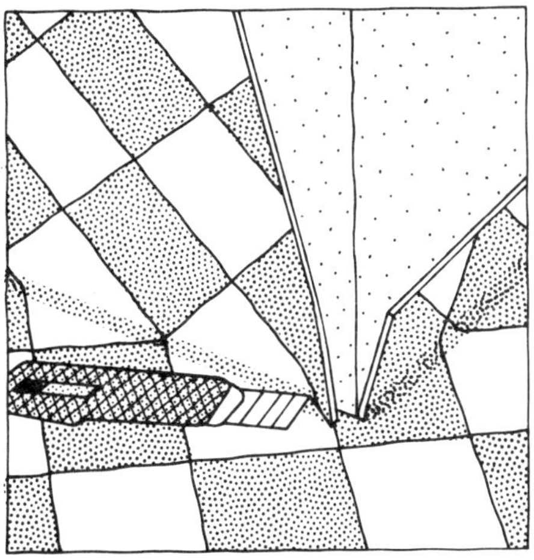

10 Auch an Mauerecken wird die Bahnenware zunächst größer zugeschnitten, als notwendig, und erst beim Verlegen direkt an der Ecke maßgerecht eingepaßt. Anschließend wird verklebt.

11 Richtiges Verkleben von Bahnenware: Im Nahtbereich schlägt man die gegeneinanderstoßenden Bahnen zurück. Der Kleber wird mit dem Spachtel aufgetragen. Dann zusammendrücken.

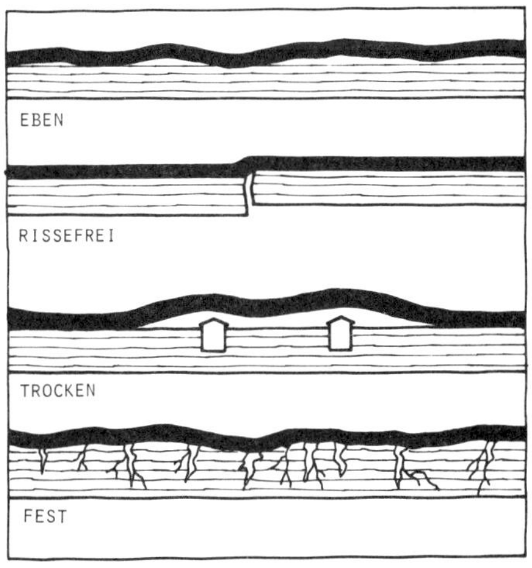

12 Hier noch einmal zur Erinnerung: Der Untergrund für PVC-Belag muß eben, rissefrei, trocken und fest sein. Nur so hat man die Garantie, daß der PVC-Boden lange hält und gut aussieht.

Schallschutz für Zimmerdecken

Wenn der Schall von oben kommt, ist guter Rat teuer – im wahrsten Sinne des Wortes. Sogenannte Schallschutzplatten einfach an die Decke zu nageln oder zu kleben, nützt nämlich überhaupt nichts.

Eine Zimmerdecke von unten gegen den Trittschall von oben abzudämmen, ist umständlich und kostspielig, denn erstens muß die Konstruktion, die man unter die Zimmerdecke hängt, solide und schwer sein, und zweitens sollte man nach Möglichkeit auch die Wände gleich mit dämmen, weil der Schall häufig von der Decke auf die Wände übergeht (und umgekehrt).

- Die Abhängung der Schallschutzdecke soll nach Möglichkeit federn, also keine starre Verbindung sein. Eine verputzte oder mit Gipskartonplatten verkleidete Konstruktion ist schwer genug, um den Schall von oben zu bremsen.
- Die Decke darf nicht an die Wand stoßen, sondern soll durch Schaumgummistreifen von ihr getrennt sein. Eine normale Zusatz-Bretterdecke allein reicht auf keinen Fall zur wirksamen Schalldämmung aus. In diesem Fall müßte zwischen Betondecke und Brettern schalldämmendes Material eingeschoben werden.

Deckenverkleidung mit Lochplatten

Bei dieser Deckenverkleidung (Zeichnung 1) bildet ein Lattenrost (50 x 30 mm) den Unterbau, in die Zwischenräume werden Bahnen aus schallschluckendem Material gelegt. Paratex-Faservlies bildet eine zusätzliche schalldämmende Zwischenschicht, wirkt aber gleichzeitig auch als Rieselschutz. Das ist unumgänglich, wenn man nicht von Zeit zu Zeit durch die Löcher oder Schlitze der Verkleidungsplatten mit Mineral- oder Glasfasern berieselt werden will.

Wenn man auf Bitumenpapier, Aluminium- oder Plastikfolie geklebte Dämmbahnen, Platten mit abgedeckter Rückseite oder Hartschaumplatten verwendet, kann man auf die Rieselschutzschicht verzichten.

Die Untersicht der Decke wird mit Loch- oder Schlitzplatten (Akustikplatten) aus Gipskarton verkleidet. Andere Möglichkeiten sind geklebte Abdeckungen aus Hartschaum (in diesem Fall fällt die Zwischenschicht aus Faservlies weg) oder Hartschaum-Verbundmaterial.

Schallschluckende Rohrmatten (Goliathmatten) eignen sich für Räume, bei denen eine rustikale Deckenwirkung erwünscht ist. Akustikplatten aus zementgebundener Holzwolle oder aus Holz und Akustik-Profilbretter mit stark gegliederter Oberfläche kommen ebenfalls in Frage.

Deckenverkleidung mit Brettern

Auch in diesem Fall (Zeichnung 2) ist ein Lattenrost-Unterbau erforderlich. Die Zwischenräume werden mit Dämmstoffmaterial gefüllt. Die Bretter (Hobeldielen mit Nut und Feder oder Falzen) kann man nageln, schrauben oder auch kleben. Die schalldämmende Wirkung dieser raumsparenden Konstruktion (für niedrige Räume) ist allerdings nicht sehr groß.

Teroform-Schallschutzdecke

Diese Decke (Zeichnung 3) hat folgenden Schichtaufbau: An der Deckenuntersicht werden Latten (30 x 40 mm) mit 600–800 mm Lattendistanz befestigt (Dübelverfahren). Die Zwischenräume zwischen den Latten füllt man mit 30-mm-Weichfasermatte oder Hartschaum aus. Das Lattengerüst wird mit 4-mm-Hartfaserplatten benagelt, auf die 3-mm-Teroform-Schwerfolie geklebt werden (Terokal-2444-Kleber). Eine vollflächig aufgeklebte zweite Hartfaserplattenschicht bildet den Abschluß. Sie kann tapeziert oder mit Akustikplatten beklebt werden.

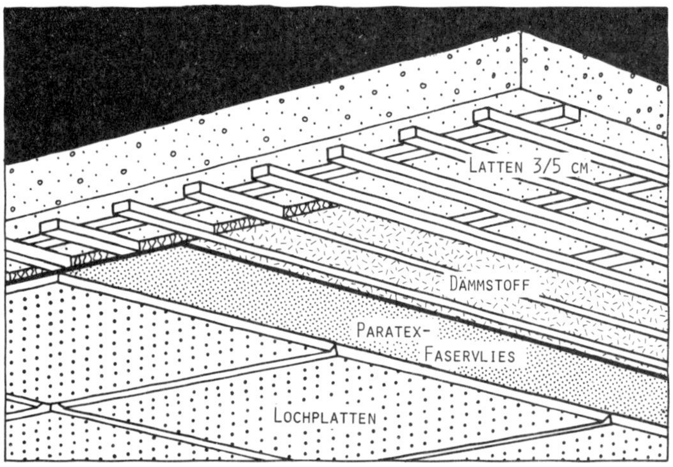

1 Bei der Deckenverkleidung mit Lochplatten besteht der Unterbau aus einem doppelten Lattenrost (ein einfacher tut es auch). In die Zwischenräume werden Bahnen aus schallschluckendem Material gelegt. Paratex-Faservlies ist eine zusätzliche schalldämmende Zwischenschicht und Rieselschutz. Verkleidung aus Akustikplatten.

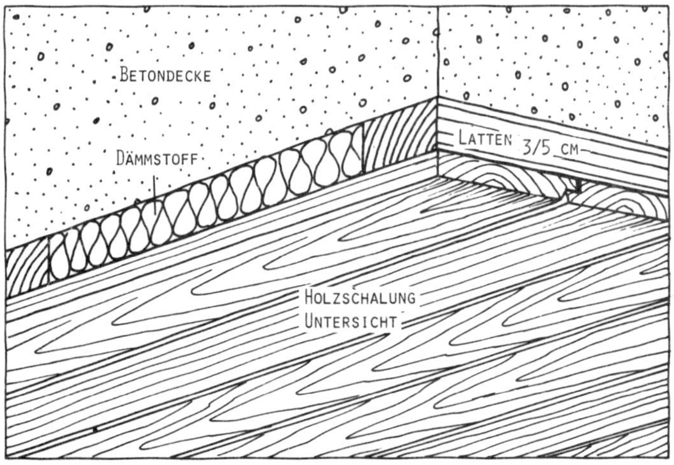

2 Bei diesem Modell wurde eine einfache Lattung an die Decke geschraubt. In die Zwischenräume kommt Dämmstoffmaterial (z. B. Hartschaumplatten, Mineralfaserplatten). Für die Abdekkung können Sie Nut- und Federbretter oder gefälzte Hobeldielen verwenden. Geeignet vor allem für niedrige Räume, aber nicht sehr wirksam.

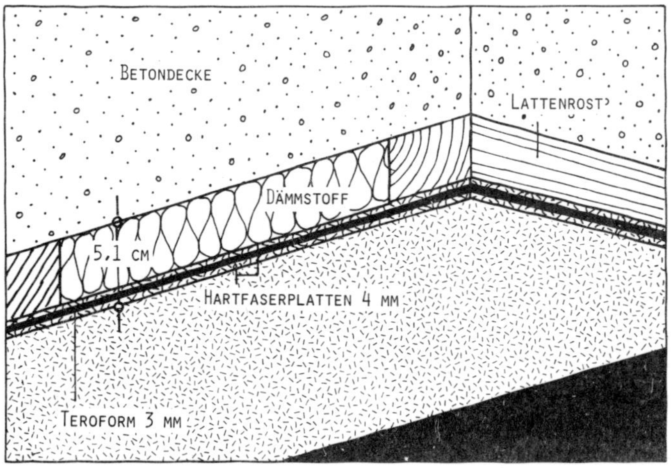

3 Schallschutzdecke nach dem Teroform-Verfahren. Wie bei Decke 2 wird eine Lattung aufgebracht, deren Zwischenräume mit Dämmaterial ausgefüllt werden. Das Lattengerüst wird mit 4-mm-Hartfaserplatten benagelt, auf die 3-mm-Teroform-Schwerfolie geklebt werden muß. Den Abschluß bildet eine weitere verklebte 4-mm-Hartfaserplatte.

Wie man Zwischendecken einbaut

Mit Zwischendecken kann man einer Diele in einer Altbauwohnung und zu hohen Zimmern ein ganz neues Gesicht geben. Auf diesen Seiten sehen Sie verschiedene Möglichkeiten, eine solche Decke selbst einzubauen. Neben dem verbesserten optischen Eindruck hat man noch weitere Vorteile: Die Räume lassen sich besser heizen, und über der Decke kann man Installationen unsichtbar verschwinden lassen.

Wir erläutern Ihnen hier fünf Vorschläge für Flurdecken. Wenn eine Decke abgehängt (an der alten Zimmerdecke befestigt) werden muß, brauchen Sie Befestigungselemente, die auf der folgenden Seite vorgestellt werden.

Rustikale Profilholzdecke (1). Wer es rustikal mag, findet hier die richtige Lösung. Eine Konstruktion aus Kantholz trägt die eingezogene Decke aus Profilbrettern. Aus den Kanthölzern 9 × 8 cm werden einzelne, U-förmige Rahmen gebaut. Die Eckverbindungen werden einfach von oben genagelt. Die Befestigung an der Wand erfolgt mit Mauerdübeln und langen Holzschrauben. Die Bretter nagelt man von oben auf die Kanthölzer. Die letzten beiden Bretter werden nur lose aufgelegt, sie bleiben abnehmbar. Die Brettstöße verlegt man auf die Kantholzmitte. Man kann die Bretter aber auch parkettartig zusammensetzen.

Bretter auf Lücke (2). Diese Decke bleibt nach oben offen. Eine indirekte Beleuchtung bietet sich hier an. Man läßt einfach Röhrenlampen von oben auf die Bretter setzen. Diese Bretter liegen auf einem Seitenrahmen, der sichtbar gegen die Wand geschraubt wird. Ein farblicher Kontrast zwischen dem Rahmen und den Auflagebrettern kann sehr reizvoll sein. Am besten läßt man zwei Farben, z. B. die Farbe der Türen und die des Fußbodenbelages, wiederkehren. Der Abstand der aufgelegten Bretter richtet sich nach dem jeweiligen Geschmack und natürlich nach der Raumgröße.

Kassettendecke auf Gerüst (3). Für diese Kassettendecke baut man zuerst ein Lattengerüst aus gehobelten Leisten 4 × 6 cm. Ist der Raum breiter als 150 cm, muß das Gerüst in der Mitte auch an der Decke befestigt werden. Die Randleisten werden an die Wand gedübelt. Die Leistenverbindungen werden überblattet, geleimt und genagelt. Die Kassettenplatten kann man ankleben (mit Kontaktkleber), aufnageln oder mit verchromten Schrauben sichtbar befestigen. Die Platten kaufen Sie im Heimwerkerladen. Sie haben ein Format von 60 × 60 cm bei einer Stärke von 6 mm.

Stoffbahn-Wolkendecke (4). Diese leichte Zwischendecke besteht aus einer durchgehenden Stoffbahn auf Trägerstangen. Als Stoff verwendet man Nessel oder Gardinentüll. Befinden sich die Lampen darüber, gibt das ein weiches, angenehmes Licht. Die Stangen sind einfaches Rundholz mit einem Durchmesser von 30 mm. Als Kontrast zu dem hellen Stoff sind sie dunkel gebeizt. Befestigen kann man die Stangen mit einfachen Stangenlagern für Kleiderschränke. Wir haben hier Halter für runde Gardinenstangen verwendet. Sie werden mit Schrauben und Dübeln an der Wand befestigt.

Aluschienen-Decke (5). Hier liegen Holzpaneele lose auf Winkelschienen aus Aluminium. Die Schienen haben eine Schenkellänge von jeweils 50 mm. Man bekommt diese Schienen in Metallhandlungen oder bei Händlern von Halbzeugen (im Branchentelefonbuch nachschlagen). Etwa alle 50 cm bohrt man durch den oberen Schenkel der Schiene Löcher und schraubt sie dann mit Dübeln und Holzschrauben an die Wand. Die Paneele, die es mit verschiedenen Edelholzoberflächen gibt, werden dann genau zugesägt. Man schiebt sie schräg ein und legt sie auf die Schienen.

Deckenkonstruktion in rustikalem Stil. Kantholzrahmen tragen die von oben her angenagelten Profilbretter. Die Brettstöße kann man auf die Kantholzmitte setzen. Aber auch eine parkettartige Verlegetechnik (»versetzter Stoß«) ist möglich.

1 Die Konstruktion im Schnitt (oben). Darunter: So baut man eine Einbauleuchte ein: Loch sägen, Flansch einpassen, den Lampenhalter einsetzen.

2 Diese Decke bleibt nach oben offen. Die Rahmenbretter werden sichtbar verschraubt, die Auflagebretter brauchen nicht befestigt zu werden. Auf die Bretter kann man Leuchtstoffröhren als indirekte Beleuchtung montieren. Lassen Sie das lieber den Elektriker machen.

3 Eine Kassettendecke, die von einem Lattengerüst getragen wird. Die Rahmenkonstruktion wurde der Kontrastwirkung wegen dunkel gestrichen. Man kann die Kassetten auch in die Latten einnuten – das wirkt noch besser.

4 Für diese leichte Zwischendecke werden Trägerstangen an der Wand befestigt und mit Stoffbahnen überspannt. Oben zwei Möglichkeiten, wie man den Stoff befestigen kann: anheften oder Saum nähen und Stange durchstecken.

5 Für diese Decke wurden Holzpaneele lose auf Aluminiumschienen verlegt. Alle 50 cm müssen die Schienen mit Dübeln und Holzschrauben befestigt werden. Die Befestigung bleibt unsichtbar. Die Paneele werden aufgelegt.

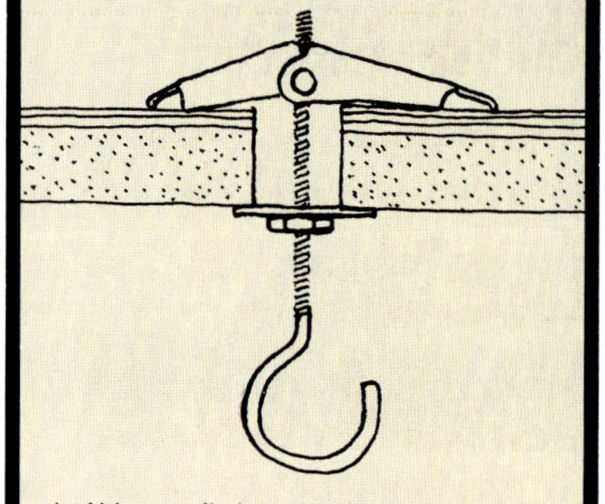

In Altbauten findet man oft Hohldecken. Für eine gute Befestigung braucht man dann Haken, die einen Kipp- oder einen Spreizdübel mit Federn haben. Die Schenkel klappen nach dem Durchschieben auf.

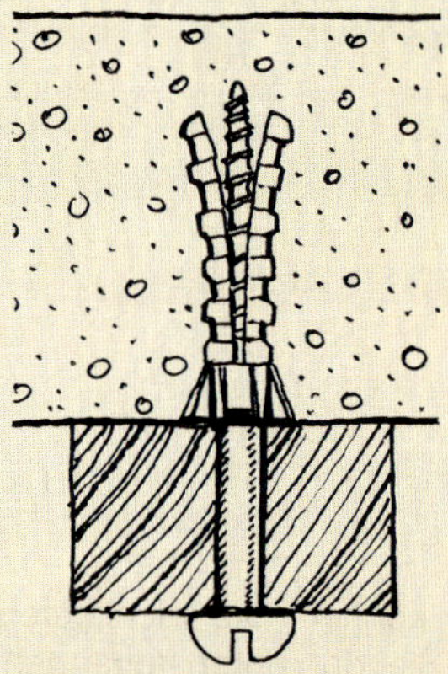

Bei Betondecken lassen sich normale Kunststoffdübel verwenden. Die Latte wird im 50-cm-Abstand verschraubt.

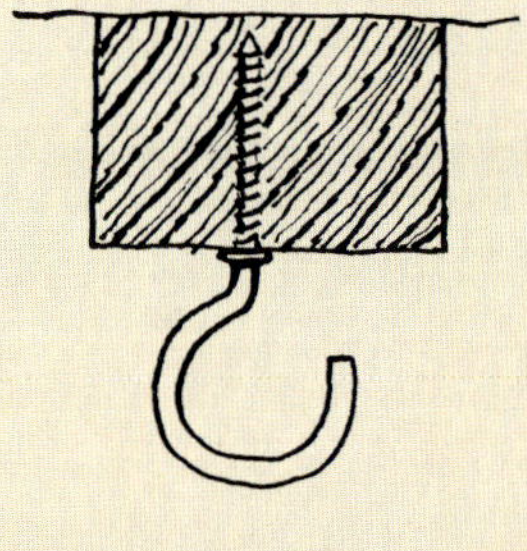

In die befestigte Latte dreht man Haken für die Halterung der abgehängten Decke. Einfache Deckenhaken genügen.

Für Leichtdecken verwendet man Dübel, die sich leicht spreizen können (als Expander- oder Rosettendübel im Handel). Es gibt sie fix und fertig mit Haken und Ösen.

Ausbauprogramm für den Dachboden

Wohnraum ist knapp und teuer. Deshalb ist in unserer Zeit der Dachbodenausbau zur Nutzung als Wohnraum, Atelier, Büro oder Hobbywerkstatt eine beliebte Freizeitbeschäftigung für Heimwerker. Besonders bei Altbauten mit Walm- und Giebeldächern ist meist genügend Platz vorhanden, um noch vollwertige Räume unterbringen zu können. Dieser Abschnitt bringt Tricks und Tips für den Dachbodenausbau. Sie sollen Ihnen bei Planung und Ausführung helfen.

Vorweg: Jeder Dachausbau ist genehmigungspflichtig. Informieren Sie sich bei Ihrer zuständigen Baubehörde. Sie gibt Ihnen Auskunft über die einzelnen Vorschriften, die regional sehr unterschiedlich sein können. Die wichtigsten davon können Sie der untenstehenden Zeichnung entnehmen.

Was vorher zu beachten ist

Generelle Vorschrift ist, daß der Dachboden eine feste Treppe als Zugang haben muß, wenn er ganz oder teilweise als Wohnraum genutzt werden soll. Hier gibt es Mindest- und Höchstmaße für die Breite und Höhe der einzelnen Stufen sowie für die Gesamtbreite der Treppe. Natürlich muß der Fußboden, also die Decke des darunterliegenden Geschosses, über eine für den vorgesehenen Zweck ausreichende Tragfähigkeit verfügen.

Bei Neubauten mit massiven Betondekken wird es im allgemeinen keine Probleme geben. Anders bei Altbauten mit Balkendecken, die mit Holzdielen abgedeckt sind: Hier sollte man auf jeden Fall vor Baubeginn das Gutachten eines Statikers einholen.

Will man eine waagerechte Decke einziehen, so muß diese über der Hälfte der entstehenden Wohnfläche eine bestimmte Mindesthöhe haben, meistens sind das 2,50 m. Rechnen Sie nach, ob Sie diese Höhe auch einhalten können, wenn Sie Ihre Deckenkonstruktion an den vorhandenen Bindern befestigen. Berücksichtigen Sie dabei auch die Dicke von eventuell aufzubringenden Estrichen und Bodenbelägen.

Der Gesetzgeber hat auch die Mindestgröße der Fensterfläche festgelegt. In der Regel muß sie wenigstens ein Achtel der Grundfläche betragen. Im übrigen sollte man Dachfenster so anordnen, daß man sitzend noch hinausschauen kann, ohne den Hals recken zu müssen. Senkrechte Wände an den Seiten von ausgebauten Dachräumen müssen ebenfalls eine bestimmte Mindesthöhe haben, meistens 1 m.

Wände, die einen Wohnraum gegen den übrigen Dachraum abgrenzen, müssen in feuerhemmender Bauweise ausgeführt sein, ebenso Decken und Türen. Gipskartonplatten z. B. erfüllen diese Forderung. Massive Wände dürfen in jedem Falle nur oberhalb von tragenden Wänden der unteren Geschosse errichtet werden. Am einfachsten und rationellsten ist die trokkene Leichtbauweise. Es gibt heute eine reiche Auswahl an Verbundplatten, die zugleich isolieren und eine glatte innere Oberfläche haben.

Im Zeitalter teurer Energie hat zusätzlicher Wärmeschutz sehr an Bedeutung gewonnen. Die DIN-Norm stellt lediglich eine Mindestanforderung dar; als Vollwärmeschutz bezeichnet man eine Isolierung, die eine dreifach höhere Wärmedämmung aufweist. Die zusätzlichen Investitionen rentieren sich durch die Ersparnis an Heizkosten. Außerdem behält man selbst im Hochsommer unterm Dach einen kühlen Kopf.

Bevor man jedoch den Dachstuhl hinter Dämmaterial und Schalungen versteckt, sollte man das Gebälk durch eine Fachfirma untersuchen und eventuell neu im-

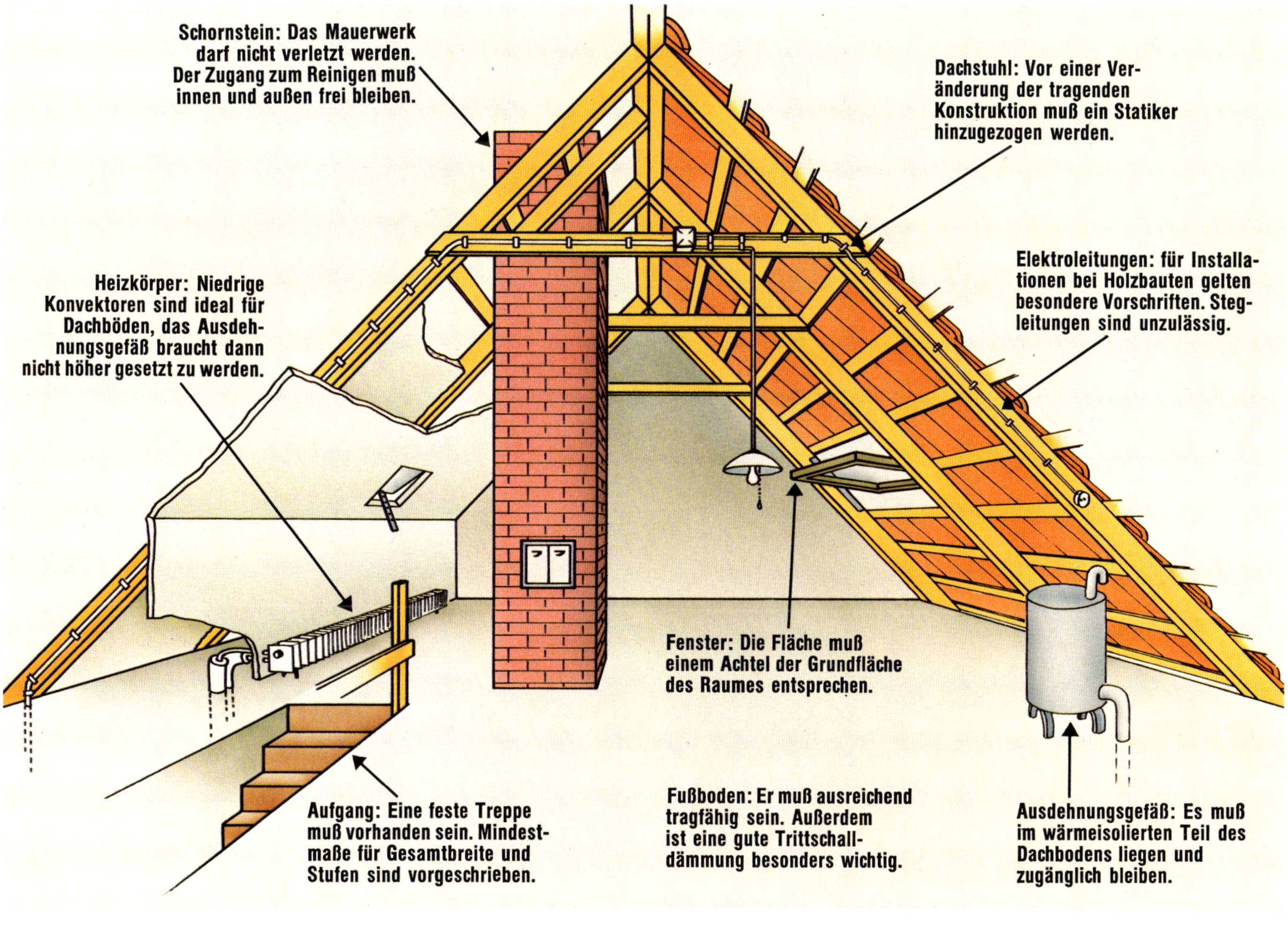

prägnieren lassen. Diese Fachfirmen für Holzschutz und Schädlingsbekämpfung erteilen auch Auskunft über vorbeugende Holzschutzmaßnahmen beim Ausbau des Dachgeschosses.

Planung – je früher, desto besser

Wer schon beim Bau eines Hauses an den späteren Ausbau des Dachgeschosses denkt, kann viel Geld und Aufwand sparen. Versorgungs-, Heizungs- und Abflußleitungen werden ohne große Mühe gleich bis zum Dachgeschoß hochgeführt.

Wo dies nicht der Fall ist, wird es zweckmäßig sein, Bad, Dusche oder Küche über einem bereits im unteren Geschoß vorhandenen Naßraum anzuordnen. So hält sich der Aufwand für die neue Installation in Grenzen.

Gibt es eine Zentralheizung, sollte man sich beizeiten vergewissern, ob die Kapazität von Kessel und Brenner ausreicht, um den neu gewonnenen heizbaren Raum mit zu erwärmen. Auch hier gilt beim Neubau: Den Zuwachs bereits mitplanen.

Heizungskessel werden heute teilweise in Elementbauweise hergestellt, so daß sie sich nachträglich durch Zufügen neuer Bauteile vergrößern lassen. Wo dies nicht der Fall ist, sollte man ruhig den Einbau einer Heizung erwägen, die von der im übrigen Haus unabhängig ist. Elektrische Decken- und Fußboden-Heizelemente bieten hier eine Reihe interessanter Möglichkeiten. Wenn schließlich alle technischen und rechtlichen Fragen geklärt sind und Sie an die konkrete Planung gehen, sollten Sie bedenken, daß ein Dachboden von seiner Anlage her bestimmte Charakteristiken hat. Sinn einer gelungenen Gestaltung sollte es nicht sein, diese Eigenart verschämt zu verstecken, sondern deren Elemente zu betonen und geschickt zu nutzen.

1 Eine solide, gediegene Lösung zeigt dieses Beispiel. Die Dachschrägen wurden mit Dämmstoffmaterial ausgefüllt und mit einem Lattengerüst überzogen. Darauf kamen Gipskartonplatten, die mit heller Tapete beklebt wurden.

2 Originell und rustikal ist dieser Vorschlag. Die Balken blieben sichtbar (wie auch bei unserem Beispiel auf der rechten Seite). An der Frontwand wurde ein Regal aus Kastenelementen aufgebaut, das den knappen Raum optimal nutzt.

3 Die neu bis zum First eingezogene Giebelwand trennt einen begehbaren Wandschrank vom Hauptraum ab. Der Zugang wird durch eine (jetzt hochgezogene) Lamellenjalousie verschlossen. Ebenso kann man auch ein Badezimmer abteilen.

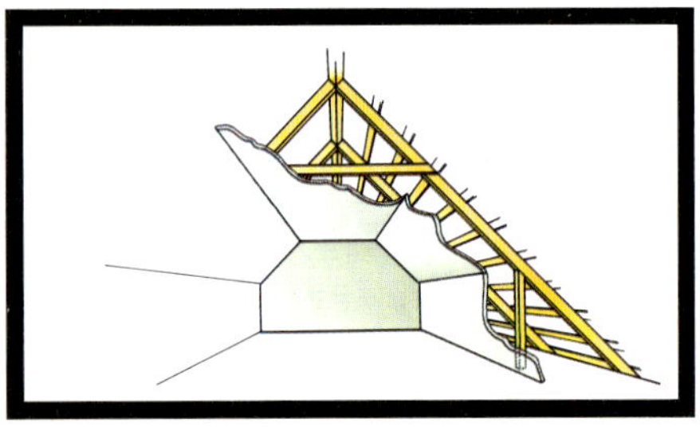

4 Ausbau mit Gipskartonplatten. Die glatte Wand kann beliebig tapeziert oder gestrichen werden. Bei dieser Art des Ausbaus kommt die besondere Eigenart des Dachraumes kaum zur Geltung – von den Dachschrägen abgesehen.

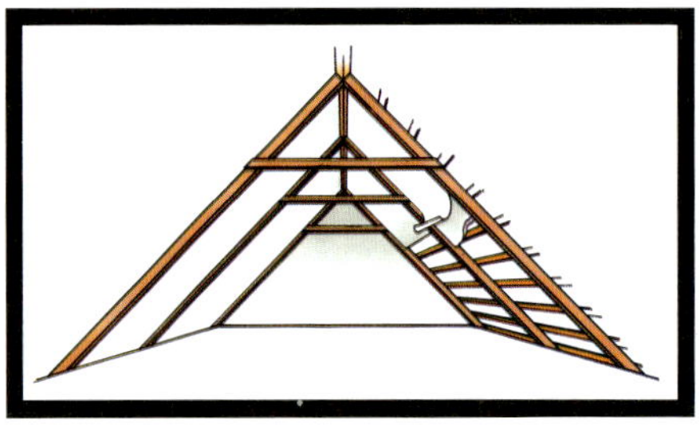

5 Gips- oder Leichtbauplatten kann man auch zwischen den Dachsparren anbringen. Die sichtbar bleibende Dachkonstruktion sollte in einer Kontrastfarbe gestrichen oder gebeizt werden. So wird der Raum wirkungsvoll aufgegliedert.

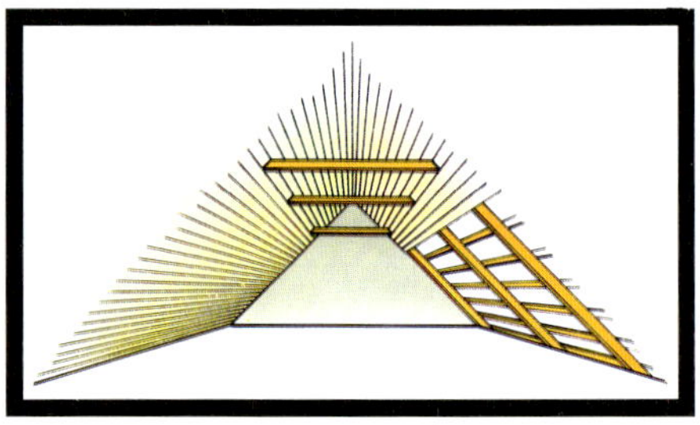

6 Verschalung mit Profilbrettern bis zum Dachfirst. Die sichtbar gelassenen Binder (Querstreben) bilden optisch eine Art von »Decke«, die den Raum in der Höhe gliedert. Einfache Brettbinder kann man ohne große Mühe als Balken verkleiden.

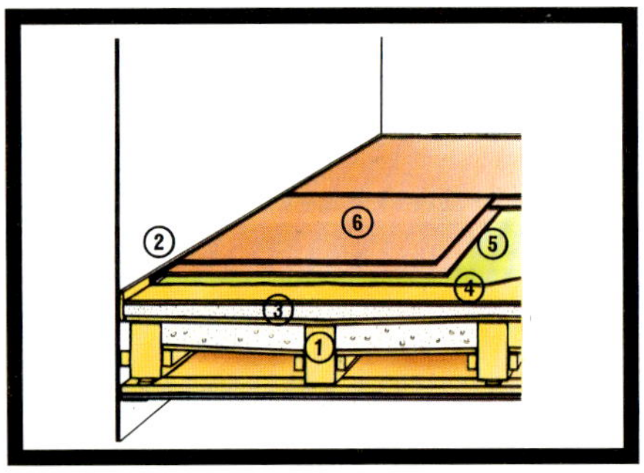

7 Trockenestrich auf stark unebenem Boden. Ausgleich durch Trockenschüttung, die man durch Stampfen verfestigt. 1 alter Boden, 2 Dämmstreifen, 3 Trockenschüttung, 4 Bitumenplatte, 5 Abdeckfolie, 6 Trockenestrich-Fertigelemente.

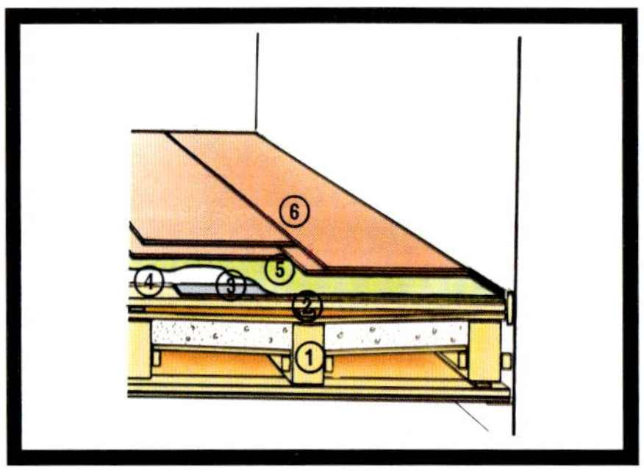

8 Trockenestrich auf tragfähigem Holzboden. 1 Balken, 2 Leisten mit Keil, 3 Dämmstreifen, 4 Trockenschüttung, 5 Polyäthylenfolie, 6 Trockenestrich-Elemente. Unebenheiten werden durch unterkeilte Leisten (2) ausgeglichen.

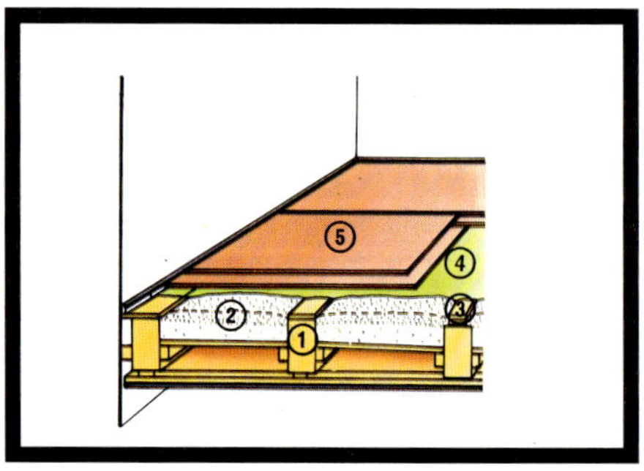

9 Neuer Boden, direkt auf den Balken aufgebaut. 1 Balken, 2 Trockenschüttung (bis 1 cm über den Balken), 3 Dämmstreifen, 4 Polyäthylenfolie (als Dampfsperre), 5 Trockenestrichplatten. Darauf kommt ein beliebiger Bodenbelag.

ROWOHLT GEORGE GROSZ ECCE HOMO

Tips für die Ausbautechnik

Wenn die Dachfläche vor dem Eindecken nicht mit einer bewehrten Papplage überzogen wurde, müssen Sie zunächst für eine Abdichtung gegen Witterungseinflüsse sorgen. Das geschieht am besten mit Dichtungsbahnen aus Kunststoff- oder Aluminiumfolie, die etwa 100 mm breiter als Sparrenabstand zugeschnitten und mit Hilfe von Dachlatten dicht unter der Dachdeckung zwischen den Sparren ausgespannt und befestigt werden. Die zweite Schicht bilden Hartschaumplatten oder auf Alufolie oder Bitumenpapier befestigte Mineralfaserbahnen. Es gibt sie in den gängigsten Sparrenabständen, sie brauchen nur mit den überstehenden Folienrändern auf die Sparren genagelt oder besser mit der Heftpistole befestigt zu werden. Zwischen der Unterspannfolie und der Dämmschicht muß ein Luftraum bleiben. Abschließend kann man Verkleidungen aufbringen.

Für den weiteren Schichtaufbau gibt es zahlreiche Möglichkeiten. Ein paar Vorschläge:

- Leimgebundene Holzwolleplatten von Sparren zu Sparren nageln, darauf eine Sparschalung (Bretter mit Abständen bis zu 50 cm befestigen) aus sägerauhen, gesäumten 12- bis 18-mm-Brettern anbringen. Sichtschalung senkrecht dazu aus 22-mm-Profilbrettern oder Furnierplatten.
- Unmittelbar auf die Sparren Profilbretter oder Furnierplatten nageln oder schrauben – nur bei Querverbretterung möglich.
- Auf die Sparren eine senkrecht zu den Sparren verlaufende Unterkonstruktion aus Dachlatten oder Sparschalung nageln, daran Gipskartonplatten, Profilbretter (aufrecht verlaufend) oder Furnierplatten befestigen.
- Sparren mit Sparschalung aus 18-mm-Brettern belegen und Hartschaumplatten mit beiderseitiger Putzträgerschicht (z. B. Isotex) oder zementgebundene Holzwolleplatten (z. B. Heraklith) mit verzinkten Breitkopfnägeln annageln. Sämtliche Fugen und Eckverbindungen mit Bewehrungsstreifen aus nichtrostendem Material überziehen, die Wandflächen anschließend verputzen.

Da der Sparren-Unterbau arbeitet, kann es allerdings bei diesem Verfahren zu Putzrissen kommen.

10 Um den Kamin herum wird ein Gerüst aus Dachlatten (Querschnitt 60 × 40 cm) gebaut. Es ist eine Konstruktion, die den Kamin umkleidet, ohne fest mit ihm verbunden zu sein. Die Reinigungstür darf nicht zugebaut werden.

11 Folie zum Abdichten der Dachpfannenfugen. In Richtung des Gefälles überlappend einbauen.

12 Folienkaschierter Baufilz wird aufgenagelt als Wärmedämmung, Aluminium-Seite innen.

13 Schalbretter können auch in Hohlkehl-Leisten eingeschoben werden. Die Ecken anschrägen!

14 Hier wird Gipskarton mit dem Fuchsschwanz zugeschnitten. Den Staub dabei gleich absaugen.

15 Mit dem Einschalen von unten anfangen. Bretter gleicher Länge stets stapelweise zusägen.

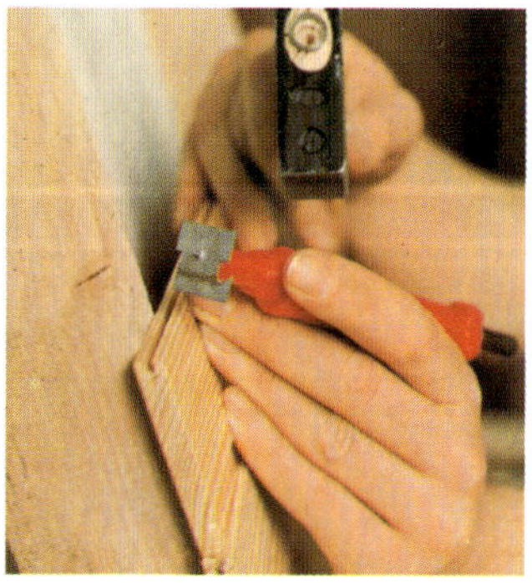

16 Vilin-Spezialhaken erleichtern die verdeckte Befestigung. Dazu Spezialwerkzeug verwenden.

17 Gelochte Gipskartonplatte, auf Latten genagelt, als Beispiel für eine Deckenkonstruktion.

18 Gipskartonplatten werden auf ein Gerüst aus Latten genagelt. Wärmedämmung durch Mineralfilz.

Raumgestaltung

Einbauten für das Dachzimmer

Für schräge Wände gibt es keine Serienmöbel. Da hilft nur eines: Die Einrichtung selbst entwerfen und bauen. Wir zeigen Ihnen, wie man dadurch in einem kleinen Zimmer unter dem Dach viel Schrank- und Ablagefläche gewinnen kann, ohne an Bewegungsfreiheit zu verlieren. Das wurde erreicht durch die halbhohe Anordnung der Borde und Schränke.

Alles, was ein junges Mädchen zum Wohnen, Schlafen und Arbeiten braucht, ist in unserem Dachzimmerausbau berücksichtigt: Ein geräumiger Kleiderschrank, viel Regalraum mit Fächern und Stellflächen für Bücher, Schubladen für Papiere und Krimskrams. Das Bett läßt sich, durch eine klappbare Rückenlehne, tagsüber als bequeme Sitzfläche nutzen. Und die große Arbeitsplatte, die sich über die ganze Fensterfront erstreckt, sorgt dafür, daß auch die Schularbeiten ganz bestimmt wieder mehr Freude machen.

Wie das Zimmer geplant wurde

Am Anfang unserer Planung stand ein leeres Zimmer, 4,30 m lang, 3,41 m breit, bei dem beidseitig auf 68 cm Seitenwandhöhe bereits die Dachschräge beginnt. Daß man diese kurzen, niedrigen Seitenwände am besten als Stellfläche für die Einbaumöbel verwendet, ist klar: Dort

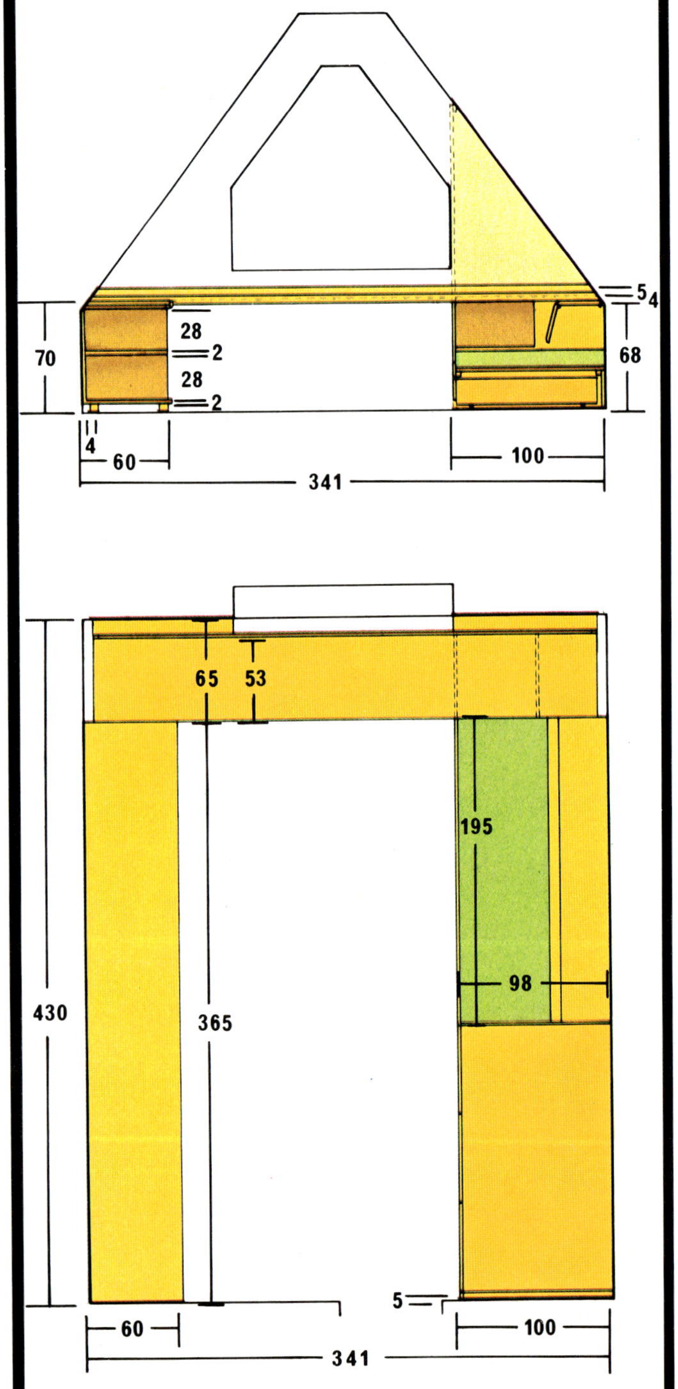

Auf dieser Bauzeichnung erkennen Sie den Aufbau aller Einbauten.

Die linke Wand nimmt ein niedriges Bücherbord mit Schubkästen und offenen Fächern ein. Alle Teile wurden mit Seidenmattlack gestrichen.

Das Bett beherrscht, zusammen mit dem (hier nicht sichtbaren) Kleiderschrank, die rechte Wand. Schubkästen bieten Platz für das Bettzeug.

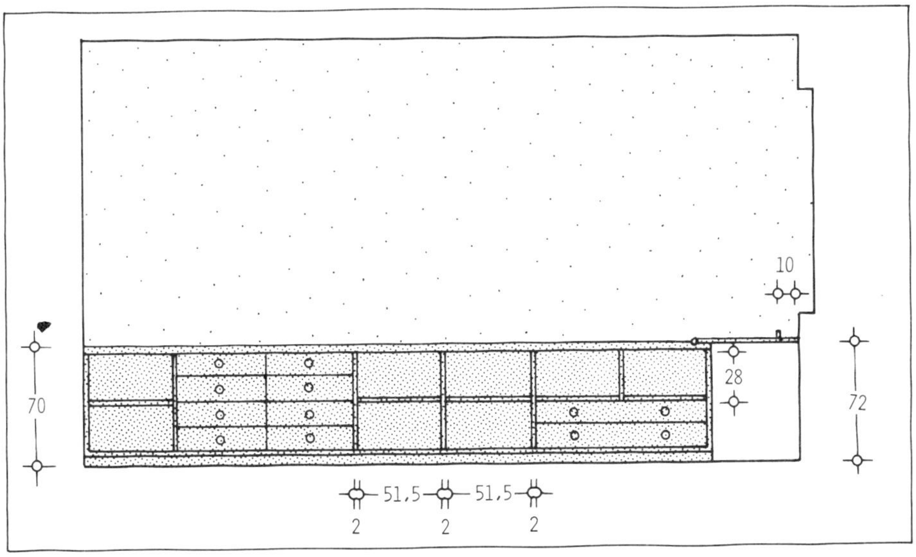

1 So wurde das Bücherbord aufgeteilt. Es ist einschließlich Sockelleiste 70 cm hoch, der Raum wird also nicht »zugebaut«. Trotzdem bietet das Möbelstück viel Stauraum in offenen Regalfächern und Schubkästen. Die echten Maße müssen Sie an Ihre eigenen Raumverhältnisse anpassen.

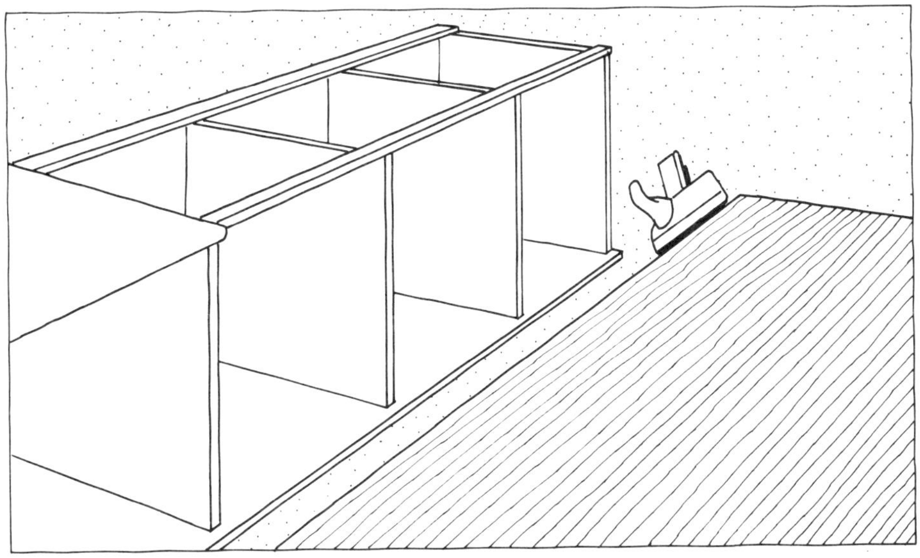

2 Der Rohbau für das Bücherbord. Alle Einzelteile der Zimmereinrichtung werden zuerst als Einheit zusammengebaut. Dann stellt man sie auf die Sockellatten, die ausgerichtet und mit langen Nägeln im Fußboden verankert werden. Die Bücherbord-Platte wird mit dem Hobel der Schräge angepaßt.

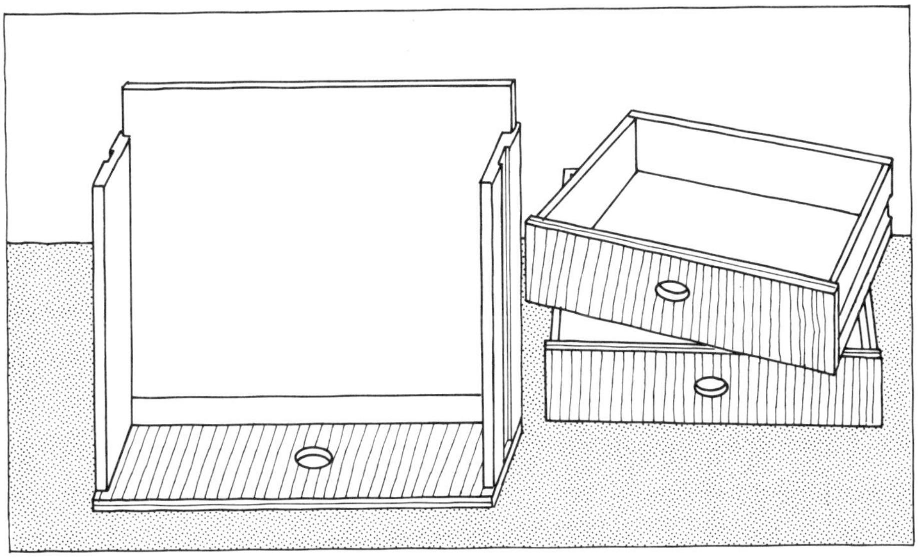

3 Sämtliche Schubkästen werden aus Kunststoff-Fertigteilen montiert. Die Böden fertigt man aus beschichteter Hartfaserplatte, die Blenden bestehen aus furnierter und lackierter Spanplatte.

kann man sich sowieso nicht aufrecht bewegen.
Auch für das Bett, der Länge nach an der rechten Seitenwand plaziert, ist eine größere Kopffreiheit nicht notwendig. Zwischen Bett und der inneren Stirnwand bleibt Raum für einen großen, dreiteiligen, 165 cm breiten Schrank, dessen Rückseite genau der Wandschräge angepaßt wird.
Zwischen dem Kopfende des Bettes und der Fenster-Stirnwand befindet sich noch ein Ablage- und Bücherregal. Dieses Regal hat eine Doppelfunktion: Es dient als Auflagefläche für die Arbeitsplatte und als Befestigungsmöglichkeit für den Bettrahmen. Das Fußende des Bettrahmens ist mit der Stirnwand des Kleiderschrankes verbunden.

Material und Oberflächenbehandlung

Damit das Zimmer auch mit nur einem Fenster einen hellen Gesamteindruck macht, haben wir für die sichtbaren Deckplatten kiefernholzfurnierte Spanplatten verwendet. Auch die Blenden der Schubladen, die Blenden und Rückenlehnen des Bettes und die Türblätter des Kleiderschrankes sind aus diesem Material zugeschnitten.
Für alle Holzteile, die farbig gestrichen werden, haben wir 19 mm dicke, mit einer Grundierfolie beschichtete Spanplatte verwendet. Daduch ist es möglich, die Möbelstücke beim Holzhändler fertig zuschneiden zu lassen, sie dann zu montieren und erst danach mit Pinsel und Rolle farbig zu lackieren. Die Platten brauchen nicht mit Spachtel vorbehandelt und geschliffen zu werden.
Wenn Sie den Eindruck gewonnen haben, daß sich die Einbauten auch für einen bei Ihnen verfügbaren Dachraum eignen könnten, wäre der erste Schritt eine zentimetergenaue Grundriß- und Schnittzeichnung des Zimmers, etwa nach dem Vorbild unserer Bauzeichnung auf Seite 216. Aus dieser »Bestandsaufnahme« muß nicht nur die verfügbare Grundfläche (mit allen etwaigen Vorsprüngen, Vertiefungen, Schornsteinen) hervorgehen, sondern sie soll auch Auskunft geben über die genaue Lage und den Winkel der Dachschräge und des Fensters (oder der Fenster).
Nun kommt es darauf an, unsere Vorschläge so abzuwandeln, daß sie für Ihren Dachraum verwirklicht werden können. Es wäre z.B. möglich, das Bücherbord zu kürzen oder den Schrank etwas schmaler zu machen. Am Bett läßt sich dagegen nicht viel ändern, die vorgesehene Gesamtlänge von 195 cm sollten Sie schon einhalten. Auch das Arbeitsbrett, der »Schreibtisch«, muß seinen Platz vor dem Fenster behalten. Bei einem schmaleren Zimmer kann es etwas kürzer ausfallen.

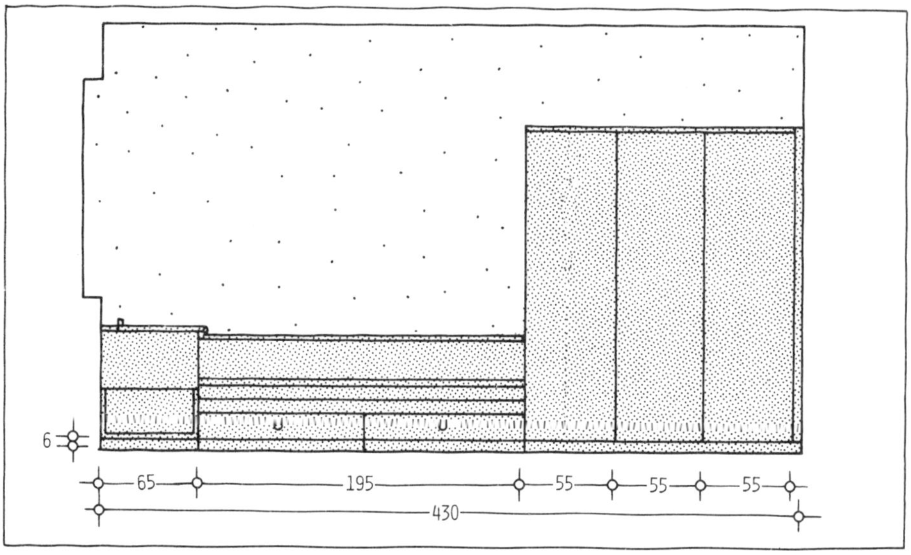

4 Die rechte Zimmerwand mit Ablagebord am Fenster (links), dem Bett mit Schubkasteneinbau und zusammenfaltbarer Rückenlehne und dem Kleiderschrank, der genau der Schräge angepaßt wird.

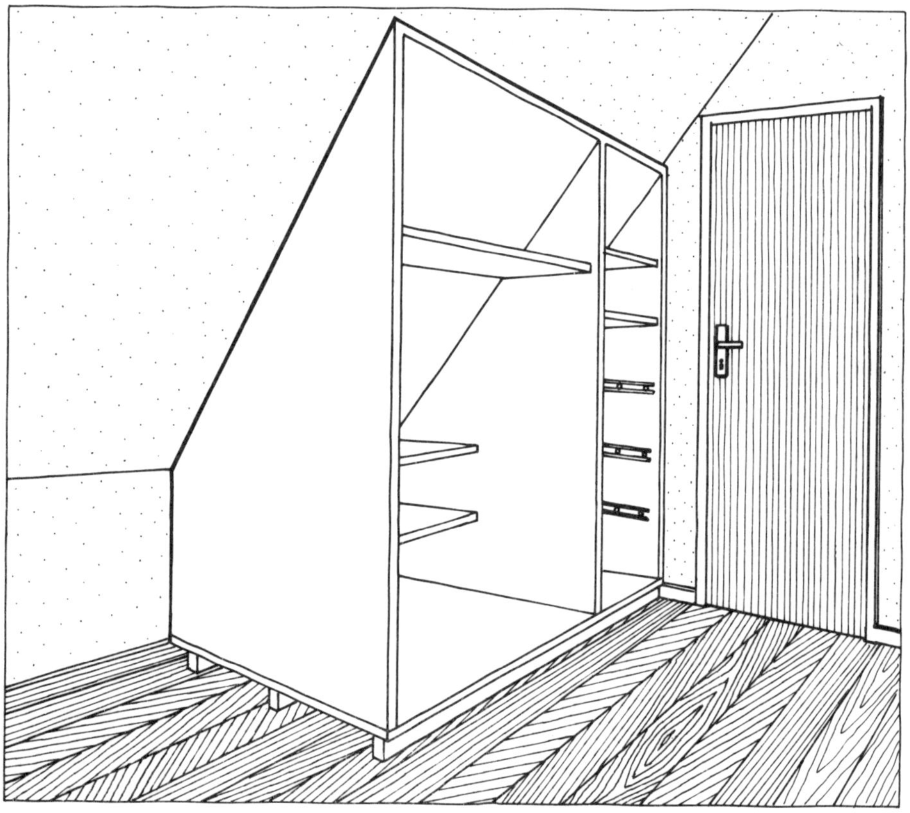

5 Der fertig montierte Schrank wird auf die Sockelleisten gestellt. Den oberen Abschluß der Vorderfront bildet eine 4 cm hohe, fest eingebaute Dreikantleiste aus Fichtenholz.

6 Die Zwischenböden des Schrankes kann man mit Winkeln befestigen oder auch verschrauben.

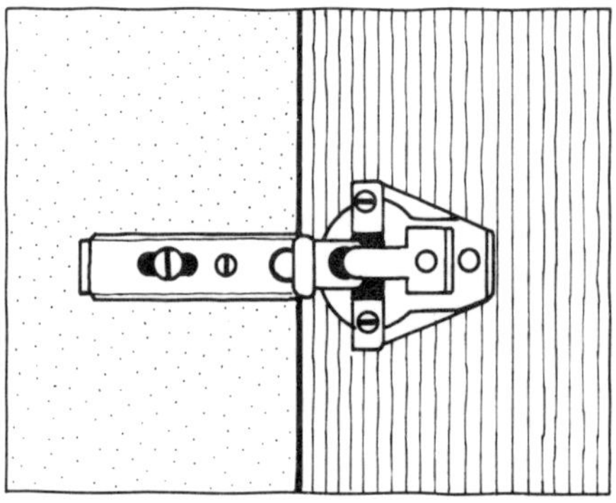

7 Die Schranktüren werden mit selbstschließenden und justierbaren Topfscharnieren befestigt.

Wenn Sie alle diese Überlegungen abgeschlossen haben, fertigen Sie eine Zeichnung der Einbauteile an, aus der schon alle Maße hervorgehen müssen. Diese Zeichnung bildet dann die Unterlage für die Materialliste, mit der Sie zum Holzhändler gehen können. Messen Sie lieber einmal zuviel als einmal zuwenig – falsch zugeschnittene Teile lassen sich hinterher im allgemeinen nicht mehr anstückeln. Und fangen Sie nicht bei allen Teilen zugleich an, sondern nehmen Sie sich ein Stück nach dem andern vor.

Das Bücherbord

Die einzelnen Möbelstücke werden zuerst als Einheit zusammengebaut. Komplizierte Verbindungstechniken sind dabei nicht erforderlich. Die fertigen Teile stellt man auf die Sockellatten, die vorher ausgerichtet und mit langen Nägeln im Fußboden verankert wurden.
Das Bücherbord nahm bei unserem Modell die gesamte linke Seitenwand ein, es war also 430 cm lang. Der unter die Arbeitsplatte ragende Teil bestand dabei nur aus Grund- und Abdeckplatte, hatte also keine zusätzlichen Regalfächer. Auf dem Foto auf Seite 215 können Sie das am besten erkennen – hier steht ein Korb auf dem unter die Arbeitsplatte reichenden Teil der Grundplatte.
Zwei Latten (60 x 40 mm, gehobelt) bilden den Sockel. Sie müssen vor der Befestigung mit Hilfe von Keilen und der Wasserwaage so ausgerichtet werden, daß sie eine ebene Auflage für die Grundplatte des Bücherbords bilden. Dann können sie angenagelt werden.
Nun wird die Grundplatte eingepaßt. Ebenso wie die Deckplatte des Bücherbords kann sie nicht aus einem Stück angefertigt werden. Sie müssen »auf Stoß« stückeln. Legen Sie diese Nähte am besten so, daß sie über bzw. unter einer Zwischenwand liegen. Dann ist die Bodenplatten-Naht überhaupt nicht zu sehen, und die Naht der Deckplatte hat eine stabile Unterstützung. Zusätzlich können Sie die Platten unsichtbar mit Flacheisen verbinden.
Eine Dübelverbindung empfiehlt sich in diesem Fall nicht, es sei denn, Sie machen sie nur als trockene Steckverbindung. Dabei werden die Dübel auf einer Plattenseite eingeleimt, auf der anderen nur trocken eingesteckt.
Bevor Sie die Grundplatte befestigen, richten Sie auch schon die obere Abdeckplatte her. Sie besteht aus 19 mm kiefernfurnierter Spanplatte, unter deren Vorderkante eine 20 x 20 mm dicke Vierkantleiste geleimt wird. Ein 40-mm-Halbrundstab dient als Vorleimer.
Wenn Sie beide Platten haben, reißen Sie den Sitz der senkrechten Zwischen- und Endwände an und führen alle erforderlichen Bohrungen für deren Befestigung aus. Das gilt später auch für das frühzei-

tige Einplanen der Befestigungselemente für die Regalböden.
Bauen Sie die senkrechten Wände auf die Grundplatte und befestigen Sie sie oben mit je einer Leiste an Vorder- und Hinterkante. Beide Leisten verschwinden unter der Deckplatte, die Sie nun anprobieren können. An der Wandseite wird die Platte mit dem Hobel der Dachschräge angepaßt. Dann kann man sie mit Holzschrauben von unten an den Leisten befestigen.
Sämtliche Schubkästen werden aus Kunststoff-Fertigteilen montiert. Die Böden bestehen aus beschichteter Hartfaserplatte, die Blenden fertigt man aus furnierter Spanplatte an.

Der Kleiderschrank

Das einzige größere Möbelstück im Raum bekommt seinen Platz im Winkel zwischen Türwand und rechter Seitenwand. Als Baumaterial wurde 19 mm kunststoffbeschichtete Spanplatte gewählt. So braucht man die Innenseiten des Schrankes nicht zu streichen. Beginnen Sie mit den Seitenteilen, sobald Sie den Unterbau aus Fußleisten befestigt und die Grundplatte zugeschnitten und angepaßt haben. Die Wangen werden entsprechend der Dachschräge zugeschnitten und mit Leim und Schrauben an der Grundplatte befestigt. Damit die Seitenteile untereinander auch im oberen Schrankbereich die richtige Verbindung haben, werden die obersten Zwischenböden durch die Seitenwände hindurch mit Holzschrauben befestigt. Lediglich an der Außenwand, die dem Bett zugewandt ist, wird das Zwischenbord von innen mit Eisenwinkeln festgeschraubt. Das geschieht aus optischen Gründen: Die Schrauben würden sonst außen sichtbar bleiben.

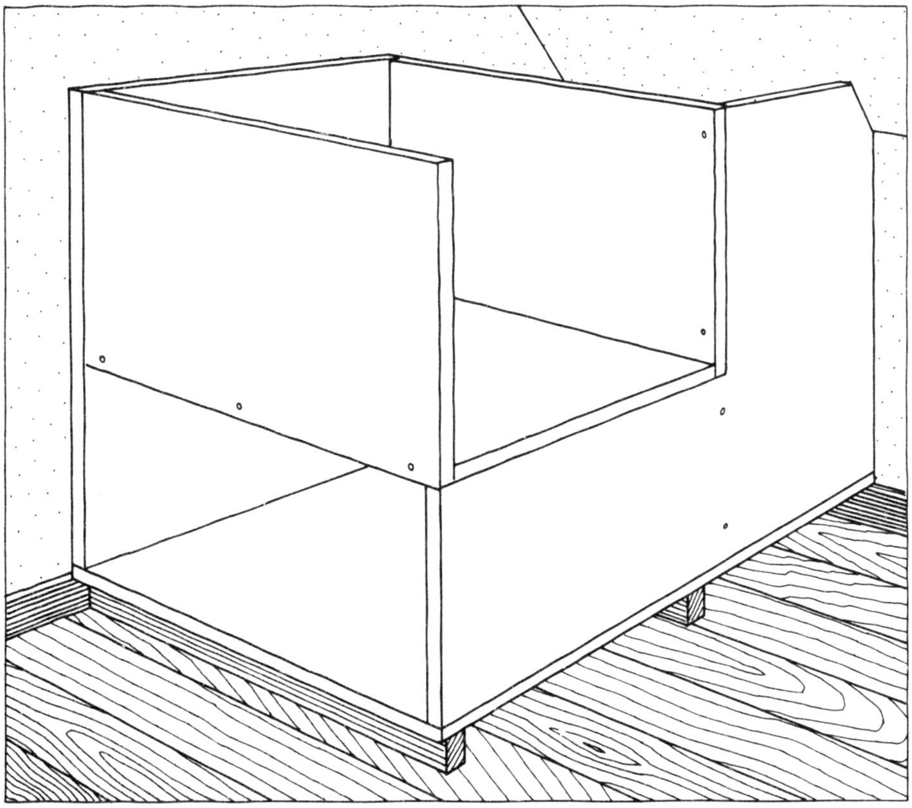

8 Das Ablagebord aus beschichteter Spanplatte dient auch als Auflage für das Arbeitsbrett vor dem Fenster. Zwischen Bord und Schrank wird der Bettrahmen zuletzt fest eingebaut.

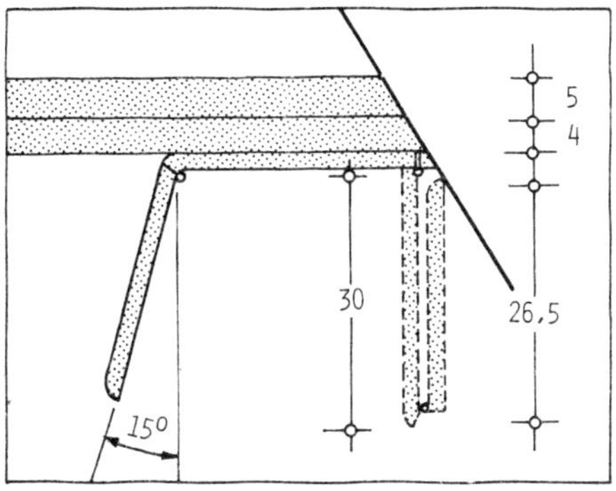

9 Detail der Rückenlehne des Bettes. Zum Schlafen klappt man die Lehne einfach an die Wand.

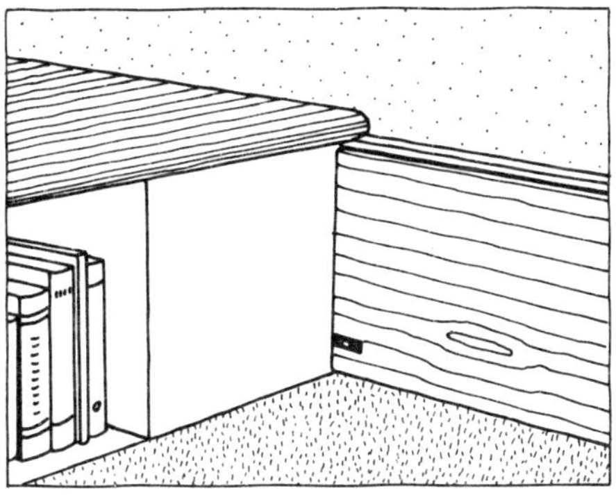

10 So sieht die zusammengeklappte Rückenlehne aus. Schubriegel halten sie beiderseits fest.

Um den Kleiderschrank vor Staub zu schützen, muß die Rückwand mit beschichteter Spanplatte verkleidet werden. Wenn das geschehen ist, ist der Schrank so stabil, daß man ihn auf seinen Platz auf den Fußleisten stellen kann. Die restlichen Zwischenböden können lose auf Bodenträgern eingelegt werden. Zeichnung 5 zeigt die vorgesehene Inneneinteilung. Links ist ein Kleiderfach vorgesehen, für das eine Stange eingesetzt werden muß. Über dem Kleiderfach liegt in der Schräge ein großes Ablagefach. Hinter dem Platz für das Kleideraufhängen können weitere Ablagebretter eingebaut werden. Das schmalere rechte Schrankfach bietet als »Pulloverfach« viel Platz für Blusen, Pullis und andere Kleidungsstücke, die nicht zu hängen brauchen.
Der Schrank bekommt drei Türen: eine Doppeltür für das Kleiderfach und eine einfache Tür für das Pulloverfach. Sie bestehen aus furnierter Spanplatte. An die Sichtkanten leimt man Furnier-Umleimer an (man kann sie auch aufbügeln). Als Tür-Aufhängung dienen justierbare, selbstschließende Topfscharniere.

Arbeitsplatte und Bett

Das Bett mit dem dazugehörigen Ablagebord und der Arbeitsplatte vor dem Fenster sind die letzten Stationen des Dachzimmerausbaus. Beginnen Sie am besten mit dem Ablagebord aus beschichteter Spanplatte (Zeichnung 8). Die präzise zugeschnittenen Teile werden miteinander verleimt und verschraubt. Soweit möglich, sollten die Schrauben so gesetzt werden, daß man sie beim fertigen Möbel nicht sieht. Im Zweifelsfall können Sie auch hier verfahren wie beim Schrank, nämlich an allen Stellen, bei denen man die Schrauben nicht sehen soll, inwendig Eisenwinkel anschrauben.
Sobald das Ablagebord auf seinem Platz steht, können Sie die Arbeitsplatte fertigstellen. Sie wird ebenso aufgebaut wie die Deckplatte des Bücherbords. Auf der rechten Seite liegt sie dem Ablagebord auf, auf der linken Seite dem Bücherbord. Die linke Überlappungsstelle müssen Sie mit Raspel und Schleifpapier der Bücherbord-Deckplatte anpassen, so daß die Arbeitsplatte genau eben liegt. Die Arbeitsplatte wird, wie alle furnierten Teile, mit Seidenmattlack gestrichen.
Das Bettgerüst wird entsprechend der Bauzeichnung (4) aufgebaut. Die Kästen für das Bettzeug bestehen aus Sperrholz. Je vier untergeschraubte Rollen erleichtern die Handhabung. Die Rückenlehne, deren Konstruktion Sie Zeichnung 9 entnehmen, läßt sich zum Schlafen zusammenfalten. Als Matratzenauflage dient eine 19 mm dicke Spanplatte, die in der Mitte von einer ebenso dicken, senkrecht stehenden Zwischenwand unterstützt wird. Die Matratze aus Schaumstoff wird mit einem passenden Stoff überzogen.

Zimmer aus Fichtenholz

Möbel sind heute nicht mehr unbedingt wertvolle Stücke, die über Generationen hinaus gepflegt und vererbt werden. Besonders junge Leute, die mit der Einrichtung ihrer Wohnung beginnen, müssen oft sparen und wollen es trotzdem hübsch und bequem haben. Unser Vorschlag ist so ausgearbeitet, daß Sie damit einen Wohnraum gemütlich möblieren können. Wenn die Wohnung größer wird, kann man mit den einzelnen Elementen Lücken im Kinder-, Gäste- oder Arbeitszimmer füllen.

Diese Einrichtung besteht aus Bett, Hocker, Tisch, Regal bis zur Decke und zwei Sitzbänken, in denen man außerdem noch viel verstauen kann. Bis auf kleine Unterschiede ist die Bauweise aller Elemente gleich. Die Größe, die nach Bedarf abwandelbar ist, ersehen Sie aus der Materialliste auf Seite 222.

Der erste Arbeitsgang ist das Anfasen der Fichtenholzbretter an allen langen Kanten. Danach können die Sockelbretter angeschraubt werden.

Die längeren Seitenbretter werden zusammengelegt und mit Hilfe einer Bohrschablone gebohrt. Die Eckleiste mit den Gewindeschrauben befestigen. Die so miteinander verbundenen Bretter auf die Zwischenbretter legen und die Löcher versetzt bohren.

Vor dem Zusammenbau der langen Sitzbänke müssen die 4 cm tiefen und 6 cm breiten Grifflöcher ausgesägt werden, damit man die Deckel besser anheben

1 Eine Einrichtung für Leute, die Abwechslung lieben. Bett und Sitzbänke sind nicht fest miteinander verbunden und lassen sich deshalb je nach Bedarf und Geschmack auch anders gruppieren. Das Material ist schlichtes Fichtenholz. Für die Böden werden außerdem einige Zuschnitte aus Span- und Tischlerplatte gebraucht. Einfache Verbindungstechniken machen den Bau des jugendlichen Zimmers problemlos: Gewindeschrauben halten die Einzelteile zusammen.

kann. Danach Grifflöcher glattschleifen. Sie befinden sich genau in der Mitte zwischen den drei verschraubten aufrechten Leisten bzw. den Schraubenköpfen. Bei der Sitzbank mit dem Regal sind die Schraubenabstände von rechts nach links: 100 cm, 70 cm, 70 cm, 56,9 cm. Bei der anderen Bank sind die Abstände immer 80 cm.

Die Auflageleisten für die Deckel werden zwischen die aufrechten Leisten geschraubt. Die Leisten sind bei den Bänken um 1,5 cm, bei Bett und Hocker um 6 cm niedriger als die Oberkante. Auf die aufrechten Leisten werden mit Überblattungen Zwischenleisten genagelt und so ein Verziehen der Seiten verhindert. Sie müssen mit den Auflageleisten bündig sein. Die Einlegeböden werden an den Ecken und den aufrechten Leisten so ausgeschnitten, daß sie genau dazwischen passen.

Die Regalholme sind bei der zweiten Bank gleichzeitig Eck- und Zwischenleisten auf der rechten Seite. Zusammenhalt bekommt das Regal durch den oberen und einen mittleren Boden, die auf Winkelschrauben gesetzt werden. Die Kanten der Böden mit einem Nadelholzfurnier beleimen. Alle Ecken 3 x 3 cm aussägen.

Der Tisch hat ebenfalls einen Einlegeboden. So entsteht ein staubfreier Ausstellungsraum für schöne Dinge. Um die Glasplatte herausnehmen zu können, wird ein Griffloch in die Seite gesägt. Alle Deckelböden können dann mit dem Teppichboden bezogen werden.

Wenn Sie weicher sitzen wollen, können Sie die Deckelböden aber auch mit Schaumstoffplatten belegen und mit einem zur Einrichtung passenden Möbelbezugsstoff überziehen. Die Regelböden vorstreichen und lackieren. Alle Holzteile der Elemente erhalten einen abschließenden Anstrich mit Klarlack.

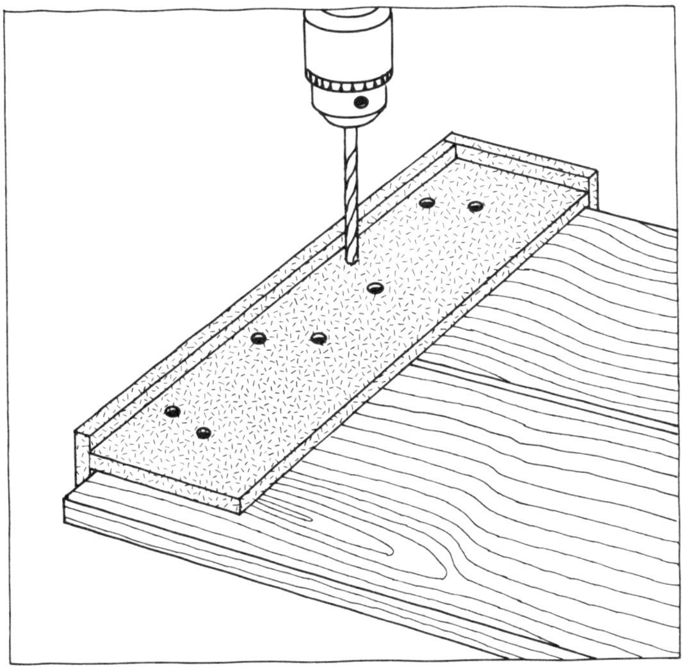

2 Damit alle Schrauben den gleichen Abstand erhalten, fertigt man sich eine genaue Bohrschablone an. Die Löcher werden versetzt gebohrt.

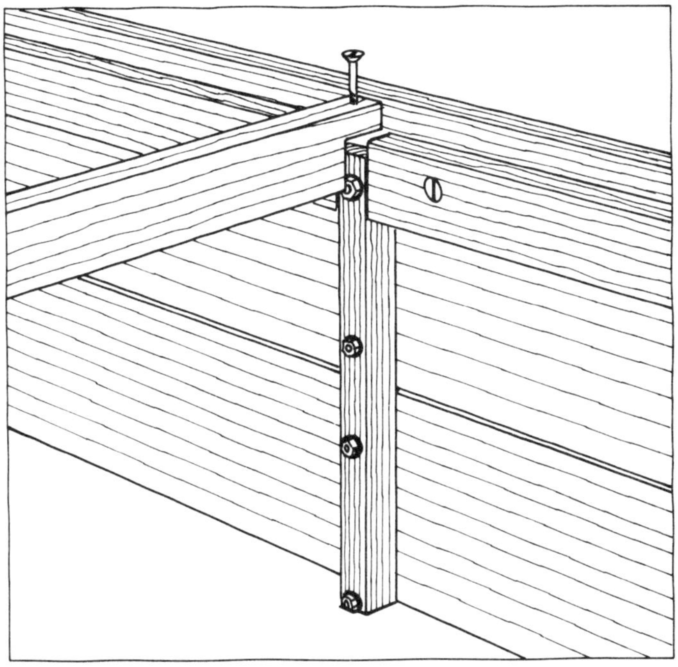

3 Die aufgeschraubten Auflageleisten an den Innenseiten tragen die 22 mm dicken Deckelböden. Zwischenstücke verhindern das Verziehen.

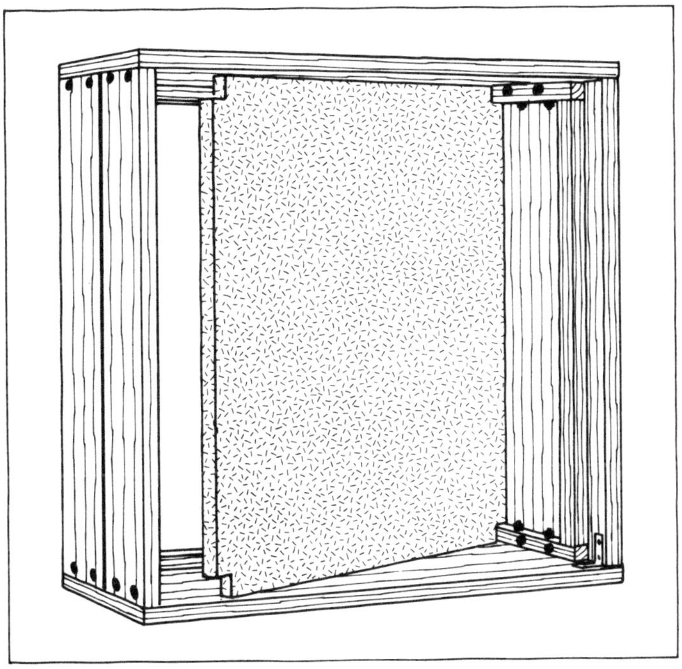

4 Wegen der Leisten müssen alle Bodenplatten an den Ecken ausgesägt werden. Die obere Platte des Hockers, die den Schaumstoffblock trägt, erhält ein 30-mm-Loch, damit man sie jederzeit wieder herausnehmen kann.

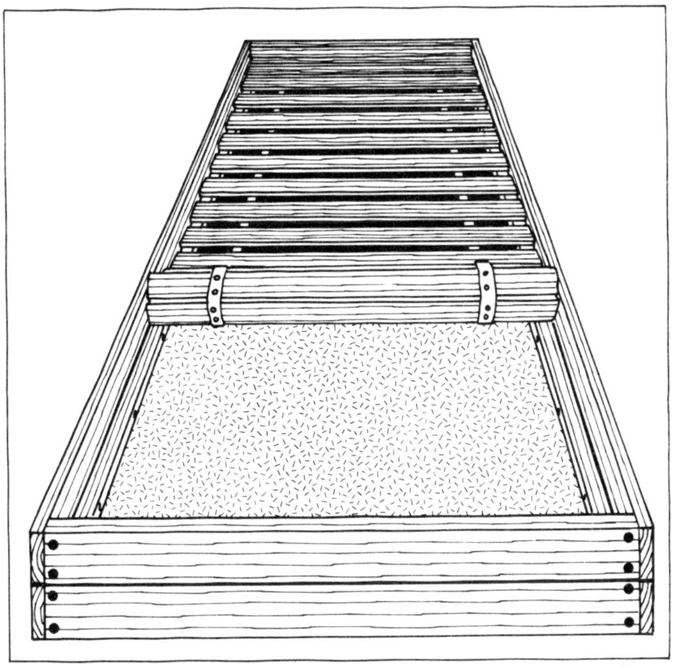

5 Wie alle anderen Elemente erhält auch das Bett eine Bodenplatte. Dadurch ist dieser Platz ebenfalls als Stauraum nutzbar. Die Auflagefläche für die Matratze besteht aus einem aufrollbaren Lattenrost aus Fichtenholz.

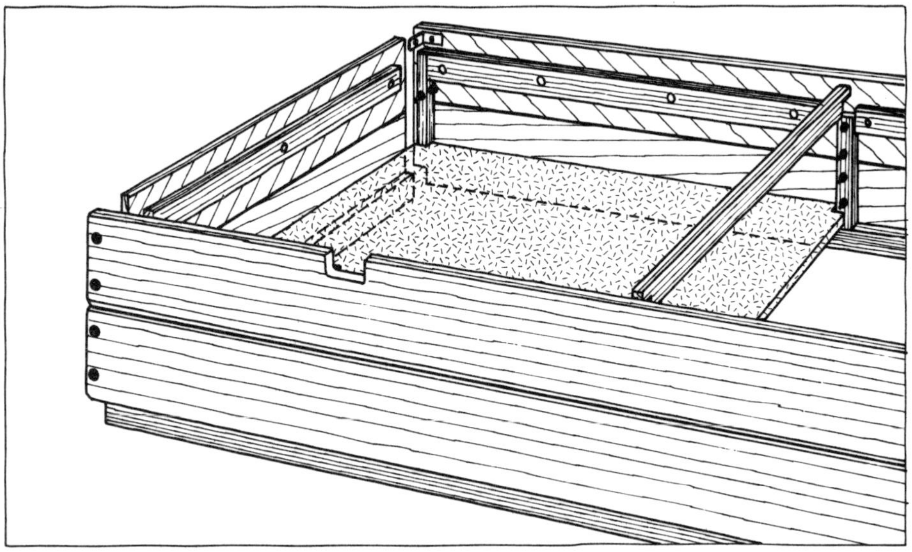

6 Auf dieser Zeichnung ist die Konstruktion der Sitzbänke genau zu erkennen. Zu beachten ist vor allem der richtige Sitz der Sockel-, Auflage- und Eckleisten. Auf den Sockelleisten ruhen die Böden aus Spanplatte. Sie werden an den vier Ecken entsprechend den Leistenvorsprüngen ausgespart.

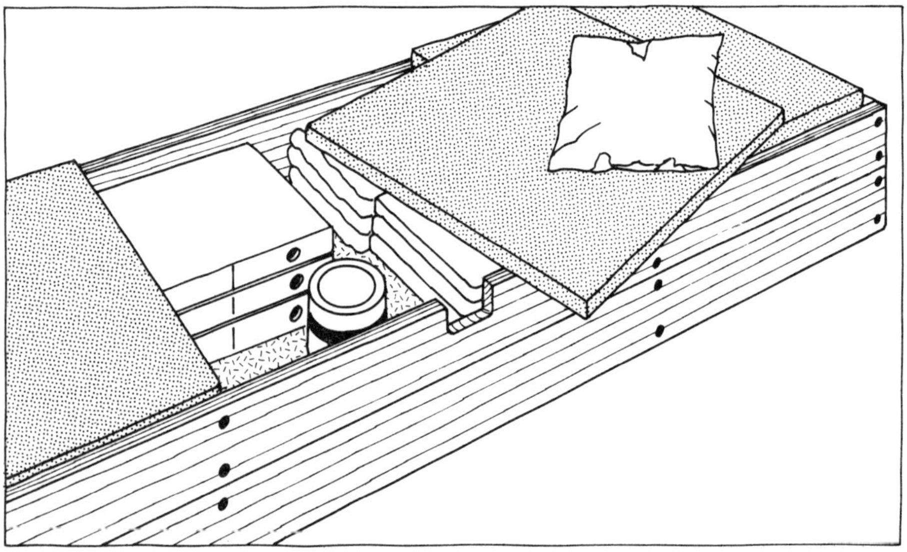

7 Die oberen Böden der Sitzbänke werden viermal unterteilt, damit der Innenraum besser zu erreichen ist. Die Grifflöcher ermöglichen ein Anheben der einzelnen Platten. Die Plattenabdeckungen der Bänke sind mit Schaumstoff gepolstert und mit einem zur Einrichtung passenden Stoff überzogen.

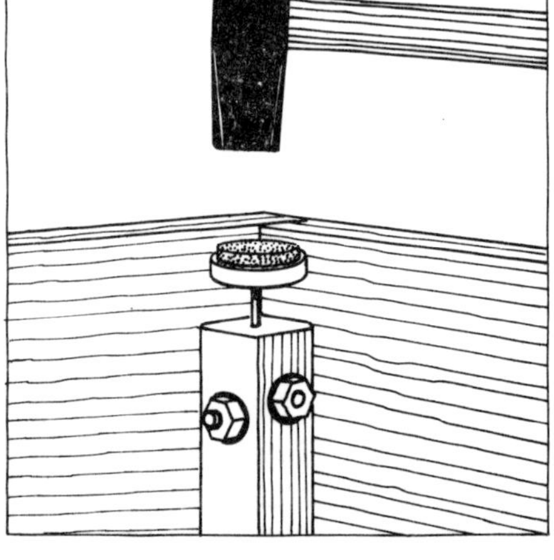

8 Beim Tisch wurde auf eine Auflageleiste für die 10 mm dicke Glasplatte verzichtet. Sie liegt sicher auf vier eingeschlagenen Filzgleitern. In das Innere des Kastens sieht man hinein – es sollte deshalb besonders sorgfältig und sauber verarbeitet sein.

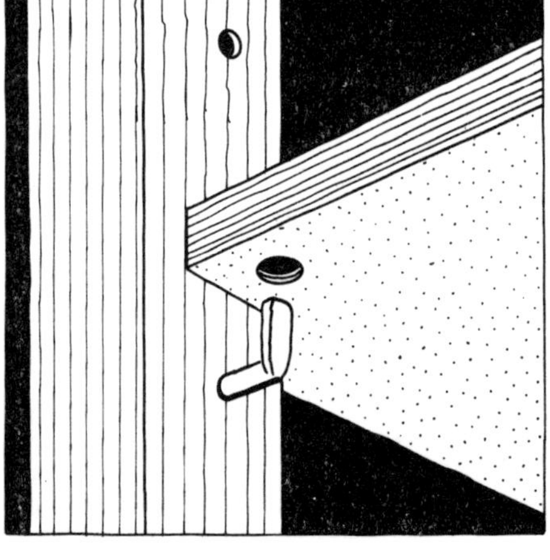

9 Beim Regal werden zwei Böden auf Winkelschrauben gesetzt, wie sie die Zeichnung vorführt. Alle anderen Böden sitzen auf Holzdübeln. Die Ecken der Bretter sauber aussägen. Die Höhe der Böden auf Dübeln ist beliebig verstellbar.

MATERIALLISTE

Bett (205,0 x 105,0 x 32,0 cm)
4 Bretter
205,0 x 14,5 x 1,9 cm Fichte
4 Bretter
101,2 x 14,5 x 1,9 cm Fichte
1 Boden
201,2 x 101,2 x 1,6 cm Spanplatte
20 Latten
101,2 x 4,0 x 1,4 cm Fichte
1 Schaumstoffmatratze
200,0 x 100,0 cm, bevliest

Hocker (60,0 x 60,0 x 32,0 cm)
4 Bretter
60,0 x 14,5 x 1,9 cm Fichte
4 Bretter
56,2 x 14,5 x 1,9 cm Fichte
2 Böden
56,2 x 56,2 x 1,6 cm Spanplatte
1 Schaumstoffsitz
60,0 x 60,0 x 12,0 cm, bevliest

Regal (Raumhöhe x 103,7 x 56,2 cm)
4 Holme, Raumhöhe – 6 cm x
5,0 x 5,0 cm Fichte
6 Böden
99,7 x 52,2 x 2,2 cm Tischlerplatte

Bank ohne Regal
(326,2 x 60,0 x 32,0 cm)
4 Bretter
326,2 x 14,5 x 1,9 cm Fichte
4 Bretter
56,2 x 14,5 x 1,9 cm Fichte
1 Boden
322,4 x 56,2 x 1,6 cm Spanplatte
2 Böden
81,2 x 56,2 x 2,2 cm Tischlerplatte*
2 Böden
80,0 x 56,2 x 2,2 cm Tischlerplatte*

Bank mit Regal
(302,2 x 60,0 x 32,0 cm)
4 Bretter
303,2 x 14,5 x 1,9 cm Fichte
4 Bretter
56,2 x 14,5 x 1,9 cm Fichte
1 Boden
299,4 x 56,2 x 1,6 cm Spanplatte
2 Böden
70,0 x 56,2 x 2,2 cm Tischlerplatte*
1 Boden
58,1 x 56,2 x 2,2 cm Tischlerplatte*
1 Boden
101,3 x 56,2 x 2,2 cm Tischlerplatte*

Tisch (80,0 x 60,0 x 32,0 cm)
4 Bretter
80,0 x 14,5 x 1,9 cm Fichte
4 Bretter
56,2 x 14,5 x 1,9 cm Fichte
1 Boden
76,2 x 56,2 x 1,6 cm Spanplatte*
1 Glasplatte 76,1 x 56,1 x 1,0 cm

48 lfdm Fichtenbretter 5,0 x 2,4 cm
6,5 lfdm Fichtenleisten für Eckleisten 2,5 x 2,5 cm
184 Gewindeschrauben M6, 50 mm lang,
24 Gewindeschrauben M6, 75 mm lang, 208 Muttern

* Fertigmaß mit Teppichboden.

Ein Arbeitsplatz für die nähende Hausfrau

Nicht selten gibt es für alles Mögliche Platz genug in der Wohnung, nur nicht für das Nähzubehör der Hausfrau. Es verkrümelt sich demzufolge in verschiedenen Ecken und war dann oft genug nicht aufzufinden, wenn es an die Arbeit gehen sollte. Unser Möbelstück entstand auf Wunsch einer Hausfrau, die für ihr Schneiderhobby endlich einen praktischen Arbeitsplatz haben wollte – genau nach Maß. Die Forderung: Nähmaschine und Zubehör müssen in dem Möbel zu verstauen sein. Die Lösung: Ein elegantes Möbel mit Lamellentüren. Der Zusammenbau mit Möbelverbindern ist auch für den ungeübten Heimwerker problemlos.

Als Material wählten wir vorgefertigte Lamellentüren aus Mahagoni, 61 × 45,5 cm groß, und Tischlerplatten mit Furnier der gleichen Holzart. Sollten Sie nicht genau das vorgeschriebene Format der Türen bekommen, müssen Sie die Schrankmaße entsprechend abwandeln. Und wenn es bei Ihnen keine Tischlerplatten mit Mahagonifurnier gibt, bleibt Ihnen die Möglichkeit, die Platten mit Aufbügelfurnieren selbst passend zu überziehen.
Nach dem Zuschnitt erhalten alle sichtbar bleibenden Kanten einen Furnierstreifen als Umleimer (auch den gibt es zum Aufbügeln mit Heißleimbeschichtung). Zur Aufnahme der Rückwände fräst man Falze in die Arbeitsplatte und die Seitenteile. Wer nicht über eine Fräseinrichtung verfügt, kann die Rückwände aber auch einfach stumpf mit kleinen Schrauben am Korpus befestigen.
Die Türen werden mit Topfscharnieren angeschlagen. Dafür muß man in die Türrahmen der Lamellentüren mit dem Forstnerbohrer Sacklöcher von 35 mm Durchmesser bohren.
Jedes Seitenteil wird mit der Arbeitsplatte und dem festen Boden durch je zwei Möbelverbinder (z. B. »Trapez« von Häfele) zusammenmontiert. Lassen Sie sich die Montage der Verbinder genau erklären, damit Sie keine falschen Bohrungen vornehmen. Für die Schubkästen und den Ausziehboden bringt man an den Anschlagseiten der Türen jeweils Distanzleisten für die Laufschienen an. Die Auszüge würden sonst beim Bewegen an den geöffneten Türen anstoßen.

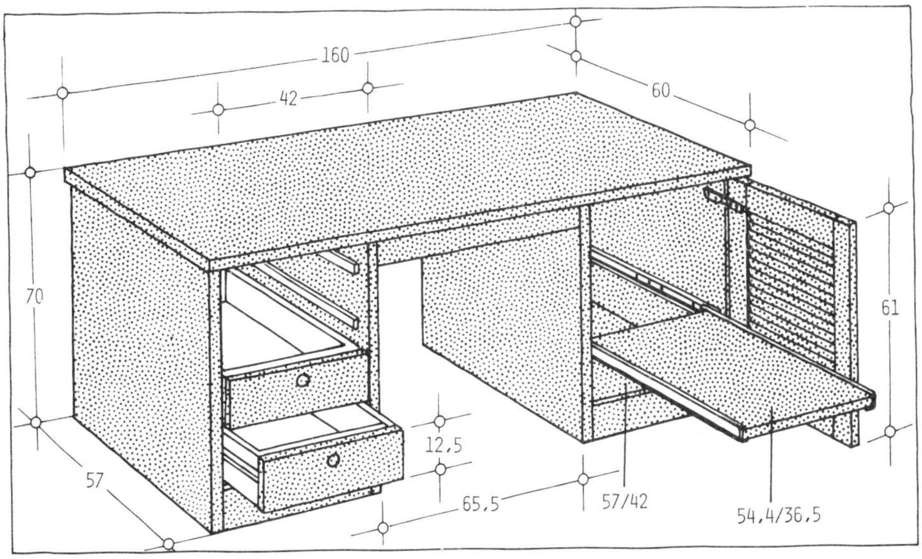

1 Der Hausherr hat sein Studio, die Kinder toben im Spielzimmer. Wo bleibt die Hausfrau mit ihren Nähutensilien? Hier ist eine Lösung des Problems für die nähende Hausfrau. Unser Arbeitsplatz ist nicht nur praktisch, sondern auch schön: Die Oberflächen bestehen aus Mahagoniholz.

MATERIALLISTE
(Alle Maßangaben in cm)

19 mm Tischlerplatte, mahagonifurniert:
1 Stück 160 × 60 Arbeitsplatte
4 Stück 70 × 57 Seiten
2 Stück 57 × 42 Böden
1 Stück 54,4 × 36,5 Boden
2 Stück 42 × 12 Sockelstücke
1 Stück 65,5 × 5 Verstärkungsleiste
4 Stück 40 × 12,5 Schubladenblenden
4 Stück 54,5 × 3,5 Schubladenleisten
1 Stück 55 × 6 Schubladenleisten

4 mm Sperrholz:
2 Stück 57 × 43 Rückwände
4 Stück 50 × 38 Schubladenböden
4 Stück 50 × 6 Schubladenteilung
3 Stück 36,7 × 6 Schubladenteilung

Lamellentüren, Mahagoni:
2 Stück 61 × 45,5

Schubladenprofile, Kunststoff:
8 Stück 49,7 × 12
8 Stück 36,7 × 12
16 Eckverbinder
8 Laufleisten

Sonstiges Zubehör:
1 Paar Teleskopschienen
16 Möbelverbinder
2 Paar Topfscharniere
2 Schnäpper, 6 Griffknöpfe
8 lfdm Kantenfurnier

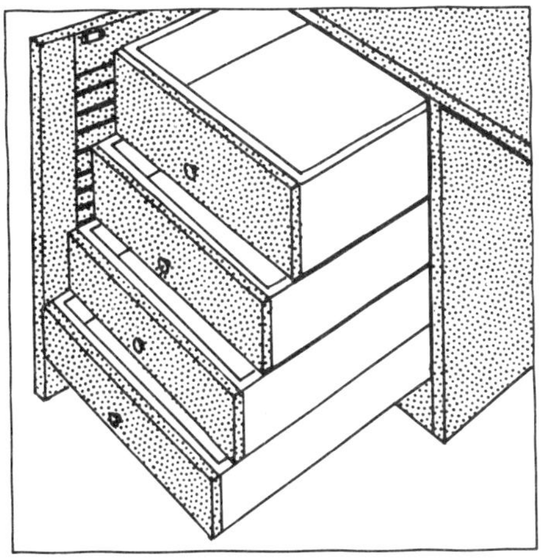

2 Die Schubkästen bestehen aus vorgefertigten Kunststoffprofilen. An den Ecken werden die Teile mit Spezialverbindern zusammengesteckt. Die Frontseiten der Schubkästen bestehen aus Tischlerplatte, die mit Mahagoni furniert ist.

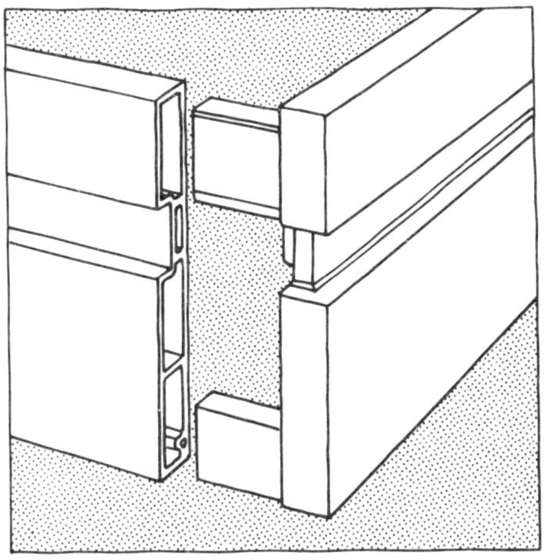

3 Für den leichten Lauf der Schubkästen werden zum Kunststoffprofil passende Leisten eingeleimt. Eine oder zwei Schubkästen kann man mit einer Fächerteilung aus Sperrholz versehen. Die Brettchen einfach ausklinken und zusammenstecken.

4 Baumaterial für den Hausfrauen-Arbeitsplatz sind in erster Linie 19-mm-Tischlerplatten, die fertig mahagonifurniert eingekauft werden. Sie müssen zu den Lamellentüren passen, die ebenfalls aus wertvollem Mahagoni bestehen.

Sitzecke: Schnell und stabil gebaut

»Einfach und solide« heißt die Devise beim Bau dieser Wohnzimmergarnitur. Dunkel gebeiztes, gedämpftes Buchenholz und grauer, tweedartiger Bezugsstoff bestimmen die Atmosphäre des Raumes.

Alle Elemente der Wohnzimmergarnitur sind aus Buchenbrettern im gehobelten Fertigmaß von 12,5 × 4 cm hergestellt. Die Länge bzw. Breite eines zusammengebauten Elements ist 72,5 cm; die Höhe der niedrigen Teile beträgt jeweils 25 cm, die der hohen für die Armlehnen und Rükkenlehnen jeweils 65 cm. Wenn man sich alle Holzteile schon beim Kauf zuschneiden und aushobeln läßt, kommt man beim Bau mit einfachen Werkzeugen aus. Die Bretter für die senkrechten Teile der Elemente sind an einer Längskante in einem Winkel von 45° abgeschrägt. So kann man die fertigen Elemente auf Gehrung zusammensetzen und mit Hilfe der Eisenwinkel verschrauben. Diese Winkel läßt man sich am besten in einer Schlosserei anfertigen. Sie bestehen aus 4 mm dickem, einfachem Stahl und sind 100 mm lang, die Schenkel jeweils 40 mm breit. Jeder Winkel hat pro Schenkel zwei 8-mm-Bohrungen. Da man für die Montage zum Sitz- bzw. Sofa- oder Tischgestell Schloßschrauben mit einem Durchmesser von nur 6 mm verwendet, ergibt sich durch das entstehende Spiel von 2 mm eine entsprechende Korrektur- und Justiermöglichkeit in diesem Maß. Die Bohrungen im Holz werden aber (!) im Durchmesser von 6 mm hergestellt, sonst würden die Sessel wackeln.

1 Die Sitzgruppe aus Sesseln, Sofas und einem Beistelltisch ist aus massivem, gedämpftem Buchenholz gebaut. Für die Sitzelemente gibt es nur zwei unterschiedliche Bauelemente, ein hohes für Seiten- und Rückenteile und ein niedriges für Vorderteile. Die Sitzecke ist heimwerkergerecht konstruiert.

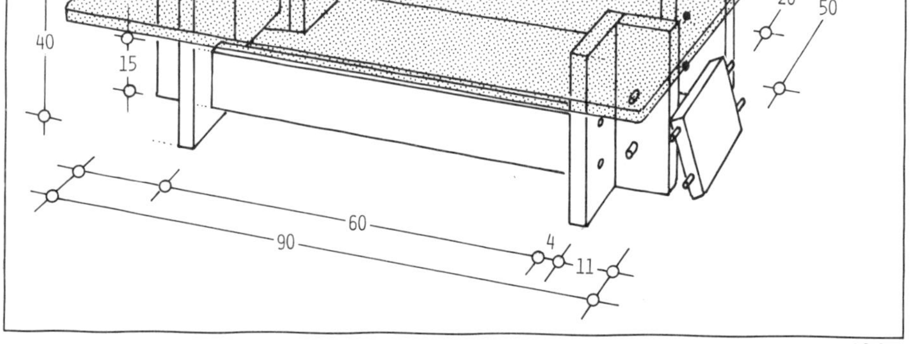

2 Auch der Tisch besteht aus Buchenholz. Die Einzelteile sind verdeckt gedübelt. Die 15 mm dicke geschliffene Glasplatte liegt auf Filzstreifen, die oben auf die senkrechten Stützen geklebt werden. Die Platte liegt durch ihr Eigengewicht fest. Eine Zusatzbefestigung ist also überflüssig.

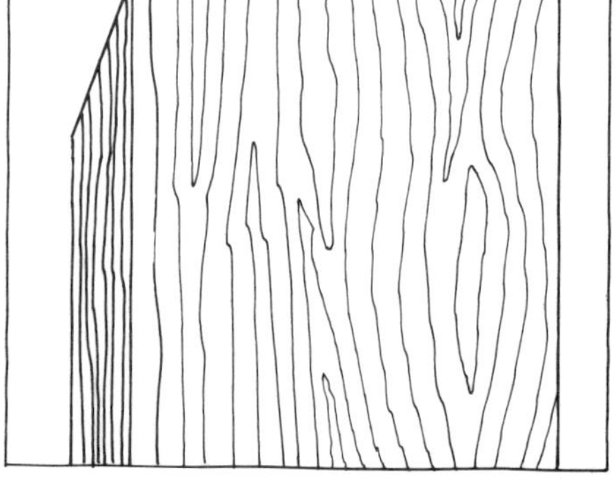

3 Schraubfüße verspannen die Regalstützen (Foto 6) zwischen Boden und Decke. Die Gewindebuchsen dafür werden ins Holz eingelassen.

Der Zusammenbau

Man beginnt den Bau, indem man sich die für jedes Element benötigten Teile zusammenlegt. Es gibt insgesamt nur drei verschiedene Brettlängen: 65 cm für die Senkrechten der Lehnenelemente, 25 cm für die Senkrechten der niedrigen Elemente und 47,5 cm für die Querhölzer. Um die vielen Dübellöcher paßgenau bohren zu können, empfiehlt es sich, eine Bohrschablone herzustellen.
Für die Verbindungen nimmt man 10 mm geriffeltes Runddübelholz. Solche Dübel gibt es auch schon fertig abgelängt zu kaufen. Sämtliche Elemente zusammendübeln und -leimen. Aus den Fugen austretender Leim muß sofort feucht weggewischt werden; andernfalls gibt es Flekken, die nachher die Beize nicht annehmen.
Nun setzt man die einzelnen Elemente probeweise zusammen und bohrt die Löcher für die Winkelbeschläge. Auf den Standflächen der Beine die Zugehörigkeit der Teile zueinander markieren.
Die wieder zerlegten Bauteile werden mit Schwamm und warmem Wasser gewässert und nach dem Trocknen mit neuem, scharfem Papier (180er Körnung) geschliffen. Schleifstaub gründlich entfernen, dann beizen. Vorher auf einem Abfallstück eine Beizprobe machen. Nach dem Trocknen kann man die gebeizte Oberfläche mit Einlaßgrund und Mattierung behandeln, auf die man später noch Politur oder Wachs auftragen kann. Zum endgültigen Zusammenbau Schloßschrauben mit Beilagscheiben und Sechskantmuttern verwenden.

MATERIALLISTE

Für einen Sessel:
6 Stück 65 cm lang } Kante 45°
2 Stück 25 cm lang } abgeschrägt
7 Stück 47,5 cm lang
Buchenleiste (Sitzrahmen)
4 × 2 cm: 4 Stück 64 cm lang
Buchenleiste (Auflage für Sitzrahmen) 1 × 1 cm: 4 Stück 64,5 cm lang
Schrauben zur Befestigung
4 Eisenwinkel lt. Angabe
16 Schloßschrauben 6 × 50 mm mit Muttern und Scheiben
56 Dübel 10 × 50 mm
Polsterstoff und Füllung

Für den Couchtisch:
Buchenholz gehobelt
2 Stück 60 × 12,5 × 4 cm
2 Stück 20 × 12,5 × 4 cm
4 Stück 40 × 8,5 × 4 cm
4 Stück 40 × 12,5 × 4 cm
48 Dübel 12,5 × 50 mm
Filzstreifen (Auflage für Glasplatte)
Geschliffene Glasplatte, 15 mm dick, 70 × 120 cm

Ferner: Uhu coll express, Beize, Mattierung, Schleifpapier

4 Die Bauteile des Sessels sind an den Ecken mit Hilfe von Winkelstücken und Schloßschrauben zusammengesetzt. Gurte tragen die Kissen.

5 So werden die Gurte über den Hilfsrahmen gespannt, der in den Sessel eingelegt wird. Er ruht auf einem eingelegten Leistenrahmen.

6 Das Wandregal besteht aus einer Leiterkonstruktion aus Fichtenlatten. Dübel verbinden Sprossen und Stützen. Die Regalböden werden aus weiß beschichteter Spanplatte mit Umleimern gefertigt.

Bitte Platz nehmen an der neuen Küchenbar

Ein Eßplatz in der Küche: Mit einer Theke können Sie ihn auch dort schaffen, wo für Tisch und Stühle kein Platz vorhanden ist. Die Bar wird einfach an die Rückfront der vorhandenen Küchenmöbel gebaut. Die Hängeschränke an der Decke bieten zusätzlichen Stauraum und wirken gleichzeitig als dekorativer Raumteiler.

Die Eßbar benötigt nur wenig Platz in Ihrer Küche. In unserem Fall rückten wir eine Reihe Unterschränke einer zweizeiligen Küche von der Wand ab und bauten die Theke an deren Rückwand. Zwischen den Küchenzeilen muß dann ein Gang von mindestens 1 m Breite verbleiben. Die Materialliste enthält die Maße aller Teile für eine 2 m lange Bar mit drei Hockern. Um die Dübellöcher in den Schrankteilen paßgenau bohren zu können, fertigt man sich eine Schablone aus Hartholz an. Die äußeren Bohrungen haben 5 cm Abstand von den Kanten, die dritte sitzt genau in der Mitte.
Die Senkrechten laufen durch, Ober- und Unterseiten haben mit den Zwischenböden das gleiche Maß. Die Verbindung erfolgt jeweils durch drei 10-mm-Dübel. Sie bleiben bei Ober- und Unterseite sichtbar, der feste Zwischenboden wird dagegen »blind« befestigt. Der zweite Zwischenboden liegt lose auf Messingträgern, die auf eingelassenen Hülsen ruhen. Die Löcher dazu bohrt man vor dem Zusammenbau der Schränke.
Beim Zwischenboden setzt man die Dübel vor der Montage ins Hirnholz. Die Dübel der Ober- und Unterseiten kann man auch nachträglich von außen her einschlagen. Für den sichtbar bleibenden Endschrank verwendet man dazu statt der Riffeldübel Abschnitte einer glatten Dübelstange.
Die Verbindungen müssen stabil zusammengepreßt bleiben, bis der Leim abgebunden hat. Alle Leimfugen müssen dicht sein. Vor dem Abbinden des Leims prüft man, ob der Schrank auch winklig ist. Durch Schrägsetzen der Knechte kann man ihn jetzt noch geraderücken.
Dann kann man das Kantenfurnier aufbügeln. Die überstehenden Grate entfernt man mit einer Feile.

1 Hängeschränke, an der Decke über der Theke aufgehängt, bieten viel Stauraum und wirken gleichzeitig als dekorativer Raumteiler zwischen Koch- und Eßbereich. Sie werden aus 20 mm dicker furnierter Spanplatte zusammengedübelt. Jeder der vier Schränke wird für sich gebaut.

2 Die Eßbar kann man einfach an die Rückfront der vorhandenen Küchenmöbel bauen. Das Foto auf Seite 229 zeigt, wie das gemeint ist. Seiten- und Frontplatte werden aus jeweils zwei Spanplatten mit Abstandsleisten dazwischen verleimt. So entsteht eine 5 cm dicke Platte.

3 Die stabilen Barhokker werden aus Spanplatten verdübelt. Die Bauzeichnung auf der rechten Seite zeigt den Aufbau. Die runden Sitzflächen, ebenfalls von Dübeln gehalten, leimt man erst nach Anbringung der Polsterung auf das Gestell. Für die Polsterung verwendet man Schaumstoffzuschnitte.

MATERIALLISTE

Furnierte Spanplatte, 20 mm dick:

2 Stück 105 × 195 cm	Frontplatte
2 Stück 105 × 95 cm	Seitenplatte
8 Stück 75 × 48 cm 16 Stück 45 × 48 cm	Hängeschränke
3 Stück 75 × 38 cm 6 Stück 75 × 18 cm 3 Stück 18 × 18 cm	für drei Hocker

Einfache Spanplatte, 19 mm:

2 Stück 200 × 48 cm	Thekenplatte
1 Stück 120 × 40 cm	für Hocker-Sitzflächen

Schichtpreßstoffplatte (z. B. Resopal, Formica)
1 Stück 200 × 48 cm

Kiefernleisten:
8 lfdm 5 × 1 cm, 15 lfdm 2 × 1 cm,
2 lfdm 4 × 6 cm

Kleinmaterial und Zubehör:
50 m Kantenfurnier
100 Dübel, 10 × 50 mm
1 m glatte Dübelstange, 10 mm Ø
16 Bodenträger, Messing, dazu 48 Hülsen
12 Hülsenschrauben (Schrankverbinder)
3 Schaumstoffplatten, 4 cm dick, 40 cm Ø
3 Schaumstoffplatten, 4 cm dick, 50 cm Ø
Polsterstoff für die Hocker
12 Holzschrauben 5 × 80 mm, kleine Nägel,
Weißleim, Kontaktkleber für die Thekenplatte,
Schaumstoffkleber für die Polsterung,
Uhu coll express

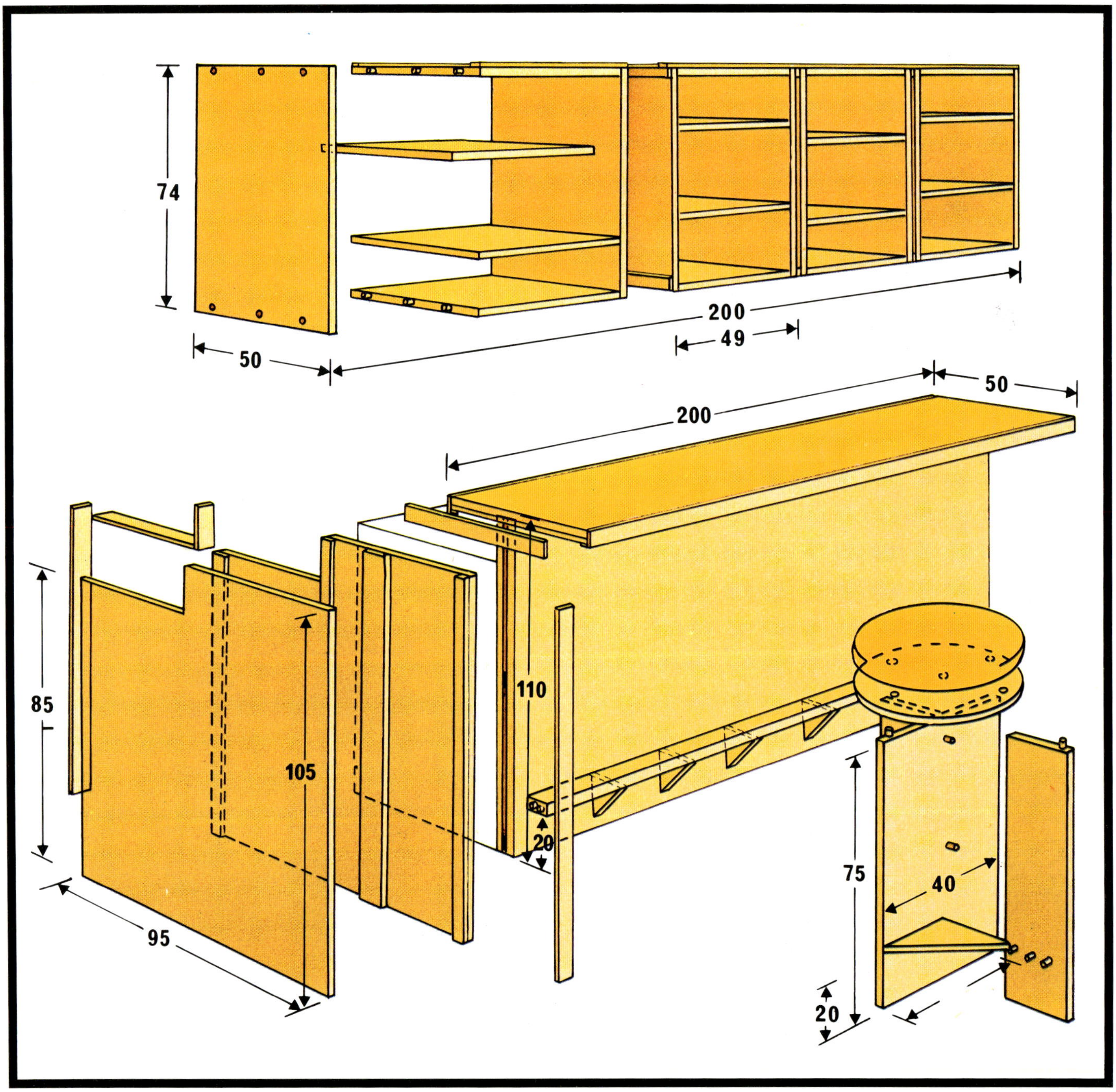

4 Beim Bau der Hängeschränke werden die äußeren Rahmen durchgedübelt, d. h. die Dübellöcher in den Seitenteilen gehen ganz durch. Die Zwischenböden dagegen dübelt man blind, die Löcher sind von außen unsichtbar.

5 Durch Messen der Diagonalen prüft man, ob der Schrank rechtwinklig ist. Schräges Ansetzen der Schraubzwingen kann Abweichungen korrigieren. Die Zwischenböden wurden bei diesem Foto der Übersichtlichkeit wegen entfernt.

6 Seiten- und Frontplatte der Eßbar bestehen aus zwei Platten mit dazwischengeleimten Abstandsleisten. So wird die Platte 5 cm dick. Alle Kanten müssen nach dem Abbinden sorgfältig mit dem Hobel geglättet werden.

7 Die Schichtpreßstoffplatten klebt man mit Kontaktkleber (z. B. Pattex) auf die Theken-Oberfläche.

8 Die Tragdreiecke der Fußleiste werden vor dem Zusammenbau der Frontplatte angeschraubt.

9 Die Sitzflächen der Barhocker sind mit je einem Dübel in der Mitte und in jedem Kreuzschenkel befestigt. Nach der »Anprobe« wird die Polsterung aufgebracht. Dann erst darf man die runden Sitzflächen aufleimen.

10 So ist die Polsterung der Barhocker aufgebaut: Die Kanten der unteren Schicht bestreicht man mit Spezialkleber. Nach dem Ablüften faltet man sie in der Mitte aufeinander. Die obere Schicht klebt man dann am Holz fest.

Auf jeweils einer Seite erhalten die Schränke eine 1 cm dicke Abstandsleiste, die man mit Leim und kleinen Nägeln befestigt. Dadurch ergibt sich nach dem Zusammenbau des Schranks eine Schattenfuge, die optisch auflockernd wirkt.
Die Schrankelemente verbindet man untereinander durch Hülsenschrauben. Es genügen drei Stück pro Schrankseite. Für die Hülsen bohrt man ein 8-mm-Loch. Weil diese Schrauben nur eine nutzbare Länge von 50 mm haben, versenkt man die Köpfe um ein paar mm (16-mm-Bohrer oder Versenker).

Tips für den Thekenbau

Um bei den Front- und Seitenplatten die erforderliche Dicke von 5 cm zu erreichen, setzt man sie aus zwei Platten mit einer Zwischenlage aus 1 cm dicken Leisten zusammen. Die Verbindung erfolgt durch Leim und Dübel. Die Abstandsleisten befestigt man zunächst auf einer Platte. Zum Markieren der Dübellöcher benutzt man Zentrierspitzen oder aber kleine Stifte, die man in eine der Platten einschlägt. Dann kneift man die Köpfe ab und legt die zweite Platte kantenbündig darüber. Beim Bohren muß man darauf achten, den Bohrer genau senkrecht zu halten. Am Bohrer selbst kann man die erforderliche Tiefe einfach mit Klebeband markieren.
Die Platte der Theke besteht aus zwei miteinander flächig verleimten 19-mm-Spanplatten. Die Oberfläche erhält eine Schichtpreßstoffplatte, die man mit Kontaktkleber befestigt. Dazu die ganzen Flächen einstreichen, gut ablüften lassen. Weil man nach dem Zusammenfügen der Klebeflächen die Passung nicht mehr korrigieren kann, muß man die Kanten vorher bündig ausrichten.
Seitenplatte, Frontplatte und Theke werden blind miteinander verdübelt. Die Theke und die Stirnkanten des Seitenteils erhalten eine vorgeleimte Leiste von 5 × 1 cm Querschnitt. Die Fußleiste wird mit Dübeln an den tragenden Dreiecken befestigt.

Die Barhocker

Bei den Hocker-Gestellen erhalten die breiten Teile in der Längsachse durchgehende Dübel. Die Verstärkungsdreiecke muß man zuerst an den schmalen Teilen festdübeln und den Leim abbinden lassen. Diese vormontierten Teile setzt man dann mit den breiten Stützen zusammen. Die Aussparungen im Unterteil gewährleisten sicheren Stand auch bei kleinen Unebenheiten des Bodens.
Die Polsterung besteht aus zwei 4 cm dikken Schichten Schaumstoff. Die Kanten der unteren Lage klebt man gefaltet aufeinander, so daß sich eine Linsenform ergibt. Die obere, größere, wird darüber gespannt und an der Holzkante festgeklebt. Darüber kommt der Stoff.

11 Die fertig eingebaute Eßtheke. Die vorhandenen Anbauküchenteile wurden harmonisch in die Konstruktion der Eßbar eingefügt. Wenn Ihre vorhandenen Unterschränke andere Maße haben, müssen die Abmessungen der Theke geändert und in Höhe oder Breite angepaßt werden.

Alte Küche umgebaut

Eine zweckmäßig eingerichtete, aber dennoch heimelige Küche braucht kein teurer Wunschtraum zu sein. Bauen Sie doch einfach Ihre alte Kücheneinrichtung um!

Dabei können die alten und ziemlich farblosen Einrichtungsstücke durchaus erhalten bleiben. Sie bekommen lediglich neue Türfronten und Arbeitsflächenbeläge. Alles wird nicht nur schöner, sondern auch praktischer.

In vielen Haushalten stehen Kücheneinrichtungen, die so unzweckmäßig sind, daß die Arbeit darin zu aufwendig (lange Wege!) und dadurch für die Hausfrau »unwirtschaftlich« ist.

1 Die Küche vorher: Der Herd stand direkt neben der Spüle. Anschließende Arbeitsflächen fehlen. Am Kamin war eine Lücke zwischen Wand und Kühlschrank. Eine alte Kugellampe spendete unzulängliches Licht. Und die allgemeine Farblosigkeit wird auch von der Tapete nicht gerettet.

2 Die Küche nach dem Umbau. Der Herd in der Mitte des Raumes erhöht den Gebrauchsnutzen der Einrichtung. Die Holzfronten vermitteln gemütlichen Wohncharakter. Die vorher langen Wege von einem Arbeitsplatz zum andern sind nun bedeutend kürzer. Und an Farbe fehlt es jetzt auch nicht mehr.

Wenn auch Sie mit der Einrichtung und Anordnung Ihrer Küche unzufrieden sind, brauchen Sie deswegen nicht gleich alles auf den Sperrmüll zu werfen. Wir haben die Möbel, die in einer Küche vorhanden waren, verändert, ergänzt und neu angeordnet. Für wenig Geld entstand so eine gemütliche und funktionelle Küche im rustikalen Stil.

Wenn Sie darangehen, Ihre Küche den Erfordernissen des Arbeitsablaufes anzupassen, sollten Sie zunächst den Raum ausmessen und eine maßstabgerechte Skizze anlegen, in die Sie die Lage der unveränderbaren Zuleitungen für Gas, Wasser und Strom, sowie die Abflüsse eintragen. Aus Papier schneiden Sie dann ebenfalls maßstabgerecht die Grundflächen von Spüle, Herd, Kühlschrank und sonstigen Großgeräten. Jetzt können Sie puzzeln, bis Sie die günstigste Anordnung gefunden haben.

Bei der Planung zu beachten

Denken Sie bei der Plazierung der Einrichtungsgegenstände auch an die Öffnungsrichtung der Türen. Die Erfahrung hat gelehrt, daß die Hauptelemente Spüle, Herd und Kühlschrank in den Spitzen eines Dreiecks liegen sollten. Denn die Seiten des Dreiecks sind die Wege, die man bei der Küchenarbeit immer und immer wieder zurücklegt.

Die Seiten dieses Arbeitsdreiecks sollten zusammen mindestens 3,50 m, höchstens aber 6,50 m lang sein, wobei der einzelne Schenkel nicht kürzer als 1,20 m sein sollte.

Wenn die Wege zu weit sind, summieren sich im Laufe der Zeit die Kilometer, die man unnütz in der Küche laufen muß. Sind sie zu kurz, behindern sich die Türen beim Öffnen gegenseitig, außerdem können nicht zwei oder mehr Personen gleichzeitig arbeiten.

Ist der Küchenraum zu klein, kann man kaum Abhilfe schaffen, wenn man nicht die Möglichkeit hat, eine Wand abzureißen. Ist sie dagegen zu groß, braucht man sich bei der Anlage von Arbeitsflächen nicht auf die Länge der Wand zu beschränken.

Bei der Planung einer »Arbeits-Insel« ist darauf zu achten, daß man weder die Verbindungswege des Dreiecks noch eventuell vorhandene Durchgangswege behindert. Um in einer Etagenwohnung die nötigen Leitungen zu einer solchen Insel verlegen zu können, kann man einen doppelten Fußboden anlegen (Spanplatten auf Auflagehölzern). Die Leitungen laufen dann in den Hohlräumen.

Richtige Arbeitsplattenhöhe

Damit man bei der Küchenarbeit nicht mehr als nötig ermüdet, müssen die Arbeitsflächen die ergonomisch richtige Höhe (das ist die von Wissenschaftlern

3 Die vorhandenen Schränke werden, soweit erforderlich, durch selbstgebaute Teile ergänzt. Mit beschichteten Spanplatten läßt sich dabei eine Menge erreichen. Sie werden unsichtbar verdübelt und zugleich verleimt.

4 Die Verkleidungen und die neuen Türfronten bestehen aus Profilbrettern, die in Rahmen eingesetzt werden. Die Rahmen werden aus genuteten Leisten vom Querschnitt 5,5 × 2 cm gefertigt. An den Ecken auf Gehrung arbeiten.

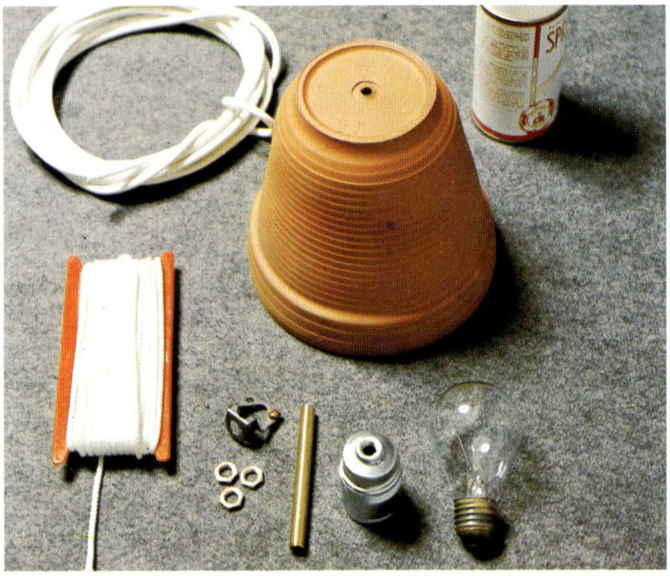

5 Eine neue, zur Einrichtung passende Leuchte kann man kaufen. Man kann sie aber auch selbst anfertigen, etwa aus einem Blumentopf. Die Montageteile dazu gibt es in jedem Elektrogeschäft: Fassung, Hängeöse, Schrauben.

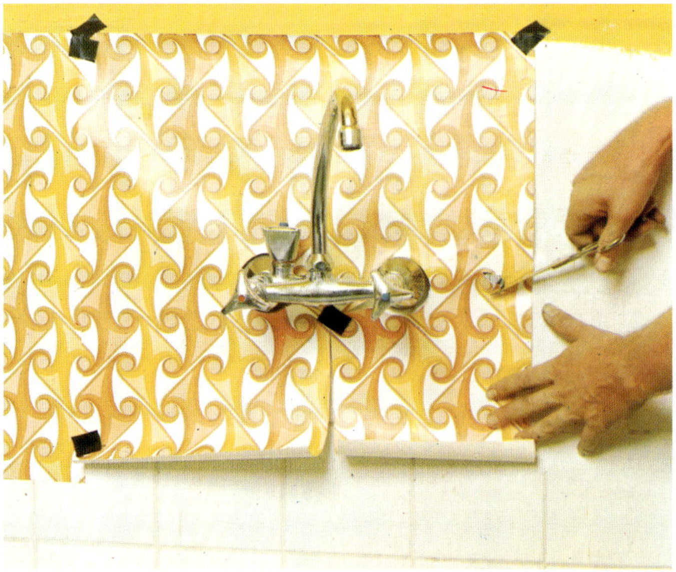

6 Die langweiligen weißen Kachelflächen wurden mit einer abwaschbaren Vinyltapete überklebt. Die Fliesenfugen müssen vorher glatt ausgespachtelt werden. Man kann ebensogut aber auch eine neue Fliesenschicht aufkleben.

7 Die Platten, die die höheren Sockel der Unterschränke bilden, schraubt man einfach von innen gegen die vorhandenen Sockel. Andere Möglichkeit: Sockel entfernen und zwischen Beinen aus Kanthölzern Schubkästen einbauen.

8 Die Lücke in der Ecke schließt man mit einer durchgehenden Arbeitsfläche. Sie liegt auf den Unterschränken und auf einer an die Wand gedübelten Leiste. Die Platte kann man mit Schichtpreßstoff (z. B. Resopal) belegen.

berechnete richtige Arbeitshöhe) haben. Man ermittelt sie, indem man an der stehenden Person bei abgewinkeltem Arm vom Ellenbogen 10–15 cm abwärts mißt. Wenn die Arbeitsfläche diese Höhe hat, braucht man sich beim Hantieren nicht zu bücken. Das erspart Kreuzschmerzen und beugt Haltungsschäden vor. Die handelsübliche Arbeitshöhe von 85 cm ist nur für kleinere Menschen optimal. Mit einem Sockel nach Maß bringen Sie Ihre Arbeitsflächen auf die für Sie beste Höhe.

Licht und Luft

Gutes Licht am Arbeitsplatz ist nicht zuletzt deshalb wichtig, weil man mit vielen, zum Teil auch gefährlichen Küchengeräten arbeitet.
Herd, Spüle und Arbeitsfläche sollten gleichmäßig und blendfrei beleuchtet sein. Tiefhängende Lampen und Lichtleisten unter den Oberschränken erfüllen diese Aufgabe und geben obendrein blendfreies Licht. Eine lange Lichtleiste (Leuchtstoffröhre) entlang der Decke, parallel zu den Hauptarbeitsflächen, erfüllt ebenfalls die Forderung nach schattenfreiem Licht am Arbeitsplatz.
Fast ebenso wichtig ist die Luftzirkulation. Manchmal genügt schon ein offenes Fenster. Bei ungünstiger Lage kann es aber passieren, daß Gerüche und Fettdunst statt ins Freie in die Wohnung ziehen. Da hilft nur ein Ventilator. Am wirkungsvollsten ist eine Abzugshaube (Wrasenabzug) über dem Herd. Auch ein Ventilator im Fenster oder in der Wand kann gute Dienste leisten.

Keine unnützen Wege

Zur Erleichterung der Arbeit gehört auch, daß der Geschirrschrank sich nahe der Spüle oder Spülmaschine befindet und die Töpfe neben dem Herd stehen. Die am meisten gebrauchten Arbeitsgeräte sollten in bequemer Reichweite sein.
Auch ein Gewürzregal ordnet man zweckmäßigerweise in Reichweite des Herdes an. Doch Vorsicht: Die Kochdämpfe schaden ungeschützten Gewürzen.
In unserem Beispiel wurden vorhandene Möbel mit Fronten aus Holz versehen. Das warme Gelb der Wände, das Braun des Holzes und das Ziegelrot der Klinkerplatten passen gut zusammen. Herd und Topfschrank bilden in der Küchenmitte eine »Insel« mit Arbeitsfläche. Eine Geschirrspülmaschine ist die einzige größere Investition. Sie nimmt den Platz ein, an dem vorher der Herd stand. Pendelleuchten hängen über der Herdinsel und der Spüle. Unter den Oberschränken: eine Lichtleiste (Leuchtstoffröhre).
Auf der Arbeitsfläche neben dem Herd kann man heiße Pfannen und Töpfe abstellen. Die angerichteten Speisen kann man von der Herdrückseite bequem und direkt servieren.

Wichtig: Ein guter Herd

Um beim Kochen Zeit zu sparen, brauchen Sie den richtigen Herd und die rich-

9 Der Abflußschlauch der Spülmaschine wird mit einem Gummistopfen ins Ablaufrohr eingesetzt. Mit Spülmittel kann man nachhelfen.

10 Der Zulauf einer Spül- oder auch Waschmaschine muß an ein Spezialventil mit Rückschlagsperre angeschlossen werden.

11 Die Herdverkleidung wird auf der Innenseite mit Alufolie tapeziert. Eine Asbestplatte bietet zusätzlichen Schutz vor Hitzeschäden.

12 Die Klinkerplatten ritzt man mit einem Spezialgerät an Vorder- und Rückseite ein und bricht sie über einer geraden Kante präzise ab.

13 Auf den Arbeitsplatten verlegt man die Klinkerplatten mit Fliesenkleber im Dünnbettverfahren. Diese Platten sind eigentlich für Fußböden gedacht und deshalb besonders widerstandsfähig. Heiße Töpfe und Pfannen kann man getrost auf ihnen abstellen. Und sie sehen außerdem noch gut aus.

14 Die neuen Holztüren werden eingesetzt. Auch die Schubladen erhalten Blenden aus Massivholz. Die Topfscharniere erlauben einen Toleranzausgleich für die Höhen- und Seiteneinstellung der Türen. Die Griffe aus rohem Holz behandelt man mit derselben Lasur wie sämtliche Holzoberflächen.

1-zeilige Küche

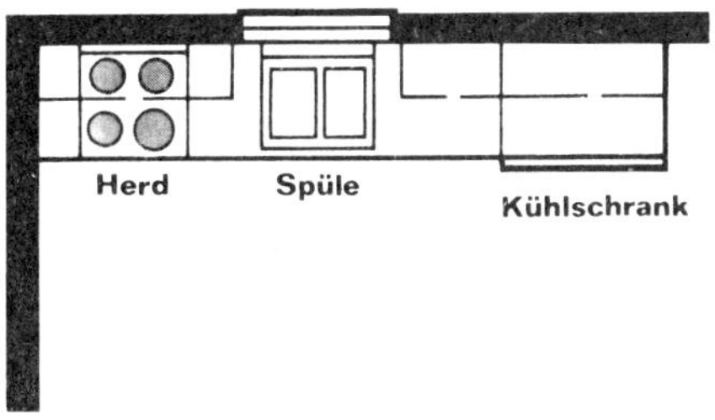

Bei der einzeiligen Küche ist die Arbeitskomination »Herd – Spüle – Kühlschrank« in einer geraden Linie zusammengefaßt. Zwischen den Elementen bleiben noch ausreichend Arbeitsflächen.

U-förmige Küche

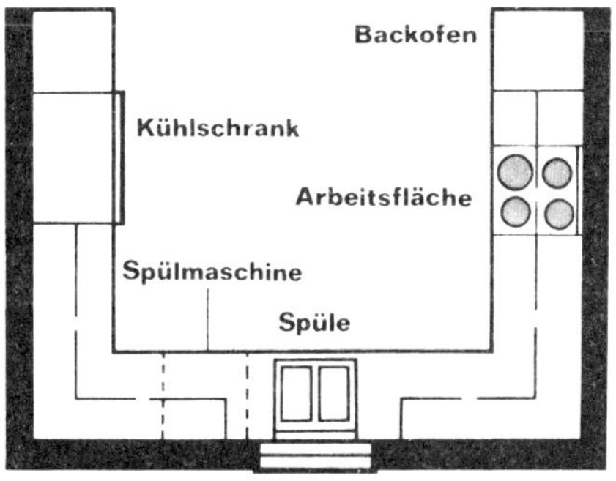

Bei der U-förmigen Anordnung stehen große Arbeitsflächen zur Verfügung. Wenn allerdings der Abstand zwischen den parallelen Zeilen zu groß ist, können die Wege zu lang werden.

2-zeilige Küche

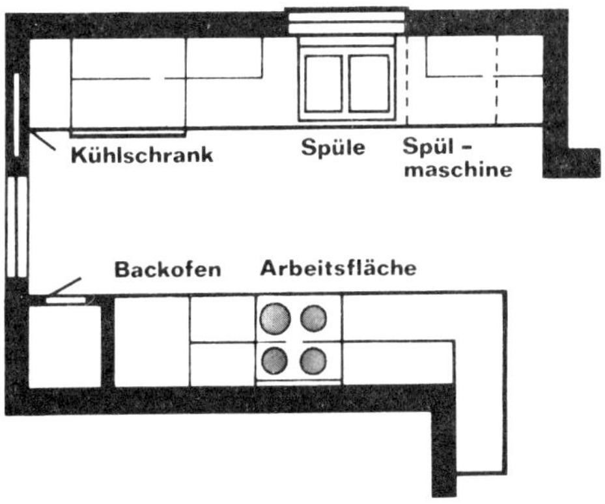

Eine zweizeilige Küche, bei der der Abstand zwischen den Funktionseinheiten ideal ausgefallen ist. Auch zwei Personen können in dieser Küche Rücken an Rükken arbeiten, ohne einander im Wege herumzustehen.

L-förmige Küche

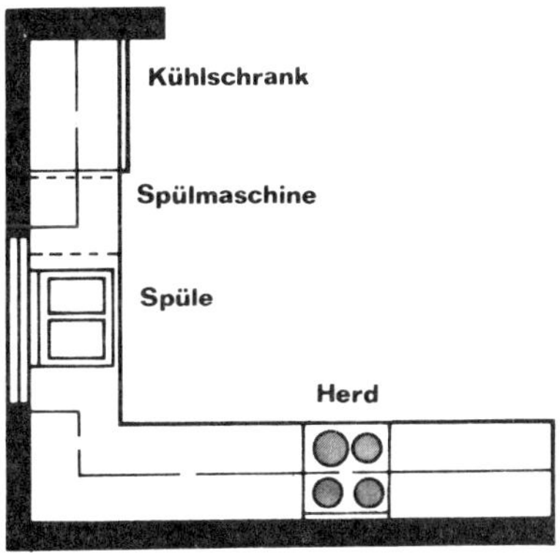

Auch die L-förmige Küche hat ihre Vorzüge. Beispielsweise kann man in der frei bleibenden Ecke noch einen Eßplatz für die Familie unterbringen. Alle Elektrogeräte sind hier ohne Umwege gut zu bedienen.

tigen Töpfe. Deshalb müssen Sie nicht gleich alles neu anschaffen. Achten Sie darauf, daß Elektro-Herdplatten und Töpfe den gleichen Durchmesser haben, so daß die Töpfe weder überstehen noch zu klein sind, und bevorzugen Sie Töpfe mit einem plangeschliffenen »Sandwichboden« (Stahl-Kupfer-Stahl). Dann wird die Energie gleichmäßig und schnell ausgenutzt.
Die größte Zeitersparnis erreichen Sie mit einem Automatikherd. Er kocht und bäckt, ohne daß Sie dabeistehen müssen. Um sich im Umgang mit der Automatik zu üben, fangen Sie am besten mit einem Kuchen an: den Kuchen in den aufgeheizten Herd schieben, Verbindungstaste zur Zeitschaltuhr drücken, Dauer der Backzeit einstellen. Nun können Sie sich unbeschwert anderen Dingen widmen. Der Herd schaltet sich automatisch aus, wenn die Backzeit abgelaufen ist.
Die Automatikplatten können ebenfalls mit der Zeitschaltuhr kombiniert werden. Kartoffeln auf die eine, Gemüse auf die andere Platte setzen, Kochdauer und Kochzeitende einstellen. Die Platten schalten sich von allein von der großen Ankochstufe auf die Fortkochstufe.

Der Eßplatz in der Küche

Je größer die Küche ist, desto länger sind die Wege zwischen den einzelnen Arbeitsplätzen. Richten Sie einen großen Küchenraum deshalb nicht nur als Küche ein, sondern gleich als Küche mit Eßplatz. Heute nimmt es weder die Familie noch der Besuch übel, wenn in der Küche gegessen wird. Das kann sogar sehr gemütlich sein und hat viele praktische Vorzüge. Einer davon: Zwischen Herd und Tisch braucht man keinen Umweg über den Flur zu machen.
Eine Möglichkeit von vielen ist die Abtrennung der Küche vom Eßplatz durch eine Barriere von Unterschränken. Die Abdeckplatte der Schränke setzt sich als Tisch fort. Terrinen und Platten brauchen beim Essen nur an den richtigen Platz geschoben zu werden. Ebenso mühelos ist das Abräumen. Die Vorteile dieses »Großraumes« spüren Sie den ganzen Tag über, weil Sie nicht abgekapselt in der engen Küche arbeiten und immer jemand aus der Familie als Helfer erreichbar ist.
Eine andere Lösung: Stellen Sie den Eßtisch mitten in die Küche, wenn die Raumgröße das erlaubt – aber bitte nicht so, daß Sie beim Hin und Her zwischen Arbeitsplatten und Schränken, Herd, Kühlschrank und Spüle vom großen Tisch behindert werden. Besonders günstig sind in diesem Fall Eßmöbel, die sich leicht wegschieben und/oder zusammenklappen lassen. Dann können sie beim Saubermachen leicht aus dem Weg geräumt werden. Über dem Tisch könnte man eine Zuglampe anbringen.

So wird das alte Bad ein Badezimmer

Es gibt viele Möglichkeiten, einen alten Baderaum zu renovieren. Ein Vorschlag: Nehmen Sie an Stelle von Fliesen doch einmal eine Wandverkleidung aus Dekorplatten mit Holzmaserung. Sie sind absolut wasserfest und geben Ihrem Bad eine warme, gemütliche Note. Der große Vorteil: Sie sind preiswert und lassen sich einfach verlegen. Die alten Fliesen können an der Wand bleiben. Sie werden von den Dekorplatten überdeckt.

Wenn die ersten Fliesen aus der Wand brechen, Fugen ausbröckeln und der Fußboden Ihres Bades sich langsam, aber sicher in seiner Bestandteile auflöst, ist es soweit: Reparatur- und Flickarbeiten nützen nichts mehr, das Bad muß vollständig renoviert werden.

Was man alles tun kann

Im Falle des Badezimmers, das wir hier zeigen, gab es zwei Möglichkeiten. Wir konnten alle alten Fliesen abschlagen, neuen Putz auftragen und das Bad neu verfliesen oder die alten Fliesen so weit wie möglich an der Wand lassen und sie mit anderem Material verkleiden. Wir haben uns für die zweite und einfachere Möglichkeit entschieden.
Als Wandverkleidung eignen sich besonders gut großflächige Dekorplatten. Das sind kunststoffbeschichtete Hartfaserplatten, die es in den verschiedensten Farben und Mustern gibt. Wir haben zwei Holzstrukturen, Palisander und Eiche, gewählt. Die Platten sind 4 mm dick und kosten pro Quadratmeter ca. 14 Mark. Sie lassen sich einfach mit der Kreissäge oder einem feingezahnten Fuchsschwanz zuschneiden. Entweder können sie auf glatten Wandflächen direkt mit einem Baukleber (Saxit) verklebt werden, oder sie müssen, wie in unserem Falle, auf ein Lattengerüst geklebt werden. Das Lattengerüst war notwendig, weil die Wände viele Sockel und Vorsprünge hatten, die zu einer glatten, leichter zu pflegenden Fläche ausgeglichen werden sollten.
Die einzelnen zugeschnittenen Platten, sie haben Raumhöhe, werden miteinander durch Kunststoffprofile verbunden, in die Kleber oder Fugenmasse eingespritzt wird. So sind die Verbindungen absolut wasserfest.
Für Ecken kann man spezielle, zu den Profilen passende Eckverbindungen aus Kunststoff verwenden. Alle neuen Wasserleitungen und Abflüsse legt man hinter die Wandverkleidung.

Einbauten und Installationen

Neu montiert haben wir Badewanne, Waschbecken, Toilette und Toilettenkasten. Das alte Waschbecken, ein schweres Porzellanbecken, wurde herausgerissen. Dafür haben wir ein extrem leichtes,

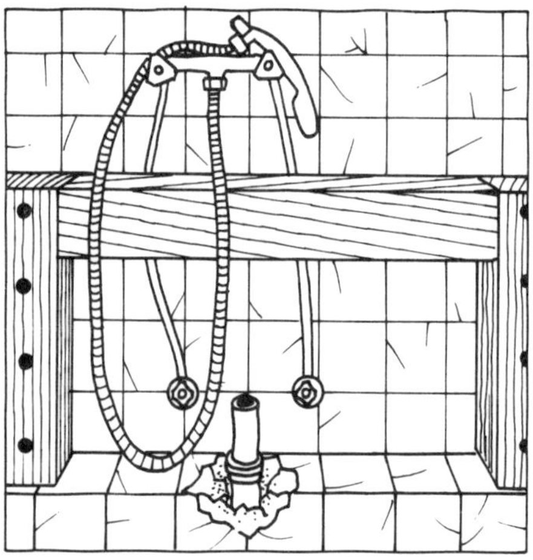

1 Als Halterung für das neue Waschbecken werden zwei Vierkanthölzer und ein Querbalken mit langen Schrauben an der alten Wand befestigt.

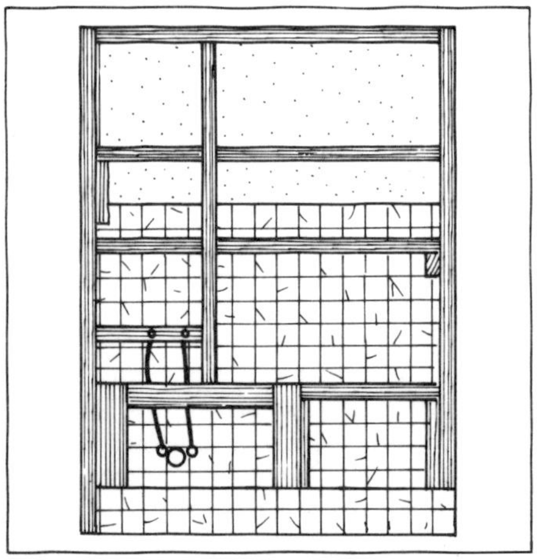

2 Auf der Wand wird ein Gerüst aus Vierkanthölzern und Dachlatten angebracht. Es dient zur Befestigung der Verkleidung aus Dekorplatten.

3 Die neue Badewanne ist eingesetzt. Sie ruht auf den mitgelieferten Füßen und einem Rahmen aus starken Latten. Auch an den Wänden wurden Latten angebracht: Unterbau für Dekorplatten. Vor die Badewanne setzt man eine Platte aus wasserfestem Sperrholz mit Reparaturöffnung.

größeres Kunststoffbecken montiert. Die richtige Montagehöhe ist wichtig. Der Beckenrand sollte 80 cm über dem Fußboden liegen. Damit das Becken einen guten Halt bekommt, haben wir es an einem Gerüst aus Vierkanthölzern verschraubt. Neue Sperrventile für Warm- und Kaltwasser brauchen nur in die bereits bestehende Leitung eingeschraubt zu werden.
Als neue Armatur haben wir keinen Wasserhahn, sondern einen Duschkopf mit einem Mischventil benutzt. Der Duschkopf, auf einer Stange beweglich, vereinfacht zum Beispiel das Haarewaschen über dem Waschbecken.
Der Toilettenkasten wurde abmontiert und ein neuer, tiefliegender angeschlossen. In Höhe des neumontierten Wasserkastens haben wir die Wand aufgestemmt und die Wasserleitung für das neue Ventil angezapft. Weil der Abstand zwischen tiefhängendem Toilettenkasten und Toilettenbecken je nach Fabrikat zwischen 16 und 20 cm betragen muß, mußten wir auch das Toilettenbecken weiter nach vorne versetzen. Deshalb mußte der Abfluß verlängert werden.

Der Einbau der Badewanne ist verhältnismäßig problemlos. Alle Anschlüsse der alten Wanne können benutzt werden. Die Wanne wird auf ein Gerüst aus dicken Latten gestellt. Die Vorderseite verkleidet man am besten mit einer Platte aus wasserfestem Sperrholz (16 mm), das später mit einer Dekorplatte beklebt wird. Um bei eventuellen Reparaturen an den Abfluß herankommen zu können, muß in der Wannenverkleidung ein Ausschnitt bleiben, der mit einer Klappe zu verschließen ist (Reparaturöffnung).
Die Decke des Badezimmers haben wir mit Holz verkleidet. Es muß mit einem Ventilationsgrund, der zwar das Wasser abstößt, das Holz aber trotzdem noch atmen läßt, gestrichen werden.
Auf dem Fußboden wurde ein wasserfester Teppich lose verlegt. Die an die Wand geklebten Kunststoffußleisten liegen über dem Teppich.

Duschbad oder Wannenbad?

In unserem Fall wurde an die Stelle der alten Badewanne eine neue gesetzt. Natürlich hätte man auch eine Duschwanne nehmen können oder das Bad sowohl mit einer Badewanne als auch mit einer Duschkabine ausrüsten können.
In den meisten Bädern gibt es nur eine Wanne für das Vollbad. Dagegen meinen viele Morgenmuffel, nur unter dem Brausestrahl munter werden zu können. Es gibt daneben auch sehr viele ernst zu nehmende Zeitgenossen, die aus berechtigter (und im Zeichen der Energieknappheit heute eigentlich auch notwendiger) Sparsamkeit die Dusche wählen. Denn für einmal Duschen braucht man schließlich nur ein Drittel der Wassermenge, die normalerweise eine Wannenfüllung ausmacht – statt runden 80 Litern also nur etwa 27 Liter. Badewannenmuffel machen außerdem geltend, daß man beim Vollbad nichts anderes tue, als sich in der eigenen Schmutzbrühe zu suhlen – eine Auffassung, der keineswegs alle Fachleute zustimmen. Aber natürlich ist es richtig, daß man die Zeit für das unkomplizierte, schnell absolvierte Duschen eher aufbringt als die Geduld, die man braucht, um die Badewanne überhaupt erst einmal vollaufen zu lassen.
Bei familieninternen Interessengegensät-

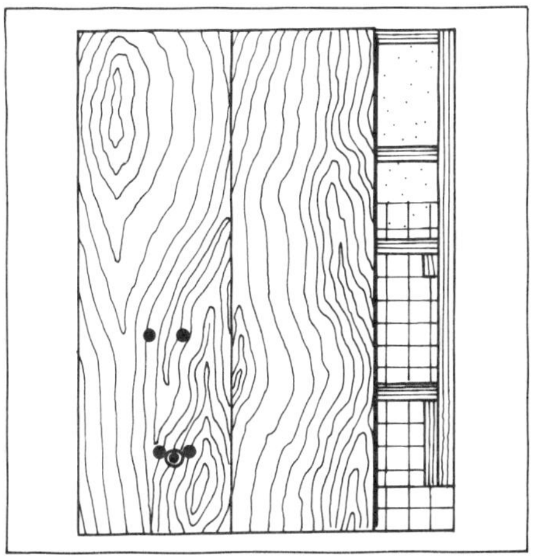

5 Die zugeschnittene Dekorplatte wird in voller Kantenlänge in das Verbindungsprofil eingeschoben. Vorher muß Kleber angegeben werden.

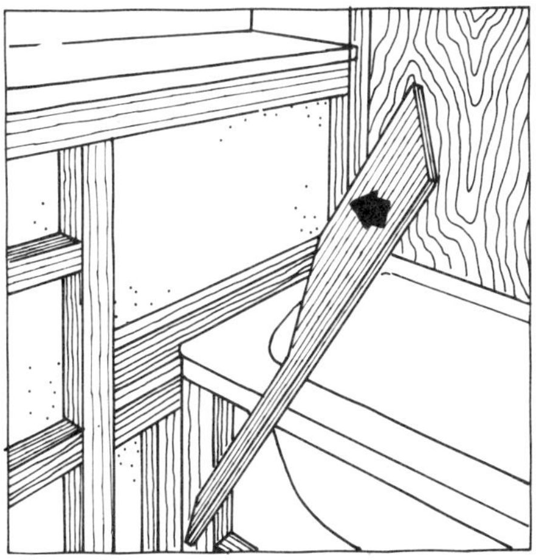

4 So sieht die fertig eingebaute Badewanne aus. Für die Armaturen wurden genau angezeichnete Löcher in die Dekorplatten geschnitten. An der vorderen Sperrholz-Abdeckung ist die Reinigungsöffnung zu erkennen. Man kann die Wanne aber auch einmauern und mit Baukleber Fliesen aufkleben.

6 Anlegen der Dekorplatten: Latten vollflächig mit Baukleber bestreichen, 5 Minuten anziehen lassen, dann die Platte in den Kleber drücken.

zen und kleinem Badezimmer bietet sich als Kompromiß die Wannen-Dusch-Kombination an: Die Badewanne muß so umgerüstet werden, daß sie auch als Duschkabine verwendet werden kann. Mit anderen Worten: Man braucht einen Spritzschutz, der verhindert, daß Wasser aus der Badewanne bzw. der improvisierten Duschkabine hinausgelangt.
Dieser Spritzschutz (siehe auch Seite 301) sollte aber auch so konstruiert sein, daß man nach wie vor ungehindert in der Wanne baden kann. Als Mieter möchte man außerdem vermeiden, daß die zusätzliche Ausrüstung des Badezimmers zuviel Geld kostet und daß diese Investition später beim Auszug aus der Wohnung entweder vom Vermieter oder vom Nachfolger nicht genügend gewürdigt wird.

Die Wahl der Armaturen

Gehören Sie zu den Menschen, die allmorgendlich virtuos und unverzagt aus zwei Hähnen ihr Waschwasser mixen? Müssen Sie die Wassertemperatur immer noch nach der mitunter schmerzhaften Handrückenmethode messen? Auch wenn Sie sich im Lauf der Jahre daran gewöhnt haben, sollten Sie es einmal mit einer modernen Mischarmatur versuchen. Denn bei diesen Präzisionsgeräten genügt ein einziger Hebel oder Griff als Bedienungselement. Horizontal regelt er die Wassertemperatur und vertikal die Wasserzufuhr. So einfach ist das.
Noch komfortabler sind die neuen, durch Tasten zu bedienenden Armaturen. Ein leichter Druck wie auf einen Lichtschalter, und es fließt wahlweise kaltes oder warmes Wasser. Mit beiden Tasten zusammen regelt man die Temperatur.
Ein Nonplusultra an Komfort und Sicherheit bieten Thermostaten. Auf einem Skalengriff wird die gewünschte Temperatur vorgewählt. Das Wasser läuft exakt in dieser Temperatur ins Waschbecken.

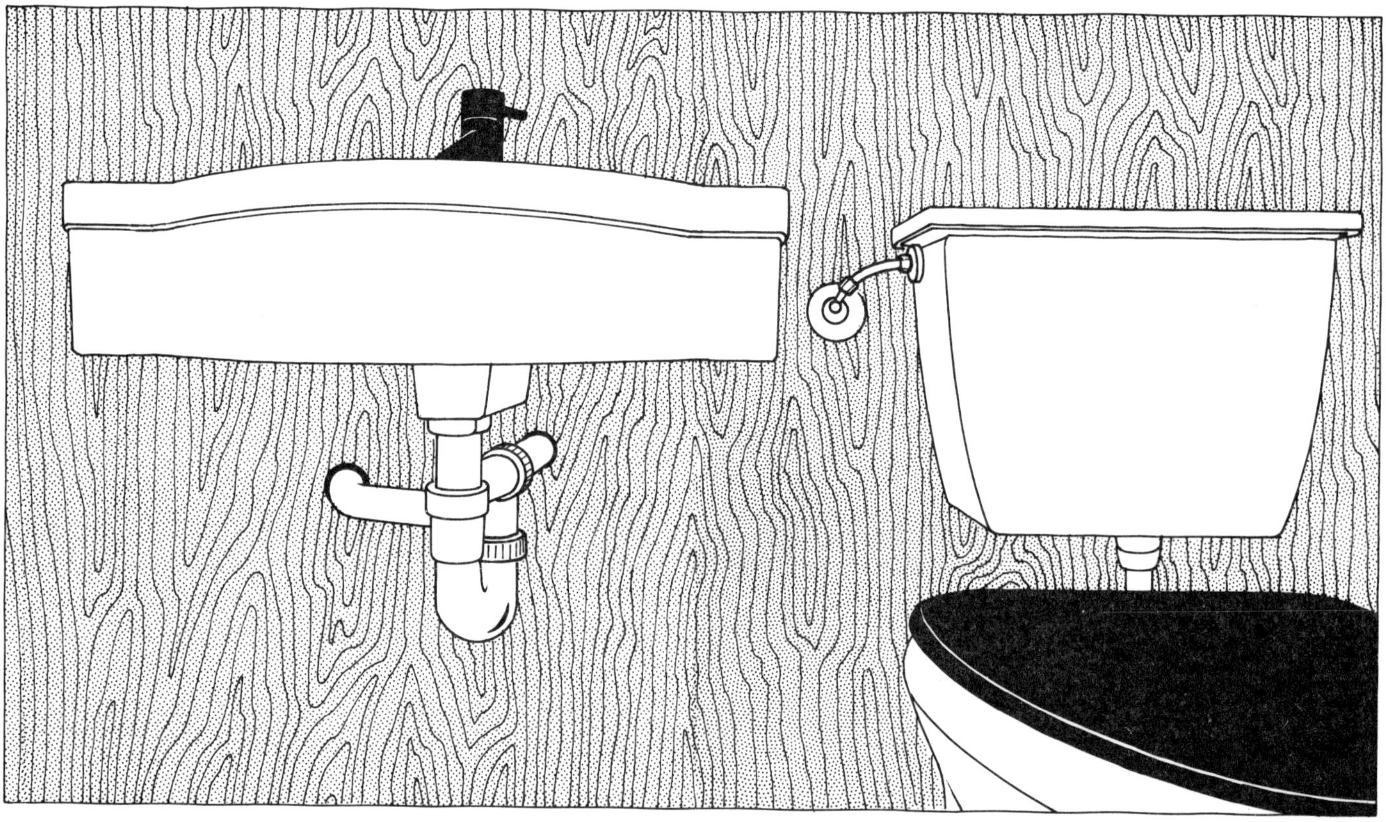

7 Waschbecken und Spülkasten sind angeschlossen. Für die Aufhängung wurden hinter der Dekorwand (siehe Zeichnung 1) Befestigungselemente verankert. An die Wand selbst kann man keine schweren Teile hängen. Alle Leitungsdurchführungen müssen sorgfältig angezeichnet und ausgeschnitten werden. Für die Abdichtung von Wasserzulauf und -abfluß verwendet man am besten Teflonband. Es ist dauerhafter als die traditionellen Wergdichtungen.

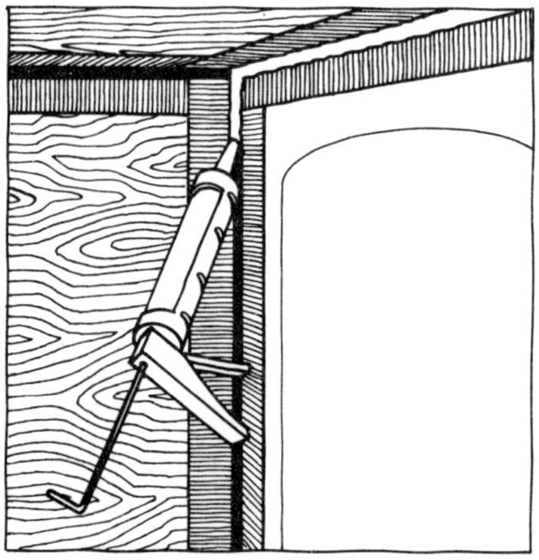

8 Alle Kanten um die Badewanne herum werden mit elastischem Dichtungsmittel abgedichtet. So kann kein Wasser hinter die Wanne laufen.

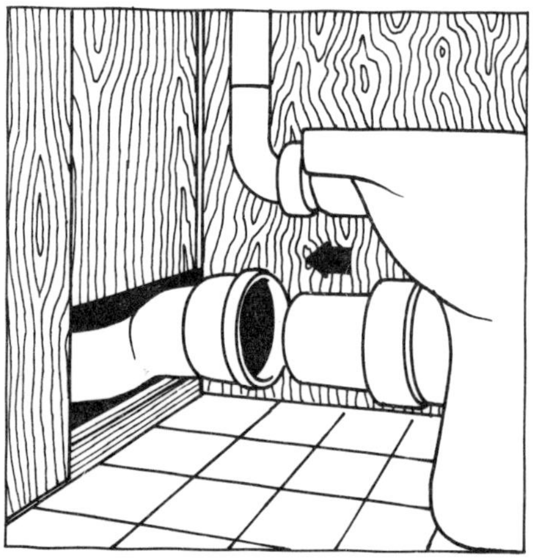

9 Für den WC-Anschluß wurde das alte Ableitungsrohr durch ein Kunststoffrohr verlängert. Alle Verbindungen sind mit Spezialkleber verklebt.

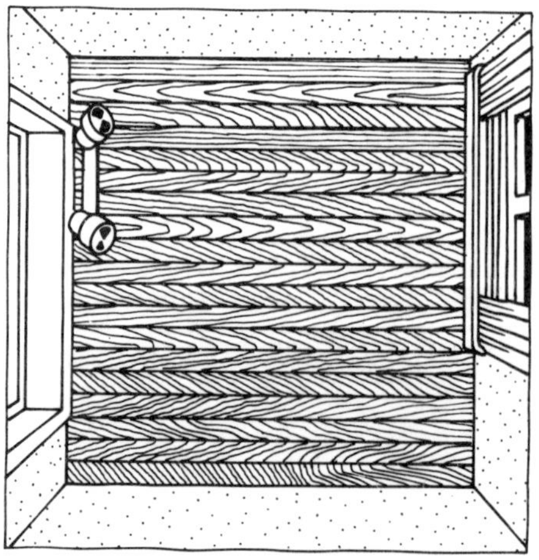

10 Die Decke wurde mit Kiefernholzbrettern verkleidet. Dazu müssen Leisten unter die Decke geschraubt werden. Die Bretter nagelt man an.

Fitneß- und Freizeiträume

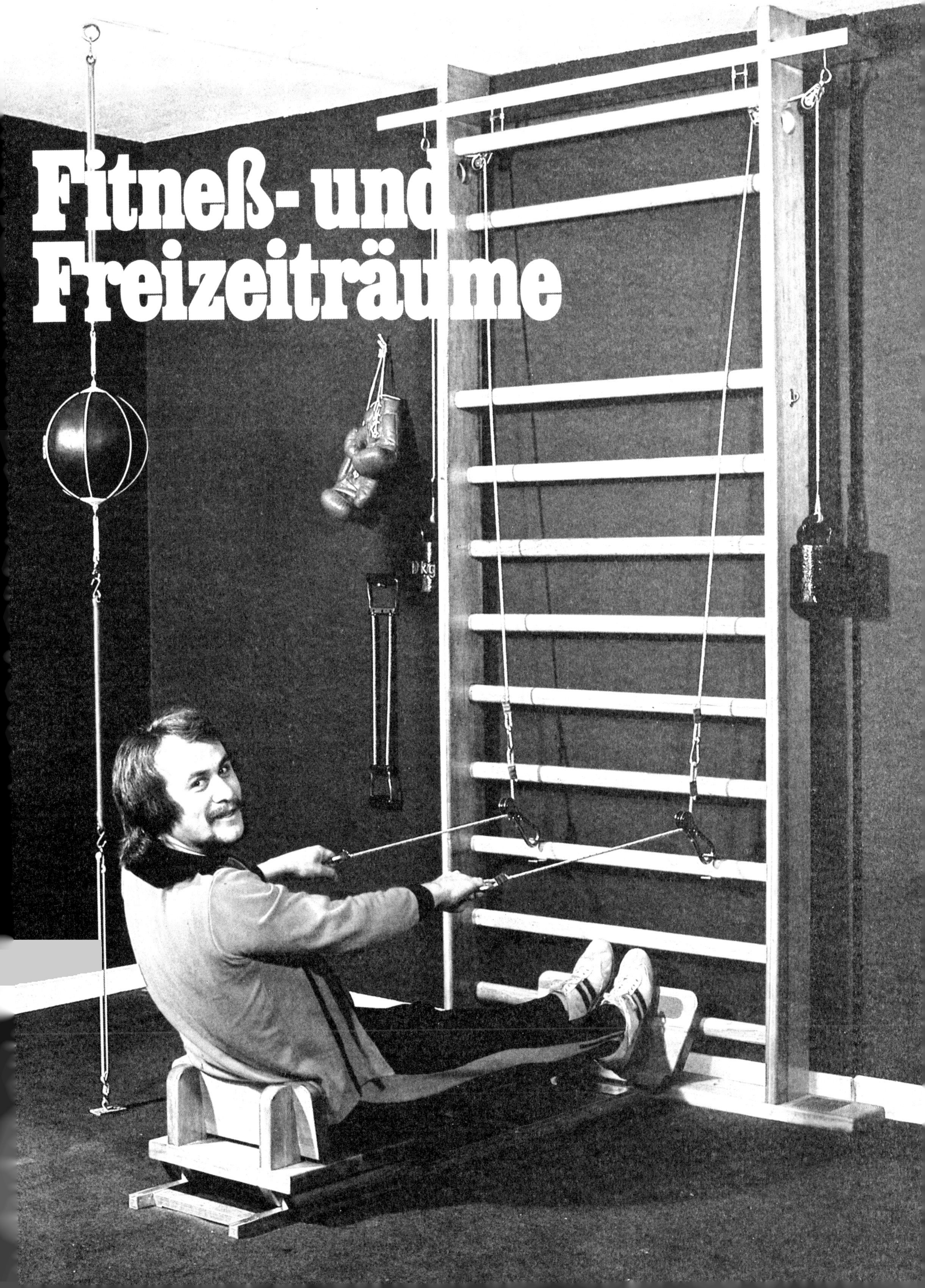

Trimmwand aus eigener Werkstatt

Haben Sie irgendwo in der Wohnung noch 2× 2 Meter Platz? Wollten Sie schon lange etwas für Ihre Gesundheit tun? Dann sollten Sie unsere Trimmwand bauen. Expanderübungen mit Gewichten, Trockenrudern und Bewegungstraining an der Sprossenwand lassen die Gelenke nicht rasten und rosten. Boxfans bringen auch noch einen Punchingball unter. Wie das fertige Trimmzentrum in Betrieb aussieht, können Sie dem Foto auf der vorhergehenden Seite entnehmen. Hier zeigen wir Ihnen Schritt für Schritt, wie die Trimmwand gebaut wird.

Zur Herstellung unserer Trimmwand brauchen Sie kein Training, nur etwas handwerkliches Geschick. Setzen Sie sich, bevor die Arbeit beginnt, erst einmal in Ruhe mit der Bauzeichnung (rechte Seite) und der Materialliste (Seite 241) auseinander, damit Ihnen Aufbau und Funktion des Trimmzentrums bis in alle Einzelheiten klar werden. Beginnen Sie den Bau mit der Sprossenwand. Dann kommt die Seilzugmechanik an die Reihe. Der Bau der Ruderanlage gibt dann keine besonderen Probleme mehr auf.

Die Sprossenwand

Alle Holzteile kaufen Sie entsprechend der Materialliste am besten gleich fertig zugeschnitten. Speziell bei den Sprossen erleichtert das die Arbeit wesentlich. Sie sollten aus Eschenholz sein, zur Not tut es auch Buche. Damit die Sprossen sich nicht drehen oder die Hände daran abrutschen (fester Halt ist bei Übungen an der Sprossenwand besonders wichtig), bekommen sie eine elliptische Form. Vielleicht erledigt Ihr Tischler diese Arbeit für Sie. Sonst müssen Sie die Sprossen (97 × 4,5 × 3,3 cm) selbst hobeln oder fräsen. Die Maserung muß gleichmäßig und völlig gerade in Längsrichtung verlaufen. Die beiden Wangen (Seitenwände) der Sprossenwand bestehen aus 35 mm dikker Brasilkiefer, sie sind 14 cm breit und 235, 5 cm hoch. Messen Sie nach, ob das für den vorgesehenen Raum paßt – notfalls müssen Sie die Wangen etwas kürzen und auch eine Sprosse weniger einbauen.

Zeichnen Sie nun die Bohrungen für die Sprossen auf beiden Wangen an. Der Mittelpunkt der Bohrlöcher liegt 45 mm von der Hinterkante entfernt, die oberste und die dritte Sprosse von oben sind nach vorn versetzt: Mittelpunkt der Bohrlöcher in diesen beiden Fällen 45 mm von der Vorderkante. Die genaue Position der Sprossen sehen Sie in der Zeichnung.

Für die Bohrungen verwenden Sie einen Forstnerbohrer mit 33 mm Durchmesser. Weil die Bohrungen sehr genau sitzen müssen, bohren Sie am besten im Bohrständer. Die Bohrtiefe beträgt 20 mm. Stellen Sie die Mechanik des Bohrständers darauf ein oder verwenden Sie einen Abstandhalter. Für die Sprossen mit ihrem elliptischen Querschnit brauchen Sie elliptische Löcher. Jedes

1 Sprossenwand: Mit dem Forstnerbohrer werden die Löcher für die Sprossen in die Wangen gebohrt, am besten im Bohrständer, 2 cm tief.

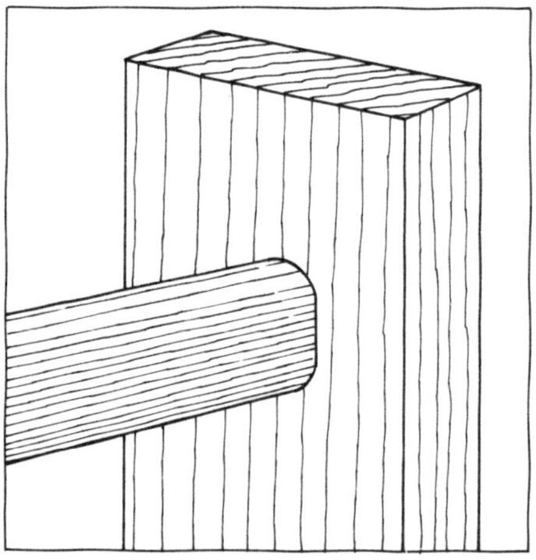

2 Die Sprossen haben einen elliptischen Querschnitt, deshalb die Löcher versetzt bohren. Passen Sie alle Sprossen möglichst stramm ein.

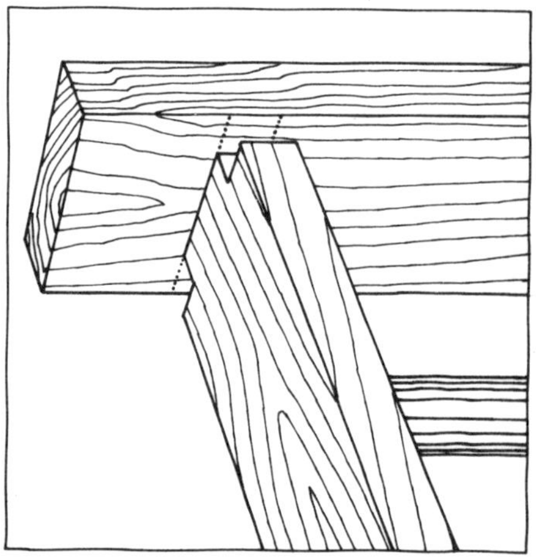

3 Wenn alle Sprossen eingepaßt sind, wird die Sprossenwand oben und unten mit Abschlußbrettern geschlossen. Die Verbindungen sind gezapft.

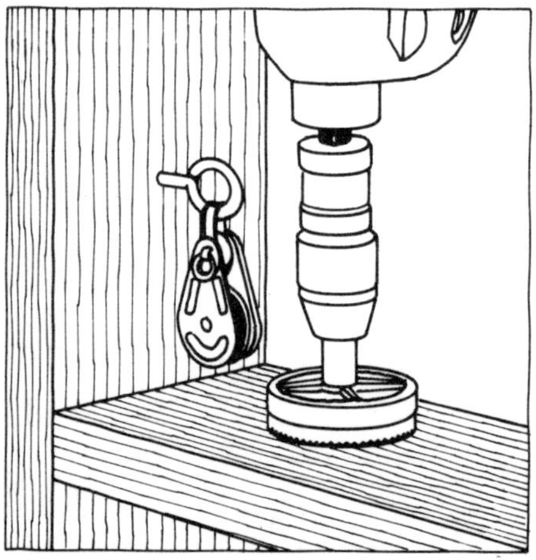

4 Unterhalb der obersten Sprosse werden links und rechts für die Zugseile Löcher gebohrt. Den Lochschneider verwenden, Durchmesser 6 cm.

5 Über dem großen Loch bohren Sie noch ein kleines (Durchmesser 12 mm) und sägen es so auf, daß beide Löcher miteinander verbunden sind. So haben die Zugseile genügend Spiel. Die Blöcke, in denen die Zugseile laufen (in der Zeichnung links), werden an Schraubösen fest verankert.

Loch wird also zweimal gebohrt, beim zweitenmal leicht versetzt. Sie sollten das an einem Stück Abfallholz erst einmal ausprobieren.
Die Sprossen müssen stramm eingepaßt werden. Die elliptische Form verhindert, daß sie sich in den Führungslöchern drehen. Sie müssen also sehr genau arbeiten. Wenn alle Sprossen eingepaßt sind, wird die Sprossenwand oben und unten mit Abschlußbrettern geschlossen. Die dafür erforderliche Zapfenverbindung zeigt Abbildung 3 auf der linken Seite.
Den fertigen Rahmen glätten Sie sorgfältig mit Schleifpapier. Lackiert wird nur der äußere Rahmenbau. Die Sprossen ölen Sie lediglich leicht ein.

Die Seilzugmechanik

Gerudert wird an unserem Trimmgerät mit Gewichten, die über ein mehrfach umgelenktes Seil hochgezogen werden. Die Gewichte simulieren den Wasserwiderstand beim Heimrudern. Für das Umlenken verwenden wir sogenannte Blöcke (Zeichnung 8), wie sie auch beim Sportsegeln gebraucht werden.
Die Blöcke müssen fest verankert werden. Wenn hier bei angespannten Muskeln etwas ausreißt, kann das schlimme Folgen haben.
Die äußeren Blöcke werden durch tief und fest eingeschraubte Schraubösen gehalten, die inneren (sie tragen die stärkste Belastung) durch U-förmige Halterungen, die mit Muttern und Unterlegscheiben gesichert sind. U-Winkel aus Hartaluminium (Zeichnungen 6 und 7) bilden die letzte Station.
Die Zugseile selbst bestehen aus zwei Stücken. Das längere Stück reicht bis unter die zweite Sprosse. So können Sie Standübungen ausführen. Zum Rudern wird ein Verlängerungsstück von etwa 100 cm Länge eingeklinkt.
Die Schlaufen der Seile mit Kupferrohr sichern. Dazu sägen Sie ein etwa 20 mm langes Stück ab, schieben es über die Seilschlaufe und drücken es mit der Zange so kräftig zusammen, daß sich das Seilende nicht aus der Schlaufe ziehen kann.
Für die beiden Zugseile müssen Sie in die Wangen unterhalb der obersten Sprosse Löcher als Durchlässe bohren. Damit die Seile genügend Spiel haben, bohren Sie mit einem Lochschneider Löcher mit 6 cm Durchmesser. Dicht darüber werden kleine Löcher mit 12 mm Durchmesser gebohrt. Sägen Sie den Verbindungssteg zwischen den beiden Löchern auf.
Wie das Zugseil durch das Loch in der Wange laufen muß, erläutert Zeichnung 9. Es wird links und rechts durch Blöcke geführt. Dabei hängen, wie weiter oben schon erläutert, die inneren Blöcke an U-förmigen Halterungen, die äußeren an Schraubösen.

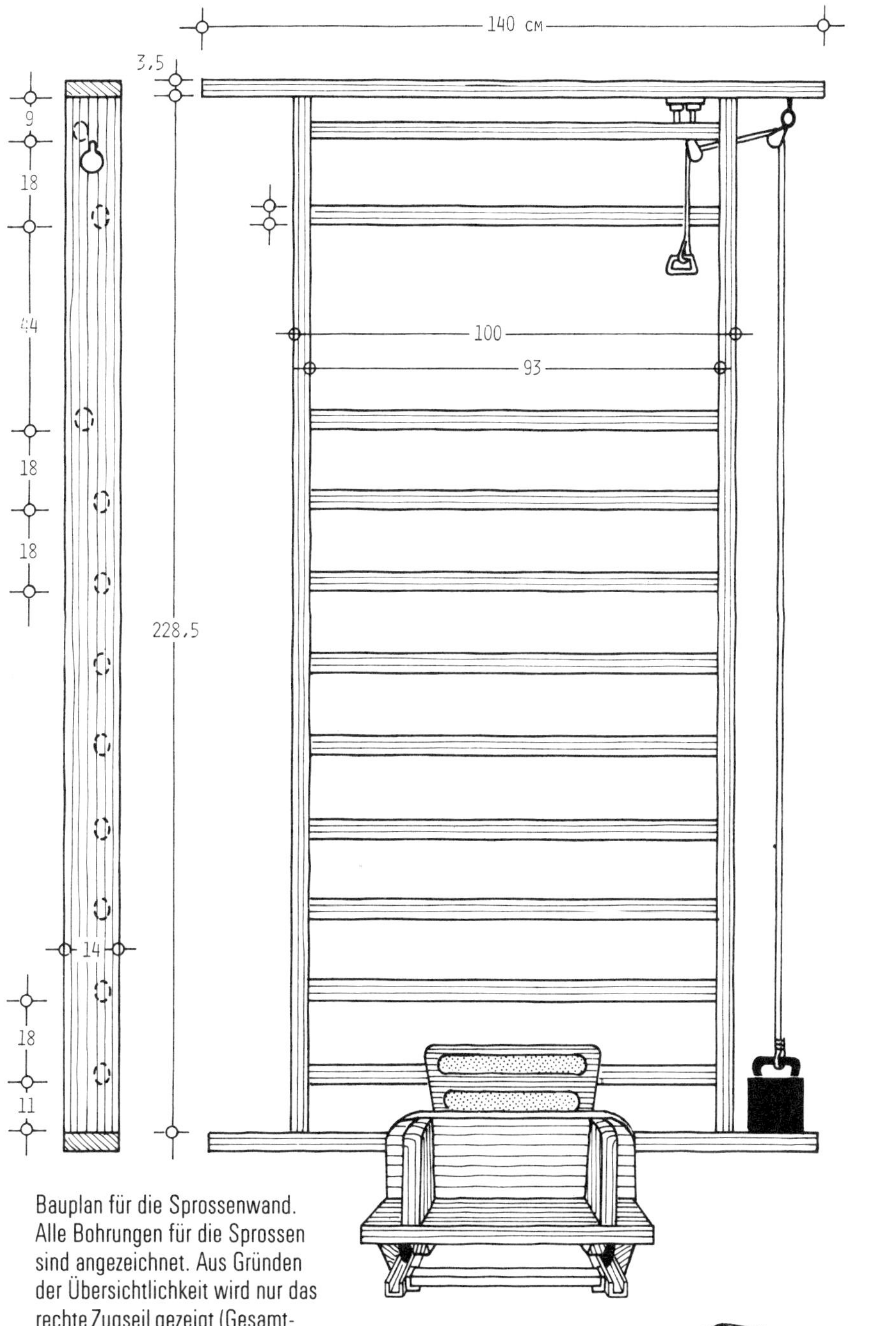

Bauplan für die Sprossenwand. Alle Bohrungen für die Sprossen sind angezeichnet. Aus Gründen der Übersichtlichkeit wird nur das rechte Zugseil gezeigt (Gesamtaufbau siehe Foto auf Seite 237).

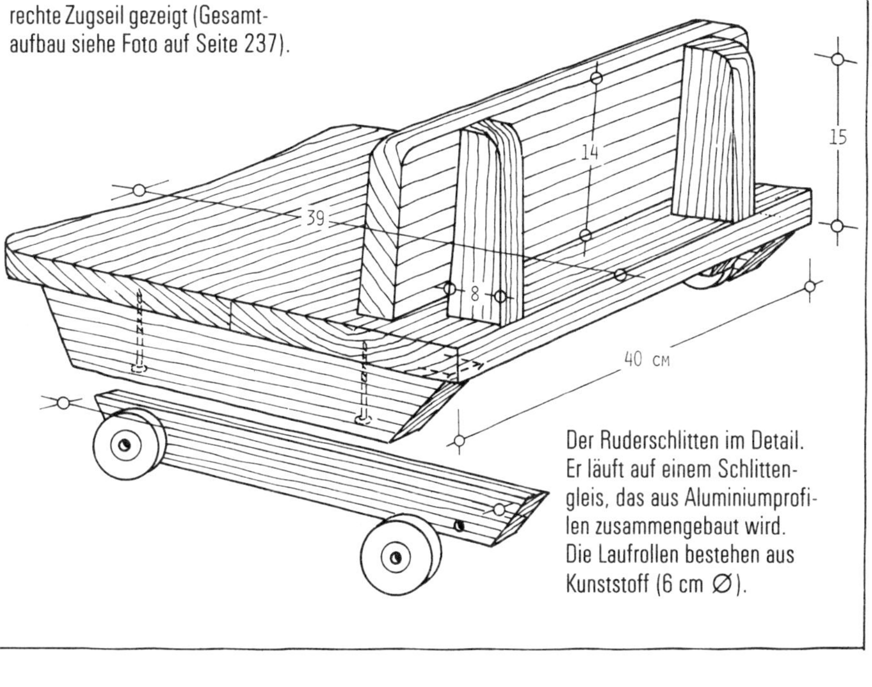

Der Ruderschlitten im Detail. Er läuft auf einem Schlittengleis, das aus Aluminiumprofilen zusammengebaut wird. Die Laufrollen bestehen aus Kunststoff (6 cm Ø).

Die Ruderanlage

Sie besteht aus Sitzschlitten, Sitzführung und Fußstütze. Sitzfläche, Lehne und Stützen werden verleimt und verdübelt. Das »Fahrgestell« besteht aus zwei Leisten. Die äußeren (35 x 6 x 3,5 cm) sichern den Schlitten gegen seitliches Verrutschen und sind daher höher als die inneren. Das Achsloch wird durch beide Leisten gebohrt, die Achse mit Rad eingesetzt und an den Enden durch Dübel gesichert. Danach schrauben Sie das Fahrgestell unter den Sitz. Spurbreite: 29,5 cm.

Die Fußstütze besteht aus Fußbrett und Stützleiste. Die abgeschrägte Stützleiste soll zur Hälfte auf den Führungsschienen und dem unteren Querträger aufliegen. Zwei Dübel greifen in die Sprossenwand, zwei Schrauben in die Sitzführung.

Damit die Füße nicht von der Fußstütze abrutschen, kleben Sie zwei Streifen rutschfestes Decksband auf die Auflagefläche. Solches Band gibt es, wie die Blöcke, bei Bootsausrüstern; sie werden bei Segelbooten gebraucht.

Der Schlitten läuft in U-Profilen aus Hartaluminium, die Querträger sind Kastenrohre. Am besten lassen Sie sich alle Aluminiumteile einschließlich der Verbindungswinkel gleich beim Kauf zuschneiden. Wenn das nicht möglich ist, schneiden Sie sie mit einer kleinen Bügelsäge für Metall oder verwenden die Kreissäge mit feingezahntem Sägeblatt. Damit sich

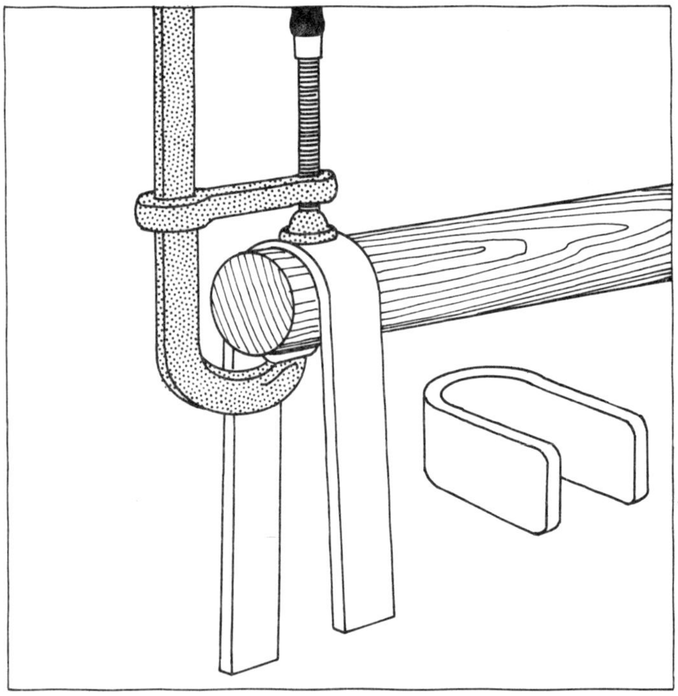

6 U-Winkel werden für das Umlenken des Seilzugs gebraucht (siehe Zeichnung 8). Dazu eine Flachstange aus Hartaluminium (30 × 5 mm) auf einer Sprosse festzwingen und nach unten biegen. Dann die Enden absägen.

7 Die Ecken der U-Winkel werden sorgfältig abgerundet, die Schnittkanten gebrochen. Dann bohrt man ein Loch mit 13 mm Durchmesser. Es dient zum Einklinken des Karabinerhakens, an dem der Umlenkblock befestigt ist.

8 So wird der U-Winkel um die Sprosse gelegt. Er kann nicht abrutschen, da der Karabinerhaken gleichzeitig als »Sicherungsstift« dient. Die Blöcke mit Karabinerhaken kauft man am besten bei einem Schiffsausrüster.

9 Das Zugseil läuft durch das Loch in der Wange und wird links und rechts durch Blöcke geführt. Die inneren Blöcke hängen an U-förmigen Halterungen, die äußeren werden an kräftigen Schraubösen befestigt.

die Späne nicht in den Sägeblattzähnen festsetzen, fetten Sie es ein.
Zunächst die Winkel mit den U-Profilen verschrauben, dann in die Kastenprofile entsprechende Gewinde schneiden und die Sitzführung zusammenbauen. Damit der Schlitten hinten nicht herausrutscht, werden zwei »Prellböcke« (40 × 18 × 15 mm) angeschraubt. – Die Trimmanlage ist jetzt fertig. Wenn Sie die Sprossenwand aufstellen, muß sie fest zwischen Decke und Fußboden verkeilt werden.

MATERIALLISTE

Sprossenwand (Brasilkiefer)

Teil	Stück	Maße (in cm)
Seitenstücke	2	235,5 × 14 × 3,5
Ober- u. Unterstücke	2	140 × 14 × 3,5
Sprossen (Esche oder Buche)	11	97 × 4,5 × 3,3

Fußstütze (Brasilkiefer)

Teil	Stück	Maße (in cm)
Fußbrett	1	49 × 20 × 3,5
Verbindungsstück	1	41 × 7 × 3,5
Schrauben	2	M 8 × 55 mm
Muttern	4	M 8

Sitzführung (Hartaluminium)

Teil	Stück	Maße (in mm)
U-Profil	2	1400 × 25 × 25 × 25 × 3
Winkelprofil	8	40 × 25 × 25 × 3
Flachstangen	2	40 × 18 × 15
Profilrohr	4	250 × 40 × 20 × 3
Schrauben (Messing)	32	M 4 × 10
Muttern und Federringe		
U-Winkel für die Höhenverstellung der Zugseile (Hartaluminium)	2	170 × 30 × 4 mm
2 Handgriffe, 2 Karabinerhaken		
Blöcke (Rollen-Ø 4 cm) mit		
Karabinerhaken	6	
Schraubösen	2	
Halterung, U-Form	2	
Gewichte	2	je 10 kg
Decksband	1	lfdm
Zugseile (Perlon)	10	lfdm
Kupferrohr	1	20 cm, Ø 1 cm

Sitzschlitten (Brasilkiefer)

Teil	Stück	Maße (in cm)
Sitzfläche	1	40 × 39 × 3,5
Rückenlehne	1	40 × 15 × 3,5
Stützen	2	15 × 8 × 3,5
Rollenhalterung (außen)	2	35 × 6 × 3,5
Rollenhalterung (innen)	2	35 × 4 × 3,5
Kunststoffrollen	4	Ø 6 × 1,2
Achsen	4	Ø 1 × 7
Unterlegscheiben	8	M 10

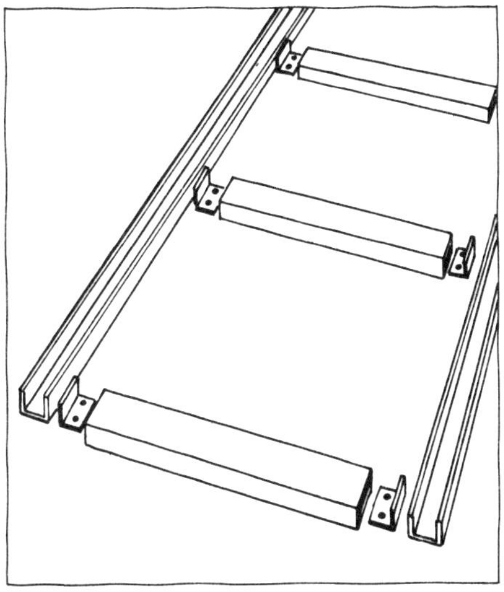

10 So wird das Schlittengleis zusammengebaut. Die beiden U-Profile sind 140 cm lang, die Querstreben 25 cm (siehe Materialliste). Die Verbindungswinkel werden passend zugeschnitten.

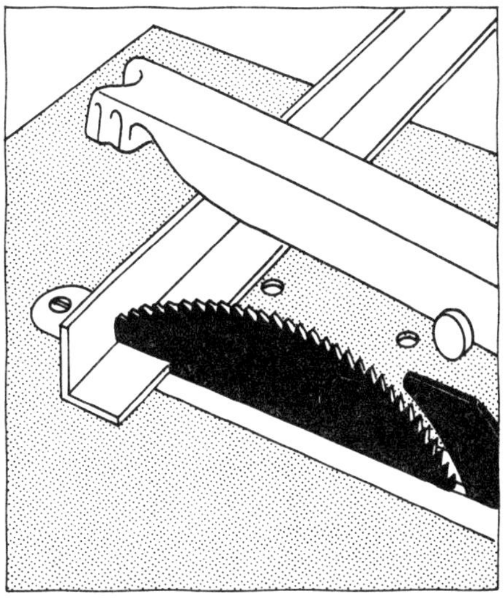

11 Zuschneiden der Aluminiumprofile. Das kann man mit der Kreissäge mit einem feingezahnten Sägeblatt machen. Fetten Sie das Sägeblatt ein, damit sich die Späne nicht festsetzen.

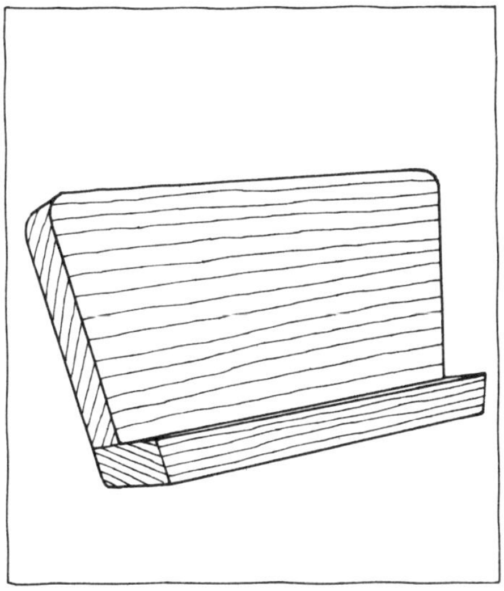

12 So sieht die Fußstütze aus. Sie ist oben 49 cm breit und verjüngt sich nach unten auf 41 cm. Die verleimte Stütze ist 7 cm breit. Beide Teile sind aus 3,5 cm dicker Brasilkiefer hergestellt.

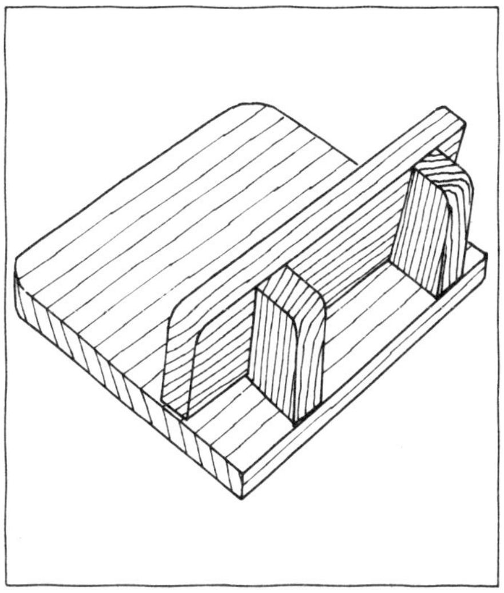

13 Der Oberbau des Wagens. Lehne und Stützen werden verdübelt und verleimt. Die genauen Maße finden Sie in der Zeichnung auf Seite 239. Vergleichen Sie auch das Foto auf Seite 237.

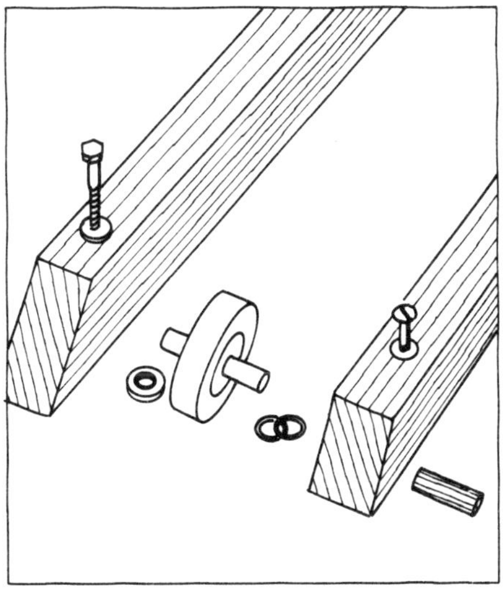

14 Der Unterbau des Wagens. Die Laufrollen aus Kunststoff werden durch zwei Leisten geführt. Unterlegscheiben sorgen für freien Lauf.

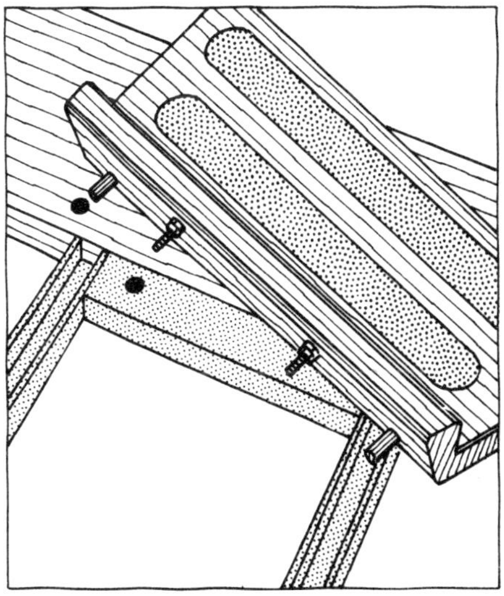

15 Die Fußstütze verbindet Schiene und Sprossenwand. Die Dübel greifen in den Rahmen, die Schrauben in die Schiene des »Fahrgestells«.

Sonnenbad für die ganze Familie

Ein Solarium, richtig angewendet, liefert Gesundheit frei Haus. Man braucht die Geräte nur über dem eigenen Bett aufzuhängen. Damit die ganze Familie etwas davon hat, haben wir einen Kellerraum als Solarium ausgebaut – mit einer geräumigen Liege, auf der sich zwei bis drei Personen zugleich sonnen können, mit freundlich verkleideten Wänden und einem praktischen, zugleich aber auch preiswerten Maisstrohteppich als Bodenbelag. Vielleicht gibt es auch bei Ihnen einen Kellerraum, der zur Zeit nur als Gerümpelablage dient. Sie sollten ihn nach unserem Vorschlag umbauen.

Diese Arbeiten wurden ausgeführt: Der Fußboden wurde mit Maisstrohmatten ausgelegt. Die Wände erhielten eine Verkleidung aus bespannten Spanplatten, die zur Wärmedämmung mit Hartschaumplatten hinterfüttert wurden. Die »Liegewiese«, eine einfache Holzkonstruktion auf Stahlfüßen, ist 4 m² groß, damit sich darauf auch einmal die ganze Familie sonnen kann. Außerdem wurde nach dem gleichen Konstruktionsprinzip wie die Liege noch eine 190 cm lange Bank eingebaut (nicht abgebildet). Sie ist schmaler und höher als die Liege.

Die Strahlungsquelle besteht aus zwei Einzelstrahlern, die die ganze Liege überdecken. Die Lösung wurde gewählt, obwohl es große Einzelstrahler mit gleicher Leistung wie die beiden kleineren gibt. Wenn sich nur einer sonnen will, braucht auch nur ein Strahler angeschaltet zu werden. Auf diese Weise spart man eine Menge Energie.

Der Bau von Liege und Bank

Die Liege besteht aus einem Rahmen mit 2 x 2 m Außenmaß. Er ruht auf vier Füßen aus Vierkantprofil-Stahlrohr, die mit Schloßschrauben in den Rahmenecken befestigt werden. Die Verschraubung mit jeweils beiden aneinander stoßenden Rahmenseiten dient gleichzeitig als Eckverbindung für den Rahmen.

Die Deckbretter (Liegefläche) sind versenkt und schließen mit der Oberkante des Rahmens bündig ab. Sie werden mit vier Trägern (senkrecht stehenden Brettern) verschraubt. In der Zeichnung 2 kann man am Verlauf der Schraubenreihen erkennen, wo die Träger montiert sind.

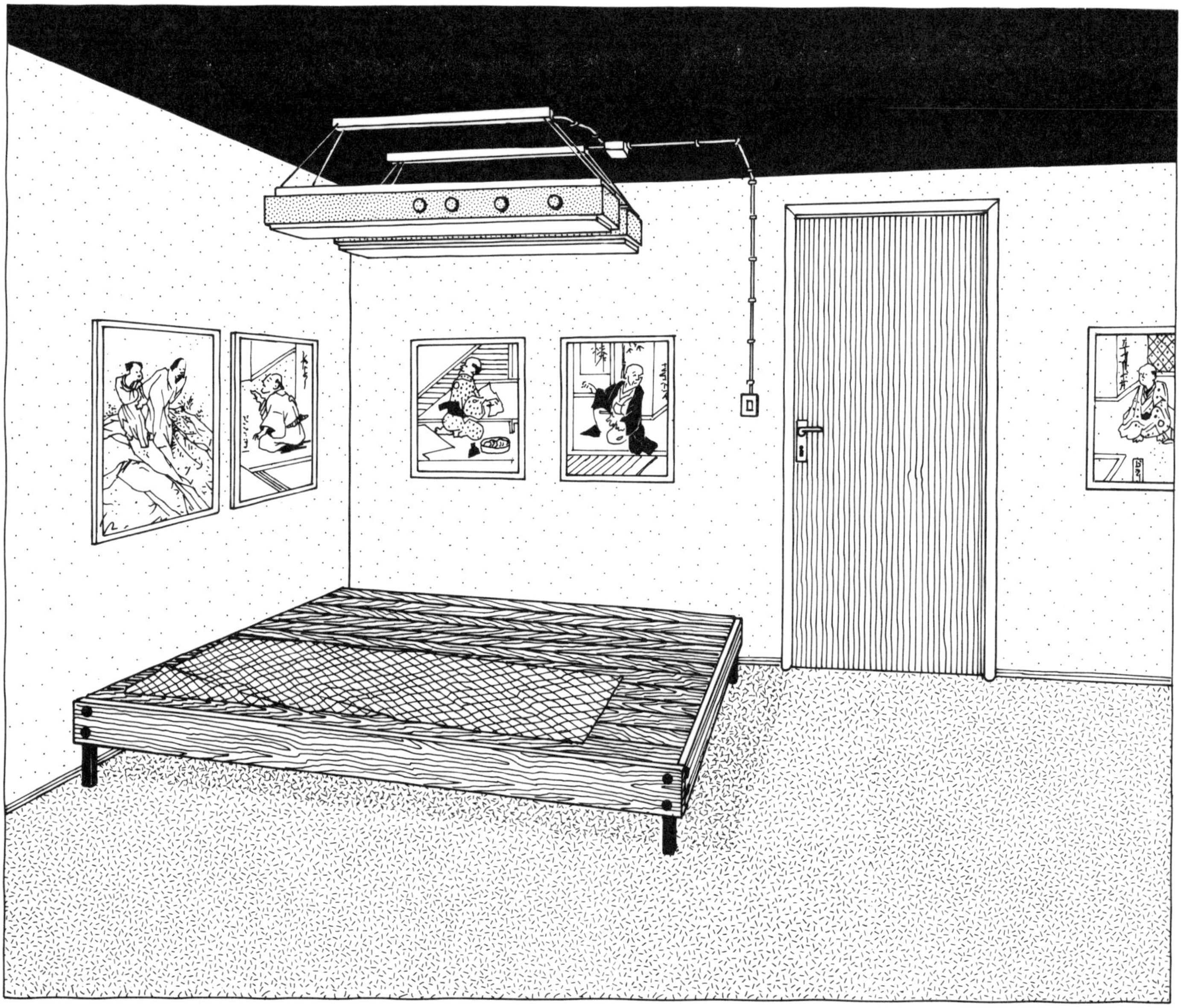

1 Aus einem tristen Gerümpelkeller entstand ein ungestörtes Paradies zum Sonnenbaden auch im tiefsten Winter. Falls Sie einen anderen Raum bevorzugen, ist das auch kein Problem. Er sollte nur eine Grundfläche von mindestens 6 Quadratmetern haben. Die Liege unseres Solariums ist eine einfache Holzkonstruktion auf Stahlfüßen, die mit je 4 Schloßschrauben befestigt werden. Die Bestrahlungsgeräte hängen genau darüber. Die Wände wurden bespannt.

Beginnen Sie mit dem Bohren der Schraubenlöcher in den Vierkantrohr-Füßen. Aus der Zeichnung 4 ist zu erkennen, daß die Schrauben höhenversetzt angeordnet werden müssen. Sie bohren also in jeden Fuß zwei durchgehende Löcher in höherer und zwei in tieferer Lage. Der Abstand sollte 10 mm betragen, damit Sie die sich kreuzenden Schrauben leicht hineinstecken können.
Für die Schraubendurchführungen nehmen Sie einen Spiralbohrer mit 8 mm Durchmesser. Am genauesten fallen die Löcher aus, wenn Sie sich aus einem Stück Bandeisen eine Schablone anfertigen, mit deren Hilfe Sie den Sitz der Löcher anreißen können.
Entsprechend den Bohrungen in den Füßen werden nun die Bohrlöcher an den Ecken der Rahmenteile angerissen und gebohrt. Vor dem Zusammenbau leimen und schrauben Sie 55 mm breite und 16 mm dicke Leisten an die Innenseiten der Längsbretter des Rahmens, und zwar bündig mit der Unterkante. Die Leisten dienen der Verstärkung. Zugleich liegen auf ihnen die beiden mittleren Querträger auf. Die beiden äußeren Querträger haben den gleichen Querschnitt wie die Längsleisten (55 × 16 mm) und werden ebenfalls vor dem Zusammenbau eingeleimt und verschraubt. Die Oberkante liegt dabei 16 mm unter der Rahmen-Oberkante.
Nun können Sie den Rahmen zusammenschrauben. Die Schloßschrauben werden von außen durch Rahmen und Füße gesteckt und von innen verschraubt. Dabei Unterlegscheiben unterlegen. Es fehlen jetzt nur noch die inneren Querträger. Sie erhalten an beiden Seiten Ausschnitte von 55 × 16 mm. In diesen sitzen sie freitragend zwischen zwei Lagern. Das Detail links unten auf Zeichnung 2 stellt das im Schnitt dar. Wie die inneren Querträger an Rahmen und Lagerleisten verleimt werden, zeigt Zeichnung 5. Die Verbindungen werden zusätzlich von außen fest mit dem Rahmen verschraubt.
Zum Schluß kommen die Deckbretter an die Reihe. Die 120 mm breiten und 16 mm dicken Fichtenbretter werden zunächst einmal angefast: Die Bretter an der Werkbank senkrecht einspannen, die Kanten mit dem Hobel brechen und gründlich mit Schleifpapier nacharbeiten, damit sich später niemand einen Splitter einreißen kann. Die Deckbretter werden nun mit 1-mm-Zwischenräumen auf die vier Träger geschraubt. Auch wenn Sie die Bretter genau nach Maß eingekauft haben, müssen Sie damit rechnen, daß sie nicht genau 120 mm breit sind (durch ungenaues Hobeln und Schrumpfen). Deshalb erst einmal alle Bretter probeweise in den Rahmen legen und notfalls durch Veränderung der Zwischenräume ausgleichen.
Die verzinkten Linsenkopfschrauben werden versenkt eingedreht. Wenn Sie es besonders solide machen wollen, kön-

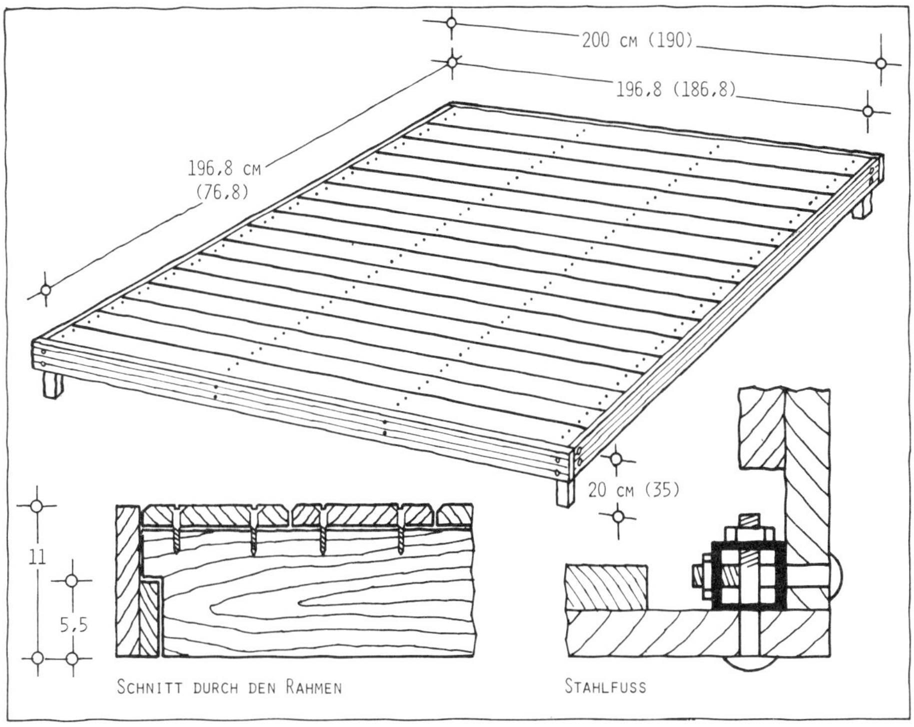

2 Bauzeichnung für die Liege. Die Schnittzeichnung links zeigt, wie die inneren Träger an den Rahmenseiten gelagert sind. Rechts das Befestigungsverfahren für die Liegenfüße aus Vierkant-Stahlrohr.

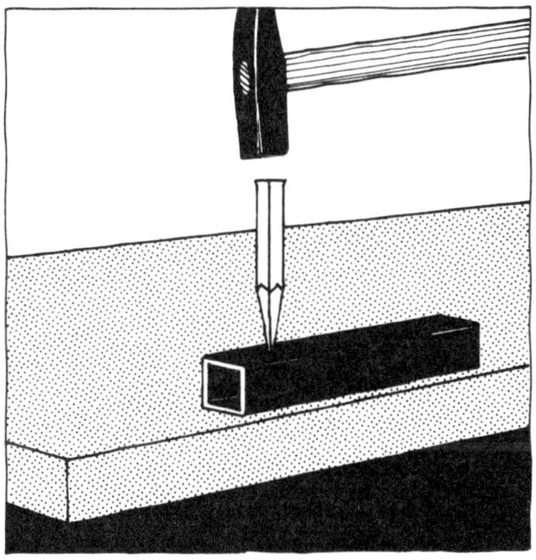

3 Für die Schraubendurchführung im Vierkantrohr Bohrlöcher ankörnen, dann mit Spiralbohrer (8 mm Ø, niedrige Drehzahl) sorgfältig ausbohren.

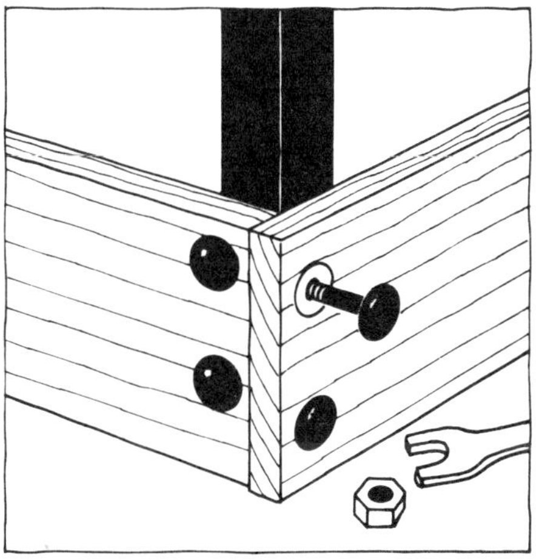

4 Fußbefestigung und Eckverbindung: Schloßschrauben durchstecken und Muttern mit Unterlegscheiben gegenschrauben, kräftig anziehen.

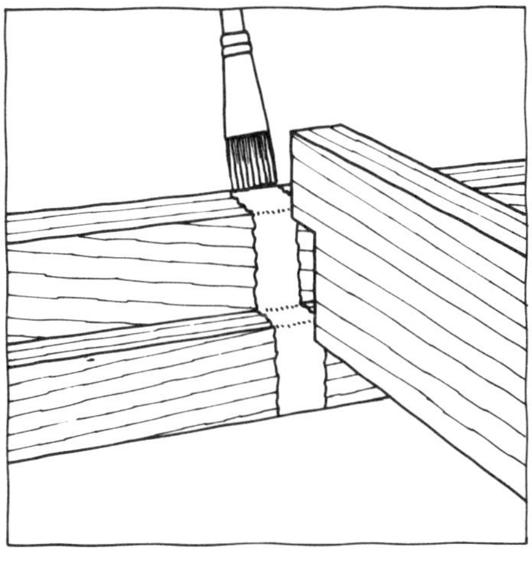

5 Hier wird einer der beiden inneren Träger eingeleimt und zur Sicherheit von außen fest mit dem Rahmen des Liegengestells verschraubt.

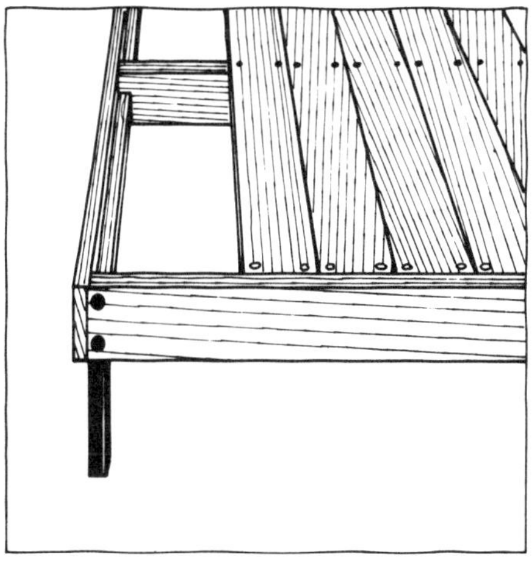

6 Zum Schluß schraubt man die Deckbretter mit 1-mm-Abstand auf die vier Träger. Die Schraubenköpfe sollten dabei leicht versenkt werden.

nen Sie auch Messingschrauben verwenden. Die fertige Liege wird übergeschliffen und zweimal mit Hartgrund gestrichen.

Die Wandverkleidung

Dazu müssen Sie zuerst einmal Abstandsleisten auf die Wand dübeln und schrauben. Verwenden Sie Leisten mit einem Querschnitt von 25 x 15 mm, die im 50-cm-Abstand verlegt werden sollten. Die Zwischenräume füllen Sie mit Hartschaumplatten (15 mm dick) aus, die mit Spezialkleber an der Wand befestigt werden. Dann bespannen Sie Spanplatten, 8 mm dick, mit Rupfen (Zeichnung 7), was mit einem Tacker (einer Heftklammermaschine) am einfachsten geht. Die raumhohen Platten werden mit Linsenkopfschrauben und untergelegten Rosetten befestigt.
Für die Montage der Strahler sollten Sie sich einen Elektriker holen. Montiert wird nach den Vorschriften des Herstellers, dessen Angaben Sie auch beherzigen sollten, was die Bestrahlungsdauer betrifft – allzu viel ist auch hier ungesund.

MATERIALLISTE

Bauteil	Nr.	Material	Stück	Maße
Liege				
Rahmen	1	Fichtenbretter	2	2000 x 120 x 16 mm
Rahmen	2	Fichtenbretter	2	1968 x 120 x 16 mm
Träger (außen)	3	Fichtenbretter	2	1850 x 55 x 16 mm
Träger (innen)	4	Fichtenbretter	2	1968 x 94 x 16 mm
Lager	5	Fichtenbretter	2	1850 x 55 x 16 mm
Deckbretter	6	Fichtenbretter	18	1968 x 120 x 16 mm
Füße	7	Vierkantprofilrohr	4	184 x 25 x 25 mm
Schloßschrauben	8	Eisen	16	Ø 8 mm, 50 mm
Linsenkopfschrauben	9	Eisen blank verzinkt	144	Ø 3,5 mm, 50 mm
Bank				
Rahmen	10	Fichtenbretter	2	1900 x 120 x 16 mm
Rahmen	11	Fichtenbretter	2	768 x 120 x 16 mm
Träger (außen)	12	Fichtenbretter	2	618 x 55 x 16 mm
Träger (innen)	13	Fichtenbretter	2	768 x 94 x 16 mm
Lager	14	Fichtenbretter	2	1750 x 55 x 16 mm
Deckbretter	15	Fichtenbretter	7	1868 x 120 x 16 mm
Füße	16	Vierkantprofilrohr	4	334 x 25 x 25 mm
Schloßschrauben	17	Eisen	16	Ø 8 mm, 50 mm
Linsenkopfschrauben	18	Eisen blank verzinkt	56	Ø 3,5 mm, 50 mm

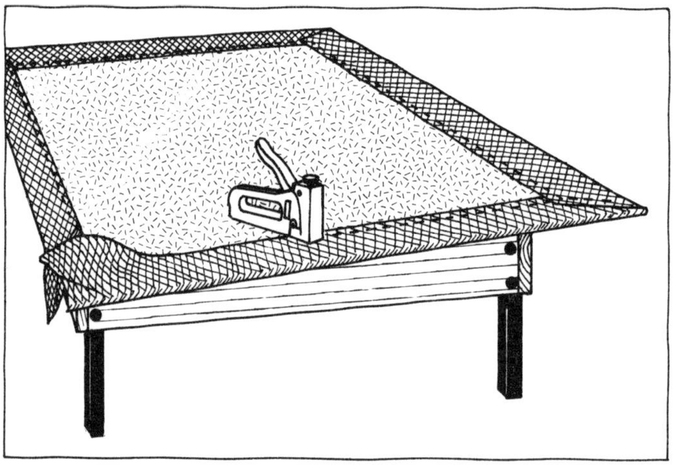

7 Der mit 5 cm Zugabe geschnittene Rupfen wird straff um die Spanplatte gespannt und auf der Rückseite festgetackert. Klammerlänge nicht über 6 mm. Tacker sind ideal, um beim Dekorieren Stoff auf Holz zu heften.

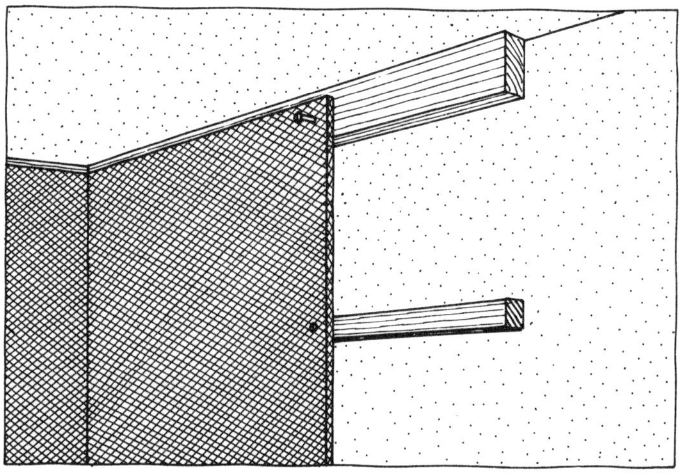

8 Der Unterbau der Wandverkleidung besteht aus waagerechten Latten. Die Zwischenräume werden mit Hartschaumplatten beklebt. Die bespannten Spanplatten werden mit Linsenkopfschrauben befestigt. Rosetten unterlegen.

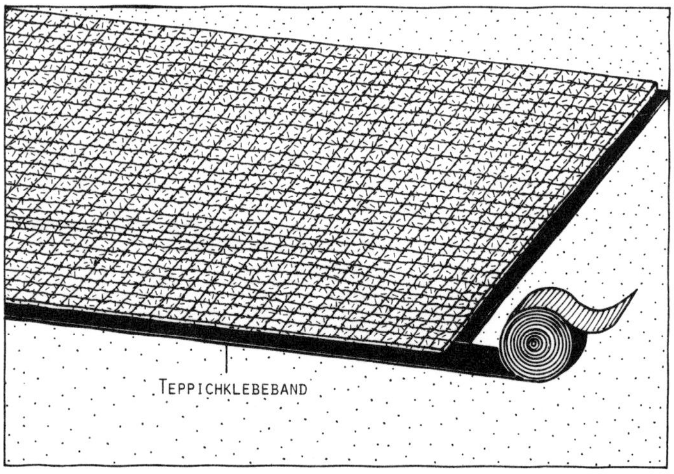

9 Der Boden des Solarium-Raumes wird mit Maisstrohmatten ausgelegt. Damit sie nicht verrutschen können, klebt man Teppichklebeband darunter, vor allem an den Nahtstellen und Rändern. Nun wird die »Liegewiese« aufgebaut.

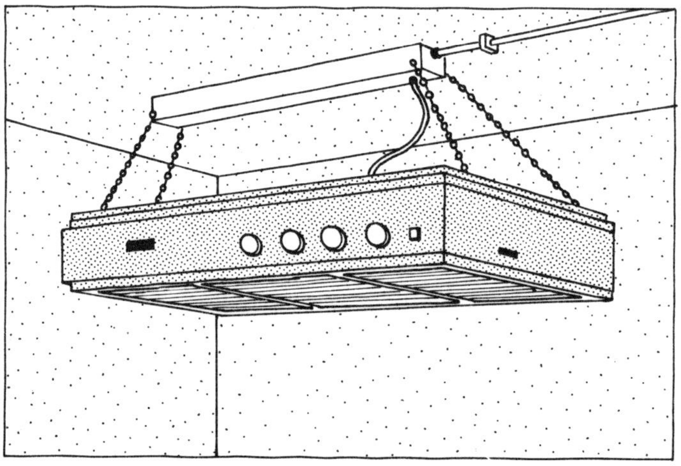

10 Die Strahler werden so über der Liege montiert, daß ihre Strahlungsfelder sich berühren, aber nicht überschneiden. Den Strahlungsabstand (je nach Fabrikat 1,20– 2,00 m) stellt man an der Aufhängung ein.

Bauen Sie eine Sauna in Ihren Keller

In Finnland ist sie zu Hause, die Sauna. Doch auch bei uns wird sie immer beliebter. Das Saunabaden hat mindestens zwei hoch einzuschätzende Vorteile: Es ist gesund. Und es macht Spaß. Mit einer selbstgebauten Sauna können Sie sich das Familienvergnügen leisten, sooft Sie wollen. Unsere Sauna kostet mit Ofen, Thermostat und Steuergerät nur rund 2500 Mark. Sie ist mit 3,88 m² Grundfläche groß genug für drei bis vier Personen. Eine gleich große Sauna, fertig gekauft, würde mehr als das Doppelte kosten. Auch die Stromkosten pro Saunabad (etwa 2–3 Stunden) sind gering. Je nach Raumgröße liegen sie zwischen 1,50 und 2,50 Mark.

Fast immer ist in einem Einfamilienhaus ein Raum vorhanden, in den man eine Sauna einbauen kann, z. B. im Keller, in der Waschküche oder im Lagerraum.
Ein Wasseranschluß sollte in der Nähe sein, damit man eine Dusche oder ein Tauchbecken (eine Badewanne genügt) installieren kann. Vorteilhaft ist auch ein Ausgang nach draußen, damit man sich in der frischen Luft abkühlen kann.
Eine Heimsauna braucht nicht viel Platz. Die Größe richtet sich nach der Anzahl der Familienmitglieder. Pro Person rechnet man 1 m² Platzbedarf. Wer viel Platz hat, sollte die Sauna nicht zu klein bauen, da Enge leicht ein Gefühl der Beklemmung bringen kann. Für den Fußboden ist ein schwimmender Estrich sehr zu empfehlen, auch Fliesen-, Klinker- und PVC-Beläge sind geeignet.
Wichtig in einer Sauna ist die Be- und Entlüftung. Ideal ist es, wenn sich beide Öffnungen diagonal gegenüberliegen. Die Zuluft, die durch eine Öffnung unter dem Ofen eindringt, kann aus einem Nebenraum kommen, der ein Fenster hat. Die Abluft wird am besten durch einen Luftschacht direkt nach außen geführt.

Das Baumaterial für die Sauna

Holz ist das einzige Material, das für die Innen- und Außenverkleidung der Sauna geeignet ist: Es hat nur eine geringe Wärmeleitfähigkeit und kann außerdem den Wasserdampf, der beim Saunen ausgeschieden wird, leicht wieder aufnehmen. Wegen des Temperaturgefälles von innen (80–100°) nach außen ist eine mehrschichtige Wand mit einer Wärmedämmung aus temperatur- und formbeständigem Dämmaterial notwendig. Dieses Dämmaterial muß auf einer Seite eine Dampfdiffusionssperre haben. Die Sperre besteht meistens aus einer sehr dünnen Aluminiumschicht, die Feuchtigkeit wohl von innen nach außen, von außen aber nicht nach innen durchläßt. Die mit Aluminium kaschierte Mineralwolle, die wir als Wärmedämmung benutzen, hat einen Heftrand, der an die Latten genagelt wer-

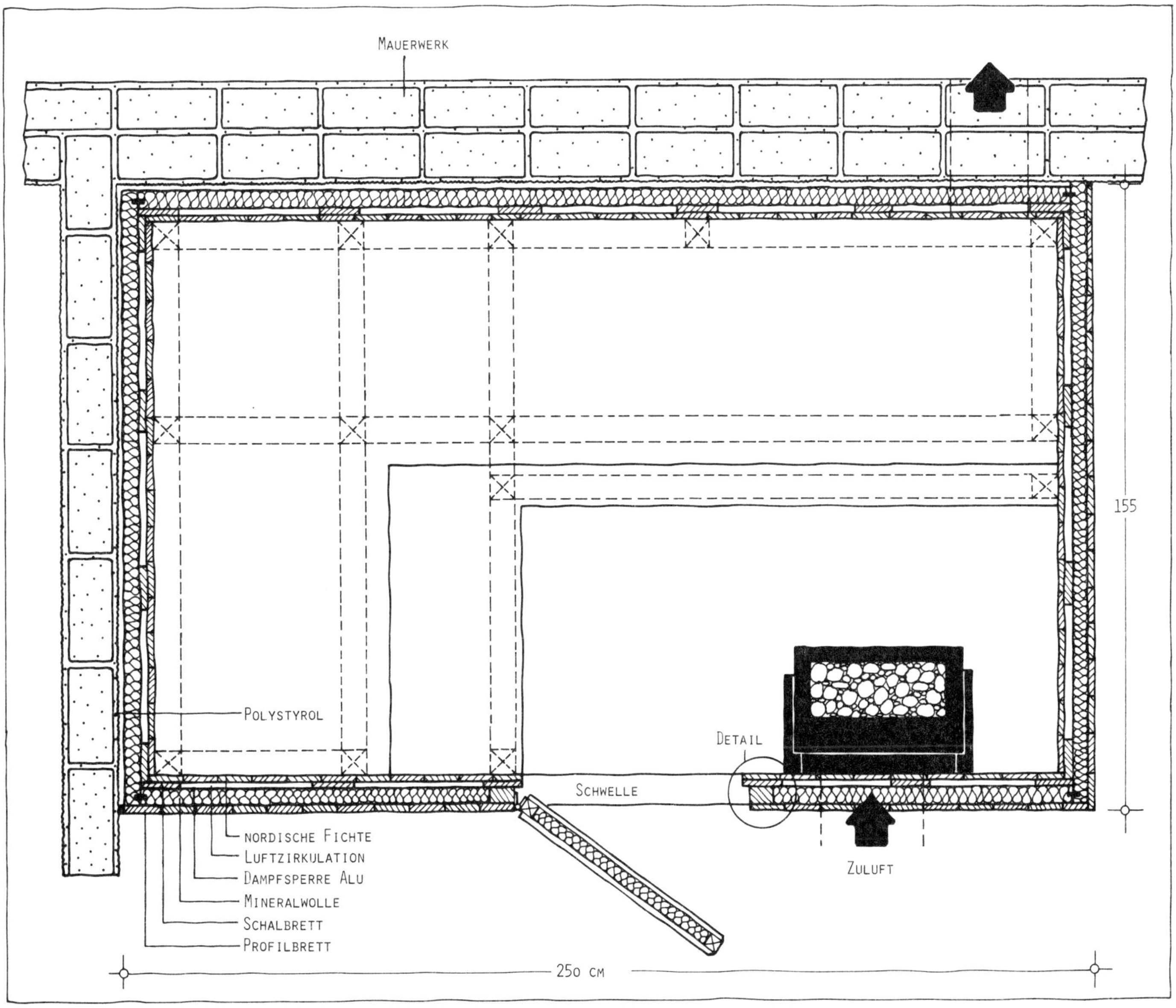

den kann. Die einzelnen Bahnen, die waagerecht angebracht werden, müssen sich so überlappen, daß das Kondenswasser nicht in die Mineralwolle dringen kann. Sämtliche Leitungen der Elektroinstallation müssen, vom Saunainneren gesehen, hinter der Wärmedämmung liegen. Feuchtigkeit und Hitze können den Kabeln schaden.
Die Liegen werden am besten aus Pappel, Espe oder Abachi (afrikanisches Holz) gebaut. Diese Hölzer sind besonders schlecht wärmeleitend. Die Mindestbreite für die Liegen ist 55 cm.
Wichtig ist, daß die durchgehenden Latten von unten her auf die Querlatten geschraubt werden. Wegen der großen Hitze, die auch auf die Schraubenköpfe übergeht, ist die Verbrennungsgefahr sehr groß. Deshalb müssen auch die Nägel der Wandverkleidung tief versenkt werden.

So stellt man die Sauna richtig auf

Ist noch kein schwimmender Estrich vorhanden, muß dieser entweder gegossen

MATERIALLISTE

Liegen
8 Kanthölzer 450 × 6 × 6 cm, gehobelt
42 Latten 200 × 6 × 3,5 cm
100 Toge-Dübel (Hersteller Hilti)
1 Paket verzinkte Schrauben 4 × 55
1 Paket verzinkte Schrauben 5 × 90
1 Paket verzinkte Nägel
1 Rollschnäpper Messing
2 verzinkte Türbänder
1 Lüftungsstein für außen

Wandaufbau
40 lfdm Dachlatten 6 × 4 cm, ungehobelt
16 Schalungsbretter 420 × 10 × 2,2 cm ungehobelt
1 Kantholz 400 × 10 × 8 cm ungehobelt
30 m^2 Profilbretter, verschiedene Längen
25 lfdm Viertelstäbe
10 m^2 Styroporplatten, 1 cm dick
24 m^2 Mineralwolle mit einseitiger Aluminiumkaschierung

Der richtige Saunaofen

Rauminhalt der Sauna (m^3)	Höhe der Sauna (cm)	Steinbehälter für kg Steine	Anschlußwert des Ofens (kW)
3- 5	175	25	3,5
4- 8	175	25	5
6-12	175	25	8
8-17	185	35	10
10-22	215	45	13
13-26	235	45	16
17-38	235	45	20

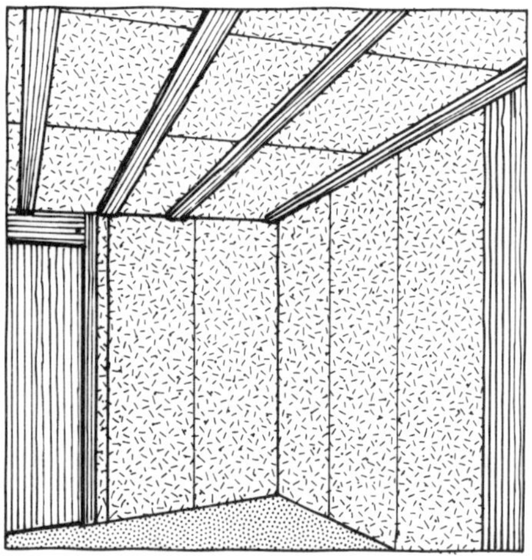

1 Vier Dachlatten werden unter die Decke gedübelt. Die beiden Wände mit Hartschaumplatten bekleben, anschließend auch die Deckenfläche.

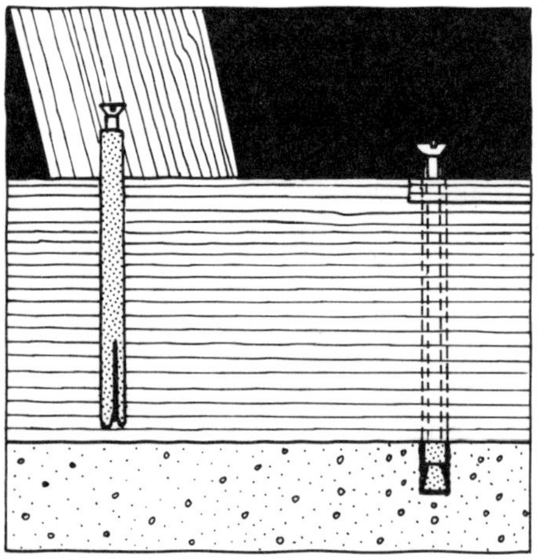

2 Alle Dachlatten und Kanthölzer mit Toge-Dübeln befestigen. Ihr Vorteil: Man kann die Latten ohne Unterfütterung leicht ausgleichen.

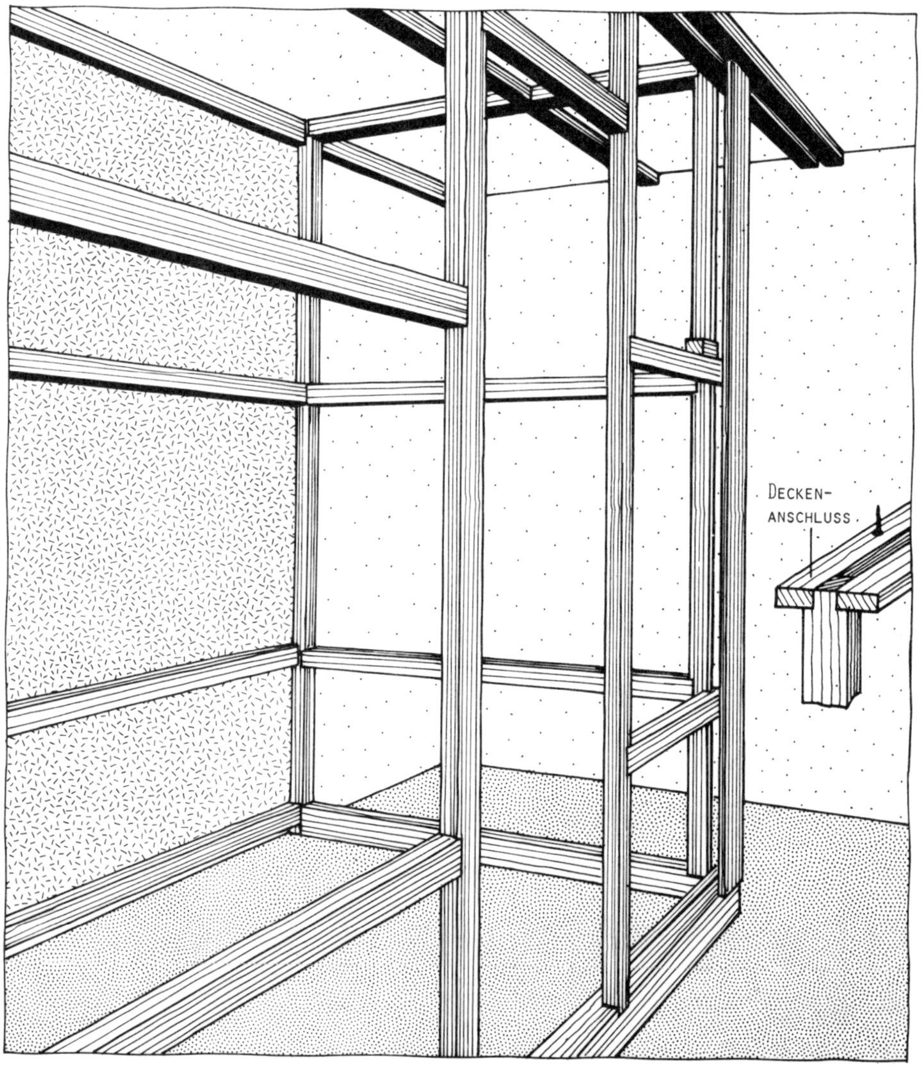

3 So sieht das Rohgerüst aus. Die aufrechten Dachlatten sind an der Decke zwischen zwei gedübelten und verschraubten Latten befestigt. Dank dieser Verankerung können sie sich beim Verbretttern des Gerüstes nicht lösen. Am Fußboden genügt dagegen ein einfaches Fußholz.

oder dort, wo das Lagerholz liegen soll, muß eine Schicht Steine gemauert werden.
An der Decke und den Wänden werden die Außenkanten der Sauna angerissen. So erspart man sich das mehrmalige Nachmessen beim Aufstellen der Wände. Die Mauerwände bekommen als zusätzliche Dämmung Hartschaumplatten (Styropor), die mit einem geeigneten Kleber angebracht werden.

Unter die Decke werden drei Dachlatten gedübelt und die Zwischenräume ebenfalls mit Styroporplatten ausgefüllt.
Jetzt werden auch je vier Dachlatten an die Wände gedübelt: eine direkt unter die Decke, eine über dem Fußboden.
Das Aufstellen der Holzwände beginnt bei den Kanthölzern, die auf den Fußboden gedübelt werden. Dort, wo die aufrechten Dachlatten stehen sollen, sind die Kanthölzer 3 cm tief ausgeklinkt.

Das aufrechte Gerüst besteht aus drei Teilen: Die kurze Wand und je ein Teil rechts und links von der Tür. Die aufrechten Latten werden 2 cm tief ausgestemmt, die Querlatten dann mit langen, verzinkten Schrauben befestigt. Die Gerüste auf die Kanthölzer stellen. Unten werden die Latten dann mit den Kanthölzern verschraubt. Und oben können sie an der äußeren Dachlatte befestigt werden. Eine zweite Dachlatte dagegendübeln: So

4 Schnitt durch die Wand (waagerecht): Senkrechte Profilbretter, Dachlattengerüst mit Mineralwolle, Luftschicht, waagerechte Bretter.

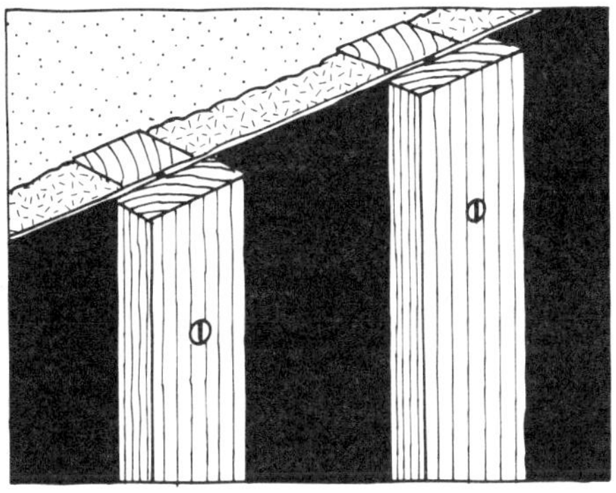

5 Nach dem Annageln der alukaschierten Mineralwolle an die Querlatten die aufrechten Latten schrauben, zwischen denen die Luft zirkuliert.

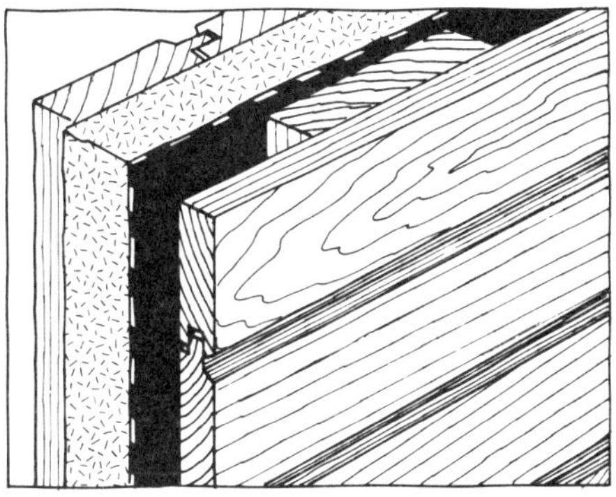

6 Der Aufbau der Holzwand von innen gesehen: Profilbretter, Luftschicht, Schalungsbrett, Alufolie, Mineralwolle, äußere Profilbretter.

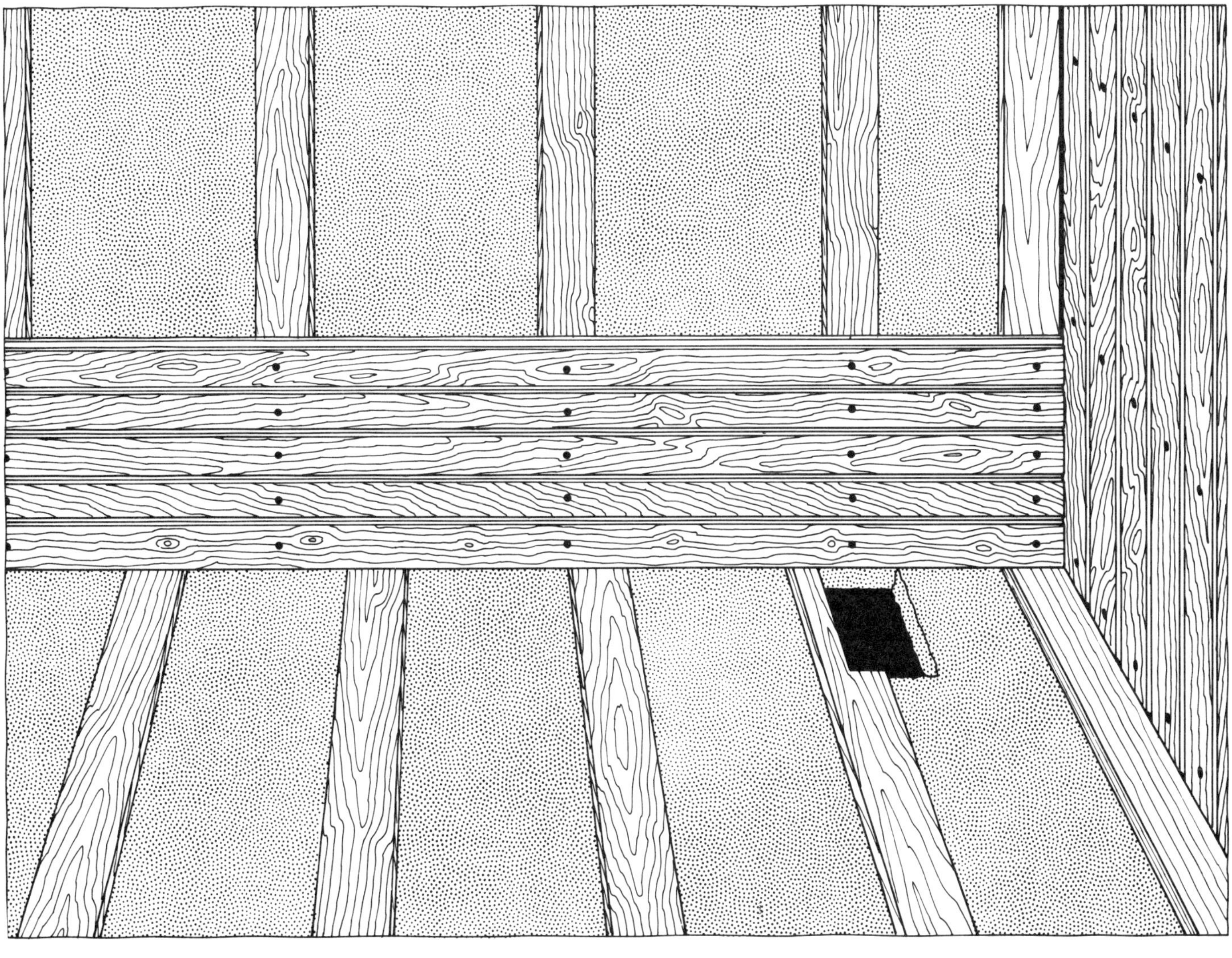

7 Blick gegen die Decke der Sauna. Bei der Verkleidung der Innenseite beginnt man mit der Decke. Weil sich die Bretter bei den Temperatur- und Luftfeuchtigkeitsschwankungen verziehen könnten, ist es ratsam, nicht verdeckt zu nageln, sondern jeweils in der Brettmitte. Beim Einschlagen der Brettfeder in die Nut auf die Kante ein Stück Abfallholz legen, damit die Feder oder die Nut nicht mit dem Hammer beschädigt wird.

kann sich das Gerüst beim Annageln der Profilbretter nicht mehr lösen.
Aus der Mauerwand wird nun der Abluftschacht, der direkt unter der Decke sitzt, herausgebrochen.

Das Verkleiden und Ausbauen

Zuerst werden die äußeren Profilbretter senkrecht an das Lattengerüst genagelt. So hat die Mineralwolle, die danach angebracht wird, richtigen Halt. Die Aluminiumkaschierung muß auf der Innenraumseite sitzen. Die Mineralwolle hat eine Breite von 80 cm zuzüglich der Breite der zwei Hefträder. Deshalb haben wir bei den waagerechten Dachlatten so oft wie möglich einen lichten Abstand von 80 cm genommen.
Über die Mineralwolle jetzt die Schalungsbretter, zwischen denen die Luft zirkulieren kann, anschrauben. Damit sich die Profilbretter, die auf die Schalung genagelt werden, nicht verziehen können, dürfen die Abstände nicht größer als 40 bis 45 cm sein. Die Verschalung des Saunainneren beginnt an der Decke. Danach folgen die Wände. Mit Vierkantleisten können die Ecken verleistet werden.
Unter dem Platz für den Ofen muß das ca. 15 × 20 cm große Loch für die Zuluft aus der Holzwand geschnitten werden. Die Innenkanten mit Leisten abdecken. Vor den Ausschnitt einen Rahmen mit schräg eingesetzten Lamellen schrauben. Um die Abluft regeln zu können, werden über und unter dem Luftschacht zwei Leisten mit Nuten angebracht, in die eine Sperrholzplatte geschoben wird.
Die nächste Arbeit ist das Einschrauben der Gerüste, die die Liegen tragen. An den Punkten, an denen sich die Balken treffen oder kreuzen, sind sie in der halben Stärke einfach überblattet. Auf die senkrechten Pfosten sind schräge »Knakken« gesetzt, die das Gewicht besser aufnehmen. Die Latten für die Liegen müssen sehr sauber geschliffen sein, damit sich später niemand an Splittern verletzt. Kanten gut runden! Die Tür besteht aus einem Lattengerüst, auf das beidseitig Profilbretter genagelt werden. Zwischen die Latten Mineralwolle ohne Alukaschierung legen. Die Folie reflektiert die Hitze zu stark. Damit die Tür sich nicht verzieht, wurde auch auf die Luftschicht verzichtet. Als Anschlag für diese stumpfeinschlagende Tür dienen drei gehobelte Schalungsbretter. Mit zwei verzinkten Bändern und einem Rollschnäpper aus Messing wird sie im Rahmen gehalten. Beidseitig einen Holzgriff montieren.
Der Fußboden, in unserem Fall schwimmender Estrich, erhielt einen Anstrich mit Zementfarbe. Nicht notwendig, aber angenehm: ein zusätzlicher Holzrost.
Für Ofen, Temperaturfühler und Thermostaten gelten die Montageanleitungen der jeweiligen Hersteller.

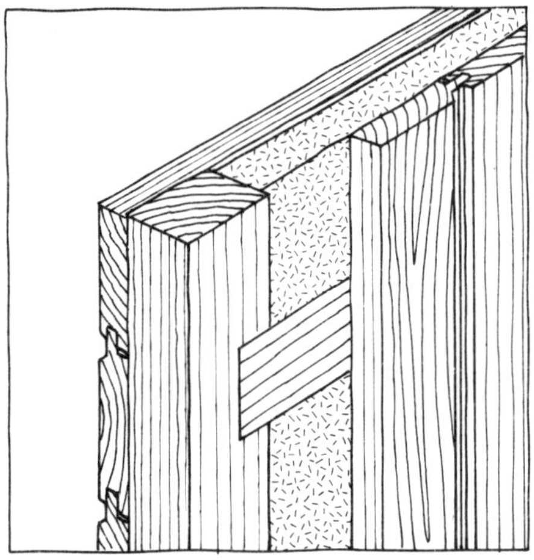

8 Der Wandaufbau von außen: Die Querlatten sind in die aufrechten Dachlatten etwas eingelassen, damit sie sicheren Halt bekommen.

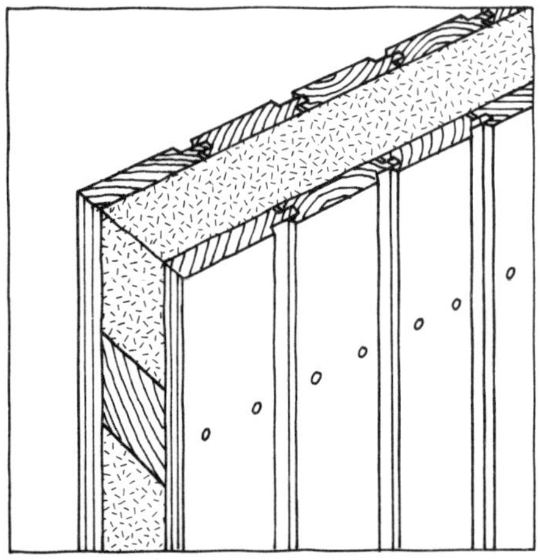

9 Die Tür wird dreischichtig aufgebaut. Sie besteht aus einem Profilbrett, einer Mineralwolleschicht und wiederum einem Profilbrett. Auf die Kaschierung mit Aluminiumfolie muß in diesem Fall verzichtet werden – die Wärmerückstrahlung würde sich nachteilig auswirken. Auch die Luftschicht fällt bei der Tür weg. Sie wird mit verzinkten Bändern in ihrem Rahmen gehalten.

10 Blick in die fertiggestellte Sauna. Mit ihrem Grundriß von etwa 3,88 m² ist sie für drei bis vier Personen berechnet. Weil es in dieser Sauna keinen Wasserabfluß gibt, wurden die Liegen so konstruiert, daß man sie zum Säubern herausnehmen kann. Die Bretter der Liegen müssen von unten verschraubt werden. Sonst bestünde die Gefahr, daß man sich beim Saunen an den heißen Schraubenköpfen verbrennt. Auch die Nägel der Verbretterung müssen tief versenkt werden. Der Fußboden wurde lediglich mit Zementfarbe gestrichen. Er bestand in unserem Fall aus schwimmendem Estrich. Man kann ihn aber auch mit einem Holzlattenrost belegen. Den Saunaofen (siehe Tabelle auf Seite 246) bauen Sie ebenso wie Temperaturfühler und Thermostaten nach Herstellervorschrift ein.

Terrarium für Tier- und Pflanzenfreunde

Unser Terrarium kann man getrost auch im Freien aufstellen. Die Rahmenhölzer sind aus witterungsbeständigem Teakholz. Als Verbindungselemente dienen Holzdübel, kombiniert mit Gewindebolzen und Muttern. Alles bleibt leicht zerlegbar – was von Bedeutung ist, wenn etwa eine zerbrochene Glasscheibe ausgetauscht werden muß.

Die meisten Terrarien werden von Schülern betreut. Anfangs, wenn es in der Naturkunde noch um Frösche und Kriechtiere geht, mit großer Begeisterung. Mit wachsenden Aufgaben erlischt dieses Interesse, um vielleicht nach Jahren neu zu erwachen. Unser Terrarium kommt diesen Wechselfällen entgegen. Es ist nicht zusammengeleimt, sondern durch Gewindebolzen verbunden. Die Vorteile: Die Glasscheiben sind, falls einmal zersprungen, leicht zu ersetzen, und das ganze Gestell kann zerlegt werden. So läßt es sich gut und platzsparend verwahren.

Als Material wurde massives Teakholz gewählt, das Feuchtigkeitseinflüssen gegenüber unempfindlich ist. Der Boden besteht aus wasserfest verleimtem Sperrholz. Außerdem brauchen Sie nur noch ein paar Dübel aus Buchenholz, Maschinenschrauben für die Befestigung der Auflageleisten für Boden und Glasscheiben, die Sie selbst zuschneiden können.

Die Beinpfosten werden auf der Kreissäge (Wanknutscheibe) 4 mm breit und 8 mm tief genutet. Dieses Maß ist einzuhalten, weil sonst die Glasscheiben nicht passen. Dann kommen die Bohrungen für Dübel- und Schraubenlöcher an die Reihe. Fertigen Sie sich dafür eine Bohrschablone an, die mit Schraubzwingen am jeweiligen Werkstück befestigt wird. Mit Hilfe der Schablone wird die Bohrung durch kurzes Anbohren nur markiert. Fertigbohren sollten Sie dann nach Abnehmen der Schablone.

Mit einem 10-mm-Distanzbrett können Sie die Schablone auch für die Bohrungen in den Längs- und Querholmen verwenden. Die Löcher sitzen dann genau in der Materialmitte. Für die Muttern lassen Sie Schlitze ein (Foto 3). Bei den Eckverbindungen kreuzen sich die Gewindebolzen versetzt (Foto 4). Um das Terrarium beweglich zu machen, haben wir die Beine mit Möbelrollen ausgestattet.

1 Beinpfosten 4 mm breit, 8 mm tief auf der Kreissäge nuten. Mit Schablone Schrauben- und Dübellöcher präzise bohren.

2 Für das Bohren in die Längs- und Querholme die Schablone mit einem 10 mm dicken Distanzbrett versehen, dann paßt sie genau.

3 5 cm von der Außenkante einen Schlitz in Mutternbreite einlassen. Erst bohren, dann mit dem Stecheisen nachstechen.

4 Eckverbindungen so vorbohren, daß sich die Gewindebolzen um 1 cm versetzt kreuzen. Messing-Unterlegscheiben verwenden.

5 Die Terrariumscheiben kann man mit einem Glasschneider selbst zuschneiden – und zwar auf einer absolut ebenen Arbeitsfläche.

6 Glasscheiben zuerst in die Nuten der Eckpfosten und der oberen Holme einschieben. Dann die unteren Holme vorsichtig einpassen.

MATERIALLISTE

Nr.	Teil	Anzahl	Material	Maße in cm		
1	Beine	4	Teak massiv	55	4	4
2	Querstücke unten	2	Teak massiv	80	10	2
3	Querstücke unten	2	Teak massiv	50	10	2
4	Querstücke oben	2	Teak massiv	80	4,5	2
5	Querstücke oben	2	Teak massiv	50	4,5	2
6	Auflageleisten für den Boden	2	Teak massiv	82	2	2
7	Auflageleisten für den Boden	2	Teak massiv	48	2	2
8	Paßleisten für den Boden	2	Teak massiv	50	1,5	1
9	Boden	1	Sperrholz wasserfest	80	52	1,2
10	Dübel	24	Buche	4		0,8
11	Maschinenschrauben	16		10		M6
12	Glasscheiben	2		81,5*	36*	0,4
13	Glasscheiben	2		51,5*	36*	0,4
14	Rollen	4				
15	Senkkopfschrauben für Pos. 6 u. 7	14	Messing	2,5 lang		

* Maße gelten bei 8–9 mm Nuttiefe

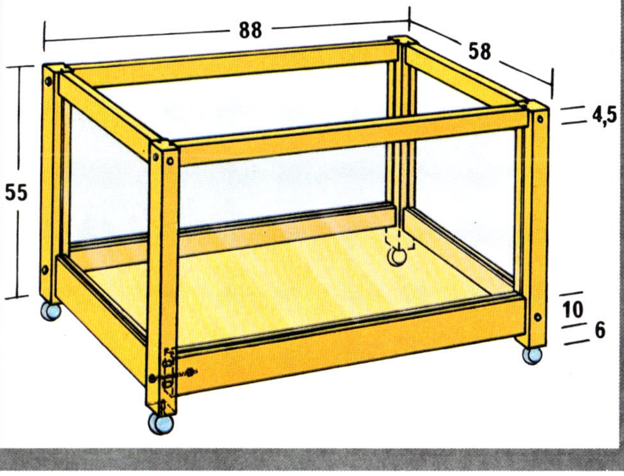

Bild und Ton vom eigenen Sendeturm

Plattenspieler, Rundfunkgerät, Tonbandgerät und Fernseher: Alles findet auf rund einem drittel Quadratmeter Grundfläche Platz. Unser drehbarer Phono- und Fernsehturm bringt es auf drei Etagen unter, die sich beliebig gegeneinander verstellen lassen. Das Material dieses Wunderturms ist kiefernfurnierte Tischlerplatte. So haben Sie außer Schleifen, Grundieren und Lackieren keine Arbeit mit der Oberfläche – und das Möbelstück sieht immer gut aus.

Der besondere Vorzug unseres Phonoturms ist der geringe Platzbedarf. Alle Geräte einer Hifi-Anlage und ein TV-Gerät haben in drei Etagen Platz.
Kiefernfurnierte Tischler- und Sperrholzplatten, kleine Kugelrollen, Kunststoffscheiben und die oberen Teile von Siphons aus dem Sanitärhandel, das ist das Material. Der Dreh dabei: Die Siphonteile ersetzen die teureren Kugellager.
Lassen Sie sich die einzelnen Platten anhand unserer Holzliste zuschneiden. Die Buchstaben in der Holzliste, die die einzelnen Teile kennzeichnen, kehren in der Zeichnung wieder.
Achten Sie aber unbedingt darauf, daß alle Teile maßhaltig und im rechten Winkel zugeschnitten sind! In der Holzliste und anhand der Zeichnung erkennen Sie, wie wir die einzelnen Elemente unterteilt haben.
Bei den Maßen des Sendeturms haben wir uns nach den gebräuchlichsten Phono- und Fernsehgeräten gerichtet. Paßt eines Ihrer Geräte trotzdem nicht in den Turm, lassen sich die Maße problemlos verändern.
Damit Sie an den aufrechten Seiten durchgehende Furnierflächen haben, können Sie folgenden Trick anwenden: Die Kanten, die mit den waagerechten Böden verleimt werden sollen, so fräsen, daß nur eine dünne Furnierschicht stehenbleibt. Die Plattendicke ist die Falztiefe. Der überstehende Furnierstreifen bildet den Vorleimer, der das Hirnholz verdeckt. Beim Verleimen der einzelnen Teile müssen Sie nur darauf achten, daß Sie die Furnierstreifen gut andrücken. Alle anderen Kanten bekommen einen Vorleimer aus aufbügelbaren, schmelzkleberbeschichteten Furnierstreifen.
Ein kleiner Tip: Brechen Sie mit feinem Schleifpapier gleich die Kanten! So kann nichts hinter das Furnier haken und es abreißen!

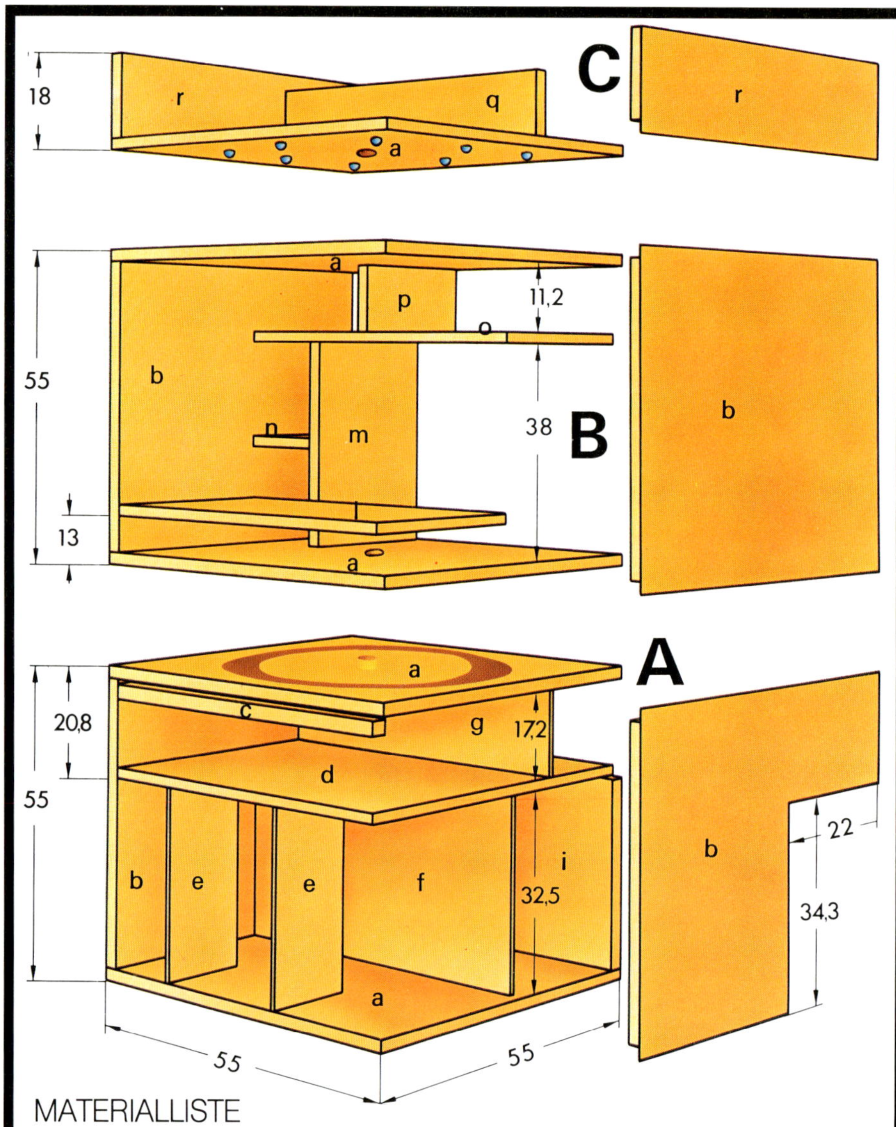

MATERIALLISTE

K = kiefernfurnierte Tischlerplatte, 19 mm dick
S = Sperrholz mit Kiefernfurnier, 10 mm dick

	Teil	Anzahl	Maß (cm)	Material	Bezeichnung
ABC	a	5	55 × 55	K	Böden und Platten der Kästen
	b	4	55 × 55	K	Seiten, Ober- und Unterkante 18 mm tief ausgefräst
A	c	1	51,2 × 4	K	Blende Radiofach
	d	1	51,2 × 55	K	Mittelboden Kasten A
	e	2	32,5 × 16,5	S	Unterteilung Plattenfach
	f	1	32,5 × 51,2	S	Trennwand Plattenfach
	g	1	51,2 × 17,2	K	Rückwand Radiofach
	h	1	32,5 × 20,2	K	Rückwand kleines Plattenfach*
	i	1	32,5 × 33	K	Seitenabschluß
	j	1	19,4 × 22	K	Zwischenboden Bandfach*
B	k	1	51,2 × 8,5	K	Rückwand für Ablage neben TB*
	l	1	51,2 × 25	K	Boden für Fernseher
	m	1	38 × 25	K	Seitenteil Tonbandfach
	n	1	8,5 × 25	K	Aufteilung
	o	1	51,2 × 25	K	Oberer Abschluß TB-Fach
	p	1	11,2 × 25	K	Aufteilung
C	q	1	12 × 51,2	K	Rückwand Plattenspieler
	r	2	18 × 55	K	Seitenteil, nur unten gefräst

* auf der Zeichnung nicht sichtbar
Wichtig: Maserung in Richtung des ersten Maßes!

Zubehör: 4 Möbelrollen, 16 kleine Kugelrollen, 2 Messingabläufe, 2 Pertinaxscheiben 54 cm Ø, ca. 20 lfdm Kiefernholz-Vorleimer, ca. 100 Buchenholzdübel 0,8 cm Ø, 2 Lautsprecher-Verlängerungskabel, 2 Tischsteckdosen, Kabel und Stecker

1 Bei einem Möbelstück, das die Blicke auf sich zieht, sollten Sie den Trick der durchgehenden Furnierflächen anwenden. Arbeiten Sie beim Zuschnitt so, daß Deck- und Absperrfurnier an den Seiten stehenbleiben.

2 Keine Möbelverzierung, sondern eine Großaufnahme der Bohrungen, mit denen die Oberseiten der beiden unteren Elemente versehen werden müssen. In die Löcher werden später Kugelrollen gesetzt und verschraubt.

Beim Zusammenbau zu beachten

Die Bohrung für das Siphonteil, das jeweils in der oberen Platte eingelassen und befestigt wird, und die Bohrung, in der man es nur führt, müssen genau in der Plattenmitte sitzen und dürfen nicht zuviel »Spiel« haben. Das Siphonteil, das wir gewählt haben, hat den Außendurchmesser von 38 mm. Es wird mit vier kleinen Schrauben (Senkkopf) befestigt.
Unter die beiden oberen Elemente Laufflächen für die Kugelrollen kleben, die die einzelnen Turmteile sicher und ohne Erschütterung drehen lassen. Das beste Material ist Pertinax oder Schichtpreßstoffplatte. Die Ringe lassen sich mit der Stichsäge leicht ausschneiden. Die Kugelrollen werden auf der Oberseite der beiden unteren Elemente eingelassen. Für die erforderlichen Löcher benötigen Sie zwei Forstnerbohrer mit verschiedenen Durchmessern. Der Durchmesser unserer Rollen beträgt etwa 35 mm. Man befestigt sie ebenfalls mit kleinen Schrauben.
In den mittleren Turmkasten bringen Sie die »Stromzentrale« unter. Bitte denken Sie daran: Lieber eine Steckdose zuviel! Alle Kabel werden durch den genügend großen Siphon geführt.
Den Strom bekommt der Phonoturm durch einen Stecker, der mit einer Halterung an der Innenseite des unteren Elements befestigt ist. Die Bohrung muß so groß sein, daß das Gegenstück, die Buchse, hineinpaßt. Bevor Sie mit der Oberflächenbehandlung beginnen, sollten Sie den Turm probeweise zusammenstellen. So können Sie noch Korrekturen vornehmen. Schleifen Sie die Oberfläche anschließend noch einmal leicht. Wenn Sie den Turm »natur« lassen wollen, sollten Sie ihn zweimal grundieren und dann mattieren. Selbstverständlich können Sie den Turm auch farbig oder dunkel beizen.
Wer bereit ist, auf den Naturholz-Look zu verzichten, kann für die Konstruktion einfache Tischlerplatte nehmen. Die Flächen des Phonoturms lassen sich mit Phantasie sehr hübsch farbig gestalten.
Wenn Sie Ihre Phonogeräte, Rundfunk- und Fernsehgerät einbauen, sollten Sie sich zuvor die Unterseiten ansehen. Fast alle Hifi-Geräte haben Füßchen aus Kunststoff, die für sicheren Stand sorgen sollen. Leider verträgt sich das Material häufig nicht mit den lackierten Holzoberflächen. Kleben Sie einfach Filzplättchen unter die Füße der Geräte, so gibt es keine Schrammen.

3 Unser Sendeturm (eigentlich ist er eher ein Empfangsturm) hat viele Gesichter, weil sich die drei Kästen beliebig verdrehen lassen.

4 Zwei andere Ansichten des Musikturms. Wenn Sie die Fotos vergleichen, werden Sie feststellen, daß keines dem anderen gleich ist.

5 Hier kommt nun auch noch das Bandgerät zum Vorschein. In Seitenfächern ist genug Platz zur Unterbringung von Tonbändern und Platten.

6 Der Drehpunkt des Phonoturms besteht aus Siphonteilen, die es im Sanitärhandel zu kaufen gibt.

7 Auf das eingelassene Siphonteil wird von der anderen Seite das Gegenstück geschraubt.

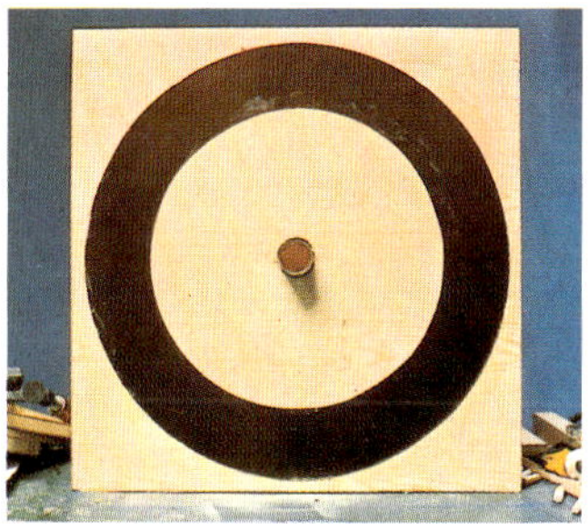

8 Als Lauffläche für die kleinen Kugelrollen dienen Pertinaxringe, die man selbst schneidet.

9 Auf diesen kleinen Kugelrollen (35 mm ∅) bewegen sich die einzelnen Teile des Phonoturms.

10 Der Stecker für die Verlängerungsschnur, die den ganzen Turm mit elektrischem Strom versorgt, sitzt in einer Halterung aus Tischlerplatte, die beim Zusammenbau von innen gegen die Seite geleimt wird.

11 Über dem Stecker haben wir zwei Buchsen für die Lautsprecher eingelassen. An dieser Stelle können Sie aber auch das Anschlußteil für die Radio- oder Fernsehantenne oder eine Buchse für das Bandgerät anbringen.

12 Im unteren Bereich des mittleren Kastens ist die »Stromzentrale« des Phonoturms untergebracht. Sie besteht aus zwei Tischsteckdosen mit je drei Anschlüssen. Die Steckdosen sollten fest im Kasten verschraubt werden.

13 Die erste Drehprobe nach der Fertigstellung des Phonoturms. Anschließend können alle Flächen mit feinem (250er) Schleifpapier noch einmal geschliffen, dann grundiert und schließlich farblos lackiert werden.

Die Hausbar für die kleine Party

Auf den ersten Blick ein solider Mahagonischrank. Im Handumdrehen wird eine geräumige Zimmerbar daraus. Unser verblüffendes »Sesam öffne dich« verbirgt im Unterteil den Bartresen und eine Sitzbank für drei Personen. Den »hochgeistigen Zuspruch« erhalten Sie, wenn Sie die Flügeltüren des Oberteils öffnen. Darunter befindet sich ein praktisches Abstellbord. Der Vorteil unserer getarnten Heimkneipe: Sie hat auch in kleinen Räumen Platz. Und sie läßt sich bei Bedarf innerhalb weniger Minuten zu voller Größe entfalten.

Geübtere Heimwerker werden beim Bau der Hausbar keine Probleme haben. Ungeübte hingegen sollten sich von den kompliziert erscheinenden Zeichnungen nicht gleich abschrecken lassen, die Sache aber auch nicht auf die leichte Schulter nehmen. Die »Bar im Schrank« besteht aus vier Elementen, die im Bild rechts gut zu sehen sind: Sitzbank, Tresen, Mix-Konsole und Getränkeschrank mit zwei Flügelkästen. Alle Teile sind separat montiert und werden, je nach Bedarf, auseinander- oder zusammengeschoben.

Der Bau der Sitzbank

Zuerst werden die Rahmenhölzer für die Rückwand (man erkennt sie am besten auf Foto 4 auf Seite 256) mit Schlitzen und Zapfen versehen und verleimt. Auf den fertigen Rahmen leimt man die 5-mm-Sperrholz-Rückwand.
Die vier Standkonsolen werden aus 19-mm-Tischlerplatte ausgesägt, die Sichtkanten erhalten Umleimer. Die Standkonsolen befestigt man mit Leim und Holzschrauben so an der Rückwand, daß die Schrauben durch die 22 mm dicken Rahmenhölzer gedreht werden können. Das aus Kiefernbrettern zusammengeleimte Sitzbrett wird nun auf die Standkonsolen geschraubt. Sowohl Sitzbrett als auch Rückenlehne werden mit Einfaßleisten für die Polster versehen. Die Vorderkante des Sitzbrettes erhält noch eine gegengeleimte Stoßleiste, deren Kante mit Feile oder Schmirgel abgerundet wird. Wie man die Fußraste aus Messingrohr befestigt und wie die Polster angefertigt werden, zeigen die Fotos 5 bis 8. Das Messingrohr wird so eingepaßt, daß es bündig mit den äußeren Standkonsolen abschließt. Die unschönen Löcher werden mit einer hübschen Holzrosette kaschiert. An allen vier Standkonsolen der Sitzbank werden je zwei Möbelrollen befestigt. Deren Befestigungen läßt man in Sacklöcher ein. Die Schmuckecken der Bankrückwand werden aufgeleimt.

1 Schon bei der nächsten Party sollten Sie Ihre Gäste mit dieser Verwandlungsbar überraschen. Denn was hier wie ein schlichter Mahagonischrank aussieht, hat in Wirklichkeit ein reiches Innenleben. Mit ein paar Handgriffen läßt sich das Möbelstück auseinanderziehen – auf der rechten Seite sehen Sie, was dann daraus wird. Freilich: So ganz einfach zu bauen ist die Sache nicht. Sie brauchen allerhand Erfahrung auf dem Gebiet der Holzbearbeitung.

MATERIALLISTE

Abkürzungen: S = Sperrholz, M = Mahagoni, T = Tischlerplatte, TF = Tischlerplatte furniert; Maße in cm

Sitzbank
Rahmen Rückwand, 22 mm Kiefer:
2 Teile oben/unten 180 x 7,3
2 Teile außen 100,5 x 6,8
2 Teile Mitte 90 x 6,8
1 Rückwand, 5 mm S, 180 x 100,5
1 Sitzfläche, 22 mm Kiefer, 173 x 35,5
Leisten Sitzbank-Rückwand, 100 mm M, 6 cm breit, 11 lfdm
4 Standkonsolen, 19 mm TF, 48 x 55,5
6 Verstärkungswinkel Rückwand, 10 mm S, 13 x 13
3 Zierbrettchen Rückwand, 5 mm S, 29 x 24
1 Fußstütze Messingrohr, 3,5 Ø, 180 cm
8 Möbelrollen, ca. 5 cm hoch

Tresen
1 obere Platte, 19 mm TF, 180,5 x 53
2 Umleimer dazu, 10 mm M, 182,5 x 4
2 Umleimer wie vor, 55 x 4
2 Seitenwände, 19 mm T, 108 x 51
1 Rahmenholz, 22 mm TF, 175,5 x 10
2 Rahmenhölzer wie vor, 100 x 6,5
2 Winkelverstärkungen, 10 mm S, 20 x 15

Wandbord
1 Oberplatte, 19 mm TF, 140,5 x 39
2 Konsolenbretter, 19 mm TF, 35 x 23
1 Stützbrett, 10 mm S, 99,5 x 10
1 Zierleiste, 12 mm S, 140,5 x 8

Barschrank
1 Rückwand, 5 mm S, 99 x 65
2 Seitenwände, 13 mm T, 65 x 26
1 Boden, 13 mm T, 26 x 99
1 Decke, 8 mm S, 26 x 99
1 lfdm Dreieck-Verstärkungsleisten, Rahmen für hochgezogenen Boden, 13 mm T, 7 cm hoch, ca. 270 cm lfd. Länge
1 Zwischenboden, 10 mm S, 97 x 25
1 Zwischenboden wie vor, 97 x 20
2 Abschlußleisten, 10 mm S, 6 x 100
1 Abschlußleiste wie vor, 3 x 97
2 Auflageleisten 16 mm Kiefer, 3 x 20
1 Spiegel für Rückwand, 56 x 97,4
4 Messingscharniere, 1 Schieberiegel

Flügelkästen
2 Rückwände, 6 mm S, 48,5 x 65
4 Seitenwände, 13 mm T, 22 x 65
4 Stück Decke/Boden, 8 mm S, 48,5 x 22
1 lfdm Dreieck-Verstärkungsleisten
4 Blendleisten, 10 mm M, 49,5 x 6
4 Blendleisten wie vor, 65 x 5
1 Blendleiste wie vor, 65 x 2,3
4 Ziérecken, 6 mm S, 10 x 8
4 Zwischenböden, 8 mm S, 47,5 x 19
2 Zwischenböden wie vor, 47,5 x 11
2 Spiegel für Rückwand, 47,5 x 63,5

Schmuckflügel
2 Flügelplatten, 6 mm S, 41 x 65
4 Blendleisten, 10 mm M, 5 x 65
4 Blendleisten wie vor, 5 x 41
4 Zierecken, 6 mm S, 10 x 8

2 So sieht die Zimmerbar, die zusammengebaut nur wenig Platz wegnimmt, in betriebsfähigem Zustand aus. Das sind ihre Bestandteile (von links): Eine gemütliche Sitzbank, ein solider Tresen, ein Wandbord als Ablagebrett und für den Barmixer schließlich ein raffiniert ausgedachter Barschrank mit ausklappbaren Flügelkästen und Schmuckflügeln. Die Bauzeichnungen für die Einzelteile des Möbels mit allen Maßangaben finden Sie auf Seite 257.

3 Die Sitzfläche der Bank. Sie besteht aus massiven Kiefernbrettern von 22 mm Dicke, die zusammengeleimt und durch Dübel mit den Standkonsolen verbunden werden. Mahagonileisten dienen als Rahmen der Polster.

4 Die Rahmenhölzer der Bankrückwand bestehen aus 22 mm dickem massivem Kiefernholz, das an den Verbindungsstellen gezapft wird. Die Rückwand, 5 mm dickes Sperrholz, wird mit den Rahmenhölzern sorgfältig verleimt.

5 Als Fußstütze der Sitzbank dient ein Messingrohr mit einem Durchmesser von 3,5 cm, 180 cm lang.

6 Die Sitzpolster bestehen aus 3 cm dickem Schaumstoff, der auf Sperrholzflächen geklebt wird.

7 Den Bezugsstoff für die Polster heftet man in 3-cm-Abständen mit dem Tacker aufs Brett.

8 Polster-Abmessungen so wählen, daß diese ganz stramm zwischen die Rahmenleisten passen.

9 Der Bartresen ist fertig verleimt und verschraubt. Die Rahmenhölzer, die hier aus Tischlerplatte angefertigt wurden, sind an den Schnittkanten mit Umleimern versehen. Die Winkelverstärkungen sind eingeleimt.

10 Als Befestigung für die Tresenplatte an den Oberkanten 25-mm-Kiefernleisten einleimen.

11 Ein Brett zwischen den Stützen der Wandkonsole dient zur Verschraubung an der Wand.

12 Die Wandkonsole von unten. Sie besteht aus 19 mm Tischlerplatte, verleimt und verschraubt.

13 Das Innenleben des Schranks. Beim Aufklappen wird die Frontseite des Möbels zur Rückwand.

Die Tresen-Konstruktion

Man beginnt mit dem Verleimen der Rahmenhölzer, die durch Zapfen miteinander verbunden sind. Die Seitenteile des verleimten Rahmens werden mit Leim bestrichen und die Seitenwände, 19 mm Tischlerplatte, so dagegengeschraubt, daß sie vorne 5 mm überstehen. An der Oberkante der beiden Seitenteile werden auf der Innenseite zwei 25 mm dicke Leisten eingeleimt, die zur Befestigung der Tresenplatte dienen (siehe auch Foto 10). Die Tresenplatte, ebenfalls 19 mm Tischlerplatte, wird mit einer auf Gehrung geschnittenen Umleimerleiste versehen, die auf der Unterseite 21 mm übersteht.
Die Oberkante von Rahmen und Seitenteilen mit Leim bestreichen, die Tresenplatte auf den an den Seitenteilen angeleimten Leisten festschrauben.

Das Wandbord

Die geschweiften Konsolenbretter sägt man mit einer Stichsäge aus; die Schnittkanten werden furniert.
Die Rückseite der Konsolenbretter müssen an der Oberkante mit einem Stecheisen 10 mm tief ausgespart werden, damit dort das Sperrholz-Querbrett (Foto 12) eingeleimt werden kann.
An diesem Brett wird das ganze Bord mit Mauerhaken an der Wand befestigt, die Bord-Platte mit Blinddübeln auf die Konsolenbretter geleimt. Die Vorderseite erhält eine geschweifte Zierleiste (12 mm Sperrholz).

Bar- und Flügelschränke

Sämtliche Seitenteile werden oben und unten mit einer Nut versehen. Einen 6 mm tiefen Falz muß man da anlegen, wo die Rückwand eingepaßt werden muß. Die Seitenteile verleimt man mit den Ober- und Unterteilen, die Rückwände werden mit Leim versehen und festgestiftet. Auf den Innenseiten der Rückwände kann man die Spiegel mit doppelseitigem Klebeband anheften. Zwischenbretter können Sie nach Bedarf samt Trageleisten einfügen. Sämtliche Schrankteile sind durch Zier-Aufsatzscharniere miteinander verbunden.
Unter das Deck- und das Bodenbrett des mittleren Schrankelementes wird je eine Leiste geleimt, die 1 cm nach vorne übersteht. Diese Leisten stützen die Flügelschränke in geschlossenem Zustand.
Die Rückseiten der Flügelschränke und die Frontseiten der Schmuckflügel werden mit aufgeleimten Ecken und Blendleisten versehen.
Die Einzelteile der Hausbar haben wir gewässert, geschliffen und im Mahagoniton gebeizt, dann zweimal mit Mattlack gestrichen. Natürlich können Sie auch einen anderen Farbton wählen.

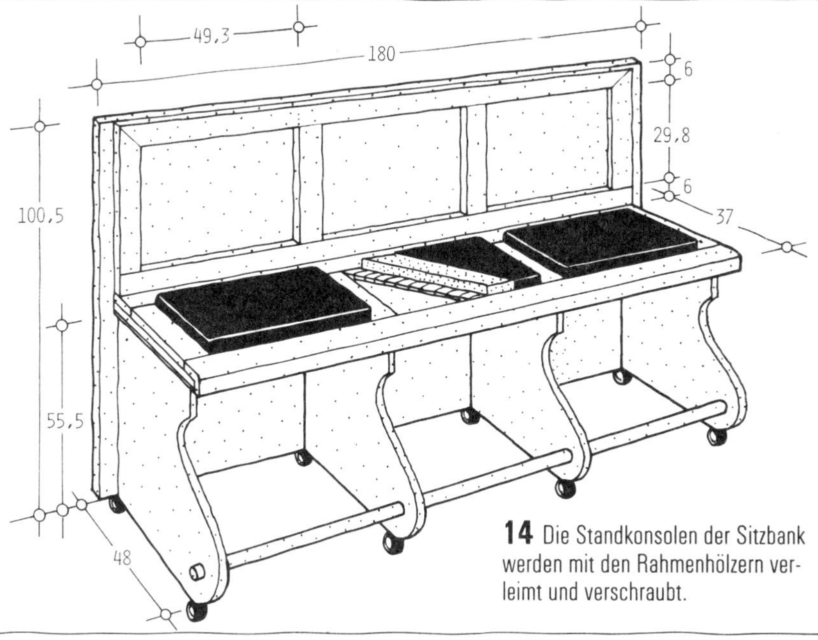

14 Die Standkonsolen der Sitzbank werden mit den Rahmenhölzern verleimt und verschraubt.

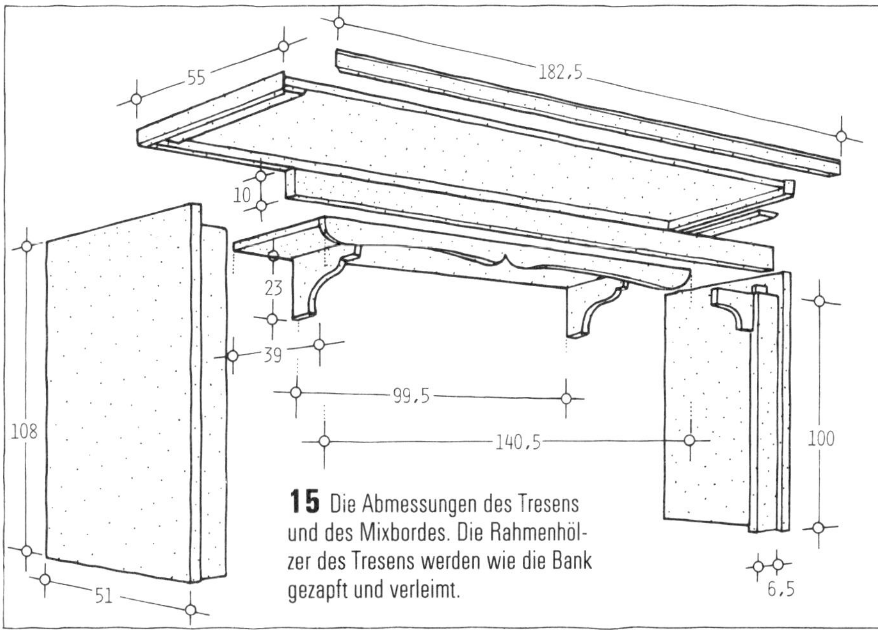

15 Die Abmessungen des Tresens und des Mixbordes. Die Rahmenhölzer des Tresens werden wie die Bank gezapft und verleimt.

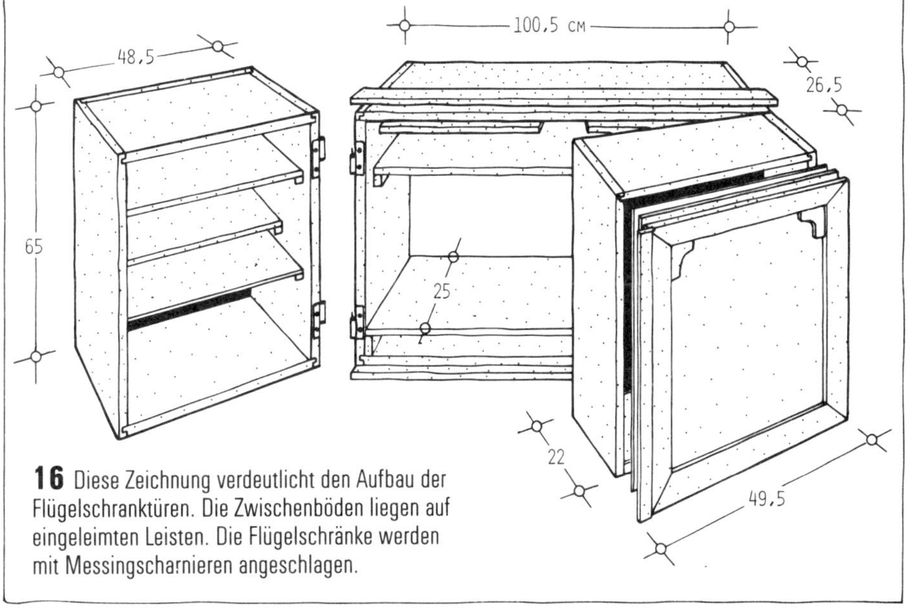

16 Diese Zeichnung verdeutlicht den Aufbau der Flügelschranktüren. Die Zwischenböden liegen auf eingeleimten Leisten. Die Flügelschränke werden mit Messingscharnieren angeschlagen.

Ein Kamin, den man sich leisten kann

Meistens bleibt es beim Traum vom offenen Kamin, von den schönen Stunden am knisternden und prasselnden Holzfeuer. Denn wer hat schon so viel Geld, sich diesen Luxus zu leisten, und wer hat schon ein eigenes Haus, in dem man ein solches Vorhaben verwirklichen kann? Diese Argumente haben jedoch heute keine Gültigkeit mehr. Denn: mit einem vorgefertigten Kaminbausatz ist der Selbstbau eines offenen Kamins preiswert zu bewältigen. Wenn Hausbesitzer und Schornsteinfeger ihren Segen geben, können Sie einen Kamin wie den hier vorgestellten auch ohne weiteres in Ihre Etagenwohnung einbauen. Voraussetzung ist allerdings ein tragfähiger Fußboden. Wenn er, wie oft in Altbauten, nicht ausreichend stabil ist, bleibt Ihnen noch eine zweite Möglichkeit: Hängen Sie einen Kamin aus Blech an die Wand.

Ganz ohne Formalitäten geht es nicht, wenn Sie einen Kamin, gleich welcher Art, einbauen wollen. Hier die wichtigsten Punkte:

- Der Schornsteinfeger muß Ihren Schornstein überprüfen. Ist er nicht dicht, muß er ausgepreßt werden. Ist er zu klein, können zwei Schornsteinzüge zusammen für den Anschluß des Kamins verwendet werden. Erst wenn der Schornsteinfeger Ihnen den Freigabeschein Ihres Kamins gegeben hat, kommt der nächste Schritt:
- Der Einbau eines offenen Kamins muß von der Baubehörde genehmigt werden. Reichen Sie einen Bauantrag ein. Außer den vorgeschriebenen Formularen müssen Sie im allgemeinen in dreifacher Ausfertigung einreichen: 1. einen Plan Ihrer Wohnung – er kann selbstgezeichnet sein –, aus dem ersichtlich ist, wo der Kamin stehen soll und wo der Schornstein liegt; 2. einen Prospekt des gewählten Fertigkamins; 3. die Einverständniserklärung des Hausbesitzers.
- Erst wenn die Baugenehmigung erteilt ist, sollten Sie den Kamin kaufen. Am besten schicken Sie der Kaminfirma eine Kopie des Grundrisses. Sie wird Ihnen einen Händler nachweisen, der sich um die Materialbestellung kümmert und Sie beim Einbau berät.
- Bis der Kamin geliefert wird, müssen Sie befolgen, was die Baubehörde im Baugenehmigungsbescheid verlangt. Im allgemeinen schreibt sie vor, daß der Fußboden vor und unter dem Kamin nicht aus brennbarem Material bestehen darf. Er ist bis 50 Zentimeter vor die Feueröffnung und jeweils 20 Zentimeter seitlich durch einen nichtbrennbaren Baustoff zu schützen (also beispielsweise durch Fliesen oder Natursteinplatten).

Diese Vorschriften können allerdings örtlich verschieden sein. Deshalb sollten Sie immer den Rat des Bezirks-Schornsteinfegers einholen, der Ihnen auch alle anderen feuerpolizeilichen Fragen genau erklären wird. Da Schornsteine grundsätzlich mit mehreren Zügen gebaut werden, wird immer ein Zug für den Kamin frei sein. Grundsätzlich darf am Zug des offe-

Ein Kamin mit offenem Holzfeuer – wer hätte nicht schon davon geträumt? Beispielsweise von einem Modell wie dem abgebildeten, rustikal mit behauenen Steinen verkleidet, als Abschluß ein schwerer Balken, dem man die Herkunft aus dem Wald noch ansieht. Was man nicht auf den ersten Blick erkennt: Es handelt sich keineswegs um eine teure Spezialanfertigung, sondern um einen Kamin, den sich ein Heimwerker selber gebaut hat.

nen Kamins keine andere Feuerstätte angeschlossen sein.
Die Feueröffnung des offenen Kamins und der Schornsteinquerschnitt müssen aufeinander abgestimmt sein. Bei Schornsteinen unter fünf Meter Höhe muß der Querschnitt des Zuges bei den meisten Kamineinsätzen 25 × 25 cm sein. Ist der Schornstein über 5 m hoch, braucht er nur noch 20 × 20 cm zu sein.

Einsatzkamin aus Fertigteilen

Kamineinsätze gibt es von mehreren Herstellern (unser Modell stammt von Lünstroth, 4804 Versmold) und in unterschiedlichen Ausführungen:
- Einseitig offen: Bei dieser Normalausführung, für die wir uns bei unserem Bauvorschlag entschieden haben, ist das Feuerloch nur von vorne zu bedienen.
- Zweiseitig offen: Ein solcher Kamineinsatz ist für einen Eckkamin geeignet.
- Dreiseitig offen: Das Feuerloch kann von drei Seiten bedient werden.

Die Bausätze bestehen aus Feuerstätte, Aschenkasten und Abzug. Sie sind aus vorgefertigten Teilen zusammengestellt, die einfach nach einer Bauanleitung zusammengesetzt und vermauert werden.
Großer Vorteil dieser Einsätze: sie sind so konstruiert, daß sie bei richtiger Montage ein wirklich rauch- und qualmfreies Feuer garantieren.
Wie die Kaminverkleidung gestaltet wird, bleibt jedem selbst überlassen. Sie können die Verkleidung beispielsweise aus Klinkern oder Kalksandsteinen aufmauern oder Natursteinmaterial verwenden, das allerdings erheblich teurer ist. In unserem Fall haben wir behauene Steine genommen, die Sie weiß oder anthrazitfarbig bekommen können. Was man beim Hochziehen einer Mauer und beim Anmachen von Mörtel beachten muß, können Sie ab Seite 289 nachlesen.

Tips für den Kaminaufbau

Wichtig beim Aufbau ist, daß der Kamineinsatz absolut sicher steht. Auf einer Betondecke bzw. einem Betonfußboden entstehen keine Probleme. Hat man nur einen leichten Boden, ist es erforderlich, einen Eisenträger einzuziehen. In einem solchen Fall sollten Sie unbedingt einen Fachmann befragen. Auf den Träger kann dann eine Betonplatte (Dicke 40 mm) geschüttet werden, die Ihren Kamin sicher trägt.
Weil das ein ziemlich umständliches und nicht ganz billiges Verfahren ist, bleibt Ihnen bei einem nicht genügend tragfähigen Boden noch der Ausweg, auf einen aufgemauerten Kamin zu verzichten und nur einen Blechkamin an die Wand zu hängen. Mehr darüber weiter unten.
Der fertig ins Haus gelieferte Kamineinsatz ist im allgemeinen folgendermaßen

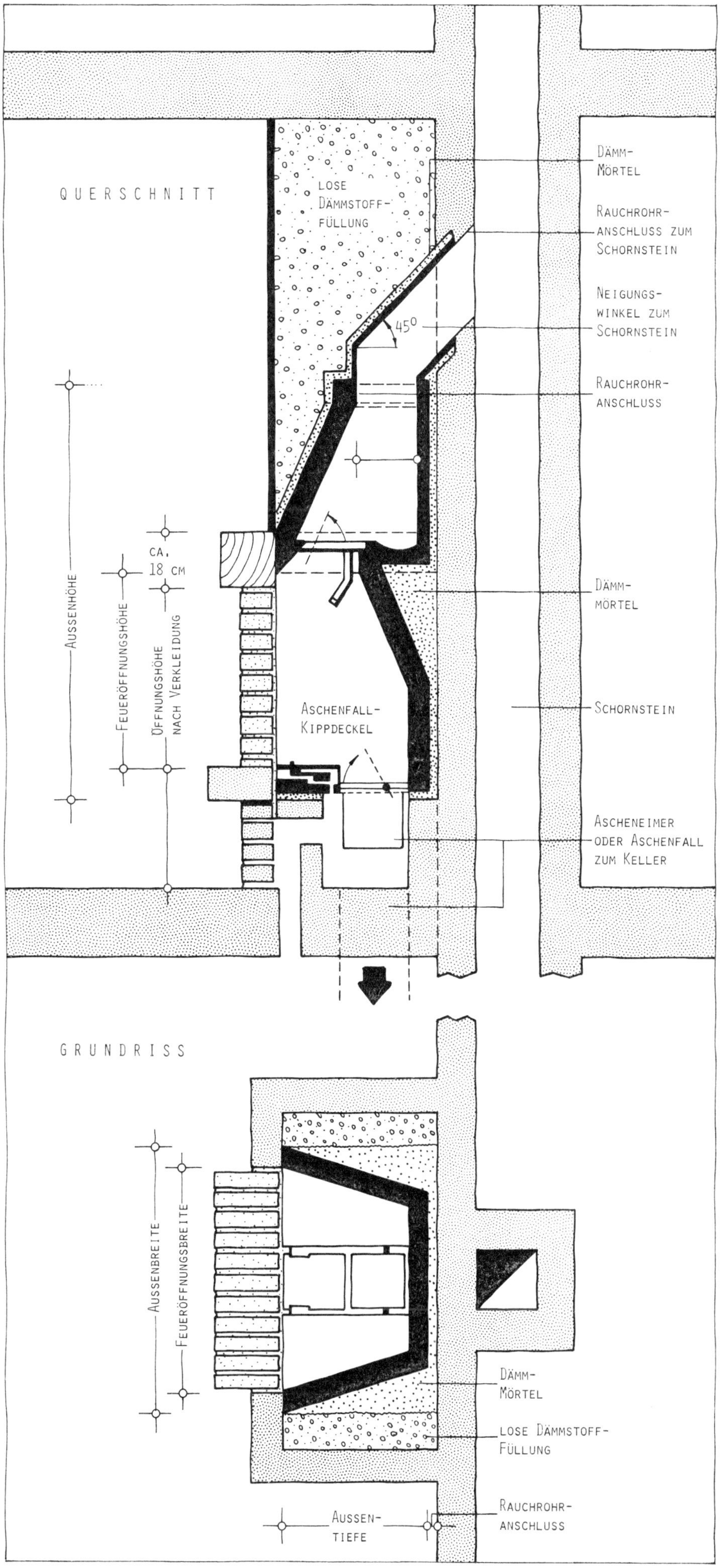

aufgebaut (siehe dazu unsere große Bauzeichnung): Die Basis bildet eine Grundplatte, in die ein Aschenkasten eingearbeitet ist. Die mittlere Abdeckung ist mit Luftschlitzen versehen, die einen guten Rauchabzug garantieren (die Schlitze dürfen beim Aufmauern der Teile keinesfalls mit Mörtel verklebt werden!). Über der Grundplatte erhebt sich der kastenförmige Bau für die Feueröffnung, bestehend aus zwei Seitenwänden und einer Rückwand. Darauf kommt eine rahmenförmige Abdeckung. Sie trägt die trapezförmig nach oben zulaufenden (sich verengenden) Teile der Rauchabzugshaube.

In die Öffnung der rahmenförmigen Abdeckung (= Rauchöffnung) wird eine Rauchklappe gehängt, die sich von der Feueröffnung her über eine Stellstange öffnen und schließen läßt – teils zur Regulierung des Holzfeuers, teils aber auch zum Schließen der Rauchöffnung, wenn der Kamin nicht in Betrieb ist (Sie müssen sonst erhebliche Wärmeverluste der Raumheizung in Kauf nehmen).

Von der Rauchabzugshaube aus brauchen Sie eine Verbindung zum Schornstein, die in unserem Beispiel gemauert wurde. Es gibt aber auch Spezialrohre für diesen Zweck, die von den meisten Lieferanten von Einbaukaminen geliefert werden. Halten Sie sich strikt an die Bauanleitung. Beim Mauern des Schornsteinanschlusses muß man sehr darauf achten, daß innerhalb des Mauerwerks keine Mörtelnasen entstehen. Sie würden den Zug stark beeinträchtigen. Der Neigungswinkel des Abzugs zum Schornstein sollte ca. 45° betragen.

Wenn Sie sich den Anschluß des Kamins an den Schornstein nicht zutrauen, ist es keine Schande, einen Fachmann mit dieser Teilarbeit zu beauftragen.

Alle Hohlräume um den Kamineinsatz und den Schornsteinanschluß müssen gut mit dämmendem Material ausgefüllt werden. Dazu verwendet man im unteren Bereich speziellen Dämmörtel. Weiter oben, zwischen der Kaminschürze (das ist die äußere Verkleidung, hinter der sich der Abzug verbirgt) und dem Schornsteinanschluß, kann man eine lose Dämmstoff-Füllung einbringen. Erkundigen Sie sich im Zweifelsfall beim Bezirks-Schornsteinfeger, welches Material dafür in Frage kommt und zugelassen ist.

Der roh aufgebaute Kamineinsatz ist zwar schon funktionsfähig, würde aber ohne Verkleidung technisch-nackt aussehen

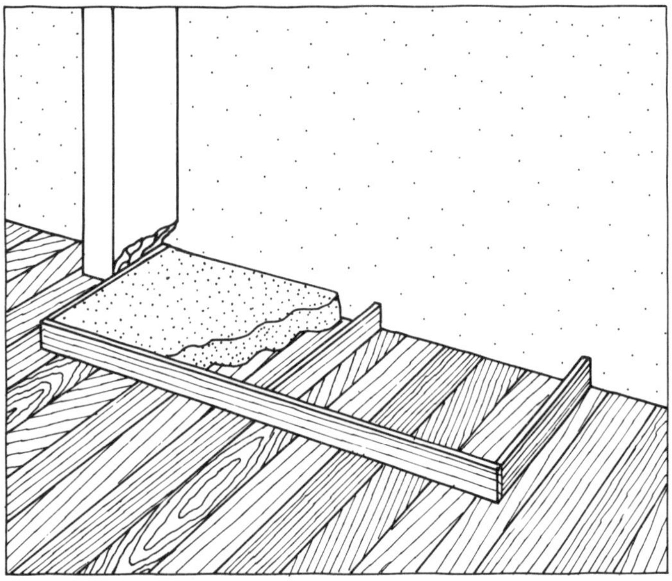

1 Wenn der Fußboden nicht tragfähig genug ist, was in Altbauten häufig vorkommt, brauchen Sie einen Unterbau aus einem statisch berechneten Eisenträger, in den (wie hier gezeigt) eine Betonplatte geschüttet wird.

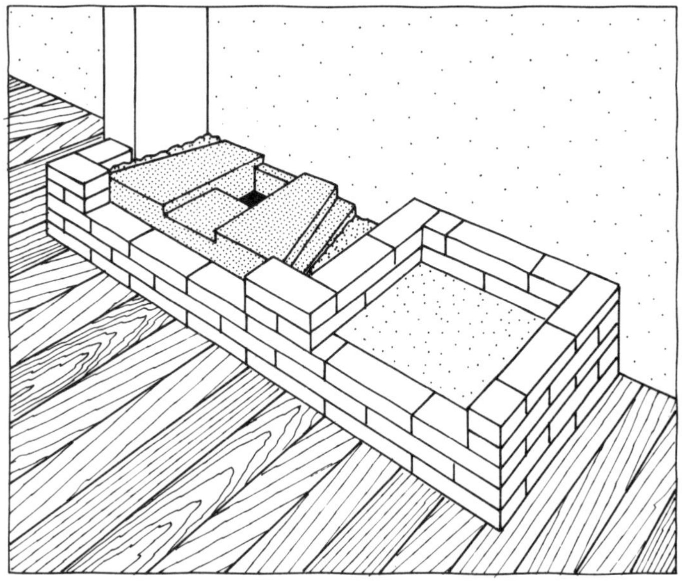

2 Feuerloch und Holzfach des Kamins sind hier schon deutlich zu erkennen. Im Feuerloch ist die Grundplatte des Kamineinsatzes aufgelegt. Sämtliche Einbauteile verarbeitet man nach Vorschrift des Herstellers.

3 Aschenkasten und Rauchklappe sind im Bausatz inbegriffen. Vorne an der Grundplatte sieht man die Luftschlitze, die einen guten Rauchabzug garantieren. Sie dürfen beim Mauern auf keinen Fall zugeschmiert werden.

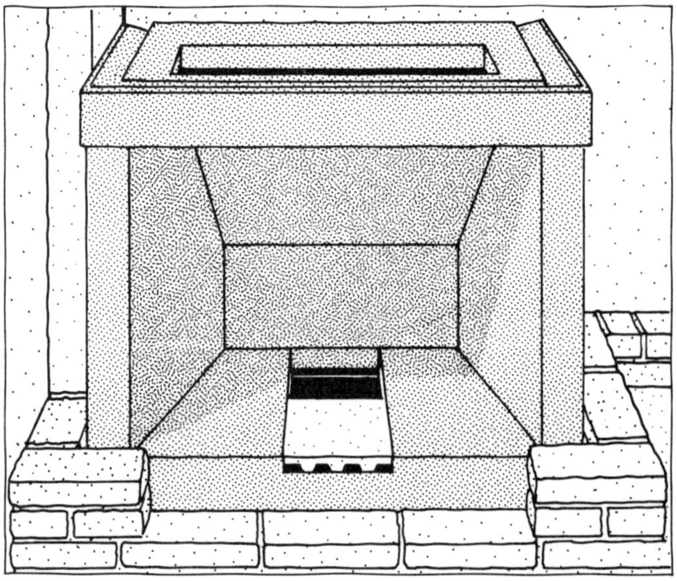

4 Die Einzelteile des Kamineinsatzes werden mit einem feuerfesten Spezialmörtel vermauert. Der Mörtel ist schnelltrocknend, so daß man ohne Unterbrechung arbeiten kann. Der Grundaufbau ist hier schon fertig.

und Ihnen keine Freude machen. Die Entscheidung über das richtige Verkleidungsmaterial ist gründliche Überlegungen wert. In unserm Fall wurde die untere Verkleidung, deren Sitz und Anordnung Sie den Zeichnungen entnehmen können, aus behauenen Steinen aufgemauert. Dabei darf der Kamineinsatz auf keinen Fall durch die Verkleidung belastet werden. Deshalb sollte über dem Feuerraum ein Winkeleisen gezogen werden, auf dem die Verkleidung ruht.
In unserem Falle haben wir zwischen Kaminschürze und unterer Verkleidung eine alte Eisenbahnschwelle eingesetzt. Die schwere Bohle ruht auf dem eingezogenen Winkeleisen.
Eisenbahnbohlen sind heute leider nur noch sehr schwer zu bekommen. Legt man trotzdem auf eine Holzbohle für den Kamin Wert, kann man auch altes Holz aus Fachwerkabbrüchen verwenden. Auf jeden Fall sollte das Holz nicht neu und frisch sein. Es würde sich durch die starken Temperaturunterschiede sehr schnell verziehen.
Die Kaminschürze haben wir aus geschwärzten Aluminiumplatten genietet. Sie können auch Kupfer- oder Eisenblech verwenden. Ebenso ist es möglich, diesen Bereich mit Leichtbauplatten zu verkleiden, die dann verputzt und tapeziert oder gestrichen werden. Auch eine Holzverkleidung kommt in Betracht. Gleichgültig, wofür Sie sich entscheiden – die Kaminschürze soll sowohl zum Unterteil des Kamins als auch zu Ihren Zimmerwänden passen.

Ein Kamin zum Aufhängen

Fertigkamine, die man an die Wand hängen kann, bestehen im allgemeinen aus Stahlblech oder Gußeisen. Ihr Einbau bereitet keine großen Schwierigkeiten. Alle auf Seite 258 erwähnten Formalitäten müssen allerdings auch in diesem Fall erledigt werden.
Der Fertigkamin sitzt unten auf zwei Konsolen, die mit Dübeln an die Wand geschraubt werden müssen.
Und so baut man den Kamin ein: Zuerst muß die Öffnung zum Schornstein sauber ausgestemmt werden. Angerissen wird nach den Maßangaben der Herstellerfirma. Das Ausstemmen fällt leichter, wenn man mit der Bohrmaschine und einem Hartmetallbohrer entlang der angezeichneten Kreislinie rundum viele Löcher bohrt. Anschließend wird mit einem scharfen Meißel nachgearbeitet. In die Öffnung setzt man die vom Hersteller mitgelieferte Manschette. Nun werden die Konsolen befestigt (die richtigen Dübel und Schrauben liegen der Lieferung ebenfalls bei). Dann braucht der Kamin nur noch aufgesetzt und in die Öffnung gesteckt zu werden. Vor der Inbetriebnahme muß er vom Bezirks-Kaminkehrermeister abgenommen werden.

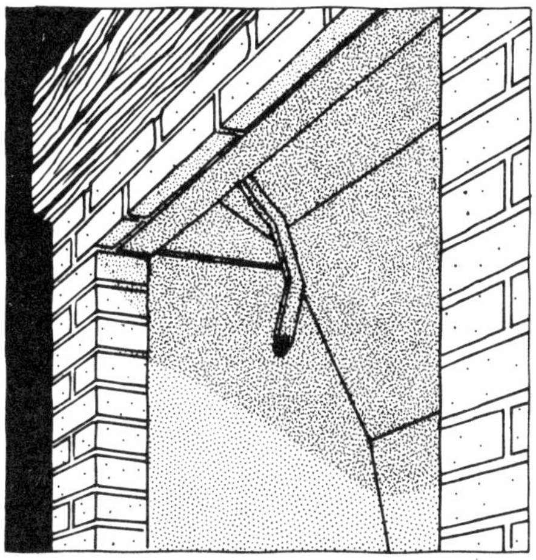

5 Über dem Einsatz wird die Verblendung des Kamins mit einem Winkeleisenträger abgestützt, damit sie den Einsatz nicht belasten kann.

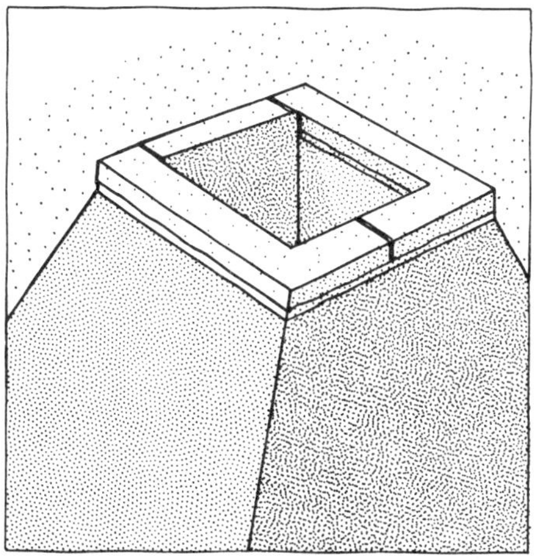

6 Die Haubenanschlußwinkel werden mit ca. 2 mm des Spezialmörtels auf der Haube vermauert. Dabei den Mörtel sehr gleichmäßig auftragen.

7 Den Anschluß an den Schornstein kann man mauern oder mit einem Spezialrohr herstellen. Die Anschluß-Innenseiten müssen glatt sein.

8 Alle Hohlräume um den Kamineinsatz und den Schornsteinanschluß werden mit Dämmstoffen ausgefüllt. Es gibt speziellen Dämmörtel dafür.

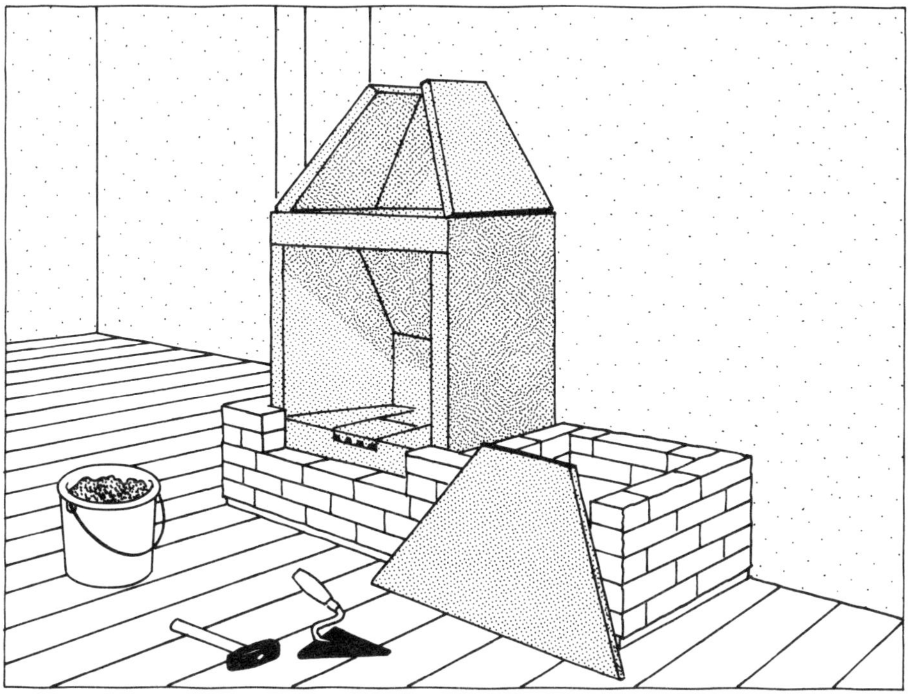

9 Hier noch einmal die Aufbauschematik für den fertig eingekauften Kamineinsatz. Alle Einzelteile des Einsatzes werden mit Spezialmörtel vermauert. Die aneinanderzufügenden Flächen vorher etwas anfeuchten. Nach dem Einsatz kommt erst die Verblendung der Fertigteile an die Reihe.

Arbeitsplatz unter der Kellertreppe

Unter der Kellertreppe ist viel Platz. Geschickt genutzt bietet er Raum für ein kleines Büro oder den Arbeitsplatz für den Selbermacher. Rechts von der Schreibplatte (Zeichnung 13) ist ein offenes Regal für Akten und Nachschlagewerke. Links wurde die Treppenschräge durch einen geschickt eingebauten Schrank abgeschnitten. In seinen Schubkästen kann man Büromaterial oder Werkzeuge unterbringen. Wie man den Arbeitsplatz baut (und wie man ihn für andere Zwecke abwandeln kann), wird hier beschrieben.

Der Platz unter der Treppe ist zu schade, um daraus eine Rumpelkammer werden zu lassen. Oft reicht er sogar aus, um einen Arbeitsplatz mit Regalwand und Schrank einzubauen. Für Selbermacher kein Problem.

Zuerst wird die Unterseite der Treppe mit Sperrholz verkleidet. Der obere Teil wird mit Binderfarbe weiß gestrichen. Das Treppengeländer und die Sperrholzkante erhalten einen zweifachen Anstrich mit Kunstharzlack in Orange.

Die Spanplatte für die Vorder- und Rückseite des Schrankes wird diagonal durchgesägt. Die beiden Dreiecke werden mit Schraubzwingen aufeinander befestigt und die Schubladenmaße angerissen.

Wir haben die Öffnungen für die Schubladen mit der Handkreissäge ausgeschnitten (Platten auf zwei Leisten hohllegen) und so die Vorder- und Rückseiten der Schubladen gewonnen. Dieses Verfahren ist nur etwas für routinierte Selbermacher. Sonst Vorder- und Rückteile für die Schubladen zusätzlich (Materialliste!) zuschneiden.

Nun werden mit Schablone und Stopper (Zeichnung 6) an den unteren Ecken der Schubladen jeweils 3 Dübellöcher (8 mm Ø) gebohrt. Die obere Platte, später Schrankrückseite, wird durchgebohrt. In die untere Platte nur 10 mm einbohren. Die 14 Winkelprofile (geleimt und genagelt) – je 2 Laufleisten für die 5 unteren Schubladen, 4 für die oberen – zuerst in die Rückseite leimen. Zur Schubladenführung werden unter die Führungsschienen der jeweils oberen Schubladen Führungsleisten genagelt und geleimt. Man kann auch an allen vier Ecken der Schubladen Winkelprofile eindübeln.

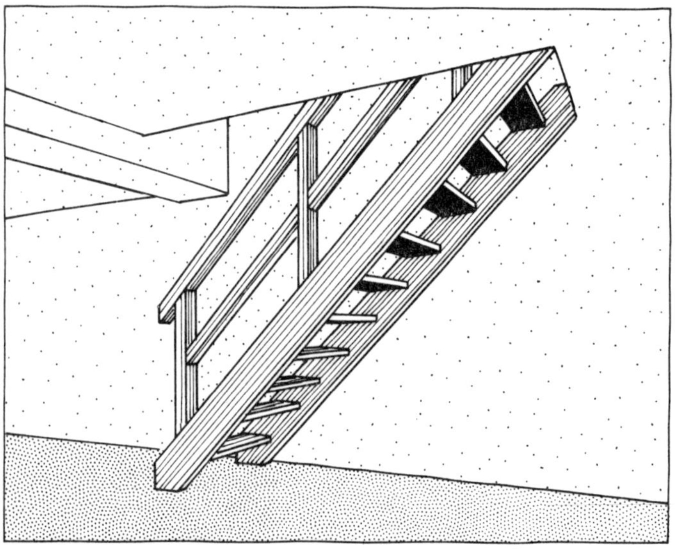

1 So sah der Platz unter der Kellertreppe vor Beginn der Arbeiten aus: Eine schlichte Holztreppe mit Geländer, eine nackte gemauerte Wand, ein einfacher Betonboden – und viel Platz für raffiniert geplante Einbauten.

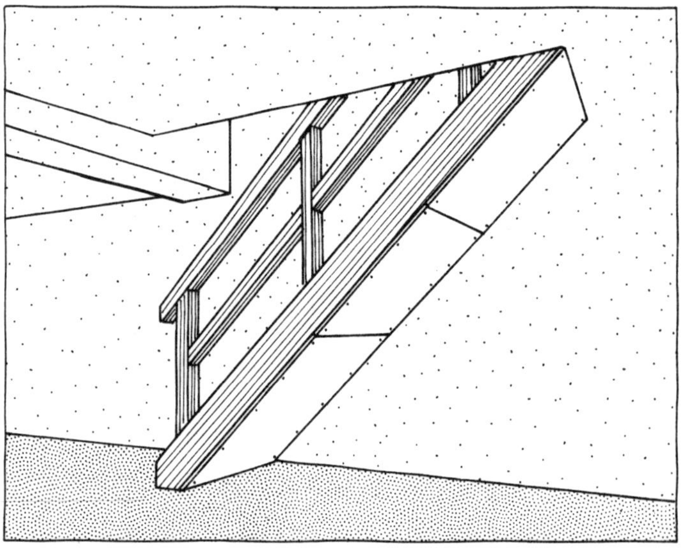

2 Erster Schritt: Die ganze Unterseite der Kellertreppe wird mit 5 mm dicken Sperrholzplatten verkleidet. Die Nagelköpfe müssen versenkt werden. An Stelle von Sperrholz kann man auch Hartfaserplatten verwenden.

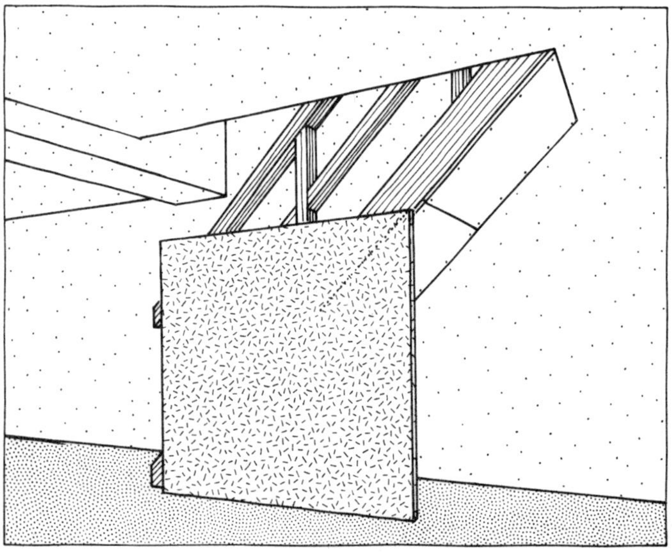

3 Nun die 19-mm-Spanplatte für die Vorder- und Rückseite des Einbauschrankes anlegen. Schnittkante diagonal entlang der Treppenlinie anreißen. Am besten hält man die Platte dabei mit Schraubzwingen fest.

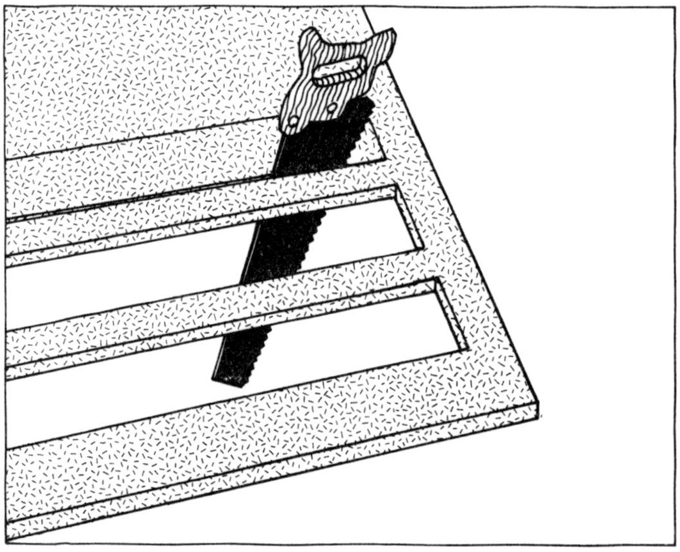

4 Beide Platten mit Schraubzwingen zusammenspannen. Schubladenfächer mit Meßlatte und Winkel anreißen. Dann die Schubladen in einem Arbeitsgang aus beiden Platten aussägen. Ausschnitte für Schubkästen verwenden.

MATERIALLISTE

Schrank und Treppenverkleidung
1 Spanplatte 19 x 1570 x 1450 mm
1 Spanplatte 19 x 730 x 1200 mm
1 Spanplatte 19 x 730 x 280 mm
1 Sperrholzplatte 5 x 770 x 2800 mm

Regalwand
2 Spanplatten 19 x 2050 x 310 mm (Seiten)
1 Hartplatte weiß 760 x 2050 x 3 mm (Rückwand)
1 Einlegeboden 730 x 310 x 40 mm
4 Einlegeböden 730 x 310 x 19 mm

1 Sockelstück 730 x 80 x 19 mm
1 Resopalplatte (rot) 730 x 310 x 2 mm
1 Vorleimer in Resopal 730 x 42 mm

Arbeitsplatte
2 Spanplatten 1050 x 620 x 19 mm
1 Resopalplatte 1050 x 620 x 2 mm
1 Resopalvorleimer 1050 x 43 x 2 mm

Schubkästen
12 Seitenteile 135 x 720 x 16 mm
6 Blenden aus Fichtenholz 150 x 16 mm
6 Böden aus 35-mm-Hartplatte
11 Knöpfe

14 Laufleistenprofile (Kiefer) 20 x 40 mm
10 Laufleisten 20 x 40 mm
12 Schubladenstopper

Sonstiges Material
258 Holzdübel 8 mm Ø, 30 mm lang
1 kg Kaltleim
2 kg Streichspachtel
1,5 kg Lack
0,5 kg Verdünnung
10 Holzschrauben 5 x 50 mm Senkkopf
35 m Kunststoffvorleimer und Schmelzkleber.

5 Wichtigstes Material für den Einbau unter der Kellertreppe ist Spanplatte, 19 mm dick. Auch die mit Schichtpreßstoff (Resopal) belegte Arbeitsplatte wird aus Spanplatte hergestellt. Gehobelte Leisten liefern die Laufleisten für die unterschiedlich großen Schubkästen, die viel Ablageplatz bieten.

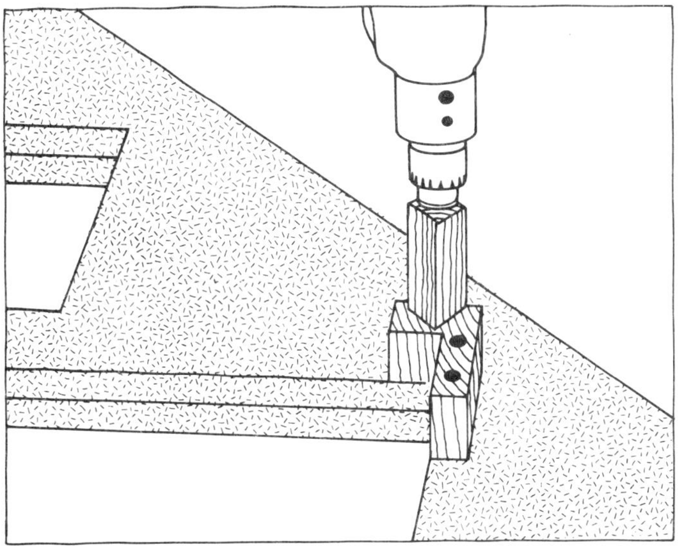

6 Beim Bau dieses Werkstücks können Sie Dübeltechnik üben. Die beiden Platten bleiben für das Bohren der Dübellöcher zusammengespannt, damit die Löcher genau gleich ausfallen. Mit Bohrschablone wird gebohrt.

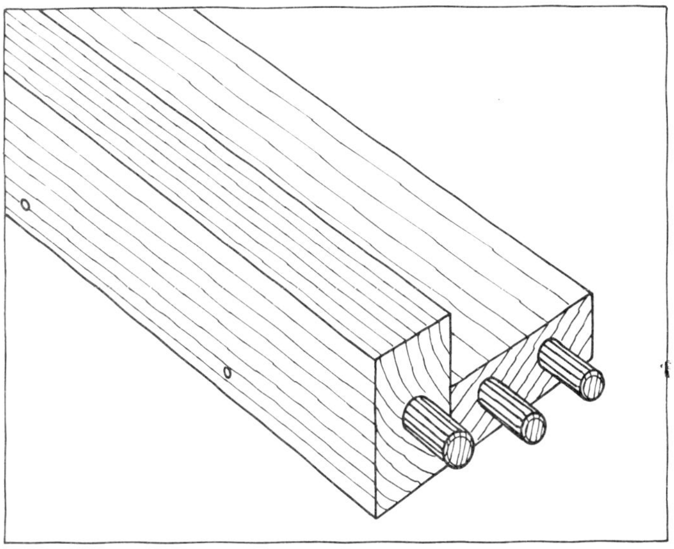

7 Die Laufleisten mit Winkelprofil halten die Grundkonstruktion zusammen und dienen als Führung für die Schubkästen. Sie bestehen aus zwei gehobelten Leisten, die geleimt, genagelt und mit Dübeln versehen sind.

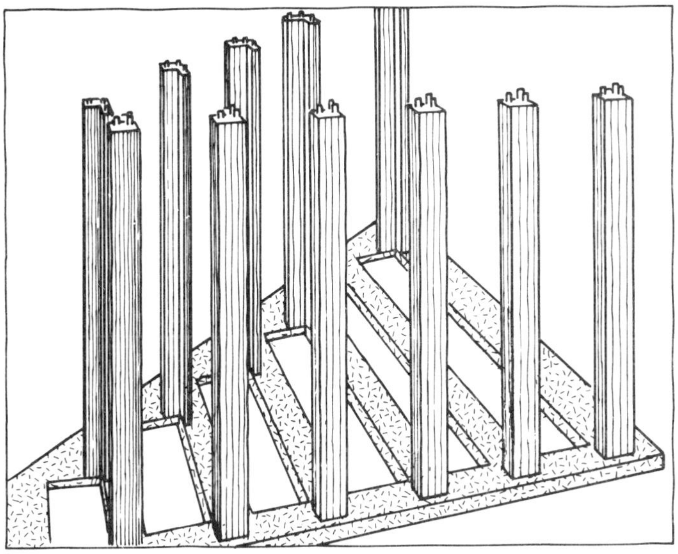

8 So werden die Laufleisten für die Schubkästen mit je drei Riffeldübeln (Weißleim verwenden) zuerst in die Rückwand eingesetzt. Wenn Sie sorgfältig gearbeitet haben, müssen alle Leisten genau winkelgerecht sitzen.

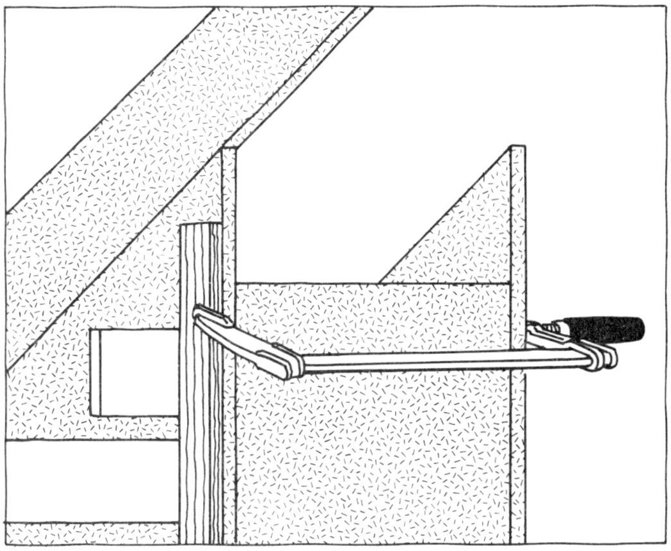

9 Die Seitenwand wird an der Vorderseite mit Dübeln befestigt. An der Rückseite verwenden Sie Holzschrauben. Der zusammengesetzte und verleimte Unterbauschrank wird bis zum Abbinden des Leims gut eingespannt.

Bevor das Schrankvorderteil eingepaßt wird, ist die Seitenwand einzubauen. Sie wird hinten (Löcher vorbohren) verschraubt und bekommt vorne 5 Dübel eingepaßt. Nun Schrankvorderteil einsetzen, verleimen und mit Schraubknechten oder verschränkten Zwingen zusammenhalten. Über der obersten Schublade leimen wir auf die Führungsschienen ein Bord aus Spanplatte.

Die Regalwand rechts der Arbeitsplatte wird zusammengedübelt. Auch die Zwischenböden und der Sockel werden eingedübelt. Die Arbeitsplatte aus 2 verleimten 19-mm-Spanplatten, auf die eine rote Resopalplatte aufgeleimt wurde, wird mit Dübeln in den 4 mm starken Regalwandzwischenboden eingesetzt. An der Schrankwand wird sie innen (Löcher vorbohren) mit 5 Schrauben befestigt. Die Schubladenrahmen werden gedübelt, die Böden aus beschichteten Hartfaserplatten geleimt und genagelt. Die Blenden sind mit 4 Schrauben von innen befestigt, die Knöpfe von außen aufgeschraubt.

Variante: Container-Einbau

Wenn Schubkästen nicht die richtige Unterbringungsart sind, können Sie statt dessen auch Container einbauen, das heißt regalähnliche Gestelle, die auf Rollen laufen und sich in entsprechende Ausschnitte der Spanplattenwand einschieben lassen. Denkbar wäre ein Werkzeugcontainer mit einer Lochplatte für die Werkzeugaufhängung, ein Regalcontainer für Wäsche und Winterkleidung, ein Kastencontainer für Archivmaterial, Sportgeräte, Spielzeug oder dergleichen.

Die Höhe der Container richtet sich nach dem Raum unter der Treppe, die Breite nach dem Verwendungszweck. Die Container bestehen aus einer Bodenplatte mit untergesetzten Möbelrollen. An der Bodenplatte sind eine vordere und eine hintere Abdeck- und Halteplatte befestigt. Sie reichen bis einen Zentimeter über den Boden, damit sie die Rollen verdecken. An der Vorderseite schraubt man Griffe zum Herausziehen des Containers an.

Die »Inneneinrichtung« kann je nach Verwendungszweck unterschiedlich aussehen. Für Werkzeugaufhängungen braucht man einen Mittelrahmen, der beiderseits mit Lochplatten versehen wird. Für das Lagern von Wäsche, Kartons, Konservendosen usw. ist ein Regaleinbau (mit oder ohne Mittelplatte) praktisch. Alle tragenden Teile bestehen aus 19 Millimeter starken Spanplatten mit Umleimern an den Schnittkanten.

Damit beim Rollen nichts aus den Regalen fällt, kann man die Vorderkanten der Borde mit angenagelten Leisten (etwa 4 mal 15 Millimeter) sichern.

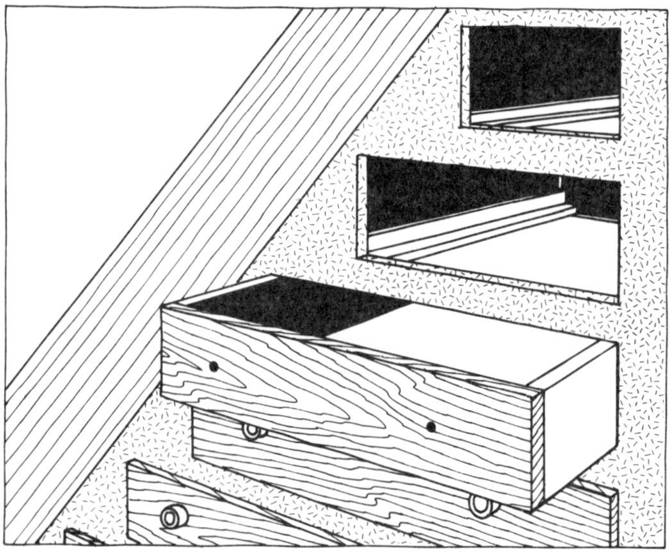

10 Die Schubkästen werden aus weiß beschichteter Spanplatte zusammengefügt. Sie erhalten vorne eine Blende aus gehobelten Fichtenbrettern. Gedrechselte Holzknöpfe werden als Griffe links und rechts aufgesetzt.

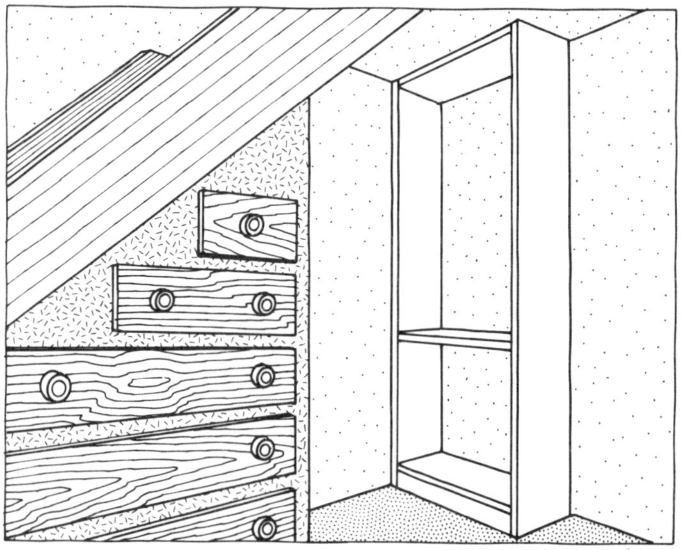

11 Das Gegenstück zum Schrankteil ist eine offene Regalwand. In die senkrechten Spanplattenteile werden die Decke, der Sockel und der Zwischenboden, auf dem später die Arbeitsplatte liegt, eingedübelt und verleimt.

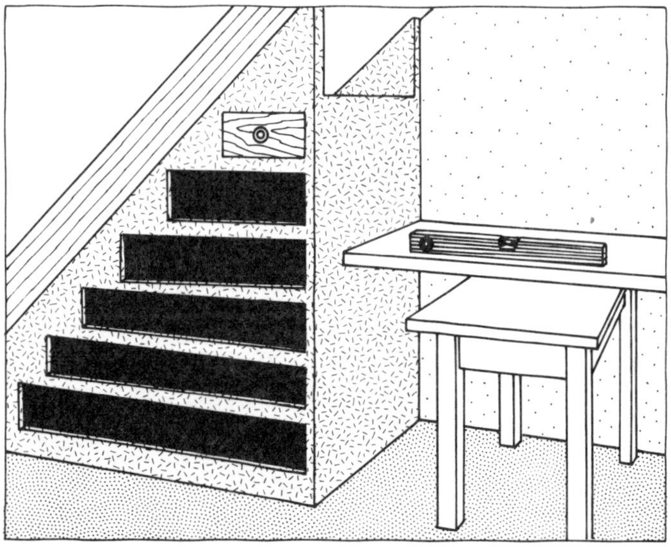

12 Die Arbeitsplatte wird auf der rechten Seite in den Zwischenboden eingedübelt. Auf der linken Seite befestigt man sie mit fünf Holzschrauben an der Seitenwand des Schrankteils. Sie werden von innen durchgeschraubt.

13 Die Einlegeböden in der Regalwand sind mit weißem Kunststoff belegt und an der Vorderkante mit Vorleimern beschichtet. Sie werden von Bodenträgern gehalten. Foto rechts: Die fertige Einbauwand.

Das Regal für die guten Tropfen

Wein sollte nicht nur kühl, bei genügender Luftfeuchtigkeit, in einem geschmacksneutralen Raum (also nicht neben Zwiebeln) und bei gleichbleibender Temperatur gelagert werden, sondern auch stets liegend. Unser Flaschenregal ist dafür die passende Vorrichtung. Es bietet 21 Weinflaschen Platz, ist alles andere als raumaufwendig und läßt sich jederzeit durch danebengestellte gleiche Regale zur Vinothek ergänzen.

Das Material (siehe Liste) sollten Sie sich nach Möglichkeit fertig zugeschnitten besorgen. Die Quadratleisten aus Fichtenholz sollten gehobelt sein, die Kanten können Sie selbst mit Hobel und Schleifpapier brechen, und zwar auch an den Enden der Leisten. Die Rundstäbe mit 8 mm Ø können normale Dübelstangen aus Buchenholz sein. Glatte Fichtenstäbe tun es aber auch.

An Werkzeugen sind eine Säge, eine Feile und eine Bohrmaschine mit Bohrständer notwendig. Ferner benötigen wir einige Meter Schnur, um die Streben bis zum Aushärten zu fixieren.

Die Quadrathölzer werden – jeweils 22 mm von den Endkanten entfernt – diagonal von Seitenkante zu Seitenkante durchbohrt. Wir verwenden dazu einen Bohrer mit Zentrierspitze. Jedes Quadratholz hat somit an jedem Ende vier Bohrlöcher. Beim Bohren – unbedingt mit Bohrständer – liegen die Hölzer (Foto 3) in einer Bohrlehre (mit einem Innenwinkel von 90 Grad), die wir aus einer Leiste zugeschnitten haben. Die Bohrlehre sollte etwa so lang sein wie die Quadrathölzer (250 mm). Vor dem Bohren werden die Kanten im Bereich der Bohrung etwas mit einer Feile abgeblattet.

Der Zusammenbau des Regals (725 × 333 = 250 mm groß) beginnt an einem Seitenteil. Dazu werden 8 vorgebohrte Quadrathölzer auf zwei lange Rundstäbe gesteckt, so daß die Abstände von Oberkante zu Oberkante des Quadratholzes jeweils 100 mm ausmachen. Durch die zweiten Bohrlöcher Leim einträufeln und dann die Querstreben aufsetzen (Foto 4). Abstände und rechte Winkel werden durch Rundstäbe (andere Streben benützen!) fixiert. Durch kreuzweise gewickelte Schnüre (Foto 6) wird der Zusammenbau stabilisiert. Erst dann die zweite Lage aufsetzen und verleimen. Nach dem Aushärten der letzten Schicht müssen die Schnüre entfernt und überstehende Längsstreben abgeschnitten werden. Das Regal läßt sich auch querliegend benutzen.

1 Wein sollte immer liegend aufbewahrt werden, damit der Korken von der Flüssigkeit umspült ist. Mit diesem Regal haben Sie keine Lagerungsprobleme. Es ist in ein paar Stunden aus Leisten und Stäben leicht anzufertigen.

2 Das Material: Vier Leisten mehr als notwendig, falls doch mal eine Bohrung mißglücken sollte.

MATERIALLISTE

32 Quadratleisten, Fichtenholz, 22 × 22 × 250 mm, Kanten leicht abgerundet
48 Rundstäbe, Buchenholz, 8 mm Ø, 85 mm lang
8 Rundstäbe wie oben, 730 mm lang.
Weißleim

3 In einer Bohrlehre liegend werden die Leisten im Bohrständer diagonal durchbohrt (8-mm-Bohrungen).

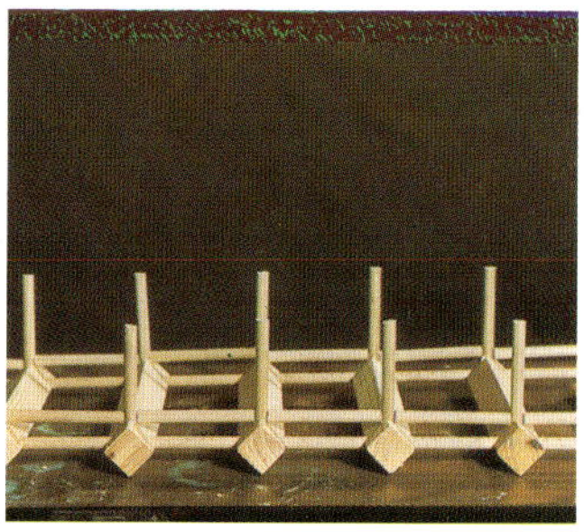

4 Das Verleimen beginnt am Seitenteil. Rundstäbe fixieren die Streben abstands- und winkelgerecht.

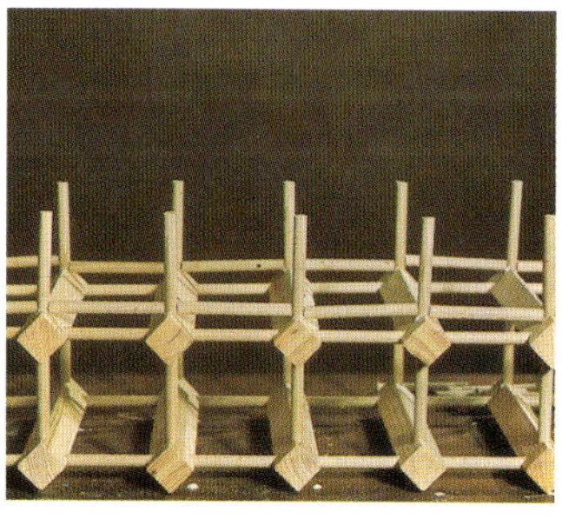

5 Schichtweise setzen wir die Fächerreihen aufeinander und verbinden sie mit Weißleim.

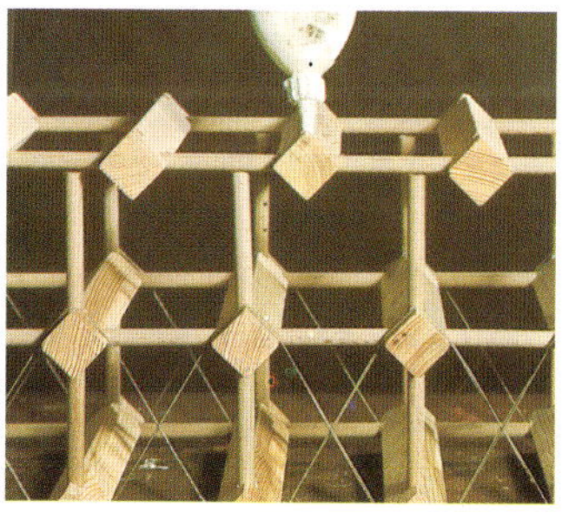

6 Die bereits verleimten Fächerreihen werden bis zum Aushärten mit Schnüren festgehalten.

Garten und Terrasse

Freisitz für schöne Sonnentage

In wärmeren Breiten dient eine Pergola in erster Linie als Sonnenschutz. Bei uns erfüllt sie dagegen vor allem die Aufgabe, den Wind abzuhalten. Wir zeigen Ihnen, wie man eine Pergola für wechselhafte Sommer baut. Den Platz dafür sollten Sie sorgfältig auswählen – nämlich so, daß der Freisitz mit der Rückseite zur Hauptwindrichtung steht. Wir haben das Gerüst einfach im Boden verankert. Wenn Sie dauerhafter arbeiten wollen, können Sie natürlich auch Betonfundamente stampfen und die Pfosten der Pergola mit Flacheisen freischwebend (d. h. mit 2 cm Abstand vom Beton) damit verschrauben.

Das tragende Gerüst der Pergola wird in Fachwerkbauweise aus 10 × 10 cm starken Kanthölzern hergestellt. Das ist eine Zimmermannsarbeit, die man sich sehr erleichtern kann, wenn man das Holz gleich vom Händler nach unserer Holzliste (siehe rechte Seite) zuschneiden läßt. Die selbstauszuführenden Sägearbeiten (Fuchsschwanz oder Spannsäge) beschränken sich dann auf eventuelle Paßarbeiten und die Herstellung der verschiedenen Holzverbindungen, für die man ein breites Stemmeisen benötigt.

Beginnen Sie mit der Anfertigung der Holzverbindungen. Die Kopfenden der beiden Außenpfosten und des Eckpfostens brauchen Sie nicht zu bearbeiten, weil hier die Träger nur aufgenagelt werden. Von den in der Holzliste mit 100 cm Länge angegebenen Zargen gehen auf jeder Seite 5 cm für Brustzapfen ab, so daß sich ein Pfostenabstand von 90 cm ergibt. Setzen Sie jetzt die Pfosten in der Reihenfolge Eckpfosten, Außenpfosten, Innenpfosten in die Erde, wobei die Zargen zugleich mit den Innenpfosten montiert werden. Außen- und Eckpfosten werden 80 cm, Innenpfosten 75 cm (die abgesetzten Überblattungen »verbrauchen« 5 cm) tief eingegraben. Ob die Pfosten einer Reihe fluchten, stellt man durch Peilen vom Außenpfosten zum Eckpfosten fest. Die Waagerechten und Senkrechten

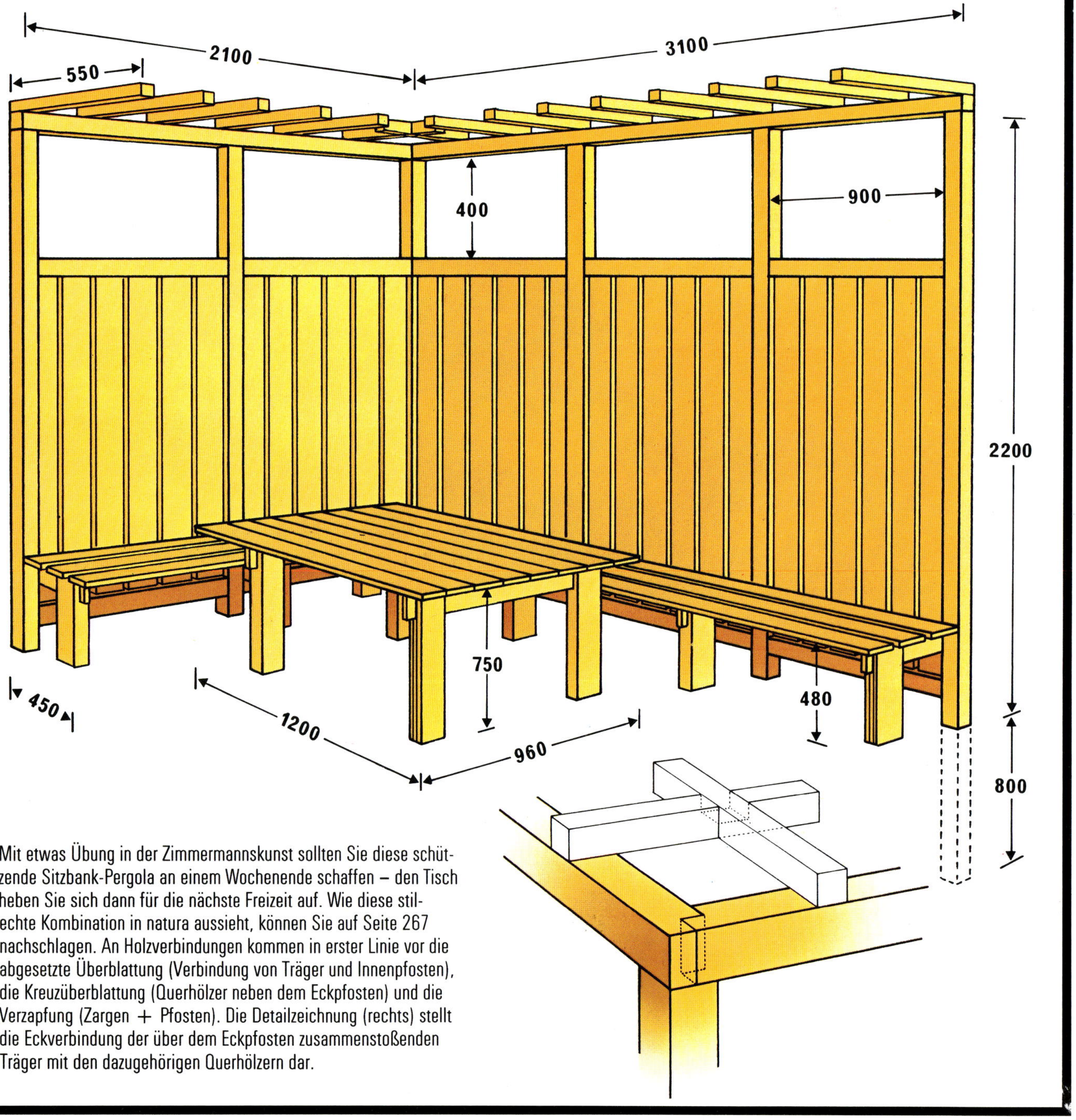

Mit etwas Übung in der Zimmermannskunst sollten Sie diese schützende Sitzbank-Pergola an einem Wochenende schaffen – den Tisch heben Sie sich dann für die nächste Freizeit auf. Wie diese stilechte Kombination in natura aussieht, können Sie auf Seite 267 nachschlagen. An Holzverbindungen kommen in erster Linie vor die abgesetzte Überblattung (Verbindung von Träger und Innenpfosten), die Kreuzüberblattung (Querhölzer neben dem Eckpfosten) und die Verzapfung (Zargen + Pfosten). Die Detailzeichnung (rechts) stellt die Eckverbindung der über dem Eckpfosten zusammenstoßenden Träger mit den dazugehörigen Querhölzern dar.

müssen sorgfältig mit der Wasserwaage geprüft werden. Anschließend werden die Träger aufgelegt und mit allen Pfosten – wo sich Überblattungen befinden, durch diese hindurch – vernagelt.
Wie die Wandbretter befestigt werden, zeigen die Fotos 3 und 5 auf dieser Seite. Zum Schluß werden noch die 15 Querhölzer auf die Träger genagelt. Es sind sozusagen die Dachbalken für ein Laubdach, das schnellwachsende Schlinggewächse sehr bald bilden.

Eckbank und Tisch

Zu einer Pergola gehören natürlich auch eine Eckbank und ein großer Tisch. Beide Teile werden nach dem gleichen Bauprinzip und aus dem gleichen Material (Bretter 120 × 30 mm) hergestellt.
Die Eckbank besteht aus zwei Teilen, die im rechten Winkel aneinanderstoßen. Der eine Bankteil ist 300 cm lang, läuft also über die volle Länge des längeren Schenkels der Pergola. Da die Sitztiefe 45 cm beträgt, verbleibt für den anderen Bankteil eine Länge von 155 cm. (Der kürzere Schenkel der Pergola hat ein Innenmaß von 200 cm.)
Die Sitzbretter werden auf Zargen geschraubt, die hinten an den Innenseiten der Pergola-Pfosten angebracht und vorn im gabelförmigen Kopfende der aus jeweils drei Bretterzuschnitten hergestellten Beine eingelassen sind (Foto 6).
Im Unterschied zur Bank besitzt der Tisch zwei vollständige Beingestelle. Er ist nicht mit der Pergola verbunden. Die Pergola einschließlich Bank und Tisch wird abschließend mit einer Imprägnierlasur (z. B. Xylamon oder auch Xyladecor) zweimal gestrichen.

MATERIALLISTE

Pergola:	**Kantholz 10 × 10 cm**	
	6 Pfosten 300 cm	
	1 Träger 310 cm	
	1 Träger 210 cm	
	10 Zargen 100 cm	
	Kantholz 6 × 6 cm	
	15 Querhölzer 55 cm	
	Latten 3 × 3 cm	
	10 Rücklager 90 cm	
	Brett 120 × 20 mm	
	30 Wandbretter 140 cm	
Tisch:	**Brett 12 × 3 cm**	
	8 Deckbretter 120 cm	
	2 Zargen 90 cm	
	8 Beinteile 72 cm	
	4 Beinteile 60 cm	
Bank:	**Bretter 12 × 3 cm**	
	3 Sitzbretter 100 cm	
	3 Sitzbretter 155 cm	
	6 Zargen 52 cm	
	12 Beinteile 45 cm	
	6 Beinteile 33 cm	

1 Die Pfosten werden tief in die Erde eingelassen. Zuvor streicht man die unterirdischen Teile mit einem gifthaltigen Imprägniermittel (Karbolineum). Sonst ist das Holz im Erdreich gefährdet.

2 Als ersten Pfosten setzt man den Eckpfosten (hinten rechts im Bild), danach die Außenpfosten. Der richtige Abstand ergibt sich aus den dazwischengelegten Zargen (je 100 cm lang).

3 Erst wenn das Fachwerk aus Kanthölzern steht, werden die Wandbretter angebracht. Man nagelt sie mit etwa 2 cm Abstand vor 3 × 3 cm dicke Latten (»Rückenlager«), die ihrerseits unter die oberen und auf die unteren Zargen genagelt wurden. Die Bretter mit etwas Luft einpassen.

4 Der Tisch wird aus dem gleichen Material wie die Bank hergestellt. Die Tischplatte entsteht aus den acht Deckbrettern, die nebeneinander auf die Tischzargen geschraubt werden und damit gleichzeitig die beiden Beingestelle miteinander verbinden. Genau und winkelgerecht arbeiten!

5 Hier noch einmal die Befestigung der Wandbretter im Detail, an der unteren Zarge. Die Zarge selbst hat etwa 20 cm Bodenfreiheit. Nach Abschluß der Bauarbeiten wird die ganze Pergola mit Imprägniermittel gestrichen.

6 Die Sitzbretter für die Bank müssen gut geschliffen werden. Dabei runden Sie auch alle Kanten ab. Für die Befestigung nehmen Sie Messingschrauben. Die Bank hat nur an der Vorderseite Beine. Hinten sitzt sie in der Pergola.

Gartentisch mit »Vorratskeller«

Mit seinem dunklen Holz und dem weiß getünchten Mauerwerk bringt dieser Tisch einen Hauch von Spanien- oder Sardinienurlaub auf Ihre Terrasse oder in Ihren Garten. Originell die Tischplatte mit dem in der Mitte eingeklebten Fliesenstreifen. Ein zusätzlicher Pfiff ist der »Vorratskeller« im gemauerten Unterbau des Tisches, in dem Sie mühelos den Getränkevorrat für eine mittelgroße Party unterbringen können.

Auf festem Untergrund, etwa auf einer Terrasse mit Betongründung, können Sie gleich mit dem Mauern des Sockels beginnen. Soll der Tisch dagegen auf dem Rasen stehen, müssen Sie zuerst ein Fundament herstellen. Dazu heben Sie zunächst den Mutterboden (Humusboden) einschließlich aller Pflanzen und Wurzeln im Geviert von etwa 150 x 70 cm (also etwas größer als die Tischgrundfläche ist) aus und machen das Loch dann noch tiefer, bis auf etwa 40 cm von der Oberkante aus gemessen.
In die Grube geben Sie eine Kiessschicht von 20–25 cm Dicke, die gut festgestampft werden muß. Darauf schütten Sie bis Gelände-Oberkante aus Fertigbeton eine Betonplatte. Legen Sie einen Rahmen aus Brettern herum, damit Sie einen sauberen Abschluß bekommen. Diese Fundamentierungsarbeit sollten Sie etwa eine Woche vor dem eigentlichen Tischbau erledigen, damit der Beton ausreichend abbinden kann.
Nun können Sie mit der Maurerarbeit beginnen. Die Maßskizze (Seite 272) zeigt alle Einzelheiten. Außerdem sollten Sie auf Seite 289 nachschlagen – dort wird alles Wichtige über Mauern gesagt.
Die Basis unseres Mauerwerks ist ein Rahmen aus Kalksandsteinen (Foto 2). Wir haben ihn so berechnet, daß Sie keine Steine zu teilen brauchen. Die Fläche in der Mitte lassen Sie einfach frei (hier sieht der Terrassenboden bzw. das Fundament durch). Mauern Sie nun den U-förmigen Unterbau mit Fertigmörtel auf. Dabei müssen die Steine mit Wasserwaage und Latte genau winkelgerecht ausgerichtet werden. An den Sichtkanten verlegen Sie bitte keine geteilten Steine, sondern nur solche mit glatter Fläche. Den aus den Fugen herausquellenden Mörtel streichen Sie mit der Kelle glatt ab.

1 Zu einem gemütlichen Essen im trauten Kreise finden an unserem Garten- oder Terrassentisch mit seinem standfest gemauerten Sockel außer der Familie auch noch ein paar Freunde in fröhlicher Runde Platz. Im gemauerten »Keller« kann der ganze Getränkevorrat untergebracht werden.

Die Fugen werden also nicht vertieft. Nach dem Abbinden des Mörtels wird die Mauer gestrichen.

Die Holzkonstruktion

Während der Sockelmörtel sich verfestigt (Sie sollten ihm dazu ein paar Tage Zeit lassen), beginnen Sie mit dem Bau der Tischplatte: Die beiden Bretter der Mittelplanke mit der Rauhbank abrichten und verleimen. Darauf achten, daß die Krümmungen der Jahresringe gegeneinander versetzt sind. So gleichen sich die Verwerfungen aus. Für alle Verbindungen verwenden wir wasserfesten Leim. Nach dem Aushobeln der Kanthölzer verleimt man die beiden inneren mit der Mittelplanke (Fotos 4 und 5). Anschließend werden die Holzteile imprägniert. Danach legt man sie probeweise zusammen. Zwischen den äußeren Kanthölzern bleibt jeweils ein Luftspalt von ca. 5 mm.
Die Löcher für die Schrauben zuerst tief mit 5-mm-, dann weniger tief mit 8-mm- und schließlich für den Schaft mit 10-mm-Bohrer bohren. So halten die Schrauben sicher, ohne daß das Holz gesprengt wird. Wenn der Mörtel abgebunden hat, bohrt man die Befestigungslöcher für die Tischplatte (seitlich durch die Querspangen) und die Türangeln.
Nun wird die genau nach Maß geschnittene Asbestzementplatte (10 mm dick) in die Mitte des Tisches gelegt. Befestigen Sie sie mit Senkkopfschrauben auf der Mittelplatte. Dazu müssen Sie im Abstand von etwa 15 cm am Rand entlang Löcher bohren und so aufreiben, daß der Schraubenkopf bündig mit der Platte liegt. Die Schrauben dürfen nicht streng in die Asbestzementbohrungen passen, sondern müssen etwas Spiel haben. Außerdem dürfen Sie die Schrauben nicht zu fest anziehen. Die Platte könnte sonst springen.
Die Asbestzementplatte überziehen Sie mit einer Schicht Klebemörtel (z. B. Saxit). Verwenden Sie dazu den Zahnspachtel. In das Kleberbett drücken Sie die Fliesenmatten. Sie sollten sich das Fliesenmosaik (200 × 31 cm) so aussuchen, daß keine Randfliesen geschnitten werden müssen. Drücken Sie die Fliesen gut an und lassen Sie sie ein paar Stunden abbinden. Dann drücken Sie Fugenfüllmasse mit einem Gummispachtel in die Lücken. Wir haben dafür braun eingefärbten Zement verwendet. Wenn die Füllmasse etwas angezogen hat, wischen Sie die Fliesen sauber – aber nicht zu naß, damit die Füllmasse nicht wieder aus den Fugen gewischt wird.
Nun setzen Sie die Türen ein. Die Angeln werden am Mauerwerk mit Dübeln befestigt, an der Tür mit Holzschrauben. Wir haben schmiedeeiserne Beschläge verwendet, die den rustikalen Eindruck des Tisches verstärken. Für den Anstrich des Mauerwerks ist Latex-Fassadenfarbe zu empfehlen.

2 Wir haben das Fundament direkt auf das vorhandene Terrassenpflaster gelegt, was die Sache wesentlich vereinfachte. Sonst muß man eine Fundamentplatte aus Beton herstellen.

3 Den Sockel aus Kalksandsteinen vermauert man am einfachsten mit Fertigmörtel – dann kann es keine Mischungsprobleme geben. Die Steine mit Wasserwaage und Latte ausrichten.

4 Die Kanthölzer für die Seitenteile der Tischplatte hobeln, die Kanten anfasen. Die Leimkanten der Mittelplanke und der Kanthölzer abrichten (am besten mit der Rauhbank).

5 Die Mittelplanken werden mit den anstoßenden Kanthölzern verleimt. Diese Planken müssen um die Dicke der Asbestzementplatte und der Fliesen einschließlich Klebeschicht dünner sein als die Kanthölzer, damit die Fliesen bündig anschließen. Bitte vorher genau nachmessen, sonst gibt es Stufen.

6 Vor dem Zusammenbau die Kanthölzer der Tischplatte zwei- bis dreimal mit schützender Imprägnierung (z. B. Xylamon) streichen. Dann trotzen sie Wind und Wetter.

7 Mit zwei Querstreben werden die Einzelteile der Tischplatte zusammengehalten. Die Querhölzer befestigt man mit kräftigen Holzschrauben mit Sechskantkopf (10 × 100 mm) an der Platte. Diese Schrauben zieht man mit dem Schraubenschlüssel an. Wählen Sie verzinkte Schrauben, die nicht verrosten.

8 In die Vertiefung in der Mitte des Tisches wird die Asbestzementplatte gelegt. Befestigen Sie sie mit Senkkopfschrauben und seien Sie vorsichtig beim Bohren (bei niedriger Drehzahl).

9 Auf die Asbestzementplatte zieht man mit dem Zahnspachtel eine Schicht Klebemörtel auf, in die man die Fliesenmatten eindrückt. Achten Sie dabei ringsherum auf genauen Fliesensitz.

10 Nach Abbinden des Klebemörtels drückt man die Fugenfüllmasse mit einem Gummispachtel in die Lücken. Wir haben braun eingefärbten Zement zum Füllen der Fliesenfugen verwendet.

11 Die Türen stellt man aus gehobelten Fußbodendielen mit Nut und Feder her. Die Kanten werden vor dem Zusammenbau angefast.

12 Die Diagonalverstrebung der Tür wird leicht in die obere und untere Querstrebe eingelassen – die Tür wird so bedeutend stabiler.

13 Die fertige Tür. Quer- und Diagonalstreben stellt man ebenfalls aus Hobeldielen her. Alle Nuten und Federn dabei weghobeln! Die Türteile werden miteinander durch wasserfesten Leim und Schrauben verbunden. Wir haben die Tür mit rustikalen schmiedeeisernen Beschlägen angeschlagen.

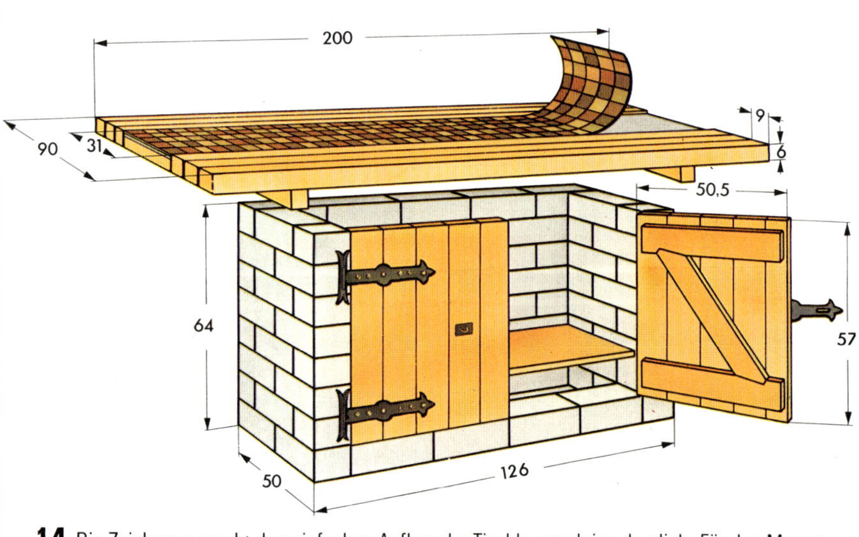

14 Die Zeichnung macht den einfachen Aufbau der Tischkonstruktion deutlich. Für das Mauerwerk wählten wir normalformatige Steine (NF). Alle Maße sind in Zentimetern angegeben.

MATERIALLISTE

Tischplatte: Kiefer oder Fichte
6 St. 200 × 9 × 6 cm
2 St. 200 × 15,5 × 4,5 cm
2 St. 86 × 7 × 4 cm
1 Asbestzementplatte 200 × 31 cm, 10 mm dick
Fliesenmosaik 200 × 31 cm
Türen: 10 Dielenabschnitte 57 × 10 × 2 cm
4 Querspangen 49 × 8 × 2 cm
2 Schrägspangen 55 × 8 × 2 cm
1 Innenboden 101,5 × 36 cm
Mauerwerk: 60 Kalksandsteine NF; Mörtel, Latexfarbe.
4 Bänder, 1 Mittelverschluß für Tür
32 Holzschrauben 10 × 100 mm (Sechskantkopf)
Schrauben und Dübel zur Befestigung der Holzteile am Mauerwerk
50 Linsenkopfschrauben 5 × 35 mm (für Türen)

Betonplatten für Ihren Gartenweg

Man kann in jeder Baustoffhandlung Betonplatten unterschiedlicher Größe und Art kaufen. Man kann sie aber auch selbst machen. Dafür braucht man etwas Zeit, spart aber auch eine Menge Geld. Und: Form, Farbe und Zusammensetzung bleiben dabei Ihnen überlassen. Wir zeigen Ihnen hier, wie man Waschbetonplatten machen kann. Außerdem geben wir Ihnen Tips für andere Plattenarten.

1 Vor dem Gießen der Platte muß die Holzform von innen gut mit Schalöl eingestrichen werden, damit sich der Rahmen hinterher lösen läßt.

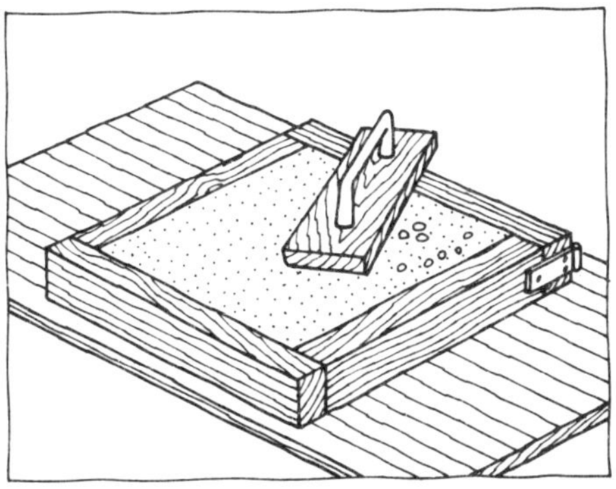

3 Mit dem Reibebrett aus Holz wird die Waschbetonschicht abgezogen und geglättet. Dabei feuchtet man das Reibebrett immer wieder an.

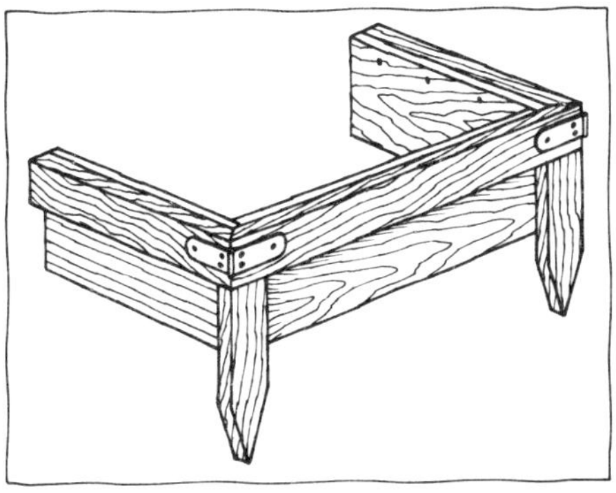

5 Betonieren von Treppenstufen: So sieht die vorbereitete Form aus. Mit den angespitzten Latten in den Boden schlagen und verankern.

Betonplatten für Gartenwege und Terrassen müssen nicht immer quadratisch oder rechteckig sein. Warum nicht einmal rund, dreieckig, achteckig oder kreuzförmig? Wenn Sie Ihre Gartenplatten selber gießen, können Sie alle diese Formen herstellen, die im Handel nur schwer zu haben sind.

Eine 50 × 50 Zentimeter große Platte sollte nicht dünner als 7 Zentimeter sein. Bei 25 × 25 Zentimeter großen Platten kann man die Dicke ruhig auf 6 Zentimeter verringern.

Die Holzformen für die Platten werden aus Latten (gehobelte Kiefer), die mindestens 4 × 6 Zentimeter stark sind, hergestellt.

2 Auf eine Grundbetonschicht (6 cm dick) gibt man eine Waschbetonschicht, die mit dem Plattenrahmen bündig abschließt. Gut einstampfen!

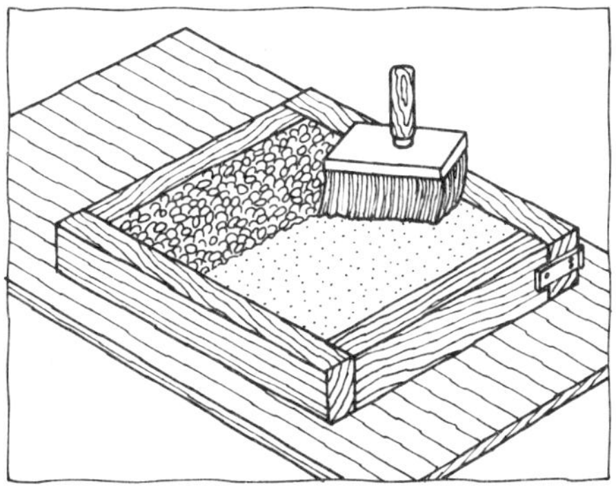

4 Die Kieselbetonschicht wird mit einer nassen Deckenbürste ausgewaschen. Die Bürste so lange über die Schicht ziehen, bis der Kiesel freiliegt.

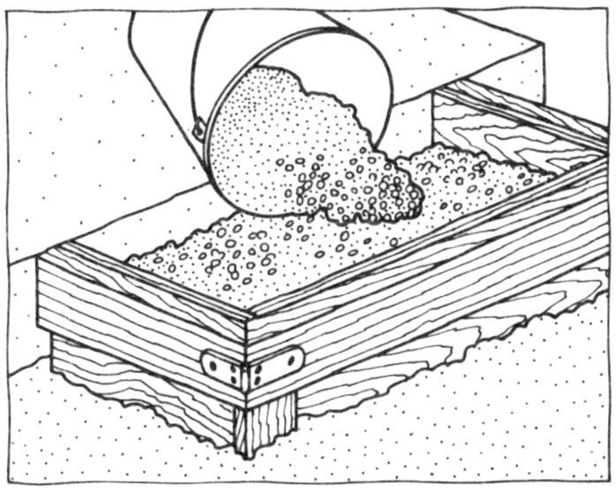

6 Auf ein dünnes Kiesbett kommt zuerst eine Grundschicht. Dann wird Waschbeton aufgetragen. Mindestens 4 Tage in der Form durchtrocknen.

Wenn die Latten auf die gewünschte Größe zugesägt sind, werden sie, bis auf eine Ecke, mit Scharnieren verbunden. An die letzte Ecke wird ein Kistendeckelverschluß geschraubt. So kann die Form, egal ob drei- oder viereckig, mit dem Hebelverschluß fest zusammengezogen werden. Als Gießform für runde Platten eignet sich eine einfache Kuchenform.

Durch den Klappmechanismus kann man den Rahmen nach dem Einstampfen des Betons schnell wieder öffnen, ohne daß die weiche Masse beschädigt wird.

Die Rahmen setzt man zum Plattengießen auf eine ebene Fläche, die mit einer Plastikplane bedeckt werden muß. Wenn man viele Platten anfertigen will, braucht man eine entsprechend große Fläche.

Betonplatten bestehen immer aus zwei Schichten: Aus einer Grund- und einer Feinschicht.

Für die Grundschicht der Platten, das sind je nach Plattenstärke etwa 5 bis 6 Zentimeter, braucht man eine Betonmischung von einem Teil Zement und 4 Teilen feinem Schüttkies.

Nachdem die Plattenrahmen an der Innenseite mit Schalöl bestrichen worden sind (bei jeder neuen Platte wiederholen), kann der erdfeuchte Beton als Grundschicht in den Rahmen geschüttet und eingestampft werden.

● Herstellung von glatten Gartenplatten: Über die Grundschicht wird Feinbeton aufgebracht, der im Verhältnis 1:2 aus Zement und Sand (etwas feuchter als erdfeucht) gemischt wird. Diese Feinbetonschicht, die mit dem Plattenrahmen bündig abschließen soll, muß sorgfältig abgezogen werden, um alle Unebenheiten zu glätten. Dazu ein Reibebrett aus Holz benutzen. Danach muß die Fläche mit einem Stahlglätter fein geglättet werden.

● Einfärben von Platten: Auf die Feinbetonschicht wird pulverisierte Zementfarbe, die 1:1 mit Zement gemischt ist, trocken aufgestreut, mit dem Reibebrett eingerieben und anschließend geglättet.

● Waschbetonplatten: Auf die Grundschicht wird wie bei der Feinbetonschicht eine Mischung aus 4 Teilen Flußkiesel (Körnung je nach Belieben), 1 Teil feiner Sand und 1 Teil Zement, etwas feuchter als erdfeucht, aufgebracht und mit dem Reibebrett geglättet. Dann wird die Kieselschicht mit einem nassen Malerquast so lange abgestrichen, bis die Kieselstruktur durch diese »Ausschwemmung« gut zu sehen ist.

Die Plattenrahmen nach ein paar Minuten von der frischen Platte vorsichtig abnehmen. Nach ca. 4 Tagen Trockenzeit können die Platten aufgenommen und dicht nebeneinander senkrecht aufgestellt werden. Bis zur Verlegung müssen sie etwa noch drei Wochen durchhärten.

Wie man im Garten Treppenstufen aus Waschbeton baut, erläutern die Zeichnungen 5 und 6. Natürlich können Sie ebensogut »glatten« Beton verwenden.

Gartenplatten richtig verlegen

Plattenleger sind hochbezahlte Handwerker. Um einen Gartenweg oder eine Terrasse mit Platten belegen zu lassen, müssen Sie tief in die Tasche greifen. Deshalb sollten Sie sich ruhig selbst daran wagen.

Wenn Sie die Regeln der Verlegetechnik genau beachten, kann kaum etwas schiefgehen. Wichtig ist der Unterbau, denn die Platten sollen ja frostschadensicher eine Reihe von Jahren liegen.

Um Betonplatten für Gartenwege oder Terrassen zu verlegen, braucht man einen Unterbau, damit die Platten gerade liegen und Regenwasser abfließen kann. Das richtige Bett ist eine Kies- oder Schotterunterlage mit einer Schicht feingesiebtem Sand darüber. Dazu muß im Wegeverlauf ein etwa 40 Zentimeter tiefer, wegbreiter Graben ausgehoben werden. An Stelle des entfernten Mutterbodens stampft man dann eine etwa 30 cm dicke Kies- oder Schotterschicht fest ein. Die Kiesschicht hat für den Weg zwei wichtige Funktionen: Erstens läuft das Regenwasser durch die grobe Körnung des Materials sehr gut ab. Ein Wasserrückstau wird dadurch vermieden. Zweitens schützt sie die verlegten Betonplatten vor Bodenfrost und dadurch vor dem »Auffrieren« und Zerbrechen.

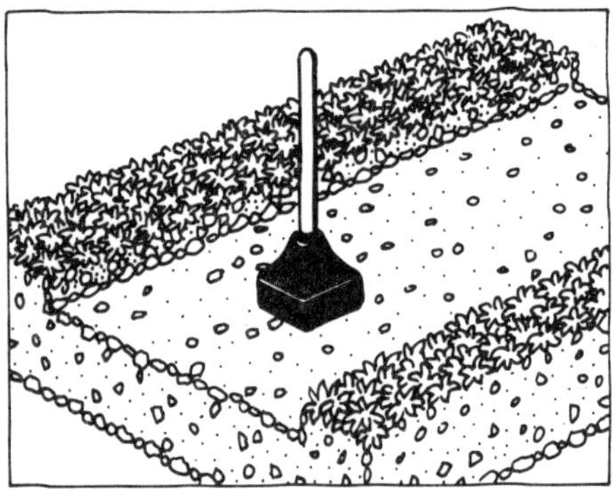

1 Im Verlauf des Plattenweges hebt man den Boden etwa 40 cm tief aus und bringt eine 30 cm dicke Schotter- oder Kiesschicht auf. Sie muß überall gleichmäßig festgestampft werden.

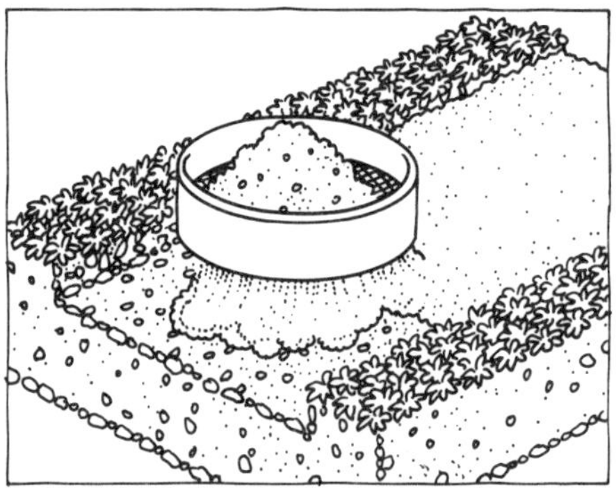

2 Mit einem Sieb wird nun eine Sandschicht auf der Kies- oder Schotterschicht verteilt. Je feiner der Sand ist, desto besser lassen sich die Platten einbetten. Schichtdicke: 3 cm.

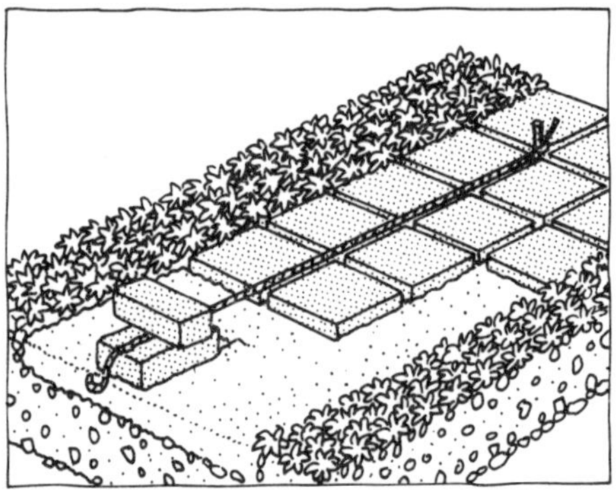

3 In das Sandbett werden die Gartenplatten mit einem Fugenabstand von etwa 10 mm Breite eingelegt. Eine Schnur markiert die Fluchtlinie. Die Platten mit dem Fäustel gut festklopfen.

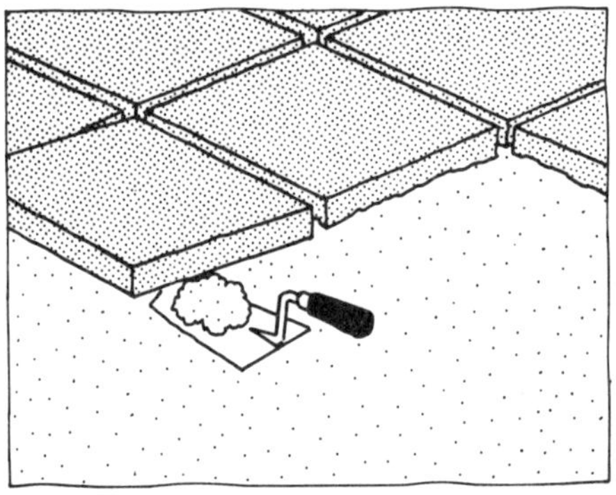

4 Wenn eine Platte wackelt, gibt man mit der Maurerkelle etwas feingesiebten Sand unter die Platte, um die Unebenheit auszugleichen. Dann mit dem Stiel des Fäustels fest einklopfen.

5 Wenn alle Platten verlegt sind, streut man Sand über die Fläche. Er wird mit einem groben Besen in die Fugen gefegt. So bekommen die Platten guten Halt und werden gegeneinander abgestützt.

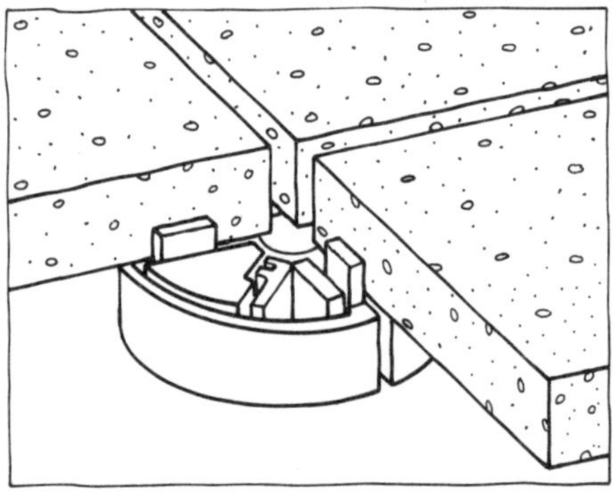

6 Eine Kunststoffscheibe macht das Plattenlegen noch einfacher. Mit diesem Abstandhalter kann man Platten ohne Sandbett verlegen. Bei Unebenheiten wird die Höhe einfach verstellt.

Wege mit Sandbett

Mit dem Sieb wird nun eine etwa 3 cm dicke Sandschicht über die Kies- oder Schotterschicht verteilt. Der Sand muß sehr fein sein, damit die Platten sich gut einbetten lassen. Dadurch werden auch Unebenheiten vermieden, und die Platten können nicht brechen.
In das Sandbett werden die Gartenplatten mit einem Fugenabstand von 10 mm (eher weniger, nicht mehr!) eingelegt. Eine Schnur (man kann sie einfach um zwei Ziegelsteine gewickelt spannen) markiert die genaue Fluchtlinie sowie die Verlegehöhe.
Mit einem Fäustel werden die Platten im Sandbett festgeklopft. Dazu benutzt man nicht den Hammerkopf, sondern den Holzstiel, damit die Platten nicht zerspringen. Wenn eine Platte trotz sorgfältigen Festklopfens wackelt, hebt man sie an einer Ecke etwas an und gibt mit der Maurerkelle feingesiebten Sand darunter, um die Unebenheit auszugleichen. Dann wird festgeklopft, bis die Platte richtig sitzt.
Wenn alle Platten verlegt sind, streut man Sand über die Fläche und kehrt ihn mit einem groben Besen in die Fugen. So bekommen die Platten guten Halt und werden auch seitlich sicher abgestützt. Mit feinem Wasserstrahl wird der Sand in die Fugen eingeschlämmt. Auch das Sandbett wird dadurch angefeuchtet und die kleinste Unebenheit ausgeglichen. Nach dem Schlämmen muß man eventuell noch einmal Sand in die Fugen streuen.

Wege mit Betonunterbau

Bei höherer Beanspruchung kann man einen Plattenweg auch auf Betonfundament verlegen. Die Arbeitsgänge:

- Mutterboden bis auf eine tragfähige Schicht auskoffern, Oberfläche planieren und feststampfen. Bei tieferen Auskofferungen (z. B. für eine Garageneinfahrt) Unterlage aus Grobsteinen mit Kiesabdeckung oder Grobkiesschicht einbauen. Ränder mit Kanthölzern in Unterbetonhöhe auslegen.
- 10–15 cm erdfeuchten Beton aufbringen, gut einstampfen. Oberfläche über den Kanthölzern abziehen, aber nicht glätten.
- Nach dem Abbinden des Betons die Platten in Kalk- oder Zementmörtel verlegen. Fugen mit Sand auskehren, den Sand einschlämmen (wie oben).

Umgang mit Pflastersteinen

Auf unseren alltäglichen Wegen sind sie schon fast zur Rarität geworden: Pflastersteine. Im privaten Bereich jedoch, in Hof und Garten, bieten sie uns einen reizvollen Kontrast zum eintönigen Asphaltgrau unserer Straßen. Kopfsteinpflaster selbst zu verlegen ist zwar anstrengend, aber technisch nicht schwierig. Gewiefte Heimwerker werden mit dieser Aufgabe leicht fertig. Wir zeigen Ihnen, wie man es macht und worauf Sie beim Pflasterlegen besonders achten müssen.

Pflastersteine müssen nicht nur eintönig grau sein. Es gibt sie von tiefblau oder anthrazit bis hellgrau in allen Schattierungen. Sogar rötliche Steine kann man kaufen. Mit diesem Angebot läßt sich schon etwas Abwechslung in das triste Grau bringen. Auf Straßen ist das nicht erwünscht, da die Autofahrer irritiert werden könnten. Für Gehwege, Terrassen, Garageneinfahrten z. B. oder andere trittfeste Flächen kann man hingegen aus Pflastersteinen dekorative Muster gestalten.

Allerdings, pflastern fordert seinen Preis durch Schweiß. Seien Sie deshalb nicht zu ehrgeizig. Lassen Sie sich lieber Zeit bei der Arbeit. Wenn Sie wie ein Berserker schaffen, wird Sie der Muskelkater ganz schön beißen. Eine Grundregel ist zu beachten: Je stärker die vorgesehene Belastung, desto fester muß das Fundament sein. Noch etwas: Es gibt frostgefährdete und frostsichere Steine. Darauf sollten Sie gleich beim Kauf achten. Was nützt das beste Fundament mit ausgeklügelter Dränage, wenn die Steine selbst brechen?

Bei allen Flächen müssen Sie für ein entsprechendes Gefälle sorgen, damit das Regenwasser gut und schnell abfließen kann. Sonst wird der eingeschlämmte Sand zwischen den Steinen herausgespült. Verkantete Steine aber werden leicht zur Stolperfalle.

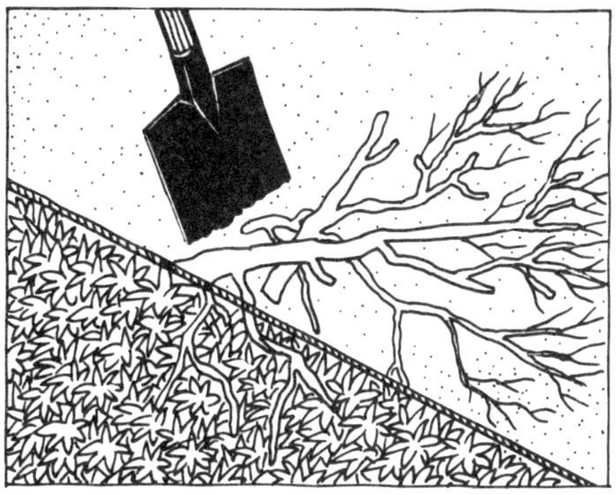

1 Zuerst den Humusboden bis auf eine tragfähige Schicht ausheben. Baumwurzeln im Bereich des Aushubs muß man restlos entfernen. Kappen Sie sie dicht unter der Erdoberfläche ab.

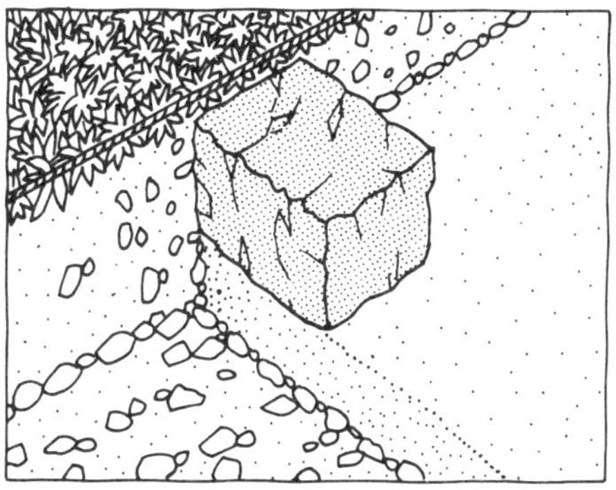

2 Auf den gestampften Kies-Unterbau kommt eine 50 mm dicke Sandschicht. Der Unterbau muß so bemessen sein, daß die fertige Pflasteroberfläche mit der Umgebung höhengleich ist.

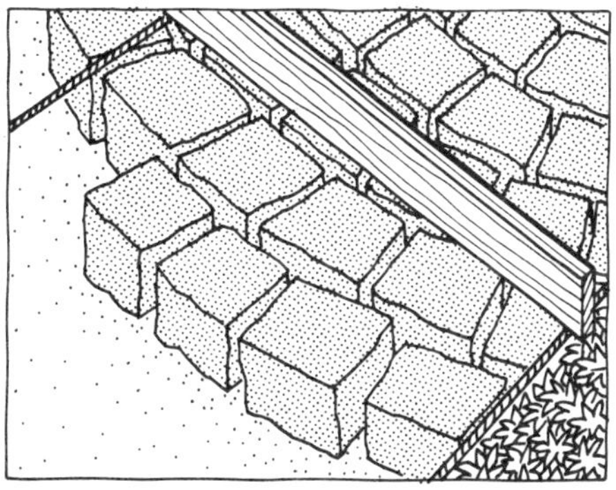

3 Damit das Wasser ablaufen kann, legt man die Pflasterfläche mit einer leichten Wölbung an. Die in der Mitte aufliegende Latte steht an den Seitenkanten etwa 2 cm über dem Pflaster.

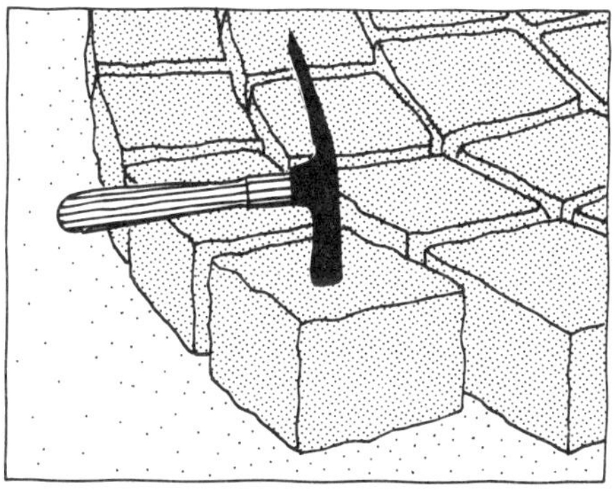

4 Die einzelnen Steine werden mit dem Hammer in das Sandbett eingeklopft. Gegebenenfalls unter dem Stein Sand wegnehmen oder nachfüllen. Sand in den Fugen gründlich festdrücken.

5 Wenn alle Steine gesetzt sind, feinen Sand über die Fläche streuen. Mit dem Besen kreuz und quer über die Fläche kehren, um den Sand gleichmäßig in die Pflasterfugen zu bringen.

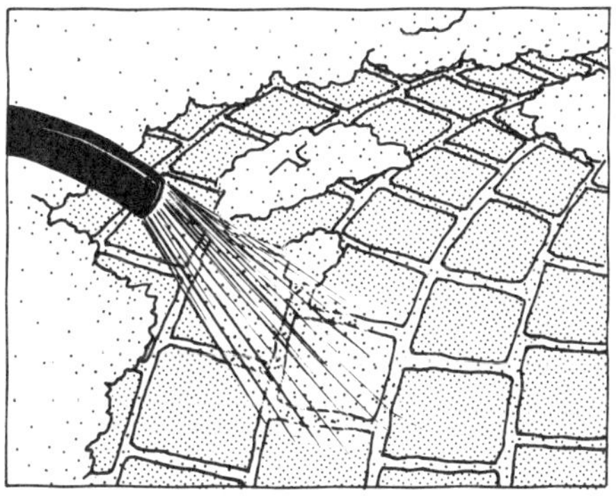

6 Dann wird mit einem nicht zu scharfen Wasserstrahl nachgespült. Dabei schwemmt man den Füllsand gründlich in die Fugen. Bei Bedarf muß noch einmal Sand nachgestreut werden.

Ein Kapitel Verlegetechnik

Ehe man Steinpflaster verlegen kann, muß man die zu belegende Fläche ausmessen und mit gespannten Schnüren abstecken und begrenzen. Rasen- und Humusschichten werden sauber ausgestochen und entfernt. Wenn die Humuslage nur dünn ist, kann man direkt auf den tragfähigen Untergrund das Sandbett für die Steine legen. Liegt sie zu tief, füllt man mit Grand oder gebrochenem Kies auf, der festgestampft werden muß.

Damit Regenwasser abfließen kann, muß man dem Pflaster ein leichtes Gefälle geben. 1,5–2 cm pro Meter reichen aus. Bei freiliegenden Wegen legt man es als Wölbung von der Mitte her an. Grenzt die Pflasterfläche aber an eine Mauer oder ein Bauwerk, legt man an diese Seite die höchste Kante.

Um dem Pflaster eine höhere Festigkeit zu geben, kann man die Fugen statt mit Sand mit einer erdfeuchten Betonmischung (1 Teil Zement, 4 Teile Sand) ausfüllen. Man muß sie bis zum Abbinden feucht halten.

Pflaster-Muster

Die Pflasterfläche wirkt zwar schon durch ihre Oberfläche. Richtige Materialwahl und -verlegung kann aber zusätzliche Effekte bringen. Beispielsweise können Sie einen Weg als Zugang zum Haus links und rechts mit größeren Steinen einfassen, den Mittelstreifen dann mit bogenförmig verlegten Steinen füllen, und zwar jeweils drei Bögen in einer, dann drei in einer zweiten Steinfarbe. Sie können sich dekorative Muster ausdenken: Zickzack, Sterne, Kreise, Dreiecke. Oder Sie können Betonplatten mit Pflastersteinen kombiniert verlegen – eine beliebte Technik.

Hübsche Zäune selbst montiert

Mit einem hübschen Zaun wird der Platz vor dem Haus erst zum richtigen Garten. Eine praktische und dekorative Einfriedung, wie sie nicht jeder hat, kann man leicht selbermachen. Dabei können Sie zwischen einer verspielten Eigenkonstruktion aus Holz (die freilich ständiger Pflege bedarf) und vorgefertigten Zäunen aus Kunststoff oder Metall wählen, die weniger Arbeit machen, aber auch nicht jedermanns Geschmack sind.

Für unseren Zaun haben wir gehobelte Fichtenbretter mit einem Querschnitt von 8 × 2 cm verwendet. Das Profil wurde mit einer Bandsäge herausgearbeitet, weil große Mengen Zaunlatten gebraucht wurden. Sie können die Latten aber auch mit einer Stichsäge ausschneiden.
Die Latten unseres Zauns sind 60 cm lang. Die Abstände zwischen den 8 cm breiten Latten betragen jeweils 5 cm. Für einen Meter fertigen Zaun müssen Sie 8 Latten rechnen. Als Querträger dienen gehobelte Dachlatten. Die Pfosten aus 8 × 8 cm Kantholz werden oben abgeschrägt, damit das Wasser besser ablaufen kann. Für die Aufnahme der Querträger klinkt man die Pfosten an der Vorderseite entsprechend aus.
Damit der Zaun nicht durchhängt, brauchen Sie alle 2 m einen Pfosten. Wenn Sie die Holzpfosten eingraben, müssen sie vorher gründlich imprägniert werden. Für den 60 cm hohen Zaun haben wir sie etwa 40 cm tief eingegraben. Bei höheren Zäunen sollte das Verhältnis entsprechend sein. Die einzelnen Zaunsegmente müssen ausreichend überstehende Querträger haben, damit man bei der Montage jeweils eine Latte vor dem Pfosten plazieren kann.
Damit Sie die Pfosten im genau richtigen Abstand einsetzen, sollten Sie sich eine Meßlatte mit Markierungen machen, die der Länge eines Zaunsegments entspricht.

Fertig eingekaufte Zäune

- *Kunststoffzaun:* Pfosten aus Beton oder Stahlrohr (kann mitgeliefert werden), Querriegel aus kunststoffbeschichtetem Stahl und Zaunstäbe aus Kunststoffprofilen in verschiedenen Farben. Befestigung durch Klemmen und Schrauben.
- *Aluminiumzaun:* Es gibt verschiedene Arten von Zäunen aus Aluminiumprofilen, z. B. als Gitterzäune und in Rahmenform.
- *Holzzäune:* Latten- und Kreuzzäune aus Fichtenstangen oder -latten werden in verschiedenen Höhen geliefert.

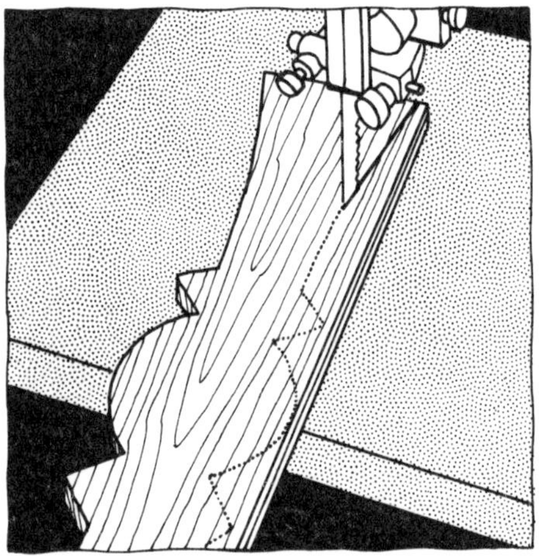

1 Die Zierprofile reißt man an (Schablone) und sägt sie sauber aus. Das geht mit der Stichsäge oder auch (wie abgebildet) mit einer Bandsäge.

2 Die einzelnen Zaunlängen werden vor dem Aufstellen zusammengenagelt. Als Querträger dienen hier sauber gehobelte Dachlatten.

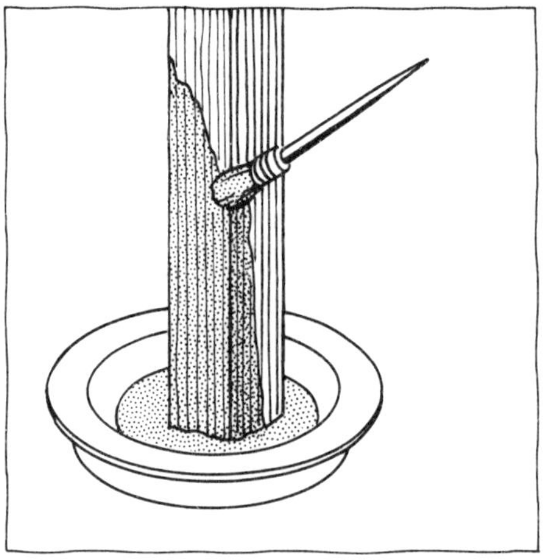

3 Die Pfosten aus 8 × 8 cm Kantholz müssen vor dem Einsetzen in die Erde zwei- bis dreimal intensiv mit Schutzanstrich behandelt werden.

4 Hier haben wir für Sie zur Anregung einige dekorative Muster für Zaunlatten zusammengestellt. Je komplizierter das Muster ist, desto länger dauert es natürlich, bis man die Latten für einen Zaun ausgesägt hat. Reizvolle Effekte kann man aber dann schon erzielen, wenn man eine Reihe schlichter Zaunlatten in regelmäßigen Abständen durch dekorative Schmucklatten unterbricht und auflockert. Den fertigen Zaun mit Imprägnierlasur streichen.

Das eigene Frühbeet mit Spannfolie

Ein »kaltes« Frühbeet (ohne Mistpakkung) nach unserem Vorschlag kann man ab März bepflanzen. Nachtfröste machen den jungen Pflänzchen nichts aus.

Unser Frühbeet besteht aus einem kastenförmigen Unterbau mit einem hochstellbaren, mit Kunststoffolie bespannten Deckel. Durch zwei Feststeller kann er in jedem beliebigen Öffnungswinkel gehalten werden. Der Deckel ist eine Rahmenkonstruktion, die verdübelt und an den Ecken durch vier Fensterwinkel und sechs Eckwinkel versteift wird. Jedes der vier unteren Rahmenteile erhält eine außen umlaufende 10 mm breite und 15 mm tiefe Nut, die gefräst oder mit Kreissäge und Stecheisen angefertigt wird. Darin klemmt man die Kunststoffolie mit Leisten auf Spannung fest. Die Klemmleisten lassen sich jederzeit wieder lösen, so daß die Folie bei Bedarf ausgewechselt werden kann.

Die Bretter des Unterbaus werden in den Ecken mit je drei Senkkopfschrauben (4,5 x 50 mm) mit den angespitzten Pfosten verschraubt. Den Kasten setzt man auf eine Lage Kalksandsteine. Die vier Pfosten werden in die Erde geschlagen. Die Feststeller schraubt man mit Maschinenschrauben und Unterlegscheiben (M8) und einem 10 mm starken Distanzholz an der Innenseite des Unterbaus an. Mit der gabelförmigen Aussparung oder dem Loch am oberen Ende greifen sie in die Rasten (aus Dübelholz) im Deckel.

MATERIALLISTE

Deckel

Leisten 35 x 35 mm

Rahmenteile: 5 à 180 cm, 4 à 114 cm, 3 à 13 cm, 2 à 113 cm

Leisten 20 x 10 mm

je 2 Klemmleisten 181 und 117 cm

Unterbau

Leisten 35 x 35 mm	
4 Pfosten	45 cm
Bretter 145 x 20 mm	
2 Vorder/Hinterteile	178 cm
2 Seitenteile	115 cm
Leisten 30 x 15 mm	
2 Feststeller	54 cm

Außerdem

4 Fensterwinkel
6 Eckwinkel 10 x 10 cm
2 Scharniere 5 cm
Abdeckfolie 220 x 150 cm
2 Dübelstangen 10 mm; 1 Handgriff
26 Kalksandsteine NF

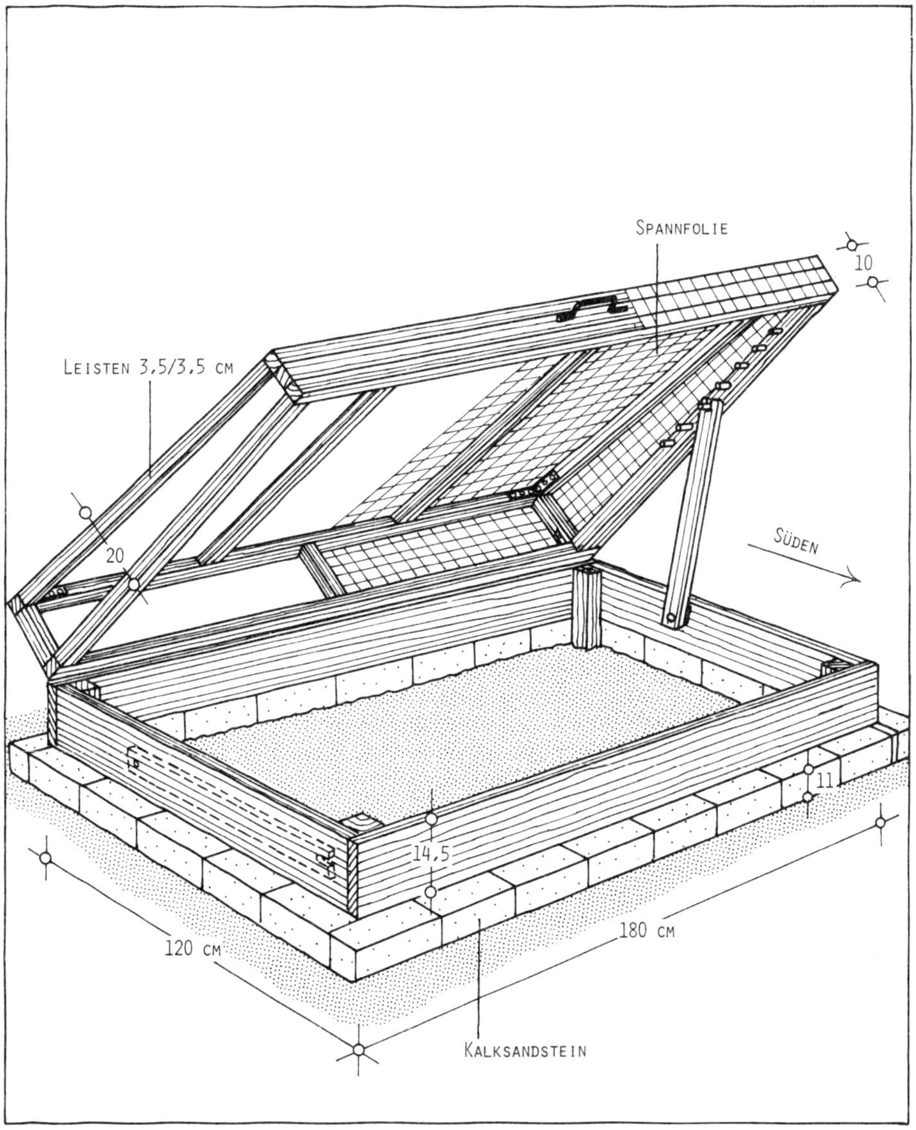

1 Wohin die in der Materialliste aufgeführten Bauteile gehören, macht die Konstruktionszeichnung deutlich. Beim Aufbau muß die niedrigere Vorderseite des Frühbeets immer nach Süden zeigen. Schon bei geringer Sonneneinstrahlung liegt die Frühbeet- über der Außentemperatur.

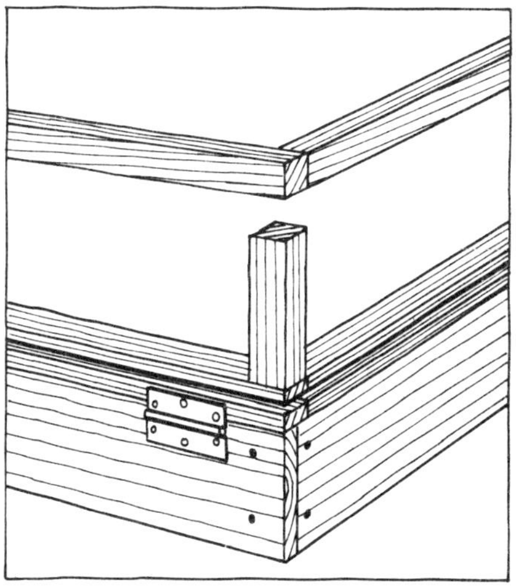

2 Deckel und Unterbau des Frühbeets sind durch Scharniere miteinander verbunden. Der Rahmen für den Deckel wird durch Eisenwinkel verstärkt.

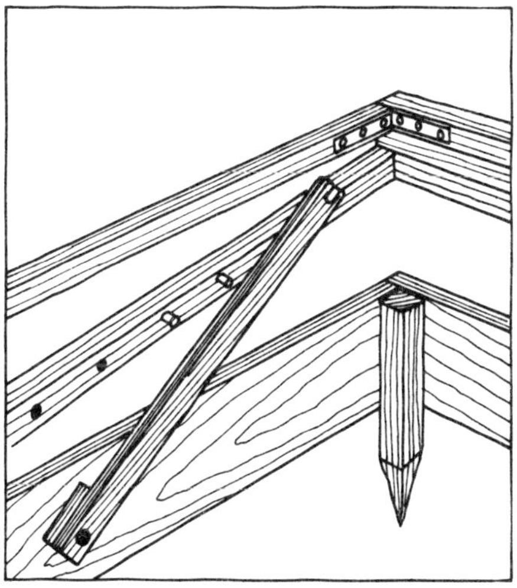

3 Mit dem Feststeller, einer einfachen Leiste, die in Rasten aus Dübelholz eingreift, kann man einen beliebigen Öffnungswinkel erreichen.

Kompost-Anlage für den Garten

Eine Kompostkiste löst das Problem der Gartenabfälle auf elegante und nützliche Weise: Sie sind die Sorgen der Beseitigung los und gewinnen obendrein wertvolle Humus-Aufbaustoffe.

Das Material für unsere Kompostanlage aus stapelbaren Elementen sind Kiefern- oder Fichtenbretter, rauh, wie sie aus der Säge kommen. Der Querschnitt der Bretter ist 10 × 2,5 cm.

Die Kiste hat eine Grundfläche von 1 m × 1 m. Wenn Sie nicht so viel Platz brauchen, können Sie die Elemente natürlich entsprechend verkleinern. Bei einem Maß von 80 × 80 cm haben Sie bereits ein Drittel weniger Fläche.

Kanthölzer vom Querschnitt 6 × 6 cm und 12,5 cm Länge dienen als Eckverstärkung und Abstandshalter.

Für acht Elemente brauchen Sie 16 Bretter von 95 cm und 16 von 100 cm Länge. Die Eckklötze werden zunächst bündig mit den Enden der kurzen Bretter auf diese genagelt. Die Eckklötze decken dabei die Breite der Bretter zur Hälfte ab. Der herausragende Teil ist somit 7,5 cm lang. Beim Ineinanderstecken der fertigen Elemente bleibt dann jeweils ein 2,5 cm breiter Spalt: Für die Kompostierung ist eine ausreichende Luftzufuhr unerläßlich.

MATERIALLISTE

Rauhe Bretter, Kiefer oder Fichte, 10 × 2,5 cm:
16 Längen je 100 cm
16 Längen je 95 cm

Kantholz, 6 × 6 cm:
28 Längen je 12,5 cm
4 Längen je 22 cm
Holzschrauben 5 × 70 mm, verzinkt: 64 Stück
60 mm Nägel; 2 Liter Karbolineum

Die Verbindung der Ecken erfolgt durch je zwei Holzschrauben 5 × 70 mm. Im Querholz dazu mit einem 5-mm-, im Hirnholz mit einem 3-mm-Bohrer vorbohren. Nehmen Sie verzinkte Schrauben, die gegen Rostfraß gefeit sind.

Nach dem Verschrauben nagelt man die Eckklötze zusätzlich noch durch die nun angesetzten Querseiten hindurch fest.

Bei einer Kompostkiste ist ein gründlicher Holzschutz besonders wichtig. Die Bakterien, die Laub und Pflanzenabfälle zu Humus zersetzen, greifen nämlich unbehandeltes Holz ebenso an. Aus diesem Grunde haben wir alles mehrfach mit Karbolineum imprägniert. Das Mittel fließt auch in die bei der Montage entstandenen verdeckten Flächen und Kanten.

Zum Kompostieren schichtet man in den Kompostkasten abwechselnd Lagen von Garten- und Küchenabfällen (die »Grünmasse«) und einem Gemisch aus einem Teil Torf und einem Teil Erde. Der Torf muß vor dem Mischen gut durchgefeuchtet sein (ein Normalballen schluckt dabei bis zu dreißig Eimer Wasser). Zwischen die einzelnen Schichten streut man Kalkstickstoff.

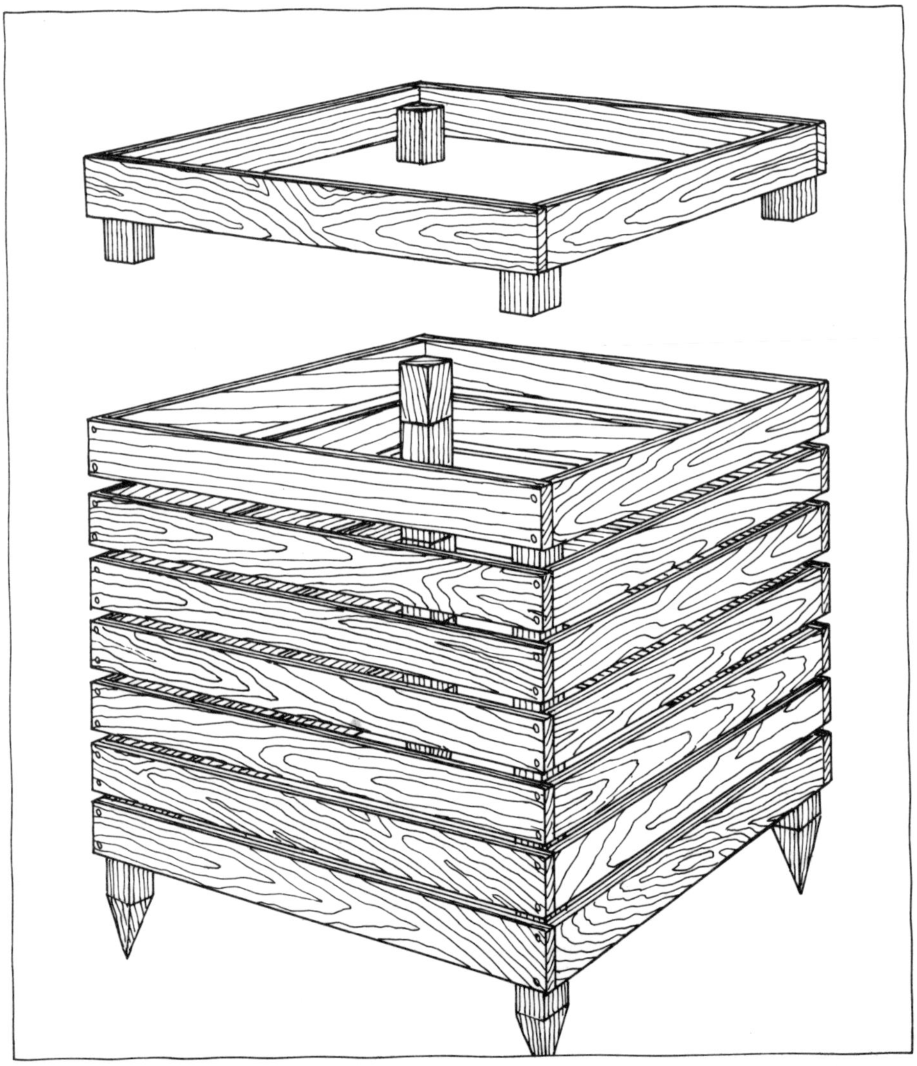

1 Die komplette Kompostanlage besteht aus acht Elementen, die als Rahmen konstruiert sind und beliebig abgehoben werden können. Der Rauminhalt beträgt insgesamt rund einen Kubikmeter. Das reicht für einen Heimgärtner aus. Wer will, baut sich eine zweite Kompostanlage.

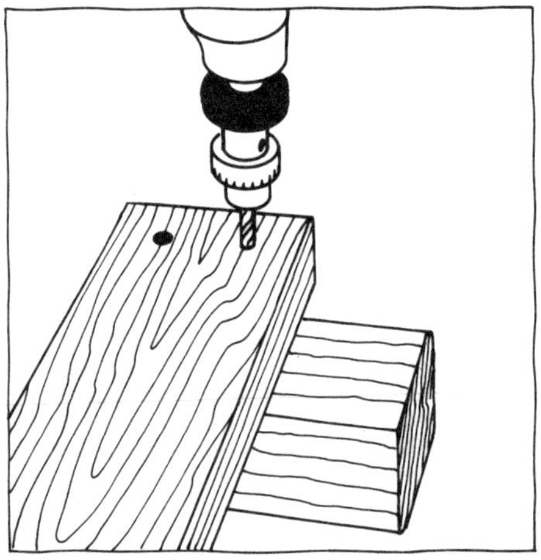

2 An den Ecken die Bretter einfach stumpf zusammenschrauben. Die Löcher vorbohren. Die Eckpfosten von außen her durch die Bretter nageln.

3 Zuerst nagelt man die Eckpfosten an die Enden der kürzeren Bretter. So muß man wenig markieren. Die Bretter werden verschraubt.

Futterplatz für Wintervögel

Die meisten Vogelhäuser sind für einen guten Futterplatz einfach zu klein. Hier ist ein größeres, in dem man auch eine große Vogelschar bewirten kann – und zwar mit immer tadellosem Futter. Dafür sorgt die Konstruktion unseres Vogelhauses, die alle Bestimmungen des Tierschutzes für diesen Zweck erfüllt. Denken Sie daran, daß Sie nicht nur gelegentlich nachfüllen dürfen, sondern für regelmäßigen Futternachschub sorgen müssen.

Das Vogelhaus wird mit einem automatischen Futterspender für Körnerfresser (Finken, Kleiber, Spechte, Meisen, Dompfaffen) eingerichtet. Am unteren Ende rutscht immer nur eine kleine Futtermenge nach. Durch die Einfüllöffnung im oberen Drittel des Futterspenders kann man den Vorrat für mehrere Tage (ausprobieren!) einschütten. Zum Schutz gegen Luftfeuchtigkeit wird die Einfüllöffnung mit einem Schiebering verschlossen.

Die Halterung des Vogelhauses besteht aus einem kopfüber montierten, kleinen Tannenbaumfuß. In seine Öffnung wird einfach ein Zaunpfahl – am besten ein mit Kunststoff ummantelter – als Ständer gesteckt und durch die Flügelschrauben festgesetzt. Vorteile: Man kann die beste Anflugrichtung durch einfaches Drehen des Vogelhauses herausfinden. Und ist das Haus an einer schwer zugänglichen Stelle (z. B. Balkonbrüstung) montiert, braucht man's zum einfacheren Reinigen oder Nachfüllen des Futters nur herumzudrehen.

So wird das Haus gebaut

Das Vogelfutterhaus ist ständig Wind und Wetter ausgesetzt. Darauf muß bei der Wahl des Materials Rücksicht genommen werden. Tragbrett, Dach und Futterfläche bestehen aus wasserfest verleimtem Sperrholz (AW 100), dem auch Dauerregen nichts ausmacht. Die Leisten bestehen aus Fichtenholz, für die Anflugstange nehmen Sie eine Dübelstange aus Buchenholz. Der Ständer sollte kunststoffummantelt sein oder wenigstens verzinkt, damit er nicht rostet. Futterspender und dazugehöriger Schiebering bestehen aus PVC-Rohr. Für den Zusammenbau verwenden Sie Messingschrauben in zwei Größen (siehe Materialliste). Sie sind zwar erheblich teurer als alle anderen Schrauben, haben dafür aber die längste Lebensdauer.

Der Zusammenbau gibt keine großen Probleme auf. Die Leisten schneiden Sie mit der Gehrungslade und der Feinsäge auf Gehrung zu. Die Sperrholzzuschnitte sind schneller fertig, wenn Sie eine Kreis- oder Stichsäge verwenden können.

Wenn alle Teile zugeschnitten sind, geht es an den Zusammenbau. Die kürzeren Schrauben (25 mm) benutzt man, um die Dachflächen von außen gegen die tragenden »Balken« zu schrauben. Für die übrigen Verbindungen werden 45-mm-Schrauben verwendet. Bei der Glasscheibe gilt die in der Stückliste angege-

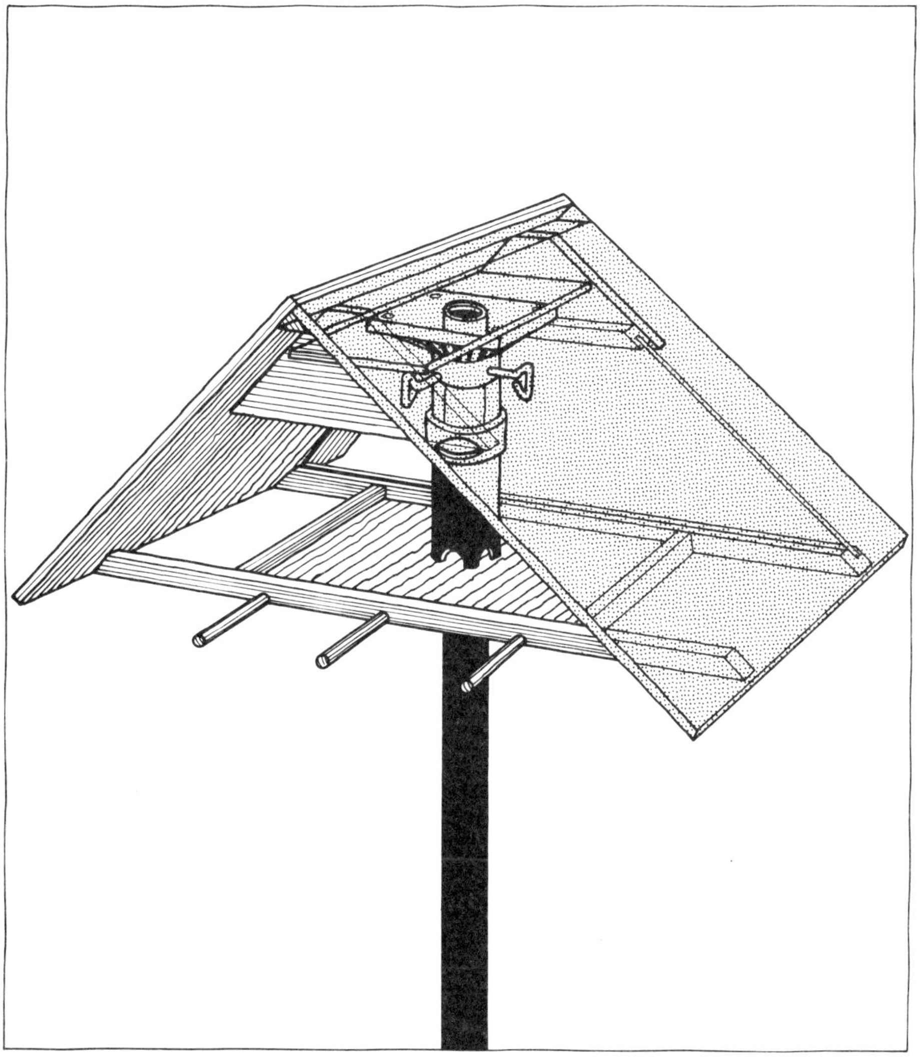

1 Unsere Konstruktion ist nicht nur praktisch, sie erfüllt vor allem auch die Tierschutzbestimmungen: Das Futter kann nicht zuschneien, nicht naß werden und nicht herausfallen. Sind die Kostgänger nämlich erst einmal eingewöhnt, müssen sie immer unverdorbenes Futter finden.

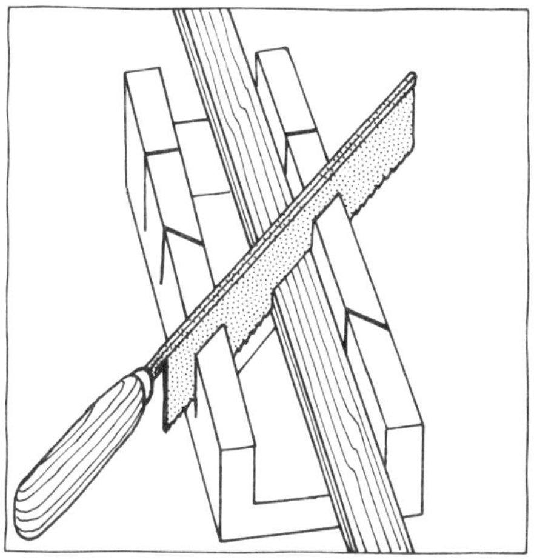

2 Die Leistenzuschnitte – hier handelt es sich um einen Bodenbalken – sägt man mit der Feinsäge in der Gehrungslade präzise auf Gehrung.

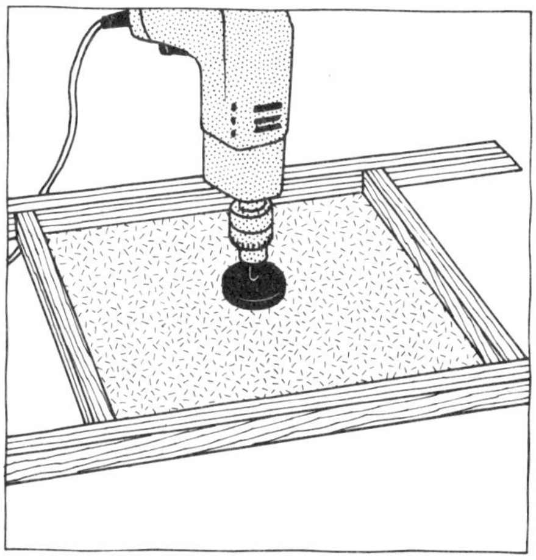

3 In die Fläche, auf die später das Futter herabrieselt, müssen Sie eine Durchführung für den Ständer sägen: Lochschneider, 40 mm ∅.

bene Breite für die Unterkante. Die Trapezform muß man selbst mit dem Glasschneider herstellen: Ebene Tischplatte mit einer Lage Zeitungspapier bedecken, Glas drauflegen, 45-Grad-Winkel mit Fettstift anzeichnen. Dann mit dem Glasschneider an einem Lineal entlangfahren und dabei die Glasoberfläche in einer ununterbrochenen Linie leicht einritzen. Sofort das Lineal unter den Ritz legen und das Glas brechen. Wartet man damit zu lange, splittert das Glas.
Das Vogelhaus ist für Garten und Balkon geeignet. Soll es frei im Garten stehen, braucht es einen Betonfuß. Beton mischen (Mischung 2 Teile Sand, 1 Teil Zement), in leeren Waschmitteleimer füllen, Ständer hineinstecken, nach dem Abbinden Eimer entfernen und Fuß eingraben. Auf dem Balkon wird der Ständer mit Schellen befestigt.

MATERIALLISTE

Bauteil	Material	Stück	Maße
Dachfläche links	Sperrholz AW 100	1	700 × 600 × 10 mm
Dachfläche rechts	Sperrholz AW 100	1	700 × 590 × 10 mm
Firstbalken	Dreikantleiste	1	700 × 30 × 40 mm
Dachbalken	Dreikantleiste	2	520 × 30 × 40 mm
Giebel (2)	Sperrholz AW 100	1	200 × 200 × 10 mm
Tragbrett	Sperrholz AW 100	1	520 × 190 × 10 mm
Aufhängung	Tannenbaumfuß	1	180 × 180 mm
Bodenbalken quer	Rechteckleiste	2	825 × 30 × 20 mm
Bodenbalken längs	Rechteckleiste	2	400 × 30 × 20 mm
Futterfläche	Sperrholz AW 100	1	400 × 400 × 10 mm
Rückwand	Glasscheibe	1	770 × 205 mm
Rückwandhalterung oben	Rechteckleiste	1	400 × 30 × 20 mm
Anflugstangen	Dübelstange	3	180 mm, Ø 10 mm
Futterspender	PVC-Rohr	1	260 mm, Ø 70 mm
Schiebering	PVC-Rohr	1	50 mm, Ø 70 mm
Ständer	Zaunpfahl	1	1500 mm, Ø 40 mm
Holzschrauben	Messing	ca. 25	45 mm, Ø 4 mm
Holzschrauben	Messing	16	25 mm, Ø 4 mm

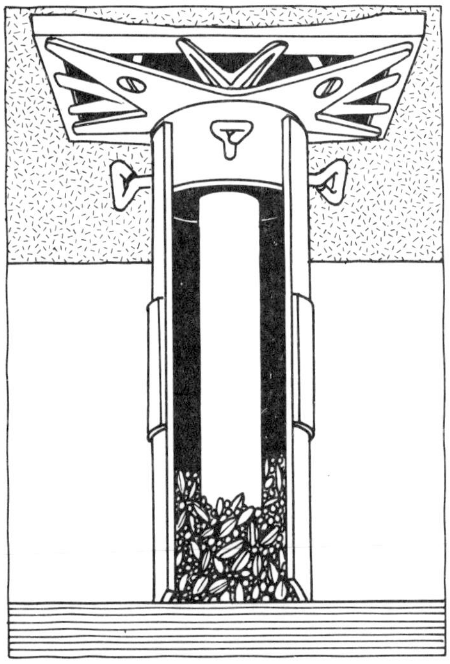

4 Der aufgeschnittene Futterspender zeigt deutlich: Im Innern verläuft der Ständer, der das Haus trägt. Der Futterspender ist aus PVC-Rohr.

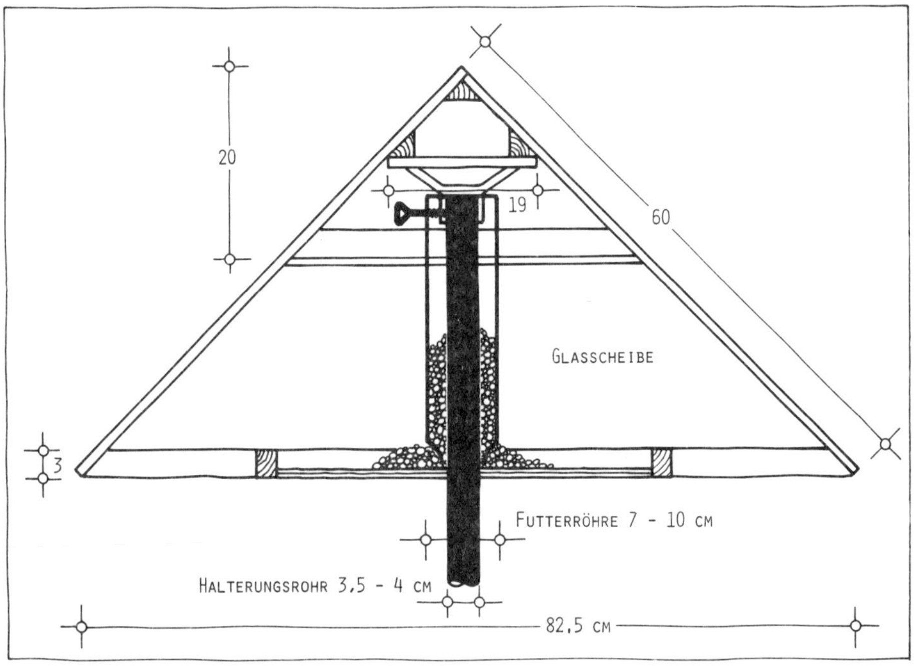

5 Diese Querschnittzeichnung erläutert die Konstruktion, den Detailaufbau und die Maße. Vergleichen Sie alle Einzelheiten mit der obenstehenden Materialliste und mit der Durchsichtszeichnung auf Seite 279, bevor Sie mit dem Bau beginnen. Dann können Sie nichts falsch machen.

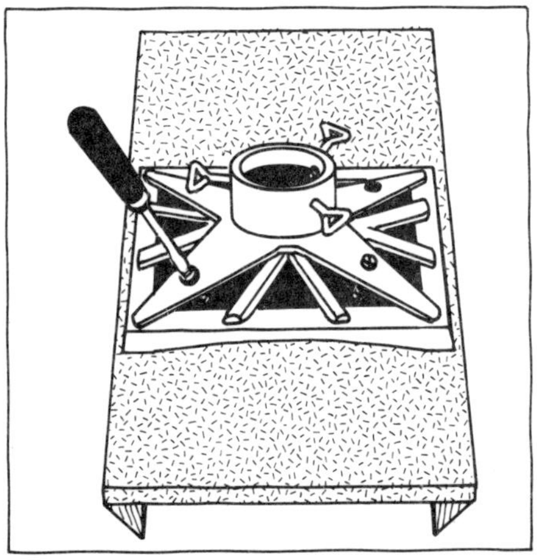

6 Das Dach wird von einem kleinen Weihnachtsbaumständer gehalten. Schrauben Sie ihn auf das Tragebrett. Mit 4,5 mm Ø wird vorgebohrt.

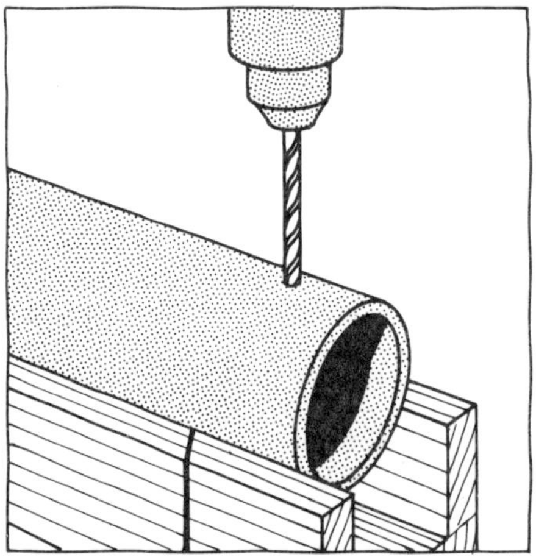

7 Für den Futterspender in ein PVC-Rohr oben ein Loch bohren und von ihm aus einen Schlitz in Lochbreite bis zum Rohrende aussägen.

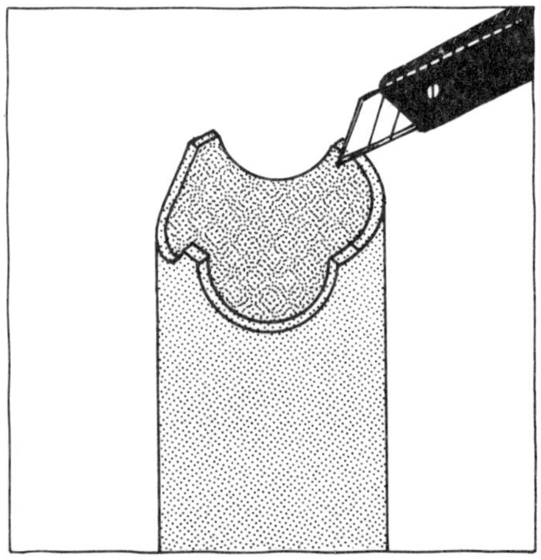

8 Vier Öffnungen für die Futterausgabe mit dem Messer bogenförmig ausschneiden. Ein längs aufgeschnittenes Rohrstück dient als Schiebering.

Nächste Woche steht der Grillkamin

Wir haben es ausprobiert: Nur ein Wochenende und dazu zwei noch übriggebliebene Urlaubstage. Schon ist der Grillkamin fertig – gerade noch zur schönsten Zeit des Sommers mit ihren Gartenfesten und Grillpartys. Unser Grill hat zwei Abteilungen: Eine Feuerstelle, die von einem absenkbaren Kupferdach geschützt wird (es lenkt außerdem den Qualm in die richtige Richtung), und einen Tisch mit eingelegter Holzplatte, auf der man das Grillgut vorbereiten kann. Diesen Ausschnitt zeigt das Foto unten, auf dem man auch die Abteilung für Holzlagerung erkennen kann.

Als Material für die Maurerarbeiten brauchen Sie außer Beton und Mörtel vor allem 140 Kalksandsteine für den Grundaufbau und 30 Klinker (Rotbuntvormauersteine) für den oberen Abschluß. Am besten lassen Sie sich alles Mauerzubehör von einer Baustoffhandlung, die es mit Selbermachern gut meint, frei Haus liefern. Holz kommt nur für die Tischplatte in der rechten Hälfte des Grillkamins und für das Grillbesteck-Ablagebrett in Frage. Alles andere Material (siehe Liste auf Seite 283) werden Sie einzeln einkaufen müssen – vom Kupferblech für die Kaminhaube bis zu Schrauben und Nieten. An diesem Kamin können Sie also Ihre Fähigkeiten in mehreren Techniken erproben: Maurer-, Metall- und Holzarbeiten.

Die Maurerarbeiten

Umfangreiche Erdarbeiten sind nicht notwendig für unseren Grillkamin. Das Fundament mißt nur 140 × 65 cm und wird auch nur 20 cm tief ausgehoben.
Schwieriger ist schon die Standortbestimmung, denn wenn der Kamin erst steht, läßt sich nichts mehr ändern. Suchen Sie sich also das richtige Plätzchen. Etwas versteckt vielleicht, denn wer läßt sich schon gerne in die »Töpfe« gucken. Dann mit vier Pflöcken das Fundament markieren und ausheben. Eine Lage Grand (ca. 5 cm hoch) hinein und darauf den Beton (Mischungsverhältnis 1:3). Den Beton glattstreichen, waagerecht auswiegen und 24 Stunden lang gut abbinden lassen.
Das Fundament können Sie auch in der Woche nach Feierabend machen. Dann haben Sie das ganze Wochenende für die restlichen Arbeiten und brauchen nicht aufs Abbinden zu warten. Auf das Fundament legen Sie die beiden Waschbetonplatten und richten sie mit der untersten Lage Mauersteine gleichmäßig aus.
Wenn jetzt alles stimmt, kann mit dem Mauern begonnen werden. Stein auf Stein wird der Gartengrill hochgezogen. Anthrazitfarbener, fertiggemischter Fugenmörtel bildet einen guten Kontrast zu den weißen Kalksandsteinen. Hierbei müssen Sie sehr genau auswiegen und ausloten.
Zum Schluß die T-Träger über dem Holzfach so einpassen, daß sie mit beiden Enden ca. 3–5 cm aufliegen. Dann die Verblendsteine aufmauern. Die Verblendsteine auf dem Holzfach müssen so gesetzt werden, daß innen eine Auflagekante von ca. 1,5 cm für die Tischbretter verbleibt. Nach dem Abbinden des Mörtels die Fugen sauber mit der Fugenkelle verstreichen.

Die Metallarbeiten

Während der Mörtel trocknet, haben Sie genug Zeit, um den Grillrost und die Kaminhaube herzustellen. Der Rost besteht aus Aluminium-Vierkantstangen (10 × 10 mm) und Rundstangen (Ø 5 mm). Wieviel Querstangen Sie einziehen, richtet sich danach, wieviel oder wie großes Grillgut Sie später grillen wollen. Die Position der Stangen in gleichmäßigen Abständen auf den Vierkantstäben anreißen, ankörnen und bis zur Hälfte der Materialtiefe ausbohren. Jetzt den Rost zusammenstekken und die beiden Endstäbe durch Niete sichern. In die Winkelschienen für Feuerplatte und Grillrost je zwei Löcher bohren.

Abstand zu den Außenkanten: 15 cm. Danach geht es an die Seitenteile des Kupferdaches. Als Vorlage nehmen Sie am besten die Zeichnung auf Seite 283 oben rechts. Der Scheitelpunkt liegt 50 cm von der Vorderkante entfernt. Dort, wo die Seitenteile an das Dach genietet werden, müssen Sie das Blech um 1 cm umbördeln. Das Dach selbst knicken Sie nach den Seitenteilen, die hierbei als Schablone dienen. Wenn Sie sich beim Zuschneiden des teuren Kupferblechs nicht ganz sicher sind, fertigen Sie sich nach den Angaben der Maßskizze erst einmal ein Schnittmuster an.

Dach und Seitenteile werden miteinander vernietet. Wir haben das mit einer Blindnietzange (Foto 6) gemacht, die das Verfahren sehr vereinfacht. Die Seitenteile des Daches stehen gegenüber den Dach-Außenkanten um 15 cm zurück. An die fertige Dachhaube nieten Sie die Trägerstangen (¾-zöllig), deren obere Enden abgeplattet werden. Diese Stangen schieben Sie beim Zusammenbau in die Ständerstangen (einzöllig), die nicht besonders befestigt zu werden brauchen: Stellen Sie sie einfach in die beiden Innenecken des Grillfachs. Dort werden sie von der Feuerplatte festgehalten. Wer besonders vorsichtig sein will, kann die Ständerstangen aber auch mit Rohrschellen am Mauerwerk befestigen. Nehmen Sie dazu Messingdübel mit passenden Gewindeschrauben.

Damit die Dachhöhe verändert werden kann, bohren Sie durch Ständer- und Trägerstange beiderseits mehrere Löcher. Sie werden mit einem Stift gesichert.

Nun werden noch die Winkelschienen für die Halterung der Grilleinrichtung an das Mauerwerk gedübelt.

Jetzt ist der Grill fertig. Mit der Einweihung sollten Sie aber doch noch bis zum Wochenende warten. Es ist besser, wenn Mörtel und Zement noch einige Tage aushärten, bevor Sie das erste Feuer legen. Viel Spaß und guten Appetit!

1 Eine Fläche von 140 × 65 cm wird 20 cm tief ausgehoben. Darauf werden 5 cm Grand gefüllt und festgestampft. Bis zur Bodenoberkante füllt man erdfeuchten Beton auf, der mit der Wasserwaage ausgeglichen wird. Er muß 24 Stunden abbinden. Dann werden die Waschbetonplatten aufgelegt.

2 Stein für Stein wird der Gartengrill hochgemauert. Jede Lage wird mit Wasserwaage, Latte und Lot sorgfältig ausgerichtet. Wir haben anthrazitfarbenen, fertig gemischten Fugenmörtel verwendet. Das gibt einen guten Kontrast zu den weißen Kalksandsteinen des Mauerwerks.

3 Über den vorderen Abschluß des Holzfaches werden zwei kleine T-Träger gelegt. Darauf kommen die Abschlußsteine. Innen muß eine Auflagekante von etwa 15 mm für die Tischbretter bleiben. Die Abschlußsteine sind Rotbuntvormauersteine (Klinker), die absolut feuerfest sind.

4 Im Rohbau ist der Grill fertig. Das Brett links dient zur Ablage des Grillbestecks. Gehalten wird es durch Flacheisen, die Sie gleich mit einmauern müssen. Das Brett für das Grillbesteck und die Tischbretter müssen aus Buchenholz sein, weil das weder Harz noch Gerbsäure abgibt.

5 Die Feuerstelle wird mit einer Kaminhaube überdeckt. Die Ständer dafür werden einfach in die Ecken des Mauerwerks gestellt. Sie halten sich durch die Feuerplatte und die Grillrostschienen.

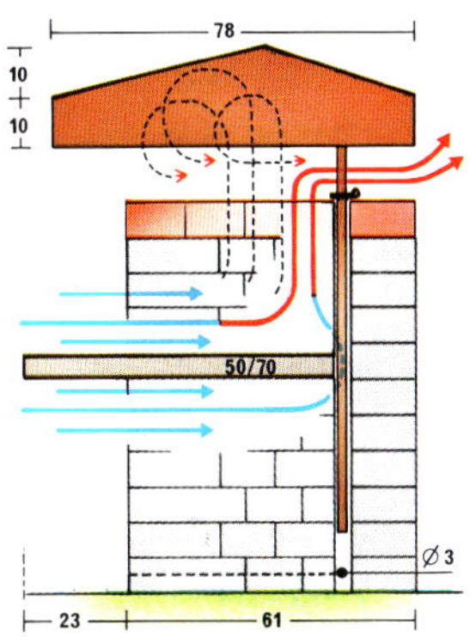

Grillen ist mit Rauch verbunden. Deshalb hat unser Grillkamin eine asymmetrische Haube, dazu zwischen Rückwand und Feuerplatte einen Spalt. Die Zeichnung erläutert, was diese Anordnung bewirkt: Sie sorgt dafür, daß Ihnen der Qualm beim Grillen nicht ins Gesicht schlägt.

6 Die Trägerstangen für die Haube werden in die Ständer gesteckt. Dann kann die Haube aufgelegt werden. Die oben abgeplatteten Trägerstangen werden mit der Haube vernietet.

7 Zum Heben und Senken der Kaminhaube bohren Sie durch Ständer und Trägerstangen passende Löcher. Sie werden mit einem Stift gesichert. Den Grillrost einbauen – fertig ist der Grill.

MATERIALLISTE

Kalksandsteine	
240 × 115 × 71 mm	140 St.
Rotbuntvormauersteine	
Klinker	
240 × 115 × 52 mm	30 St.
Waschbetonplatte	
50 × 50 × 5 cm	2 St.
Gehwegplatte	
70 × 50 × 5 cm	1 St.
Grand	30 kg
Beton (Mischung 1:3)	
Zement	25 kg
Kies	75 kg
Fugenmörtel	
(anthrazit)	120 kg
Kupferblech	
1100 × 700 × 1 mm	1 St.
Kupferblech	
700 × 210 × 1 mm	2 St.
Kupferrohr	
ca. 820 × Ø 1″	2 St.
Kupferrohr	
820 × Ø ¾″	2 St.
Hartaluminiumwinkel	
Schenkellänge 30 mm,	
Länge 460 mm	4 St.
Hartaluminiumvierkant	
460 × 4 × 4 mm	2 St.
Hartaluminium, Rundstäbe	
480 × Ø 5 mm	2 St.
Flacheisen (Anker)	
250 × 30 × 5 mm	2 St.
Spreizdübel	
(für Schrauben M 6)	8 St.
Schrauben M 6 (Messing)	
Länge 40 mm	8 St.
Aluminiumniete für Roste	
Ø 5 mm	4 St.
Popniete	ca. 30 St.
Holz (Schinkenbrett oder	
Schneidebrett, Buche)	
40 × 10 × 2 cm	5 St.
Ablagebrett (Buche)	
61 × 15 × 2 cm	1 St.

Einstellplatz mit Dach für Ihren Wagen

Fehlt bei Ihrem Haus eine Garage oder ein schlichterer Einstellplatz für das Auto? Wenn der Garten groß genug ist, können Sie selbst für Abhilfe sorgen: Mit einem luftigen, offenen Stellplatz für den Wagen, der allemal besser ist als eine schlecht beheizte und noch schlechter belüftete Garage. Denn Rost entsteht besonders dort, wo sich Feuchtigkeit in einem geschlossenen Raum lange halten kann. Außerdem ist es viel energiesparender, sich den »natürlichen« Luftzug zunutze zu machen. Es wird also in erster Linie nur ein Dach gebraucht. In zweiter Linie kommt es auf eine Teilverkleidung des Bauwerks an, die vor allem die Wetterseite absichert. Alle diese Bedingungen erfüllt unser Bauvorschlag.

Für unseren Carport, zu deutsch »Autohafen«, sind keine Erdarbeiten erforderlich. Sie brauchen nicht zu fundamentieren und bekommen trotzdem eine stabile Konstruktion. Allerdings geht es auch hier leider nicht ganz ohne Baugenehmigung. Die Bestimmungen sind von Bundesland zu Bundesland unterschiedlich. Doch große Schwierigkeiten werden Sie nirgendwo haben. Nehmen Sie einfach diesen Beitrag und gehen Sie damit zu Ihrer zuständigen Behörde.

MATERIALLISTE

(Alle Maße in Millimeter)

Rauhspundbretter (Fichte, 3. Wahl) für Dach und Seiten: 35 m²

Kanthölzer für Dachkonstruktionen:	
5 Stück	100 × 100 × 3600
2 Stück	100 × 100 × 5000
Kanthölzer für senkrechte Ständer:	
5 Stück	100 × 100 × 2100
5 Stück	100 × 100 × 1800
1 Stück	100 × 100 × 1950
Kanthölzer für die Verstrebungen:	
6 Stück	100 × 100 × 1800
16 Stck	100 × 100 × 800

Anker: 11 Stück (Flacheisen 50 × 5 mm)

Vierkantholzschrauben: 22 Stück

Drahtstifte: 160 und 60 mm

Schindeln: ca. 90 kg

½ Sack Zement, Sand

1 Mit einer Verkleidung aus rustikalen Holzschindeln paßt der Unterstellplatz für Ihren Wagen gut in die grüne Umgebung des Gartens. An der Wetterseite reicht die Verkleidung bis zum Erdboden, um den Wagen vor Regen und Schnee zu schützen. Etwas für Do-it-yourself-Zimmerleute.

Ist die Genehmigung erteilt, kann es losgehen. Da Balken, die direkt im Erdboden stehen, leicht verfaulen, haben wir unsere Träger auf Eisenanker gesetzt, die in Fundamentblöcke einbetoniert werden. Diese Anker sind winkelig gebogene Flacheisen, die fest mit dem Holz verschraubt werden (Vierkantholzschrauben). Das überstehende Ende des Winkels wird dann in das Fundament eingelassen. Da man diese Anker nicht fertig kaufen kann, sollte man sie sich passend vom Schlosser anfertigen lassen.

Die Betonblöcke müssen zwei bis drei Tage durchhärten, bevor man sie eingräbt. Mit der Schlauchwaage (einer Art Wasserwaage für den Höhenvergleich weiter auseinanderliegender Punkte) prüft man, ob die Blöcke in einer Ebene liegen. Eine Schlauchwaage kann man sich mit Hilfe eines Gartenschlauches leicht selbst herstellen.

Die Vierkanthölzer für die Rahmenkonstruktion sollten Sie zugeschnitten (siehe Stückliste) einkaufen. Die Verstrebungen müssen Sie sich während des Bauens nach Maß zurechtschneiden. Alle Vorarbeiten können Sie allein erledigen, auch das Zusammennageln der Seiten. Zum Aufstellen brauchen Sie Hilfe.

Wenn das Gerüst steht, geht es an die Feinarbeiten. Auf die Träger für das Dach werden Rauhspundbretter genagelt. Diese einfachen und billigen Fichtenbretter sind mit Nut und Feder versehen. Da es sie nicht in Längen von 5,60 m gibt, haben wir für unseren Carport Bretter von 2,80 m (halbe Länge) zuschneiden lassen. Rauhspundbretter werden ebenfalls auf die Stirnseite (Länge der Bretter 3 m), ein Seitenteil (Länge der Bretter 1,25 m) und die 60 cm breite Blende genagelt (Länge der Bretter 2,50 m).

Stirnwand, Seitenteil und Blende werden anschließend mit Holzschindeln verkleidet. Wir haben Red Cedar-Schindeln (Rotzeder) aus Kanada verarbeitet, weil man dieses Holz nicht zu konservieren braucht. Die Schindeln gibt es in verschiedenen Qualitäten. Für diesen Zweck reicht die billigste. Diese preiswerte Ware hat oft Astlöcher, die aber durch die Überlappung beim Vernageln leicht verdeckt werden können.

Die Schindeln werden Reihe für Reihe von unten nach oben verlegt. Sie überlappen so, daß jede folgende Reihe 25 cm über der Unterkante der vorhergehenden angesetzt wird. Sie müssen nichtrostende, also verzinkte Nägel nehmen.

Das Dach besteht aus drei Schichten. Auf die Rauhspundbretter kommt Kaltbitumen, darüber Dachpappe. Sie wird auf der rund um das Dach laufenden 10 cm breiten Blende aus Rauhspundbrettern festgenagelt.

Alle Holzteile, außer den Schindeln, werden mit einem Holzschutzmittel (z. B. Xylamon, Xyladecor) konserviert.

2 Diese Zimmermannsverbindung gibt der Holzkonstruktion Ihres Unterstellplatzes sicheren Halt. Die meisten Verbindungen werden genagelt.

3 Um die Verbindungen anzeichnen und einpassen zu können, werden die Einzelteile der Wände auf den Boden gelegt und maßgerecht ausgerichtet.

4 Zusammengenagelt wird auf dem Boden mit 160-mm-Drahtstiften. Erst dann die Wände aufstellen und mit gekreuzt vernagelten Brettern sichern.

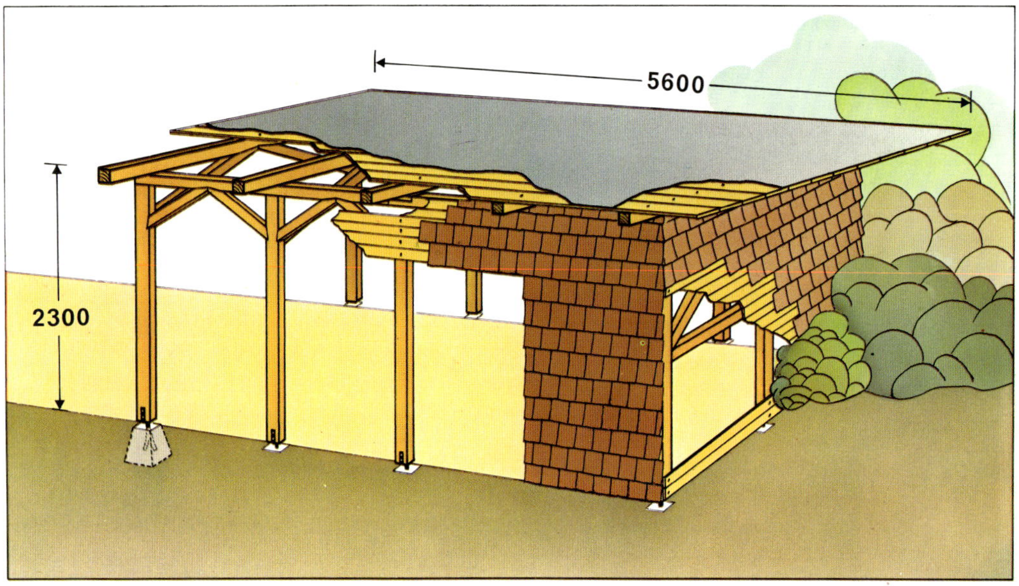

5 Maße und Aufbau des Stellplatzes lassen sich auf dieser Konstruktionszeichnung gut erkennen. Natürlich können Sie die Abmessungen nach Ihren Wünschen verändern, denn sie hängen von der Größe Ihres Wagens und der Beschaffenheit des Grundstücks ab. Entsprechend müßten Sie dann auch die Materialliste (Seite 284) mindern oder ergänzen – im Notfall hilft Ihnen ein gelernter Zimmermann dabei. Achten Sie vor allem auf die Anordnung der Fundamentklötze, auf den Unterbau für Dachverkleidung und Holzschindeln und auf den Sitz der (hier aufgeschnitten gezeigten) Schindelverkleidung, die sich nach dem Wetter orientiert. Das Dach wird mit Dachpappe gedeckt, alle Holzteile bis auf die Schindeln müssen Sie imprägnierend streichen.

6 Die einzelnen Teile der Rahmenkonstruktion werden aufgestellt und miteinander verbunden. Die fünf Balken, die später das Dach tragen, sorgen gleichzeitig für eine feste Verbindung der beiden Seitenteile. Nun steht der ganze Rohbau der Konstruktion auf seinen »elf Beinen«, bereit zum Verbrettern.

7 Die Eisenanker für die senkrechten Balken werden in Beton eingeschüttet. Ein Plastikeimer ohne Boden liefert dazu die Gußform.

8 Das Dach, Rauhspundbretter mit Nut und Feder zusammengesetzt, wird mit 60-mm-Drahtstiften solide angenagelt, dann imprägniert.

9 Die ersten Schindeln werden auf Stoß mit verzinkten Nägeln auf der Unterkonstruktion befestigt. Die unteren Kanten sauberschneiden.

10 Gearbeitet wird bei der Schindelverlegung von unten nach oben. Für die zweite Reihe (und folgende) dient eine Latte als Auflagehilfe.

Kleine Arbeiten im Haus

Mauern Sie sich eine Ziegelwand

Eine echte Ziegelwand im Wohnzimmer oder in der Diele ist immer ein dekorativer Blickfang. Sie bietet auch zusätzlichen Wärme- und Lärmschutz – und ist gar nicht so teuer, wenn man die Wand selber aufmauert. Die Steine, der Fachmann nennt sie Riemchen, Sparverblender oder Vormauersteine, haben die halbe Größe eines Normalsteines. Auch der Laie kann sich getrost an diese Arbeit mit Kelle und Mörtel wagen.

Die schmalen Vormauersteine werden nur als Dekoration vor eine fertige Wand gemauert. Herstellungsmaterial ist Ton aus der Wesermarsch, der sich durch seine interessante Farbgebung besonders für Sichtmauern eignet. Der Ton wird bei etwa 1100° C gebrannt und bekommt seine typische Oberflächenstruktur durch trockenen Sand, der vor dem Brennen in die Form gestreut wird. Unterschiedliche Farben (man kann von Hellgelb bis Dunkelrot wählen) entstehen durch Materialzusätze und abgestufte Brenntemperaturen.

Sparverblender haben die halbe Tiefe normaler Steine und damit Abmessungen von 240 × 50 × 52 mm. Für einen Quadratmeter Verblendmauer braucht man etwa 65 Steine, die (je nach Qualität und Frachtkosten) zwischen 25 und 30 Mark kosten. Dazu kommen dann noch Mörtel (es gibt Spezialmörtel für Vormauerwerk) und Maueranker. Verblender und alles Zubehör kauft man im Baustoff-Fachhandel.

Wenn Sie fertigen Vormauermörtel verwenden, brauchen Sie nicht lange abzumessen. Für den Inhalt eines Sackes sind 6,5 l Wasser vorgeschrieben. Geben Sie zuerst das Wasser in den Mörtelkübel und streuen Sie dann den trockenen Mörtel ein. Nach kräftigem Durchrühren ist er gebrauchsfertig.

Bedecken Sie den Boden vor der Standfläche der Mauer mit einer Malerfolie, damit der Bodenbelag nicht beschädigt wird. Auf Holz- und Kunststoffboden können Sie direkt mauern, Teppichboden oder anderer weicher Bodenbelag muß im Mauerbereich entfernt werden.

Für den Beginn streichen Sie eine steinbreite Mörtellage direkt auf den Boden und setzen die erste Reihe Steine auf. Mit Schnur oder Richtlatte und Wasserwaage kontrollieren, ob sie genau waagerecht liegt – und weiter entsprechend den Fotos verfahren.

1 Damit alle Schichten genau in einer Flucht sind, mauert man zuerst die seitlichen Begrenzungen etwas höher, steckt an beiden Seiten einen Nagel in die Fugen und verbindet die Nägel mit einer straff gespannten Richtschnur. Die Frontflächen immer wieder mit der Wasserwaage prüfen.

2 Dieses Schichtmaß ist eine gute Maurerhilfe. Man nimmt einen Lattenrest und zeichnet die einzelnen Schichten an. Die Schichtstärke ergibt sich aus der Steinhöhe (hier 52 mm) und der Dicke der Mörtelschicht (hier 12 mm). Bei jeder Schicht wird mit der Latte nachgemessen.

3 Die Verblendmauer muß mit der Wand verbunden werden. Dazu bohrt man Löcher in die Wand und schlägt (mit Einschlagrohr und Hammer) Stahlanker in eingesetzte Dübel. Der Anker wird so umgebogen, daß er in der Fuge verschwindet. Je m^3 Wandfläche sind etwa 5 Anker notwendig.

4 Auch das Fugenholz macht man sich aus einem Leistenrest selber: Leiste so einsägen, daß ein Steg von 10 × 10 cm stehenbleibt. Damit kratzt man nach ungefähr einer Stunde Abbindzeit die Fugen aus. Die Mörtelreste kehrt man mit einem weichen Besen von der fertigen Wand.

5 Nach einer weiteren Stunde werden die Fugen mit einem Fugeneisen (10 mm breite Kelle) glattgestrichen. Darauf achten, daß die Frontflächen der Steine sauber bleiben. Sonst müssen die Steine nach dem Trocknen angefeuchtet und mit verdünnter Salzsäure gewaschen werden.

6 Wenn der Mörtel vollständig ausgehärtet ist, wird die Wand mit einem harten Besen kräftig abgefegt, damit alle losen Mörtelreste entfernt werden. Sind in den Fugen Löcher entstanden, kann man sie noch ausbessern. Mörtelflecken werden mit verdünnter Salzsäure entfernt.

Grundlehrgang für Do-it-yourself-Maurer

Wie man eine nichttragende Verblendmauer hochziehen kann, haben Sie nach dem Studium der linken Seite schon gelernt. Vielleicht wollen Sie aber mehr vom Mauerhandwerk verstehen und sich auch, etwa für einen Gartengrill (Seite 281), an tragendes Mauerwerk heranwagen. Deshalb bieten wir Ihnen hier einen Maurer-Grundlehrgang. Sie können gleich mit dem Probemauern beginnen.

Zunächst etwas Maurersprache: Steine, die mit der Langseite in der Mauerflucht liegen, nennt man Läufer. Binder heißen die Steine, die mit den Kopfseiten in der Mauerflucht liegen.

Bei den Fugen unterscheidet man Stoßfugen (senkrechte Fugen, 10 mm dick) und Lagerfugen (waagerecht, 12 mm dick). Jede Mauersteinschicht muß gegenüber der vorhergehenden so verschoben (versetzt) werden, daß es zu einer Überbindung kommt. Durch verschiedenartige Überbindungen entstehen unterschiedliche Verbände (siehe Zeichnungen).

Welche Steine für Ihre Mauer?

Die Mauersteinformate sind genormt. Die erste »Maßordnung« aus dem Jahre 1872 machte dem Durcheinander der in den einzelnen Ländern und Landesteilen unterschiedlich großen Ziegelsteine ein Ende. Sie wurde später durch ein DIN-Maßsystem abgelöst. Die gebräuchlichsten Handelsformate sind heute:

1. **Dünnformat** (DF): 24 cm lang, 11,5 cm breit, 5,2 cm hoch, 16 Lagen = 1 m Wandhöhe
2. **Normalformat** (NF): 24 cm lang, 11,5 cm breit, 7,1 cm hoch, 12 Lagen = 1 m Wandhöhe
3. 2 × **Dünnformat** (2 DF): 24 cm lang, 11,5 cm breit, 11,3 cm hoch, 8 Lagen = 1 m Wandhöhe
4. 3 × **Dünnformat** (3 DF): 24 cm lang, 17,5 cm breit, 11,3 cm hoch, 8 Lagen = 1 m Wandhöhe
5. **Hohlblockstein** (Hbl.): 49 cm lang, 24 cm breit, 23,8 cm hoch, 4 Lagen = 1 m Wandhöhe.

Hier ein Überblick über gängige Mauersteinsorten und ihre Verwendung:

Tonziegel. Diese Steine werden heute fast nur noch in veredelter Form für Schmuck-Mauerwerk verwendet. Herstellung: Eine Masse aus Ton und Zuschlagstoffen wird naß zu einem Strang gepreßt und in Steingröße geschnitten. Bei Temperaturen von ca. 1000° C wird der Stein gebrannt. Durch den Brennvorgang entstehen große Maßunterschiede. Handelsübliche Größen sind Dünn- und Normalformat.

Leichtziegel. Der Leichtziegel unterscheidet sich vom Tonziegel in der Materialzusammensetzung. Der Tonmasse werden Hartschaumkügelchen zugesetzt, die beim Brennvorgang vergasen und so den Stein porös machen. Das bedeutet: bessere Wärmedämmung, geringeres Gewicht. Für tragendes und nichttragendes Mauerwerk zu benutzen. Leichtziegel müssen verputzt werden. Auch in Großformaten lieferbar.

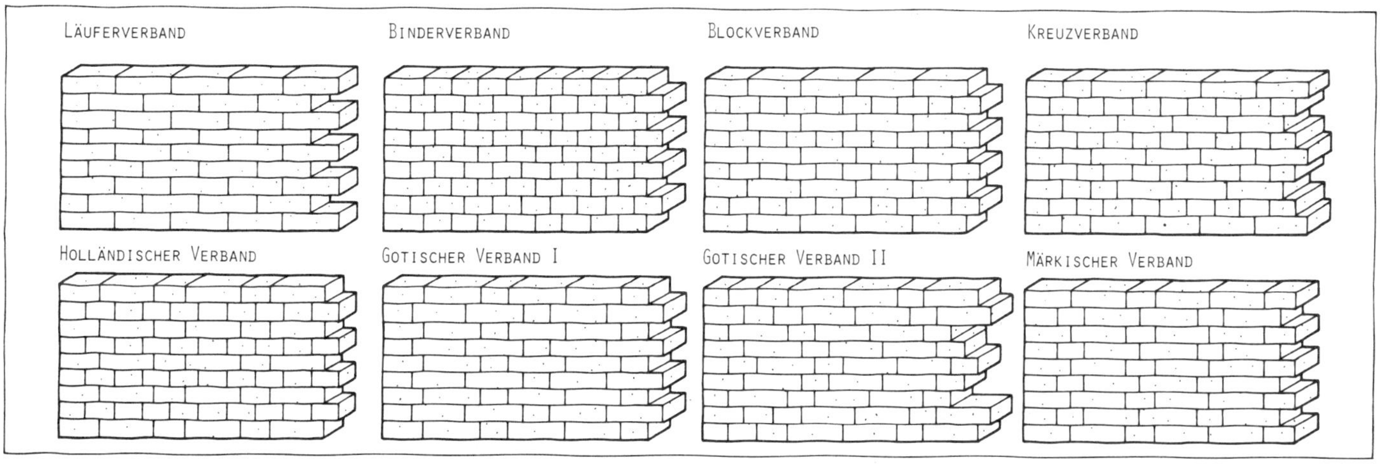

1 Eine Mauer wird aus miteinander verzahnten Mauersteinen errichtet. Durch diese Verzahnungen ergeben sich die verschiedenen »Verbände« mit ihrem unterschiedlichen Aussehen. Wichtig ist, daß sich die senkrechten Fugen einer Steinschicht niemals in der nächsten Schicht fortsetzen dürfen.

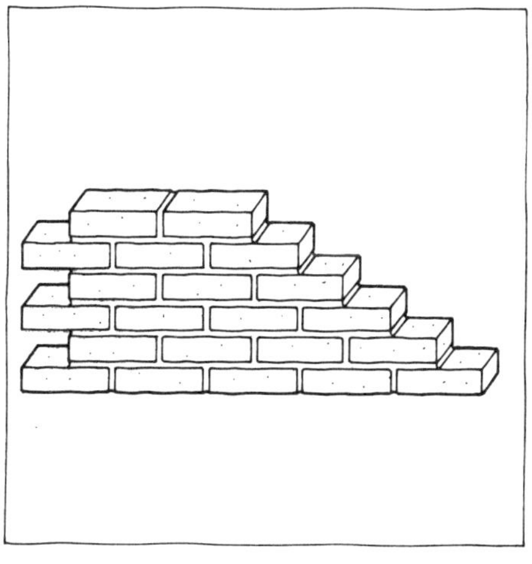

2 Halbsteindicke Mauer im Läuferverband. Jeder Stein überlappt den nächsten um die Hälfte.

3 Einsteindicke Mauer im Blockverband, 24 cm dick: Abwechselnd Läufer- und Binderreihen.

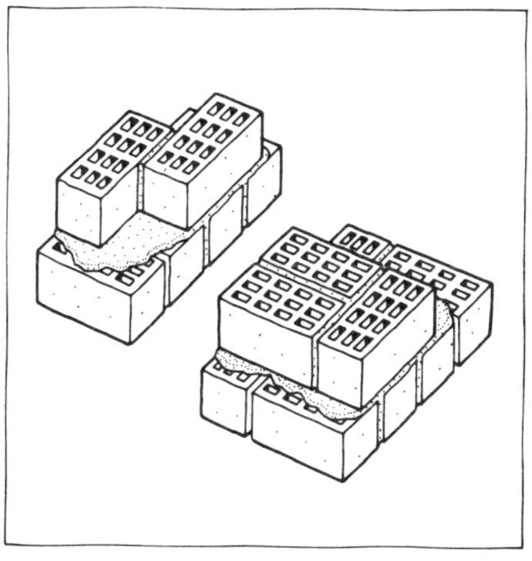

4 Außenmauern aus Lochsteinen. Links eine einsteinige, rechts eine anderthalbsteinige Wand.

Kalksandsteine. Eine Mischung aus Kalk, Quarzsand und Wasser wird verdichtet, geformt und in Heißdampf unter hohem Druck gehärtet. Der Stein bleibt so scharfkantig und maßgenau. Etwa 30 verschiedene Formate, Ausführungen und Qualitäten werden angeboten. Auch Großformate und Hohlblöcke. Für alle Mauerwerkarten, besonders für Sichtmauerwerk (innen und außen) verwendbar. Auch unverputzt interessant.

Bimsbetonsteine. Bims (vulkanischen Ursprungs, leichter als Wasser) wird mit Zement und Wasser gemischt, in Formen gefüllt, verdichtet und an der Luft zum Erhärten und Trocknen gestapelt. Luftkammern im Hohlblockstein erhöhen die gute Wärmedämmeigenschaft von Bims und verringern das Gewicht. Im Handel: Vollsteine, Hohlblock- und Formstücke. Muß verputzt werden!

Blähtonsteine. Sie gehören wie der Bimsbetonstein zu den Leichtbetonsteinen. Das Ausgangsmaterial, unter Wärmeeinwirkung aufgeblähte Tonkügelchen, macht diese Steine recht leicht, ohne daß andere Eigenschaften beeinträchtigt werden. Die Werte dieser Steine stimmen mit denen der Bimsbetonsteine vollständig überein, auch Herstellung und Handelsangebot entsprechen einander. Dieser Stein braucht Putz.

Gasbetonelemente. Quarzsand und gebrannter Kalk werden fein gemahlen, mit Wasser und einem Gas erzeugenden Treibmittel gemischt. Schäumt zu einem großen Block auf, der zu einzelnen Steinen zersägt wird. Diese Steine werden unter hohem Druck in Heißdampf gehärtet. Je nach dem Mischungsverhältnis haben die Steine unterschiedliche Dämm- und Festigkeitswerte. Verschiedene Formate erhältlich.

So wird gemauert

Wandenden oder Ecken werden immer zuerst gemauert. Man zieht die beiden Wandenden bzw. Ecken um vier oder fünf Schichten hoch, wobei die zur Mauer liegenden Schichten treppenförmig abgestuft werden. Dann wird eine Schnur in der Flucht der untersten Schicht gespannt und das Mauerwerk Schicht für Schicht fortgesetzt. Wenn das ganze Zwischenstück aufgefüllt ist, mauert man Ecke oder Wandenden wieder fünf bis sechs Schichten hoch – und so weiter. Mit einer solchen Abtreppung endet auch eine Mauer, deren Fortsetzung noch nicht gleich gemauert werden kann – etwa weil die anschließende Ecke noch fehlt. Außer Steinen gehört zum Mauern auch Mörtel. Es gibt ihn in drei Mischungen: Für durchschnittliche Belastung (1), für stärkere Belastung (2), für hohe Belastung (3).

- **Mörtel 1**: Kalkmörtel aus 1 Teil Kalkhydrat und 3–4 Teilen Sand.
- **Mörtel 2**: Kalkzementmörtel aus 2 Teilen Kalkhydrat, 1 Teil Zement und 8 Teilen Sand.
- **Mörtel 3**: Zementmörtel aus 1 Teil Zement und 4 Teilen Sand.

Grundregel für die Wasserzugabe bei allen Mörtelsorten: Hochgehäufter Mörtel soll auf waagerecht gehaltener Kelle liegenbleiben und erst von der um 40 Grad geneigten Kelle gleiten.

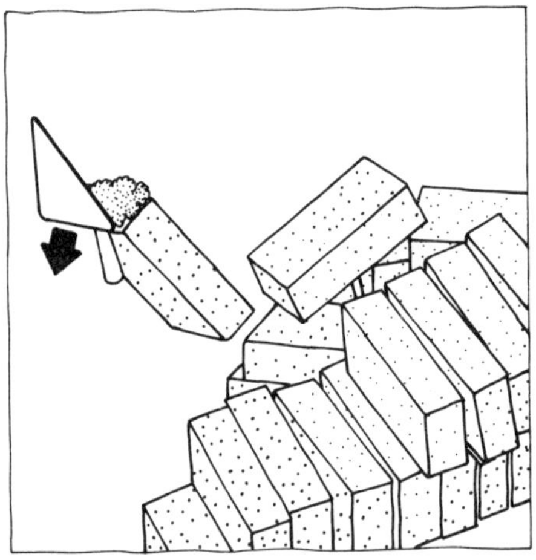

5 Für die Stoßfuge wird mit der Kelle Mörtel auf die Kopffläche des Steins gegeben. Als Stoßfugen bezeichnet man die senkrechten Fugen des Mauerwerks. Sie sind immer 10 mm dick.

6 Für die Lagerfuge wird der Mörtel auf der Mauer aufgetragen und mit der Kelle verteilt. Lagerfugen nennt man beim Mauern die waagerechten Fugen. Sie sind immer 12 mm dick.

7 Nach dem Angeben des Mörtels auf die Mauer wird der Stein (mit Mörtel auf der Kopffläche) in den Lagerfugenmörtel gedrückt und mit dem Kellengriff angeklopft, bis er richtig sitzt.

8 Den beim Andrücken und Anklopfen herausquellenden Mörtel streicht man mit der Maurerkelle zum Mauerverlauf hin ab. Er wird für die nächste Stoßfuge verwendet (siehe Zeichnung 5).

9 Zur Kontrolle, ob die Mauer genau waagerecht aufgesetzt wurde, kann man sich nach Prüfen mit der Wasserwaage für jede Schicht eine an zwei Nägeln befestigte Schnur spannen.

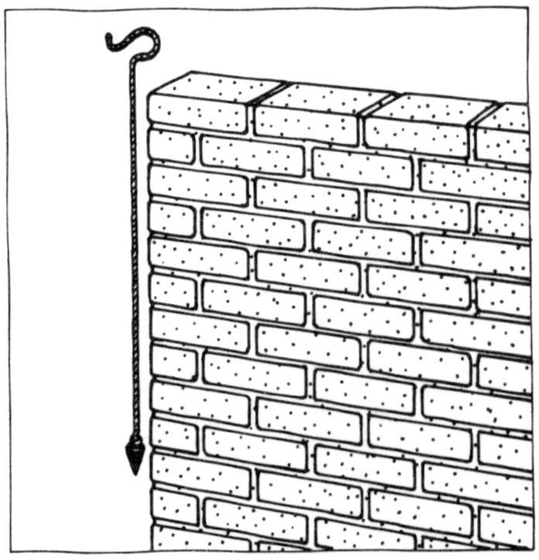

10 Eine Senkrechte prüft man mit dem Lot. Die Schnur mit dem Bleigewicht wird an der Oberkante der Mauer angehalten. Sie muß genau parallel mit der Mauerkante verlaufen.

Beton-arbeiten für den Haus-gebrauch

Beton ist ein Baustoff, der aus Bindemitteln (Zement), Zuschlagstoffen (Kiessand) und Wasser gemischt wird. Der Fachmann spricht von Beton, wenn der Kiessand eine Mindestkörnung von 4 mm Ø hat. Am Bau wird Beton vor allem für Dekken, Fundamente und Fenster- bzw. Türstürze verwendet. Tragende Bauteile erhalten eine Armierung aus Baustahl. Dadurch werden nicht nur die Druck-, sondern auch die Zugkräfte aufgefangen. Für den Selbermacher ist es keine Schwierigkeit, Fundamente, Sockel, Terrassen, Mauern, Platten und Stufen herzustellen. Aber: Hände weg von sämtlichen tragenden Bauteilen.

Bevor man mit dem Betonmischen beginnt, muß erst die zu verarbeitende Menge berechnet werden. Dabei muß bedacht werden, daß Fundamente 80 bis 100 cm in die Erde reichen müssen, damit sie in die frostfreie Zone gelangen und im Winter nicht zerspringen.

Für Fundamente, Sockel und dergleichen brauchen Sie für 1 m³ Beton: 0,4 m³ Sand, 0,8 m³ groben Kies und 200–250 kg Zement. Pfeiler, Pfähle, Innenmauern und Stützmauern verlangen eine solidere Mischung: für 1 m³ Beton 0,4 m³ Sand, 0,8 m³ Kies und 350 kg Zement.

Sand und Kies sollten vor der Verarbeitung auf einer Unterlage (z. B. Hartfaserplatte) gelagert werden. Wenn Mutterboden oder Lehm in die Masse gerät, bindet der Beton nicht richtig ab.

Der Wasseranteil bei Beton sollte so niedrig wie möglich gehalten werden: Stampfbeton zum Einstampfen in Fundamente und Schalungen nur »erdfeucht« machen. Ist das Einstampfen nicht möglich, z. B. bei schmalen Einschalungen und bewehrten Teilen, verwendet man plastischen, weicheren Beton, der die Hohlräume fließend ausfüllt. Je stärker der Beton durch Stampfen verdichtet wird, desto höher ist die Festigkeit.

Es sollte vermieden werden, bei Frost zu betonieren, da der Beton dann reißt. Kommt überraschend doch Frost, muß alles gut mit Strohballen abgedeckt werden. Ebenso muß der frisch gegossene Beton vor Witterungseinflüssen, besonders vor Sonnenbestrahlung, geschützt werden. Dies geschieht mit einer Folie, die auch die zu schnelle Verdunstung der Betonfeuchtigkeit verhindert.

Als Schalung eignen sich am besten 25 mm starke gehobelte oder ungehobelte Bretter, die von 80 bis 100 mm starken Balken zusammengehalten werden. Rauhe Bretter ergeben eine hübsche Struktur (Sichtbeton). Schalung nach 4 bis 7 Tagen entfernen.

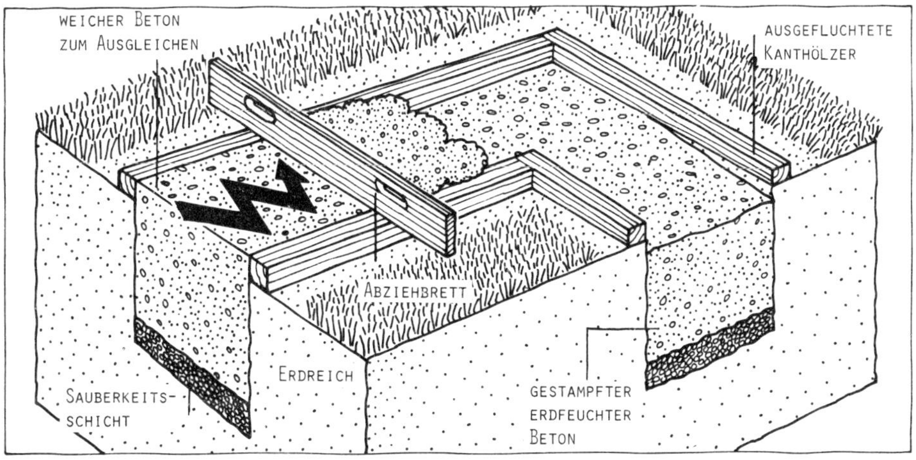

1 So wird ein Fundament geschüttet: Über eine Sauberkeitsschicht (5 cm), die aus Kies oder Sand besteht, wird der Beton bis 5 cm unter die Oberkante des Grabens geschüttet und verdichtet. An die Ränder des Fundaments kommen Kanthölzer, die ausgefluchtet werden. Dann gibt man eine weichere Betonmasse auf den Mittelkern und zieht sie mit einem Brett zickzackförmig ab.

2 Die Schalung für eine freistehende Betonmauer muß so verankert werden, daß sie nicht verrutschen kann. Die Holzspreizen werden beim Einfüllen des Betons wieder herausgenommen.

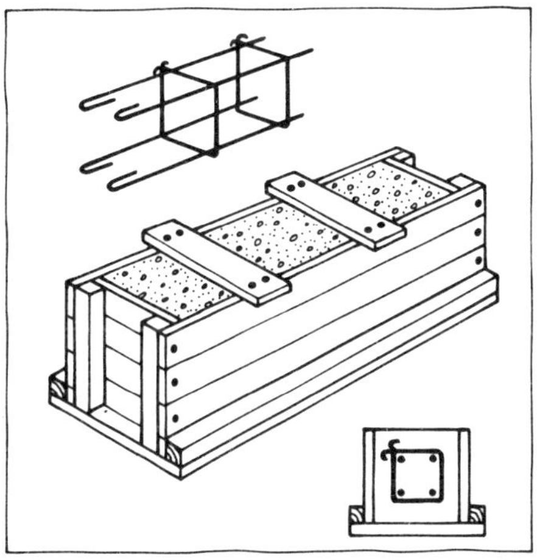

3 Schütten eines Betonpfahls. Das Innenmaß der Verschalung ist das Außenmaß des Fertigteils. Der Beton wird mit Baustahl armiert. Die Verschalung reibt man innen mit Schalöl ein.

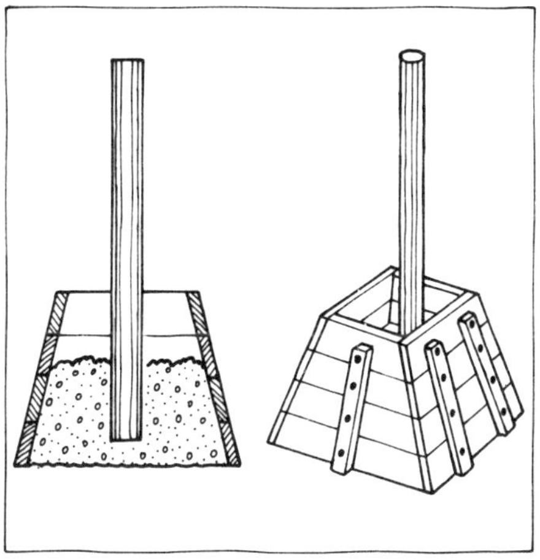

4 So kann man einen Anker oder Sockel (etwa für den Unterbau einer Pergola) herstellen. Nach dem Aushärten des fest eingestampften Betons zieht man die Schalung nach oben ab.

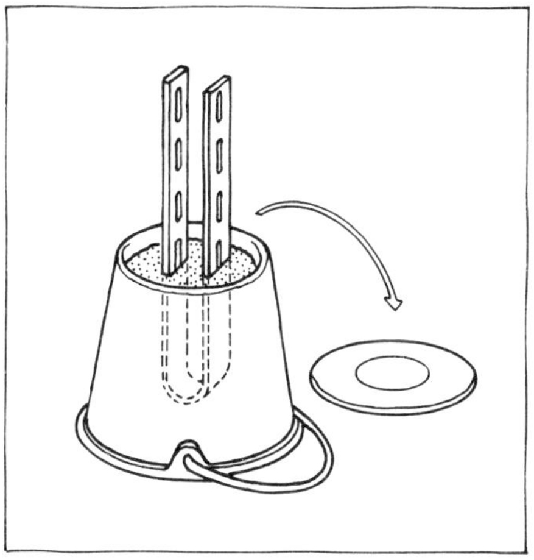

5 Eine zweite Möglichkeit der Anker- oder Sockelherstellung, bei der man sich den Bau einer Schalung spart: Boden eines Plastikeimers wegschneiden und den Beton hineinstampfen.

Wie man eine Wand verputzt

Zum Verputzen von Mauern gehört einige Übung. Doch mit etwas Geduld läßt es sich erlernen. Wir zeigen Ihnen hier, was man vom Verputzen von Innen- und Außenwänden wissen muß.

Zwei Putzarten muß man unterscheiden: Den Putz, der auf Außenmauern halten soll, und den für Innenwände. Grundsätzlich ist Putz immer ca. 15 mm dick. Für Außenwände wird ein Zementputz-Mörtel verwendet, für Innenwände ein weicher Kalkputz-Mörtel. Bei rauhen, saugfähigen Untergründen kommt man meistens mit einer Putzschicht aus. Manchmal muß man aber zwei oder drei Schichten aufbringen, um die notwendige Festigkeit zu erhalten.

Und so geht man vor: Das schwierigste ist die Anwurftechnik. Die feuchte Putzmischung (für Außenputz 1 Teil Zement, 3 Teile Putzsand; für Innenputz 1 Teil Kalk, 4 Teile Sand) wird mit kräftigem Schwung aus dem Handgelenk heraus so an die Wand geworfen, daß sie in Form eines breiten Fladens haftenbleibt. Bei zu schwachem Schwung landet ein Klecks an der Wand, der schnell wieder abgleiten kann. Anschließend wird der Putz mit dem großen Reibebrett abgerieben. Dabei wird das Holzbrett in seitlicher Hin- und Herbewegung über den Putz nach oben gezogen. Danach die Fehlstellen (Löcher) mit der Maurerkelle ausgleichen: Die Mischung wird mit der Dreieckkelle in die Putzfläche eingestrichen.

Bei großen Flächen sollte man bei dieser Putzarbeit in einem Abstand von ca. 150 cm an der Wand Richtlatten anschlagen, zwischen denen man die Wand Stück für Stück verputzt.

Nach dem Ausgleichen der Unebenheiten arbeitet man mit dem Reibebrett die Wand spiralförmig aus. Für Ungeübte: Es ist besser, wenn die Putzmasse eine gute halbe Stunde angezogen hat. Dann geht alles viel einfacher.

Auf diese Putzgrundschicht lassen sich die verschiedensten Putzsorten auftragen: Der Rauhputz mit Bürste (Zeichnung 6) oder mit der Putzmühle; ein Glattputz, der mit dem Stahlglätter fein gezogen wird; der Kellenputz, der grob und rustikal mit der Maurerkelle aufgetragen wird oder der Innenputz, auf den nach dem Glätten mit der Stahlkelle noch Gipsputz aufgetragen wird, angemischt aus Kalkhydrat, Gips und Sand im Verhältnis 1:1:3 oder 1:1:4 und schnell zu verarbeiten – wegen des Gipsgehalts zieht der Putz innerhalb von zehn Minuten an.

Es gibt viele Möglichkeiten, Mauern innen oder außen zu verputzen. Doch eines gilt für alle: Zum Putzen braucht man viel Geduld und viel Geschick. Am besten sollten Sie erst einmal an einer Mauerstelle etwas üben.

1 Die Mörtelmischung wird mit der Kelle und kräftigem Schwung aus dem Handgelenk heraus an die Wand geworfen. Dazu muß die Mischung gut feucht sein, damit sie besser haftet.

2 Das große Reibebrett wird in seitlicher Hin- und Herbewegung mit leichtem Druck über den angeworfenen Putz nach oben gezogen. Das Brett muß dabei leicht schräg gehalten werden.

3 Löcher und Ziehrisse, die sich bei der Putzarbeit ergeben, mit Putzmörtel und Kelle ausbessern. Beim Eckenputzen einfach ein Brett an die Seitenwand heften (Befestigung: Nägel, Putzhaken).

4 Mit spiralförmiger Bewegung das flach auf die Putzfläche gedrückte Reibebrett von unten nach oben ziehen. Den Putzmörtel vorher etwas durchtrocknen lassen, dann geht es leichter.

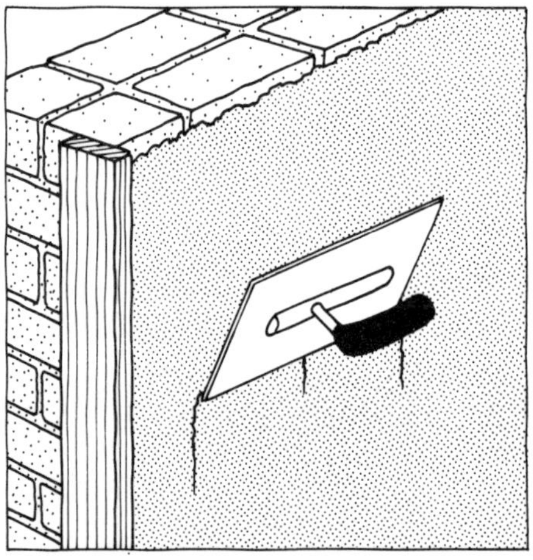

5 Mit dem Stahlglätter dünn angemischten Putzmörtel auf die leicht durchgetrocknete Fläche auftragen. Dabei von unten nach oben arbeiten. Der Mischung etwas mehr Zement zugeben.

6 Mit einer Bürste, die immer wieder in Wasser getaucht wird, kann man durch leichtes Klopfen auf den frischen Putzmörtel einen Rauhputzeffekt erzielen, der »gespritzt« aussieht.

Stuck-ornamente »auf neu«

In vielen Altbauten findet man heute noch stuckverzierte Zimmerdecken, die viel von ihrem Glanz verloren haben: Durch wiederholtes Streichen, im allgemeinen mit Leimfarben, wurden die meisten Ornamente im Laufe der Jahre völlig zugedeckt. Wir zeigen Ihnen, wie Sie mit einfachen Mitteln die alte Struktur wieder herstellen können – und was man wissen muß, wenn man sich selber als Gipsgießer betätigen will.

Wie unsere Reinigungs- und Auffrischungsaktion vor sich geht, zeigen die Zeichnungen. Bauen Sie sich für diese Arbeit zunächst ein solides Arbeitsgerüst, etwa aus zwei Böcken mit aufgelegten 3-cm-Bohlen. Bei weniger umfangreichen Restaurierungen können Sie auch von der Bockleiter aus arbeiten. Am wirkungsvollsten: Den Stuck (wieder) weiß streichen, die angrenzende Decke in einer mehr oder weniger kräftigen abstechenden Farbe.

Gips gießen – leicht gelernt

Zum Ausgießen großflächiger Formen besorgt man sich Modell- oder Stuckgips. Modellgips wird bei 107–150° C gebrannt und bleibt darum nach dem Erhärten etwas weicher als der bei 120–180° C gebrannte Stuckgips. Für fein profilierte und kleine Formen eignet sich am besten medizinischer Gips, der jedoch teurer ist. Wer im Gipsbrei wenig Klumpen haben will, rührt das Gipspulver durch ein feines Haarsieb und schüttet die Rückstände weg. Streut man dann das gesiebte Gipspulver ins Wasser, saugt sich der Gips schnell voll und sinkt nach unten. Der Brei ist gießfähig, wenn sich über der Wasseroberfläche weiße Gipsinseln noch etwa 3–5 Sekunden halten. Anders ausgedrückt: Der Wasserbedarf für Stuckgips beträgt ca. 60–70%. Wer steinharten Gips haben will, der nach dem Gießen stoßunempfindlich ist, mixt einfach nach alten Rezepten. Man kann dem Wasser beispielsweise Leim zugeben und kommt damit schnell zu Hartstuck. Hart und knochig wird der Gips auch dann, wenn man das Gipspulver mit trocken gelöschtem Kalk mischt und das »Formmehl« mit konzentrierter Bittersalzlösung anmacht. Bittersalz ist bekannt als Glaubersalz.
In den Gipsguß eingelegte Bandagen aus Glasfasergewebe oder der Zusatz von Sand machen die Form in sich stabiler. Gießformen kann man als Gipsschnitte selbst herstellen. Auch von einer Wachsgrundform kann man ausgehen. Die einfachste Methode: Besorgen Sie sich Schaufenster-Dekorationsmaterial aus flexiblem, tiefgezogenem Kunststoff und verwenden Sie es von der »linken« Seite als Gießform.

1 Pinsel, Spachtel, ein Schwamm und mehrere Drahtbürsten sind die wichtigsten Utensilien bei der Stuck-Restaurierung. Ein Schnitzmesser können Sie für die Feinarbeit verwenden.

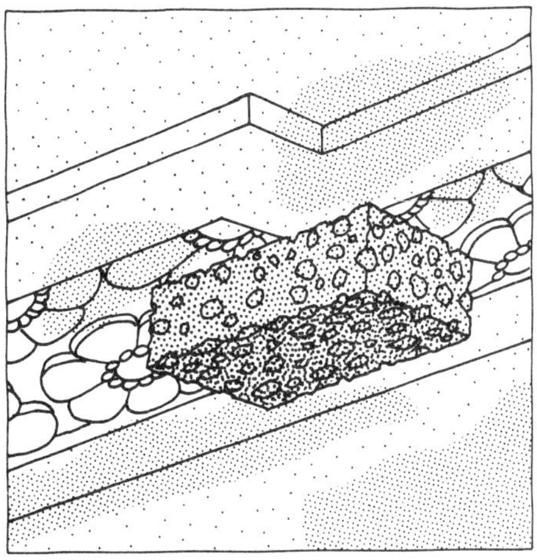

2 Die unansehnlich gewordenen Stuckornamente mit nassem Schwamm oder Pinsel zwei- bis dreimal ausgiebig anfeuchten. Das ist notwendig, weil Kreidefarben viel Feuchtigkeit aufsaugen.

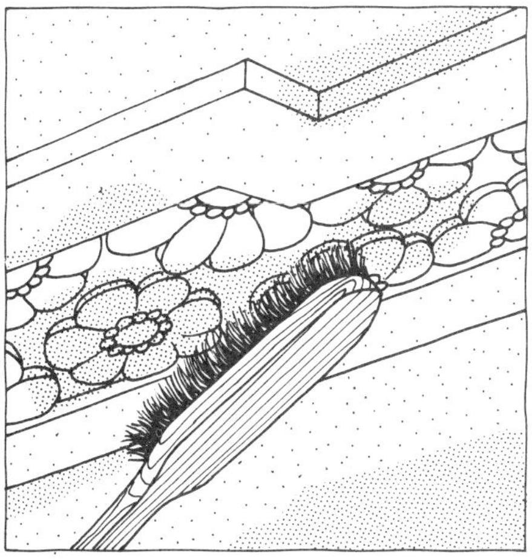

3 Die groben Vorarbeiten erledigt man mit einer Stahldrahtbürste. Die dadurch im Stuck entstandenen Kratzer und Riefen glättet man anschließend mit einer Messingdrahtbürste.

4 Feine Rundungen und Vertiefungen werden mit einer Messingklinge ausgeschabt. Das geht leichter, wenn man den Stuck nochmals anfeuchtet. Beschädigungen mit Stuckgips auskitten.

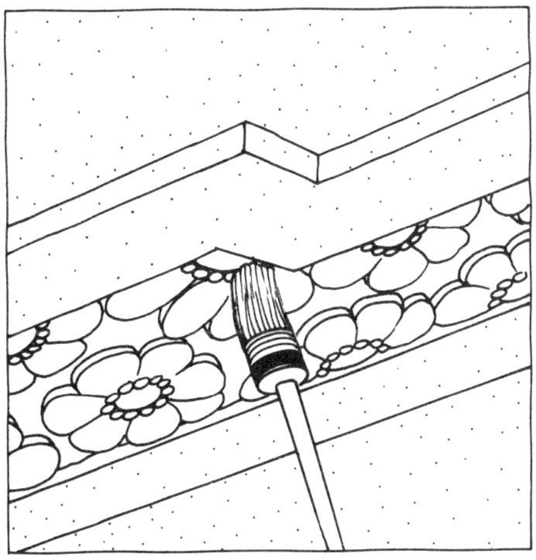

5 Die Stuckornamente trocknen lassen, dann mit einer guten Dispersionsfarbe streichen oder rollen. Auf gleichmäßigen Farbauftrag achten, ggf. alles noch ein zweites Mal streichen.

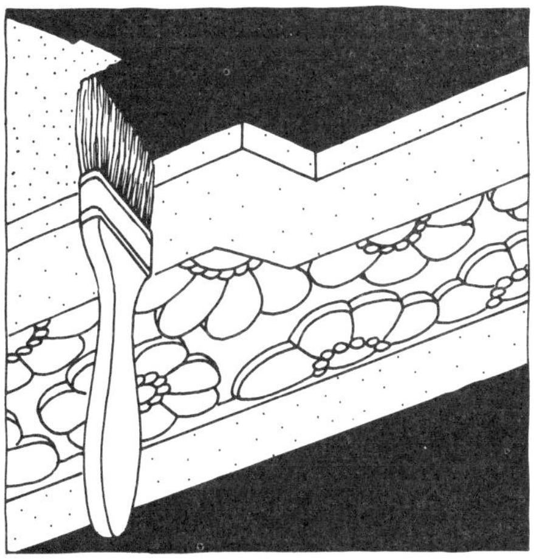

6 Sehr dekorativ wirken Ornamente auf farbigen Decken. An den Kanten der Stuckornamente mit einem schmalen Flachpinsel beginnen, den Rest der Decke mit der Lammfellrolle streichen.

Rezepte gegen Risse in der Wand

Risse in der Wand sehen nicht nur sehr unschön aus. Wenn man sie nicht rechtzeitig beseitigt, können größere Schäden die Folge sein. Das gilt vor allem für Risse in Außenwänden. Dort sammelt sich Nässe, und Feuchtigkeit kann ins Mauerwerk eindringen. Wenn dann noch der Frost kommt, sprengt das entstehende Eis große Putzstücke ab und erweitert die Risse. Rechtzeitiges Ausbessern dient nicht nur der Verschönerung der Wände, sondern auch der Werterhaltung.

Das Ausbessern von Rissen und Löchern im Putz gehört zu den notwendigen Vorarbeiten beim Renovieren einer Wand. Denn mit Farbe oder Tapete allein bringt man Risse nicht zum Verschwinden.
Am einfachsten sind Haar- und Schwindrisse zu beseitigen: Man überstreicht einfach den brüchig gewordenen Putz mit Tiefgrund. Diese Emulsion dringt in das Material ein und gibt der Putzschicht neuen Halt. Alte Tapeten und Farbanstriche muß man natürlich vorher entfernen.
Wenn der Tiefgrund getrocknet ist, überstreicht man die Risse mit »gefüllter Dispersionsfarbe«, einer Farbe, die mit Zellulose-Fasern eingedickt ist. Man kann sie auch selbst herstellen, indem man fertig angesetzte Makulatur in normale Dispersionsfarbe einrührt.
Als Untergrund für neue Tapeten eignet sich eine Schicht Streichmakulatur sehr gut. Sandende Putzflächen werden abgebunden, kleinere Unebenheiten ausgeglichen, und die Tapeten finden guten Halt darauf.
Spannungsrisse und größere Schwindrisse repariert man innen mit Spachtelmasse. An Außenwänden dürfen nur wetterfeste Füllmaterialien verwendet werden. Zuerst muß der Riß mit einem kleinen Meißel, einem alten Schraubenzieher oder dem Spachtel gründlich ausgekratzt und etwas erweitert werden. Dann wird er mit dem Pinsel oder mit dem Staubsauger (feine Düse) entstaubt.
Bei sehr tiefen Löchern arbeitet man in mehreren Schichten, die zumindest antrocknen sollten, bevor die nächste an die Reihe kommt. Die Gips- oder Füllstoff-Oberfläche wird bei kleinen Flächen mit dem Spachtel geglättet, bei größeren mit einer Brett- oder Filzreibe abgerieben. Nach dem Trocknen schleift man nach.
Risse, die immer wieder aufbrechen, überdeckt man mit Gazestreifen (Malerbinde), die überspachtelt werden und dadurch Halt bekommen. So kann sich der Riß auch nach dem Wandanstrich oder Tapezieren nicht mehr bemerkbar machen. Gaze kaschiert auch Risse zwischen Gips- oder Dämmplatten oder Anschlußstellen zwischen einer nachträglich eingezogenen Wand und der Zimmerwand.

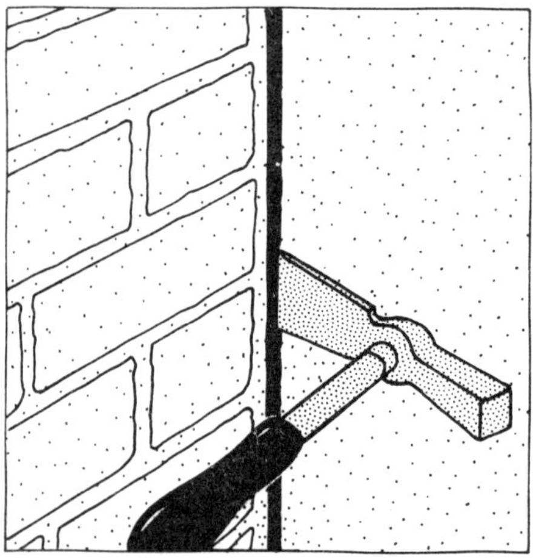

1 Fugenrisse zwischen Bauelementen unterschiedlicher Beschaffenheit lassen sich nicht mit Putz überbrücken. Um sie abzudichten, entfernt man zunächst sämtliche Putz- und Mörtelreste.

2 Dann spritzt man mit Hilfe einer Pistole oder Druckkartusche den Riß so tief wie möglich mit dauerelastischem Kitt aus. Er besteht im allgemeinen aus einer Silikonkautschuk-Mischung.

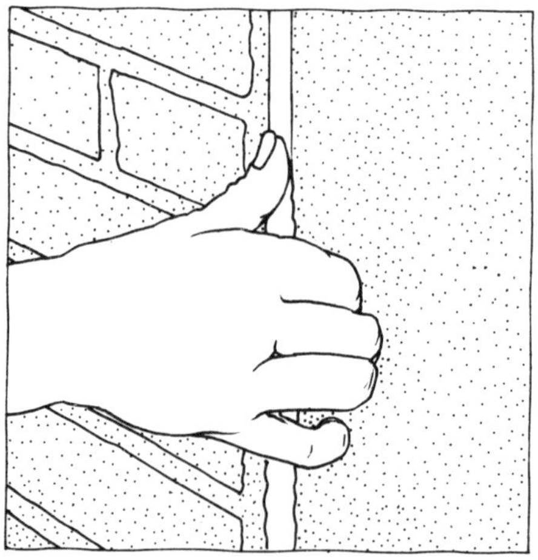

3 Die Dichtungsmasse glättet man mit dem Daumen, der zuvor in eine Lösung von Wasser und Geschirrspülmittel getaucht wurde. So vermeidet man, daß die Masse an der Haut klebt.

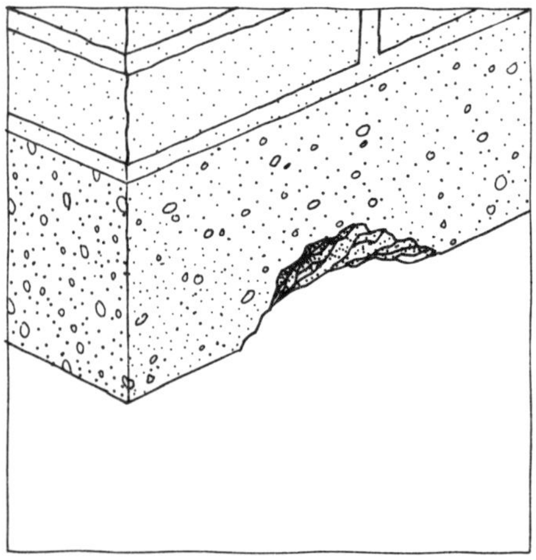

4 An der Kante eines Trägers ist Putz abgeplatzt. Man keilt unter diese Stelle bündig mit der Vorderkante ein Brett und deckt die Stelle mit Kreppklebeband (Tesakrepp) ab.

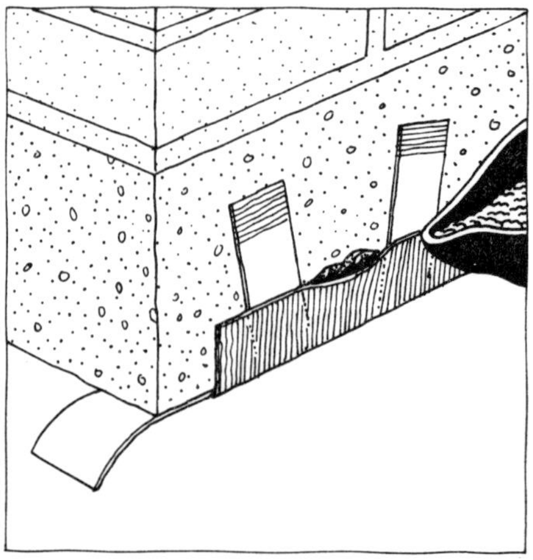

5 Wenn Sie danach das Klebeband behutsam anheben, entsteht eine kleine Öffnung. Gießen Sie sehr flüssig angerührten Blitzzement hinein, dann das Klebeband wieder andrücken.

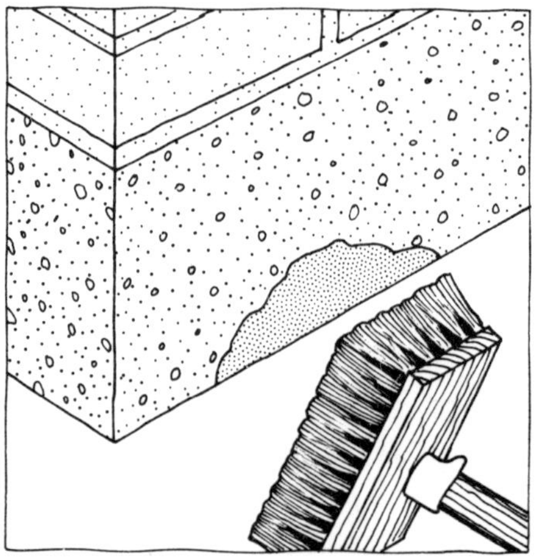

6 Der Blitzzement härtet in wenigen Minuten ab. Wenn Sie alles richtig gemacht haben, ist das Loch gleichmäßig verschlossen. Sie brauchen die Stelle nur noch neu zu streichen.

Für Reparaturen an Beton und Betonputz gibt es spezielle Haftemulsionen (z. B. PCI). Man mischt sie dem Zementmörtel bei und streicht vorher die Reparaturstellen damit ein.

Am schwierigsten ist die Beseitigung von Setzrissen. Sie entstehen dadurch, daß sich ein Gebäude in seinen Untergrund »setzt«. Zu solchen Rissen kommt es, wenn der Boden, auf dem das Haus gebaut ist, nicht überall gleich tragfähig ist, z. B. teils aus Sand, teils aus Gestein besteht. Auch unterirdische Wasseradern können die Ursache dafür sein, daß sich ein Gebäude ungleichmäßig setzt.

Setzrisse gehen durch die ganze Tiefe der Mauer. Man muß den Putz abklopfen, um das Ausmaß des Schadens festzustellen. Lockere Steine werden durch Eindrücken von Mörtel in die Fugen befestigt. Losen Mörtel entfernt man vorher. Der neue Putz, der den Riß überbrücken soll, wird durch ein Drahtgeflecht verstärkt, das auf die Mauer genagelt wird. Dann zuerst groben, anschließend feinen Putz auftragen und glattreiben.

WOHER DIE RISSE KOMMEN

Art des Risses	Merkmale	Entstehungsursache
Haarrisse	Fein, netzartig, kaum sichtbar, nur oberflächlich im Putz.	Der Putz ist zu schnell getrocknet, durch Sonne, Wind, Zugluft, saugenden Untergrund.
Schwindrisse	Den Haarrissen ähnlich, aber größer und tiefer.	Weitere mögliche Ursache: Falsche Zusammensetzung des Putzmörtels.
Fugenrisse	Verlaufen senkrecht oder waagerecht über den Fugen von Steinen oder Fertigelementen.	Ungeeignetes, nicht zum verwendeten Baustoff passendes Fugenmaterial, das sich z. B. bei Wärme anders ausdehnt oder beim Trocknen stärker schrumpft.
Statische (Spannungs-)Risse	Fast immer einzeln, unregelmäßig; sehr große Längenausdehnung möglich.	Meistens auf Planungs- oder Baufehler zurückzuführen. Verschiedenartige Bauelemente haben keinen Platz zum Arbeiten. Dehnungszwischenräume wurden vergessen, oder das Fugenmaterial ist zu starr.
Setzrisse	Gehen durch das ganze Gebäude, die Mauern sind regelrecht gebrochen. Durch weitere Setzung können sie sich zu Spalten vergrößern.	Ungleichmäßige Tragfähigkeit des Bodens; Grundwasser, Schäden durch Berg- oder Tunnelbau (U-Bahn).

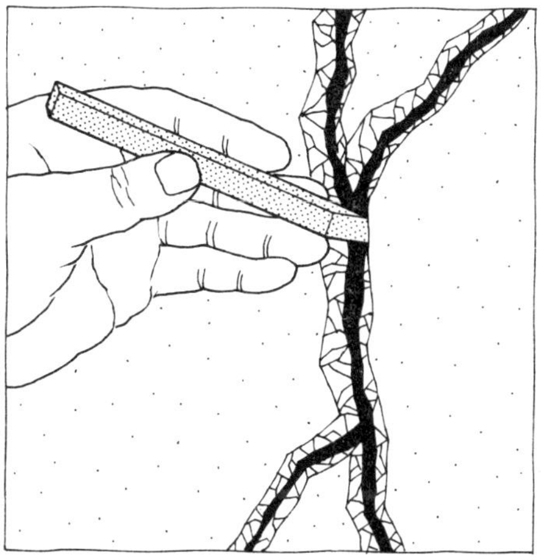

7 Riß in der verputzten Wand: Alle lockeren Putzteile mit einem Meißel abkratzen. Sie lassen sich auch mit Spachtelmasse nicht »ankleben«, sondern müssen restlos entfernt werden.

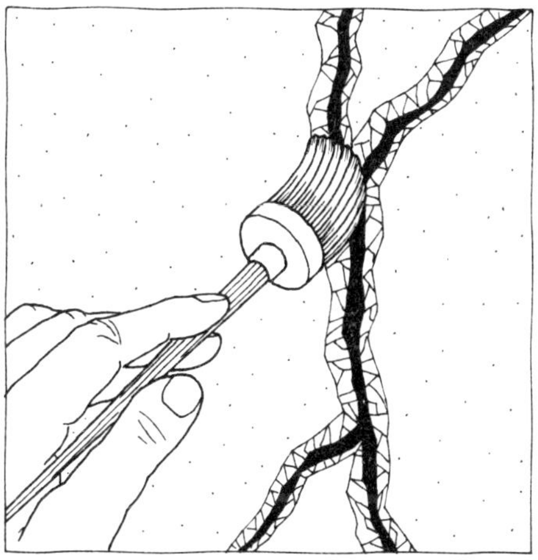

8 Dann wird der Riß mit einem trockenen Pinsel sorgfältig von Sand und Staub gereinigt. Die Füllmasse würde sonst nicht halten, sondern nach kurzer Zeit wieder herausbröckeln.

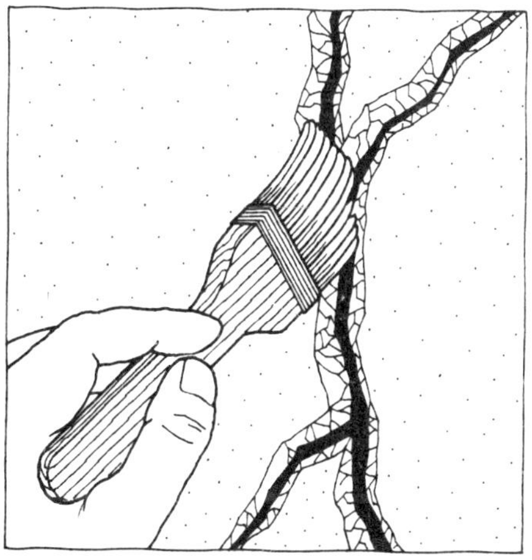

9 Wenn man Gips zum Ausfüllen verwenden will, muß man die Flickstelle gründlich anfeuchten, damit es einen glatten Anschluß gibt. Bei Füll- oder Spachtelmasse ist das überflüssig.

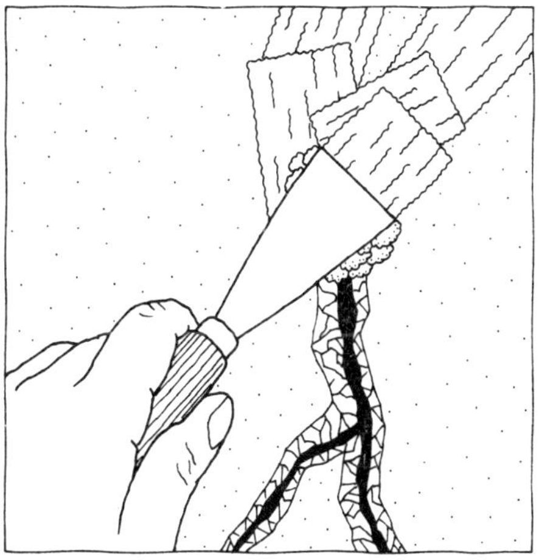

10 Das Loch in der Wand wird mit vorschriftsmäßig angerührtem Gips oder (einfacher) Spachtelmasse ausgefüllt. Bei sehr tiefen Löchern muß man in mehreren Schichten arbeiten.

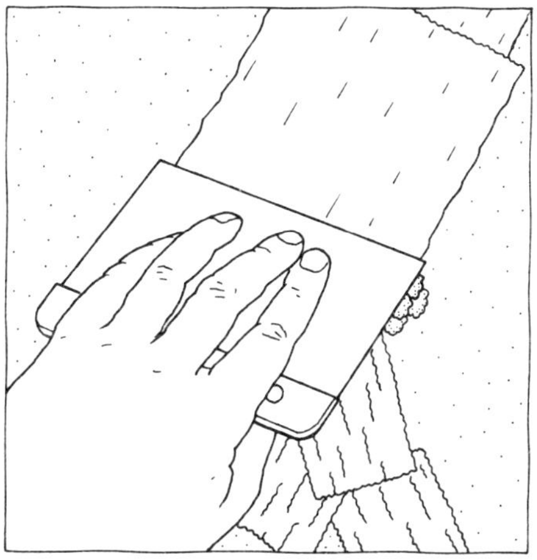

11 Die Oberfläche glättet man gründlich mit dem Spachtel oder mit einem Reibebrett, wie es auch der Maurer verwendet (Brett mit Griff). Bei Bedarf gibt man noch etwas Wasser zu.

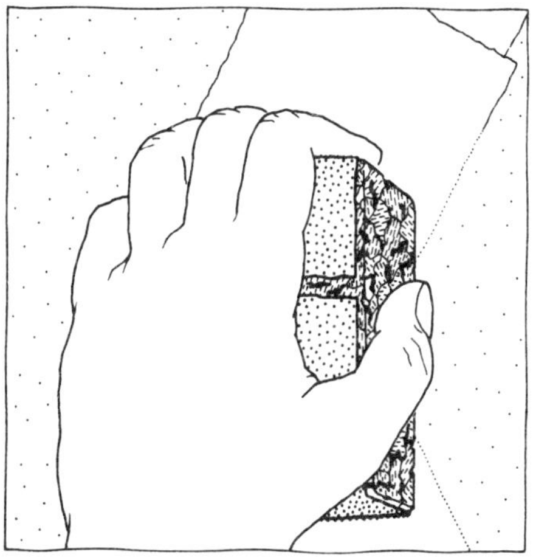

12 Erst wenn die Lochfüllung gründlich durchgetrocknet ist, kann man sie mit Schleifpapier und -klotz ausgleichen. Wenn tapeziert werden soll, wird die Stelle mit Kleister grundiert.

Schützen Sie Ihre Kellerwände

Feuchtigkeit und Nässe machen Kellerwände kaputt. Sie dringen durch Mauerwerk und Wandanstrich. Hier können Sie nachlesen, wie Sie Ihre Wände ohne großen Aufwand einfach und wirkungsvoll gegen den schädlichen Mauerfraß schützen können: mit einer soliden Kunstharzversiegelung.

Undichte Kellerwände bereiten selbst dem Fachmann schlaflose Nächte, vor allem, wenn er als Bauunternehmer für sie verantwortlich ist. Normalerweise kann Wasser auf zwei Wegen in die Wand eindringen:

● Die waagerechte Abdichtung des Mauerwerks, eine etwa in Höhe des Kellerfußbodens vorgeschriebene Bitumenpapplage, fehlt oder ist nicht fachgerecht verlegt. Grundwasser kann in der Mauer aufsteigen (dank der Haarröhrchen- oder Kapillarwirkung der Steine).

● Die senkrechte Außenabdichtung der Kellermauer, bestehend aus Zementputz und Bitumen- oder Teerlösungsanstrich, ist undicht. Vor allem nach starken Regenfällen kann Feuchtigkeit durch Ritzen oder Löcher eindringen und im Mauerwerk aufsteigen.

Zur echten Abhilfe müßte eigentlich in beiden Fällen die ganze Kellermauer freigelegt werden, damit man die beschädigte Deckschicht abklopfen und durch einen neuen Zementputz mit Dichtungsanstrich ersetzen kann – ein umständliches und teures Verfahren.

Andere Möglichkeiten bieten bestimmte Chemikalien, die in die Gesteinsporen eindringen und sie wasserundurchlässig machen sollen. In allen diesen Fällen darf der Wasserdruck von außen nicht zu stark sein, weil sonst die Absperrung nicht lange vorhält. Da der größte Teil des Mauerquerschnitts weiterhin Wasser aufnehmen kann, ist die Innen- anstelle der Außenabdichtung keine ideale, in vielen Fällen aber die einzig mögliche Lösung.

Versiegelung mit Kunstharz

Sie basiert auf Polyurethan-Flüssigkunststoff, der beim Aufstreichen in die Poren von Beton, Mauersteinen und Mörtel ein-

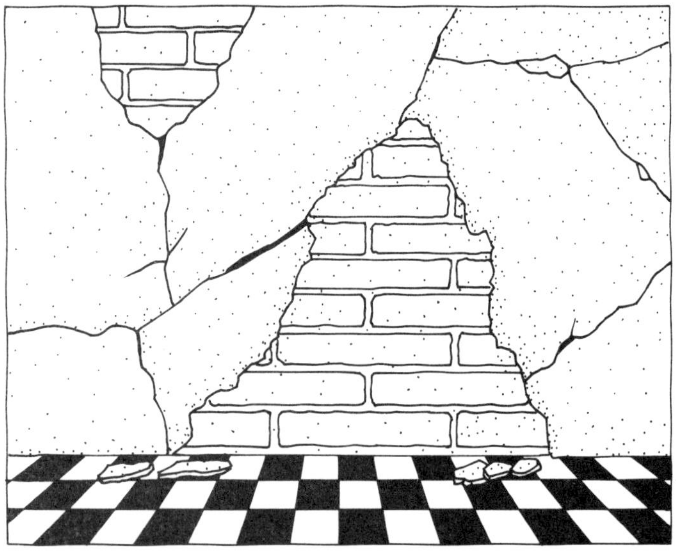

1 So sah die Kellerwand vor der Behandlung aus: Die Farbe blätterte ab, stellenweise hatte sich auch der Putz bereits gelöst. Von außen durchdringende Erdfeuchtigkeit hatte im Lauf der Zeit diese Schäden verursacht.

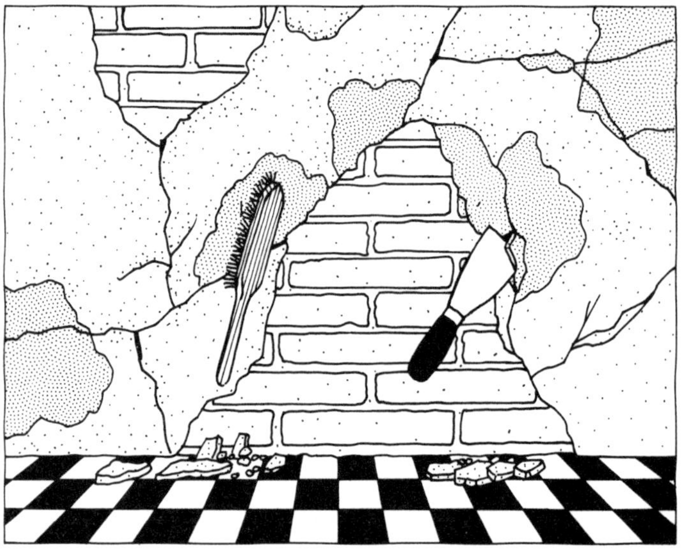

2 Zunächst muß alles lockere Material, Putz und Farbe, von der Wand restlos entfernt werden. Kleinere Stellen bearbeitet man mit der Stahlbürste, größere Putzstücke löst man mit einem großen Mauerspachtel ab.

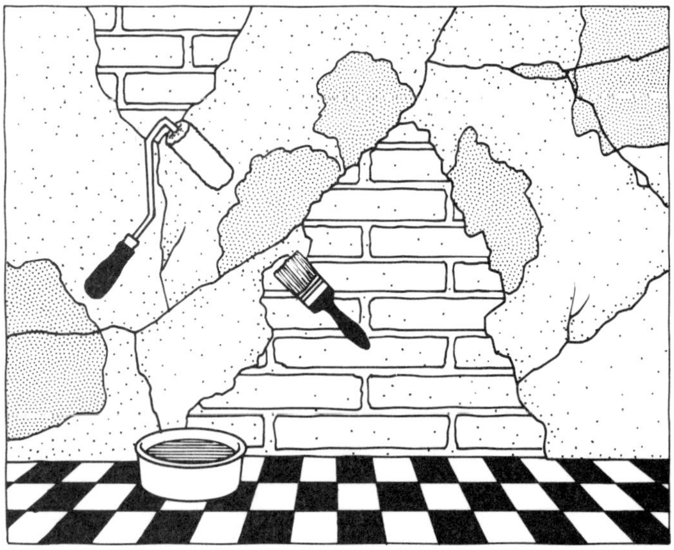

3 Dann grundiert man die ganze Fläche einmal mit dem G4-Harz – glatte Flächen mit der Rolle, sandende Teile mit dem Pinsel. Die porösen Flächen-Untergründe werden durch die Harzgrundierung verfestigt.

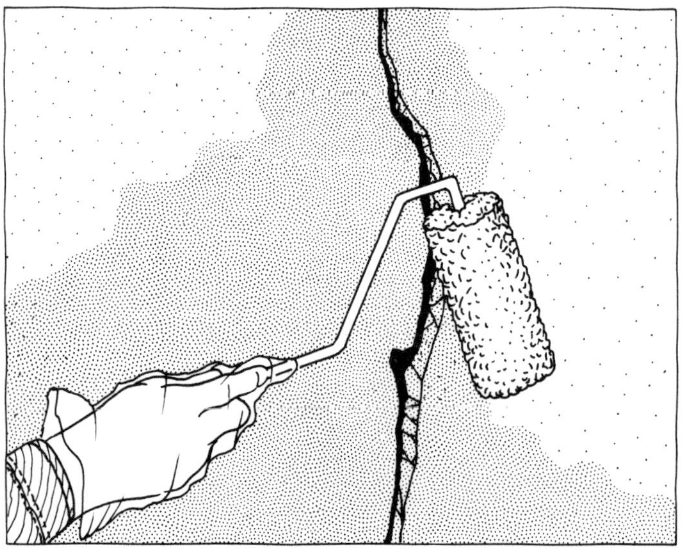

4 Über kleinere Risse in der Putzschicht rollt man einfach hinweg. Die Grundierung muß an der Wand einen sichtbaren Film bilden. Bei stark saugendem Untergrund muß man den Harzauftrag mehrmals wiederholen.

dringt, sich dort verankert und einen wasserundurchlässigen Film bildet. Anstrichmittel dieser Art (z. B. G4 von Voss) härten durch die Luftfeuchtigkeit aus. Zuviel Wasser in der Wand kann die Aushärtung allerdings auch verhindern.

Bei der Arbeit mit der dünnflüssigen, bräunlich-durchscheinend gefärbten Lösung muß der Raum wegen des Anteils an leicht entflammbaren Lösungsmitteln gut gelüftet werden. Die Hände sollen nicht mit dem Kunststoff in Berührung kommen, deshalb wird mit Polyäthylen-Wegwerfhandschuhen gearbeitet. Notwendige Arbeitsgänge:

- Abzudichtende Flächen von Anstrichen, Schlämmen, Fett- und Teerrückständen säubern, um die Poren freizulegen. Dichte und glatte Betonoberflächen mit dem Gummischleifteller (Spezialschleifscheibe für Gesteinsbearbeitung) oder dem Trennschleifer aufrauhen oder mit rauchender Salzsäure (Vorsicht! Giftig und ätzend!) chemisch anrauhen. Fläche gründlich mit Wasser abspülen und trocknen lassen.
- Weil der Überzug auf einer stark durchfeuchteten Wand nicht abbindet bzw. nicht in die Poren eindringen kann, muß für eine mögliche gründliche Trocknung gesorgt werden: mehrtägiges Heizen des Raumes, Elektrostrahler, Propangasbrenner. Anstrichprobe machen; der Flüssigkunststoff darf beim ersten Auftrag keinen glatten Film bilden, sondern muß matt einziehen. Schaumbildung beim Probeanstrich deutet ebenfalls auf Feuchtigkeit hin (Zersetzung des in der Lösung enthaltenen Vernetzeranteils).
- Risse und Löcher vorbehandeln: sauber auskratzen, ausspülen und trocknen lassen, satt mit Flüssigkunststoff einstreichen, die Vertiefungen mit Flickmörtel aus feinem Kies (Körnung 0–3 mm) und 10–15% (Gewichtsanteile) Flüssigkunststoff spachteln. Nicht mehr Mörtel ansetzen, als in 20 Minuten verarbeitet werden kann.
- Trockene Wand abbürsten und entstauben, dann den ersten Anstrich (Pinsel, Bürste, Roller) aufbringen, gut einziehen lassen. Nächsten Anstrich frühestens nach einer Stunde, spätestens vor Ablauf von 4 Stunden folgen lassen, ggf. noch einen dritten Anstrich aufbringen, bis die Wand keinen Flüssigkunststoff mehr einsaugt und sich ein glatter Oberflächenfilm bildet.

Eine andere Möglichkeit ist die Abdichtung mit Kieselsäure. Sie dringt in die Wandporen ein und löst dort einen Versteinerungsvorgang aus. Dabei werden die Poren abgedichtet. Arbeitstechnik nach den Vorschriften des Herstellers (»Kiesol«). Es muß mehrmals eingestrichen werden.

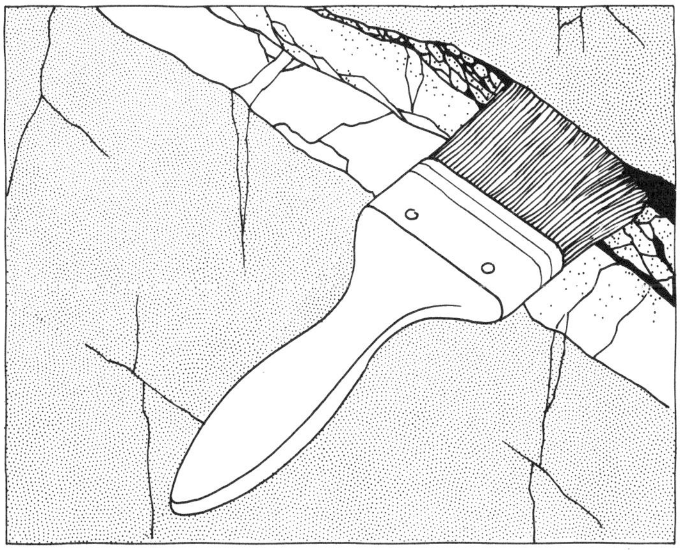

5 Die größeren Risse werden mit dem Pinsel satt eingestrichen. Das Harz gut einarbeiten und darauf achten, daß auch genug davon in die feinen Risse eindringt. Jede Schicht muß vor der Weiterarbeit antrocknen.

6 Zum Ausbessern schadhafter Stellen macht man aus trockenem, feinem Putzsand mit einer Zugabe von 10 bis 15 Prozent Kunststoff einen Reparaturmörtel. Messen Sie die Bestandteile möglichst genau ab!

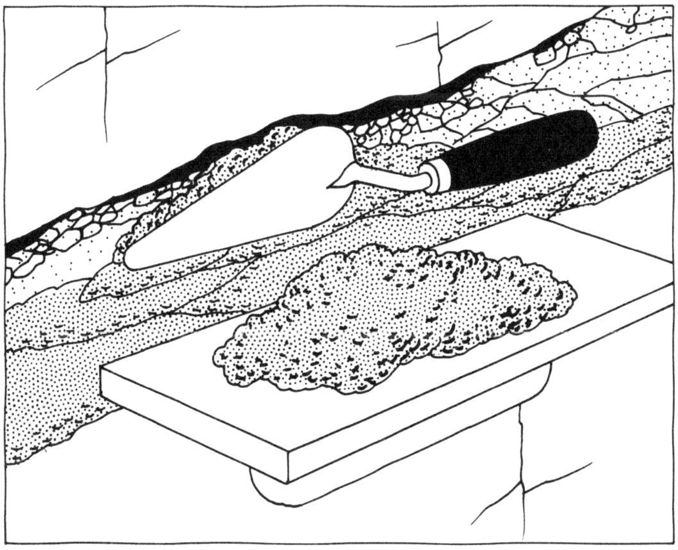

7 Mit der Maurerkelle drückt man den G4-Mörtel fest in die vorgrundierten Risse. Die Grundierung soll noch klebrig sein, damit der Mörtel gut haftet. Auf Flächen die Schichten höchstens 1 cm dick auftragen.

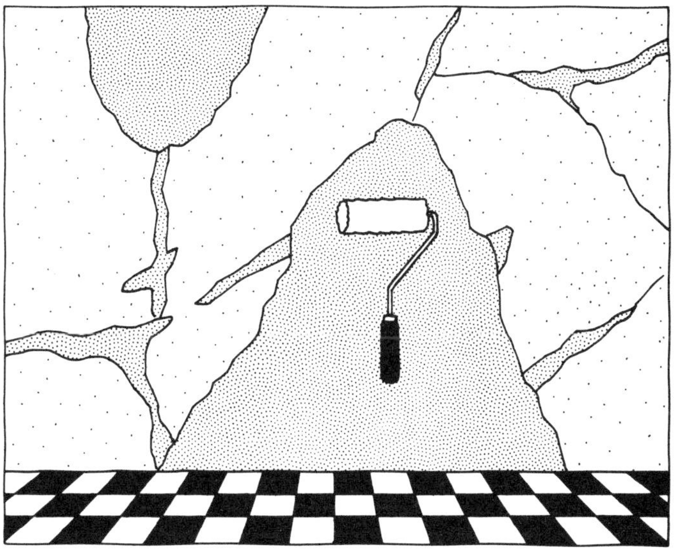

8 Wenn alle Löcher ausgeglichen sind, überrollt man die gesamte Fläche noch einmal mit dem Harz. Nach dem Trocknen der Schicht kann man die Wand normal streichen oder tapezieren (das Trocknen dauert einige Tage).

Wärmedämmung spart Energie

Bei richtiger Wärmedämmung unserer Häuser könnte beim Heizen soviel Energie eingespart werden, wie unsere Autos an Kraftstoff verbrauchen. Hier machen wir Ihnen Vorschläge für Wärmedämmung im Bereich des Kellers und der Außenwände.

Bei ständig steigenden Preisen für Heizenergie gewinnt der Wärmeschutz für Haus und Wohnung immer mehr an Bedeutung. Leider ist sinnvolle Wärmedämmung im Hochbau aber eine Sache, die im Ermessen der Bauherren liegt. Denn die DIN 4108 (Mindestwärmeschutz) verhindert gerade noch, daß Schwitzwasser von innen an den Wänden herabläuft. Ein Blick in unsere Nachbarländer zeigt, daß dieser vorgeschriebene Mindestwärmeschutz längst überholt ist. Dort ist man mit der Zeit gegangen und spart durch bessere Wärmedämmung große Energiemengen ein.

Ungedämmte bzw. nach der Mindestnorm gedämmte Wände bewirken nicht nur erhöhten Energieverbrauch, sondern auch feuchte Innenwände. Die Folge: Man muß auch noch häufiger renovieren.

Die menschliche Körpertemperatur beträgt im Normalfall +37° C. Rechnet man davon eine mittlere Raumtemperatur von +20° C ab, verbleibt eine Temperatur von +17° C. Diesen Wert sollten Außenwände innen haben. Man erreicht ihn aber nur durch absoluten Wärmeschutz. Dieser Wärmeschutz, den man durch Anbringung von Dämm-Material und Einbau von Isolierverglasungen erzielen kann, macht sich meistens schon nach zwei bis drei Heizperioden bezahlt.

In der Praxis sieht Wärmedämmung so aus: Wird eine normale Hochloch-Ziegelwand, 240 mm stark, mit einer 20 mm starken Dämmschicht aus Styrodur versehen, bedeutet das wärmetechnisch eine Verdoppelung des Mauerwerks. Da die Anbringung unterschiedlich starken Dämm-Materials nicht weniger aufwendig ist, empfiehlt es sich, gleich maximalen Wärmeschutz einzubauen. Sind die Wände nur nach DIN 4108 geschützt, bedeutet das, daß bei Öl- und Gasheizung 50 mm und bei Elektroheizung 60 mm Dämmschicht angebracht werden müßten. In Zweifelsfällen sollte man sich von Herstellern des Dämm-Materials über Stärke und Art beraten lassen.

Wir zeigen Ihnen hier, wie man Kellerwände und -decken abdämmen, Rohrleitungen vor Wärmeverlusten schützen und Außenwände »wärmer« machen kann. Wärme- und Kältedammverfahren für Wohnraumwände und -decken lesen Sie bitte ab Seite 187 bzw. ab Seite 208 nach.

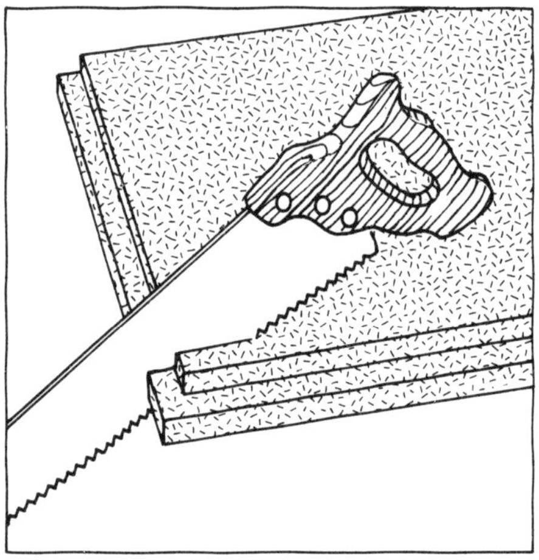

1 Dämmen von Kellerwänden und -decken: Hartschaumplatten werden mit der Handsäge zugeschnitten. Achten Sie beim Ausmessen auf den gefälzten Rand der Platten.

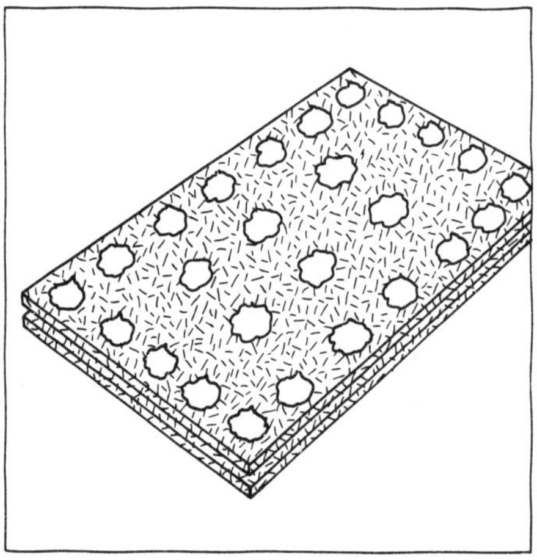

2 Wenn die Platten an die Wand gesetzt werden sollen, ist die Punktklebemethode mit Mörtel das einfachste und billigste Verfahren: Setzen Sie Mörtelbatzen in Abständen auf die Platte!

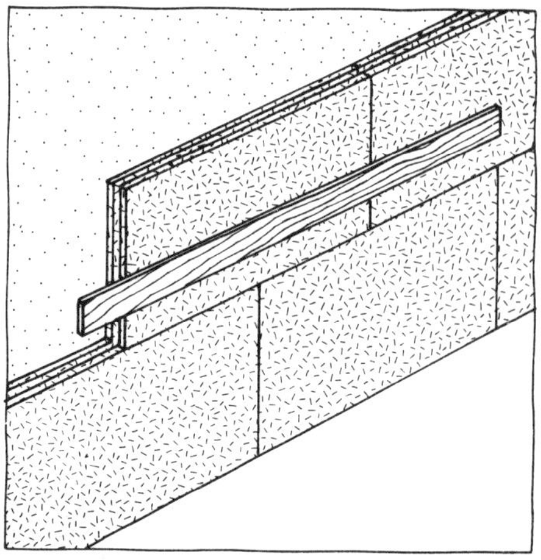

3 Die mit Klebemörtel versehenen Platten werden einfach an die Wand gedrückt. Mit einer Latte richten Sie die Platten so aus, daß sie eben und fugenlos sitzen. Anschließend wird tapeziert.

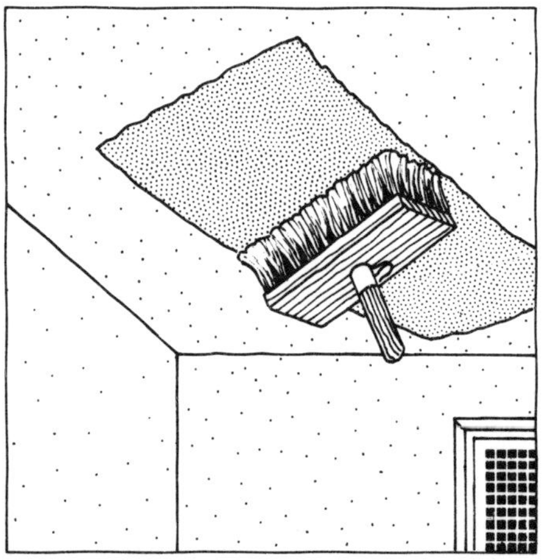

4 An den Kellerdecken haften die Platten besser, wenn mit Spezialkleber gearbeitet wird. Zuerst streichen Sie die Decke mit Kleber ein. Am besten nehmen Sie dazu eine Deckenbürste.

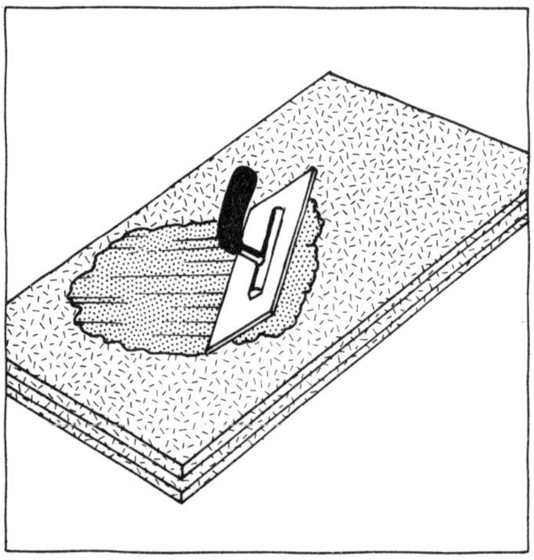

5 Während der Kleber an der Decke etwas anzieht, werden die Platten mit Kleber beschichtet. Dafür verwenden Sie eine Glättekelle. Nach dem Auftrocknen die Platten ansetzen.

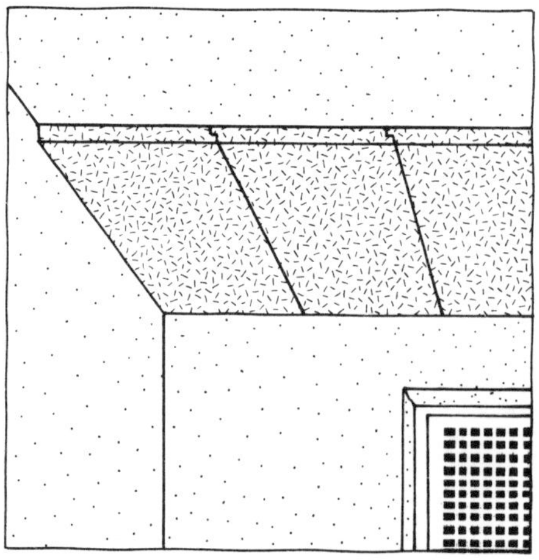

6 Die Platten müssen fugenlos an die Decke gesetzt werden, da sie ohne spachteln sofort übertapeziert oder gestrichen werden sollen. Man kann die Plattenoberfläche auch »natur« lassen.

Außenverkleidungen

Ein paar Vorschläge, wie man Außenwände wirksam abdecken kann (siehe auch Zeichnungen 10–12):

- Hartschaumplatten auf das Mauerwerk kleben (Spezialkleber), mit Stabilisierungsgewebe (Glasfasergewebe) überziehen, Kunststoffputz aufbringen.
- Auf der zu dämmenden Fläche Latten annageln oder anschrauben. Die Zwischenräume mit Fassadendämmplatten ausfüllen, die etwas schwächer sein müssen als die Lattung, so daß Luftzirkulation möglich bleibt. Eine zweite, horizontale Lattung aufbringen und mit Asbestzementplatten oder auch Riemchen (gefälzt, senkrecht angebracht) verkleiden.
- Vor die Mauer im Abstand von etwa 50 mm eine einsteinbreite Verblendmauer setzen. Den Zwischenraum mit Hartschaumplatten ausfüllen. Die neue Mauer muß in Abständen von etwa 80 cm durch verzinkte oder rostfreie Eisenwinkel, -haken oder -stäbe mit der alten Mauer verbunden werden.

WÄNDE MIT VOLLWÄRMESCHUTZ

Mit welchen Dämmstoff-Materialstärken sollten Hausmauern gedämmt werden, wenn der sogenannte »Vollwärmeschutz« erreicht werden soll, der maximale Heizkostenersparnis (bis zu 50 Prozent) verspricht? Die Tabelle informiert Sie darüber.

Mauerstärke und Beschaffenheit	Dämmstoffstärke bei einer Heizung mit:		
	Öl/Kohle	Gas	Strom
240 mm Klinkersteine (schwer)	60 mm	80 mm	100 mm
240 mm Hochlochziegel	40 mm	50 mm	60 mm
240 mm Bimshohlblocksteine	40 mm	50 mm	60 mm
240 mm Gasbetonsteine	20 mm	30 mm	40 mm
240 mm poröse Tonsteine	20 mm	30 mm	40 mm
240 mm Kalksandvollsteine	60 mm	80 mm	100 mm
300 mm Hochlochziegel	30 mm	40 mm	50 mm
300 mm Bimshohlblocksteine	30 mm	40 mm	50 mm
Dachgeschoß, Gipskarton-Platten auf Holzschalung	60 mm	80 mm	100 mm

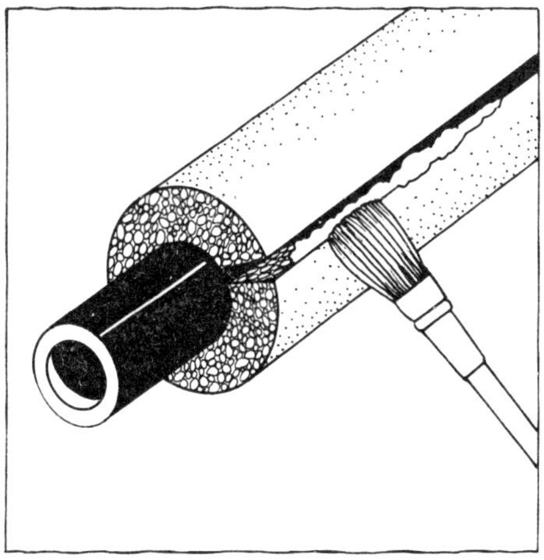

7 Dämmen von Leitungsrohren. Fertige Schalen aus flexiblem Hartschaum werden um die Rohre gelegt und die Schnittflächen der Länge nach mit Spezialkleber zusammengeklebt.

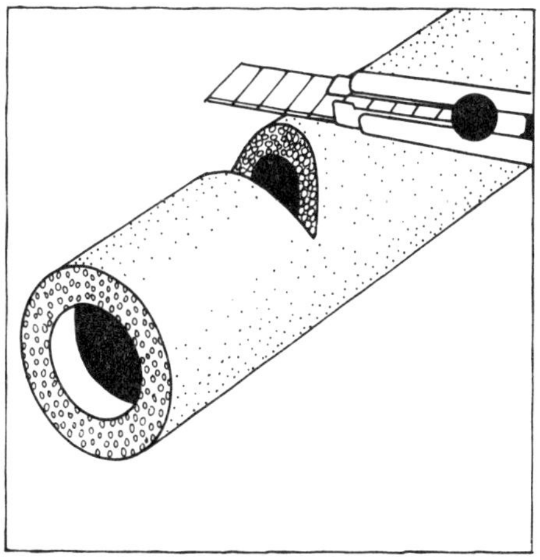

8 Bei Rohrbiegungen werden auf der Innenseite der Schale entsprechende Teile herausgeschnitten und die Rohrschale geknickt. Es gibt aber auch fertige Biegungsschalen für jeden Durchmesser.

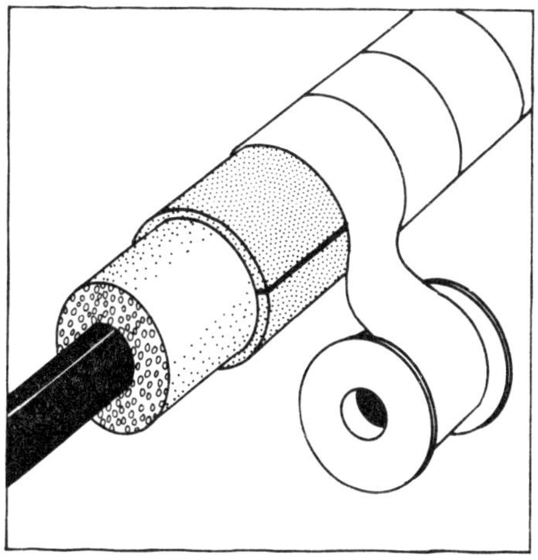

9 Mit Plastik-Spezialklebeband wird die Rohrdämmung wie bei einem Verband umwickelt. Vor Zerstörung schützt ein mit in die Bandage eingewickeltes Rohr aus Pappe oder Kunststoff.

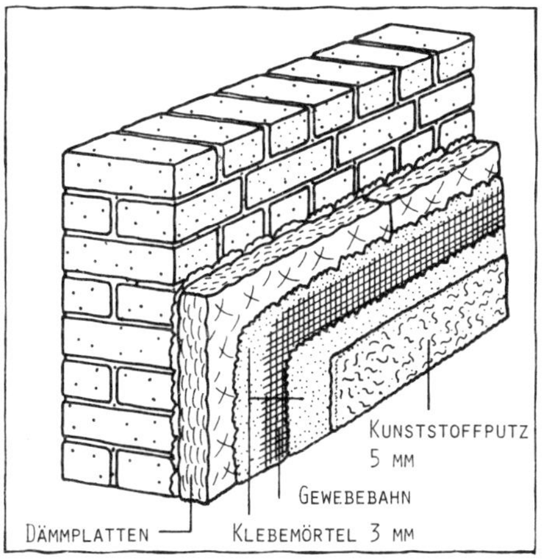

10 Hauswände von außen dämmen. Hartschaumplatten oder andere Dämmplatten mit Spezialkleber auf die Wand kleben, mit Glasfasergewebe überziehen und einen Kunststoffputz aufbringen.

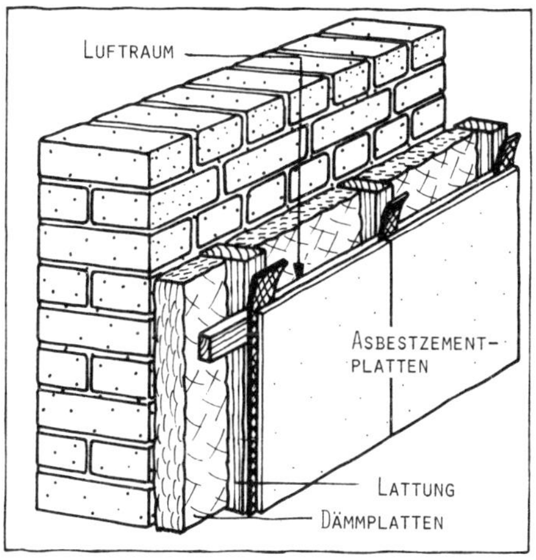

11 Eine andere Möglichkeit: Latten aufschrauben, Zwischenräume mit Dämmplatten ausfüllen. Darüber eine zweite, waagerechte Lattung, an der Asbestzementplatten Halt finden.

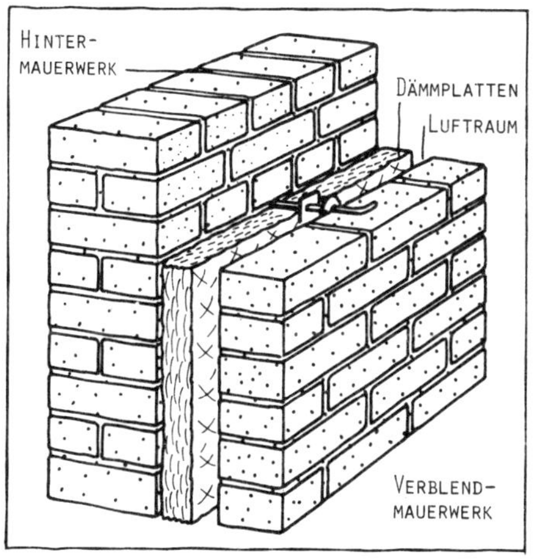

12 Vorschlag 3: Vor die Mauer im Abstand von 50 mm eine einsteinbreite Verblendmauer setzen. Zwischenräume mit Dämmplatten füllen. Die Mauer durch Anker (4–5 je m^2) sichern.

Erste Hilfe für die Wasser-Installation

Ein tropfender Wasserhahn kann einem den Schlaf rauben. Aber deswegen gleich einen Installateur rufen? Selbsthilfe ist hier der schnellste und billigste Weg. Die untere Zeichnung erläutert den prinzipiellen Aufbau eines »Wasserventils«. Auf dieser Doppelseite finden Sie aber auch Tips für Duschabtrennungen und Waschbecken-Abdichtung – und vor allem für erste Hilfe an verstopften Wasch- und WC-Becken.

Um einen tropfenden Wasserhahn reparieren zu können, muß man erst einmal wissen, wie er eigentlich funktioniert. Das System, wie es unsere Zeichnung zeigt, ist bei den einfachen Wasserhähnen und den Armaturen für Bad und Spüle immer gleich. Ausgenommen sind Armaturen mit einem eingebauten Mischer oder einem Temperiermischer. Sie haben ein kompliziertes Innenleben, von dem man als Laie lieber die Finger lassen sollte. Bei einer Reparatur könnte man mehr kaputtmachen als instandsetzen.

Normale Armaturen haben alle einen Armaturkörper und ein oder zwei (warm und kalt) eingesetzte Hahnoberteile. Bei fast allen modernen Armaturen sind die Oberteile mit Halbzoll-Gewinde eingesetzt.

Wenn ein Wasserhahn tropft, muß man zuerst lokalisieren, wo das Wasser herauskommt. Tritt es aus der Verschraubung an der Stopfbuchse aus, zieht man diese nach. Bringt das keinen Erfolg, muß man den O-Ring im Oberteil auswechseln. Dazu muß aber der Haupthahn geschlossen werden.

Auch zwischen Oberteil und Armatur kann Wasser austreten. Dicht wird dieses Leck durch Anziehen des ganzen Hahnoberteils. Hilft das nicht, muß hier ebenfalls eine neue Dichtung eingelegt werden.

Tropft es direkt aus der Ausflußöffnung, liegt der Fehler an der Hahnscheibe. Um diese auszuwechseln, muß man das Oberteil herausschrauben. Die Hahnscheibe ist am unteren Ende der Spindel mit einer Schraube oder einer Feder befestigt. Man muß die neue »nach Muster« beschaffen.

Bei den Wandarmaturen mit Schwenkauslauf kann die Verschraubung des Arms leicht undicht werden. Hier tritt zwar nur Wasser aus, wenn einer der Hähne geöffnet ist, aber den Fehler sollte man trotzdem beheben. Wenn man die Überwurfmutter löst, kann man den Schwenkarm nach unten bzw. nach oben aus der Armatur herausziehen. Der O-Ring, der diese Verbindung abdichtet, kann dann leicht erneuert werden.

Auch die Verschraubungen an den Schlauchbrausen werden leicht undicht. Die eingelegten Dichtungen lassen sich bequem auswechseln. Moderne Hähne haben einen Perlator, der dem ausfließenden Wasser Luft zusetzt. Die feinen Siebe im Perlator setzen sich gerne mit Kalk zu. Badet man die Einzelteile in einem Kalkentferner, funktioniert der Perlator wieder einwandfrei.

Was tun bei »Verstopfungen«?

Wenn das Wasser aus dem Waschbekken nicht abläuft, stellt man einen Eimer darunter und öffnet den Geruchsverschluß (Siphon), der gereinigt, durchgespült und wieder zusammengebaut wird. Andere Hilfen sind die Gummipumpe (Zeichnung 5) oder eine Durchspülung mit heißem Sodawasser. Außerdem gibt es ätzende Reinigungschemikalien (z. B. »Rohrfrei«). Sie helfen oft auch bei verstopften WC-Becken. Wenn das nicht der Fall ist, greift man zur Reinigungsspirale (Zeichnung 8), die mit Sicherheit gegen Verstopfungen hilft.

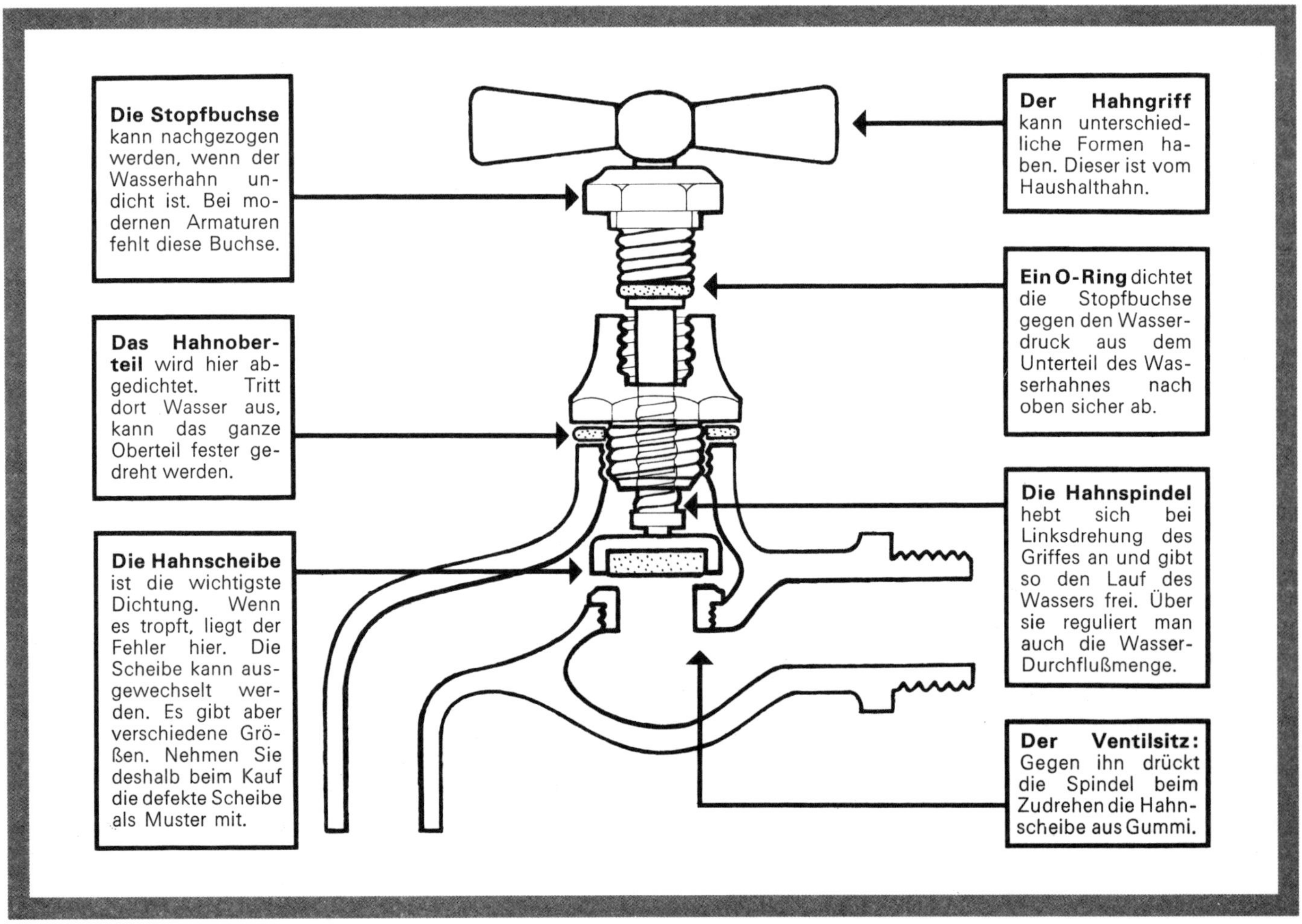

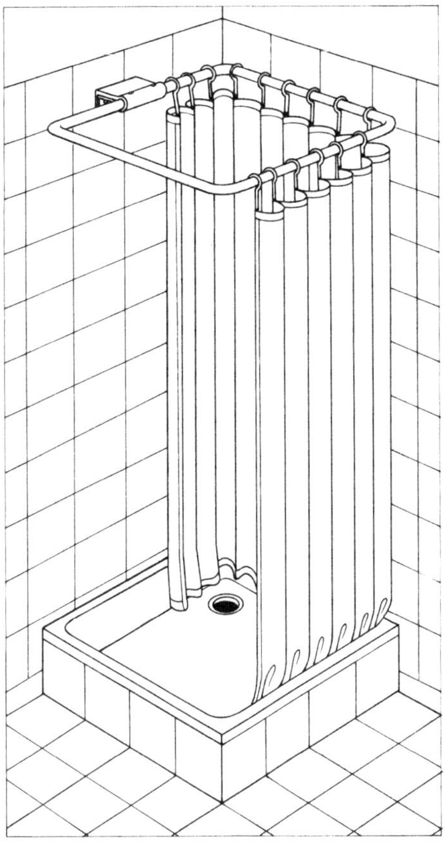

1 Aufhängung für den Duschvorhang: Die rahmenförmige Stange braucht nur an einem Punkt mit der Wand verbunden zu werden. Der Vorhang läßt sich problemlos nach allen Seiten verschieben.

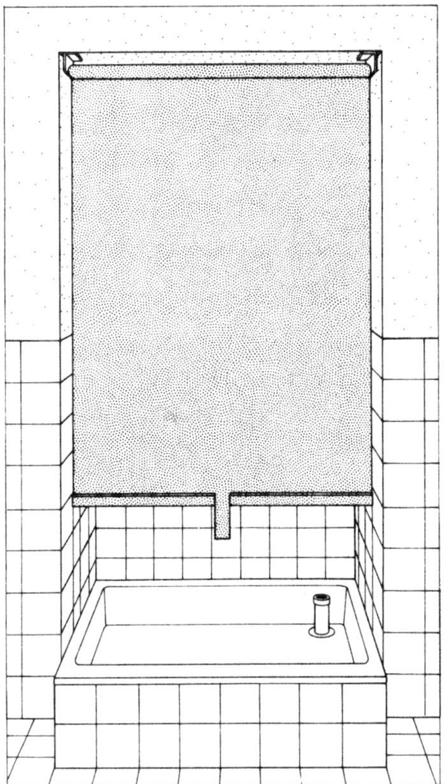

2 Wenn die Dusche in eine Wandnische eingebaut wurde, kann man mit einem Duschrollo als »Spritzverschluß« auskommen. Das Rollo besteht aus einer transparenten Prägefolie in Nischenbreite.

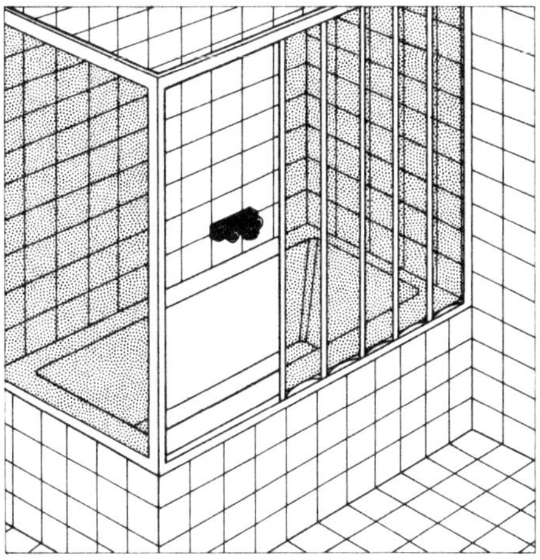

3 Sowohl Duschen als auch Badewannen kann man mit einer Falttür spritzdicht abschließen. An der Wannenschmalseite wurde hier eine starre, lichtdurchlässige und undurchsichtige Trennwand angebracht. Die Vorderwand dagegen läßt sich teleskopartig beliebig zusammenschieben.

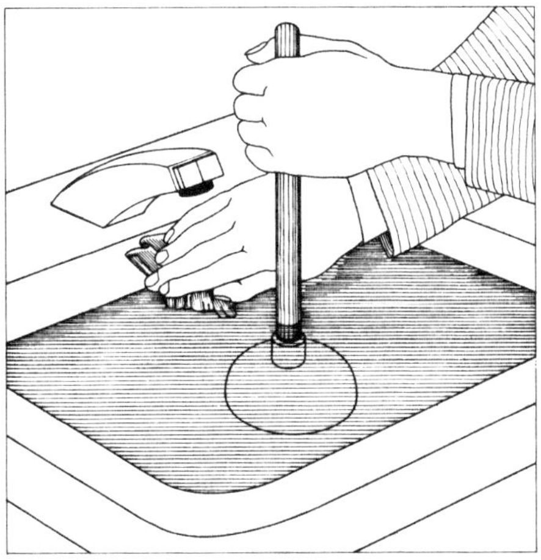

5 Was tun, wenn der Waschbecken-Ablauf verstopft ist? Eine altbewährte Methode ist der hier gezeigte Abflußreiniger aus einer Gummi-Halbkugel mit Stiel. Er wird auf die Abflußöffnung gedrückt und wie eine Pumpe bewegt. Die Überlauföffnung hält man dabei mit einem angefeuchteten Lappen zu, sonst hat die Pumpe Nebenluft.

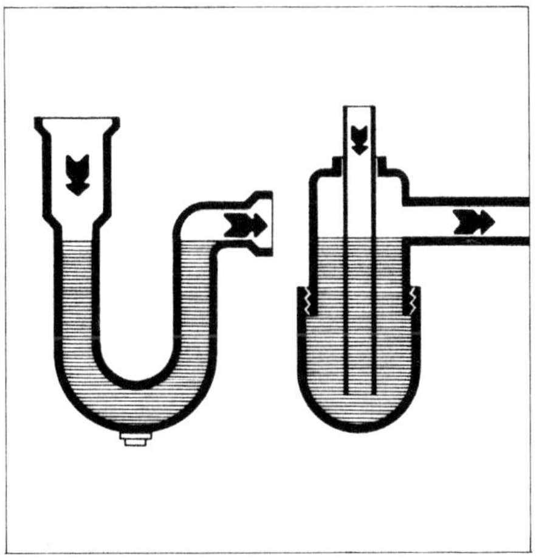

7 Wenn ein Siphon (Geruchsverschluß) verstopft ist, öffnet man die Schraube (links) oder die Verschlußkappe (rechts), holt den Schmutz heraus und spült mit heißem Wasser kräftig nach.

4 Auch in Neubauten gibt es noch viele Badezimmer »alter Art«: unpraktisch und nur mühsam sauberzuhalten. Wie man ein Bad rundum erneuern kann, steht auf Seite 234. Oft genügen schon ein paar raffinierte Einbauschränke. Tips für ihren Bau sind ab Seite 117 zu finden.

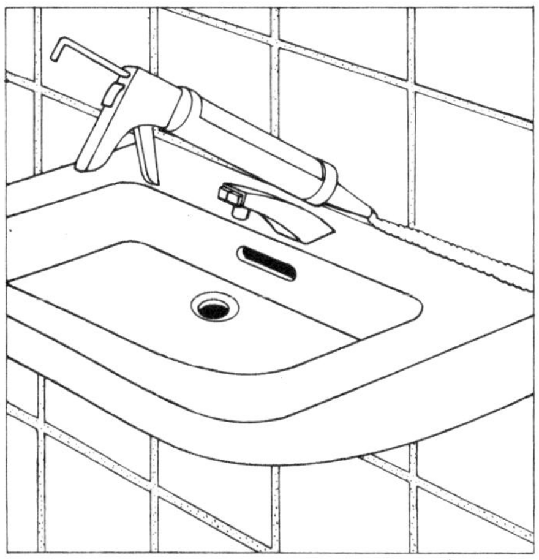

6 Fugen zwischen Badezimmer- oder Küchenwand und Einbauten (Wanne, Wasch- und Spülbecken, Duschbecken) dichtet man mit dauerelastischem Kitt ab, der aus einer Kartusche mit Handdruck-Pistole oder einer Automatikkartusche (mit angebautem Druckbehälter) in die Fuge gedrückt wird. Die Masse mit nassem Finger glätten.

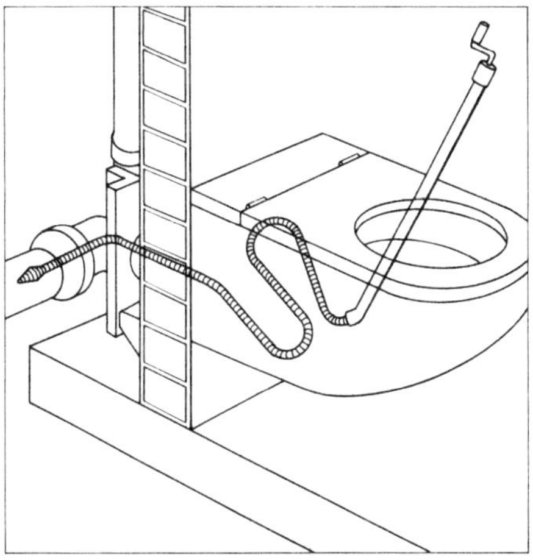

8 Verstopfte WC-Becken macht man mit Hilfe eines »Klosettbohrers«, einer drehbaren Reinigungsspirale, wieder gängig. Man kann sie auch bei einem Installateur für einen Tag leihen.

Was man von der Glaserei wissen sollte

Keine Angst vor dem Umgang mit Glas! Der erste Anlaß, Erfahrungen zu sammeln, ist meistens eine zerbrochene Scheibe. Moderne Glasschneider kosten nur ein paar Mark. Sie haben mehrere Schneidrädchen auf einer Scheibe. Ist das erste stumpf geworden, dreht man einfach weiter.

Außer dem Glasschneider ist ein Kittmesser wichtig. Man kann es durch ein entsprechend zugeschliffenes altes Küchenmesser mit nicht zu schmaler Klinge ersetzen. Außerdem braucht man für Glaserarbeiten ein beliebiges Lineal, an dem geschnitten wird, ein ausrangiertes Stecheisen zum Entfernen von Kittresten und einen Hammer. Der *Glaserkitt* muß geschmeidig und gut durchgeknetet sein. Für die feste Verankerung der Scheiben sorgt man mit Hilfe von *Glaserdraht*. Er besteht aus etwa 30 cm langen Stücken von Messingdraht, die alle 15–20 mm abgeteilt sind.

So wird Glas geschnitten

Das Glasschneiden geschieht grundsätzlich auf einer ebenen, nicht zu harten Unterlage (Werkbank mit dicker Pappe bedecken). Wenn die Scheibe nicht genau plan aufliegt, springt sie durch den Schneidedruck. Der Glasschneider wird senkrecht zum Lineal, aber mit leichter Neigung zum Körper des Schneidenden aufgesetzt. Bei der Festlegung der Schnittlinie muß der Abstand zwischen Lineal und Rädchen bzw. Diamantspitze berücksichtigt werden.

Man führt den Glasschneider in einem Zug über die Scheibe und übt dabei so viel Druck aus, daß das Glas mit einem gleichmäßigen »pfeifenden« Geräusch angeritzt wird. An dieser Ritzkante muß die Scheibe anschließend gebrochen werden. Größere Scheiben bricht man freihändig oder über einer scharfen Holzkante. In jedem Fall empfiehlt es sich, vor dem Brechversuch mit dem Hammer oder auch dem Glasschneider von der Gegenseite vorsichtig gegen die Schnittlinie zu klopfen. Dabei vertieft sich die angeritzte Linie zum Riß, und das kräftige Durchbre-

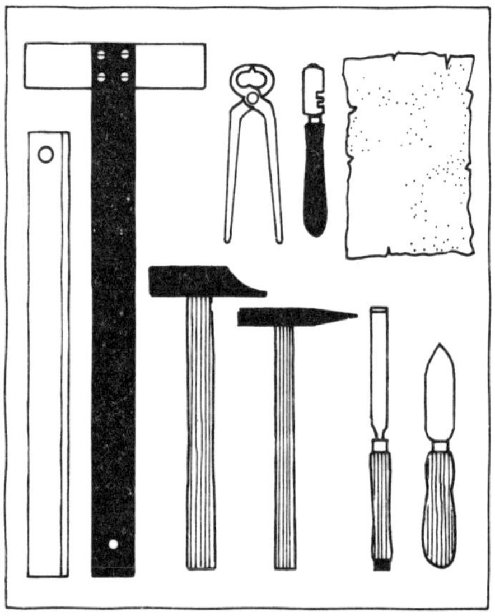

1 Werkzeug für das Einsetzen einer neuen Fensterscheibe ist meistens vorhanden. Nur den Glasschneider muß man sich neu zulegen.

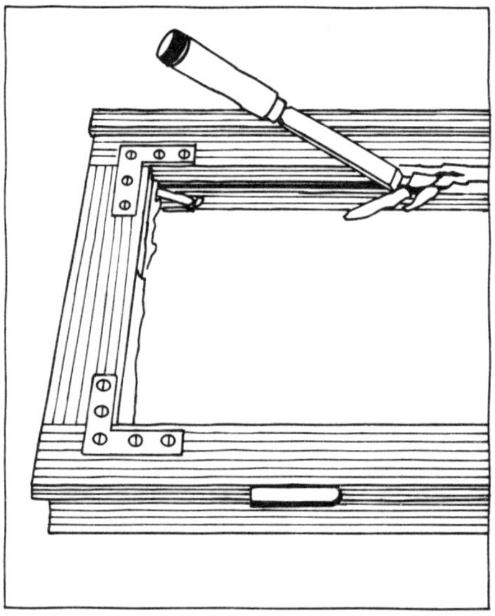

2 Zuerst den Falz gründlich säubern, den alten Kitt restlos entfernen, ohne das Holz zu beschädigen. Werkzeug: ein gebrauchtes Stecheisen.

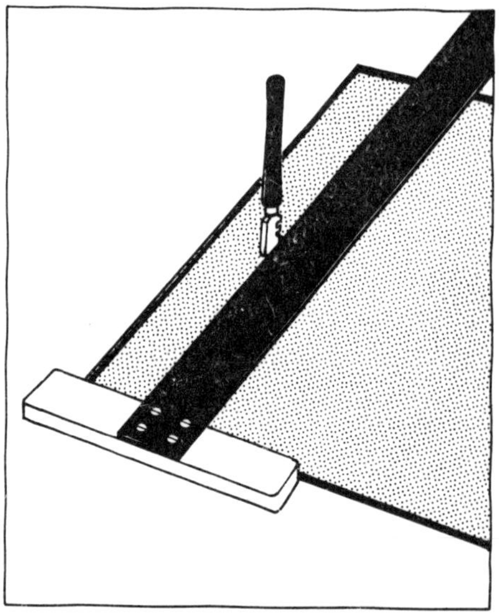

3 Der Glasschneider wird genau senkrecht zur Schiene gehalten und mit gleichmäßigem Druck geführt. Beim Schneiden muß es »pfeifen«.

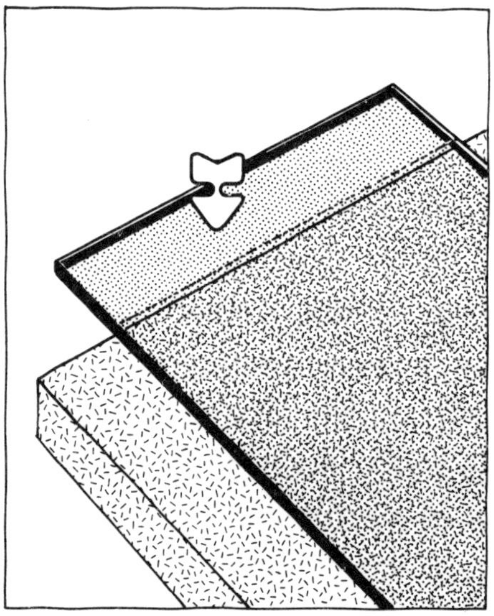

4 Zum Trennen den Riß bündig auf die Tischkante legen und die Scheibe nach unten wegdrücken. Oder ein Lineal unter die Kante legen.

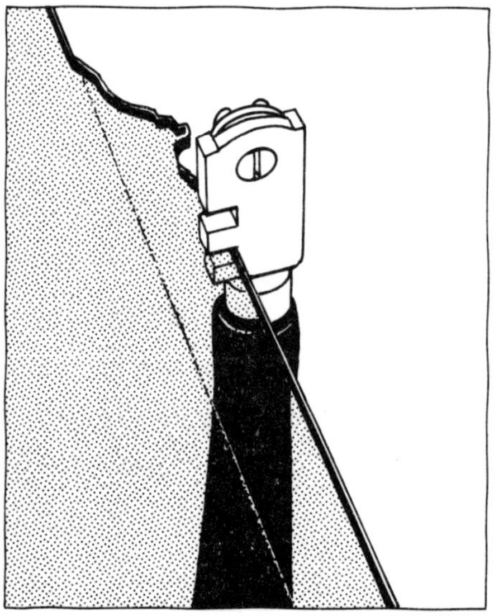

5 Schmale Streifen trennt man, indem man mit dem Kopf des Glasschneiders von unten gegen den Riß klopft. Dann vorsichtig abknicken.

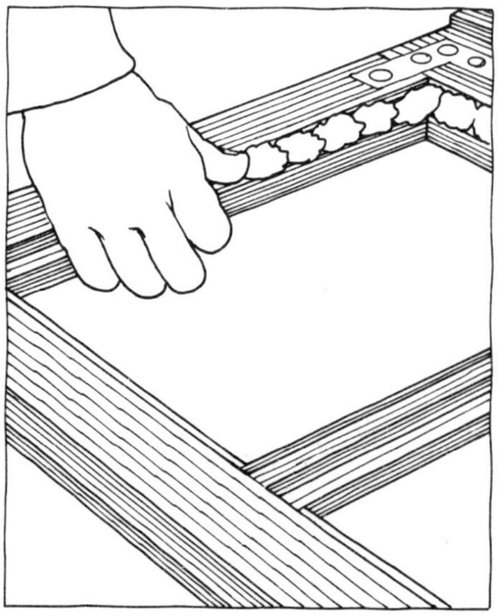

6 Mit dem Daumen drückt man reichlich Kitt in den Falz. Für Metallrahmen gibt es Spezialkitt, der schneller trocknet, aber elastisch bleibt.

chen ist oft gar nicht mehr notwendig. Eine glatte Trennkante läßt sich nur mit einem gleichmäßigen, von Rand zu Rand durchgehenden Schnitt erreichen. Wenn das Glas ungleichmäßig bricht, kann man überstehende Teile mit der Glasschneideraussparung abbrechen.

Kurvenschnitte werden mit einer Schablone oder einem *Rundschneider* ausgeführt, der aus einer Meßleiste mit Gummisaugknopf an der einen Seite und der Schneidevorrichtung am anderen Ende besteht. Nach dem Ausführen des Rundschnittes müssen mit dem Glasschneider Hilfsschnitte angebracht werden.

Das Einsetzen einer Fensterscheibe

Es beginnt mit dem Ausheben des Fensterflügels, den man auf die Werkbank oder zwei Böcke legt, und dem sorgfältigen Entfernen aller Glas-, Glaserdraht- und Kittreste. Den hartgewordenen alten Kitt entfernt man mit einem alten Stecheisen.

Die neue Scheibe soll nicht streng in den Falz passen, weil es sonst bald zu Bruch kommt. Sie muß so zugeschnitten werden, daß ringsherum 2 mm Luft bleiben. Alte Fenster sind oft etwas aus dem Winkel geraten. Meist läßt sich daran nichts ändern. Die Scheibe muß die Winkelabweichungen mitmachen. Man schneidet sie nach einer genau in den Falz passenden Pappschablone und berücksichtigt auch in diesem Fall den nötigen Spielraum.

Nun wird der Falz ringsum mit Kitt belegt. Zu diesem Zweck dreht man den weichgekneteten Glaserkitt zu bleistiftdicken Rollen, die in den Falz gelegt und leicht angedrückt werden. Die Scheibe wird anschließend in das Kittbett gelegt und ebenfalls angedrückt. Wenn der Kitt zu hart ist, kommt es bei dieser Gelegenheit leicht zu Bruch. Die Scheibe muß so angedrückt werden, daß sie auf einer gleichmäßig etwa 2 mm dicken Kittschicht liegt. Der an der Unterseite herausgequollene Kitt wird später mit dem Kittmesser abgenommen. Der nächste Arbeitsgang ist das Einschlagen von Glaserdrahtstiften, etwa in Abständen von 15 cm. Die Stifte dürfen nicht durch Nägel mit Köpfen ersetzt werden.

Der Winkel zwischen Scheibe und Falz wird nun mit Kitt gefüllt. Mit Hilfe des Küchenmessers zieht man ihn zu einer gleichmäßig abgeschrägten Fläche ab. Anschließend pudert man die Scheibe mit Schlämmkreide, um Kittspuren auf dem Glas zu entfernen. Mit einem etwaigen Anstrich muß gewartet werden, bis die Kittoberfläche getrocknet ist. Das dauert einige Tage.

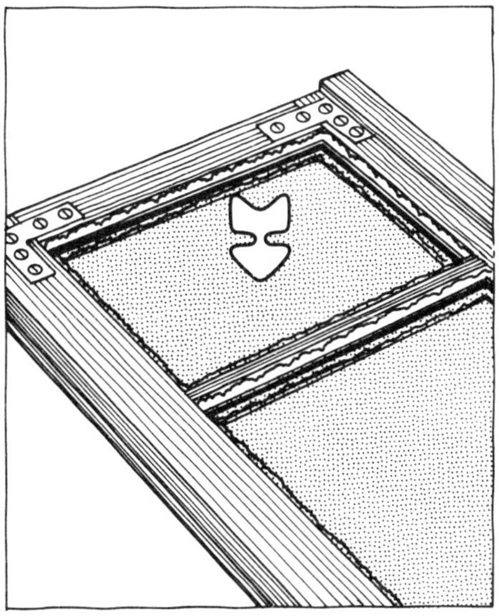

7 Mit gleichmäßigem Druck wird die Scheibe in den Kitt gedrückt. Überschüssigen Kitt auf der Rückseite entfernt man erst ganz zum Schluß.

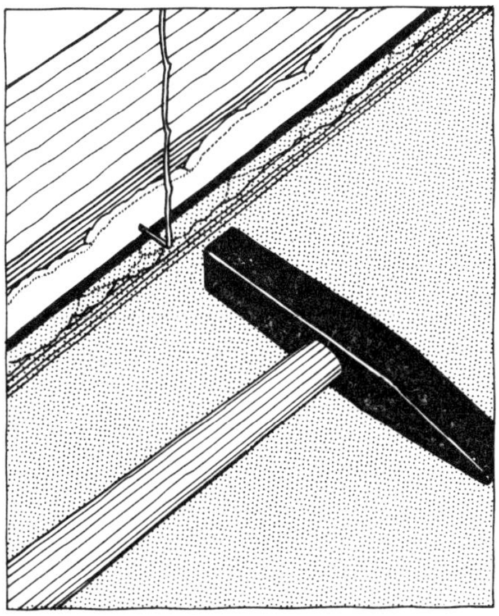

8 Glaserstifte fixieren die Scheibe. Man setzt sie ringsum im 20-cm-Abstand ein. Metallrahmen haben kleine Löcher und spezielle Halteklammern.

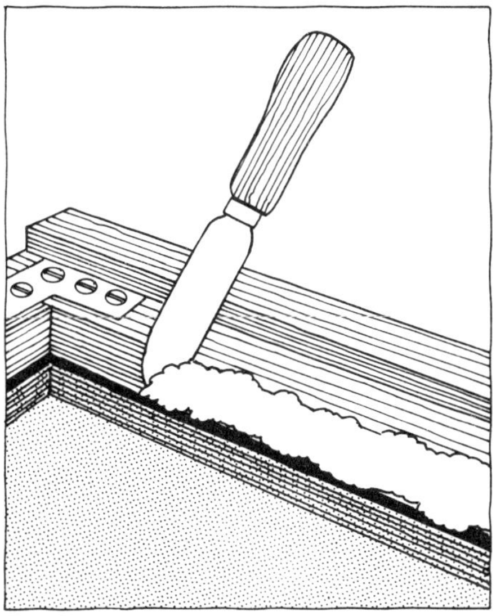

9 Auf der Vorderseite wird der verbleibende Falz mit Kitt aufgefüllt, den man mit dem Kittmesser im Winkel von 45 Grad sauber abzieht.

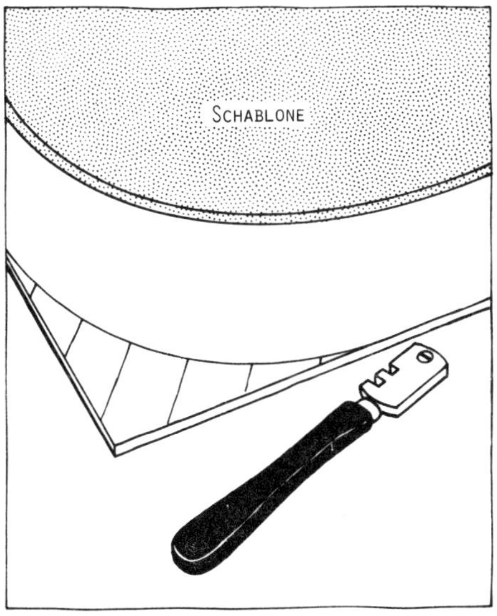

10 Rundungen reißt man mit einer Schablone an. Auch hier klopft man mit dem Kopf des Glasschneiders gegen die Schnitte und bricht ab.

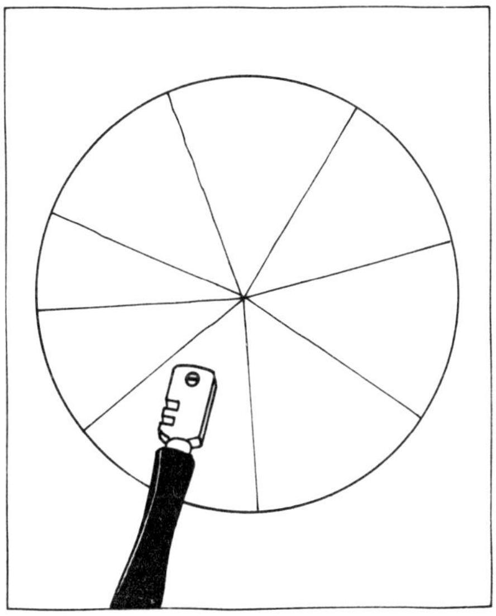

11 Einen runden Ausschnitt schneidet man so. Die Strahlen dürfen im Mittelpunkt nicht durchgezogen werden, sie treffen im Winkel aufeinander.

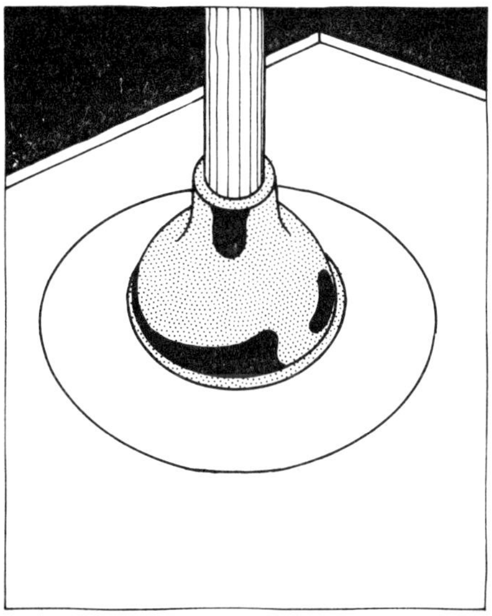

12 Einen gleichmäßigen Rundschnitt kann man auch mit dem Sauger abheben, nachdem das Glasstück durch vorsichtiges Klopfen gelockert wurde.

Wie man Türen und Fenster abdichtet

Es gibt viele Möglichkeiten, Kälte und Zugluft den Weg in die Wohnung zu versperren. Beispielsweise gibt es eine ganze Reihe von Dichtleisten, die außen oder innen angebracht werden können. An der Wetterseite verhindern sie auch das Eindringen von Regen. Wenige Stunden Arbeit bringen Ihnen Behaglichkeit in den vier Wänden und helfen, auf die Dauer Energie zu sparen. Fachleute haben es ausgerechnet: Ein 20m² großer Raum, dessen Fenster undicht sind, erfordert einen monatlichen Energie-Mehraufwand von rund 25 kg Heizöl.

Im Winter wird einem meist das leidige Problem undichter Fenster und Türen auf direkt fühlbare Weise bewußt: Es zieht, und ehe man sich versieht, hat man sich eine Erkältung oder einen schmerzenden steifen Nacken geholt.

Während moderne Türen und Fenster, zumindest in den besseren Ausführungen, serienmäßig mit Dichtungen versehen sind, vermißt man solchen Komfort schon bei Bauten, die erst vor wenigen Jahren gebaut worden sind.

Durch zuverlässige Abdichtung von Fenstern und Türen verbessert man das Raumklima gleich mehrfach: Durch Schutz vor Zugluft, durch bessere Schalldämmung, durch verminderten Staubeinfall und geringeren Wärmeverlust.

Dichten mit Schaumstoffstreifen

Wenn es durch die Fensterritzen zieht, sind selbstklebende Schaumstoffstreifen die einfachste und billigste Abhilfe. Sie sind in verschiedenen Breiten und Dicken zu haben. Man bringt sie im Falzprofil von Fenstern oder Türen an. Dabei kann man sie sowohl am Rahmen wie auch am Flügel festkleben.

Voraussetzung dafür, daß solche Streifen auch sicher haften, sind saubere Klebeflächen. In den meisten Fällen ist eine gründliche Reinigung erforderlich. Man kann sie mit einer Lösung von Haushaltsreiniger in Wasser vornehmen. Bei fettigem Schmutz sind dagegen Lösungsmittel wie Terpentin, Spiritus oder Benzin vorzuziehen.

Beim Anbringen der Streifen sollte man darauf achten, daß sie beim Schließen nur zusammengepreßt werden. Seitlich wirksame Scherkräfte reißen schnell den Schaumstoff von den Klebeflächen los.

Der Nachteil von Schaumstoffdichtungen: Sie nehmen Schmutz an und saugen Wasser auf. Nach relativ kurzer Zeit müssen sie bereits erneuert werden.

Dichtungsprofile

Profildichtungen, von denen wir auf diesen Seiten eine Auswahl zeigen, sind daher eine praktischere und auf die Dauer auch preiswertere Lösung.

Das Anbringen macht zwar etwas mehr

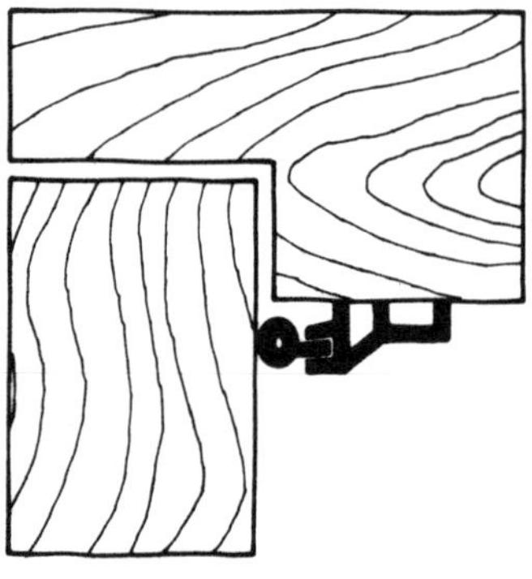

1 An der Innenseite einer Tür- oder Fensterzarge wird diese Dichtung angebracht. Als Dichtelement dient ein Schlauchprofil.

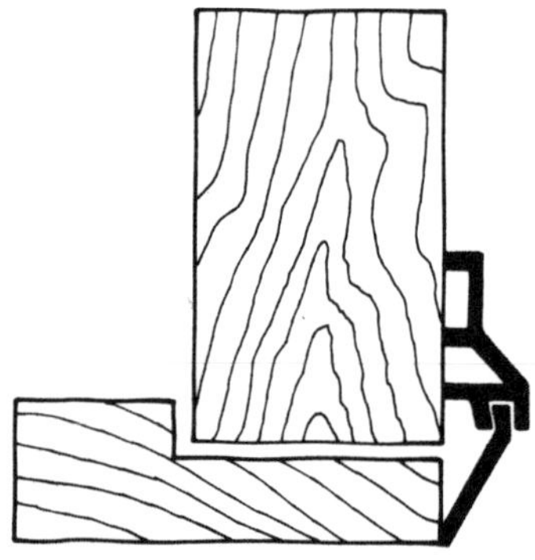

2 Diese Leiste bringt man an der Außenseite des Tür- oder Fensterflügels an. Hier sorgt eine elastische Lippe für die Abdichtung.

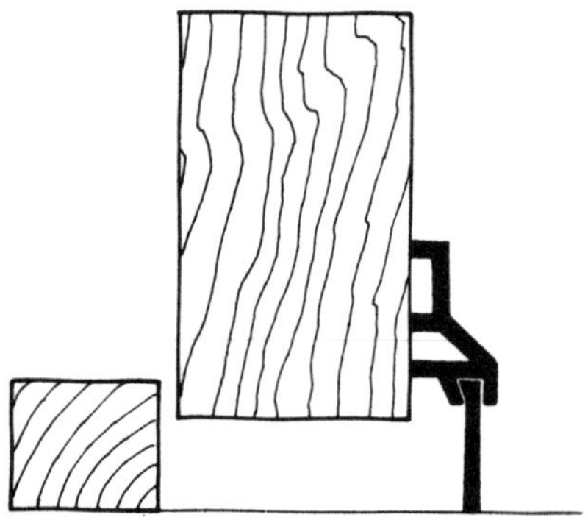

3 Auch dieses Profil ist für die Anbringung an der Außenseite bestimmt. Möglicher Nachteil: Die Dichtlippe kann schleifen.

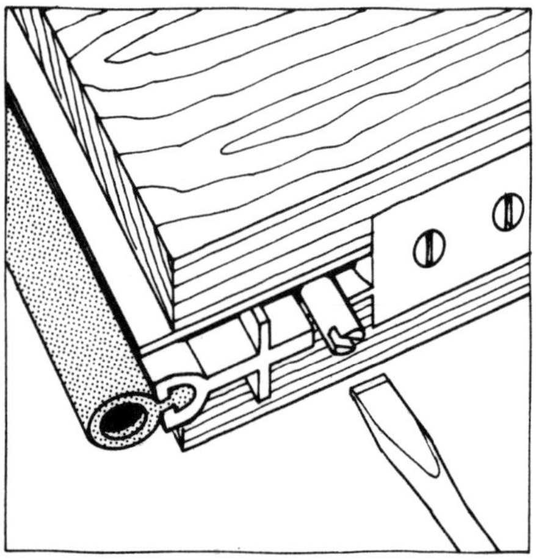

4 Die Ellenmatic-Schiene wird in eine Nut in der Unterseite der Tür eingebaut. Beim Schließen drückt der Stift den Gummiwulst nach unten.

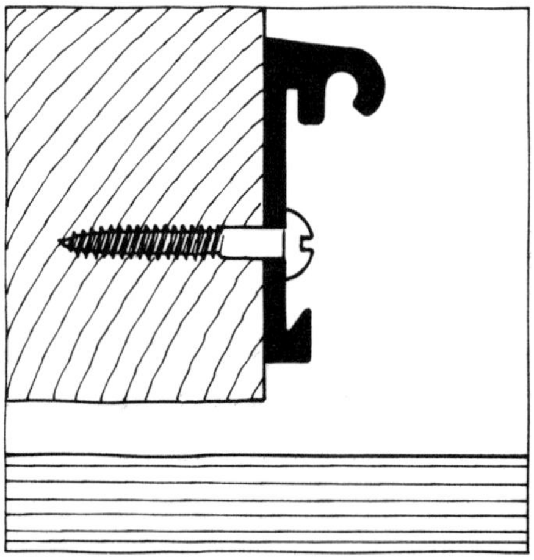

5 Diese Zeichnung und die rechte (6) verdeutlichen den einfachen Einbau der Port-o-mat-Dichtung. Die Schiene wird an die Tür geschraubt.

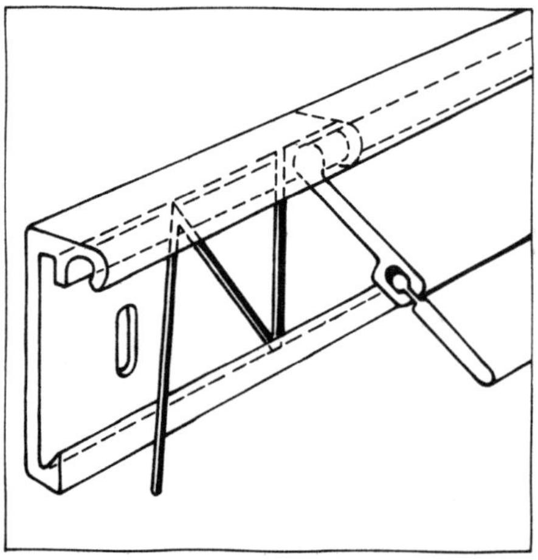

6 In die angeschraubte Schiene legt man die Feder ein. Zum Schluß wird die eigentliche Dichtschiene in die Halteschiene geschoben.

Arbeit, dafür halten solche Profile jahrelang. Sie lassen sich auch leicht reinigen. Abdichtleisten gibt es aus Aluminium, Kunststoff und Holz. Kunststoffleisten sind in verschiedenen Farben, auch mit Holzmaserung, lieferbar. Die Abdichtung wird durch ein Profil aus weichem Kunststoff oder synthetischem Gummi erreicht.
An undichten Türunterkanten kann man mit selbstklebenden Schaumstoffstreifen keinen Nutzeffekt erzielen. Eine außen angebrachte Klappendichtung aber bietet sogar Schutz gegen das Eindringen von windgepeitschtem Regen.
Eine mechanisch sich absenkende Dichtung wie die Ellenmatic eignet sich auch für Innentüren; zum Beispiel dort, wo der Schallschutz eines Raumes unzureichend ist. Die oberen und seitlichen Anschlagkanten dichtet man dabei mit Schlauchprofilleisten ab.

Was man sonst noch tun kann

Bei Innen- und Außentüren zieht es manchmal durch die Anschlußstellen zwischen Türfutter und Mauer. Die Fuge wird mit dauerelastischem Kitt oder Polyurethanschaum abgedichtet. Breite Ritzen stopft man zuvor mit loser Mineralwolle aus. Die Türbekleidung muß vorher abgenommen werden, wenn es sich nicht um eine Stocktür handelt.
Verglaste Außentüren kann man »wärmedichter« machen, wenn man die dünne Glasscheibe durch eine dickere oder durch Isolierglas ersetzt.
Wenn die Tür nicht richtig schließt, kann es daran liegen, daß der Schloßmechanismus unter Öl- oder Fettmangel ächzt und deshalb die Falle manchmal im Abschlußblech des Schlosses, dem Stulp, steckenbleibt. Wenn man etwas Öl in das Schlüsselloch, auf Falle und Riegel gibt, kann der Fehler schon behoben sein. Ein allgemein schwergängiges Schloß läßt sich aber dadurch nicht beeindrucken. Man muß es ausbauen, in Dieselöl (Heizöl) baden und dann mit säurefreiem Fett behandeln.
Hat sich das Türblatt gesenkt, was vor allem bei älteren Türen (in Rahmenbauweise) vorzukommen pflegt, hilft nur das Tiefersetzen oder Ausfeilen des Schließblechs. Zeichnung 11 erläutert, wie das mit dem Ausfeilen funktioniert. Man überträgt zunächst die tatsächlichen Anschlagmaße von Falle und Riegel bei angelehnter Tür auf die Türverkleidung und von dort mit einem Tischlerwinkel auf das Schließblech. Dann baut man das Blech am besten aus, wozu normalerweise nur zwei Schrauben gelöst werden müssen, und feilt sowohl im Stulp- als auch im Riegelbereich so präzise wie möglich alles weg, was im Wege ist.
Türen, die am Boden schleifen, sind meist nicht »unten zu lang«, sondern haben sich, vor allem in Altbauten, gesenkt. Man kann sich helfen, indem man einen Streifen von der Unterkante wegfräst (Zeichnung 9). Oft ist dem Übel beizukommen, indem man die Tür aushebt und Metallringe auf die Dorne der Angeln legt. Möglicherweise muß man das Verfahren mehrmals wiederholen, bis die richtige Höhe erreicht ist. Zum Schluß kann es einem passieren, daß die Tür nun oben nicht mehr in den Falz greift. Dann muß ein Stück vom Oberteil des Türblattes abgenommen werden. Der Hobel normaler Bauart ist für diese Arbeit ungeeignet. Sie brauchen dafür einen *Simshobel*.

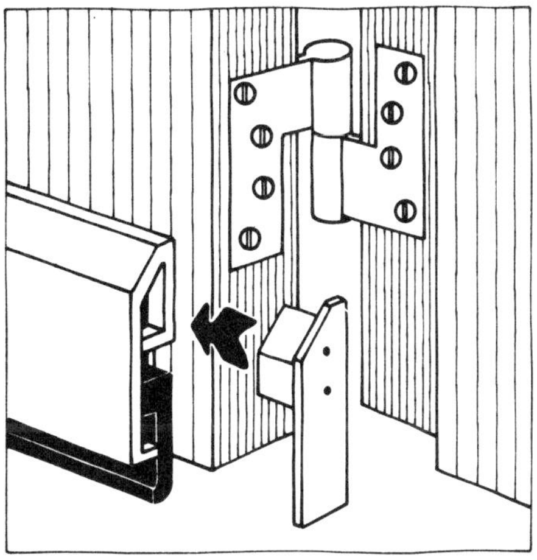

7 Die Türdicht-Dichtungsschiene ist minutenschnell montiert, die Rückseite ist selbstklebend. Das Profil paßt sich dem Boden an.

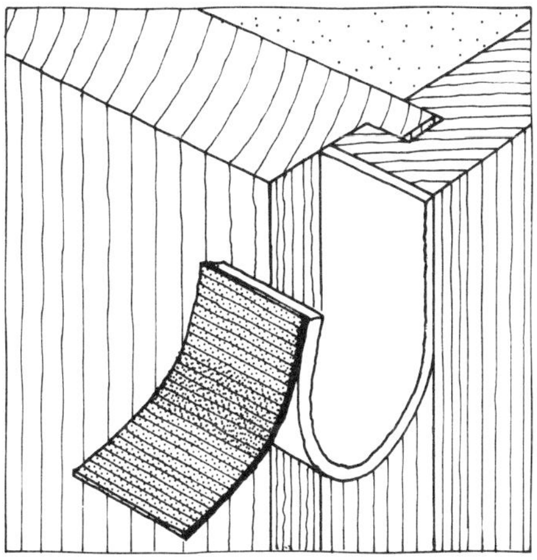

8 Den Türfalz kann man mit Schaumstoffstreifen abdichten. Das selbstklebende Material wird gleichmäßig in den Türfalz geklebt.

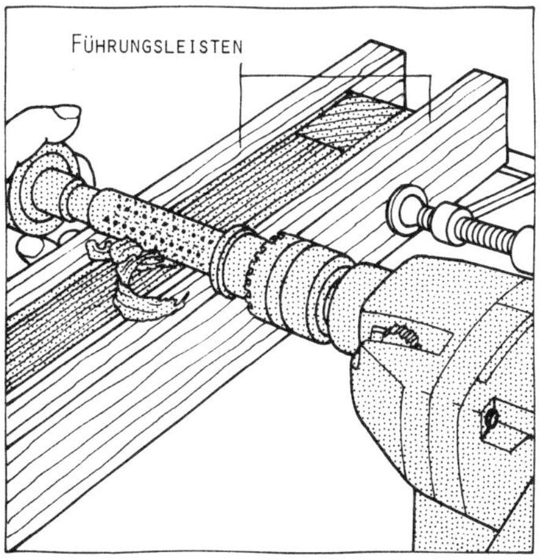

9 Ein Türblatt kann man mit der Raspelfräse (Zenses) kürzen. Dazu werden beiderseits der Unterkante Führungsleisten festgeklemmt.

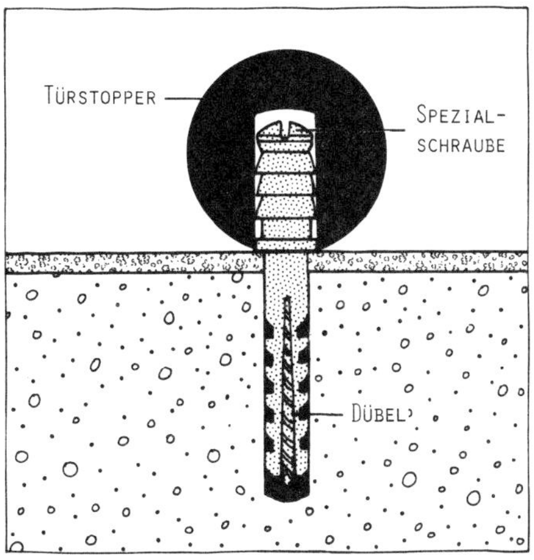

10 Damit die Tür nicht gegen Möbel schlagen kann, setzt man einen Türstopper. Die Schnittzeichnung zeigt, wie man ihn anbringen muß.

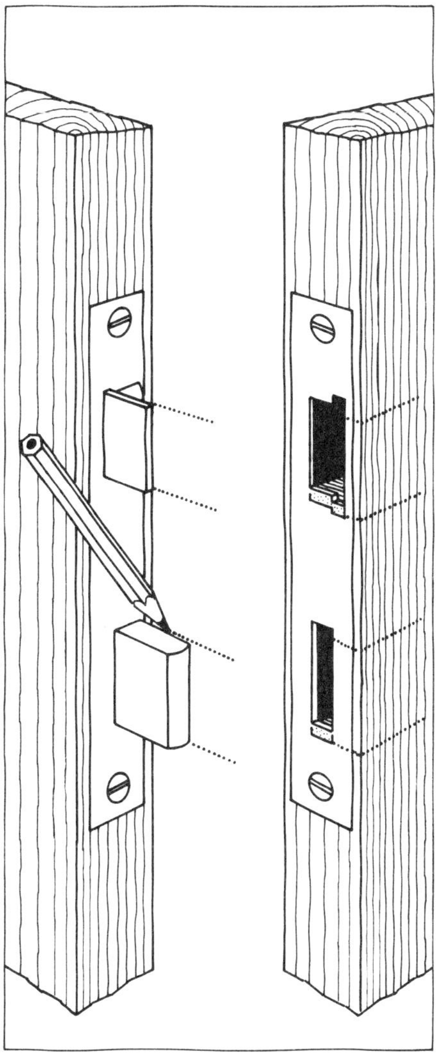

11 So zeichnet man das Schließblech einer Tür an, die sich gesenkt hat. Abhilfe: Blech tiefer setzen oder ausbauen und genau nachfeilen.

Vorhänge und Rollos anbringen

Es müssen nicht immer Vorhänge sein. Viele Fenster kommen mit einem Rollo oder einem Schiebevorhang besser zur Geltung. Aber auch ein Raffrollo hat seine Vorzüge. Hier finden Sie Tips, wie man seine »Fensterbekleidung« vernünftig gestaltet.

Seit Profilschienen aus Kunststoff und Metall an die Stelle der einst üblichen Gardinenstangen getreten sind, auf denen Ringe hin und her geschoben werden mußten, hat sich die Vorhangtechnik stark verfeinert. Es gibt heute Hilfsmittel für beinahe jede Art der Aufhängung und dazu Rollen für geräuscharme »Verschiebungen«, die den Faltenwurf bis in die letzte Faser vorprogrammieren.

Gardinen und Vorhänge nähen

Gardinen und Vorhänge hängen nicht glatt an der Wand, sondern gerafft. Die gleichmäßige Einkräuselung erreicht man durch ein aufgenähtes Kräuselband. An ihm werden die Laufrollen befestigt. Das Maßnehmen ist problemlos, wenn man sich erst einmal entschieden hat, welche Fläche mit welcher Art von Behang überdeckt werden soll. Das Fenstermaß braucht man nur dann, wenn die Vorhangschiene sich unmittelbar über dem Fensterausschnitt befindet und nur an Gardinen und/oder Vorhänge bis zur Fensterbretthöhe gedacht ist.
Bei raumhohen Vorhängen mißt man von der Unterkante der Deckenschiene bis auf den Fußboden. Zu diesem Maß sind etwa 15 Zentimeter für Köpfchen und unteren Saum hinzuzurechnen. Außerdem wird die Breite der zu bedeckenden Fläche gemessen. Moderne Synthetikgardinen werden in den Standardhöhen 150, 200, 250 und 300 Zentimeter geliefert. Sie sind mit Bleiband-Unterkanten ausgerüstet, brauchen also nicht gesäumt zu werden.
Eingekauft wird jeweils die nächstgrößere Höhe, bei einem Zimmermaß von 240 Zentimeter also die 250 Zentimeter hohe Gardine. Die überschießende Höhe kann (nach Berücksichtigung der oberen Nahtzugabe) abgeschnitten werden, man kann sie aber auch als Verdoppelungsstreifen umklappen und annähen.
Bei der Festlegung der notwendigen Stofflänge wird die gemessene Breite normalerweise verdreifacht. Für ein 1,60 Meter breites Fenster werden also 4,80 Meter Gardinenstoff gebraucht. Oft genügt aber doppeltes Breitenmaß.
Vorhangstoff wird dagegen im allgemeinen nicht in passender Höhe geliefert. Man muß sich deshalb bei der Breitenberechnung a) an den Stoffbedarf (gemessene Breite mal drei, bei schweren Stoffen mal zwei) und b) an die Stoffbreite halten und versuchen, zu einem Mittelwert zu kommen.
Beim Nähen von Gardinen muß von vornherein darauf geachtet werden, daß Material und Nähgarn zusammenpassen. Für Synthetikgardinen ist also vollsynthetisches Garn vorgeschrieben, für Baumwollgardinen Baumwollgarn.
Auch bei Vorhängen braucht man das jeweils dazugehörige Nähgarn. Man näht die Einzelbahnen zusammen und säumt die Außenkanten. Geschnittene Kanten vor dem Zusammenbahnen kurbeln (mit Zickzackstich). Dann das Kräusel- oder Falteneinlegeband aufnähen, dabei Köpfchen berücksichtigen.
Gleitrollen einziehen, den Vorhang aufhängen und an mehreren Stellen die endgültige Höhe anzeichnen. Den Einschlag umbügeln, dann den Saum nähen. Saumecken mit der Hand schließen. Den Vorhang ebenso wie die Gardine auf die richtige Breite kräuseln bzw. in Falten legen und aufhängen.

Die Rollo-Montage

Beim Rollo wird der Vorhangstoff nicht in Falten gelegt, sondern glatt aufgehängt. Die Dekoration läuft nicht in einer Schiene, sondern rollt sich um einen Federstab auf. Ein Rollo hat viele Vorzüge: Man braucht weniger Stoff, das Muster kommt besser zur Wirkung – und man kann den Stoff nach Belieben wechseln. Freilich muß man ein wenig mehr basteln als bei einem Vorhang. Aber die Schwierigkeiten sind nicht unüberwindlich.
Jeder Laie kann ein Rollo anbringen. Den Federstab, das wichtigste Zubehör, bekommt man in vielen Vorhang- und Hausratgeschäften und in den Fachabteilungen der Kaufhäuser komplett mit allen Beschlägen. Die Stäbe sind nur in bestimmten Längen zu haben. Man kann sie leicht kürzen: Dazu wird die Kappe am linken Stabende abgenommen, der Stab abgesägt und die Kappe wieder aufgenagelt. Das rechte Stabende enthält den Federmechanismus – hier sollte man die Säge also lieber nicht ansetzen.
Wenn das Fenster breiter ist als der längste Rollostab, kann man mehrere Stäbe verwenden, hängt also zwei, drei oder mehr Rollos auf.
Die Stoffbahn muß 20 bis 30 Zentimeter länger sein, als die gewünschte Deckfläche des Rollos hoch ist. Es bleiben immer ein paar Windungen auf der Rolle, auch wenn das Rollo bis zum Fensterbrett oder Boden heruntergezogen worden ist. Der Stoff wird mit maximal vier Millimeter

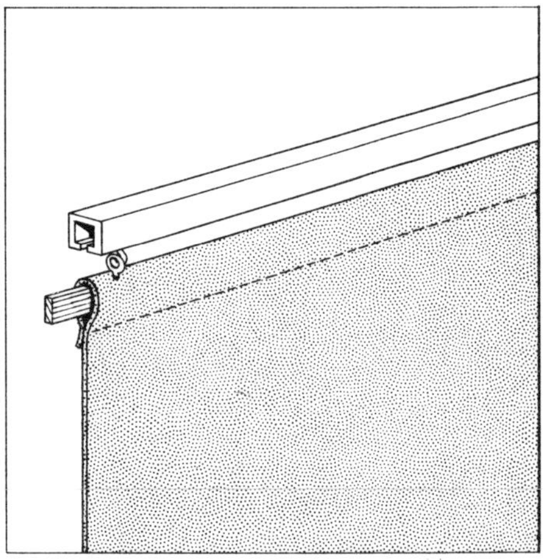

Die Stoffbahn für den Schiebevorhang wird an der Oberkante breit gesäumt. In diesen Saum schiebt man eine dünne Leiste, in die für die Aufhängung Ösenschrauben gedreht werden (am besten durch »Knopflöcher«). Die Ösenschrauben hakt man in Gleitrollen ein, die in Schienen laufen.

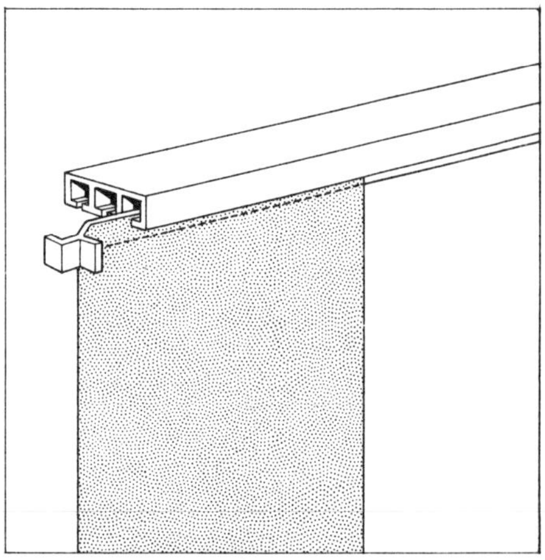

Bei diesem Fertigteil-System wird der Stoff an Gleitschienen aus Kunststoff geklebt. Die Gleiter passen in die Spezialschienen des »Paneltrac«-Systems, die man an die Decke schraubt. Die abgebildete Schiene ist dreiläufig (also für drei Schiebevorhänge); es gibt auch andere Bauarten.

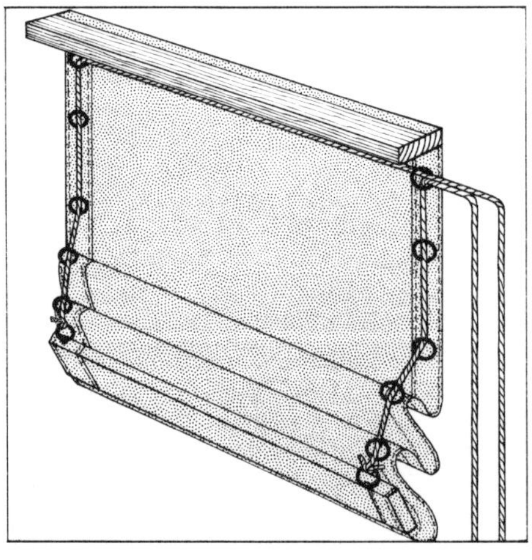

Ein Raffvorhang, von der Rückseite (Fensterseite) aus gesehen. Er wurde oben an eine Leiste gewikkelt und an die Decke geschraubt. Die Ringe und die Unterleiste sorgen dafür, daß sich beim Hochziehen gleichmäßige Falten bilden.

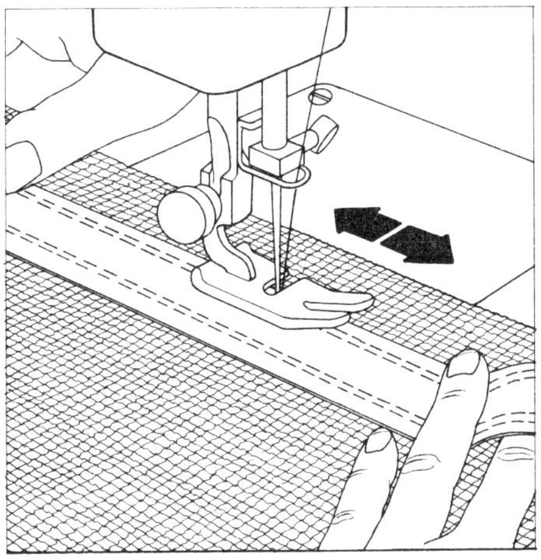

Aufnähen des Kräuselbandes für eine normale Gardine oder einen Vorhang. Die obere Schnittkante des Stoffes liegt unter der Mitte des Bandes. Stoff und Band werden straff gespannt unter der Nadel hindurchgeführt. Das »Köpfchen« an der Oberseite, 0,5 bis 1,0 cm breit, ist gut zu erkennen.

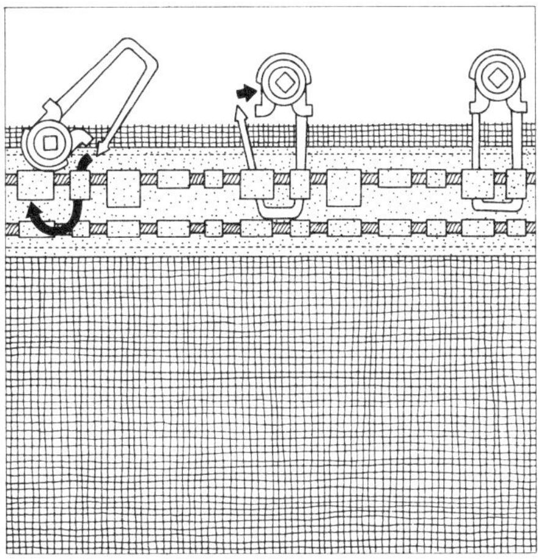

Hier wird am noch ungekräuselten Vorhang gezeigt, wie die Rollringe eingeschoben und geschlossen werden. Anschließend hängt man den Vorhang probeweise auf und zeichnet die endgültige Höhe sorgfältig und in der ganzen Breite an. Dann erst wird der Vorhang am unteren Rand gesäumt.

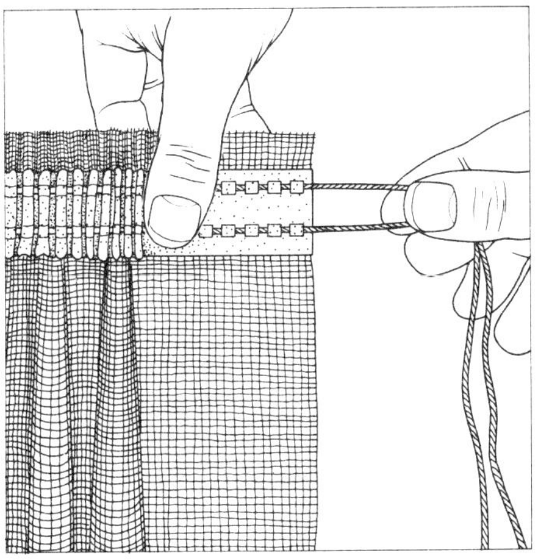

Nach dem Nähen des unteren Saumes wird der Vorhang gleichmäßig eingekräuselt. Die in das Kräuselband eingearbeiteten Fäden zieht man dabei unter sorgfältigem Nachschieben des Stoffes so weit wie nötig heraus. Sie werden nicht abgeschnitten, sondern eingerollt.

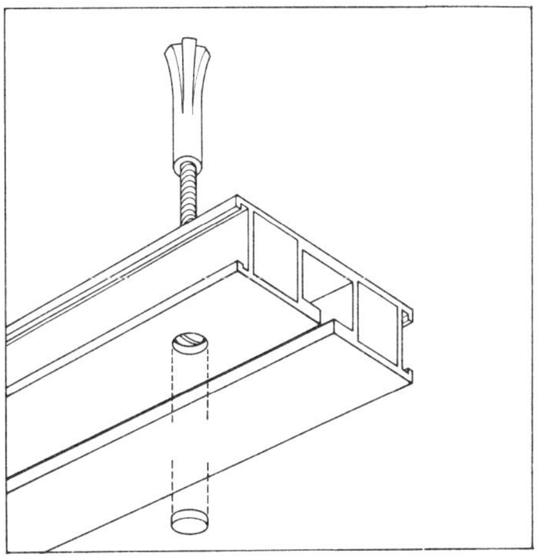

Deckenmontage einer Vorhangschiene. Befestigungselement ist hier ein Messingspreizdübel mit passender Schraube. Der Schraubenkopf wird versenkt und mit einer Abdeckkappe zugedeckt. Man kann aber auch einen normalen Mauerdübel und eine Holzschraube verwenden.

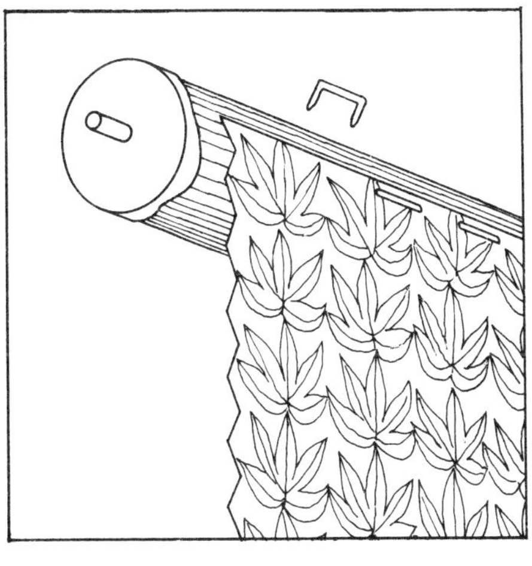

Anfertigung eines Stoff- oder Kunststoffrollos. Am maßgerecht eingekauften Federstab wird der Rollstoff mit Heftklammern (Tacker) befestigt, die nicht länger als 4 mm sein dürfen. Man kann auch Kammzwecken einschlagen.

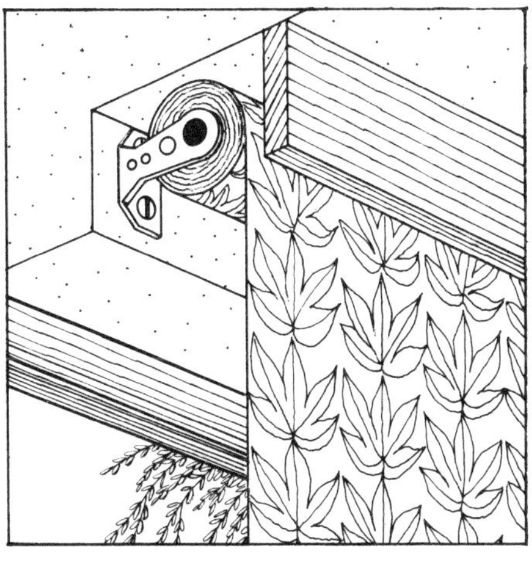

Den Federstab bringt man so über dem Fenster an, daß der Stoff nach vorne (in Richtung auf das Zimmer) abrollt. Man kann die Rolle auch durch eine Holzblende abdecken, wenn kein zusätzlicher Vorhang die Mechanik verdeckt.

langen Heftklammern oder Kammzwekken am Federstab befestigt.
Die untere Stoffkante bekommt einen breiten Saum, in den dann eine Tapetenleiste oder ein Rundholz gesteckt wird, damit der Stoff glatt und gleichmäßig hängt. Die Leiste oder der Stab dürfen links und rechts über den Stoff hinausragen.
Befestigung am Fenster: Man schraubt entweder die beiden Winkel an der Wand über dem Fenster fest, oder man befestigt die Winkel an der Decke. Der Stoff sollte immer nach vorne abrollen, nicht dem Fenster zugewandt.

Der Schiebevorhang

Die einfachste Schiene ist eine einläufige Kunststoffschiene mit U-Profil, wie sie auch für Vorhänge verwendet wird. Wenn man mehrere Bahnen nebeneinandersetzen will, die tagsüber übereinandergeschoben werden sollen, braucht man entsprechend mehr Laufrinnen in der Schiene.
Wie werden die Stoffbahnen »schiebefertig« hergerichtet? Es genügt, an der Oberkante einen breiten Saum zu nähen, in den man eine Holzleiste schieben kann. An ihr werden je Bahn zwei Ösenschrauben eingedreht, die in normale Vorhang-Laufrollen eingehängt werden können.
Wer die Selbsthilfe nicht so weit treiben will, verwendet ein fertiges Gleitschienensystem. Der Stoff wird dabei an die Gleiter geklebt, die nur in Spezialschienen aus Kunststoff passen.

Das Raffrollo

Sogenannte Wolkenstorebänder sind das wichtigste Zubehör für einen Raffvorhang. Sie spielten zu Urgroßmutters Zeiten schon eine Rolle, wenn es darum ging, reichlich bemessene Stores zu romantischen »Wolken« zu raffen. Schlichter nennt man sie Ringbänder. Sie bestehen aus Bändern, an denen kleine Vorhangringe angenäht sind.
Der Stoff wird mit Nahtzugabe zugeschnitten und ringsum gesäumt. An die Rückseite der beiden Seitennähte näht man die Ringbänder, und zwar so, daß die Ringe beider Bänder in gleicher Höhe liegen. Bei breiten Stoffen müssen zusätzliche Bänder an die Stoffrückseite genäht werden. Abstand von Ringband zu Ringband: 40 Zentimeter. Sonst läßt sich der Vorhang nicht gut raffen.
Der Raffvorhang wird oben um eine Leiste gewickelt, die man an die Decke schraubt. In die Leiste schraubt man über jedem Ringband eine Ösenschraube. Nun kann man lange Schnüre durch die Ringe ziehen, unten an den Ringen festknoten, oben durch die Ösen ziehen und zur Sammelschnur zusammenfassen, mit der sich der Vorhang raffen läßt.

Furnier-Kur für den Couchtisch

Was tun, wenn sich die Furnierkante bei einem wertvollen Couchtisch löst? Die Reparatur ist in ein paar Stunden erledigt. Sie macht nicht viel Arbeit.

Wer hat sich noch nicht darüber geärgert? Abgerissene Furnierkanten, Brandflecke, und das ausgerechnet am schönen Couchtisch! Dieser Tisch mit der Marmorplatte war zu wertvoll, um ihn einfach auf den Sperrmüll zu werfen. Mit wenig Arbeit und Materialkosten haben wir ihn wieder »auf Hochglanz« gebracht.

Das Wichtigste in diesem Fall: Das richtige Furnier. Reißen Sie ein Stück des alten Furniers ab, damit Sie bei der Auswahl des neuen eine ähnliche Farbe und Maserung bekommen. Es muß ja zum Beingestell passen.

Zuerst wird das gesamte alte Furnier entfernt. Notfalls müssen Sie mit einem Stecheisen etwas nachhelfen.

Im Laufe der Zeit hatte sich die Tischplatte auch in der Mitte etwas durchgehängt. Die Marmorplatte war an den vier Ecken jetzt fast bündig mit der Einfassung, in der Mitte stand sie allerdings noch 3 mm über der Spanplatte. Mit einem Maschinenhobel, den man sich auch leihen kann, wurden 2 mm der Kante dort, wo es nötig war, abgehobelt. Den Rest kann man mit einem Stecheisen entfernen.

Das neue Furnier wird nun in gleichmäßig breite Streifen geschnitten. Damit die Fugen dicht werden, muß man die Kanten sauber fügen. Am besten geht es, wenn die Furniere zwischen zwei Bretter eingespannt werden (genau rechtwinklig!). Mit dem Hobel den Überstand abhobeln.

An den Ecken die Furniere auf Gehrung schneiden. Wichtig: Immer von der Spitze des 45°-Winkels aus schneiden, da das Furnier sonst sehr leicht reißt.

Mit einem Kontaktkleber werden die Furniere aufgeklebt. Alle Flächen gründlich bestreichen und etwa 20 Minuten ablüften lassen. Danach das Furnier paßgenau und sehr fest andrücken. Die überstehende Kante des Furniers wird mit einer Feile entfernt. Dabei muß die Feile unbedingt gerade, das heißt im 90°-Winkel, gehalten werden!

Die senkrechten Kanten des Tisches erhalten langlaufendes Furnier. Achten Sie darauf, daß die Fuge, an der quer- und langlaufendes Furnier zusammenstoßen, wirklich dicht wird.

Danach kann die Furnierfläche geschliffen werden. Die Kanten gut brechen, damit sich später keine Splitter lösen können. Die neu furnierte Fläche wird zweimal grundiert. Zwischen jedem Grundierauftrag sorgfältig mit feinem Sandpapier nachschleifen.

Anschließend haben wir das Furnier mit Nitrolack behandelt. Dabei gibt es zwei Möglichkeiten: Spritzen oder streichen. Gerade für den Heimwerker gibt es Sprühdosen mit verschiedenen Lacksorten. Wichtig: Die Tischplatte unbedingt abdecken, damit kein Lösungmittel oder Lack auf dem empfindlichen Marmor Flekken machen kann!

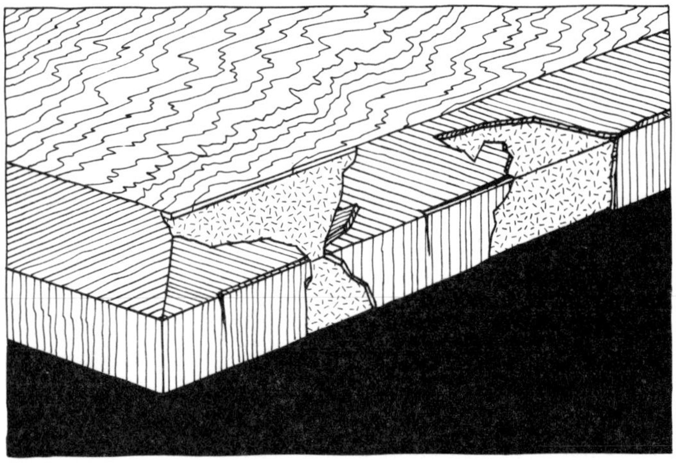

1 Ein wertvoller Couchtisch mit Marmorplatte ist unansehnlich geworden: Das Furnier hat sich an vielen Stellen gelöst. Hier hilft nur eine Radikalkur: Das alte Furnier muß abgelöst und durch neues ersetzt werden.

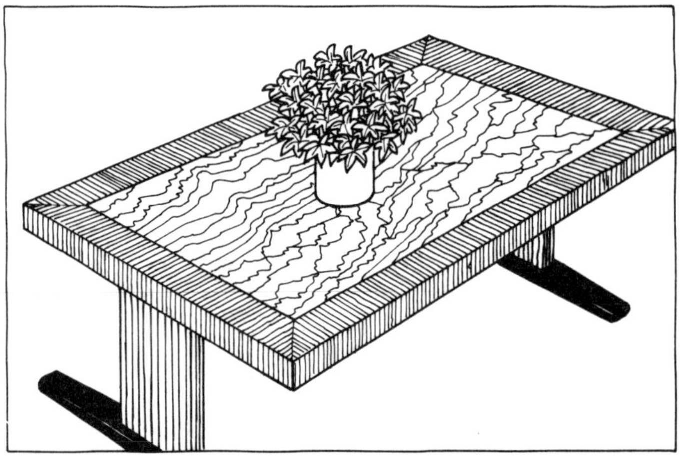

2 Gesamtansicht des restaurierten Tisches. Er erstrahlt wieder in neuem Glanz. Das neue Furnier wurde passend zum Beingestell ausgesucht. Beim Furniereinkauf wurde ein Stück des abgelösten Furniers mitgenommen.

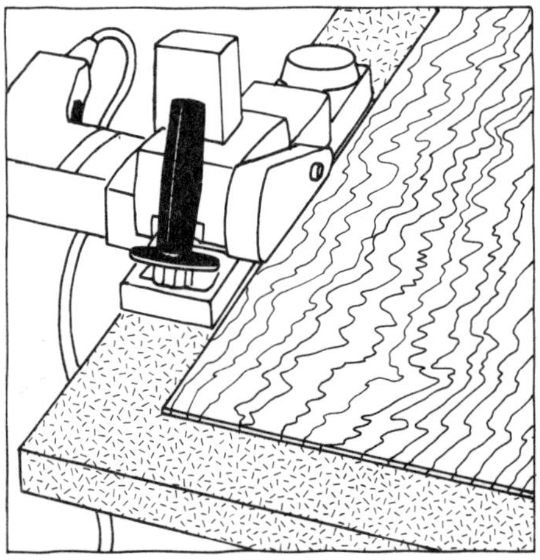

3 Zuerst das alte Furnier entfernen. Da sich die Tischplatte leicht durchgebogen hatte, wurde der Rand maschinell geradegehobelt.

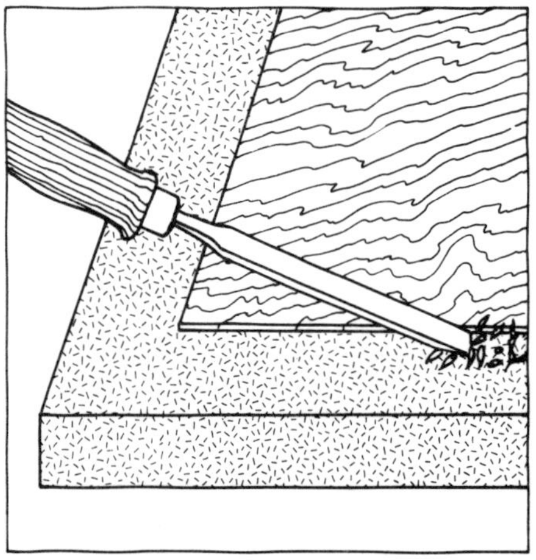

4 Mit einem sehr scharfen Stecheisen wird der schmale Furnierstreifen an der Marmorkante beseitigt. Die Hobelmaschine ließ ihn stehen.

5 Das neue Furnierblatt wird mit der kleinen Furniersäge in gleichmäßig breite Streifen geschnitten, um 5 mm breiter als die Tischkante.

WIE MAN HOLZFLECKEN ENTFERNT

FLECKENART	URSACHEN	BESEITIGUNG
Rostflecken	Rost von Eisenteilen wird durch Feuchtigkeit in die Holzfasern geschwemmt.	Mit heißer Lösung von 50 g Kleesalz in 1 l Wasser waschen.
Kalk-, Gips- und Zementflecken	Unsachgemäße Holzlagerung (Holz abdecken oder entfernen, wenn mit Zement usw. gearbeitet wird).	Auflagerungen mit Spachtel, Bürste, Schleifpapier entfernen. Mit verdünnter Essigsäure (1:10) behandeln.
Helle Beizflecken	Holz hat die Beize nicht gleichmäßig angenommen, weil nicht alle Holzporen geöffnet waren: Kaltes Holz hatte nicht genügend Zeit zum Akklimatisieren in der warmen Werkstatt.	Mit eisenfreier Salzsäure (1:10 mit Wasser verdünnt) die Beize ausbleichen, nachwaschen nach 3–4 Stunden. Neu beizen.
Graue Beizflecken	Ein Überzugspräparat wurde aufgebracht, bevor die Beize völlig abgetrocknet war.	Überzug mit Cyanex entfernen.
Dunkle Beizflecken	Rauhe Holzoberflächen saugen die Beize unterschiedlich stark auf. Häufiger Sonderfall: Im Bereich von Gehrungs- und Stoßfugen, wenn beim Putzen der Kanten (z. B. mit dem Putzhobel) Querfasern aufgerissen wurden.	Beize mit Salzsäure – wie bei hellen Beizflecken – ausbleichen. Oberfläche glattschleifen, neu beizen. Bei aufgerissenen Querfasern an Kanten gibt's nur einen guten Rat für die Zukunft: Schräg zum Faserverlauf putzen.
Tintenflecken	Das passiert seltener in der Werkstatt als beim Gebrauch von Möbelstücken; häufig dringt Tinte auch durch behandelte Oberflächen ins Holz.	Bei gewöhnlicher (Eisengallus-)Tinte Lösung von 40 g Kleesalz in 1 l Wasser heiß aufreiben. Andere Tinten (mit Teerfarbenzusätzen) mit Perhydrol (1:1 verdünnt) bleichen.
Fett- und Schmierölflecken	Häufiger Lager- und Transportschaden.	Dünnen Brei aus gebrannter Magnesia und Benzin oder Magnesia und Aceton mit dem Spachtel auftragen. Nach dem Trocknen abbürsten. Mehrfach wiederholen.
Eisenflecken	Graublaue oder grauschwarze Flecken, die meist unter Einwirkung von Gerbsäure entstehen, vor allem bei Eiche und Mahagoni.	Mit Perhydrol (1:1 verdünnt) bleichen. Mehrmals auftragen und trocknen lassen. Beim letzten Auftrag Ammoniak (1:3 verdünnt) zugeben.
Leimflecken	Herausquellender Leim aus Leimfugen, Leimdurchschlag bei Furnieren.	Noch nicht abgebundenen Kaltleim mit warmem Wasser entfernen. Kaltleimflecken mit Salzsäure (Rezept wie bei hellen Beizflecken) abbürsten.

6 Um dichte Fugen zu erreichen, spannt man die Furnierstreifen zwischen zwei Bretter und bearbeitet die Kanten mit einem scharfen Hobel.

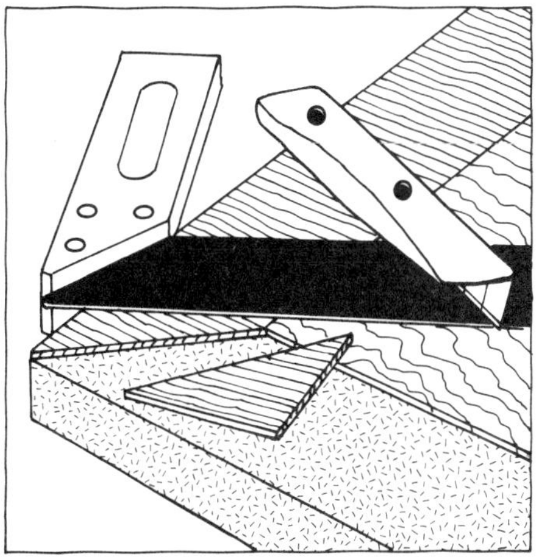

7 An den Ecken wird das Furnier auf Gehrung geschnitten und aufgeleimt. Dabei auf einen schönen Verlauf der Furniermaserung achten.

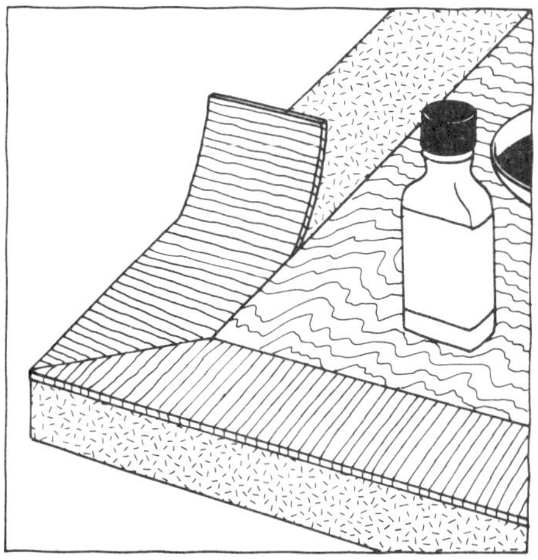

8 Geklebt wird mit Kontaktkleber, dem Härter zugesetzt wird, damit das Furnier bombenfest sitzt. Kleber erst etwas ablüften lassen.

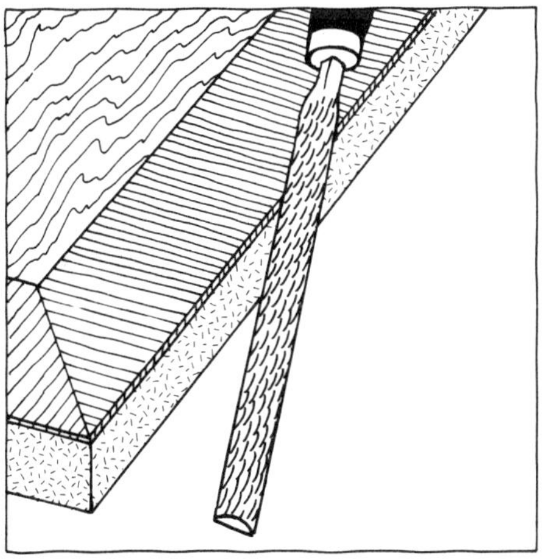

9 Mit einer Feile werden die überstehenden Furnierkanten entfernt. Die Feile dabei genau senkrecht halten, keine Furnierfasern abreißen.

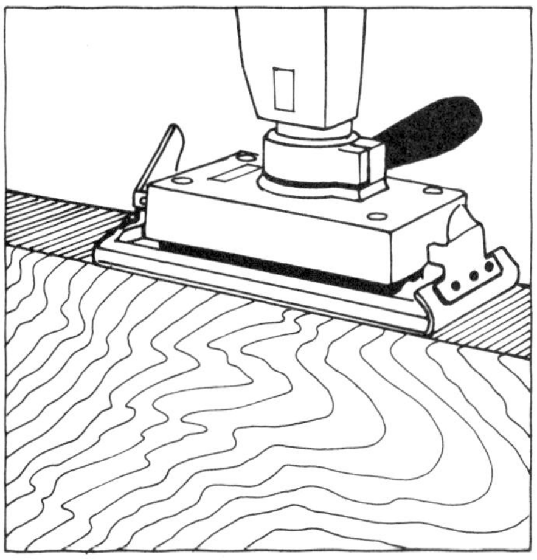

10 Mit dem Schwingschleifer wird die Furnierfläche ringsum geglättet. Man kann dazu auch Schleifpapier und einen Schleifklotz verwenden.

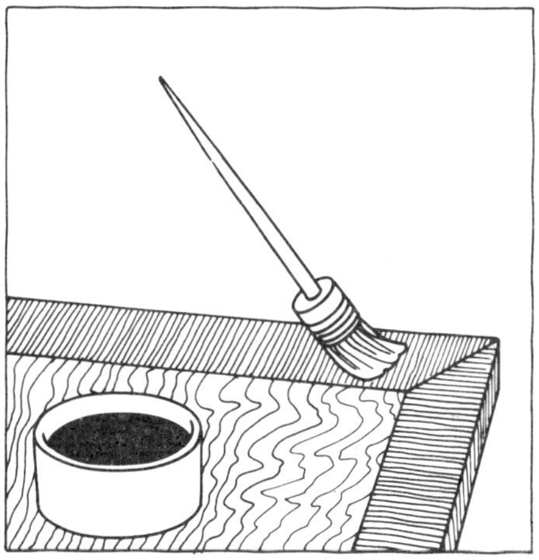

11 Das neue Furnier wird zweimal grundiert und danach jedesmal geschliffen. Anschließend mit Nitrolack streichen oder auch spritzen.

Polstern Sie Ihre alten Möbel neu!

Alte Stühle und Sessel müssen Sie nicht gleich auf den Sperrmüll werfen, wenn der Bezug durchgescheuert und die Polsterung mürbe ist. Alles, was Sie brauchen, um Ihren alten Sessel wieder »aufzumöbeln«, bekommen Sie im Fachgeschäft für Polstereibedarf.

Seitdem die Polsterer gelernt haben, Schaumstoffmaterial zu verwenden, um Sitzmöbel weicher und angenehmer zu machen, haben Arbeiten dieser Art ihren Schrecken verloren.
Schaumstoff läßt sich im allgemeinen ohne Gesellenprüfung verarbeiten, wenn man ein paar Kniffe kennt. Und der Umgang mit Überzugsstoffen ist für die näherprobte Frau ohnedies kein Problem.

Kleine Schaumstoff-Kunde

Zu unterscheiden sind Weichschaumstoffe aus Gummi- und aus Kunststoffschaum. Für die häuslichen Polsterarbeiten eignen sich beide. In Do-it-yourself-Geschäften, Kunststoffläden und von Spezialversendern kann man fertige Zuschnitte beliebiger Stärke und Qualität kaufen. Die wichtigsten Kennzeichen der beiden Sorten:

● *Latexschaum* (Schaumgummi): Aus natürlicher Gummimilch (Latex) geschäumt. In Größen bis zu 1 × 2 Meter (Matratzengröße) und in Stärken ab zehn Millimeter im Handel. Dickere Platten sind an der Oberfläche glatt, an der Unterseite mit röhrenförmigen Aussparungen versehen. Für Polsterarbeiten sind vor allem weiche und mittelweiche Qualitäten geeignet.
Latexschaum ist nicht öl-, benzin- und lichtbeständig und sollte deshalb nur mit Überzug verwendet werden. Verkleben mit Gummikleber oder -lösung (Fahrradschlauch-Reparaturmaterial) oder auch Alleskleber.

● *Polyurethanschaum* (Schaumkunststoff, Polyätherschaum): In Größen bis zu 1 × 2 Meter (Matratzengröße) und in Stärken ab zwei Millimeter im Handel. Öl-, benzin- und lichtbeständig, trotzdem wegen Verfärbungs- und Abriebgefahr stets überziehen. Verkleben mit Plastikkleber oder Alleskleber.
Schaumstoffmatratzen werden heute oft

1 Verjüngungskur für einen alten Lehnstuhl. Zuerst die Polsterung abnehmen, das Gestell abbeizen, neu verleimen und neu lackieren.

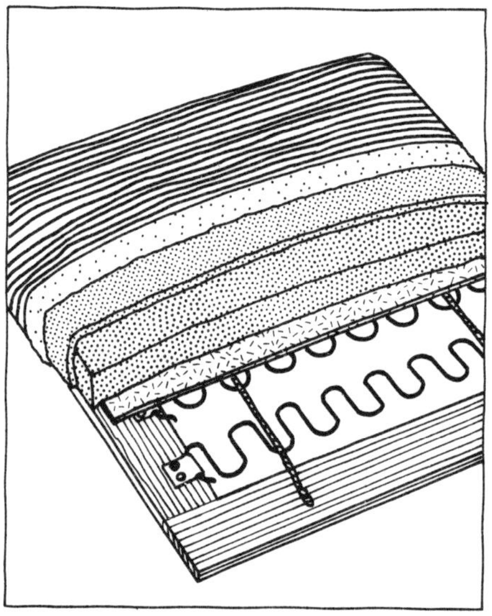

2 Der Aufbau eines Polsters mit Schaumstoff: Rupfen, 2 Lagen Schaumstoff (verschiedene Härten), Vlies aus Nylon und Bezugsstoff.

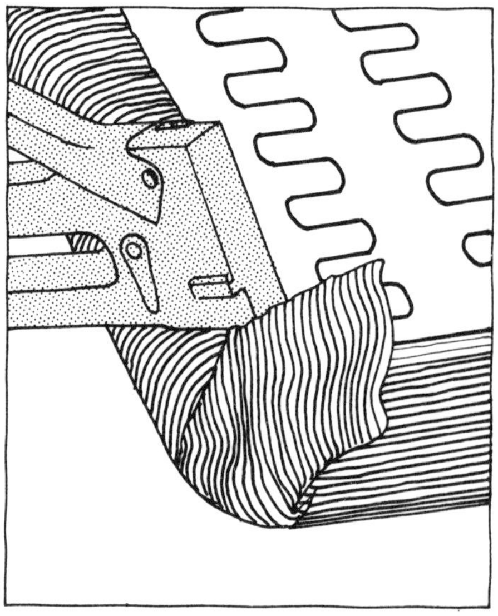

3 So wird die Ecke bei einem Rahmen gepolstert: Stoff bis in die Ecke heften, dann hochziehen, befestigen und anschließend sauber abschneiden.

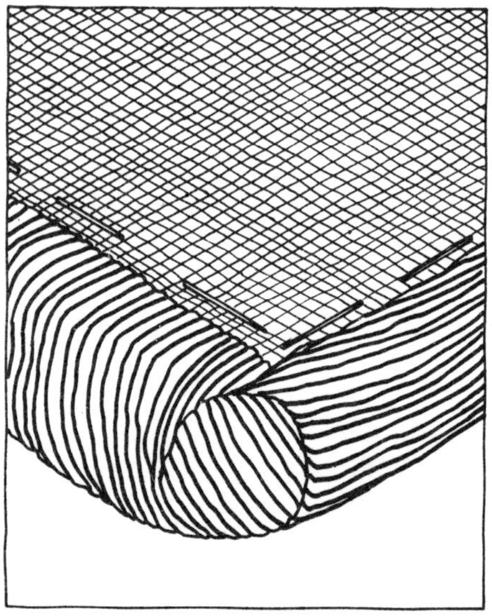

4 Damit sich kein Staub festsetzt und die Heftung nicht zu sehen ist, unter dem Rahmen Nessel befestigen. Die Kanten vorher umlegen.

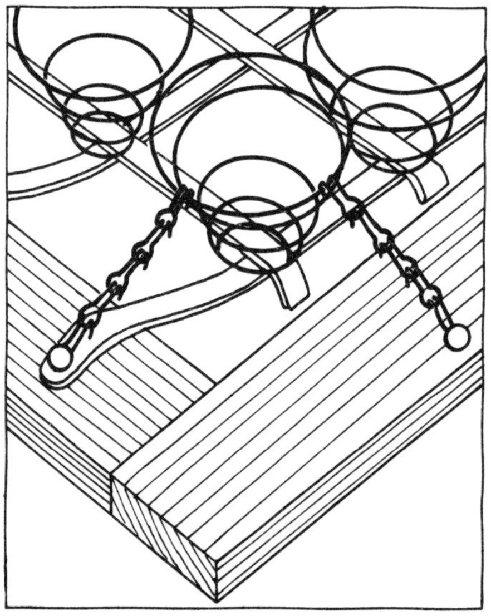

5 Für Stuhlsitze besonders geeignet sind ein Federkorb wie dieser oder die »No-Sag«-Drahtfedern für Rahmenbefestigung (auf Bild 2).

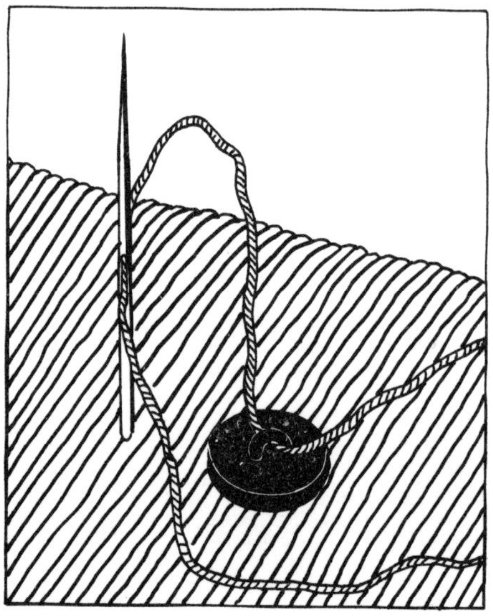

6 Mit der langen Durchnähnadel können Knöpfe angebracht werden. Dazu nimmt man ein besonders festes Garn und verknotet es unter dem Knopf.

aus Schaummaterial unterschiedlicher Weichheitsgrade kombiniert (zusammengeklebt).

Die Schaumstoffverarbeitung

Von der Kleberwahl abgesehen, sind die Verarbeitungsgrundsätze für beide Arten von Schaumstoff gleich. Platten bis zu einer Stärke von etwa 40 Millimeter lassen sich leicht mit der angefeuchteten Schere schneiden. Für stärkeres Material verwendet man ein scharfes Fleischermesser oder auch ein Spezialmesser. Auch Messer schneiden besser, wenn man sie anfeuchtet. Man sollte sie sanft durch das Material ziehen, also ohne Druck.
Wenn die Plattengröße für den geplanten Zuschnitt nicht ausreicht, wird eine zweite, gleichstarke Platte aus gleichem Material angeklebt. Beim Kleben bestreicht man grundsätzlich beide Klebekanten mit Klebstoff, läßt ihn etwas antrocknen, bis er bei der Berührung mit dem Finger nicht mehr klebt, und fügt dann die beiden Teile unter leichtem Druck zusammen. Gelochte Platten werden mit dünnem Plattenmaterial überklebt, damit man eine saubere Seitenkante erhält. Es ist möglich, aber bei normaler Beanspruchung nicht unbedingt notwendig, die Klebenähte zusätzlich mit Textil- oder Kunststoff-Klebstreifen abzusichern.
Matratzen und lose Kissen für Stühle, Hocker, Bänke und ganze Wohnlandschaften werden nach genauem Maß bzw. (bei unregelmäßigen Formen) nach einer Formschablone aus Papier zugeschnitten. Die Schablone kann man dann gleich auch für das Zuschneiden des Überzugs verwenden. Damit der Überzug später auch gewaschen oder gereinigt werden kann, schließt man ihn an zwei oder drei Kanten mit einem Reißverschluß. Bei anspruchsvolleren Arbeiten belegt man die Schaumstoffpolster vor dem Überziehen mit Polsterwatte oder weichen Kunstschaumplatten.

Überziehen von Sesseln

Man richtet sich dabei nach dem alten Bezug, der vorsichtig abgelöst wird. Das Überziehen beginnt mit dem Belag für die Sitzfläche. Es wird mit groben Stichen an den Unterlagenstoff geheftet oder auch an die Holzkante des Sitzgestells genagelt. Seitenteile und Sitzbelag trennt man im allgemeinen durch Keder voneinander (das sind Paspelierungen für die Saumnähte mit eingelegter Schnur). Die Seitenteile näht man an der Oberkante mit einer gebogenen Nadel an. An der Unterkante werden sie ebenfalls angenäht oder umgelegt und festgenagelt.

7 Polstern ohne Federkorb: Mit 20 mm langen Polsternägeln werden die 7–8 cm breiten Gurtbänder am Rahmen befestigt. Die Enden umlegen.

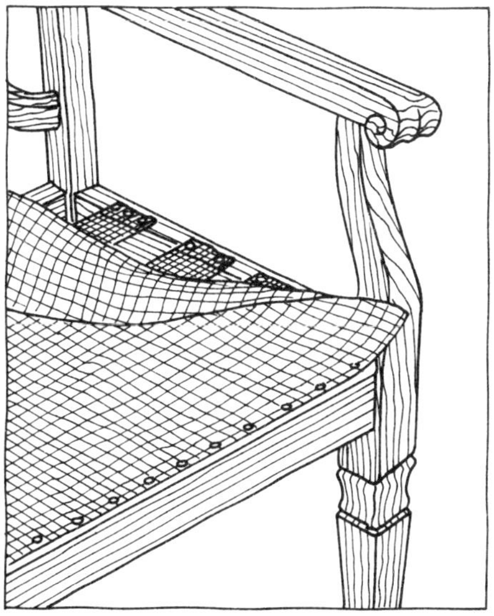

8 Über die miteinander verflochtenen, straff gespannten Gurte wird ein Stück Rupfen genagelt. So kann kein Polstermaterial durchfallen.

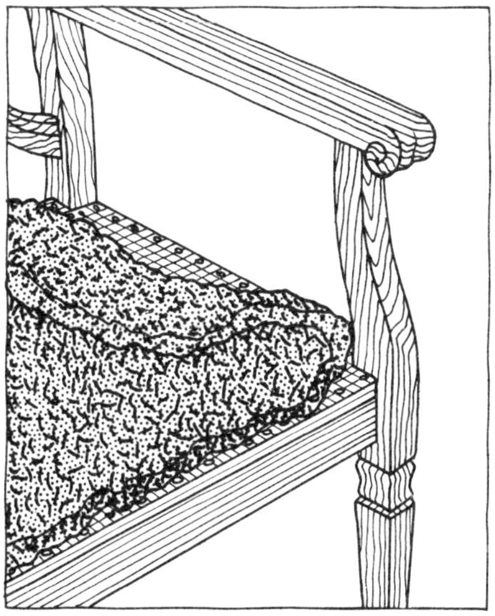

9 Eine Roßhaarfüllung eignet sich besonders gut für Sitzflächen. Alte Füllungen, die man wiederverwendet, werden gut durchgeschüttelt.

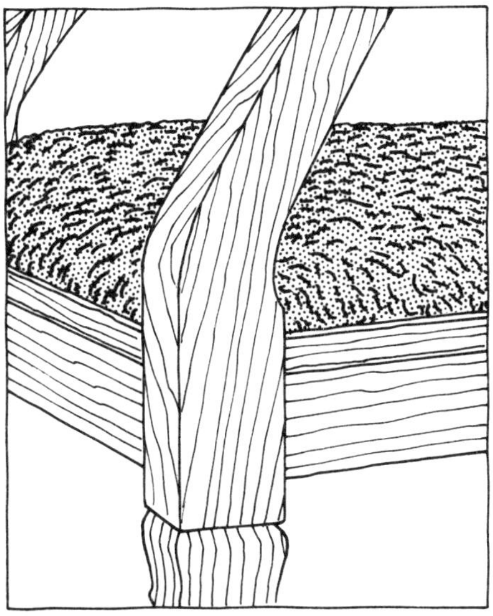

10 Auf das Roßhaar kommt die Polsterwatte. Damit sich die geschnittenen Kanten nicht markieren, den Watterand vorsichtig ausdünnen.

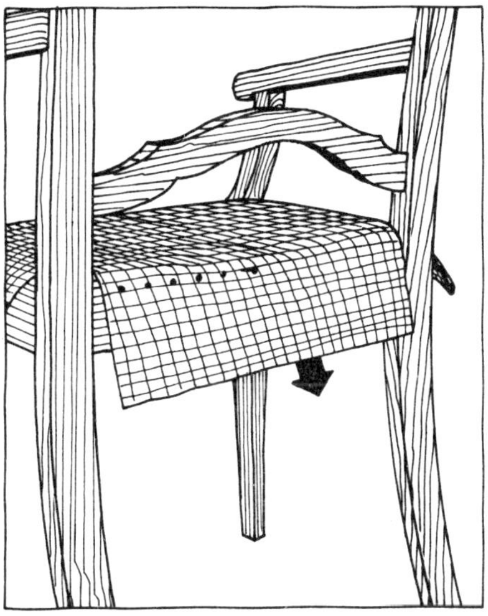

11 Den Stoff und die Polsterwatte trennt eine Lage Nessel. Der Stoff wird mit Blauköpfen angenagelt oder geheftet. Straff anspannen!

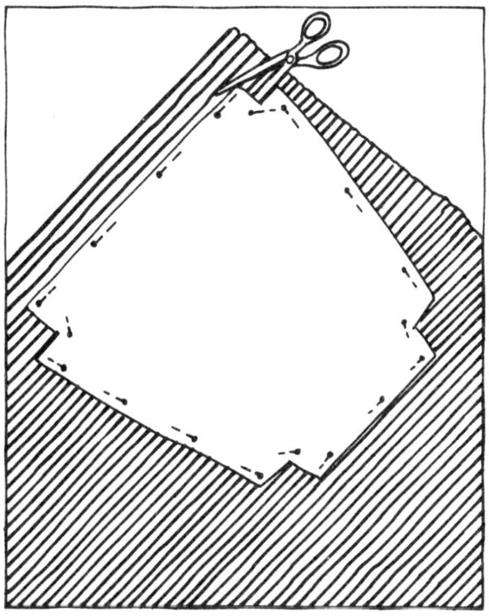

12 Für den Zuschnitt des Bezugsstoffs braucht man ein Schnittmuster aus Papier. Dazu nimmt man die abgelöste Bespannung als Schablone.

Ein neuer Stuhlsitz aus Peddigrohr

Viele alte, wertvolle Stühle und Sessel haben als Sitz oder Rückenlehne ein Geflecht aus Peddigrohr. Nach Jahren des Gebrauchs ist es oft zerrissen, so daß es erneuert werden muß. Auf dieser Doppelseite zeigen wir Ihnen, wie die Reparatur selbst ausgeführt werden kann. Das aufgeschnittene Peddigrohr kaufen Sie beim Korbflechter. Für die Flechtarbeit brauchen Sie außer einer Ahle und einer Spezial-Flechtnadel kein besonderes Werkzeug – einen Hammer, eine Schere und eine scharfe Zange (Seitenschneider oder dergleichen) haben Sie ohnedies.

Bugholzstühle oder Wiener Stühle nennt der Fachmann die aus gebogenem Holz hergestellten »Kneipenstühle«, die stets mit einem Peddigrohrgeflecht bestückt sind (und heute kaum noch hergestellt werden). Bevor Sie an die Flechtarbeit gehen, geben wir Ihnen Hinweise, wie der Stuhl selbst wieder in Schuß gebracht werden kann.
Zuerst wird die Sitzfläche (das alte Geflecht) herausgenommen. Prüfen Sie, ob Löcher von Holzwürmern zu sehen sind. Wenn ja, sollten Sie in jedes Loch einen Tropfen Holzschutzmittel spritzen. Bruchstellen im Holz müssen geleimt werden. Dazu braucht man kleine Holzstücke, aus denen man zwei schmale Dreiecke herausschneiden kann. So paßt das Stück genau unter die Rundung. Zwischen die Zwinge und die Außenrundung legt man ein Stück Leder oder Stoff, damit das Holz vor Druckstellen geschützt wird. Den Leim über Nacht trocknen lassen, sonst platzt die Bruchstelle wieder auf.
Nun wird der Stuhl abgeschliffen oder abgebeizt. Sind immer noch kleine Löcher oder Risse zu sehen, können diese mit einem passenden Kitt zugestrichen werden. Wenn die Stellen getrocknet sind, werden sie nachgeschliffen. Eventuell noch einmal nachkitten.
Die Schrauben, die die innere Zarge und die Sitzfläche halten, müssen nachgezogen oder erneuert werden. Vorsicht: Alte, verrostete Schrauben bricht man sehr leicht ab, wenn sie sich schwer drehen lassen!
Nach dem Flechten der Sitzfläche kann das Holz mit einer Oberflächenbehandlung versehen werden.

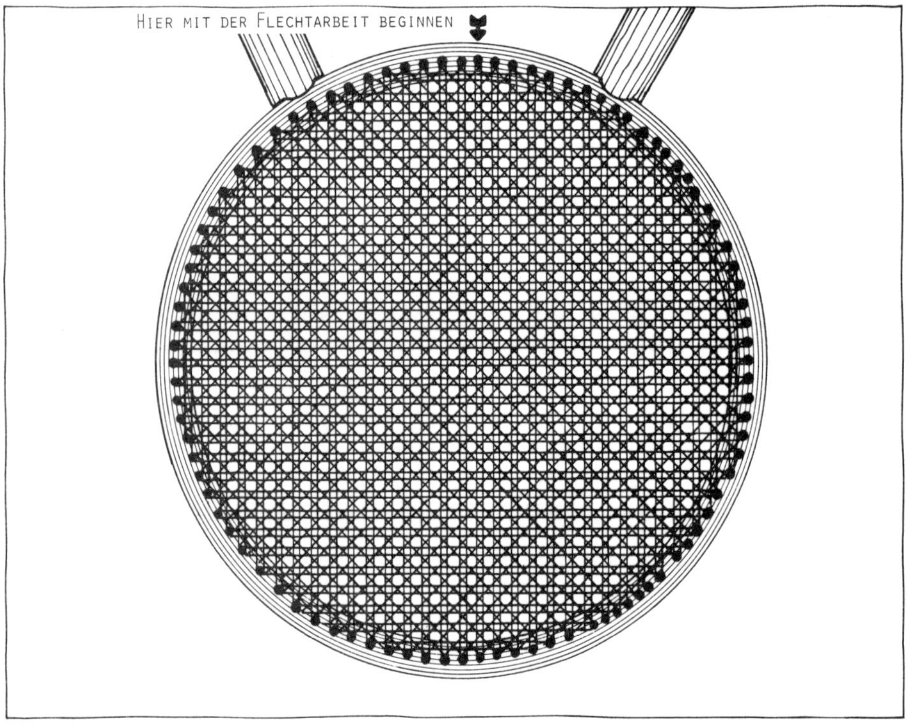

1 Steht bei Ihnen auf dem Boden auch noch ein alter Stuhl mit einem Sitz oder einer Rückenlehne aus Peddigrohr herum, den Sie nicht mehr benutzen können, weil einige Fäden zerrissen sind? Die Restaurierung ist nicht schwierig. Ein bißchen Geduld müssen Sie aber aufbringen.

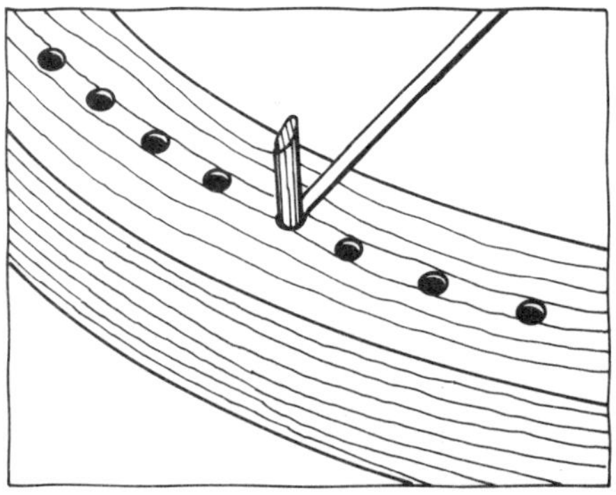

2 Der Anfang: Das Peddigrohr wird mit einem Keil im Anfangsloch festgehalten (siehe Zeichnung 1). So kann es nicht herausrutschen.

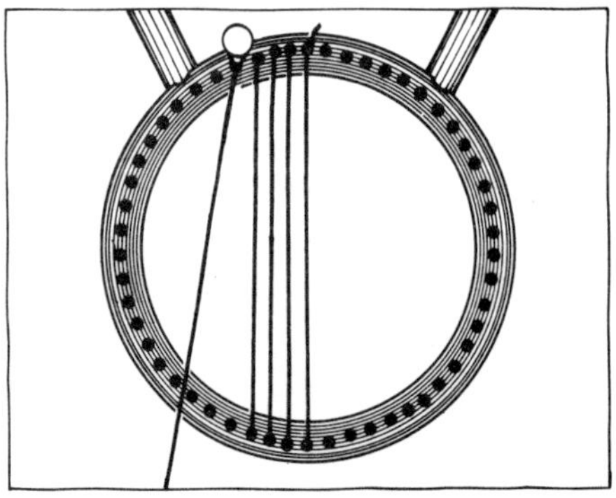

3 In das gegenüberliegende Loch wird der Faden von oben hineingesteckt und in dem benachbarten Loch gleich wieder nach oben geführt.

So wird der Sitz geflochten

Bevor Sie anfangen zu flechten, müssen Sie, wie erwähnt, alle Reste des alten Geflechts entfernen. Die kurzen Peddigrohrstücke ziehen Sie am besten mit einer Ahle aus den Löchern. Lassen sie sich auf diese Weise nicht entfernen, müssen die Löcher ausgebohrt werden.
Damit Sie den ersten Peddigrohrfaden richtig spannen können, muß er im ersten Loch mit einem dicken Peddigrohrkeil festgeklemmt werden. Auf diese Weise werden auch alle neuen Fäden befestigt. Die Fäden sind ca. 2 m lang und können in dieser Länge auch verarbeitet werden. Die Fadenenden müssen unter dem Sitzrahmen ca. 8 cm überstehen, damit man sie später »vernähen« kann. Das Peddigrohr des gesamten Stuhlgeflechts muß straff gespannt werden. Deshalb wird mit einer Ahle der jeweils letzte gezogene Faden in dem Loch verkeilt.
Um den vierten Faden besser über und unter den anderen Fäden durchziehen zu können, brauchen Sie ein Hilfsgerät. Es wird aus einer dicken Häkelnadel hergestellt: Die untere Rundung wird mit einer Feile oder Bohrmaschine so bearbeitet, daß ein runder Ausschnitt entsteht. Mit diesem Ausschnitt kann man den Faden nach unten drücken, mit dem eigentlichen Haken wieder hochziehen. Mit der Häkelnadel kann man auch die einzelnen Fäden auseinander- oder zusammenschieben, so daß ein wirklich gleichmäßiges Geflecht entsteht (Zeichnung 6).
Im Gegensatz zu rundem Peddigrohr darf aufgeschnittenes nicht gewässert werden. Durch die Feuchtigkeit dehnt es sich und zieht sich beim Trocknen wieder stark zusammen. Das gespannte Geflecht würde bei Belastung sofort zerreißen. Um das Peddigrohr trotzdem etwas elastischer zu machen, kann man die Fäden durch ein feuchtes Tuch ziehen.

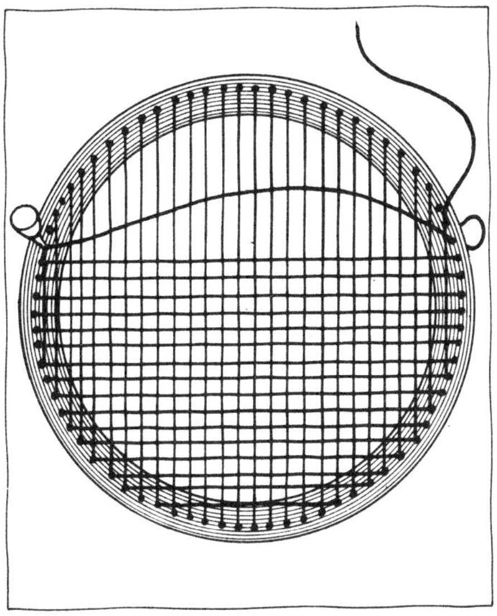

4 Wenn die Fläche in einer Richtung ganz bespannt ist, beginnt man mit der ersten Querlage. Der Faden wird dabei nur darübergelegt.

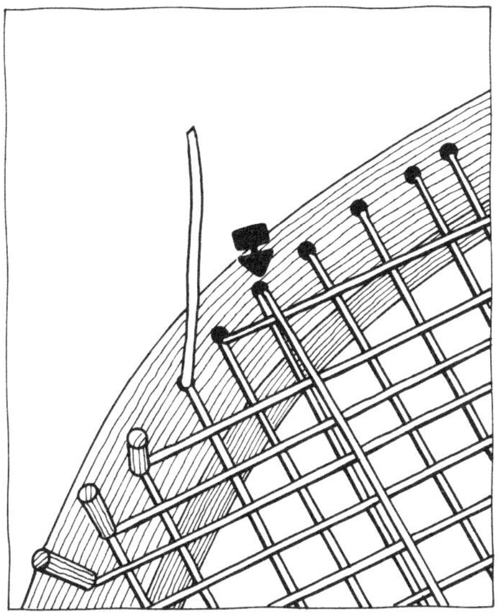

5 Jetzt kann die zweite senkrechte Lage gearbeitet werden. Man legt sie über das erste waagerechte Geflecht. Dabei immer gut spannen.

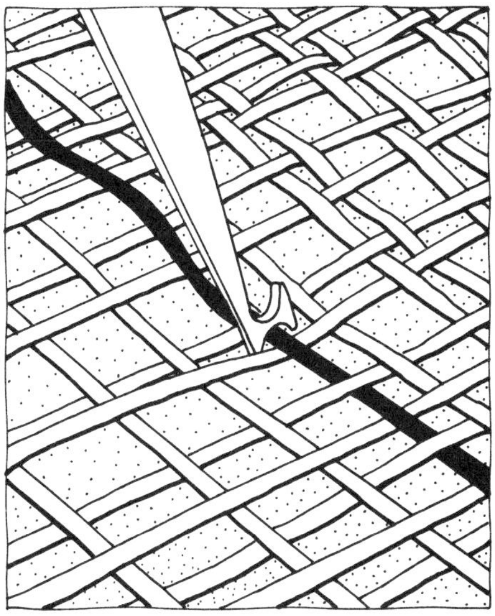

6 Mit einer Spezial-Häkelnadel wird die vierte Lage aufgeflochten. Den Faden einmal über, einmal unter den senkrechten Reihen durchziehen.

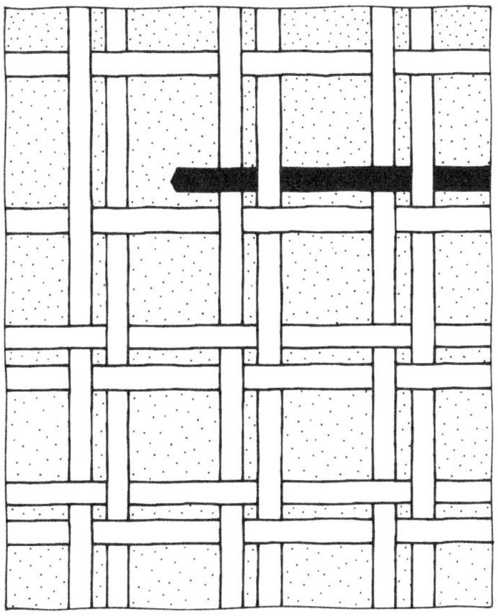

7 Der Aufbau des Flechtwerks. Auf dieser Zeichnung sehen Sie das parallele Grundgeflecht.

8 Nun wird es schon schwieriger: So sieht der Fadenlauf bei der Diagonalbespannung aus.

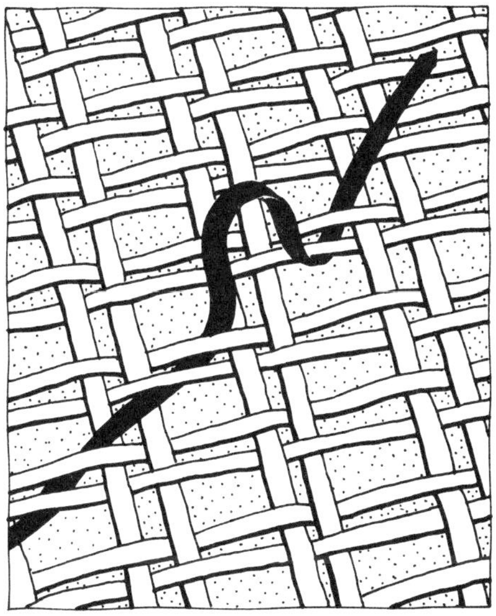

9 Das Rohr wird über die waagerechten Fäden gelegt und unter den senkrechten durchgezogen.

10 Es gibt zwei Möglichkeiten der Verarbeitung. Wenn man eine Reihe durchgeflochten hat, kann man parallel dazu weiterarbeiten.

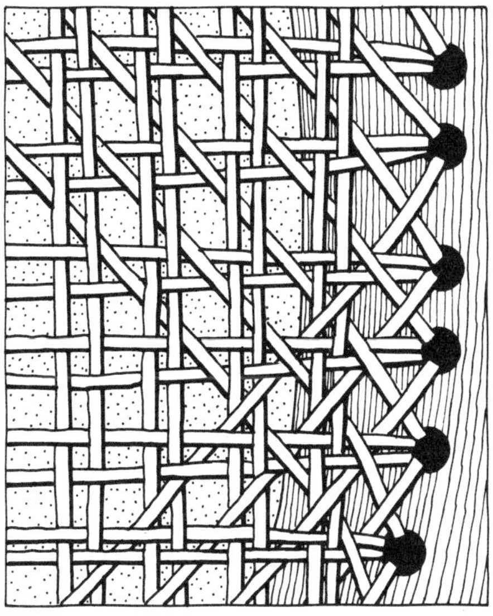

11 Ebenso kann man aber auch (Möglichkeit 2) den Faden im rechten Winkel zur ersten Reihe durch das Geflecht ziehen – wie Sie wollen.

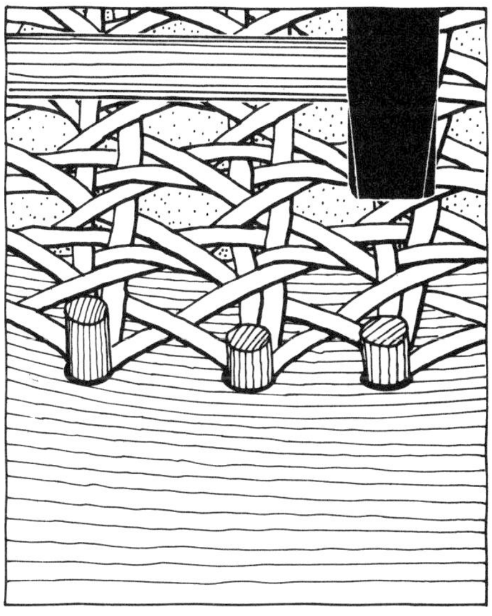

12 Fertigstellung: Peddigrohrstücke mit etwas Leim in die Löcher stecken und festklopfen. Die überstehenden Enden mit der Zange kappen.

Kleine Klebstoff-Kunde

Es gibt heute praktisch nichts mehr, was sich nicht sicher und dauerhaft kleben ließe. Bei allen Verbindungsproblemen sollten deshalb in der Heimwerkstatt Überlegungen angestellt werden, ob nicht auf Nageln, Schrauben, Dübeln oder Nieten verzichtet und ein Klebstoff angewendet werden kann.

Für die Haltbarkeit jeder Klebung oder Leimung ist die sorgfältige Vorbereitung des Untergrundes (Haftgrundes) entscheidend. Die zu verbindenden Flächen müssen gründlich von Schmutz, Wasser, Öl und Fett gereinigt werden. Nitroverdünnung oder Trichloräthylen (»Tri«) sorgen für Öl- und Fettfreiheit. Notfalls tut es auch Brennspiritus.

Sehr glatte Flächen sollten mit Feile, Stahlwolle oder Schleifpapier aufgerauht werden, um die Oberfläche zu vergrößern. Der Klebstoff kann sich dann besser »festkrallen«.

Kleber und Leime für tausend Zwecke

Klebstoffe und Leime gibt es heute für beinahe jeden Verwendungszweck – für große und kleine Flächen, für Schnellverbindungen und geruhsam einzupassende Werkstücke. Und niemand wundert sich mehr darüber, daß Kleber sogar mit den immensen Belastungen einer Stahlbrücke oder eines Düsenflugzeugrumpfes fertig werden.

Alleskleber (1) ist die zusammenfassende Bezeichnung für »klaren Klebstoff« aus der Tube, Kunststoff-Flasche oder auch Sprühdose. Immer handelt es sich dabei um ein Kunstharz als klebende Substanz, gelöst in einem leichtflüchtigen Lösungsmittel, das beim Abbindevorgang verdunstet. Fabrikate u. a.: Uhu-Alleskleber, Tesa-Kleber, Bindulin-Alleskleber. Guter Alleskleber ist dünnflüssig, farblos, wasserfest, licht- und alterungsbeständig, unempfindlich gegenüber verdünnten Säuren, Laugen, Benzin und Öl. Er klebt schnell, bleibt aber nach dem Trocknen elastisch. Wichtigste Anwendungsgebiete: Papier, Karton und Pappe, Holz, Leder, Textilien. Für größere Flächen weniger geeignet, da er zu schnell abtrocknet.

Anlösende Klebstoffe (2) verbinden bestimmte Kunststoffe miteinander, deren Oberfläche angelöst wird – die Klebefuge wird dickflüssig, die Teile brauchen nur naß aufeinander gepreßt zu werden und »verschmelzen« an der Nahtstelle miteinander. Außer Polyethylen und Polypropylen lassen sich viele Hausgeräte-Kunststoffe durch anlösende Klebstoffe luft-, wasser- und säurefest verkleben. Bekannte Produkte sind Technikoll P und W, Uhu plast, UHU-allplast, UHU-aktiv, UHU-PVC und 3M Scotch Kunststoff.

Blitzkleber (3) sind nur für kleinflächige Verbindungen geeignet, sie härten fast augenblicklich aus und können, wenn man nicht aufpaßt, auch die klebstoffverschmutzten Finger blitzschnell miteinander verkleben (in diesem Fall hilft Aceton als Lösungsmittel). Die zu verklebenden Flächen müssen gründlich gesäubert werden, am besten mit Aceton. Basis dieser Klebstoffgruppe (Produkte u. a.: UHU-Sekundenkleber, Bindulin Sofortkleber, Stabilit Rasant) ist im allgemeinen Cyanacrylat. Blitzkleber verbinden vor allem glattflächige Materialien wie Holz, Glas, Metall und Gummi mit- und untereinander.

Kontaktkleber (4) gehören wie Alleskleber zu den Lösungsmittelklebern. Fabrikate u. a.: Uhu greenit Flüssig-Kraft, Pattex. Allgemein geeignet a) für Flächenklebungen, b) für Klebungen, die ohne Anpreßzeit sofort halten müssen. Beide Haftflächen werden dünn mit Kontaktkleber bestrichen (Pinsel oder Kammspachtel), müssen dann im Durchschnitt etwa 10 Minuten trocknen und werden paßgerecht zusammengefügt. Kurzes und kräftiges Andrücken genügt. Vorteil: es kann sofort, ohne Preß- oder Trockenzeit, weitergearbeitet werden. Nachteil: die Teile müssen von vornherein paßgenau zusammengefügt werden, nachträgliche Korrekturen (Verschiebungen) sind nicht möglich. Kontaktkleber werden vor allem für das Aufkleben von Kunststoffplatten auf Holz, für Furnierarbeiten und für das Ankleben von Umleimern aus Metall oder Kunststoff verwendet. Sie eignen sich aber ganz allgemein auch für alle Holzverklebungen.

Kleister (5) besteht heute nicht mehr aus Stärkeverbindungen (Mehlkleister), sondern fast ausschließlich aus Cellulosederivaten. Da zu ihrer Herstellung Chlormethylgas verwendet wird, spricht man von *Methylcellulose.* Cellulosekleister (z. B. Metylan, Glutolin, Sichozell) sind nach Herstellervorschrift in kaltem Wasser zu lösen und müssen vor Beginn der Arbeit etwa 20 Minuten quellen. Die Wassermenge des Ansatzes richtet sich nach der Papierstärke der Tapete. Kleister soll in einem nicht rostenden Eimer angesetzt werden. Im verschlossenen Behälter ist er begrenzt lagerfähig. Anwendungsbereiche sind das Tapezieren, die Verklebung von Papier und das »Leimen« von Wandanstrichfarben.

Weißleim (6) wird gebrauchsfertig in Tuben oder Dosen angeboten. Er eignet sich für alle Holzverbindungen einschließlich Furnierarbeiten, aber auch für das Aufziehen von Fotos auf Holzplatten und für das Verkleben von Leder, Filz oder Textilien mit Holzwerkstoffen. Der milchige Weißleim (z. B. Ponal, Uhu-Coll, Bindan) ist leicht zu verstreichen (Pinsel oder Leimkamm), läßt sich mit Wasser verdünnen und trocknet fast farblos auf. Normalerweise genügt das Einstreichen einer der beiden Haftflächen. Werkstücke nach dem Zusammenfügen einspannen und (je nach Holzart, Holzfeuchtigkeit und Temperatur) 20 bis 60 Minuten pressen.

Montagekleber (7) auch Belagstoffkleber oder Baukleber, nennt man zusammenfassend die stets pastenartigen Kleber aus unterschiedlichen Rohstoffen für das Kleben von Fliesen, Hartschaum- und Mineralfaserplatten, Bodenbelägen, Asbestzement- und Schallschutzplatten, Leichtbau- und Dämmplatten und verwandten Materialien. Alle diese Kleber haben gemeinsam, daß sie entweder mit der Kartusche oder dem Zahnspachtel aufgetragen werden. Es gibt Dutzende von Produkten, die im allgemeinen auf bestimmte Verwendungsarten spezialisiert sind.

Schmelzkleber (8) bestehen aus Harzen, die erhitzt und damit verflüssigt aufgetragen werden und nach dem Erkalten bombenfest kleben. Für die Verflüssigung und das Auftragen verwendet man Schmelzkleberpistolen. Klebstoffe dieser Art eignen sich für alle nicht wärmeempfindlichen Materialien. Furniere und Kantenumleimer sind oft mit Schmelzkleber beschichtet. In diesem Fall erhitzt man den Kleber mit dem Bügeleisen.

Spezialkleber (9) erfüllen fast alle Klebewünsche, die von den bisher vorgeführten Klebstoffen möglicherweise nicht präzise genug abgedeckt werden. Zum Beispiel:

- *Gewebekleber/Lederkleber:* Für Stoffe aller Art, Leder, ausgefransten Bodenbelag (z. B. Bindulin Flüssigzwirn, 3M Scotch Gewebekleber und Lederkleber).
- *Glaskleber:* Für paßgenaue Klebfugen an Glas, Porzellan, Steingut usw. (z. B. Praktikus Glaskleber, 3M Scotch Glaskleber).
- *Modellbaukleber:* Für Verbindungen von und mit Holz, Steingut, Acrylglas, Horn, Textilien und verschiedenen Kunststoffen (z. B. Uhu hart, Stabilit Dur, Praktikus Modellbaukleber).
- *Pad-Kleber:* Schaumstoffstücke oder -streifen, mit Spezialkleber behandelt. Damit kann man u. a. Holzplatten, Paneele, Bilder, Spiegel usw. direkt an die Wand kleben. Bekannte Produkte sind u. a. Bostik Pad, Kwikstik Pads, Scotch Mount.
- *Styropor-Kleber:* Für Verbindungen von Styropor (Hartschaumstoff) mit Mauerwerk, Putz, Holz und Hartfaserplatten. Bekannte Produkte sind u. a. Bindulin, UHU-por, Leimdusan und Styroporkleber, Praktikus Styroporkleber, Simson PS 2 und 863.

Sprühkleber (10) aus der Spraydose sind ideal für flächige Verklebungen von Hart- und Weichschaumstoffen, Geweben, Papier, Pappe und Filz. Unter anderem kann man sie zum Aufziehen von Fotos verwenden, weil der gleichmäßig dünne Auftrag des auf Kautschukbasis hergestellten Klebers keine Schwierigkeiten bereitet. Bekannte Produkte sind Emofix Spray, UHU-Sprühkleber, Sprühkleber 77 und Technikoll S.

Zweikomponentenkleber (11) wie Uhuplus, Stabilit expreß, Duro-Schnellkleber oder Metallbond bestehen stets aus zwei Zutaten, die erst kurz vor der Klebung im vorgeschriebenen Verhältnis vermischt werden und dann innerhalb kurzer Zeit verarbeitet werden müssen. Die Anfangsfestigkeit ist bei den meisten Fabrikaten innerhalb von 20 Minuten erreicht, die Endfestigkeit frühestens nach einer Stunde. Bei tieferen Temperaturen dauert der Härtungsvorgang länger, bei höheren wird er abgekürzt. Einige Beispiele für Verbindungen: Kabelschellen oder Kleiderhaken auf Beton; Scharniere auf Spanplatten oder Holzleisten; Stahlfüße an Marmorplatten; Blechaufhänger an Emailarbeiten; Regalträger auf Fliesen.

Bei den beiden Zutaten des Zweikomponentenklebers handelt es sich a) um ein Klebeharz (Epoxydharz) und b) um einen Härter. Das Harz wird stets in Pastenform angeboten, der Härter entweder als Pulver oder als Harz.

Die Oberflächen müssen bei diesem Kleber besonders sorgfältig vorbereitet werden. Metalle am besten kurz vor der Klebung mit Schleifpapier anrauhen, Glas und ähnliche Werkstoffe mit Nitroverdünnung, Trichloräthylen oder Spiritus entfetten, Beton mit der Drahtbürste abbürsten, Holz von Anstrichen und Staub säubern. Frische Bruchstellen verlangen normalerweise keine besondere Vorbehandlung.

WAS KANN MAN WOMIT KLEBEN?

	Beton, Putz, Mauerwerk	Furnier-, Schichtstoffplatten (z. B. Resopal)	Gummi	Hartschaum (z. B. Styropor)	Holz, Span- und Faserplatten	Keramik, Glas, Porzellan	Leder	Metall	Polystyrol, Modelle	PVC Hart: Beläge, Fliesen (z. B. Polyester)	PVC Weich: Beläge, Kunstleder, Plastikvorhänge	Stoff, Filz, Gewebe	Tapeten, Papier, Pappe	Weichschaum (z. B. Moltopren)
Beton, Putz, Mauerwerk	**11**	**7**	**4**	**9**	**7**	**11**	**4**	**11**		**7 · 9**		**4**	**5**	**10**
Furnier-, Schichtstoffplatten (z. B. Resopal)	**7**	**4 · 8**	**3 · 4**	**10**	**4 · 6 · 8**	**3 · 8**	**4**	**8 · 11**		**4**		**4 · 10**	**5**	**10**
Gummi	**4**	**3 · 4**	**3 · 4 · 9**	**10**	**3 · 4**	**3**	**4**	**3 · 4**		**3 · 4**	**3 · 4**	**4 · 10**	**4**	**4 · 10**
Hartschaum (z. B. Styropor)	**9 · 10**	**10**	**10**	**10**	**9 · 10**		**1**	**10**		**10**		**10**	**5**	**10**
Holz, Span- und Faserplatten	**7**	**4 · 6 · 8**	**3 · 4**	**9 · 10**	**4 · 6 · 8**	**3 · 4 · 8**	**4 · 6**	**4 · 8 · 11**	**4**	**4**	**9**	**6 · 10**	**1 · 5 · 6 · 10**	**10**
Keramik, Glas, Porzellan	**11**	**3 · 8**	**3**		**3 · 4 · 8**	**1 · 3 · 11**		**3 · 8 · 11**		**3**				**4**
Leder	**4**	**4**	**3 · 4**	**9**	**4 · 6**		**4**	**3 · 4**		**4 · 9**		**4 · 10**		**4 · 10**
Metall	**11**	**3 · 8 · 11**	**3 · 4**	**10**	**4 · 8 · 11**	**3 · 8 · 11**	**3 · 4**	**3 · 4 · 8 · 11**		**4**			**4**	
Polystyrol, Modelle									**9**					
PVC Hart: Beläge, Fliesen (z. B. Polyester)	**7 · 9**	**4**	**3 · 4**	**10**	**4**	**3**	**4 · 9**	**4**		**2 · 3 · 4**	**2 · 9**	**4 · 10**	**4 · 6**	**10**
PVC Weich: Beläge, Kunstleder, Plastikvorhänge			**3 · 4**		**9**					**2 · 9**	**2 · 9**			
Stoff: Filz, Gewebe		**4 · 10**	**4 · 10**	**10**	**6 · 10**		**4 · 10**			**4 · 10**		**1 · 4 · 6 8 · 10**	**5**	**10**
Tapeten, Papier, Pappe	**5**	**5**	**4**	**5**	**1 · 5 · 6 · 10**			**4**		**4 · 6**		**5**	**1 · 5 · 10 6 · 8**	**4 · 10**
Weichschaum (z. B. Moltopren)	**10**	**10**	**4 · 10**	**10**	**10**	**4**	**4 · 10**			**10**		**10**	**4 · 10**	**10**

Zeichenerklärung: **1** = Alleskleber, **2** = Anlösende Kleber, **3** = Blitzkleber, **4** = Kontaktkleber, **5** = Kleister, **6** = Weißleim, **7** = Montagekleber, **8** = Schmelzkleber, **9** = Spezialkleber, **10** = Sprühkleber, **11** = Zweikomponentenkleber.

Register

(*Kursiv* gedruckte Zahlen verweisen auf Abbildungen)

UHU

Leistungsstark.
Zuverlässig.
Fortschrittlich.

Klebstoffe für jedes Material.

Lesebeispiel:
Foto auf Holz = 8
= UHU por

Styropor® = Reg. WZ der BASF
Bakelite® = Reg. WZ der Bakelite-Ges.
Resopal® = Reg. WZ der Fa. Römmler

		Holz				Kunststoffe					harte Materialien			flexible Materialien			Papier		
		Holz-Furniere	Balsaholz	Holz, Sperrholz, Spanplatten	Kork	Resopal®, Bakelite®, Duroplast	Weich-Schaum (Schaumgummi, -stoff)	Hart-Schaum (Styropor®)	Weich-Kunststoffe (PVC, Plastik etc.)	Hart-Kunststoffe (Mixer, Fön, Polystyrol)	Metall	Stein, Beton, Keramik	Glas, Porzellan	Gummi	Leder	Textil, Filz	Fotos	Pappe, Karton	Papier
Papier	Papier	1	1	1	1	7	7	8	7	7	1	1	1	3	1	1	2	1	1/2
	Pappe, Karton	3	6	1	3	7	7	8	7	7	3	3	1	3	3	1	2	1	
	Fotos	8	8	8	2	7	7	8	7	7	8	8	8	8	8	8	2		
flexible Materialien	Textil, Filz	3	1	1	3	7	3/7	8	7	3	3	3	1	3	3	1			
	Leder	3	6	3/11	3	3/11	3/7	8	7	7/11	3/11	3	3/11	3/11	3/11				
	Gummi	3	3/11	3/11	3/11	3/10	3	8	11	10	3/10	3/11	3/10	3/10					
harte Materialien	Glas, Porzellan	3	4	4	3	4/9	3	8	7/11	9/11	4	4	4/10						
	Stein, Beton, Keramik	3	4	4	3	4	3	8	7/11	9	4	4							
	Metall	3	4	4	3	4/10	3	8	7/11	7/9	4								
Kunststoffe	Hart-Kunststoffe (Mixer, Fön, Polystyrol)	3	7	7/11	7/11	7	7	8	7/11	7									
	Weich-Kunststoffe (PVC, Plastik etc.)	7	7/11	7/11	7/11	7/11	7	–	7/11										
	Hart-Schaum (Styropor®)	8	8	8	8	8	8	8											
	Weich-Schaum (Schaumgummi, -stoff)	3	3	3	3	7	7												
	Resopal®, Bakelite®, Duroplast	3	3	3	3/11	4/7													
Holz	Kork	3	6	3	5														
	Holz, Sperrholz, Spanplatten	5	6	5															
	Balsaholz	6	6/11																
	Holz-Furniere	5																	

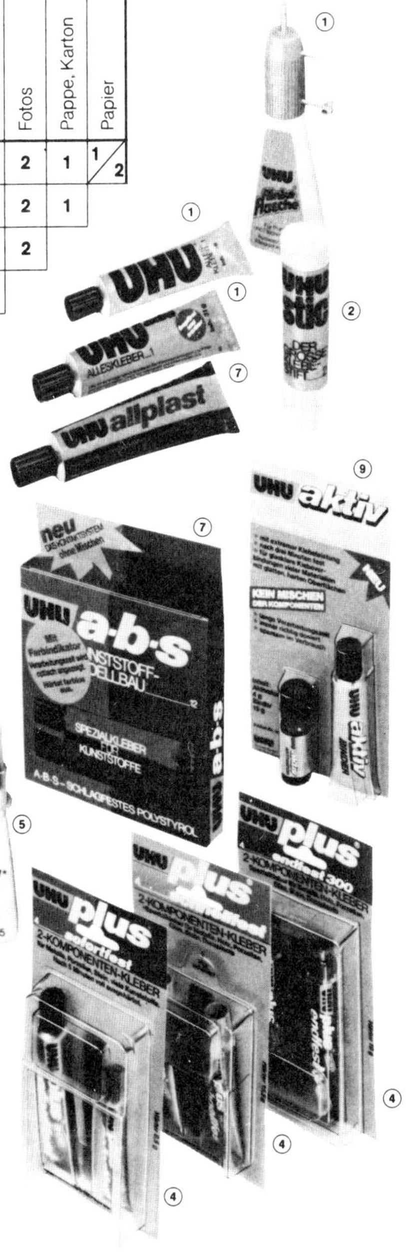

① UHU Alleskleber*
UHU extra
UHU flinke flasche
② UHU stic
③ UHU greenit*
④ UHU plus
⑤ UHU coll express**
⑥ UHU hart
⑦ UHU allplast
UHU plast (für Polystyrol-Modellbau)
UHU a.b.s. (für Schiffs-Modellbau)
⑧ UHU por
⑨ UHU aktiv
⑩ UHU sekundenkleber***
⑪ UHU sekundenkleber spezial***

* Für große Flächen: UHU Sprühkleber
** Für Holzverzahnung, Holzverzapfung: UHU holzfest
*** Für kleine paßgenaue Flächen

Im Falle eines Falles – UHU